Heinrich Böll Werke
Kölner Ausgabe
Band 18

HERAUSGEGEBEN VON

ÁRPÁD BERNÁTH
HANS JOACHIM BERNHARD
ROBERT C. CONARD
FRANK FINLAY
J. H. REID
RALF SCHNELL
JOCHEN SCHUBERT

# Heinrich Böll
# Werke

Kölner Ausgabe
Band 18
1971–1974

Herausgegeben von
Viktor Böll und Ralf Schnell
in Zusammenarbeit mit
Klaus-Peter Bernhard

Kiepenheuer & Witsch

Mit freundlicher Unterstützung

Erbengemeinschaft Heinrich Böll
StadtBibliothek Köln · Heinrich-Böll-Archiv
Heinrich Böll Stiftung, Berlin
Universität Siegen
Beauftragte der Bundesregierung für Angelegenheiten
der Kultur und der Medien
Ministerium für Schule, Wissenschaft und Forschung
des Landes Nordrhein-Westfalen
Ministerium für Städtebau und Wohnen, Kunst und Kultur
des Landes Nordrhein-Westfalen
Kunststiftung NRW
Stadtsparkasse Köln

© 2003 by Kiepenheuer & Witsch, Köln
Alle Rechte vorbehalten. Kein Teil des Werkes darf in irgendeiner Form
(durch Fotografie, Mikrofilm oder ein anderes Verfahren) ohne schriftliche
Genehmigung des Verlages reproduziert oder unter Verwendung elektronischer Systeme verarbeitet, vervielfältigt oder verbreitet werden.
Einband: Rudolf Linn, Köln
Gesetzt aus der Stempel-Garamond
mit dem Satzsystem TUSTEP
Satz bei pagina GmbH, Tübingen
Druck und Bindearbeiten: Clausen & Bosse, Leck
ISBN 3-462-03260-7
ISBN 3-462-03261-5 (Subskription)

# Inhalt

| | |
|---|---|
| Der liberale Labberdreck stammt nicht von mir (1971) | 9 |
| Die internationale Nation (1971) | 12 |
| Die Internationale der Nestbeschmutzer (1971) | 18 |
| Torpedos (1971) | 21 |
| Die Sprache der kirchlichen Würdenträger (1971) | 23 |
| Günter Wallraffs unerwünschte Reportagen (1971) | 37 |
| Soviel Liebe auf einmal. Will Ulrike Meinhof Gnade oder freies Geleit? (1972) | 41 |
| Fall Höhn (1972) | 50 |
| Schwarzer Mittwoch beim ZDF (1972) | 51 |
| Man muß zu weit gehen (1972) | 54 |
| Verfolgt war nicht nur Paulus (1972) | 63 |
| Brief an den Leiter der Pressestelle des Südwestfunks (1972) | 66 |
| Gib Alarm! (1972) | 67 |
| Offenbarungseid (1972) | 68 |
| Leserbrief an die Süddeutsche Zeitung (1972) | 71 |
| Aus der Vergangenheit lernen (1972) | 75 |
| Hülchrather Straße Nr. 7 (1972) | 77 |
| Bericht des Internationalen Präsidenten über kürzliche Besuche im Ausland (1972) | 88 |
| Suchanzeigen (1972) | 91 |
| Köln III (1972) | 96 |
| Über Bernd Alois Zimmermann (1972) | 107 |
| Über Willy Brandt (1972) | 109 |
| Unsere Wahlen aus deutscher Sicht (1972) | 117 |
| Nicht Humus, sondern Wüstensand (1972) | 120 |
| sieben Jahre und zwanzig später (1972) | 124 |
| Sport und Nationalismus (1972) | 127 |
| Der Lorbeer ist immer noch bitter (1972) | 129 |
| Annemarie und Heinrich Böll zur Wahl (1972) | 133 |
| Ein Roman von Iván Mándy (1972) | 135 |
| Die Würde des Menschen ist unantastbar (1972) | 140 |
| Wahlrede in Kleve (1972) | 146 |
| Gewalten, die auf der Bank liegen (1972) | 153 |
| Vorwort zu »5 Kontinente« (1972) | 157 |
| Schwierigkeiten mit Essenmarken (1972) | 161 |
| Luft in Büchsen (1972) | 165 |
| Rede auf dem Empfang des Bundespräsidenten Gustav Heinemann für die Mitglieder des P. E. N. (1972) | 169 |
| Das tägliche Brot der Bomben oder: Law and order (1972) | 172 |

Rede zur Verleihung des Nobelpreises am 10. 12. 1972 in Stockholm
(1972) . . . . . . . . . . . . . . . . . . . . . . . . . . . . . . 176
Rede zur Eröffnung der Heinrich-Heine-Ausstellung in Stockholm
am 13. 12. 1972 (1972) . . . . . . . . . . . . . . . . . . . . 179
Protest – Laut oder leise? (1973) . . . . . . . . . . . . . . . 181
Einmischung erwünscht (1973) . . . . . . . . . . . . . . . 187
Blick zurück mit Bitterkeit (1973) . . . . . . . . . . . . . . 192
Wer ist Jesus von Nazareth – für mich? (1973) . . . . . . . . 199
Versuch über die Vernunft der Poesie (1973) . . . . . . . . . 200
Am Anfang (1973) . . . . . . . . . . . . . . . . . . . . . . . 218
Gefahren von falschen Brüdern (1973) . . . . . . . . . . . . 223
Eine Brücke, die ich nicht betrete (1973) . . . . . . . . . . . 227
Prag – ja oder nein? (1973) . . . . . . . . . . . . . . . . . . 230
Zum Problem der Kleinschreibung (1973) . . . . . . . . . . 231
Zum Tode Ingeborg Bachmanns (1973) . . . . . . . . . . . 232
»Ich glaube, meine Erinnerung liebt mich« (1973) . . . . . . 235
Alltag einer zerfetzten Welt (1973) . . . . . . . . . . . . . . 239
Radikalität und Hoffnung (1973) . . . . . . . . . . . . . . . 243
Plädoyer für Ruhe und Ordnung (1973) . . . . . . . . . . . 249
Zur Weiterentwicklung der Maulwürfe für, nach und in memoriam
günter eich (1973) . . . . . . . . . . . . . . . . . . . . . . . 250
Man muß immer weitergehen (1973) . . . . . . . . . . . . . 252
Gutachten zum Prozeß gegen Erich Fried (1974) . . . . . . . 258
Die himmlische Bitterkeit des Alexander Solschenizyn (1974) . . 263
Zum Beispiel Schuhe (1974) . . . . . . . . . . . . . . . . . . 274
Ich belehre niemanden in der Sowjetunion (1974) . . . . . . 279
Manifest zur Gründung einer »Freien Internationalen Hochschule
für Kreativität und Interdisziplinäre Forschung e. V.« (1974) . . . 282
Die Raubtiere laufen frei herum (1974) . . . . . . . . . . . . 286
Von der Natur nicht vorgesehen (1974) . . . . . . . . . . . . 290
Raubtier, nicht Raubtier oder Karnickel? (1974) . . . . . . . 294
Wie das Gesetz es befahl (1974) . . . . . . . . . . . . . . . . 297
A propos Freude (1974) . . . . . . . . . . . . . . . . . . . . 303
Ignazio Silone – für die Seelsorge zu radikal (1974) . . . . . 307
Herrliche Zeiten (1974) . . . . . . . . . . . . . . . . . . . . 312
Ein gutes Modell (1974) . . . . . . . . . . . . . . . . . . . . 314
Der Appell der Schriftsteller (1974) . . . . . . . . . . . . . . 317
Radikaler im öffentlichen Dienst (1974) . . . . . . . . . . . 319
Die verlorene Ehre der Katharina Blum (1974) . . . . . . . . 322

Kommentar . . . . . . . . . . . . . . . . . . . . . . . . . . 419
Anhang . . . . . . . . . . . . . . . . . . . . . . . . . . . . 767

## Der liberale Labberdreck stammt nicht von mir
(1971)

Liebe Hilde Domin,

ich will mich nicht darauf herausreden, Ihre Zitate seien aus dem
Zusammenhang gerissen. Das sind alle Zitate, und das von Ihnen zitierte Interview in der *Zeit* habe ich sogar, bevor es publiziert wurde, durchgelesen und autorisiert. Ich verstehe durchaus Ihre Furcht vor dem, was Worte anrichten können, und gebe zu, daß ich mit den von Ihnen zitierten Worten etwas anrichten wollte. Soweit verstehe ich Sie und stimme Ihnen zu. Was ich *nicht* verstehe: selbst eine angreifbare Äußerung wird doch unter gewissen *Voraussetzungen* getan; vorausgesetzt ist doch alles, was einer vorher gesagt und geschrieben hat, und wenn Sie nur 25 Zeilen außer dem Zitat von mir kennen, können Sie doch nicht annehmen, ich hätte die von Ihnen gefürchtete Art der Austauschbarkeit gemeint.

Natürlich meine ich die Austauschbarkeit von *Rängen*, wenn ich die Austauschbarkeit von Autoren meine, ich meine auch die Austauschbarkeit von Ruhm, von Wichtigkeit, und natürlich die von Funktionen. Die meisten Bischöfe, ein Teil der Ministerpräsidenten *sind*, die Bundeskanzler Erhard und Kiesinger *waren* austauschbar, oder wären austauschbar gewesen. Gewisse Leitartikel und Reden würden von Computern besser gemacht als von denen, die sie schreiben und halten. Und warum sollte ich nicht von Kuba und China immerhin dieses – den Funktionstausch – entleihen wollen? Immerhin hat Mao auch die Prüfungen und die Zensoren abgeschafft; um Sie zu beruhigen betone ich: *auch*.

Was ich nun gar nicht verstehe, daß Sie, selbst Autorin und »Verf.«, nicht nur mich als »Verf.« anreden, sondern mir auch noch Dinge vorhalten, die nicht ich, die andere über mich geschrieben haben. Der liberale Labberdreck stammt nicht von mir (ich weiß nicht mehr, ob er aus dem Munde einer meiner Romanfiguren stammt, aber das ginge mich nichts an). Auch den praeceptor Germaniae nehme ich nicht an. Mögen die Herren, die so was schreiben, das selbst verantworten.

Bitte wenden Sie sich doch an R. R. O nein, o nein (Variation auf ein recht patriotisches Lied, das wir in der Schule lernten). Ich will nicht Deutschlands Heinrich sein. Gerade das meine ich ja, wenn ich von Austauschbarkeit spreche. Ich will kein Image haben und keins sein, und die, die eins aus mir machen, sollen es selbst verantworten. Deutschland braucht keine Präzeptoren, deren hat es genug gehabt, es braucht kritische, aufmerksame Bürger, die nicht immer und unbedingt Autoren sein müssen. Was Autoren sind: *auch* Bürger, möglicherweise artikulierte; sonst nichts. Ich bin gegen Helden-Verehrung, Denkmäler, Images und Ikonen.

Es wäre mir natürlich lieber gewesen, Sie hätten nicht an, sondern über mich geschrieben, wie es Ihr gutes Recht wäre. Ich fühle mich nämlich nicht recht kompetent in meiner Sache. Der Roman, dessen »Verf.« ich *nicht* bin (ich bin nämlich nur der Verfasser) – liegt schon vier Monate hinter mir, und das Interview, aus dem Sie zitieren, ist erst am 21. 7. 71 gegeben worden, es war eins von neun, die ich an einem Tag gab, und das ist mein großer Fehler (gewesen): ich habe zuviel geredet. Viel zuviel. Und Sie haben recht, mir die Worte vorzuhalten. Ich teile Ihre Angst, will und will aber nicht begreifen, daß Sie, selbst Autorin, selbst der Kritik und Interpretation unterworfen, mir vorhalten, was andere über mich schreiben.

Noch ein Wort zu Ihrer Proletarier-Angst, die ich *nicht* teile. Wer hat Sie denn aus Deutschland vertrieben? Waren's die Proleten? Wollen Sie mir mit dem »Anstreicher« Hitler kommen? Es waren die Herren von Papen und von Hindenburg, die einer rapide an Wählern verlierenden NSDAP die Chance gaben. Wie rasch war die deutsche Universität von den Nazis erobert? Über die heutigen Proletarier mit Ihnen zu sprechen, fehlt mir die Lust, nach unserem Gespräch im Zug Arnhem – Köln. Offenbar kennen Sie nur solche, die 2400 Mark im Monat verdienen, sich dabei *nicht* schinden, sondern gesund und kreuzfidel bleiben.

Ich kann auch Ihren Optimismus über die Chancengleichheit

nicht teilen. Ich halte sie – bis dato – für einen aufgelegten Schwindel, der mit dem Tage der Währungsreform sich als solcher entpuppt und weiterentwickelt hat. Wir leben *nicht* in einer klassenlosen Gesellschaft. Ich wehre mich auch dagegen, wenn Sie so einfach behaupten, ich schriebe »aus Liebe«. Ist das nicht reichlich peinlich?

Hin und wieder habe ich den Eindruck, daß Ihre Probleme nicht wirkliche, sondern künstliche sind. Was ich Ihnen glaube, was ich mit Ihnen teile, ist Ihre Angst. Ich mag mich auch nicht entscheiden zwischen Sand-Sein und Öl-Sein. Ich bin weder das eine noch das andere. Und daß es keine »perfekten Lebensmodelle« gibt, ist mir bekannt.

Wollen Sie mich tatsächlich mit solchen Banalitäten trösten? Nicht Sand, nicht Öl, nicht Ölsand oder Sandöl, nicht praeceptor Germaniae, kein Image, keinen Rang. Gott bewahre!

Ihr Heinrich Böll

# Die internationale Nation
## Rede auf dem PEN-Kongreß in Dun Laoghaire am 18. 9. 1971

Bevor wir auseinandergehen und uns – wahrscheinlich für ein Jahr – trennen, möchte ich noch über einige Punkte zu Ihnen sprechen. Was PEN, seine Ziele und Pläne ganz allgemein betrifft, möchte ich zuerst ein paar praktische Fragen anschneiden. Ich glaube, die Kommunikation muß auf der Plattform einer großen Tagung wirksamere Wege finden, sonst wird jede intellektuelle Anstrengung scheitern, und ein Gefühl von Frustration und sogar Depression breitet sich im Saal aus. Mit der wachsenden Zahl von Zentren wird die Organisation der Jahrestagung immer schwieriger. Der Versuch, miteinander über das zu sprechen, was unser Hauptanliegen sein sollte, Literatur – wie sehr sich ihr Gesicht auch ändern mag – mit einigen Hunderten möglicher Partner, die, wenn sie an der Diskussion teilnehmen, gezwungen sind, bloße Deklarationen oder Statements abzugeben und keine Möglichkeit haben, einen Dialog zu führen, ein solcher Versuch ist sinnlos und eine Qual für den Vorsitzenden und die Referenten, die ihren Beitrag sorgfältig vorbereitet haben und dann feststellen müssen, daß er im Saal verlorengeht. Diese Entwicklung ist niemandes persönliche Schuld. Die Schwierigkeit entsteht durch die Zahl der Delegierten, und da es der Wunsch des PEN ist, die Zahl der Zentren zu vergrößern, kann die Lösung des Problems nicht darin bestehen, daß man die Zahl der Delegierten verringert. Offensichtlich verlangt das wechselnde Gesicht der Literatur nach einem wechselnden Gesicht der Tagungen. Hinzu kommt noch das Problem der sprachlichen Verständigung. Wenn man die beiden Konferenzsprachen in vierzig verschiedenen Aussprachen hört, dann hat man den Turm von Babel mitten im Konferenzsaal. Wir müssen sorgfältig über andere, praktikablere Methoden nachdenken, und Sie alle sind heute aufgefordert, uns neue Ideen mitzuteilen, so daß wir mehr voneinander sehen als einen Namen auf einem Schild, den Namen eines Landes und darüber ein ernstes Gesicht. Der Dialog kommt auch darum nicht recht in Gang, weil einer die Werke des andern nicht kennt. Wenn das wirkliche Gespräch erst abends in der Bar beginnt, warum gehen wir dann nicht gleich in die Bar?

Was die Arbeitssitzungen anbelangt, so hat das österreichische Zentrum den Vorschlag gemacht, die Beiträge auf zwei zu beschränken und den Text früh genug zu verteilen, damit die Grundlage für eine fruchtbare Diskussion bereitet werden kann. Vielleicht können wir durch Experimente einen neuen Weg finden? Wir könnten Menschen einladen, die nichts mit Literatur zu tun haben; sie könnten uns Fragen stellen, die wir unvorbereitet in aller Öffentlichkeit beantworten. Warum nicht den geschlossenen Kreis öffnen und die Sitzung zu einer Art Hearingmachen, so daß wir mehr voneinander kennenlernen als einen Namen und ein Etikett.

Ich möchte die einzelnen Zentren ermutigen, mehr und mehr bilaterale Treffen zu veranstalten. Sie können mit geringen Kosten veranstaltet werden, und je gegensätzlicher diese Gruppen sind, desto ergiebiger wird wahrscheinlich das Ergebnis sein.

Wenn Sie mich fragen, ob PEN eine politische Dimension hat, so möchte ich Sie einfach auf die Chartahinweisen. Dort finden Sie alles. Die Frage der politischen Dimension bringt uns auf die Frage der Resolutionen. Wir alle sind ihrer müde geworden, manchmal langweilen sie uns sogar, denn wir haben das Gefühl, daß wir einfach unser schlechtes Gewissen erleichtern, indem wir einen Text aufsetzen und an die betreffende Regierung oder Person senden. Ich glaube, wir neigen dazu, unseren möglichen Einfluß entweder zu unter- oder zu überschätzen. Es ist hauptsächlich die Frage, den richtigen Moment zu finden, und wenn jede sechste oder siebente Resolution, zur richtigen Zeit und an der richtigen Stelle überreicht, jemandem ein paar Monate Gefängnis erspart, ... jeder, der einmal gefangen war, wird wissen, was das bedeutet. Ich vermute nicht nur, ich weiß: Menschen sind durch Resolutionen gerettet worden, nicht nur vor dem Gefängnis, auch vor dem Tod. Um Resolutionen wirksam zu machen, müssen wir uns vor Augen halten, was der eigentliche

Geist des PEN ist: sein internationaler Charakter. International zu sein bedeutet, unabhängig von den politischen oder diplomatischen Übereinkünften der großen Mächte zu handeln. Wenn große Mächte und Nationen sich einig werden, sich nicht in ihre Innenpolitik einzumischen, so ist dabei eine Art von permanenter Erpressung im Gange. Alle haben irgendwo ein schlechtes Gewissen, das man leicht dazu ausnützen kann, sie unter dem Vorwand der Höflichkeit zum Schweigen zu veranlassen. Der Internationale PEN sollte diese Art von Erpressung nicht mitmachen. Es ist leicht für Politiker, den Schriftstellerorganisationen ihre Wirkungslosigkeit vorzuwerfen, wenn sie, die die Macht haben, sie nicht dazu benutzen, Menschlichkeit zu mehr als einer bloßen Phrase zu machen. Und was für politische Mächte gilt, das gilt auch für ökonomische. Ich habe noch nie davon gehört, daß ein Stahlkonzern einen Preisnachlaß für die Freilassung eines Schriftstellers im Gefängnis angeboten hätte – oder, was genauso notwendig wäre – für die Freilassung eines gefangenen Busschaffners ...

Wenn wir über Internationalismus sprechen, müssen wir auch über Nationalismus sprechen. Da ich nach Geburt, Sprache, Staatsbürgerschaft und geschichtlicher Erfahrung zu einer umfangreichen Nation gehöre, weiß ich, wovon ich spreche, und ich bin mir auch bewußt, daß zwischen dem Nationalismus großer und dem Nationalismus kleiner Nationen ein Unterschied besteht. Es treten jetzt viele Nationen aus total-, halb- oder kryptokolonialem Status in die Geschichte ein. Diese Nationen gehen auf alte, fast vergessene Formen der Literatur zurück oder schaffen neue. Es gibt außerdem Nationen innerhalb der traditionellen Nationen: Unterprivilegierte, Heimatlose, Gestrandete und die in einer überindustrialisierten Gesellschaft Frustrierten. Diese Nationen innerhalb der Nationen wollen nicht länger nur Subjekt der Literatur sein, das heißt, der Literatur unterworfen sein. Sie suchen nach ihrem eigenen Ausdruck, schaffen ihre eigene Sprache. Angeblich sprechen sie die gleiche Sprache wie die Nationen, innerhalb derer sie leben, aber bis heute haben sie einander nicht verstanden. Wir nannten ihre Sprache Slang und mischten sie wie eine Art Parfüm unserer traditionellen literarischen Sprache bei, ohne zu begreifen, daß

Slang einfach ihre eigene Sprache ist. Nicht der PEN wird diesen Nationen eine Ehre antun, wenn er sie zum Beitritt einlädt, diese Nationen werden dem PEN eine Ehre antun, wenn sie ihre Bereitschaft zum Beitritt zeigen. Ich möchte die einzelnen Zentren auffordern, genau zu beobachten, was in ihren eigenen Ländern geschieht, wie das Gesicht der Literatur sich mit dem Gesicht der Gesellschaft verändert, und das Zusammentreffen eines Zentrums mit einer dieser Nationen innerhalb der Nationen würde ich auch ein bilaterales Treffen nennen. Wenn wir die Autoren als eine kleine internationale Nation definieren, so müssen wir uns auf der anderen Seite bewußt sein, daß diese unsere respektiven Landsleute tatsächlich das Gesicht der Literatur verändern.

Es gehört zu den Widersprüchen im Amt eines Vorsitzenden einer Schriftstellervereinigung, daß man, obwohl man ein Autor ist, nicht die Zeit findet, an den literarischen Sitzungen teilzunehmen. Das ist diesmal bei mir der Fall gewesen. Ich möchte darum noch dem Thema unseres Kongresses ein paar neue Gedanken hinzufügen. Zuerst zum Thema des Mäzenatentums. Ich glaube, ein Autor sollte weder vom Staat noch von der Gesellschaft Mäzenatentum verlangen, und er sollte sich nicht beklagen, wenn sie ihm dieses versagen. Da ich glaube, daß Schreiben etwas von einem Laster hat oder mindestens von einer Leidenschaft – möchte ich es fast mit Trinken vergleichen. Man kann einem Trinker ein Glas Schnaps spendieren, aber soll man ihn dafür bezahlen, daß er ein Trinker ist? Wie Mr. Fleming in seinem Beitrag sagte: ein Schriftsteller kriegt seine Arbeit irgendwie getan. Ich selber werde manchmal gefragt, wie finden Sie die Zeit dazu, einen Roman zu schreiben, und dann frage ich mich selbst, wie habe ich die Zeit gefunden, und ich muß antworten: irgendwie. Während das Gedicht, der Essay oder der Roman geschrieben wird – ich spreche, das versteht sich, vom freien Schriftsteller –, kommt die Frage nach Geld, das die Regierung oder die Gesellschaft gibt, gar nicht auf. Aber sobald das Geschriebene veröffentlicht ist, ergibt sich die Frage natürlich, und Schriftstellerorganisationen, Vereinigungen und Verbände und natürlich auch der PEN sollten sich nicht schämen, Honorarfragen zu erörtern. Es gibt noch ein Problem: Was geschieht mit den Honoraren für so viele veröffentlichte Bücher, die tantiemenfrei sind, die jetzt in den Händen der Öffentlichkeit sind? Wäre es nicht anständig, diese Honorare in einen Fonds zu zahlen, der den Schriftstellern zugute kommt, bevor sie tot sind und ihre eigenen Werke in die öffentliche Hand geraten?

Zu der wichtigen Frage von Literatur und Aufstand möchte ich einen Gedanken beitragen. Es ist noch nicht völlig zur Kenntnis genommen worden, welcher Umsturz in der Literatur stattgefunden hat, die in der Religion und den Kirchen ihren Ursprung hat. Es war ein literarischer Umsturz, der seit Jahrhunderten vorbereitet wurde, der einen spanischen Bischof dazu veranlaßte, die Sonntagskollekte seiner Diözese in einen Streikfonds zu geben, und die einen jungen irischen Priester dazu veranlaßte, die Zahlung der gerichtlich verfügten Geldstrafe zu verweigern und die Autorität des Gerichts abzulehnen; die junge Priester in Südamerika veranlaßte, zu den Guerilleros zu gehen. Eine neue Macht wird sichtbar, wenn intellektuellen und politischen Dogmen der Gehorsam verweigert wird, und ich möchte die Atheisten des Westens auffordern, diese neue Art der Revolte zu erkennen, die ebenfalls aus einer langen literarischen Entwicklung entspringt. Gehorsamsverweigerung gegen das Dogma ist auch dort zu bemerken, wo der Atheismus öffentlich verordnet ist.

Um diesem Thema Gerechtigkeit widerfahren zu lassen – den Häretikern innerhalb der Religion und der Kirchen und den Häretikern des Atheismus –, würde es eines langen Essays bedürfen. Für den Augenblick kann ich nur versuchen, Ihre Aufmerksamkeit darauf zu lenken, denn ich glaube, daß dieses Problem sehr gegenwärtig ist.

Nun möchte ich meinen Dank aussprechen: Dank im vollen Sinn des Wortes: dem irischen PEN-Zentrum, der Frau Präsidentin Miß Meta Mayne Reid, dem Land, der Regierung, den Sekretären und Sekretärinnen, David Carver für seine Tüchtigkeit und Geduld, Peter Elstob, der seine Aufgabe diskret, manchmal sichtbar, manchmal hinter den Kulissen getan hat, und Desmond Clarke. Ich weiß nicht, wie er es fertiggebracht hat, so viele Menschen in einem so gedrängten Zeitplan zu organisieren und ein so herrliches Programm aufzustellen. Ich möchte auch dem Personal der Hotels danken, die uns mit so viel Sorgfalt betreut haben. Was hätten wir ohne ihren Beistand angefangen?

# Die Internationale der Nestbeschmutzer
*Offener Brief an Robert Neumann*
(1971)

Lieber, verehrter Robert Neumann,

wollte ich Ihnen die ungebührliche Verzögerung meiner Antwort präzis, wie es unter Autoren üblich sein sollte, erklären, so müßte ich in eine Art Autoren-Jet-set-Jargon verfallen, den ich erst noch erfinden müßte. Erlauben Sie mir also bitte die schlichte Feststellung: Ich habe mich fast sieben Wochen lang in Flugzeugen herumgetrieben, hin und wieder in stattlich-staatlichen, gelegentlich auch in solchen wie jenen der Alleghenny Airlines, kleinen Dingern, vergleichsweise die Postkutschen des Luftverkehrs, zwölfsitzig-gemütlich, die Piloten mehr wie Bus-Schaffner. So habe ich den größten Teil der Vereinigten Staaten von Nordamerika »von oben herab« gesehen, über-, hin und wieder auch angeflogen. Manchmal reichte unsere Zeit, ein paar Ansichtskarten zu kaufen, aber wenn wir sie abschicken wollten, waren wir schon wieder ein paarmal ein- und umgestiegen, angekommen und die respektiven Ansichten waren längst »verfallen«.

Das könnte wie ein Klagelied klingen: Es ist keins, die Tour hat mir (uns) sehr gefallen. Nur, man gerät da ziemlich durcheinander, es sind ja nicht nur Zeitzonen zu durchfliegen und an manchen Vor- oder Nachmittagen Entfernungen, die der von Paris bis Nishnij-Nowgorod entsprechen, man muß ja auch arbeiten: Seminar, Lesung, Diskussion, Empfang, und dazu noch die Verantwortung, als »deutscher Kulturträger« irgend jemandes »Deutschlandbild« ganz und gar durcheinanderzubringen!

Nun, darüber nur so viel. Ich bitte nur um Entschuldigung und gebe eine Erklärung für die ungebührliche Verspätung meiner Antwort.

Ich danke Ihnen sehr herzlich für die Auskünfte über den PEN, die, wenn sie mir auch zum größten Teil neu waren, mich nicht so sehr überraschen. Es kann ja nicht gutgehen, wenn Autoren einander organisieren, Repräsentanten wählen, der eine des anderen »Qualifikation« feststellt und so weiter, und das auch noch auf »nationaler Ebene«, die unversehens zur internationalen wird. Ein Klub wäre nicht das schlimmste, wäre er wenigstens das. Ich hätte nichts dagegen, hin und wieder beim Tee mit der Verfasserin eines Kochbuchs zu plaudern, das kann so amüsant wie lehrreich sein. Bedeutende Autoren sind meistens so schrecklich »bedeutend«. Und ich könnte mir sogar vorstellen, daß jenes unbekannte Wesen, das vielleicht – sagen wir – die verschiedensten Arten der Verwendung von *Custard powder* instruktiv zu erklären versteht, im »Ernstfall« wenigstens verwendet werden kann, um für hungernde Flüchtlinge Pfannenkuchen zu backen, während der bedeutende Autor ratlos und nutzlos sich mit seiner Bedeutung herumschleppt. Es scheint mir, lieber Robert Neumann, nicht drauf anzukommen, wie sich irgendwer »qualifiziert« hat, sondern wie irgendwer sich im »Ernstfall« verwendbar erweist.

Der Ernstfall liegt vor: die fast totale Vermauerung dreier Welten, die sich auf Deklama- und -rationen beschränken. Ich habe, wie es zu erwarten war, auf meiner Reise auch den Vorwurf der »Nestbeschmutzung« zu hören bekommen: Wie wär's, wenn der PEN-Club sich zu einer Internationale der »Nestbeschmutzer« entwickeln könnte?

Die Schizophrenie der Autoren und ihrer jeweiligen Bewacher, Überwacher und Funktionäre besteht noch darin, daß die einen die »Nestbeschmutzungen« Solschenizyns beklatschen, die anderen sie zurückweisen; daß man westliche »Nestbeschmutzer« dort bewundert, wo man östliche denunziert, und umgekehrt. Daß, sieht man genau hin, die Nestbeschmutzer die sind, die das Nest reinigen, ist vorausgesetzt. Ich las unterwegs einen Artikel von Graham Greene über Nordirland. Er ist Brite, Mitglied des PEN, und ich wünsche mir, daß alle PEN-Mitglieder, die gelegentlich mit ihrer Machtlosigkeit kokettieren, sich wenigstens einer Macht, die sie haben, bewußt würden: Schreiben können sie ja, und viele von ihnen haben auch das eine oder andere »Organ«, in dem sie publizieren können. Könnte man diese Macht summieren und koordinieren, würde die gelegentlich auftauchende Weinerlichkeit über die Machtlosigkeit schon geringer.

Ich kann Ihnen über die Finanzierung des PEN, Möglichkeiten einer veränderten Finanzierung, noch nichts sagen, da ich noch keine Gelegenheit hatte, nach London zu fahren und mir die Akten anzuschauen. Ich werde das im Januar tun und mir dann erst Gedanken machen können.

Ich denke, der Text meiner Antrittsrede in Dun Laoghaire liegt Ihnen vor. Ich wiederhole mich nur ungern. In dieser Rede habe ich einiges zu den von Ihnen angesprochenen Problemen gesagt.

Mit sehr herzlichem Dank für Ihren Brief, Ihre Ratschläge und Ihre Glückwünsche,

Ihr Heinrich Böll

# Torpedos
(1971)

Es scheint zu den unvermeidlichen Zwangsmechanismen der kapitalistischen Geschäftsordnung zu gehören, daß bei der Auseinandersetzung und Neuordnung längst überfälliger Rechtsverhältnisse genau die Gruppen gegeneinander »gehetzt« werden, die natürlicherweise Verbündete sein müßten: Bibliothekare und Autoren. Autoren und lesebuchpflichtige Schüler und deren Eltern. Zunächst verbirgt sich ja in der Feststellung, daß nicht alle erfaßten Autoren ausschließlich von ihren Einnahmen als Schriftsteller leben, eine nicht aufgeschlüsselte Ungenauigkeit. Außerdem: Der Autor, der 3000 Mark im Monat einnimmt, hat – das gesteht ihm selbst das gestrenge Finanzamt zu – zwischen 30 und 40 Prozent Unkosten; nimmt man noch die 5,5 Prozent Mehrwertsteuer hinzu, so bleibe von den angenommenen 3000 Mark 1950 bis 1650 übrig. Rechnet der geneigte Leser davon die Einkommensteuer ab, die (billigen wir dem Burschen zu, daß er verheiratet ist und ein Kind hat) 310 beziehungsweise 250 Mark monatlich beträgt, und außerdem noch jene besonders liebenswürdige Abgabe, die man Kirchensteuer nennt, so bleiben 1600 bis 1400 Mark übrig.

Rechnet der immer noch geneigte Leser nun noch aus, daß dieser Autor ja keinen »Geschäftspartner« hat, der im Falle von Versicherungen so etwas Liebes wie den »Arbeitgeberanteil« übernimmt, schrumpft die zunächst bestechende Ursprungssumme um weitere 100 bis 300 Mark. Es ist immer wieder betont worden, daß Beiträge in Schulbüchern den respektiven lesebuchpflichtigen Schülern (und deren Eltern, die die Bücher ja bezahlen müssen) geschenkt werden können, aber nicht den Herausgebern und Verlegern, und weiterhin sollte jeder Buchkäufer wissen, daß jeder Groschen, den ein Autor bekommt oder mehr bekommt, sich im Ladenpreis verfünffacht oder versechsfacht, so will es die absurde Multiplikationsmechanik.

Es ist unbestritten, daß der »Bibliotheksgroschen« eine so komplexe wie komplizierte Abgabe ist oder wäre; unbestritten auch, daß er nicht den ohnehin erfolgreichen Autoren zugute kommen sollte. Aber kann man denn seine Berechnung nicht aufgrund eines nach den letzten zehn Jahren zu errechnenden Mittelwertes vornehmen, muß das Buch für Buch »skandiert« werden, und gibt es schließlich nicht noch andere Quellen, etwa das Urhebernachfolgerecht, eine Abgabe für tantiemefreie Buchausgaben? Natürlich gibt es starke Lobbys, stärker als die der Autoren. Ich begreife nicht recht die ironische Feindseligkeit der Presse, in der ich unter anderem las, ein Teil der Autoren könne mehr als 3000 Mark im Monat »ausgeben«, ja natürlich, aber wofür? Unkosten, Steuern, Versicherungen. Die Bibliothekare und Autoren sollten sich verbünden, gemeinsam einen Weg suchen, sich nicht aufeinanderhetzen lassen.

Es gibt ja außerdem wohl auch Autoren, deren Frauen mitverdienen, Häuser besitzen oder ähnliches. Das trifft hoffentlich auch für einige Arbeiter, Angestellte und Beamte zu – niemand wird derlei »Extras« ihrem Einkommen zuschlagen. Es erscheint mir sinnlos, das vorläufige Ergebnis einer Umfrage so undifferenziert zu publizieren, auf diese Weise »Torpedos« loszulassen – gegen wen und für wen? Schließlich gibt es Dutzende, vielleicht Hunderte von Funk- und Fernsehautoren, die möglicherweise zwischen ihrem 30. und 50. Jahr ganz gut verdienen und plötzlich abgeschoben werden. Die Manieren der Funk- und Fernsehanstalten sind diktatorisch. Mir wurden neulich vom WDR Köln (bekannt für sinnlose Baulustigkeit) 4 Prozent Zinsen für Anwaltskosten abgehalten, die ich schuldete. Mir 4 Prozent für das lang anstehende Honorar zu zahlen, auf die Idee kam keiner.

## Die Sprache der kirchlichen Würdenträger
(1971)

Heinrich Böll:
Um Mißverständnisse auszuschließen, möchte ich zunächst erklären, was dieser Film nicht ist: Er ist keine Analyse des Vokabulariums der Theologie oder kirchlicher Publikationen. Es wird hier versucht, die Sprache hoher kirchlicher Würdenträger zu untersuchen, wo sie öffentlich den Anspruch erheben, zu wichtigen Problemen Stellung zu nehmen und Rat zu erteilen. Dieser Film ist entstanden nach der Prüfung von etwa zwölf Stunden Filmmaterial, das entspräche dreihundert Seiten Manuskript. Ausgewählt wurden zwanzig Minuten, die etwa zehn Seiten Manuskript entsprechen. Die Zitate sind so ausgewählt worden, daß der Zusammenhang mit dem angesprochenen Problem erkennbar bleibt, auch wenn sie gekürzt oder zusammengefaßt werden mußten.

Einspielung Bischof Tenhumberg (als Leiter des katholischen Büros in Bonn):
... die Kirche ist kein Interessenverband wie andere Gemeinschaften, die mit Recht die Interessen bestimmter Gruppen vertreten. Die Kirche hat einen universalen Auftrag, sie muß alle Gesichtspunkte der verschiedenen Gruppen berücksichtigen und auch ins politische Spiel bringen. Ich darf meine Auffassung vielleicht formulieren als eine geistliche Assistenz für alle im politischen Dienst stehenden Menschen und Menschengruppen – ohne Unterschied auch der Konfession. ...

Ich habe jene Gesichtspunkte hier ins politische Spiel einzubringen, die die deutschen Bischöfe und damit die deutsche Kirche insgesamt angehen. Insofern habe ich allerdings auch gewisse Interessen. ...

Die Standpunkte, die das Proporzdenken betonen, sind nach meiner Ansicht überholt. Die Kirche wird versuchen, und ich werde es im Namen der Kirche ebenfalls tun, diesen Standpunkt auch ihrerseits zu überwinden. ...

Selbstverständlich gibt es in der Stellenbesetzung Aspekte, die auch die Kirche interessieren. Es ist ganz klar, daß eine Bundesregierung davon ausgehen muß, daß die beiden großen Kirchen in Deutschland daran interessiert sind, in bestimmten politischen Bereichen durch Menschen ihres Glaubens auch wirksam werden zu können. ...

Ich betrachte mein Amt tatsächlich zunächst als ein seelsorgerisches Amt. Ich nannte eben dafür das Wort »geistliche Assistenz«. Das beinhaltet im wesentlichen dasselbe. Natürlich heißt hier Seelsorge oder hat hier Seelsorge einen größeren Umfang und eine andere Charakteristik als etwa die Pfarrseelsorge. Aber es geht tatsächlich um die Hilfestellung der Kirche für die im politischen Engagement stehenden Männer und Frauen im Parlament und in der Regierung. ...

Wir waren uns im ersten Gespräch gleich einig darin, daß wir die gute Tradition, die er hier in Bonn mit meinem Vorgänger, dem Prälaten Wissing, und dessen, dem Prälaten Böhler, aufgebaut hat, fortsetzen wollen, nämlich, daß wir die Interessensgesichtspunkte, die wir zu vertreten haben, und besser gesagt noch, daß wir den umfassenden Dienst, den wir hier zu tun haben, möglichst gemeinsam tun.

Heinrich Böll:

Die Antwort von Bischof Tenhumberg auf die Frage eines Reporters nach seinen Aufgaben als Vertreter des deutschen Episkopats in Bonn ist auf eine klassische Art nichtssagend und vieldeutig zugleich. Er ist kein Interessenvertreter und ist doch einer. Er ist gegen den konfessionellen Proporz, vertritt ihn aber doch in Bonn. Er bezeichnet seinen Dienst als geistliche Assistenz, als Seelsorge, als umfassenden Dienst; dieses hochspirituelle Vokabularium, ausgedacht, um die nackte Interessenvertretung zu verbergen, erweist sich als nicht fein genug gesponnen. In diesem Wortschatz offenbart sich die Variation auf den höfischen Beichtvater, für den ebenfalls Seelsorge und Interessenvertretung identisch waren. Einer, der keine Interessen vertritt, vertritt doch welche, welche vertritt er?

Einspielung Bischof Dibelius (Rede in den USA 1947):
Die evangelische Kirche kann sich mit jeder Art von politischem System und ökonomischen Verhältnissen abfinden, aber sie kann sich niemals abfinden mit der materialistischen Weltanschauung und mit allem, was aus dieser materialistischen Weltanschauung entspringt, der Anschauung von dem, was recht ist, gut ist und dergleichen.

Heinrich Böll:
Der Kommentar zu dieser historisch wichtigen, programmatischen Äußerung von Bischof Dibelius kann nur in Fragen bestehen: Kann sich die evangelische Kirche wirklich mit jeder Art von politischen System und ökonomischen Verhältnissen abfinden außer mit der materialistischen Weltanschauung? Wo ist diese materialistische Weltanschauung geographisch beheimatet? Welche theologische Definition erfährt sie? Was ist, ich zitiere den Schlußsatz, was ist die »Anschauung von dem, was recht ist, was gut ist und dergleichen«? Was fällt alles unter »und dergleichen«? Würde ein Quartaner sich derart miserabel ausdrücken, er könnte mit einer »Sechs« in Deutsch rechnen und hätte sie verdient.

Einspielung Interview mit Präses Scharf:
Nun haben Sie, Herr Bischof, in ihrem Rechenschaftsbericht gesagt, ich darf Sie zitieren: »Wir haben einander freigegeben zu dem in jedem Teil unserer Kirche notwendigen heilsamen Dienst.« Wollen Sie damit zum Ausdruck bringen, daß jeder Teil der Berlin-Brandenburgischen Kirche, der östliche und der westliche, in die eigene Verantwortlichkeit entlassen ist, obgleich es formal noch immer nur die eine Berlin-Brandenburgische Kirche gibt. Kann man davon eigentlich noch sprechen?

Präses Scharf:
Es geht hier nicht um eine formale Frage. Die formale Frage steht nicht im Vordergrund, und es ist auch nicht nur eine formale Frage. Die Eigenverantwortlichkeit in beiden Gebieten wird wahrgenommen, wie etwa sonst auch Gliedkirchen nebeneinanderstehen in eigener Verantwortung der jeweiligen Kir-

chenleitungen. Und dennoch sind wir brüderlich aneinander gebunden. Wir haben zwischen den beiden Regionalsynoden und den Regionalkirchenleitungen brüderliche, partnerschaftliche Verantwortung füreinander, wie wir sie auch vorher gehabt haben, als wir noch in einer Synode unsere Tagungen haben durchführen können. Wir stehen auf einer gemeinsamen Geschichte, auf einem gemeinsamen Bekenntnis und auf einem gemeinsamen Grundrecht. ...

Wir sind der Meinung, daß der Geist auch über politische und ideologische Grenzen hinweg der gleiche sein kann, daß er Verbindung hält und daß er auch eine Wirklichkeit bedeutet, die einen gestalthaften Ausdruck findet.

Heinrich Böll:
Das nichtssagend Unverbindliche, das Gewundene, das Politiker aller Schattierungen in 20 Jahren über die Teilung Deutschlands und den Status Berlins gesagt haben, wird in der Äußerung von Bischof Scharf nicht durch Mut und Klarheit ersetzt. Seine Äußerung bleibt innerhalb der politisch abgesprochenen Grenzen. Er spricht nicht einmal die Gegensätze an oder aus, die innerhalb der evangelischen Kirche in der Frage existieren. Er überträgt den Alleinvertretungsanspruch der Bundesrepublik auf die evangelische Kirche und erhebt damit den Alleinvertretungsanspruch für Christentum. Er versandet, wo er definieren müßte, in Banalitäten, sagt etwa, daß der Geist auch über politische Grenzen hinweg der gleiche sein kann. Die notwendige theologische Definition des westlichen und des östlichen Materialismus, die schon Bischof Dibelius vermied, wird auch hier vermieden.

Einspielung Kardinal Döpfner:
Die Bischöfe sehen mit dem Papst die sehr ernsten Probleme der Menschheit, die in der Enzyklika angesprochen sind, die Frage nach dem Recht und den Grenzen der Manipulation des menschlichen Lebens, die Probleme der Bevölkerungsbewegung in den Entwicklungsländern und der staatlichen Eingriffe in den ehelichen Intimbereich und auch, was ja nicht übersehen werden darf, die Aufgabe einer verantwortlichen Elternschaft.

Die Schwierigkeit, die im Kreise der kirchlich gesinnten Katholiken zu kritischen Äußerungen führte, liegt in der von der Enzyklika getroffenen Bewertung der Methoden der Geburtenregelung. Nun, aus den Grundsätzen für die Aufnahme einer Enzyklika und aus den besonderen Bedingtheiten der in dieser Enzyklika behandelten Fragen leiten sich folgende Hinweise ab:

Alle sind verpflichtet, die Aussagen der Enzyklika mit innerer Aufnahmebereitschaft ernsthaft zu bedenken.

Alle, die von der Kirche mit der Glaubensverkündigung beauftragt sind, tragen Verantwortung, die Lehre des päpstlichen Rundschreibens gewissenhaft zu erklären. Die Seelsorger werden in ihrem Dienst, besonders in der Verwaltung der Sakramente, die verantwortungsbewußten Gewissensentscheidungen der Gläubigen achten.

Heinrich Böll:

Diese Äußerung zu einer lebenswichtigen Frage, in der viele Menschen noch auf die Autorität der Kirche hören, ist verwirrend und unheilvoll. Sie fordert weder zum Gehorsam noch zum Ungehorsam auf, überläßt die Entscheidung wieder einmal den ohnehin gequälten Gewissen, die vom Gehorsam gegenüber der Kirche verformt sind. Was bedeutet »mit innerer Aufmerksamkeit ernsthaft bedenken«, was bedeutet »die Lehre des päpstlichen Rundschreibens gewissenhaft erklären«, was bedeutet »die verantwortungsbewußte Gewissensentscheidung der Gläubigen achten«, wenn in dem angesprochenen päpstlichen Rundschreiben nur eine Geburtenregelungsmethode, die von Knaus–Ogino, als zulässig bezeichnet wird? Sind die kirchlich gesinnten Gläubigen nun verpflichtet, diese päpstliche Entscheidung zu respektieren, oder nicht? Und was bedeutet ein Ausdruck wie »Manipulation des menschlichen Lebens«, wenn er nur auf die noch Ungeborenen und nicht auf uns, die Geborenen, bezogen wird?

Einspielung Präses Beckmann:

Nach unserem ethischen Verständnis gibt es keine Möglichkeit, so zwischen künstlichen und natürlichen Mitteln der Geburtenregelung zu unterscheiden und nur die natürlichen als ethisch verantwortbar und die künstlichen als ethisch nicht verantwortbar hinzustellen. Für unsere Überzeugung gibt es nur gute oder schlechte, wirklich geeignete oder ungeeignete, aber nicht den Gegensatz von künstlichen und natürlichen. Unser ganzes Leben ist ja auch durch diesen Gegensatz in keiner Weise geprägt. Und so wie unser ethisches Leben durch diesen Grundsatz nicht bestimmt sein kann, kann auch die schwere und wichtige Frage der Geburtenregelung und Familienplanung nicht von dieser Entscheidung her bestimmt sein.

Heinrich Böll:
Auch diese Erklärung ist nicht hilfreicher. In ihr wird zwar die päpstliche Definition von künstlich und natürlich abgelehnt, dann aber ausgewichen auf Begriffe, die noch viel weniger greifbar sind, gut, schlecht, geeignet, ungeeignet. Es könnte auch bezweifelt werden, ob unser ganzes Leben nicht doch durch den Gegensatz künstlich-natürlich bestimmt wird. Beide Stellungnahmen sind unbrauchbar, weil sie in große Worte ausweichen in der Frage, die von den Details bestimmt wird. Wozu über intime Dinge sprechen, wenn man ihre Intimität nicht an- oder nicht aussprechen kann?

Einspielung Kardinal Döpfner:
Viel entscheidender als das Juristische, was sicherlich seine Bedeutung hat, ist die moralische Frage. Ich glaube aber, man muß auf der anderen Seite auch klar sehen, daß man, um in der Kirche ein Amt wahrzunehmen, in der Kirche, die über diese Erde geht und selbst auch nicht nur die Kirche, die eine Norm gibt, sondern auch die Kirche der Sünder ist, daß man dazu nicht nur solche nehmen darf, die niemals in ihrem Leben einmal eine heroische Handlung ausgelassen haben, denn darum ging es ja hier. Defregger hat damals sein Bestes getan, aber nicht das Letzte, was er hätte tun können. Und in all diesen Jahren seit jener Zeit hat er sich in einer eindeutigen, glaubwürdigen, priesterlichen, menschlichen Entwicklung dahin entwickelt, daß er in der Kirche ein solches Amt nach meiner Meinung annehmen durfte.

Reporter:
Von dieser positiven Entwicklung des Priesters Defregger wußte auch die Nuntiatur und der Vatikan, aber nicht von Filetto. Kardinal Döpfner hat allein entschieden, weil er glaubte, daß Defregger trotzdem Vorbild sein kann.

Kardinal Döpfner:
Vorbild in diesem Sinne, daß wir alle Sünder sind und als solche, die damit fertig werden, vor den anderen stehen. Wir dürfen ja auch hier jene im Dienst und in der Sendung Christi nicht überfordern. Es wurde ja Petrus geholt, es wurde Paulus geholt, und es wurden immer Menschen geholt, die eben schwache und begrenzte Menschen sind. Aber sie müssen darin glaubwürdig wirken. Und das ist hier nach meiner Meinung der Fall.

Heinrich Böll:
Es mag Kardinal Döpfner entgangen sein, daß die heftige Auseinandersetzung über Bischof Defregger erst einsetzte nach dessen Äußerung in der Fernsehsendung REPORT vom 4. 8. 1969. Es war leider unmöglich, aus Herrn Defreggers Äußerungen auszugsweise zu zitieren. Aufgrund unklarer Abmachungen, die nur privilegierten Zeitgenossen zugebilligt werden, darf das Fernsehinterview mit Herrn Defregger nur ungekürzt zitiert werden. Der Streit entzündete sich nicht so sehr um den Hauptmann Defregger von 1944, sondern um die Äußerung des Bischofs Defregger von 1969, der in seinem Fernsehinterview kein menschliches, kein priesterliches, kein bischöfliches Wort für die 17 Toten von Filetto fand, der von »Runden der Auseinandersetzung«, von »fitmachen«, von »hochgehenlassen« sprach, seine Ehre als ehemaliger Berufsoffizier in der Sprache eines Provinz-Boxchampions verteidigte. Sollte Kardinal Döpfner tatsächlich diesen Herrn Defregger für vorbildlich halten oder gehalten haben? Was die Bemerkung von Kardinal Döpfner zur Sündhaftigkeit des Menschen und der Kirche im allgemeinen betrifft, so möchte ich mich des Kommentars enthalten, diesen lieber einem populären Komiker überlassen, der einen sehr populären Schlager interpretiert:

Millowitsch:
> Wir sind alle kleine Sünderlein,
> s'war immer so, s'war immer so,
> der Herrgott wird es uns bestimmt verzeihn
> s'war immer immer so,
> Denn warum sollten wir auf Erden,
> schon lauter kleine Englein werden?
> Wir sind alle kleine Sünderlein,
> s'war immer so, s'war immer so,
> Englein können wir im Himmel sein,
> s'war immer immer so.

Einspielung Prof. Karl Forster (Deutsche Bischofskonferenz):
Man konnte auch den Gegenvorwurf hören, manche Fragen seien zu simpel, die Ausdrucksweise sei antiquiert, entspreche nicht ganz der modernen Sprechweise der Theologie. Wir haben uns bei der Zusammenarbeit mit dem Allensbacher Institut in der Aufstellung der Fragen und der Formulierung sehr bemüht, Formulierungen zu finden, die zwar ein Nachdenken beim Ausfüller erforderlich machen, die aber doch eigentlich bei einem solchen Nachdenken für jeden verständlich sein sollten, und wir haben ganz bewußt auch Worte gewählt, die im allgemeinen Sprachgebrauch der Kirchenglieder sind und die nicht irgendwelchen allermodernsten theologischen Spekulationen zugehören. ...

Wir glaubten, daß es unsere Pflicht ist, in der Vorbereitung einer Synode die Entscheidungsfreiheit der Synodalen offenzuhalten und jedenfalls so zu formulieren, daß zwar die Schwergewichte der Fragestellungen, der Probleme, die die Katholiken empfinden, deutlich gemacht werden, daß aber auf der anderen Seite keine Vorentscheidungen im Sinne eines Volksentscheids gefällt werden.

Heinrich Böll:
Bemerkenswert an diesem Statement ist die Tatsache, daß eine religiöse Autorität wie die katholische Kirche, die ihren Ursprung in der Verkündigung und Interpretation des Wortes hat, sich nicht auf ihre Theologen, nicht auf die in der Beicht-

und Seelsorgepraxis gesammelten Erfahrungen stützen kann, daß sie sich mit einem demoskopischen Institut ihre eigene Wörtlichkeit erarbeiten muß. Es kann hier nicht die Nützlichkeit und Problematik demoskopischer Institute abgehandelt werden, auch nicht die Frage, ob sie dem Volk aufs Maul schauen oder dem Volk ins Maul legen. Was soll das alles, wenn zwar die Schwergewichte der Fragestellung der Probleme, die die Katholiken empfinden, deutlich sichtbar werden, eine Vorentscheidung, ein Volksentscheid aber vermieden werden soll? Das klingt, als wäre man sich seiner Autorität nicht mehr sicher, wäre aber dennoch nicht bereit, sie abzugeben oder zu teilen. Was bedeuten im Zusammenhang einer so nichtssagenden Wörtlichkeit noch Ausdrücke wie Demokratie oder Demokratisierung, die anläßlich der Synode gefallen sind?

Einspielung Interview mit Präses Beckmann:
Herr Professor, welche Absicht, welches Motiv steht hinter den Bemühungen der wissenschaftlichen Bibelkritik, die sie vertreten, die Bibelinhalte und Bibelursprünge zunächst einmal radikal in Frage zu stellen?

Präses Beckmann:
Zunächst wird man sagen müssen, daß der Ursprung dieser Infragestellung in der Erforschung der Heiligen Schrift selbst begründet liegt. Je mehr man sich in den letzten 200 Jahren bemüht hat, die Heilige Schrift wissenschaftlich zu erforschen als Theologe, um so mehr ist man zu einer Reihe von Fragen vorgestoßen, die es früher so nicht gab. Aber ich würde doch sagen, der eigentliche Anlaß für die heutige Erörterung der Auslegungsfragen ist die Verkündigung der Kirche. Man ist der Überzeugung, daß nur dadurch, daß eine neue Weise der Schriftauslegung gefunden wird, auch die Verkündigung der Kirche für den modernen Menschen in einer neuen Ansprache und hilfreicher gestaltet werden kann.

Interviewer:
Nun ist auf der Synode gesagt worden, daß sie auf diese Weise einem bequemen, einem spannungslosen Glauben das Wort reden. Was können Sie dazu sagen?

Präses Beckmann:
Ich muß sagen, ich habe diese Frage oder diese Behauptung nicht verstanden, denn in Wirklichkeit muß man doch sagen, daß in der modernen Theologie zwischen Glaube und Wissenschaft eine neue, tiefgreifende Spannung hervorgerufen worden ist, die in gewisser Beziehung für den evangelischen Glauben unauflöslich bleibt. Das hängt mit dem evangelischen Glaubensbekenntnis zusammen, Glaube an das Wort Gottes und wissenschaftliche Erforschung der Heiligen Schrift sind zwei aufeinander zu beziehende, aber niemals zur Deckung zu bringende Größen.

Heinrich Böll:
In diesem Interview über eine der wichtigsten Fragen, das Bibelverständnis, ist vielleicht die Erklärung für die meist nichtssagende Sprache kirchlicher Würdenträger in der Öffentlichkeit verborgen. Wenn, wie Präses Beckmann sagt, Glaube an das Wort Gottes und wissenschaftliche Erforschung der Heiligen Schrift zwei aufeinander zu beziehende, aber niemals zur Deckung zu bringende Größen sind, muß man sich natürlich der biblischen Bildhaftigkeit enthalten, die über Jahrhunderte hinweg der kirchlichen Sprache Kraft verlieh, die einleuchtend war, verständlich, und für die verschiedensten Epochen der Menschengeschichte auslegbar. Verliert man das Vertrauen in diesen sprachlichen Fundus, sucht eine Wörtlichkeit, die nicht abstrakt genug ist, um einer ernsthaften intellektuellen Auseinandersetzung standzuhalten, nicht mehr bildhaft und nicht abstrakt genug, dann verliert man sich in einem Wortbereich, der verlogen ist und nicht anders sein kann. Auf der Suche nach einer mißverstandenen Modernität verliert die kirchliche Sprache das, was sie überzeugend machen könnte: Gegenwärtigkeit.
Das nun folgende Zitat aus einer Papstbotschaft, das Kardinal Döpfner auf dem Katholikentag in Trier verlas, könnte als Musterbeispiel dafür dienen, wie man Bibelzitate ihres gesellschaftspolitisch-brisanten Inhalts beraubt und sie in eine unverbindliche Humanität hineinmanipuliert. Die beiden Zitate aus der Apostelgeschichte, die hier ineinander verarbeitet worden sind, lauten ursprünglich so. Ich zitiere nun die verarbei-

teten Verse. In Kapitel 2, Vers 42, heißt es: »Sie hielten fest an der Lehre der Apostel, am Brotbrechen und am Gebet.« Vers 44: »Alle Gläubigen hielten zusammen und betrachteten all ihre Habe als gemeinsames Eigentum.« Verse 46 und 47: »Täglich verharrten sie einmütig im Tempel, brachen in den einzelnen Häusern das Brot und genossen ihre Speisen in stolzer Freudigkeit und Einfalt des Herzens. Sie priesen Gott und waren beim ganzen Volk beliebt.« Aus dem Kapitel 4 der Apostelgeschichte ist der Vers 32 verarbeitet worden, er lautet: »Die Menge der Gläubigen war ein Herz und eine Seele, niemand betrachtete etwas von seiner Habe als sein Eigentum, sie hatten alles miteinander gemeinsam.«

Einspielung Kardinal Döpfner:
Wir möchten hier an die Liebe erinnern als an das Lebensprinzip der kirchlichen Gemeinschaft, an jene Grundhaltung, die unser Denken, Reden und Handeln als Christen bestimmt. Von der ersten Christengemeinde berichtet die Apostelgeschichte: »Die Gemeinde der Gläubigen war ein Herz und eine Seele. Die ersten Christen hielten fest an der Lehre der Apostel, an der Gemeinschaft, am Brotbrechen und am Gebet. Sie hielten alle zusammen und hatten alles gemeinsam. Täglich verweilten sie einmütig im Tempel und brachen in den Häusern das Brot. Sie priesen Gott und waren beim ganzen Volk beliebt.«

Heinrich Böll:
Auffällig ist, daß hier die Verse aus zwei verschiedenen Kapiteln der Apostelgeschichte als geschlossenes Zitat gebracht werden, daß hier ein halber Vers aus Kapitel 2 und Kapitel 4 zu einem Satz zusammengefügt werden, der dann lautet: »Sie hielten zusammen und hatten alles gemeinsam.« Ursprünglich heißt es im Vers 44, Kapitel 2: »Alle Gläubigen hielten zusammen und betrachteten all ihre Habe als gemeinsames Eigentum«, und in Vers 32, Kapitel 4: »Niemand betrachtete etwas von seiner Habe als sein Eigentum, sie hatten alles miteinander gemeinsam.« In beiden Fällen wird der eindeutige Hinweis auf die Hinfälligkeit und Verwerflichkeit des Privateigentums wegretuschiert, zwei weit voneinander entfernte Halbsätze werden miteinander ver-

bunden, der Zusammenhang zwischen Einmütigkeit, Liebe, Gemeinschaft und Verzicht auf Privatbesitz wird unterschlagen, ein Zusammenhang, der in anderen Versen des Kapitels 4 und im Kapitel 5 durch handfeste Beispiele bekräftigt wird. Ob hier die wissenschaftliche Bibelkritik am Werk war oder nur die Furcht vor der eigenen Courage und der eines Textes, der ungekürzt und unverfälscht als Haussegen in jeder Kommune hängen könnte?

Einspielung Stimmen vom Katholikentag Trier:
 Wenn ich aber weiß, daß das, was ich vorhin erwähnt habe, daß die Schule, das ganze System der Schule, den Menschen nicht realisieren kann, so ist es meine Pflicht als Christ, diese Schule zu bekämpfen. ...
 Die wahren Probleme kennt die Kirche überhaupt nicht. Es ist doch so, wenn im Trierer Land oder auch im Bitburger Land ein Pfarrgemeinderat gebildet wird, ich will jetzt nicht abschweifen vom dem Thema, aber wenn da ein Gemeinderat gebildet wird, ist nur eine politische Partei vertreten. Wagt er es, eine andere Partei zu haben, wird er mit unfairen Mitteln herausgedrückt. Da müßte die Kirche konstanter sein, müßte sagen: Nein, das geht nicht. ...
 Ich fordere die Bischöfe auf und ich fordere uns auf, unseres Amtes gemäß zu handeln und uns nicht hinter einem Demokratismus zurückzuziehen, da kommt nämlich nichts bei raus, es ist ein Indifferentismus.

Reporter:
 Verkrampftheit und Unsicherheit schwebten über den ersten Diskussionsversuchen. Liberaler Konservatismus auf dem Podium und radikaler Auflösungswille von der Linken schaffen weitgehendes Ärgernis. Erst eine inzwischen Schlagzeilen beherrschende Nonne schuf freie Bahn für eine realistische Einschätzung der Lage:
 Wir wissen doch, daß in der Bundesrepublik 1,7% der Bevölkerung 70% der Produktionsmittel besitzen. Das führt zu der Prognose, daß in 20 Jahren die ganze westliche Welt von zweihundert Großkonzernen verwaltet und bestimmt wird.

Die Frage, wenn Gott uns den Auftrag gegeben hat, uns die Erde untertan zu machen, dann ist doch auch Sache der Gemeinde des Herrn, daß wir an diesem Wandel der Gesellschaft mitarbeiten. Und wie können wir das tun? Das wollte ich hier erfahren.

Dorothee Sölle:
Ich glaube an Gott, der die Welt nicht fertig geschaffen hat wie ein Ding, das immer so bleiben wird, der nicht nach ewigen Gesetzen regiert, die unabänderlich gelten, von Armen und Reichen, Sachverständigen und Uniformierten, Herrschenden und Ausgelieferten. Ich glaube an Gott, der den Widerspruch des Lebendigen will.

Kardinal Döpfner:
Nun, Stückwerk ist alles, was die Kirche unterwegs tut, man hat vom Konzil zuviel erwartet und dadurch es belastet, man könnte auch von dieser Synode zuviel erwarten. Ich meine, wir sollten hier in dieser ganzen gegenwärtigen Auseinandersetzung der Kirche einige feste Punkte setzen, für manche Aufgaben neue Richtstrahler setzen und so wieder einen Abschluß setzen und zugleich einen neuen Anfang.

Heinrich Böll:
Vier Stimmen aus dem Publikum des Katholikentags in Trier. Ein junger Mann spricht über die Problematik der Schulerziehung, eine Frau spricht mit unverblümter Deutlichkeit die auf lokaler Ebene praktizierte Union von CDU und Katholizismus an, ein junger Mann durchschaut das, was er Demokratismus nennt, eine deutsche Nonne, die mit Dom Helder Camara in Recife zusammenarbeitet, widerspricht energisch der künstlichen Problematik der Diskussion. Und Dorothee Sölle in der Anthoniterkirche in Köln manipuliert nicht einen biblischen oder kirchlichen Text, sie versucht ihn neu zu fassen. Es mag nicht alles glatt klingen, was diese fünf Stimmen sagen, aber es hat etwas, das keiner der kirchlichen Würdenträger hat, es hat Stimme, es windet sich nicht um Probleme herum, es spricht sie an, und überraschenderweise gibt es sogar eine partielle theo-

logische Übereinstimmung zwischen Dorothee Sölle und Kardinal Döpfner. Frau Sölle sagt, daß Gott die Erde nicht fertig geschaffen habe, Herr Döpfner spricht von Stückwerk.

Vielleicht ist es die Fertigkeit, die Glätte, die die Sprache der kirchlichen Würdenträger so nichtssagend macht. Sie sind nicht bewegt und nicht bewegbar. Vielleicht sollten sie dem Volk wieder aufs Maul schauen und sich ihren Wortschatz nicht von demoskopischen Instituten erarbeiten lassen. Ihre Sprache, die Sprache der kirchlichen Würdenträger, ist die Sprache von Kontaktlosen oder zumindest Kontaktgestörten.

# Günter Wallraffs unerwünschte Reportagen
(1971)

Unter denen, die in der Bundesrepublik publizieren, nimmt Günter Wallraff mit seinen Reportagen eine Ausnahmestellung ein. Er ist kein Reporter im überkommenen Sinn, der recherchiert, interviewt und dann seinen Bericht schreibt. Er ist kein Essayist, der sich informiert und dann abstrakt analysiert. Er gehört auch nicht zu den Autoren, die das, was man herablassend die Arbeitswelt zu nennen beliebt, zum Gegenstand von Romanen und Erzählungen macht. Das sind legitime Formen der Publizistik. Wallraff hat eine andere Methode gewählt, er dringt in die Situation, über die er schreiben möchte, ein, unterwirft sich ihr und teilt seine Erfahrungen und Ermittlungen in einer Sprache mit, die jede »Überhöhung« vermeidet, sich nicht einmal des Jargons bedient, der ja als poetisch empfunden werden könnte. Daß seine Berichte so umstritten worden sind, hängt wohl damit zusammen, daß er sich weder der Sprache der Beherrschten bedient, die man gemeinhin die Sklavensprache nennt, noch der Sprache der Herrschenden. Wenn Wallraff die Ausdrucksweise der Herrschenden ausgiebig zitiert, etwa amtlicher Stellen, des Militärpfarrers, des Kursleiters für Zivilschutz, so hat das Zitat eine Funktion, es beweist, daß Herablassung oder Anbiederung praktiziert wird. Das peinlichste Beispiel für diese Tour ist der Militärgeistliche in dem Bericht: *Töten um Gottes willen*, wo der Landserjargon des Zweiten Weltkriegs in plumper Weise als Anbiederungsmittel verwendet wird. Hier läßt ein »Herr« sich herab, um seiner äußerst fragwürdigen »Verkündigung« willen den Hemdsärmeligen zu spielen; was die Sache noch peinlicher macht: der Jargon, dessen er sich bedient, kommt ein paar historische Augenblicke zu spät.

Wenn Betroffene in einer extremen sozialen oder politischen Situation gelegentlich, wenn ihnen Funk- oder Fernsehreporter das Mikrofon vor den Mund halten, gezwungen sind, sich unmittelbar auszudrücken, wird ihnen immer vorgeworfen, ihr Ausdrucksniveau sei zu gering. Genau besehen bedeutet das: sie beherrschen die Sprache der Herrschenden nicht. Und aus einer gewissen Scheu heraus, weil ihnen beigebracht worden ist, ihre Sprache sei vulgär, unaussprechbar und unpublizierbar, und weil sie das Ausdrucksgefälle spüren, weigern sie sich, ihren eigenen Jargon zu sprechen. Daß dieser Jargon poetisch oder poetisierbar sei, entdecken dann immer die, die der Situation nicht unterworfen sind. Zuhälter-, Dirnen- oder Gangsterjargon klingt natürlich für die, die nicht als Zuhälter, Dirnen oder Gangster ihren Lebensunterhalt verdienen, ungemein »poetisch«. Eine gewisse Sorte kesser junger Frauen, die das Glück haben, mit wohlhabenden Industriellen verheiratet zu sein, gefällt sich sehr darin, privat gelegentlich in eine Art Hurenjargon zu verfallen, etwa den hübsch klingenden Terminus »Mein Freier schafft an« zu benutzen. Solche Dinge gefallen der Schickeria.

Wallraffs Berichte sind in keiner Weise, auch nicht in der geringsten Nuance, schick. Sie sind auch nicht geeignet, der gelangweilten Schickeria Vokabeln oder Stimmungen zu liefern. Sie sind nicht flott, nicht elegant, schwer verdaulich. Sie zeigen bei näherem Zusehen durchaus etwas wie Humor (von der bittersten Sorte), aber ich nehme das Wort sofort wieder zurück, es ist zu mißverständlich und erlaubt wieder Ausflüchte. Wer möchte schon in irgendeiner der Situationen sein, die Wallraff beschreibt: der Frau Baronin von Carlowitz ausgeliefert, dem Herrn Militärpfarrer unterworfen, der (ha ha ha) anstatt Kaffee »Negerschweiß« verlangt, oder als Sandwich-Man durch Berlin gehen mit dem Schild: Student, wegen Teilnahme an Demonstrationen gekündigt, sucht Zimmer und Arbeit jeglicher Art. Ein lebensgefährliches Spiel.

Man mag im Ausland gelegentlich denken, das Phänomen Axel Springer werde von Studenten und Intellektuellen in der Bundesrepublik in seiner Gefährlichkeit übertrieben. Dabei vergißt man leicht, daß Herrn Springers Lieblingswirkungsfeld Berlin ist; daß seine Zeitungen, die in der Bundesrepublik unter anderem laufen, in Berlin die öffentliche Meinung bilden und fast ausschließlich beherrschen. Die demagogisierte Berliner Bevölkerung, mit der der Sandwich-Man Wallraff auf lebensgefährliche Art konfrontiert ist, ist das Ergebnis Springerscher Manipulation.

Gewiß sind nicht alle Wallraffschen Berichte typisch für die Bundesrepublik allein. Es gibt auch anderswo Asozialen-Obdachlosen-Trinkerheilanstaltsprobleme. In dieser Feststellung liegt wenig Trost. Gewiß ganz speziell bundesrepublikanisch sind die Berichte: *Töten um Gottes willen, Lebensdienste in Westfalen, Napalm? Ja und Amen, Sauberes Berlin*. Ich kann nicht auf jeden einzelnen Bericht eingehen, sie sprechen für sich und mögen sich für Ausländer geradezu exotisch lesen. Exotisch sind sie auch für mich. Als Musterbeispiel dieser Exotik lese ich den Bericht: *Töten um Gottes willen*. Diese grobschlächtige, schon obszöne Weise der Anbiederung durch katholische Geistliche erinnert mich sehr an eine ähnliche Art der Einweisung, wie ich sie im Jahr 1938 erlebte. Ich kann hierzu getrost den banalen Kommentar geben: Es hat sich nichts geändert. Nichts. In diesem Milieu wird Nachdenklichkeit als intellektuell verdächtigt, und intellektuell zu sein ist die schlimmste Art der Verdächtigung, die einem widerfahren kann. In diesem Bericht zeigt sich, wie demagogisch benutzter Jargon zum Vehikel exhibitionistischer Anbiederung wird und einer, wie ich hoffe, mißglückten Herablassung. Beides, Herablassung und Anbiederung, vermeidet Wallraff. Umstritten worden ist in der Bundesrepublik vor allem Wallraffs Methode, sein Eindringen in bestimmte Situationen unter einem Vorwand oder einem Pseudonym. Betrachtet man seine Berichte genau, so wird in ihnen allen Herrschaft entlarvt, jene Herrschaft, die gewisse Methoden des Recherchierens für gentlemanlike erklärt und andere, Wallraffs Methode, nicht. Nicht nur die Sensationspresse, auch die seriöse, sogar jene Publikationsmittel, die als »scharf« gelten, halten sich an gewisse Spielregeln. Wallraff nicht. Er *besichtigt* nicht, er neutralisiert nicht, indem er auch die Gegenseite zu Wort kommen läßt. Er unterwirft sich einer Situation und schildert sie vom Standort des Unterworfenen aus. Er ist immer Subjekt. Besonderen Lärm hat es natürlich um seine Methode bei der Napalm-Reportage gegeben. Man hat ihm vorgeworfen, er habe das Beichtgeheimnis verletzt. Das trifft nicht einmal theologisch zu: das Beichtgeheimnis verletzen kann nur der, der die Beichte hört, nie der, der sie ablegt – und sei es auch nur scheinbar. Eine hübsche Rolle hat dabei die KNA (Katholische Nachrichtenagentur) gespielt, sie hat Wallraff über Wallraff zitiert, der hinwiederum das Urteil von Bundeswehrärzten über sich selbst zitiert hatte; er wurde als »abnorme Persönlichkeit für Krieg und Frieden untauglich« entlassen. Gewiß sind das legitime Formen des geltenden Journalismus, eine fein angelegte Denunziation, der man nicht einmal widersprechen kann, weil das Zitat ja stimmt.

Ich habe nur einen Einwand gegen Wallraffs Methode: er wird sie nicht mehr lange anwenden können, weil er zu bekannt wird. Und so weiß ich nur einen Ausweg: schafft fünf, sechs, schafft ein Dutzend Wallraffs.

Inzwischen hat sogar ein bundesdeutsches Gericht seine Methode gebilligt, billigen müssen: es hat ihn von der Anklage der Amtsanmaßung freigesprochen.

## Soviel Liebe auf einmal. Will Ulrike Meinhof Gnade oder freies Geleit?

(1972)

Wo die Polizeibehörden ermitteln, vermuten, kombinieren, ist *Bild* schon bedeutend weiter: *Bild* weiß. Dicke Überschrift auf der Titelseite der (Kölner) Ausgabe vom 23. 12. 71: »Baader-Meinhof-Gruppe mordet weiter«.

Im wesentlich kleiner gedruckten Bericht über den Kaiserslauterer Bankraub liest man dann von vier maskierten Gangstern, unter denen »vermutlich« eine Frau war, im Verdacht, so liest man weiter, stehe »unter anderem« die Gruppe um Ulrike Meinhof. Indizien: Informationen der Polizei über den Aufenthalt der Gruppe, ein roter Alfa Romeo, beim Überfall benutzt, Tage vorher in Stuttgart gestohlen, schon einmal bei einer Fahndung nach der Gruppe beobachtet; weitere Indizien: die »brutale Art« des Überfalls und die »generalstabmäßige Planung«.

Nun sind Banküberfälle meistens brutal, auch wenn die Verdächtigten nicht der Gruppe um Ulrike Meinhof angehören. Und gerade durch generalstabmäßige Planung eines Überfalls werden meistens Opfer vermieden.

Immerhin wird dann Herr Rauber, der Chef der Kaiserslauterer Kriminalpolizei, zitiert: »Wir haben zwar noch keine konkreten Anhaltspunkte, daß die Baader-Meinhof-Bande für den Überfall verantwortlich ist. Aber wir ermitteln selbstverständlich in dieser Richtung.« Das klingt schon anders; nüchtern, sachlich, angesichts der Indizien plausibel, legitim, wenn man es schon als legitim ansieht, daß Polizeibeamte für 1.373 Mark monatlich ihr Leben riskieren, unter anderem, um Banktresore zu schützen. Ein riskanter, schlechtbezahlter Beruf.

Im Manifest der Gruppe, nach dem Untertauchen erst hektographiert, inzwischen im Wagenbach Rotbuch 26 (Alex Schubert: Stadtguerilla) erschienen, ist über dieses Problem zu lesen:

»Am 14. Mai (1970 bei der Befreiung Baaders in Berlin), ebenso wie in Frankfurt, wo zwei von uns abgehauen sind, weil wir uns nicht einfach verhaften lassen wollten – haben die Bullen zuerst geschossen. Die Bullen haben jedesmal gezielte Schüsse abgegeben. Wir haben z. T. überhaupt nicht geschossen, und wenn, dann nicht gezielt: in Berlin, in Nürnberg, in Frankfurt. Das ist nachweisbar, weil es wahr ist.«

»Wir machen nicht ›rücksichtslos von der Schußwaffe Gebrauch‹. Der Bulle, der sich in dem Widerspruch zwischen sich als ›kleinem Mann‹, und als Kapitalistenknecht, als kleinem Gehaltsempfänger und Vollzugsbeamten des Monopolkapitals befindet, befindet sich nicht im Befehlsnotstand. Wir schießen, wenn auf uns geschossen wird. Den Bullen, der uns laufen läßt, lassen wir auch laufen.«

Hebt man die Kränkung, die in der Bezeichnung »Bulle« liegt, gegen das Wort »Bande« auf, zieht man von den zahlreichen vermuteten die bisher nachgewiesenen Taten ab und vergleicht man diese Passage mit dem wilden Schluß des Manifests *Den bewaffneten Kampf unterstützen! Sieg im Volkskrieg!*, so klingt das nicht ganz so wahnwitzig wild und schießlustig, wie die Gruppe bisher dargestellt worden ist. Ergänzt man die oben zitierte Passage durch eine andere, die sich mit der lebensgefährlichen Verletzung des Angestellten Georg Linke auseinandersetzt, so entsteht auch nicht gerade der Eindruck einer uneingeschränkten Ballerideologie: »Die Frage, ob die Gefangenenbefreiung auch dann gemacht worden wäre, wenn wir gewußt hätten, daß ein Linke dabei angeschossen wird – sie ist uns oft genug gestellt worden –, kann nur mit Nein beantwortet werden.«

Die Kriegserklärung, die im Manifest enthalten ist, richtet sich eindeutig gegen das System, nicht gegen seine ausführenden Organe. Es wäre gut, wenn Herr Kuhlmann, der Vorsitzende der Polizeigewerkschaft, dafür sorgte, daß seine Kollegen, die einen so gefährlichen und schlecht bezahlten Beruf ausüben, dieses Manifest einmal lesen.

Es ist eine Kriegserklärung von verzweifelten Theoretikern, von inzwischen Verfolgten und Denunzierten, die sich in die Enge begeben haben, in die Enge getrieben worden sind und deren Theorien weitaus gewalttätiger klingen, als ihre Praxis ist. Gewiß war die Befreiung Baaders eben doch nicht der so ganz überzeugende (weder für Beobachter noch für Mitwirkende überzeugende) Sprung von der Theorie in die Aktion. Das Manifest enthält unter anderem auch fast so etwas wie ein Geständnis: »Weder das bißchen Geld, das wir geklaut haben sollen, noch die paar Auto- und Dokumentendiebstähle, derentwegen gegen uns ermittelt wird, auch nicht der Mordversuch, den man uns anzuhängen versucht, rechtfertigen für sich den Tanz.« Es kann kein Zweifel bestehen. Ulrike Meinhof hat dieser Gesellschaft den Krieg erklärt, sie weiß, was sie tut und getan hat, aber wer könnte ihr sagen, was sie jetzt tun sollte? Soll sie sich wirklich stellen, mit der Aussicht, als die klassische rote Hexe in den Siedetopf der Demagogie zu geraten?

*Bild*, ganz und gar vorweihnachtlich gestimmt, weiß ja schon: »Baader-Meinhof-Gruppe mordet weiter.« *Bild* opfert die Hälfte seiner kostbaren ersten und die Hälfte seiner ebenso kostbaren letzten Seite dem Kaiserslauterer Bankraub.

Auf der letzten Seite von *Bild* (23. 12. 71) findet man nur noch wenig von polizeilichen Ermittlungen. Statt dessen zwei Sonderspalten: »Die Opfer der Baader-Meinhof-Bande«, »Die Beute der Baader-Meinhof-Bande«. Unter die Opfer zählt *Bild* nicht nur das nachgewiesene (und zugegebene) Opfer Georg Linke, es zählt auch alle die hinzu, bei denen noch nicht ganz geklärt ist, wer auf sie geschossen hat: Helmut Ruf und Norbert Schmid, und da *Bild* schon einmal beim Opfern ist, wird auch der Polizeiobermeister Herbert Schoner aus Kaiserslautern der Einfachheit halber hinzugezählt.

Der Rentner Helmut Langenkämper aus Kiel wird immerhin nur als einer bezeichnet, der sich »Bankräubern in den Weg stellte«. Welchen Bankräubern? Schwamm drüber, das nehmen wir nicht so genau, die Vorweihnachtsopferlitanei darf nicht zu kurz ausfallen. Und wohl deshalb auch zählt *Bild* Petra Schelm und Georg von Rauch (der hier zum Hauch wird) dazu. Das soll sicher ein Witz sein.

Ich hoffe, daß Herrn Springer und seinen Helfershelfern dieser Witz im Hals steckenbleibt mit den Gräten ihres Weihnachtskarpfens. Man kann die Nase schon voll kriegen, und ich habe sie voll. Wahrscheinlich wird *Bild* bald so weit sein, einen so armen Teufel wie Hermann Göring, der sich leider selbst umbringen mußte, unter die Opfer des Faschismus zu zählen.

In der zweiten Litaneispalte – »Beute der Baader-Meinhof-Bande« – wird schlicht auch der Schaden aufgezählt, den die Frankfurter Kaufhausbrandstiftung verursacht hat: 2,2 Millionen. Auch Baaders Befreiung und ein Schußwechsel am 24. 12. 70 in Nürnberg laufen unter »Beute«. Natürlich werden die erbeuteten Summen der Banküberfälle, bei denen die Polizei lediglich vermutet, *Bild* aber weiß, der Beute zugeschlagen. Logischerweise werden die 134 000 Mark aus Kaiserslautern mit-, aber nicht mehr aufgezählt, wo man doch Polizeiobermeister Schoner schon unter die Opfer gezählt hat. Da stimmt doch etwas nicht an der Rechenmaschine, die *Bild* bei solchen Additionen benutzt, denn es fehlen die 2,2 Millionen aus Frankfurt, Beutespalte bleibt Beutespalte, oder etwa nicht? Fragen dürfen wird man doch wohl.

Ich kann nicht annehmen, daß Polizeibehörden und zuständige Minister über Helfershelfer wie *Bild* glücklich sein können, oder sollten sie's doch sein? Ich kann nicht begreifen, daß irgendein Politiker einem solchen Blatt noch ein Interview gibt. Das ist nicht mehr kryptofaschistisch, nicht mehr faschistoid, das ist nackter Faschismus. Verhetzung, Lüge, Dreck.

Diese Form der Demagogie wäre nicht einmal gerechtfertigt, wenn sich die Vermutungen der Kaiserslauterer Polizei als zutreffend herausstellen sollten. In jeder Erscheinungsform von Rechtsstaat hat jeder Verdächtige ein Recht, daß, wenn man schon einen bloßen Verdacht publizieren darf, betont wird, daß er nur verdächtigt wird.

Die Überschrift »Baader-Meinhof-Gruppe mordet weiter« ist eine Aufforderung zur Lynchjustiz. Millionen, für die *Bild* die einzige Informationsquelle ist, werden auf diese Weise mit verfälschten Informationen versorgt. Man hat ja wohl genug von den Verdächtigten oder nur verdächtig Aussehenden des Herrn XY Zimmermann gehört.

Die Bezeichnung Rechtsstaat wird fragwürdig, wenn man die gesamte Öffentlichkeit mit ihren zumindest unkontrollierbaren Instinkten in die Exekutive einbezieht; wenn man die Qualität des Rechts der Quantität von Erfolg und Popularität opfert. Die nach Indizien zurechtdramatisierten Spielfilmrekonstruktionen, die Herr Zimmermann als Illustrationen zeigt, sind doch nichts weiter als miese Grusicals für den Spießer, der in Pantoffeln dasitzt, Bier trinkt und glaubt, er würde zum Augenzeugen, wo er doch nur einer undurchsichtigen Mischung von fact und fiction zuschaut, gelegentlich solchen, in denen Leichenteile die Hauptrolle spielen. Wie wär's, wenn Herr XY Zimmermann einen der immer noch gesuchten Naziverbrecher in der heiligen Krimistunde suchen ließe? Nur als Probe, um zu testen, wie's deutsche Krimigemüt darauf reagieren würde?

Die Bundesrepublik Deutschland hat 60 000 000 Einwohner. Die Gruppe um Meinhof mag zur Zeit ihrer größten Ausdehnung 30 Mitglieder gehabt haben. Das war ein Verhältnis von 1:2 000 000. Nimmt man an, daß die Gruppe inzwischen auf 6 Mitglieder geschrumpft ist, wird das Verhältnis noch gespenstischer 1:10 000 000.

Das ist tatsächlich eine äußerst bedrohliche Situation für die Bundesrepublik Deutschland. Es ist Zeit, den nationalen Notstand auszurufen. Den Notstand des öffentlichen Bewußtseins, der durch Publikationen wie *Bild* permanent gesteigert wird.

Was richtet eine Überschrift wie die zitierte an? Wer zieht *Bild* zur Rechenschaft, wenn die Vermutungen der Polizei sich als unzutreffend herausstellen? Wird *Bild* dementieren, sich korrigieren, oder wird Herr Springer sich an der Bildspalte auf Seite 5 trösten, die die Überschrift trägt: »Soviel Liebe auf einmal«. Dort werden die weihnachtlichen Spenden publiziert. Gott segne das ehrbare Handwerk. Ich hoffe, die Gräten im Weihnachtskarpfen waren nicht zu weich und haben sich tatsächlich quergelegt.

Ich wiederhole: Kein Zweifel – Ulrike Meinhof lebt im Kriegszustand mit dieser Gesellschaft. Jedermann konnte ihre Leitartikel lesen, jedermann kann inzwischen im Rotbuch 26 des Wagenbach Verlages das Manifest lesen, das nach dem Untertauchen der Gruppe geschrieben ist. Es ist inzwischen ein Krieg von 6 gegen 60 000 000. Ein sinnloser Krieg, nicht nur nach meiner Meinung, nicht nur generell, auch im Sinne des publizierten Konzeptes.

Ich halte es für psychologisch aussichtslos, Kleinbürgern, Arbeitern, Angestellten, Beamten (auch Polizeibeamten), die vom Erlebnis zweier totaler Inflationen geschreckt sind, ihren relativen Wohlstand ausreden zu wollen, wenn man ihnen nicht erst einmal ausführlich und nationalökonomisch exakt darlegt, wie fürchterlich »gleich« die Chancen bei der Währungsreform waren. Und hat je einer die jüngeren Polizeibeamten darüber informiert, auf dem Hintergrund welcher Polizei*geschichte* die ihren tatsächlich schweren Beruf ausüben? Es gab einmal kurzfristig einen Bundesminister in einem CDU-Kabinett, der sofort, fast über Nacht aus dem Verkehr gezogen wurde und dann auch zurücktrat, als sich herausstellte, daß er einmal Richter in Schneidemühl gewesen war.

Für einen so abscheulichen Satrapen wie Baldur von Schirach, der einige Millionen junger Deutscher in die verschiedensten Todesarten trieb und zu den verschiedensten Mordarten ermutigte, sogar für ihn gab es Gnade. Ulrike Meinhof muß damit rechnen, sich einer totalen Gnadenlosigkeit ausgeliefert zu sehen. Baldur von Schirach hat nicht so lange gesessen, wie Ulrike Meinhof sitzen müßte. Haben die Polizeibeamten, Juristen, Publizisten je bedacht, daß alle Mitglieder der Gruppe um Ulrike Meinhof, alle, praktische Sozialarbeit getan haben und Einblick in die Verhältnisse genommen, die möglicherweise zu dieser Kriegserklärung geführt haben? Schließlich gibt es das Rotbuch 24 des Wagenbach Verlags, Titel: *Bambule*, Verfasserin: Ulrike Marie Meinhof. Lesenswert, aufschlußreich – als Film immer noch nicht gesendet.

Wieviel junge Polizeibeamte und Juristen wissen noch, welche Kriegsverbrecher, rechtmäßig verurteilt, auf Anraten Konrad Adenauers heimlich aus den Gefängnissen entlassen worden und nie wieder zurückbeordert worden sind? Auch das gehört zu unserer Rechtsgeschichte und läßt Ausdrücke wie Klassenjustiz so gerechtfertigt erscheinen wie eine Theorie des Strafvollzugs der politischen Opportunität.

Ulrike Meinhof und der Rest ihrer Gruppe haben keinerlei Chance, irgend jemand politisch opportun zu erscheinen. Äußerste Linke, äußerste Rechte, linke und rechte Mitte, Konservative und Progressive aller Schattierungen, sie alle kennen keine Parteien mehr, sie sind dann nur noch Deutsche und sich einig, einig, wenn sie endlich in ihre deutsche Schwatzgenüßlichkeit zurückfallen, sich ungestört ihrem Fraktionschinesisch ergeben können, wenn geschehen sollte, was nicht geschehen darf; wenn man eines Tages lesen würde, daß auch Ulrike Meinhof, später Grashof, dann Baader und Gudrun Ensslin als »erledigt« zu betrachten sind. Erledigt wie Petra Schelm, Georg von Rauch und der Polizeibeamte Norbert Schmid. Erledigt, vom Tisch, wie man so hübsch sagt, und aus dem deutschen Gemüt, mag's sich noch so links dünken.

Man wird das uralte Gesabbere hören. Es mußte ja so kommen. Schade, aber ich hab's ja immer gesagt. Diese ganze verfluchte nachträgliche Rechthaberei, wie sie Eltern mißratenen Kindern hinterherbeten. Und dann kann man weiter seine verschiedenen Gebetsmühlen drehen. Man hat ja recht gehabt, man hat's ja immer gewußt, und es mußte ja so kommen. Paulinchen war allein zu Haus.

Muß es so kommen? Will Ulrike Meinhof, daß es so kommt? Will sie Gnade oder wenigstens freies Geleit? Selbst wenn sie keines von beiden will, einer muß es ihr anbieten. Dieser Prozeß muß stattfinden, er muß der lebenden Ulrike Meinhof gemacht werden, in Gegenwart der Weltöffentlichkeit. Sonst ist nicht nur sie und der Rest ihrer Gruppe verloren, es wird auch weiter stinken in der deutschen Publizistik, es wird weiter stinken in der deutschen Rechtsgeschichte.

Haben alle, die einmal verfolgt waren, von denen einige im Parlament sitzen, der eine oder andere in der Regierung, haben sie alle vergessen, was es bedeutet, verfolgt und gehetzt zu sein? Wer von ihnen weiß schon, was es bedeutet, in einem Rechtsstaat gehetzt zu werden von *Bild*, das eine weitaus höhere Auflage hat, als der *Stürmer* sie gehabt hat?

Waren nicht auch sie, die ehemals Verfolgten, einmal erklärte Gegner eines Systems, und haben sie vergessen, was sich hinter dem reizenden Terminus »auf der Flucht erschossen« verbarg? Wollen sie in dieser überreizten Situation, in dieser gegenseitigen Verhetzung, die Entscheidung ganz allein den Polizeibeamten überlassen, die verstört und überarbeitet sind und – hier mag's angebracht sein – auf eine psychologisch gefährliche Weise frustriert?

Weiß keiner mehr, was es bedeutet, einer gnadenlosen Gesellschaft gegenüberzustehen? Wollen die ehemals Verfolgten die verschiedenen Qualitäten des Verfolgtseins gegeneinander ausspielen und ernsthaft die Termini »kriminell« und »politisch« in absoluter Reinheit voneinander scheiden, einer Gruppe gegenüber, die ihre Erfahrungen unter Asozialen und Kriminellen gesammelt hat, und auf dem Hintergrund einer Rechtsgeschichte, wo das Stehlen einer Mohrrübe schon als kriminell galt, wenn ein Pole, Russe oder Jude sie stahl? Das wäre weit unter einem Denkniveau, wie es unter verantwortlichen Politikern üblich sein sollte.

Ulrike Meinhof will möglicherweise keine Gnade, wahrscheinlich erwartet sie von dieser Gesellschaft kein Recht. Trotzdem sollte man ihr freies Geleit bieten, einen öffentlichen Prozeß, und man sollte auch Herrn Springer öffentlich den Prozeß machen, wegen Volksverhetzung.

Die inzwischen längst nicht mehr so jungen Herren Pragmatiker, die allerorts in wichtigen beratenden Funktionen sitzen, manche von ihnen mitten in der politischen Verantwortung; sie, die gelegentlich Plattheit und Pragmatismus aufs gröblichste miteinander verwechseln; die so mühelos und schmerzlos vom Faschismus in die freiheitlich demokratische Grundordnung übergewechselt haben oder worden sind; sie waren bis 1945 zu gläubig oder zu dumm, um nachdenklich zu werden, im Jahre 1945 waren sie zu jung, um für schuldig gehalten zu werden. Sie waren »desillusioniert«, ein bißchen reumütig, sehr rasch bekehrt, und ihre Schmerzen waren nicht viel mehr als ein bißchen Hitlerjugendwehwehchen.

Diese gelegentlich etwas glattzüngigen Mechaniker, die alles so gut und das meiste besser wissen und nun, im Vollgefühl ihrer Etabliertheit, hin und wieder mit gelinder Wehmut sich nach Ideologie sehnen (wie nach einem Parfüm, das fehlt in ihrer absoluten Geruchlosigkeit), ist es ihnen nicht ein bißchen zu leicht geworden und gemacht worden, haben sie nicht ein bißchen zu wenig Ideologie, Weltanschauung, Metaphysik in Erinnerung, als daß sie begreifen könnten, was sie nie erfahren haben: was es bedeutet: verfolgt und gehetzt zu sein, ständig auf der Flucht? Als Politischer, als Krimineller, und als »Krimineller«?

Wollen sie, daß ihre freiheitlich demokratische Grundordnung gnadenloser ist als irgendein historischer Feudalismus, in dem es wenigstens Freistätten gab, auch für Mörder, und erst recht für Räuber? Soll ihre freiheitlich demokratische Grundordnung sich als so unfehlbar darstellen, daß keiner sie in Frage stellen darf? Unfehlbarer, als alle Päpste zusammen je waren? Ich weiß, das sind viele Fragen, aber fragen dürfen wird man ja noch.

Die Bundesrepublik hat mehr als 60 000 000 Einwohner, die Gruppe um Ulrike Meinhof wahrscheinlich inzwischen sechs Mitglieder. Die Auflage von *Bild* liegt wohl um die 4 000 000, die Zahl der Leser wahrscheinlich um die 10 000 000. Die Weihnachtsbotschaft von Herrn Springer lautete: »Baader-Meinhof-Gruppe mordet weiter«. Mordet. Weiter. Fröhliche Weihnachten gehabt zu haben und ein glückseliges Neues Jahr. Harte Gräten, zähe Karpfen. So viel Liebe auf einmal, wie Herr Springer sie uns bietet, ist schwer zu ertragen, besonders in einem Rechtsstaat.

# Fall Höhn
(1972)

Lieber Herr Gründler, ich wußte nicht, daß Sie inzwischen zum VORWÄRTS gegangen sind, hätte mir freilich, nachdem ich die Publikation über Prof. Höhn las, denken können, daß beim VORWÄRTS eine große Veränderung vorgenommen worden ist.

Ich möchte Ihnen aus- und nachdrücklich danken für die Veröffentlichung der Sonderseite über Prof. Höhn und der vier Fragen an Minister Helmut Schmidt. Die so oft zitierte »Glaubwürdigkeit der Demokratie« ist nicht nur in Gefahr, sie wird zum Hohn, wenn ein Mann, dessen administrative Fähigkeiten offenbar unbestreitbar sind, diese Fähigkeiten unter Umständen verbesserte oder erwarb, wo Administration Todesadministration bedeutete. Nicht nur für uns, die wir Zeitgenossen und Zeugen waren, ist die Naivität der SPD-Politiker, die von solchen Fähigkeiten unter veränderten Umständen Gebrauch machen, unbegreiflich, für unsere jüngeren Mitbürger ist sie verdächtig und unfaßbar.

Natürlich fallen solche Akademien nicht unter den Begriff »rechtsradikal« und können sich sicher fühlen. Dort wird wahrscheinlich nicht Nazi-Gedankengut verbreitet, nur Führungs-Technik, die man für wertneutral, weil leistungssteigernd ansieht. Man kann die Freundlichkeiten einiger SPD-Politiker gegenüber dieser Akademie bestenfalls als naiv bezeichnen, objektiv bösartig wird diese Naivität erst, wenn man nicht reflektiert und mitbedenkt, daß Eichmanns Vernichtungspolitik auch auf ihre Weise auf eine fürchterliche Weise »effektiv« war. Die Konzentrationslager waren – wie man in allen Publikationen etwa von H. G. Adler nachlesen kann – eine »organisatorische Meisterleistung«.

## Schwarzer Mittwoch beim ZDF

(1972)

Wenn Fernsehkommentare abgedruckt werden, fehlen ein paar wichtige Dimensionen: es fehlt die Physiognomie des Sprechenden, seine Stimme, es fehlt die Stunde, fehlt der Tatort, es fehlen die Angaben über die Zuschauerfrequenz, die der Glückliche oder Glücklose gehabt hat. Das Wichtigste: Stimme und Physiognomie: in der Sprache, die ich bei der Deutschen Wehrmacht lernte, ausgedrückt: die »Fresse« und »die Schnauze«. Jene beiden letzteren »Argumente« sind nicht wiederherzustellen, und so klingt ein peinlicher, sogar ein faschistischer Kommentar, wenn jemand ihn irgend jemand mit einer menschlichen Stimme vorliest, ganz anders, als er in Wirklichkeit am Tatort geklungen hat. Es liegt mir wenig daran, hier Herrn Wollers Interpretationskünste zu analysieren. Interpretation ist Glückssache, mag der Glückliche es also weiter versuchen, sich an Sprache zu vergreifen. Hinweisen möchte ich nur auf ein paar offensichtliche Unterlassungen, Fehlinterpretationen.

1. Das Argument, ich bezeichnete Leute, die mich kritisieren, als Faschisten. Herr Woller und sein Intendant Prof. Dr. Holzamer sind herzlich eingeladen, im Archiv meines Verlages nachzuprüfen, wieviel Verisse, ganze Verisswellen ich habe über mich ergehen lassen. Ich hätte fast die gesamte deutsche Literaturkritik als »faschistisch« bezeichnen müssen, einschließlich des »Spiegels«, der mich einige Male ganz schön zwischengenommen hat. Das ist also eine simple Lüge oder eine arg leichtfertig konstruierte Behauptung, zu der jegliche Begründung fehlt.

2. Behauptete Herr W., ich weigere mich, etwas für meine sowjetischen Kollegen zu tun. Es ist mir zu dumm, das Argument widerlegen zu wollen. Das hat Klaus Harpprecht im ZDF am Tage drauf (27. 1. 72) widerlegt – zwar war er ein wenig arg nah – ohne seine Schuld – zur Mitternacht hin gerutscht, aber immerhin: ich danke ihm.

3. Lastet Herr W. der Baader-Meinhof Gruppe den Kaufhausbrand an. Soviel ich weiß, hat Ulrike Meinhof damit nichts zu tun gehabt.

4. Behauptet er – das ist die bösartigste unter seinen Lügen –, ich hätte die Ordnungskräfte des Staates für die Hysterie (das Wort habe ich übrigens in meinem Artikel gar nicht gebraucht) verantwortlich gemacht. Die einzige »Ordnungskraft«, die ich verantwortlich gemacht habe, ist die »Bild«-Zeitung, und es ist dann auch der Herr und Beherrscher derselben, den Herr Woller verteidigt.

5. Schließlich das berühmte Wuppertaler Zitat. Ich habe einer privaten Statistik zufolge bisher (Gott sei es geklagt) ungefähr 7 000 Seiten Prosa, gleich ungefähr 210 000 Zeilen, geschrieben, die Hälfte davon in Büchern publiziert, die andere Hälfte nicht in Büchern. Es bleibt Herrn Woller überlassen, sich daraus 4 Zeilen herauszusuchen. Zitieren ist erlaubt, und alle Zitate sind aus dem Zusammenhang gerissen. Bitte schön. Was täten die Stützen der Ordnungskräfte nur, hätte ich diese 4 Zeilen von ungefähr 210 000 nicht geschrieben. Ich freue mich, ihnen diesen Spaß gemacht zu haben, sonst hätten sie ja kaum etwas zu fressen. Übrigens stammt dieses Zitat aus einem zeitgeschichtlichen Zusammenhang, der nie mitgeliefert wird: es stammt mitten aus der Krise der Regierung Erhard, und da diese bekanntlich von den Herren Barzel und Strauß angezettelt worden war, konnte man seinerzeit den von mir beschriebenen Zustand täglich auf dem Bildschirm sehen, zu einer Zeit, da Herr W. noch Korrespondent des ZDF in Bonn war.

6. Schließlich taucht da immer wieder, auch bei Herrn W. – so als Schlußschlenker mit der nötigen Denunzianten-Süffisanz, das Argument mit den »Millionen« auf. Ich habe dazu nichts mehr zu sagen. Es ist derart schofel, derart ministrantenhaft elend, daß es wohl ein paar Herren beim ZDF doch kalt über den Rücken lief und sie Klaus Harpprecht auf den Plan riefen – oder der sich zu Wort meldete – und es bekam, um seinem Chefredakteur zu widersprechen.

Die neue Dimension, die durch die Kommentare der Herren Planitz und Woller in die Polemik geraten ist, hat wohl keiner der Herren Justitiare, Intendanten, Programmbeiräte, Verwaltungsräte bemerkt: das ZDF ist kein Privatunternehmen wie irgendeine Springerzeitung: Die ARD ist eine Anstalt des öffenlichen Rechts, und es besteht ein Unterschied zwischen dem miesen Gequatsche in Herrn Boenischs (und Springers) Sentimentalitäts- und Lügenpostille und den Kommentaren in Anstalten des öffentlichen Rechts. Das mögen die Brotherren der Herren Woller und Planitz bedenken. Wahrscheinlich wollte Herr W. mich provozieren, auf daß ich dem ZDF ein Kündigungsschreiben schicke, wie dem SWF. Pech gehabt. Es gibt andere Mittel. Vor allem – das macht den Mittwoch, den 26. 1. 72, zum »schwarzen Mitttwoch« des ZDF – gibt es andere Mittel gegenüber dem unsäglichen Herrn Löwenthal. Warten wir ab. Ich habe Zeit. Und ich habe ein gutes Gedächtnis. Für Texte, für Physiognomien, Stimmen und für den Tatort. Ich habe nicht vergessen, und Klaus Harpprecht konnte nicht am 27. 1. 72 gegen Mitternacht auslöschen, was am 26. 1. 72 gegen 23.00 Uhr die andere Stimme, die andere Physiognomie angerichtet hat. Mein Kinderglauben an diese Art des pluralistischen Ausgleichs ist schon länger dahin.

# Man muß zu weit gehen
(1972)

Die »Schwierigkeiten beim Häuserbauen«, die Reinhard Lettau auf so unvergleichliche Weise beschrieben hat, sind möglicherweise geringer als die, beim gegenwärtigen Stand der Auseinandersetzung über drei verschiedene Gegenstände eine öffentliche Erklärung abzugeben. Die drei verschiedenen Gegenstände sind:

1. der Artikel im *Spiegel* über das öffentliche Bewußtsein in Sachen Ulrike Meinhof,

2. mein Interview mit Peter Merseburger in *Panorama* über den Fall Bukowski und die Lage der sowjetischen Intellektuellen,

3. ein Rundfunk-Interview, das ich im Fall Arnfrid Astel gab und das, ohne daß man mich gefragt hätte, nun auszugsweise gedruckt erscheint.

Die größte Schwierigkeit ist eine generelle, die ich »medieninterne Leser-Information« nennen möchte. *Spiegel*–intern, *Welt*–intern, *Bild*–intern, *Stadt-Anzeiger*-intern. Welcher Leser kann es sich schon leisten, alle Information zu erlangen, Chronologie herzustellen. Die chronologische Reihenfolge meiner drei Untaten:

1. Astel–Interview (29. 12. 1971);
2. *Spiegel*–Artikel (10. 1. 1972);
3. *Panorama*–Interview (10. 1. 1972).

Das Astel–Interview wird aber erst jetzt ausgepackt, und schon dadurch entsteht ein falsches Bild. Oberstaatsanwalt Erwin Denger aus Kaiserslautern hat laut *Süddeutscher Zeitung* vom 12. 1. 1972 gesagt: »Dafür (für die von *Bild am Sonntag* publizierten Details über den Aufenthalt von Ulrike Meinhof in Kaiserslautern) gibt es keinerlei konkreten Anhaltspunkt, diese Nachrichten von *Bild* sind einfach aus der Luft gegriffen und stinken zum Himmel. Man könnte am journalistischen Gewerbe fast verzweifeln.« Es ist nicht nur das journalistische Gewerbe, an dem man – und nicht nur fast – verzweifeln könnte, es ist ebensosehr diese »medieninterne Information« der Leser. Täglich Sensationen, die im eigenen Kreis und Kreislauf abgehandelt werden: Artikel, Gegenartikel, Kommentar, Leitartikel, Leserbriefe usw. In den meisten Fällen wird Information aus zweiter Hand zu Information aus dritter, die Information aus dritter zu Information aus vierter Hand. Setzt schon die Information aus erster Hand viel mehr voraus, als gemeinhin vorauszusetzen ist, nämlich, daß einer *lesen* kann, so kann man sich vorstellen, wie das in der fünften Hand aussieht: Wenn etwa – was durchaus ihr Recht ist – eine Frau in Trier oder Landshut sich drei Wochen nach den »Ereignissen« hinsetzt und einen Leserbrief schreibt.

Um diesen Schwierigkeiten auszuweichen, gibt es zwei Möglichkeiten für einen Schriftsteller: für die Schublade oder die Ewigkeit zu schreiben, oder für die kombinierte Möglichkeit der »ewigen Schublade«. Mir liegt beides nicht, das und die Ewigkeit interessieren mich nicht. Es ist mir gleichgültig, ob irgendeiner nach meinem Tod sich noch für irgend etwas interessiert, was ich geschrieben habe, und manchmal bin ich erstaunt, daß sich einer noch eines Romans erinnert, den ich vor zehn Jahren geschrieben habe, wie etwa der ungeheuer verdienstvolle Herr Hicks, der da in der *Welt* die *Ansichten eines Clowns* zum Anlaß seines Witzes nahm.

Eine weitere Schwierigkeit: daß ich tatsächlich gespalten bin, Fachausdruck: schizophren; in den Vorsitzenden des deutschen, den des internationalen PEN, in den Romanautor, den Staatsbürger, den Artikelschreiber, gelegentlichen Essayisten, Autofahrer, Flugzeugbenutzer, Spaziergänger, Stubenhocker etc. und in einige hundert oder wenigstens -zig Figuren oder Personen, mit denen ich mich gelegentlich – und auch das nur vorübergehend und außerdem nur partiell – »identifiziert« habe: Ich meine das Personal des »Erzählten« und Erwählten.

Nur diese wenigen Voraussetzungen, bevor ich zur Sache komme. Zunächst: Das Interview über den Fall Astel (29. 12. 1971). Ich will hier nicht darüber lamentieren, daß es, obwohl für den Funk per Telefon gesprochen, publiziert wurde. Das ist nicht ganz korrekt, aber bitte. Ich nehme kein Wort davon zurück, und stellt man da einen Widerspruch zum *Panorama*–Gespräch mit Peter Merseburger fest, so gebe ich zu: Der Widerspruch existiert.

Nur sehe ich da ein paar Unterschiede: Ich halte den Fall Astel, ganz gleich, was einer dazu sagen mag, für harmlos, eine arbeitsrechtliche Frage, in der der PEN-Club – selbstverständlich, wie ich finde – Astel nicht nur als sein Mitglied, auch, wenn er es nicht wäre, unterstützen muß.

Der Fall Bukowski liegt einige erhebliche Dimensionen weiter und tiefer: Es steht etwas mehr auf dem Spiel, für Bukowski und seine Freunde. An meiner persönlichen Einstellung kann auch nach dem Gespräch mit Merseburger kein Zweifel bestehen, sowenig wie irgendein Zweifel an meiner Einstellung zu Solschenizyn bestehen kann, an meiner Einstellung zur Besetzung der ČSSR. Nun, da die Herren Dr. Rudolf Krämer-Badoni, Hans Habe und Scharnagl mich in dieser Sache provozieren wollten, kann ich und werde ich nicht den Weg wählen, auf den sie mich zwingen wollen. Denn: Kein Mensch in Moskau, ob oppositionell oder nicht, glaubt daran, daß es *Bild*, *Welt*, *Welt am Sonntag* oder dem *Bayernkurier* hier um die reine Menschlichkeit geht. Mag ich noch gezögert haben während des Interviews mit Peter Merseburger, jetzt zögere ich nicht mehr: Einen Weg, den die drei genannten Herren und ihre Publikationsinstrumente gehen, kann ich nicht gehen. Als Vorsitzender des internationalen PEN schon institutionell nicht, und als Person weigere ich mich, auf sämtlichen Ebenen meiner Schizophrenie. Wenn die Herren also Herrn Bukowski nützen wollten, so haben sie ihm jetzt gründlich geschadet. Ich werde einen Weg suchen, aber keinen, an dem eine verstellte und demagogisierte Öffentlichkeit teilhat. Wenn die Herren, die ich im folgenden mit Dr. K.-B., H. H. und Sch. abkürze, Stoff für Leitartikel brauchen, so bin ich bereit, ihnen eine Dokumentation des US-PEN-Centers »Writers in prison« zuschicken zu lassen (zu *lassen*, bitte, denn ich korrespondiere nicht mit ihnen). Dort finden sie reichlich Stoff über Autoren in Gefängnissen in Brasilien, Indonesien etc.

Merkwürdig, daß Herr H. H. nicht meinen Abtritt (er meint

Rücktritt) verlangt, weil ich nicht gegen die Torturen protestiert habe, denen Autoren in Brasilien unterworfen werden.

Der *Spiegel*-Artikel hat Schwächen, weniger in dem, was drin steht, als in dem, was nicht drin steht; es fehlt eine umfassende Studie über die Eskalation: von der Erschießung Benno Ohnesorgs bis zum Attentat auf Dutschke. Es fehlt ein Hinweis auf die Proportion der angewandten Mittel, auf deren Verhältnismäßigkeit. Fünfunddreißig Beamte – so hörte ich – besuchten den Wagenbach-Verlag anläßlich der Beschlagnahme des *Roten Kalenders*, vielleicht erinnert man sich noch der Leichtigkeit, mit der der Dutschke-Attentäter Bachmann fliehen konnte. Und vielleicht erinnert man sich noch an die Rekonstruktion der Erschießung Georg von Rauchs in genau der Panorama-Sendung, in der anschließend Peter Merseburger mich interviewte. Hat niemand darüber nachgedacht, was mich, während ich dort »live« vor dem Monitor hockte, die ganze Zeit über beschäftigt hat? Was ich – zugegeben – aus Angst vor der Welle von Volkszorn, die mich bespült hätte – nicht ausgesprochen habe: daß da eine Parallele zum Fall Bukowski herzustellen gewesen wäre. Ich gebe zu: Ich war zu feige, obwohl's so nahe lag. Die Attitüde verbaler Moralität, die H. H. und Dr. K.-B. von mir erwarteten, kostet nichts, und außerdem: Es ist doch merkwürdig, daß ausgerechnet jene Herren, die Resolutionen zu verspotten pflegen, hier auf eine drängen.

Dann: Die Polemik gegen die Ostverträge liegt zu nahe an diesem überraschenden Engagement für Bukowski, und genau das wird ihm eher schaden als nützen. Non, messieurs, non: Schreiben Sie über den Fall von Rauch. Das sind ja wohl alles Kleinigkeiten, das sind die berühmten Späne, die fallen, wenn gehobelt wird. Oh, hobelt nur weiter. Späne gibt's genug.

Es ist nicht sehr interessant, ob ich nun recht habe, die anderen unrecht. Die genannten Herren und ihre »Organe« wären so gleichgültig wie ich, hätte sich nicht wieder einmal herausgestellt, daß es eine festgefügte Pressemauer gibt, die nicht durchbrechbar ist. Keiner der Herren – auch kein Politiker – ging bisher auf mein Einstiegs-Argument, die *Bild*-Überschrift »Baader-Meinhof-Gruppe mordet weiter«, ein. Diese Überschrift würde Herrn Springer in Großbritannien, in einem Land mit einer flotten Boulevardpresse, aber anderen Gesetzen, gut und gern 300 000 – 400 000 Mark kosten. Darum geht's.

Es mag schon sein, daß ich im einen oder anderen Punkt zu weit gegangen bin, zu weit nach Ansicht der Politiker, aber – ich wiederhole mich: »Man muß zu weit gehen, um herauszufinden, wie weit man gehen kann.« Offenbar kann man hierzulande nicht sehr weit gehen, denn – innerhalb der Tradition politischer Polemik gesehen – ist der *Spiegel*-Artikel verblüffend harmlos, und das ist eine seiner weiteren Schwächen, die eine Schwäche des öffentlichen Bewußtseins sichtbar macht. Ich hatte tatsächlich die Illusion, ich könnte die Fronten – wenigstens stellenweise – durchbrechen. Statt dessen verhörten sie sich. Die Pressemauer steht, und auch an ihr gibt es »Schießbefehle«, die sogar im Jargon verankert, legitimiert sind: Man nennt das »Abschießen«, »Schlachten«, die müdere Form heißt: »In die Füße schießen«.

Als Hauptargumente gegen den *Spiegel*-Artikel stellen sich bisher heraus: Erstens: ich hätte die Gruppe um Ulrike Meinhof »verharmlost«. Zweimal habe ich in meinem Artikel ausdrücklich erklärt, Ulrike Meinhof habe dieser Gesellschaft *den Krieg erklärt*. Ich halte Krieg nicht für ein harmloses Wort. Ich habe die Gruppe um Ulrike Meinhof *relativiert* – ja. Verharmlost nein. Ich habe versucht, die Proportionen zurechtzurücken. Nichts weiter. Wenn Albanien der Sowjetunion den Krieg erklären würde, so fände ich das nicht harmlos, nur fände ich die Situation der Sowjetunion nur relativ gefährlich.

Dann gab's eine recht dünne Erklärung von Innenminister Genscher, die Zahl 6 betreffend, die ich ausdrücklich als *angenommene* Zahl deklariert hatte. Ich bin bereit, als Variationen die Zahlen 4, 7, 9, 12, 15 und 17 anzubieten. Dann sagte Herr Genscher, es stehe ihm nicht zu, Schriftsteller zu kritisieren. Ich möchte ihn ausdrücklich ermutigen, das zu tun. Schriftsteller sind kritikgewohnte Tiere, und Kritik wäre mir lieber gewesen als das unzutreffende Argument der Verharmlosung und das dünne Argument um die Zahl 6. So lapidar wie markant Innenminister Weyer von NRW: »Ich mißbillige sowohl die Ziele als auch die Methoden der Gruppe.« Na und? Das will ich doch hoffen, daß der Innenminister des Landes NRW die Ziele und

die Methoden der Gruppe ablehnt. In diesem Punkt bin ich sogar – wie im *Spiegel*–Artikel nachzulesen ist – mit ihm einig, nur: Mit einer Feststellung dieser Art ist nichts, nichts, aber auch gar nichts gesagt, weder von mir noch von Herrn Weyer.
Nicht nur überraschend, schon recht merkwürdig finde ich die verschiedenen Stilebenen, auf denen sich Dr. K.-B. und H. H. bewegen. Dr. K.-B.s Leitartikel in der *Welt* vom 10. 1. 1972 war schlechthin indiskutabel, das hätte Schlamm besser und geschickter und demagogisch wirkungsvoller gemacht. Aber Dr. K.-B.s Leitartikel im *Darmstädter Echo* vom 15. 1. 1972 war, wenn auch nicht gerade freundlich und ebenfalls voll der üblichen Albernheiten, immerhin diskutabel. Und Herr H. H. beehrte mich in seiner Glossenspalte in der *Kölnischen Rundschau* vom 16. 1. 1972 nur mit einem kleinen Nebensatzschlenker, der ziemlich witzig hätte sein können, aber am gleichen Tag fuhr er in der *Welt am Sonntag* die faschistische Jauchespritze auf. Es gibt also Medien- – in diesem Falle springerinterne – Stile, wobei der *Welt am Sonntag* sogar ihre eigene Schizophrenie zur Dümmlichkeit gerät. Im Vorspann zu H. H.s Artikel »Treten Sie ab, Herr« (folgt mein Name) teilt die *Welt am Sonntag* mit, daß H. H.s Roman »Ob tausend fallen« in der Sowjetunion in einer Millionenauflage erschienen sei, ein Roman des gleichen H. H. also, der mich in seinem Artikel dann in seiner dümmlichen Art meiner Millionenauflage in der Sowjetunion wegen zu denunzieren versucht. Ist Schwachsinn nun strafbar oder nicht, wenn ihm so viel Druckerschwärze zur Verfügung steht?
Nicht ein Politiker hat irgend etwas zur Sache gesagt. Das beide Seiten – Polizei und die Gruppe um Ulrike Meinhof – entradikalisieren könnte. Es darf also weiter gehetzt, in Schlagzeilen und mit Pistolen geschossen werden. Das Gewäsch von Dr. K.-B., bei dem nicht einmal der Schaum vor dem Mund echt ist, hilft nicht einen Millimeter weiter. Was meine derzeitige (rasch vorübergehende) Eigenschaft als Vorsitzender des Internationalen PEN-Clubs betrifft, so steht es Herrn H. H. frei, in London meine Absetzung zu beantragen, den ungeheuren Skandal, den ich darstelle, dem Londoner Sekretariat mitzuteilen, dann mag das Gremium, das mich gewählt hat, mich im

April wieder abwählen, falls es zu der Einsicht kommt, ich sei nicht mehr würdig.

Da ich in keiner Form – nicht einmal via Leserbrief oder Anwalt – direkt auch nur eine einzige Halbzeile den Springer-Zeitungen zur Verfügung stelle, ebensowenig dem *Bayernkurier*, der *Rheinischen Post* und dem *Rheinischen Merkur*, bin ich gezwungen, meine Erklärung in dieser Form vorzubringen. Mögen die Politiker sich also weiterhin ihrer Verbündeten Dr. K.-B. und H. H. erfreuen. Da Herr H. H. in der Sowjetunion eine Millionenauflage hat, muß er ja dort ebensoviel Einfluß haben, wie er mir zuschreibt. Außerdem muß er ja wissen, wie die Millionenauflagen dort zustande kommen, und da er meine Millionenauflage nicht gerade direkt, aber auf die typisch faschistische, indirekte Art nur so eben, daß man's riechen kann – mit Geld in Zusammenhang bringt, wird er ja wohl wissen, was eine Millionenauflage dort einbringt.

Nun kann H. H. auch sein, was Herr Dr. K.-B. nur äußerst selten ist: nett. H. H. bezeichnet mich als eine Mischung aus »Albert Schweitzer, Schwejk und Fritz Teufel«. Das ist gar nicht so übel, wie er das meint, denn an allen dreien ist ja, auf den verschiedenen Ebenen, versteht sich, etwas Sympathisches. Was ich nicht nett an H. H.s Vergleich finde, ist die Tatsache, daß H. H. mir so gar nicht zubilligt, auch ein wenig ich selbst zu sein. Müßte ich für ihn drei Vergleichspersonen finden, so würde ich sagen, daß Hans Habe aus Hans Habe, Hans Habe und Hans Habe besteht; er ist so ganz er selbst – genau wie der Dr. K.-B. –, und was sie beide gemeinsam haben: sie sind Herrn Springers letzte Reserve. Nichts ist gefährlicher für Bukowski, als wenn in Zeitungen, deren Polemik gegen die Ostverträge so wild geführt wird, für ihn plädiert wird. Und in diese Gesellschaft, in diesen Zusammenhang mag ich mich nicht begeben.

Nun muß ich endlich mein »Mea culpa« loswerden. Ich habe ein schreckliches Vergehen, fast ein Verbrechen auf dem Kerbholz: ich habe für Gnade plädiert. Das ist natürlich ein fürchterliches Verbrechen in einem Lande, dem das C (für die, die's vergessen haben sollten: das C steht für »Christlich«) bei jungen und alten Unionen an sämtlichen Knopflöchern herausschaut. Fürchterlich, schrecklich, nein so was, in einem C-Land um

Gnade für jemanden zu bitten. In diesem Wort Gnade – könnte ja möglicherweise jener geistige, fast metaphysische Aspekt sich verbergen, den Herr Filbinger vermißt. Nun, man darf wirklich nicht tun, was ich getan habe, ich geb es zu, und meine *culpa* ist eine *maxima*. Ich bin ja auch ganz zerknirscht, vor allem auch durch irgendeine Nebenbemerkung des berühmten Herrn Löwenthal vom ZDF. Dabei würde ich sogar um Gnade für ihn bitten, bei allen jenen Göttern, deren Pflicht und Aufgabe es ist, bösartige Dümmlichkeit unter ihre Fittiche zu nehmen.

Mag's also weitergehen: gnadenlos, in Schlagzeilen und mit Pistolen, gnadenlos dumm, gnadenlos faschistisch, gnadenlos demagogisch. Am 17. 1. 1972 hörte ich im Radio gegen 19.30 Uhr eine Nachricht, daß in Köln wieder einmal aus einem BMW mit einem Meinhof–verdächtigen Kennzeichen auf einen Polizeibeamten geschossen worden sei. Der Polizeibeamte verletzt, der BMW lädiert. In den Nachrichten gegen 23.30 Uhr klang das schon anders: der Beamte *nicht* verletzt, nur unter Schock leidend, wahrscheinlich aber – so die Nachrichten – einer der jungen Männer im Auto verletzt. Wer soll aus diesem Hickhack noch schlau werden, wird das Ganze nicht allmählich und immer stärker krankhaft? Hat je einer den Aufwand bedacht, den finanziellen, den personellen, den Aufwand an Leben und Gesundheit, und wird diese Automarkenmystik nicht allmählich schwachsinnig?

Zum Schluß einige Bemerkungen, von denen ich die erste nicht als ironisch aufzufassen bitte: Das Echo auf meinen Artikel im *Spiegel* war überwiegend positiv. Ich hätte vielen Leuten öffentlich zu danken für Briefe und Telegramme, auch kritische Presseäußerungen, ausgenommen denen der Springer-Presse.

Danken möchte ich auch den Zeitungen, die nun mehr von dem Wort »Gruppe« und nicht mehr so oft dem Wort »Bande« Gebrauch machen. Immerhin. Und Springer-Blätter dürfen weiterhin Leute Mörder nennen, denen bisher kein einziger Mord nachgewiesen wurde. Darin liegt für die jungen Herren von der Jungen Union keinerlei Gefahr für den Rechtsstaat. Herrn H. H. möchte ich noch einmal bescheinigen, daß er Hans Habe, Hans Habe und Hans Habe ist, daß seine Millionenauflage in der UDSSR besser ist als meine. Gott segne das ehrbare Handwerk.

Und zuallerletzt eine Bitte an die Herren im Hause Springer: mich aus dem Vertrag zu lösen, der mich via Verlagskonzentration und via Zweitrecht aus einem harmlosen Ullstein-Autor zu einem Springer-Ullstein-Autor gemacht hat. Es trennen uns Welten, Mauern, Schießbefehle. Ich habe viele Makel, diesen Makel, ein Springer-Autor zu sein, möchte ich nun endlich loswerden. Schließlich müssen die Herren, die's angeht, wissen, daß ich auch ein Makel für sie bin. Trennen wir uns also.

Und noch eine Bitte an die Herausgeber des *Rheinischen Merkur*. In ihrer Ausgabe vom 14. 1. 1972 bringen sie einen auf miese Weise verkürzten Kommentar eines Herrn G. R. (oder einer Dame, wer weiß das schon), auf Seite 5 wird mein Roman *Gruppenbild* Werbern für den *Rheinischen Merkur* als Prämie angeboten. Ich möchte nicht, daß Werber für diese Zeitung eines meiner Bücher als Prämie bekommen. Man sollte ihnen doch lieber Romane von Herrn Dr. K.-B. oder H. H. als Prämie bieten.

Und nun mögen sämtliche Götter das »C« segnen, zu Lande, zu Wasser und in der Luft, und nun mag man auch diesen Artikel ab- und ausschlachten. Wohl bekomm's.

# Verfolgt war nicht nur Paulus
*Zu einem Kommentar Diether Possers*
(1972)

Bevor ich zu den Argumenten komme, mit denen Herr Dr. Posser mir gegenüber recht hat, möchte ich auf ein paar Punkte aufmerksam machen, die er übergangen hat: 1. meine Bemerkungen zum Hintergrund unserer Rechts- und Polizeigeschichte (siehe den Fall Schrübbers); 2. meine Bemerkungen zu Adenauers Eingriff in den rechtsstaatlichen Ablauf des Strafvollzugs zugunsten der Wiederaufrüstung; 3. meine Bemerkungen über die Hintergründe der Währungsreform, diese »fürchterliche« Gleichheit, die dabei am Werke war.

Im großen und ganzen, auch in einigen Details muß ich Herrn Dr. Posser recht geben. Die Wirkung meines Artikels entspricht nicht andeutungsweise dem, was mir vorschwebte: eine Art Entspannung herbeizuführen und die Gruppe, wenn auch versteckt, zur Aufgabe aufzufordern. Ich gebe zu, daß ich das Ausmaß der Demagogie, die ich heraufbeschwören würde, nicht ermessen habe.

Ob ich sie hätte ermessen können, ist eine andere Frage, die zur Frage an Herrn Dr. Posser wird: Kann ich nicht bei einem Mann seiner politischen Verantwortung, Bildung und Sensibilität voraussetzen, daß er möglicherweise mehr von mir kennt als diesen Artikel; daß er die Ausdrucksunterschiede mit berücksichtigt?

Diese wilde Hetzerei, die nun in vielen Zeitungen und Zeitschriften Gelegenheit gibt, noch einmal und wieder einmal alle Steckbriefe etc. zu publizieren – ich habe sie nicht vorausgesehen, und es mag sein, daß daran nicht nur der nach meinem Artikel begonnene Ruhland–Prozeß schuld ist, auch meine sprachlichen Mittel. Möglicherweise habe ich mehr demokratisches Selbstverständnis vorausgesetzt, als ich hätte voraussetzen dürfen.

Ich bin Schriftsteller, und die Worte »verfolgt«, »Gnade«, »Kriminalität« haben für mich andere Dimensionen, als sie notwendigerweise für einen Beamten, Juristen, Minister und auch für Polizeibeamte haben. Verfolgt war nicht nur der Heilige Paulus, verfolgt war auch Herr Fabeyer, verfolgt sein kann ein dreifacher Raubmörder und ein Junge, der soeben aus einem Heim ausbricht und möglicherweise die Kasse mitnimmt.

Ich gebe gern zu, daß ich das Wort »verfolgt« nicht mit dem juristischen Terminus »gesucht« gleichzusetzen vermag, daß ich es auch existentiell und mit einem Anhauch von Metaphysik verwende, und in diesem Zusammenhang ist ein verfolgter Nazi für mich auch ein Verfolgter, wobei hinzugefügt werden muß, daß er's leichter hat, Versteck und Freunde zu finden, und daß die Nazis zur Erreichung ihrer politischen Ziele keine Bankraube unternehmen mußten: Der Bankier von Schröder und die deutsche Industrie rückten das Geld freiwillig raus.

Es ist nicht nur *emotionell*, wenn ich ein Wort außerhalb des Trockendocks verwende. Dieses Mißverständnis ist mein Fehler, nicht der von Herrn Dr. Posser: Ich hatte zuviel vorausgesetzt. Es kommt noch etwas hinzu, das ebenfalls nicht ›emotionell‹ ist: Phantasie, die auch außerhalb des Trockendocks vor Anker liegt.

Einer lebensgefährlichen Emotion bekenne ich mich schuldig: meines Mitleids, das sich auf Polizeibeamte, Ulrike Meinhof, den Jungen erstreckt, der gerade mit der Kasse abgehauen ist, und auf die sehr jungen SS-Leute, deren Bestrafung in einem amerikanischen Gefangenenlager ich beobachtete, und darüber – über mein Mitleid – mögen Herr Dr. Posser und Horst Mahler – wahrscheinlich ist es das einzige, das sie verbindet – gemeinsam schallend lachen. Ich halte es auch für gefährlich, wenn ein so kluger Mann wie Dr. Posser generell Emotionen ablehnt: Die Psyche des Verfolgten jeglicher Art zu erkennen, ist ohne Kenntnis des emotionalen Haushalts gar nicht möglich.

Außerdem muß ich Herrn Dr. Posser bitten, sich vorzustellen, daß mein Informationsstand nicht dem seinen entspricht. Ich habe zur Information nur die Zeitungen und das Fernsehen, und nach Überprüfung aller mir zugänglichen Publikationen war für mich nicht eindeutig zu erkennen, wer in welchem Fall nun wirklich zuerst auf wen geschossen hat. Ich habe meinen Artikel *vor* dem Ruhland-Prozeß geschrieben und *nach* der Erschießung Georg von Rauchs. Für die rechtsstaatliche Korrektheit dieser Erschießung hätte ich gerne den Beweis.

Ich danke Herrn Dr. Posser für die Belehrungen, die sein Artikel enthält, bitte ihn nur zu bedenken, daß ich mich nicht mit einer juristischen Definition der Termini »Gnade«, »verfolgt« und »kriminell« zufriedengeben kann. Ich muß als Autor in diesen Begriffen andere Dimensionen sehen, als ein Polizeibeamter, Jurist und Minister sie notwendigerweise sehen muß.

Recht, Gesetz, Politik, Theologie, Literatur haben eins gemeinsam: sie werden mit Worten gemacht. Es ist unvermeidlich, daß sich diese verschiedenen Wortbereiche aneinander reiben, daß sie einander kontrollieren und sich miteinander konfrontieren. Daran sind nicht nur »Emotionen« schuld, auch geistesgeschichtliche und intellektuelle Unterschiede. Ich bin sicher, daß eine neue Altersgruppe von Juristen peinlich auf die Einhaltung der Rechtsstaatlichkeit achtet, aber auch sie wissen, daß eine düstere Rechtsvergangenheit in unsere Rechtsgegenwart hineinragt.

Ich wiederhole meinen Dank an Herrn Dr. Posser, ich würde gern gelegentlich das Gespräch mit ihm privat, nicht öffentlich, fortsetzen. Privat, weil öffentlich Verkürzungen und Mißverständnisse unvermeidbar sind. Privat mag mir Herr Dr. Posser auch erklären, welch ein schreckliches Vergehen darin liegen mag, in einer Gesellschaft, die sich weitgehend christlich definiert, um Gnade zu bitten und den Zustand des Verfolgtseins auch existentiell und metaphysisch und nicht rein moralisch zu definieren. Und ich hoffe, daß Ulrike Meinhof einsieht, daß, wenn gar nichts anderes sie zur Einsicht treibt, der Beginn des Ruhland-Prozesses auch politisch der geeignete Augenblick ist aufzugeben.

Nach meinen bisherigen Erfahrungen – vor allem im Falle Defregger – verspreche ich allen Politikern, mich vorläufig in nichts mehr einzumischen, zu nichts mehr zu äußern, jedenfalls so lange nicht, bis ich mir selber klar darüber geworden bin, wo sich in diesem Falle die Grenze der vielgepriesenen Liberalität gezeigt hat.

# Brief an den Leiter der Pressestelle des Südwestfunks
(1972)

Sehr geehrter Herr Niehus,

Ihr Vorwurf, ich hätte die Meinungsfreiheit eingeschränkt, beruht, verzeihen Sie, auf einem Denkfehler oder einem falschen »Einstieg« in die Problematik. Ich habe weder die Absetzung des Herrn Ulrich Frank-Planitz verlangt, noch habe ich die Macht und den Ehrgeiz, seine erfreuliche Tätigkeit einzuschränken. Mag er also täglich im SWF kommentieren. Eingeschränkt habe ich, wenn Sie's genau betrachten, lediglich meine Meinungsfreiheit, oder, genauer ausgedrückt: die Möglichkeiten, *meine* Meinung zu verbreiten, indem ich den SWF nicht mehr als Meinungsverbreitungsinstrument für mich benutzen möchte. Was den Tatbestand des Faschismus und der Verleumdung betrifft, so habe ich ihn gestern in einem Interview beim Saarländischen Rundfunk zu analysieren versucht. Ich bestehe auf dieser Analyse, mag man sie meinetwegen als subjektiv bezeichnen: sie beruht auf den Erfahrungen, die ich als Subjekt (Unterworfener) des Faschismus gemacht habe. Im übrigen hat Herr P., wie ich höre, ja auch noch eine Zeitung zur Verbreitung seiner Meinung zur Verfügung. Meine Kündigung ist der freie Entschluß eines im freien Lande lebenden freien Schriftstellers, der sich – lt. »freier Marktwirtschaft« – seine »Kulturpartner« selbst auswählen darf.
Mit den besten Grüßen

Ihr Heinrich Böll

# Gib Alarm!
## Für Ulrich Sonnemann
(1972)

Gib Alarm
Sammle Deine Freunde
nicht
wenn die Hyänen heulen
nicht
wenn der Schakal Dich umkreist
oder
die Haushunde kläffen
nicht
wenn der Ochs unterm Joch
einen Fehltritt tut
oder der Muli am Göpel stolpert
Gib Alarm
Sammle Deine Freunde
wenn die Karnickel die Zähne blecken
und ihren Blutdurst anmelden
Wenn die Spatzen Sturzflug üben
und zustoßen
Gib Alarm.

# Offenbarungseid
(1972)

Im Zusammenhang mit gewissen Polemiken (über die, wie ich finde, das Gras freiheitlich-demokratischer Grundordnungen wachsen sollte) wurde hier und da die hohe Auflage meiner Bücher in der Sowjetunion erwähnt.

Wie der amerikanische Literaturwissenschaftler Henry Glade erforscht hat, kann man von insgesamt etwa 2 300 000 Exemplaren ausgehen. Nicht eingeschlossen sind darin Abdrucke in Zeitungen, Zeitschriften, Radiosendungen, Fernsehbearbeitungen und die Vorabdrucke einiger meiner Romane in den sowjetischen Zeitschriften *Nowy Mir* und *Inostrannaja Literatura*, die eine sehr hohe Auflage haben. Rechnet man diese Vorabdrucke hinzu, käme man vielleicht auf 3 000 000.

Nun ist ja bekanntlich Geld das große Ideal der westlichen Welt, der Traum vom großen Geld der einzig wahre westliche Traum, und so unterstellt man in den verschiedenen Polemiken zwar nie direkt (das tun *gentlemen* nicht besonders, wenn's um Geld geht), aber indirekt, daß hohe Auflage großes Geld bedeute, ich deshalb nicht nur bestechlich, sondern schon bestochen sei.

Schon eine Voraussetzung ist falsch: daß irgendein westlicher Autor irgendeinen Einfluß auf die Höhe seiner Auflage haben könnte. Falsch ist auch die zweite Voraussetzung: hohe Auflage gleich großes Geld. Wider alle Gepflogenheiten möchte ich hier ein paar Zahlen offenbaren.

Bekommen oder zu bekommen habe ich insgesamt für diese stattliche Auflage 13 500 Rubel, auf ein Konto in Moskau (für die, die es genau wissen wollen: bei der Zweigstellen-Sparkasse im Hotel Moskwa). Rechnen wir zu der genannten Summe noch einmal 3 500 Rubel hinzu, die ich möglicherweise eingesteckt, bei vier Aufenthalten in der Sowjetunion ausgegeben und nicht notiert haben könnte. Das wären 17 000 Rubel.

## OFFENBARUNGSEID 69

Laut Erkundigungen bei einem Kölner Reisebüro von internationalem Ruf und vier verschiedenen Kölner Banken sind dort Rubel (sowjetischerseits illegal, versteht sich) zu haben zu folgenden Preisen: 0,76 DM, 0,78 DM, 0,80 DM, 0,84 DM (Stand vom 20. 1. 1972).

Täte ich oder hätte ich getan, was ich nie tun werde und nie getan habe, steckte ich meine Rubel in ein Köfferchen und tauschte sie im Heiligen Köln bei einer seiner Heiligen Banken um, so käme ich oder wäre ich gekommen, je nachdem, bei welcher Bank ich zuerst Einkehr gehalten hätte, auf eine Summe zwischen 12 920 und 14 280 DM.

Aber auch diese Zahlen sind unrealistisch, denn die Banken und das Reisebüro notieren nur »Verkauf«, nicht »Einkauf«; und normalerweise läßt man, wenn man ausländische Währung verkauft, ein paar Härchen bei den Wechslern. Diese Härchen könnten 800 bis 1000 DM ausmachen, aber lassen wir das, wir sind großzügig.

Nicht nur keinen Rubel, nicht eine Kopeke habe ich bisher bekommen für die verschiedenen Dramatisierungen meines Romans *Ansichten eines Clowns*, der – wie man mir erzählt – seit Jahren vor ausverkauften Häusern läuft. Da die Sowjetunion nicht der Berner Konvention angehört, ist das möglicherweise schmerzlich, aber normal, und wer sich der Auseinandersetzungen um Solschenizyns *August 1914* erinnert, mag möglicherweise zu der Einsicht kommen, daß ein Autor hier und da gleich machtlos ist.

Ich kann hier nicht die komplizierte Rechnung aufstellen, wieviel ein Rubel in Moskau wert ist. Wieviel er hier wert ist, haben die Kölner Banken und das Reisebüro kundgetan. Man kann beispielsweise in einem Moskauer Hotel für anderthalb Rubel sehr gut frühstücken, und da ich ein Frühstücksmensch bin, erscheinen mir 11 333 Frühstücke als enorm. Für einen Sowjetmenschen sind 17 000 Rubel ein stattlicher Brocken; für jemanden, der 150 Rubel im Monat verdient, bedeutet das runde 113 Monate, also fast zehn Jahre Arbeit. Nun sind aber auch 2 300 000 Bücher eine stattliche Menge Bücher.

Ich betone ausdrücklich: dies soll keine Klage sein. Kein noch so kleines Lamento. Beklagenswert ist der vertraglose Zustand.

Noch beklagenswerter ist, daß Solschenizyn und andere Autoren in der Sowjetunion nicht gedruckt werden. Ich freue mich darüber, daß meine Bücher in der Sowjetunion erschienen sind und daß man sie offenbar den respektiven Lesern nicht aufzwingen muß. Ich finde das schmeichelhaft bei einem Volk, das zu seiner eigenen, großen und großartigen Literatur ein so inniges Verhältnis hat und das eine enorme Lese-Sensibilität entwickelt hat. Ich hoffe, es erscheinen dort noch mehr Bücher von mir, und ich hoffe, der vertraglose Zustand wird eines Tages beendet sein.

Einmal – vor etwa zehn Jahren – habe ich ein Honorar in DM überwiesen bekommen; es muß irgendwo in meinen »Büchern« stehen. Ich weiß die Höhe der Summe nicht mehr, weiß nicht einmal mehr, wofür das Honorar war. Nehmen wir an, es waren 3000 DM. Wahrscheinlich war es weniger.

Nun ergibt sich die phantastische Gesamtsumme von 17 280 DM.

Zum Vergleich: Mein Anteil am Vorschuß für 100 000 Exemplare der Taschenbuchausgabe meines letzten Romans beträgt 13 500 DM. Das Weitere mögen die Rechenexperten herausknobeln.

Es ist absurd, wider alle Regeln, es ist absolut nicht *gentlemanlike*, öffentlich über Geld zu sprechen. Es ist nicht fein, aber ich beschmutze mich, indem ich derartige Details mitteile, gern, und ich betone noch einmal ausdrücklich: ich freue mich über und auf die sowjetischen Leser.

Dieser Offenbarungseid hat nur eine große Gefahr: daß sich einige Leute totlachen. Ich meine, einige Leute da an Rhein und Ruhr, Isar und Moskwa. Ich möchte nicht, daß sie sich totlachen. Es gibt schon Tote genug.

Weiterer Vergleich: Ich glaube, ein Rundfunk- und Fernsehkorrespondent in Moskau kostet runde 10 000 DM monatlich, und was so ein verdienstvoller Mensch wie der Herr Löwenthal beim ZDF monatlich einnimmt, mag ich gar nicht wissen. So ein aufrechter Mensch ist doch gar nicht mit Geld zu bezahlen, es wäre schon fast eine Blasphemie, ihn mit Gold aufwiegen zu wollen. Da müßte schon Platin her, besser noch: Mondgestein. Schweigen wir von Hans Habe und Krämer-Badoni, die tun's bestimmt umsonst, aus reiner Liebe für die gute Sache.

# Leserbrief an die Süddeutsche Zeitung
(1972)

Was Herr Zöller von der Jungen Union schreibt, ist schlichtweg – nicht durch seine Schuld, nicht durch meine Schuld, sondern durch die Schuld einer Erziehung zur Verplattung – unzutreffend: ich habe an keiner Stelle irgendeines Artikels die Bundesrepublik mit dem NS-Staat gleichgesetzt, nicht mit einem Wort. Ich habe vom *Hintergrund* unserer Polizei- und Rechtsgeschichte gesprochen, und wenn Herr Zöller das nun in einen total verplatteten *Vordergrund* schiebt, so erkläre ich mich daran für unschuldig und erkläre die Folgen einer solchen Bügelbrettdenkart für lebensgefährlich. Ich will nicht jedem, der einfach nicht lesen kann, Perfidie oder Infamie unterstellen, und so mag dieser Lese- und Denkfehler nicht subjektiv perfid sein, objektiv ist er es, weil er unweigerlich in die achte und neunte Hand rutscht. Wenn die Herren und Damen von der Jungen Union glauben, sie könnten auf dieser Ebene mit einem Autor und Staatsbürger verfahren, so erkläre ich, wenn das nicht widerrufen wird – da ja hier Herr Zöller ausdrücklich unter Junge Union firmiert –, jegliches Gespräch endgültig für beendet.

Ich habe keine Zeit, Voraussetzungen zu schaffen, die auf der Volksschule, auf dem Gymnasium und anderswo geschaffen werden müssen: *Lesen* beibringen! In diesem Zusammenhang sind mir auch die Schmeicheleien des Herrn Zöller peinlich: daß ich besser zu polemisieren verstehe als irgendein Autor des *Bayernkurier* und daß er meine Artikel nach seinem Geschmack »gut« fand. Bitte nicht. Es wäre mir lieber, er fände sie schlecht. Ich lebe in diesem Staat seit seiner Gründung, ich verweigere ihm seine Steuern nicht, ich wähle hier, ich esse das Brot, das hier gebacken wird, und ich fasse es einfach nicht, wenn mir da von der Jungen Union öffentlich nahegelegt wird, dies sei wohl nicht mein Staat. Das ist wirklich nicht zu fassen. Herrn Habes Staat ist das jedenfalls nicht: er sitzt weit vom Schuß. Mag Herr

Zöller sich mit ihm unterhalten. Wenn die Herren von der Jungen Union niemals begreifen werden, daß Kritik nicht Ablehnung bedeutet, dann mögen sie weiterschmoren. Danke. Die Trennung von Politik und Literatur ist so lebensgefährlich wie die Trennung von Religion und Politik – das beruht auf einem subjektiv möglicherweise ehrenhaften, objektiv, historisch, verhängnisvollen bürgerlichen Irrtum. Manche politische Rede etwa von Herrn Dr. Kiesinger – war einfach schlechte Literatur, nichts weiter, und die manchmal überstrapazierte Metaphorik von Herrn Dr. Schiller ist ebenfalls schlechte Literatur. Wenn dieser Staat nicht mein Staat ist, welchen schlägt Herr Zöller mir dann vor?

Den Bayernkurier möchte ich schon des halb nicht missen, weil er immer witziger wird – natürlich unfreiwillig. Herr Emil Franzel bezeichnete mich dort kürzlich – in einem völlig aus der Luft gegriffenen Zusammenhang, denn ich habe niemals auch nur einen Deut Ehrgeiz gehabt, Hochland zu übernehmen – als »Katholik«. Das ist hochinteressant, und in diesen Anführungsstrichen könnte etwas Prophetisches sich verbergen, denn es besagt doch nichts anderes als: was katholisch ist, das bestimmen wir, und da Herr Zöller mir nahelegt, zu überdenken, ob ich denn nun ein Bundesdeutscher sei, so entdecke ich da gleich zwei Exkommunikationen, und ich warne die Herren.

ICH SCHREIBE DEUTSCH, und ich zahle – wie lange noch, weiß ich nicht – r. k. Kirchensteuer. Ich erblicke in solchen Andeutungen die ersten Ansätze einer neuen Heimatvertreibung. Ich bin – zugegebenermaßen – empfindlich. Ich habe weder Herrn Habe noch den jungen Herrn von der Jungen Union je persönlich angegriffen, ich habe nur das C bei ihnen herausgefordert; Herrn Habe habe ich erst angegriffen, als er nicht sich selbst, sondern seinen Herrn und Meister verteidigte. Vielleicht haben die Herren noch Sensorium genug, solche feinen Unterschiede festzustellen. Was Herr Habe vom Piedestal sagt, ist mir zu dumm: ich habe nie draufgewollt und bin froh, wenn ich wieder runterkomme. Er, er hat einmal – falls es erlaubt ist, ihn daran zu erinnern – Herrn Springer einen Offenen Brief geschrieben, nun wenn das keine Piedestalisierung war. Und wenn Herr Habe sagt, die Sowjets sind Diebe von Beruf, so mag er einmal im

*Stürmer* und im *Schwarzen Korps* nachlesen, welches Vokabularium er da aufgreift. Ich werde Herrn Habe nie mehr öffentlich angreifen. Wir wollen nicht versuchen, uns zu »versöhnen« oder anzunähern: es gibt keine Versöhnung, keine Annäherung, ob es noch eine Gesprächsmöglichkeit mit der Jungen Union gibt, liegt nicht an mir, sondern an ihr. Ich erteile keinen »Bannstrahl«, wie Herr Habe es nennt: ich schränke nur meinen Umgang mit Denunzianten ein, ich denke, das ist erlaubt. Was Herr Zöller schreibt, ist eine Denunziation. Die Bundesrepublik ist der Staat, in dem ich lebe und weiterhin leben möchte, falls es die Junge Union erlaubt.

Trotzdem möchte ich den Herren Zöller und Habe aufrichtig danken: sie haben, wie so viele, einen Klärungsprozeß herbeigeführt; man weiß endlich, woran man ist, es offenbaren sich Christen und Nichtchristen, und ob ich nun einmal unrecht getan oder gehabt habe, und wie sehr, ist inzwischen uninteressant, denn der Klärungsprozeß geht offenbar weiter. Diese bundesweite Kanaloffenbarung ist interessanter und politisch wichtiger, als ich je gewesen sein oder werden kann, und deshalb bin ich dankbar. Den äußerst klugen Leuten, die mir Empfindlichkeit vorwerfen oder Wehleidigkeit, empfehle ich, einmal drei Wochen lang in einer Kläranlage zu schwimmen. Welchen Kläranlagencharakter CDU/CSU-Polemiken in diesem Lande haben, das weiß mein Kollege Günter Grass ebensogut wie ich. Er erfährt's, wenn er etwa in Cloppenburg Wahlreden hält.

Ich bin 54 Jahre alt, habe viele Torheiten hinter, manche vor mir, aber ich traue mir zu, selbst festzustellen, wie nah oder wie weit von mir entfernt die Herren Brückner und Seifert sind. Immerhin hat Herr Löwenthal Brückner und mich in einem Atem genannt, hat Seifert zitiert. Die blinde Gleichsetzung von links- und rechtsradikal mag für Politiker angehen, die um Wählerstimmen bangen und hierzulande immer fürchten müssen, daß man nie Stimmen gewinnt, wenn man auf die Rechten schimpft, aber immer Stimmen verliert, wenn man auf die Linken nicht schimpft. Diese Krankheit des öffentlichen Bewußtseins möglicherweise zu verringern, ist offenbar uns Autoren überlassen, da kein Politiker das riskieren kann.

Die Gleichsetzung von links- und rechtsradikal kann – abgesehen von irgendwelchen moralischen Maßstäben – schon geometrisch gar nicht, wenn man Entfernungen mißt, stimmen, und ich befinde mich da keinesfalls, in der Mitte zwischen diesen beiden Extremen. Ich unterschätze keinesfalls den Terror, die Demagogie, die man gelegentlich bei Linken feststellen kann, aber was rechter Terror bedeutet, das weiß ich. Ich halte sogar dafür, daß diese öffentliche Auseinandersetzung noch viel mehr klärt und bewirkt, als bisher sichtbar wird; daß sich sehr unterschiedliche Sensibilitäten und Artikulationsstufen einander nähern, daß eine nichtterroristische und nichtdemagogische Linke Autoren als Verbündete braucht und annimmt, um die finsteren Beamtengesetze der Herren Ministerpräsidenten weiterhin zu verhindern. Von diesen Gesetzen würde ja keiner je betroffen, der seinen Faschismus nur in einem Leserbrief oder Hörerwort offenbart. Dieser Blick in die Kläranlage wäre notwendig: was ich da z. B. von einem Herrn Superintendenten in einer seriösen überregionalen liberalen Tageszeitung gelesen habe; das ist mit Faschismus noch zu milde bezeichnet. Das ist Nazismus, und ich nehme doch an, daß so ein Herr beamtenähnlichen Status hat, und ich nehme an, daß er unter keines der geplanten Gesetze fiele, sowenig wie Herr Löwenthal. Ich beanspruche nicht wissenschaftliche Unfehlbarkeit, wenn ich das Wort »faschistisch« benutze; es geht ja nicht nur um den Wortlaut: es geht ja – vor allem in Anstalten des öffentlichen Rechts – um die Physiognomie, die Stimme und den Tatort.

Nein, nein, ich resigniere nicht, lieber Günter Grass, ich bin nur – mit Verlaub gesagt – ein bißchen müde. Wie Sie wissen, ist es sehr anstrengend, in einer Kläranlage zu schwimmen und Luft zu bekommen, besonders wenn man von leseunkundigen Christen umstellt ist. Ich fahre weg, in jenes Land, in dem lt. Hans Habe die »Diebe von Beruf« wohnen. Ich fahre gern dorthin, und noch eins, Herr Habe, aus- und nachdrücklich: Sie haben mich wieder einmal mißverstanden; ich würde vielleicht manches anders machen, anders ausdrücken, aber bereuen tue ich nichts, nichts, nichts, in Worten und Ziffern: nichts. Und noch einmal, meine Herren parteiamtlich bestätigten Christen, die so sehr in der Gunst der Amtschristen stehen: ICH SCHREIBE DEUTSCH, und wenn Sie glauben, dies sei nicht mein Staat, sagen Sie mir bitte, wohin Sie mich wünschen.

# Aus der Vergangenheit lernen
## Die Germania Judaica in Köln
(1972)

Die Entstehung der Bibliothek GERMANIA JUDAICA ergibt sich aus ihrem Untertitel: Bibliothek zur Geschichte des Deutschen Judentums. Für viele, besonders jüngere Bürger der Bundesrepublik Deutschland, bestand nach der schockierenden Konfrontation mit den Daten und Ziffern über die Konzentrationslager, die Deportation, die »Endlösung«, über die Greuel der Nazijahre, das Bedürfnis, sich über die jahrtausendealte Geschichte der jüdischen Gemeinden in Deutschland zu informieren, über deren sowohl kultur- wie sozialgeschichtlich unterschiedliche Zusammensetzung, ihre Größe, Verbreitung und Bedeutung. *Daß* zerstört worden war, war offensichtlich, *was* zerstört worden war, ließ sich nur erforschen, wenn eine Informationsmöglichkeit über die Geschichte des Deutschen Judentums geschaffen wurde. Angeregt durch den Kölner Universitätsbuchhändler Karl Keller, dem aus Gesprächen mit Studenten und jüngeren Dozenten diese Informationslücke fast täglich bewußt wurde, schloß sich in Köln ein Freundeskreis zusammen, um die GERMANIA JUDAICA zu gründen.

Schwierigkeiten ergaben sich nicht nur bei der Ausarbeitung eines sinnvollen Konzepts für die Bibliothek und bei der Finanzierung des Projekts; als besonders erschwerend erwies sich die Tatsache, daß aufgrund der Bücherverbannung, Bücherverbrennung und der »Reinigung« sämtlicher Bibliotheken während der Nazijahre das erforderliche Informationsmaterial nur schwer zu beschaffen war. Inzwischen wurde die Informationslücke durch zahlreiche Publikationen deutscher Verlage verringert, erwies sich auch, daß in ausländischen Antiquariaten und Privatbibliotheken entsprechendes Material zu finden war.
Die Bibliothek beschränkte sich nicht auf den Erwerb und die

wissenschaftliche Erfassung von Büchern, Zeitschriften etc., sie erweiterte ihre Tätigkeit im Laufe der Jahre um zwei weitere Schwerpunkte:

– Sie bemühte sich mit Erfolg darum, einen Überblick über alle entstandenen und entstehenden wissenschaftlichen Arbeiten zu besorgen, die zum Themenkreis der Bibliothek gehören. Diese Koordinierungsarbeit, die halbjährlich unter dem Titel *Arbeitsinformationen* erscheint und an alle befaßten wissenschaftlichen Institute versandt wird, erwies sich als ebenso nützlich wie die Bibliothek, die inzwischen für Schüler, Lehrer, Studenten, Doktoranden ein unersetzliches Informationsinstrument geworden ist.

– Zeitweise gab die Bibliothek eine eigene Publikation *Germania Judaica* heraus, in der sie Informationsschwerpunkte behandelte: jiddische Sprache, Ghetto etc. Diese Publikation mußte inzwischen aus finanziellen Gründen eingestellt werden, obwohl sie sich als sehr nützlich erwiesen hatte.

# Hülchrather Straße Nr. 7
(1972)

Natürlich fragt sich manch einer, warum man in solche Großstadtschluchten zurückzieht, wenn man fünfundzwanzig Jahre lang im Grünen gewohnt hat und dort hätte wohnen bleiben können; vielleicht zieht man nur um, um den mißlichen Zwang eines dauernd nach Pflege schreienden Rasens loszuwerden und dem Motorenlärm der Rasenmäher zu entfliehen, dem Traum vom englischen Rasen, der so unerfüllbar ist wie der Traum von einer Demokratie Schweizer Art.

Hier, hier ist es still, stiller als auf dem entlegensten Dorf, wo irgendwo doch immer ein Traktor brummt, Jugendliche ihre Mopeds ausprobieren, wo Städter unermüdlich ihren Zweitrasen schneiden; hier braucht nicht jeder wildwuchernde Busch – wie's uns da draußen so oft geschah – gestutzt, noch einmal gestutzt, letzten Endes auf ein Stummeldasein reduziert zu werden.

Hier zeigen die Vorgärten offen, was sie sind: zwischen Autos und Fassaden eingeklemmte Armseligkeiten, nicht einmal den Kindern zum Spielen freigegeben.

Der Stadtteil ist zum größten Teil nach 1890 erbaut; Zeit einer ersten Bodenspekulation; Jugendstilfassaden, die Straßennamen klingen noch nach dem Triumph, der damals erst zwanzig Jahre zurücklag und noch frisch im Ohr klang: Sedan, Wörth, Belfort, Weissenburg; eine selbstbewußte Zeit, die unerschrocken den beginnenden Jugendstil in seinen verschiedensten popularisierbaren (vulgarisierbaren) Formen aufnahm und eine bemerkenswerte Vorliebe für langhaarige Weiber entwickelte, die über Haustüren melancholisch den Eintretenden begrüßen oder mit gekonnter Tristesse Balkone stützen. In solchen Straßen, solchen Wohnungen sind wir beide groß geworden, haben wir gespielt; von solchen Häusern aus sind wir zur Schule gegangen bis das Vaterland rief, den einen weg, während die andere zurückblieb, in einem ähnlichen Haus, in einer ähnlichen Wohnung. Es ist der Weg zurück in die Stadt, in die Vorstadt, zurück in eine mehr als dörfliche Stille, die sich hinter den Fassaden, in riesigen, durch Mauern und Dachgärten verwinkelten Höfen verbirgt; aus der Schein-Individualität, der in Wirklichkeit total genormten Weekend-Gartenaktivität des Vororts im Grünen, zurück in die Anonymität, oder sollte man sagen: Urbanität?

Natürlich muß man hier die knappen Gehwege, die außerdem noch halb von parkenden Autos besetzt sind, mit den Hunden teilen, die notgedrungen, notwendigerweise und ungeniert hier wenig Heil anrichten; sie dürfen alles, sie dürfen dort, wo Kinder spielen, Kinderwagen parken; sie dürfen; natürlich müssen sie auch, aber sollte ein Hund überall müssen dürfen? Die Folgen sind verheerend – wann kommen Städteplaner endlich auf die Idee, Hundeaborte einzurichten? Oder sollten Hundebesitzer verpflichtet werden, das Hunde-Muß zu beseitigen?

Und dann gibt es ganz in der Nähe, kostenlos zu besichtigen, noch ein anderes, möglicherweise das entscheidende Umzugsmotiv: den Rhein. Fast fünfzehn Jahre lang wohnten wir zu weit von ihm entfernt, war der Rhein nur Ausflugsziel. In seiner permanenten, wer weiß wie alten Vergänglichkeit sagt er nichts, indem er für sich selbst spricht; er ist beruhigender als das Rasenmäherkonzert, und seitdem sein Wasser so schmutzig ist, daß es zum Autowaschen nicht mehr verwendet werden kann, bleibt er gänzlich unberührt von den Wochenendmechanismen, wird von Eimer, Schlauch und Schwamm nicht mehr in seiner schmutzigen Majestät gestört. Natürlich ist er alt, und doch vollzieht er ständig und täglich eine totale Erneuerung, im Gegensatz zu den Institutionen, die seine Ufer beherrschen.

Die Kinder sind zu einer anderen Zeit als die Hunde auf der Straße, sie treten sozusagen täglich deren Erbschaft an und spielen in deren Hinterlassenschaft; viel Platz ist da nicht, wo beiderseits Autos parken, die Vorgärten zu betreten verboten, wenn auch nicht unmöglich ist; es bleiben die schmalen Gehsteige zwischen Autos und Vorgärten, bleiben die Hauseingänge, und nicht einmal die Gossen, in denen man immerhin noch mit Klickern spielen könnte, sind frei. Hier wäre manches »zu unserer Zeit« fällig, und manches »als unsere Kinder noch klein waren«; immerhin hatten unsere Kinder noch so unersetzliche, künstlich schwer zu erstellende Spielplätze wie die Trümmer, es waren kaum Autos auf den Straßen, sehr selten einmal ein Hund, und die Trümmer erlaubten eine freie Entfaltung so widersprüchlicher oder einander ergänzender Spielbetriebe wie Zerstören und Bauen, sie waren, jedenfalls so ums Jahr 1950 herum, dicht bewachsen, Ruinenparks; aber damals hat so manch einer die Trümmerkinder bedauert, die gar nicht so bedauernswert waren, spielende Kinder, auch in Dörfern, sind immer gefährdet, und Eingeweihte wissen längst, daß die berühmten Sandkästen, von denen einer auf einige tausend Kinder kommen mag, im Dunkeln, wenn die Kinder schlafen, für einige hundert Hunde willkommene Aborte sind; nicht nur die Straße, auch der halbe Bürgersteig gehört den Autos, und natürlich wird sich das Problem auf die Länge der Zeit von selbst lösen, durch Geburtenrückgang. Dann werden endlich Autos, Erwachsene und Hunde unter sich sein. Dann wird es auch keinen Ärger mehr mit den Vorgärten geben, sie werden alle aussehen wie Bühnendekorationen für Beckett–Stücke.

Wer wundert sich, daß die Lieblingsbeschäftigung der Kinder das Schießen ist, nachgeahmtes oder mechanisch produziertes Rattern und Sägen von Maschinenpistolen? Knallen, Geheul – und wer würde sich wundern, wenn ihre Aggressivität sich eines Tages gegen ihre Konkurrenten, die Autos, richten würde, die ihnen den Spielraum wegnehmen, ihnen die Gosse versperren; wann wird das große Gekratze, Gekritzel beginnen? Es sind brave Kinder, auch wenn sie so viel schreien und schießen: das große Tabu, das Auto, verletzen sie nur selten, und wenn, dann ungewollt.

Beherrschend für das Viertel ist das große Schloß mit der weitläufigen Fassade, es zieht viele Besucher an, weil in ihm die große Dame mit den verbundenen Augen residiert; sie entscheidet über Ehen, Scheidungen, Miet- und Wohnungsstreit, Beleidigungsklagen, klärt Besitzverhältnisse; es wäre ungerecht zu sagen, die Dame in ihrem Schloß wäre unproduktiv; eins wird ganz gewiß in ihrem Herrschaftsbereich produziert: Staub, jener besondere Staub, der sich in und auf Akten sammelt; die Dame erteilt Nummern, Termine, verhört Zeugen, Kläger, Beklagte; ihre Kunden, die Bittsteller, die nach Recht verlangen und um Gerechtigkeit begehren, bebend vor Ungeduld, weil Termine drohen, umkreisen sie die Häuserblocks, um irgendwo eine Lücke zu finden, und wenn sie keine finden, parken sie eben dort, wo's verboten ist, parken sogar dort, wo's Halten verboten ist; abgehetzte Anwälte, die rasch ihren Talar überziehen, mit Aktenordnern und -rascheln sich zur Audienz ins Schloß begeben – da findet so manche rasche Verwandlung statt, die sichtbaren Türhüter sind freundlich, die unsichtbaren Türhüter, ich nehme an, sie lächeln, nicht verächtlich, eher traurig, wohl weil sie ahnen, daß hier auf ewig Mißverständnis herrscht: Mißverständnis über die verschiedenen Arten der Wörtlichkeit, die permanent hier aufeinanderprallen, die Wörtlichkeit der Eingeweihten und Einverstandenen mit der der anderen, die nicht begreifen können und wollen, daß geschriebenes, gesprochenes Recht eine andere Wörtlichkeit hat als ihr Streben, Gerechtigkeit zu erlangen. Da wird, was klar schien, unklar, geschriebenes, gesprochenes, ausgelegtes und gedeutetes Recht hat eine andere Dimension als jener Wunsch nach Gerechtigkeit, der eine andere Selbstverständlichkeit hat, als in diesem Labyrinth sichtbar wird. Was so klar als Recht schien, wird in einer anderen Wörtlichkeit unklar, es findet Reibung statt, Aufreibung auch, eine offenbar unvermeidliche Umwälzung von Worten, die sich unvermeidlicherweise in Akten niederschlagen, Staub anziehen, der aus Archiven in die Flure, aus den Fluren in den Verhandlungsraum, um viele Worte vermehrt aus dem Verhandlungsraum in die Flure, aus den Fluren wieder in die Archive zurückbefördert wird.

Die Schule im Hof des Nachbarblocks erspart uns den Wekker, wenn wir nicht vor halb acht aufstehen wollen; die langsame, stetig anschwellende Addition von Kinderstimmen, noch nicht mit Pausenfröhlichkeit, noch gedämpft; kein unangenehmer Wecker. Die Pause gegen 10 erspart den Blick auf die Uhr, und wer bis jetzt noch nicht wach ist, wird's unweigerlich; die Vehemenz kurzfristiger Befreiung erfüllt den benachbarten Hinterhof; Halbzeitlärm, der in der Pause gegen zwölf sich steigert, weil das Ende nahe ist. Die Entfernung von unserem Schlafzimmerfenster zum am nächsten gelegenen Unterrichtsraum mag drei oder vier Meter betragen; wenn hier und dort die Fenster offenstehen, im Sommer oder an warmen Herbsttagen, kann man, im Bett liegend, am Unterricht teilnehmen: seine Kenntnisse in Heimatkunde, Rechnen, Singen auffrischen; jugendliche Besucher lassen es sich nicht nehmen, vom Schlafzimmerfenster aus unmittelbar, vorsagend natürlich, Vorschläge hinüberrufend, in den Unterricht einzugreifen, hin und wieder auch ein gerade gesungenes Liedchen mitzusingen. Spätestens gegen Viertel nach eins tritt Stille ein, nicht einmal gestört durch Radios, Transistoren oder Fernsehlärm.

Da wir keine schulpflichtigen Kinder mehr haben, verschlafen wir manchmal, wenn der Wecker gegen einhalb bis Viertel vor acht nicht funktioniert, und stellen fest: Es sind Ferien oder es ist Feiertag. Dann wird die Stille fast kathedral, der leere Schulhof mit seinem hohen Baum lädt zur Meditation ein: Wieviel Kinder mögen hier schon durchgewandert, abgewandert sein?

Ständig da und jeden Augenblick vergangen, Deutschlands Strom; wenige Kilometer nördlich von hier tritt er in sein schmutzigstes, giftigstes Stadium – was nützt da die Aufzählung von Geschichte, auf die man so stolz ist, die man in jedem Kubikmeter aufgewühlter Erde hier findet: vorrömische, römische, fränkische, merowingische Scherben und Steine? Hier – das weiß jedes Kind – wird viel Geld verdient, das anderswo verachtet und doch gern genommen wird. Merkwürdig, daß in diesem Land, in dieser Stadt am Rhein die Geschichtslast den Fortschritt nicht verhindert, eher fördert. Wo die ältesten Kirchen stehen, werden die modernsten gebaut, wo die älteste Brücke über den Rhein führte, wurde die modernste gebaut. Es können hier nicht alle Mißverständnisse über den Rhein und das Rheinländische geklärt werden. Man kann am Tegernsee gut über das Geld, das hier oben verdient wird, spotten, weil man die Luft, die aus dieser Art Geldverdienen entsteht, nicht ständig atmen, das Wasser, das durch diese Art Geldverdienen entsteht, nicht ständig als ungenießbar ansehen muß.

Es ist sehr leicht, von Fulda oder Rott am Inn aus von der heilen Welt zu sprechen, mit der man die heile Herrschaft meint, wenn man nicht ständig mit dem Unheil dieser Herrschaft konfrontiert ist. Ein Fluß, in dem man nicht mehr baden kann, ist kein Fluß mehr, sondern ein Abwässerkanal, und baden konnte man im Rhein schon um die Mitte der 50er Jahre nicht mehr: Wenn wir unsere Kinder manchmal hineinließen, kamen sie mit ölig gelben Unterhöschen heraus. Heil dir im Siegerkranz! Und natürlich steht sie, die Wacht am Rhein, die Union der festen Hand.

Man nennt solche Wohngegenden, wo die Hunde mehr Freiheit haben als die Kinder, Ballungszentren. Das ist ein hübsches Wort. Hier ballt sich auch der unerbittliche Müll, den man neuerdings Konsummüll nennt; weh dem, der nicht weiß, wann die Müllabfuhr kommt: am Montag, und wenn der Montag ein Feiertag ist, kann's Mittwoch oder Donnerstag werden, weil der Stufenplan geändert werden muß. Natürlich sind auch die Mülleimer die ständigen Spielkameraden der Kinder; sie stehen dort, wo noch ein bißchen Raum für spielende Kinder geblieben ist: in den Hauseingängen, offen, oder schamhaft bedeckt, und natürlich sind die Müllmänner die sehnlichst erwarteten Befreier. Sonntags abends setzt der Run auf die Mülleimer ein, werden rasch noch Papiersäcke gefüllt, nach unten gebracht, bevor der Müllwagen kommt, der prompt die unvermeidliche Verkehrsstauung verursacht, er ist breit genug, die Einbahnstraße zu blockieren, Rechts- oder Linksabbiegern Ungeduld zu verursachen, die Straßenkreuzung zu verstopfen, und wenn dann noch, was gelegentlich vorkommt, in der Nachbarschaft ein Lieferwagen die Einbahnstraße verstopft, setzt das so fröhliche wie sinnlose Hupen ein. Auf diese Weise kann man – von oben herab – die Absurditäten beobachten und – wenn man nach unten herabsteigt – die gesteigerte Vergiftung der Atemluft feststellen, in der um diese Zeit die nichtschulpflichtigen Kinder spielen. Sie sitzen mit ihren Puppen, Autos und Pistolen zwischen den Containern für Wohlstandsmüll, der von fröhlichen Ausländern abgeholt wird.

Es sind Italiener, Türken, Griechen, Marokkaner, die umsichtig und würdig die Straße von dem großen Alptraum einer ständig wachsenden Müllawine befreien; auf Extrakartons mit Müll sitzend, gelegentlich auch auf den Eimern oder auf Türschwellen unter den melancholischen Jugendstildamen, verzehren sie ihr Frühstück, lassen sich durch Hupen nicht beunruhigen. Was wären wir ohne sie? Verloren. Es erübrigt sich, ihren Fleiß und ihre Umsicht zu loben, die Eleganz, mit der sie die Mülltonnen an dicht parkenden Autos vorbeirollen, ohne ein Krätzerchen zu verursachen. Die meisten kommen aus sonnigen Ländern nach Nifelheim hier in den Norden, in das Land, durch das Siegfried nach Burgund, nach Worms ritt. Selten wird da, wo die Sonne scheint, viel Geld verdient, und wohl kaum gibt es dort viel Wohlstandsmüll – das meiste Geld wird unter grauem Himmel verdient, wo die Menschen wahrscheinlich aus Angst oder Verzweiflung arbeiten.

Abends, kurz vor acht, kurz vor Beginn der Tagesschau, sieht man sie oft am Kiosk, wo's Zigaretten, Alkohol und das lokale Boulevardblatt gibt; nicht nur sie, viele andere aus der Nachbarschaft, die rasch, bevor's am Fernsehschirm losgeht, noch Zigaretten, Bier oder Limonade brauchen; meistens kommen ihre Kinder, die noch nicht so recht deutsch verstehen, Geld hinhalten, den Namen einer Zigarettenmarke radebrechen oder »Bier« in den verschiedensten südländischen oder orientalischen Artikulationen murmeln. Hin und wieder, nicht selten, holt sich hier ein einsames Männer- oder Frauenherz die tröstende Flasche Schnaps.

Der Kiosk ist die letzte Rettung, wenn Kaffee und Zigaretten ausgehen oder wenn man rasch noch einen Krimi erstehen möchte. Natürlich gibt's auch Bonbons und Schokolade, Negerküsse und Waffeln – all die Nichtigkeiten, die an Kindheit erinnern, ein bißchen an Kirmes und Jahrmarkt.

Die Straße hat natürlich eine Geschichte, auch eine soziale. Ich nehme an, als sie vor etwa siebzig Jahren entstand, wohnten hier Gerichtspräsidenten und Landgerichtsdirektoren – sie galt wohl als vornehm, als eine gute Adresse; inzwischen hat sich das, etwa seit 1918 und noch einmal nach 1945, verändert und gemischt, und das macht die Straße so angenehm, macht sie weniger isoliert als einen Villenvorort; hin und wieder erkennt man jemand, der zum zweiten oder dritten Mal aus einem bestimmten Haus kommt – und man weiß: dort wohnt sie oder er, und wenn er dann den grünen Volkswagen besteigt oder den weißen Renault, dann weiß man, der ist die oder der, der den grünen Volkswagen fährt oder den weißen Renault. Es stehen teure Autos rum, Mittelklasse und billige, die Visitenkarte der Straße. Natürlich sind die meisten Fußgänger, Straßenbahnfahrer, Radfahrer vielleicht. Es ist ohnehin weniger mühevoll und geht rascher, wenn man mit der Bahn ins Stadtzentrum fährt, oder zu Fuß geht; und so hält manches Auto, das eigene eingeschlossen, nur tagelang die Gosse besetzt, weil, wenn sich eine Lücke öffnet, sofort der nächste sie wieder schließt.

Die abendlichen Spaziergänger sind meistens ausländische Arbeiter, allein, mit Frauen, mit Frauen und Kindern – wahrscheinlich, um wenigstens für eine Stunde oder zwei den engen Wohnungen zu entfliehen; ums Geld für einen Kaffee zu sparen, spazieren sie, sauber gewaschen, mit ihren ernsten Bauerngesichtern unter dem Himmel von Nifelheim daher, fremd sich fühlend – so fern von Portugals oder Marokkos Himmel, so weit entfernt von den Männercafés, in denen man Domino oder Billard spielen kann. Sie kommen meistens aus den Hinterhäusern der Nachbarstraßen, wo sie zu Hunderten wohnen und sich erstaunt in diesem Land umsehen, von dem sie lange nicht wissen werden, ob es nun unfreundlich oder nur so sehr fremd ist; ob die Fremdheit Unfreundlichkeit vortäuscht oder die Unfreundlichkeit nur eine Erscheinungsform der Fremdheit ist. Die Stadt ist nicht fremdenfeindlicher und nicht fremdenfreundlicher als andere, und die sogenannte Kontaktarmut betrifft nicht nur die Fremden, auch die eigenen Landsleute.

Eines Tages, so denke ich mir, wird es den Fußgängern erlaubt werden müssen, über die Dächer langsam voranschleichender Autos hinweg zu spazieren und so, Schritt für Schritt, die Autos zu überholen. Man sollte für alle Fälle schon, wenn man weiterhin Autos und Autos und Autos in die Städte hineinpumpt, eine Art strapazierbaren Bodenbelag für Autodächer erfinden, und die Satiriker unter den Karikaturisten könnten sich vielleicht des Themas annehmen, denn es wäre viel bekömmlicher für die Fußgänger, über den Autos als neben ihnen herzuspazieren, und vielleicht ließen sich auf diese Weise sogar Autodächer zu Kinderspielplätzen, beweglichen, umfunktionieren; eine Art Spielrolltreppe für Kinder, Laufbänder, eins hin, das andere zurück, so daß die Kinder und auch Erwachsene ungefährdet und kostenlos natürlich, stadtein- und stadtauswärts über den Autodächern sich bewegen könnten. Fahrbare kleine Schwimmbassins, Ping-Pong-Tische – der Phantasie sind keine Grenzen gesetzt; man könnte auch die Autofahrer verpflichten, Liegestühle oder Bänke auf ihren Dächern mitzuführen.

Dann brauchte man nicht einmal mehr diesen permanenten, seit 1945 anhaltenden, immer neue Objekte findenden und erfindenden Wühlsinn, der nie und nimmer, aber auch niemals Ruhe geben wird, weil man 1970 baut, was 1960 hätte gebaut werden müssen, und 1980 wahrscheinlich bauen wird, was 1970 hätte gebaut werden müssen – weil man alles das baut, was man 1945 schon hätte bauen müssen. Die Tristesse, die von den ständigen und stetigen Baustellen ausgeht, liegt vielleicht in der Tatsache, daß keiner – und mag er sich noch so fortschrittlich geben, es sogar sein, tatsächlich an die Zukunft zu glauben scheint; so wird ständig nur Versäumtes nachgeholt, und was 1960 versäumt wurde, kann man 1970 nicht nachholen, man müßte es wenigstens für 1980 bauen, und dann würde es, wenn es fertig würde, doch schon 1982 wieder nachgeholt sein. Es ist ein ständiges, absurdes Nachholen. Leute mit Straßenparkplatz in dichtbewohnten Vierteln, den so hübsch als Ballungszentren bezeichneten, kennen den Kummer, die Parkplatznot, die so erfinderisch macht, daß man auf die Dauer erkennt: Zu gewissen Zeiten ist es billiger, das Auto zum Waschen wegzugeben, als wieder einmal im Halteverbot zu parken. Wenn ich zu meiner Tankstelle will, muß ich, da ich am Ende einer Einbahnstraße wohne, und weil durch schwer durchsichtige U-Bahn-Bauten der Weg nach vorne in komplizierte Sackgassen führt – ich muß um zwei, drei Häuserblocks herum, muß mindestens eine zweikilometerlange Acht fahren – aber da ich meistens den Anschluß in die zweite Schleife der Acht verpasse und – aufgrund täglich wechselnder Umleitungen und neuer Sackgassen dann in relativ weit entfernten Vororten ankomme oder an der dichtbefahrenen, autobahnähnlichen Umgehungsstraße scheitere, die, wenn ich sie überquere, mich in entlegene Einbahnstraßen ablenkt, so daß der Heimweg nostalgisch-unfindbar wird – aus diesen Gründen überlasse ich es einem meiner Söhne, das Auto aufzutanken, Öl wechseln zu lassen.

Die angestrebte Urbanität ist erreicht, wenn man im Umkreis von zwei, drei Minuten alle Einkäufe erledigen, aller Dienstleistungen teilhaftig werden kann: Friseur und Schuhmacher, chemische Reinigung, unerläßlich unter diesem Himmel, der ständig Schmutz regnet; den Bäcker, Metzger, das Milch- und Lebensmittelgeschäft, Zigaretten und Zeitungen, Blumen, die Wäscherei, die Büglerei, den türkischen und italienischen Lebensmittelladen – und natürlich den Chrom-Riesen, der alles hat, alles zeigt, alles hergibt. Das große, weitgeöffnete, einladende Wunder der Verkaufspsychologie. Er, der große Chrom-Riese, ist der Herr der Heerscharen, sauber, bequem, lächelnd – alles liegt da, als wäre es geschenkt. Wird er sie alle schlucken? Eines Tages auch die Schuhe reparieren, die Wäsche waschen und bügeln, Anzüge reinigen? Ich hoffe nicht, und ich glaube nicht, weil der strahlende Riese nicht der ihn umgebenden Architektur entspricht. Diese Straßen mit ihren Hinterhöfen und Anbauten werden noch eine Weile dem ihnen verordneten Strukturwechsel trotzen. Der große Riese ist modern, und es bedeutet nichts, modern zu sein – modern, moderner als in Großstädten ist man auch auf dem Land und in den Kleinstädten. Die Behauptung, Städte wären traditionsfeindlicher als das Land, trifft nicht zu und ist nie zugetroffen. Je größer eine Stadt, desto mehr Altmodisches, Abseitiges erhält sich ihr – wie es an den Beispielen Berlin, London und New York zu beweisen wäre. Städte haben mehr Geduld, mehr Verstecke – und mehr Bedarf an Dienstleistungen, auch mehr Toleranz gegenüber allem, was nicht so brandneu ist. Urbanität besteht in der Duldung von Erscheinungen, die statistisch längst abgeschrieben sind – Urbanität kann es auf dem Land nicht geben.

In der Nachbarschaft haust schon der Abbruchhammer. Er schlägt große, völlig intakte Wohnhäuser und Villen um, im Auftrag jener unerbittlichen Gottheit, die Profit heißt und ihre Opfer fordert – und wenn der Abbruchhammer gesiegt hat, wird man jene Häuser bauen, die man vielleicht 1951 hätte bauen sollen. Sie werden den Schuhmacher, dem die Kinder noch zuschauen können, nicht mehr dulden, auch die Büglerei nicht – vielleicht ist es angemessener, im Jahre 1907 zu wohnen, wo die Herrschaft sich noch offen und spendabel zeigte: die Familie, die damals schon an Grundstücken reich wurde, an denen inzwischen noch zwei- oder dreimal andere reich geworden sind, stiftete noch eine ganze Kirche von domhaftem Ausmaß – komplett eingerichtet.

Und in dem 1972 gebauten 1951 wird kein Platz mehr sein für Altmodisches, Abseitiges, für Geduld und Toleranz. Profit und Urbanität schließen einander aus.

## Bericht des Internationalen Präsidenten über kürzliche Besuche im Ausland

(London 19. 4. 1972)

Bevor wir mit der Diskussion unserer Resolutionen beginnen, möchte ich Sie bitten, mir einige Minuten Gehör zu schenken. Zunächst ein kurzer Rückblick auf die europäische Geschichte, wie sie sich vor und nach 1945 entwickelt hat: das Ziel der Alliianz zwischen der Sowjetunion und den westlichen Alliierten war es, die Herrschaft und die Macht des Nazismus über Europa und, wie man fürchten mußte, die Welt zu brechen. Das leidende, erschreckte und gedemütigte, mehr oder weniger gefangene Europa wollte befreit werden, und ein beachtlicher Teil der deutschen Bevölkerung teilte diesen Wunsch – ich kann mit Sicherheit mich selbst, meine Familie und meine Freunde dazurechnen.

Ich kann keinen genauen Bericht über die Mächte und die Völker geben, denen gemeinsam es gelang, die Macht des Nazismus schließlich zu brechen. Dieser Bericht müßte norwegische, dänische, holländische, belgische und französische Partisanen und Resistenza, polnische Partisanen und polnischen Widerstand, die jüdischen Opfer und den jüdischen Widerstand, die jugoslawische Partisanenarmee, die unter Marschall Tito kämpfte; die britische, französische und amerikanische Armee mit ihren Legionen einschließen – und nicht zu vergessen die Rote Armee und die Völker, Partisanen und Widerstandsbewegungen der Sowjetunion. Der Respekt, mit dem wir alle diese Kräfte ehren müssen, versteht sich von selbst, aber festzustellen, wer welchen Anteil an der Befreiung von wem hatte, dazu brauchten wir ein Instrument von einer Sensibilität, wie wir es nie finden werden.

Es ist eine alte Erfahrung, daß Kriege mit Territorien und Einflußsphären bezahlt werden, und alle Probleme, die fast zu routinemäßigen Kontroversen zu führen scheinen – nicht nur während der P. E. N. Tagungen –, sind Folgen dieses Krieges und der Konferenzen und Verträge von Teheran, Yalta und Potsdam.

Es gibt noch ein anderes Konto, das nicht von der westlichen Propaganda aufgestellt wurde, sondern von dem verstorbenen Herrn Kruschev, und wenn ich an diese beiden Abrechnungen denke – die Abrechnung der Befreiung und die, die Herr Kruschev aufstellte –, dann möchte ich Sie auf eine gewisse Heuchelei aufmerksam machen, die entsteht, wenn ost- und westeuropäische Autoren anfangen, einander zu beschimpfen.

Lassen Sie mich diesen Teil einer kurzen Meditation über ein schwieriges Problem mit einigen Erlebnissen abschließen, die ich während meines letzten Besuches in der Sowjetunion hatte. Ich habe etwa fünfzig bis hundert Menschen getroffen und bin noch nicht in der Lage gewesen, die Bilanz aus diesem Besuch zu ziehen. Ich habe nicht einmal meine Notizen genau genug studieren können. Ein sehr alter, feiner und weiser Professor der Philosophie, mit dem ich über schwierige Probleme die Lage der Schriftsteller und Intellektuellen in der Sowjetunion betreffend sprach, sagte mir nach stundenlanger Diskussion: »Es sollte klar sein, daß nicht viel Hilfe von außerhalb der Sowjetunion kommen kann«, und eine sehr feine alte Dame, beinahe verzehrt von Leiden, die alle Einzelheiten der Abrechnung, die von Mr. Kruschev aufgestellt wurde, kennt, sagte mir: »Eins ist gewiß: Rußland und die Sowjetunion hatte nie eine bessere Regierung als die gegenwärtige.«

Wenn wir unsere Kollegen überall in der Welt unterstützen wollen, müßten wir eine Liste aufstellen, oder ein Buch anlegen, in dem alle Schriftsteller im Gefängnis, unter Hausarrest, unter Publikationseinschränkungen in der ganzen Welt verzeichnet sind: von Indonesien bis Südafrika, Brasilien und Griechenland – und wir müssen klarmachen, daß der letzte unbekannte indonesische Intellektuelle im Gefängnis ebenso wichtig ist wie ein tschechischer oder sowjetischer Autor. Die Liste würde zeigen, daß das Übel international ist. Ich habe auch die Tschechoslowakei besucht, und am Nachmittag unserer Ankunft machte ich die wichtigste Erfahrung, noch bevor ich den ersten Autor getroffen hatte. Ich ging durch Prag und suchte nach deutschem

Lesestoff und war überrascht, so viele Buchläden zu sehen, die völlig leer waren – nicht leer von Büchern, sondern leer von Kunden. Gelegentlich sah ich einen Kunden, der aber nicht Bücher kaufen, sondern verkaufen wollte. Schließlich fand ich deutsche Übersetzungen von Tschechov und Jack London. Als ich später in einem Café saß und die Kellnerin mich als Deutschen erkannte und mit mir zu sprechen anfing, fragte ich sie, was der Grund für die völlig leeren Buchläden sei, und sie – ohne meine Frage direkt zu beantworten – nahm ein Buch aus ihrer Tasche und sagte, daß sie weder gekauft noch gestohlen habe, sondern ein Freund, der bei der Müllabfuhr arbeitete, habe es ihr gegeben, weil jetzt Bücher lebender tschechischer Autoren einfach auf den Abfallhalden landeten. Mit bitteren Worten sagte sie etwas, das ich so ausdrücken möchte: ›Im Augenblick ist die Abfallhalde unser Buchladen.‹ Ohne ein Spion zu sein und ohne einen solchen hatte ich Informationen bekommen, bevor ich den ersten Autor traf, der, ohne es selber zu wissen, auch ein Autor für die Müllhalde war. Eins ist sicher: die Abwesenheit einer tschechoslowakischen Delegation hier ist nicht zufällig. Selbst wenn eine Delegation Visa und die nötigen Devisen bekommen könnte – dies ist mein Eindruck, man hat es mir nicht gesagt –, würde sie nicht kommen, denn ein Delegierter der Tschechoslowakei könnte, wenn er hier anwesend wäre, weder schweigen noch reden. Mit dieser Bemerkung komme ich zum Ende.

Ich möchte Sie nur noch bitten, eine sehr wichtige Tatsache zu bedenken: es ist für jeden in Ordnung, Risiken auf sich zu nehmen, ob sie kalkulierbar sind oder nicht, aber sobald es sich um das Risiko anderer Leute handelt, sind Vorsicht und Schweigen keine Feigheit, nicht einmal Diplomatie. Niemand sollte Risiken für andere Leute eingehen, niemand kann genau wissen, was andere riskieren. Ich kann keine Risiken eingehen, die andere betreffen.

Ich danke Ihnen.

# Suchanzeigen
(1972)

Ich suche ein Mädchen, zehn Jahre alt, wahrscheinlich blaß, dunkelhaarig, mit sehr großen, zur Melancholie neigenden dunklen Augen. Ich habe Grund zu der Annahme, daß sie schön ist. Ich kenne ihr Geburtsdatum, den Geburtsort, die Orte ihrer Kindheit und Jugend: Düren, Heinsberg, wahrscheinlich Palenberg, Aachen. Ich suche das Mädchen in einem bestimmten Jahr, im Jahr 1887. Sie ist unterwegs auf der Landstraße zwischen Düren und Golzheim, ob nach Golzheim gehend oder von Golzheim kommend, weiß ich nicht. Wenn sie nach Golzheim geht, trägt sie eine leere Waschschüssel; wenn sie von Golzheim kommt, trägt sie eine Waschschüssel voll Rübenkraut. Die Entfernung Düren-Golzheim beträgt sieben Kilometer, der Gesamtweg des Mädchens also vierzehn Kilometer. Ich weiß nicht, wie lange ein zehnjähriges Mädchen braucht, um diese Strecke zurückzulegen, auf einer Straße, von der ich nicht weiß, ob sie damals schon baumlos war. Wollen wir ihr mindestens drei, höchstens sechs Stunden zubilligen? Wollen wir ihr ebenfalls zubilligen, daß sie hin und wieder die leere und die volle Schüssel absetzen muß, um ihre Arme zu entlasten? Ich weiß nicht, wieviel Pfund Rübenkraut sie da bei Verwandten oder Bekannten abholte, weiß nicht, ob das Rübenkraut geschenkt oder nur verbilligt war. Drei Stunden? Vier oder sechs? Acht Pfund, zehn oder sieben? Ich weiß nicht. Ich weiß auch nicht, wieviel Geld bei dieser Aktion gespart wurde. Zehn Pfennige? Dreißig, oder nur sieben? Ich weiß nicht. Das Mädchen ist unterwegs, und ich suche es. Sie heißt Maria und wurde ein paar Jahrzehnte später meine Mutter. Das ist uninteressant, über meine Mutter weiß ich einiges, über das Mädchen weiß ich nichts.

Fünfundachtzig Jahre später fahre ich ziemlich oft durch Golzheim, vor Golzheim schnell, durch Golzheim manchmal schneller als zulässig, hinter Golzheim wieder relativ schnell.

Mit dem Auto. Nehmen wir an, ich fahre 100. Ich brauche für die sieben Kilometer drei, vier, höchstens sechs Minuten; es kommt drauf an, wieviel landwirtschaftliche Fahrzeuge gerade unterwegs sind, wie ich sie überholen kann, wie der Gegenverkehr ist. Mehr als sechs Minuten brauche ich keinesfalls. Führe ich die ganze Zeit, die das Mädchen unterwegs ist, mit dem Auto weiter, so wäre ich in drei Stunden ungefähr in Darmstadt, in sechs irgendwo zwischen Augsburg und München, während das Mädchen immer noch unterwegs ist. Und wie oft ging das Mädchen diesen Weg? Einmal? Mehrere Male, jedes Jahr wieder? Wie hießen die Leute, bei denen sie das Rübenkraut holte, um sieben oder dreißig Pfennige zu sparen?

Ich weiß das alles nicht. Sieht das Mädchen fünfundachtzig Jahre später auf dieser selben Landstraße Autos fahren, und in einem dieser Autos einen ihrer Söhne? Sieht sie mich? Ich sehe sie nicht, obwohl ich immer wieder nach ihr Ausschau halte. Ich weiß nichts von ihr, jedenfalls nicht viel. Sie hat eine strenge Mutter, fünf Schwestern, zwei Brüder, einen, gelinde gesagt, leichtsinnigen Vater, der, gelinde gesagt, gern einen trinkt. Was kostet ein Glas Bier, was kostet ein Cognac? Gewiß mehr, als das zehnjährige Mädchen durch den drei- bis sechsstündigen Gang mit der leeren und der vollen Waschschüssel spart. Ich würde so gern mit ihr sprechen, versuchen, sie auszufragen, herauszubekommen, was sie sich denkt. Ich kenne von zwei, drei Fotos das bittere, säuerliche Gesicht der Mutter des Mädchens. Ich weiß ein paar Anekdoten über sie. Sie war das klassisch betrogene Mündel des Schauerromans, wurde um Grundstükke, Häuser, nach einer anderen Anekdotenversion um eine Brauerei betrogen. Man sieht dem bitteren Gesicht noch an, daß sie einmal schön war. Das klassische Mündel mit klassischem Gesicht. Katholisch mit stark jansenistischer Einfärbung. Freudlos, puritanisch, kirchgängerisch, verbittert.

Ich würde so gern mit dem Mädchen auf der Landstraße sprechen. Nicht mit meiner Mutter, mit ihr habe ich oft gesprochen, aber nie mit dem zehnjährigen Mädchen. Was denkt sie, was fühlt sie, was weiß sie, was gesteht sie sich ein, was verbirgt sie vor sich und den anderen? Was denkt sie über ihren, gelinde gesagt, leichtsinnigen Vater, der innerhalb von zwei Minuten mehr vertrinkt, als sie bei diesem Drei- oder Sechsstundenmarsch »verdient« oder nur erspart? Fünfundachtzig Jahre später würde ich gerne die Chronologie auseinandernehmen, durcheinanderbringen, um mich mit dem Mädchen zu unterhalten. Ich würde sie mitnehmen, aber vielleicht bleibt sie lieber auf der Landstraße, als zu ihrer bitteren, säuerlichen Mutter zurückzugehen, die sparen, sparen muß, weil da einer ist, der verschwendet? Da gäb's viel zu erzählen über die fünf Schwestern und die beiden Brüder, über den, gelinde gesagt, leichtfertigen, verwöhnten Vater, über die aufrechterhaltene Fassade, über zusammenbrechende Fassaden. Das ist uninteressant, für mich. Ich suche das kleine Mädchen, das viel später meine Mutter sein wird.

Was ich mir denken, was ich mir vorstellen, was ich kombinieren, sogar recherchieren könnte, ist mir langweilig, weil ich weiß, wie's gemacht wird. Gut. Schlecht. Nicht so schlecht. Nicht so gut. Mit einer ziemlichen, mit einer gewissen, mit einer bestimmten Wahrscheinlichkeit zutreffend. Ein bißchen interpoliert, so oder so. Literatur. Die suche ich nicht, ich suche ein zehnjähriges Mädchen, von dem ich nichts weiß. Ich fahre fünfundachtzig Jahre später über dieselbe Landstraße, und ich sehe sie nicht, höre sie nicht, weiß nichts von ihr. Ich kann mir viel vorstellen, fast alles, aber – wie schon gesagt – das interessiert mich nicht. Ich suche ein zehnjähriges Mädchen, blaß, mit dunklen, zur Melancholie neigenden Augen, die überraschenderweise voller Humor sind.

Ich suche nicht ihre Erinnerung, nicht die Erinnerung an sie, ich suche sie selbst.

Ich suche einen wahrscheinlich rothaarigen, mageren, sommersprossigen zehnjährigen Jungen, der im Jahre 1880 morgens von der Schwanenkampstraße in Essen aus zur Schule geht. Er heißt Victor und wird viele Jahre später mein Vater sein. Über meinen Vater weiß ich einiges, über diesen zehnjährigen Jungen weiß ich nichts. Ich weiß ein paar Anekdoten, ich kenne einige seiner Erinnerungen und Erinnerungen anderer an ihn, aber ihn selbst kenne ich nicht. Ich würde so gerne die Chronologie zerstören, ihn für ein paar Minuten lebend vor mir haben, bevor seine konventionellen und unkonventionellen Erinnerungen in den Kreislauf der Anekdotenkonvention geraten. Ich möchte seine Tafel oder seine Hefte sehen, seine Brote, sein Taschentuch, möchte sehen, ob er damals schon eine Brille trug. Es ist einiges überliefert, in einigen Variationen verbürgt, es ließe sich viel recherchieren, kombinieren, interpretieren, vorstellen, und mit einer ziemlichen, oder gewissen, oder gar bestimmten Wahrscheinlichkeit ließe sich ein Genrebild erstellen von dem wahrscheinlich rothaarigen, mageren Jungen, der da an der Mauer der Kruppschen Fabrik entlang zur Schule geht. Das Milieu ist mir bekannt, Details genug, aber ich will nicht die Erinnerungen des Jungen und nicht die Erinnerungen anderer an ihn, ich will ihn selbst, ihm ins Auge blicken, sein Taschentuch, seine Brote, seine Hefte oder seine Tafel sehen. Der Junge heißt Victor, ist im Jahr 1880 zehn Jahre alt und wird später einmal mein Vater sein.

Ich suche mich selbst, zehnjährig, mit dem Fahrrad zur Schule unterwegs. Nicht meine Erinnerung, nicht, was andere zu erinnern glauben. Meine Frau suche ich, zehnjährig, meine Kinder, Freunde, Geschwister. Ich möchte die verfluchte Chronologie zerstören, die eine 1923, die andere 1935 oder 1917 sehen, auf dem Schulweg, auf der Straße spielend, in der Kirche, im Beichtstuhl. Ich möchte die Beichten all dieser Zehnjährigen mithören; ich kann mir viel vorstellen, fast alles: den einen zehnjährig auf einem Trümmergrundstück 1957, den anderen zehnjährig 1958 auf dem Schulhof eines Gymnasiums, einen anderen 1960 zehnjährig in einem Park. Es wird viel erzählt, viele erinnern sich an vieles, es gibt da Fotos, verschiedene Perspektiven, Interpretationen, Milieudetails, alles vorhanden, Schulzeugnisse, Wehrpässe, Gebetbücher, Kinderzeichnungen, Briefe, sogar Tagebuchblätter; es ließe sich alles verwenden, ergänzen, vorstellen mit ziemlicher, annähernder, mit an Gewißheit grenzender Wahrscheinlichkeit. Ich möchte mehr: Ich möchte das Feuchte in ihren Augen sehen, ihnen die Hand vor den Mund halten, um ihren Atem zu spüren, das Brot sehen, in das der eine, den Apfel, in den die andere beißt, 1930 oder 1935; den Ball in der Hand, die Kreidestriche auf dem Pflaster; die Musterung auf der Waschschüssel, in der Maria das Rübenkraut trug, und die Schuhe des wahrscheinlich rothaarigen, zehnjährigen, mageren sommersprossigen Jungen, der Victor hieß. Ich will nicht das Unvergängliche, das Gegenwärtige will ich, das vergangen ist. Nicht das Erzählte, nicht einmal das Wahre und schon gar nicht das Ewige. Ich will die Gegenwart der Vergangenen. Einsteigen und aussteigen, wo ich möchte, das Sprungseil vom Leipziger Platz und die Brote, die in der Machabäerstraße auf dem Schulhof gegessen wurden; Kreidestriche auf dem Trottoir der Teutoburger Straße, Sägemehl auf dem Hof des Hauses an der Schwanenkampstraße; das Bier, das auf dem Pflaster der Pletzergasse verschüttet wurde, im Krug geholt, damit der Alte einmal zu Hause blieb; die Klicker aus der Kreuznacher Straße. Den Apfel, in den ein Mädchen 1940 biß, oder den anderen, den ein andres Mädchen 1935 pflückte. Nicht als Andenken, nicht als Anekdotenvehikel, nicht als Vitrinenfetisch, nein, weil es da war, nicht mehr ist und nie mehr sein wird. Ich will das Haar, das vom Haupt gefallen ist.

# Köln III

## Spaziergang am Nachmittag des Pfingstsonntags 30. Mai 1971
## (1972)

die Stadt
in freudloser Sonne
verödet

wieder mal aufgewühlt
im dreißigjährigen Krieg
der Bauplaner
maschinen
firmen
ausschüsse
bagger
krane
unzählige Abschüsse
nach dreißigjährigem Einsatz der Preßlufthammerflak
Gefallene
Gefangene
Siege

in Aufriß und Abbau
unaufhaltsamer Vormarsch

die Sappen längst
bis Wladiwostok vorgetrieben
keinen Fußbreit hergegeben
an der grauen Front des Profits
in den Goldgruben der Schwerbewaffneten
(für humanistisch Gebildete: Hopliten)
stetig steigender Mietpreis

## KÖLN III

höhnische Stille
vertriebener Ruhe
Vollzugsmeldung
Ohrenbetäubung
durchgeführt
wunderbar den verwalteten Staub vermehrt
in Abriß und Aufbau
leukämische Fassaden
der Wucherer

o heiliger Geist
erbarme dich unser
nur noch zwanzig vom Hundert
beträgt unser Profit
erst in fünf Jahren
haben wir unser Kapital verdoppelt
heiliger Geist
bewahre uns vor der Kostenexplosion
oh heiligster aller heiligen Geiste
verleihe den Verkäuferinnen Einsicht

vierhundert Mark (netto!)
oh heiliges Brutto
allerheiligstes Konto
wohin soll das noch führen

wo doch allein Haarkünstler
und Haartracht
einer Freundin
der Ersatzreserve III
erheblich mehr kostet
oh heiliger Geist
die Kosten explodieren

irgendwo
eine öde Nachmittagspredigt
anderswo
verschlossene Kirchtür

erbarmungslos
schlaffes Studentenpingpong
hinter überquellenden Abfalleimern
verkotzte katholische Revolution
unfreundlich freudlos

du einzig wahre
schieläugig
großartig
graue
irdische Himmelskundige
auf dem Hügel am Kapitol
aus deiner wievielten Ehe
stammte die süße
die feine
mokante
Trümmerkokette
unnahbar
ständig von Kerzen geküßt
im Himmelblaugelb
eingelullt von mehr Zärtlichkeit
als ihr zusteht
hört sie
unnahbar
nicht taub
über Dschungelschwüle hinweg
Geflüster von gebrochenen Herzen
gebrochenen Ehen
in genußreicher Jungfräulichkeit

schieläugige
grau großartig
versteckt am Kapitol
dir die Krone Mutterkuchen
und eine Kerze der
kleinen da in St. Peter
vor drei Jahren
am Geburtstag
hatte sie Fuchsienblüten für mich

## KÖLN III

zwei Boschgestalten
vor verschlossener Kirchtür
werden sie
am Pfingstsonntag beten
oder sich schamverletzend entblößen
von links und rechts
aus der Mitte
von drinnen draußen
oben unten
ex-ego-konzentrisch
progress- und konservativ verhöhnt

der Bischofspalast
kein Bischofspalast
nicht Herr
Knecht
Bruder
Untertan
Fürst
nichtssagend

fünffach unechtechtunecht
steht er da
wo die Wucherer hausen
verspätet
erkenn ich auf einem Lochnerplakat
das Lochnerhaar–Gesicht
meiner Schwester Grete
gestorben an Leukämie

in der Schatzkammer Schnödigkeit Schnütgen
alles echt
Schwester
Sammlerauge
Kennerblick
verblüffend die Ähnlichkeit
Haubrich–Schnütgen
unschätzbare Werte

unschätzbare Wertsteigerung
neugotischer Gips gegen Echtes
dissertations-
habilitations-
ordinationsreif
das Abgetriebene
nicht geschützt durch 218
alles echt Schwester
der einzig echte Verrat
die einzig wahre Blasphemie

in meiner Tasche echt
vom Generalvikar
Alternative: zahl oder tritt aus
warum Schwester
kann ich beides nicht
erklärs denen
die dir gleichen

Sondermeldung: und ihr habt doch gesiegt
heil
der dreimal heiligen
Herrschaft
von Gerling und Breker
auf dem öden Reichsparteitagsgelände
vergoldet (echt)
ledergepolstert (echt)
pergamenttapeziert (echt)
echt echt alles
in der Kostenexplosion
keine falsche Bescheidenheit
Baukunst
Kunst am Bau
Zwei vom Hundert
für den ewigkeitssüchtigen Knaatschbüggel

zielstrebig Schwester
systematisch

## KÖLN III

(wie bei der Zerstörung Warschaus)
erobert die alte Herrschaft
neue Provinzen
das Friesenviertel fällt
mit dem Segen
der Oberhirten und -häupter
ins Nichts der Leukämie
die Preßlufthammerflakregimenter
Ersatzreserve I
stehen einsatzbereit
für Baukunst
Kunst am Bau
und für Deine Obdachlosen
Schwester
die große Vertreibung

ungeduldig wartet der graue Dom
Teich der Gründlinge
auf die große Blasphemie

überall angepriesen
das harntreibende Lokalgebräu
ölige Pfützen
nächtlicher Schamverletzer
nach raschem Blasendurchgang
unhold verwandelt
zur Kinderspielpfütze
die Litanei
von Sester und Sion
Früh Gilde und Gaffel
Sünner Kess Küpper und Stern
o heiliges Kölsch
Hochheiliges Sion

Natürlich
gibt's da auch Nettes
die pausbackig süßen Dirnen
gar nicht unnahbar

in St. Kunibert
und natürlich
den Rhein und
die Brücken
gut
richtig gut
das Positive ist unverkennbar
springt direkt in die Augen
wer wollte das leugnen
gleich neben St. Gerling St. Gereon
Brunnen
und der WDR
unverkennbar
baut er ewig für ewig
das hat er vom Dom gelernt
die Baukräne des WDR
gehören zum Stadtbild
wie früher bevor
die Preußen kamen
die des Doms

St. WDR
der du für uns gebaut hast
heiliger Lärmkotzer
Vertreiber
Unruhestifter
ruhelos
himmelstrebig
auf St. Gerling hinschwenkend
wann werden eure Krane sich endlich umarmen
in unersättlicher Zärtlichkeit
und immer noch
und immer wieder
Schwester
das leichte
so völlig unbegründete Gruseln
in der Marzellenstraße

zahl oder tritt aus
hast du immer noch nicht begriffen
nur einen Steinwurf weit
der Rheinische Merkur
und erkennst du nicht
die kalthingekotzte
spanische Barockmasche und -mache
nebenan in Maria Himmelfahrt
was denkst du
was das alles kostet
wer soll das bezahlen
und wiederum nur einen Steinwurf weiter
St. Bachem
der du für uns gedruckt hast
schon für unsere Urgroßeltern
und deren Eltern
Schwester
hat er gedruckt

Machabäerstraße
wo du
die anderen
auch Annemarie
und so viele
herangebildet wurden
dem gebildeten Katholiken Gattin zu sein
(welche Mesalliance, meine Liebste!)
und (Steinwürfe nur!)
das Marzellengymnasium
wo gebildete Katholiken erzogen wurden
zu allem
nur nicht dazu zärtlich zu sein
begattet wurden ihre Frauen
träumten von verbotenen Zärtlichkeiten
kannten sie nur aus dem Beichtspiegel
und der Pornographie des St. Ligouri
und tauchten Weiberfastnacht
auf und unter

Ihre Männer fanden verbotene Zärtlichkeiten
anderswo
ein paar Steinwürfe
südlich des Domes
nördlich des Domes
auf den Grundstücken
des erblichen Legaten
der Heiligen Römischen
die einträglichen Huren
waren gelehrige Schülerinnen
zahl oder geh
zahl oder tritt aus
doch hin und wieder übten sie gewiß Barmherzigkeit
mehr als der Obermeister der Gründlinge
er gab dem Rheinischen Merkur
zwei Millionen
zahl
Schwester
zahl
du hast gezahlt
viel zu viel
Schwester


vielzuviel
für die leukämischen Hostien
den vorenthaltenen Wein
von vereidigten Händlern geliefert –
nicht für dich
die Schurken
mit dem gebildeten Gaumen
küssen im Weinkeller Schnödigkeit
mit ordinierten Zungen
was dir verboten war
ich hoffe
du triffst sie nicht
dort wo du hinwolltest
ihr Hohn könnte schlimmer sein
als Leukämie

ihr Kuß obszöner
als all das
von dem Kinder nichts wissen

zu spät
zehn Jahre nach deinem Tod erkannt
auf einem vergilbten Lochnerplakat
am Pfingstsonntag
an einem Bauzaun
in der verödeten Stadt
in freudloser Sonne
zwischen St. Gereon
und St. Gerling

Gruseln
Schwester
ich hab's gelernt
bei den Gründlingen im grauen Teich
brauchte nicht auszuziehen
um Fürchten zu lernen

Schlüpfrigkeit
Schwester
ich hab sie kennengelernt
bei den Gründlingen
im grauen Teich
nie bei der einen
und nie bei den anderen
keine hat je gesagt: zahl oder geh

Heiliges Brutto
Heiliges Netto
Heiliges Konto
erbarmt euch unser
der Gymneten
(für nicht humanistisch Gebildete:
schutzlos Kämpfende)
im zweitausendjährigen Krieg
der Gründlinge

Segnet die Waffen
Fingerkuppen
Farbband
Papier
Bleistift
Radiergummi
Tippmaschine
und den
Briefträger
der's austrägt
um geringen Lohn.

## Über Bernd Alois Zimmermann
(1972)

Ich glaube nicht, daß es ihm um das Problem der Vertonung so sehr ging, sondern daß er in der Literatur, das habe ich in Gesprächen herausgefunden und sehe es auch an den Texten, die er dann ausgewählt hat, eben Lenz und Joyce und Jarry, daß er in der Literatur eine Entsprechung zu seiner sehr ernsten und sehr schweren und eigentlich auch sehr bitteren Auseinandersetzung mit dem Problem Zeit als Element gefunden hat, daß er das vielleicht in der Literatur eher fand als in der Musik und als Tonsetzer oder Musiker oder Komponist auf einem Weg war, ich glaube sogar, daß er es erreicht hat, dies in Musik auszudrücken, das, was er in der Literatur fand, oder in der Literatur auf verschiedene Weise verwirklicht war.

...

Wahrscheinlich waren wir beide, sowohl Zimmermann wie ich, von unserer Entwicklung her und unserer Bildung auch hier, die ja sehr ähnlich war – wir sind ja auch der gleichen Herkunft und aus der gleichen Landschaft –, auf diesen Arbeitsprozeß als Einsamen festgelegt und nicht mehr fähig, ihn auf Teamwork oder kommunikatives Arbeiten umzuschalten. Ich halte das nicht für endgültig für alle Sparten der Kunst, im Gegenteil, ich glaube, daß es gut ist, wenn sie alle miteinander wirken können.

...

Ich glaube, daß er sehr erschrocken war, Zimmermann, über den Dogmatismus, der sich in allen Kunstsparten, nennen wir es so, in der Literatur, in der Malerei, auch in der Musik, zu zeigen anfing. Daß also, sagen wir, eine gewisse Freiheit, die in den 50er Jahren, edenfalls was die Bundesrepublik betrifft, doch für die Schriftsteller und Musiker und Maler mit großer ... unter großem Preis erkauft worden ist, ihm wieder verlorenzugehen schien unter diesem strengen Dogmatismus, der eben Pluralismus ausschloß in den verschiedenen Sparten. Das war, glaube ich, ein großer Kummer und nicht nur Kummer, ein wirklicher Schmerz für ihn.

...

Ich glaube schon, daß Zimmermann, obwohl das Wort in dem Zusammenhang sehr dumm ist, ein sehr engagierter Künstler war, das spricht aus allen Texten, aus allen Äußerungen, aber Politik und Eingriff in die Geschichte, Zeitgenossenschaft, war für ihn nicht reduzierbar auf eine so platte Weise, wie es von gewissen politischen Dogmatikern heute gefordert wird, die eigentlich wieder eine Beraubung des Publikums vorschreiben, die um einer scheinbaren Popularität willen reduzieren. Ich glaube nicht, daß ein Künstler – ich nehme dieses pathetische Wort einmal in den Mund – weniger geben kann, als er hat, und ich glaube, das war Zimmermanns Furcht, daß ein Dogmatismus ihn zwingen würde, weniger zu geben, als er hätte geben können aufgrund pragmatischer, politischer Alltagsforderungen.

## Über Willy Brandt
(1972)

Wenn mir einmal vier oder fünf Monate Zeit (mit der dazugehörigen Ruhe) in den Schoß fallen, würde ich gerne einen längeren biographischen Essay über Willy Brandt schreiben. Nicht indiskret, doch neugierig würde ich gern auf meine Weise erforschen: Lübeck um 1913, Straße, Milieu, in denen Willy Brandt aufwuchs, die Schulen, die er besuchte und absolvierte; ich möchte herauszufinden versuchen, was es bedeutet haben kann und muß, in einer so respektablen norddeutschen Stadt im Jahr 1913 das gewesen zu sein, was man eine uneheliche Mutter zu nennen beliebte. Welche Verletztheit und Verletzlichkeit da vor- und mitgegeben wird von jener Ehrbarkeit bürgerlicher Provenienz, die spätestens seit den *Buddenbrooks* in ihrer verlogenen Brüchigkeit beschrieben wurde. Und wie erstaunlich wenig haben sich Willy Brandts Verletztheit und Verletzlichkeit je in Aggression geäußert. Offenbar verletzt der Verletzliche nicht gern, und das macht ihn den sporenklirrenden, gelegentlich die Peitsche schwingenden Herren von der Herrenpartei so verdächtig.

In Willy Brandts Lebenslauf liegt Stoff für eine Legende, fast für ein Märchen, das wahr wurde. Nicht der legitime Aggressionskatholik aus München wurde Bundeskanzler, sondern der illegitime Herbert Frahm aus Lübeck, der diesen von der bürgerlichen Gesellschaft mitgegebenen Urmakel, diese Idioten-Erbsünde, auch noch verstärkte, indem er Sozialist und außerdem noch Emigrant wurde. Und er wurde Bundeskanzler nicht mit legalistischen Tricks, sondern legal.

Willy Brandt ist inzwischen so selbstverständlich geworden, daß man alle diese Laufbahnhindernisse allzuleicht vergißt. Da ich trotz massiver (nicht häuslicher, wie ich gerechterweise hinzufügen muß) katholischer Indoktrinierung nie begriffen habe, auch schon nicht als mehr oder weniger braver katholischer

Junge was die Vertreter und Verfechter einer Religion deren Menschgewordener, wenn auch nicht im Sinne irgendeines bürgerlichen Rechts »unehelich«, so doch der Sohn einer Jungfrau war; da ich nie begriffen habe, was sie gegen Unehelichkeit einzuwenden haben könnten und mich auch permanent und mit Erfolg geweigert habe, diese Eigenschaft an Mutter und Kind als Makel zu empfinden; da ich immer nur die Diskriminierung der Betroffenen beobachten konnte (wiederum nicht zu Hause, sondern da draußen in der christlichen Umwelt, in die ich unvermeidlicherweise hineingeriet – wohin sonst hätte ich mich wenden können, ich tumbes Brüderlein), ist die Bundeskanzlerschaft eines unehelich Geborenen für mich nicht märchenhaft oder wunderbar, sie ist es nur, betrachtet man sie auf dem soziographischen Hintergrund einer Herren- und Damengesellschaft, die bereit ist, diesen Makel bei Adel und Bürgertum amüsant zu finden, ihm bewundernd Respekt zu bezeugen, es »barock« und »katholisch«, die »Sündhaftigkeit« der oberen Stände »köstlich« zu finden, wenn ein Don Juan d'Austria daraus wurde – sich aber schäbig und mies verhielt, wenn Unehelichkeit sich in den unteren Ständen abspielte.

Ich mag hier nicht wieder und noch einmal mit Konrad Adenauer hadern; er mag mehr Verdienste haben, als ich zu erkennen imstande bin, und möglicherweise hat er nur einen politisch gravierenden Fehler gehabt und begangen: daß er zu lange regierte und mit greisenhafter Bosheit seine eigene Größe in lauter senile Kleinlichkeit auflöste. Ein solches Ende nenn ich nun wahrhaft destruktiv, und das wird durch ein pompöses Pontifikalrequiem (das protestantischen oder atheistischen Staatsmännern in seiner Inszenierung Ehrfurchtschauer über sämtliche vorhandenen Rücken jagen mag) nicht aufgehoben, ebensowenig durch ein churchillistisch inszeniertes Staatsbegräbnis. Was ich Adenauer nicht vergessen kann, sind seine Wahlkampfparolen vom unehelichen Kind und Emigranten Willy Brandt. Das ist *kaum* zweieinhalb Wahlperioden her, und es klingt, wenn auch nicht expressis verbis, so doch im Ton an, wenn der überschneidige Herr Wörner christliche Bemerkungen abläßt, und wenn der ebenfalls christliche Herr Marx, während der Pontifex Maximus christlicher Politik, Franz J. Strauß, spricht, zwischenfragt, ob der Herr Bundeskanzler vielleicht schon seine Koffer packe. Der mißglückte Versuch, Willy Brandt zu stürzen, macht diese Zwischenfrage zu einer parlamentarischen Peinlichkeit ersten Ranges, und man sollte sich des intellektuellen Niveaus erinnern, das aus einem Triumphkurzschluß dieser Art spricht, wenn der gleiche Herr bedeutungsschwere und verantwortungsschwangere Interviews über politische Fragen gibt.

Ich brauche Willy Brandt nicht mehr mit der Niveaulosigkeit der CDU während der Mißtrauensdebatte zu verteidigen, und doch muß sie erwähnt werden, weil kein einziger Redner der CDU, keiner, staatsmännisches Niveau zeigte. Während Brandt und Scheel die besten staatsmännischen Reden ihrer Laufbahn hielten. Strauß zeigte noch weniger Niveau als Barzel; nicht einmal Hans Katzer zeigte Niveau. Er, der nun wirklich seine sozialpolitischen Batterien hätte auffahren müssen, statt dessen aber immer wieder allzu deutlich seine persönliche Gekränktheit durchblicken und -klingen ließ und, unbewußt wahrscheinlich, seinen Zorn gegen diese Herrenpartei, die ihn in Düsseldorf auf eine so aberwitzige Weise hatte abfahren lassen, gegen die SPD wendete. Schade. Hoffentlich haben Arbeitnehmer aller Art richtig hingehört. Man hatte die große Stunde der Opposition erwartet: das Konstruktive, das über das Angebot einer Barzelkanzlerschaft hinausgegangen wäre. Nichts. Nichtssagend. Die Opposition präsentierte eine jetzt schon verschlissene Garnitur. Stellt man sich nun noch die Schattenminister Dregger und Jaeger aktiv bei dieser mißglückten Inszenierung vor, man hätte es noch besser gewußt. Es war die mißglückte Show eines Herrenclubs, in den Hans Katzer nun wirklich nicht hineinpaßt. Die CDU/CSU fühlte sich zu sicher; das ist nie gut. Die Regierungskoalition rechnete mit allem; das ist immer besser. Wenn die CDU endlich einmal lernen könnte, ihrerseits der CSU (aber womit?) zu drohen, anstatt sich immer wieder von ihr bedrohen zu lassen. Und warum immer wieder auf Strauß hören oder gar setzen, wenn man doch weiß, daß er nördlich des Mains keine Chance hat und immer ein glückloser Politiker gewesen und geblieben ist, dessen einzige Stärke sein Hinterland ist. Warum nur läßt sich die CDU, die nun wirklich nicht mehr von Adenauers Erbe zehren kann, eine politische Erbschaft anhängen, die nicht einmal andeutungsweise Adenauers Erfolge und seine Beliebtheit aufweisen kann?

Was für Willy Brandt spricht: Er ist der erste deutsche Kanzler, der aus der Herrenvolktradition herausführt; natürlich ist er (und das fast zu sehr), mißt man seine Höflichkeit, seine Geduld, seine Treue und Fairneß am bürgerlichen Ideal des »Herren«, ein solcher, während, an diesem bürgerlichen Ideal gemessen, die Herren Adenauer, Wörner, Marx keine sind oder waren; und doch ist Willy Brandt kein Herrenvolkkanzler, und er ist kein Herr und Herrscher, der mit den Sporen klirrt und die Peitsche gelegentlich blicken läßt. Ich glaube, das ist noch nicht begriffen worden, und er selbst mag manchmal nicht begreifen, woher diese wütende, haßgetränkte Abneigung gegen ihn kommen mag; nicht nur, daß er ein »Sozi« ist, nein, er ist auch kein »Herr« und »Herrscher«.

Was so für ihn spricht, scheint bei den Wählern aus der Arbeitnehmerschaft katholischer Provenienz gegen ihn zu sprechen; wollen sie, verlangen sie den Herren; wollen sie immer noch, wie es üblich war, am Ende der Fronleichnamsprozession (falls diese noch geht) als das müde Fußvolk, dessen Marschtempo vorne bestimmt wird, mit ihrer katholischen Arbeiterfahne hinterherzockeln, während den Herren die Ehre zuteil wird, da vorne mit Bischof und »Akademikerverband« ganz nah am »Allerheiligsten« den Flambeau tragen zu dürfen?

Wer kennt nicht das Elend der nicht ganz so groß Geratenen bei der Infanterie, die am Ende eines langen Marsches mehr oder weniger laufen, trippeln, immer aufholen müssen, während die größer Gewachsenen da vorne immer noch gelassen einhermarschieren. Die Atemlosigkeit des kleiner geratenen Fußvolks, das dazu verurteilt ist, einen langen Marsch fußkrank zu beenden.

Was außerdem für Willy Brandt spricht, sind die, die man ihm immer wieder als Dreck am Stecken an den Kopf zu werfen versucht: die Jusos. Er denkt nicht nur nicht daran, sie fallenzulassen, er verteidigt sie, und wenn er sie als bewegende Kraft zu definieren versucht, so ist das keine Taktik; er mag sehr wohl wissen, daß Kompromiß die schlimmste aller Alterserscheinungen ist, und es mag, es muß ihn die Junge Union, ein weiterer

Untergangsfaktor für die CDU/CSU, abschrecken. Die CDU/CSU sollte sich ein paar Berufsradikale für die Junge Union anheuern, die ein bißchen Wirbel, hin und wieder einen kleinen Skandal verursachen, und wär's auch nur, um zu beweisen, daß diese »Jugend« wirklich »jung« ist. Wenn diese Junge Union nicht einmal ausdrücklich wenigstens Programm und Ziele, Argumente der Sozialausschüsse übernimmt, dann sollte die noch immer stärkste Wählergruppe, die Arbeitnehmer, doch endlich merken: Hier hat man's mit Kasinogalopins zu tun, denen die Angst vor der Majorsecke Schneidigkeit als die beste aller Anpassungschancen vorschreibt.

Natürlich gibt es da auch Herren in der SPD und im Kabinett Willy Brandts, mehr oder weniger geglückte Herren, und es gibt die ganz und gar geglückten Herrn, die selbst, wenn sie wollten, ihren Habitus nicht loswerden, und wär's auch nur die fast schon per Mutation sitzende Geste, mit der man im rechten Augenblick die richtige Hand richtig unter die Weste klemmt; das sitzt, wie bei den Katholiken das Kniebeugen und das Bekreuzigen mit Weihwasser. Mir scheint – und das mag gegen Willy Brandt sprechen –, er geht zu zaghaft mit den Herren in der Gegen- und in der eigenen Partei um, und da unterliegt er nicht einer persönlichen, sondern einer historischen Schwierigkeit: Er hat kein Vorbild in der deutschen Geschichte, er muß sich an sich selbst bilden, und seine Partei, so scheint es, macht ihm wenig Mut. Ich finde es verhängnisvoll und falsch, Willy Brandt mit Friedrich Ebert zu vergleichen, der nun wirklich von zwei gegensätzlichen Kräften, von den Herren und ihren geborenen Gegnern, den Intellektuellen, ermutigt und letzten Endes abserviert wurde. Man muß sich, um das Herrenverhängnis recht würdigen zu können, an die Schnödigkeit Hindenburgs gegenüber Brüning erinnern, von dem Hindenburgs Schwiegertochter, als er abserviert wurde, sagen konnte, es sei doch gut, daß man die »plebs« nun los sei. Wohlgemerkt, das wurde von Heinrich Brüning gesagt, der ein überzeugter Hauptmann der Reserve und gutbürgerlicher Herkunft war: nicht unehelich, nicht Emigrant und auch kein Sozi. Wie müssen diese Herren und ihre Töchter erst über Friedrich Ebert gedacht haben. Als einer, der von 1930 an deutsche Geschichte bewußt erlebt hat, empfinde ich mich nicht als mit Kanzlern verwöhnt, und ich betrachte Willy Brandt als Wunder, analysiere ich die permanente Herren-Nachfolge und die Schnödigkeit ihres Tons, die bei den Herren Wörner und Marx für mich mitklingt. Es wird Zeit, daß Deutschland von der »plebs« regiert wird, und bedürfte dieses Wort nicht einer umfangreichen und umständlichen Reinigung, hätte es nicht immer noch einen Beiklang, der als kränkend empfunden werden könnte, so würde ich Willy Brandt als das bezeichnen, womit ich mich selbst ohne weiteres bezeichnen werde: als Plebejer. Da Plebs und Demos wenn auch nicht exakt, so doch annähernd das gleiche bedeuten, so könnte man vielleicht legitimerweise den Begriff der Plebokratie einführen, denn Demos hat auch im Griechischen durchaus die verächtliche Nebenbedeutung von Volksmenge oder Volksmasse. Plebejisch wäre dann, nimmt man die Worte wieder beim Schopf, nicht verächtlicher als demokratisch. Der berühmte Junge oder das Mädchen aus dem Volke hat sich seine demokratische Zukunft bisher so vorstellen müssen: Ein Herr oder eine Dame zu werden oder den einen oder die andere zu heiraten; man hatte die Herrenbarriere zu nehmen, die Herrenriten über sich ergehen zu lassen (da gilt die Tatsache, ein uneheliches Kind gezeugt zu haben, dann nicht einmal mehr als Kavaliers*delikt*, sondern als Rosette im Knopfloch!). Man hatte schneidig, rücksichtslos, erfolgreich zu sein; dieses Modell, das ein paar mehr oder weniger humane Variationen haben mag, dem die ihm innewohnende Herablassung schon habituell geworden ist, hat, da es nicht nur in Kirchen, auch in allen christlichen Vereinen praktiziert wurde, das Wort »christlich« für mich, angewendet nicht auf Personen, sondern auf Institutionen, die es für sich beanspruchen, zu einem Schimpfwort gemacht.

Willy Brandt konnte gar nicht aus irgendeinem »christlichen« Hintergrund kommen, und das ist kein Nach-, es ist ein Vorteil und er sollte einem seiner Todfeinde, dem Herrn Höffner in Köln, nicht zum Geburtstag gratulieren, wenn er sich nicht vorher vergewissert hat, daß dieser ihm, dem Bundeskanzler der Bundesrepublik Deutschland, auch mal gratuliert hat; wenn ja, dann mögen »Potentaten« Geburtstagsglückwünsche austauschen, überflüssige Telegrammgebühren, wie ich finde, aber bitte; was zu befürchten ist, daß Herr Höffner Willy Brandt auch nicht andeutungsweise für einen »Potentaten« hält, sondern für einen Betriebsunfall, der möglichst bald durch Barzel oder Strauß repariert werden sollte.

Es gibt in der CDU/CSU keine auch nur annähernd mit Willy Brandt vergleichbare Figur oder Person. Nicht einmal auf dem witzigsten und ausgelassensten Herrenabend käme irgendeiner auf die Idee, etwa Hans Katzer als möglichen Bundeskanzler zu erwägen, und – was noch schlimmer ist, auch er selbst käme wohl in seiner allzu großen Bescheidenheit nicht auf die Idee. Er ist doch Vertreter der Arbeitnehmerschaft, und die machen doch *nur* schätzungsweise neunzig bis fünfundneunzig Prozent des Demos oder der Plebs aus. Ein »Mann aus dem Volk« kann nie Herr übers Volk werden.

Willy Brandt müßte unbestritten der Kandidat des Demos sein, nach dem man die Demokratie benennt.

Willy Brandt steht am Anfang einer kurvenreichen Strecke, die noch lange nicht genommen ist: Die Untertanen des ehemaligen Herrenvolks sind sich noch nicht klar darüber, ob sie wieder Herren haben und sein möchten, oder ob sie sich selbst, dem Volk, nicht wenigstens ein wenig Herrschaft zutrauen können. Noch ist die neue Zeit, die Willy Brandt repräsentiert, nicht gekommen; das liegt an ihm, am Volk, an dessen Herren. Die zweite Regierungsperiode Brandt würde schwerer als die erste: nicht mehr das Übergewicht Außenpolitik. Innenpolitik wird diese Regierungsperiode beherrschen; man wird ihm die »Linksradikalen« anrechnen, die Inflation, die Bildungspolitik vorhalten; sämtliche internationalen Krisen wird man ihm als nationale aufhalsen; ich weiß nicht recht, ob ich das alles Willy Brandt wünschen möchte; er wird viel Mut, Bestärkung und Zuversicht brauchen, von den Wählern, aus dem Volk. Seine Partei ist so rasch bereit, die Stühle zu räumen, und es riecht noch und immer wieder nach großer Koalition; das wäre der schlechteste aller schlechten Auswege.

Die Worte Plebs und plebejisch bedürfen noch einer Ergänzung durch die bisher noch nicht entdeckte und (auch im sozialistischen Realismus) noch nicht beschriebene »plebejische Sensibilität«, der man sehr rasch die Anführungsstriche nehmen muß. Die Herren sind nämlich nie sensibel oder gar zimperlich gewesen: weder in ihrem sexuellen noch in ihrem finanziellen Gebaren. Das haben sie immer ihren Frauen überlassen, die Klavier spielten, Rilke lasen, Vernissagen besuchten und gegebenenfalls irgendeinem sensiblen Jungen aus dem Volk zu Füßen liegen durften, wie etwa jenem Jesus von Nazareth. Die Nikodemusse waren immer rar. Es ist ein verfluchtes, durch Literatur und bildende Kunst bis in die Gegenwart hineintransportiertes Klischee, daß die »plebs« nicht sensibel, komplizierten Empfindungen nicht zugänglich oder deren nicht fähig sei. Willy Brandt tritt nicht nur dafür, er tritt für viele Klischees ähnlicher Art den Gegenbeweis an. Er sollte nicht zu zaghaft mit den Herren, innerhalb und außerhalb seiner Partei, umgehen. Die sind hart im Geben und im Nehmen, wenn's sich im Herrenclub abspielt. Von einem »Sozi« nehmen sie natürlich nichts, dem geben sie's nur.

## Unsere Wahlen aus deutscher Sicht
(1972)

Vom Ausland her auf die amerikanischen Präsidentschaftswahlen blickend, gewinne ich den Eindruck, daß da viele Unwägbarkeiten mit im Spiel sind. Es sieht so aus, als würde Richard Nixon rein zufällig oder unvermeidlich eine weitere Amtsperiode erhalten.

Der Wahlkampf gleicht einem Rennen, in dem Geld eine große Rolle spielt. Es ist eine anerkannte Tatsache, daß in einer Demokratie kein Kandidat, nicht einmal ein Heiliger oder ein Supermann oder eine Frau, einen Wahlkampf ohne einen erheblichen Geldaufwand bestreiten kann; durch die Reklame für und das Verkaufen von Kandidaten findet jedoch eine kräftige politische Umweltverschmutzung statt.

Der Präsident der Vereinigten Staaten ist mehr als der Regierungschef seines eigenen Landes. Er entscheidet, was geschehen wird, nicht nur in Vietnam, sondern auch in Griechenland, der Türkei, Deutschland (West-, Ost-, Berlin), Israel usw. Die Vereinigten Staaten haben eine historische Aufgabe übernommen, die sie nicht aufgeben können, auch nicht, wenn es um die Vereinigten Staaten selbst ginge.

Mit der Bedeutung der Präsidentschaftswahlen verglichen erscheinen mir alle europäischen Probleme provinziell, die semantische Diskussion über den Deutsch-Sowjetischen Vertrag miteingeschlossen. Mich entsetzt der Gedanke an einen Kanzler Barzel und eine neue Regierungszeit für die ruinöse und ruinierte christdemokratische Partei; doch ich sehe ein, daß es von weit größerer Bedeutung für Europa ist, ob Herr McGovern oder Herr Nixon Präsident der Vereinigten Staaten wird. Mein Favorit ist Herr Muskie, aber es scheint, daß ihm die nötigen reklamelächelnden Qualitäten fehlen.

Die Überlegung, daß der nächste Präsident der Vereinigten Staaten mehr oder weniger mit Hilfe des kommerziellen Fernsehens gewählt wird, ist erschreckend genug. Es ist nicht weniger erschreckend, daß diese Wahl zugleich bezahlt wird mit Flugzeugen, Gewehren, Minen, Maschinengewehren, Bomben und Napalm in Vietnam, das man eigenartigerweise wieder Indochina nennt.

Ich kann einfach nicht begreifen, daß es für Amerika ein Unglück bedeuten soll, einen Krieg zu verlieren, einen Kreuzzug, der von dem damaligen Kardinal Spellman angezettelt worden ist. Natürlich mag es leicht scheinen für einen Deutschen, der nicht nur gewöhnt ist an verlorene Kriege, sondern sich sogar darüber freut, anderen Nationen zu sagen: was ist das Unglück an einem verlorenen Krieg oder an der Einsicht, daß ein verlorener Krieg verloren ist?

Ich werde niemals den Augenblick meiner Befreiung durch die amerikanische Armee vergessen; ich werde niemals vergessen, wie diese so jungen Burschen, die den Hügel heraufkamen, mich gefangennehmen mußten, um mich zu befreien. Es ist diese Erfahrung, die mich fragen läßt, wen es in Vietnam im Augenblick kümmert, von wem er befreit oder »befreit« wird – nach einer so langen Zeit seit dem Indochina-Krieg?

Was ich an Informationen den amerikanischen Zeitungen und Magazinen entnehme, reicht aus, mich einsehen zu lassen, daß die innere Sicherheit der Vereinigten Staaten ebenso wichtig ist wie die Sicherheit außerhalb der Vereinigten Staaten. Um dieses Problem zu erkennen, brauche ich keine ausländischen Zeitungen, die (wozu deutsche Zeitungen tendieren) amerikanische Probleme verniedlichen oder sie übertreiben. Die sichersten Informationen über die USA kommen immer noch aus den USA selbst. Eben das kann für die Bundesrepublik Deutschland nicht gesagt werden, wo die Presse viel konservativer ist als die Bevölkerung und wo Journalisten schüchtern oder eingeschüchtert sind. Ich kann mir zum Beispiel kaum vorstellen, daß irgendein amerikanischer Journalist oder eine amerikanische Zeitung es als Naturgesetz akzeptieren würde, daß ein Starfighter nach dem anderen vom Himmel fallen muß.

Das Bewußtsein, daß es genug interne wie externe Probleme für Amerika gibt – brennende, sogar schreckliche Probleme –, macht es wichtig für mich als einen Europäer, mir über den nächsten Präsidenten der Vereinigten Staaten Gedanken zu machen. Ich glaube, es sollte derjenige Kandidat sein, der weiß, daß Freiheit für Griechenland und die Türkei ebenso wichtig ist wie für Indochina; daß ein Krieg wie der in Vietnam weder dem Sieger etwas einträgt noch dem Verlierer, noch gar den Befreiten oder den »Befreiten«. Der richtige Kandidat müßte dies einsehen und sich nicht einfach als ein Reklameprodukt des amerikanischen Fernsehens verkaufen lassen.

# Nicht Humus, sondern Wüstensand
(1972)

Im Zusammenhang mit einigen Äußerungen, die ich am 12. Juni 1972 in einem *Monitor*–Interview getan habe, das fünf Minuten dauerte, habe ich folgende Erklärung abzugeben:

1. Am 15. Mai, dreieinhalb Monate nachdem ich mein letztes Wort über die Baader-Meinhof-Problematik gesagt hatte und die Polemik für abgeschlossen hielt, wurde in einem Fernsehkommentar des Bayerischen Rundfunks mein Name als einziger im Zusammenhang mit den ersten Bombenanschlägen genannt.

2. Am 26. Mai erklärte der Bundestagsabgeordnete der CDU Friedrich Vogel mich, indem er sich des Ausdrucks »die Bölls und Brückners« bediente, zum intellektuellen und ideologischen Helfershelfer des Terrors und forderte unsere Isolierung.

3. Am 1. Juni fand die Polizeiaktion um mein Haus und das Dorf herum statt, in dem mein Haus liegt. Wieviel Beamte daran teilnahmen, ist schwer festzustellen. Ich sah fünf bis sechs, nach Beobachtungen von Dorfbewohnern waren es 12 bis 20. Einigen wir uns auf acht bis neun. Daß diese Aktion stattgefunden hatte, sickerte durch, und ich bat fünf Tage danach Bundesinnenminister Genscher um Aufklärung. Ich wiederhole: ich habe den Polizeibeamten nichts vorzuwerfen. Wenn ich mir vorstelle, daß 150 000 Beamte an diesem Tag wahrscheinlich bis zu 1 000 000 Autos kontrollierten und damit rechnen mußten, aus jedem Auto beschossen zu werden, kann ich mir eine gewisse Nervosität erklären. Nicht erklären kann ich mir, wieso ich besonders verdächtig gewesen sein soll.

4. Am 7. Juni, als im Bundestag die Debatte über innere Sicherheit stattfand, war ich zwischen 11 und 16 Uhr mit meinem Auto unterwegs und hörte auf verschiedenen Sendern Nachrichten: ich hörte fünfmal meinen Namen, nicht im Zusammenhang mit irgendwelchen literarischen Querelen, sondern im Zu-

sammenhang mit der inneren Sicherheit der Bundesrepublik Deutschland. Vielleicht versteht man, daß ich keine Lust hatte, in ein Café oder Restaurant zu gehen, statt dessen zu einer Bekannten ging, deren Haus ich passierte, und sie bat, mir einen Kaffee zu machen. Als ich dort in die Küche trat – es muß gegen 18.30 Uhr gewesen sein –, hörte ich wieder meinen Namen im oben erwähnten Zusammenhang. Immerhin hatte ich Gesellschaft bekommen: Günter Grass, Martin Walser und andere wurden nun ebenfalls genannt.

Vielleicht versteht man, daß ich, als ich gegen 20 Uhr wieder zu Hause bei meiner Frau war, keine Lust mehr hatte, Nachrichten zu hören oder fernzusehen, und daß ich mich ungefähr so fühlte, wie sich John Dillinger seinerzeit gefühlt haben muß.

5. Einige Tage später besorgte ich mir den Text der Bundestagsdebatte, las ihn, und es lief mir eiskalt den Rücken herunter, nicht, weil mein Name gefallen war, sondern weil ich feststellen konnte, daß die CDU/CSU offenbar entschlossen gewesen war, sich beim Problem »innere Sicherheit« auf eine Intellektuellenhetze einzuschießen; beachtet man vor allem auch die Zwischenrufe, so hat man den Eindruck, als wäre die Bundesrepublik Deutschland ernsthaft bedroht, nun nicht mehr von der BM-Gruppe (da inzwischen auch Gudrun Ensslin gefaßt worden war), sondern von den Helfershelfern, den Humuslieferanten. Es war schon grauslich. Die einzigen Politiker, die Widerspruch äußerten, waren Bundeskanzler Willy Brandt und einige Abgeordnete von FDP und SPD. Kein einziger Abgeordneter der CDU/CSU widersprach auch nur mit einem Wort diesem Wahnsinn, der darauf hinauslief, jegliches Differenzieren regelrecht zu kriminalisieren.

6. Das Protokoll dieser Sitzung ist für jedermann um den Preis von 2,80 beim Verlag Dr. Hans Heger, Bonn-Bad Godesberg, erhältlich. Ich rate jedem auch nur halbwegs politisch Interessierten, es zu erwerben und zu lesen: Diese Lektüre ist die beste Vorbereitung für den kommenden Wahlkampf.

7. Was die Äußerungen über mich von Herrn Friedrich Vogel (CDU) und Dr. Schneider (CSU) betrifft, so sind sie – bedenkt man, daß sie fast fünf Monate nach dem umstrittenen Artikel gemacht wurden – von einiger Infamie, die eines demokrati-

schen Parlaments unwürdig ist. Was Herr Dr. Schneider über Solschenizyn, Bukowskij und mich gesagt hat, sind einfach Lügen, wie sie nur entstehen können, wenn sich einer ausschließlich bei *Bild*, bei der *Welt*, bei Herrn Löwenthal und in *Quick* informiert. Ich halte es für unter meiner Würde, einer solchen Infamie öffentlich zu widersprechen und den Eindruck zu erwecken, ich müsse mich verteidigen.

8. Wie ich erfuhr, soll Herr Friedrich Vogel inzwischen erklärt haben, an meiner persönlichen Integrität hege er keinen Zweifel. Zu erklären, wie beleidigend eine solche Äußerung ist, wäre zu kompliziert. Was ich beanspruche, ist der mir statistisch zustehende Anteil an Nichtintegrität, was bedeutet: mindestens so viel, wie man Dr. Franz Josef Strauß zubilligt.

9. Bevor ich zu dem *Monitor*-Interview fuhr, las ich das Protokoll der Bundestagssitzung noch einmal. Das Gruseln kam wieder und blieb. Was ich innerhalb der drei Minuten, die mir blieben, um das Wichtigste zu sagen, sagte, entsprach meiner Einsicht, meiner Stimmung und meinem Zustand. Stimmung und Zustand wechseln; die Einsicht ist geblieben, daß jede, aber auch jede intellektuelle Arbeit (in die ich auch wissenschaftliche Arbeit einschließe) unmöglich wird, wenn differenziertes Betrachten und Analysieren von Problemen kriminalisiert wird. Was der CDU/CSU vorzuschweben scheint, ist nicht irgendeine Art von besserem Humus, sondern Wüstensand. Ich gebe zu: ich hatte Angst und die Nerven verloren (wer je in einen Nervenkrieg verwickelt war, wird das verstehen). Die Angst habe ich noch, der Zustand meiner Nerven bessert sich. Ich will versuchen, die Angst zu erklären: Ich hätte möglicherweise zum Beispiel gern ein Gedicht, einen Essay über die 150 000 Polizeibeamten geschrieben oder über den körperlichen Zustand von Meins, Raspe und Gudrun Ensslin. Ich habe das nicht getan, nicht nur, weil ich den Dreck fürchte, der kübelweise von Springer- und jeglicher Sorte christlicher Zeitungen zu befürchten ist, auch, weil ich mir die Frage stellte: Lohnt sich das?

10. Reduziert man das Problem um mich und meinen Namen (ich werde schon fertig mit diesem Problem) und stellt sich vor, welch einer Einschüchterung Tausende oder gar Zehntausende von Lehrern, Redakteuren, Autoren, Professoren ausgeliefert

sind, dann ist der Ausdruck Intellektuellenhetze berechtigt, zumal – das Gerede von den »geistigen Vätern« weitergeht. Die Diskriminierung von Helmut Gollwitzer etwa ist ein Verbrechen, weil er für viele junge Leute die einzige Autorität aus seiner, einer älteren Generation ist. Eine Demokratie, in der »Einzelkämpfern« eine solche Last aufgebürdet wird, ist in Gefahr. Demokratische Verfassung, demokratische Regierung sind permanent in Gefahr, wenn nicht demokratisches Selbstverständnis herrscht. Eine Bundestagsdebatte wie die vom 7. Juni gefährdet alles, was in 25 Jahren in diesem Land an Aufklärung und Information geleistet worden ist, und selbst wenn man sie von einem lediglich patriotischen Standpunkt aus betrachtet: Es muß eine Art Selbstmordstimmung in der CDU/CSU herrschen, wenn sie ausgerechnet die Kräfte (nicht Personen) auszulöschen gedenkt, die der Bundesrepublik Deutschland über den Ruf der Tüchtigkeit hinaus jenen Kredit intellektueller Art verschafft haben, ohne den jedes Land der Erde zu einem Roboterstaat verödet.

11. Es ist die Stunde der liberalen und konservativen Presse in diesem Land. Es kann ihnen nicht daran liegen, daß Tendenzen, wie sie am 7. Juni 1972 bei der CDU/CSU-Fraktion sichtbar und hörbar wurden, auch nur die geringste Chance haben, Wählerstimmen einzubringen, und daß Politiker Angst haben müssen, gegen die Intellektuellenhetze öffentlich aufzutreten, weil sie dann um Wählerstimmen fürchten müssen. Selbst der konservativste Intellektuelle oder Wissenschaftler weiß, daß geistige Arbeit ohne Risiko keine mehr ist.

12. Ich danke allen, die mich kritisiert und nicht denunziert haben. Ich danke dem VS, dem PEN-Club, der Journalisten-Union, vielen, die mir geschrieben und telegrafiert haben. Ganz besonders danke ich Willy Brandt, Herbert Wehner und den FDP- und SPD-Abgeordneten, die noch zu differenzieren versuchten, obwohl man sie an- und auszischte. Diese Sitzung des Bundestags war ein Alptraum.

sieben Jahre und zwanzig später
(1972)

nach Ingeborg B.
für Annemarie C.

sieben Jahre
und zwanzig später
Liebste
verhärte dein Herz
verschließ deine Hand
gib keinem keinem
Brot Kaffee Geld Milch
in Deutschem Land

vermine deine Schwelle
Liebste
laß niemanden ein
der das Stichwort nicht kennt
und wenn ich heimkomm
und's nicht weiß
schieß mich nieder
ich könnte ja auf der Flucht
und mein Stichwort könnte
Kapitalismus sein

sieben Jahre
und zwanzig später
Herz
findet im Deutschen Haus
Stalingrad
auf der Türschwelle
statt

## SIEBEN JAHRE UND ZWANZIG SPÄTER

es werfen Deutsche Eltern
Deutsche Kinder
Deutsche Gatten
Deutsche Gatten
aus Deutschem Haus

siebenundzwanzig Jahre
später
Mädchen
sei gnadenlos
vergiß
daß du gehungert hast
vergiß
daß du dreihundertmal
Bombenangst gehabt hast
vergiß
daß die Kettenhunde
der Deutschen Wehrmacht
dich in Schrecken versetzt haben
vergiß
daß du ein Mensch warst

vergiß
vergiß
nur nicht
die freiheitlich
demokratische
Grundordnung
von BILD
für BILD

sieben Jahre
und zwanzig
später
trägt keiner
mehr gelben Stern
und doch weiß jeder
wen er vor sich hat

im Deutschen Haus
legen Mörder Gesetze
hacken Deutsche Krähen
Deutschen Eulen
die Augen aus

sieben Jahre und zwanzig
später
Liebste
vermisse deine Schwelle
verhärte dein Herz
verschließ deine Hände
schieß mich nieder
wenn ich heimkomm
und das Stichwort nicht weiß
lebe von BILD
zu BILD
von WELT zu WELT
denke nicht nach
und vergiß
daß du ein Mensch warst

# Sport und Nationalismus
*Eröffnungsrede zur PEN-Tagung in Köln am 8. 9. 1972*

Vielleicht können nur Politiker und Staatsmänner gelegentlich so naiv sein, zu glauben, es sei möglich, Sport und Politik voneinander zu trennen. Ich mag diese Naivität nicht denunzieren, sie könnte ja dem, wie ich finde, irrigen Glauben entspringen, die Politik sei wirklich ein schmutzigeres Geschäft als andere und man bedürfe des Sports als einer Insel der Reinheit, auf der außerdem – o Wunder – Leistung objektiv und exakt direkt meßbar ist und Leistung direkt in Erfolg umsetzbar.

Nun bin ich der vielleicht törichten Meinung, daß Politik keineswegs schmutziger ist als irgendeine Beschäftigung auf dieser Welt – und Sport nicht unbedingt die reinste. Beide haben ja außerdem – wie alle Geschäfte – mehr oder weniger mit Geld zu tun, direkt und indirekt – Sport, Politik, Geld – das wären schon drei Dimensionen, wer weiß, wie viele mehr wir im Lauf der Gespräche hier noch entdecken.

Nun könnte es aber auch sein, daß nur Sportler und Sportidealisten glauben, die Politik und das Geld wären möglicherweise aus dem Sport rauszuhalten – und es renne da einer los, um die 100 Meter in 9,4 Sekunden zu schaffen, zur reinen Freude von Ministern und Kanzlern, Präsidenten und aus der atavistischen Lust, wenn's um die Jagdbeute, eine Frau oder ums Leben geht – am schnellsten zu sein.

Schwebt den Politikern, die sich gelegentlich – für meine Gefühle ein wenig zu kokett – schmutzig fühlen, vielleicht so etwas wie erzieherische Wirkung vor? Und wenn man auch das nicht per se denunzieren möchte, mag die Frage erlaubt sein: Erziehung wozu? Steht da möglicherweise der Rekord für den gewünschten Akkord am Arbeitsplatz? Wo waren die Stoppuhr und das Metermaß zuerst, auf dem Sport- oder am Arbeitsplatz?

Ausscheidung ist ein ominöses Wort – hieß es nicht einmal

Selektion? Umgang mit Sprache macht mißtrauisch, Nachdenken auch. – Dieses Faszinierende an sportlicher Leistung, das direkte exakte Messen von Leistung, das sofortige Umsetzen von Leistungen in Erfolg, bei sportlicher Leistung vielleicht harmlos, wenn man schon den Besten herausfinden will – diese Methode wird fragwürdig, fast lebensgefährlich, wenn man sie in der Umkehrung anwendet: den Erfolg mit Leistung gleichsetzt, die Leistung am Erfolg für exakt gemessen oder meßbar hält: etwa ökonomischen oder literarischen Erfolg. Der eine ist dann besser als der andere, und einer ist der Beste. Am Ende wird dann Liebesleistung nicht nur für meßbar erklärt, sondern auch gemessen.

Der beim Sport unvermeidliche Leistungskampf führt zu Leistungsklassen, zu einem Kampf der Leistungsklassen, Leistungsklassenkampf, der sehr rasch in einen Leistungsnationalismus führt, der weit über den traditionellen Nationalismus hinausgeht. Auch was diese Dimensionen betrifft, muß die Frage gestattet sein: Wozu wird erzogen, wenn Leistung und Leistungskampf mit einer derartigen publizistischen Breite propagiert werden?

# Der Lorbeer ist immer noch bitter
## Über Stefan Heyms Roman »Der König David Bericht«
(1972)

Daß Autoren immer Ärger machen (und haben), ist hinlänglich bekannt. Möchte da einer endlich wissen, warum, so sollte er sich den Bericht dieses Ethan, Sohn Hoshajas aus der Stadt Esrah, anschauen.

Man muß sich tatsächlich fragen, was dieser Bursche eigentlich will. Warum kann er nicht Ruhe geben, sich geehrt fühlen, weil ausgerechnet er an des Königs Salomo Hof berufen wird, um die Redaktion des *König David Berichts* zu übernehmen? Zwar geht's ihm ganz gut da in seinem Kaff, er hat Landbesitz, offenbar einen guten Ruf als Stilist und Historiker, ist offen und öffentlich nicht etwa Bi-, sondern Tri-, also fast schon Polygamist. Und nun auch noch die hohe Ehre, an des Königs Hof berufen zu werden! Warum zögert er, sie anzunehmen, schützt Krankheit vor, windet sich in geheuchelter Demut vor dem großen Salomo?

Nun, der voll ausgedruckte Titel des erwünschten Berichts, den man noch Jahrtausende später in einem Buch, Bibel genannt, lesen soll und wird, hat eine beängstigende Länge und einen fürchterlichen moralischen und propagandistischen Anspruch, es ist der »Eine und Einzig Wahre und Autoritative, Historisch Genaue und Amtlich Anerkannte Bericht über den Erstaunlichen Aufstieg, das Gottesfürchtige Leben, sowie die Heroischen Taten und Wunderbaren Leistungen des David ben Jesse, Königs von Juda während Sieben und beider Juda und Israel während Dreiunddreißig Jahren, des Erwählten Gottes und Vaters von König Salomo«.

Und Ethan sollte da nicht etwa vollverantwortlich allein arbeiten, nein, es gibt da eine Königliche Kommission. Ethan hat nur die Redaktion, jedoch kein Stimmrecht. Schamlos stellt er sich mit »Ich, Ethan« vor. Autor des König-David-Berichts, den man getrost als apokryphe Ergänzung dessen bezeichnen kann, was in der Bibel an entsprechender Stelle schon lange zu lesen ist: eine Art Pentagon Papers, gewissenhaft-gewissenlos dem Publikum vorgelegt von jemandem, der auch nicht einen Augenblick lang die Vorstellung zu erwecken versucht, er wäre ein Engel oder auch nur ein Heiliger. Nein, dieser Ethan ist, wenn auch nicht gerade bestechlich, doch auch nicht dem Golde abgeneigt; schließlich ist jede Arbeit ihres Lohnes wert. Daß er gleichzeitig Ärger macht und hat, ergibt sich aus der Tatsache, daß er offenbar das ist, was man einen begabten Hund nennt.

Da gibt es zwar »behördlich zugelassene Erzähler von Geschichten und Legenden«, die sich dauernd in den Staub werfen und kalte Buffets plündern; aber die sind nur gut genug, um hohe Wahrheiten in billiger Form unters Volk zu bringen und zu singen. Was jetzt gesucht wird, ist einer, der schreiben, der Struktur in einen Haufen Material bringen kann, der *für die Ewigkeit* bestimmt ist. Dafür kann man nun wirklich keine käuflichen Kreaturen gebrauchen, denn was hier verlangt wird, muß *Weltniveau* haben. Vor allem, weil ja mit diesem wichtigen Kapitel der Bibel nicht nur 'ne schöne Geschichte erzählt, sondern auch König Salomos nicht ganz so selbstverständliche Legitimität bewiesen werden soll.

So zieht Ethan denn nach Jerusholayim, wo man schon so manchem Schriftgelehrten (sprich: Schriftsteller) den Kopf abgeschlagen hat. Und nun fängt die Arbeit an. Verschiedene, einander meist widersprechende Versionen des »Erstaunlichen Aufstiegs« – was dessen religiöse, militärische, ökonomische, erotische Details betrifft – sollen da zu einem überzeugend lichtvollen, homogenen Dokument ineinandergearbeitet werden. Nur läßt sich das schlecht machen, wenn die meisten Beteiligten nicht einmal homogen hetero waren, und wenn auf den einen Licht fällt, fällt notwendigerweise auf den anderen Schatten, und umgekehrt. Mein Gott, so ein Autor hat's wirklich schwer, wenn er beides, seinen Text und seinen Kopf, retten möchte.

Auch jener Oberkommandierende Benaja ist ein schlimmer Kerl, ein ehrgeiziger General aus der Klasse, die man später die

Arbeiterklasse nennen wird: »Mein Vater war ein Leibeigener ... Ich aber, Benaja, sein Sohn, habe zu lesen gelernt, und deine Täfelchen bergen keine Geheimnisse vor mir ... wenn du aufsässige Gedanken hegst oder sie gar hineinschreibst ... werde ich deinen Kopf auf einem hohen Pfahl zur Schau stellen.« Woraufhin Ethan rasch versichert, daß er Familienvater sei und eine bejahende Haltung zum Staat einnehme.

Was soll so ein Autor schließlich machen, wenn da hinten und vorne nichts so recht übereinanderpaßt, und wenn man von ihm nicht Märchen erwartet, sondern etwas so schrecklich Ernstes und Endgültiges wie Geschichte. Alle diese überlebenden Witwen! Da lebt zum Beispiel noch Bath-sheba, die einmal des Uria Weib war, wie man weiß, und es gibt irgendwo in einem Verlies den ehemaligen Oberkommandierenden Joab, der offen zugibt, Uria sei nicht etwa im Schlachtgetümmel gefallen (denn so sehr drängen auch hohe Offiziere nicht aufs Fallen), sondern er habe, da Urias Kommando keinen sicheren Tod gewährleistet habe, Bogenschützen dorthin geschickt, und Uria sei mit einem Pfeil *im Rücken* gestorben. Verflucht, wohin mit so etwas, wenn man außerdem noch erfährt, daß auch *diese Sache mit Goliath*, gelinde ausgedrückt, nicht ganz unumstritten ist...

Man möchte aus diesem Buch pausenlos zitieren. Stefan Heym ist durch die Nähte geschlüpft, die der *offizielle* David-Text hat; mit Phantasie, Witz und Frechheit entsteht da etwas, das an die Geschichte Chlodwigs, des Merowingers, erinnert, der ja auch am Anfang eines großen Reiches stand und wohl nicht sehr zimperlich war.

Schließlich – und damit scheint sein Todesurteil gesprochen – wird Ethan Zeuge der Vollzugsmeldung eines Mordes: an Adonia, Salomos Thron-Nebenbuhler; schließlich erfährt er noch, was man sich auf Straßen und Plätzen erzählt: daß der Priester Zadok das beste Opferfleisch auf dem Markt verkaufen läßt und der Kanzler an Gewinnen aus Tempelzwangsarbeit beteiligt ist...

Nein, es ist nicht gut, wenn Autoren wie verrückt hinter etwas her sind, das sie dann gern ›Wahrheit‹ nennen möchten. Wer keinen Ärger macht, wird auch keinen haben. Die abschließende Kommissionssitzung ist logischerweise ein Hochverratsprozeß. Man muß das lesen. Diese Angst vor dem, was zwischen den Zeilen eingeschmuggelt worden sein könnte an »wühlerischen Bemerkungen«. Und Benaja, die Stimme der Armee, der Herr über die Krethi und Plethi: »Wissen ist ein Segen des Herrn, wer aber zuviel weiß, ist wie eine schwärende Krankheit... Darum gestattet mir, daß ich diesen Ethan erschlage, damit sein Wissen mit ihm ins Grab sinkt.« Doch es gibt da ja noch Salomo; bekannt für seine ›salomonischen Urteile‹, fällt er ein solches über Ethan: »Darum nun soll er zu Tode geschwiegen werden.«

Wer hat hier nun Ärger und wer macht ihn? Ethan zieht geschlagen ab. Das wahre Schlußwort über diesen Fall eines Autors spricht der Torhauptmann: »Weder gehörst du zum Volk noch bist du Gottes. Du zählst nicht zu den Herrschenden, und bei den Beherrschten findet man dich auch nicht.«

Zählt man nur ein paar Namen auf: Biermann, Fühmann, Kunze, Wolf, Schneider, Kunert, Heym, Hermlin – so hat die literarische Wiedervereinigung längst stattgefunden; gäb's nur nicht so viele Torhauptleute, Krethi, Plethi und Kommissionen, nicht diese Zwischen den Zeilen-Angst, so müßte selbstverständlich sein, daß Stefan Heyms Bücher auch dort erscheinen dürften, wohin es ihn nicht zufällig verschlagen hat, sondern wohin er nach langer Emigration überzeugt und freiwillig zurückgegangen ist: in seiner Heimat, in der DDR.

Heym hat mit seinem *Bitteren Lorbeer* eines der besten und beständigsten Kriegsbücher geschrieben, spätere Bücher durften dann in der DDR nicht mehr erscheinen. Was nutzen Verträge, Annäherungen, Stabilisierung, Normalisierung, Beteuerungen, wenn ein Autor nicht da erscheinen darf, wo die Sprache gesprochen und gelesen wird, in der er schreibt? Das wird letzten Endes nur noch peinlich und ist eines Staates unwürdig, der international anerkannt werden möchte, aber seine Literatur, die längst international anerkannt ist, selbst nicht anerkennt.

# Annemarie und Heinrich Böll zur Wahl
(1972)

Wir wählen Willy Brandt und unterstützen seinen Wahlkampf in jeder uns möglichen Form, nicht weil wir ihn für das kleinere Übel, sondern weil wir in ihm und seiner Politik die einzige Möglichkeit sehen, die Bundesrepublik Deutschland innenpolitisch stabil zu halten und sie außenpolitisch vor Isolation zu bewahren.

Die Anerkennung der neuen Geographie Osteuropas beruht nicht auf der Schwäche Willy Brandts und seiner Berater, sie ist die Konsequenz des Zweiten Weltkriegs, den das Deutsche Reich begonnen und verloren hat. Die gesamte westliche Welt hatte sich längst mit dieser neuen Geographie abgefunden, bevor Willy Brandt den Mut fand, die politischen und geschichtlichen Konsequenzen zu ziehen und mit den Staaten Osteuropas zu verhandeln. Diese Politik ist noch nicht abgeschlossen, sie ist erst eingeleitet. Nur Willy Brandt kann sie fortsetzen und nur Willy Brandt hat das Vertrauen der Westmächte. Verglichen mit der Würde und Festigkeit, mit der politischen Gelassenheit Willy Brandts wirken die Anbiederungsversuche des CDU-Kanzlerkandidaten Dr. Barzel einfach peinlich. Welches Ansehen Willy Brandt im westlichen Ausland genießt, ist in der Bundesrepublik zu wenig bekannt. Dabei soll nicht vergessen werden, daß nicht nur Willy Brandts Ostpolitik, auch seine Europapolitik, die er im Herbst 1969 in Den Haag begann, dieses Ansehen verstärkt hat. Wenn in Norwegen, Dänemark, Großbritannien, Frankreich, Holland, Belgien, Italien und den Vereinigten Staaten schmerzliche Erinnerungen und Gefühle, die auf Erfahrungen mit dem Dritten Reich begründet sind, langsam verschwinden, so ist es das Verdienst Willy Brandts und Gustav Heinemanns, die über die politische Nützlichkeit eines Bündnisses mit der Bundesrepublik Deutschland hinaus das menschliche und moralische Vertrauen in ein neues Deutschland bestärken. Die innenpolitischen Reformen der Regierung Brandt/Scheel sind durch zahlreiche Umstände verzögert und behindert worden. Nicht nur das Übergewicht der außenpolitischen Aktivität, nicht nur durch eine stetige, zum Teil manipulierte Veränderung der Mehrheitsverhältnisse im Parlament; auch durch die Tatsache, daß während zwanzigjähriger CDU-Regierung jegliche Reform auf das fahrlässigste vernachlässigt wurde. Bildungsreform, Reform der Mitbestimmung, Rentenreform. Das jetzt von der CDU kurz vor den Wahlen so stolz vorgezeigte Modell zur Rentenreform stammt in seinen wesentlichen Zügen schon aus dem Jahr 1957. Nur wenige Monate vor der Wahl soll dieser Plan, der in zwölf Jahren CDU-Regierung nicht durchgesetzt werden konnte, als Beweis für die sozialpolitische Fortschrittlichkeit der CDU dienen. Die CDU hätte jede Möglichkeit gehabt, ihre sozialpolitische Fortschrittlichkeit etwas früher zu zeigen.

Um ihre außen- und innenpolitische Arbeit fortsetzen zu können, braucht die sozialliberale Koalition eine klare Mehrheit, die ihr für zunächst vier weitere Jahre die Arbeit ermöglicht. Deshalb wählen wir Willy Brandt und unterstützen seinen Wahlkampf in jeder uns möglichen Form.

Heinrich Böll  Annemarie Böll

# Ein Roman von Iván Mándy
*Über »Am Rande des Spielfeldes«*
(1972)

Man hat mir (und anderen) Ivan Mándy als einen Autor der »kleinen Leute« angepriesen. Ich kann nach der Lektüre seines Romans *Am Rande des Spielfeldes* diese Definition nicht bestätigen, weil ich immer noch nicht weiß und wohl auch nie wissen werde, was die Adjektive »klein« und »groß«, auf Menschen bezogen, bedeuten. Wieso sollte Tschempe Pempe, der Held des Romans, auch nur annähernd als »klein« bezeichnet werden? Weil er wirtschaftlich und gesellschaftlich heruntergekommen ist, wie man das so nennt? Setzt man da etwa voraus, daß Heruntergekommene klein und die, die es zu etwas gebracht haben, groß sind? Das wird doch wohl nicht wahr sein dürfen. Diesem Tschempe Pempe (der eigentlich Gyula Vidor heißt) geht's tatsächlich dreckig. In diesem merkwürdigen Quartier von Frau Habacs langt's für ihn nicht einmal zu einem Strohsack, er hängt einfach auf der Leine, wie ein Wäschestück, das zum Trocknen aufgehängt wird. Der Bursche hat offenbar ein gutgehendes Sportgeschäft mehr oder weniger verjubelt, weil er das Fußballspiel und die, die es ausüben, zu sehr liebte. Offenbar ein Mensch, der wenig Sinn fürs Kommerzielle hat. Und dennoch: die Frauen mögen ihn, selbst Frau Habacs und sogar seine eigene Frau laufen regelrecht hinter ihm her; und außerdem kann man ihn offenbar noch dazu gebrauchen, Fußballspieler – in diesem Fall die große Torwarthoffnung Miki Hühner – abzuwerben. Und dies, obwohl Tschempe Pempe nicht einmal Fahrgeld für die Straßenbahn in der Tasche hat und andere, vor allem die skrupellosen Tokics und Csaszar, mit einem schicken Auto und einer Mordsblondine ausgerüstet, ebenfalls hinter Hühner her sind. Wie soll das enden? Schlecht natürlich, wie es bei »kleinen Leuten« zu enden hat, während die »großen Leute« sich getrost ein paar Niederlagen leisten dürfen, ohne deshalb »klein« zu werden, denn die »großen« sind nie, was die »kleinen« von vornherein sind: sie sind nicht kleinzukriegen.

Sport ist ein beliebter Gegenstand der Literatur und der bildenden Kunst geworden; es ist gut, daß die Künstler und Literaten sich um die modernen Gladiatoren Gedanken machen und sie zum Gegenstand ihrer Meditationen erwählen. Manchen gerät das ins Modische, wird existentiell-psychologisch überhöht (was ja auch kein Verbrechen und durchaus literarisch legitim ist) – bei Ivan Mándy, in diesem wunderbaren Buch, das all die scheinbare Leichtigkeit hat, hinter der sich Stil verbirgt, spielt der Fußballsport eine ganz andere Rolle; er ist nicht Gegenstand und Stoff des Romans allein, der Roman hat auch fast den Rhythmus eines Fußballspiels, eines leichten, unaggressiven Spiels mit unzähligen kleinen Flanken, mit Dribbeln, Kopfbällen, artistischen Einlagen; musikalisch ist er, eine Tanzfigur, angereichert mit *beaucoup de tristesse*, mit Satire, Analyse, Erinnerungen und Florettseitenhieben gegen jene – nennen wir sie – Nicht-Heruntergekommenen, die die Welt so gern die Großen nennt. Welcher Große wohnt schon, wie Tschempe Pempe mit seiner unnachahmlichen Melancholie feststellt, nicht etwa im Keller von Frau Habacs auf der Wäscheleine, sondern eigentlich »in diesem mächtigen, unförmigen Mantel. Brotkrümel in einer zerrissenen Tasche.« Ein solcher Satz kann einen Roman nicht nur retten (was Mándy gar nicht nötig hat), er hebt ihn in eine Dimension, wo Große neidisch werden können auf die Kleinen.

Natürlich gibt's da hübsche kleine Seitenhiebe auf die Hintergründe des Handels mit Fußballspielern, in das Ein- und Ausfuhrgeschäft, das offenbar Tschempe Pempes Gegenspieler Tokics und Csaszar in größerem Stil betreiben, weil ihr Betriebskapital größer ist: ein Mordsschlitten von Auto, eine filmreife Blondine und die nötigen Piepen. Das sind Leute wie Oszer und Tamko, die dem ahnungslosen Dodo Stefanek auf dem Weg nach Budapest jenes Mädchen ins Abteil schmuggeln, das nicht nur »Liebe auf den ersten Blick!« verursacht, dem auch noch die Fußball-Leidenschaft im Blut liegt, das kein »Optika«-Match versäumt, und was ist da natürlicher, als daß, nachdem diese »beiden jungen Herzen« sich gefunden haben, Dodo Stefanek von nun für Optika spielt? Das ist doch ganz natürlich, wer möchte denn so grausam sein, zwei junge Herzen, die sich in Liebe auf den ersten Blick gefunden haben, sofort wieder auseinanderzureißen.

Das alles – und mehr – hat nicht den plumpen Charakter bundesdeutscher Fußballskandale, wo man offen vom Scheck-Austausch spricht und Summen nennt. Und dieser Welt ist der träumerische Tschempe Pempe ausgesetzt, der aus purem Idealismus für die »Titania« seine gesamte Wohnung, seinen Mantel, am Rande des Spielfelds hin und her schleppt, machtlos gegen ein Auto der Marke Puch und junge Damen, die jederzeit bereit sind, Liebe auf den ersten Blick zu erwecken.

Natürlich wirken ungarische Eigen- und Ortsnamen nur außerhalb Ungarns exotisch, da sie weder slawische noch ger- oder romanische Assoziationen erwecken; ich mag mich also täuschen, wenn ich annehme, daß Mándy mit Familien-, Vor- und Ortsnamen eine besondere Art Fußballspiel treibt: sie purzeln nur so übers Spielfeld, die Ebök und Sebök, Breznai Kovacs III, Beres, Balla und eine erstaunliche Mittlerpersönlichkeit, die der »Rote Hungler« heißt. Mag sein, daß diese Namen für ungarische Ohren so vertraut klingen wie Beckenbauer, Overath, Seeler und Held für uns, aber möglicherweise klingt ja auch Beckenbauer wenn nicht für ungarische, so doch für englische Ohren exotisch. Da Namen in Romanen eine wichtige Rolle spielen, kann ich nicht annehmen, hier sei zufällig diese Häufung von Namen erfolgt, lauter Fußballnamen, von Stars, Vereinen, Orten, dutzendweise sind sie, und nicht nur durch ihre Exotik als Interpunktionen verwendet, als läse man nicht einen Roman, sondern eine Fußballzeitung; als literarisches Mittel verschafft es dem Roman – und hier wirken für den ausländischen Leser die ungarischen Namen doppelt verfremdend – eine Dimension scheinbarer oder gespielter Vertraulichkeit, als müßte man unbedingt wissen, was Rozsavölgyi und Soroksar sind; etwas wie Schalke 04 oder Rot-Weiß Oberhausen?

Nein, ich widerspreche. Mándy ist kein Autor der kleinen Leute, diese vielen Figuren, skizzenhaft, ironisch, auf knappem Raum (214 Seiten) in vielen kurzen Abschnitten und doch ausreichend vorgestellt, knapp mit Erinnerungen und Schicksalen ausgerüstet, um die Fußballmannschaften Titania, Danubia, die FCs, Schlafwagen und Schlachthaus gruppiert, alle eingespannt und eingesponnen in die große Ein- und Ausfuhr von Fußballern, alle diese nüchternen um den großen Träumer Tschempe Pempe herum, der in seinem Mantel wohnt, angerempelt und doch verehrt von einem Jungen, der vom Fußballruhm träumt: »Du stehst im wappengeschmückten Trikot, ein leichter Wind weht, wenn du dich etwas zur Seite drehst, siehst du die Jungs, mit denen zusammen du den Kampf gegen die Elf aus Italien aufnimmst, die Musik spielt, die Hymne ertönt, und du stehst dort und deine Brust schwellt ein stolzes Gefühl.«

Nein, was sind dagegen diese Haifische mit ihren Puchs und Weibern, denen nicht einmal »Liebe auf den ersten Blick« heilig ist – und noch einmal knallen Namen wie Tore in den Text hinein: Zsak, Plattko, Biro, Norbacs, Schlosser, Orth, Konrad II, Nyul I, Nyul II, Eisenhoffer, Jeny, und der unermüdliche Junge, der mit seinem Gummiball übt und übt und übt. Hoffen wir, daß er nicht exportiert wird, um ungarische Fußballkünste auf ausländischen Pisten fremden Vereinen dienstbar zu machen. Tschempe Pempe, nervös über und doch fasziniert von dem Jungen, machtlos gegen Puch und Blondine, versucht den Jungen zu warnen . . . »was hast du davon, sag es mir!« und »Nichts hast du davon!«, und da Ball und Junge ihm unerbittlich folgen: »Wenn du zufällig ein Taschenmesser bei dir hast, dann schlitz ihn auf!« Nicht abzuschlagen der Junge. »Aufschlitzen sollst du ihn! Hörst du, aufschlitzen! Und vergiß das Ganze, denn sie zertrampeln dich doch! Hörst du? Zum Schluß zertrampeln sie dich . . . und den Herrgott, der dich dann noch einmal zusammenflickt, den gibt es nicht . . . und niemand denkt an dich, niemand denkt später noch an dich!« Und erschöpft, niedergeschlagen auf eine Bank gesunken, immer noch von Ball und Jungen verfolgt, seufzt Tschempe Pempe: »Melde dich am Freitag bei der Titania, um halb drei, zum Training der Jungmannschaft«, und der Junge sagt: »Ich komme.« Vielleicht wird er viel besser als dieser Miki Hühner, der so gut ja doch nicht war, und falls er besser wird – eingebracht hat's Tschempe Pempe nichts.

Dieser erstaunliche Roman voller Fußball, Budapest und Namen ist beides: Sehr still und sehr schnell, und er macht beides: macht einen vertraut und fremd. Schließlich kann Nyul II, auch wenn es ihn gibt, nicht wahr sein. Und der Rote Hungler – wer soll schon an ihn glauben, obwohl man ihn fast riecht, ihn, der Tschempe Pempe auf die Jagd nach Hühner schickt. Ist das nun fiction oder das Gegenteil davon? Es ist beides, es ist die Geschichte eines Mannes, der in seinem Mantel wohnt und bei Frau Habacs im Keller nachts über der Leine hängt. Ein Versager. Sollte der »klein« sein? Früher hat man aus diesem Stoff Heilige gemacht, heute stehen sie nur noch am Rande von Spielfeldern herum. Ich möchte Tschempe Pempe auch nicht groß nennen, weil andere dann notwendigerweise klein genannt werden müßten. Er ist kein Held und doch kein Schelm.

# Die Würde des Menschen ist unantastbar
*Vorwort zu »Wie links können Journalisten sein?«*
(1972)

Das Grundgesetz für die Bundesrepublik Deutschland ist wahrscheinlich die bestmögliche Verfassung, die ein Staat sich im 20. Jahrhundert geben konnte. Abschnitt 1 des Artikels 1 dieses Grundgesetzes (Zitate nach der 10. Auflage der dtv-Ausgabe, Stand vom 1. März 1970) lautet: »Die Würde des Menschen ist unantastbar. Sie zu achten und zu schützen ist Verpflichtung aller staatlichen Gewalt.« Konfrontiert man diesen Artikel mit dem in der Springer-Presse üblichen Berichterstattungsstil, so muß man sich fragen, wo die staatliche Gewalt bleibt oder geblieben ist, die so rasch, mit ungefähr 50 Beamten zur Stelle war, als es galt, den *Schüler-Kalender* des Wagenbach-Verlages zu beschlagnahmen, und man muß sich fragen, ob die Krokodilstränen, die nun ob der Ungemach vergossen werden, die man der Denunziationsbrutstätte *Quick* angedeihen läßt, nicht doch ein bißchen zu dick ausfallen. Es war kein Kamerateam des SFB zugegen, als man den Wagenbach-Verlag besuchte. Und doch, natürlich, sind wir alle vor dem Gesetz gleich. Daß nicht nur Verdächtige, daß auch Kriminelle ein Recht auf die Unantastbarkeit ihrer Menschenwürde haben, daß sie ihnen sogar gewährt werden muß, wenn sie selbst sie verletzt und verhöhnt haben, ist wohl zu selbstverständlich, als daß man es *Bild*–Lesern zumuten könnte. Eines Tages wird sich hoffentlich ein Doktorand der Sexualpsychopathologie des Springer-Polit-Porno-Krimis annehmen, als den man die Berichterstattung über die Baader-Meinhof-Gruppe bezeichnen muß. Höhepunkt dieses Respekts vor der Menschenwürde der *Bild*–Leser waren die *Bild*–Ausgaben nach der Verhaftung von Baader, Meins und Raspe in Frankfurt. Ich nehme an, das Nacktfoto von Baader, der da in seiner ganzen Männlichkeit auf der Bahre hingestreckt lag, war als Sonntagsnachmittags-Pin-up für die Menschenwürde der deutschen *Bild*–Hausfrau gedacht. Und eines Tages mag ein wohlmeinender Zeitgenosse vielleicht schüchtern wagen wollen, erfahren zu dürfen, wie Fotos, die nur Polizeifotos sein können (Gudrun Ensslin im Polizeihubschrauber), in die Presse geraten, und seit wann es erlaubt ist, ein Röntgenfoto, das doch in die hochheilige Intimsphäre gehört, ohne Einwilligung der in ihren Organen dargestellten Person veröffentlicht werden darf, auch wenn diese Person der Zeitgeschichte Ulrike Meinhof heißt. Das sind natürlich alles Kinkerlitzchen, die in einem Rechtsstaat mit einer so makellosen Verfassung nicht so wichtig sind. Man muß sich nur, wenn man das alles beiseite schiebt, fragen, wer denn nun das Vertrauen in Staat und Staatsgewalt zerstört? »Die Würde des Menschen ist unantastbar. Sie zu achten und zu schützen ist Verpflichtung aller staatlichen Gewalt.« Es wäre doch nicht nur moralisch und im Sinne der Verteidigung des Rechtsstaates, es wäre doch sogar taktisch klug, und es wäre einer Sondersitzung des Rechtsausschusses im Bundestag wert, wenn zur Abwechslung nun einmal die Konservativen, die Liberalen, die Rechten, ja sogar die Reaktionären protestierten. Das wäre ein Schlag gegen die Linken und die »Linken«! Protestieren etwa gegen das Urteil gegen Werner Hoppe. Es ist doch nackter Hohn, wenn man ihn zu zehn Jahren verurteilt und außerdem noch das Urteil als eine Art Preisermäßigung von siebzehn Jahren auf zehn Jahre darstellt. Dieses Urteil ist der vorläufige Ausläufer einer zweiten Einschüchterungswelle, der die Bundesrepublik Deutschland zur Zeit unterworfen wird. Nicht Einschüchterung von Bombenlegern, Verdächtigen, Kriminellen, Mitläufern; es wird wohl kaum gelingen, sie auf diese Weise einzuschüchtern, durch ein solches Urteil wird ja ihre Theorie von der Klassenjustiz eher bestätigt. Nein, die Einschüchterung der gesamten kritischen Intelligenz eines Landes mit der wahrscheinlich bestmöglichen Verfassung. Wie Angst vor dem Aussatz geht doch Ansteckungsangst, eine Nebenerscheinung des Anankasmus, durchs Land. Ein an Schwachsinn grenzender Distanzierungsmechanismus. In manchen Funkhäusern, höre ich, darf man kaum noch riskieren, das Wort »Kapitalismus« auszusprechen, und aus dem Titel einer kritisch analytischen Sendung mußte das Wort »proletarisch« gestrichen werden. Warum eigentlich mußte sich Klaus von Bismarck von dem Bornemann–Interview distanzieren? Hat er es denn gegeben? Distanziert er sich von der gelegentlich unerträglichen Morgenmusik des WDR, obwohl er sie weder komponiert hat noch gespielt? Seit wann muß man sich lautstark von etwas distanzieren, mit dem man sich nie identifiziert hat. Muß von nun ab jeder publizierende Bundesbürger jeden Morgen hübsch brav seine Distanzierungslitanei aufsagen? Muß ich mich vom Flick-Konzern distanzieren, oder von meiner Frau, mit der ich, wenn auch verheiratet, so doch nicht identisch bin? Und wer anders als die Springer-Presse hat denn mit vorläufigem Erfolg diese zweite Einschüchterungswelle bewirkt? Liest man das Bornemann–Interview in Ruhe kritisch durch, möchte man vielleicht über ein paar Passagen mit Bornemann streiten, aber ist man denn Bornemann, und seit wann darf ein Psychologe nicht mehr als Psychologe argumentieren? Muß das zur Folge haben, daß man ihm mit Ausweisung droht, daß Funk und Fernsehanstalten ihn wie einen Aussätzigen meiden?

Vor ungefähr einem halben Jahr hat Minister Dr. Posser geschrieben: »*Bild regiert*: ein Alptraum.« Ich erlaube mir die Gegenfrage: Regiert *Bild* etwa nicht, oder nicht wenigstens mit, und regieren nicht auch Bilder, wenn Artikel 1 des Grundgesetzes täglich offen verhöhnt, mißachtet und verletzt wird? Wer zerstört denn da das Vertrauen in Staat und Staatsgewalt, sind es die berüchtigten vollidiotischen Humanitätsdusel, oder ist der Artikel 1 des Grundgesetzes humanitätsduselig? Elf Millionen Bundesbürger schlürfen täglich den Polit-Porno-Zynismus von *Bild* ein. Helmut Schmidt soll einmal gesagt haben, ein Abgeordneter, der sich gegen Springer verwende, begehe politisch Selbstmord. Nehmen wir die Last dieses Zitats von Helmut Schmidt und schreiben es *irgendeinem* Politiker zu, so könnte sich ein Bundestagshamlet heute fragen: Mord am Grundgesetz oder Selbstmord, das ist hier die Frage.

Es ist doch nachgerade unfaßbar, wenn man hierzulande unter Gewalt nur noch die Gewalt von Bomben und Maschinenpistolen versteht. Übt eine *Bild*–Schlagzeile keine Gewalt aus?

Welche? Was wird da angerichtet in den Köpfen, im Bewußtsein, am Aggressionspoiential dieser elf Millionen Süchtigen, die der politisch gefährlichsten aller Süchte, der *Bild*–Sucht unterworfen sind. Und welche Gewalt haben die rund vier Milliarden DM ausgeübt, die im Jahre 1971 für Zeitungsinserate ausgegeben worden sind? Natürlich nicht die geringste. Ich weiß, es ist Mode geworden, die Springer-Presse einfach für indiskutabel zu halten. Ich mag mir diesen intellektuellen Luxus nicht leisten. Die erste, erfolgreiche Einschüchterungswelle, die Anfang der fünfziger Jahre an- und Ende der fünfziger Jahre auslief, ist mir noch zu gut in Erinnerung; es war eine großangelegte Intellektuellen- und Kommunistenhatz, bei der der jetzige Bundeskanzlerkandidat der CDU/CSU eine klägliche und peinliche Rolle mit seinem Komitee »Rettet die Freiheit« spielte. Diese zweite Einschüchterungswelle Anfang der siebziger Jahre ist gespenstischer, weil ihr Ziel nicht so sichtbar und handfest ist wie bei der ersten. Damals war das Ziel die Remilitarisierung. Worum kann es heute gehen? Die gesamte Halali-Gruppe, zu der keineswegs nur der Springer-Konzern gehört, müßte doch eigentlich der Baader-Meinhof-Gruppe Denkmäler bauen, da sie, ausgerechnet sie, einen Einschüchterungsvorwand geschaffen hat, wie man ihn besser nicht hätte erfinden können. Wird diese Neigung zu Untertänigkeit, Gleichschritt, Gleichschaltung anhalten? Wenn die SPD offenbar entschlossen ist, medienpolitisch Selbstmord zu verüben, wenn sie 10 weitere Prozent der Berliner Presselandschaft kampflos dem Springer-Konzern überläßt: Wenn der SFB ohnehin springerkonform ist und man sich doch schon wundern muß, warum Herr Walden noch nicht Intendant ist; wenn jede Konzentration (siehe *Kölnische Rundschau*, *Rheinische Post*) immer nur nach rechts ausschlägt und keinerlei linke Konzentration auch nur andeutungsweise sichtbar wird; wenn die Wochenzeitung *Publik* auf die schnödeste Weise einfach fallengelassen wird, gleichzeitig die Kölner Kurie mit verblüffender Offenheit dem *Rheinischen Merkur* zwei Millionen Mark zuspricht; wenn sich die erfolgreichen Einschüchterungsversuche der CDU/CSU Funkanstalten gegenüber immer weiter fortsetzen und mit unnachahmlicher christlichsozialer Chuzpe das Bayerische Rundfunkgesetz durchgepaukt und eine Bürgerinitiative dagegen offen behindert werden kann, dann wird man uns eines Tages das Grundgesetz um die Ohren schlagen und seine besten Artikel zu höhnischen Wandsprüchen erniedrigen. Man könnte resignieren und einer geheimen Neigung zum l'art pour l'art und zur mildgereiften Anarchie erliegen, gäb's da nicht Gruppen, die einem Hoffnung lassen. Den Berliner *Extradienst*, der eine unentbehrliche Informationsquelle geworden ist, das *Publik Forum*, das Herausgeberteam dieses Buches, die alle anderswo anknüpfen als an jene unerträgliche Untertänigkeit, die mit ebenso unerträglicher Selbstgefälligkeit gepanzert ist; ich schließe die liberalen, konservativen, liberalkonservativen Zeitungen nicht aus, bei denen der politische und der Wirtschaftsteil kritiklos kapitalistisch, das Feuilleton gemäßigt links ist, man aber eigentlich erst, wenn ganze Zeitungsseiten mit Todesanzeigen fällig werden, merkt, wer dahintersteckt (oder gesteckt hat). Die Jusos und die Jukas (Abkürzungsvorschlag für Jungkatholiken, deren Urahn der 1963 im Alter von 82 Jahren verstorbene Johannes XXIII. ist; deren zur Zeit eifrigste Vertreter in der Bundesrepublik der 68jährige Karl Rahner und der 72jährige Walter Dirks sind). Es ist ja nicht so, daß nur die SPD ihr Jusoproblem hätte, es gibt ja auch die Jungdemokraten und ein paar Jukas im Vatikan, in Spanien, Latein- und Nordamerika. Was es nur noch nicht gibt, ist eine Gruppe, die man, wenn sie auftauchen sollte, vielleicht Juchrisos nennen könnte: Jungchristdemokraten. Soeben (am 11. August 1972) verkündet *Bild* auf der ersten Seite, daß Dr. Barzel wahrscheinlich seinen Urlaub wegen der *Quick*-Affäre abbreche. Das muß der Jungen Union ihren Kanzlerkandidaten doch sympathisch machen. Da werden sich wohl in Bonn und München die verschiedensten Krokodilstränennebenflüsse zu einem mächtigen Strom vereinigen. Natürlich ist das Vaterland in allerhöchster Gefahr, wenn *Quick* ein Leid geschieht. Da ist ja geradezu die Pressefreiheit gefährdet, und das ist gegen das Grundgesetz. Das Grundgesetz für die Bundesrepublik Deutschland hat 146 Artikel. Ich zitiere nur noch den Absatz 2 des Artikels 14: »Eigentum verpflichtet. Sein Gebrauch soll zugleich zum Wohl der Allgemeinheit dienen.« Lacht da einer, der vielleicht gerade gelesen hat, wie sehr der

Flick-Nachlaß dem Wohl der Allgemeinheit dienstbar gemacht worden ist? Von wem darf hier gelacht werden? Von denen, deren Eigentum sie lediglich zu Mehr-Eigentum und deren Mehr-Eigentum sie lediglich zu Noch-Mehr-und-Immer-Mehr-Eigentum verpflichtet. Es darf der moralische Ernst des Grundgesetzes von der Springer-Presse verhöhnt und vernichtet werden. Es darf nach der Lektüre dieses Buches festgestellt werden, daß eine Wechselbeziehung zwischen der Auflage einer Zeitung und ihrem Einkommen an Anzeigen besteht; daß Zeitungsverleger *fast* unumschränkte Herrscher sind, und zwar nicht irgendwelche in Großbritannien oder den Vereinigten Staaten, wo es eine ungebrochene Tradition des Kapitalismus gibt und eine ungebrochene Tradition des politischen Streiks (jedenfalls in Großbritannien, das man als die älteste westeuropäische Demokratie preist, wobei man gleichzeitig über seine Streiks den selbstgefälligen Kopf schüttelt, ohne sich einzugestehen, daß das eine mit dem anderen zu tun haben könnte).

Die Zeitungsverleger in der Bundesrepublik sind in einer ganz anderen Position als ihre angelsächsischen Kollegen. Die meisten von ihnen sind ehemalige Lizenzträger der Besatzungsmächte. Sie bekamen eine Lizenz, eine Druckerei, Papier, und aus diesem seinerzeit relativ bescheidenen Privileg sind inzwischen Grafschaften, Herzog- und Fürstentümer geworden. Ist es erlaubt, in diesem Zusammenhang das Wort Herrschaftstruktur zu benutzen, und wenn das Wort gnädigerweise zugelassen wird, ist dann die bescheidene Frage erlaubt, wer denn wie, wo und womit herrscht oder wer da von wem, wie, wo und womit beherrscht wird? Ich beschränke mich darauf, zum Schluß nur noch einmal die beiden Zitate aus dem Grundgesetz zu wiederholen. Abschnitt 1 des Artikels 1: »Die Würde des Menschen ist unantastbar. Sie zu achten und zu schützen ist Verpflichtung aller staatlichen Gewalt.«

Abschnitt 2 des Artikels 14: »Eigentum verpflichtet. Sein Gebrauch soll zugleich dem Wohle der Allgemeinheit dienen.« Ich hoffe, Zitate aus dem Grundgesetz klingen noch nicht wie Hohn.

# Wahlrede in Kleve
*gehalten am 3. 10. 1972*

Hätte Willy Brandt nach dem gescheiterten Mißtrauensvotum der CDU/CSU die Vertrauensfrage gestellt und es, wie am 22. 9., als sich sein Kabinett der Stimme enthielt, so eingerichtet, daß das Parlament aufgelöst worden wäre, so hätte er zu diesem Zeitpunkt eine gute Chance gehabt, mit seiner Osteuropapolitik als Hauptwahlkampfthema eine große Mehrheit bei Neuwahlen zu erreichen. Willy Brandt hat das nicht getan. Er hat nicht partei-, sondern staatspolitisch gehandelt; er hat seine Osteuropapolitik durchgeführt, und man kann wohl sagen, auch durchgestanden, und die CDU/CSU hat bei dieser entscheidenden Abstimmung eine so peinliche Rolle gespielt wie beim Mißtrauensvotum. Nicht Willy Brandt ist gescheitert, sondern die Opposition, die sich parteipolitisch-egoistisch geschickt, staatspolitisch, in dem sie Stimmenthaltung verordnete, bzw. verordnen ließ, unverantwortlich verhalten hat. Betrachtet man das Mißtrauensvotum als einen Versuch, ohne Neuwahlen eine CDU/CSU-Regierung zustande zu bringen, so ist es die CDU/CSU, die gescheitert ist trotz der vielen Abgeordneten, die zu ihrer Partei übergegangen sind. Ich nenne diese Herren nicht Überläufer (obwohl ich auch diesen Begriff nicht so ehrenrührig finde, wie er gemacht wird), sondern Übergänger, weil sie eine nationale und internationale Übergangsphase kennzeichnen. Die Bundesrepublik hat sich seit Beginn der sozial-liberalen Koalition gewandelt, mit ihr die Welt um sie herum. Es ist ein internationaler sozial-, also innenpolitischer und außenpolitischer Wandel von großer Bedeutung, in dem mühsam aufrechterhaltene Vorstellungen aufgegeben werden müssen, und das mag nicht jedermanns Sache sein. Ich mag die Abgeordneten, die ihre Farbe gewechselt haben, nicht pauschal denunzieren, nicht einmal wenn der eine oder andere sich als bestechlich erweisen würde. Es ist unmöglich, sich ein endgültiges Bild von jemandes Gewissen zu machen; manch einer kennt sein eigenes Gewissen gar nicht so genau. Gewissen ist keine unveränderlich feststehende Größe, die wie eine Präzisionsuhr funktioniert. Man redet ja auch jemandem ins Gewissen, und es kann einer sich selbst ins Gewissen reden. Man sollte auch in einer Gesellschaft, die den Profit predigt, nicht unbedingt jemand für gewissenlos erklären, der materielle Vorteile möglicherweise als mit seinem Gewissen vereinbar akzeptiert hat.

Der Versuch, ohne Neuwahlen eine neue Regierung zu bilden, ist also trotz der Übergänger gescheitert, und staatspolitische Verantwortung hat Willy Brandt daran gehindert, die Neuwahlen zu dem für ihn günstigsten Zeitpunkt zu ermöglichen. Die Anerkennung der neuen Geographie Osteuropas beruht nicht auf einer Schwäche Willy Brandts und seiner Berater; sie ist die Konsequenz des verlorenen Zweiten Weltkriegs, und die gesamte westliche Welt hat sich längst mit dieser neuen Geographie abgefunden, bevor Willy Brandt den Mut fand, die politischen und geschichtlichen Konsequenzen zu ziehen und mit den Staaten Osteuropas zu verhandeln. Das war keine dankbare, es war die schwerste außenpolitische Aufgabe, die die Bundesrepublik seit ihrem Bestehen zu lösen hatte. Nur Willy Brandt kann diese Politik, die ja noch lange nicht abgeschlossen ist, fortsetzen. Er hat das volle Vertrauen der Westmächte. Welches Ansehen Willy Brandt im westlichen Ausland genießt, ist hierzulande zu wenig bekannt, weil ein großer Teil der Presse bewußt und seit dem Beginn der sozial-liberalen Koalition falsch darüber informiert. Nicht nur in den sozialdemokratisch regierten Staaten Skandinaviens, auch in Großbritannien, in einem fast rein katholischen Land wie Irland, in Holland genießt Willy Brandt dieses Ansehen, das nicht nur auf seiner Ost-, auch auf seiner Westeuropapolitik beruht. Kein Bundeskanzler seit Adenauer hat dieses Ansehen genossen, und Adenauers Ansehen beruhte ja nicht nur auf seiner unbestrittenen Gegnerschaft zum Naziregime, zu einem anderen Teil auch auf der Nützlichkeit der Bundesrepublik Deutschland als Konfrontationsbasis gegen die sozialistischen Länder Osteuropas. Schon die Regierungen Erhard und Kiesinger haben vergebens an Adenauers Kredit anzuknüpfen versucht, und die gegenwärtige CDU/CSU versucht es immer mit dem von den westlichen Verbündeten längst aufgegebenen Konfrontationsrezept. Dieses Rezept war schon während der letzten Regierungsperiode Adenauers nicht mehr gültig. Verbissen in das Konfrontationsrezept, ganz und gar konzentriert auf die Konzeption eines Wiederaufbaus, der auf einseitigen Privilegien beruhte, haben die fünf CDU/CSU-Regierungen auch dringende innere Reformen vernachlässigt! Immer noch steht die Bundesrepublik Deutschland in der Bildungsstatistik der EWG an letzter Stelle, obwohl ihre wirtschaftliche Kraft und Blüte unbestritten sind.

Auch in der Opposition sehe ich Kräfte, die wissen, daß man nun wirklich nicht mehr länger vom Erbe Adenauers zehren kann und daß eine gewisse brutale Euphorie, mit der man industrialisiert und Profite erwirtschaftet hat, korrigiert werden muß. Im Artikel 14 des Grundgesetzes heißt es: »Das Eigentum und das Erbrecht werden gewährleistet. Inhalt und Schranken werden durch Gesetze bestimmt.« Und es heißt weiter: »Eigentum verpflichtet. Sein Gebrauch soll zugleich dem Wohl der Allgemeinheit dienen.« Und weiterhin heißt es: »Eine Enteignung ist nur zum Wohle der Allgemeinheit zulässig. Sie darf nur durch Gesetze oder aufgrund eines Gesetzes erfolgen, das Art und Ausmaß der Entschädigung regelt.« Das sind nicht Zitate aus einem verbrämt marxistischen Manifest, sie stammen aus dem Grundgesetz der Bundesrepublik Deutschland, vom Parlamentarischen Rat ausgearbeitet, dessen Präsident Konrad Adenauer war. Und wenn zwischen der Wörtlichkeit des Abschnitts 1, in dem von Schranken des Eigentums gesprochen wird, der Wörtlichkeit des Abschnitts 2, in dem es heißt: »Eigentum verpflichtet«, und der Wörtlichkeit des Abschnitts 3, in dem Enteignung unter zu regelnden Bedingungen als möglich bezeichnet wird, wenn zwischen diesen Wörtlichkeiten Spannung entsteht, wenn immer noch die Interpretation des großen Worts »Eigentum verpflichtet« ausgeblieben ist, so sollte man nicht junge Leute, die das Grundgesetz wörtlich nehmen und auf eine Auslegung seiner Wörtlichkeit warten, denunzieren und ihnen mit einer Praxis antworten, die lautet: Eigentum verpflichtet lediglich zu mehr und mehr und immer mehr Eigentum.

Nicht dem Flugblatt einer radikalen Jugendgruppe, sondern der unverdächtigen Wochenzeitung *Die Zeit* entnehme ich die Mitteilung, daß der CDU-Wirtschaftsrat seit Beginn der sozialliberalen Koalition offen versucht hat, Publikationsorgane, die mit der Regierung sympathisierten, durch den Entzug von Anzeigen unter Druck zu setzen. Wenn man bedenkt, daß in einem Jahr bis zu 4 Milliarden Mark für Inserate ausgegeben werden, so sieht man möglicherweise, wozu Eigentum zu verpflichten scheint. Diese Summe und ihre Verteilung an Brave und Nichtbrave wirft ja außerdem ein Licht auf die ebenfalls durch Grundgesetz garantierte Pressefreiheit und Informationsfreiheit. Eine solch offen betriebene Manipulation hat durchaus Zensurcharakter, und man sieht also, wer hier die Pressefreiheit bedroht, während die SPD medienpolitisch sich eher auf dem Rückzug befindet.

Wie schwer diese Bundesregierung es gehabt hat, nicht nur durch den Parteiwechsel von Abgeordneten, auch gegen eine dirigierte Publizistik, nicht nur eine geschichtlich bedeutsame außenpolitische Wende herbeizuführen, sondern auch noch, und das in knapp 3 Jahren, wenigstens einen Teil der innenpolitischen Reformen durchzusetzen, die Lage Berlins zu verbessern, Vermögensbildung auszubauen, das Betriebsverfassungsgesetz zu reformieren, das Wohngeld zu erhöhen, das Mietrecht zu verbessern und die ersten Umweltschutzgesetze einzuleiten sich vorzustellen, wie schwer das gewesen ist, dazu bedarf es nur geringer Phantasie. Was man Willy Brandt als Führungsschwäche anzukreiden versucht hat, war nur die Folge eines neuen demokratischen und offenen Regierungsstils und die Folge eben jenes geschichtlich bedeutsamen Übergangs, der durch die Übergänger gekennzeichnet war.

Und schauen Sie sich an, was aus all den sensationell angekündigten Enthüllungen geworden ist: nichts. Herr Barzel schämte sich nicht, seine vorzeitige Rückkehr aus dem Urlaub mit der *Quick*-Affäre zu begründen. Er kam wie ein Retter des Vaterlandes, fast des Abendlandes – und was ist aus der *Quick*-Affäre geworden? Eine miese kleine Story, die wahrscheinlich vor einem Finanzgericht verkümmern wird.

Die CDU/CSU, die jetzt im Wahlkampf natürlich demonstrativ Einigkeit zeigt, ist eine personell und programmatisch zerfallene Partei, die wenige Wochen vor der Wahl plötzlich ihr sozialreformerisches Gesicht entdeckt hat, und wenn da Geldentwertungsgeschrei erhoben wird, so möchte ich endlich, endlich wissen – was der Öffentlichkeit bisher vorenthalten worden ist –, wie sie gestoppt werden könnte; international und national; da sie in der Bundesrepublik Deutschland im Zusammenhang mit Reformen gesehen werden muß, möchte ich gern wissen, auf welche Reformen dann verzichtet werden soll. Ohne exakte Angaben, wie, woran man denn sparen möchte, wenn man gleichzeitig Vermögensbildung verspricht, ist alles Geschwätz über Inflation einfach unverantwortlich in einem Land, das zwei totale Geldentwertungen innerhalb von 45 Jahren erlebt hat und wo ein solches Wort einfach Panik auslöst.

Bei einer Anhörung im Bundestag zur Wasserversorgung wurde mitgeteilt, daß bis zum Jahre 2000 – das klingt wie eine utopische Jahreszahl, aber es sind nur noch 28 Jahre bis dahin –, um eine Wasserkatastrophe zu verhindern, 234 Milliarden Mark aufgebracht werden müssen, davon 40 Milliarden, um erkennbare Versäumnisse zu korrigieren, und 194 Milliarden für die laufend notwendigen Investitionen. Das sind 10 Bundeswehretats, die notwendig sein werden, um uns nur mit Wasser zu versorgen. Setzt man diese Summe in Beziehung zu gewissen Preiserhöhungen, so fragt man sich, wie teuer wird unser Trinkwasser, unser Badewasser werden, wenn diese immense Summe nicht aufgebracht wird? Was wird es uns nutzen, wenn Milch, Brot, Butter, Zigaretten, Autos nicht wesentlich teurer werden, wir aber für einen Kubikmeter Wasser möglicherweise auf dem Schwarzmarkt 500 Mark werden bezahlen müssen, und wahrscheinlich dann 10 oder 20 Jahre weiter die gleiche Summe für einen Kubikmeter Atemluft. Der mehr oder weniger gesunde Egoismus der Gemeinden, Regionen, Bundesländer, nicht einmal der der Bundesrepublik, wird dann nicht viel einbringen, weil solche Probleme nicht mehr im nationalen Rahmen gelöst werden können. Es wird wohl bald eine europäische Wasser- und Luftbehörde geben müssen, und das Wort »Haushalt« wird eine ganz neue Bedeutung bekommen, weil es um den Sauerstoff- und Stickstoffhaushalt der ganzen Erde gehen wird, und der Wohlstand der Industriestaaten wird möglicherweise nicht mehr an ihrem Bruttosozialprodukt, sondern nach Atemluft und Trinkwasser bemessen – jeder Politiker, der behauptet, ohne Steuererhöhungen auszukommen, belügt sich selbst oder andere, und jeder Politiker, der einen unaufhaltsam wachsenden Konsum verspricht, lügt ebenfalls. Eine programmatisch wie personell zerfallene oder zerfallende Parteienunion wie die CDU/CSU ist solchen Aufgaben nicht gewachsen. Ich definiere diesen Verfall oder Zerfall auch als positiv. Das Erbe Adenauers ist aufgezehrt. Die totale Profitwirtschaft ist am Ende, und nur die Kräfte, die sich in und während der sozial-liberalen Koalition gezeigt haben, sind diesen Aufgaben gewachsen. Der personelle Zerfall der CDU zeigte sich an der Schwierigkeit, auf eine Kandidatur Dr. Kiesingers zu verzichten, zu spät, um einen anderen Kandidaten als Dr. Barzel, der eine Art automatischer, ersessener Kandidat ist, zu finden, und die bange Frage, ob man, wenn man Dr. Barzel wählt, nicht Dr. Strauß wählt, ist berechtigt, und welch ein innen- und außenpolitisches Risiko Dr. Strauß darstellt, braucht hier kaum analysiert zu werden. Das stellt sich selbst dar. In ihrer Spitze ist die CDU/CSU von inneren Machtkämpfen bedroht, und es wäre bedenklich, gefährlich, einer solchen Partei die Macht im Staat in die Hand zu geben. Der Staat könnte für sie zur nackten Beute werden. Ich erinnere Sie an den CDU-Parteitag in Düsseldorf, auf dem sich die CDU in ihrem ureigenen, im bis zum Überdruß und Wahnsinn industrialisierten Bundesland Nordrhein-Westfalen ihre Sozialausschüsse von den Herren Strauß und Dregger abkanzeln ließ. Wer sich auch nur schwach an diesen Parteitag erinnert, auf dem Dr. Helmut Kohl sich auf eine peinliche Weise schweigend verhielt, dem wird dieser sozialpolitische Reformkurs, der nun wenige Wochen vor der Wahl herausgekehrt wird, verdächtig vorkommen müssen. Es spricht, was die bevorstehende Wahl betrifft, alles für Willy Brandt, für seine Regierung und sein Programm und nichts für die gegenwärtige CDU/CSU. Nichts, ganz sicher nichts, wenn man – wie es für mehr als 85 % der Bevölkerung zutrifft – Arbeitnehmer ist. Rechnen Sie die Summe von 234 Milliarden Mark, die ein Ausschuß als erforderlich zur Rettung unserer Wasserversorgung errechnet hat, auf Ihr Kaffee- oder Ihr Badewasser in zehn Jahren um, dann werden wir sehr teures, fast kostbares Wasser trinken, und möglicherweise wird uns dann eine Erhöhung des Benzin- oder Zigarettenpreises nicht mehr so sonderlich interessieren. Diese Preiserhöhung für Wasser jedenfalls ist unumgänglich, nachdem man in blinder Brutalität, einzig und allein auf Umsatz und Profit bedacht, diese Erde, die unsere Heimat ist, vernachlässigt hat. Der Übergang in eine Phase der Korrekturen ist notwendig; diese Phase hat unter der Regierung Brandt/Scheel begonnen und kann nur durch sie fortgeführt werden.

# Gewalten, die auf der Bank liegen
*Rede auf dem Parteitag der SPD am 12. 10. 1972
in Dortmund*

Es ist in den vergangenen Jahren in diesem Land viel Gewalt sichtbar geworden, viel über Gewalt gesprochen und geschrieben worden. Stillschweigend hat man sich darauf geeinigt, unter Gewalt nur die eine, die sichtbare zu verstehen: Bomben, Pistolen, Knüppel, Steine, Wasserwerfer und Tränengasgranaten.

Ich möchte hier von anderer Gewalt und anderen Gewalten sprechen, von jenen, gegen die die sozial-liberale Koalition erreicht hat, was sie erreichte: gegen die massive publizistische Gewalt einiger Pressekonzerne, die in erbarmungsloser Stimmungsmache die Arbeit erschwert und Verleumdung nicht gescheut hat. Hätte die sozial-liberale Koalition nur so viel Prozent der Presse, wie sie Wählerstimmen gehabt hat, in fairer Kritik und demokratischer Loyalität hinter sich gehabt.

Die Zeitungen und Zeitschriften, die diese Qualitäten aufbrachten, hat man schon früh auf eine Empfehlung des CDU-Wirtschaftsrats auf die simpelste Weise unter Druck zu setzen versucht, indem man ihnen Anzeigen entzog. Und wenn man weiß, daß jährlich rund vier Milliarden Mark für Inserate ausgegeben werden, kann man sich vorstellen, welche Gewalt hinter solchen Empfehlungen steckt. Und das, obwohl die Herren, die Einfluß auf gewisse Publikationsorgane ausüben, immer so zufrieden aus Moskau zurückkommen, seitdem die Verträge, gegen die man gleichzeitig in seinen Zeitungen polemisieren läßt, abgeschlossen sind. Ist da der Verdacht erlaubt, sich vorzustellen, daß ein Teil der zukünftigen Gewinne aus dem sogenannten Ostgeschäft gegen die sozial-liberale Koalition verwendet wird? Es gibt also nicht nur Gewalt auf den Straßen, Gewalt in Bomben, Pistolen, Knüppeln und Steinen, es gibt auch Gewalt und Gewalten, die auf der Bank liegen und an den Börsen hoch gehandelt werden. Wenn Sie, meine Damen und

Herren, immer noch nicht wissen sollten, wo Ihr Gegner zu finden ist – die Finanzierung dieses Wahlkampfes sollte Ihnen die Augen öffnen.

Eine weitere Gewalt, gegen die Sie Ihre Politik durchzusetzen hatten, war das eingefleischte, fast schon angeborene Gefühl vieler Bürger dieses Staates, denen die Sozialdemokraten als Opposition ja ganz recht waren, denen es aber doch wie eine Art Staatsstreich, mindestens wie eine ziemliche Unverschämtheit vorkam, daß Sozialdemokraten regierten.

Regieren mußten Sie außerdem gegen eine kaum kontrollierbare Gewalt, die ich nicht denunzieren mag, weil ich sie nicht definieren kann. Selbst wenn wahr wäre, daß gewisse Profite – Profit bedeutet ja nicht nur Geld – beim einen oder anderen Abgeordneten eine Rolle gespielt haben könnten, so sollte Sie doch das nicht wundern in einer Gesellschaft, deren tägliches Gebet, deren Erziehungssystem um Profit, Gewinn, Umsatzsteigerung, Beförderung, Rekord geht.

Vor einigen Jahren hat man – ein wenig zu früh, wie sich angesichts der Debatte um die Ost-Verträge gezeigt hat – die Nachkriegsära für beendet erklärt. Vergessen hat man dabei wohl, daß möglicherweise auch die Phase eines teilweise blinden, brutalen Aufbaus beendet sein könnte, und was nun zu kommen habe, sei eine Phase der Korrekturen, der Profitkorrekturen an Menschen, an der Landschaft, an den Elementen Wasser, Luft, Erde.

Korrekturen möglicherweise auch an diesem überstrapazierten Instrument Gewissen, das auf Profit synchronisiert ist, welche und wieviel Gewalt verbirgt sich in und hinter einer Profitgesellschaft? Ich überlasse es den Philosophen und Theologen, das herauszufinden und uns eines Tages zu offenbaren, was daran christlich hätte gewesen sein können.

Und wieviel Lebenswertes wird durch all diese Gewalten, die unseren Alltag kommandieren, verhindert, deformiert, gefälscht? Welche Art der Lebensentwertung findet da statt, wenn man auf den Straßen Tempo sät und Tod erntet, wenn Gewalt gegen Sachen, wenn auch unfreiwillig, die Produktion fördert, eingeklemmt zwischen blindem Profit, wie falsche Versprechen ihn bringen, und dem Lebenswerten, das man hinter sich zurückläßt? Welche Konflikte stehen da bevor?

Und nun, in diesem Augenblick, wo Sie gegen massivsten Widerstand die Lösung des allerschwersten außenpolitischen Problems der Bundesrepublik, die Liquidierung der Folgen des Zweiten Weltkriegs, eingeleitet haben, wobei Ihre politischen Gegner Geschichtsenthaltung geübt haben, in diesem Augenblick, wo Sie beginnen könnten, sich den oben angedeuteten Konflikten zu stellen, tritt derselbe Gegner mit einem sozialpolitischen Reformgesicht in den Wahlkampf.

Nicht mehr das Abendland ist bedroht, nein, jetzt wird zum Aushängeschild, was nicht alle, aber gewisse Unternehmer jahrzehntelangen sozialen Klimbim genannt haben. Mir wird bange, bange auch um Herrn Katzer, wenn ich ihn da in fast schon brüderlicher Umarmung mit genau den Herren Strauß und Dregger sehe, die ihn aus dem Landesparteitag der CDU in Düsseldorf vor nicht ganz zwei Jahren auf die zynischste, schnödeste Weise torpediert haben, während die Herren Köppler und Kohl Stillschweigen übten. Ich wüßte eine sehr gute Parole für den nächsten Parteitag der CDU, ein Zitat aus dem Grundgesetz: Eigentum verpflichtet. Und wozu Eigentum? Zu mehr und immer mehr und immer noch mehr Eigentum.

Die mehr oder weniger ersessene Kandidatur von Herrn Barzel, die peinliche Art von Gewalt, die Herrn Strauß blind zu machen scheint, gegen die Zeichen einer veränderten Welt, eines veränderten Klimas – ich kann mir nicht denken, daß eine große Partei sich selbst und andere für länger oder immer mit diesen Zumutungen konfrontieren möchte. Ich möchte doch gern wissen, wie dieser plakatierte christlich-soziale Sozialreformismus sich zwischen Fortschritt, Versprechungen und Stabilität durchwursteln sollte.

In diesem CDU/CSU-Paradies würde dann alles steigen: die Löhne, die Aktiengewinne, die Gemeinschaftsausgaben, die Sozialleistungen, sogar die Rüstungsaufwendungen, wie Herr Barzel neulich andeutete – alles würde steigen, nur die Preise würden stabil bleiben und die D-Mark hart und fest.

Es würde auch nicht die geringsten Interessenkonflikte, also keinerlei Gewalt geben, und wenn wir dann endlich eine Totalgesellschaft von Vermögensunabhängigen geworden sind, wer wird dann noch arbeiten für die Zinsen, von denen wir leben wollen? Ich nehme an, die beiden Brüder, das kleine und das klitzekleine Fritzchen, die da in der Tretmühle Tempo geben und immer noch an die Chancengleichheit glauben.

Ich kann Ihnen, Herr Bundeskanzler, die Rolle des Zuschauers in diesem Paradies nicht gönnen. Sie werden gebraucht, um Gewalt, die eine wie die andere, zu verhindern, um Frieden zu garantieren; um zu verhindern, daß eine personell wie programmatisch verfallene Partei die Macht übernimmt; gebraucht, um zu garantieren, was selbstverständlich ist, aber dann nicht mehr selbstverständlich wäre: daß Rechtsprechung, Rechtspflege, Strafvollzug keine Instrumente der Rache sind; gebraucht, um einigen vergessenen Artikeln des Grundgesetzes Farbe und Wirklichkeit zu verleihen, um die Reform des Strafvollzugs durchzuführen.

Noch ein paar Sätze zu der Eigenschaft, in der ich hier spreche. Ich spreche im Namen der Sozialdemokratischen Wählerinitiative, die aus mehreren hundert Gruppen und zigtausend freiwilligen Helfern besteht, die alles tun, um eine zweite Regierung Brandt zu ermöglichen. Ich definiere diese Initiativen, die täglich mehr werden, als eine Gegengewalt von Bürgern, die, erschrocken über den finanziellen Aufwand, der gegen Sie mobilisiert wird, erkennen, was auf dem Spiel steht: der Übergang von einer Unternehmer- zu einer Arbeitnehmer-, von einer von Vorurteilen bestimmten zu einer aufgeklärten Gesellschaft. Und so ist es gewiß kein Zufall, daß zum ersten Male in der deutschen Geschichte eine Gruppe von katholischen Theologen, Professoren, Publizisten – ich nenne nur die Namen Dirks, Lengsfeld, Greinacher, Erb – offen und energisch als Wahlhilfe für die SPD wirken. Beim nächsten Wahlkampf wird es dann hoffentlich nicht mehr notwendig sein, konfessionelle Adjektive zu verwenden. Eines kann ich Ihnen, glaube ich, voraussagen: Die zweite sozial-liberale Koalition wird es nicht leichter haben als die erste, und von Kritik, auch von unserer, wird sie nicht verschont bleiben.

## Vorwort zu »5 Kontinente«
(1972)

Sammlungen dieser Art ersetzen manche internationale Tagung, auf der zwar Verbände, Gruppen, Nationen durch Delegierte repräsentiert sind, die Literatur eines Landes als solche aber selten zu Wort kommt und Sprachschwierigkeiten die Annäherung erschweren. Schließlich sind Autorinnen und Autoren immer am besten repräsentiert durch das, was sie schreiben, nicht immer durch das, was sie sagen. Der Versuch, auf großen internationalen Tagungen mit Hunderten von Teilnehmern über das zu sprechen, was Autoren aneinander interessieren sollte: die Literatur mit ihrem ständig wechselnden Gesicht, ist in den meisten Fällen von vornherein gescheitert, weil es unmöglich ist, mit Hunderten von potentiellen Partnern ein differenziertes Gespräch zu führen, und da dieses Gespräch in den meisten Fällen auch noch auf eine Konferenzsprache reduziert wird, die für die möglichen Partner eine fremde Sprache ist und außerdem noch das Problem der unterschiedlichen Aussprache hinzukommt, so hat man meistens den Turm von Babel mitten im Konferenzsaal. Übersetzungen sind Versuche, die babylonische Verwirrung zu heilen, eine internationale Anthologie der Art, wie sie hier vorgelegt wird, ist die einzige Möglichkeit der Annäherung. Da kaum jemand vierzig oder fünfzig Sprachen beherrschen kann, und – sollte dieses einmalige polyglotte Wesen tatsächlich existieren – es kaum in der Lage wäre, Differenzierungen innerhalb der von ihm beherrschten Sprache in jeder einzelnen wichtigen Nuance zu erkennen und zu vermitteln, bleibt Übersetzen *die* große internationale Chance, von einem Autor und der Sprache, in der er schreibt, mehr kennenzulernen als nur ein Namensschild, die Bezeichnungen seiner Nationalität und ein ernstes Gesicht, wie es auf Konferenzen üblich ist.

Der internationale Charakter einer solchen Sammlung, dieser Versuch einer Welt-Anthologie, bedarf einiger korrigierender

Überlegungen über das Wort Nationalismus. Ich gehöre meiner Geburt, Sprache und Staatsbürgerschaft nach einer umfangreichen Nation an und weiß, wovon ich spreche, wenn ich zwischen dem Nationalismus kleiner und dem großer Nationen unterscheide. Es treten jetzt viele Nationen aus total-, halb- oder krytokolonialem Status in die Geschichte ein. Diese Nationen gehen auf alte, fast vergessene Formen der Literatur zurück oder schaffen neue. Es gibt außerdem innerhalb der Nationen, die nie kolonialisiert wurden, soziale Umwälzungen, etwa von feudalistischen zu mehr oder weniger demokratischen Strukturen, und es gibt – das Problem des Nationalismus ist ein vielstöckiges Problem – Nationen innerhalb der traditionellen Nationen: Unterprivilegierte, Heimatlose, Gestrandete und die in einer überindustrialisierten Gesellschaft Gescheiterten. Diese Nationen innerhalb der Nationen wollen nicht länger Subjekt der Literatur sein, was ja bedeutet: der Literatur unterworfen. Sie suchen nach ihrem eigenen Ausdruck, schaffen ihre eigene Sprache. Angeblich sprechen sie die gleiche Sprache wie die Nationen, innerhalb derer sie leben, aber bis heute haben diese Nationen einander nie verstanden. Die traditionelle – meistens bürgerliche – Literatur nannte gewöhnlich die Sprache dieser neu erwachten Nationen Slang und mischte sie wie eine Art schicken Parfüms gelegentlich der Traditionssprache bei, ohne zu begreifen, daß Slang einfach deren eigene Sprache ist. Sieht man sich das Problem von der anderen Seite an, so müßte die Sprache einer gebildeten bürgerlichen Minderheit erst recht als Slang erscheinen. So betrachtet ist jede Nation mit ihrer Sprache ein Modell der Internationalität, und – umgekehrt – sollte eine internationale Prosa-Anthologie Ausdruck für die Vertrautheit der Probleme sein, die jede einzelne Nation in sich selbst findet. Fast alle sozialen, religiösen, politischen Probleme sind gleichzeitig Sprachprobleme, weil jede Minderheit, die sich einer abstrakt vorgeschriebenen Konformität entzieht, sofort eine eigene Sprache entwickelt: mag man diese Jargon oder Slang nennen. Hört man sich unbefangen (und wäre es in der Position künstlicher Unbefangenheit!) die Sprache der Etablierten in Staatsämtern, Kirchen, Parteien etc. einmal an, so entsteht – je natürlicher die Position der Unbefangenheit wird, je mehr das

Ohr die Vertrautheit mit dem »eigentlich« Fremden verliert – durchaus der Eindruck, daß hier Slang oder Jargon gesprochen wird, eine Sprache, deren Fremdheit gesteigert wird durch die Tatsache, daß sie sich der als Gemeinbesitz bezeichneten eigenen Sprache bedient. Wer schließlich »übersetzt« Sprachdifferenzen innerhalb der eigenen Sprache, reinigt Mißverständlichkeiten hinweg, die gewöhnlich innerhalb von Nationen mit der angeblich gleichen Sprache schwieriger sind als zwischen Nationen, die verschiedene Sprachen sprechen. Man kann die Autoren als eine kleine internationale Nation definieren, die sich als einander zugehörig erkennen, in jedem Fall einander weniger fremd, als sie manchmal innerhalb ihrer eigenen Nation sich empfinden oder empfunden werden. Die fremde Sprache, ist nur jemand da, der beide gleichermaßen beherrscht und übersetzt, erweist sich dann als ein geringeres Hindernis als die Sprachfremdheit innerhalb der eigenen.

Der russische Dichter Jossif Brodskij, Opfer einer sinnlosen, aufs Administrative reduzierten Heimatvertreibung, hat in einem Brief an Leonid Breschnew einiges gesagt, das ich als ohne jede Einschränkung erlösend bezeichnen möchte; besser kann man nicht ausdrücken, daß der »Nationalismus«, die Zugehörigkeit eines Dichters, nur einen einzigen Ort hat: die Sprache, in der er schreibt, und was ich da lese, *übersetzt* aus dem Russischen, klingt mir vertrauter als alles, was ich in meiner eigenen Sprache je darüber gesagt, geschrieben oder von anderen gehört habe: »Sprache ist etwas viel Älteres und Unvermeidlicheres als Staat. Ich gehöre zur russischen Sprache. Was den Staat betrifft, ist meiner Meinung nach das Maß der Vaterlandsliebe eines Schriftstellers nicht der Eid von einer hohen Plattform, sondern die Art und Weise, wie er in der Sprache der Menschen schreibt, unter denen er lebt.«

Brodskijs Brief an Breschnew hat Züge eines Evangeliums, es sind erlösende Worte, voller Güte, Ernst und Bitterkeit, von einem Vertriebenen geschrieben; das alles klingt durch die Übersetzung hindurch, es wäre verloren geblieben, wäre es nicht übertragen worden, und obwohl es gewiß »schwer« zu übersetzen war, wie es bei einem Dichter vom Rang Brodskijs vorauszusetzen ist: es ist doch da, seines »nationalen« Ursprungs nicht einmal beraubt, und doch international geworden in einer Weise, die jedes politische Mißverständnis und den Mißbrauch ausschließt und dem lächerlichen Protagonisten eines lebensgefährlichen »Pro oder Kontra« sich nicht als Vehikel anbietet.

# Schwierigkeiten mit Essenmarken
*Über Werner Kochs Roman »See-Leben I«*
(1972)

Es lebt sich nicht schlecht da unten am See, mit einer klugen Katze, die sprechen, einem Lehrer, mit dem man sich ständig streiten, und dem Bauern Greiff, mit dem man Banalitäten austauschen kann (»Ja, so ist das« und noch ein paarmal »Ja, so ist das«). Wenn man dann auch noch von dieser merkwürdigen Kölner Firma, für die man arbeitet, erlaubt bekommt, dort unten seinen Schreibtisch aufzustellen: was will man mehr? Zumal sich die Gesellschaft um ein paar reizvoll-merkwürdige Zeitgenossen erweitert: Diesen ungeheuerlichen Herrn »Nurmi«, der rückwärts lebt und konsequent bis zu seiner Rückkehr in den Mutterleib mit all den unvermeidlichen Liebesschmerzen immer jünger und jünger wird; mit diesem großartigen Opa da auf dem Weisser Hof, der stumm den Fischen im Aquarium zuschaut, Kommentare und Interviews ablehnt, nicht gerade dem Sarg entsprungen, nur an ihm vorbeigerutscht. Mit diesem Bauern Greiff, der, auf seine Freiheit angesprochen, die einzig mögliche Replik: »Wieso frei?« erteilt und dann mit allen Details die Einschränkungen seiner gepriesenen Freiheit aufzählt und gelassen einige drastische arabische Ratschläge über das Zeugen von Söhnen entgegennimmt. Ein wunderbares Leben, obwohl der See ein bißchen zu kalt ist, um wahrhaft idyllisch zu sein: 18, höchstens 19 Grad. Herrlich, dieses erste See-Leben, obwohl die Sekretärin ein bißchen quengelt und die Katze ihre Amoralität mit animalischer Gelassenheit verteidigt. Sie, deren derzeitiger Mann ihr Urenkel, der Stiefvater seiner Mutter, Neffe, Bruder, Mann, Schwager in einer Person ist. Da wird auch im Hinblick auf die Kölner Firma der Schwindel jener Mitmenschlichkeit erwähnt, wie er so auf den Fluren großer Bürohäuser gepflegt wird, und dieser Mensch, der da so wohlgefällig am See lebt, geschieden, mit einer erwachsenen Tochter, bekennt, daß er nicht fernsieht, zitiert aber doch einen winzigen Seitenhieb auf Höfers Frühschoppen, den er in der *Süddeutschen Zeitung* aufgelesen hat. Wenn dann noch die intelligente Katze sympathisch und klug über die Vorurteile meditiert, die der Mensch gegenüber der Dunkelheit hegt, und man sich vorstellen kann, daß das Bürogebäude der Kölner Firma ganz gewiß gläsern und hell ist, dann wünscht man dem Verfasser noch ein weiteres, kluges, dunkelheitsverliebtes Tier zur Gesellschaft: etwa eine Eule. Und wenn sich dann auch noch erweist, daß Schulaufsätze sogar direkte gesellschaftliche Funktion haben können: daß ein Lehrer, dem man zwei Hasen gestohlen hat, das Thema »Sonntagsbraten« stellt und prompt zwei Schüler mitteilen, sie hätten Hase als Sonntagsbraten gehabt – da ist die Welt doch wieder heil, rund und darf aus voller Brust gepriesen werden, wenn auch der See, an dem man lebt, nicht gerade der See ist, der zum Bade lächelt. Gewiß, da fallen ein paar nachdenkliche Nebenbemerkungen, von »Nurmi« etwa, der sagt, daß er und seine Frau »Mitmenschen zwar, aber Außenseiter« seien; da hat ein junges Mädchen kein Geld, um seine Fahrkarte nach München zu bezahlen, und der fünf-, sechsjährige Sohn des Bauern Greiff ist schwierig und will nichts mit der Schule zu tun haben, weil er behauptet – als Sechsjähriger, welch eine Frechheit! –, er wisse schon alles, was er wissen müsse, um den Hof zu übernehmen; ein trotziger, widerborstiger Bengel, dem es nicht im geringsten imponiert, daß er mit Platon verglichen wird, weil diesem ungebildeten und bildungsfeindlichen Lümmel eine der Säulen des Abendlandes nichts weiter ist als ein komisches Wort. Das ist schon alarmierend, wenn auch das See-Leben (jedenfalls das erste!) ungehindert und frohgemut weitergeht. Dann kommt so ein überraschender Satz wie »Ich habe Angst vor meiner Kölner Firma«, und schon taucht ein Abgesandter dieser Firma auf: jung, kühl, Roth-Händle-Filter rauchend, es kommt zu einer höflichen Unterhaltung, die unversehens zur Auseinandersetzung wird, nicht der Arbeit wegen, mit der man vollkommen zufrieden ist; weswegen denn? Es wird still im See-Büro, »Und Büros dürfen nicht stumm sein, das macht sie verdächtig«.

Man ahnt Schlimmes. Doch so schlimm wird's auch wieder

nicht. Es sind da ein paar Verwaltungs-, ein paar formale Details: die Planstelle der Sekretärin, die Schwierigkeiten, Dienstreisen zu verbuchen, weil der Computer in Köln ganz auf Köln als Ausgangs- und Endpunkt von Dienstreisen eingestellt sei. Des Verfassers Verzicht auf jegliche Dienstreisen wird wohlwollend erwogen, aber als fast unlösbar erweist sich ein scheinbar so nebensächliches Problem wie die Essenmarken, von denen dieser naive Mensch da unten an seinem See tatsächlich glaubt, sie kosteten eine Mark und fünfzig, und, indem er sie weder benutze noch verschenke, erspare er doch der Firma täglich diese Summe. Der Herr mit dem Roth-Händle-Filter weiß das besser. Die Herstellung der Essenmarken sei teurer als das Essen selber, und wenn alle Mitarbeiter der Firma ihre Essenmarken nicht benutzten, so wäre das katastrophal, denn »der ganze Kantinenbetrieb käme durcheinander: die Bedienungen hätten nichts zu tun, der Koch müsse das vorbereitete Essen vernichten, der Pächter erlitte einen unübersehbaren Verlust, das Betriebsklima würde gestört«. Man ist versucht, dem Seelebenmensch die Replik des Bauern Greiff entgegenzuhalten: »Wieso frei?«

Die Idylle will nicht so recht gedeihen, und das Ende will und will nicht happy werden. Der Sohn des Bauern verbockt sich immer mehr, es wird geplant, ihn ins Internat zu stecken; die Katze stirbt, nachdem sie noch ein paar äußerst kluge Sentenzen über die Menschen von sich gegeben hat, und das Unvermeidliche geschieht: der Mensch da unten am See wird nach Köln zitiert. Im Zug trifft er auf einen Metaphysiker, der katholisch ist, die *Welt* liest, CDU wählt, am Telefon seltsame Weisungen bekommen hat. Der Verfasser dazu: »Ich mochte ihn nicht. Und ich mochte seine Geschichte nicht. Er rauchte Zigarren, wählte CDU, war ein Trinker, und für den Tod seiner Frau machte er die Metaphysik verantwortlich. Ich war froh, wieder allein zu sein.« Nicht einmal über Köln hat er Freundliches mitzuteilen, dieser Mensch vom See. »Ich verstehe ihre Sprache, nicht aber ihr Gefühl. Man meint allerorten, sie sei fröhlich, in Wahrheit ist sie unzufrieden und steht nicht mehr zu ihrem Wort. Sie lebt und läßt auch leben, aber sie läßt nur den leben, der sich fügt; sie verpönt den Außenseiter und verleumdet den Einzelgänger. Sie hat tausend Gesichter und keinen Freund.« Und anderswo über

Köln – »man sitzt in der Kneipe, trinkt sein Bier, und der Mann neben einem sagt: die Juden sind bald wieder obenauf«. In Köln fühlt sich dieser Mensch auch nicht wohl. Die Sekretärin des Chefs mißfällt ihm in ihrer aufgedonnerten modischen Sex-Aufmachung, und mit diesen abstoßenden Händen, an denen keine kosmetische Kunst etwas ändern kann. Der Chef ist natürlich nett, liberal, menschlich, mit- und zwischenmenschlich. Er findet die Gerüchte über die Verschmutzung des Bodensees übertrieben, und was die Industrie bisher geleistet hat, findet er enorm, während der Verfasser sieben Seiten weiter mitteilt, »Der Bodensee hat im Augenblick nur noch 11 Prozent Sauerstoffgehalt mehr als die Kloake des New Yorker Hafens«.

Dann trifft dieser arme Mensch auch noch auf seine Tochter, die ausgerechnet »was vom Leben haben will«.

Dieses schlanke Buch von Werner Koch ist listig, tückisch, scheinbar mit der sogenannten leichten Hand geschrieben, und hat doch einen merkwürdigen melancholischen Tief- und Schwergang; es ist gewiß spannender, als der Autor ahnt, und wenn er als Schlußbemerkung schreibt »*See-Leben II* erscheint, wenn sich die Verhältnisse geändert haben«, so kann man nur wünschen, daß sich die Verhältnisse bald ändern; man wüßte doch nur zu gern, wie das schier unlösbare Problem der Essenmarken nun gelöst werden kann und was so alles an Mit- und Zwischenmenschlichkeit inzwischen gediehen ist. Möge *See-Leben II* so heiter, melancholisch, tückisch und lustig werden wie *See-Leben I*. Und nicht nur das Thema Essenmarken, auch das Thema Köln ist noch lange nicht erschöpft.

# Luft in Büchsen
(1972)

Im Bahnhof Zoo in Berlin gibt es schon lange Büchsen zu kaufen, in denen sich laut Aufschrift »Berliner Luft« befindet, wohl ein sentimentales Mitnehm- oder Mitbringsel für jene, die Berlin verlassen oder verlassen haben. Dieser witzige Einfall der Souvenirindustrie könnte sich bald zum ernsthaften Verkaufsschlager entwickeln, und die Aufschrift brauchte nicht einmal »Berliner Luft«, sondern einfach »Luft« zu heißen. Nicht Sauerstoff, nicht, was eiserne Lungen spenden, sondern ganz gewöhnliche Atemluft. Man würde dann morgens seinen Kindern ein paar Büchsen davon mit auf den Schulweg geben, selbst welche mit in die Fabrik oder ins Büro nehmen und beim Frühstück oder in der Mittagspause zwischen Brot, Milch, Kaffee ein paar Schlucke frische Luft zu sich nehmen. Da es Wasser (nicht Mineralwasser, sondern ganz gewöhnliches Quellwasser) schon zu kaufen gibt, erscheint mir die Vorstellung von Luft in Büchsen keineswegs als eine satirische Übertreibung. In einer so produktiven, effektiven, dauernd ihren Profit und ihren Umsatz steigernden Welt wird es (für uns Europäer jedenfalls) genug Brot, Wein, Schnaps, sogar Milch, Butter und Bier geben, aber kein Wasser und keine Luft mehr. Manchmal, wenn ich mein Auto in einem Parkhaus oder auf einem Parkplatz abstelle, hätte ich ganz gern eine Büchse Frischluft bei mir. Wenn wir, diese tüchtigen modernen Menschen, in dieser modernen Industriegesellschaft nach einem neuen Mythos suchen, so bietet sich fast nur einer an: die Sage vom König Midas, dem alles, was er berührte oder mit dem er in Berührung kam, zu Gold wurde. Setzt man für Gold Produktivität, Effektivität, Profit, Gewinn, Zuwachs, so könnte dieser Mythos bald passen.

Ganz gewöhnliche Atemluft wird als Kostbarkeit gehandelt werden, und wir werden zig Kilometer aufs Land hinausfahren, irgendwohin wo es noch richtiges, ganz normales Trinkwasser geben soll, und wir werden es von Wochenendausflügen in Flaschen, Ballons oder Schläuchen mit nach Hause nehmen, weil wir festgestellt haben, daß es besser schmeckt als das, was unser Wasserhändler uns täglich oder wöchentlich liefert. Alle Früchte und Genüsse dieser Welt werden zu unserer Verfügung stehen, nur das Wasser wird knapp und die Luft rar sein. Mitten in unseren herrlichen Superstädten, wo wir U-Bahnen bauen, damit noch mehr Platz für Autos entsteht, wird wahrscheinlich eine urtümliche, orientalisch anmutende Gestalt wiederauftauchen: der Wasserhändler, und neben ihm stehen wird eine ganz neue Kategorie Händler: der Luftverkäufer. Auch er wird einen großen Tankwagen haben und wird uns für eine Mark oder zwei mal kurz seinen Luftschlauch an den Mund halten. Das Erlöschen des Feuers in den modernen Heimen und Häusern hat ja schon einen neuen Industriezweig kreiert: Die Aktenverbrenner oder -zerreißer, denn da man in seiner eigenen Wohnung nichts, aber auch nichts mehr verbrennen kann, möchte man ja nicht seine gesamte Korrespondenz oder seine Akten der Müllabfuhr anheimgeben.

Über die Ausbeutung des Menschen durch den Menschen wird seit Bestehen der Menschheit spekuliert; über die Ausbeutung der Landschaft noch nicht ganz so lange; in einem blinden, profitgierigen Optimismus hat man über eineinhalb Jahrhunderte lang Industrialisierung betrieben. Immer feste druff, wenn nur die Kohlen stimmen. Die stimmen inzwischen halbwegs, und nun stellt sich heraus, daß nicht nur Mensch und Landschaft ausgebeutet, daß auch die Elemente vergiftet oder vertrieben werden. Es haben genug Architekten und Soziologen, Psychologen und gelegentlich sogar ein paar Theologen gewarnt und gescholten, geschehen ist bisher nicht viel, und wenn man sich überlegt, warum denn jener schwer definierbare Teil der Menschheit, den man die Jugend nennt, so apathisch oder gar pessimistisch ist, so sollte man sich fragen: Welche Zukunft hat man ihnen bereitet oder hält man für sie bereit? Welche Lebensqualität? Auch der Wasserverkäufer und der Lufthändler werden sie nicht mit dieser selbstmörderischen Zivilisation versöhnen.

Bis zum Jahre 1985 werden, wie das Generalsekretariat der

Vereinten Nationen mitgeteilt hat, neuntausend Milliarden Mark für Rüstung ausgegeben worden sein, in einer nackten Ziffer ausgedrückt: 9 000 000 000 000 Mark; das ist schon eine fast mystische Chiffre, weil man die Nullen nur noch mühsam handhaben und die Ziffern nur mühsam in Worte übersetzen kann; und um eine Wasserkatastrophe zu verhindern, müssen bis zum Jahre 2000 234 Milliarden Mark aufgebracht werden, das sind zehn Bundeswehretats. Um alle möglichen Katastrophen, die ich hier nicht aufzählen kann, zu verhindern, muß es also Raumordnung, Städteplanung, Verkehrsplanung, Gesundheitsdienste, Bildungsreformen, Umweltschutz geben. Es müssen ganz neue Wertvorstellungen erarbeitet werden, die mit den bestehenden: Profit, Produktivität, Umsatzsteigerung, natürlich in Konflikt geraten, und was vor allen Dingen in allen diesen vielfältigen, verwickelten Problemen eingeplant werden muß, das ist die Zeit, denn es ist höchste Zeit und die Zeit vergeht rasch. Und jeder Politiker, der glaubt, es könne das alles ohne Steuererhöhungen geplant werden, belügt sich selbst oder andere. Es erscheint schon nicht mehr bloß wie nackter Unsinn, sondern wie selbstmörderischer Zynismus, wenn angesichts der hier nur angedeuteten Probleme ein Wort wie »Plan« von einer Partei wie der CDU/CSU denunziert wird, die sich anbietet, innen- und außenpolitische Probleme zu lösen. Wie sollen wohl diese Probleme gelöst werden, wenn *nicht* geplant wird? Das Gegenteil von Plan braucht nicht Freiheit zu heißen, es kann auch Planlosigkeit heißen, und die Folgen einer planlosen, rücksichtslosen Industrialisierung sehen wir ja.

Atemluft, Trinkwasser dürfen nicht zum Besitz einer privilegierten Schicht werden, die es sich leisten kann, aufs Land hinaus zu fahren, ins Zweithaus oder die Zweitwohnung, wo ihr außerdem die beiden weiteren für Stadtbewohner selten gewordenen Elemente zur Verfügung stehen: das Feuer im Kamin und die Erde im Park oder Garten. Das neue Wort Lebensqualität ist kein schönes Wort, es steht für etwas sehr Altes, das selbstverständliche Lebensmaterial: Luft, Wasser, Feuer, Erde. Und noch etwas, was nicht in die Aufzählung der klassischen Elemente gehört, ihnen aber zugezählt werden müßte, wird zum Besitz Privilegierter: Ruhe oder Stille. Die Anzahl der Lärmvertriebenen wächst täglich, auch die Anzahl derer, die es sich nicht leisten können, vor dem unerträglichen Lärm zu fliehen, weil sie um ihren Arbeitsplatz fürchten müssen.

Die Legende vom Lufthändler könnte bald so wahr werden wie die Legende von dem, der an die Menschen Ruhe und Stille verkauft; irgend jemand, der ein System erfindet, diesen armen und armseligen, verrückten, gehetzten Midasnachfolgern ein Stückchen Stille oder Ruhe ans Ohr zu halten, und es werden natürlich der Wasser-, der Luft- und der Ruhehändler nur Kleinhändler sein; Großhändler, Konzerne werden sich bilden, die Wasser, Luft, Ruhe aufkaufen, horten und mit Profit an den Kleinhändler weiterverkaufen. Es ist schon unfaßbar, wenn man angesichts der nicht mehr nur zu erwartenden, der schon eingetretenen Entwicklung Worte wie »Plan« denunziert, obwohl man selbst dauernd plant: Werbefeldzüge werden ja auch geplant, und man nennt sie Feldzüge, entnimmt das Vokabularium dem Kriegsbereich.

Nicht nur Staaten und Gemeinden haben einen Haushalt, auch die Erde hat einen, sie hat u. a. einen Sauerstoff- und einen Stickstoffhaushalt, und wir leben schon längst auf Kredit. In der blinden Aufbauphase der Bundesrepublik ist mit rücksichtsloser Euphorie, die nur auf Profit gerichtet war, Ausbeutung und Ausverkauf betrieben worden, und der Rest der Welt hat diesen Wiederaufbau erstaunt als eine Art Wunder wahrgenommen. Die Ursachen dieses Wunders waren nicht nur Fleiß, auch eine allen Beteiligten gemeinsame Blindheit. Immer feste druff. Die Kohlen stimmten, halbwegs in den Lohntüten und auch bei der Errechnung von Aktiengewinnen. Herrliche Zeiten. Ja. Das zweite Wunder wird schwerer zu bewerkstelligen sein: Es bedarf keiner bloß nationalen Planung, die Probleme sind längst international, wie der sowjetische Wissenschaftler Sacharow schon vor Jahren angekündigt hat, als er über ökologische Probleme schrieb, also über den Haushalt der Erde.

# Rede auf dem Empfang des Bundespräsidenten Gustav Heinemann für die Mitglieder des P. E. N.
(1972)

Verehrter, lieber Herr Bundespräsident, liebe Frau Heinemann, meine Damen und Herren.

Das Ärgernis – und gelegentlich Ärgerliche im Verhältnis Intellektuelle-Staat-Gesellschaft, auf das Sie, Herr Bundespräsident, anspielten, hat Tradition, eine besonders schmerzliche in unserem Land, ich will hier nicht ausführlich darüber referieren. Die Analysen dieses Verhältnisses würden eine Bibliothek füllen, füllen vielleicht schon eine. Der Unterschied zu anderen Ländern ergibt sich, glaube ich, aus dem Unterschied im Verhältnis zur Sprache, die kaum irgendwo so geteilt ist und geteilt war in die Literatursprache und die jeweils andere, die Sprache des Herrschers, des Rechts, der Kirchen. Es ist der schmerzliche Unterschied verschiedener Verbalitäten, der wohl damit zusammenhängt, daß wir so lange ein beherrschtes Volk gewesen sind (von unseren eigenen Herrschern beherrscht) und noch wenig Gelegenheit hatten, uns selbst zu beherrschen, und im Doppelsinn dieses Wortes mögen Sie erkennen, was mit unterschiedlicher Verbalität gemeint sein könnte. Die Unbeherrschtheiten, auf die Sie anspielten – die im Zusammenhang mit der hohen Ehrung durch die schwedische Akademie hörbar geworden sind –, erkläre ich mir aus einer gewissen Wahlkampfnervosität, von der ich hoffe, daß sie sich als berechtigt herausstellen wird. Verzeihen Sie diese Anmerkung, ich weiß, ich befinde mich hier auf neutralem Terrain, bin aber, wie Sie wissen, in dieser Sache nicht neutral. Was solche und andere Unbeherrschtheiten betrifft – keinesfalls einseitige –, so beruhen sie vielleicht darauf, daß man immer deutlicher zu spüren bekommt, daß auch Autoren, Intellektuelle Macht haben und sie ausüben. Die Natur dieser Macht ist freilich noch nicht definiert, vielleicht gar nicht definierbar. Sie ist weder legislativer noch exekutiver Art, sie ist auch nicht bloß moralischer und nicht bloß ästhetischer Natur, sie ist nicht taktisch, nicht strategisch, sie ist so schwer einzuordnen; vor undefinierbaren Mächten hat man Angst, mit Recht, finde ich, vor allem, wenn diese Mächte sich selbst beherrschen, d. h. wenn sie in Form und Inhalt kongruent sind, wodurch sie Sprengkraft bekommen – und dann gibt es Verletzende und Verletzte auf beiden Seiten – und so wenig heilende Hände.

Was es uns Deutschen so besonders schwer macht, ist die Tatsache, daß wir noch nicht genug Sicherheit und Selbstbewußtsein haben, Selbstverständnis, das Selbstbewußtsein voraussetzt, Nationalismus zu unterscheiden, und ich meine das im doppelten Sinn: wir haben Angst vor unserem Selbstverständnis, weil wir fürchten, es könnte als Nationalismus erscheinen oder sich als solches artikulieren, und wenn die Deutschen gelegentlich Nationalismus äußern, tun sie es ohne Selbstverständnis. Das liegt, glaube ich, daran, daß die Bundesrepublik Deutschland noch sehr jung ist, ganze 23 Jahre alt. Ihre Literatur kann möglicherweise ein wenig dazu beitragen, dieses Selbstverständnis zu finden – und auch ihr Selbstbewußtsein zu heben. Als besten und schönsten Ausdruck für das Verhältnis eines Dichters zum Staat fand ich, was der russische Dichter Jossif Brodskij gesagt hat, der die Sowjetunion verlassen mußte und dann – was die Welt nicht so recht fassen wollte und konnte – an Herrn Breschnew schrieb und bat, in die Sowjetunion zurückkehren zu dürfen. Ich darf mit Ihrer Erlaubnis aus Brodskijs Brief zitieren: »Die Sprache ist etwas viel Älteres und Unvermeidlicheres als ein Staat. Ich gehöre zur russischen Sprache. Was den Staat betrifft, ist meiner Meinung nach das Maß der Vaterlandsliebe eines Schriftstellers nicht der Eid von einer hohen Plattform, sondern die Art und Weise, wie er in der Sprache der Menschen schreibt, unter denen er lebt.« Dieses Zitat erklärt noch etwas, jenen Zustand der Literatur, den man anarchisch nennen kann; sie kann nie deckungsgleich sein mit Staat, Gesellschaft, Kirche, Doktrin, sie überlappt alle Institutionen; und noch etwas Provokantes ist ihr eigen: sie tritt täglich den Beweis dafür an, daß die Phantasie auch eine informatorische Dimension hat – daß der Unterschied zwischen Fiction und Non-Fiction ein konstruierter ist.

Noch ein paar Worte zu den Deutschen und über sie. Als ich die freudige Nachricht über die hohe Ehrung aus Stockholm bekam und dann dem ersten, einem jungen griechischen Journalisten ein Interview gab, fragte er mich, wieso ich, ein kritischer und skeptischer Autor, mich fast uneingeschränkt über den Preis freuen könne. Ich habe ihm geantwortet: »Weil ich nicht einem verwöhnten Volk angehöre.« Denn was immer man über, für und gegen die Deutschen sagen kann, verwöhnt worden sind sie nie, weder national noch international. Beherrscht worden sind sie – sich selbst zu beherrschen beginnen sie erst seit kurzem –, und heute abend hier, Herr Bundespräsident, mit ihrer Rede und durch den herzlichen Empfang werden wir ein wenig verwöhnt. Ich möchte mich herzlich bedanken im Namen des Internationalen PEN-Clubs für Ihre Rede und für den herzlichen Empfang durch Sie und Ihre Frau.

# Das tägliche Brot der Bomben oder: Law and order
(1972)

Schon der Stammbaum des kürzlich zum Superstar erkorenen Jesus Christus enthält ein paar Provokationen, die in der trokkenen Aufzählung der ersten Verse des Matthäusevangeliums verlorenzugehen drohen für jeden, der sich einiger Details aus dem Alten Testament nicht mehr erinnert oder dem sie in einer purifizierten Schulbibel vorenthalten worden sind. Das steht u. a. in diesem Stammbaum, »von Juda und der Thamar stammen Peres und Zerach«. Nun mag sich der eine oder andere erinnern, daß Juda keineswegs Thamars Gatte, sondern deren Schwiegervater war; man stutzt, blättert zurück ins Buch Genesis und siehe da: Thamars Gatte Ger, Judas Sohn, machte sich dem Herrn mißfällig, und der ließ ihn sterben; Gers Bruder, der ominöse Onan, weigerte sich mit der hinlänglich bekannten Methode, dem Weibe seines Bruders Nachkommen zu erwekken, und auch er, dem Herrn äußerst mißfällig, starb. Juda vertröstet seine Schwiegertochter auf den heranwachsenden Sela, doch als der wirklich herangewachsen ist, wartet Thamar vergebens, und was tut sie? Sie legt ihre Witwenkleider ab, kleidet sich wie eine Dirne, setzt sich an den Weg, den Juda kommen muß, und er geht, nachdem er einen später zu erstattenden Preis, ein Ziegenböckchen, und als Ersatz für diesen Preis Pfänder ausgehandelt hat, zu Thamar ein; sie wird schwanger, soll, da sie gebuhlt hat, auf Anordnung ihres Schwiegervaters verbrannt werden, und nur die Pfänder, die sie wohlweislich aufbewahrt hat, retten ihr Leben und das der Zwillinge Peres und Zerach, die auf diese Weise in den Stammbaum Jesu geraten.

Hinter einem weiteren Halbvers des Stammbaums »Von David und des Urians Weib (stammt) Salomonen«, verbirgt sich eine ganze listenreich ausgeklügelte Tragödie, die wie eine Dreieckskomödie anfängt, aber blutig und traurig endet; der korrekte, getreue, nicht israelische Urias muß sterben, nicht, weil er das

Gesetz verletzt, sondern weil er es hält; das Gesetz, während des Krieges nicht zu seiner Frau einzugehen, obwohl David alle erdenklichen Tricks anwendet, ihn zum Gesetzesbruch zu verführen, auf daß Urias, ohne davon zu wissen, die Schwangerschaft seiner Frau Bathseba, die von David verursacht ist, legitimiere. Sind das nur Umwege des Heils, die eine dialektische Theologie glatt erklären kann, oder notwendige Fehltritte, ohne die die Legitimationskette des Stammbaums nicht komplett wäre, und wird nicht Urians, der Reine und Heide, der kaltblütig geopfert wird, zum Vorläufer dessen, in dessen Stammbaum er keinen Platz gehabt hätte?

Die Provokationen, die im Reden und Handeln des Jesus Christus enthalten sind, sollten einigermaßen bekannt sein. Sie sind in vier Versionen und einigen Ergänzungen protokolliert und die Welt hat nicht Berge, sie hat ganze Gebirge von widersprüchlichen Büchern, um die Widersprüchlichkeit dieser Taten und Reden herum aufgebaut, sie hat Kriege geführt, Kontinente erobert »in seinem Namen«. In der gegenwärtigen Phase der geschichtlichen Auseinandersetzung um diese widersprüchlichen Protokolle hat sich der Streit auf einen Schrumpfrest reduziert, über den in den vier Protokollen und ihren Ergänzungen nur mit Verachtung, ja gelegentlich mit Abscheu und unter drohenden Warnungen gesprochen wird: das Privateigentum. Um diesen Schrumpfrest werden Kriege geführt, erklärte und nicht erklärte, innenpolitische, außenpolitische, und doch steht in einem der Protokolle unübersehbar: Armen wird die frohe Botschaft verkündet. Aus dem Himmel über Nordvietnam fällt diese frohe Botschaft wie das tägliche Brot als mörderisches Manna Tag für Tag, und wenn man von verstärkter oder stärkster Bombardierung hört oder liest, weiß man schon gar nicht mehr: in wieviel Tonnen mehr Manna der christliche Segen einer christlichen Regierung bestehen mag. Nur eins ist sicher: täglich wird den Armen in Vietnam die frohe Botschaft verkündet – und das tägliche Bombenbrot verabreicht. Man wird sich vielleicht noch erinnern, daß Anfang dieser segensreichen Tätigkeit ein gewisser Spellman, Kardinal der römischen Kirche, den fröhlichen Einheizer und moralischen Aufrüster gespielt hat. Wo Politiker noch gezögert haben mögen, kannte er solche

Schwächen nicht. Und doch wurden nicht ihm die geringsten Schwierigkeiten gemacht, sondern Don Mazzi und neuerdings dem Benediktinerabt Don Giovanni. Das steht nun am (vorläufigen) Ende der frohen Botschaft: die Bombenverkündigung des täglichen Manna für Nordvietnam. Eine wunderbare Brotvermehrung nach der anderen! Gefährdete Reisernte, während man selbst einen erheblichen Teil seines Brotes der Müllabfuhr überantwortet. Und doch steht da in den Protokollen zu lesen, daß nach der wunderbaren Brotvermehrung Sparsamkeit geübt wurde: alle Reste wurden sorgfältig in Körben gesammelt. Wieso eigentlich, wo doch die Brotvermehrung jederzeit hätte wiederholt werden können? Liegt in diesem scheinbaren Gegensatz zwischen großzügiger Vermehrung von Brot und sorgfältigem Sammeln der Reste nicht eine Provokation verborgen, die die erkennen könnten, die einen erheblichen Teil ihres Brotes der Müllabfuhr überantworten? Noch mehr Provokationen außer den bekannteren: Erbarmen will ich, keine Opfer! Und mehrmals, ebenso eindringlich: Daß Gott der Gott der Lebendigen, nicht der Toten sei. Aber neben den provokativen Reden und Taten dieses kürzlich zum Superstar erkorenen Jesus Christus entdeckt man noch etwas sehr Eindrucksvolles, das die Wirkung der Reden vertieft, ihnen den wahren Hintergrund gibt: das Schweigen vor Gericht. Es ist das Schweigen am Ende der Mission, die tödliche Verachtung gegenüber der kirchlichen und der weltlichen Justiz. Eine merkwürdige, eindrucksvolle Mischung aus Schweigen, Höflichkeit und Sachlichkeit. Höflichkeit gegenüber dem fremden Pilatus, Sachlichkeit und kurze Auskunft, wenn es um die Botschaft geht, aber Schweigen, in allen vier Protokollen bezeugtes Schweigen, wenn es um die Anklage geht, und nicht nur, wenn er selbst angeklagt ist, auch dann, wenn er – wie bei der Ehebrecherin – zum Ankläger und Richter gemacht werden soll. Da dieses eindrucksvolle, betonte Schweigen am Ende aller vier Protokolle steht, während des Prozesses, der mit dem Todesurteil endet, dürfte es ebenso wichtig sein wie die Reden: das Schweigen des Gerichteten, der auch schwieg, als er selber richten sollte.

Ist dieser Superstar jemand, der für Law-and-Order-Parolen als Vorbild dienen könnte? Welchem Law und welcher Order gegenüber übt er dann dieses tödliche, verächtliche Schweigen? In den Gesellschaften, die sich für zivilisiert halten, gibt es nur zwei Orte, an denen Law and Order herrschen: die Friedhöfe und die Museen. Auf den Friedhöfen hat man sie alle friedlich beieinander, die Hetero-, Homo-, Bi-, Über-, Unter-, und Asexuellen, die Bankräuber und die Bankiers, die Richter und die Gerichteten. Friedhöfe sind notwendig, sie verdienen Respekt, und gewöhnlich strahlen sie Stimmung aus, aber sie sind die Orte der Toten, nicht der Lebenden. In den Museen strahlen dort versammelte Objekte gelegentlich Unruhe aus, doch dem Besucher und Betrachter ist Ruhe verordnet. Law and Order auf Friedhöfen und Museen, und Law and Order im Export, das sind die täglichen Bomben auf Nordvietnam als täglich gereichte heilige Kommunion. Manna, Himmelsbrot! Daß die wunderbare Brotvermehrung inzwischen in Form von Aktiengewinnen stattfindet, ist ohnehin vorausgesetzt, und daß die schweigenden Mehrheiten, die sich so gern auch die Stillen im Lande nennen, am lautesten jubeln, wenn gerichtet wird, ist eine weitere Voraussetzung.

# Rede zur Verleihung des Nobelpreises am 10. 12. 1972 in Stockholm

Herr Ministerpräsident, liebe Frau Palme, meine Damen und Herren, anläßlich eines Besuchs in der Bundesrepublik Deutschland hat Seine Majestät, der König von Schweden, einen gelehrten Blick in die Schichten der Vergänglichkeit getan, aus der wir kommen und auf der wir wohnen. Jungfräulich oder gar unschuldig ist dieser Boden nicht und nie ist er zur Ruhe gekommen. Das begehrte Land am Rhein, von Begehrlichen bewohnt, hat zahlreiche Herrscher gehabt, entsprechend viele Kriege gesehen. Koloniale, nationale, regionale, lokale, konfessionelle, Weltkriege. Pogrome hat es gesehen, Vertreibung und immer kamen Vertriebene anderswoher und wurden andere anderswohin vertrieben. Und daß man dort deutsch sprach, war zu selbstverständlich, als daß man's nach innen oder außen hätte demonstrieren müssen. Das taten andere, denen das weiche d nicht genügte, die nach einem harten t begehrten. Teutsche.

Gewalt, Zerstörung, Schmerz, Mißverständnisse liegen auf dem Weg, den einer daherkommt, aus den Schichten vergangener Vergänglichkeit in eine vergängliche Gegenwart. Und es schufen Scherben, Geröll und Trümmer, schufen Ost- und Westverschiebungen nicht, was nach so viel, viel zuviel Geschichte zu erwarten gewesen wäre: Gelassenheit; wohl, weil man uns nie ließ; den einen zu westlich, den anderen nicht westlich genug; den einen zu weltlich, den anderen nicht weltlich genug. Immer noch herrscht Mißtrauen unter den Demonstrativ-Teutschen, als wäre die Kombination westlich und deutsch doch nur eine Täuschung der inzwischen unheilig gewordenen Nation. Wo doch gewiß sein müßte: Wenn dieses Land je so etwas wie ein Herz gehabt haben sollte, lag's da, wo der Rhein fließt. Es war ein weiter Weg in die Bundesrepublik Deutschland.

Als Junge hörte auch ich in der Schule den sportlichen Spruch, daß der Krieg der Vater aller Dinge sei; gleichzeitig hörte ich in Schule und Kirche, daß die Friedfertigen, die Sanftmütigen, die Gewaltlosen also, das Land der Verheißung besitzen würden. Bis an sein Lebensende wohl wird einer den mörderischen Widerspruch nicht los, der den einen den Himmel *und* die Erde, den anderen nur den Himmel verheißt, und das in einer Landschaft, in der auch Kirche Herrschaft begehrte, erlangte und ausübte, bis auf den heutigen Tag.

Der Weg hierhin war ein weiter Weg für mich, der ich, wie viele Millionen aus dem Krieg heimkehrte und nicht viel mehr besaß als die Hände in der Tasche, unterschieden von den anderen nur durch die Leidenschaft, schreiben und wieder schreiben zu wollen. Das Schreiben hat mich hierhergebracht. Gestatten Sie mir, die Tatsache, daß ich hier stehe, für nicht so ganz wahr zu halten, wenn ich zurückblicke auf den jungen Mann, der da nach langer Vertreibung und langem Umhergetriebensein in eine vertriebene Heimat zurückkehrte; nicht nur dem Tod, auch der Todessehnsucht entronnen; befreit, überlebend; Frieden – ich bin 1917 geboren – nur ein Wort, weder Gegenstand der Erinnerung noch Zustand; Republik kein Fremdwort, nur zerbrochene Erinnerung. Ich müßte hier sehr vielen danken, ausländischen Autoren die zu Befreiern wurden, das Befremdende und das Fremde aus der Eingeschlossenheit befreiten, das sich selbst um seiner Materialität willen in die Eigenheit zurückverwies. Der Rest war Eroberung der Sprache in dieser Zurückverweisung an das Material, an diese Hand voll Staub, die vor der Tür zu liegen schien und doch so schwer zu greifen und zu begreifen war. Danken möchte ich auch für viel Ermutigung durch deutsche Freunde und deutsche Kritiker, danken auch für viele Versuche der Entmutigung, denn manches geschieht ohne Krieg, nichts aber, so scheint mir, ohne Widerstand.

Diese siebenundzwanzig Jahre waren ein langer Marsch, nicht nur für den Autor, auch für den Staatsbürger, durch einen dichten Wald von Zeigefingern, die aus der vertrackten Dimension der Eigentlichkeit stammten, innerhalb derer verlorene Kriege zu eigentlich gewonnenen werden. Gar mancher Zeigefinger war scharf geladen und hatte seinen Druckpunkt an und in sich selbst.

Mit Bangen denke ich an meine deutschen Vorgänger hier, die innerhalb dieser verfluchten Dimension Eigentlichkeit keine Deutschen mehr sein sollten. Nelly Sachs, von Selma Lagerlöf gerettet, nur knapp dem Tod entronnen. Thomas Mann, vertrieben und ausgebürgert. Hermann Hesse, aus der Eigentlichkeit ausgewandert, schon lange kein deutscher Staatsbürger mehr, als er hier geehrt wurde. Fünf Jahre vor meiner Geburt, vor sechzig Jahren, stand hier der letzte deutsche Preisträger für Literatur, der in Deutschland starb, Gerhart Hauptmann. Er hatte seine letzten Lebensjahre in einer Version Deutschland verlebt, in die er wohl trotz einiger Mißverständlichkeiten nicht hineingehörte. Ich bin weder ein Eigentlicher noch eigentlich keiner, ich bin ein Deutscher, mein einzig gültiger Ausweis, den mir niemand auszustellen oder zu verlängern braucht, ist die Sprache, in der ich schreibe. Als solcher, als Deutscher, freue ich mich über die große Ehre. Ich danke der Schwedischen Akademie und dem Land Schweden für diese Ehre, die wohl nicht nur mir gilt, auch der Sprache, in der ich mich ausdrücke, und dem Land, dessen Bürger ich bin.

# Rede zur Eröffnung der Heinrich-Heine-Ausstellung in Stockholm am 13. 12. 1972

Der russische Dichter Josip Brodsky wollte nicht emigrieren, er wurde im Jahr 1972 auf eine merkwürdige Weise gezwungen auszuwandern, und einige Monate später oder einige Wochen später schrieb er einen Offenen Brief an Herrn Breschnjew, in dem er bat, in die Sowjetunion zurückkehren zu dürfen. Ich weiß nicht, ob man diesen Vorgang wirklich recht verstanden hat. Ich habe den Eindruck gehabt, daß die Welt es gar nicht glauben wollte, daß ein russischer Dichter, der gezwungen wurde herauszugehen, gerne heimkehren wollte. Brodsky hat einen wunderbaren Brief an Breschnjew geschrieben und hat unter anderem gesagt: »Dichter kehren immer zurück, in ihrem Wort, in ihrem Text«, und ich glaube – ich weiß nicht, ob Brodsky jüdischer Herkunft war; ich interessiere mich nicht für die konfessionellen Hintergründe eines Dichters - ich glaube, die Heimkehr Heinrich Heines nach Deutschland zögert sich immer wieder hinaus. Es gibt viele offizielle Ehrungen, Festivitäten, und ich habe den Eindruck, daß er immer noch nicht heimgekehrt ist. Ich glaube, das hängt damit zusammen, daß man noch nicht verstanden hat, daß Blasphemie auch eine Liebeserklärung ist. Ein Mensch wie Heinrich Heine, der vor Heimweh wahrscheinlich gestorben ist, mitgestorben ist, und gleichzeitig Deutschland geliebt und gehaßt hat natürlich ... er ist sehr schwer zu verstehen. Vielleicht wird man eines Tages eine Methode entwickeln, für einen Dichter eine geometrische Figur zu entwerfen, zum Projizieren auf Papier in geometrischer Form, und sehr wenige werden dann eine leicht zu überschauende Linie haben. Dreieckige, rechteckige, und ich vermute, daß Heinrich Heine in einem ungeheuer komplizierten Vieleck erscheinen wird. Und eine dieser Ecken – ich weiß nicht, ob die schon entdeckt worden ist, da ich über die Ecken der Literatur natürlich nicht unterrichtet bin so genau, ist für mich eine rheinische Ecke. Ich werde nicht wieder mit Lokalpatriotismus anfangen, aber ich glaube, daß sehr vieles, was man irrtümlicherweise als typisch jüdisch bezeichnet hat, was ich gar nicht begreife, wenn ich einen Dichter jüdischer Herkunft wie Wolfskehl anschaue oder Paul Celan, entdecke ich nichts, was er mit Heine eigentlich gemeinsam haben könne. Also diese Vokabeln müssen auch noch erforscht und geometrisch projeziert werden. Ich glaube, daß sehr vieles an Heine rheinisch war: diese Kombination von Sentimentalität, diese Begabung vom Volksliedhaften bis hin zur absoluten geistig-frivolen Bosheit. Eine ungeheure Begabung, die, glaube ich, in der rheinischen Landschaft Tradition hat. Ich hoffe, daß man eines Tages diese geometrische Methode entdecken wird und feststellen wird, daß Blasphemie, Frivolität gegenüber Kirche, Staat, Familie, Religion, wahrscheinlich die letzten Möglichkeiten der Liebeserklärung sind. Ich möchte schließen mit etwas, das wie ein Scherz aussieht, aber unglücklicherweise keiner ist. Dieser Scherz beginnt mit einer Frage: Was singen die Deutschen, wenn sie fröhlich sind? Wenn sie auf dem Rhein fahren, auf einem Schiff im Sommer? Sie singen, wenn sie fröhlich sind: »Ich weiß nicht, was soll es bedeuten, daß ich so traurig bin.« Vielleicht ist das zum Verständnis Heines und der Deutschen und dem Verständnis der Deutschen zu Heine eine kleine Illustration.

# Protest – Laut oder leise?
## *Eine Erwiderung auf Eugen Kogon*
(1973)

Es gilt doch gewiß als vorausgesetzt, daß nicht jeder der 150 Unterzeichner des Appells an Willy Brandt mit jeder einzelnen Formulierung einverstanden ist. Es leuchtet mir deshalb nicht ein, weshalb ausgerechnet ich in Eugen Kogons Artikel mehrmals so ausdrücklich apostrophiert werde in einer Sache, die ich nicht ge-, sondern unterschrieben habe. Wenn ich trotzdem versuche zu antworten, dann deshalb, weil in Kogons Artikel zwei wichtige Probleme aufgegriffen werden, die bei jeder Art internationaler Beziehung eine Rolle spielen: das Problem der Einmischung und das der Ausspielung.

Es erscheint mir als schlechterdings unzulässig, Wladimir Bukowski und andere gegen die Opfer des Vietnamkrieges auszuspielen, und in diesem Zusammenhang empfinde ich es fast als demagogisch, mich, der ich nicht im geringsten zur Bescheidenheit neige, mit Willy Brandt zu vergleichen in dem Satz: »Was Böll in Moskau recht war, muß Brandt in Washington billig sein.«

Ob ich nun mit oder ohne Nobelpreis, vor oder während meiner Amtszeit als Präsident des Internationalen PEN, ob ich laut oder leise dies oder jenes getan oder nicht getan habe, ob man dies oder jenes strittig finden mag oder nicht: ich sehe keine Vergleichsperspektive, und im übrigen hat ja keiner Willy Brandt eine bestimmte Lautstärke vorgeschrieben, und bisher hat er persönlich nicht einmal leise protestiert. Sich auf die Weise, wie Kogon es tut, zwei sehr ernsten Problemen anzunähern, erscheint mir als mindestens fragwürdig. Sicher mußte doch hier zunächst die klassische Trennung von Innen- und Außenpolitik vorgenommen werden. Das sehr, sehr ernste Problem unserer inhaftierten und diskriminierten Freunde und Kollegen in der Sowjetunion mit dem fürchterlichen Problem Vietnam zu vermischen, schadet ihnen. Sie gehören nicht auf *dieses* Kerbholz, und Argumentationen wie die Kogonsche wird man ihnen natürlich ankreiden.

In Eugen Kogons respektvoller Apostrophierung klingt noch etwas anderes an, das nicht er so nennt, das aber anderswo gelegentlich mit»Moralist der Nation« oder »Gewissen der Nation« ausgedrückt wird, Titel, die man Schriftstellern und Intellektuellen manchmal verleiht. Ich halte solche Titulierungen, auch in ihren leisesten Anklängen, für lebensgefährlich. Moral und Gewissen einer Nation finden ihren Ausdruck in Politikern, Publizisten, Journalisten, Juristen; sie ergeben sich aus der permanent notwendigen Reibung und Konfrontation zwischen der Verbalität ihrer Verfassungen und der Wirklichkeit ihres Rechts-, Straf- und Sozialvollzugs.

Wenn ein Schriftsteller gelegentlich tut, was jeder Politiker, Publizist, Kommentator gelegentlich ebenfalls tun muß: das »Gewissen der Nation aufrütteln«, so könnte er das gar nicht mehr, wenn er selbst der Sitz dieses Gewissens wäre. Er müßte ja dann sich selbst »aufrütteln«: eine peinliche Turnübung im stillen Kämmerlein, und ich hab' nun mal was gegen's stille Kämmerlein. Etwas, das so umfangreich ist, wie es das Gewissen einer Nation sein sollte, kann in der Brust eines Schriftstellers nicht untergebracht werden: sie wäre zu klein – und zu unzuverlässig. Das Gewissen einer Nation muß aus sehr vielen, einander korrigierenden Instrumenten bestehen, die gelegentlich in offenen Konflikt geraten können.

Ich warne vor nationalen und internationalen Figurationen der oben angedeuteten Art, und ich warne damit gleichzeitig auch vor einer solchen Figuration Willy Brandts; sie ist in dem Appell, den ich nicht ge-, aber mit unterschrieben habe, verborgen. Tatsächlich halten viele Menschen, mehr noch im Ausland als im Inland, Willy Brandt für den »Retter der Welt«, und ich glaube nicht, daß er »Retter der Welt« ist. Vielleicht sogar kommt seine Schwäche, als die man sein Schweigen über Vietnam und sein Fernbleiben von der Sozialistenkonferenz in Frankreich bezeichnen kann, gerade früh genug, um ihn vor Ikonisierung zu bewahren. Ich mag Brandts Schweigen oder seine Scheu nicht denunzieren, wage aber zu bezweifeln, ob sie in allen Fällen angebracht ist. Immerhin ist die Bundesrepublik nach den USA der militärisch stärkste und ein innenpolitisch solider NATO-Partner, und es müßte dem Bundeskanzler erlaubt sein, die Moral der NATO, ihrer Verfassung, auch öffentlich einem NATO-Partner gegenüber beim Wort zu nehmen.

Man hat sich so daran gewöhnt, Intellektuelle immer als Moralisten zu bezeichnen, wo es doch meistens die Politiker sind, deren Rede vor Moral trieft. Man höre sich doch Herrn Nixons Vokabularium einmal an, wenn er *politische* Reden hält, und man höre sich das moralische Gefasel der griechischen Obristen einmal an. Kein Schriftsteller würde ein derartiges Moralgerede riskieren – er würde – und mit vollem Recht – von sämtlichen anwesenden Kollegen ausgelacht. Konfrontiert man die unterstellte Moral der NATO mit den innenpolitischen Praktiken in den Ländern, die unter dem Schutz der USA stehen, in Mittel- und Südamerika, in Griechenland, der Türkei, Spanien, Portugal, Indonesien, den Philippinen (ich weiß, die beiden letzteren gehören zur SEATO), so darf man doch auf die Idee kommen, daß Brandt und auch Scheel nicht nur leise, gelegentlich etwas lauter ihre Verbündeten mit deren eigener Moral konfrontieren.

Die erste und, wie mir scheint, notwendige Reibung entsteht immer zwischen der politischen Praxis und der Verbalität der Verfassung, deren Erfüllung man als politisches und moralisches Ziel bezeichnen kann. Auch viele Oppositionelle in der Sowjetunion, die ja nur in wenigen Namen bekannt sind, berufen sich ja zunächst auf die Verfassung. Versucht man das Gewissen einer Nation zu personifizieren, so gerät man in Gefahr, zu delegieren, was man selbst tun sollte. Ich sehe diese Gefahr auch für meine sowjetischen Freunde, es ist fast schon die Gefahr der lkonolatrie, sicher die der lkonisierung, und man ist dann nicht mehr weit entfernt von den kitschigen Lilien, dem Dauerattribut des heiligen Aloysius.

Das Problem der Lautstärke ist nebensächlich, wenn man sich zur Einmischung entschließt und Ausspielung ablehnt. Es ist die Charta, die Verfassung des PEN, die zur Einmischung verpflichtet, und ich sehe keine andere Möglichkeit der Glaubwürdigkeit, als im eigenen Lager mit der Einmischung zu beginnen. Dann ist keine Aufrechnung – etwa der torturierten »Kommunisten« und Kommunisten in Indonesien gegen die Intellektuellen in der Sowjetunion – mehr möglich. Das wäre der Sinn des internationalen Komitees *Writers in Prison* im PEN. Zugegeben: ein Fernziel. Nicht utopisch, aber fern. Ich hoffe, daß meine Kollegen und Freunde in den sozialistischen Ländern eines Tages ausführen, was sie längst begriffen haben: Daß ihre und unsere Freiheit, mögen sie oder wir sie mit oder ohne Einsicht gelegentlich freiwillig einschränken oder Einschränkungen für notwendig halten, tatsächlich unteilbar ist, daß sie dann zunächst ihren Kollegen in der UDSSR und in der CSSR beistehen müssen, in einer Weise, die wir hier vielleicht nicht bestimmen können. Die auf die Dauer sinnlose, fast schon automatische Prozedur, daß die einen sich für Sozialisten in Brasilien, die anderen sich für Inhaftierte in der UDSSR äußern, ist nicht mehr wert als die von Politikern geübte internationale heuchlerische Praxis der Nichteinmischung.

Das bisher angewandte Klischee ist das Klischee der Ausspielung. Ich halte es deshalb auch für nicht angebracht, die kommerziellen Praktiken der schwedischen Regierung während des Zweiten Weltkrieges gegen Ministerpräsident Olof Palme auszuspielen. Man sollte ihm nur vorwerfen dürfen, was unter seiner Regierung geschehen ist, aber nicht Praktiken, die er selbst gewiß so energisch verwirft wie seine Kritiker.

Wir kommen keinen Schritt weiter, politisch nicht und moralisch nicht, wenn wir weiterhin Ausspielung betreiben. Da gibt es Konten genug, die man noch ausgraben kann, und wenn nichts mehr weiterhilft, wird man dann letzten Endes noch gewisse umstrittene Praktiken der schwedischen Soldateska während des Dreißigjährigen Krieges ausgraben, um Olof Palmes moralischen und politischen Appell zu denunzieren. Ich kann nicht, ganz gleich in welcher Lautstärke, für die Freilassung Bukowskijs und anderer plädieren, wenn ich nicht vorher oder mindestens gleichzeitig für die in Griechenland oder der Türkei zu verteidigende demokratische Freiheit plädiere.

Bei der eventuellen Mitgliedschaft der Sowjetunion im Internationalen PEN geht es ja nicht um etwas so »Hehres« wie Literatur, sondern um etwas so »Niedriges« wie Politik, es geht um internationale Repräsentation. Die Charta des PEN würde jedes potentielle sowjetische Mitglied des PEN verpflichten, sich für Solschenizyn, Bukowskij und andere zu verwenden. Die Lautstärke ist nicht vorgeschrieben.

Da Eugen Kogons Artikel sozusagen mit Apostrophierung meiner Person »umrahmt« ist, erlaube ich mir noch ein paar Klarstellungen. Ich habe in meiner Rede anläßlich des Nobel-Banketts die Sowjetunion mit keinem Wort erwähnt. Man konnte den Text in seinem vollen Wortlaut in verschiedenen deutschen Publikationen nachlesen. Wohl erwähnt habe ich die Sowjetunion anläßlich einer Pressekonferenz.

Da hier soviel über Lautstärke gesagt wird, muß ich hinzufügen: Innerhalb der vergangenen fünf Jahre allein habe ich laut, das heißt ja wohl öffentlich, völlig unzweideutig zur Lage der Intellektuellen in der UdSSR und der CSSR Stellung genommen. Weil ich nicht gegen Springer-Zeitungen prozessiere, hat mein Verleger, Herr Dr. Reinhold Neven DuMont, in einem Prozeß, den er gegen die Berliner Morgenpost geführt [hat], mehr als ein Dutzend öffentlicher »Aktivitäten« nachgewiesen, laute, versteht sich, von den leisen weiß auch er nichts. Ich bin in diesem Punkt empfindlich, möglicherweise sogar überempfindlich; ich habe meine Gründe dazu. Deshalb möchte ich Eugen Kogon und den Lesern der ZEIT diese Mitteilung nicht vorenthalten.

Herr Scheel will also nach Griechenland fahren und dem Regime weiteren internationalen Kredit verschaffen, moralischen versteht sich; finanziellen bekommt es aus den USA, und die Herren Pappas und Onassis sind ja auch nicht allzu fern. Die griechischen Intellektuellen werden wieder einmal verkauft und verraten zwischen den widerwärtigen Moralpredigern ihrer Herren Obersten und der NATO-Moral, die so leicht keiner beim Wort nimmt. as die Sowjetunion betrifft, so sind da – bei den Offiziellen – deutsche Großindustrielle weitaus willkommener als deutsche Schriftsteller, mögen sie nun leise oder laut oder abwechselnd beides sein. Es mag noch Konflikte zwischen Politik und Moral geben, wobei immer festzustellen wäre, welche Politik mit welcher Moral in Konflikt gerät, bei Geschäften gibt es letzten Endes doch Handelseinigkeit, in der Sowjetunion, in Griechenland, der Türkei, Brasilien.

Das Geschäft Vietnam ist ja, wie man so schön sagt, »gelaufen«, nicht auf Kosten aller Beteiligten, auf Kosten der Betroffenen, von der allerletzten Prostituierten in Saigon über die getöteten Kinder und Zivilisten bis zum drogensüchtigen amerikanischen Soldaten.

Es gab da irgendwann am Anfang der Eskalation einen gewissen Kardinal Spellman. Ich wäre Eugen Kogon dankbar, wenn er in einem nächsten Artikel diesen inzwischen zu den Seligen abberufenen Herrn einmal apostrophieren würde. Er findet ihn bestimmt im Himmel, wo er vielleicht ein paar gute Worte für die vietnamesischen Huren einlegt, die ja nun leider den christlichen Zielen geopfert werden mußten, und die armen Mädchen müssen da sicher in irgendeiner Vorhölle auf die Seligkeit warten, die Herr Spellman längst genießt. Ich halte es lieber mit dem Kardinal Alfrink, der, wie ich las, gemeinsam mit – ich bitte die Redaktion der ZEIT, hier ein Herzstärkungsmittel für die katholischen Leser zwischen die Zeilen zu drucken – mit Kommunisten (!) gegen die Weihnachtsbomben protestiert hat. Wenn Spellman das erfährt, mobilisiert er gewiß ein paar Atom-Erzengel gen Holland. Vorsicht!

# Einmischung erwünscht
(1973)

Jener erfreuliche Vorgang, den man »weltweite Entspannung« nennt, scheint ausgerechnet denen am wenigsten einzubringen, die unter den verschiedenen politischen Systemen, unter ständigem Risiko der Denunziation oder der Verhaftung am heftigsten dafür eingetreten sind: Schriftsteller, Akademiker, Intellektuelle aller Provenienz.

Man hört, daß die Sowjetunion Annäherung an Spanien sucht, daß Griechenland bald die DDR anerkennen will. Wird das nun zur Folge haben, daß Papadopoulos ein gutes Wort für Wolf Biermann, oder Honecker ein paar gute Worte für die inhaftierten und zensurierten griechischen Autoren einlegen wird? Wird Generalissimus Franco sich für Alexander Solschenizyn und für Wladimir Bukowski verwenden, Herr Breschnew sich für die kürzlich zu 100 000 DM und Paßentzug bestraften Verleger und Autoren Castellet, Cirici, Cucurull, Fauli, Manent und Triadu, die das unaussprechliche Verbrechen begangen haben, an einer Jurysitzung der traditionellen Jocs Flora (Blumenspiele) teilzunehmen? Wird Präsident Nixon sich für den indonesischen Romancier Toer ins Zeug legen und für die schätzungsweise 100 000 politischen Gefangenen in Indonesien? Wird die Regierung der Bundesrepublik Deutschland bei den Verhandlungen über einen Vertrag mit der Prager Regierung wenigstens ein paar Worte einflechten für die tschechischen Autoren, die dem Terror und der Aushungerung ausgeliefert zu sein scheinen?

Ich fürchte, alle diese Fragen müssen mit Nein beantwortet werden, denn alle diese Autoren, Akademiker, Intellektuellen, die man innerhalb der sie verfolgenden Systeme, mögen sie nun in Spanien als »Rote« oder in der CSSR als »Imperialistenfreunde« denunziert werden, als »fortschrittliche Intelligenz« bezeichnen kann, waren zwar gut genug, als Vorreiter und Fürsprecher einer weniger erstarrten Dogmatik den Kopf hinzuhalten, aber politisch sind sie natürlich ganz und gar »irrelevant«, wie man das so hübsch nennt. Obwohl man doch weiß, daß ohne sie und die fast unzähligen Generationen ihrer Vorgänger nichts, aber auch nichts auf dieser Erde je in Bewegung geraten wäre, kann man sie verkümmern lassen – und das sogar angesichts der »weltweiten Entspannung«. Hauptsache: Die Handelsbeziehungen kommen in Gang, profitable Investitionen werden möglich, und wenn dann irgend etwas schiefgeht, kann man mit diesen Kräften jederzeit seine Reserve an Sündenböcken auffüllen.

In Kroatien wurden unter anderen Vlado Gotovac und Zlato Tomicis verurteilt. Um die Zustände in der Türkei auch nur andeutungsweise zu beschreiben, müßte man ein paar Bücher schreiben – und tatsächlich nehmen die Dokumentationen über Torturen, politische Verfolgung in der Türkei und in Indonesien schon den Umfang von Büchern an, und die regelmäßig erscheinenden Dokumentationen über Griechenland machen jährlich ein Buch aus.

Schon nicht mehr nur monatlich, immer mehr wöchentlich gehen Amnesty International, dem Internationalen PEN, der Vereinigung Writers and Scholars Informationen über verhaftete, zensurierte, angeklagte Schriftsteller und Intellektuelle zu, von denen jede einzelne Information einen Protest notwendig machen würde.

Es fragt sich nur, ob diese Appelle und Resolutionen, die für Freiheiten plädieren, die als die konventionellen gelten und verfassungsmäßig in den meisten Ländern garantiert sind – ob diese Appelle und Resolutionen in ihrer Einsamkeit noch sinnvoll sind, wenn die Politiker diesen drei Organisationen und den zahlreichen anderen Gruppen und Kreisen, die sich mit Verfolgung und Unterdrückung auf dieser Erde beschäftigen, nicht an die Seite treten.

Immerhin repräsentieren diese Organisationen und Gruppen jene merkwürdig schwer zu definierende Instanz, die man das Gewissen zu nennen pflegt. Es besteht die Gefahr, daß dieses Gewissen zu einer abgestorbenen Blume im Knopfloch verschiedener Ideologien wird, wenn die Politiker nicht begreifen wollen, daß nur sie es sind, die den moralischen Druck in einen politischen verwandeln können, und wenn sie nicht endlich das heuchlerische Konzept der Nichteinmischung in die inneren Angelegenheiten anderer Staaten aufgeben.

Wer kümmert sich schon an Konferenztischen, wo über Militär- und Wirtschaftshilfe verhandelt wird, um den paraguayischen Dichter Ruben Bareiro Saguier, um die beiden Uruguayaner, den Romancier und Essayisten Jorge Musto und Carlos Nunez, um die Hunderte von jungen Männern und Frauen in der Türkei, die durch Folterungen zu Krüppeln werden, in einem Land, wo das Jahresdurchschnittseinkommen bei etwa 600 DM liegt und für Bespitzelungen 2000 bis 3000 DM bezahlt werden.

Es gehört zur Perversität der intellektuellen Situation, daß ausgerechnet die Kräfte, denen Handelsbeziehungen zu sozialistischen und unterentwickelten NATO- und SEATO-Ländern Profit bringen, in ihren Organen immer weiter jene Kräftie denunzieren, die für Entspannung, Öffnung etc. eingetreten sind.

Natürlich wäre es emotional, was ja gleichbedeutend mit kriminell geworden ist, nähme man die westliche Freiheit, die angeblich in Griechenland verteidigt wird, einmal beim Wort. Wir, nicht mehr ganz so junge Autoren, nicht sehr verwöhnt mit geschichtlichen Erfahrungen, halten da noch so etwas wie eine Fahne hoch, noch nicht krampfhaft, doch mühsam, immer noch überzeugt, wenn auch angesichts der unverrückbaren Umstände desperat. Doch es könnte bald der Augenblick kommen, in dem wir uns als nützliche Idioten nicht im Sinne Lenins erkennen, sondern als nützliche Idioten jenes Teils der Welt, dessen Bürger wir sind.

Das Gerede von der unteilbaren Freiheit wird zur Farce, wenn die Heuchelei der Nichteinmischung aufrechterhalten, von Industriellen am Profit gemessen wird. Es war eine große Bestärkung, daß endlich wenigstens einer, dem sich dann andere anschlossen, den Mut fand, energisch und deutlich das Prinzip der Nichteinmischung zu durchbrechen: der schwedische Ministerpräsident Olof Palme, als die amerikanische Luftwaffe mit verstärkter Brutalität Nordvietnam in den Frieden hineinbombardieren wollte. Olof Palmes Mut hat andere angesteckt, und es wäre ein Trost für uns Autoren und Intellektuelle, wenn diese Ansteckung sich fortsetzte und wenn wir den Beistand von Politikern fänden beim Appell für die unteilbare Freiheit.

Wir Autoren sind die geborenen Einmischer, wir mischen uns ein in die Rechtsprechung und Kulturpolitik der Sowjetunion, der CSSR, Spaniens, Indonesiens, Brasiliens und Portugals, und wir mischen uns ein in die erschreckende Entwicklung in Jugoslawien, wo wieder einmal Sündenböcke gesucht werden und eine Hoffnung begraben werden soll. Wir werden uns auch in die Volksrepublik China einmischen, in Kuba und in Mexiko. Das klingt idealistisch, ist es aber nicht. Einmischung ist die einzige Möglichkeit, realistisch zu bleiben.

Unsere tschechischen Freunde, die keinen Zentimeter nachgeben, sind keine Idealisten, es sind Realisten, denn sie wissen sehr wohl, daß geistiges Terrain noch schneller und endgültiger besetzt ist als geographisches.

Was für die CSSR gilt, gilt für Jugoslawien, für die Türkei, für Griechenland, Brasilien, Spanien: Irgendein unbekannter Oberschüler oder eine junge Frau, die in der Türkei von den Schergen der Junta torturiert werden, gehen auf das Konto einer Profit- oder Interessenpolitik. Auf der Tabelle, die die Börsenkurse anzeigt, wird Blut nie sichtbar.

Ich weiß sehr wohl, daß die Herren Realpolitiker über all das lachen werden: Für sie sind wir wirklich die nützlichen Idioten, die ein paar hübsche Fähnchen schwenken. Sollen sie lachen. Ich schreibe dieses Lamento nicht nur für westliche Augen und Ohren, auch für östliche; für die politisch Verantwortlichen dort und für die, die Opfer unverantwortlicher Maßnahmen geworden sind: für Wladimir Bukowskij, Alexander Solschenizyn und andere, für viele dort, die in den Listen von Amnesty International, des Internationalen PEN und INDEX von Writers and Scholars stehen. Sie sollen wissen, gegen welche Heuchelei wir hier verstrickt sind. Sie sollen wissen, daß wir die geborenen Einmischer sind, wie sie dort.

Es könnte als mehr oder weniger willkommener Beitrag von Pornographie mißverstanden werden, wenn ich hier einige Vergewaltigungspraktiken schilderte, wie sie von der türkischen Polizei an den Freundinnen, Frauen und Schwestern verhafteter

Oppositioneller praktiziert werden. Natürlich darf man sich da nicht einmischen, nur nicht einmischen.

Es gibt ja noch eine Reserve an nützlichen Idioten, die die Fahne hochhalten, die Fahne der Freiheit, der Menschenwürde, der Demokratie, genauer jener Freiheit, die via NATO und SEATO in Griechenland, der Türkei, in Spanien, Indonesien und auf den Philippinen verteidigt wird.

Aber ich hätte ja fast einen der Urwerte vergessen, der da überall mitverteidigt wird: das christliche Erbe, das abendländische Kulturgut. Nein, daß ich das fast vergessen hätte!

Ich bitte um Einmischung in die Angelegenheiten der Bundesrepublik Deutschland. Und ich möchte bei dieser Gelegenheit hinweisen auf den PEN EMERGENCY FOUND for Writers in Prison und deren Familien. Der Found wird vom holländischen PEN-Zentrum verwaltet und hat ein Konto bei der AMRO-Bank in Den Haag.

# Blick zurück mit Bitterkeit
*Über Rudolf Augstein, »Jesus Menschensohn«*
(1973)

Es müßte einer, um diesem Buch gerecht zu werden, unmögliche Aufräumungsarbeit leisten: den Verfasser Augstein von manchem Ruf, Ruch und Ruhm befreien, der ihm unvermeidlicherweise vorangeht: von *Spiegel*–»Fluch« und *Spiegel*–»Segen«, von der unglückseligen »Papierbombe unterm Weihnachtsbaum«, einem unglückseligen Wahlkampf mit letzten Endes unglückseligem Ausgang. Was man dem Buch unter anderem nachgesagt hat, es sei im »*Spiegel*–Jargon« geschrieben, konnte ich nicht feststellen. Stellt man sich unter dem anonymen *Spiegel*–Jargon eine gewisse, mit Süffigkeit aufbereitete Häme vor, so liest man diesen Jargon – wenn man nicht gerade selbst der Betroffene ist – gelegentlich ganz gern, weil er »flott« ist, ohne den geringsten »Ewigkeitswert« und Anspruch auf denselben. Ich zählte der Stellen in Augsteins Buch, denen man eine gewisse Schnoftigkeit nachsagen könnte, ganze acht, und hätte ich ein paar übersehen oder nicht als solche empfunden, so mögen's auf 430 Seiten ein Dutzend sein.

Die den Theologen am meisten ärgerliche dieser Stellen, »Der Heilige Geist, wenn denn überhaupt eine journalistische Begabung, ist ein schlechter Reporter«, ist ja nicht einmal blasphemisch; wie uns gelehrt worden ist, ist ja die uns überlieferte *Berichterstattung* durch des Heiligen Geistes Kontrolle (oder Zensur) gelaufen. Außerdem hätte man sich über ein solches Bild nicht in frommem Zusammenzucken ärgern, sondern Augsteins Einstieg in die Materie daran aufhängen können. Augstein kann doch wohl nicht ernsthaft glauben, ein Reporter, und wäre er der begabteste, berichte wahrheitsgetreuer als irgendein »Geist«, sei er nun heilig oder nicht, oder irgendeine »poetische Kraft« habe geringeren Mitteilungswert als des Reporters Wort und Wörtlichkeit. Wenn am Anfang das Wort war, ist es, da ja meistens in Worten berichtet wird, keine Schande, ein Reporter genannt zu werden.

An diesem Einstieg fangen nach meiner Meinung Augsteins Irrtümer an, nicht seine Blasphemie, von der in diesem Buch leider wenig zu spüren ist. Immerhin liefert er selbst in seinem Vorwort die Einschränkungen für seine umfangreiche Arbeit mit, immerhin bezweifelt er nicht die historische Existenz dieses Jesus, er bezweifelt und bestreitet nur den atemberaubenden Anspruch eines Riesenimperiums, das sich auf die Existenz Jesu gründet; und er bezweifelt den schwindelerregenden Anspruch, alles, was nun auf dieser Erde als »sittlich« zu gelten habe, begründe sich auf die Botschaft. »Wir aber glauben schon, daß es ihn, Jesus, gab, nicht nur als irgendeinen« (Seite 159), »daß er (Jesus) dort (in Jerusalem) war und auf irgendeine gewaltsame Art zu Tode gebracht wurde« (Seite 167). Irreführend an diesen Bekenntnissen ist nur der Plural, von dem ich hoffe, daß er kein Majestatis ist. Und immerhin sind einige Schlußfolgerungen erheblicher Art für Augstein nur »mutmaßlich«, ist vieles nur »unwahrscheinlich« oder »ungereimt«. Die Schwächen des Buches sind nicht seine polemischen Partien, die mir vergleichsweise harmlos, fast brav vorkommen. Eingeweihte wissen doch, daß es gerade innerhalb der wissenschaftlichen Literatur eine ganze Skala boshafter Seitenhiebe unter Wissenschaftlern gibt, auch unter Theologen, man schaue sich doch einmal an, was da alles etwa zwischen Rahner–Höffner–Flatten »gewechselt« wird.

Ich habe den Eindruck – und sollte er täuschen und als Unterstellung empfunden werden, bitte ich um Pardon –, daß Augstein etwas Irrationales, das ihm verlorengegangen ist, in diesem Buch mit nur rationalen Mitteln als objektiv und endgültig verloren erklärt. Ich habe mir nie so recht vorstellen können, daß Glaube lehrbar, vererbbar, tradierbar sei, und gerade die Vernunft der Theologen hat mir immer am wenigsten eingeleuchtet; diese peinlich konstruierten Gottesbeweise, diese auf primitive Weise naturwissenschaftlich erklärten Wunder, diese Versuche, in einer Gleichung zweiten Grades Unglaublichkeiten achten Grades erklären zu wollen.

Was ich mir nur schwer vorstellen kann: daß Glaube ohne eine mystische, persönliche Komponente möglich sei, bin ich bereit, anderen zuzubilligen. Ich kann hier weder über Augsteins theologischen Versuch noch über die mehr als achtzig angeführten Standardwerke und die mehr als sechshundert zitierten Werke auch nur andeutungsweise so etwas wie ein »Fachurteil« abgeben, ich befinde mich, was Religion, Kirche etc. betrifft, in einem ausgesprochen vulgären Zustand, und ich frage mich, ob es einen »Gott der Theologen« gibt und einen anderen für den vulgus.

Ich bin nahe daran, Augsteins provozierende These von Seite 103 zu übernehmen: »Definition für Kirche: der Ort, an dem die Irrtümer der jeweils vorangegangenen Theologen-Generation berichtigt werden.« Ich möchte nur gern anstelle von Kirche Theologie setzen: »Definition für Theologie: der Ort... usw.« Es erscheint mir als typischer Theologenirrtum (und Augstein ist hier eindeutig unter die Theologen gegangen), Kirche und Theologie gleichzusetzen. Es gehört doch mit zu den erstaunlichsten Wundern, daß sich nicht nur Religion, auch Glaube *trotz* der Theologie erhalten haben und daß sogar noch Ansätze von »Kirche« da sind.

Es ist doch wohl – allerfreundlichst ausgedrückt – schon ziemlich arg gewesen, was uns (ich habe wohl eine vergleichbare Erziehung wie Rudolf Augstein, deshalb »uns«) so alles zugemutet worden ist. Nicht nur der Flammentod des Giordano Bruno, auch die peinlichen und theologisch überflüssigen Gewissensstorturen, denen unsere Eltern, Großeltern und Urgroßeltern und wir selbst ausgeliefert waren.

Man schlage doch einmal einen Katechismus aus dem Jahre 1930 auf, eine Schulbibel aus dem gleichen Jahr, diese idiotischen Steril-Editionen mit entsprechenden Illustrationen, und forsche einmal nach, wieviel etwa von der Theologie eines Erich Przywara darin zu finden wäre oder von den ökumenischen Ansätzen eines Arnold Rademacher.

Immer dann, wenn man die Gottesgelehrtheit dazu bringen möchte, doch endlich Tacheles zu reden, dann wird in einem abfälligen Ton von Vulgarisierung oder Popularisierung gesprochen. Für wen denn ist Religion da, für wen anders wird sie denn in der Theologie aufbereitet als für vulgus oder populus? Mag man jeder anderen Wissenschaft zubilligen, daß sie theoretische und abstrakte Bereiche hat, die nicht mitteilbar sind. Ich erwarte nicht, daß man die Formeln und Erkenntnisse Werner Heisenbergs auf der Straße verkaufen kann; aber zu was anderem, als vulgarisiert zu werden, sind Theologie, Kirche, Religion denn je dagewesen? Für meine Großmutter war noch das Dogma von der Unfehlbarkeit des Papstes zwar Glaubensgegenstand, aber doch auf eine so verfluchte Weise gleichgültig wie der Mann im Mond, weil es sie nicht direkt betraf, und eine »Todsünde« wie Ehebruch lag wahrscheinlich außerhalb ihrer Reich- und Denkweite.

Worunter sie in eingetrichterter Skrupelhaftigkeit gelitten hat, was ihr naheging und ganzen Generationen Gewissenskrämpfe verursacht hat, war etwas theologisch so absolut Banales wie das Gebot der Nüchternheit vor dem Empfang der Kommunion. Man erinnere sich doch einmal bitte gnädigst daran, wieviel Stunden des Religionsunterrichts darauf verwendet wurden, die Möglichkeit, daß beim Zähneputzen ein Tropfen Wasser die Kehle hinunterschlüpfen könnte, zu diskutieren, und welch ein Angstsystem um solche Idiotien herum aufgebaut wurde.

Über diese Vorschrift, die unbegründet und mit einer beispiellosen Schnödigkeit über Nacht aufgehoben wurde, lachen wohl *heute* die Theologen. Ich finde das gar nicht zum Lachen. Der vulgus erfährt Religion eben in vulgarisierter Form. *Damals* fand sich kein Theologe, der den leidenden und stöhnenden katholischen Teil der Menschheit von dieser banalen und magisch wirkungsvollen Disziplinierungsvorschrift befreit und die lächerliche Strafe der Exkommunikation riskiert hätte.

Der vulgus leidet eben immer auf seine vulgäre Weise, und wenn man ihn schon so verachtet, daß »vulgär« zu einem Schimpfwort wird, dann sollte man doch auf ihn verzichten. Dieser verachtete vulgus leidet nie unter den Problemen, die sich aus theologischen Höhenlagediskussionen ergeben: die kommen unten, in jedem Fall vulgarisiert, ohnehin als Disziplinarvorschriften an; da unten, wo sie wirklich Fleisch werden, sind sie unvermeidlicherweise vulgär.

Nur im Blick zurück, mit viel Zorn und noch mehr Bitterkeit, kann man wahrscheinlich ermessen, was an den *heutigen* Vorschriften sich in *Zukunft* als ebenso banal erweisen könnte: Zölibat, Geburtenkontrolle, Unauflöslichkeit der Ehe.

Leider ist auch Augsteins Buch so gar nicht vulgär oder populär, und der Streit wird wieder einmal zu einem Theologenstreit. Geschenkt. Es ist schade, daß Augstein, möglicherweise in einer modischen Furcht vor »Emotionen«, weder ein religiöses noch ein antireligiöses, sondern eben ein theologisches Buch publiziert hat. Es ist nichts Unehrenhaftes daran, auf diese Weise unter die Fachleute zu gehen, es fragt sich nur: Wird das viel mehr bewirken als ein paar aufgescheuchte Theologen, die ihn wieder einmal fachlich widerlegen oder korrigieren möchten? Mehr bliebe da nicht, wenn nicht, ja, wenn nicht die Theologen beider Konfessionen ihren Ärger über einige Seitenhiebe (mein Gott, es wäre doch gar kein *wissenschaftliches* Buch ohne diese Seitenhiebe!) vergessen und sich selbst nachliefern, was Augstein sich und ihnen versagt hat: daß hier jemand schreibt, der wohl eine klassische katholische Erziehung genossen hat und gewiß nicht mehr Grund hat, »böse« zu sein oder sich »rächen« zu wollen als zig Millionen andere.

Immerhin beschäftigt sich hier noch jemand ernsthaft mit Jesus und der Kirche, bei weitem nicht so unfair, wie man ihm unterstellt hat, und wenn auch das Ergebnis dieser Untersuchung in den niederschmetternden Halbsatz mündet: »... die Theologie scheint den bittern Weg ihrer Selbstaufhebung zu Ende gehen zu müssen« – so sollte man nicht wieder den simplen und leider gewohnten Weg wählen, den Zerschmetterer schlichtweg zu verteufeln und zu denunzieren, sondern sich überlegen, ob in diesem Halbsatz nicht mehr als ein Fünkchen Wahrheit verborgen ist.

Ist die klassische Theologie denn nicht am Ende? Ist sie nicht mehr und mehr ein Spiel unter Eingeweihten, die sich in Windungen und Gewundenheiten ergehen, vernarrt in und festgebissen an einen Fachjargon, eine Gruppe von Illusionären, die es als Sensation empfinden, wenn der Vatikan ihnen gnädigst erlaubt, die Frage zu diskutieren, ob Laien eventuell in der Kirche predigen dürfen. Spürt man nicht, wie absurd das ist, wie lächerlich, relativ banaler noch als die Nüchternheit vor der Kommunion? Immerhin war ja irgendwann am Anfang mal das Wort, und man könnte als Schlußsatz ans Ende der klassischen Theologie vielleicht den Satz setzen: »Und das Wort ist verlorengegangen.«

Augsteins Irrtümer sind fast die gleichen wie die der klassischen Theologie. Wenn er feststellt, daß Jesus Dämonen immer nur mit Worten ausgetrieben habe, so kann ich nur boshaft fragen: Na und? Worte können eben heilen, auch Zärtlichkeiten, Speichel, Handauflegen, Liebe. Es ist ebenfalls ein Irrtum anzunehmen, schriftliche Überlieferungen seien zuverlässiger als mündliche. Auch schriftliche Überlieferungen können redigiert, manipuliert, gefälscht werden, und wenn Augstein, um die historische Zuverlässigkeit eines Textes anzuzweifeln, sagt, es seien eben »Dichter am Werk« gewesen, so ist die unterstellte Voraussetzung Dichtung gleich Unwahrheit oder Ungenauigkeit schlichtweg falsch.

Wenn ich wissen möchte, was sich hinter dem großen Wort »Spanien« verbergen könnte, und ich lese meinen Cervantes, werde ich da einfach nur »falsch informiert«, oder vermittelt Cervantes nicht doch eine Vorstellung von Spanien, die sich sogar partiell mit der eines ihm so konträren Geistes wie Andersen Nexö deckt?

Man mag mir getrost unterstellen, daß ich hier pro domo spreche, nicht gegen den Zeitgenossen und Journalisten, sondern gegen den Theologen Augstein. Dichtung ist nicht gleich Unwahrheit. Legende sowenig gleich Lüge wie Mythos. Dichtung ist auch kein Gegensatz zu Geschichtswissenschaft, beide können einander ergänzen, indem sie sich von weit entfernten Standpunkten dem gleichen Gegenstand nähern. Auch die Schriftsteller betreiben etwas, was die Physiker vielleicht »Prüfung des Materials« nennen würden. Im übrigen wählt ja auch ein Reporter aus, komprimiert, komponiert, überarbeitet, und wenn Augstein zweimal (Seiten 299, 314) die »poetische Kraft« in Gegensatz zur Wirklichkeit stellt, so verfällt er einem typischen Theologenirrtum. Ob sich nicht eines Tages herausstellen könnte, daß die einzig ernst zu nehmende theologische und religiöse Literatur von Dichtern geschrieben worden ist?

Wenn Augstein vom Evangelisten Johannes sagt, er habe es genau, genauer als Markus, wissen wollen, so bestätigt er meine Vermutung. Ziemlich viele Schriftsteller (oder meinetwegen! Dichter) wollen es möglichst genau wissen: Er lese einmal Peter Handkes *Wunschloses Unglück* und frage sich, wo hier Dichtung zu Wahrheit und Wahrheit zu Dichtung wird, und auch Theologen sei diese Botschaft als Lektüre empfohlen. Sie könnten erkennen, wie, als wie mieses Kleingeld, Theologie beim vulgus erfahren wird. Dostojewski hat von Psychologie im Sinne der Wissenschaft keine Ahnung gehabt und hat doch *die* psychologischen Romane geschrieben, und ich weiß immer noch keine bessere literarische Jesus-Darstellung, als seinen *Idioten*. In Augsteins Buch fallen die paar Rilke–Verse wie Sternschnuppen ein.

Augstein, so scheint mir, hat in diesem Buch viel weniger gegeben, als er könnte. Religion ist kein emotionsneutraler Gegenstand. Deshalb ist es extrem *unsachlich*, sich ohne Emotion damit zu beschäftigen. *Das*, nicht seine »Blasphemie«, nicht seinen unglaublichen Forscherfleiß (daß er sich möglicherweise dabei hat helfen lassen, halte ich nicht für eine Einschränkung) kann man ihm vorwerfen.

Diese Abrechnung eines katholisch erzogenen Zeitgenossen war fällig, auch die Provokation der Theologie, in die das Buch mündet. Bloßer Ärger, Gekränktheit über Augsteins Buch wären eine peinliche Reaktion seiner »Kollegen«.

Dieses Buch, von einem Zeitgenossen geschrieben, der wahrscheinlich ungefähr der gleichen Erziehung wie ich teilhaftig geworden ist, hat mich angeregt, und was man mir wahrscheinlich als unsachlich ankreiden möchte in dieser Rezension, kommt aus einer möglicherweise noch nicht erkannten, ganz anderen Sachlichkeit und Vernunft. Die Geringschätzung des Poetischen, das seine eigene Sachlichkeit und seine eigene Vernunft hat, ist ein grober Irrtum der Theologen. Was sonst könnte sich denn als wahr erweisen und erhalten an den Evangelien und an dem, dem sie zugeschrieben worden sind, als die Poesie an ihnen und an ihm? Kann man Verachtung *und* Höflichkeit besser ausdrücken als durch Schweigen vor Gericht.

# Wer ist Jesus von Nazareth – für mich?
(1973)

Mir erscheint die Trennung des Jesus vom Christus wie ein unerlaubter Trick, mit dem man dem Mensch*gewordenen* seine Göttlichkeit nimmt und damit auch allen Menschen, die noch auf ihre Menschwerdung warten. Da ich mich nicht mehr Christ nennen möchte und auch nicht mehr so genannt werden möchte angesichts der Tatsache, daß alle institutionellen Verwendungen des Wortes »christlich« (bei der CDU/CSU etwa, in der sogenannten Amtskirche) es mehr und mehr zu einem Schimpfwort machen, kann ich nicht einfach auf Jesus ausweichen, der zwar Mensch war, aber mensch*geworden*. Ich kann das Menschliche vom Göttlichen so wenig trennen wie Form vom Inhalt; wie das, was »gemeint« ist, von dem, wie sich dieses »Gemeinte« ausdrückt. Natürlich machen nicht alle, die sich Christen nennen, das Wort zu einem Schimpfwort; es mag deren unzählige geben, die noch Anspruch auf diesen Titel haben. Ich möchte dieses Wort weder in seiner Form als Substantiv noch in seiner Form als Adjektiv weiter für mich beanspruchen. – –

An der Gegenwart des Menschgewordenen werde ich nie zweifeln. Aber Jesus allein? Das ist mir zu vage, zu sentimental, zu storyhaft, zu sehr eine »rührende Geschichte«. Die »offiziellen« Christen haben alles, was menschlich sein könnte, zu einem zynischen Schwindel gemacht. Ich kann das nicht anders als gesellschaftlich-politisch sehen. Die Tatsache, daß ich zufällig (noch immer) die gleiche Kirchensteuer zahle wie wahrscheinlich Dr. Franz Josef Strauß und Richard Jaeger, führe ich lediglich auf die Schamlosigkeit der Institution zurück, die von allen kassiert und kassiert, die es nicht über sich bringen, ihre Taufe zu widerrufen. Was habe ich sonst mit den beiden als Beispiel genannten Herren gemeinsam? Ich hoffe: nichts, nichts, nichts! So kann ich mich weder Christ nennen noch Anhänger des Jesus von Nazareth sein. Ich kann nur an die Präsenz des Menschgewordenen glauben. Nicht mehr und nicht weniger.

# Versuch über die Vernunft der Poesie
*Nobelvorlesung, gehalten am 2. Mai 1973 in Stockholm*

Lieber Herr Gierow, verehrte Mitglieder der Schwedischen Akademie, zunächst meinen herzlichen Dank für Ihre Gastfreundschaft, die ich jetzt zum zweiten Mal in dieser herzlichen Form erlebe.

Meine Damen und Herren,
erlauben Sie mir zunächst zu erklären, daß ich das Thema meines Vortrags gewechselt habe. Ich hatte vor, über die Beziehung der russischen Literatur zur deutschen, über die politischen und geschichtlichen Beziehungen Rußlands und der Sowjetunion zu Deutschland, den beiden Deutschland, zu sprechen, aber als ich anfing, diese Vorlesung vorzubereiten, hatte ich zu tun, was so mancher Autor gelegentlich tut, ich mußte Korrektur lesen, fand darunter einige Aufsätze aus den letzten Jahren von mir und stellte fest, daß ich über alle diese Dinge schon geschrieben hatte.

Ich habe mich zwischen 1966 und 1968 zur Vorbereitung eines Dokumentarfilmes sehr intensiv mit Dostojewski beschäftigt, habe Drehbuch, Text, Kommentar zu einem Film über ihn geschrieben. Später, anläßlich seines 150sten Geburtstags, an einer sehr umfangreichen Rundfunkdebatte teilgenommen, habe dann 1–2 Jahre später im Jahre 1971 einen anderthalbstündigen Vortrag, der dann als Nachwort zu einer Tolstoi-Ausgabe erschien, geschrieben. Er hieß *Annäherungsversuch* und in ihm ist alles schon ausgedrückt, was ich hier dann noch einmal hätte ausdrücken müssen. Um Ihnen und auch mir Langeweile zu ersparen, habe ich deshalb das Thema gewechselt. Ich bitte Sie, das zu verstehen, denn Wiederholung ist mir sehr fremd und langweilig. Und ich bin auf ein Thema gestoßen, das mir sehr aktuell erscheint. Ich habe versucht, mich der Vernunft der Poesie anzunähern, weil ich in Gesprächen, Diskussionen und auch in Publikationen feststellte, daß sich innerhalb einer gewissen

Dogmatisierung literarischer und künstlerischer Probleme alles auf die Formel: entweder Information oder Kunst zu reduzieren scheint. Ich habe deshalb diese Vorlesung *Versuch über die Vernunft der Poesie* genannt.

Es wird von denen, die es wissen müßten, gesagt – und von anderen, die es ebenfalls wissen müßten, bestritten –, daß bei etwas anscheinend so Rationalem, Berechenbarem, von Architekten, Zeichnern, Ingenieuren, Arbeitern gemeinsam Erbrachtem wie einer Brücke ein paar Millimeter bis Zentimeter Unberechenbarkeit bleiben. Diese angesichts der behandelten und geformten Masse winzige Unberechenbarkeit mag in der Schwierigkeit begründet sein, eine Masse kompliziert miteinander verbundener chemischer und technischer Einzelheiten und Materialien in all ihren möglichen Reaktionen und dazu noch das Mitwirken der vier klassischen Elemente (Luft, Wasser, Feuer, Erde) genauestens vorauszuberechnen. Es scheint also da nicht allein der Entwurf, die immer wieder neu berechnete, kontrollierte technisch-chemisch-statistische Komposition das Problem zu sein, sondern – ich nenne es so – deren Verkörperung, die man auch Verwirklichung nennen kann. Diesen Rest Unberechenbarkeit, und mag er auch nur aus Bruchteilen von Millimetern bestehen, die unvorhersehbaren, winzigen Dehnungsdifferenzen entsprechen – wie sollen wir ihn nennen? Was verbirgt sich in diesem Zwischenraum? Ist es das, was wir Ironie zu nennen pflegen, ist es Poesie, Gott, Widerstand, oder, modischer ausgedrückt, Fiktion? Jemand, der's wissen mußte, ein Maler, der früher einmal Bäcker gewesen war, erzählte mir einmal, daß auch das Brötchenbacken, das ja in den frühen Morgen-, fast Nachtstunden stattfand, eine äußerst riskante Sache gewesen sei; daß man Nase und Hintern in den grauenden Morgen habe hinaushalten müssen, um die Mischung von Ingredienzien, Temperatur, Backdauer mehr oder weniger instinktiv herauszufinden, denn jeder, jeder einzelne Tag habe seine eigenen Brötchen erfordert, dieses wichtige, sakramentale Element der ersten Morgenmahlzeit für alle jene, die die Mühsal des Tages auf sich nehmen. Sollen wir dies fast unberechenbare Element ebenfalls Ironie, Poesie, Gott, Widerstand oder Fiktion nennen? Wie kommen wir ohne es aus? Schweigen wir von der Liebe. Niemand wird je wissen, wie viele Romane, Gedichte, Analysen, Bekenntnisse, Schmerzen und Freuden auf diesen Kontinent Liebe gehäuft worden sind, ohne daß er sich als total erforscht erwiesen hätte.

Wenn ich gefragt werde, wie oder warum ich dieses oder jenes geschrieben habe, gerate ich immer wieder in erhebliche Verlegenheit. Ich möchte gern nicht nur dem Fragenden, auch mir selbst eine erschöpfende Auskunft geben, kann es aber in keinem Fall. Ich kann den gesamten Zusammenhang nicht wiederherstellen und wünschte doch, ich könnte es, um wenigstens die Literatur, die ich selber mache, zu einem weniger mystischen Vorgang zu machen als das Brückenbauen und Brötchenbacken. Und da die Literatur nachweislich in ihrer Gesamtverkörperung, im Mitgeteilten und Geformten eine befreiende Wirkung haben kann, wäre es doch sehr nützlich, die Entstehung dieser Verkörperung mitzuteilen, auf daß noch mehr daran teilhaben. Was ist das, das ich selber, obwohl ich es nachweislich mache, nicht einmal annähernd erklären kann? Dieses Etwas, das ich von der ersten bis zur letzten Zeile eigenhändig zu Papier bringe, mehrfach variiere, bearbeite, partiell umakzentuiere, und das mir doch mit wachsendem zeitlichem Abstand fremd wird, wie etwas, das vorüber oder vorübergegangen ist und sich immer weiter von mir entfernt, während es für andere als geformte Mitteilung möglicherweise wichtig wird? Theoretisch müßte die totale Rekonstruktion des Vorgangs möglich sein, eine Art Parallelprotokoll, während der Arbeit erstellt, das, wäre es umfassend, wahrscheinlich den vielfachen Umfang der Arbeit selbst annehmen würde. Es müßte ja nicht nur den intellektuellen und spirituellen, auch den sinnlichen und materiellen Dimensionen gerecht werden. Ernährung, Stimmung, Stoffwechsel, Launen erklären mitliefern, die Funktion der Umwelt nicht nur in deren Verkörperung als solche, auch als Kulisse. Ich schaue mir zum Beispiel manchmal in fast totaler Gedankenlosigkeit Sportreportagen an, um in dieser Gedankenlosigkeit Nachdenken zu üben, eine, wie ich zugebe, ziemlich mystische Übung, und doch müßten alle diese Reportagen mit ins Protokoll eingebracht werden, ungekürzt, denn es könnte ja sein, daß ein Kick oder ein Sprung irgendeinen Ausschlag in meiner gedankenlosen Nachdenklichkeit gibt, eine Handbewegung vielleicht, ein Lächeln, ein Reporterwort, eine Reklame. Es müßte das Telefongespräch, das Wetter, die Korrespondenz, jede einzelne Zigarette mit eingebracht werden, ein vorüberfahrendes Auto, ein Preßlufthammer, das Gackern eines Huhns, das einen Zusammenhang stört.

Der Tisch, an dem ich dies schreibe, ist 76,5 cm hoch, seine Platte 69,5 mal 111 cm groß. Er hat gedrechselte Beine, eine Schublade, er mag siebzig bis achtzig Jahre alt sein, er stammt aus dem Besitz einer Großtante meiner Frau, die ihn, nachdem ihr Mann in einem Irrenhaus verstorben war und sie in eine kleinere Wohnung zog, ihrem Bruder, dem Großvater meiner Frau, verkaufte. So kam er, ein verachtetes und ziemlich verächtliches Möbelstück ohne jeden Wert, nachdem der Großvater meiner Frau gestorben war, in unseren Besitz, stand irgendwo, niemand weiß genau wo, herum, bis er anläßlich eines Umzugs auftauchte und sich als bombengeschädigt erwies; irgendwann wurde die Platte während des Zweiten Weltkriegs von einem Bombensplitter durchbohrt – es hätte schon nicht nur sentimentalen Wert, wäre ein Einstieg in eine politisch-sozialgeschichtlich mitteilungswerte Dimension, den Tisch als Einstiegs-Vehikel zu benutzen, wobei die tödliche Verachtung der Möbelpacker, die sich beinahe weigerten, ihn noch zu transportieren, wichtiger wäre als seine gegenwärtige Verwendung, die zufälliger ist als die Hartnäckigkeit, mit der wir ihn – und das nicht aus sentimentalen oder Erinnerungsgründen, sondern fast aus Prinzip – vor der Müllkippe bewahrten, und man mag mir, da ich inzwischen einiges an diesem Tisch geschrieben habe, eine vorübergehende Anhänglichkeit gestatten; die Betonung liegt auf vorübergehend. Schweigen wir von den Gegenständen, die auf dem Tisch liegen, sie sind nebensächlich und austauschbar, auch zufällig, ausgenommen vielleicht die Schreibmaschine Marke Remington. Ausführung *Travel Writer de Luxe*, Baujahr 1957, an der ich ebenfalls hänge, an diesem meinem Produktionsmittel, das fürs Finanzamt längst uninteressant geworden ist, obwohl es doch erheblich zu dessen Einnahmen beigetragen hat und immer noch beiträgt. Ich habe auf diesem Instrument, das jeder Fachman nur mit Verachtung anschauen oder anfassen würde, schätzungsweise vier Romane und einige hundert Items geschrieben, und nicht nur deshalb hänge ich daran, auch wiederum aus Prinzip, denn es tut's noch und beweist, wie gering die Investitionsmöglichkeiten und der Investitionsehrgeiz eines Schriftstellers sind. Ich erwähne Tisch und Schreibmaschine, um mir klar darüber zu werden, daß nicht einmal diese beiden notwendigen Utensilien mir ganz erklärlich sind, und würde ich versuchen, ihrer beider Herkunft mit der erforderlichen exakten Gerechtigkeit zu eruieren, ihren genauen materiellen, industriellen, sozialen Werdegang und ihre Herkunft, es würde ein fast endloses Kompendium britischer und westdeutscher Industrie- und Sozialgeschichte daraus. Schweigen wir von dem Haus, von dem Raum, in dem dieser Tisch steht, von der Erde, auf der das Haus gebaut ist, schweigen wir erst recht von den Menschen, die es – wahrscheinlich einige Jahrhunderte lang – bewohnt haben, von den Lebenden und Toten, schweigen wir von denen, die die Kohlen bringen, Geschirr spülen, Briefe und Zeitungen austragen – und schweigen wir erst recht von denen, die uns nah, näher, am nächsten sind. Und doch müßte alles, vom Tisch über die Bleistifte, die darauf liegen, in seiner gesamten Geschichte eingebracht werden, einschließlich derer, die uns nah, näher, am nächsten sind. Bleiben da nicht genug Reste, Zwischenräume, Widerstände, Poesie, Gott, Fiktion – mehr noch als beim Brückenbau und beim Brötchenbacken?

Es trifft zu und ist leicht gesagt, Sprache sei Material, und es materialisiere sich, wenn man schreibt, etwas. Wie aber könnte man erklären, daß da – was gelegentlich festgestellt wird – etwas wie Leben entsteht, Personen, Schicksale, Handlungen – daß da Verkörperung stattfindet auf etwas so Totenblassem wie Papier, wo sich die Vorstellungskraft des Autors mit der des Lesers auf eine bisher unerklärte Weise verbindet, ein Gesamtvorgang, der nicht rekonstruierbar ist, wo selbst die klügste, sensibelste Interpretation immer nur ein mehr oder weniger gelungener Annäherungsversuch bleibt, und wie wäre es erst möglich, jeweils den Übergang vom Bewußten ins Unbewußte – beim Schreibenden und beim Lesenden – mit der notwendigen totalen Exaktheit zu beschreiben, zu registrieren, und das dann auch noch in seiner nationalen, kontinentalen, internationalen, religiösen oder weltanschaulichen Verschiedenheit, und dazu noch das ständig wechselnde Mischungsverhältnis von beiden, bei beiden, dem Schreibenden und dem Lesenden, und die plötzliche Umkehrung, wo das eine zum anderen wird, und in diesem plötzlichen Wechsel das eine vom anderen nicht mehr zu unterscheiden ist? Es wird immer ein Rest bleiben, mag man ihn Unerklärtheit nennen, Geheimnis meinetwegen, es bleibt und wird bleiben ein wenn auch winziger Bezirk, in den die Vernunft unserer Provenienz nicht eindringt, weil sie auf die bisher nicht geklärte Vernunft der Poesie und der Vorstellungskraft stößt, deren Körperlichkeit so unfaßbar bleibt wie der Körper einer Frau, eines Mannes oder auch eines Tieres. Schreiben ist – für mich jedenfalls – Bewegung nach vorn, Eroberung eines Körpers, den ich noch gar nicht kenne, von etwas zu etwas hin, das ich noch nicht kenne; ich weiß nie, wie's ausgeht, ausgehen hier nicht als Handlungsausgang im Sinne der klassischen Dramaturgie – ausgehen hier im Sinne eines komplizierten und komplexen Experiments, das mit gegebenem, erfundenem, spirituellem, intellektuellem und sinnlich auf einander gebrachtem Material Körperlichkeit und das auf Papier! – anstrebt. Insofern kann es gar keine gelungene Musik und Malerei geben, weil keiner den Körper, den er anstrebt, schon gesehen haben kann, und insofern ist alles, was man mit einem oberflächlichen Wort modern, was man besser lebende Kunst nennen sollte, Experiment und Entdeckung – und vorübergehend, nur in seiner historischen Relation schätzbar und meßbar, und es erscheint mir nebensächlich, von Ewigkeitswerten zu sprechen, sie zu suchen. Wo kommen wir ohne diesen Zwischenraum aus, diesen Rest, den wir Ironie, den wir Poesie, den wir Gott, Fiktion oder Widerstand nennen können?

Auch Staaten sind immer nur annähernd das, was sie zu sein vorgeben, und es kann keinen Staat geben, der nicht diesen Zwischenraum läßt zwischen der Verbalität seiner Verfassung und deren Verkörperung, einem Restraum, in dem Poesie und Widerstand wachsen – und hoffentlich gedeihen. Und es gibt keine Form der Literatur, die ohne diese Zwischenräume auskommt. Selbst die präziseste Reportage kommt nicht ohne Stimmung aus, ohne die Vorstellungskraft des Lesers, auch wenn der

Schreibende sie sich selbst versagt; und selbst die präziseste Reportage muß auslassen – etwa die exakte und ausführliche Beschreibung von Gegenständen, die zur Verkörperung von Lebensumständen nun einmal gehören ... sie muß komponieren, Elemente verschieben, und auch ihre Interpretation und ihr Arbeitsprotokoll ist nicht mitlieferbar, schon deshalb nicht, weil das Material Sprache nicht auf einen verbindlichen und allgemein verständlichen Mitteilungswert reduziert werden kann: jedes Wort ist mit soviel Geschichte und Phantasiegeschichte, National- und Sozialgeschichte und historischer Relativität – die mitgeliefert werden müßte – belastet, wie ich an Hand meines Arbeitstisches anzudeuten versucht habe. Und die Festlegung der Mitteilungswerte ist nicht nur ein Übersetzungsproblem von einer Sprache in die andere, es ist ein viel schwerer wiegendes Problem innerhalb der Sprachen, wo Definitionen Weltanschauungen und Weltanschauungen Kriege bedeuten können – ich erinnere nur an die Kriege nach der Reformation, die, wenn auch macht- und herrschaftspolitisch erklärbar, auch Kriege um religiöse Definitionen waren. Es ist – das nebenbei gesagt – deshalb belanglos festzustellen, man spreche doch die gleiche Sprache, wenn man nicht die Fracht, die jedes Wort regional – manchmal sogar lokalgeschichtlich – haben kann, mit ausbreitet. Mir jedenfalls klingt manches Deutsch, das ich lese und höre, fremder als Schwedisch, von dem ich leider sehr wenig verstehe.

Politiker, Ideologen, Theologen und Philosophen versuchen immer und immer wieder, restlose Lösungen zu bieten, fix und fertig geklärte Probleme. Das ist ihre Pflicht – und es ist unsere, der Schriftsteller – die wir wissen, daß wir nichts rest- und widerstandslos klären können –, in die Zwischenräume einzudringen. Es gibt zu viele unerklärte und unerklärliche Reste, ganze Provinzen des Abfalls. Brückenbauer, Brötchenbäcker und Romanschreiber werden gewöhnlich mit den ihren fertig, und ihre Reste sind nicht die problematischsten. Während wir uns weiterstreiten über litterature pure und litterature engagée – eine der falschen Alternativen, ich werde darauf noch kommen –, machen wir uns immer noch nicht bewußt – oder wir werden unbewußt davon abgelenkt – Gedanken über l'argent pur und l'argent engage. Wenn man sich erst anschaut und anhört, wie Politiker und Nationalökonomen über etwas angeblich so Rationales wie Geld sprechen, dann wird der mystische oder auch nur mysteriöse Bereich innerhalb der bisher erwähnten drei Berufe immer weniger interessant und verblüffend harmlos. Nehmen wir nur als Beispiel die kürzlich abgelaufene, höchst verwegene Dollarattacke (die man schamhaft eine Dollarkrise genannt hat). Mir tumbem Laien fiel da etwas auf, das niemand beim Namen nannte: daß zwei Staaten am heftigsten betroffen waren und am nachdrücklichsten zu etwas so Merkwürdigem – nimmt man an, daß das Wort Freiheit nicht bloß eine Fiktion ist – wie Stützungskäufen gezwungen, das heißt doch zur Kasse gebeten wurden, die historisch etwas gemeinsam haben: sie haben den zweiten Weltkrieg verloren, und man sagt ihnen noch etwas als gemeinsam nach: ihre Tüchtigkeit und ihren Fleiß. Kann man da dem, den's angeht, der mit seinem Kleingeld in der Tasche klimpert oder mit seinen Scheinchen wedelt, die mit denkwürdigen Symbolen bedruckt sind, nicht klarmachen, warum, obwohl er keineswegs weniger dafür arbeitet, diese ihm weniger Brot, Milch, Kaffee, Taxikilometer einbringen? Wieviel Zwischenräume bieten sich der Mystik des Geldes, und in welchen Tresoren wird deren Poesie versteckt? Idealistische Eltern und Erzieher haben uns immer einreden wollen, Geld sei schmutzig. Ich habe das nie eingesehen, weil ich immer nur Geld bekam, wenn ich gearbeitet hatte – nehme ich den großen Preis aus, den ich von der schwedischen Akademie verliehen bekam –, und selbst die schmutzigste Arbeit wird für den, der keine andere Wahl hat, als zu arbeiten, rein. Sie bedeutet Lebensunterhalt für die, die ihm nahe sind, und für ihn selbst. Geld ist die Verkörperung seiner Arbeit, und die ist rein. Zwischen Arbeit und dem, was sie einbringt, bleibt freilich immer ein ungeklärter Rest, der mit vagen Formulierungen wie gut oder schlecht verdienen weit weniger annähernd gefüllt ist als der Zwischenraum, den die Interpretation in einem Roman oder Gedicht läßt.

Die ungeklärten Reste der Literatur sind verglichen mit den unerklärten Zwischenräumen der Geldmystik von verblüffender Harmlosigkeit, und da gibt es dann immer noch Leute, die in sträflichem Leichtsinn das Wort Freiheit im Munde führen, wo eindeutig Unterwerfung unter einen Mythos und seinen Herrschaftsanspruch gefordert und geleistet wird. Da appelliert man dann an politische Einsicht, wo doch gerade Einsicht und Einblick in die Probleme verhindert wird.

Auf dem unteren Rand meiner Schecks sehe ich vier verschiedene Zifferngruppen mit insgesamt 32 Zeichen, von denen zwei Hieroglyphen gleichen. Fünf dieser 32 Zeichen sind mir einsichtig: drei für meine Kontonummer, zwei für die Zweigstelle der Bank – was ist mit den übrigen 27, unter denen etliche Nullen sind? Ich bin sicher, es gibt für alle diese Zeichen eine vernünftige, sinnvolle – wie man so hübsch sagt: einleuchtende Erklärung. Nur habe ich in meinem Gehirn und meinem Bewußtsein keinen Platz für die einleuchtende Erklärung, und was bleibt, ist die Ziffernmystik einer Geheimwissenschaft, die ich weniger durchschauen kann, deren Poesie und Symbolik mir fremder bleiben wird als Marcel Prousts *Suche nach der verlorenen Zeit* oder das »Wessobrunner Gebet«. Was diese 32 Ziffern von mir verlangen, ist vertrauensvoller Glaube an die Tatsache, daß alles schon seine Richtigkeit habe, daß alles restlos klar und, wenn ich mir nur ein wenig Mühe gäbe, für mich einsichtig sei, und doch wird für mich der Rest Mystik bleiben – oder auch Angst, viel mehr Angst, als jede Erscheinungsform von Poesie mir einflößen könnte. Fast kein währungspolitischer Vorgang ist für die, um deren Geld es geht, einsichtig.

Dreizehn Ziffern auch auf meiner Telefonrechnung, einige auf jeder meiner soundsovielen Policen, dazu noch meine Steuer-, meine Auto- und Telefonnummer – ich nehme mir gar nicht die Mühe, alle diese Ziffern zu zählen, die ich im Kopf oder wenigstens notiert haben müßte, um meinen Platz in der Gesellschaft jederzeit exakt nachweisen zu können. Multiplizieren wir die 32 Ziffern und die Chiffren auf meinem Scheck getrost mit sechs, oder geben wir Rabatt und multiplizieren wir mit vier, fügen wir noch die Geburtsdaten hinzu, ein paar Abkürzungen für Konfession, Familienstand – haben wir dann endlich das Abendland in der Addition und Integration seiner Vernunft? Ist diese Vernunft, wie wir sie verstehen und hinnehmen – und es wird uns nicht nur einleuchtend gemacht, sondern leuchtet uns sogar ein –, nicht vielleicht nur eine abendländische Arroganz, die wir dann noch via Kolonialismus oder Mission, oder in einer Mischung von beidem als Unterwerfungsinstrument in die ganze Welt exportiert haben, und werden oder würden für die Betroffenen die Unterschiede zwischen christlich, sozialistisch, kommunistisch, kapitalistisch nicht gering, mag ihnen auch die Poesie dieser Vernunft stellenweise einleuchten, bleibt nicht doch die Vernunft ihrer Poesie siegreich? Worin bestand das größte Verbrechen der Indianer, als sie mit der nach Amerika exportierten europäischen Vernunft konfrontiert wurden? Sie kannten den Wert des Goldes, des Geldes nicht! Und sie kämpften gegen etwas, gegen das wir heute als das allerletzte Produkt unserer Vernunft kämpfen, gegen die Zerstörung ihrer Welt und Umwelt, gegen die totale Unterwerfung ihrer Erde unter den Profit, der ihnen fremder war als uns ihre Götter und Geister. Und was hätte ihnen daran wohl als christlich, als die neue, die frohe Botschaft einleuchten sollen, an dieser wahnwitzigen heuchlerischen Selbstgefälligkeit, mit der man sonntags Gott diente und ihn als Erlöser pries und am Montag pünktlich die Banken wieder öffnete, wo die für einzig wahr gehaltene Vorstellung von Geld, Besitz und Profit verwaltet wurde? Für die Poesie des Wassers und des Windes, des Büffels und des Grases, in der sich ihr Leben verkörperte, gab es nur Hohn – und nun beginnen wir westlich Zivilisierten in unseren Städten, den Endprodukten unserer totalen Vernunft – denn gerechterweise muß man sagen: wir haben uns nicht geschont –, wir beginnen etwas davon zu spüren, wie wirklich die Poesie des Wassers und des Windes ist und was sich in ihr verkörpert. Bestand oder besteht die Tragödie der Kirchen vielleicht gar nicht in dem, was man im Sinne der Aufklärung als unvernünftig an ihnen bezeichnen konnte, sondern in dem verzweifelten und auf verzweifelte Weise gescheiterten Versuch, einer Vernunft hinterherzurennen oder sie zu übernehmen, die niemals mit etwas so unvernünftigem wie dem verkörperten Gott zu vereinbaren gewesen war und wäre? Vorschriften, Paragraphen, Einverständnis der Fachleute, ein Ziffernwald von numerierten Vorschriften und die Produktion von Vorurteilen, die man uns eingehämmert und auf die Laufbänder der Geschichtsunterweisung gesetzt hat, um die Menschen einander immer fremder zu machen. Schon im extremen Westen Europas steht unsere Vernunft einer ganz anderen gegenüber, die wir einfach Unvernunft nennen. Die entsetzliche Problematik Nordirlands besteht doch darin, daß hier zwei Arten Vernunft seit Jahrhunderten aufeinander und hoffnungslos aneinander geraten sind.

Wieviel Provinzen der Abfälligkeit und der Verächtlichkeit hat uns die Geschichte hinterlassen. Kontinente werden versteckt unter dem Siegeszeichen unserer Vernunft. Bevölkerungsgruppen blieben einander fremd, angeblich sprachen sie die gleiche Sprache. Wo man die Ehe abendländischer Provenienz als ordnendes Element verschrieb, unterschlug man die Tatsache, daß sie ein Privileg war: unerreichbar, unerschwinglich für die Landarbeiter etwa, die man Knechte und Mägde nannte, die einfach das Geld nicht hatten, sich auch nur ein paar Bettlaken zu kaufen, und, hätten sie das Geld dazu gespart oder geklaut, kein Bett gehabt hätten, die Laken darüber zu breiten. So ließ man sie ungerührt in ihrer Illegitimität, Kinder erbrachten sie ja! Nach oben und nach außen schien immer alles restlos geklärt. Klare Antworten, klare Fragen, klare Vorschriften. Katechismustäuschung. Nur keine Wunder, und Poesie immer nur als Zeichen des Überirdischen, nie des Irdischen. Und dann wundert man sich, sehnt sich gar zurück nach alten Ordnungen, wenn die verachteten und versteckten Provinzen Zeichen von Aufruhr zeigen, und natürlich muß dann die eine Partei oder deren Gegen-Partei aus diesem Aufruhr materiellen und politischen Profit ziehen. Den noch unerforschten Kontinent, den man geschlechtliche Liebe nennt, hat man mit Vorschriften zu ordnen versucht, die denen gleichen, wie man sie Anfängern in Philatelie beim Anlegen ihres ersten Albums anbietet. Bis ins peinlichste Detail wurden erlaubte und unerlaubte Zärtlichkeiten definiert, und plötzlich stellen Theo- und Ideologen in gemeinsamem Entsetzen fest, daß auf diesem Kontinent, den man für ausgemessen, erkaltet und geordnet hielt, noch ein paar Vulkane nicht erloschen sind – und Vulkane kann man mit der erprobten Feuerwehr nun einmal nicht löschen. Und was hat man alles auf Gott, diese mißbrauchte und bemitleidenswerte Instanz, abgeladen, auf sie abgeschoben: alles, alles, was da an Problemen blieb: alle Wegweiser für auswegloses Elend sozialer, ökonomischer, sexueller Art wiesen auf ihn, alles Abfällige, Verächtliche wurde auf Gott geschoben, alle unerledigten »Reste«, und doch hat man ihn gleichzeitig als den Verkörperten gepredigt, ohne zu bedenken, daß man den Menschen nicht Gott und Gott nicht dem Menschen aufbürden kann, wenn er als verkörpert zu gelten hat. Und wer mag sich da wundern, wenn er da überlebt hat, wo man Gottlosigkeit verordnete und das Elend der Welt und der eigenen Gesellschaft auf einen unerfüllten Katechismus ebenso dogmatischer Art und auf eine immer weiter und immer wieder verschobene Zukunft schob, die sich als triste Gegenwart erwies? Und wiederum können wir auch darauf nur mit unerträglicher Arroganz reagieren, indem wir von hier aus uns anmaßen, diesen Vorgang als reaktionär zu denunzieren; und es ist Arroganz gleicher Sorte, wenn ebenfalls von hier aus die amtlichen Verwalter Gottes diesen Gott, der in der Sowjetunion überlebt zu haben scheint, als ihren reklamieren, ohne die Müllhalden, unter denen er hier versteckt ist, wegzuräumen, und das Erscheinen Gottes dort für die Rechtfertigung eines Gesellschaftssystems hier reklamierten. Immer wieder wollen wir, ob wir uns nun als Christen oder Atheisten unserer Überzeugung brüsten, profitieren für das eine oder andere rechthaberisch vertretene Gedankensystem. Dieser unser Wahnwitz, dieser Hochmut *an sich*, verschüttet immer wieder beides: den verkörperten Gott, den man den Menschgewordenen nennt, und die an seine Stelle gesetzte Zukunftsvision totaler Menschlichkeit. Uns, die wir so leicht demütigen, fehlt etwas: Demut, die nicht zu verwechseln ist mit Unterordnung, Gehorsam oder gar Unterwerfung. Das haben wir mit den kolonisierten Völkern gemacht: ihre Demut, die Poesie dieser Demut in Demütigung für sie verwandelt. Wir wollen immer unterwerfen und erobern, kein Wunder in einer Zivilisation, deren erste fremdsprachige Lektüre lange Zeit der *Bellum Gallicum* des Julius Caesar und deren erste Einübung in Selbstgefälligkeit, in klipp und klare Antworten und Fragen der Katechismus war, irgendein Katechismus, eine Fibel der Unfehlbarkeit und der restlos, fix und fertig geklärten Probleme.

Ich habe mich ein wenig vom Brückenbauen, Brötchenbakken und Romaneschreiben entfernt, die Zwischenräume, Ironien, fiktiven Bezirke, Reste, Göttlichkeiten, Mystifikationen und Widerstände anderer Bereiche angedeutet – mir erscheinen sie schlimmer, aufklärungsbedürftiger als die geringfügigen, ungeklärten Ecken, in denen nicht die uns überkommene Vernunft, sondern die Vernunft der Poesie sich – etwa in einem Roman – verbirgt. Die ungefähr zweihundert Ziffern, die ich, in genauester Reihenfolge, Gruppe für Gruppe, mit ein paar Chiffren untermischt, im Kopf oder wenigstens auf einem Zettel als Beweis meiner Existenz haben müßte, ohne genau zu wissen, was sie bedeuten, verkörpern nicht viel mehr als ein paar abstrakte Ansprüche und Existenzbeweise innerhalb einer Bürokratie, die sich nicht nur vernünftig gibt, sogar vernünftig ist. Ich bin darauf angewiesen und dazu angeleitet, ihr blind zu vertrauen. Darf ich nicht erwarten, daß man der Vernunft der Poesie nicht nur vertraut, sondern sie bestärkt, nicht daß man sie in Ruhe lasse, sondern ein wenig von ihrer Ruhe annehme und von dem Stolz ihrer Demut, die immer nur Demut nach unten, nie Demut nach oben sein kann. Respekt verbergen sich in ihr, Höflichkeit und Gerechtigkeit und der Wunsch, zu erkennen und erkannt zu werden.

Ich will hier keine neuen Missionseinstiege und -vehikel liefern, aber ich glaube, im Sinne der poetischen Demut, Höflichkeit und Gerechtigkeit sagen zu müssen, daß ich viel Ähnlichkeit, daß ich Annäherungsmöglichkeiten sehe zwischen dem Fremden im Camusschen Sinne, der Fremdheit des Kafkaschen Personals und dem verkörperten Gott, der ja auch ein Fremder geblieben ist und – sieht man von ein paar Temperamentsentgleisungen ab – auf eine bemerkenswerte Weise höflich und wörtlich. Warum denn wohl hat die katholische Kirche lange – ich weiß nicht genau wie lange – den direkten Zugang zu den Wörtlichkeiten der für heilig erklärten Texte versperrt oder ihn in Latein und Griechisch versteckt gehalten, nur Eingeweihten zugänglich? Ich denke mir, um die Gefahren auszuschließen, die sie in der Poesie des verkörperten Wortes witterte, und um die Vernunft ihrer Macht vor der gefährlichen Vernunft der Poesie zu schützen. Und nicht zufällig ist doch die wichtigste Folge der Reformationen die Entdeckung von Sprachen und ihrer

Körperlichkeit gewesen. Und welches Imperium ist je ohne Sprachimperialismus ausgekommen, das heißt, der Verbreitung der eigenen, Unterdrückung der Sprache der Beherrschten? In diesem, in keinem anderen Zusammenhang sehe ich die diesmal nicht imperialistischen, sondern scheinbar anti-imperialistischen Versuche, die Poesie, die Sinnlichkeit der Sprache, ihre Verkörperung und die Vorstellungskraft – denn Sprache und Vorstellungskraft sind eins – zu denunzieren und die falsche Alternative Information oder Poesie als eine neue Erscheinungsform des *divide et impera* einzuführen. Es ist die nagelneue, fast schon wieder internationale Arroganz einer Neu-Vernunft, die Poesie der Indianer als gegenherrschaftliche Kraft möglicherweise zuzulassen, den Klassen im eigenen Land, die man befreien möchte, die eigene aber vorzuenthalten. Poesie ist kein Klassenprivileg, sie ist nie eins gewesen. Immer wieder haben sich etablierte feudalistische und bürgerliche Literaturen regeneriert aus dem, was sie herablassend Volkssprache nannten, moderner ausgedrückt Jargon oder Slang. Man mag diesen Vorgang getrost sprachliche Ausbeutung nennen, aber man ändert an dieser Ausbeutung nichts, wenn man die falsche Alternative Information oder Poesie/Literatur propagiert. Die mit Nostalgie gemischte Abfälligkeit, die in den Ausdrücken Volkssprache, Slang, Jargon liegen mag, berechtigt nicht dazu, nun auch die Poesie auf den Abfallhaufen zu verweisen und alle Formen und Ausdrucksarten der Kunst dazu. Darin liegt viel Pfäffisches: anderen Verkörperung und Sinnlichkeit vorzuenthalten, indem man neue Katechismen ausarbeitet, wo von einzig richtigen und wahrhaft falschen Ausdrucksmöglichkeiten gesprochen wird. Man kann nicht die Kraft der Mitteilung von der Kraft des Ausdrucks, den diese Mitteilung findet, trennen; es bahnt sich da etwas an, das mich an die theologisch ziemlich langweiligen, als Beispiel von verweigerter Verkörperung aber wichtigen Streitereien um die Kommunion in beiderlei Gestalten erinnert, der dann, was den katholischen Teil der Welt betraf, auf die Blässe der Hostien reduziert wurde, die man ja nicht einmal Brot nennen konnte. Schweigen wir von den Millionen Hektolitern vorenthaltenem Wein! Es lag eine arrogante Verkennung nicht nur der Materie darin, mehr noch dessen, was diese Materie verkörpern sollte.

Man kann keine Klasse befreien, indem man ihr zunächst etwas vorenthält, und mag sich diese neue Schule des Manichäismus auch a- oder antireligiös geben, sie übernimmt damit ein kirchenherrschaftliches Modell, das mit der Verbrennung von Hus enden könnte und mit der Exkommunikation Luthers. Man mag getrost über den Begriff der Schönheit streiten, neue Ästhetiken entwickeln, sie sind überfällig, aber sie dürfen nicht mit Vorenthaltungen beginnen, und sie dürfen eins nicht ausschließen: die Möglichkeit der Versetzung, die die Literatur bietet: sie versetzt nach Süd- oder Nordamerika, nach Schweden, Indien, Afrika. Sie kann versetzen, *auch* in eine andere Klasse, andere Zeit, andere Religion und andere Rasse. Es ist – sogar in ihrer bürgerlichen Form – niemals ihr Ziel gewesen, Fremdheit zu schaffen, sondern diese aufzuheben. Und mag man die Klasse, aus der sie bisher zum größten Teil gekommen ist, für überfällig halten, als Produkt dieser Klasse war sie in den meisten Fällen auch ein Versteck des Widerstandes gegen sie. Und es muß die Internationalität des Widerstandes bewahrt bleiben, die den einen – Alexander Solschenizyn – gläubig erhalten oder gemacht hat – und den anderen – Arrabal – zum erbitterten und bitteren Gegner der Religion und der Kirche. Und dieser Widerstand ist nicht als bloßer Mechanismus oder Reflex zu verstehen, der dort Gottglauben, da Gottlosigkeit hervorbringt, sondern als Verkörperung geistesgeschichtlicher Zusammenhänge, die sich zwischen verschiedenen Müllhalden und Provinzen der Abfälligkeit ergeben ... und auch als Anerkennung der Zusammengehörigkeit ohne Arroganz und ohne Unfehlbarkeitsanspruch. Es mag für einen politischen Häftling oder auch nur isolierten Oppositionellen etwa in der Sowjetunion falsch oder gar wahnsinnig erscheinen, wenn man in der westlichen Welt gegen den Vietnamkrieg protestiert – man mag das psychologisch verstehen für ihn da in seiner Zelle oder seiner gesellschaftlichen Isolation – und doch müßte er erkennen, daß die Schuld der einen nicht aufgerechnet werden kann gegen die anderen, daß, wenn für Vietnam demonstriert wird, für ihn mitdemonstriert wird! Ich weiß, das klingt utopisch, und doch erscheint es mir als die einzige Möglichkeit einer neuen Internationalität, nicht Neutralität. Kein Autor kann vorgegebene oder vorgeschobene Teilungen und Urteile übernehmen, und es erscheint mir als beinahe selbstmörderisch, wenn wir immer noch und immer wieder die Teilung in engagierte Literatur und die andere überhaupt diskutieren. Nicht nur, daß man, gerade, wenn man das eine zu sein glaubt, für das andere eintreten muß bis zum äußersten, nein wir übernehmen gerade mit dieser gefälschten Alternative ein bürgerliches Teilungsprinzip, das uns entfremdet. Es ist nicht nur die Teilung unserer möglichen Stärke, auch die unserer möglichen – ich riskiere es ohne zu erröten – verkörperten Schönheit, denn sie kann ebenso befreien wie der mitgeteilte Gedanke, sie kann als sie selbst befreien oder als Provokation, die sie darstellen mag. Die Stärke der ungeteilten Literatur ist nicht die Neutralisierung der Richtungen, sondern die Internationalität des Widerstands, und zu diesem Widerstand gehört die Poesie, die Verkörperung, die Sinnlichkeit, die Vorstellungskraft und die Schönheit. Die neue manichäische Bilderstürmerei, die sie uns nehmen will, die uns die ganze Kunst nehmen will, würde nicht nur uns berauben, auch die, für die sie tut, was sie glaubt, tun zu müssen. Kein Fluch, keine Bitterkeit, nicht einmal die Information über den verzweifelten Zustand einer Klasse ist ohne Poesie möglich, und selbst, um sie zu verdammen, muß man sie erst zur Erkenntnis bringen. Man lese da doch einmal Rosa Luxemburg genau und schaue sich an, welche Denkmäler Lenin als erste verordnet hat: das erste für den Grafen Tolstoi, von dem er gesagt hat, bevor dieser Graf zu schreiben anfing, habe es in der russischen Literatur keine Bauern gegeben, das zweite für den »Reaktionär« Dostojewski. Man mag für sich selbst – um einen asketischen Weg der Veränderung zu wählen – auf Kunst und Literatur verzichten. Man kann das nicht für andere, bevor man ihnen nicht zur Kenntnis oder Erkenntnis gebracht hat, auf was sie verzichten sollen. Dieser Verzicht muß freiwillig sein, sonst wird er pfäffische Vorschrift wie ein neuer Katechismus, und wieder einmal würde ein ganzer Kontinent, wie der Kontinent Liebe, zur Dürre verurteilt. Nicht aus bloßer Spielerei und nicht nur, um zu schokkieren, haben Kunst und Literatur immer wieder ihre *Formen* gewandelt, im Experiment neue entdeckt. Sie haben auch in diesen Formen etwas verkörpert, und es war fast nie die Bestätigung des Vorhandenen und Vorgefundenen; und wenn man sie ausmerzt, begibt man sich einer weiteren Möglichkeit: der List. Immer noch ist die Kunst ein gutes Versteck: nicht für Dynamit, sondern für geistigen Explosivstoff und gesellschaftliche Spätzünder. Warum wohl sonst hätte es die verschiedenen Indices gegeben? Und gerade in ihrer verachteten und manchmal sogar verächtlichen Schönheit und Undurchsichtigkeit ist sie das beste Versteck für den Widerhaken, der den plötzlichen Ruck oder die plötzliche Erkenntnis bringt.

Hier muß ich, bevor ich zum Schluß komme, eine notwendige Einschränkung machen. Die Schwäche meiner Andeutungen und Ausführungen liegt unvermeidlicherweise darin, daß ich die Tradition der Vernunft, in der ich – hoffentlich nicht mit ganzem Erfolg – erzogen bin – mit den Mitteln eben dieser Vernunft anzweifle, und es wäre wohl mehr als ungerecht, diese Vernunft in allen ihren Dimensionen zu denunzieren. Offenbar ist es ihr dieser Vernunft – immerhin gelungen, den Zweifel an ihrem Totalanspruch, an dem, was ich ihre Arroganz genannt habe, mitzuliefern und auch die Erfahrung mit und die Erinnerung an das zu erhalten, was ich die Vernunft der Poesie genannt habe, die ich nicht für eine privilegierte, nicht für eine bürgerliche Instanz halte. Sie ist mitteilbar, und gerade, weil sie in ihrer Wörtlichkeit und Verkörperung manchmal befremdend wirkt, kann sie Fremdheit oder Entfremdung verhindern oder aufheben. Befremdet zu sein hat ja auch die Bedeutung erstaunt zu sein, überrascht oder auch nur berührt. Und was ich über die Demut – natürlich nur andeutungsweise – gesagt habe, verdanke ich nicht einer religiösen Erziehung oder Erinnerung, die immer Demütigung meinte, wenn sie Demut sagte, sondern der frühen und späteren Lektüre von Dostojewski. Und gerade weil ich die internationale Bewegung nach einer klassenlosen, oder nicht mehr klassenbedingten Literatur, die Entdeckung ganzer Provinzen von Gedemütigten, für menschlichen Abfall Erklärten, für die wichtigste literarische Wendung halte, warne ich vor der Zerstörung der Poesie, vor der Dürre des Manichäismus, vor der Bilderstürmerei eines, wie mir scheint, blinden Eifertums, das nicht einmal Badewasser einlaufen läßt, bevor es das Kind ausschüttet. Es erscheint mir sinnlos, die jungen oder die

Alten zu denunzieren oder zu glorifizieren. Es erscheint mir sinnlos, von alten Ordnungen zu träumen, die nur noch in Museen rekonstruierbar sind; es erscheint mir sinnlos, Alternativen wie konservativ/fortschrittlich aufzubauen. Die neue Welle der Nostalgie, die sich an Möbel, Kleider, Ausdrucksformen und Gefühlsskalen klammert, beweist doch nur, daß uns die neue Welt immer fremder wird. Daß die Vernunft, auf die wir gebaut und vertraut haben, die Welt nicht vertrauter gemacht hat, daß die Alternative rational/irrational auch eine falsche war. Ich mußte hier vieles um- oder übergehen, weil ein Gedanke immer zum anderen und es zu weit führen würde, jeden einzelnen dieser Kontinente ganz auszumessen. Übergehen mußte ich den Humor, der auch kein Klassenprivileg ist und doch ignoriert wird in seiner Poesie und als Versteck des Widerstands.

# Am Anfang
(1973)

Reminiszenzen dieser Art geraten fast unvermeidlicherweise heroisch, veteranenhaft, und ich will wieder einmal versuchen, auf jener »Haaresbreite« einherzubalancieren, die verschiedene Abgründe der Peinlichkeit voneinander trennt.

Zunächst muß man, glaube ich, zwischen den Begriffen »Erstlingswerke« und »Erstpublikationen« unterscheiden. Meine Erstlingswerke schrieb ich zwischen 1936 und 1938, Kurzgeschichten, Gedichte, einen Roman. Erstpublikationen kamen nach 1945, zunächst Kurzgeschichten. Meinen ersten Nachkriegsroman schrieb ich 1946; er ist nie erschienen, ich habe ihn auch später nie wieder zur Publikation angeboten. Ich schrieb ihn, angeregt durch ein Preisausschreiben, und ich erinnere mich der Schwierigkeiten bei der Beschaffung von Schreibmaschinen und Kohlepapier für ein Original und vier Durchschläge. Diese vier Durchschläge zwangen mich an die Schreibmaschine, eine alte Büromaschine meines Vaters, die merkwürdigerweise den Krieg überdauert hatte. Der Roman war ziemlich umfangreich, so an die vier-, fünfhundert Manuskriptseiten, ich schrieb, glaube ich, direkt ins reine, und da ich bis auf den heutigen Tag zwar viel Schreibmaschine geschrieben, aber nie Maschinenschreiben gelernt habe, bestand auch damals die Hauptarbeit im Kollationieren; am Orginal und den vier Abschriften mußte jeder Tippfehler korrigiert, jede Stilkorrektur auf jedes einzelne Blatt übertragen, mußten am Ende dann die ganzen vier- oder fünfhundert Seiten miteinander verglichen werden, es mußte viel durchgestrichen, einiges ergänzt und die Paginierung kontrolliert werden. Ein heilloses Papierdurcheinander in unserem Wohnschlafzimmer, wo auf dem Bett, auf Kommoden und Stühlen, in Bücherregalen zusammengeheftete Romankapitel, streng nach Abschrift eins, zwei usw. getrennt, umherlagen. Die ganze Wohnung stand unter dem Zeichen des bläulichen, sehr holzreichen Papiers, und überall auch lag bis aufs letzte ausgesaugtes Kohlepapier, von dem ich mich, da es so kostbar, nicht trennen konnte. Der Roman kam von der Jury für das Preisausschreiben kommentarlos zurück, ich legte ihn in eine Schublade und vergaß ihn. Ich wüßte nichts mehr über sein Personal, seine Problematik, über seinen Aufbau, seinen Anfang und sein Ende zu sagen. Er hatte – wenn ich von der Preisjury absehe, von der ich hoffe, daß sie ihn tatsächlich gelesen hat – vier Leserinnen: meine Frau, meine Schwester, eine Schwägerin und deren Freundin. Die beiden letzteren Damen haben mir später erzählt, sie hätten ihn regelrecht verschlungen, so spannend sei er gewesen. Ich kann dazu nichts sagen, weil ich nie mehr in den Roman hineingeschaut habe. Ich schrieb damals sehr viel, und das meiste wurde und ist nicht veröffentlicht worden. Für Schriftsteller gilt auch, was man etwa bei Malern viel besser versteht: es gibt eben Arbeiten, die nur einen Atelierwert haben, für die Öffentlichkeit weder bestimmt noch interessant sind. Erst dreiundzwanzig Jahre später, anläßlich eines Umzuges, der es notwendig machte, in Kisten und Kasten, Kartons und grob zusammengeschnürte Pakete wirklich nun einmal hineinzuschauen, fand ich viel Unpubliziertes und Unpublizierbares, das ich schleunigst wieder versteckte. Wahrscheinlich ekelte ich mich vor dem häßlichen Papier und dem unvermeidlichen Trümmerstaub, nach dem auch dreiundzwanzig Jahre später die Manuskripte noch rochen und der zwischen den Blättern herausrieselte. Als ich das alles schrieb, wohnten wir in einem fast total zerstörten Haus, das wir langsam renovierten. Die Qualität des Verputzes war miserabel, er bröckelte nicht nur, er segelte manchmal in großen Placken, oft quadratmetergroß, von der Decke herunter und setzte sich als Staub in Kleider, Wäsche, Möbel, Speisen, Bücher, Manuskripte. Wir mußten später die Betten unserer Kinder mit Spanplatten abdecken, um sie vor diesen lebensgefährlichen Lawinen zu schützen.

Schon im Winter von 1946 auf 1947 schrieb ich, nachdem ich viele Kurzgeschichten geschrieben und auch einige davon veröffentlicht hatte, mein drittes Buchmanuskript, eine längere Erzählung. Ich schrieb sie unter den gleichen Umständen, teils auf der Bettkante sitzend, die Schreibmaschine auf einem Stuhl oder einer Kommode vor mir, manchmal auch in der Küche, abends oder nachts, um meine Frau und das Kind nicht zu stören, später in einer Mansarde, die wir hinzumieten konnten. Die Erzählung hatte den Arbeitstitel »Zwischen Lemberg und Czernowitz« und erschien später als Buch unter dem Titel *Der Zug war pünktlich*. Der Winter 1946/47 war sehr hart, er zog sich, glaube ich, bis zum April oder Mai 1947 hin. An die Schwierigkeiten beim Schreiben erinnere ich mich nicht, wohl aber an die Schwierigkeiten, einen solchen Winter in einer zerstörten Großstadt zu überleben, und diese Schwierigkeiten waren für alle Bewohner gleich. Ich arbeitete in diesem Jahr tagsüber, nicht allzu intensiv, an der Renovierung des Hauses – ein Dach dicht zu bekommen und auch dicht zu halten, war ein fast unlösbares Problem – war gleichzeitig, ohne die geringste Intensität, Student an der Universität Köln; ich ging fast nie in eine Vorlesung, mußte mich aber, wie man das so nennt, hin und wieder dort blicken lassen, um meine Testate zu bekommen, von denen meine Berufsbezeichnung in meinem Personalausweis und damit meine Lebensmittelkarte abhing. Meine Frau war als Mittelschullehrerin berufstätig. Das schwierigste Problem in diesem Winter war die Beschaffung von Lebensmitteln und Brennmaterial. Im Februar, als unser Sohn Raimund geboren wurde, waren die Temperaturen auf ungefähr zwanzig Grad unter Null (Celsius) gesunken. Expeditionen in die benachbarten Trümmer brachten zwar Brennholz, aber mit Holz allein war gegen diese Kälte nicht anzukommen, da außerdem die Fenster und Türen undicht waren. Schon die Besorgung etwa eines halben Zentners oder auch nur von zehn Kilo Kartoffeln machte langwierige Hamsterfahrten notwendig, komplizierte Tauschgeschäfte; wenn wir Geld hatten, gingen wir auf den Schwarzmarkt. Das Monatseinkommen meiner Frau hatte einen Schwarzmarkteffektivwert von etwa 15 Kilo Brot oder 10 bis 15 – je nach Außentemperatur – Zentnern Briketts. Ich bekam für eine Kurzgeschichte – je nach Umfang zwischen 100 und 400 Mark, das entsprach ungefähr 2 bis 10 Zentnern Briketts. Kohlen oder Briketts auf dem schwarzen Markt zu erwerben, war schwierig, weil man außerdem den Transport organisieren und bezahlen mußte. Und mit den fallenden Temperaturen stiegen natürlich die Kohlenpreise. Das Thermometer war der zuverlässigste Börsenspiegel. Es gab drei Möglichkeiten, an Hausbrand zu kommen: direkten, d. h. mit eigener Hand ausgeführten Diebstahl an einer der Eisenbahnstrecken, auf denen die Kohlenzüge durch Köln oder um Köln herumfuhren. Meine moralischen Bedenken waren weitaus geringer als 20 Grad minus; ich fand diese Methode, die ich nur einmal praktizierte, zu mühselig, war ihr auch gesundheitlich nicht gewachsen. Die zweite Methode war, den Dieben die Kohlen abzukaufen, und schließlich gab es eine dritte: von einem der Braunkohlenarbeiter im Revier westlich von Köln seine Deputatkohle zu erwerben. Wir – mein Vater, mein Bruder und ich, die sogenannten Haushaltsvorstände – entschlossen uns zur letzteren Methode. Diese Methode erforderte umständliche Fahrten, Verhandlungen, Abmachungen. Ich erwähne nur dieses eine Beispiel – die Beschaffung von Hausbrand –, um halbwegs zu erklären, wie schwierig es war, aufrechtzuerhalten, was man das nackte Leben zu nennen beliebt. Mit meiner Erzählung jedenfalls wurde ich erst im Spätsommer fertig. Ich bot sie dem Verlag an, in dessen Literaturzeitschrift ich hin und wieder Kurzgeschichten veröffentlichte. Das Manuskript wurde zu meiner Überraschung sofort angenommen, die Publikation aber aufs Frühjahr 1948 verschoben. Ich vergaß das Manuskript, schrieb wieder Kurzgeschichten, und im April oder Mai 1948 schrieb mir der Verlag, er könne zu seinem Bedauern eine Publikation nicht garantieren. Inzwischen geschah etwas Merkwürdiges: ich bekam in den ersten Juniwochen 1948 einige Honorare für Kurzgeschichten, die noch gar nicht erschienen waren. Zum Glück gaben wir das Geld – natürlich hauptsächlich auf dem schwarzen Markt – rasch aus, denn im Juni 1948 kam die Währungsreform, die das noch umlaufende Geld, die Reichsmark, wertlos machte, und jetzt erst begriff ich die Vorschußfreudigkeit einiger Verlage und Redaktionen; sie hatten das Abdruckrecht erworben, ohne daß sie mich in jetzt harter Währung honorieren mußten.

Mein Buchmanuskript lag inzwischen bei einem neugegründeten Salzburger Verlag, der später wieder verschwand, mir aber vorher wenigstens mein Manuskript zurückschickte. Ein paar

Monate nach der Währungsreform schrieb mir Paul Schaaf, Lektor beim Verlag Friedrich Middelhauve, Opladen, er habe einiges von mir gelesen, ob ich nicht Manuskripte für ihn habe. Ich schickte ihm das inzwischen sehr strapazierte Manuskript, wenige Wochen später unterschrieb ich meinen ersten Verlagsvertrag, und mein erstes Buch, im Winter 46/47 geschrieben, erschien dann im Winter 1949.

# Gefahren von falschen Brüdern
(1973)

Unter der Bezeichnung »Mühsal ohne Zahl« zählt der Apostel Paulus im 2. Korintherbrief (Kap. 11, 23–33) die Gefahren auf, denen er sich um des Evangeliums willen ausgesetzt hat (Man lese das gelegentlich einmal nach! Es ist eine Meisterleistung im Bramarbasieren). Hier soll nur von einer Sorte Gefahren die Rede sein, die Paulus erwähnt: »Gefahren von falschen Brüdern».

Die Abgrenzung gegen die falschen Brüder kann in dieser Situation, in der es um eine *ernsthafte* Verbesserung kultureller und intellektueller Kontakte mit der Sowjetunion und damit zu allen sozialistischen Ländern geht, nicht deutlich, nicht oft, nicht früh- und nicht scharf genug erfolgen. Wer sich hierzulande für Solschenizyn, Bukowskij, Amalrik, Grigorenko, Maximow und Galitsch verwenden zu müssen glaubt, muß sich erst einmal legitimieren. Diese Legitimation besteht darin, sich im eigenen Land für Minderheiten, gegen Pressedemagogie, gegen Hexenjagd artikuliert zu haben. Einmischung ist nur dann legitimiert, wenn sie national *und* international erfolgt.

Bisher haben weder CDU noch CSU und die ihnen am nächsten stehenden Blätter, am wenigsten die, die das Wort »christlich« im und am Kopf tragen, sich legitimiert. Man lese noch einmal alles nach, was Herr Dr. Strauß so im Laufe der Jahre über kritische und oppositionelle Jugendliche und Intellektuelle von sich gegeben hat. Man lese noch einmal das Protokoll der 188. Bundestagssitzung vom 7. Juni 1972 nach. Der VS und der westdeutsche PEN sollten, um Intellektuelle vor Illusionen zu bewahren, die markantesten Passagen daraus in Fotokopien an ihre Mitglieder schicken.

Es war eine Debatte um die innere Sicherheit, die sich zu einer Intellektuellenhetze auswuchs, um keinen Deut besser als das Rotbuch des »Komitees Rettet die Freiheit«. Auf der Seite der

CDU/CSU wurde die Debatte hauptsächlich von den Herren Vogel und Dr. Schneider bestritten. Falls irgendeiner ein Hörspiel über Verhöre mit Intellektuellen schreiben möchte, könnte er das Vokabularium der beiden Herren unverändert als Kollage benutzen.

Was da in der gesetzgebenden Versammlung der Bundesrepublik alles gesagt wurde, einschließlich der unbezahlbaren Zwischenrufe des Herrn Dr. Marx, erinnerte mich verblüffend an Streitgespräche, die ich mit Law-and-order-Leuten in der Sowjetunion geführt habe. Man erlaube sich doch einmal für einige Minuten das Spiel, die Herren Vogel, Dr. Schneider, Dr. Marx, Dr. Lenz, (Bergstraße) in die Sowjetunion zu *versetzen*, ihnen Amalrik zu überantworten: wahrscheinlich käme er nicht unter 6 Jahren Straflager weg. Man täusche sich doch nicht über deren Engagement, stelle sich einmal vor, sie säßen hier nicht nur in der Legislative, sondern hätten die Exekutive in der Hand. Immer und immer wieder wird im Protokoll der Sitzung vermerkt: »Beifall bei der CDU/CSU –, und der einzige Kommentar des Kulturexperten der CDU, Dr. Martin, war ein mattes: »So ist es.« Da gibt es den hübschen CDU-Zwischenruf: »Sie werden sich noch zu Tode differenzieren« – offenbar, da Herr Dr. Ehmke, diesem repliziert, von einem gewissen Herrn Wohlrabe. Im Bayernkurier vom 14. Juli 1973 wird von Herrn Alex Peter (das wird doch wohl kein Pseudonym für Peter Alexander sein?) das Problem der griechischen Intellektuellen bagatellisiert, nur weil er seinen Ärger über Günter Grass loswerden möchte.

Ich will der neuen Führung der CDU gern glauben, daß ihr an einem besseren Verhältnis zu den Intellektuellen in diesem Land gelegen ist. Zu fragen wäre nur, wissen Dr. Kohl und Prof. Dr. Biedenkopf, welche Erbschaft sie da antreten und welcher publizistischen Oberschleimer sie sich entledigen müßten, um eine Chance zu haben? Wissen sie, was da alles in einer zwanzigjährigen Diffamierungs- und Denunzierungskampagne, die von der Wiederaufrüstungsdebatte über die Antiatomtod-Bewegung, vom Komitee »Rettet die Freiheit« bis zu der ominösen Bundestagsdebatte vom 7. Juni 1972 angerichtet worden ist? Wer erinnert sich noch an den hämischen Spießer-Anti-Spiritualismus der Adenauer–Ära, der im deutschen Katholizismus guten Nährboden fand und bis heute dort gedeiht? Wenn CDU-Politiker sich heute empört von der anscheinend ungewollten und Gott sei Dank erfolglosen Wahlhilfe der Großindustrie distanzieren, wann werden sie sich von der Helferschaft der Springer–, Bauer– und Burdapresse distanzieren? Ist vielleicht auch die CDU in ständiger Gefahr vor falschen Brüdern?

Natürlich gelten Disqualifikationen – wie bei Fußballspielern – nicht lebenslänglich, und es gäbe da für die CDU, sogar für die CSU, Bewährungsmöglichkeiten.

Man könnte zum Beispiel Herrn Dr. Richard Jaeger zu Franco schicken, um bei ihm für die katalanischen Intellektuellen zu intervenieren, denen man 10 000 DM Strafe auferlegt hat, weil sie an einer literarischen Jurysitzung im Ausland teilgenommen haben. Trotz zahlreicher internationaler Proteste hat der spanische Innenminister die Strafe kürzlich bestätigt.

Man könnte Herrn Dr. Strauß nach Griechenland schicken, um dort die Flagge der Humanität zu hissen, Herrn von Hassel nach Südafrika, um dort das gleiche zu tun. Vielleicht führe Herr Dr. Schneider von der CSU gern nach Portugal, um sich des intellektuellen Lebens dort anzunehmen, und Herr Dr. Marx wäre vielleicht bereit, gemeinsam mit dem Rechtsexperten Vogel in die Türkei und von dort weiter nach Indonesien zu fliegen. Amnesty International wäre gewiß in der Lage, die Herren vor ihrer Abreise genauestens zu informieren, welche Foltermethoden in einigen dieser Länder üblich sind.

Und wenn sie dann alle zurückgekehrt sind aus diesen westverbündeten Ländern, mit deren Regierung sie ja teilweise auf freundschaftlichem Fuß stehen, und wenn sie Kunde bringen von der verbreiteten Freiheit, dann werden Amnesty International, wird die Vereinigung »Writers and Scholars«, wird auch der PEN-Club es gewiß nicht an Dankbarkeit fehlen lassen. Und wenn dann erst beide, CDU und CSU, sich ihrer publizistischen Helfershelfer in Sachen Diffamierung und Denunzierung entledigt haben, könnte ein ganz neues Demokratiegefühl die Versöhnung mit den Intellektuellen hierzulande wesentlich fördern. Und dann erst dürften sie gelegentlich auch ein Wort für Amalrik, Bukowskij, Solschenizyn, Grigorenko, Maximow und Galitsch verwenden, ohne intellektuelle Unzucht zu betreiben.

# Eine Brücke, die ich nicht betrete
(1973)

Lieber Peter Schütt,

ich muß Sie leider enttäuschen: Meine Äußerungen zum Fall unseres Kollegen Amalrik sind nicht einmal andeutungsweise so spontan, wie Sie glauben und noch weniger »gesteuert«. Eine gewisse Spontanität mag in der »Mündlichkeit« der Interviews liegen, es wäre da möglicherweise das eine oder andere Wort zu streichen gewesen. Ich halte es für unerheblich. Ich setze voraus, daß Sie nicht nur die beiden Funk-Interviews, auch das im *Spiegel* und den Artikel in der FR vom 25. 7. 73 gelesen haben, der *Gefahren von falschen Brüdern* hieß. Das erspart mir wohl umständliche Erklärungen, was die notwendige Distanzierung betrifft.

Im übrigen lebe ich nicht von, in und mit Anti-Springer-Reflexen, ich habe Besseres vor und zu tun, meine Lebens- und Arbeitszeit ist mir zu schade, als daß ich sie damit vertun möchte.

Mich belustigen die Purzelbäume des Springer-Inlanddienstes eher. Da meldet z. B. die *Welt* am 27. oder 28. 7., meine Bücher seien in der DDR zur Zeit nicht lieferbar und bringt das in einem Zusammenhang mit meinen Äußerungen über Amalrik und andere. Das ist natürlich Unsinn: So rasch reagiert man auch in der DDR nicht, und meine Bücher waren eben nicht, wie in der gleichen Meldung zu lesen war, dort »jederzeit erhältlich«. So, wie die Meldung abgefaßt ist, ist sie eine typische Springer-»Wahrheit«, zu rasch falsch gedacht, mit allerlei »denkste«, und man erreicht beides: die Denunziation, die im »jederzeit erhältlich« versteckt ist (denn was kann das schon für ein Autor sein, der in der DDR jederzeit erhältlich ist) und die sanfte Hochstilisierung zum Märtyrer, die mir noch widerwärtiger ist. Ich bin keiner.

Ich las diese aufschlußreiche Meldung zufällig in einem überfüllten Bahnhofswartesaal, wo auch der Teufel in der Not Fliegen fressen würde.

Was mich an Ihrem Brief beunruhigt: muß denn immer der CIA dahinterstecken? Und müssen Sie der spätkapitalistischen Gesellschaft hinterherlaufen, die Spontaneität zum Verbrechen erklärt, und das in einem Fall, wo solche nicht einmal vorlag?

Was möglicherweise vorlag, ist, was ich einen Fall von Hoffnung nennen möchte. Hoffnung auf eine tatsächliche Verbesserung der Kontakte, die ich nicht immer und ewig auf ein gewisses, uns allen bekanntes so langweiliges wie demütigendes Modell beschränkt sehen möchte. Demütigend, weil man hochqualifizierte Intellektuelle, die zu Konferenzen delegiert werden, zwingt, öffentlich sich von Autoren wie Solschenizyn, Amalrik, Bukowski und anderen zu distanzieren, die sie gar nicht gelesen haben *können* und *dürfen*? Ist das nicht eine Schande und ein Armutszeugnis? Mein kleinbürgerliches Gemüt, mein ebenso kleinbürgerlicher Verstand und meine Sensibilität gleichen Kalibers empfindet diesen international praktizierten Mechanismus einfach als *beschämend* für die Sowjetunion. Ja. Es ist eines Staates mit so hoher Kultur und mit einer solchen Tradition unwürdig. Mit der Politik gegen Maximow, Galitsch, Amalrik und andere zementiert man diesen unwürdigen Zustand, und es ist leider so, daß die DKP auch nicht viel Besseres zu tun hat, als dieses peinliche Ritual nachzuministrieren.

Sie, lieber Peter Schütt, sind leider in dieser Frage, wie so viele Ihrer Genossen, auch nicht mehr als ein Ministrant: Es tut mir leid, ich äußere mich sehr ungern öffentlich unfreundlich über die Angehörigen einer politischen Minderheit. Sie und Ihre Genossen sollten sich für Amalrik verwenden, so wie sich Kommunisten in anderen Ländern gegen die Besetzung der CSSR gewendet haben. *Das* wäre ein Grund zu hoffen, nicht das Nachbeten einer Tass-Verlautbarung.

In den USA haben Intellektuelle, die sich seit Jahren gegen den Vietnam-Krieg und Nixon engagiert haben, Herrn Breschnew einen offenen Brief geschrieben, in dem sie sich für die eingesperrten und verfolgten sowjetischen Intellektuellen verwenden. Begreifen Sie nicht, daß das nicht unbedingt vom CIA gelenkt sein muß?

Es will mir nicht einleuchten, daß hiesige DKP-Kulturfunktionäre päpstlicher sind als die hohen Funktionäre in der UdSSR. Ich verstehe sehr wohl, was die Tass-Meldung u. a. bewirken wollte: Man wollte mir wohl, indem man ausdrückte, ich sei falsch informiert und einer international gelenkten Kampagne erlegen, eine Brücke bauen. *Diese Brücke betrete ich nicht.* Ich fühle mich weder gelenkt noch meiner Spontaneität erlegen. Ich wußte genau, was ich tat. Und was die Presse, die Sie in Ihrem Brief an mich zitieren, *nicht* verstehen kann, sollten Sie verstehen: der Artikel, der im vorigen Jahr eine Kontroverse auslöste, in der so viele aus ihren Löchern krochen, er entsprang dem gleichen Geist, dem gleichen Engagement, wie die Interviews in Sachen Amalrik und andere.

Ich grüße Sie herzlich

Ihr Heinrich Böll

## Prag – ja oder nein?

(1973)

1. Ich kann mit dem Terminus »Konterrevolution« nicht viel anfangen. Das gesamte entsprechende Vokabularium müßte angesichts der fortschreitenden Zersplitterung sozialistischer Gruppen neu definiert werden. Setze ich die Definition von Konterrevolution voraus, mit der der Einmarsch begründet wurde, so lautet meine Antwort: nein.

2. Inzwischen ist ja diese Frage zu einer Art Schibboleth geworden, die in verschiedenen sozialistischen und kommunistischen Gruppen zur Spaltung geführt hat. Die offizielle KP in Italien und Frankreich haben sich bisher mehr oder weniger »gewunden«. Immer noch und immer wieder wird die Rechtfertigung des Einmarsches und seiner verheerenden innen- und kulturpolitischen Folgen weitere Spaltungen verursachen, und obwohl die Sowjetunion die Folgen als innere Angelegenheit der CSSR bezeichnet, wird sie dafür verantwortlich gemacht. Diejenigen westlichen KP-Mitglieder, die den Einmarsch uneingeschränkt befürworten, dürfen und können ja nicht einmal die Meinung Kossygins teilen. Das ist alles sehr demütigend und peinlich.

3. Ich antworte, indem ich die Frage umkehre: Kann der Warschauer Pakt bei praktizierter Entspannung stabil bleiben? Diese Frage könnte ich nur beantworten, wenn es den Einmarsch nicht gegeben hätte.

4. Meine Meinung hat sich nicht geändert. Nicht in einem einzigen Prozeß, nicht in einem einzigen Verfahren ist irgendeinem Angeklagten auch nur andeutungsweise etwas wie »konterrevolutionäre Tätigkeit« oder »Zusammenarbeit mit Imperialisten« nachgewiesen worden. Die Ergebnisse der Prozesse waren kläglich; vergleicht man sie mit dem militärischen Aufwand beim Einmarsch und mit dem propagandistischen Aufwand, waren sie erbärmlich.

# Zum Problem der Kleinschreibung
(1973)

Eine sprache verliert weder an informationswert noch poesie, wenn sie – wie die englische und die dänische – von der groß- zur kleinschreibung übergeht. Ich habe außerdem noch einen subjektiven, oder besser gesagt, familienegoistischen grund, für die kleinschreibung zu plädieren: die entlastung meiner frau, die ich in fragen der groß- und kleinschreibung immer noch und immer wieder um rat fragen und in ihrer arbeit unterbrechen muß, und das seit nunmehr fast dreißig jahren! Multipliziere ich dieses familieninterne problem in die küchen, wohnzimmer, schlafzimmer von millionen familien hinein, so spricht alles für kleinschreibung, bedenke ich – siehe oben – noch einmal die tatsache, daß eine sprache weder informationswert noch poesie verliert, wenn sie einige dutzend majuskeln ablegt.

## Zum Tode Ingeborg Bachmanns
(1973)

Niemand sollte, denke ich, Ingeborg Bachmanns fürchterliche Todesart allzu hurtig mit ihrem geplanten Romanzyklus *Todesarten* in Verbindung bringen und in ihrem Werk Anspielungen auf und Ahnungen über einen Feuertod suchen.

Man hat, wie es zur Grausamkeit der literarischen Szene zu gehören scheint, ohnehin den Schmerz und die ebenso hohe Abstraktheit wie Sinnlichkeit ihrer Poesie zu sehr literarisiert. Man hat aus der Anrufung den Ruf, der zum Schrei wurde, nicht hören wollen, man hat Ingeborg Bachmann selbst zu Literatur gemacht, zu einem Bild, einem Mythos, verloren in und an Rom, diese österreichische Protestantin, die als Mädchen auszog, die höchsten intellektuellen Abenteuer zu suchen, sie bestand und dann anfing, den Großen Bären und die Heiligen Leonhard, Antonius, Vitus, Rochus anzurufen (»weil du gelitten hast«).

Daß in der Ikonisierung einer lebenden Person eine schrittweise Tötung versteckt sein kann, müßte gerade an ihr deutlich werden. Ich mag die Art ihres Todes nicht symbolisieren, mythologisieren oder gar eine metaphysische Schleife draus winden. War Ingeborg Bachmann nicht gefangen in dem Bild, das andere sich und andere aus ihr gemacht haben? Ich weiß nur, daß sie immer beides war: immer da und immer abwesend; da, wenn einer sie brauchte, und dann war der großen Dichterin ihre Zeit keineswegs zu kostbar, etwa ein Zimmer zu besorgen oder in halb Italien nach einem geeigneten Hotel zu telefonieren; mancher Versprengte und polizeilich Gesuchte aus der Berliner Studentenbewegung wird sich hoffentlich ihrer Hilfsbereitschaft und Gastfreundschaft erinnern.

Denn sie war eine Dichterin und damit beides: engagiert – und das andere. Und sie war beides ganz: mit leiser Stimme und doch voller Energie, wie wenn sie Gedichte vorlas. Hinter ihrer habituellen Nervosität, einer Art ständiger Gebrochenheit, die immer den Zustand »kurz vor dem Zusammenbruch« signalisierte, verbargen sich Zähigkeit, Kraft, auch Direktheit, die spontan zu Freundschaft und Hilfsbereitschaft wurde, und sie selbst hat am wenigsten irgend etwas »literarisiert«, wenn ihr auch manches unglückselig geriet oder ausging. Wie jeder andere Mensch war auch sie auf Glück und Heil aus, nicht auf Unglück und Unheil, wie es ihr reichlich zuteil wurde.

Und sie war noch etwas, das nicht selbstverständlich ist: mutig. Es gehörte Mut dazu, 1953, nachdem im Jahr davor Paul Celan auf die peinlichste Weise mißverstanden worden war, vor der Gruppe 47 aus der *Gestundeten Zeit* zu lesen; indem sie ihr ihren Preis verlieh, widerlegte die Gruppe 47 zum dritten Male (nach Eich und Ilse Aichinger) den Ruf, der ihr fälschlicherweise anhaftete, einer banalisierten Vorstellung von Wirklichkeit anzuhängen. Es gehörte Mut dazu, 1958 dem Komitee gegen Atomrüstung beizutreten, sich 1963 der Klage gegen Dufhues anzuschließen und 1965 die Erklärung zum Vietnamkrieg zu unterschreiben. Man sollte nicht versuchen, diese Art Mut und Engagiertheit aus der großen Dichterin herauszudividieren, denn das eine gehört zum anderen. »Ich mit der deutschen Sprache, dieser Wolke um mich, die ich halte als Haus, treibe durch alle Sprachen.« Und hat sich weder in dem einen noch dem anderen Deutschland je auch nur andeutungsweise wohl gefühlt: »Sieben Jahre später in einem Totenhaus trinken die Henker von gestern ihre goldenen Becher aus.«

Natürlich gibt es da auch genug Klatsch, und gewiß wird der eine oder andere bemerken, sie sei wohl gelegentlich unter ihr Niveau gegangen; ich möchte nur feststellen, daß man Niveau haben muß, um darunter oder darüber zu gehen. Ja, sie war Gott sei Dank nicht »gleichbleibend«, sie hatte Blößen, gab sie sich und zeigte sie. Gottes Segen über alle Gleichbleibenden, die ihres Niveaus so sicher sind, daß sie nie drunter und nie drüber geraten.

Das Erstaunlichste an Ingeborg Bachmann war ja, daß diese brillante Intellektuelle in ihrer Poesie weder Sinnlichkeit einbüßte noch Abstraktion vernachlässigte und daß sie jenen immer mehr zum Aussatzmerkmal denunzierten großen Komplex, den man Emotion zu nennen pflegt, wieder in den höchsten Rang erhob. Wenn Emotion ungefähr mit Bewegung oder Bewegtheit, Emotionslosigkeit mit Unbewegtheit oder Bewegungslosigkeit übersetzt werden kann, darf ich feststellen: unbewegt war Ingeborg Bachmann nie. In manchen ihrer Gedichte verbirgt sich ein Element, das volksliedhaft hätte werden können, wäre das Volk beider Deutschland und Österreichs bereit gewesen, die liedhafte Bitterkeit anzunehmen.

Hoffentlich werden sich nicht zu viele Lesebuchautoren, Eltern, Erzieher und Nikotingegner dieser schrecklichen Begebenheit mit mahnendem Zeigefinger bedienen: Ingeborg Bachmann, die über einer glühenden Zigarette einschlief. Wir, die wir sie gekannt haben, wissen, daß es nicht Zufall und nicht bloß eine Unart war, und daß es doch nicht »ins Bild gesetzt« werden und noch weniger symbolhaft mit ihrem Leben und ihrem Werk verknüpft werden sollte. Sie war es, die den berüchtigten Spruch »Tapferkeit vor dem Feind« in »Tapferkeit vor dem Freund« umgeprägt hat.

Ich denke mit Schmerz an sie, mit Zärtlichkeit und in Freundschaft, und ich denke an die siebenundvierzigjährige Frau wie an ein Mädchen, und ich wehre mich gegen etwas, das leicht gesagt ist: der Tod habe sie erlöst. Nein, diese Art der Erlösung suchte sie nicht; ich würde sie gern selber fragen, ob ich mich täusche.

# »Ich glaube, meine Erinnerung liebt mich«
*Über Max Fürst »Gefilte Fisch«*
(1973)

Obwohl dieser Erstling eines 68jährigen Autors gewiß in die Kategorie »kleine Wunder« gehört, möchte ich das Buch nicht »wunderbar« nennen; zu ernst ist der Hintergrund, und wenn auf diesem ernsten Hintergrund so scheinbar »leicht« dahinerzählt wird, zögere ich, diese Art des Erzählens allzurasch mit mündlichem Erzählen in Zusammenhang zu bringen. Dieses Buch ist *geschrieben*, und nicht von einem Tonband *abgeschrieben*. Wie wenig Mündlichkeit beim Schreiben nützt, sollte doch jeder wissen, der einmal vom Tonband Abgeschriebenes lesen muß und sich kaum wiedererkennt: Es fehlen ja Tonfall und Stimme, beim Sprechen übliche Floskeln schwimmen tot im Abgeschriebenen herum.

In diesem Buch ist nichts von der tödlichen und getöteten Abschreibe. Da ist zunächst der Schmerz eines Jungen, der – so nennt man es leider immer noch – die »Hoffnungen der Eltern nicht erfüllt«, Hoffnungen, die sich auf Schul- und Universitätsbildung, Laufbahn und »Besseres« richten, durchaus keine verwerflichen und doch konfliktgeladene Hoffnungen. Daß diese Eltern Bürger sind, ist gravierender als die Tatsache, daß sie Juden sind. Da schreibt der 68jährige Autor: »Alles, was ich erzähle, ist nur sehr beschränkt wahr, es ist nur so wahr wie meine Erinnerung, aber ich glaube, meine Erinnerung liebt mich und gibt mir deshalb recht.« Ob alle Memoirenschreiber von ihrer Erinnerung so geliebt werden wie Max Fürst, wage ich zu bezweifeln. Wenige Sätze später – immer noch auf Seite 1 –: »Die Angst aber vor dem nächsten Tag ist nie gewichen.« Solche Sätze, die wie Notenschlüssel vor der Gesamtkomposition stehen, sollte man nicht vergessen, wenn da mit jener erstaunlichen Unbefangenheit über weitere 340 Seiten etwas erzählt wird, das ja nicht so schrecklich lustig und nicht einmal andeutungsweise leicht war, wohl auch nicht leichtgenommen wurde. Das Gymnasium zu verlassen, um Tischler zu werden, war fast eine Art Selbstvertreibung aus dem Milieu, fortgesetzt in der Jugendbewegung im Auszug aus Königsberg nach Berlin. Es trieb Max Fürst fort, aus einem Milieu, dessen Bürgerlichkeit (die Meriten dieser Bürgerlichkeit werden nicht verkannt!) gravierender war als seine jüdische Selbstbestimmung. Ob es je nach Lokalität in Preußen und auch im kantischen Königsberg nicht ebenso demütigend war, katholisch zu sein, und ob die Verachtung gegenüber den Polen nicht zum größeren Teil die Verachtung des Katholischen war, müßte noch untersucht werden. Man erinnere sich für einen Augenblick an die »kathollsche« Hausgehilfin der Effie Briest, die, wenn nicht gerade Kupplerin, so doch verschwiegene Mitwisserin war, was ihr, wie mir scheint, bei Fontane zur Sympathie gereichte.

Für Max Fürst jedenfalls war diese erste Vertreibung nicht »rassisch« bedingt. Es war die Flucht aus den aufflackernden Resten eines peinlichen Wilhelminismus in eine »neue Zeit«, eine Flucht, die Katholiken, Protestanten, Atheisten und Juden gleichermaßen und mit vergleichbaren Motiven in die Jugendbewegung, in die Sozialarbeit, nach Berlin trieb, die Stadt der großen Hoffnung und der größeren Freiheit.

Ist da etwa einer Kommunist geworden oder »Kommunist« oder vielleicht sogar Kommunist-»Kommunist«? Um Gottes willen! Vielleicht müßte man sich rasch bekreuzigen, wenn Max Fürst mit soviel Ernst wie Charme von einer zumindest sozialrevolutionären jüdischen Jugendbewegung schreibt. Aber was machen wir mit den armen antikommunistischen Atheisten, Protestanten usw., denen die Erleichterung durch Bekreuzigen schwerfallen dürfte? Und gar zionistisch-sozialrevolutionärkommunistisch? Da müßten sich ja die Araber bekreuzigen, die feudalistischen wie die sozialistischen. Denn das klingt ja, als hätte es gegeben und gäbe noch Möglichkeiten der Gemeinsamkeit.

Wie Max Fürst über die heiklen bis allerheikelsten familiären, erotisch-sexuellen, politischen Wege und Werdegänge schreibt und sie beschreibt, das macht sein Buch zu einem klassischen

Jugendbuch, oder sagen wir lieber: zu einem Buch für die Jugend, die es schwer hat, mit der Geschichte ihrer Väter und schwer mit ihren und deren Begriffen. »Damals«, schreibt Max Fürst auf Seite 27, »lag mir nichts ferner, als Ahnenforschung zu betreiben. Lieber wäre es mir gewesen, durch Urzeugung entstanden zu sein. Aber in einer jüdischen Familie ist mehr als anderswo Verwandtschaft unvermeidlich und unfreiwillig hat sich mir nach und nach doch einiges eingeprägt.« Klingt das nicht erstaunlich gegenwärtig für eine Jugend, die, wenn auch manchmal nur scheinbar oder anscheinend, vaterlos aufgewachsen ist? Bleibt nur Widerspruch anzumelden: Freuden und Leiden der »Mischpoke« sind, so scheint mir, keine so spezifisch jüdischen Freuden und Leiden.

Das Buch von Max Fürst ist voll von einer jugendlichen Weisheit, die man nicht erst beim 68jährigen Autor in diesem seinem Erstling spürt, schon der Junge, den später seine Erinnerung so lieben wird, strahlt diese Weisheit aus, die ja kein Privileg des Alters oder des Alterns ist. Und da ist noch eine durchs Buch gehende Eigenschaft zu erwähnen, die ich nicht Hartnäckigkeit, lieber Ausdauer nennen möchte. Ich brauche hier nicht zu erklären, welchen Unterschied es spätestens ab 30. Januar 1933 machte, ob einer Protestant, Katholik, Atheist ... oder ob er Jude war, was immer er außerdem war. Diese Tragödie ist ja mehr noch als die Tragödie der »Vaterlandslosen« aller Kategorien die Tragödie der Vaterländischen, zu der die weitaus größere Mehrheit der Deutschen jüdischer Herkunft gehörte. Und an diesem Merkmal wird – auch in Max Fürsts Buch – deutlich, daß die Deutschen sich selbst, und daß Konservative Konservative vertrieben haben. Das Wort Heimatvertreibung bekommt einen anderen, besseren Sinn, wenn man deren Beginn auf 1933 festsetzt, dieses Auslösungsjahr, das auf die Endlösung zuführte.

In diesem Sinn ist das Buch von Max Fürst auch ein Heimatbuch, eine weise Hommage an Königsberg, aus der Erinnerung geschrieben.

Es ist nicht möglich, über alle Stationen und Entwicklungen, über alle Personen zu referieren, über die das Buch selbst ausführlich und besser referiert. Schließlich ist die kürzeste Inhaltsangabe für ein Buch immer noch das Buch selbst. Personen, Stationen, Entwicklungen, Ausführungen über den soziologischen Hintergrund einer bürgerlichen Familie in Königsberg – sie sind zahlreich, sind kompliziert und komplex. Ihre Dramatik und Dramaturgie ergibt sich nach den angedeuteten Voraussetzungen aus den gewaltig-gewaltsamen Daten, die die Geschichte über und in Leben gestreut hat, das 1905 in Königsberg begann; 1914, 1917, 1918, 1933.

Gerade weil Max Fürst in seiner jugendlichen Weisheit fast alles rein Begriffliche meidet, sind in seinem Buch viele inzwischen verkommene Begriffe gut aufgehoben: Sozialismus, Kommunismus, Jugendbewegung, Heimat, Heimatvertreibung, und nicht zuletzt, denn dieses Buch ist von einem Deutschen deutsch geschrieben, auch das Wort deutsch. Es ist ein Buch, aus dem man lernen kann, ohne belehrt zu werden.

# Alltag einer zerfetzten Welt
*Über Herbert Achternbusch, »Der Tag wird kommen«*
(1973)

Was da, nach Fassbinder und Kroetz, wieder einmal aus Bayern in die literarische Landschaft geworfen wird, in ein mehr oder weniger geordnetes literarisches Leben, das sich in seinen Lagern, in seinen wohlgepflegten Gegnerschaften ganz wohl fühlt, ist geeignet, der säuberlich organisierten Szene einiges Kopfzerbrechen zu verursachen.

Mit sechs Buchpublikationen innerhalb von vier Jahren ist Herbert Achternbusch, wie jeder Autor auf seine Weise, in dem Versuch begriffen, mit Worten und auf Papier totale Wirklichkeit zu erstellen. Das fängt – etwa in der Erzählung vom *Zigarettenverkäufer* (aus *Hülle*, 1969) – relativ traditionell an: wie einer da auf der Wies'n mit einem Bauchladen sein Geld verdient und was er so an Welt und Umwelt aufnimmt, erfährt, hört, riecht. Auch in *Die Macht des Löwengebrülls* ist es noch relativ traditionell-experimentell. Dann aber kommen die Großexplosionen *Die Alexanderschlacht* und nun *Der Tag wird kommen*.

Daß mir das offenbar Autobiographische in diesen Büchern als solches gar nicht auf-, schon gar nicht mißfiel, machte mich stutzig: Die Mitteilung von Problemen aus dem Schriftstellermilieu finde ich ziemlich uninteressant, und es blieb die Frage, drückt hier einer eben jene sattsam bekannten Probleme aus (mein Gott, man weiß doch, wie das zu- und ausgeht: drei Kinder, beide Eltern berufstätig und daneben die »Kunst«) oder, eben weil er Autor ist, Probleme einer neuen Generation, Jugend, Lebensweise?

Ich habe es aufgegeben, alles verstehen, begreifen, analysieren zu wollen, und mir erscheinen die Explosionen von Achternbusch weniger privat als exemplarisch für eine uns Älteren unbegreifliche Lebens- und Umwelterfahrung.

Da fallen einem für diesen Autor natürlich schöne Worte ein: Urwuchs, Chaos, Wort-, Syntax-, Sprachexplosionen. Aber ich denke, hier wird mehr vermittelt als das: Stimme, Gebrochenheit, auch Verzweiflung, die sich bisher nur in Musiken, Filmen, Zeichnungen, Malerei mitgeteilt hat, und diese Mitteilung lautet: Heil ist diese Welt nicht, und wahrscheinlich ist sie's nie gewesen.

Wir Älteren leben doch immer noch und immer wieder in Reflexionen über und Reflexen auf Ordnungen und Mischordnungen und beziehen daraus unsere Ordnungen, Hoffnungen, Utopien; auch unsere politischen Gegnerschaften sind in diesem Sinne wohlgepflegt.

Ich bekenne mich geschlagen, vielleicht mit Blindheit oder Taubheit, denn längst nicht alles, was da in der *Alexanderschlacht* und in *Der Tag wird kommen* niedergeschrieben ist, habe ich »verstanden«, manches wahrscheinlich nicht einmal »mitgekriegt«. Diese ganz und gar lückenlose Folge von Sätzen, Bildern, Rhythmen, Eindrücken – das gehört wohl nicht mehr in die Kategorie »experimenteller Erzähler«; hier wird das Dasein selbst, privat und als Exempel, zum Experiment.

Achternbusch findet in dieser Welt, und mit Recht nimmt er seine Umwelt als diese Welt, keine Kontinuität, auch keine Form; sie teilt sich ihm zerstückelt mit, und er gibt sie zerstückelt weiter, formlos oder ungeformt. Kein Unterschied mehr zwischen Prosa und Poesie, Gott sei Dank nicht; Sprache ist es, Ausdruck hat es, es drückt eine zerfetzte Welt aus, und das kann auch nicht mehr mit dem Wort assoziativ bezeichnet werden, nicht einmal anarchistisch, denn im klassischen Anarchismus steckt ja eine Ordnungsvorstellung.

Gelegentlich tauchen bei Achternbusch Ansätze zu »Erzählungen« auf, so in *Der Tag wird kommen* die Geschichte vom Neger Erwin aus Mozambique, verwoben in die finster großartige Saga einer, während sie erzählt, permanent »Bohnenkaffee« anbietenden Frau (»Wie ich auf die Welt kommen bin, hat mich mein Vater schon verflucht«), die da früh verkuppelt, verkauft, in Anstalten gesteckt, mit Syphilis angesteckt wird. Oder: Ein Mensch steigt auf ein kaputtes Fahrrad, um einen entflogenen Zeisig zu suchen, gerät ins Gespräch, in Konflikt und Freundschaft mit einem Polizisten, gerät auf die Autobahn, gerät in Vergangenheiten und Gegenwarten, grausame zumeist.

Doch diese Andeutung von »Inhalt« ist schon irreführend. Hier gibt's keine »story«, deren Hunderte gibt's, und die sind nicht fein säuberlich ineinander konstruiert oder verschachtelt, weil's keine Schachtel gäbe, in die man etwas hineinpacken könnte.

Es gab, als wir in Achternbuschs Alter waren und ältere Autoren über uns schrieben, so hübsche Schulterklopfereien wie »Den Namen wird man sich merken müssen« oder »Man wird noch von ihm hören«. Natürlich braucht jeder Autor Aufmerksamkeit, die sich vielleicht für ihn in Bestätigung verwandelt; aber wohin es ihn führt oder wohin er die anderen, seine Leser, bringt, das wird wohl kein Autor vorher wissen, und wohl keiner weiß, was er letzten Endes irgendwo anrichtet. Das ist seine Sache, da hilft kein Schulterklopfen, kein Rat, keine Ideologie, nichts hilft, weil er das alles aus sich, in sich, mit seinem Material selbst entscheiden muß.

Der existentielle Sog von Achternbuschs Prosa ist enorm, man wird wie durch einen Strudel hineingezogen in einen von Erinnerungen und Anspielungen wimmelnden Alltag, dessen Probleme, soweit erkennbar, alltäglich genug sind: Beruf, Kinder, Küche, Chaos. Da spuken reichlich »Katholika« hinein, hin und wieder dröhnt ein Bibelzitat auf, und ob da nun einer aus der Kirche austreten soll oder nicht, bleibt ein ungelöstes Problem.

Bei Achternbusch wird, so scheint mir, Zusammenhang gesucht und nicht gefunden. »Die Jugend der eigenen Großmutter fortsetzen – eine schöne Aufgabe. Immer wieder baute meine Großmutter an jenem Abend unterm Lampenschirm mit ihren Talern ein Goldsäulchen auf, bis es umstürzte, lauter kleine Sonnen. Wie oft mochte sie gezweifelt und gehofft haben: Der Tag wird kommen.«

Welcher Tag wird da kommen? Bricht da Nostalgie ein, diese mit Geschick verbreitete Mode, die es einem möglich macht, mal rasch mit dem Jet in Großmütterchens Jugend zu fliegen (die Großmütterchen selbst gar nicht als so angenehm empfand, denn sie träumte von der Zukunft, in der ihre Enkel leben)?

Ein Mensch mit Phantasie und Sensibilität, mit einem unerbittlichen Ausdruckswillen, der einem gar nicht so ungewöhnlichen und doch schwer erträglichen Alltag ausgeliefert ist, mag gelegentlich träumen. Schlimm wird's für die, die da jahrelang ein heiteres Familienleben führen und dann plötzlich – »aus heiterem Himmel« und »für die Nachbarschaft unerklärlich« – zu blutigem Ausdruck greifen. Man liest da schlimme Dinge in der Zeitung.

Damit kein Mißverständnis aufkommt: Nichts ist bei Achternbusch »überhöht« oder »sublimiert«, und natürlich hat auch ein Autor seine privaten, seine autobiographischen Probleme, und er hat ein Recht darauf. Und doch ist an Achternbuschs Publikationen nicht das Private interessant, erregend und sensationell. Das wäre ja nur eine Variante des bis zum Überdruß abgehandelten Themas »Boheme«.

Es mag sein, daß Achternbusch gelegentlich des Chaotischen zuviel tut, tun muß, um sich selbst auf die Sprünge zu kommen. Was in seinen Büchern an Radikalismus und Extremismus sichtbar wird, sollte für den Rechts-, Kultur-, Wirtschafts- und Sozialpolitiker wichtiger sein als die politisch eindeutig artikulierten Radikalen und Extremisten. Wie extrem, wie radikal mag es da hinter mancher durch äußerste Ordnungen und Ordentlichkeiten mühsam zusammengehaltenen Fassade zugehen? Da helfen keine Erlasse.

## Radikalität und Hoffnung
(1973)

Es waren nicht Radikale, es waren Polizeibeamte – es war am 2. November 1973 in der Wochenzeitung *Die Zeit* zu lesen –, die zu 83 Prozent die Meinung äußerten, daß – ich zitiere wörtlich – »reiche Leute vor Gericht in der Regel besser davonkommen«. Hätten nicht Polizeibeamte das geäußert, sondern Linksradikale, und hätten diese es – in ihrer Terminologie mit Recht – »Klassenjustiz« genannt, so wäre das Geschrei wahrscheinlich mal wieder groß gewesen. Oder sollte man die Polizeibeamten Radikale im öffentlichen Dienst nennen? Versagt man sich die Ironie, so ist es weit mehr als schmerzlich, es ist tragisch, daß es zwischen diesen Polizeibeamten, die einfach sagen, daß reiche Leute vor Gericht besser wegkommen, und denen, die das Klassenjustiz nennen, so wenig Verständigungsmöglichkeiten gibt und daß sich diese beiden Gruppen, die zu vergleichbaren, vielleicht zu den gleichen Erkenntnissen kommen, nur per Steinwurf, Wasserwerfer und via Beschimpfung kennen, nur als Gegner oder gar als Feinde. Was die Polizeibeamten da geäußert haben, klingt ziemlich radikal, man könnte es als geradezu vernichtendes Urteil bezeichnen, von denen ausgesprochen, die die Einhaltung von Gesetzen zu beobachten, deren Verletzung zu verfolgen haben. Möglicherweise würden von 100 befragten Linksradikalen nicht einmal 83 so weit gehen wie diese Beamten, die nicht theoretisch, sondern aus Erfahrung zu diesem Urteil gekommen sind.

Politiker, die sich zu Radikalen äußern, haben immer sofort die freiheitlich-demokratische Grundordnung im Mund, die in Gefahr sei, und mir scheint, dieses Wort geht den meisten von ihnen allzu flüssig, fast süffig aus dem Mund. Könnte es sein, daß diese freiheitlich-demokratische Grundordnung, die sie in Gefahr sehen, noch nicht ganz verwirklicht ist? Laut Artikel 3 des Grundgesetzes für die Bundesrepublik Deutschland sind

alle Menschen vor dem Gesetz gleich, und es ist gewiß nicht
Schuld der Gerichte und Richter, daß diese Gleichheit – laut
Aussage der Polizeibeamten – nur zu einem Bruchteil existiert.
Die meisten Menschen – auch das geht aus dem zitierten Artikel
hervor – kennen sich mit dem Rechtsinstrumentarium nicht aus,
sie haben Artikulationsschwierigkeiten, es kommt zu Mißverständnissen, Resignation, und hier kommt ein zweites, weiteres
Recht, ebenfalls aus Artikel 3, auf die Szene: »Niemand darf
wegen seines Geschlechts, seiner Abstammung, seiner Rasse,
seiner Sprache, seiner Heimat und Herkunft, seines Glaubens,
seiner religiösen oder politischen Anschauungen benachteiligt
oder bevorzugt werden.«

Ist die freiheitlich-demokratische Grundordnung, die immer
als gefährdet dargestellt wird, also hergestellt, oder bestehen da
möglicherweise noch erhebliche Lücken zwischen der Verbalität des Gesetzes und seiner Verwirklichung? Und könnte es
sein, daß die freiheitlich-demokratische Grundordnung von
vielen dieser Radikalen nicht gefährdet, sondern gewünscht und
angestrebt wird? Wo hätte es je einen Staat gegeben, ganz gleich,
wie er sich verfaßt, der es sich nicht gefallen lassen muß, daß
man die Buchstaben seiner Verfassung beim Wort nimmt?
Wenn laut Grundgesetz alle vor dem Gesetz gleich sind und ein
erheblicher Teil der Hüter des Gesetzes diese Gleichheit bestreitet, dann muß man den Radikalen das Wort Klassenjustiz
genehmigen, ohne sie zu denunzieren; und wenn die Gleichheit
in einem so erheblichen Ausmaß nicht erfüllt ist, kann man die
Radikalität, mit der sie verlangt wird, weder verwerflich noch
kriminell nennen, nicht einmal idealistisch. In diesem Zusammenhang fällt mir auch weniger eine so deprimierende Erscheinung wie der ehemalige Abgeordnete Steiner ein, der wieder
einmal bestätigt hat, daß Menschen nun mal bestechlich sind, als
vielmehr die für mich viel provozierendere Erscheinung eines
Abgeordneten wie Dr. Mende, der ungeschoren weiterhin im
Parlament sitzt, während die, die mitzuscheren er beigetragen
hat, ohnmächtig ihren Ersparnissen nachtrauern. Mir scheint,
Herr Dr. Mende ist eine ziemlich radikale und extreme Erscheinung; und wenn da in einer unverantwortlich undifferenzierten Weise von politisch Radikalen und Extremisten ge-

sprochen wird, so sollte es auch erlaubt sein, einmal auf die Radikalität und den Extremismus von politischen Persönlichkeiten wie etwa Nixon und Agnew hinzuweisen, die der Jugend der Welt vor Augen geführt haben, wohin »law and order« führen können. Was wäre aus der Bundesrepublik geworden, hätte es nicht Radikale und Extremisten gegeben, die nicht auf persönliche Bereicherung, sondern auf Veränderung der bestehenden Verhältnisse aus waren? Man denke sich doch einmal die Studentenbewegung aus unserer Geschichte fort, stelle sich vor, sie habe nicht stattgefunden – wie gelähmt wäre unser Bildungswesen denn heute? Wer hat es denn riskiert, das praktizierte Bodenrecht, das Eigentum als erster in Frage zu stellen? Und man versuche doch einmal, sich die Äußerungen, die auf dem letzten Bundesparteitag der CDU gefallen, und die Beschlüsse, die über Bodenrecht, Mitbestimmung, Bildungspolitik gefaßt worden sind – als auf einem Bundesparteitag der CDU, sagen wir 1963, gefallen vorzustellen! Waren diese Wandlungen in den Programmen der CDU und CSU, mag man sie noch so bescheiden finden, denn überhaupt denkbar ohne die Anstöße der Radikalen und Extremisten? Man wird dagegenhalten: Die Zeit war noch nicht reif, jetzt ist sie es. Ich halte dagegen: Die Zeit wird nie reif, sie kommt nie, wenn nicht Radikale sie in Bewegung setzen und zur Reife bringen. Und wer ohne sich der Wörtlichkeit der Worte »radikal« und »extrem« zu besinnen, undifferenziert Radikale und Extremisten aus der Mitarbeit im öffentlichen Dienst ausschließt, schafft, nachdem er deren Anstöße und Anregungen moderiert und formalisiert in seine Programme aufgenommen hat, lähmende Entmutigung und verhindert Leben.

Wo ist denn die freiheitlich-demokratische Grundordnung verwirklicht, wenn kein einziger Politiker sich angesichts der Grundgesetzformulierung »Eigentum verpflichtet« fähig weiß oder den Mut findet, exakt zu definieren, wozu denn eigentlich Eigentum verpflichten könnte? Wenn man sich auf öffentliche Diskussionen zwischen Vertretern der Großindustrie und Sozialtheoretikern verließe, dann müßte man zu der Einsicht kommen, daß Großindustrien einzig und allein aus dem Grund betrieben werden, Arbeitsplätze zu schaffen und zu erhalten. Darf man darüber lächeln?

Diese merkwürdige Verordnung oder Absprache zwischen den Ministerpräsidenten, die man den Radikalenerlaß genannt hat, ein Gesetz, das keins ist und doch gelegentlich wie ein solches angewandt wird, ist der Bundesrepublik Deutschland unwürdig. In keinem anderen freiheitlich-demokratischen westeuropäischen Land wäre ein solches Gesetz möglich, und es gibt in Großbritannien, Italien und Frankreich weitaus mehr Radikale und Extremisten als hierzulande – und viele davon im öffentlichen Dienst. Der Radikalenerlaß verhindert radikale politische und geistige, theoretische und praktische Auseinandersetzung mit Problemen; er entmutigt Jugendliche und junge Leute, die im öffentlichen Dienst arbeiten wollen, er zwingt sie zu demütigender Anpassung oder zur Heuchelei. Es ist ein Erlaß gegen die Hoffnung, er verordnet Hoffnungslosigkeit und Lähmung, denn er trifft ja nicht die radikale und extreme Prominenz, die der verständnisvollen Schlagzeilen sicher sein kann, er trifft die Unbekannten, junge Lehrer und Lehrlinge, Juristen und Ärzte, die keine Chance haben, öffentliches Aufsehen zu erregen. Wer solche Erlasse verfaßt und praktiziert, müßte konsequenterweise einen Gesetzentwurf einbringen, der lauten könnte: »Jede Erscheinungsform von Hoffnung wird mit Freiheitsentzug nicht unter fünf Jahren bestraft.« Es ist nun einmal so – und wer wissen möchte, warum es so ist, der lese aus der Geistesgeschichte und Sozialgeschichte Europas und seiner ehemaligen Kolonien ab –, daß sich ein großer Teil der aktiven und engagierten Jugend mehr für die Modelle Kuba und Chile interessiert und interessiert hat als für das Modell USA. Und wer hämisch und triumphierend die gewaltsame Beendigung des Experiments Chile begrüßt und präventiv Illegalität befürwortet, tötet Hoffnung; außerdem könnte aus der Tatsache, daß hier der Versuch eines gewaltlosen Sozialismus gewaltsam beendet wurde, der fürchterlich logische Schluß gezogen werden: Also geht es doch nur mit Gewalt.

Es ist bestenfalls naiv, schlimmstenfalls zynisch, wenn konservative Zeitgenossen sich darüber beklagen, daß Kinder, auch ihre eigenen natürlich, in der Schule ideologisiert und – das ist die naivere Version – politisiert würden. Das Grundgesetz für die Bundesrepublik Deutschland ist eine einzige Aufforderung zur Politisierung, es erfordert den aufmerksamen, wachsamen Staatsbürger, der ja mindestens oder spätestens bei Wahlen eine politische Entscheidung zu fällen hat. Und verbirgt sich etwa hinter der These von der freien oder sozialen Marktwirtschaft keine Ideologie? Gibt es nicht die Ideologie des Profits um jeden Preis, innerhalb derer annonciert werden kann: Gold ist Liebe, ohne daß Kirchen oder säkulare Sittenwächter hier öffentlich Unzucht und Verführung Minderjähriger am Werk sehen? Da den Kindern in der Schule wohl gleichzeitig beigebracht wird, daß Gott die Liebe sei, werden sie den einzig möglichen Schluß ziehen, daß Gold Gott sei, und da dieser Gott in den meisten Fällen von Banken verwaltet und gehandelt wird, wird man wohl bald wissen, wo die Gotteshäuser stehen. Wenn man dann gleichzeitig politische Motive von Kriminalität leugnet und politische Häftlinge über das gesetzlich zugelassene Maß hinaus, durch Isolation etwa, bestraft, Gesetzesbrecher also mit gebrochenem Gesetz behandelt, so weiß ja dann die Jugend, ob radikal oder nicht, wohin Radikalität führt. Und wenn bei jedem großzügig humanen Projekt, selbst wenn alle psychologischen, soziologischen, religiösen und ästhetischen Erkenntnisse dafür sprechen, letzten Endes Profitinteressen dagegen entscheiden, dann ist wieder jener Zustand der Resignation erreicht, den alle beklagt haben, bevor die Studentenbewegung begann.

In einer Gesellschaft, die Radikalität und Extremismus pauschal denunziert, ohne sich auf eine Skala von Differenzierungen einzulassen, muß natürlich ein Wort aufkommen, das, auf Funk- und Fernsehsendungen, Zeitungen und Zeitschriften angewendet, immer mehr zur Mode wird: ausgewogen. Wird da die Waage der blinden Justitia zum Symbol einer blinden Öffentlichkeitsarbeit? Ausgewogenheit in einer Gesellschaft, die sich ausdrücklich als eine Gesellschaft von Interessenvertretern definiert? Das kann nur bedeuten: nichtssagend, tot, leer, langweilig. Es bedeutet das Ende der Kritik. Man stelle sich das einmal vor: eine ausgewogene Literatur, eine ausgewogene Schule, eine ausgewogene Malerei und eine ausgewogene Lohnpolitik, ausgewogene Ehe und dann ausgewogene Programme in allen Funk- und Fernsehanstalten. Dann sollte man doch besser gleich ein Gesetz vorbereiten, das allen Staatsbürgern ein Recht auf das tägliche Schlafmittel sichert. Man sollte endlich Automaten erfinden, die entweder das eine oder das andere je nach Wunsch auswerfen: Gold oder Liebe oder beides. Eine ausgewogene Gesellschaft wäre eine problemlose Gesellschaft, in der es keine Konflikte mehr gibt, in der jeder recht hat und logischerweise jeder unrecht. Eine Gesellschaft ohne Konflikte, ohne Schuld, ohne Polemik – man kann wählen, ob man das als Himmel oder Hölle empfinden würde. Und um auf die Aussage der Polizeibeamten zurückzukommen, die ich am Anfang zitiert habe: da unsere Gesellschaft eben nicht ausgewogen ist, schafft ihre ausgewogene Darstellung immer mehr Unausgewogenheit. Die Aussage der Polizeibeamten spricht – und hätten nur 25 statt 83 von Hundert so ausgesagt – der ausgewogenen Darstellung der Gesellschaft hohn.

## Plädoyer für Ruhe und Ordnung
(1973)

Man braucht nicht alle, nur ein paar Berichte über Chile zu lesen oder zu sehen, um zu wissen, wer da vorläufig gesiegt hat, wer da vorläufig triumphiert. Die Berichte etwa über die Freudenfeste unter Exil-Chilenen in Madrid, bei denen der Jubel überschwappte, oder die Aussage einer Dame vor der Fernsehkamera, einer Dame, die nicht sonderlich notleidend aussah, sie sei sofort in den Keller gegangen und habe eine Flasche Sekt geöffnet, als sie vom erfolgreichen Putsch gehört habe. Wer ist da durch diesen Putsch von was befreit worden? Die mühsamen, kaum noch schamhaft vorgebrachten Erklärungen eines Teils der Weltpresse, die den Putsch in Chile als eine Art notwendiger Präventiv-Illegalität rechtfertigen, die persönlichen und politischen Verdächtigungen Salvador Allendes, die düsteren Prognosen über eine bevorstehende Wirtschaftskatastrophe in Chile, nichts wird die Tatsache aus der Welt schaffen, daß in Chile die Legalität gebrochen wurde, daß Terror, Tortur und Fremdenfeindschaft herrschen und Bücherverbrennung zur Tugend erhoben wird. Henker sorgen dort für Ruhe und Ordnung. Wer diese Art der Präventiv-Illegalität rechtfertigt, bestätigt den Verdacht, daß Ruhe und Ordnung eben doch nur Ruhe und Ordnung für einen bestimmten, den besitzenden Teil der Welt bedeuten, daß dessen Vorstellungen die alleingültigen sind. Man könnte den Henkerspruch prägen: Was Ruhe und Ordnung sind, bestimmen wir. Es gibt andere Vorstellungen von Ruhe und Ordnung, die Hoffnung auf ein Leben, das nicht von den Besitzenden allein bestimmt wird, Hoffnung, daß eine Ordnung, deren Hauptprodukt seit Jahrhunderten Elend und Hunger gewesen sind, durch eine andere ersetzt werden kann, die Hoffnung von Menschen, deren Triumph sich nicht in knallenden Sektpfropfen ausdrückt, sondern in Brot und Milch für ihre Kinder und deren Nachkommen.

## Zur Weiterentwicklung der Maulwürfe für, nach und in memoriam günter eich
(1973)

bisher unbestätigt jedoch mit an sicherheit grenzender wahrscheinlichkeit zutreffend ist eine meldung, die uns aus den usa erreicht. an einem bisher unbekannten ort soll es einer amerikanisch-sowjetischen kommission von geheimdienstlern und geheimwissenschaftlern gelungen sein, eine maulwurfsart zu züchten, die keine erdhügel mehr aufwirft, sondern unterseebootartig mit einem schmalen schnorchel, der selbst den ältesten englischen rasen nicht verletzt, sich am leben erhalten kann. man denkt, zuverlässigen quellen zufolge, daran, diese lebewesen untererdboot zu nennen. amerikanische linguisten sollen schon vorgeschlagen haben, die vokabel »bugging« oder »to watergate« durch »molewarping« zu ersetzen. als wissenschaftliche bezeichnung soll »talpa intima subterrana« erwogen werden. diese neue talpa könnte, wie unser gewährsmann zitiert, »dem abhörgeschäft eine neue dimension der sensibilität« geben. es ist daran gedacht, sie auf golfplätzen, in parks und gärten einzusetzen, da immer mehr geheimnisträger sich dem vorbereiteten »wanzennetz« entziehen. auch soll die neue talpa, mit einem hochsensiblen sender ausgestattet, selbst allerzartestes liebesgeflüster laut und gefühlgetreu übermitteln können, es soll sogar gelungen sein, an testpersonen die bisher als die lautloseste zärtlichkeit geltende technik des »butter flying« (für deutsche leser: diese zärtlichkeit wird an wange, stirn oder jedwedem beliebigen körperteil des partners durch eine berührung der augenwimpern erteilt) aufzunehmen. eingeweihte ließen verlauten, diese zärtlichkeit verursache, durch die neue talpa übermittelt, und nur leicht verstärkt, sphärisch-elektrische schwingungen, die auch der neuen musik zugute kommen könnten. nicht ganz glaubwürdig klingen die angaben über die geschwindigkeit des tieres. es soll schrittempo ohne weiteres einhalten, soll sogar, aufgrund eines eigens erfundenen mechanismus, in der lage sein, die durch erdschwingungen meßbare schrittbeschleunigung aufzunehmen und sich dieser anzupassen. es wird von einer höchstgeschwindigkeit bis zu 12 stundenkilometern unter der erde gerechnet, falls die geologischen bedingungen (steiniger boden, allzu große bodenfeuchtigkeit) nicht allzu ungünstig sind. es wird jedoch damit gerechnet, daß höchstgeheimnisträger selten in laufschritt verfallen.

# Man muß immer weitergehen
*Alexander Solschenizyn und sein Lagerbuch
»Archipel Gulag«*
(1973)

Gewiß werden einige kluge Leute – in allen politischen Lagern nun, nach der Veröffentlichung von *Archipel Gulag*, feststellen wollen, Alexander Solschenizyn sei nun doch zu weit gegangen, und was nun kommen mag, habe er sich selbst zuzuschreiben. Andere, noch klügere, werden sich die Hände reiben, politisch und finanziell Profit wittern.

Das Kopfschütteln der Klugen und das Händereiben der Klügeren ist in diesem Fall unwichtig. Solschenizyn weiß, was er riskiert. Er hat dieses Risiko auf sich genommen, und er mag auch an Verleumdungen und Belästigungen widerlichster Art gewöhnt sein (wenn da zum Beispiel mitten in der Nacht ein »Betrunkener zufällig« an seiner Wohnungstür klingelt, von der man wohl annehmen darf, daß sie ständig überwacht wird, so nenne ich das eine widerliche Belästigung).

Archipel Gulag ist eine Chronik, von Solschenizyn ausdrücklich als solche avisiert, und sein Motiv für die Publikation ist eindeutig: Er will internationale Aufmerksamkeit, die möglicherweise Schutz bedeutet, für diejenigen bewirken, die im *Archipel Gulag* erwähnt werden, die seine Zeugen waren und noch leben; und außerdem ist dieses Buch »unser gemeinsames Denkmal für diejenigen, die gefoltert und getötet wurden«. Archipel Gulag ist der dokumentarische Beweis für die Vorgänge, die in zahlreichen Publikationen der Weltöffentlichkeit schon bekanntgeworden sind: Jahrzehnte des Terrors, den Solschenizyn im *Archipel Gulag* so beschreibt: »Du wirst verhaftet von dem frommen Pilgersmann«, den du ›Um Christi willen‹ für die Nacht bei dir aufgenommen hast. Du wirst verhaftet von dem Mann vom E-Werk, der gekommen ist, deinen Stromverbrauch abzulesen. Du wirst verhaftet von einem Radfahrer, der dich zufällig auf der Straße angefahren hat; verhaftet durch den Straßenbahnschaffner, Taxifahrer, Sparkassenangestellten oder den Geschäftsführer eines Kinos.«

Selbst Solschenizyns härteste Gegner müßten wenigstens seine Tapferkeit bewundern oder Respekt bezeugen vor der unfehlbaren Sicherheit, mit der er arbeitet und publiziert. Beides ist nicht zu erwarten. Nicht einmal andeutungsweise ist etwas der Art zu erwarten.

Eins der blamabelsten Fakten in der Geschichte des sowjetischen Schriftstellerverbandes bleibt die Tatsache, daß er Mitglieder ausschließt, immer dann, wenn sie gefährdet sind oder mißliebig werden: Achmatowa, Sostschenko, Pasternak, Solschenizyn. Und doch war *Iwan Denissowitsch* noch mit Chruschtschows ausdrücklicher Billigung erschienen, unter der Chefredaktion eines Mannes, mit dem Solschenizyn befreundet war und dem er am Grab seinen Respekt bezeugte: Alexander Twardowskij, von dem wohl keiner wird behaupten wollen, er sei ein Knecht des Imperialismus gewesen. Er fiel mit Solschenizyn. Und bedenkt man den Anlaß von Solschenizyns Ausschluß, seinen Roman *Die Krebsstation*, der schon gesetzt war; bedenkt man außerdem, daß bis heute nicht geklärt ist und wohl nie geklärt werden wird, wer seinen Ausschluß wirklich betrieb und mit welchen Motiven, so darf man getrost neben möglichen politischen Motiven Neid und Eifersucht in jeglicher provinziellen Machart dahinter vermuten.

Daß ein Autor, auf diese perfide Weise vogelfrei gesetzt, jeder Solidarität beraubt, nicht auf- und nicht nachgeben, daß er nicht einen Millimeter zurückstecken kann, müßte Autoren eigentlich klar sein, und es mag der Tag kommen – ich will diese Hoffnung nicht aufgeben –, da Haß, Verblendung, Verleumdung, Verfolgung und widerliche Belästigung von Einsicht abgelöst werden; von der Einsicht, daß hier einer nicht für sich leidet und kämpft: daß es um ein »Mehr« geht, viel mehr, das letzten Endes nur dem Ansehen und der Geltung der Sowjetunion zugute kommen kann.

Schließlich hat jener Prozeß, den man Entstalinisierung nennt, im Jahre 1956 in der Sowjetunion selbst begonnen, und das »literarische Signal« war die Veröffentlichung von *Iwan Denissowitsch*, von Twardowskij betrieben, von Chruschtschow gebilligt, wohl sogar gefördert. Es ist eine Schleuse geöffnet worden, die man bald wieder schloß, weil das hinter ihr gestaute Geschichtsmaterial Überschwemmung herbeizuführen drohte, und in einer Art Rückstau ist dieses Material in den »Samisdat« geflossen. Es wäre wohl besser gewesen, die Schleuse geöffnet zu lassen, ich sage das nicht in Anmaßung oder Herablassung, sondern weil ich sicher bin, daß der Prozeß, der 1956 eingeleitet wurde, nicht mehr aufzuhalten ist. Es ist sinnlos, jeden, der sich mit den unbestrittenen und unbestreitbaren Greueln der Stalinzeit befaßt, in die simple, die billige, die kleinbürgerliche Kategorie »Nestbeschmutzer« zu verdammen. Daß diejenigen, die angeblich das Nest beschmutzen, es in Wahrheit reinigen, sollte internationale Voraussetzung sein, denn natürlich ist das Problem nicht nur ein sowjetisches.

Es war befürchtet worden (und diese Befürchtung ist vom Internationalen PEN am 24. Mai 1973 formuliert worden), daß der Beitritt der Sowjetunion zum Welturheberrechtsabkommen weder Befreiung noch Freiheiten für sowjetische Autoren bringen würde. Die Befürchtung hat sich als wahr erwiesen, und es sieht so aus, als würde nun das erste Exempel an Alexander Solschenizyn statuiert.

Das westliche Copyright-Verständnis, wie es in dem Welturheberrechtsabkommen vorausgesetzt ist, überläßt dem Autor die Wahl des Agenten oder Verlegers. Es könnte zum Beispiel ein deutscher Autor sein deutsches Manuskript einem japanischen Agenten übergeben, der dessen Rechte international vertritt. Außerdem ist nach westlichem Copyright-Verständnis die Auslandpublikation unabhängig von der Inlandpublikation. Bücher südamerikanischer Autoren, die aus politischen Gründen in ihren Heimatländern nicht publiziert werden konnten, sind etwa in den USA oder in Spanien erschienen.

Für die sozialistischen Länder gilt dieses westliche Copyright-Verständnis nicht. Ausnahmen sind, wenn auch unter Bedrohung, Beschimpfung, Verhören und räuberischer Beschneidung des Autorenanteils (die besonders kraß in der CSSR geübt wird) hingenommen worden. Wenn nun der Leiter der kürzlich gegründeten sowjetischen Agentur für Autorenrechte, Boris Pankin, erklärt, er wolle gegen die Verbreitung von Solschenizyns Werk im Ausland »vorgehen«, so ist das eine merkwürdige – und soweit es ausländische Verleger betrifft – wohl leere Drohung, die nur end- und sinnlose Prozesse – vor welchem Gericht? – zur Folge haben könnte. Ernst werden kann die Drohung, wenn im Ausland bekannte und begehrte sowjetische Autoren, die keine »Nestbeschmutzer« sind, als Tauschobjekt interessant werden.

Wenn der Leiter der sowjetischen Staatsagentur, Boris Pankin, diesen Fall zur sowjetischen Angelegenheit erkläre, bleibt nur die internationale Einmischung. Nun wird uns diese Einmischung permanent vorgeworfen. Ich möchte hier einmal feststellen, daß sich sowjetische Delegierte auf internationalen Treffen ständig und mit Recht, denn das sollte eben internationaler Brauch werden – in unsere Angelegenheiten einmischen. Was speziell wir bundesrepublikanischen Autoren da zu hören bekommen – etwa über Landserheftchen –, ist Einmischung, und – ich möchte das betonen – gar keine unwillkommene; denn man übersieht als literarischer Insider manches verheerende Phänomen der Publikationspolitik.

Nun wird sich also alles wiederholen: Verleumdung, Beschimpfung, Belästigung, der Nervenkrieg gegen Solschenizyn. Die üblichen Artikel werden erscheinen in den einschlägigen Zeitungen und Zeitschriften. Wieder einmal werden wir zu kalten Kriegern erklärt werden. Kollegen werden sich von Solschenizyn distanzieren, an der Beschimpfung teilnehmen.

Ich frage mich und die Sekretäre und Mitglieder des sowjetischen Schriftstellerverbandes: soll das nun ewig, ewig so weitergehen? Wird man nicht nachgeben, bis man Solschenizyn und seine Familie hinausgeekelt oder -geworfen hat? Einen Autor, der innerhalb seines Landes vogelfrei, völlig schutzlos ist? Für Solschenizyn, der in der Sowjetunion keine publizierte Öffentlichkeit hat, bleibt nur die Weltöffentlichkeit, und an sie wendet er sich mit *Archipel Gulag*.

Es gäbe einen Ausweg, ich nenne ihn hier, obwohl es verrückt sein mag, ihn zu nennen: Solchenizyns Werk in der Sowjetunion zu veröffentlichen.

Mag man auch vorher wissen, wie die Kritiken – offiziell und offiziös – ausfallen, so hätten doch die sowjetischen Leser die Möglichkeit, an eigenen oder den Erfahrungen von Familienmitgliedern zu überprüfen, wie Solschenizyn diese fürchterliche Periode der sowjetischen Geschichte in Sprache verkörpert; denn wie Solschenizyn es im *Archipel Gulag* ausdrückt, war diese Inselwelt von Straflagern übers ganze Land ausgebreitet, sie schnitt aus Städten Enklaven heraus, schwebte drohend über Straßen – sie war also präsent und ist es noch. Man könnte es auch die ständige Gegenwart der vergangenen Angst nennen.

Ich weiß sehr wohl, wie verrückt der Vorschlag, Solschenizyn in der Sowjetunion zu publizieren, klingt, doch das Verrückte ist manchmal der einzig realistische Ausweg. Ein so großes Land wie die Sowjetunion, das offenbar tatsächlich auf internationale Entspannung aus ist, kann sich auf die Dauer diese innere Spannung der vergangenen und noch nicht vergessenen Angst nicht leisten, die zu artikulieren Solschenizyn am Werk ist.

Ich muß hier wohl ein paar Sätze schreiben zum Problem des Beifalls von der falschen Seite. Ich habe mich zu wiederholten Malen ausgiebig und endgültig von den Denunzianten in der Springer-Presse distanziert. Herr Löwenthal vom ZDF, ein gewisser und bestimmter Teil der katholischen Milieupresse wissen, daß mir ihr Lob widerwärtiger ist als ihr Tadel. Genug. Nicht einmal die Kritik von der falschen Seite stört mich.

Ich wiederhole noch einmal: Ich weiß genau, was ich tue, bin von keiner Seite gedrängt oder geschoben. Wenn ich »irregeleitet« bin, dann bin ich's durch mich selbst.

Ich bleibe dabei: Alexander Solschenizyn mußte so weit gehen, wie ein Autor gehen *muß*. Ob er noch weiter gehen muß, unterliegt einzig und allein seiner Entscheidung.

Wie weit seine Gegner gehen wollen, im Schriftstellerverband, in den Redaktionen der einschlägigen Zeitungen und Zeitschriften, in den Kulturbehörden, ist keine Frage der persönlichen und moralischen Entscheidung, sondern lediglich eine Frage der mißbräuchlich angewandten Macht. Das Spiel selbst haben seine Gegner längst verloren. Sie sollten das einsehen und den einzig möglichen, den verrückten Weg gehen.

Wir sollten nicht allzu selbstbewußt uns in die Brust werfen. Es ist zwar lange, aber noch keine Ewigkeit her, daß die deutsche Botschaft in Paris gegen Jean Cayrols Film *Nacht und Nebel*, der in Cannes uraufgeführt werden sollte, protestierte; und was man so, als gelegentlich im Ausland sich produzierender deutscher Autor – oh, nein, nicht von allen, aber gelegentlich von deutschen Diplomaten zu hören bekommt, ist das uralte Nestbeschmutzer-Argument. Und es sollte auch vermerkt werden, daß die, wenn nicht *de jure*, so doch *de facto* Haftentlassung von Amalrik bei weitem nicht die Schlagzeilen-Publicity gehabt hat wie seine Verhaftung.

## Gutachten zum Prozeß gegen Erich Fried
(1974)

Das Wort Vorbeugemord ist nicht gebräuchlich. Es ist eine Wortbildung neueren Datums. Erich Fried stellt in seiner »Erklärung zur Sache«, die dem Gericht vorliegt, fest, das Wort Vorbeugemord sei ihm zum ersten Mal im Jahre 1968 im Zusammenhang mit den Demonstrationen gegen die Notstandsgesetze begegnet; er habe auf einem Plakat gelesen »Vorbeugehaft ist gut, Vorbeugemord ist besser«. Zum zweiten Mal begegnete er dem Wort innerhalb einer Druckschrift, in der die Erschießung Georg von Rauchs rekonstruiert wurde; dieser Bericht stützte sich auf Informationen, die von einem Ermittlungsausschuß und Rechtsanwaltskollektiv in West-Berlin gesammelt wurden. Ich verweise, was diese von mir angeführten Angaben betrifft, auf die Seiten 16 und 17 von Erich Frieds »Erklärung zur Sache«. Erich Fried ist also nicht der Urheber des Wortes Vorbeugemord. Im Zusammenhang mit der hier gegen ihn vorgebrachten Klage halte ich die Frage der Urheberschaft für unwichtig, halte es aber für angebracht, festzustellen, daß gegen die Urheber des Wortes keine Klage erhoben wurde, auch nicht gegen die Verwendung des Wortes innerhalb eines Berichts über die Erschießung von Rauchs. Als Erich Fried in seinem Leserbrief an Minister Dr. Posser diesen Vorgang benennen mußte, fiel ihm das Wort Vorbeugemord ein, erst später besann er sich der Quellen.

Nun ein paar Überlegungen zum Wort Vorbeugen. Das Wort hat nicht den geringsten anrüchigen oder beleidigenden Charakter. Falls erwünscht, kann ich hier den Paragraphen Vorbeugen aus Trübners Deutschem Wörterbuch verlesen, in dem die verschiedenen Verwendungen des Wortes Vorbeugen gedeutet und mit Zitaten belegt werden. Anrüchig geworden ist das Wort Vorbeugen in der Wortverbindung Vorbeugehaft. Im übrigen besteht ein Sinn- und damit Handlungszusammenhang zwischen Vorbeugen und Notwehr. Wenn jemand Notwehr anwendet, dann doch immer nur, um einer Handlung vorzubeugen, die er durch seine Notwehr verhindern möchte, einem Einbruch, einer Vergewaltigung, einer Erpressung etc. Es muß außerdem bedacht werden, ob nicht jede Notwehrsituation eine Konfliktsituation und zudem relativ und subjektiv sei. Nervlich und psychisch überlastete, oder auch nur im herkömmlichen Sinn übersensible Menschen werden möglicherweise rascher Notwehr anwenden als nervlich und psychisch stabile. Es bedarf keiner psychologischen, lediglich einer zeitgeschichtlichen Einsicht, wenn man feststellt, daß zur fraglichen Zeit – Anfang Dezember 1971, als Georg von Rauch erschossen wurde – alle beteiligten Parteien, die Polizeibeamten, die polizeilich Gesuchten, die publizistischen Beobachter und Analytiker der Szene nach und während einer beispiellosen Demagogisierung der verschiedenen Fälle durch einen Teil der Presse nervlich und psychisch überlastet waren. Um die Situation des Polizeibeamten Herrn Schulz beurteilen zu können, müßte man alle Weisungen und Anweisungen, alle Vorschriften kennen, mündliche und schriftliche, die generellen und die für diese Aktion um Georg von Rauch speziellen; man müßte auch voraussetzen können, daß alle nicht polizeilichen Behörden, die an der Aktion beteiligt waren, die abgeordneten Personen benennen und ihre Anweisungen offenlegen würden. Immerhin war der Verlauf der Aktion so undurchsichtig, daß das Deutsche Fernsehen sechs Wochen nach der Aktion am 10. 1. 72 zur Hauptsendezeit eine Rekonstruktion brachte, um die Ermittlungen voranzutreiben. Die von Erich Fried zitierte Äußerung des Herrn Polizeipräsidenten von Berlin, Georg von Rauch sei »tödlich verletzt« worden, ist ein peinlicher Euphemismus, der weder Herrn Schultz noch der Berliner Polizeibehörde nützlich ist. Tödlich verletzt, das klingt nach einem Unfall; und selbst bei einem harmlosen Verkehrsunfall wird ja der Schuldige ermittelt. Es gehört nun einmal zu den wichtigsten Voraussetzungen der Demokratie, daß sich die Exekutive einer Kontrolle unterwerfen muß; daß sie auskunftspflichtig ist; jeder ungeklärte Fall erhöht das Mißtrauen ins Funktionieren dieser Kontrolle. Die Tötung eines Menschen – erlauben Sie mir bitte, es so banal auszudrücken – ist ein sehr ernster Vorgang, ja ein fürchterlicher, und selbst wenn ein Polizeibcamter in Ausübung seiner Pflicht keinen anderen Ausweg gewußt und gesehen hat, bleibt es ein ernster, ein fürchterlicher Vorfall. Staat und Gesellschaft haben in Zeiten, in denen die Exekutive halbwegs unter Kontrolle stand, die Tötung eines Menschen – und wenn es die legale Hinrichtung eines geständigen Massenmörders war – immer als ernsten Vorgang behandelt und betrachtet. Das drückte sich schon in einer gewissen, wenn auch manchmal makabren Feierlichkeit aus, mit der eine Hinrichtung vollzogen wurde.

In diesem Zusammenhang nun ein paar Überlegungen zu der Verwendung des Wortes Vorbeuge*mord* durch Erich Fried. Es ist doch wohl erwiesen, daß der Polizeibeamte Herr Schultz Georg von Rauch erschossen, getötet hat. Ich bin sicher, daß kein Polizeibeamter das leichten Herzens tut, und ich maße mir nicht an, Herrn Schultz abzusprechen, er habe vorbeugend oder in Notwehr gehandelt. Wenn man zu der Einsicht käme, daß zwischen Vorbeugen und Notwehr kein erheblicher Unterschied besteht, Herr Schultz also vorbeugend oder in Notwehr gehandelt hat, wie sollte jemand wie Erich Fried, der sich in einer öffentlichen Auseinandersetzung zu Wort meldet, diesen Vorgang nennen? Notwehrtötung? Notwehrerschießung? Notwehrmord? Fahrlässige Tötung? Vorbeugeerschießung? Vorbeugetötung? Die Worte Tötung und Erschießung haben ja ebenfalls Nebenbedeutungen, die als beleidigend empfunden werden können. Das Wort Tötung ist durch die Euthanasiemaßnahmen der Nazis belastet, das Wort Erschießung hat die Nebenbedeutung von Hinrichtung. Welche Bezeichnung wäre nicht beleidigend, und welche wäre zutreffender als die peinlichen Verlautbarungen der Dienstherren von Herrn Schultz? Erfordert nicht der Tod eines Menschen, und wäre er ohne jede rechtliche Einschränkung erschossen worden, eine Erklärung, die weder lässig, noch nach- oder fahrlässig gewesen wäre wie die des Berliner Polizeipräsidiums? Erklärungen zu glauben und wären sie auch noch so lässig oder nachlässig, ist außerdem eine Frage des Vertrauens, dieses Vertrauen existiert eben nicht, und es wird immer geringer, wenn Fälle wie der Tod von Georg von Rauch nicht durchsichtig werden. Schließlich handelt es sich nicht um Bagatellen. Selbst wenn auch nur andeutungsweise Fahrlässigkeit bei der Erschießung von Rauchs vermutet werden könnte, müßte der Fall, und zwar öffentlich, geklärt werden. Wird nicht außerdem, wenn jemand in Notwehr oder während einer Verfolgung auf jemand schießt, vorausgesetzt, daß er Tötungsabsichten hat? Das ist eine Frage, keine Feststellung. Dem Werner Hoppe, gegen den hier in Hamburg verhandelt wurde, wurden drei Schüsse, die er abgegeben haben soll, als drei Mordversuche angelastet, und er bekam zehn Jahre Haft. Nun verteidigt ein Polizeibeamter nicht nur sich selbst, sondern die Ordnung, die zu schützen er im Dienst ist. Muß man auch bei ihm voraussetzen, daß er, wenn er in Notwehr oder vorbeugend schießt, mit der Absicht schießt, zu töten? Das ist eine Frage. Und wie soll man diesen möglichen Tod, den sein Schießen zur Folge hat, nennen? Tötung? Erschießung? Hinrichtung etwa? Welchen Ausdruck, wenn man nicht die nebulosen Erklärungen der vorgesetzten Behörde akzeptiert, kann man dafür verwenden? Ich halte im Zusammenhang mit dieser Beleidigungsklage die Tatsache für wichtig, daß Erich Fried nicht den Polizeibeamten beim Namen nennt, schon gar nicht den Vorgang personalisiert und von Vorbeugemörder spricht. Das Wort Vorbeugemord ist weniger auf den Beamten bezogen als auf die undurchsichtigen Erklärungen und Anweisungen seiner vorgesetzten Behörde.

Bei seinem Informationsstand konnte Erich Fried nichts anderes annehmen, als daß hier beabsichtigte Tötung vorlag.

Herr Schultz und seine Vorgesetzten und Dienstherren könnten doch einsehen, daß die Möglichkeit, Polizeibeamte könnten sich *schuldig* gemacht haben bei der Erschießung Georg von Rauchs, in einem so unklaren Fall nicht ausgeschlossen werden konnte. Und wenn Polizeibeamte in Konfliktsituationen geraten können, muß der Konflikt öffentlich sichtbar werden, und es muß einem Publizisten erlaubt sein, die Erklärungen hoher Polizeidienststellen anzuzweifeln. Es gehört zu den Pflichten eines Journalisten, Publizisten und Schriftstellers wie Erich Fried, der sich selbst als engangiert definiert, auf Klärung zu bestehen, die öffentliche Kontrolle in Gang zu setzen, notfalls zu provozieren. Besonders zu erwähnen ist noch einmal der Informationsstand und der Stimmungshintergrund von Erich Fried. Vom Ausland aus, von jemand beobachtet wie Erich Fried, dessen Lebenslauf dem Gericht vorliegt, mußte die Erschießung Georg von Rauchs düstere Assoziationen erwecken, besonders nach der Erschießung Benno Ohnesorgs, in der ein milde ausgedrückt peinlicher Kollege von Herrn Schultz tätig gewesen war. Vorausgesetzt werden muß aber auch, daß die Stimmungsmache, die in einem Teil der bundesdeutschen Presse lief, dazu angetan war, die Polizeibeamten nervlich, physisch und psychisch zu überlasten und sie unter einen Erfolgszwang zu stellen, der möglicherweise für vieles eine Erklärung wäre.

Ich plädiere hier nicht für Ausnahmegesetze, Privilegien für Autoren und Intellektuelle, nicht für Freibriefe für eine ungehemmte, unkontrollierbare Verbalität, die außerhalb des Gesetzes stünde. Wenn Herr Schultz, oder wie es scheint, mehr noch der Herr Polizeipräsident von Berlin sich durch Erich Fried beleidigt glauben, so muß über diese Beleidigung verhandelt und befunden werden. Und doch muß ich darauf aufmerksam machen, daß die Wörtlichkeit eines Autors eine andere ist als die der Legislative oder Exekutive. Ein Autor mag etwas Raub, Diebstahl, Mord, Erpressung nennen, was innerhalb des juristischen Vokabulariums nicht so genannt werden darf. Raub nennen würde er etwa erhöhte Mieten und Preise, die innerhalb der Usancen durchaus legal sein können. Diebstahl nennen könnte er durch manipulierte, aber legale Zwangsversteigerungen erworbenen Besitz mobiler oder immobiler Güter, Mord nennen würde er die Tötung eines Menschen, der während einer ungeklärten Polizeiaktion ums Leben kam, Erpressung nennen würde er jegliche Art von Zwang oder Druck, der auf ihn oder andere ausgeübt würde, mögen auch andere solche Zwänge und solchen Druck als durchaus normal oder gar alltäglich empfinden.

Wenn hier festgestellt werden soll, ob Erich Fried beleidigende Absichten gehabt hat, so kann ich nach Kenntnis seiner Person und vor allem seines Werkes sagen: nein. Festzustellen, ob das Wort Vorbeugemord objektiv oder subjektiv als Beleidigung empfunden werden kann, würde bedeuten, festzustellen, ob während der Aktion gegen Georg von Rauch alles zweifelsfrei legal verlief.

# Die himmlische Bitterkeit des Alexander Solschenizyn
## »*Der Archipel Gulag*«: Versuch einer künstlerischen Bewältigung der stalinistischen und leninistischen Vergangenheit der Sowjetunion
## (1974)

Schon auf der zweiten Seite des Buches vergißt man (vergaß ich) alles, was mir aus zweiter, dritter oder vierter Hand über das Buch bekannt geworden war; aus Vorankündigungen, Kommentaren, die dem *Fall*, nicht dem Buch galten; vergaß die linken, die rechten Kommentare, die Kommentare aus sämtlichen verfügbaren Mitten. Nun endlich das Buch, von dem ich hoffe, daß es alle lesen, die sich verantwortlich darüber äußern und an ihm über den Fall und den Vorfall hinaus interessiert sind; ich hoffe auch, daß es alle gelesen haben, die sich in der Sowjetunion darüber öffentlich geäußert haben: die Herren Schukow, Tschakowski und Simonow. Hat der Staatssicherheitsdienst ihnen Fotokopien ins Haus gebracht, auf daß sie ihre vernichtenden Urteile nicht nur fällen, auch begründen können?

Alles ist vergessen, Vorschußlorbeeren, Vorschußgift, sobald man ins Buch selbst hineingerät, die Stimme durch die erstaunliche Übersetzung hindurchhört, langsam Instrumentierung und Aufbau erkennt. Wenn Solschenizyn dem *Archipel Gulag* den Untertitel gegeben hat *Versuch einer künstlerischen Bewältigung* und man fragt sich am Ende: Ist sie gelungen? – so kann die Antwort nur heißen: Ja, ja und nochmals ja.

Und diese künstlerische Bewältigung verdanken wir nicht nur dem Zornigen, dem Moralisten, wir verdanken sie dem Autor Solschenizyn, der – als Nebenprodukt sozusagen – hier ein Meisterbeispiel für das geschaffen hat, was man Dokumentarliteratur zu nennen beliebt. In diesem Buch ist nichts erfunden. Der Stoff – der fürchterliche – ist ja gegeben. Und er war gegeben für Hunderttausende, für Millionen andere. Von den schätzungsweise dreißig Millionen europäischer Kriegsteilnehmer haben ja auch nur höchstens drei bis vier Dutzend diskutable Kriegsbücher zustande gebracht, dokumentarische und fiktive, obwohl doch der Stoff für dreißig Millionen bereitlag – und welch einer! – auf der Hand, vor der Tür.

Es besagt also gar nichts, wenn da Stoffe auf der Hand und vor der Tür liegen, und es besagt auch wenig, wenn da jemand fleißig Dokumente sammelt und recherchiert. Mögen auch die Dokumente »für sich sprechen«, so müssen sie doch noch »zur und zu Sprache gebracht werden«, und das ist im *Archipel Gulag* geschehen. Es ist immer noch der Autor, der den Stoff, und nicht der Stoff, der den Autor macht.

In Solschenizyns Buch ist nichts erfunden, und doch ist es eine Findung. Wo Solschenizyn auf Vermutungen oder Annäherungswerte angewiesen ist, werden sie eindeutig als solche deklariert, und manche nur vermutbaren statistischen Details werden mit einer Präzision dargeboten, die ihn immer noch und immer wieder als Naturwissenschaftler ausweist. Und doch ist auch das nicht die Erklärung, denn Naturwissenschaftler gibt's viele, aber eben nur wenige, die Sprache haben, Stimme und sich aufs Instrumentieren verstehen.

Diese Vorbemerkung erscheint mir wichtig, denn es könnte ja jemand sagen: Kunststück bei dem Gegenstand. Es macht eben der Gegenstand das Stück nicht zum Kunststück. Es gab Vorboten des *Archipels Gulag*, nicht nur Solschenizyns eigene Romane und Erzählungen; es gab Jewgenija Ginsburgs *Marschroute eines Lebens* (eben jene, die peinlicher- und entsetzlicherweise – entsetzlich für die Autorin, peinlich für Verlag und Propagandafanatiker – per Bundeswehrluftballons in einer Kleinstausgabe in die DDR hinübergewedelt wurde). Es gab Lydia Tschukowskajas *Leeres Haus*, es gab W. Schalamows Lagererzählung über den berüchtigten Paragraphen 58, es gab Susanne Leonhards *Gestohlenes Leben*, zahlreiche andere Publikationen.

Solschenizyns Archipel Gulag nimmt keiner anderen Publikation ihren Rang und ihre Wichtigkeit. Was ihm vorschwebte und gelungen ist: ein Monument zu schaffen für die namenlose Masse derer, die eben die Sprache nicht haben – oder zum Verstummen gebracht wurden, bevor sie ihre Stimme erheben konnten. Schonung gegenüber den sowjetischen Behörden oder Schonungslosigkeit ihnen gegenüber – beide Attitüden, auch die zahlreichen Variationen beider Attitüden, werden diesem Buch gegenüber sekundär. Hier wird nicht die sowjetische Gegenwart angeklagt, sondern die in ihr schwelende Vergangenheit.

Den Grundton des Buches zu bestimmen fehlen mir die Kategorien. Satire, Sarkasmus, Ironie – sie sind, so scheint mir, dem Gegenstand nicht angemessen. Würde das Wort himmlisch hierzulande nicht als Sybaritenvokabel mißverstanden (himmlisches Essen, himmlische Frauen, himmlische Partys, Kleider und Drinks), so würde ich versuchsweise von himmlischer Bitterkeit sprechen, versuchsweise und vorläufig. Humor? Ja, soweit er die Dimension Hoffnung und Menschlichkeit hat und nicht mit der perniziösen Häme eines Wilhelm Busch verwechselt wird, der fast immer entwürdigt.

In Solschenizyns Buch wird Würde wiederhergestellt, die Würde der fast Unzähligen, die unter entwürdigenden Umständen von Wachmannschaften, Untersuchungsrichtern zu »Ungeziefer« (Lenin) erklärt und gemacht werden sollten, politische Häftlinge, die man letzten Endes dann auch gnaden- und schutzlos den Kriminellen überließ. Humor auch, weil der Autor, hier nicht einmal andeutungsweise Selbstgerechtigkeit zeigt, ich wiederhole: nicht einmal andeutungsweise, und – das allein ist Meisterschaft und ist mit dem herkömmlichen Wort Meisterschaft auch wiederum nur andeutungsweise bezeichnet – in diesem Nichtvorhandensein der Selbstgerechtigkeit nicht ein Gran Heuchelei zu entdecken wäre. Man lese zum Beweis sorgfältig die Seiten 160 bis 170 und andere Passagen, etwa die Meditation über den »Bösewicht«.

Es fehlt auch nicht der Hinweis auf die mörderischen Konsequenzen *jeglicher* ideologischer Rechtfertigung. Ich zitiere: »So stärkten sich die Inquisitoren am Christentum, die Eroberer an der Erhöhung der Heimat, die Kolonisatoren an der Zivilisation, die Nationalsozialisten an der Rasse, die Jakobiner (die früheren und die späteren) an der Gleichheit, an der Brüderlichkeit und am Glück der künftigen Generationen.« Solches – das Fehlen von Selbstgerechtigkeit, der Hinweis auf die mörderischen Konsequenzen anderer Ideologien – wird natürlich in

Moskau nicht bekanntgegeben. Oder wird der famose Herr Alexander Tschakowski diesem Thema eines Tages einen Leitartikel in seiner *Literaturnaja Gazeta* widmen?

So – weil ein Autor eben nicht nur verpflichtet ist, auch verrückt genug sein muß, sich mit möglichen Konflikten zu beschäftigen –, so ist die Ausführlichkeit zu verstehen, mit der Solschenizyn sich mit dem Problem Wlassow-Armee beschäftigt. Der Konflikt eines Generals, dessen Armee man schändlich zugrunde richtete, der sich und andere natürlich über die Natur der Nazis täuschte und täuschen ließ, und da wird man ganz gewiß in Moskau die entscheidende Passage übersehen haben oder übersehen wollen, die da lautet: »Das Schicksal aber spielte ihnen noch bitterer mit, zu noch jämmerlicheren Schachfiguren waren sie geworden. In ihrer ganzen überheblichen Sturheit erlaubten ihnen die Deutschen nichts anderes, als für ihr *Reich* zu sterben; an ein unabhängiges russisches Geschick zu denken, war bereits verboten.«

Natürlich gibt es das alles nicht: Konflikte, Schicksal, Geschick, und darin, daß er diese Begriffe wieder einführt, mag man Solschenizyns Hauptvergehen entdecken. Und da gibt's natürlich den heiklen Vergleich MGB-Gestapo, den ich hier auf einen einzigen Fall, den des Emigranten und orthodoxen Predigers A. I. Diwnitsch, angewandt sehe. Ich zitiere die fragliche Stelle: »Diwnitschs Schlußfolgerungen fielen zuungunsten des MGB aus: Gefoltert wurde da wie dort, doch die Gestapo versuchte trotz allem, die Wahrheit zu finden, und ließ ihn, als die Anklage platzte, frei. Dem MGB war die Wahrheit egal, und es hatte nicht die Absicht, einen einmal Verhafteten wieder aus den Klauen zu lassen.«

Mir scheint, daß Solschenizyn nicht *die* Gestapo hier meint, sondern nur im Fall Diwnitsch, der ja immerhin Emigrant und russischer orthodoxer Prediger war und daher für die ihn verhörende Gestapo wahrscheinlich kein ganzer, sondern nur ein halber Untermensch. Mag sein, daß Solschenizyn hier im Zorn etwas zu sehr verallgemeinert, doch es liegt mir wenig daran, hier zwei nationale Konten zu eröffnen – und aus- oder anzugleichen.

Ich las gerade vor einigen Wochen H. G. Adlers *Der verwal-*

*tete Mensch, Studien über die Deportation der Juden aus Deutschland.* Diese Lektion reicht für eine Weile als Information über die Gestapo. Es mag den einen oder anderen oder gar einige mehr Gestapo-Beamte gegeben haben, die nicht ganz so schlimm waren.

*Die* Gestapo war schlimm genug, und daran zweifelt gewiß auch Solschenizyn nicht. Solche Vergleiche sind nicht etwa nur heikel, sie sind undurchführbar, weil die Bilanz nicht zu ziehen wäre, nicht der Vergleich aller historischen Unterschiede: und dann auch noch der Unterschied zwischen Foltern aus ideologischen Gründen und Morden aus weltanschaulich-rassistischen. Da gäb's außerdem eine fürchterliche Rivalität – besonders, wenn sie sich zwischen Russen und Deutschen abspielte –, sie bestände darin, daß der eine sagt: »Bei uns war's schlimmer« und der andere: »Nein, nein bei uns.« Ich halte nicht viel davon, auf diese Art Konten ausgleichen zu wollen.

Gewiß ist, und keiner kann nach der Lektüre des *Archipels Gulag* daran zweifeln, daß Solschenizyn nicht einen einzigen Greuel der Nazis bagatellisiert. »Gemeinsame und sichere Erinnerung unser aller:«, schreibt Solschenizyn, »ein fauliger Tümpel war's, ein durch und durch von Fäulnis befallener Ort. Heute noch und ohne jede Aufwallung von Zorn und Mißmut bewahren wir in unseren durch die Jahrzehnte besänftigten Herzen diesen sicheren Eindruck: von niedrigen, boshaften, ehrlosen und – vielleicht – verirrten Menschen.«

Lassen wir's bei dieser Feststellung und dem menschlich-versöhnlichen, in zwei Bindestriche verpackten »vielleicht« und verzichten in diesem Fall auf eine nationale Rivalität zwischen Russen und Deutschen, die darin bestehen würde, festzustellen, wo's schlimmer war. Es ist sinnlos, eine Grausamkeit gegen eine andere auszuspielen, und für den Chilenen, Spanier, Griechen oder Brasilianer, der heutzutage gefoltert wird, birgt die Masse der vergangenen deutschen oder sowjetischen Grausamkeiten nicht einmal den Ansatz zu einem Trost.

Sehe ich von dieser winzigen mißverständlichen Ungenauigkeit ab, die darin bestehen könnte, daß Solschenizyn anstatt *die* Gestapo *der* Gestapo-Beamte hätte schreiben sollen, so entdecke ich in den insgesamt fast 25 000 Zeilen des Buches keinen falschen Ton. Das Einmalige des Buches liegt denn auch in der Komposition, der Intonation und der Instrumentierung. In der Auswahl von allgemeiner Darstellung der Entwicklung sowjetischer Gesetzgebung, Rechtsprechung und Strafvollzug und den zu jedem Stadium dieser Entwicklung ausgewählten, dokumentierten Details, die, da sie zum größten Teil *wiedergegeben*, nicht in falscher Mündlichkeit zitiert werden, stilistische Meisterwerke sind, auch in ihrer Kürze.

Sicher gesetzt, sparsam verwendet sind kleine »nur« literarische Passagen: »Zu sehen gab es (auf dem Dach der Lubjanka, wo die Häftlinge ihren Spaziergang machten) nur diesen Schornstein, den Wachsoldaten auf dem Turm des siebenten Stockwerks und schließlich das unglückselige Fleckchen von Gottes Himmel, dem es beschieden war, über der Lubjanka sich zu erstrecken.« Und über Stalin: »Wollte er sein Seelenheil retten? – Dazu war's zu früh.« Oder: »Der Tag entzweit die Häftlinge, die Nacht bringt sie einander näher.« Auf seinen Häftlingskoffer bezogen, an dem er die alten Spuren ertastet: »Die Dinge sind uns im Niemals-vergessen-Können voraus.« Es muß nur eben einer das, was die Dinge niemals vergessen können, entdecken und zu Wort bringen! Und mitten in diese mit jener himmlischen Bitterkeit dargebotene Aufzählung und Erklärung entsetzlicher Ereignisse hin wird ein Majakowski–Vers zitiert: Wer heute nicht mit uns singt / der ist / gegen / uns.

Während der Lektüre des Buches wird einem immer mehr verständlich, warum die Sowjetunion das Land ist, in dem am wenigsten über den Watergate-Skandal publiziert wird. Watergate wird zur Wassersuppe, und doch ist Watergate für die Betreffenden und Betroffenen keineswegs so harmlos; Vergleiche hinken immer. Wenn Herr Schukow, der Kommentator im sowjetischen Fernsehen, Solschenizyn vorgeworfen hat, er wühle da immer noch in der Vergangenheit, so möchte ich Herrn Schukow auf einen gewissen Grafen Lew Tolstoi verweisen, der fünfzig Jahre nach Borodino »in der Vergangenheit wühlte«, und was dabei herauskam, hieß *Krieg und Frieden*. Und wenn der unbezahlbare Herr Tschakowski sagt und schreibt: »Die Zeit arbeitet für uns« – so kann ich nur hoffen, daß dieser zynische Witz sich als unzutreffend erweist und Solschenizyn recht behält, der schreibt: »Sie bahnt sich dereinst ihren Weg, die Wahrheit. Wer vermöchte sie aufzuhalten?!«

Kein Zweifel: im Archipel Gulag wird nicht etwa nur entstalinisiert, es wird auch entleninisiert; beiden Väterchen wird auf die Finger geklopft und ins Stammbuch geschaut. Es wird, nachdem in den ersten Kapiteln das Generalthema angestimmt worden ist, systematisch die Entwicklung der sowjetischen Gesetzgebung, der Rechtsprechung und des Strafvollzugs im generellen und speziellen, Kapitel um Kapitel, nachgewiesen – und an Beispielen und in Fußnoten expliziert. Alles wird belegt, zitiert, die Quellen – hauptsächlich Lenin und Krylenko, weitaus weniger Stalin – werden angegeben.

Da wird die Todesstrafe abgeschafft, wieder eingeführt, wieder abgeschafft und wieder eingeführt, und selbst während sie abgeschafft ist, wird sie angewendet. Eine Auswahl der Kategorien von Straffälligkeit: da gibt es die Burjat-Mongolen, die Kasachen, Tataren, Balten, aber es gibt auch die Anderparteiler, die »Ährenabschneider« (nein, nicht Ehrabschneider!), da gibt es die »Frauen, die sich nicht von ihren Männern lossagen«, es gibt die »Radioverheimlicher«, die »Afrikaner« (Hiwis aus der Rommel-Armee), es gibt den »Generals-Strom«, den Strom der »*schuldigen Moskauer*«, es gibt die Nichtdenunzianten, die *Wiederholer*, die »*rächenden Kinder*«, »*Grenzwertler*«, *Kulaken*, die Heimkehrverweigerer, die »Nicht-vorgreifen-Wollenden«, die Industriepartei, die Handwerker.

Es gibt eine Abhandlung über die Kunst der Verhaftung: »Die Verhaftung am Tag und in der Nacht; zu Hause, im Dienst und unterwegs; erstmalige und wiederholte; Einzel- und Gruppenverhaftungen. Die Verhaftungen werden nach dem Grad der erforderlichen Überrumpelung eingestuft und nach der Stärke des zu erwartenden Widerstandes (doch in Dutzenden Millionen von Fällen wurde kein Widerstand erwartet und auch keiner geleistet). Die Verhaftungen unterscheiden sich nach der Gewichtigkeit der geplanten Haussuchung, nach der Notwendigkeit, bei der Beschlagnahme Protokolle zu führen, das Zimmer oder die Wohnung zu versiegeln, welche Notwendigkeit nicht immer gegeben ist; je nach Bedarf im weiteren Verlauf auch die Frau des Abgeführten zu verhaften, die Kinder aber ins

Kinderheim zu bringen, bzw. auch den Rest der Familie in die Verbannung bzw. auch noch die greisen Eltern ins Lager.«

Natürlich fehlt es da nicht an Absurditäten, die manchmal ins Komische führen und vielleicht tatsächlich eine sowjetische Spezialität sind: »Nach der Verhaftung des Orientalisten Newski wurden tanguitische Handschriften beschlagnahmt (für deren Entschlüsselung der Verstorbene fünfundzwanzig Jahre später posthum den Leninpreis bekam).« Nach einer Bezirksparteikonferenz des Moskauer Gebietes braust im Saal »stürmischer, in Ovationen übergehender Applaus« für Stalin auf. Man klatscht, drei, vier, fünf Minuten – keiner wagt, mit dem Händeklatschen aufzuhören, es wird also elf (!!) Minuten lang geklatscht, bis der anwesende Direktor einer Papierfabrik endlich in eben jener elften Minute zur Erleichterung aller Anwesenden zu klatschen aufhört. Doch in der darauffolgenden Nacht wird der Direktor verhaftet, bekommt seine zehn Jahre und die Mahnung des Untersuchungsrichters: »Und hören Sie in Zukunft nie als erster mit dem Klatschen auf.«

Da gibt es den berühmten Biologen Timofejew-Ressowski (Vergehen: Heimkehrverweigerung), den nichts so zu schockieren scheint wie der auf den Boden der Lubjanka verschüttete Tee. »Er wird darin ein frappantes Merkmal beruflicher Desinteressiertheit des Gefängnispersonals erblicken (wie unser aller auch, bei welcher Arbeit immer). Er wird die 27 Jahre der Lubjanka-Existenz mit 730 Malen pro Jahr multiplizieren und dann mit 111 Zellen und wird sich noch lange Zeit darüber echauffieren, daß es bequemer war, in zwei Millionen einhundertundachtzigtausend Fällen das kochende Wasser auf den Boden zu schütten und die Stelle genauso oft trockenwischen, als an den Eimern Schnäbel zum Eingießen anzubringen.«

Und es gibt den grausamen und wohl treffenden Witz, in dem der Chef des Konvois den Häftling fragt, wofür er denn seine fünfundzwanzig Jahre bekommen habe, und jener sagt: »Für nichts«, woraufhin der Chef sagt: »Lüg nicht. *Für nichts kriegt man zehn.«* Nicht zu vergessen die junge Sozialrevolutionärin Jekaterina Olizkaja, die im Jahre 1924 glaubte, des Gefängnisses *nicht würdig* zu sein – was hatte sie schon Großes für Rußland getan?

Die bittersten Abschnitte widmet Solschenizyn den heimkehrenden oder an die Sowjetunion ausgelieferten Kriegsgefangenen, und wahrlich: das ist ein besonders verfluchtes Kapitel west-östlicher Beziehungen. Solschenizyn: »Den Krieg gibt's und den Tod gibt's, und die Gefangenschaft soll's nicht geben! – eine umwerfende Entdeckung! Das bedeutet: Geh hin und stirb, wir aber bleiben am Leben. Doch wenn du auch auf Krücken aus der Gefangenschaft heimgehumpelt kommst, zwar beinamputiert, aber lebend (der Leningrader Iwanow, Kommandeur eines MG-Zuges im Finnischen Krieg, saß später im Ustwymlag) – wir werden zu Gericht sitzen über dich.« Und an anderer Stelle: »Weil der Soldat an der deutschen Kugel nicht sterben wollte, soll er nach der Gefangenschaft einer sowjetischen das Genick hinhalten. Anderen – die fremde, unseren – die heimische. (Es ist übrigens naiv zu glauben: *deswegen*. Die Regierungen aller Zeiten bestehen keineswegs aus Moralisten. Niemals werden Menschen *wegen* etwas eingesperrt und hingerichtet. Einsperren und hinrichten ließ man sie, *damit nicht*! All diese Gefangenen wurden natürlich nicht *wegen* Hochverrats eingesperrt, denn selbst dem größten Trottel war klar, daß nur die Wlassow-Leute des Verrates hätten angeklagt werden können. Diese da wurden allesamt eingesperrt, *damit sie sich nicht* unter Dorfgenossen lauten Erinnerungen an Europa hingeben. Was man nicht weiß, macht einen nicht heiß ...)«

Und weiterhin: »Die überlebenden Buchenwald-Häftlinge wurden *gerade darum* (weil sie überlebt hatten) in unsere Lager gesperrt: Wieso hast du in einem Vernichtungslager am Leben bleiben können: da ist was faul!« Da werden auch Churchill und Roosevelt der »notorischen Kurzsichtigkeit, ja sogar Dummheit« geziehen, mit Recht.

Ich erinnere mich, aus einem Innen-Cage eines amerikanischen Kriegsgefangenenlagers heraus beobachtet zu haben, wie man die ehemaligen russischen Kriegsgefangenen in Eisenbahnwaggons und Lastautos geradezu zwingen mußte, manche schrien und wehrten sich vergebens. Damals war uns das Entsetzliche des Vorgangs nicht klar, erst später haben wir ihn entziffert. Sie fuhren ins *Archipel Gulag*.

O nein, hier in diesem Buch wird nicht Haß auf das Sowjetvolk ausgespien, das Buch ist ein Angebot und eine Aufforderung, sich endlich von der tiefsitzenden inneren Angst zu befreien. Obwohl einem unmenschlichen Stoff gewidmet, ist es ein menschliches Buch von einem einzigartigen Stil, von jemandem übersetzt, der beide Sprachen wie seine Muttersprache sprechen und kennen muß.

Damit der Leser nicht allzu rasch in mitleidvoll-gemütvolle Meditation versinkt, werden derb-direkte Zitate aus dem Häftlingsjargon eingestreut – etwa die »entkorkten Frauen«, die »›neun Gramm‹ ins Genick«, und das »*Viertelmaß*« (was bedeutet fünfundzwanzig Jahre, ein Vierteljahrhundert eben).

Und es wird nicht nur der Konflikt des Generals Wlassow von seinem Tabu befreit, auch der Konflikt Bucharins, der es einfach nicht glauben wollte und doch dran glauben muß. Welch ein Drama, Stalin und Bucharin, und die unbeantworteten Briefe. »Lieber Koba«! Düsterkeit genug, Absurdes genug. »Der ehemalige Tschekist Alexander Kalganow erinnert sich, in Taschkent ein Telegramm erhalten zu haben: ›Schickt zweihundert!‹ Im Augenblick aber waren sie gerade mit einer Partie fertig, und es gab scheinbar niemanden mehr zum ›Nehmen‹. Gut, sie brachten fünfzig Mann Nachschub aus den Bezirken herbei. Da, ein Einfall! Die von der Miliz festgenommenen *Bytowki* (Kriminelle) in Achtundfünfziger (Politische) aufzuwerten! Gesagt, getan. Doch die Sollziffer ist immer noch nicht ganz erreicht! Eine Anfrage von der Miliz: Was tun? Zigeuner haben mitten in der Stadt ungeniert ihre Zelte aufgeschlagen. Das ist's! Der Tabor wird umzingelt und alle Männer von siebzehn bis sechzig nach § 58 eingezogen! Planerfüllung zu vermelden.«

Und es gibt natürlich auch das »Menschliche« und das Menschliche. Solschenizyns Kommandeur etwa, der sich völlig unvorschriftsmäßig von seinem verhafteten Hauptmann verabschiedet und ihm Gutes wünscht. Dazu Zitat von Solschenizyn: »Merkwürdig indes: Man kann doch ein Mensch bleiben – Trawkin geschah gar nichts. Vor kurzem kamen wir freundschaftlich zusammen und lernten einander erst richtig kennen. Er ist General im Ruhestand und außerdem Revisor eines Jagdvereins.«

Es konnte jeden treffen und jeden *nicht*, die Willkür war total. Die Rehabilitierung etwa von M. P. J. wurde abgelehnt, »aber es wurde ihm als Pflästerchen eine *Ehrenpension* für revolutionäre Verdienste ausgesetzt! Was es doch bei uns nicht alles an Verkorkstem gibt!«

Es ist verheerend, wenn verantwortliche Intellektuelle wie Schukow, Tschakowski und Simonow das Angebot, das in diesem Buch liegt, nicht erkennen, sondern kräftig die düsterste aller Potenzen zu schüren versuchen: den Volkszorn. Wo jeder erfaßt und jeder *nicht* erfaßt werden konnte, müßte es doch eine Basis geben, wenn schon nicht einem Autor beizustehen, so doch allerallerwenigstens nicht auch noch gegen ihn mitzuhetzen.

Das für mich Erstaunlichste an diesem Buch ist, daß es, obwohl sein Gegenstand grauslicher kaum sein könnte, doch weder hoffnungslos noch pessimistisch ist. Man sollte nicht einen einzigen Augenblick vergessen, daß es mit dem Jahr 1956 endet; daß inzwischen achtzehn Jahre vergangen sind. Und wenn es je *Archipel Gulag* Teil III geben wird, so darf man gespannt sein auf die Unterschiede zwischen ihm und den Teilen I und II, die jetzt hier vorliegen.

Keinem vernünftigen Menschen auf dieser Welt kann an einem Umsturz in der Sowjetunion liegen, jedem aber an einer Wandlung, und wo es immerhin Begnadigungen gegeben hat, sollte es auch Gnade geben können. Gnade gegen sich selbst.

Da Solschenizyn so großen Wert darauf gelegt hat, sollte auch der Preis des Buches nicht vergessen werden: 19,80 Mark für ein Buch dieses Formats und Umfangs, das jeder Verlag hier gut und gerne und ohne mit der Wimper zu zucken auf 32–34 Mark kalkulieren würde. Auch *das* ist ein Einbruch in unser verfluchtes Kalkulationssystem. Es ist also möglich, und möglich gemacht hat's kein westlicher, sondern ein sowjetischer Autor.

Da der Autor auch nicht die geringste Andeutung von Selbstgerechtigkeit zeigt, ist dieses Buch auch für keinen, der es liest, ein Anlaß dazu. Das sollte man nicht vergessen, sowenig wie die Tatsache, daß es 1956 endet. Und ich zitiere noch einen kleinen Abschnitt von der letzten Seite des Buches: »Die Jugend, die mit politischen Strafparagraphen in *der Kerkerzelle* sitzt, ist niemals der Durchschnitt des Landes, ist der übrigen Jugend allemal um vieles voraus.« – Ob das nur für die Sowjetunion gilt?

# Zum Beispiel Schuhe
(1974)

Bevor ich mich in die heikleren Details verliere, möchte ich J. B. Priestley im heikelsten der in seinem Buch *The English* behandelten Punkte beruhigen: Die »idea of the charmless, flatchested, mannish or absurdidly prudish Englishwoman, either contemptuous or terrified by sex« (Die Vorstellung der charmlosen, flachbrüstigen, maskulinen oder lächerlich prüden Engländerin, entweder verzweifelt oder verängstigt durch den Sex) existiert in kontinentalen Hirnen – jedenfalls in meinem – schon lange nicht mehr; dafür haben nicht erst Beatles und Popwelle, dafür haben schon lange vorher Literatur, Film, Theater und die ansonsten so verachtete Reisewelle gesorgt; auch das via Schullektüre durch einen gewissen Julius Cäsar verbreitete Vorurteil über englische Frauen ist längst vergessen.

Außerdem haben ja auch wir zwar keine Königin Victoria, aber doch unsere verschiedenen Variationen des »Viktorianismus« gehabt, in jeglicher konfessionellen und regionalen Version. Prüderie jedenfalls war nie ein englisches Privileg. Und vielleicht ist da jetzt eher ein gegenteiliges Vorurteil im Entstehen, in dem die Engländerinnen als zu delikat, sensibel, sensuell und sensitiv erscheinen und ihre derberen Variationen zu kurz kommen.

Meine Schwierigkeiten, nicht nur bei der Beurteilung einer englischen Definition von Englishness, auch bei der Definition nationaler oder *innerhalb* von Nationalitäten definierter Eigenarten, sind ganz anderer Art. Als uns neulich in einem kleinen Restaurant in Sizilien der Kellner prompt die deutsche Version der Speisekarte brachte, fragten wir ihn, woran er uns als Deutsche erkannt habe, und er sagte es uns so freimütig wie liebenswürdig und in fließendem Deutsch mit rheinischem Akzent: Ich war der Sündenbock, nicht meine Frau, die in Moskau, Prag, Köln oder Rom gewöhnlich von Einheimischen nach dem Weg gefragt wird; an der Art, wie ich mich hinsetzte, Zigaretten und Zündhölzer auf den Tisch legte, an meinen Kopf- und Handbewegungen hatte er meine Nationalität erkannt.

Da wir einer nicht so sonderlich beliebten Nation angehören, uns dieser Angehörigkeit aber nicht schämen, analysieren wir unsere Erfahrungen gelegentlich. Wenn z. B. ein Franzose nicht ganz sicher ist, ob ich ein Deutscher bin, wird er vorsichtig fragen, ob ich Holländer, Däne oder Belgier sei, aber er wird niemals einen Holländer oder Dänen, über dessen Nationalität er im unklaren ist, fragen, ob er Deutscher, er wird ihn fragen, ob er vielleicht Schwede oder Norweger sei. Ich denke, damit ist einiges gesagt, und ich hoffe, man wird eines Tages verstehen, wie kränkend es ist, wenn so ausgeprägte und stolze Nationen wie Polen, die Tschechoslowakei oder Ungarn pauschal als »Slavonic people« (Slawische Völker) bezeichnet werden, wo doch auch sie feine und feinste Unterschiede *innerhalb* ihrer Nationalität machen, die den subtilen Differenzierungen entsprechen, mit denen J. B. Priestley sich der Englishness annähert.

Das Thema ist unerschöpflich, es erfordert die Analyse zahlreicher, meist von West nach Ost weitergereichter demütigender Klischees. Man könnte – und sollte vielleicht eines Tages – ein ganzes Buch darüber schreiben, welche Bedeutung beim Erkennen der Nationalität ein so scheinbar nebensächliches Detail wie Schuhe haben kann; oder Gesten, Gang und Kleidung. Wie würde es einem Franzosen ergehen, der mit italienischen Schuhen und in einem englischen Anzug in Moskau spazierengeht? Wahrscheinlich würde man ihn an der Art, wie er die Zigarette im Mund hält – hoffen wir, daß er Raucher ist – dennoch als Franzosen erkennen.

Ob Priestley die Englishness richtig definiert und damit gegen Britishness abgrenzt, wird wohl sogar für einen Engländer, Schotten, Waliser und Iren schwer zu beurteilen sein. Für mich als Ausländer ist es nicht leichter, wohl aber lehrreich und wichtig durch die Verbesserung meines Instrumentariums, Unterschiede innerhalb meiner eigenen Nationalität zu beurteilen. Wenn ich etwa lese, daß Priestley die gesamte Royalty aus der Englishness ausschließt, so bin ich verloren, denn mir erscheint die gesamte Königsfamilie als sehr englisch, und doch lasse ich mich, nachdem wir gemeinsam den Film über die Hochzeit von Prinzessin Anne und Mark Phillips angesehen haben, von meiner Frau belehren, die feststellt, daß Priestley recht hat, denn Mrs. Phillips, die Schwiegermutter von Prinzessin Anne, sei wirklich »englischer« als Königin Elisabeth. Solche weiblichen Beobachtungen, die zu allerfeinsten Differenzierungen führen, gelten wahrscheinlich der Kleidung und der Haltung und dem in solchen scheinbar äußerlichen Attributen sichtbaren »state of mind«, der für J. B. Priestley die einzig wahre Definition der Englishness zu sein scheint. Ich begreife zum Beispiel nicht, was für eingeweihte Kenner der Englishness wahrscheinlich ein wahres Bonbon ist, wieso William Pitt, der »Ältere«, »not essentially an English type« gewesen sein soll, während in Nelson »Englishness afloat and in action« war, und wenn ich lese, daß die Engländer eine Mixtur aus »Celts, Saxons and Danes« sind, so kann ich nur klagend meine Stimme erheben und feststellen: Eine germanisch-keltische Mischung mit einigen Wikinger- und Römer- und dazu noch einigen undefinierbaren Spurenelementen, das sind wir Rheinländer auch, aber – man mag es beklagen oder nicht – Engländer sind aus dieser Mischung nicht entstanden; auch die wunderbare, für einen Kontinentalen tröstliche Feststellung, daß »the barrier between consciousness and the unconsciousness is not rigidly fixed in the English psyche« (die Schranke zwischen dem Bewußten und dem Unbewußten in der englischen Psyche nicht eindeutig fixiert ist), die trifft ja wohl auch auf uns zu, und doch – noch einmal – Engländer sind wir nicht geworden.

Nach halber Zusage gab ich seinerzeit den Auftrag, die Rheinländer und das Rheinische zu definieren, zurück, ich hielt es für unmöglich, Eigenschaften ausdrücklich zu benennen, die Friedrich Engels, Konrad Adenauer, Heinrich Heine, Carl Schurz und Walter Scheel (und bei großzügiger Interpretation des Rheinischen auch noch Karl Marx) decken könnten.

Nach der Lektüre von Priestleys *The English* werde ich es vielleicht eines Tages doch riskieren. Dieser Versuch, das Englische vom Britischen abzugrenzen, ist nicht nur interessant, auch amüsant und schärft den Blick für Differenzen innerhalb der eigenen Nationalität. Manches bittere Mißverständnis in der

Bundesrepublik Deutschland hat ja regionale Wurzeln, weil Bayer, Rheinländer oder Niedersachse zu sein ja mehr ein »state of mind« ist als etwa eine Temperamentsfrage.

Ich verstehe wohl, daß J. B. Priestley die Englishness in Gefahr sieht, es wäre schade, wenn sie verwässert oder von Admass (Gleichschaltung) verschlungen würde, oder ist nicht auch die Admass englisch? Ich als Ausländer sehe die Gefahr in England noch nicht, und ich sehe sie am wenigsten in der englischen Jugend, doch da mag mir Priestley mit mehr Information und Autorität widersprechen. Was *international* sichtbar ist, ist auch in England festzustellen: Es ist die Jugend, die das Alte verteidigt, gegen Admass protestiert.

Schließlich hat nicht die Jugend die Philosophie des Profits erfunden: Es gibt da etwas, das sich in London – und das gehört doch wohl zu Anglia – sehr konzentriert zeigt und ausdrückt, etwas, das neu und noch – vielleicht nur fürs Ausländerauge – sehr englisch ist: Farben und Farbigkeit, gewisse Variationen von und Kompositionen mit gewissem Gelb, Braun, Rosa, in Kleidung, Verpackung, Häuserfronten, Dekorationen; keine Spur mehr von Prüderie, und es gibt immer noch das so unverkennbare und doch so undefinierbare englische Frauenbein, das selbst bei den delikatesten Gesichtern immer noch überraschend zwischen sportlich und rustikal zu plazieren wäre; und einiges mehr, das wohl zu selbstverständlich, als daß es einem englischen Auge noch auffiele: In kaum einem Land Europas sind Frühling und Herbst so schön und so englisch; all das von den vielen – mir manchmal zu vielen – Daffodils bis zu der uralten Buche in einem Park. Wer kämpft – überall in der Welt – um jeden Baum? Die Jugend. Gehören nicht auch – jedenfalls für einen Ausländer – Frühling und Herbst, Daffodils, Parks, Bäume und Rasen zur Englishness?

Was macht Virginia Woolf, was macht Osborne, Sillitoe, Pinter, ihre persönliche Eigenart als undefinierbar vorausgesetzt – so gleichermaßen englisch wie die verwehenden und doch so spürbaren Lavendeldüfte von Bloomsbury und der Fish- und Chipsbuden im East End?

Das Thema ist unerschöpflich, viele materielle Details sind manchmal wichtiger als die Erklärung ihrer historischen Hintergründe. Schuhe, Kleidung, Handbewegungen, Gang oder etwas so scheinbar völlig Nebensächliches: Wie jemand – er oder sie – den Zucker im Tee umrührt, und dann überhaupt: der Tee.

# Ich belehre niemanden in der Sowjetunion
## Antwort an Volker v. Törne
## (1974)

Sehr geehrter Herr von Törne,

zunächst möchte ich Ihnen für Ihren Brief danken, weil er mir Gelegenheit gibt, andeutungsweise einige höchst komplizierte Probleme zu klären. Was ich keinesfalls kann und keinesfalls möchte: von hier aus in der Sowjetunion lebende Autoren und Intellektuelle belehren, gegen die man dort jetzt den Volkszorn schürt. Wo ich diese Autoren gern zu belehren bzw. zu korrigieren versuchen würde: hier, an Ort und Stelle, in ausgiebigen Gesprächen, die man nicht unter der Bedingung führen müßte, daß der Partner freiwillig oder unfreiwillig zum Emigranten wird. Ich habe den Titel »christlicher Schriftsteller« immer abgelehnt und was »christliche Politik« bedeutet und bedeutet hat, wissen wir zur Genüge.

Wenn W. Maximow mich nun als christlichen Schriftsteller bezeichnet und mich damit in eine Tradition stellt, die ich ablehne, so müßte ich – hier, hier – ausgiebig Gelegenheit haben, ihn möglicherweise zu korrigieren, und dann sollte er nach Moskau zurückfahren können und als orthodoxer Christ, wie er sich selbst bezeichnet, über »das christliche Europa« nachdenken.

Das permanente und immer weiter sich vergrößernde Dilemma ist doch die nicht nur geringe, sondern fast gar nicht vorhandene Information über politische, geistesgeschichtliche und auch theologische Entwicklungen. Es müßte hinzukommen eine Klärung der Begriffe. Zahlreiche Intellektuelle, die sich ohne jede Einschränkung als »christlich« definieren – Walter Dirks zum Beispiel, die Professoren der katholischen Theologie Lengsfeld und Herrmann und andere –, haben ja Willy Brandt unterstützt, weil sie sich christlich definieren.

Es wird Ihnen gewiß nicht entgangen sein, daß ich W. Maximows offenen Brief an mich nicht beantwortet habe; eben deshalb, weil die gegenseitige Information und eine Klärung der Begriffe nicht zu leisten ist. So sind für mich lediglich die Zeitungen interessant, die den Brief publiziert haben, obwohl sie wissen müßten, daß ein Autor wie Maximow unter »christlich« ganz etwas anderes versteht als etwa *Die Welt*. Gerade deshalb trete ich für das ein, was man mit »freiem Meinungsaustausch« nur blaß bürokratisch und unzureichend bezeichnet. Soll man doch die Dissidenten reisen lassen, nicht per Delegation, nicht unter dem psychischen Druck, evtl. nicht mehr in die Sowjetunion hineingelassen zu werden, soll man sie doch durch diese christliche westliche Welt fahren lassen – und dann bin ich bereit, mich mit ihnen zusammenzusetzen und die »Weltbilder« zu korrigieren.

Sie wissen so gut wie ich, lieber Herr von Törne, daß es fast sinnlos ist, gegenseitig Delegationen auszutauschen, solange der sowjetische Schriftstellerverband sich anmaßt, zu bestimmen, wer aus- und wer einreisen darf. Ich hoffe, ich werde Gelegenheit haben, mit W. Maximow, mit Alexander Solschenizyn und Sacharow und anderen in Moskau ausgiebig zu sprechen, lieber noch wäre mir: hier. Dann können wir ja zu klären versuchen, was hier und was dort unter christlich verstanden wird, und W. Maximow wird sich hier davon überzeugen können, daß, was Chile betrifft, sich sogar die Christdemokraten dort mehr und mehr von der Junta distanzieren. Nein, von hier aus belehre ich niemanden in der Sowjetunion, niemanden, der machtlos ist, gegen den der Volkszorn mobilisiert wird.

Ich teile Ihre Ansicht, daß es schrecklich ist, irgendeinen Terror, Mord, Tortur zu relativieren. Das ist leider internationaler Brauch, leider auch unter Intellektuellen und es gehört zu meinen peinlichsten Erfahrungen nach vielen Sitzungen des PEN Clubs, die ich zu leiten hatte, daß immer sofort, wenn irgendeine Gewaltmaßnahme zur Sprache kommt, ob in Spanien oder in der CSSR, sofort einer ein »Gegenkonto« aufmacht: eins im sozialistischen oder im kapitalistischen Lager; eine unwürdige Art der Buchhaltung, wie ich finde.

Besonders heikel und überaus peinlich wird diese verfluchte

Buchhalterei natürlich, wenn Deutsche und Sowjetbürger aufeinander treffen, die einen die Greuel des Faschismus, die anderen die des Stalinismus beklagen, und beide Parteien in typisch deutsch-russischer Rivalität behaupten, es sei nicht da, es sei dort schlimmer gewesen. Die historisch exakte Analyse der Ursachen des einen Greuels mögen für den anderen andere Ursachen ergeben: für die Opfer, für die Betroffenen – wenn sie nicht gerade Bucharin heißen – ist das auf eine verfluchte Weise gleichgültig.

Versuchen wir also nicht, von hier aus jemanden öffentlich zu belehren, der in der Sowjetunion isoliert ist. Eine Meinungskorrektur kann nur erfolgen, wenn auch die Dissidenten reisen dürfen, wenn man sie nicht immer mehr und mehr isoliert, diffamiert und das in einer Quantität und Qualität, die beispiellos ist. Jede Art von »Schützenhilfe« für diese beispiellose Quantität der Denunziation, an der leider auch sowjetische Autoren wie Simonow teilnehmen, trägt nicht im geringsten zur intellektuellen Entspannung bei. Ich bin sicher, daß mancher Dissident hier belehrbar wäre, oder daß er seine Meinung korrigieren würde. Von hier aus – und auch noch auf die Gefahr hin, daß ein Zyniker wie der Chef der *Literaturnaja Gazeta*, Alexander Tschakowski, auch nur eine Zeile von mir mißbrauchen könnte: Nein!

Mit freundlichen Grüßen

Ihr Heinrich Böll

# Manifest zur Gründung einer »Freien Internationalen Hochschule für Kreativität und Interdisziplinäre Forschung e. V.«

(1974)

Kreativität ist nicht auf jene beschränkt, die eine der herkömmlichen Künste ausüben, und selbst bei diesen ist sie nicht auf die Ausübung ihrer Kunst beschränkt. Es gibt bei allen ein Kreativitätspotential, das durch Konkurrenz- und Erfolgsaggression verdeckt wird. Dieses Potential zu entdecken, zu erforschen und zu entwickeln, soll Aufgabe der Schule sein.

Die Kreation – etwa eines Gemäldes, einer Plastik, einer Symphonie oder eines Romans – setzt nicht nur so prüfungsbedürftige Dinge wie Begabung, Intuition, Vorstellungskraft und Fleiß voraus, auch die Fähigkeit, Material zu organisieren, die auf andere, gesellschaftlich relevante Gebiete ausgedehnt werden könnte.

Umgekehrt könnte sich bei der Erforschung der Fähigkeit, Material zu organisieren, die bei einem Arbeiter, einer Hausfrau, einem Bauern, Arzt, Philosophen, Richter oder Betriebsleiter vorausgesetzt wird, ergeben, daß die in ihrer Tätigkeit ausgedrückte und angewandte Kreativität nicht erschöpft wird.

Die isolierte fachmännische Betrachtung verstellt die Künste und andere Tätigkeitsbereiche gegeneinander. Struktur-, Thematik- und Formprobleme der verschiedenen Disziplinen sollen miteinander verglichen werden.

Die Schule lehnt den Fachmann nicht ab, sie versteht sich nicht antitechnisch, setzt nur voraus, daß nicht nur Fachleute über ihr Fach, nicht nur Techniker über Techniker etc. befinden. In demokratischer Kreativität, ohne in rein mechanische Defensiv- oder Aggressionsklischees zu verfallen, soll die Vernunft der Dinge entdeckt werden.

Die Begriffe Professionalismus und Dilettantismus heben sich in einer neuen Definition von Kreativität auf, wie sich die Begriffe »Weltfremdheit« auf Künstler und »Kunstfremdheit« auf Nichtkünstler angewendet aufheben.

Kreative Anregungen erwarten die Gründer von Ausländern, die hier arbeiten. Nicht, daß sie von uns, daß wir von ihnen lernen, wird dabei vorausgesetzt. Deren Lebensart und kulturelle Traditionen könnten wechselseitig Kreativität wecken, die aus dem bloßen Kunstvergleich in den Vergleich von Strukturen, Aussagen, Wörtlichkeiten der Lebensmaterialien: Recht, Politik, Wirtschaft, Religion übergehen muß und sich zur Erforschung oder Entdeckung der »Kreativität des Demokratischen« entwickeln sollte.

Mit dem Fortschreiten der Bürokratie und der aggressiven Verbreitung einer internationalen Massenkultur wird die Kreativität der Demokratischen immer mehr entmutigt. Die politische Kreativität wird aufs bloße Delegieren von Entscheidung und Macht reduziert. Die internationale Kultur- und Wirtschaftsdiktatur, die feldzugsmäßig von immer größeren Konzernen verbreitet wird, führt zu Verlusten an Artikulation, Bildung und Wörtlichkeit.

Nicht artikulierte oder artikulationsfähig gemachte, in den Konsum gedrängte Kreativität, Phantasie, Intelligenz wird schadhaft, schädlich, schädigend – gegenüber einer demokratischen Gemeinschaft und äußert sich [in] korrumpierter Kreativität kriminell. Kriminalität kann aus der Langeweile, aus nicht artikulationsfähiger Kreativität entstehen. Auf Konsum reduziert zu sein, sein demokratisches Potential auf gelegentliches Wählen zu reduzieren, kann als abgelegte oder abgelehnte demokratische Kreativität angesehen werden.

Mit dem, was man Umweltverschmutzung nennt, geht eine Innenweltverschmutzung parallel, in der Hoffnung als Utopie oder Illusion denunziert wird. Aufgegebene Hoffnung kreiert Gewalt. In der Schule sollen auch die zahlreichen Formen von Gewalt, die sich nicht auf Waffen- oder Brachialgewalt beschränken, erforscht werden.

Als Forum bei der Konfrontation politischer oder sozialer Gegner kann die Schule – innerhalb eines ständigen Seminars für Höflichkeit – Artikulationshilfe leisten.

Die Gründer der Schule gehen von der Voraussetzung aus, daß seit 1945 im Zusammenhang mit der Brutalität des Aufbaus, den Folgen krasser Privilegierung bei der Währungsreform, bei der krassen Besitzbildung, der Erziehung zu einem bloßem Profit- und Spesendenken, viele Einsichten und Ansätze verschüttet wurden, manche realistische Einsicht der Überlebenden, etwa daß Leben der Sinn des Lebens sein könnte, als inzwischen romantisch denunziert wird. Die Blut- und Bodenlehre der Nazis, die den Boden zerstört und das Blut vergossen haben, hat unser Verhältnis zu Tradition und Umwelt gestört. Inzwischen gilt es kaum noch als romantisch, sondern als sehr realistisch, um jeden Baum, um jedes unbebaute Stück Erde, um jeden Bach, der noch nicht vergiftet ist, um jeden alten Stadtkern und gegen eine gedankenlose Sanierung zu kämpfen; es gilt ebenfalls nicht mehr als romantisch, von Natur zu sprechen. Im permanenten Konkurrenz- und Leistungskampf zweier politischer Systeme deutscher Prägung, die beide um Weltgeltung kämpften und sie beide erreicht haben, ist das Lebenswerte verloren gegangen. Weil es der Schule um das Lebenswerte geht, soll hier das Bewußtsein der Solidarität entwickelt werden. Interaktion ist Voraussetzung für die Arbeit der Schule, in der sich Lehrende und Lernende nicht institutionell voneinander unterscheiden. Die Schule übt ihre Tätigkeit öffentlich zugänglich und unter der Kontrolle der Öffentlichkeit aus. Ihr öffentlicher und internationaler Charakter wird ständig durch Ausstellungen und Aktionen im Sinne des Kreativitätsbegriffs ergänzt.

Um die »Nichtkünstler« zur Entdeckung oder Erforschung ihrer Kreativität zu ermutigen, könnten am Anfang Künstler im Gespräch – nicht in lehrhafter Form – die Komponenten ihrer Kreativität, deren Koordination mitzuteilen und zu erklären versuchen. Dabei wäre zu entdecken, warum Gesetze und Ordnungen in der Kunst in einem notwendigen, kreativen Widerspruch zu herrschendem Gesetz und zur herrschenden Ordnung (law and order) stehen.

Es soll nicht der Sinn der Schule sein, neue politische oder kulturelle Richtungen zu schaffen, Stile zu entwickeln, industriell und kommerziell verwendbare Modelle zu liefern; ihr Hauptziel ist die Ermutigung, Entdeckung und Förderung des demokratischen Potentials, dem Ausdruck verliehen werden soll. In einer mehr und mehr durch Werbung, politischer Propaganda, durch Kulturbetrieb und Presse gesteuerten Welt sollte nicht Namen, sondern der Namenlosigkeit Forum geboten werden.

# Die Raubtiere laufen frei herum
*Rede vor der sozialdemokratischen Bundestagsfraktion
am 13. 3. 1974*

Meine Damen und Herren,
zunächst möchte ich Ihnen danken für die Gelegenheit, hier mehr *mit* als *zu* Ihnen zu sprechen. Versuchen wir zunächst, uns von dem dummen Klischee zu befreien, wir, Intellektuelle und Schriftsteller, wären die Moralisten oder das Gewissen der Nation. Wir sind nichts weiter als in diesem Land arbeitende und Steuer zahlende Staatsbürger, die sich möglicherweise – ich betone: möglicherweise – gelegentlich besser artikulieren als irgendein Staatsbürger, der ebenso das Gewissen der Nation verkörpert, sei er Arbeiter, Bankdirektor, Lehrer, Abgeordneter. Der Beichtspiegel der Nation, falls Sie Ihr Gewissen prüfen möchten, ist das Grundgesetz; und da Gesetze, Politik, Rechtsprechung zunächst aus Worten bestehen, kommt uns Autoren, die wir mit Worten einen gewissen Umgang pflegen, vielleicht die Rolle der Interpreten zwischen den verschiedenen Wortbereichen zu, die immer wieder aneinandergeraten, wodurch Reibung und auch Gewalt entstehen.

Wenn etwa Politikern aller Parteien das Wort von der freiheitlich demokratischen Grundordnung, die in Gefahr sei, etwas zu flüssig aus dem Mund geht, so gestatte ich mir den ersten Zweifel, indem ich frage: Ist diese freiheitlich-demokratische Grundordnung, die im Grundgesetz versprochen ist, schon erreicht? Weder Rechts- noch Linksradikale, sondern Polizeibeamte waren es, wie ich kürzlich (am 2. 11. 1973) in der *Zeit* las, die zu 83 Prozent die Meinung äußerten, reiche Leute kämen vor Gericht besser weg – ich ergänze hier: als Arme. Doch da steht in eben jenem Grundgesetz in Artikel 3: »Niemand darf wegen seines Geschlechts, wegen seiner Sprache, seiner Heimat und Herkunft, seines Glaubens, seiner religiösen oder politischen Anschauungen wegen benachteiligt oder bevorzugt werden.« Ist die freiheitlich-demokratische Grundordnung, die da immer als von Radikalen gefährdet hingestellt wird, also hergestellt – oder bestehen da möglicherweise noch erhebliche Lücken zwischen dem ausdrücklichen Versprechen des Grundgesetzes und seiner Verwirklichung? Und wieviel Gewalt – latente und virulente – verbirgt sich in diesen Lücken?

Ich will hier nicht wieder über meinen Lieblingsartikel (14,2) meditieren, der da anfängt: »Eigentum verpflichtet«. Vielleicht können wir uns darauf einigen, daß es nach den verschiedenen Heimatvertreibungen, die, was uns Deutsche betrifft, ja keineswegs 1945, sondern 1933 begonnen haben – wir leben ja fast in so einem Jahrhundert der Heimatvertreibung –, nun eine neue Heimatvertreibung gibt, die man Profitvertreibung nennen könnte? Nun, wir wissen doch, Vertriebene neigen zur Radikalität. Ein erheblicher Teil der Radikalität, die etwa in Irland sichtbar wird, ist immer noch die zum Teil erlebte, zum Teil vererbte Radikalität von Vertriebenen, denen man buchstäblich – und ebenfalls aus Profitgründen – mit Spezialinstrumenten, die von Spezialtruppen der britischen Armee angewendet wurden, das Dach über dem Kopf wegriß und sie auf die Straße oder nach Amerika verfrachtete: Es waren diese Vertriebenen und ihre Nachkommen, die etwa um 1850 herum radikale Organisationen gründeten, die Vorläufer der heutigen IRA.

Wenn man hierzulande von Verstaatlichung oder Vergesellschaftung spricht, so nützt das wenig. Immer noch und immer wieder zittern vor diesen Worten nicht die, denen sie gelten, sondern genau die Falschen, nämlich die, die sich da ihr Dach oder Dächelchen erspart oder gebastelt haben. *Sie* haben Angst, nicht die anderen, die Raubtiere, die frei herumlaufen.

Ich erwähne diese beiden Dinge – das noch nicht erfüllte Versprechen von der freiheitlich-demokratischen Grundordnung in puncto Rechtsprechung – die Verachtung der Raubtiere für den Artikel 14,2 und die permanent geschürte Angst der Nichtraubtiere, weil ich den Eindruck habe, daß das schwindende Selbstverständnis und Selbstbewußtsein Ihrer Partei an diesen beiden Punkten mit Erfolg zerstört wird.

Wenn Herr Erhard jetzt – und wo schon? Natürlich in einer Springer-Zeitung! – sein Schweigen bricht, brechen Sie auch Ihr

Schweigen und erklären Sie einmal mir und anderen, was vom Tage der Währungsreform an aus den ersparten 100 Mark eines Arbeiters geworden ist, die auf sieben Mark schrumpften, und was aus der 100-Mark-Aktie eines Aktionärs geworden ist, die keiner Schrumpfung unterlag. Blicken Sie zurück, aber fliehen Sie nach vorne. Erklären Sie den verängstigten Nicht-Raubtieren, welche Privilegien 1949 verteilt wurden, was draus geworden ist. Ich habe bei den Verhandlungen und Diskussionen über Löhne und Streiks viel über kleine und mittlere Einkommen gehört und über Opfer, die gebracht werden müssen. Kein Wort habe ich über Gewinne – und das müßten die Gewinne *seit* 1949 sein – gehört und über die unsäglichen Opfer derer, die – wenn man sie so reden hört – ihre Unternehmen *nur* betreiben, um Arbeitsplätze zu schaffen. Opfer – das ist ohnehin ein merkwürdiges, düsteres Wort in einer Gesellschaft, die sich aus Interessenvertretungen zusammensetzt. Wer opfert da wem oder wen?

Nach den Wahlen von 1972 sah es so aus, als käme die Opposition, die es immer noch nicht fassen kann, daß nicht mehr sie regiert, auf eine konstruktiv-patriotische Bahn. Nach der – von wenigen Ausnahmen abgesehen – seitens der CDU/CSU schändlichen, ich wiederhole: schändlichen Verfassungsdebatte und nach den Versuchen, die offensichtlichen Fortschritte der Unterhändler Bahr und Gaus nicht nur zu stören, sondern zu zerstören, scheint die Opposition nur noch darauf aus, unheilvolle Angst zu schüren. Sie begehrt den Staat, und sie begehrt ihn – ich zitiere, was Ihr verstorbener Kollege Arndt einmal gesagt hat – als Beute. Während ich dies hier ausspreche, bedaure ich es schon, denn ich bin sicher, daß es in der Opposition Kräfte gibt, die nicht auf Angst und nicht auf Beute setzen. Man hört nur so wenig von ihnen.

Kürzlich fand hier im Fernsehen eine Diskussion statt mit dem Titel: »Ist der Staat noch handlungsfähig?« Ich habe mir das nicht ganz angesehen, ich habe da nur mal reingeschaut und abgeschaltet, weil da Herr Dr. Strauß wieder einmal einen zaghaften Moderator und drei zaghafte Journalisten überwalzte. Um dem Moderator und den Journalisten gerecht zu werden, möchte ich hinzufügen: Wie soll man gegen eine Walze andiskutieren? Abgeschaltet habe ich nicht aus Ärger, sondern aus Langeweile. Wenn da einer keine einzige Frage konkret beantwortet, auf kein Problem eingeht, immer recht gehabt hat, recht hat und logischerweise immer recht haben und recht gehabt haben wird und niemals, niemals ernsthaften Widerspruch aus seiner Partei bekommt – so ist das – wenn man das so einige Jahrzehnte lang verfolgt – doch nur noch langweilig.

Das nebenbei. Ich erwähne die Sendung nur, weil ich kurz vor oder nach der Diskussion einen Artikel in der amerikanischen Zeitschrift *Newsweek* las. Der Artikel hatte die Überschrift: »Europa von Bonn aus gesehen«, und ich zitiere ein paar Sätze draus, die mir auffielen (als Kontrast zum Titel der Sendung: »Ist der Staat noch handlungsfähig?«): »Es gibt einige, die sagen, daß Deutschland – gemeint ist die Bundesrepublik Deutschland – schon offen die Führungsrolle in Europa übernommen hat. Da die Deutsche Mark die einzig relevante Währung in der europäischen Floatinggruppe ist, stellt Deutschland den Kern einer Währungsgruppe dar, die Belgien, die Niederlande und die skandinavischen Länder umfaßt. Auf politischem Gebiet ist Kanzler Willy Brandt heute der einzige Staatsmann, der in allen westeuropäischen Ländern starken Anklang findet, und sein Land ist das einzige, in dem alle größeren Parteien wirklich an die europäische Einheit glauben. Denkt man an die Skandale im Weißen Haus, an die Gesundheitsprobleme im Elysee, die Verwirrung in Whitehall – der Artikel war vor den englischen Wahlen geschrieben –, so trifft unbestreitbar zu, was die ›Washington Post‹ vergangene Woche feststellte, ›daß von allen westlichen Demokratien die einzige, die weiterhin unter starker und sicherer Führung steht, Deutschland ist.‹«

Das ist eine schmeichelhafte Feststellung, gewiß zu schmeichelhaft, ich zitiere sie nur, um Ihnen zu zeigen, wie, während hier mal wieder die Angst vor dem Untergang geschürt wird, andere Demokratien mit Neid auf die Bundesrepublik blicken. Vielleicht sollten wir uns darüber unterhalten, wie weit wir diese Schmeichelei akzeptieren.

# Von der Natur nicht vorgesehen
*Hilde Domins autobiographische Prosa*
(1974)

Das schwierigste Problem bei dieser Rezension: wie schreibe ich über ein Buch, an dem ich einige Kleinigkeiten als sehr ärgerlich empfinde, den weitaus größten Teil (genau gesagt: 14/15) erstaunlich gut?

Schreibe ich über das, was mir ärgerlich vorkommt, am Anfang oder am Schluß und in welcher Proportion? Da viele Schwierigkeiten, denen Hilde Domin innerhalb der literarischen Szene zu begegnen scheint, mit diesem Fünfzehntel (Kapitel 3: »Was einem mit seinen Gedichten passieren kann«) zusammenhängen, entschließe ich mich, damit anzufangen.

Wo mit so viel wohltuender Kürze, Klugheit, Sensibilität, auch mit Ironie und in Distanz so viele heikle und bittere Stationen und Situationen, ein wahrlich abenteuerliches Emigrantenschicksal dargeboten ist, fällt das (nicht persönlich, sondern eben intellektuell) Ärgerliche zu sehr auf; es steht auch zu nah am Anfang und hat leider eine einstimmende Wirkung, die sich rasch verliert, aber als Bangigkeit (in der Frage: Wird sie's wieder tun?) während der weiteren Lektüre hängen bleibt. Um es vorwegzunehmen: Es kommt nur in diesem Kapitel vor, sie tut's nicht wieder (es tut mir leid, ich muß es so ausdrücken, wie bei einem unartigen Kind). Nicht, daß es nicht interessant wäre, zu erfahren, was einer Dichterin mit ihren Gedichten passieren kann: daß sie eine beschwörende Wirkung haben können, vorweg- und wegnehmen; nein, nicht, daß sie darüber schreibt, ist peinlich, sondern daß ihr, die Heikles und Bitteres mit erstaunlicher Präzision erfaßt, dieses eine so sehr mißlingt. Denn man sollte doch, so scheint mir, dem Leser, auch dem Leser von Gedichten, auch wenn fast totale Identifikation erfolgt, wenigstens die eigene Haut lassen, nicht in seine Haut schlüpfen wollen, sonst ist man ihm und sich selbst im Weg, und es mag da einer leicht aus der Haut fahren, und was möglicherweise liebenswürdig gemeint war, gerät dann neckisch.

Vergessen wir's sofort wieder, vielleicht bin ich zu empfindlich: schlimmer ist die Bangigkeit vor dem Rückfall, der dann das ganze Buch über – und hoffentlich auch in den weiteren Büchern, auf die ich hoffe – nicht mehr erfolgt.

Vergißt man die kurze Verstimmung und die Bangigkeit, dann merkt man bald, daß dieses kleine Buch schwerwiegend und erstaunlich ist, klug, präzis, allen Situationen und Stationen »gewachsen« ist diese Prosa, und es herrscht in ihr ein Humor, der, wäre er in dem erwähnten Kapitel spürbar, jenes retten würde. In diesem Buch wird »en miniature« eine der verrücktesten und abenteuerlichsten Emigrationen, und – das ist eben das Erstaunliche an Hilde Domin, ihrem Buch und ihrer Existenz – auch die Heimkehr beschrieben. So viele, und schon gar nicht aus Hilde Domins Generation, haben ja nicht überlebt, sind nicht zurückgekehrt, die vor und während der Emigration schon Erfahrungen machten, die uns als mühsame Umwege nicht erspart blieben. Insofern ist Hilde Domin keine Heimkehrerin; sie ist es nur im physischen Sinn, alles andere – Sprache und die Fähigkeit, sich in ihr auszudrücken – hat sie draußen erhalten und erworben und in der Begegnung mit fremden Sprachen eine wohltuende Prägnanz gebildet.

Was da auf ganzen eineinhalb Seiten (47/48), mit einem winzigen, keineswegs verwerflichen Seitenhieb auf Kollegen, übers Verlegen und über Verleger, und auf ganzen viereinhalb (»Bücher-Grillen«) über das so merkwürdig zärtliche, gelegentlich auch grobe, hochintellektuelle und doch auch animalische und erotische Verhältnis einer Autorin (die ständig zur Wanderung und Auswanderung gezwungen ist) gesagt wird, ist »lesebuchreif« und etwas mehr – ebenso wie das, was übers Wohnen und über Wohnungen geschrieben wird, über Italien, Spanien, England, Santo Domingo, die dortige, sehr gemischte Emigrantenkolonie und deren ambivalentes Verhältnis zu Herrn Trujillo. Geschrieben außerdem von einer sehr praktischen Frau, an deren Intellektualität niemand zweifeln wird, auch übers Kochen, Putzen, Backen, über den Kampf mit sehr unterschiedlichen

Klimata. Und schließlich ist da eine wohltuend offene Auskunft auf Seite 71: »Dieser Bericht über die Wohnungen könnte sonst leicht zu einer regelrechten Biographie, einem eigenen Buch ausufern. Und darf er nicht, zumindest nicht heute, denn dieses MS muß am 2. Januar im Verlag sein.«

Siehe da: wie praktisch, wie vernünftig und – wo in jenem besonderen Kapitel Illusionen gezüchtet werden – glücklicherweise desillusionierend. Bleibt zu hoffen, daß wir eines Tages mehr über Hilde Domins Wohnungen und Katzen, Blumen und Küche erfahren, denn ob sie über erzwungene Reisen, über Bücher, Wohnungen, Katzen, Dominikaner (nicht die Hunde des Herrn, sondern die Einwohner von Santo Domingo sind hier gemeint!) schreibt – sie beschäftigt sich auf eine sehr handfeste Weise mit allem, auch mit Emanzipation, und nicht nur mit der jeweiligen physikalischen oder physischen Gegebenheit, auch ob sie's selbst nun bemerkt oder nicht – auch immer mit dem Meta der Physik.

Tatsächlich – und das wird in Hilde Domins Buch so nebenher demonstriert – ist das emanzipatorische Potential im Vergleich zu den 20er und frühen 30er Jahren heutzutage eher rückläufig, bedenkt man den Vorsprung, den Frauen und Mädchen zu der Zeit hatten, als Hilde Domin auswandern mußte. Ich erinnere mich jedenfalls, daß meine älteste Schwester, eine Generation älter als Hilde Domin, schon studierte, was man heute Soziologie nennen würde, und ungerührt in reinem Sackleinen einherging, zum Schrecken meiner Mutter und der Nachbarschaft, die sie und ihre Gefährten und Gefährtinnen für Bettler hielten.

Am Ende hatte ich den Eindruck, ein ziemlich umfangreiches Buch gelesen zu haben. Es ist schon erstaunlich, was in diesen kleinen, manchmal fast winzigen Kapiteln alles zugleich mitgeteilt und analysiert oder interpretiert wird. Mich selbst lassen Orte und Häuser, an und in denen für mich Wichtiges passierte, fast vollständig kalt, wahrscheinlich aus übertriebener Angst vor Sentimentalität, und außerdem fällt mir nichts schwerer als autobiographische Prosa. Hilde Domin nähert sich unbefangen den Orten ihrer Lebensgeschichte und Erinnerungen, und es geraten ihr die Assoziationen nie zur Sentimentalität, obwohl solche nicht nur naheläge, sondern auch verzeihlich wäre, wenn sie etwa nach mehr als zwanzig Jahren und nach einer Odyssee einzigartiger Natur die Wohnung ihrer Kindheit wieder betritt. Und wenn sie Heinrich Heine interviewt oder von R. A. Bauer interviewt wird, so sagt sie nicht nur Kluges genau, sie trifft auch immer sicher in diesen so schwer ausdrückbaren und in der deutschen literarischen Tradition (und Gegenwart) noch nicht so ganz entdeckten Bereich, wo die so uralte wie törichte Frage, ob einer nun engagiert sei oder das andere, aufgehoben wird, denn sie »schreibt, weil sie schreibt«, akzeptiert die Teilung ins eine oder andere nicht.

## Raubtier, nicht Raubtier oder Karnickel?

*Eine Antwort an den Verleger der ZEIT*
(1974)

Lieber Herr Dr. Bucerius,

endlich einmal ein Offener Brief, in dem ich informiert werde, einige Details erfahre, die mir bisher entgangen sind. Tatsächlich ist mir entgangen, daß die Renten und Pensionen nach der Währungsreform stabil geblieben sind. Wenn ich dann aber die beiden Tabellen anschaue, die zu Ihrer »Beschwerde« mitgeliefert werden, dann sehe ich oben, wo es um die Aktien geht, so etwas wie das nackte Elend, und unten, wo es um Löhne und Gehälter geht, den unaufhaltsamen Aufstieg. Kann man denn – ich nehme Sie beim Wort – »die äußerst komplizierten wirtschaftspolitischen Fakten« so einleuchtend simpel darstellen und in Augenschein nehmen?

Diese Tabellen sind zu einleuchtend, als daß sie mein Mißtrauen beschwichtigen könnten. Denn man möchte doch immer auch gern wissen, wieviel Prozent von wieviel. Wenn – etwa in Portugal – eine Lohnsteigerung von 200 Prozent verordnet würde, wieviel würde das »real« ausmachen? Ein Tagelohn von zwei Mark, um 100 Prozent gesteigert, macht einen Tagelohn von vier Mark. Und 500 Prozent von 5 Pfennig sind 25 Pfennig. Nur klingt 500 Prozent immens, und 25 Pfennig sind sehr wenig.

Täuschen wir uns nicht beide und gegenseitig? Ich, indem ich möglicherweise vergröbere, Sie, indem Sie etwas einleuchtend, zu einleuchtend machen, was eben doch »äußerst kompliziert« ist? So kompliziert, daß weder Sie noch ich es ganz durchschauen oder durchsichtig machen können? Wenn da Mitte 1949 eine Aktie der Deutschen Bank für 5,50 Mark zu haben war, so möchte ich immer noch gern wissen, was sie dem, der sie um so geringen Preis erwarb, heute wert ist und was sie ihm seitdem eingebracht haben könnte, mag er nun ein Raubtier sein oder ein Karnickel.

In die größte Verlegenheit setzen Sie mich, weil ich hier etwas verteidigen müßte, was ich gar nicht gesagt und in den anschließenden Diskussionen eindeutig zurückgewiesen habe: daß nämlich die Unternehmer, oder die »reichen Leute«, die Raubtiere wären – und eben die anderen die Nicht-Raubtiere. Ich habe es nicht nur nicht so gesagt, auch: nicht so »gemeint«. Ich habe auch nicht die »Aktionäre« schlichtweg unter die Raubtiere gezählt, weil ich sehr wohl weiß, daß die Altersversorgung der freien Berufe und des gesamten gewerbetreibenden Mittelstandes aus Hausbesitz, Aktien, Sparguthaben besteht, und ich bin gern bereit Ihnen zuzugestehen, daß mancher Aktionär schon im Jahre 1951 reif für die Wohlfahrt gewesen sein mag.

In dem Milieu, aus dem ich stamme, bestand die Altersversorgung in Miethäusern, die man baute oder erwarb. Ich erinnere mich, daß von den Häusern nach Inflation und Wirtschaftskrise schließlich »Das Haus« geblieben war: ein müdes, altes Vehikel, auf das immer neue Hypotheken geladen wurden, ein mythischer Besitz, der – scheinbar – nur Last und Sorge war, ständig etwa seit 1930 – unter der Drohung der Zwangsversteigerung, fast immer in Zwangsverwaltung, und was dabei herauskam, war das »Existenzminimum«, weniger mythisch ausgedrückt: der Wohlfahrtssatz.

Und als mein Vater starb (mit 90, und er hatte von seinem 14. bis zu seinem 75. Lebensjahr gearbeitet), da hatte er kaum mehr, eher weniger Einnahmen als einer, der »geklebt« hatte, aber hätte er geklebt, so wäre seine Rente mit seinem Tod verfallen, das müde alte Vehikel aber, diese total ausgequetschte Hypothekenburg – sie brachte immerhin noch 120 000 Mark, und hatte jahrzehntelang, wenn auch wenig, eingebracht und wahrscheinlich – so um 1900 herum – vielleicht 25 000 Mark gekostet.

Besitz lohnt sich, Rente selten, denn – auch dessen erinnere ich mich – die Arbeiter meines Vaters starben gewöhnlich sehr bald nachdem sie »invalid« geschrieben waren, und immer noch, lieber Herr Dr. Bucerius, ist das Pensionierungsalter –

und das trifft Beamte, Arbeiter, Angestellte und Freiberufliche gleich – das Durchschnittsalter.

Ob da nicht doch – und mag's noch so wenig sein – das Ersparte das ist, was die »Lebensqualität« ein wenig steigert? Wie viele Menschen erleben tatsächlich ihre Rente oder Pension und wie viele »haben etwas davon«? Sollte man solche Überlegungen nicht in die »äußerst komplizierten wirtschaftspolitischen Überlegungen« einbeziehen müssen? Und nicht auch überlegen, daß jede Form von Besitz – für die Überlebenden – wertbeständiger ist als eine Pension oder Rente?

In einem Punkt muß ich Ihnen (leider) widersprechen. In einigen meiner Romane, sogar im letzten, sind einige wirtschaftspolitische Fakten verarbeitet, die exakt recherchiert sind. Und noch in einem weiteren Punkt muß ich Widerspruch anmelden: Mich bestürzt die Tatsache, daß Sie sich durch das Wort »Raubtier« angesprochen fühlen. Ich hätte es nie und nimmer riskiert, diesen zoologischen Terminus irgend jemand persönlich aufzuerlegen.

Mit freundlichen Grüßen und Dank

Ihr Heinrich Böll

# Wie das Gesetz es befahl
*Über H. G. Adler, »Der verwaltete Mensch«*
(1974)

Diese Publikation mit dem Untertitel *Studien zur Deportation der Juden aus Deutschland* hat den Umfang von insgesamt fast 1100 Seiten, die dem eineinhalbfachen einer normalen, handelsüblichen Publikation entsprechen; sie könnte ebensogut den sechsfachen Umfang haben und wäre immer noch nicht erschöpfend. Im Teil V, den H. G. Adler »Schicksale aus den Akten« nennt, werden die aktenkundigen Schicksale von 47 Personen in gekürzter Form dargelegt; dieser Teil V umfaßt 220 Seiten. Würde man jedem einzelnen von der Endlösung Erfaßten diese knapp 5 Seiten zubilligen, so käme man auf mehr als 30 Millionen Seiten, dann erst wäre die Chronik andeutungsweise vollständig.

Was Adler die »ordentliche Regelung des Außerordentlichen« nennt, wie sie sich in »barbarisch ziviler Ordnung« vollzogen hat, ist schon in der Übersicht, dem Inhaltsverzeichnis, ablesbar; in der Organisation der Kapitel wird die Organisation des »Außerordentlichen« sichtbar. Im Teil I, mit 8 Kapiteln, »Geschichtlicher Abriß« genannt, wird die Vorgeschichte gegliedert; in den Kapitelüberschriften zeigt sich die Entwicklung, sie heißen: Auswanderung. Entrechtung und Absonderung der Juden. Der Weg zur Endlösung der Judenfrage. Die Vertreibung polnischer Juden im Herbst 1938. »Umsiedlung« aus den eingegliederten Ostgebieten seit 1939. Deportationen nach Polen vom Herbst 1939 bis Frühjahr 1941. Deportationen nach Frankreich im Oktober 1940. Die systematischen Deportationen Oktober 41 bis April 45.

Die sechs Teile des Werkes mit ihren Hauptüberschriften sind in 39 Kapitel gegliedert, von denen jedes einzelne wiederum exakt unterteilt ist. Zum Beispiel in Teil II, »Deportation besonderer Gruppen« überschrieben, findet man im Kapitel 12 »Mischlinge und Mischehen«, jeden einzelnen der fraglichen Begriffe schon in der Übersicht über das Kapitel, oder in Teil III »Die Technik der Deportation« in Kapitel 15 mit der Überschrift »Von der Transportliste bis zur Abmeldung der Deportierten« ebenfalls in der Inhaltsangabe für das Kapitel jeden einzelnen der verwendeten Begriffe oder Vorgänge. Und da dies für alle sechs Teile mit allen 39 Kapiteln zutrifft, wird dieses umfangreiche Werk zu einem Nachschlagewerk, zu einem Lexikon der Deportation, nicht nur wegen der Fülle des ausgewerteten und ausgesuchten Materials, sondern weil es *umfassend* ist. Und doch ist es Nachschlagewerk nur unter anderem, es enthält zahlreiche kleinere Essays, Analysen, Kommentare, vor allem etymologischer Art, etwa über Verwaltung, die außerdem noch mit allen ihren rechtlichen und philosophischen Hintergründen erfaßt und kommentiert werden.

Was in dieser Publikation an Formularen und Verordnungen, an Briefwechsel zwischen den einzelnen Ämtern zitiert wird, spricht seine eigene Sprache, sagt damit genug, aber man muß wissen, daß sie angelegt war, um, wie Adler es nennt, »für die Verheimlichung der Wahrheit zu sorgen, verbunden mit Täuschung und Verlockung zur Selbsttäuschung. Wir lassen es bei diesem Hinweis bewenden, der nur erklären soll, warum über die grundlegenden Befehle zur ›Endlösung‹ so wenig bekannt ist und warum die erhaltenen Dokumente ihren substantiellen Inhalt nicht klar mitteilen, sondern nur euphemistisch andeuten.«

Euphemismus muß also vorausgesetzt werden. Und es widerstrebt mir, diesen zynischen Euphemismus in eine uns halbwegs erkennbare Sprache umzumünzen, die wiederum euphemistisch wäre. Wenn da zum Beispiel statt ermordet oder umgebracht, wie es »realistisch« wäre, gesagt wird »sonderbehandelt«, statt Deportation »Umsiedlung« oder gar »Wohnsitzverlegung« oder das zivile Wort »Umzug«, so weigere ich mich, für »sonderbehandelt« ermordet zu sagen, denn diesen Vorgang, der mehr als sechs Millionen Menschen betroffen hat, nur Mord zu nennen, wäre Euphemismus. Es besteht die Gefahr, daß man die mitgeteilten Details und die Sprache der Formulare und Verordnungen als komisch empfindet und die wenigen beschriebenen Schicksale als anekdotisch; gerade das – anekdotisch – sind die Schicksale oder komisch sind die Worte nicht. Sie sind der notwendige Beweis für eine exakt funktionierende Verwaltung, die auch Rechtlosigkeit noch korrekt abwickelte und erledigte, weil es nun einmal den Gesetzen und Vorschriften entsprach. Der Teufel offenbart sich nicht nur im Detail, er verbirgt sich gern hinter großen Ziffern. Wenn etwa in der Gesamtaufstellung des Einsatzkommandos 3 (datiert Kowno 1. 2. 41) über die Tötung von 133 346 Menschen, davon 131 291 Juden und 2055 Nichtjuden, berichtet wird (und die Addition stimmt, man hat sich nicht um einen einzigen verzählt), so ist das unfaßbar, unvorstellbar, es wird leichter vorstellbar, wenn man voraussetzt, daß es schon Todesstrafe bedeutet hätte, auch nur einem von diesen Opfern ein Stück Brot oder eine Zigarette vor der »Sonderbehandlung« zuzustecken; und wenn man sich vorstellt, daß die Anzahl der »Sonderbehandelten« der Einwohnerzahl von Regensburg entspricht. Gewiß waren auch für die Endlösung, für die geplante und weitgehend vollzogene Vernichtung der europäischen Judenheit Personen verantwortlich und haftbar, und doch sind Himmler, Eichmann, Hitler, Goebbels, Göring nicht mit Worten wie Mörder und Verbrecher allein definierbar. Sie so zu nennen, erschiene mir zu menschlich und wie eine Beleidigung von Mördern und Kriminellen. Was in Adlers Publikation sichtbar wird, ist die Rolle der Verwaltung als Zulieferer für die Endlösung. Es erscheint mir als zutreffend, wenn Adler in diesem Zusammenhang von einer Widertheologie spricht, deren »Gegensakrament« der Befehl gewesen und geworden sei. Befehl, Gesetz, euphemistische Formulare und Verordnungen und die Zuverlässigkeit einer reibungslos funktionierenden Verwaltung und Bürokratie. So wurden denn, weil das Außerordentliche ordentlich geregelt werden mußte, nachdem die totale Beraubung der Juden gesetzlich festgelegt war, nicht etwa nur Grundbesitz, Barvermögen, Devisen beschlagnahmt, es wurden auch in sorgfältig ausgearbeiteten Formularen, die man seitenlang zitieren könnte, Bettlaken, Spiegel, Taschentücher, Briefmarken, Zuckerzangen und Fieberthermometer erfaßt.

Die ordentliche Erfassung des Außerordentlichen geht so weit, daß auch die sieben Rollen Nähgarn einer Frau aus Steinach aktenkundig geworden sind; Frau B., des Hamsterns verdächtigt, darf von ihren 7 Rollen 3 (2 weiße, 1 schwarze) behalten, während ihr vier (3 weiße, 1 schwarze) abgenommen werden. Es geht noch weiter, nämlich bis zu einem Sparkonto in Höhe von 32,80 RM, das ein jüdischer Mitbürger namens Jakob Strauss im Jahre 1890 angelegt hatte; im Oktober 1942 ergibt sich ein umfangreicher, im Zusammenhang mit der Beschlagnahme jüdischer Vermögen durchaus »ordnungsgemäßer« Briefwechsel zwischen dem Amt Eichmann und der Hauptstelle der Sparkasse in Hassfurt, bis sich schließlich herausstellt, daß der fragliche Jakob Strauss am 30. 7. 1916 im Ersten Weltkrieg gefallen war. Korrekterweise hätte es ja nun noch einen Briefwechsel darüber geben müssen, ob dieser seit 26 Jahren verstorbene Jakob Strauss nun rechtmäßig oder unrechtmäßig posthum mit Jakob Israel Strauss hätte bezeichnet werden dürfen.

Von Hitler ist ja inzwischen wohl nachweislich festgestellt, daß er zu regelmäßiger und ordentlicher Arbeit, wie sie zu jeder Verwaltung und auch zur Schreibtischarbeit eines Reichskanzlers gehörte, unfähig war, daß er als Chef seines ersten Kabinetts nur eine Zeitlang scheinbar ordentlich und regelmäßig arbeitete. Im Hintergrund und in den Hinterhöfen seines Bewußtseins verachtete er, ja haßte er wahrscheinlich Verwaltung und Bürokratie, Ordnung und Gesetz. Daß ausgerechnet er und seine Kampfgefährten sich eines perfekt funktionierenden Verwaltungsapparats und einer zuverlässigen Bürokratie bedienen konnten, um das Außerordentliche ordentlich durchzuführen, gehört wohl zu den fürchterlichsten Unglücksfällen der Geschichte, nicht zu deren Zufälligkeiten. Zufällig war wohl auch nicht, daß der deutsche Beamte zur Verfügung stand, der – Ausnahmen aller Art, sogar innerhalb der SS, vorausgesetzt – Gesetze, und waren es manchmal auch nur Vorschriften, durchführen würde, bis zu jener oben nur in Andeutungen zitierten Pedanterie, wenn ihm Korrektheit vorgespielt wurde. Dazu dienten die zahllosen, die fast unzähligen umfangreichen Formulare, Verordnungen, Vorschriften, die alles, alles regelten, bis zum Begehen der Wohnung, nachdem sie zwangsgeräumt war, und bis zum Verkauf der beschlagnahmten Gegenstände und Werte.

Daß man Hitlers Drohungen wohl ernst, aber nie *wörtlich* nahm, so wörtlich, wie sie ausgeführt wurden, nachdem die machtpolitischen Voraussetzungen geschaffen waren und das Recht abgeschafft war, gehört wohl zu den schrecklichen Irrtümern, die mit dem Gegensatz rational und irrational nicht ausreichend benannt sind. Hier kommt eine fürchterliche Aktualität in Adlers Dokumentation. Die Wörtlichkeit der arabischen Drohungen gegenüber Israel und den Juden. Wer hat schon damals – auch auf jüdischer Seite – Hitlers Drohungen wörtlich genommen?

Man kann aus Adlers Publikation drei Abschnitte oder Phasen herauslesen

1. Die Äußerungen Hitlers und seiner Publikationsorgane und Mitwisser bis zum Januar 1933.

2. Hetze, und falls sie sich nicht von selbst zeigte, »gelenkte« Spontanität bis zur Kristallnacht, jetzt schon, von 33–38, auf staatliche Organe, SA und SS gestützt.

3. Nach der Kristallnacht fängt dann die »ordentliche« Abwicklung des Außerordentlichen an. Es folgte die systematische Entrechtung der Juden, ihre Aussonderung aus dem Staatsvolk.

Im Zusammenhang mit dieser Entwicklung steht der schon zitierte Euphemismus, der sich in Worten wie »Judenvermögensabgabe«, »Reichsfluchtsteuer« ausdrückt; daß die Euthanasie (an 120 000 Menschen vollzogen) in »Heilerziehungsanstalten« stattfand und durch die »Gemeinnützige Stiftung für Anstaltspflege« und die ebenfalls »Gemeinnützige Kranken-Transport-GmbH« ausgeführt und kontrolliert wurde. Um die Aufteilung des Vermögens jüdischer Ausländer oder im (inzwischen besetzten) Ausland lebender Deutschen jüdischer Herkunft zu regeln, erfand man das »Territorialprinzip«. Und da gibt es denn auch eine »Vugesta« oder »Vugestap« (Abkürzung für: Verkauf jüdischen Umzuggüts Gestapo) in Wien. Noch einmal: Euphemismus ist vorauszusetzen. Das uns überkommene Vokabular reicht nicht. Bedenkt man, daß all dies – und nicht nur die Endlösung, auch die Vernichtung und Verfolgung anderer Völker und Kulturen – durch ein Amt lief, das sich »Reichssicherheitshauptamt« nannte, dann werden Worte wie Reich, Sicherheit, Haupt, Amt, zu schwer aussprechbaren Worten.

Außerdem war das alles natürlich auch eine enorme Verwaltungsleistung. Was da geleistet und sich geleistet wurde, wie das alles funktioniert hat in vielfach verzahnten, ineinander wirkenden Formen von Ordnung, Ordentlichkeit, Pflichterfüllung, Befehlssüchtigkeit, und all das wiederum vielfach und vielfältig gemischt mit jeder Art von »Idealismus-, die – als Nebenprodukt – die krasseste materielle Ausbeutung einer Minderheit zur Folge hatte, die es wohl je gegeben hat. Alle diese Formulare, Vorschriften, Verordnungen, Anweisungen, der gesamte Briefwechsel über mitzunehmende Geldmittel, Gepäckkilogramm waren auf eine einmalige Weise abstrakt und konkret zugleich. Ihr abstrakter Zweck war es, die Verwaltung bürokratisch zu befriedigen und eine Korrektheit vorzutäuschen, die einen »ordnungsgemäßen Ablauf« zu garantieren schien. Ihr konkreter Zweck war, auch nicht eine Nagelschere unausgewertet zu lassen, und wie es am »Endziel« ablief, wissen wir. Bevor man den Deportierten das nackte Leben nahm, nahm man ihnen auch noch ihr Haar und ihre Goldzähne.

Sollte aus der Hitlerwelle auch nur andeutungsweise eine Hitlernostalgie werden, so wäre *Der verwaltete Mensch. Studien zur Deportation der Juden aus Deutschland* das wahre Gegenmittel. Auszüge daraus gehören in die Lesebücher. Vertrauen in die Verwaltung kann erst entstehen, wenn man gelernt hat, wie Verwaltung mißbraucht werden kann, sobald nicht nur die Kontrolle wegfällt, auch das Recht abgeschafft wird, wenn die Verwaltung »aus dem instinktiven Erfühlen des Führerwillens heraus« handelt, wenn Gehorsam blind wird.

Gerade weil er in seiner Publikation keinerlei billige Verwaltungsverächtlichkeit proklamiert, hat Adlers Buch eine hohe erzieherische Bedeutung, er spricht von der Verwaltung als einer »gebannten, einer getilgten Gewalt, die nicht hervorbrechen darf, wenn sie Verwaltung bleiben soll; darum sprechen wir auch von einer geregelten, in Grenzen gebrachten Gewalt, und das ist eine Macht, die nicht herrscht und nicht regiert, sondern ausschließlich selbst beherrscht und regiert wird.«

# A propos Freude
(1974)

Die Bezeichnung der Freude als einer kommenden (*Jetzt* habt ihr Trauer, aber ihr *werdet* »euch freuen«), nicht gegenwärtigen und nicht für die Gegenwart zu erwartenden erscheint mir immer mehr als eine Falschmünzerei, bei der das Gold der Hoffnung im Inneren der Münze durch Gips ersetzt wird; es ist eine permanente, über Jahrhunderte, Jahrtausende hinweggeschleppte Inflation, Verdünnung, Längung der Hoffnung, die aus dem Trost Vertröstung macht. Vertröstung, ausgesprochen – was die Sache besonders peinlich macht – von denen, die auf dieser Erde durchaus ihren Trost und ihre Freuden schon erlangt hatten. Das »Ihr *werdet* euch freuen« wurde in die Zukunft oder in ein ewiges Leben verlagert, und doch hätte man daran denken oder drauf kommen können, daß auch jeder Tag seine Zukunft hat, sogar jede Stunde. Wenn man in den ersten christlichen Jahrzehnten und Jahrhunderten die leibliche Wiederkunft Christi als kurz bevorstehend erwartet hat, hätte doch die Verkörperung, Vergegenwärtigung des Menschgewordenen im Abendmahl (einer gemeinsamen Mahlzeit, die man im Laufe der Jahrhunderte zu einer abstrakten Abfütterung deformiert hat) die *gegenwärtige* Freude nicht ausschließen müssen. Der tödliche Ernst, die Freudlosigkeit dieser rituellen Mahlzeit hat ja bis in die fürchterliche Stummheit und den Todernst bürgerlicher Mahlzeiten hineingewirkt, deren Komposition fast ausschließlich auf den Geschmack des Herrn, des Hausherrn, abgestimmt war. Man erinnere sich der magenkranken, neurotischen Kinder, die alles essen und alles aufessen *mußten*, auch wenn es ihnen beim allerbesten Willen nicht *schmeckte*. Essen war eine Pflicht, keine Freude – die Folge davon: Übelkeit bis zum Erbrechen. Da wäre zu fragen: Wem hat die Hostie je geschmeckt? Dieser Reduzierung eines potentiell fröhlichen Familienessens auf eine Pflicht entsprach eine andere: die Reduzierung des Geschlechtlichen auf eine Pflicht; es wurde für die Frauen eine Pflichtübung fürchterlicher Art, zu einem bloß erduldeten »Akt«, bei dem Freude zu empfinden als geradezu schamlos galt, fast als »hurenhaft«, unlogischerweise, denn die meisten Dirnen müssen sich diese Freude versagen. Diese schreckliche Deformation des Geschlechtlichen zur »ehelichen Pflicht« beruht wohl auf dem Mißverständnis, das Geschlechtliche diene lediglich der Fortpflanzung, und wiederum unlogischerweise, wo doch biologisch unmißverständlich feststeht, daß Fortpflanzung ohne geschlechtliche Erregung und Befriedigung des Mannes gar nicht möglich ist. Über dem »Inhalt« des Geschlechtlichen – Fortpflanzung mit den zwar notwendigen, aber doch peinlich übergangenen Details, vergaß man seine Form, und es müßte nicht erst jetzt, müßte immer schon nachdenklich gestimmt haben, daß die Gesellschaft so seltsam benannter Personen und Institutionen wie »Freudenmädchen« und »Freudenhäuser« bedurfte, bei und in denen eben nur geschlechtliche Form und keine Inhalte getauscht wurden. Es ist genug darüber gesagt, viel ge- und beklagt worden, und doch scheint immer noch über der Freude des Geschlechtlichen wie ein Bann heuchlerische Verkennung zu liegen. Daß es – unabhängig vom Inhalt, der ja wie bei der Kunst – immer geschenkt ist – als Spiel Freude, als Form Spiel und Freude zugleich sein kann, wird geleugnet. Inzwischen ist dieses Thema wohl so kirchenintern, daß es kaum noch jemand interessiert, und doch muß ich in einer Diskussion über Freude dazu etwas sagen. Das »jetzt habt ihr Trauer, aber ihr werdet euch freuen« muß auch auf die Geschlechtlichkeit *beider* Geschlechter bezogen werden. Das Beispiel des Kindes, das sich nach einer diktierten, stumm eingenommenen Pflichtmahlzeit, die ihm nicht *geschmeckt* hat, erbricht, läßt sich beliebig variieren: warum denn sehen manche der »sexuellen Befreier« und »Befreiten« so »ausgekotzt« aus?

Was der bis dato christlichen Verkündigung aller Provenienz gefehlt hat, ist Zärtlichkeit, verbale, erotische, und – ja – theologische Zärtlichkeit (Nebengedanke: man denke sich einmal so etwas wie »politische Zärtlichkeit« aus!).

Die hoffentlich mögliche Verzärtlichung der Theologie und

ihrer Sprache schließt den großen Gegenspieler aus, der Freude, Witz, Ironie, Phantasie wenn nicht direkt verhindert, aber gewiß höchst verdächtig findet: die innerkirchliche Verrechtlichung. Es gibt gewiß ein Recht auf Intimität und Zärtlichkeit, aber verrechtlichen lassen sich beide nicht, und es ist und war so sinnlos wie kriminell, Fortpflanzung nicht nur zu wünschen, sondern geradezu vorzuschreiben, und gleichzeitig auf der Trennung von Form und Inhalt der menschlichen Geschlechtlichkeit zu bestehen, die Freude augenzwinkernd auf gesellschaftliche Außenbezirke zu verlagern, in denen gegen Bezahlung Barmherzigkeit am Geschlecht der Menschen geübt wird. Gewiß gibt es auch den Bezirk der geschlechtlichen Barmherzigkeit, aber auch in ihm ist Verrechtlichung unmöglich, Pflicht tödlich und Bezahlung mörderisch, wenn die »Gegenleistung« Freude sein soll. Ich mag mir nicht vorstellen, wieviel freudlose Ehen und wieviel Milliarden freudloser ehelicher Pflichtübungen es gegeben haben könnte: ganze Kontinente voller formloser bzw. ungeformter Inhalte. Das Peinliche an Humanae Vitae war ja nicht der Versuch, den Menschen Ratschläge zu erteilen in eigener Sache, in der sie wirklich des Rates und des Trostes bedürfen; Ratschläge zu geben hat jeder Bischof, also auch der Bischof von Rom, ein Recht, peinlich war in diesem Text die weitere und immer weiter betriebene Verkennung des Geschlechtlichen als nur der Fortpflanzung dienend. In dieser Verkennung verbirgt sich außerdem ein grober Materialismus; gerade weil der Mensch keine bloß materielle oder materialistisch bestimmte Existenz ist, bedarf er ja des Spiels, der Formen, der Phantasie, des Witzes, auch der Ironie, und die Beziehung der Geschlechter auf den bloßen Austausch jener »Materialien« zu beschränken, die zur Fortpflanzung führen, ist Materialismus und eine Aufforderung zum bloßen Schlagabtausch, die weder Heil, Heilung noch Freude bringt.

Es bedarf keiner großen psychologischen oder psychiatrischen Erfahrung, es bedarf nur eines Ansatzes von Phantasie, um zu ahnen, für wie viele Menschen die Freudlosigkeit ihrer Geschlechtlichkeit zur Krankheit gereicht hat – und wieviel durch die Freude daran geheilt worden sind, so wie gewiß viele Menschen an der Freudlosigkeit ihrer Mahlzeiten erkranken oder durch ein fröhliches Essen geheilt werden. »Jetzt habt ihr Trauer, aber ihr werdet euch freuen.« An einem Mann, an einer Frau, an eurem Mann, an eurer Frau und *mit* ihm oder ihr. Die Herstellung des Materials Freude ist nicht gesetzlich zu regeln, weder durch weltliche noch durch kirchliche Gesetze.

# Ignazio Silone – für die Seelsorge zu radikal
*Die Neufassung des einst prophetischen und heute aktuellen Romans »Wein und Brot«*
(1974)

Rückblickend kann man die infame Manipulation erkennen, die darin lag, Ignazio Silone auf den »Antikommunisten« zu reduzieren, der er nur unter anderem ist. Daß irgendein »Anti« nie ausreicht zur Rechtfertigung einer intellektuellen Existenz, ist vorausgesetzt; daß diese Einschränkung auf Silone nie zutraf, wird hoffentlich nicht zu spät erkennbar. Wer die sozialen Verhältnisse Italiens auch nur andeutungsweise kennt und als Italiener in den zwanziger, dreißiger Jahren, bevor der Stalinismus sichtbar wurde, nicht Kommunist gewesen wäre, der müßte ja fast als anomal gelten. Was bei Silone nach meiner Meinung viel, viel tiefer sitzt, was schon in *Wein und Brot* deutlicher ist als der bloße Antikommunismus, ist nicht nur Traum oder Utopie, sondern die Vorstellung von einer »Urchristlichkeit«, die im *Abenteuer eines armen Christen* (1969), der Geschichte Papst Cölestins V. und seiner Anhänger, in vergleichbaren Figuren wie in *Wein und Brot* wieder sichtbar wurde.

Im Mittelpunkt des Romans stehen zwei Priestergestalten, ein echter, Don Benedetto, ein falscher, Don Paolo Pietro Spina; außerdem zwei Märtyrer, Luigi Murica und Cristina Colamartini. Der echte Priester ist ein alter Herr; schon als junger Priester war er für die Seelsorge zu radikal, wurde als Lehrer in ein Internat gesteckt; in dieser Maßnahme kann man Unlogik, Naivität, aber auch eine »höhere Dialektik« entdecken, denn wo wäre ein solcher Mann gefährlicher als in einem Internat, und es sind ja auch nicht die braven, netten, angepaßten Schüler, die sich als von seinem Geist erweisen, sondern es ist eben jener Pietro Spina, der Kommunist wurde, emigrierte, heimkehrt, sich wegen seiner Kritik am Stalinismus, die nicht Abkehr vom

Sozialismus bedeutet, zwischen sämtliche Stühle setzt: er paßt nicht in den organisierten Untergrund, nicht in die Kleinmütigkeit der halbangepaßten Kleinbürger und natürlich noch weniger in irgendeine Variante des Faschismus.

Er wird von der faschistischen Polizei gesucht, von Freunden und Sympathisierenden versteckt, letzten Endes, als Priester verkleidet, in ein armes Abruzzendorf geschickt, wo er unter dem Namen Don Paolo lebt. Als er kurz vor seiner erneuten Flucht endlich seinen alten Lehrer besucht und diesem gesteht: »Ich habe schon seit Jahren meinen Glauben verloren«, antwortet ihm der alte Herr: »Bei dir und vielen ähnlichen Fällen ist das nur ein Mißverständnis. Es wäre nicht das erste Mal, daß der himmlische Vater genötigt ist, sich zu verbergen und andere Namen anzunehmen.« Und er fügt hinzu, was man, finde ich, allen christlich nominierten Parteien ins Stammbuch schreiben sollte: »Gleich im ersten seiner Gebote hat er uns ja gesagt, daß wir seinen Namen nicht unnötig führen sollen.« (In anderen Versionen der Bibelübersetzung steht für »unnötig« eitel, was mir – in seiner zweifachen Bedeutung – zutreffender erscheint.) Weitere Überraschungen: Der echte Priester übt keine Seelsorge mehr aus, seine Besucher werden überwacht, seine Post kontrolliert, und außerdem spielt noch ein eigens angeheuerter Episkopalspitzel den Zuträger. Der falsche Priester wird aber von der Bevölkerung geradezu gezwungen, sich seelsorgerisch zu betätigen, wobei ihm Komisches wie Tragisches begegnet. Bei den ungläubigen Marxisten ist dabei der Takt größer als die Taktik; er weigert sich direkt, Sakramente zu spenden, übt Takt wohl auch aus Scheu vor dem Betrug, der darin läge. Und doch wirkt er wie ein Wundertäter, er heilt, hört nicht Beichten, nimmt aber Lebensbeichten entgegen, gelegentlich mit recht heiklem Inhalt, und natürlich wahrt er auch das »Beichtgeheimnis«, das man auch einfach Diskretion nennen kann.

Es geschieht das Unvermeidliche: eine mehr als seelsorgerische und doch nicht bloß erotische, wenn auch platonische Bindung an die fromme Cristina Colamartini, die den Eintritt ins Kloster aus Familiengründen hinausgeschoben hat. Im Dorf lebend, auch als »Beichtvater« erfährt Pietro Spina mehr vom Elend der kleinen und kleinsten Bauern, auch der kleinen und mittleren Grundbesitzer, als er aus den marxistischen Theorien erfahren hat. Als er entdeckt wird, flieht er, rechtzeitig gewarnt, in die verschneiten Berge, und es ist Cristina, die fromme, die inzwischen um seine Identität weiß, die ihm nacheilt, um ihn vor Schnee und Wölfen zu retten, und selbst ein Opfer der Wölfe wird. Die echte Cristina opfert sich dem falschen Priester.

Doch auch »Judas« ist da. Luigi Murica hat als bettelarmer Bauernjunge in Rom studiert, sich mit Mitgliedern einer kommunistischen Widerstandsgruppe angefreundet, wird unter Torturen verhört, von der Polizei um ein paar Silberlinge als Informant gekauft, flieht später, da er nur »Spielmaterial« liefert, unter Druck gesetzt und Zeuge von Vergewaltigung seiner Freundin Annina durch die Polizei wird, zu seinen Eltern ins Dorf. Es ist der echte Priester, der Luigi ausgerechnet zu dem falschen Priester schickt, sozusagen als »Beichtkind«, und ausgerechnet diesem »Verräter« offenbart Pietro Spina seine Identität.

Luigi wird bald darauf verhaftet, nicht gerade gekreuzigt, sondern »nur« von den nägelbeschlagenen Stiefeln der Soldateska zertreten, nachdem man mit ihm eine passionsähnliche Verhöhnung vorgenommen hat. Er wird mit einem Nachttopf gekrönt, und man sagt dazu: »Das ist die Wahrheit.« Er bekommt einen Besen als Zepter in die Hand gedrückt mit dem Kommentar: »Das ist Brüderlichkeit.« Er wird in einen Teppich eingeschnürt, mit Fußtritten und Faustschlägen traktiert, und dabei wird ein Segen über ihn gesprochen, der da lautet: »Das ist das Reich der Arbeit.« Das geschieht keineswegs in der stalinistischen Sowjetunion, sondern im faschistischen Italien. Während der Trauerfeier in Luigis Elternhaus nimmt sein Vater Brot und Wein, und nachdem er auf Luigis Hilfe bei Saat, Ernte, Pflege hingewiesen hat, gibt er es den Gästen mit den Worten: »Nehmt und eßt, es ist sein Brot.« Und: »Trinkt: es ist sein Wein.«

Nun wird das alles den einen möglicherweise blasphemisch erscheinen, den anderen allzu symbolisch und legendenhaft. Ich finde, es ist das erstere nicht, und das zweite nur in Cristinas Tod, der melodramatisch in die Märtyrerlegende zurückführt. Es ist ein riskanter Versuch, Symbol und Wirklichkeit ineinander und übereinander zu bringen, nur in einigen Details mißglückt, im übrigen durch Ironie und Komik gerettet, und es ist aufgehoben in dem, was Don Benedetto zu Pietro Spina sagt: daß Gott sich unter den merkwürdigsten Namen und Verkleidungen verbergen kann.

Ich sehe in und hinter diesem Buch viel mehr, als irgendein mit einem »Anti« versehenes Etikett ausdrücken könnte. Der kirchlich etablierten Sakramentalität wird hier eine andere, irdische, menschliche Sakramentalität entgegengesetzt; der falsche Priester, der nicht einmal rituelle Amtsanmaßung betreiben muß, wirkt – im doppelten Sinn – wie ein echter; die Einsetzung und Austeilung von Brot und Wein als eine Speise, die mehr als Sättigung, eben außerdem jene verhöhnte Brüderlichkeit bedeutet, und schließlich das weltliche Martyrium des innerlich und äußerlich geschundenen Luigi Murica.

Bedenkt man, daß das Buch in den dreißiger Jahren geschrieben ist, so kann man jetzt feststellen, daß es damals prophetisch war, heute aktuell ist, aktueller, als jene ahnen können, die die geistige Herkunft Silones nicht kennen oder erkennen wollen. Silone ist wohl weitgehend ein Fall bitterer, fast tragischer Verkanntheit; wahrscheinlich war er den Katholiken zu links oder nicht links genug, und außerdem war er nicht einmal in irgendeiner Mitte unterzubringen, und den bloßen nackten Antikommunisten säkularer Provenienz lag nicht viel daran, oder ihre Sensibilität war unzureichend oder zu korrupt, um zu erkennen, daß sich weit mehr in ihm verbirgt als nur der desillusionierte Mitbegründer der KPI und der enttäuschte Sozialist.

Für viele Katholiken in Spanien, Südamerika und in den USA ist Silones riskanter literarischer Versuch, Symbol und Wirklichkeit übereinander zu bringen, inzwischen zum Lebensmodell geworden, in dem weder eine christliche noch eine sozialistische Hoffnung verraten werden muß.

Es muß hinzugefügt werden, daß sich der Roman *Wein und Brot* nicht auf die vier interpretierten Personen reduzieren läßt; daß er eingepflanzt ist in die Realität Italiens, in Dörfer und Städtchen, wo der Faschismus seine Lächerlichkeit und auch seine Schrecken verbreitet; wo die Menschlichkeit und Unmenschlichkeit des Mitläufertums sich erweist, wo Brot gebakken und Wein geerntet wird, der Krieg gegen Abessinien gerade ausbricht und eine bedenkliche Euphorie hervorruft, der Pietro Spina mit nächtlich an die Wände gemalten Antikriegsparolen entgegenwirkt – nicht vergeblich, wie der angerichtete Schrecken beweist. Es gibt Begegnungen mit ehemaligen Sozialisten, mit einer halbresistenten Jugendgruppe, es gibt Glauben und viel Aberglauben.

In einem Nachwort zu der Neufassung von 1955, die der vorliegenden Übersetzung zugrunde liegt, schreibt Silone: »Mit den Jahren hat in mir die Abneigung gegen jede Art von Propaganda zugenommen. Was bleibt am Ende übrig von dem vielen Geschwätz über das ›Engagement‹ eines Schriftstellers? Das einzige ›Engagement‹, das Achtung verdient, entspricht einer persönlichen Berufung.« Und schließlich: »Was schließlich den Stil betrifft, so erscheint es mir als die höchste Weisheit, beim Erzählen einfach zu sein.« Es ist nur eben leider die Einfachheit im Land des heiligen Franz eine andere als im Lande des heiligen Heinrich.

## Herrliche Zeiten
(1974)

Es bedarf keiner prophetischen Begabung oder Ambition, um eines ganz sicher vorauszusagen: Wir gehen herrlichen Zeiten entgegen. Falls die CDU in Hessen und Niedersachsen gewinnt, werden Preise und Steuern sofort sinken, die Löhne steigen und dennoch werden Reformen wirklich durchgeführt werden. Die deutschen Arbeitnehmer werden endgültig einsehen, daß sie die wahren Messiasse – Dregger, Schleyer, Strauß – bei der letzten Bundestagswahl übersehen haben und daß seitdem ein neuer Messias sichtbar geworden ist: Biedenkopf. Diese vier Heilande sind stark genug, nicht nur die Inflation in der Bundesrepublik, auch in den USA, Frankreich und Großbritannien zu bekämpfen. Die Amerikaner werden einsehen, daß nur die Deutschen den Dollarkurs retten können. Die Franzosen werden den Franc, die Engländer das Pfund durch die Deutschen stählen lassen.

Nicht nur die materiellen Werte werden wiederhergestellt, auch die sittlichen. Die gesamtsittliche Ausstrahlung der alten und neuen Herren ist so enorm, daß man sich um Strahlenschutz wird bemühen müssen. Oder möchte da jemand von jenem Engelsglanz geblendet werden, der im Alten und Neuen Testament verschiedentlich wirksam wurde? Jedes Paradies birgt auch Gefahren: Zuviel Licht ist nicht gut. Kaufen wir uns erst einmal Sonnenbrillen. Die Tage des strahlenden Lichts brechen an, das kann ins Auge gehen.

Daß Fähigkeit zum Mitleid nicht unbedingt eine christliche Eigenschaft ist, sollte nun aber auch ex cathedra festgestellt werden. Eine entsprechende Enzyklika könnte beginnen: »Misericordia Teutonica ... « In einer solchen Enzyklika müßte deutlich ausgesprochen werden, daß Mitleid mit der CDU erlaubt, Mitleid mit der SPD sündhaft, Mitleid mit den Deutschen nur dann erlaubt ist, wenn sie CDU-Wähler sind. Mitleid mit Panorama-Redakteuren: unerlaubt; Mitleid mit Redakteuren der *Welt*: erlaubt usw. Es müssen endlich klare Fronten geschaffen werden. SPD-Wähler dürfen natürlich Mitleid mit Herrn Strauß haben, aber keinesfalls – etwa mit Herrn Bahr. Man sollte bei der Abfassung der Enzyklika vorsichtig sein, denn es könnte ja sein, daß die Herren Dregger, Strauß, Schleyer und Biedenkopf eines Tages Mitleid brauchen. Personifizierte Monstranzen haben es schwer, das dauernde Leuchten zehrt an den Kräften. Um die biologische und sittliche Leuchtkraft der betreffenden Herren zu erhalten, gibt es nur ein Mittel: einen Gebetsfeldzug, notfalls ökumenisch. EKD, Bischofskonferenz, Zentralkomitee (der deutschen Katholiken) sollten sich rasch einigen. Kardinal Döpfner sollte verkünden: »Ich kenne keine Konfessionen mehr, ich kenne nur noch deutsche Christen.« Es ist natürlich bedauerlich, daß Seligsprechungsprozesse erst nach dem Tode des potentiell Seligen eingeleitet werden können.

Ein paar administrative Vorschläge: Bundesnachrichtendienst, Bundesverfassungsschutz und Sicherungsgruppe Bonn sollten endgültig der CDU/CSU zu treuen Händen übergeben werden. Ein Triumvirat, bestehend aus den Herren Heubl, Huber, Zimmermann, sollte die Geschäfte führen; Präsident aller drei Ämter sollte Herr Strauß werden. Treue Hände, saubere Hände, saubere Finger, saubere Schwurfinger. Klare Verhältnisse.

Biedenkopf sollte als theologischer Berater der Bischofskonferenz auch offiziell installiert werden. Eine Art Laienpurpur sollte eingeführt werden. Er würde manchen schon sehr kleiden.

Ich wiederhole: Wir gehen herrlichen Zeiten entgegen, aber »ich begehre, nicht schuld daran zu sein«. Das Wichtigste aber ist, daß die deutschen Arbeitnehmer endlich und endgültig begreifen, wer ihr Herr ist und wer ihre Interessen am besten vertritt.

Merke: Grenze dich immer nach links ab, damit man dir von rechts das Messer in die Brust stechen kann.

# Ein gutes Modell
Die Abschiedsrede vor dem Internationalen PEN-Club in Jugoslawien, gehalten am 19. 5. 1974 in Ohrid

Wenn ich hier bei der Übergabe des Vorsitzes zu meinem Nachfolger und zu Ihnen französisch spreche, so ist das weder Zufall noch einfach nur Höflichkeit. Ich tue es in dankbarer Erinnerung als deutscher Autor, der wie viele andere seines Schicksals und seiner Generation den Anschluß an die Welt außerhalb des Deutschland von 1945 ohne französische Intellektuelle, Verlage, Journalisten wohl nicht so leicht gefunden hätte, wenn überhaupt. Ich will Sie nicht damit belästigen, Ihnen ausführlich zu erklären, was es 1945 bedeutete, ein Deutscher zu sein, ob schuldig oder unschuldig oder – was schlimmer war und ist – beides nicht. Mögen die Politiker mehr oder weniger wohltönend gewisse und bestimmte geschichtlich und politisch bedingte »Erbfeindschaften« für beendet erklären, im Falle der deutsch-französischen besonders schmerzliche und sinnlose. Verträge und Erklärungen nützen wenig, wenn die intellektuellen Strukturen nicht mitziehen: durch keinen politischen Vertrag kann irgendein Verlag oder eine Zeitschrift gezwungen werden, ein Buch oder einen Artikel zu publizieren, und wenn es geschieht, bleibt es meistens wirkungslos. Existentielle Neugierde – lassen Sie es mich so ausdrücken – kann nicht gelenkt oder provoziert werden, und was ich hier über die deutsch-französischen intellektuellen Beziehungen sage, trifft unter veränderten Bedingungen auch auf die sowjetisch-westeuropäischen intellektuellen Beziehungen zu. Verträge sind wichtig, sie sind notwendig – der Kulturaustausch, wie ihn Politiker und Funktionäre sich vorstellen: bitte schön; nichts dagegen einzuwenden –, und doch geschieht das Wichtigere außerhalb des vertraglich Geregelten, und eben das ist zwischen Frankreich und Deutschland – ich spreche über das Deutschland zwischen 1945 und 1948, als es weder die DDR noch die Bundesrepublik gab – geschehen; vielleicht darf ich sogar hier ausnahmsweise und für eine halbe Minute für einige Freunde und Kollegen aus der DDR mitsprechen. Schon im Jahr 1947 fand ein deutsch-französisches Autorentreffen statt, es entstand die französisch-deutsche Zeitschrift Documents – Dokumente, die in den folgenden Jahren, lange bevor Politiker sich freundschaftlich umarmten, regelmäßig Treffen veranstaltete; die ersten Publikationen deutscher Nachkriegsautoren erfolgten in Frankreich, schon Ende der 40er Jahre. Und wenn ich heute zurückblicke, erscheint mir diese Geschichte deutsch-französischer Treffen, Publikationen, Beziehungen als modellhaft.

Nun ein paar Worte zum PEN-Club. Sie wissen, daß ich langatmige Erklärungen scheue – daß sie mir nicht liegen. Ich will hier auch keine Bilanz ziehen, so etwas wie einen Rechenschaftsbericht ablegen, das mögen andere versuchen. Beschränken wir uns also darauf, festzustellen, was uns nicht gelungen ist. Es ist nicht gelungen – was eigentlich Aufgabe einer internationalen Schriftstellerorganisation mit einer eindeutigen Charta wäre –, publizistisch eine auch nur halbwegs gerechte Proportion zwischen den verfolgten, zensurierten, unterdrückten Kollegen innerhalb der verschiedenen politischen Systeme herzustellen. Da wir auf die Mitarbeit der Presse angewiesen sind, sind wir auch den Interessen und Interessengruppen, politischen und ökonomischen, unterworfen, die diese oder jene Presse stützen. Wir können Nachrichten, Resolutionen, Informationen anbieten, haben aber keinen Einfluß auf deren Veröffentlichung, da der Marktwert etwa einer Information über die Situation der Intellektuellen in Brasilien für die westliche Presse sehr gering ist und etwa eine Information über unsere Kollegen in der CSSR in der osteuropäischen Presse nicht die geringste Chance hat. Ich kann Sie also alle nur zum wiederholten Mal auffordern und bitten, daß Sie sich in Ihrer Eigenschaft als Autoren, Publizisten und Journalisten nicht auf Resolutionen verlassen, sondern unter Ihrem eigenen Namen Artikel schreiben, immer wieder, und daß Sie Informationen mit geringem Marktwert einschmuggeln. Wenn ich über das Nichtgelungene spreche, denke ich ganz besonders an die Autoren in Südamerika, in Spanien, Portugal, Griechenland, der Türkei, Indonesien und in der CSSR, und auch in unserem Gastland hier, in Jugoslawien. Wir stehen in den meisten Fällen einem internationalen *Einverständnis* gegenüber, das in seiner politisch-ökonomischen Verzahnung keine Lücke offenläßt, durch die wir eindringen könnten. Ich verweise deshalb mit ganz besonderem Nachdruck auf den PEN Emergency Fund, der vom holländischen PEN gegründet wurde und verwaltet wird. Über diesen Fonds können wir etwas tun, direkt, praktisch – nicht, um unser strapaziertes Gewissen zu erleichtern, sondern um wenigstens Ansätze einer internationalen Solidarität zu bilden, die das dichtverfugte System des Einverständnisses durchdringt.

Meinem Nachfolger nur Glück zu wünschen oder ihn nur zu seiner Wahl zu beglückwünschen – das wäre mir zu wenig. Ich wünsche ihm mehr: daß er dieses kaum definierbare Instrument PEN-Club – das mit sehr geringen, wenn man den Aufwand anderer internationaler Organisationen bedenkt, mit fast gar keinen materiellen Mitteln arbeitet – beleben kann, nicht durch Geld und aufwendige Treffen, sondern da, wo seine Kraft, eine immer noch nicht entdeckte Kraft verborgen ist: in der Feder, Schreibmaschine, im Bleistift seiner Mitglieder.

# Der Appell der Schriftsteller
(1974)

Die Konferenz über Sicherheit und Zusammenarbeit in Europa (KSZE), die gegenwärtig in Genf stattfindet, bietet eine große Chance, die Kontakte zwischen den Menschen und ihren Kulturen in Europa zu verbessern und ein höheres Niveau für alle Aspekte der gesellschaftlichen und intellektuellen Kommunikation zwischen den 35 Teilnehmerländern zu schaffen.

Wir sind fest davon überzeugt, daß dauerhafte Sicherheit in Europa nur erreicht werden kann, wenn alle Regierungen die Rechte des einzelnen gebührend respektieren und wenn die Begegnungen in den Bereichen der Kultur und der Information sowie im humanitären Bereich intensiviert werden und keinen Einschränkungen unterliegen.

Die unterzeichnenden Schriftsteller unterstützen uneingeschränkt die Ziele, die in den von allen Teilnehmerstaaten verabschiedeten Schlußempfehlungen zur KSZE in Helsinki enthalten sind, darunter:

– verbesserte Kontakte zwischen den Menschen, einschließlich von Reisen aus persönlichen oder beruflichen Gründen;
– die Förderung von Begegnungen junger Menschen;
– die weitere und freiere Verbreitung von Informationen aller Art;
– die bessere Kenntnis und einen besseren Zugang zu den Werken der Literatur, der Kunst und zu anderen Bereichen der Kultur.

Die unterzeichnenden Schriftsteller appellieren an die auf der KSZE vertretenen Regierungen, hierzu präzise und detaillierte Vereinbarungen zu treffen und deren Ausführung in allen Teilnehmerländern sicherzustellen.

Es geht hier nicht um eine Einmischung in die inneren Angelegenheiten eines Staates, sondern um eine allgemeine Respektierung des Grundsatzes, daß Sicherheit und Zusammenarbeit in Europa die Achtung der Menschenrechte und den Abbau der Schranken erfordern, die unseren Kontinent so lange künstlich gespaltet haben.

Deshalb rufen die Unterzeichner dazu auf, die Entschließungen der KSZE in die tägliche Praxis umzusetzen, sie regelmäßig zu überprüfen und den neuen Gegebenheiten anzupassen. Sie erklären sich ferner bereit, an der von der britischen Delegation vorgeschlagenen europäischen Zeitschrift mitzuarbeiten, die zum Ziel hat, den Austausch von Information im kulturellen und in anderen Bereichen zu fördern.

Heinrich Böll, Friedrich Dürrenmatt, Pierre Emmanuel, Günter Grass, Graham Greene, Eugene Ionesco, Leszek Kolakowski, Siegfried Lenz, Mary McCarthy, Norman Mailer, Arthur Miller, Harold Pinter, Denis de Rougemont, John Updike, Vercors, Per Wästberg, Angus Wilson

## Radikaler im öffentlichen Dienst
## Zum Abschied von Gustav Heinemann
(1974)

Was soll daraus werden, wie soll das ausgehen, wenn ein Präsident der Bundesrepublik Deutschland, der mit dem Etikett »unbequem« versehen ist, von einem ebenso etikettierten Autor gewürdigt wird? Da die Unbequemlichkeit des Präsidenten und die des Autors eine gewisse Verwandtschaft zeigen, müßte dieser Vorgang – nach der simplen mathematischen Erkenntnis, daß minus mal minus, doch auch plus mal plus ein Plus ergeben – eine ziemlich bequeme Sache werden. Ich will versuchen, zunächst einmal die banale Paradoxie anzugeben, die darin liegt, daß unbequeme Deutsche im Ausland so gut zu gebrauchen sind. Sie eignen sich vorzüglich zum Export, zum Vorzeigen; sie erbringen eine nicht unbedingt unfreundliche Presse, Zeitungsausschnitte, die man aufkleben und archivieren kann, und kaum etwas gilt ja als so sicheres Zeichen des Erfolgs wie Zeitungsausschnitte. (Dabei fällt mir ein, daß offenbar noch keiner auf die Idee gekommen ist, solche zu fälschen – neue Perspektiven eröffnen sich!) Erweitern wir also das Etikett und schlagen folgende Formel vor: Im Inland unbequem, im Ausland bequem. Die Idiotenbezeichnungen dafür lauten: Botschafter des guten Willens – Repräsentant des besseren Deutschland, und niemand fragt sich so recht, keiner scheint darüber nachzudenken, welche politische Schizophrenie solche Funktionen ersinnt und welche sie bei den Trägern dieser Funktionen hervorrufen kann. Verbirgt sich hinter dieser Funktionalisierung einer Person – sei es nun der Bundespräsident oder irgendein Autor, der in Griechenland oder Israel Vorträge hält – nicht der unbewußte oder gar bewußte Wunsch: am liebsten sehen wir euch draußen? Das ist eine Frage – und keine rhetorische. Es sollte doch, finde ich, was für einen selbstverständlich ist, nicht honoriert werden

– auch nicht von Gesinnungsgegnern übrigens, die da am nationalen Daumen lutschen und ihn nur aus dem Mund nehmen, um zu zetern. Manches Gezeter ist ja direkt Schmeichelei. Anerkennung verdient nur das Wie, und hier nun endlich, lieber Gustav Heinemann, kann ich es mir ein bißchen bequemer machen. Die Anerkennung Ihrer Tätigkeit gilt nicht nur der Tatsache, wie unbequem Sie waren, mehr noch der Tatsache, wie sie unbequem waren. Diese Kombination von Offenheit, Takt, Trokkenheit, Beharrlichkeit und Humor – nichts zu verschweigen, niemanden zu verletzen und doch alles auszusprechen, niemals gerührt oder pathetisch zu werden, und doch immer bewegt, nicht nachzugeben – wäre das ohne Humor möglich? Und welchen Hintersinn hätte Humor, wenn man ihn nicht bei Gelegenheit verlieren könnte und verlieren müßte, denn auch er, der undefinierbare Humor, läßt sich nicht funktionalisieren. Wer wüßte das besser als die, die von Beruf Humoristen sind und denen die Schwermut dauernd vor der Tür steht, weil sie spüren müssen, wie Humor zu platter Lustigkeit erniedrigt, als dummes Lachen im Vordergrund alles Hintergründige zerschlägt, wie allzu rascher Applaus die Scherben auf den Kehricht fegt. Ebendas. Raschen Applaus hatten Sie nie; man spürte wohl den Humor, in ihm aber immer den Ernst, ohne den er sich unmöglich macht: Lustigkeit kam da selten auf, selten auch gute Laune, wenn Sie da in die Hintergründe unserer Geschichte stiegen, wo so viel Lustiges ja auch nicht zu entdecken ist. Das Ergebnis offener Trockenheit, in der nichts verschleiert wurde, war denn auch Befreiung, ob Sie über oder zu Polizeibeamten sprachen, über Kirchen, Weltkriege, Reichsgründung. Erlauben Sie mir, es so unfeierlich auszudrücken, wie Sie sich auszudrücken pflegten: Es war schon eher wohltuend, und es war eine Ehre für viele von uns Schriftstellern, die gleichen Feinde zu haben wie Sie: die Daumenlutscher nämlich.

Sie waren so offen, daß man machmal den Eindruck haben konnte, Sie wären ein Radikaler im öffentlichen Dienst, aber nicht nur deshalb werden wir Sie vermissen. Es ist nicht nur ein Scherz, wenn ich sage: Wieder ein Radikaler im öffentlichen Dienst weniger; denn was haben Sie anderes getan, als das deutsche Geschichtsverständnis, das deutsche Bewußtsein, deutsche

Selbstgefälligkeit, wie sie gelegentlich auftritt, bis an die Wurzeln bloßzulegen, wenn auch behutsam. Und was ist ein Radikaler anderes als jemand, der bis an die Wurzel zu gehen versucht? Alle Zahnärzte sind notwendigerweise Radikale, wenn auch nicht immer im öffentlichen Dienst. Gewiß sind nicht alle Radikale behutsam und nicht jeder, der sich so nennt, per se gerechtfertigt – aber auch nicht jeder, der so genannt wird, stellt eine Gefahr dar. Die Gefahr besteht wohl eher darin, daß es zuwenig Radikale im öffentlichen Dienst geben wird, daß man Nachdenklichkeit einschüchtert, eine Vordergrunddemokratie schafft, in der es kaum noch erlaubt sein wird, bis an die Wurzeln dieses unseres Staates, der Bundesrepublik Deutschland, zu gehen, die ja nicht zufällig entstanden ist, sondern Ursachen, unter anderem eben den Zweiten Weltkrieg als Ur-Sache hat, der ja ebenfalls nicht zufällig entstanden ist, sondern ebenfalls Ursachen hat, unter anderem die Ursache blinder Untertänigkeit, jene Obrigkeitssucht, die Sie, lieber Gustav Heinemann, selbst rangmäßig höchste Obrigkeit, oft und immer wieder als schlechte, wenn nicht schlechteste aller Tugenden-Untugenden bezeichnet haben. Wie radikal obrigkeitssüchtige, befehlssüchtige, absolut untertänige Ordnungs-, Verwaltungs-, Rechtsorgane werden können – das haben wir ja erlebt, und es sind noch keine 30 Jahre vergangen, da waren wir alle dieser Radikalität ausgeliefert oder unterworfen. Der Ausdruck Radikale im öffentlichen Dienst ist also vieldeutig, und es ist lebensgefährlich, ihn ohne geschichtlichen Hintergrund mitzuliefern, auf alle jene anwenden zu wollen, die ebendas nicht sein wollen: untertänig, unterworfen, auf die Obrigkeit blind vertrauend. Natürlich – ich wiederhole es, weil Mißverständnisse der Daumenlutscher liebster Lolli sind – ist nicht jeder oder jede, die sich radikal definiert oder gebärdet, blind anzuerkennen; es geht hier nur um das Wort Radikalität. Ohne sie ist wissenschaftliche Arbeit gar nicht möglich, weder in der Philosophie noch in der Theologie oder Chemie, ohne sie ist Literatur gar nicht möglich, auch Demokratie nicht. Und wenn man sich in Erinnerung rufen möchte, wie wir zu unserer Demokratie gekommen sind, so wollen wir nicht vergessen, daß diese kostbare Pflanze importiert worden ist.

# Die verlorene Ehre der Katharina Blum
*oder: Wie Gewalt entstehen und wohin sie führen kann*
(1974)

Personen und Handlung dieser Erzählung sind frei erfunden. Sollten sich bei der Schilderung gewisser journalistischer Praktiken Ähnlichkeiten mit den Praktiken der »Bild«-Zeitung ergeben haben, so sind diese Ähnlichkeiten weder beabsichtigt noch zufällig, sondern unvermeidlich.

I

Für den folgenden Bericht gibt es einige Neben- und drei Hauptquellen, die hier am Anfang einmal genannt, dann aber nicht mehr erwähnt werden. Die Hauptquellen: Vernehmungsprotokolle der Polizeibehörde, Rechtsanwalt Dr. Hubert Blorna, sowie dessen Schul- und Studienfreund, der Staatsanwalt Peter Hach, der – vertraulich, versteht sich – die Vernehmungsprotokolle, gewisse Maßnahmen der Untersuchungsbehörde und Ergebnisse von Recherchen, soweit sie nicht in den Protokollen auftauchten, ergänzte; nicht, wie unbedingt hinzugefügt werden muß, zu offiziellem, lediglich zu privatem Gebrauch, da ihm der Kummer seines Freundes Blorna, der sich das alles nicht erklären konnte und es doch, »wenn ich es recht bedenke, nicht unerklärlich, sogar fast logisch« fand, regelrecht zu Herzen ging. Da der Fall der Katharina Blum angesichts der Haltung der Angeklagten und der sehr schwierigen Position ihres Verteidigers Dr. Blorna ohnehin mehr oder weniger fiktiv bleiben wird, sind vielleicht gewisse kleine, sehr menschliche Unkorrektheiten, wie Hach sie beging, nicht nur verständlich, auch verzeihlich. Die Nebenquellen, einige von größerer, andere von geringerer Bedeutung, brauchen hier nicht erwähnt zu werden, da sich ihre Verstrickung, Verwicklung, Befaßtheit, Befangenheit, Betroffenheit und Aussage aus dem Bericht selbst ergeben.

## 2

Wenn der Bericht – da hier so viel von Quellen geredet wird – hin und wieder als »fließend« empfunden wird, so wird dafür um Verzeihung gebeten: es war unvermeidlich. Angesichts von »Quellen« und »Fließen« kann man nicht von Komposition sprechen, so sollte man vielleicht statt dessen den Begriff der Zusammenführung (als Fremdwort dafür wird Konduktion vorgeschlagen) einführen, und dieser Begriff sollte jedem einleuchten, der je als Kind (oder gar Erwachsener) in, an und *mit* Pfützen gespielt hat, die er anzapfte, durch Kanäle miteinander verband, leerte, ablenkte, umlenkte, bis er schließlich das gesamte, ihm zur Verfügung stehende Pfützenwasserpotential in einem Sammelkanal *zusammenführte*, um es auf ein niedrigeres Niveau ab-, möglicherweise gar ordnungsgemäß oder ordentlich, regelrecht in eine behördlicherseits erstellte Abflußrinne oder in einen Kanal zu lenken. Es wird also nichts weiter vorgenommen als eine Art Dränage oder Trockenlegung. Ein ausgesprochener Ordnungsvorgang. Wenn also diese Erzählung stellenweise in Fluß kommt, wobei Niveauunterschiede und -ausgleiche eine Rolle spielen, so wird um Nachsicht gebeten, denn schließlich gibt es auch Stockungen, Stauungen, Versandungen, mißglückte Konduktionen und Quellen, die »zusammen nicht kommen können«, außerdem unterirdische Strömungen usw. usw.

## 3

Die Tatsachen, die man vielleicht zunächst einmal darbieten sollte, sind brutal: am Mittwoch, dem 20. 2. 1974, am Vorabend von Weiberfastnacht, verläßt in einer Stadt eine junge Frau von siebenundzwanzig Jahren abends gegen 18.45 Uhr ihre Wohnung, um an einem privaten Tanzvergnügen teilzunehmen.

Vier Tage später, nach einer – man muß es wirklich so ausdrücken (es wird hiermit auf die notwendigen Niveauunterschiede verwiesen, die den Fluß ermöglichen) – dramatischen Entwicklung, am Sonntagabend um fast die gleiche Zeit – genauer gesagt gegen 19.04 –, klingelt sie an der Wohnungstür des Kriminaloberkommissars Walter Moeding, der eben dabei ist, sich aus dienstlichen, nicht privaten Gründen als Scheich zu verkleiden, und gibt dem erschrockenen Moeding zu Protokoll, sie habe mittags gegen 12.15 in ihrer Wohnung den Journalisten Werner Tötges erschossen, er möge veranlassen, daß ihre Wohnungstür aufgebrochen und er dort »abgeholt« werde; sie selbst habe sich zwischen 12.15 und 19.00 Uhr in der Stadt umhergetrieben, um Reue zu finden, habe aber keine Reue gefunden; sie bitte außerdem um ihre Verhaftung, sie möchte gern dort sein, wo auch ihr »lieber Ludwig« sei.

Moeding, der die junge Person von verschiedenen Vernehmungen her kennt und eine gewisse Sympathie für sie empfindet, zweifelt nicht einen Augenblick lang an ihren Angaben, er bringt sie in seinem Privatwagen zum Polizeipräsidium, verständigt seinen Vorgesetzten, Kriminalhauptkommissar Beizmenne, läßt die junge Frau in eine Zelle verbringen, trifft sich eine Viertelstunde später mit Beizmenne vor ihrer Wohnungstür, wo ein entsprechend ausgebildetes Kommando die Tür aufbricht und die Angaben der jungen Frau bestätigt findet.

Es soll hier nicht soviel von Blut gesprochen werden, denn nur *notwendige* Niveauunterschiede sollen als unvermeidlich gelten, und deshalb wird hiermit aufs Fernsehen und aufs Kino verwiesen, auf Grusi- und Musicals einschlägiger Art; wenn hier etwas fließen soll, dann nicht Blut. Vielleicht sollte man lediglich auf gewisse Farbeffekte hinweisen: der erschossene Tötges trug ein improvisiertes Scheichkostüm, das aus einem schon recht verschlissenen Bettuch zurechtgeschneidert war, und jedermann weiß doch, was viel rotes Blut auf viel Weiß anrichten kann; da wird eine Pistole notwendigerweise fast zur Spritzpistole, und da es sich im Falle des Kostüms ja um *Leinwand* handelt, liegen hier moderne Malerei und Bühnenbild näher als Dränage. Gut. Das sind also die Fakten.

4

Ob auch der Bildjournalist Adolf Schönner, den man erst am Aschermittwoch in einem Waldstück westlich der fröhlichen Stadt ebenfalls erschossen fand, ein Opfer der Blum gewesen war, galt eine Zeitlang als nicht unwahrscheinlich, später aber, als man eine gewisse chronologische Ordnung in den Ablauf gebracht hatte, als »erwiesen unzutreffend«. Ein Taxifahrer sagte später aus, er habe den ebenfalls als Scheich verkleideten Schönner mit einer als Andalusierin verkleideten jungen Frauensperson zu eben jenem Waldstück gefahren. Nun war aber Tötges schon am Sonntagmittag erschossen worden, Schönner aber erst am Dienstagmittag. Obwohl man bald herausfand, daß die Tatwaffe, die man neben Tötges fand, keinesfalls die Waffe sein konnte, mit der Schönner getötet worden war, blieb der Verdacht für einige Stunden auf der Blum ruhen, und zwar des Motivs wegen. Wenn sie schon Grund gehabt hatte, sich an Tötges zu rächen, so hatte sie mindestens soviel Grund gehabt, sich an Schönner zu rächen. Daß die Blum aber zwei Waffen besessen haben könnte, erschien den ermittelnden Behörden dann doch als sehr unwahrscheinlich. Die Blum war bei ihrer Bluttat mit einer kalten Klugheit zu Werke gegangen; als man sie später fragte, ob sie auch Schönner erschossen habe, gab sie eine ominöse, als Frage verkleidete Antwort: »Ja, warum eigentlich nicht den auch?« Dann aber verzichtete man darauf, sie auch des Mordes an Schönner zu verdächtigen, zumal Alibirecherchen sie fast eindeutig entlasteten. Keiner, der Katharina Blum kannte oder im Laufe der Untersuchung ihren Charakter kennenlernte, zweifelte daran, daß sie, falls sie ihn begangen hätte, den Mord an Schönner eindeutig zugegeben hätte. Der Taxifahrer, der das Pärchen zum Waldstück gefahren hatte (»Ich würde es ja eher als verwildertes Gebüsch bezeichnen«, sagte er), erkannte jedenfalls die Blum auf Fotos nicht. »Mein Gott«, sagte er, »diese hübschen, braunhaarigen jungen Dinger, zwischen 1,63 und 1,68 groß, schlank und zwischen 24 und 27 Jahre alt – davon laufen doch Karneval Hunderttausende hier herum.«

In der Wohnung des Schönner fand man keinerlei Spuren von der Blum, keinerlei Hinweis auf die Andalusierin. Kollegen und

Bekannte des Schönner wußten nur, daß er am Dienstag gegen Mittag von einer Kneipe aus, in der sich Journalisten trafen, »mit irgendeiner Brumme abgehauen war«.

5

Ein hoher Karnevalsfunktionär, Weinhändler und Sektvertreter, der sich rühmen konnte, den Humor wiederaufgebaut zu haben, zeigte sich erleichtert, daß beide Taten erst am Montag bzw. Mittwoch bekanntgeworden waren. »So was am Anfang der frohen Tage, und Stimmung und Geschäft sind hin. Wenn herauskommt, daß Verkleidungen zu kriminellen Taten mißbraucht werden, ist die Stimmung sofort hin und das Geschäft versaut. Das sind echte Sakrilege. Ausgelassenheit und Frohsinn brauchen Vertrauen, das ist ihre Basis.«

6

Ziemlich merkwürdig verhielt sich die ZEITUNG, nachdem die beiden Morde an ihren Journalisten bekannt wurden. Irrsinnige Aufregung! Schlagzeilen. Titelblätter. Sonderausgaben. Todesanzeigen überdimensionalen Ausmaßes. Als ob – wenn schon auf der Welt geschossen wird – der Mord an einem Journalisten etwas Besonderes wäre, wichtiger etwa als der Mord an einem Bankdirektor, -angestellten oder -räuber.

Diese Tatsache der Über-Aufmerksamkeit der Presse muß hier vermerkt werden, weil nicht nur die ZEITUNG, auch andere Zeitungen tatsächlich den Mord an einem Journalisten als etwas besonders Schlimmes, Schreckliches, fast Feierliches, man könnte fast sagen wie einen Ritualmord behandelten. Es wurde sogar von »Opfer seines Berufes« gesprochen, und natürlich hielt die ZEITUNG selbst hartnäckig an der Version fest, auch Schönner wäre ein Opfer der Blum, und wenn man auch zugeben muß, daß Tötges wahrscheinlich nicht erschossen worden wäre, wäre er nicht Journalist geworden (sondern etwa Schuhmacher oder Bäcker), so hätte man doch herauszufinden versuchen sollen, ob man nicht besser von beruflich bedingtem Tod hätte sprechen müssen, denn es wird ja noch geklärt werden, warum eine so kluge und fast kühle Person wie die Blum den Mord nicht nur plante, auch ausführte und im entscheidenden, von ihr herbeigeführten Augenblick nicht nur zur Pistole griff, sondern diese auch in Tätigkeit setzte.


7

Gehen wir von diesem äußerst niedrigen Niveau sofort wieder auf höhere Ebenen. Weg mit dem Blut. Vergessen sein soll die Aufregung der Presse. Die Wohnung der Katharina Blum ist inzwischen gesäubert, die unbrauchbar gewordenen Teppiche sind auf dem Abfall gelandet, die Möbel abgewischt und zurechtgerückt, das alles auf Kosten und Veranlassung von Dr. Blorna, der sich dazu durch seinen Freund Hach bevollmächtigen ließ, wenn auch noch lange nicht sicher ist, daß Blorna der Vermögensverwalter sein wird.

Immerhin hat diese Katharina Blum innerhalb von fünf Jahren in eine Eigentumswohnung im Wert von insgesamt einhundertttausend Mark sechzigtausend bar investiert, es gibt da also – wie ihr Bruder, der zur Zeit eine geringfügige Freiheitsstrafe abbüßt, es ausdrückte – was »Handfestes abzustauben«. Aber wer käme dann für die Zinsen und die Amortisation der restlichen vierzigtausend Mark auf, und wenn man auch eine nicht unerhebliche Wertsteigerung einkalkulieren muß. Es bleiben nicht nur Akt- auch Passiva.

Tötges immerhin ist längst beerdigt (mit einem unangemessenen Aufwand, wie manche Leute festgestellt haben). Schönners Tod und Beerdigung sind merkwürdigerweise nicht mit solcher Aufmachung und Aufmerksamkeit betrieben und bemerkt worden. Warum wohl? Weil er kein »Opfer seines Berufes« war, sondern wahrscheinlicher das Opfer eines Eifersuchtsdramas? Das Scheichkostüm ist in der Asservatenkammer, auch die Pistole (eine 08), über deren Herkunft nur Blorna Bescheid weiß, während Polizei und Staatsanwaltschaft sich vergeblich bemüht haben, dies herauszufinden.

8

Die Recherchen über die Aktivitäten der Blum während der fraglichen vier Tage ließen sich für die ersten Tage gut an, stockten erst, als es den Sonntag zu erkunden galt.

Blorna selbst hatte Katharina Blum am Mittwochnachmittag zwei volle Wochenlöhne in Höhe von je 280 DM ausgezahlt, einen für die laufende Woche, den zweiten für die folgende Woche, da er selbst am Mittwochnachmittag mit seiner Frau in den Winterurlaub fuhr. Katharina hatte den Blornas nicht nur versprochen, sondern geradezu geschworen, daß sie endlich einmal Urlaub machen und sich über Karneval amüsieren wolle und nicht, wie in all den Jahren davor, ins Saisongeschäft gehen würde. Sie hatte Blornas freudig mitgeteilt, daß sie für den Abend zu einem privaten kleinen Hausball bei ihrer Patentante, Freundin und Vertrauten Else Woltersheim eingeladen sei und sich sehr darauf freue, sie habe so lange keine Gelegenheit mehr gehabt, zu tanzen. Daraufhin habe Frau Dr. Blorna zu ihr gesagt: »Warte nur, Kathrinchen, wenn wir zurück sind, geben wir mal wieder 'ne Party, dann kannst du auch wieder tanzen.« Seitdem sie in der Stadt war, seit fünf oder sechs Jahren, hatte Katharina sich immer wieder über die nicht vorhandenen Möglichkeiten, »mal einfach irgendwo tanzen zu gehen«, beklagt. Da gab es, wie sie Blornas erzählte, diese Buden, in denen eigentlich nur verklemmte Studenten eine kostenlose Nutte suchen, dann gab es diese bohemeartigen Dinger, in denen es ihr ebenfalls zu wüst zuging, und konfessionelle Tanzveranstaltungen verabscheute sie geradezu.

Am Mittwochnachmittag hatte Katharina, wie sich leicht ermitteln ließ, noch zwei Stunden bei dem Ehepaar Hiepertz gearbeitet, wo sie gelegentlich und auf Anfrage aushalf. Da die Hiepertz' ebenfalls die Stadt während der Karnevalstage verließen und zu ihrer Tochter nach Lemgo fuhren, hatte Katharina die beiden alten Herrschaften noch in ihrem Volkswagen zum Bahnhof gebracht. Trotz erheblicher Parkschwierigkeiten hatte sie darauf bestanden, sie auch noch auf den Bahnsteig zu bringen und ihr Gepäck zu tragen. (»Nicht ums Geld, nein, für solche Gefälligkeiten dürfen wir ihr gar nichts anbieten, das würde sie tief kränken«, erläuterte Frau Hiepertz.) Der Zug war nachweislich um 17.30 Uhr gefahren. Wenn man Katharina fünf bis zehn Minuten zubilligen wollte, um inmitten des beginnenden Karnevalsrummels ihren Wagen zu finden, weitere zwanzig oder gar fündundzwanzig Minuten, um ihre außerhalb der Stadt in einem Wohnpark gelegene Wohnung zu erreichen, die sie also erst zwischen 18.00 und 18.15 Uhr betreten haben konnte, so blieb keine Minute ungedeckt, wenn man ihr gerechterweise zubilligen mochte, daß sie sich gewaschen, umgezogen, eine Kleinigkeit gegessen hatte, denn sie war schon gegen 19.25 Uhr bei Frau Woltersheim zur Party erschienen, nicht per Auto, sondern per Straßenbahn, und sie war weder als Beduinenfrau noch als Andalusierin verkleidet, sondern lediglich mit einer roten Nelke im Haar, in roten Strümpfen und Schuhen, in einer hochgeschlossenen Bluse aus honigfarbener Honanseide und einem gewöhnlichen Tweedrock von gleicher Farbe. Man mag es gleichgültig finden, ob Katharina mit ihrem Auto oder mit der Straßenbahn zur Party fuhr, es muß hier erwähnt werden, weil es im Laufe der Ermittlungen von erheblicher Bedeutung war.

## 9

Von dem Augenblick an, da sie die Woltersheimsche Wohnung betrat, wurden die Ermittlungen erleichtert, weil Katharina von 19.25 Uhr an, ohne es zu ahnen, unter polizeilicher Beobachtung stand. Den ganzen Abend über, von 19.30 bis 22.00 Uhr, bevor sie mit diesem die Wohnung verließ, hatte sie »ausschließlich und innig«, wie sie selber später aussagte, mit einem gewissen Ludwig Götten getanzt.

## 10

Man sollte hier nicht vergessen, dem Staatsanwalt Peter Hach Dankbarkeit zu zollen, denn ihm einzig und allein verdankt man die an justizinternen Klatsch grenzende Mitteilung, daß Kriminalkommissar Erwin Beizmenne von dem Augenblick an, da die Blum mit Götten die Wohnung der Woltersheim verließ, die Telefone der Woltersheim und der Blum abhören ließ. Das geschah auf eine Weise, die man vielleicht der Mitteilung für wert halten mag. Beizmenne rief in solchen Fällen den dafür zuständigen Vorgesetzten an und sagte zu diesem: »Ich brauche mal wieder meine Zäpfchen. Diesmal zwei.«

11

Offenbar hat Götten von Katharinas Wohnung aus nicht telefoniert. Jedenfalls wußte Hach nichts davon. Sicher ist, daß die Wohnung von Katharina streng überwacht wurde, und als bis 10.30 Uhr am Donnerstagmorgen weder telefoniert worden war, noch Götten die Wohnung verlassen hatte, drang man, da Beizmenne die Geduld und auch die Nerven zu verlieren begann, mit acht schwerbewaffneten Polizeibeamten in die Wohnung ein, stürmte sie regelrecht unter strengsten Vorsichtsmaßregeln, durchsuchte sie, fand aber Götten nicht mehr, lediglich die »äußerst entspannt, fast glücklich wirkende« Katharina, die an ihrer Küchenanrichte stand, wo sie aus einem großen Becher Kaffee trank und in eine mit Butter und Honig bestrichene Scheibe Weißbrot biß. Sie machte sich insofern verdächtig, als sie nicht überrascht, sondern gelassen, »wenn nicht triumphierend« wirkte. Sie trug einen Bademantel, der mit Margueriten bestickt war, war darunter unbekleidet, und als sie von Kommissar Beizmenne (»ziemlich barsch«, wie sie später erzählte) gefragt wurde, wo Götten geblieben sei, sagte sie, sie wisse nicht, wann Ludwig die Wohnung verlassen habe. Sie sei gegen 9.30 Uhr wach geworden, und da sei er schon weg gewesen. »Ohne Abschied?« »Ja.«

12

An dieser Stelle sollte man etwas über eine höchst umstrittene Frage von Beizmenne erfahren, die Hach einmal zum besten gab, widerrief, dann noch einmal erzählte und zum zweitenmal widerrief. Blorna hält diese Frage für wichtig, weil er glaubt, daß, wenn sie wirklich gestellt worden sei, hier und nirgendwo anders der Beginn von Katharinas Verbitterung, Beschämung und Wut gelegen haben könnte. Da Blorna und seine Frau Katharina Blum als in sexuellen Dingen äußerst empfindlich, fast prüde schildern, muß die *Möglichkeit*, Beizmenne könnte – ebenfalls in höchster Wut über den entschwundenen Götten, den er sicher zu haben glaubte – die umstrittene Frage gestellt haben, hier erwogen werden. Beizmenne *soll* die aufreizend gelassen an ihrer Anrichte lehnende Katharina nämlich gefragt haben: »Hat er dich denn gefickt«, woraufhin Katharina sowohl rot geworden sein wie in stolzem Triumph gesagt haben soll: »Nein, ich würde es nicht so nennen.«

Man kann getrost annehmen, daß *wenn* Beizmenne diese Frage gestellt hat, von diesem Augenblick an keinerlei Vertrauen mehr zwischen ihm und Katharina entstehen konnte. Die Tatsache, daß es tatsächlich nicht zu einem Vertrauensverhältnis zwischen den beiden kam – obwohl Beizmenne, der als »gar nicht so übel« gilt, es nachweislich versuchte –, sollte aber nicht als endgültiger Beweis dafür angesehen werden, daß er die ominöse Frage wirklich gestellt hat. Hach jedenfalls, der bei der Haussuchung zugegen war, gilt unter Bekannten und Freunden als »Sexklemmer«, und es wäre durchaus möglich, daß ihm selbst ein so grober Gedanke gekommen ist, als er die äußerst attraktive Blum da so nachlässig an ihrer Anrichte lehnen sah, und daß er diese Frage gern gestellt oder die so grob definierte Tätigkeit gern mit ihr ausgeübt hätte.

13

Die Wohnung wurde anschließend gründlich durchsucht, es wurden einige Gegenstände beschlagnahmt, vor allem Schriftliches. Katharina Blum durfte sich im Badezimmer in Gegenwart der weiblichen Beamtin Pletzer anziehen. Doch durfte die Badezimmertür nicht ganz geschlossen werden; sie wurde von zwei bewaffneten Beamten schärfstens bewacht. Es wurde Katharina gestattet, ihre Handtasche mitzunehmen, und da ihre

Verhaftung nicht ausgeschlossen werden konnte, durfte sie Nachtzeug, einen Toilettenbeutel, Lektüre mitnehmen. Ihre Bibliothek bestand aus vier Liebesromanen, drei Kriminalromanen sowie aus einer Napoleonbiographie und einer Biographie der Königin Christina von Schweden. Sämtliche Bücher stammten aus einem Buchklub. Da sie dauernd fragte: »Aber wieso, wieso denn, was habe ich denn verbrochen«, wurde ihr schließlich von der Kriminalbeamtin Pletzer in höflicher Form mitgeteilt, daß Ludwig Götten ein lange gesuchter Bandit sei, des Bankraubes fast überführt und des Mordes und anderer Verbrechen verdächtig.

## 14

Als Katharina Blum endlich gegen 11.00 Uhr aus ihrer Wohnung fort und zur Vernehmung geführt wurde, verzichtete man letzten Endes doch darauf, ihr Handschellen anzulegen. Beizmenne neigte zwar dazu, auf Handschellen zu bestehen, ließ sich aber nach einem kurzen Dialog zwischen der Beamtin Pletzer und seinem Assistenten Moeding herbei, darauf zu verzichten. Da wegen der an diesem Tag beginnenden Weiberfastnacht zahlreiche Hausbewohner nicht zur Arbeit gegangen und noch nicht zu den alljährlich fälligen saturnalienartigen Umzügen, Festen etc. aufgebrochen waren, standen etwa drei Dutzend Bewohner des zehnstöckigen Appartementhauses in Mänteln, Morgenröcken und Bademänteln im Foyer, und der Pressefotograf Schönner stand wenige Schritte vor dem Aufzug, als Katharina Blum, zwischen Beizmenne und Moeding, von bewaffneten Polizeibeamten flankiert, den Aufzug verließ. Sie wurde von vorne, von hinten, von der Seite mehrmals fotografiert, zuletzt, da sie in ihrer Scham und Verwirrung mehrmals ihr Gesicht zu verdecken versuchte und dabei mit ihrer Handtasche, dem Toilettenbeutel und einer Plastiktüte, in der zwei Bücher und Schreibzeug waren, in Konflikt geriet, mit zerwühltem Haar und recht unfreundlichem Gesichtsausdruck.

## 15

Eine halbe Stunde später, nachdem sie auf ihre Rechte hingewiesen worden und ihr Gelegenheit gegeben worden war, sich wieder etwas herzurichten, begann in Gegenwart von Beizmenne, Moeding, der Frau Pletzer sowie der Staatsanwälte Dr. Korten und Hach die Vernehmung, die protokolliert wurde: »Mein Name ist Katharina Brettloh, geb. Blum. Ich wurde am 2. März 1947 in Gemmelsbroich im Landkreis Kuir geboren. Mein Vater war der Bergarbeiter Peter Blum. Er starb, als ich sechs Jahre alt war, im Alter von siebenunddreißig Jahren an einer Lungenverletzung, die er im Krieg erlitten hatte. Mein Vater hatte nach dem Krieg wieder in einem Schieferbergwerk gearbeitet und war auch staublungenverdächtig. Meine Mutter hatte nach seinem Tode Schwierigkeiten mit der Rente, weil sich das Versorgungsamt und die Knappschaft nicht einigen konnten. Ich mußte schon sehr früh im Haushalt arbeiten, weil mein Vater häufig krank war und entsprechenden Verdienstausfall hatte und meine Mutter verschiedene Putzstellen annahm. In der Schule hatte ich keinerlei Schwierigkeiten, obwohl ich auch während der Schulzeit viel Hausarbeit machen mußte, nicht nur zu Hause, auch bei Nachbarn und anderen Dorfbewohnern, wo ich beim Backen, Kochen, Einmachen, Schlachten zur Hand ging. Ich tat auch viel Hausarbeit und half bei der Ernte. Mit Hilfe meiner Patentante, Frau Else Woltersheim aus Kuir, bekam ich nach der Schulentlassung im Jahre 1961 eine Stelle als Hausgehilfin in der Metzgerei Gerbers in Kuir, wo ich auch beim Verkaufen gelegentlich aushelfen mußte. Von 1962 bis 1965 besuchte ich mit Hilfe und durch finanzielle Unterstützung meiner Patentante Frau Woltersheim, die dort als Ausbilderin tätig war, eine Hauswirtschaftsschule in Kuir, die ich mit sehr gut absolvierte. Von 1966 bis 1967 arbeitete ich als Wirtschafterin im Ganztagskindergarten der Firma Koeschler im benachbarten Oftersbroich, bekam dann eine Stelle als Hausgehilfin bei dem Arzt Dr. Kluthen, ebenfalls in Oftersbroich, wo ich nur ein Jahr verblieb, weil Herr Doktor immer häufiger zudringlich wurde und Frau Doktor das nicht leiden mochte. Auch ich mochte diese Zudringlichkeiten nicht. Mir war das widerwärtig. Im Jahre 1968, als ich für einige Wochen stellenlos war und im Haushalt meiner Mutter aushalf und gelegentlich bei den Versammlungen und Kegelabenden des Trommlerkorps Gemmelsbroich aushalf, lernte ich durch meinen älteren Bruder Kurt Blum den Textilarbeiter Wilhelm Brettloh kennen, den ich wenige Monate später heiratete. Wir wohnten in Gemmelsbroich, wo ich gelegentlich an den Wochenenden bei starkem Ausflüglerverkehr in der Gastwirtschaft Kloog in der Küche aushalf, manchmal auch als Serviererin. Schon nach einem halben Jahr empfand ich unüberwindliche Abneigung gegen meinen Mann. Näheres möchte ich dazu nicht aussagen. Ich verließ meinen Mann und zog in die Stadt. Ich wurde schuldig geschieden wegen böswilligen Verlassens und nahm meinen Mädchennamen wieder an. Ich wohnte zunächst bei Frau Woltersheim, bis ich nach einigen Wochen eine Stelle als Wirtschafterin und Hausgehilfin im Hause des Wirtschaftsprüfers Dr. Fehnern fand, wo ich auch wohnte. Herr Dr. Fehnern ermöglichte es mir, Abend- und Weiterbildungskurse zu besuchen und eine Fachprüfung als staatlich geprüfte Wirtschafterin abzulegen. Er war sehr nett und sehr großzügig, und ich blieb auch bei ihm, nachdem ich die Prüfung abgelegt hatte. Ende des Jahres 1969 wurde Herr Dr. Fehnern im Zusammenhang mit erheblichen Steuerhinterziehungen, die bei großen Firmen, für die er arbeitete, festgestellt worden waren, verhaftet. Bevor er abgeführt wurde, gab er mir einen Briefumschlag mit drei Monatsgehältern und bat mich, auch weiterhin nach dem Rechten zu sehen, er käme bald wieder, sagte er. Ich blieb noch einen Monat, versorgte seine Angestellten, die unter der Aufsicht von Steuerbeamten in seinem Büro arbeiteten, hielt das Haus sauber und den Garten in Ordnung, kümmerte mich auch um die Wäsche. Ich brachte Herrn Dr. Fehnern immer frische Wäsche ins Untersuchungsgefängnis, auch zu essen, besonders Ardennenpastete, die ich beim Metzger Gerbers in Kuir herzustellen gelernt hatte. Später wurde die Praxis geschlossen, das Haus beschlagnahmt, ich mußte mein Zimmer räumen. Herrn Dr. Fehnern hatte man anscheinend auch Unterschlagung und Fälschung nachgewiesen, und er kam richtig ins Gefängnis, wo ich ihn auch weiterhin besuchte. Ich wollte ihm auch die zwei Monatsgehälter zurückgeben, die ich ihm noch schuldete. Er verbat sich das regelrecht. Ich fand sehr rasch eine Stelle bei dem Ehepaar Dr. Blorna, die ich durch Herrn Fehnern kennengelernt hatte.

Blornas bewohnen einen Bungalow in der Parksiedlung Südstadt. Obwohl mir dort Wohnung geboten wurde, lehnte ich ab, ich wollte endlich unabhängig sein und meinen Beruf mehr freiberuflich ausüben. Das Ehepaar Blorna war sehr gütig zu mir. Frau Dr. Blorna verhalf mir – sie arbeitet in einem großen Architekturbüro – zu meiner Eigentumswohnung in der Satellitenstadt im Süden, die unter dem Motto ›Elegant am Strom wohnen‹ angezeigt wurde. Herr Dr. Blorna war in seiner Eigenschaft als Industrieanwalt, Frau Dr. Blorna in ihrer Eigenschaft als Architektin mit dem Projekt vertraut. Ich berechnete mit Herrn Dr. Blorna die Finanzierung, Verzinsung und Amortisation eines Zwei-Zimmer-Küche-Bad-Appartements im 8. Stock, und da ich inzwischen Ersparnisse in Höhe von 7000 DM hatte zurücklegen können, und das Ehepaar Blorna für einen Kredit in Höhe von 30 000 DM bürgte, konnte ich schon Anfang 1970 in meine Wohnung einziehen. Meine monatliche Mindestbelastung betrug zu Beginn etwa 1100 DM, da aber das Ehepaar Blorna meine Verpflegung nicht berechnete, Frau Blorna mir sogar noch jeden Tag etwas zum Essen und Trinken zusteckte, konnte ich sehr sparsam leben und meinen Kredit rascher amortisieren, als anfänglich berechnet war. Ich führe seit vier Jahren die Wirtschaft und den Haushalt dort selbständig, meine Arbeitszeit beginnt um sieben Uhr morgens und endet nachmittags gegen sechzehn Uhr dreißig, wenn ich mit den Haus- und Reinigungsarbeiten, dem Einkaufen, den Vorbereitungen für das Abendessen fertig bin. Ich besorge auch die gesamte Wäsche des Haushalts. Zwischen sechzehn Uhr dreißig und siebzehn Uhr dreißig kümmere ich mich um meinen eigenen Haushalt und arbeite dann gewöhnlich noch eineinhalb bis zwei Stunden bei dem Rentnerehepaar Hiepertz. Samstags- und Sonntagsarbeit bekomme ich bei beiden gesondert bezahlt. In meiner freien Zeit arbeite ich gelegentlich beim Traiteur Kloft, oder ich helfe bei Empfängen, Parties, Hochzeiten, Gesellschaften, Bällen, meistens als frei angeworbene Wirtschafterin auf Pauschale und eigenes Risiko, manchmal auch im Auftrag der Firma Kloft. Ich arbeite in der Kalkulation, der organisatorischen Planung, gelegentlich auch als Köchin oder Serviererin. Meine Bruttoeinnahmen betragen im Durchschnitt 1800 bis 2300 Mark im Monat. Dem Finanzamt gegenüber gelte ich als freiberuflich. Ich zahle meine Steuern und Versicherungen selbst. Alle diese Dinge ... Steuererklärung etc., werden kostenlos für mich durch das Büro Blorna erledigt. Seit dem Frühjahr 1972 besitze ich einen Volkswagen, Baujahr 1968, den mir der bei der Firma Kloft beschäftigte Koch Werner Klormer günstig überließ. Es wurde für mich zu schwierig, die verschiedenen und auch wechselnden Arbeitsplätze mit den öffentlichen Verkehrsmitteln zu erreichen. Mit dem Auto wurde ich auch beweglich genug, auf Empfängen und bei Festlichkeiten mitzuarbeiten, die in weiter entfernt liegenden Hotels abgehalten wurden.«

16

Es dauerte von 11.30 bis 12.30 Uhr, und nach einer Unterbrechung von einer Stunde, von 13.30 bis 17.45 Uhr, bevor dieser Teil der Vernehmung abgeschlossen war. In der Mittagspause weigerte sich die Blum, Kaffee und Käsebrote von der Polizeiverwaltung anzunehmen, und auch das intensive Zureden der ihr offensichtlich wohlwollenden Frau Pletzer und des Assistenten Moeding konnten an ihrer Haltung nichts ändern. Es war ihr – wie Hach erzählte – offenbar unmöglich, das Dienstliche vom Privaten zu trennen, die Notwendigkeit der Vernehmung einzusehen. Als Beizmenne, der sich Kaffee und Brote schmecken ließ und mit geöffnetem Kragen und gelockerter Krawatte nicht nur väterlich wirkte, sondern wirklich väterlich wurde, bestand die Blum darauf, in ihre Zelle gebracht zu werden. Die beiden Polizeibeamten, die zu ihrer Bewachung abkommandiert waren, bemühten sich nachweislich, ihr Kaffee und Brote anzubieten, aber sie schüttelte hartnäckig den Kopf, saß auf ihrer Pritsche, rauchte eine Zigarette und äußerte durch Nasenrümpfen und Ekel bezeugendes Mienenspiel ihren Abscheu vor der noch mit Resten von Erbrochenem bekleckerten

Toilette in der Zelle. Später gestattete sie Frau Pletzer, nachdem diese und die beiden jungen Beamten ihr zugeredet hatten, ihr den Puls zu fühlen, als der Puls sich als normal erwies, ließ sie sich dann auch herab, sich aus einem nahe gelegenen Café ein Stück Sandkuchen und eine Tasse Tee holen zu lassen, bestand aber darauf, das aus eigener Tasche zu bezahlen, obwohl einer der jungen Beamten, der am Morgen ihre Badezimmertüre bewacht hatte, während sie sich anzog, bereit war, ihr »einen auszugeben«. Das Urteil der beiden Polizeibeamten und der Frau Pletzer über diese Episode mit Katharina Blum: humorlos.

17

Zwischen 13.30 und 17.45 Uhr wurde die Vernehmung zur Person fortgesetzt, die Beizmenne gern kürzer gehabt hätte, die Blum aber bestand auf Ausführlichkeit, die ihr von beiden Staatsanwälten zugestanden wurde, schließlich war auch Beizmenne – erst widerwillig, später einsichtigerweise wegen des gelieferten Hintergrundes, der ihm wichtig erschien – mit der Ausführlichkeit einverstanden.

Gegen 17. 45 erhob sich nun die Frage, ob man die Vernehmung fortsetzen oder unterbrechen, ob man die Blum freilassen oder in eine Zelle verbringen solle. Sie hatte sich gegen 17. 00 tatsächlich herbeigelassen, noch ein Kännchen Tee zu akzeptieren und ein belegtes Brötchen (Schinken) zu verzehren, und erklärte sich damit einverstanden, die Vernehmung fortzusetzen, da ihr Beizmenne nach Abschluß derselben Freilassung versprach. Es kam nun ihr Verhältnis zu Frau Woltersheim zur Sprache. Sie sei, sagte Katharina Blum, ihre Patentante, habe sich immer schon um sie gekümmert, sei eine entfernte Kusine ihrer Mutter; sie habe, als sie in die Stadt zog, sofort Kontakt mit ihr aufgenommen.

»Am 20. 2. war ich zu diesem Hausball eingeladen, der eigentlich am 21. 2. an Weiberfastnacht hatte stattfinden sollen, dann aber vorverlegt wurde, weil Frau Woltersheim für Weiberfastnacht berufliche Verpflichtungen übernommen hatte. Es war das erste Tanzvergnügen, an dem ich seit vier Jahren teilnahm. Ich korrigiere meine Aussage dahingehend: verschiedentlich, vielleicht zwei-, drei-, möglicherweise viermal habe ich bei Blornas mitgetanzt, wenn ich dort abends bei Gesellschaften aushalf. Zu vorgerückter Stunde, wenn ich mit Aufräumen und Abwaschen fertig war, wenn der Kaffee serviert war und Dr. Blorna die Bar übernommen hatte, holte man mich in den Salon, und ich tanzte dort mit Herrn Dr. Blorna und auch mit anderen Herren aus Akademiker-, Wirtschafts- und Politikerkreisen. Später bin ich nur noch sehr ungern und zögernd, dann gar nicht mehr diesen Aufforderungen gefolgt, es kam, da die Herren oft angetrunken waren, auch dort zu Zudringlichkeiten. Genauer gesagt: seitdem ich mein eigenes Auto besaß, habe ich diese Aufforderungen abgelehnt. Vorher war ich davon abhängig, daß einer der Herren mich nach Hause brachte. Auch mit diesem Herrn dort« – – sie zeigte auf Hach, der tatsächlich errötete, »habe ich gelegentlich getanzt.« Die Frage, ob auch Hach zudringlich geworden sei, wurde nicht gestellt.

## 18

Die Dauer der Vernehmungen ließ sich daraus erklären, daß Katharina Blum mit erstaunlicher Pedanterie jede einzelne Formulierung kontrollierte, sich jeden Satz, so wie er ins Protokoll aufgenommen wurde, vorlesen ließ. Z. B. die im letzten Abschnitt erwähnten Zudringlichkeiten waren erst als Zärtlichkeiten ins Protokoll eingegangen bzw. zunächst in der Fassung, »daß die Herren zärtlich wurden«; wogegen sich Katharina Blum empörte und energisch wehrte. Es kam zu regelrechten Definitionskontroversen zwischen ihr und den Staatsanwälten, ihr und Beizmenne, weil Katharina behauptete, Zärtlichkeit sei eben eine beiderseitige und Zudringlichkeit eine einseitige Handlung, und um letztere habe es sich immer gehandelt. Als die Herren fanden, das sei doch alles nicht so wichtig und sie sei schuld, wenn die Vernehmung länger dauere, als üblich sei, sagte sie, sie würde kein Protokoll unterschreiben, in dem statt Zudringlichkeiten Zärtlichkeiten stehe. Der Unterschied sei für sie von entscheidender Bedeutung, und einer der Gründe, warum sie sich von ihrem Mann getrennt habe, hänge damit zusammen; der sei eben nie zärtlich, sondern immer zudringlich gewesen. Ähnliche Kontroversen hatte es um das Wort »gütig«, auf das Ehepaar Blorna angewandt, gegeben. Im Protokoll stand »nett zu mir«, die Blum bestand auf dem Wort gütig, und als ihr statt dessen gar das Wort gutmütig vorgeschlagen wurde, weil gütig so altmodisch klinge, war sie empört und behauptete, Nettigkeit und Gutmütigkeit hätte mit Güte nichts zu tun, als letzteres habe sie die Haltung der Blornas ihr gegenüber empfunden.

19

Inzwischen waren die Hausbewohner vernommen worden, von denen der größere Teil wenig oder gar nichts über Katharina Blum aussagen konnte; man habe sie gelegentlich im Aufzug getroffen, sich gegrüßt, wisse, daß ihr der rote Volkswagen gehöre, man habe sie für eine Chefsekretärin gehalten, andere für eine Abteilungsleiterin in einem Warenhaus; sie sei immer adrett, freundlich, wenn auch kühl gewesen. Von den Bewohnern der fünf Appartements im achten Stock, in dem Katharinas Wohnung lag, konnten nur zwei Näheres mitteilen. Die eine war die Inhaberin eines Frisiersalons, Frau Schmill, der andere war ein pensionierter Beamter vom Elektrizitätswerk namens Ruhwiedel, und das Verblüffende war die beiden Aussagen gemeinsame Behauptung, Katharina habe hin und wieder Herrenbesuch empfangen oder mitgebracht. Frau Schmill behauptete, der Besuch sei regelmäßig gekommen, so alle zwei, drei Wochen, und es sei ein etwa vierzigjähriger, sehr elastisch wirkender Herr aus »offensichtlich besseren« Kreisen gewesen, während Herr Ruhwiedel den Besucher als ziemlich jungen Schlacks bezeichnete, der einige Male allein, einige Male mit Fräulein Blum gemeinsam deren Wohnung betreten habe. Und zwar innerhalb der vergangenen zwei Jahre etwa acht- bis neunmal, »und das sind nur die Besuche, die ich beobachtet habe – über die, die ich nicht beobachtet habe, kann ich natürlich nichts sagen«.

Als Katharina am späten Nachmittag mit diesen Aussagen

konfrontiert und aufgefordert wurde, dazu Stellung zu nehmen, war es Hach, der ihr, noch bevor er die Frage formulierte, entgegenzukommen versuchte und ihr nahelegte, ob diese Herrenbesuche etwa die Herren gewesen wären, die sie gelegentlich nach Hause gebracht hätten. Katharina, die über und über rot geworden war, aus Scham und aus Ärger, fragte spitz zurück, ob es etwa verboten sei, Herrenbesuche zu empfangen, und da sie die aus Freundlichkeit von ihm gebaute Brücke nicht betreten wollte oder gar nicht als solche erkannte, wurde auch Hach etwas spitzer und sagte, sie müsse sich klar darüber werden, daß man hier einen sehr ernsten Fall untersuche, nämlich den Fall Ludwig Götten, der weitverzweigt sei und Polizei und Staatsanwaltschaften schon über ein Jahr beschäftigte, und er frage sie hiermit, ob es sich bei dem Herrenbesuch, den sie offenbar nicht ableugne, immer um ein und denselben Mann gehandelt habe. Und hier nun griff Beizmenne brutal zu und sagte: »Sie kennen den Götten also schon zwei Jahre.«

Über diese Feststellung war Katharina so verblüfft, daß sie keine Antwort fand, Beizmenne nur kopfschüttelnd anblickte, und als sie dann ein erstaunlich mildes »Aber nein, nein, ich habe ihn erst gestern kennengelernt« herausstotterte, wirkte das nicht sehr überzeugend. Da sie nun aufgefordert wurde, den Herrenbesuch zu identifizieren, schüttelte sie »fast entsetzt« den Kopf und verweigerte darüber die Aussage. Nun wurde Beizmenne wieder väterlich und redete ihr zu, sagte, es sei doch gar nichts Schlimmes, wenn sie einen Freund habe, der – und hier machte er einen entscheidenden psychologischen Fehler – nicht zudringlich, sondern vielleicht zärtlich zu ihr gewesen sei; sie sei ja geschieden und nicht mehr zur Treue verpflichtet, und es sei nicht einmal – der dritte entscheidende Fehler! – verwerflich, wenn da möglicherweise bei unzudringlichen Zärtlichkeiten gewisse materielle Vorteile heraussprängen. Und damit war Katharina Blum endgültig verbockt. Sie verweigerte weiterhin die Aussage und bestand darauf, in eine Zelle oder nach Hause verbracht zu werden. Zur Verblüffung aller Anwesenden erklärte Beizmenne, milde und müde – es war inzwischen 20.40 Uhr geworden –, er lasse sie durch einen Beamten nach Hause bringen. Dann aber, als sie schon aufgestanden war und ihre

Handtasche, den Toilettenbeutel und die Plastiktüte zusammenraffte, fragte er sie ganz plötzlich und hart: »Wie ist er bloß diese Nacht aus dem Haus herausgekommen, Ihr zärtlicher Ludwig? Alle Eingänge, alle Ausgänge waren bewacht – Sie, Sie müssen einen Weg gewußt und ihn ihm gezeigt haben, und ich werde es herausbekommen. Auf Wiedersehen.«

20

Moeding, Beizmennes Assistent, der Katharina nach Hause fuhr, berichtete später, er sei über den Zustand der jungen Frau sehr beunruhigt und fürchte, daß sie sich etwas antun könnte; sie sei völlig zerschmettert, fix und fertig, und habe überraschenderweise ausgerechnet in diesem Zustand Humor gezeigt oder erst entwickelt. Als er mit ihr durch die Stadt gefahren sei, habe er sie scherzhaft gefragt, ob es nicht doch nett wäre, wenn man jetzt unbefangen und ohne Hintergedanken irgendwo einen trinken und zusammen tanzen gehen könne, und sie habe genickt und gesagt, das wäre nicht übel, vielleicht sogar nett, und später vor ihrem Haus, als er ihr angeboten habe, sie nach oben bis vor ihre Türe zu bringen, habe sie sarkastisch gesagt »Ach, besser nicht, ich habe Herrenbesuch genug, wie Sie wissen – aber trotzdem danke.«

Moeding versuchte den ganzen Abend und die halbe Nacht über, Beizmenne davon zu überzeugen, daß man Katharina Blum inhaftieren müsse, zu ihrem eigenen Schutz, und als Beizmenne ihn fragte, ob er etwa verliebt sei, sagte er, nein, er habe sie nur gern, und sie sei gleichaltrig mit ihm, und er glaube nicht an Beizmennes Theorie von einer großen Verschwörung, in die Katharina verwickelt sei.

Was er nicht berichtete und was doch durch Frau Woltersheim Blorna bekannt wurde, waren die beiden Ratschläge, die er Katharina gab, die er immerhin durchs Foyer bis an den Aufzug begleitete, ziemlich heikle Ratschläge, die ihn hätten teuer zu stehen kommen können und außerdem für ihn und seine Kollegen lebensgefährlich; er sagte nämlich zu Katharina, als sie vor dem Aufzug standen: »Lassen Sie die Finger vom Telefon und schlagen Sie morgen keine Zeitung auf«, wobei nicht klar war, ob er die ZEITUNG meinte oder Zeitungen schlechthin.

21

Es war gegen 15.00 Uhr des nämlichen Tages (Donnerstag, dem 21. 2. 74), als Blorna sich in seinem Urlaubsort zum erstenmal die Skier anschnallte und zu einer längeren Wanderung aufbrechen wollte. Von diesem Augenblick an war sein Urlaub, auf den er sich so lange gefreut hatte, vermasselt. Schön gewesen war der lange Abendspaziergang am Abend vorher, kurz nach der Ankunft, mit Trude zwei Stunden lang durch den Schnee, dann die Flasche Wein am brennenden Kamin und der tiefe Schlaf bei offenem Fenster; das erste Frühstück im Urlaub, lang hinausgezogen, und noch einmal für ein paar Stunden dick eingewickelt auf der Terrasse im Korbstuhl, und dann eben, genau in dem Augenblick, als er loswandern wollte, war dieser Kerl von der ZEITUNG aufgetaucht und hatte ihn, ohne jede Vorbereitung, auf Katharina angequatscht. Ob er sie eines Verbrechens für fähig halte? »Wieso«, sagte er, »ich bin Anwalt und ich weiß, wer alles eines Verbrechens fähig ist. Welches Verbrechen denn? Katharina? Undenkbar, wie kommen Sie darauf? Woher wissen Sie?« Als er schließlich erfuhr, daß ein lange gesuchter Bandit nachweislich bei Katharina übernachtet habe und sie seit ungefähr 11 Uhr früh streng vernommen werde, hatte er vorgehabt, sofort zurückzufliegen und ihr beizustehen, aber der Kerl von der ZEITUNG – sah er wirklich so schmierig aus, oder fand er das erst später? – sagte, so schlimm sei es nun wieder nicht, und ob er ihm nicht ein paar Charaktereigenschaften nennen könne. Und als er sich weigerte, meinte der Kerl, das sei aber ein schlechtes Zeichen und könne bös mißdeutet werden, denn Schweigen über ihren Charakter sei in einem solchen Fall, und es handele sich um eine »front-page-story«, eindeutig ein Hinweis auf einen schlechten Charakter und schon wütend und sehr gereizt sagte Blorna: »Katharina ist eine sehr kluge und kühle Person« und ärgerte sich, weil auch das nicht stimmte und nicht andeutungsweise ausdrückte, was er hatte sagen wollen und hätte sagen müssen. Er hatte noch nie mit Zeitungen und schon gar nicht mit der ZEITUNG zu tun gehabt, und als der Kerl in seinem Porsche wieder abfuhr, schnallte Blorna die Skier wieder ab und wußte, daß der Urlaub hinüber war. Er ging zu Trude hinauf, die in Decken gehüllt wohlig, halb schlafend auf dem Balkon in der Sonne lag. Er erzählte es ihr. »Ruf doch mal an«, sagte sie, und er versuchte anzurufen, dreimal, viermal, fünfmal, aber er bekam immer die Auskunft »Teilnehmer meldet sich nicht«. Er versuchte gegen elf abends noch einmal anzurufen, aber wieder meldete sich niemand. Er trank viel und schlief schlecht.

## 22

Als er am Freitag früh gegen halb zehn mürrisch zum Frühstück erschien, hielt Trude ihm schon die ZEITUNG entgegen. Katharina auf der Titelseite. Riesenfoto, Riesenlettern. RÄUBERLIEBCHEN KATHARINA BLUM VERWEIGERT AUSSAGE ÜBER HERRENBESUCHE. *Der seit eineinhalb Jahren gesuchte Bandit und Mörder Ludwig Götten hätte gestern verhaftet werden können, hätte nicht seine Geliebte, die Hausangestellte Katharina Blum, seine Spuren verwischt und seine Flucht gedeckt. Die Polizei vermutet, daß die Blum schon seit längerer Zeit in die Verschwörung verwickelt ist. (Weiteres siehe auf der Rückseite unter dem Titel: HERRENBESUCHE).*

Dort auf der Rückseite las er dann, daß die ZEITUNG aus seiner Äußerung, Katharina sei klug und kühl, »eiskalt und berechnend« gemacht hatte und aus seiner generellen Äußerung über Kriminalität, daß sie »durchaus eines Verbrechens fähig sei«.

*Der Pfarrer von Gremmelsbroich hatte gesagt: »Der traue ich alles zu. Der Vater war ein verkappter Kommunist und ihre Mutter, die ich aus Barmherzigkeit eine Zeitlang als Putzhilfe beschäftigte, hat Meßwein gestohlen und in der Sakristei mit ihren Liebhabern Orgien gefeiert.«*

*Die Blum erhielt seit zwei Jahren regelmäßig Herrenbesuch.*

*War ihre Wohnung ein Konspirationszentrum, ein Bandentreff, ein Waffenumschlagsplatz? Wie kam die erst siebenundzwanzigjährige Hausangestellte an eine Eigentumswohnung im Werte von schätzungsweise 110 000 Mark? War sie an der Beute aus den Bankrauben beteiligt? Polizei ermittelt weiter. Staatsanwaltschaft arbeitet auf Hochtouren. Morgen mehr.* DIE ZEITUNG BLEIBT WIE IMMER AM BALL! *Sämtliche Hintergrundinformationen in der morgigen Wochenendausgabe.*

Am Nachmittag auf dem Flugplatz rekonstruierte Blorna, was dann kurz hintereinander geschehen war.

10.25 Anruf des sehr aufgeregten Lüding, der mich beschwor, sofort zurückzukommen und mit dem ebenfalls sehr aufgeregten Alois in Verbindung zu treten. Alois, angeblich total aufgelöst – was ich bei ihm noch nie erlebt habe, mir deshalb unwahrscheinlich vorkommt –, zur Zeit auf einer Tagung für christliche Unternehmer in Bad Bedelig, wo er das Hauptreferat halten und die Grundsatzdiskussion leiten muß.

10.40 Anruf von Katharina, die mich fragte, ob ich das wirklich so gesagt hätte, wie es in der ZEITUNG stand. Froh darüber, sie aufklären zu können, erklärte ich ihr den Zusammenhang, und sie sagte (aus dem Gedächtnis protokolliert) etwa folgendes: »Ich glaubs Ihnen, ich glaubs, ich weiß ja jetzt, wie diese Schweine arbeiten. Heute morgen haben sie sogar meine schwerkranke Mutter, Brettloh und andere Leute aufgestöbert.« Als ich sie fragte, wo sie sei, sagte sie »Bei Else, und jetzt muß ich wieder zur Vernehmung.«

11.00 Uhr Anruf von Alois, den ich wirklich zum erstenmal im Leben – und ich kenne ihn seit 20 Jahren – aufgeregt und in Angst sah. Sagte, ich müsse sofort zurückkommen, um ihn als Mandanten in einer sehr heiklen Sache zu übernehmen. Er müsse jetzt sein Referat halten, dann mit den Unternehmern essen, später die Diskussion leiten und abends an einem zwanglosen Beisammensein teilnehmen, könne aber so zwischen 7 1/2 und 9 1/2 bei uns zu Hause sein, später dann noch zu dem zwanglosen Beisammensein stoßen.

11.30 Trude findet auch, daß wir sofort abreisen und Katharina beistehen müssen. Wie ich ihrem ironischen Lächeln entnehme, hat sie bereits eine (wahrscheinlich, wie immer) zutreffende Theorie über Alois' Schwierigkeiten.

12.15 Buchungen erledigt, gepackt, Rechnung bezahlt. Nach knapp 40stündigem Urlaub im Taxi nach I. Dort auf dem Flugplatz 14.00 bis 15.00 Uhr im Nebel gewartet. Langes Gespräch mit Trude über Katharina, an der ich, wie Trude weiß, sehr, sehr hänge. Sprachen auch darüber, wie wir Katharina ermuntert hatten, nicht so zimperlich zu sein, ihre unglückselige Kindheit und die vermurkste Ehe zu vergessen. Wie wir versucht haben, ihren Stolz, wenn es um Geld geht, zu überwinden und ihr von unserem eigenen Konto einen billigeren Kredit als den der Bank zu geben. Selbst die Erklärung und die Einsicht, daß sie uns, wenn sie uns statt der 14 %, die sie zahlen muß, 9 % gibt, nicht einmal einen Verlust bereitet, sie aber viel Geld spart, hatte sie nicht überzeugt. Wie wir Katharina zu Dank verpflichtet sind: seit sie ruhig und freundlich, auch planvoll unseren Haushalt leitet, sind nicht nur unsere Unkosten erheblich gesunken, sie hat uns auch beide für unsere berufliche Arbeit so frei gemacht, daß wir es kaum in Geld ausdrücken können. Sie hat uns von dem fünfjährigen Chaos befreit, das unsere Ehe und unsere berufliche Arbeit so belastet hat.

Entschließen uns gegen 16.30 Uhr, da der Nebel sich nicht zu lichten scheint, doch mit dem Zug zu fahren. Auf Rat von Trude rufe ich Alois Sträubleder *nicht* an. Taxi zum Bahnhof, wo wir den 17.45 nach Frankfurt noch erwischen. Elende Fahrt – Übelkeit, Nervosität. Sogar Trude ernst und erregt. Sie wittert großes Unheil. Total erschöpft dann doch in München umgestiegen, wo wir einen Schlafwagen erwischten. Erwarten beide Kummer mit und um Katharina, Ärger mit Lüding und Sträubleder.

## 23

Schon am Samstagmorgen am Bahnhof der Stadt, die immer noch saisongemäß fröhlich war, völlig zerknittert und elend, schon auf dem Bahnsteig des Bahnhofs die ZEITUNG und wieder mit Katharina auf dem Titel, diesmal, wie sie in Begleitung eines Kriminalbeamten in Zivil die Treppe des Präsidiums herunterkam. MÖRDERBRAUT IMMER NOCH VERSTOCKT!

KEIN HINWEIS AUF GOTTENS VERBLEIB! POLIZEI IN GROSSALARM.

Trude kaufte das Ding, und sie fuhren schweigend im Taxi nach Hause, und als er den Fahrer bezahlte, während Trude die Haustür aufschloß, wies der Fahrer auf die ZEITUNG und sagte: »Sie sind auch drin, ich hab Sie gleich erkannt. Sie sind doch der Anwalt und Arbeitgeber von diesem Nüttchen.« Er gab viel zuviel Trinkgeld, und der Fahrer, dessen Grinsen gar nicht so schadenfroh war, wie seine Stimme klang, brachte ihm Koffer, Taschen und Skier noch bis in die Diele und sagte freundlich »Tschüs«.

Trude hatte schon die Kaffeemaschine eingestöpselt und wusch sich im Bad. Die ZEITUNG lag im Salon auf dem Tisch und zwei Telegramme, eins von Lüding, das andere von Sträubleder. Von Lüding: »Sind gelinde gesagt enttäuscht, weil kein Kontakt. Lüding.« Von Sträubleder: »Kann nicht begreifen, daß Du mich so im Stich läßt. Erwarte sofort Anruf. Alois.«

Es war gerade acht Uhr fünfzehn und fast genau die Zeit, zu der ihnen sonst Katharina das Frühstück servierte: hübsch, wie sie immer den Tisch deckte, mit Blumen und frisch gewaschenen Tüchern und Servietten, vielerlei Brot und Honig, Eiern und Kaffee und für Trude Toast und Orangenmarmelade.

Sogar Trude war fast sentimental, als sie die Kaffeemaschine, ein bißchen Knäckebrot, Honig und Butter brachte. »Es wird nie mehr so sein, nie mehr. Sie machen das Mädchen fertig. Wenn nicht die Polizei, dann die ZEITUNG, und wenn die ZEITUNG die Lust an ihr verliert, dann machens die Leute. Komm, lies das jetzt erst mal und dann erst ruf die Herrenbesucher an.« Er las: *Der ZEITUNG, stets bemüht, Sie umfassend zu informieren, ist es gelungen, weitere Aussagen zu sammeln, die den Charakter der Blum und ihre undurchsichtige Vergangenheit beleuchten. Es gelang ZEITUNGs-Reportern, die schwerkranke Mutter der Blum ausfindig zu machen. Sie beklagte sich zunächst darüber, daß ihre Tochte sie seit langer Zeit nicht mehr besucht hat. Dann, mit den unumstößlichen Fakten konfrontiert, sagte sie: »So mußte es ja kommen, so mußte es ja enden«. Der ehemalige Ehemann, der biedere Textilarbeiter Wilhelm Brettloh, von dem die Blum wegen böswilligen Ver-*

*lassens schuldig geschieden ist, gab der* ZEITUNG *noch bereitwilliger Auskunft.* »Jetzt«, *sagte er, die Tränen mühsam zurückhaltend,* »weiß ich endlich, warum sie tritschen gegangen ist. Warum sie mich sitzengelassen hat. DAS war's also, was da lief. Nun wird alles klar. Unser bescheidenes Glück genügte ihr nicht. Sie wollte hoch hinaus, und wie soll ein redlicher, bescheidener Arbeiter je zu einem Porsche kommen. Vielleicht (fügte er weise hinzu) können sie den Lesern der* ZEITUNG *meinen Rat übermitteln: So müssen falsche Vorstellungen von Sozialismus ja enden. Ich frage Sie und Ihre Leser: Wie kommt ein Dienstmädchen an solche Reichtümer. Ehrlich erworben kann sie's ja nicht haben. Jetzt weiß ich, warum ich ihre Radikalität und Kirchenfeindlichkeit immer gefürchtet habe, und ich segne den Entschluß unseres Herrgotts, uns keine Kinder zu schenken. Und wenn ich dann noch erfahre, daß ihr die Zärtlichkeiten eines Mörders und Räubers lieber waren als meine unkomplizierte Zuneigung, dann ist auch dieses Kapitel geklärt. Und dennoch möchte ich ihr zurufen: meine kleine Katharina, wärst du doch bei mir geblieben. Auch wir hätten es im Laufe der Jahre zu Eigentum und einem Kleinwagen gebracht, einen Porsche hätte ich dir wohl nie bieten können, nur ein bescheidenes Glück, wie es ein redlicher Arbeitsmann zu bieten hat, der der Gewerkschaft mißtraut. Ach, Katharina.«*

Unter der Überschrift: »Rentnerehepaar ist entsetzt, aber nicht überrascht«, fand Blorna noch auf der letzten Seite eine rot angestrichene Spalte:

*Der pensionierte Studiendirektor Dr. Berthold Hiepertz und Frau Erna Hiepertz zeigten sich entsetzt über die Aktivitäten der Blum, aber nicht* »sonderlich überrascht«. *In Lemgo, wo eine Mitarbeiterin der* ZEITUNG *sie bei ihrer verheirateten Tochter, die dort ein Sanatorium leitet, aufsuchte, äußerte der Altphilologe und Historiker Hiepertz, bei dem die Blum seit 3 Jahren arbeitet:* »eine in jeder Beziehung radikale Person, die uns geschickt getäuscht hat.«

(Hiepertz, mit dem Blorna später telefonierte, schwor, folgendes gesagt zu haben: »Wenn Katharina radikal ist, dann ist sie radikal hilfsbereit, planvoll und intelligent – ich müßte mich schon sehr in ihr getäuscht haben, und ich habe eine vierzigjährige Erfahrung als Pädagoge hinter mir und habe mich selten getäuscht.«)

Fortsetzung von Seite 1;

*Der völlig gebrochene ehemalige Ehemann der Blum, den die ZEITUNG anläßlich einer Probe des Trommler- und Pfeiferkorps Gremmelsbroich aufsuchte, wandte sich ab, um seine Tränen zu verbergen. Auch die übrigen Vereinsmitglieder wandten sich, wie Altbauer Meffels es ausdrückte, mit Grausen von Katharina ab, die immer so seltsam gewesen sei und immer so prüde getan habe. Die harmlosen Karnevalsfreuden eines redlichen Arbeiters dürften getrübt sein.*

Schließlich ein Foto von Blorna und Trude, im Garten am Swimming-pool. Unterschrift: »Welche Rolle spielt die Frau, die einmal als die ›rote Trude‹ bekannt war, und ihr Mann, der sich gelegentlich als ›links‹ bezeichnet. Hochbezahlter Industrieanwalt Dr. Blorna mit Frau Trude vor dem Swimming-pool der Luxusvilla.«

## 24

Hier muß eine Art Rückstau vorgenommen werden, etwas, das man im Film und in der Literatur Rückblende nennt: vom Samstagmorgen, an dem das Ehepaar Blorna zerknittert und ziemlich verzweifelt aus dem Urlaub zurückkam, auf den Freitagmorgen, an dem Katharina erneut zum Verhör aufs Präsidium geholt wurde; diesmal durch Frau Pletzer und einen älteren Beamten, der nur leicht bewaffnet war, und nicht aus ihrer eigenen Wohnung wurde sie geholt, sondern aus der Wohnung der Frau Woltersheim, zu der Katharina morgens gegen fünf Uhr, diesmal mit dem Auto, gefahren war. Die Beamtin machte kein Hehl daraus, daß ihr bekannt war, sie würde Katharina nicht zu Hause, sondern bei der Woltersheim finden. (Gerechterweise sollte man nicht vergessen, die Opfer und Strapazen des Ehepaars Blorna noch einmal ins Gedächtnis zu rufen: Abbruch des Urlaubs, Taxifahrt zum Flugplatz in I. Warten im Nebel. Taxi zum Bahnhof. Zug nach Frankfurt, dann aber Umsteigen in München. Im Schlafwagen elend geschüttelt, und am frühen Morgen, soeben zu Hause angekommen, schon mit der ZEITUNG konfrontiert! Später – zu spät natürlich – bereute Blorna, daß er nicht statt Katharina, von der er ja durch den ZEITUNG-Kerl wußte, daß sie vernommen wurde, Hach angerufen hatte.)

Was allen, die an der zweiten Vernehmung von Katharina am Freitag teilnahmen – wiederum Moeding, die Pletzer, die Staatsanwälte Dr. Korten und Hach, die Protokollführerin Anna Lockster, die die sprachliche Sensibilität der Blum als lästig empfand und als »affig« bezeichnete –, was allen auffiel, war Beizmennes geradezu strahlende Laune. Er betrat händereibend den Verhandlungsraum, behandelte Katharina geradezu zuvorkommend, entschuldigte sich für »gewisse Grobheiten«, die nicht seinem Amt, sondern seiner Person entsprächen, er sei nun einmal ein etwas ungeschliffener Kerl, und nahm zunächst die inzwischen erstellte Liste der beschlagnahmten Gegenstände vor; es handelte sich um:

1. Ein kleines, abgenutztes grünes Notizbuch kleinen Formats, das ausschließlich Telefonnummern enthielt, die inzwischen überprüft worden waren und keinerlei Verfänglichkeiten ergeben hatten. Offenbar benutzte Katharina Blum dieses Notizbuch schon seit fast zehn Jahren. Ein Schriftsachverständiger, der nach schriftlichen Spuren von Götten gesucht hatte (Götten war u. a. Bundeswehrdeserteur und hatte in einem Büro gearbeitet, also viele handschriftliche Spuren hinterlassen), hatte die Entwicklung ihrer Handschrift als gerade schulbeispielhaft bezeichnet. Das sechzehnjährige Mädchen, das die Telefonnummer des Metzgers Gerbers notiert hatte, die Siebzehnjährige, die die Nummer des Arztes Dr. Kluthen, die Zwanzigjährige bei Dr. Fehnern – und später die Nummern und Adressen von Traiteuren, Restaurateuren, Kollegen.

2. Kontoauszüge der Sparkasse, auf denen jede Um- oder Abbuchung durch handschriftliche Randnotizen der Blum genau identifiziert war. Einzahlungen, Abbuchungen – alles korrekt und keine der bewegten Summen verdächtig. Dasselbe traf auf ihre Buchführung zu und auf Notizen und Mitteilungen, die in einem kleinen Hefter enthalten waren, wo sie den Stand ihrer Verpflichtungen gegenüber der Firma »Haftex« gebucht hatte, von der sie ihre Eigentumswohnung in »Elegant am Strom woh-

nen« erworben hatte. Auch ihre Steuererklärungen, Steuerbescheide, Steuerzahlungen waren genauestens geprüft und durch einen Bilanzfachmann durchgesehen worden, der nirgendwo eine »versteckte größere Summe« hatte ausfindig machen können. Beizmenne hatte Wert darauf gelegt, ihre finanziellen Transaktionen besonders im Zeitraum der letzten zwei Jahre, die er scherzhaft als »Herrenbesuchszeit« bezeichnete, zu prüfen. Nichts. Es ergab sich immerhin, daß Katharina ihrer Mutter monatlich 150 DM überwies, daß sie das Grab ihres Vaters in Gemmelsbroich durch ein Abonnement der Firma Kolter in Kuir pflegen ließ. Ihre Möbelanschaffungen, Hausgeräte, Kleider, Unterwäsche, Benzinrechnungen, alles geprüft und nirgendwo eine Lücke entdeckt. Der Buchhaltungsfachmann hatte, als er Beizmenne die Akten zurückgab, gesagt: »Mensch, wenn die freikommt und sucht mal'ne Stelle – gib mir'nen Tip. So was sucht man ständig und findet es nicht.« Auch die Telefonrechnungen der Blum ergaben keine Verdachtsmomente. Offenbar hatte sie Ferngespräche kaum geführt.

Bemerkt worden war auch, daß Katharina Blum ihrem Bruder Kurt, der zur Zeit wegen Einbruchdiebstahls einsaß, gelegentlich kleinere Summen zwischen 15 und 30 DM zur Aufbesserung seines Taschengeldes überwies. Kirchensteuer zahlte die Blum nicht. Sie war, wie aus ihren Finanzakten ersichtlich, schon als Neunzehnjährige im Jahre 1966 aus der kath. Kirche ausgetreten.

3. Ein weiteres kleines Notizbuch mit verschiedenen Eintragungen, hauptsächlich rechnerischer Art, enthielt vier Rubriken: Eine für den Haushalt Blorna mit Ab- und Zusammenrechnungen über Lebensmitteleinkäufe und Auslagen für Putzmittel, Reinigungsanstalten, Wäschereien. Dabei wurde festgestellt, daß Katharina die Wäsche eigenhändig bügelte.

Die zweite für den Haushalt Hiepertz mit entsprechenden Angaben und Berechnungen.

Eine weitere für den eigenen Haushalt der Blum, den diese offenbar mit geringen Mitteln bestritt; es fanden sich Monate, in denen sie etwa für Lebensmittel kaum 30–50 DM ausgegeben hatte. Sie schien allerdings – Fernsehen hatte sie nicht – öfters ins Kino zu gehen und sich hin und wieder Schokolade, sogar Pralinen zu kaufen.

Die vierte Rubrik enthielt Einnahmen und Ausgaben, die mit den Extrabeschäftigungen der Blum zusammenhingen, betrafen Anschaffungs- und Reinigungskosten für Berufskleidung, anteilige Unkosten für den Volkswagen. Hier – bei den Benzinrechnungen – hakte Beizmenne mit einer Freundlichkeit, die alle überraschte, ein und fragte sie, woher die relativ hohen Bezinkosten kämen, die übrigens mit der auffallend hohen Ziffer zusammenhingen, die ihr Kilometerzähler aufweise. Man habe festgestellt, daß die Entfernung zu Blorna hin und zurück etwa 6, die Entfernung zu Hiepertz hin und zurück etwa 8, zu Frau Woltersheim etwa 4 km betrage, und wenn man im Durchschnitt, was großzügig berechnet sei, eine Extrabeschäftigung wöchentlich veranschlage und dafür, was ebenfalls großzügig sei, 20 km veranschlage, was umgelegt auf die Wochentage etwa 3 km ausmache, so käme man auf etwa 21–22 km täglich. Dabei sei zu bedenken, daß sie ja die Woltersheim nicht täglich besuche, aber man wolle darüber hinwegsehen. Man käme also auf etwa 8000 km jährlich, sie – Katharina Blum – habe aber, wie aus der schriftlichen Abmachung mit dem Koch Klormer ersichtlich sei, den VW vor zwei Jahren bei einem Kilometerstand von 56 000 übernommen. Rechne man nun 2 x 8000 hinzu, so müsse ihr Kilometerstand jetzt bei 72 000 liegen, in Wirklichkeit aber betrage er fast 102 000 km. Nun sei bekannt, daß sie zwar hin und wieder ihre Mutter in Gemmelsbroich und später im Sanatorium in Kuir-Hochsackel besucht habe, wohl auch manchmal ihren Bruder im Gefängnis – aber die Entfernung Gemmelsbroich bzw. Kuir-Hochsackel betrage hin und zurück etwa 50 km und zu ihrem Bruder etwa 60 km, und wenn man nun monatlich je einen oder, großzügig, monatlich zwei Besuche rechne – und ihr Bruder sitze ja erst eineinhalb Jahre, er habe vorher bei der Mutter in Gemmelsbroich gewohnt, nun, so käme man – immer auf zwei Jahre berechnet – auf weitere 4000–5000 km, und es blieben da noch 25 000 km ungeklärt bzw. ungedeckt. Wo sie denn so oft hingefahren sei. Ob sie – er wolle nun wirklich nicht wieder mit groben Andeutungen kommen, aber sie müsse seine Frage verstehen – dann vielleicht jemanden oder mehrere irgendwo – und wo – getroffen habe?

Fasziniert, auch entsetzt hörte nicht nur Katharina Blum,

auch alle anderen Anwesenden hörten dieser mit sanfter Stimme von Beizmenne vorgebrachten Berechnung zu, und es scheint so, als habe die Blum, während Beizmenne ihr das alles vorrechnete und vorhielt, nicht einmal Ärger empfunden, sondern lediglich eine mit Entsetzen und Faszination gemischte Spannung, weil sie, während er sprach, nicht etwa nach einer Erklärung für die 25 000 km suchte, sondern sich selbst darüber klarzuwerden versuchte, wo und wann sie warum wohin gefahren war. Sie war schon, als sie sich zur Vernehmung hinsetzte, überraschend wenig spröde, fast »weich« gewesen, sogar ängstlich hatte sie gewirkt, hatte Tee angenommen und nicht einmal darauf bestanden, ihn selbst zu bezahlen. Und jetzt, als Beizmenne mit seinen Fragen und Berechnungen fertig war, herrschte – nach den Aussagen mehrerer, *fast* aller anwesenden Personen – Totenstille, als ahne man, daß hier jemand auf Grund einer Feststellung, die – wären nicht die Benzinrechnungen gewesen – leicht hätte übersehen werden können, tatsächlich in ein intimes Geheimnis der Blum, deren Leben sich bisher so übersichtlich dargestellt hatte, eingedrungen sei.

»Ja«, sagte Katharina Blum, und von hier an wurde ihre Aussage protokolliert und liegt als solche vor, »das stimmt, das sind pro Tag – ich habe das jetzt rasch im Kopf nachgerechnet über 30 Kilometer. Ich habe nie darüber nachgedacht, und auch die Unkosten nie bedacht, aber ich bin manchmal einfach losgefahren, einfach los und drauflos, ohne Ziel, d. h. – irgendwie ergab sich ein Ziel, d. h., ich fuhr in eine Richtung, die sich einfach so ergab, nach Süden Richtung Koblenz, oder nach Westen Richtung Aachen oder runter zum Niederrhein. Nicht täglich. Ich kann nicht sagen wie oft und in welchen Abständen. Meistens, wenn es regnete und wenn ich Feierabend hatte und allein war. Nein, ich korrigiere meine Aussage: immer nur, wenn es regnete, bin ich losgefahren. Ich weiß nicht genau warum. Sie müssen wissen, daß ich manchmal, wenn ich nicht zu Hiepertz mußte und keine Extrabeschäftigung fällig war, schon um fünf Uhr zu Hause war und nichts zu tun hatte. Ich wollte doch nicht immer zu Else, besonders nicht, seitdem sie mit Konrad so befreundet ist, und auch allein ins Kino gehen, ist für eine alleinstehende Frau nicht immer risikolos. Manchmal habe ich mich auch in eine Kirche gesetzt, nicht aus religiösen Gründen, sondern weil man da Ruhe hat, aber auch in Kirchen werden Sie neuerdings angequatscht, und nicht nur von Laien. Ich habe natürlich ein paar Freunde: Werner Klormer zum Beispiel, von dem ich den Volkswagen gekauft habe, und seine Frau, und auch andere Angestellte bei Kloft, aber es ist ziemlich schwierig und meistens peinlich, wenn man allein kommt und nicht unbedingt, oder besser: nicht bedingungslos jeden Anschluß wahrnimmt oder sucht. Und dann bin ich eben einfach ins Auto gestiegen, habe mir das Radio angemacht und bin losgefahren, immer über Landstraßen, immer im Regen, und am liebsten waren mir die Landstraßen mit Bäumen – manchmal bin ich bis Holland oder Belgien durch, habe da Kaffee oder auch Bier getrunken und bin wieder zurück. Ja. Jetzt, wo Sie mich fragen, wird es mir erst klar. So – wenn Sie mich fragen, wie oft – ich würde sagen, zweimal, dreimal im Monat – manchmal auch seltener, manchmal wohl öfter und meistens stundenlang, bis ich um neun oder zehn, manchmal auch erst gegen elf todmüde wieder nach Hause kam. Es war wohl auch Angst: ich kenne so viele alleinstehende Frauen, die sich abends allein vor dem Fernseher betrinken.«

Das milde Lächeln, mit dem Beizmenne diese Erklärung kommentarlos zur Kenntnis nahm, ließ keinen Schluß auf seine Gedanken zu. Er nickte nur, und wenn er sich wieder einmal die Hände rieb, dann wohl, weil die Auskunft von Katharina Blum eine seiner Theorien bestätigt hatte. Es blieb eine Weile sehr still, als wären die Anwesenden überrascht oder peinlich berührt; es schien, als habe die Blum zum erstenmal etwas aus ihrer Intimsphäre preisgegeben. So wurden denn auch die Erläuterungen zu den weiteren beschlagnahmten Gegenständen rasch erledigt.

4. Ein Fotoalbum enthielt nur Fotografien von Personen, die leicht zu identifizieren waren. Den Vater von Katharina Blum, der kränklich und verbittert wirkte und weitaus älter aussah, als er gewesen sein konnte. Ihre Mutter, von der sich herausstellte, daß sie krebskrank war und im Sterben lag. Ihr Bruder. Sie selbst, Katharina mit vier, mit sechs Jahren, als Erstkommunikantin mit zehn, als Jungverheiratete mit zwanzig; ihr Mann, der Pfarrer von Gemmelsbroich, Nachbarn, Verwandte, ver-

schiedene Fotos von Else Woltersheim, dann ein zunächst nicht identifizierbarer älterer Herr, der recht munter wirkte und von dem sich herausstellte, daß es Dr. Fehnern, der straffällig gewordene Wirtschaftsprüfer, war. Kein Foto irgendeiner Person, die in Zusammenhang mit Beizmennes Theorien gebracht werden konnte.

5. Ein Reisepaß auf den Namen Katharina Brettloh geb. Blum. Im Zusammenhang mit dem Paß wurden Fragen nach Reisen gestellt, und es erwies sich, daß Katharina noch nie »richtig verreist« gewesen war und bis auf einige Tage, an denen sie krank gewesen war, immer gearbeitet hatte. Sie hatte sich ihr Urlaubsgeld bei Fehnern und Blornas zwar auszahlen lassen, aber entweder weitergearbeitet oder Aushilfsstellen angenommen.

6. Eine alte Pralinenschachtel. Inhalt: einige Briefe, kaum ein Dutzend von ihrer Mutter, ihrem Bruder, ihrem Mann, Frau Woltersheim. Kein Brief enthielt irgendeinen Hinweis im Zusammenhang mit dem gegen sie bestehenden Verdacht. Außerdem enthielt die Pralinenschachtel noch ein paar lose Fotos von ihrem Vater als Gefreiten der Deutschen Wehrmacht, ihrem Mann in der Uniform des Trommlerkorps, ein paar abgerissene Kalenderblätter mit Sprichwörtern, eine ziemlich umfangreiche, handgeschriebene Sammlung eigener Rezepte und eine Broschüre »Über die Verwendung von Sherry in Soßen«.

7. Einen Aktenordner mit Zeugnissen, Diplomen, Urkunden, den gesamten Scheidungsakten und den notariellen Urkunden, die ihre Eigentumswohnung betreffen.

8. Drei Schlüsselbünde, die inzwischen überprüft worden waren. Es handelte sich um Haus- und Schrankschlüssel zu ihrer eigenen Wohnung, zu Blornas und Hiepertz' Wohnung.

Es wurde festgestellt und protokollarisch festgehalten, daß unter den oben aufgeführten Gegenständen kein verdächtiger Anhaltspunkt gefunden worden sei; die Erklärung von Katharina Blum über ihren Benzinverbrauch und ihre Fahrtkilometer wurde kommentarlos akzeptiert.

Erst in diesem Augenblick zog Beizmenne einen mit Brillanten besetzten Rubinring aus der Tasche, den er offenbar lose dort aufbewahrt hatte, denn er putzte ihn am Rockärmel blank, bevor er ihn Katharina hinhielt. »Ist Ihnen dieser Ring bekannt?«

»Ja«, sagte sie ohne Zögern und Verlegenheit.

»Gehört er Ihnen?«

»Ja.«

»Wissen Sie, was er wert ist?«

»Nicht genau. Viel kann es nicht sein.«

»Nun«, sagte Beizmenne freundlich, »wir haben ihn schätzen lassen und vorsichtshalber nicht nur von unserem Fachmann hier im Haus, zusätzlich noch, um Ihnen auf keinen Fall unrecht zu tun, von einem Juwelier hier in der Stadt. Dieser Ring ist achttausend bis zehntausend Mark wert. Das wußten Sie nicht? Ich glaube es Ihnen sogar, und doch müßten Sie mir erklären, woher Sie ihn haben. Im Zusammenhang mit einer Ermittlung, in der es sich um einen des Raubes überführten Verbrecher handelt, der dringend mordverdächtig ist, ist ein solcher Ring keine Kleinigkeit und auch nichts Privates, Intimes wie Hunderte Kilometer, stundenlanges Autofahren im Regen. Von wem stammt nun der Ring, von Götten oder dem Herrenbesuch, oder war Götten nicht doch der Herrenbesuch, und wenn nicht – wo sind Sie denn, als Damenbesuch, wenn ich es scherzhaft so nennen darf – hingefahren im Regen, Tausende Kilometer? Es wäre eine Kleinigkeit für uns, festzustellen, von welchem Juwelier der Ring stammt, ob gekauft oder gestohlen, aber ich möchte Ihnen eine Chance geben – ich halte Sie nämlich nicht für unmittelbar kriminell, sondern nur für naiv und ein bißchen zu romantisch. Wie wollen Sie mir – uns – erklären, daß Sie, die Sie als zimperlich, fast prüde bekannt sind, die Sie von Ihren Bekannten und Freunden den Spitznamen ›Nonne‹ erhalten haben, die Diskotheken meidet, weil es dort zu wüst zugeht – sich von ihrem Mann scheiden läßt, weil er ›zudringlich‹ geworden ist – wie wollen Sie uns dann erklären, daß Sie – angeblich – diesen Götten erst vorgestern kennengelernt haben und noch am gleichen Tage – man könnte sagen stehenden Fußes – ihn mit in Ihre Wohnung genommen haben und dort sehr rasch – na sagen wir – intim mit ihm geworden sind. Wie nennen Sie das? Liebe auf den ersten Blick? Verliebtheit? Zärtlichkeit? Wollen Sie nicht einsehen, daß es da einige Ungereimtheiten gibt, die

den Verdacht nicht so ganz auslöschen? Und da ist noch etwas.«
Jetzt griff er in seine Rocktasche und zog einen größeren weißen
Briefumschlag aus der Tasche, dem er einen ziemlich extravaganten, veilchenfarbenen Briefumschlag normalen Formats entnahm, der cremefarben gefüttert war. »Dieser leere Briefumschlag, den wir zusammen mit dem Ring in Ihrer Nachttischschublade gefunden haben, ist am 12. 2. 74 um 18.00 Uhr bei der Bahnpost in Düsseldorf gestempelt worden – und an Sie adressiert. Mein Gott«, sagte Beizmenne abschließend, »wenn Sie einen Freund gehabt haben, der Sie hin und wieder besuchte und zu dem Sie manchmal gefahren sind, der Ihnen Briefe schrieb und manchmal etwas schenkte – sagen Sie es uns doch, es ist ja kein Verbrechen. Es belastet Sie ja nur, wenn ein Zusammenhang mit Götten besteht.«

Es war allen Anwesenden klar, daß Katharina den Ring erkannte, dessen Wert aber nicht gewußt hatte; daß hier wieder das heikle Thema Herrenbesuch aufkam. Schämte sie sich etwa nur, weil sie ihren Ruf gefährdet sah, oder sah sie jemand anderen gefährdet, den sie nicht in die Sache hineinziehen wollte? Sie errötete diesmal nur leicht. Gab sie deshalb nicht an, den Ring von Götten bekommen zu haben, weil sie wußte, daß es ziemlich unglaubwürdig gewesen wäre, aus Götten einen Kavalier dieses Schlages zu machen? Sie blieb ruhig, fast »zahm«, als sie zu Protokoll gab: »Es trifft zu, daß ich beim Hausball der Frau Woltersheim ausschließlich und innig mit Ludwig Götten getanzt habe, den ich zum erstenmal in meinem Leben sah und dessen Nachnamen ich erst bei der polizeilichen Vernehmung am Donnerstagmorgen erfuhr. Ich empfand große Zärtlichkeit für ihn und er für mich. Gegen zehn Uhr habe ich die Wohnung von Frau Woltersheim verlassen und bin mit Ludwig Götten in meine Wohnung gefahren.

Über die Herkunft des Schmuckstückes kann ich, ich korrigiere mich: will ich keine Auskunft geben. Da es nicht auf unrechtmäßige Weise in meinen Besitz gelangt ist, fühle ich mich nicht verpflichtet, seine Herkunft zu erklären. Der Absender des mir vorgehaltenen Briefumschlages ist mir unbekannt. Es muß sich um eine der üblichen Werbesendungen handeln. Ich bin in gastronomischen Fachkreisen inzwischen einigermaßen bekannt. Für die Tatsache, daß eine Reklamesendung ohne Absender in einem einigermaßen kostspieligen und aufwendig wattierten Briefumschlag versendet wird, habe ich keine Erklärung. Ich möchte nur darauf hinweisen, daß gewisse gastronomische Firmen sich gern den Anschein von Vornehmheit geben.«

Als sie dann gefragt wurde, warum sie ausgerechnet an diesem Tag, wo sie doch offensichtlich und zugegebenermaßen so gern Auto fahre, an diesem Tag mit der Straßenbahn zu Frau Woltersheim gefahren sei, sagte Katharina Blum, sie habe nicht gewußt, ob sie viel oder wenig Alkohol trinken würde, und es sei ihr sicherer erschienen, nicht mit ihrem Wagen zu fahren. Gefragt, ob sie viel trinke oder gar gelegentlich betrunken sei, sagte sie, nein, sie trinke wenig, und betrunken sei sie nie gewesen, nur einmal sei sie – und zwar in Gegenwart und auf Veranlassung ihres Mannes bei einem geselligen Abend des Trommlerkorps – betrunken *gemacht* worden, und zwar mit einem Aniszeug, das wie Limonade schmeckte. Man habe ihr später gesagt, dieses ziemlich teure Zeug sei ein beliebtes Mittel, Leute betrunken zu machen. Als ihr vorgehalten wurde, diese Erklärung – sie habe gefürchtet, eventuell zuviel zu trinken – sei nicht stichhaltig, da sie nie viel trinke, und ob ihr nicht einleuchte, daß es so aussehen müsse, als sei sie mit Götten regelrecht verabredet gewesen, habe also gewußt, daß sie ihr Auto nicht brauchen, sondern in seinem Auto heimfahren werde, schüttelte sie den Kopf und sagte, es sei genauso, wie sie angegeben habe. Es sei ihr durchaus danach zumute gewesen, sich einmal einen anzutrinken, aber sie habe es dann doch nicht getan.

Ein weiterer Punkt mußte vor der Mittagspause noch geklärt werden: Warum sie weder ein Spar- noch ein Scheckbuch habe. Ob es nicht doch noch irgendwo ein Konto gebe. Nein, sie habe kein weiteres Konto als das bei der Sparkasse. Jede, auch die kleinste ihr zur Verfügung stehende Summe benutze sie sofort, um ihren hochverzinslichen Kredit abzuzahlen; die Kreditzinsen wären manchmal fast doppelt so hoch wie die Sparzinsen, und auf einem Girokonto gäbe es fast gar keine Zinsen. Außerdem sei ihr der Scheckverkehr zu teuer und umständlich. Laufende Kosten, ihren Haushalt und das Auto, bezahle sie bar.

## 25

Gewisse Stauungen, die man auch Spannungen nennen kann, sind ja unvermeidlich, weil nicht alle Quellen mit einem Griff und auf einmal um- und abgelenkt werden können, so daß das trockengelegte Gelände sofort sichtbar wird. Unnötige Spannungen aber sollen vermieden werden, und es soll hier erklärt werden, warum an diesem Freitagmorgen sowohl Beizmenne wie Katharina so milde, fast weich oder gar zahm waren, Katharina sogar ängstlich oder eingeschüchtert. Zwar hatte die ZEITUNG, die eine freundliche Nachbarin unter Frau Woltersheims Haustür geschoben hatte, bei beiden Frauen Wut, Ärger, Empörung, Scham und Angst bewirkt, doch hatte das sofortige Telefongespräch mit Blorna Milderung geschaffen, und da kurz nachdem die beiden entsetzten Frauen die ZEITUNG überflogen und Katharina mit Blorna telefoniert hatte, schon Frau Pletzer erschienen war, die offen zugab, daß man Katharinas Wohnung natürlich überwache und aus diesem Grunde wisse, daß sie hier zu finden sei, und nun müsse man leider – und leider auch Frau Woltersheim – zur Vernehmung, da war der offenen und netten Art von Frau Pletzer wegen der Schrecken über die ZEITUNG zunächst verdrängt und für Katharina ein nächtliches Erlebnis wieder in den Vordergrund gerückt, das sie als beglückend empfunden hatte: Ludwig hatte sie angerufen, und zwar von *dort*! Er war so lieb gewesen, und deshalb hatte sie ihm gar nichts von dem Ärger erzählt, weil er nicht das Gefühl haben sollte, er sei die Ursache irgendeines Kummers. Sie hatten auch nicht über Liebe gesprochen, das hatte sie ihm ausdrücklich – schon als sie mit ihm im Auto nach Hause fuhr – verboten. Nein, nein, es ginge ihr gut, natürlich wäre sie lieber bei ihm und für immer oder wenigstens für lange mit ihm zusammen, am liebsten natürlich ewig, und sie werde sich Karneval über erholen und nie, nie wieder mit einem andern Mann als ihm tanzen und nie mehr anders als südamerikanisch, und nur mit ihm, und wie es denn dort sei. Er sei sehr gut untergebracht und sehr gut versorgt, und da sie ihm verboten habe, von Liebe zu sprechen, möchte er doch sagen, daß er sie sehr, sehr, sehr gern habe, und eines Tages – wann, das wisse er noch nicht, es könne Monate, aber auch ein Jahr oder zwei dauern – werde er sie holen, wohin, das wisse er noch nicht. Und so weiter, wie Leute, die große Zärtlichkeit füreinander haben, eben miteinander am Telefon plaudern. Keine Erwähnung von Intimitäten und schon gar kein Wort über jenen Vorgang, den Beizmenne (oder, was immer wahrscheinlicher scheint: Hach) so grob definiert hatte. Und so weiter. Was eben diese Art von Zärtlichkeitsempfinder sich zu sagen haben. Ziemlich lange. Zehn Minuten. Vielleicht sogar mehr, sagte Katharina zu Else. Vielleicht kann man, was das konkrete Vokabularium der beiden Zärtlichen anbetrifft, auch auf gewisse moderne Filme verweisen, wo am Telefon – oft über weite Entfernung hin – ziemlich viel und viel *scheinbar* belanglos geplaudert wird.

Dieses Telefongespräch, das Katharina mit Ludwig führte, war auch der Anlaß für Beizmennes Entspanntheit, Freundlichkeit und Milde, und obwohl er ahnte, warum Katharina alle spröde Bockigkeit abgelegt hatte – konnte sie natürlich nicht ahnen, daß er aus dem gleichen Anlaß, wenn auch nicht aus dem gleichen Grund, so fröhlich war. (Man sollte diesen merk- und denkwürdigen Vorgang zum Anlaß nehmen, öfter zu telefonieren, notfalls auch ohne zärtliches Geflüster, denn man weiß ja nie, *wem* man wirklich mit so einem Telefongespräch eine Freude macht.) Beizmenne kannte aber auch die Ursache für Katharinas Ängstlichkeit, denn er hatte auch Kenntnis von einem weiteren anonymen Anruf.

Es wird gebeten, die vertraulichen Mitteilungen, die dieses Kapitel enthält, nicht nach Quellen abzuforschen, es handelt sich lediglich um den Durchstich eines Nebenpfützenstaus, dessen dilettantisch errichtete Staumauer durchstochen, zum Abfluß bzw. zu Fluß gebracht wird, bevor die schwache Staumauer bricht und alle Spannung verschwendet ist.

## 26

Damit keine Mißverständnisse entstehen, muß auch festgestellt werden, daß sowohl Else Woltersheim wie Blorna natürlich wußten, daß Katharina sich regelrecht strafbar gemacht hatte, indem sie Götten half, unbemerkt aus ihrer Wohnung zu verschwinden; sie mußte ja auch, als sie seine Flucht ermöglicht hatte, Mitwisserin gewisser Straftaten sein, wenn auch in diesem Fall nicht der wahren! Else Woltersheim sagte es ihr auf den Kopf zu, kurz bevor Frau Pletzer beide zum Verhör abholte. Blorna nahm die nächste Gelegenheit wahr, Katharina auf die Strafbarkeit ihres Tuns aufmerksam zu machen. Es soll auch niemandem vorenthalten werden, was Katharina zu Frau Woltersheim über Götten sagte: »Mein Gott, er war es eben, der da kommen soll, und ich hätte ihn geheiratet und Kinder mit ihm gehabt – und wenn ich hätte warten müssen, jahrelang, bis er aus dem Kittchen wieder raus war.«

## 27

Die Vernehmung von Katharina Blum konnte damit als abgeschlossen gelten, sie mußte sich nur bereit halten, um möglicherweise mit den Aussagen der übrigen Teilnehmer an der Woltersheimschen Tanzparty konfrontiert zu werden. Es sollte nämlich nun eine Frage geklärt werden, die im Zusammenhang mit Beizmennes Verabredungs- und Verschwörungstheorie wichtig genug war: Wie war Ludwig Götten zum Hausball bei Frau Woltersheim gekommen?

Es wurde Katharina Blum anheimgestellt, nach Hause zu gehen oder an einem ihr genehmen Ort zu warten, aber sie lehnte es ab, nach Hause zu gehen, die Wohnung, sagte sie, sei ihr endgültig verleidet, sie zöge es vor, in einer Zelle zu warten, bis Frau Woltersheim vernommen worden sei, und mit dieser dann nach Hause zu gehen. In diesem Augenblick erst zog Katharina die beiden Ausgaben der ZEITUNG aus der Tasche und fragte, ob der Staat – so drückte sie es aus – nichts tun könne, um sie gegen diesen Schmutz zu schützen und ihre verlorene Ehre wiederherzustellen. Sie wisse inzwischen sehr wohl, daß ihre Vernehmung durchaus gerechtfertigt sei, wenn ihr auch dieses »bis-ins-letzte-Lebensdetail-gehen« nicht einleuchte, aber es sei ihr unbegreiflich, wie Einzelheiten aus der Vernehmung – etwa der Herrenbesuch – hätten zur Kenntnis der ZEITUNG gelangen können, und alle diese erlogenen und erschwindelten Aussagen. Hier griff Staatsanwalt Hach ein und sagte, es habe natürlich angesichts des riesigen öffentlichen Interesses am Fall Götten eine Presseverlautbarung herausgegeben werden müssen; eine Pressekonferenz habe noch nicht stattgefunden, sei aber wohl wegen der Erregung und Angst, die durch Göttens Flucht – die sie, Katharina, ja ermöglicht habe – entstanden sei, nun kaum noch zu vermeiden. Im übrigen sei sie jetzt durch ihre Bekanntschaft mit Götten eine »Person der Zeitgeschichte« und damit Gegenstand berechtigten öffentlichen Interesses. Beleidigende und möglicherweise verleumderische Details der Berichterstattung könne sie zum Gegenstand einer Privatklage machen, und – falls sich herausstelle, daß es »undichte Stellen« innerhalb der untersuchenden Behörde gebe, so werde diese, darauf könne sie sich verlassen, Anzeige gegen Unbekannt erheben und ihr zu ihrem Recht verhelfen. Dann wurde Katharina Blum in eine Zelle verbracht. Man verzichtete auf scharfe Bewachung, gab ihr lediglich eine jüngere Polizeiassistentin, Renate Zündach, bei, die, unbewaffnet, bei ihr blieb und später berichtete, Katharina Blum habe die ganze Zeit über – etwa zweieinhalb Stunden lang – nichts weiter getan, als immer und immer wieder die beiden Ausgaben der ZEITUNG zu lesen. Tee, Brote, alles habe sie abgelehnt, nicht in aggressiver, sondern in »fast freundlicher, apathischer Weise«. Jede Unterhaltung über Mode, Filme, Tänze, die sie, Renate Zündach, anzufangen versucht habe, um Katharina abzulenken, habe diese abgelehnt.

Sie habe dann, um der Blum, die sich regelrecht in die Lektüre der ZEITUNG verbissen habe, zu helfen, die Bewachung vorübergehend dem Kollegen Hüften übergeben und aus dem Archiv die Berichte anderer Zeitungen geholt, in denen über die Verstrickung und Vernehmung der Blum, ihre mögliche Rolle, in durchaus sachlicher Form berichtet worden sei. Auf der dritten, vierten Seite kurze Berichte, in denen nicht einmal der

Name der Blum voll ausgedruckt gewesen sei, von ihr lediglich als von einer gewissen Katharina B., Hausgehilfin, gesprochen worden sei. Zum Beispiel habe in der »Umschau« nur eine Zehnzeilen-Meldung gestanden, natürlich ohne Foto, in der man von unglückseligen Verstrickungen einer völlig unbescholtenen Person gesprochen habe. Das alles – sie habe der Blum fünfzehn Zeitungsausschnitte hingelegt – habe diese nicht getröstet, sie habe nur gefragt: »Wer liest das schon? Alle Leute, die ich kenne, lesen die ZEITUNG!«

28

Um zu klären, wie Götten zum Hausball der Frau Woltersheim hatte kommen können, wurde zuerst Frau Woltersheim selbst vernommen, und es wurde vom ersten Augenblick an klar, daß Frau Woltersheim dem gesamten sie vernehmenden Gremium gegenüber, wenn nicht ausgesprochen feindselig, so doch feindseliger als die Blum gegenüberstand. Sie gab an, 1930 geboren zu sein, also 44 Jahre alt, unverheiratet, von Beruf Wirtschafterin, undiplomiert. Bevor sie zur Sache aussagte, äußerte sie sich mit »unbewegter, fast pulvertrockener Stimme, was ihrer Empörung mehr Kraft verlieh, als wenn sie losgeschimpft oder geschrien hätte«, über die Behandlung von Katharina Blum durch die ZEITUNG sowie über die Tatsache, daß man offensichtlich Details aus der Vernehmung an diese Art Presse weitergebe. Es sei ihr klar, daß Katharinas Rolle untersucht werden müsse, sie frage sich aber, ob es zu verantworten sei, »ein junges Leben zu zerstören«, wie es nun geschehe. Sie kenne Katharina vom Tage ihrer Geburt an und beobachte jetzt schon die Zerstörung und auch Verstörtheit, die an ihr seit gestern bemerkbar sei. Sie sei keine Psychologin, aber die Tatsache, daß Katharina offenbar nicht mehr an ihrer Wohnung, an der sie sehr gehangen und für die sie so lange gearbeitet habe, interessiert sei, halte sie für alarmierend.

Es war schwer, den anklagenden Redefluß der Woltersheim zu unterbrechen, nicht einmal Beizmenne kam so recht gegen sie an, erst als er sie unterbrach und ihr vorwarf, Götten empfangen zu haben, sagte sie, sie habe seinen Namen nicht einmal gewußt, er habe sich nicht vorgestellt, sei ihr auch nicht vorgestellt worden. Sie wisse nur, daß er an dem fraglichen Mittwoch gegen 19.30 Uhr in Begleitung von Hertha Scheumel gekommen sei, gemeinsam mit deren Freundin Claudia Sterm, die wiederum in Begleitung eines als Scheich verkleideten Mannes erschienen sei, von dem sie nur wisse, daß er Karl genannt worden sei und der sich später recht merkwürdig benommen habe. Von einer Verabredung mit diesem Götten könne nicht gesprochen werden, auch habe sie nie vorher seinen Namen gehört, und sie sei über Katharinas Leben bis ins letzte Detail informiert. Als man ihr Katharinas Aussage über ihre »merkwürdigen Autofahrten« vorhielt, mußte sie allerdings zugeben, davon nichts gewußt zu haben, und damit erlitt ihre Angabe, sie wisse über alle Details in Katharinas Leben Bescheid, einen entscheidenden Schlag. Auf den Herrenbesuch angesprochen, wurde sie verlegen und sagte, da Katharina wohl darüber nichts gesagt habe, verweigere auch sie die Aussage. Das einzige, was sie dazu sagen könne: das eine sei eine »ziemlich kitschige Angelegenheit«, und »wenn ich Kitsch sage, meine ich nicht Katharina, sondern den Besucher«. Wenn sie von Katharina bevollmächtigt werde, werde sie alles darüber sagen, was sie wisse; sie halte es für ausgeschlossen, daß Katharinas Autofahrten zu diesem Herrn geführt hätten. Ja, es gebe diesen Herrn, und wenn sie zögere, mehr über ihn zu sagen, so, weil sie ihn nicht der totalen Lächerlichkeit preisgeben wolle. Katharinas Rolle jedenfalls sei in beiden Fällen – im Fall Götten und im Fall Herrenbesuch – über jeden Zweifel erhaben. Katharina sei immer ein fleißiges, ordentliches, ein bißchen schüchternes, oder besser gesagt: eingeschüchtertes Mädchen gewesen, als Kind sogar fromm und kirchentreu. Dann aber sei ihre Mutter, die auch die Kirche in Gemmelsbroich geputzt habe, mehrmals der Unordentlichkeit überführt und einmal sogar erwischt worden, wie sie in der Sakristei gemeinsam mit dem Küster eine Flasche Meßwein getrunken habe. Daraus sei dann eine »Orgie« und ein Skandal gemacht worden, und Katharina sei in der Schule vom Pfarrer schlecht behandelt worden. Ja, Frau Blum, Katharinas Mutter, sei sehr labil, streckenweise auch Alkoholikerin gewesen, aber man müsse sich diesen ewig nörgelnden, kränklichen Mann – Katharinas Vater – vorstellen, der als Wrack aus dem Krieg heimgekommen sei, dann die verbitterte Mutter und den – ja man könne sagen mißratenen Bruder. Ihr sei auch die Geschichte der völlig mißglückten Ehe bekannt. Sie habe ja von vornherein abgeraten, Brettloh sei – sie bitte um Verzeihung für diesen Ausdruck – der typische Schleimscheißer, der sich weltlichen und kirchlichen Behörden gegenüber gleich kriecherisch verhalte, außerdem ein widerwärtiger Angeber. Sie habe Katharinas frühe Ehe als Flucht aus dem schrecklichen häuslichen Milieu betrachtet, und wie man sehe, habe sich ja Katharina, sobald sie dem häuslichen Milieu und der unbedacht geschlossenen Ehe entronnen sei, geradezu vorbildlich entwickelt. Ihre berufliche Qualifikation sei über jeden Zweifel erhaben, das könne sie – die Woltersheim – nicht nur mündlich, notfalls auch schriftlich bestätigen und bescheinigen, sie sei im Prüfungsausschuß der Handwerkskammer. Mit den neuen Formen privater und öffentlicher Gastlichkeit, die immer mehr auf eine Form hin tendieren, die man »organisierten Buffetismus« zu nennen beginne, stiegen die Chancen einer Frau wie Katharina Blum, die organisatorisch, kalkulatorisch und auch, was die ästhetische Seite betreffe, aufs beste gebildet und ausgebildet sei. Jetzt allerdings, wenn es nicht gelänge, ihr Genugtuung gegenüber der ZEITUNG zu verschaffen, schwinde mit dem Interesse an ihrer Wohnung auch Katharinas Interesse an ihrem Beruf. An diesem Punkt der Aussage wurde auch Frau Woltersheim darüber belehrt, daß es nicht Sache der Polizei oder der Staatsanwaltschaft sei, »gewisse, gewiß verwerfliche Formen des Journalismus strafrechtlich zu verfolgen.« Die Pressefreiheit dürfe nicht leichtfertig angetastet werden, und sie dürfe davon überzeugt sein, daß eine Privatklage gerecht behandelt und gegen illegitime Informationsquellen eine Anzeige gegen Unbekannt erhoben werde. Es war der junge Staatsanwalt Dr. Korten, der hier ein fast leidenschaftlich zu nennendes Plädoyer für die Pressefreiheit und für das Informationsgeheimnis hielt und ausdrücklich betonte, daß, wer sich nicht in schlechte Gesellschaft begebe oder in solche gerate, ja auch der Presse keinerlei Anlaß zu vergröberten Darstellungen gebe.

Das Ganze – etwa das Auftauchen Göttens und des ominösen, als Scheich verkleideten Karl – lasse doch Schlüsse auf eine merkwürdige Sorglosigkeit im gesellschaftlichen Umgang zu. Das sei ihm noch nicht hinreichend geklärt, und er rechne damit, bei der Vernehmung der beiden betroffenen oder betreffenden jungen Damen plausible Erklärungen zu bekommen. Ihr, Frau Woltersheim, sei der Vorwurf nicht zu ersparen, daß sie in der Auswahl ihrer Gäste nicht gerade wählerisch sei. Frau Woltersheim verbat sich diese Belehrung durch einen wesentlich jüngeren Herrn und verwies darauf, daß sie die beiden jungen Damen eingeladen habe, mit ihren Freunden zu kommen, und daß es ihr allerdings fernliege, Freunde, die ihre Gäste mitbrächten, nach dem Personalausweis und dem polizeilichen Führungszeugnis zu fragen. Sie mußte einen Verweis entgegennehmen und darauf aufmerksam gemacht werden, daß hier das Alter keine, die Position des Staatsanwalts Dr. Korten aber eine erhebliche Rolle spiele. Immerhin untersuche man hier einen ernsten, einen schweren, wenn nicht den schwersten Fall von Gewaltkriminalität, in den Götten nachweislich verwickelt sei. Sie müsse es schon dem Vertreter des Staates überlassen, welche Details und welche Belehrungen er für richtig halte. Nochmals gefragt, ob Götten und der Herrenbesuch ein und dieselbe Person sein könnten, sagte die Woltersheim, nein, das könne mit Sicherheit ausgeschlossen werden. Als sie dann aber gefragt wurde, ob sie den »Herrenbesuch« persönlich kenne, je gesehen habe, ihm je begegnet sei, mußte sie das verleugnen, und da sie auch ein so wichtiges intimes Detail wie die merkwürdigen Autofahrten nicht gewußt hatte, wurde ihre Vernehmung als unbefriedigend bezeichnet, und sie wurde »mit einem Mißton« vorläufig entlassen. Bevor sie den Raum, offenbar verärgert, verließ, gab sie noch zu Protokoll, daß der als Scheich verkleidete Karl ihr mindestens so verdächtig erschienen sei wie Götten. Jedenfalls habe er auf der Toilette ständig Selbstgespräche geführt und sei dann ohne Abschied verschwunden.

## 29

Da nachweislich die siebzehnjährige Verkäuferin Hertha Scheumel den Götten mit zur Party gebracht hatte, wurde sie als nächste vernommen. Sie war offensichtlich verängstigt, sagte, sie habe noch nie mit der Polizei zu tun gehabt, gab aber dann eine relativ plausible Erklärung über ihre Bekanntschaft mit Götten ab. »Ich wohne«, sagte sie aus, »mit meiner Freundin Claudia Sterm, die in einer Schokoladenfabrik arbeitet, zusammen in einem Ein-Zimmer-Küche-Dusche-Appartement. Wir stammen beide aus Kuir-Oftersbroich, sind beide sowohl mit Frau Woltersheim wie mit Katharina Blum weitläufig verwandt (obwohl die Scheumel die Weitläufigkeit der Verwandtschaft genauer darstellen wollte, indem sie auf Großeltern verwies, die Vettern bzw. Kusinen von Großeltern gewesen waren, wurde auf eine detaillierte Bezeichnung ihrer Verwandtschaft verzichtet und der Ausdruck ›weitläufig‹ als ausreichend angesehen). Wir nennen Frau Woltersheim Tante und betrachten Katharina als Kusine. An diesem Abend, am Mittwoch, dem 20. Februar 1974, waren wir beide, Claudia und ich, in großer Verlegenheit. Wir hatten Tante Else versprochen, unsere Freunde zu dem kleinen Fest mitzubringen, weil es sonst an Tanzpartnern fehlen würde. Nun war aber mein Freund, der zur Zeit bei der Bundeswehr dient, genauer gesagt: bei den Pionieren, wieder einmal und wieder plötzlich zur Innenstreife eingeteilt worden, und obwohl ich ihm riet, einfach abzuhauen, gelang es mir nicht, ihn dazu zu überreden, weil er schon mehrmals abgehauen war und große disziplinäre Schwierigkeiten befürchtete. Claudias Freund war aber schon am frühen Nachmittag so betrunken, daß wir ihn ins Bett stecken mußten. Wir entschlossen uns also, ins Café Polkt zu gehen und uns dort jemanden Netten aufzugabeln, weil wir uns bei Tante Else nicht blamieren wollten. Im Café Polkt ist während der Karnevalssaison immer was los. Man trifft sich dort vor und nach den Bällen, vor und nach den Sitzungen, und man kann dort sicher sein, immer viele junge Leute zu treffen. Die Stimmung im Café Polkt war am späten Mittwochnachmittag schon sehr nett. Ich bin zweimal von diesem jungen Mann, von dem ich jetzt erfahre, daß er Ludwig Götten heißt und ein gesuchter Schwerverbrecher ist, zum Tanzen aufgefordert worden und beim zweiten Tanz habe ich ihn gefragt, ob er nicht Lust hat, mit mir auf eine Party zu gehen. Er hat sofort freudig zugestimmt. Er sagte, er sei auf der Durchreise, habe keine Bleibe und wisse gar nicht, wo er den Abend verbringen solle, und er würde gern mitgehen. In diesem Moment, als ich mit diesem Götten mich sozusagen verabredete, tanzte Claudia mit einem als Scheich verkleideten Mann neben mir, und sie müssen wohl unser Gespräch mit angehört haben, denn der Scheich, von dem ich später erfuhr, daß er Karl heißt, fragte sofort Claudia in so einer Art witzig gemeinter Demut, ob denn auf dieser Party nicht noch ein Plätzchen für ihn frei sei, er sei auch einsam und wisse nicht so recht, wohin. Nun, damit hatten wir ja unser Ziel erreicht und sind kurz darauf in Ludwigs – ich meine Herrn Göttens – Auto zur Wohnung von Tante Else gefahren. Es war ein Porsche, nicht sehr bequem für vier Personen, aber es war ja auch nicht weit zu fahren. Die Frage, ob Katharina Blum gewußt hat, daß wir ins Café Polkt gehen würden, um jemanden aufzugabeln, beantworte ich mit Ja. Ich habe am Morgen Katharina bei Rechtsanwalt Blorna, wo sie arbeitet, angerufen und ihr erzählt, daß Claudia und ich allein kommen müßten, wenn wir nicht jemand finden würden. Ich habe ihr auch gesagt, daß wir ins Café Polkt gehen würden. Sie war sehr dagegen und meinte, wir wären zu gutgläubig und leichtsinnig. Katharina ist nun mal komisch in diesen Sachen. Um so erstaunter war ich, als Katharina den Götten fast sofort mit Beschlag belegte und den ganzen Abend mit ihm tanzte, als würden sie sich schon ewig kennen.«

## 30

Die Aussage von Hertha Scheumel wurde von ihrer Freundin Claudia Sterm fast wörtlich bestätigt. Lediglich in einem einzigen, unwesentlichen Punkt ergab sich ein Widerspruch. Sie habe nämlich nicht zwei-, sondern dreimal mit dem Scheich Karl getanzt, weil sie früher von Karl als Hertha von Götten zum Tanz aufgefordert worden sei. Und auch Claudia Sterm zeigte sich erstaunt darüber, wie rasch die als spröde bekannte Katharina Blum mit Götten vertraut, ja fast vertraulich geworden sei.

## 31

Es mußten noch drei weitere Teilnehmer des Hausballs vernommen werden. Der selbständige Textilkaufmann Konrad Beiters, 56 Jahre alt, ein Freund von Frau Woltersheim, und das Ehepaar Hedwig und Georg Plotten, 36 bzw. 42 Jahre alt, beide von Beruf Verwaltungsangestellte. Die drei beschrieben den Verlauf des Abends übereinstimmend, vom Eintreffen der Katharina Blum, dem Eintreffen Hertha Scheumels in Begleitung von Ludwig Götten und Claudia Sterm in Begleitung des als Scheich verkleideten Karl an. Im übrigen sei es ein netter Abend gewesen, man habe getanzt, miteinander geplaudert, wobei sich Karl als besonders witzig erwiesen habe. Störend – wenn man es so nennen könne, denn die beiden hätten es sicher nicht so empfunden –, sagte Georg Plotten – sei die »totale Vereinnahmung von Katharina Blum durch Ludwig Götten« gewesen. Das habe dem Abend einen Ernst, fast etwas Feierliches gegeben, das zu karnevalistischen Veranstaltungen nicht so recht passe. Auch ihr, sagte Hedwig Plotten aus, sei nach dem Weggang von Katharina und Ludwig, als sie in die Küche gegangen sei, um frisches Eis zu holen, aufgefallen, daß der als Karl eingeführte Scheich auf der Toilette Selbstgespräche geführt habe. Übrigens habe sich dieser Karl kurz danach, ohne sich recht zu verabschieden, entfernt.

## 32

Katharina Blum, die noch einmal zur Vernehmung vorgeführt wurde, bestätigte das Telefongespräch, das sie mit Hertha Scheumel geführt hatte, bestritt aber nach wie vor, es habe sich um eine Verabredung zwischen ihr und Götten gehandelt. Es wurde ihr nämlich, nicht von Beizmenne, sondern von dem jüngeren der beiden Staatsanwälte, Dr. Korten, nahegelegt, doch zuzugeben, daß, nachdem sie mit Hertha Scheumel telefoniert habe, Götten sie angerufen habe und daß sie auf raffinierte Weise diesen ins Café Polkt geschickt und ihn veranlaßt habe, die Scheumel anzusprechen, um so unauffällig mit ihr bei der Woltersheim zusammenzutreffen. Das sei sehr einfach möglich gewesen, da die Scheumel eine ziemlich aufgedonnerte, auffällige Blondine sei. Katharina Blum, inzwischen fast völlig apathisch, schüttelte nur den Kopf, während sie da saß und die beiden Ausgaben der ZEITUNG nach wie vor mit der rechten Hand umklammerte. Sie wurde dann entlassen und verließ gemeinsam mit Frau Woltersheim und deren Freund Konrad Beiters das Präsidium.

## 33

Als man die unterschriebenen Vernehmungsprotokolle noch einmal durchsprach und auf mögliche Befragungslücken überprüfte, warf Dr. Korten die Frage auf, ob man denn nun nicht ernsthaft versuchen müsse, dieses Scheichs mit dem Namen Karl habhaft zu werden und dessen höchst obskure Rolle in dieser Sache zu untersuchen. Er sei doch sehr erstaunt, daß noch keinerlei Maßnahmen zu einer Fahndung nach ›Karl‹ eingeleitet worden seien. Schließlich sei doch dieser Karl offensichtlich zusammen, wenn nicht gemeinsam mit Götten im Café Polkt aufgetaucht, habe sich ebenfalls in die Party gedrängt, und seine Rolle erscheine ihm, Korten, doch recht undurchsichtig, wenn nicht verdächtig.

Hier brachen nun alle Anwesenden in Lachen aus, sogar die zurückhaltende Kriminalbeamtin Pletzer erlaubte sich ein Lächeln.

Die Protokollführerin, Frau Anna Lockster, lachte so vulgär, daß sie von Beizmenne zurechtgewiesen werden mußte. Und da Korten immer noch nicht begriff, klärte ihn sein Kollege Hach schließlich auf. Ob Korten denn nicht klargeworden oder gar aufgefallen sei, daß Kommissar Beizmenne den Scheich absichtlich übergangen oder unerwähnt gelassen habe? Es sei doch offensichtlich, daß er einer »unserer Leute« sei und das angebliche Selbstgespräch auf der Toilette nichts weiter als eine – allerdings ungeschickt betriebene – Benachrichtigung seiner Kollegen per Minifunkgerät, die Verfolgung des Götten und der Blum, deren Adresse natürlich inzwischen bekannt gewesen sei, aufzunehmen. »Und gewiß ist Ihnen ebenfalls klar, Herr Kollege, daß in dieser Karnevalssaison Scheichkostüme die beste Tarnung sind, denn heuer sind aus naheliegenden Gründen Scheichs beliebter als Cowboys.« »Natürlich«, fügte Beizmenne hinzu, »war uns von vornherein klar, daß der Karneval es den Banditen erleichtern würde, unterzutauchen und es uns erschweren würde, auf der heißen Spur zu bleiben, denn Götten wurde schon seit sechsunddreißig Stunden auf Schritt und Tritt verfolgt. Götten, der übrigens nicht verkleidet war, hatte auf einem Parkplatz, von dem er später den Porsche stahl, in einem VW-Bus übernachtet, hatte später in einem Café gefrühstückt, auf dessen Toilette er sich rasierte und umzog. Wir haben ihn keine Minute aus dem Auge verloren, etwa ein Dutzend als Scheichs, Cowboys und Spanier verkleidete Beamte, alle mit Minifunkgeräten ausgestattet, als verkaterte Ballheimkehrer getarnt, waren auf seiner Spur, um Kontaktversuche sofort zu melden. Die Personen, mit denen Götten bis zum Betreten des Café Polkt in Berührung kam, sind alle gefaßt und überprüft worden:

ein Schankkellner, an dessen Theke er Bier trank

zwei Mädchen, mit denen er in einem Altstadtlokal tanzte

ein Tankwart in der Nähe Holzmarkt, wo er den gestohlenen Porsche auftankte

ein Mann am Zeitungskiosk in der Matthiasstraße

ein Verkäufer in einem Zigarettenladen

ein Bankbeamter, bei dem er siebenhundert amerikanische Dollar tauschte, die wahrscheinlich aus einem Bankraub stammen.

Alle diese Personen sind eindeutig als Zufalls-, nicht als Plankontakte identifiziert worden, und keins der mit jeder einzelnen Person gewechselten Worte läßt Rückschlüsse auf einen Code zu. Ich lasse mir aber nicht einreden, daß die Blum ebenfalls ein Zufallskontakt war. Ihr Telefongespräch mit der Scheumel, die Pünktlichkeit, mit der sie bei der Woltersheim auftauchte, auch die verfluchte Innigkeit und Zärtlichkeit, mit der die beiden von der ersten Sekunde an getanzt haben – und wie rasch sie dann miteinander abgezischt sind –, alles spricht gegen Zufall. Vor allem aber die Tatsache, daß sie ihn angeblich ohne Abschied hat gehen lassen und ihm ganz offensichtlich einen Weg aus dem Wohnblock gezeigt hat, der unserer strengen Überwachung entgangen sein muß. Wir haben den Wohnblock, d. h. das Gebäude innerhalb des Wohnblocks, in dem sie wohnt, keinen Augenblick aus dem Auge verloren. Natürlich konnten wir nicht das gesamte Areal von fast eineinhalb Quadratkilometern total überwachen. Sie muß einen Fluchtweg gekannt und ihn ihm gezeigt haben, außerdem bin ich sicher, daß sie für ihn – und möglicherweise für andere – als Quartiermacherin fungiert hat und genau weiß, wo er sich befindet. Die Häuser ihrer Arbeitgeber sind schon gecheckt worden, wir haben in ihrem Heimatdorf Recherchen angestellt, die Wohnung von Frau Woltersheim ist, während sie hier vernommen wurde, noch einmal gründlich untersucht worden. Nichts. Mir scheint es am besten, sie frei umherlaufen zu lassen, damit sie einen Fehler begeht, und wahrscheinlich führt die Spur zu seinem Quartier über diesen ominösen Herrenbesuch, und ich bin sicher, daß die Spur zum Fluchtweg innerhalb des Wohnblocks über Frau Blorna führt, die wir ja inzwischen auch als die ›rote Trude‹ kennen und die an der Planung des Blocks mitgewirkt hat.«

## 34

Hier sollte erkannt werden, daß der erste Rückstau fast beendet ist, man vom Freitag wieder zum Samstag gelangt. Es wird alles getan werden, weitere Stauungen, auch überflüssigen Spannungsstau zu vermeiden. Ganz vermieden werden können sie wahrscheinlich nicht.

Es mag doch vielleicht aufschlußreich sein, daß Katharina Blum nach der abschließenden Vernehmung am Freitagnachmittag Else Woltersheim und Konrad Beiters bat, sie doch zunächst in ihre Wohnung zu fahren und – bitte, bitte – mit hinaufzugehen. Sie gab an, daß sie Angst habe, es sei ihr nämlich in jener Donnerstagnacht, kurz nachdem sie mit Götten telefoniert habe (jeder Außenstehende sollte an der Tatsache, daß sie, wenn auch nicht bei der Vernehmung, offen über ihre telefonischen Kontakte mit Götten sprach, ihre Unschuld erkennen!), etwas ganz und gar Scheußliches passiert. Kurz nachdem sie mit Götten telefoniert, den Hörer gerade aufgelegt habe, habe wieder das Telefon geklingelt, sie habe, in der »wilden Hoffnung«, es sei wieder Götten, sofort den Hörer abgenommen, aber es sei nicht Götten am Apparat gewesen, sondern eine »fürchterlich leise« Männerstimme habe ihr »fast flüsternd« lauter »gemeine Sachen« gesagt, schlimme Dinge, und das schlimmste sei, der Kerl habe sich als Hausbewohner ausgegeben und gesagt, warum sie, wenn sie so auf Zärtlichkeit aus sei, so weit hergeholte Kontakte suche, er sei bereit und auch in der Lage, ihr jede, aber auch jede Art von Zärtlichkeit zu bieten. Ja, es sei dieser Anruf der Grund gewesen, warum sie noch in der Nacht zu Else gekommen sei. Sie habe Angst, sogar Angst vor dem Telefon, und da Götten ihre, sie aber nicht Göttens Telefonnummer habe, hoffe sie immer noch auf einen Anruf, fürchte aber gleichzeitig das Telefon.

Nun, es soll hier nicht vorenthalten werden, daß der Blum weitere Schrecken bevorstanden. Zunächst einmal: ihr Briefkasten, der bisher in ihrem Leben eine sehr geringe Rolle gespielt, in den sie meistens nur, »weil mans eben tut«, aber ohne Erfolg hineingeschaut hatte. An diesem Freitagmorgen quoll er regelrecht über, und keineswegs zu Katharinas Freude. Denn, obwohl Else W. und Beiters alles taten, um Briefe, Drucksachen abzufangen, ließ sie sich nicht beirren, schaute, wohl in der Hoffnung auf ein Lebenszeichen von ihrem lieben Ludwig, alle Postsachen – insgesamt etwa zwanzig – durch, offenbar ohne etwas von Ludwig zu finden, und stopfte den Kram in ihre Handtasche. Schon die Fahrt im Aufzug war eine Qual, da zwei Mitbewohner ebenfalls hochfuhren. Ein (es muß gesagt werden, obwohl es unglaubwürdig klingt) als Scheich verkleideter Herr, der sich in offensichtlicher Distanzierungsqual in die Ecke drückte, zum Glück aber schon im vierten Stock ausstieg, und eine (es klingt verrückt, aber was wahr ist, ist wahr) als Andalusierin verkleidete Dame, die, durch eine Gesichtsmaske gedeckt, keineswegs von Katharina abrückte, sondern direkt neben ihr stehenblieb und sie aus »frechen, harten, braunen Augen« dreist und neugierig musterte. Sie fuhr über den achten Stock hinaus.

Zur Warnung: es kommt noch schlimmer. Endlich in ihrer Wohnung, bei deren Betreten sich Katharina regelrecht an Beiters und Frau W. anklammerte, klingelte das Telefon, und hier war Frau W. schneller als Katharina, sie rannte los, nahm den Hörer ab, man sah ihren entsetzten Gesichtsausdruck, sah sie bleich werden, hörte sie »Sie verdammte Sau, Sie verdammte feige Sau« murmeln, und klugerweise legte sie den Hörer nicht wieder auf, sondern neben die Gabel.

Vergeblich versuchten Frau W. und Beiters gemeinsam, Katharina ihre Post zu entreißen, sie hielt den Packen Briefe und Drucksachen fest umklammert, zusammen mit den beiden Ausgaben der ZEITUNG, die sie ebenfalls ihrer Tasche entnommen hatte, und bestand darauf, die Briefschaften zu öffnen. Es war nichts zu machen. Sie las das alles!

Es war nicht alles anonym. Ein nicht anonymer Brief – der umfangreichste – kam von einem Unternehmen, das sich *Intim-Versandhaus* nannte und ihr alle möglichen Sex-Artikel anbot. Das war für Katharinas Gemüt schon ziemlich starker Tobak, schlimmer noch, daß jemand handschriftlich dazugeschrieben hatte: »*das* sind die wahren Zärtlichkeiten«. Um es kurz, oder noch besser: statistisch zu machen: von den weiteren achtzehn Briefschaften waren

sieben anonyme Postkarten, handschriftlich mit »derben« sexuellen Offerten, die alle irgendwie das Wort »Kommunistensau« verwendet hatten

vier weitere anonyme Postkarten enthielten politische Beschimpfungen ohne sexuelle Offerten. Es ging von »roter Wühlmaus« bis »Kreml-Tante.«

fünf Briefe enthielten Ausschnitte aus der ZEITUNG, die zum größten Teil, etwa drei bis vier – mit roter Tinte am Rand kommentiert waren, u. a. folgenden Inhalts: »Was Stalin nicht geschafft hat, Du wirst es auch nicht schaffen«

zwei Briefe enthielten religiöse Ermahnungen, in beiden Fällen auf beigelegte Traktate geschrieben »Du mußt wieder beten lernen, armes, verlorenes Kind« und »knie nieder und bekenne, Gott hat dich noch nicht aufgegeben«.

Und erst in diesem Augenblick entdeckte Else W. einen unter die Tür geschobenen Zettel, den sie zum Glück tatsächlich vor Katharina verbergen konnte: »Warum machst du keinen Gebrauch von meinem Zärtlichkeitskatalog? Muß ich dich zu deinem Glück zwingen? Dein Nachbar, den du so schnöde abgewiesen hast. Ich warne dich.« Das war in Druckschrift geschrieben, an der Else W. akademische, wenn nicht ärztliche Bildung zu erkennen glaubte.

## 35

Es ist schon erstaunlich, daß weder Frau W. noch Konrad B. erstaunt waren, als sie nun, ohne an irgendeine Form des Eingreifens zu denken, beobachteten, wie Katharina an die kleine Hausbar in ihrem Wohnraum ging, je eine Flasche Sherry, Whisky, Rotwein und eine angebrochene Flasche Kirschsirup herausnahm und ohne sonderliche Erregung gegen die makellosen Wände warf, wo sie zerschellten, zerflossen.

Das gleiche machte sie in ihrer kleinen Küche, wo sie Tomatenketchup, Salatsauce, Essig, Worcestersauce zum gleichen Zweck benutzte. Muß hinzugefügt werden, daß sie gleiches in ihrem Badezimmer mit Cremetuben, -flaschen, Puder, Pulvern, Badeingredienzien – und in ihrem Schlafzimmer mit einem Flacon Kölnisch Wasser tat?

Dabei wirkte sie planvoll, keineswegs erregt, so überzeugt und überzeugend, daß Else W. und Konrad B. nichts unternahmen.

## 36

Es hat natürlich ziemlich viele Theorien gegeben, die den Zeitpunkt herauszuanalysieren versuchten, an dem Katharina die ersten Mordabsichten faßte oder den Mordplan ausdachte und sich dazu entschloß, ihn auszuführen. Manche denken, daß schon der erste Artikel am Donnerstag in der ZEITUNG genügt habe, wieder andere halten den Freitag für den entscheidenden Tag, weil an diesem Tag die ZEITUNG immer noch keinen Frieden gab und Katharinas Nachbarschaft und Wohnung, an der sie so hing, sich als (subjektiv jedenfalls) zerstört erwies; der anonyme Anrufer, die anonyme Post – und dann noch die ZEITUNG vom Samstag und außerdem (hier wird vorgegriffen!) die SONNTAGSZEITUNG. Sind solche Spekulationen nicht überflüssig: Sie hat den Mord geplant und ausgeführt – und damit basta! Gewiß ist, daß sich in ihr etwas »gesteigert hat« – daß die Äußerungen ihres ehemaligen Ehemanns sie besonders aufgebracht haben, und ganz gewiß ist, daß alles, was dann in der SONNTAGSZEITUNG stand, wenn nicht auslösend, so doch keineswegs beruhigend gewirkt haben kann.

## 37

Bevor der Rückstau endgültig als beendet betrachtet werden und wieder auf Samstag geblendet werden kann, muß nur noch über den Verlauf des Freitagabends und der Nacht von Freitag auf Samstag bei Frau Woltersheim berichtet werden. Gesamtergebnis: überraschend friedlich. Ablenkungsversuche von Konrad Beiters, der Tanzmusik auflegte, südamerikanische sogar, und Katharina zum Tanzen bewegen wollte, scheiterten zwar, es scheiterte auch der Versuch, Katharina von der ZEITUNG und ihrer anonymen Post zu trennen; was ebenfalls scheiterte, war der Versuch, das alles als nicht so schrecklich wichtig und vorübergehend darzustellen. Hatte man nicht Schlimmeres überstanden: das Elend der Kindheit, die Ehe mit diesem miesen Brettloh, die Trunksucht und »milde ausgedrückt Verkommenheit von Mutter, die ja letzten Endes doch auch für Kurts Straucheln verantwortlich ist«. War Götten nicht zunächst in Sicherheit und sein Versprechen, sie zu holen, ernst zu nehmen? War nicht Karneval, und war man nicht finanziell gesichert? Gabs nicht so furchtbar nette Leute wie die Blornas, die Hiepertz', und war nicht auch der »eitle Fatzke« – man scheute sich immer noch, den Herrenbesuch beim Namen zu nennen – im Grunde eine belustigende und keineswegs eine bedrückende Erscheinung? Da widersprach Katharina und verwies auf den »idiotischen Ring und den affigen Briefumschlag«, die sie beide fürchterlich in die Klemme gebracht und sogar Ludwig in Verdacht gebracht hätten. Hatte sie wissen können, daß dieser Fatzke sich seine Eitelkeit so viel würde kosten lassen? Nein, nein, belustigend fand sie den nun gar nicht. Nein. Als man praktische Dinge besprach – etwa, ob sie denn eine neue Wohnung suchen und ob man nicht schon überlegen solle, wo –, wich Katharina aus und sagte, das einzig praktische, was sie vorhabe, wäre, sich ein Karnevalskostüm zu machen, und sie bat Else leihweise um ein großes Bettuch, denn sie habe vor, angesichts der Scheichmode selbst am Samstag oder Sonntag als Beduinenfrau »loszuziehen«. Was ist denn eigentlich Schlimmes passiert? Fast nichts, wenn man es genau betrachtet, oder besser gesagt: fast nur Positives, denn immerhin hat Katharina den, »der da kommen sollte«, wirklich getroffen, hat mit ihm »eine Liebesnacht verbracht«, nun gut, sie ist verhört bzw. vernommen worden, und offenbar ist Ludwig wirklich »kein Schmetterlingsfänger«. Dann hat es den üblichen Dreck in der ZEITUNG gegeben, ein paar Säue haben anonym angerufen, andere haben anonym geschrieben. Geht denn das Leben nicht weiter? Ist Ludwig nicht bestens – und wie nur sie, sie ganz allein weiß, geradezu komfortabel untergebracht? Jetzt nähen wir ein Karnevalskostüm, in dem Katharina entzückend aussehen wird, einen weißen Frauenburnus; hübsch wird sie darin »losziehen«.

Schließlich verlangt sogar die Natur ihr Recht, und man schläft ein, nickt ein, erwacht wieder, nickt wieder ein. Trinkt man schließlich ein Gläschen miteinander? Warum nicht? Ein durch und durch friedliches Bild: eine junge Frau, die über einer Näharbeit eingenickt ist, während eine ältere Frau und ein älterer Mann sich vorsichtig um sie herumbewegen, damit »die Natur ihr Recht bekommt«. Die Natur bekommt so sehr recht, daß Katharina nicht einmal vom Telefon, das gegen zweieinhalb Uhr früh klingelt, geweckt wird. Wieso fangen plötzlich der nüchternen Frau Woltersheim die Hände an zu flattern, wenn sie den Telefonhörer ergreift? Erwartet sie anonyme Zärtlichkeiten, wie sie sie ein paar Stunden vorher erfahren hat? Natürlich ist zweieinhalb Uhr morgens eine bange Zeit zum Telefonieren, aber sie ergreift den Hörer, den ihr Beiters sofort aus der Hand nimmt, und als er »Ja?« sagt, wird sofort wieder aufgelegt. Und es klingelt wieder, und wieder wird, sobald er aufgenommen, noch bevor er »Ja?« gesagt hat, aufgelegt. Natürlich gibt es auch Leute, die einem den Nerv töten wollen, seitdem sie aus der ZEITUNG erfahren haben, wie man heißt und wo man wohnt, und es ist besser, den Hörer nicht mehr aufzulegen.

Und da hat man sich vorgenommen, Katharina wenigstens vor der Samstagsausgabe der ZEITUNG zu bewahren, sie aber hat ein paar Augenblicke wahrgenommen, in denen Else W. eingeschlafen ist und Konrad B. sich im Badezimmer rasiert, ist auf die Straße geschlichen, wo sie in der Morgendämmerung den ersten besten ZEITUNGSkasten aufgerissen und eine Art Sakrileg begangen hat, denn sie hat das VERTRAUEN der ZEITUNG mißbraucht, indem sie eine ZEITUNG herausnahm, ohne zu bezahlen! In diesem Augenblick kann der Rückstau für vorläufig beendet erklärt werden, denn es ist genau um die Zeit, in der die Blornas an eben diesem Samstag zerknittert, gereizt und traurig aus dem Nachtzug steigen und die gleiche Ausgabe der ZEITUNG erwischen, die sie später zu Hause studieren werden.


## 38

Bei Blornas ist ein ungemütlicher Samstagmorgen, äußerst ungemütlich, nicht nur wegen der fast schlaflosen, zerrütteten und verschütteten Nacht im Schlafwagen, nicht nur wegen der ZEITUNG, von der Frau Blorna sagte, diese Pest verfolge einen in die ganze Welt, nirgendwo sei man sicher; ungemütlich nicht nur wegen der vorwurfsvollen Telegramme einflußreicher Freunde und Geschäftsfreunde, von der »Lüstra«, auch Hachs wegen, den man zu früh, einfach zu früh (und auch wieder zu spät, wenn man bedachte, daß man ihn besser schon am Donnerstag angerufen hätte) am Tage anrief. Er war nicht sehr freundlich, sagte, die Vernehmung von Katharina sei abgeschlossen, er könne nicht sagen, ob ein Verfahren gegen sie eröffnet würde, im Augenblick bedürfe sie sicher des Beistands, aber noch nicht eines Rechtsbeistandes. Hatte man vergessen, daß Karneval war und auch Staatsanwälte ein Recht auf einen Feierabend und gelegentliche Feiern haben? Nun, immerhin kennt man sich schon seit 24 Jahren, hat miteinander studiert, gepaukt, Lieder gesungen, sogar Wanderungen gemacht, und da nimmt man die ersten Minuten schlechter Laune nicht so wichtig, zumal man selbst sich so äußerst ungemütlich fühlt, aber dann – und das von einem Staatsanwalt – die Bitte, Weiteres doch lieber mündlich und nicht gerade fernmündlich zu besprechen. Ja, belastet sei sie, manches sei äußerst unklar, aber nicht mehr, vielleicht später am Nachmittag mündlich. Wo? In der Stadt. Ambulierenderweise am besten. Im Foyer des Museums. Sechzehnuhrdreißig. Keine telefonische Verbindung mit Katharinas Wohnung, keine mit Frau Woltersheim, keine beim Ehepaar Hiepertz.

Ungemütlich auch, daß das Fehlen von Katharinas ordnender Hand so rasch und so deutlich spürbar wurde. Wie kommt es bloß, daß innerhalb einer halben Stunde, obwohl man doch nur Kaffee aufgegossen, Knäckebrot, Butter und Honig aus dem Schrank geholt und die paar Gepäckstücke in die Diele gestellt hat, schon das Chaos ausgebrochen zu sein scheint, und schließlich wurde sogar Trude gereizt, weil er sie immer wieder und immer wieder fragte, wo sie denn da einen Zusammenhang sehe zwischen Katharinas Affäre und Alois Sträubleder oder gar Lüding, und sie ihm so gar nicht entgegenkam, nur immer wieder in ihrer gespielt naiv-ironischen Art, die er sonst mochte, an diesem Morgen aber gar nicht schätzte, auf die beiden Ausgaben der ZEITUNG verwies, und ob ihm da nicht ein Wort besonders aufgefallen sei, und als er fragte welches, verweigerte sie die Auskunft mit dem sarkastischen Hinweis, sie wolle seinen Scharfsinn auf die Probe stellen, und er las wieder und wieder »diesen Dreck, diesen verfluchten Dreck, der einen über die ganze Welt hin verfolgt«, las es immer wieder, unkonzentriert, weil der Ärger über seine verfälschte Äußerung und die »rote Trude« immer wieder hochkam, bis er schließlich kapitulierte und Trude demütig bat, ihm doch zu helfen; er sei so außer sich, daß sein Scharfsinn versage, und außerdem sei er ja seit Jahren nur noch als Industrie-, kaum noch als Kriminalanwalt tätig, woraufhin sie trocken sagte »Leider«, dann aber Erbarmen zeigte und sagte »Fällt dir denn das Wort Herrenbesuch nicht auf, und ist dir nicht aufgefallen, daß ich das Wort Herrenbesuch auf die Telegramme bezogen habe? Würde etwa jemand diesen Götting – nein Götten, schau dir doch seine Fotos mal genau an –, würde jemand ihn, ganz gleich, wie er gekleidet sein mag, denn als Herrenbesuch bezeichnen? Nein, nicht wahr, so etwas nennt man in der Sprache freiwillig spitzelnder Mitbewohner immer noch Männerbesuch, und ich verwandle mich auf der Stelle in eine Prophetin und sage dir, daß wir innerhalb von spätestens einer Stunde ebenfalls Herrenbesuch bekommen, und was ich dir außerdem prophezeie: Ärger, Konflikte – und möglicherweise das Ende einer alten Freundschaft, Ärger auch mit deiner roten Trude, und mehr als Ärger mit Katharina, die zwei lebensgefährliche Eigenschaften hat: Treue und Stolz, und sie wird niemals, niemals zugeben, daß sie diesem Jungen einen Fluchtweg gezeigt hat, den wir, sie und ich, gemeinsam studiert haben. Ruhig, mein Liebster, ruhig: es wird nicht rauskommen, aber genaugenommen bin ich schuld, daß dieser Götting, nein Götten, ungesehen aus ihrer Wohnung verschwinden konnte. Du erinnerst dich sicher nicht mehr, daß ich einen Plan der gesamten Heizungs-, Lüftungs-, Kanalisations- und Leitungsanlagen von ›Elegant am Strom wohnen‹ in meinem Schlafzimmer hängen hatte. Da waren die Heizungsschächte rot, die Lüftungsschächte blau, die Kabelleitungen grün und die Kanalisation gelb eingezeichnet. Dieser Plan hat Katharina derart fasziniert – wo sie doch selbst so eine ordentliche, planende, fast genial planende Person ist –, daß sie immer lange davorstand und mich immer wieder nach Zusammenhängen und Bedeutungen dieses ›abstrakten Gemäldes‹ – so nannte sie es – fragte, und ich, ich war drauf und dran, ihr eine Kopie davon zu besorgen und zu schenken. Ich bin ziemlich erleichtert, daß ichs nicht getan habe, stell dir vor, man hätte eine Kopie des Plans bei ihr gefunden – dann wäre die Verschwörungstheorie, die Idee des Umschlagplatzes perfekt untermauert, die Verbindung – Rote-Trude-Banditen – Katharina-Herrenbesuch. So ein Plan wäre natürlich für alle Sorten von Ein- und Ehebrechern, die nicht gesehen werden wollen, eine ideale Anleitung, ungesehen ein- und auszugehen. Ich selbst habe ihr noch erklärt, welche Höhe die einzelnen Gänge haben: wo man aufrecht gehen, wo man gebückt gehen kann, wo man kriechen muß, bei Rohrbrüchen und Kabelpannen. So, nur so kann dieser liebenswürdige junge Gentleman, von dessen Zärtlichkeiten sie jetzt nur noch träumen darf, der Polizei tritschen gegangen sein, und wenn er wirklich ein Bankräuber ist, wird er das System durchschaut haben. Vielleicht ist auch der Herrenbesuch so ein- und ausgegangen. Diese modernen Wohnblocks erfordern ganz andere Überwachungsmethoden als die altmodischen Mietshäuser. Du mußt der Polizei und der Staatsanwaltschaft gelegentlich mal 'nen Tip geben. Die bewachen die Haupteingänge, vielleicht das Foyer und den Aufzug, aber da gibt es außerdem einen Arbeitsaufzug, der direkt in den Keller führt – und da kriecht einer ein paar hundert Meter, hebt nur irgendwo einen Kanaldeckel und ist perdu. Glaub mir: jetzt hilft nur noch beten, denn Schlagzeilen in der ZEITUNG in diesem oder jenem Zusammenhang kann er nicht brauchen, was er jetzt braucht, ist eine direkte handfeste Manipulation der Ermittlungen und der Berichterstattung darüber, und was er ebenso fürchtet wie die Schlagzeilen, ist das bittere und säuerliche Gesicht einer gewissen Maud, die seine ihm rechtmäßig und kirchlich angetraute Frau ist, von der er außerdem vier Kinder hat. Hast du denn nie bemerkt, wie ›jungenhaft fröhlich‹, fast ausgelassen – und ich muß schon sagen: richtig nett, er die paar Mal mit Katharina getanzt hat, und wie er sich geradezu aufdrängte, sie nach Hause zu bringen – und wie jungenhaft enttäuscht er war, als sie ihren eigenen Wagen anschaffte? Das, was er brauchte, wonach sein Herz begehrte, so ein einmalig nettes Ding wie Katharina, nicht leichtfertig und doch – wie nennt ihr das doch – liebesfähig, ernst und doch jung und so hübsch, daß sies selber nicht wußte. Hat sie nicht auch dein Männerherz ein wenig erfreut?«

Ja, ja das hatte sie: sein Männerherz erfreut, und er gab es zu, gab auch zu, daß er sie mehr, viel mehr als nur gern habe, und sie, Trude, wisse doch, daß jeder, nicht nur Männer, mal so Anwandlungen hätte, einfach mal jemand so in den Arm zu nehmen und vielleicht mehr – aber Katharina, nein, es war da etwas, das ihn nie, niemals zum Herrenbesuch bei ihr gemacht hätte, und wenn ihn etwas gehindert habe, ja es ihm unmöglich gemacht habe, zum Herrenbesuch zu werden – oder besser gesagt: das zu versuchen –, so wäre es nicht, und sie wisse, wie er das meine, nicht der Respekt vor ihr und die Rücksichtnahme auf sie, Trude, gewesen, sondern Respekt vor Katharina, ja, Respekt, fast Ehrfurcht, mehr, liebevolle Ehrfurcht vor ihrer, ja, verdammt, Unschuld – und mehr, mehr als Unschuld, für das er keinen Ausdruck finde. Es sei wohl dieses merkwürdige, herzliche Kühle an Katharina und – obwohl er fünfzehn Jahre älter sei als Katharina und es weiß Gott im Leben zu was gebracht habe – wie Katharina ihr verkorkstes Leben angepackt, geplant, organisiert habe – das habe ihn, hätte er überhaupt je Gedanken dieser Art gehabt, gehindert, weil er Angst gehabt habe, sie oder ihr Leben zu zerstören – denn sie sei so verletzlich, so verdammt verletzlich, und er würde, wenn sich herausstellen sollte, daß Alois wirklich der Herrenbesuch gewesen sei, er würde ihm – schlicht gesagt – einen »in die Fresse hauen«; ja, man müsse ihr helfen, helfen, sie sei diesen Tricks, diesen Verhören, diesen Vernehmungen nicht gewachsen – und nun sei es zu spät, und er müsse, müsse im Laufe des Tages Katharina auftreiben ... aber hier wurde er in seinen aufschlußreichen Meditationen unterbrochen, weil Trude mit ihrer unvergleichlichen Trockenheit feststellte: »Der Herrenbesuch ist soeben vorgefahren.«

## 39

Es soll hier gleich festgestellt werden, daß Blorna Sträubleder, der da tatsächlich in einem bombastischen Mietwagen vorgefahren war, nicht in die Fresse schlug. Es soll hier nicht nur möglichst wenig Blut fließen, auch die Darstellung körperlicher Gewalt soll, wenn sie schon nicht vermieden werden kann, auf jenes Minimum beschränkt werden, das die Pflicht der Berichterstattung auferlegt. Das bedeutet nicht, daß es nun etwa gemütlicher wurde bei den Blornas, im Gegenteil: es wurde noch ungemütlicher, denn Trude B. konnte sich nicht verkneifen, den alten Freund, während sie weiterhin in ihrer Kaffeetasse rührte, mit den Worten zu begrüßen »Hallo, Herrenbesuch«. »Ich nehme an«, sagte Blorna verlegen, »Trude hat mal wieder den Nagel auf den Kopf getroffen.« »Ja«, sagte Sträubleder, »fragt sich nur, ob das immer taktvoll ist.«

Es kann hier festgestellt werden, daß es zu fast unerträglichen Spannungen zwischen Frau Blorna und Alois Sträubleder gekommen war, als jener einmal sie nicht gerade verführen, aber doch erheblich mit ihr flirten wollte und sie ihm – auf ihre trockene Art zu verstehen gab, daß er sich für unwiderstehlich halte, es aber nicht sei, jedenfalls für sie nicht. Unter diesen Umständen wird man verstehen, daß Blorna Sträubleder sofort in sein Arbeitszimmer führte und seine Frau bat, sie allein zu lassen und in der Zwischenzeit (»Zeit zwischen was?« fragte Frau Blorna) alles, alles zu tun, um Katharina aufzutreiben.

## 40

Warum kommt einem plötzlich sein eigenes Arbeitszimmer so scheußlich vor, fast durcheinander und schmutzig, obwohl kein Stäubchen zu entdecken ist und alles am rechten Platz? Was macht die roten Ledersessel, in denen man so manches gute Geschäft abgewickelt und so manches vertrauliche Gespräch geführt hat, in denen man wirklich bequem sitzen und Musik hören kann, plötzlich so widerwärtig, sogar die Bücherregale ekelhaft und den handsignierten Chagall an der Wand geradezu verdächtig, als wäre es eine vom Künstler selbst ausgeführte Fälschung? Aschenbecher, Feuerzeug, Whiskyflacon – was hat man gegen diese harmlosen, wenn auch kostspieligen Gegenstände? Was macht einen so ungemütlichen Tag nach einer äußerst ungemütlichen Nacht so unerträglich und die Spannung zwischen alten Freunden so stark, daß die Funken fast überspringen? Was hat man gegen die Wände, die, sanftgelb, rauhfaserüberpinselt, mit moderner, mit Gegenwartsgraphik geschmückt sind?

»Ja, ja«, sagte Alois Sträubleder, »ich bin eigentlich nur gekommen, um dir zu sagen, daß ich in *dieser* Sache deine Hilfe nicht mehr brauche. Du hast mal wieder die Nerven verloren, auf dem Flugplatz da im Nebel. Eine Stunde nachdem ihr die Nerven oder die Geduld verloren habt, hat sich nämlich der Nebel gelichtet, und ihr hättet immer noch gegen 18.30 Uhr hier sein können. Ihr hättet sogar bei ein wenig ruhigem Nachdenken noch in München den Flughafen anrufen, herausfinden können, daß keine Behinderung mehr vorlag. Aber Schwamm darüber. Um nicht mit falschen, gezinkten Karten zu spielen – selbst wenn kein Nebel gewesen und das Flugzeug planmäßig abgeflogen wäre, wärst du zu spät gekommen, weil der entscheidende Teil der Vernehmung dann längst abgeschlossen gewesen und im übrigen nichts mehr zu verhindern gewesen wäre.«

»Ich kann gegen die ZEITUNG ohnehin nicht an«, sagte Blorna.

»Die ZEITUNG«, sagte Sträubleder, »stellt keine Gefahr dar, das hat Lüding in der Hand, aber es gibt ja auch noch Zeitungen, und ich kann jede Art von Schlagzeilen gebrauchen, nur diese Art nicht, die mich mit den Banditen in Verbindung bringt. Eine romantische Frauengeschichte bringt mich höchstens privat in Schwierigkeiten, nicht öffentlich. Da würde nicht einmal ein Foto mit einer so attraktiven Frau wie Katharina Blum schaden, im übrigen wird die Herrenbesuchstheorie fallengelassen und weder Schmuck noch Brief – nun ja, ich habe ihr einen ziemlich kostbaren Ring geschenkt, den man gefunden hat, und ein paar Briefe geschrieben, von denen man nur einen Umschlag gefunden hat – werden Schwierigkeiten bereiten. Schlimm ist, daß dieser Tötges unter einem anderen Namen für Illustrierte die Sachen schreibt, die er in der ZEITUNG nicht bringen darf, und daß – nun ja – Katharina ihm ein Exklusivinterview versprochen hat. Ich habe das vor wenigen Minuten von Lüding erfahren, der auch dafür ist, daß Tötges das Interview wahrnimmt, weil man ja die ZEITUNG in der Hand hat, aber man hat keinen Einfluß auf Tötges' weitere journalistische Aktivitäten, die er über einen Strohmann abwickelt. Du scheinst überhaupt nicht informiert zu sein, wie?« – »Ich habe keine Ahnung«, sagte Blorna.

»Ein merkwürdiger Zustand für einen Anwalt, dessen Mandant ich immerhin bin; das kommt davon, wenn man in Rüttel- und Schüttelzügen sinnlos Zeit verplempert, anstatt sich einmal mit Wetterämtern in Verbindung zu setzen, die einem hätten sagen können, daß der Nebel sich bald lichten wird. Du hast also offenbar noch keine Verbindung mit ihr?«

»Nein, du denn?«

»Nein, nicht direkt. Ich weiß nur, daß sie vor ungefähr einer Stunde bei der ZEITUNG angerufen und Tötges für morgen nachmittag ein Exklusiv-Interview versprochen hat. Er hat angenommen. Und es ist da noch eine Sache, die mir mehr, bedeutend mehr Kummer, die mir regelrecht Magenschmerzen verursacht« (hier wirkte Sträubleders Gesicht fast bewegt und seine Stimme bekümmert), »du kannst mich ab morgen beschimpfen, soviel du willst, weil ich euer Vertrauen ja wirklich mißbraucht habe – aber andererseits leben wir ja wirklich in einem freien Land, wo es auch gestattet ist, ein freies Liebesleben zu führen, und du mußt mir glauben, ich würde alles tun, um ihr zu helfen, ich würde sogar meinen Ruf aufs Spiel setzen, denn – du darfst getrost lachen – ich liebe diese Frau, nur: ihr ist nicht mehr zu helfen – mir ist noch zu helfen – sie läßt sich einfach nicht helfen ...«

»Und gegen die ZEITUNG kannst du ihr auch nicht helfen, gegen diese Schweine?«

»Mein Gott, du mußt das nicht so schwernehmen mit der ZEITUNG, auch wenn sie euch jetzt ein bißchen in die Zange nehmen. Wir wollen uns doch hier nicht über Boulevardjournalismus und Pressefreiheit streiten. Kurz gesagt, ich hätte gern, wenn du bei dem Interview dabeisein könntest, als mein *und* ihr Anwalt. Das Heikelste ist nämlich bisher weder bei den Vernehmungen noch in der Presse herausgekommen: ich habe ihr vor einem halben Jahr den Schlüssel zu unserem Zweithaus in Kohlforstenheim regelrecht aufgedrängt. Den Schlüssel hat man weder bei der Haussuchung noch bei der Leibesvisitation gefunden, aber sie *hat* ihn oder hat ihn wenigstens gehabt, wenn sie ihn nicht einfach weggeworfen hat. Es war einfach Sentimentalität, nenne es, wie du willst, aber ich wollte, daß sie einen Schlüssel zum Haus da hat, weil ich die Hoffnung nicht aufgeben wollte, daß sie mich mal da besucht. Glaub mir doch, daß ich ihr helfen, daß ich ihr beistehen, daß ich sogar hingehen würde und bekennen würde: Seht hier, ich bin der Herrenbesuch – aber ich weiß doch: Mich würde sie verleugnen, ihren Ludwig nie.«

Es war etwas ganz Neues, Überraschendes an Sträubleders Gesicht, das in Blorna fast Mitleid erweckte, mindestens gewiß aber Neugierde; es war etwas fast Demütiges, oder war es Eifersucht? »Was war da mit Schmuck, mit Briefen und nun dem Schlüssel?«

»Verdammt noch mal, Hubert, begreifst du denn immer noch nicht? Es ist etwas, was ich weder Lüding noch Hach noch der Polizei sagen kann – ich bin sicher, daß sie den Schlüssel ihrem Ludwig gegeben hat und daß dieser Kerl jetzt seit zwei Tagen da hockt. Ich habe einfach Angst, um Katharina, um die Polizeibeamten, auch um diesen dummen jungen Bengel, der da vielleicht in meinem Haus in Kohlforstenheim hockt. Ich möchte, daß er dort verschwindet, bevor sie ihn entdecken, möchte gleichzeitig, daß sie ihn schnappen, damit die Sache ein Ende hat. Verstehst du jetzt? Und zu was rätst du?«

»Du könntest dort anrufen, in Kohlforstenheim, meine ich.«

»Und du glaubst, daß er, wenn er da ist, ans Telefon geht?«

»Dann mußt du die Polizei anrufen, es gibt keinen anderen Weg. Schon um Unheil zu verhüten. Ruf sie notfalls anonym an. Wenn auch nur die geringste Möglichkeit besteht, daß Götten in deinem Haus ist, mußt du sofort die Polizei verständigen. Sonst tue ich es.«

»Damit mein Haus und mein Name doch im Zusammenhang mit diesem Banditen in die Schlagzeilen kommt? Ich dachte an etwas anderes ... ich dachte, daß du vielleicht mal hinfahren könntest, ich meine nach Kohlforstenheim, so als mein Anwalt, um mal nach dem Rechten zu sehen.«

»In diesem Augenblick? Am Karnevalssamstag, wo die ZEITUNG schon weiß, daß ich meinen Urlaub überstürzt abgebrochen habe – und das habe ich nur getan, um in deinem Wochenendhaus nach dem Rechten zu sehen? Ob der Eisschrank noch funktioniert, wie? Ob der Thermostat der Ölheizung noch richtig eingestellt ist, keine Scheibe eingeworfen, die Bar noch ausreichend bestückt und die Bettwäsche nicht klamm? Dazu kommt ein hochangesehener Industrieanwalt, der eine Luxusvilla mit Swimming-pool besitzt und mit der ›roten Trude‹ verheiratet ist, überstürzt aus dem Urlaub? Hältst du das wirklich für eine kluge Idee, wo doch ganz sicher die Herren ZEITUNG-Reporter jede meiner Bewegungen beobachten – ich fahre, sozusagen kaum dem Schlafwagen entstiegen, zu deiner Villa hinaus, um zu sehen, ob die Krokusse bald durchbrechen oder die Schneeglöckchen schon raus sind? Hältst du das wirklich für eine gute Idee – ganz abgesehen davon, daß dieser liebenswürdige Ludwig schon bewiesen hat, daß er ganz gut schießen kann?«

»Verdammt, ich weiß nicht, ob deine Ironie oder deine Witze hier noch angebracht sind. Ich bitte dich als meinen Anwalt und Freund um einen Dienst, der nicht einmal persönlicher, sondern mehr noch staatsbürgerlicher Natur ist – und du kommst mir mit Schneeglöckchen. Diese Sache ist seit gestern so geheim, daß wir seit heute früh keinerlei Informationen mehr von dort bekommen haben. Alles, was wir wissen, wissen wir von der ZEITUNG, zu der Lüding zum Glück gute Beziehungen hat. Staatsanwaltschaft und Polizei telefonieren nicht einmal mehr mit dem Innenministerium, zu dem Lüding ebenfalls gute Beziehungen hat. Es geht um Leben und Tod, Hubert.«

In diesem Augenblick kam Trude ohne anzuklopfen herein, mit dem Transistor in der Hand und sagte ruhig: »Um Tod gehts nicht mehr, nur noch um Leben, Gott sei Dank. Sie haben den Jungen geschnappt, dummerweise hat er geschossen und ist beschossen worden, verletzt, aber nicht lebensgefährlich. In deinem Garten, Alois, in Kohlforstenheim, zwischen Swimmingpool und Pergola. Man spricht von der Nullkommafünf-Millionen-Luxusvilla eines Lüding-Kompagnons. Übrigens gibt es wirklich noch Gentlemen: das erste, was unser guter Ludwig gesagt hat: daß Katharina überhaupt nichts mit der Sache zu tun hat; es sei eine rein private Liebesaffäre, die nicht das geringste mit den Straftaten zu tun habe, die man ihm vorwerfe, die er aber nach wie vor abstreite. Wahrscheinlich mußt du ein paar Scheiben ersetzen lassen, Alois – es ist da ganz schön rumgeballert worden. Dein Name ist noch nicht genannt worden, aber vielleicht solltest du doch Maud anrufen, die sicher erregt und trostbedürftig ist. Übrigens hat man gleichzeitig mit Götten an anderen Orten drei seiner angeblichen Komplizen geschnappt.

Das ganze gilt als triumphaler Erfolg eines gewissen Kommissars Beizmenne. Und nun mach dich auf die Socken, lieber Alois, und statte zur Abwechslung deiner guten Frau mal einen Herrenbesuch ab.«

Man kann sich vorstellen, daß es an dieser Stelle in Blornas Arbeitszimmer fast zu körperlichen Auseinandersetzungen gekommen wäre, die dem Milieu und der Ausstattung des Raumes keineswegs entsprachen. Sträubleder soll – *soll* – tatsächlich versucht haben, Trude Blorna an die Kehle zu springen, von ihrem Mann aber daran gehindert und darauf hingewiesen worden sein, daß er sich an einer Dame doch nicht vergreifen wolle. Sträubleder soll – *soll* – daraufhin gesagt haben, er sei sich nicht sicher, ob die Definition Dame auf eine so scharfzüngige Frau noch zutreffe, und es gebe eben Worte, die man in gewissen Zusammenhängen und vor allem, wenn tragische Ereignisse vermeldet würden, nicht ironisch verwenden dürfe, und wenn er noch einmal, noch ein einziges Mal das ominöse Wort zu hören bekomme, dann – ja, was dann? – nun, dann sei es aus. Er hatte das Haus noch kaum verlassen, und Blorna hatte noch keine Gelegenheit, Trude zu sagen, sie sei nun doch vielleicht etwas zu weit gegangen, als diese ihm das Wort regelrecht abschnitt und sagte: »Katharinas Mutter ist diese Nacht gestorben. Ich habe sie tatsächlich in Kuir-Hochsackel aufgetrieben.«

## 41

Bevor die letzten Um-, Ein-, Ablenkungsmanöver gestartet werden, muß hier eine sozusagen technische Zwischenbemerkung gestattet werden. In dieser Geschichte passiert zu viel. Sie ist auf eine peinliche, kaum zu bewältigende Weise handlungsstark: zu ihrem Nachteil. Natürlich ist es ziemlich betrüblich, wenn eine freiberuflich arbeitende Hausangestellte einen Journalisten erschießt, und ein solcher Fall muß aufge- oder wenigstens versuchsweise erklärt werden. Aber was macht man mit Erfolgsanwälten, die einer Hausangestellten wegen den sauer verdienten Skiurlaub abbrechen? Mit Industriellen (die im Nebenberuf Professor und Parteimanager sind), die in einer schon unreifen Sentimentalität eben dieser Hausangestellten Schlüssel zu Zweitwohnungen (und sich selbst dazu) geradezu aufdrängen; beides ohne Erfolg, wie man weiß; die einerseits Publicity wollen, aber nur eine bestimmte Art; lauter Dinge und Leute, die einfach nicht synchronisierbar sind und dauernd den Fluß (bzw. den linearen Handlungsablauf) stören, weil sie sozusagen immun sind. Was macht man mit Kriminalbeamten, die dauernd nach Zäpfchen verlangen und sie auch bekommen? Kürzer gesagt: es ist alles zu durchlässig und doch im entscheidenden Augenblick für einen Berichterstatter nicht durchlässig genug, weil zwar das eine oder andere (etwa von Hach und einigen Polizeibeamten und -beamtinnen) zu erfahren ist, aber nichts, rein gar nichts von dem, was sie sagen, auch nur andeutungsweise beweiskräftig wäre, weil es vor keinem Gericht bestätigt oder auch nur ausgesagt würde. Es hat keine Zeugniskraft! Nicht den geringsten Öffentlichkeitswert. Zum Beispiel diese ganze Zäpfchenaffäre. Das Anzapfen von Telefonleitungen dient natürlich der Ermittlung, das Ergebnis darf aber – da es von einer anderen als der ermittelnden Behörde vorgenommen wird – in einem öffentlichen Verfahren nicht nur nicht verwendet, nicht einmal erwähnt werden. Vor allem: was passiert in der sogenannten Psyche der Telefonzapfer? Was denkt sich ein unbescholtener Beamter, der nichts als seine Pflicht tut, der sozusagen, wenn nicht unter Befehls-, dann aber sicher unter Broterwerbsnotstand seine (ihm möglicherweise widerwärtige) Pflicht tut, was denkt er sich, wenn er mit anhören muß, wie jener unbekannte Hausbewohner, den wir hier kurz den Zärtlichkeitsanbieter nennen wollen, mit einer so ausgesprochen netten, adretten, fast unbescholtenen Person wie Katharina Blum telefoniert? Gerät er in sittliche oder geschlechtliche oder in beide Arten von Erregung? Empört er sich, hat er Mitleid, bereitet es ihm gar ein merkwürdiges Vergnügen, wenn da eine Person, die den Spitznamen »Nonne« trägt, durch heiser hingestöhnte, drohend vorgebrachte Angebote in den Tiefen ihrer Seele verletzt wird? Nun, es geschieht so vieles im Vordergrund – mehr noch im Hintergrund. Was denkt sich ein harmloser, lediglich sein sauer verdientes Brot erwerbender Anzapfer zum Beispiel, wenn da ein gewisser Lüding, der hier gelegentlich erwähnt wurde, die

Chefredaktion der ZEITUNG anruft und etwa sagt: »Sofort S. ganz raus, aber B. ganz rein.« Natürlich wird Lüding nicht angezapft, weil *er* beobachtet werden muß, sondern weil die Gefahr besteht, daß er – etwa von Erpressern, Polit-Gangstern etc. – angerufen wird. Wie soll so ein unbescholtener Mithörer wissen, daß mit S. Sträubleder gemeint ist, mit B. Blorna und daß man in der SONNTAGSZEITUNG nicht mehr über S., aber viel über B. wird lesen können. Und doch – wer soll das schon wissen oder auch nur ahnen – ist Blorna ein von Lüding äußerst geschätzter Anwalt, der fast unzählige Male sein Geschick bewiesen hat, national und international. Nichts anderes ist gemeint, wenn hier an anderer Stelle von Quellen gesprochen worden ist, die »zueinander nicht kommen können«, wie die Königskinder, denen die falsche Nonne die Kerze ausblies – und irgendeiner versank da ziemlich tief, ertrank. Und da läßt Frau Lüding durch ihre Köchin bei der Sekretärin ihres Mannes anrufen, um herauszubekommen, was Lüding wohl am Sonntag gern zum Nachtisch essen würde: Palatschinken mit Mohn? Erdbeeren mit Eis *und* Sahne oder nur mit Eis oder nur mit Sahne, woraufhin die Sekretärin, die ihren Chef nicht belästigen möchte, seinen Geschmack aber kennt, die aber möglicherweise auch nur Ärger bzw. Umstände verursachen will, der Köchin mit ziemlich spitzer Stimme erklärt, sie sei ganz sicher, daß Herr Lüding an diesem Sonntag Karamelpudding mit Krokantsauce vorziehen würde; die Köchin, die natürlich auch Lüdings Geschmack kennt, widerspricht und sagt, das sei ihr neu, ob die Sekretärin sicher sei, daß sie nicht ihren eigenen Geschmack mit dem des Herrn Lüding verwechsle, und ob sie nicht doch durchstellen könne, damit sie direkt mit Herrn Lüding über seine Nachtischwünsche sprechen könne. Daraufhin die Sekretärin, die gelegentlich mit Herrn Lüding als Konferenzsekretärin unterwegs ist und in irgendwelchen PALACE-Hotels oder Inter-Herbergen mit ihm ißt, behauptet, wenn *sie* mit ihm unterwegs sei, esse er immer Karamelpudding mit Krokantsauce; die Köchin: aber am Sonntag sei er eben nicht mit ihr, der Sekretärin, unterwegs und ob es nicht möglich sei, daß Lüdings Nachtischwünsche eben abhängig seien von der Gesellschaft, in der er sich befinde. Etc. Etc. Schließlich wird noch lange über

Palatschinken mit Mohn gestritten – und dieses ganze Gespräch wird auf Kosten des Steuerzahlers auf Tonband aufgenommen! Denkt der Tonbandabspieler, der natürlich genau darauf achten muß, ob hier nicht ein Anarchistencode verwendet worden ist, ob mit Palatschinken nicht etwa Handgranaten und bei Eis mit Erdbeeren Bomben gemeint sind – doch möglicherweise: die haben Sorgen oder: Die Sorgen möchte ich haben, denn ihm ist möglicherweise gerade die Tochter durchgebrannt oder der Sohn dem Hasch verfallen oder die Miete mal wieder erhöht worden, und das alles – diese Tonbandaufnahmen – nur, weil gegen Lüding einmal eine Bombendrohung ausgesprochen worden ist; so erfährt ein unschuldiger Beamter oder Angestellter endlich einmal, was Palatschinken mit Mohn sind, er, dem die schon als Hauptmahlzeit genügen würden, wenn auch nur *einer*.

Es passiert zuviel im Vordergrund, und wir wissen nichts von dem, was im Hintergrund passiert. Könnte man sich die Tonbänder mal vorspielen lassen! Um endlich etwas zu erfahren, wie – oder ob überhaupt intim etwa Frau Else Woltersheim mit Konrad Beiters ist. Was bedeutet das Wort Freund, wenn es um die Beziehung dieser beiden geht? Nennt sie ihn Schatz, Liebling, oder sagt sie nur Konrad oder Conny zu ihm; welche Art verbaler Zärtlichkeiten tauschen sie, wenn überhaupt, miteinander aus? Singt er, von dem bekannt ist, daß er einen guten, fast konzert-, aber mindestens chorreifen Bariton hat, ihr vielleicht am Telefon Lieder vor? Serenaden? Schlager? Arien? Oder wird da gar in grober Weise über vergangene oder geplante Intimitäten referiert? Das möchte man doch gern wissen, denn da den meisten Menschen zuverlässige telepathische Verbindungen versagt sind, greifen sie doch zum Telefon, das ihnen zuverlässiger erscheint. Sind sich die vorgesetzten Behörden darüber klar, was sie ihren Beamten und Angestellten da psychisch zumuten? Nehmen wir einmal an, eine vorübergehend verdächtige Person vulgärer Natur, der man ein »Zäpfchen« genehmigt hat, ruft ihren ebenfalls vulgären derzeitigen Liebespartner an. Da wir in einem freien Land leben und frei und offen miteinander sprechen dürfen, auch am Telefon, was kann da einer möglicherweise sittsamen oder gar sittenstrengen Person – ganz gleich welchen Geschlechts – alles um die Ohren sausen oder vom Tonband entgegenflattern? Ist das zu verantworten? Ist die psychiatrische Betreuung gewährleistet? Was sagt die Gewerkschaft Öffentliche Dienste, Transport und Verkehr *dazu*? Da kümmert man sich um Industrielle, Anarchisten, Bankdirektoren, -räuber und -angestellte, aber wer kümmert sich um unsere nationalen Tonbandstreitkräfte? Haben die Kirchen dazu nichts zu sagen? Fällt der Fuldaer Bischofskonferenz oder dem Zentralkomitee deutscher Katholiken denn gar nichts mehr ein? Warum schweigt der Papst dazu? Ahnt denn keiner, was hier unschuldigen Ohren alles zwischen Karamelpudding und härtestem Porno zugemutet wird? Da werden junge Menschen aufgefordert, die Beamtenlaufbahn zu ergreifen – und wem werden sie ausgeliefert? Telefonsittenstrolchen. Hier ist endlich ein Gebiet, wo Kirchen und Gewerkschaften zusammenarbeiten könnten. Man könnte doch mindestens eine Art Bildungsprogramm für Abhörer planen. Tonbänder mit Geschichtsunterricht. Das kostet nicht viel.

## 42

Nun kehrt man reumütig in den Vordergrund zurück, begibt sich wieder an die unvermeidliche Kanalarbeit und muß schon wieder mit einer Erklärung beginnen! Es war hier versprochen worden, daß kein Blut mehr fließen sollte, und es wird Wert darauf gelegt, festzustellen, daß mit dem Tod der Frau Blum, Katharinas Mutter, dieses Versprechen nicht gerade gebrochen wird. Es handelt sich ja nicht um eine Bluttat, wenn auch nicht um einen ganz normalen Sterbefall. Der Tod der Frau Blum wurde zwar gewaltsam herbeigeführt, aber unbeabsichtigt gewaltsam. Jedenfalls – das muß festgehalten werden – hatte der Todesherbeiführer weder mörderische noch totschlägerische, nicht einmal körperverletzende Absichten. Es handelt sich, wie nicht nur nachgewiesen, sondern sogar von jedem zugegeben wurde, um eben jenen Tötges, der selbst allerdings ein blutiges, beabsichtigt gewaltsames Ende fand. Tötges hatte schon am Donnerstag in Gemmelsbroich nach der Adresse von Frau

Blum geforscht, diese auch erfahren, aber vergebens versucht, zu ihr ins Krankenhaus vorzudringen. Er war vom Pförtner, von der Stationsschwester Edelgard und vom leitenden Arzt Dr. Heinen drauf aufmerksam gemacht worden, daß Frau Blum nach einer schweren, aber erfolgreichen Krebsoperation sehr ruhebedürftig sei; daß ihre Genesung geradezu davon abhängig sei, daß sie keinerlei Aufregungen ausgesetzt werde und ein Interview nicht in Frage käme. Den Hinweis, Frau Blum sei durch die Verbindung ihrer Tochter zu Götten ebenfalls »Person der Zeitgeschichte«, konterte der Arzt mit dem Hinweis, auch Personen der Zeitgeschichte seien für ihn zunächst Patienten. Nun hatte Tötges während dieser Gespräche festgestellt, daß im Hause Anstreicher wirkten, und sich später Kollegen gegenüber geradezu damit gebrüstet, daß es ihm durch Anwendung des »simpelsten aller Tricks, nämlich des Handwerkertricks« – indem er sich einen Kittel, einen Farbtopf und einen Pinsel besorgte –, gelungen sei, am Freitagmorgen dennoch zu Frau Blum vorzudringen, denn nichts sei so ergiebig wie Mütter, auch kranke; er habe Frau Blum mit den Fakten konfrontiert, sei nicht ganz sicher, ob sie das alles kapiert habe, denn Götten sei ihr offenbar kein Begriff gewesen, und sie habe gesagt: »Warum mußte das so enden, warum mußte das so kommen?«, woraus er in der ZEITUNG machte: »So mußte es ja kommen, so mußte es ja enden.« Die kleine Veränderung der Aussage von Frau Blum erklärte er damit, daß er als Reporter drauf eingestellt und gewohnt sei, »einfachen Menschen Artikulationshilfe zu geben.«

## 43

Es war nicht einmal mit Gewißheit zu ermitteln, ob Tötges tatsächlich bis zu Frau Blum durchgedrungen war oder ob er, um die in der ZEITUNG zitierten Sätze von Katharinas Mutter als Ergebnis eines Interviews ausgeben zu können, seinen Besuch erlogen bzw. erfunden hat, um seine journalistische Cleverness oder Tüchtigkeit zu beweisen und nebenher ein bißchen anzugeben. Dr. Heinen, Schwester Edelgard, eine spanische Krankenschwester namens Huelva, eine portugiesische Putzfrau namens Puelco – alle halten es für ausgeschlossen, daß »dieser Kerl tatsächlich die Frechheit besessen haben könnte, das zu tun« (Dr. Heinen). Nun ist zweifellos nicht nur der, wenn auch möglicherweise erfundene, aber zugegebene Besuch bei Katharinas Mutter ganz gewiß ausschlaggebend gewesen, und es fragt sich natürlich, ob das Krankenhauspersonal einfach leugnet, was nicht sein durfte, oder Tötges, um die Zitate von Katharinas Mutter als wörtlich zu decken, den Besuch bei ihr erfand. Hier soll absolute Gerechtigkeit walten. Es gilt als erwiesen, daß Katharina sich ihr Kostüm schneiderte, um in eben jener Kneipe, aus der der unglückselige Schönner »mit einer Brumme abgehauen« war, Recherchen anzustellen, *nachdem* sie das Interview mit Tötges bereits verabredet hatte und *nachdem* die SONNTAGSZEITUNG einen weiteren Bericht von Tötges publiziert hatte. Man muß also abwarten. Sicher ist, nachgewiesen, belegt geradezu, daß Dr. Heinen überrascht war vom plötzlichen Tod seiner Patientin Maria Blum und daß er »unvorhergesehene Einwirkungen wenn nicht nachweisen, so doch auch nicht ausschließen kann«. Unschuldige Anstreicher sollen hier keinesfalls verantwortlich gemacht werden. Die Ehre des deutschen Handwerks darf nicht befleckt werden: weder Schwester Edelgard noch die ausländischen Damen Huelva und Puelco können dafür garantieren, daß alle Anstreicher – es waren vier von der Firma Merkens aus Kuir – wirklich Anstreicher waren, und da die vier an verschiedenen Stellen arbeiteten, kann niemand wirklich wissen, ob da nicht einer mit Kittel, Farbtopf und Pinsel ausgestattet sich eingeschlichen hat. Fest steht: Tötges hat *behauptet* (von zugegeben kann nicht gesprochen werden, da sein Besuch nicht wirklich nachweisbar ist), bei Maria Blum gewesen zu sein und sie interviewt zu haben, und diese Behauptung ist Katharina bekannt geworden. Herr Merkens hat auch zugegeben, daß natürlich nicht immer alle vier Anstreicher gleichzeitig anwesend waren und daß, *wenn* jemand sich hätte einschleichen wollen, das eine Kleinigkeit gewesen wäre. Dr. Heinen hat später gesagt, er würde die ZEITUNG auf das veröffentlichte Zitat von Katharinas Mutter hin anzeigen, einen Skandal hervorrufen, denn das sei, wenn wahr, ungeheuerlich – aber seine Drohung blieb so wenig ausgeführt wie das

»In-die-Fresse-Hauen«, das Blorna Sträubleder angedroht hatte.

## 44

Gegen Mittag jenes Samstags, den 23. Februar 1974, trafen im Café Kloog in Kuir (es handelt sich um einen Neffen jenes Gastwirts, bei dem Katharina als junge Frau gelegentlich in der Küche und als Serviererin aushalf) die Blornas, Frau Woltersheim, Konrad Beiters und Katharina endlich zusammen. Es fanden Umarmungen statt, und es flossen Tränen, sogar von Frau Blorna. Natürlich herrschte auch im Café Kloog Karnevalsstimmung, aber der Besitzer, Erwin Kloog, der Katharina kannte, duzte und schätzte, stellte den Versammelten sein privates Wohnzimmer zur Verfügung. Von dort aus telefonierte Blorna zunächst mit Hach und sagte die Verabredung für den Nachmittag im Foyer des Museums ab. Er teilte Hach mit, daß Katharinas Mutter wahrscheinlich infolge eines Besuchs von Tötges von der ZEITUNG unerwartet gestorben sei. Hach war milder als am Morgen, bat, Katharina, die ihm gewiß nicht grollte, wozu sie auch keinen Grund habe, sein persönliches Beileid auszusprechen. Im übrigen steht er jederzeit zur Verfügung. Er sei zwar jetzt sehr beschäftigt mit den Vernehmungen von Götten, werde sich aber freimachen; im übrigen habe sich aus den Vernehmungen Göttens bisher nichts Belastendes für Katharina ergeben. Er habe mit großer Zuneigung und fair von ihr und über sie gesprochen. Eine Besuchserlaubnis sei allerdings nicht zu erwarten, da keine Verwandtschaft vorliege und die Definition »Verlobte« sich bestimmt als zu vage herausstellen und nicht stichhaltig sein würde.

Es sieht ganz so aus, als sei Katharina bei der Nachricht vom Tode ihrer Mutter nicht gerade zusammengebrochen. Es scheint fast, als wäre sie erleichtert gewesen. Natürlich konfrontierte Katharina Dr. Heinen mit der Ausgabe der ZEITUNG, in der das Tötges-Interview erwähnt und ihre Mutter zitiert wurde, sie teilte aber keineswegs Dr. Heinens Empörung über das Interview, sondern meinte, diese Leute seien Mörder und Rufmörder, sie verachte das natürlich, aber offenbar sei es doch geradezu die Pflicht dieser Art Zeitungsleute, unschuldige Menschen um Ehre, Ruf und Gesundheit zu bringen. Dr. Heinen, der irrigerweise eine Marxistin in ihr vermutete (wahrscheinlich hatte auch er die Anspielungen von Brettloh, Katharinas Geschiedenem, in der ZEITUNG gelesen), war ein wenig erschrocken über ihre Kühle und fragte sie, ob sie das – diese ZEITUNGSmasche – für ein Strukturproblem halte. Katharina wußte nicht, was er meinte, und schüttelte den Kopf. Sie ließ sich dann von Schwester Edelgard in die Leichenkammer führen, die sie gemeinsam mit Frau Woltersheim betrat. Katharina zog selbst das Leichentuch vom Gesicht ihrer Mutter, sagte Ja!, küßte sie auf die Stirn; als sie von Schwester Edelgard aufgefordert wurde, ein kurzes Gebet zu sprechen, schüttelte sie den Kopf und sagte »Nein«. Sie zog das Tuch wieder über das Gesicht ihrer Mutter, bedankte sich bei der Nonne, und erst während sie die Leichenkammer verließ, fing sie an zu weinen, erst leise, dann heftiger, schließlich hemmungslos. Vielleicht dachte sie auch an ihren verstorbenen Vater, den sie als sechsjähriges Kind ebenfalls in der Leichenkammer eines Krankenhauses zuletzt gesehen hatte. Else Woltersheim fiel ein oder besser auf: daß sie Katharina noch nie hatte weinen gesehen, auch nicht als Kind, wenn sie in der Schule zu leiden hatte oder Milieukummer sie bedrückte. In sehr höflicher Weise, fast liebenswürdig bestand Katharina darauf, sich auch bei den ausländischen Damen Huelva und Puelco für alles zu bedanken, was sie für ihre Mutter getan hatten. Sie verließ das Krankenhaus gefaßt, vergaß auch nicht, ihren einsitzenden Bruder Kurt telegrafisch durch die Verwaltung des Krankenhauses verständigen zu lassen.

So blieb sie den ganzen Nachmittag und den Abend über: gefaßt. Obwohl sie immer wieder die beiden Ausgaben der ZEITUNG hervorholte, die Blornas, Else W. und Konrad B. mit sämtlichen Details und ihrer Interpretation dieser Details konfrontierte, schien auch ihr Verhältnis zur ZEITUNG ein anderes geworden zu sein. Zeitgemäß ausgedrückt: weniger emotional, mehr analytisch. In diesem ihr vertrauten und freundschaftlich gesonnenen Kreis, in Erwin Kloogs Wohnzimmer, sprach sie auch offen über ihr Verhältnis zu Sträubleder: er habe sie einmal nach einem Abend bei Blornas nach Hause gebracht, sie, obwohl sie das strikt, fast mit Ekel abgelehnt habe, bis an die Haustür, dann sogar in ihre Wohnung begleitet, indem er einfach den Fuß zwischen die Tür gesetzt habe. Nun, er habe natürlich versucht, zudringlich zu werden, sei wohl beleidigt gewesen, weil sie ihn gar nicht unwiderstehlich fand, und sei schließlich – es war schon nach Mitternacht – gegangen. Von diesem Tag an habe er sie regelrecht verfolgt, sei immer wiedergekommen, habe Blumen geschickt, Briefe geschrieben, und es sei ihm einige Male gelungen, zu ihr in die Wohnung vorzudringen, bei dieser Gelegenheit habe er ihr den Ring einfach aufgedrängt. Das sei alles. Sie habe deshalb seine Besuche nicht zugegeben bzw. seinen Namen nicht preisgegeben, weil sie es für unmöglich angesehen habe, den vernehmenden Beamten zu erklären, daß nichts, rein gar nichts, nicht einmal ein einziger Kuß zwischen ihnen gewesen sei. Wer würde ihr schon glauben, daß sie einem Menschen wie Sträubleder widerstehen würde, der ja nicht nur wohlhabend sei, sondern in Politik, Wirtschaft und Wissenschaft seines unwiderstehlichen Charmes wegen geradezu berühmt sei, fast wie ein Filmschauspieler, und wer würde einer Hausangestellten wie ihr schon glauben, daß sie einem Filmschauspieler widerstehen würde, und nicht einmal aus moralischen, sondern aus Geschmacksgründen? Er habe einfach nicht den geringsten Reiz auf sie ausgeübt, und sie empfinde diese ganze Herrenbesuchsgeschichte als das scheußlichste Eindringen in eine Sphäre, die sie nicht als Intimsphäre bezeichnen möchte, weil das mißverständlich sei, denn sie sei ja nicht andeutungsweise intim mit Sträubleder geworden – sondern weil er sie in eine Lage gebracht habe, die sie niemand, schon gar nicht einem Vernehmungskommando hätte erklären können. Letzten Endes aber – und hier lachte sie – habe sie doch eine gewisse Dankbarkeit für ihn empfunden, denn der Schlüssel zu seinem Haus sei für Ludwig wichtig gewesen, oder wenigstens die Adresse, denn – hier lachte sie wieder – Ludwig wäre gewiß auch ohne Schlüssel dort eingedrungen, aber der Schlüssel habe es natürlich erleichtert, und sie habe auch gewußt, daß die Villa über Karneval unbenutzt sei, denn gerade zwei Tage vorher habe Sträubleder sie wieder einmal aufs äußerste belästigt, geradezu bedrängt und ihr ein Karnevalswochenende dort vorgeschlagen, bevor er die Teilnahme an der Tagung in Bad B. zugesagt habe. Ja, Ludwig habe ihr gesagt, daß er von der Polizei gesucht würde, er habe ihr aber nur gesagt, daß er Bundeswehrdeserteur sei und dabei, sich ins Ausland abzusetzen, und – zum drittenmal lachte sie – es habe ihr Spaß gemacht, ihn eigenhändig in den Heizungsschacht zu expedieren und auf den Notausstieg zu verweisen, der am Ende von »Elegant am Strom wohnen« an der Ecke zur Hochkeppelstraße ans Tageslicht führe. Nein, sie habe zwar nicht geglaubt, daß die Polizei sie und Götten überwache, sondern sie habe das als eine Art Räuber- und Gendarmromantik angesehen, und erst am Morgen – tatsächlich sei Ludwig schon um sechs Uhr früh weggegangen – habe sie zu spüren bekommen, wie ernst das ganze gewesen sei. Sie zeigte sich erleichtert darüber, daß Götten verhaftet sei, nun, sagte sie, könne er keine Dummheiten mehr machen. Sie habe die ganze Zeit über Angst gehabt, denn dieser Beizmenne sei ihr unheimlich.

## 45

Es muß hier festgestellt und festgehalten werden, daß Samstagnachmittag und -abend fast nett verliefen, so nett, daß alle – die Blornas, Else Woltersheim und der merkwürdig stille Konrad Beiters – ziemlich beruhigt waren. Schließlich empfand man – und sogar Katharina selbst – die »Lage als entspannt«. Götten verhaftet, die Vernehmungen von Katharina abgeschlossen, Katharinas Mutter, wenn auch vorzeitig, von einem schweren Leiden erlöst, die Beerdigungsformalitäten waren eingeleitet, alle erforderlichen Dokumente in Kuir für den Rosenmontag versprochen, an dem ein Verwaltungsangestellter sich freundlicherweise bereit erklärt hatte, sie trotz des Feiertages auszustellen. Schließlich bestand auch ein gewisser Trost darin, daß der Caféhausbesitzer Erwin Kloog, der jede Bezahlung des Verzehrten (es handelte sich um Kaffee, Liköre, Kartoffelsalat, Würstchen und Kuchen) strikt ablehnte, beim Abschied sagte: »Kopf hoch, Kathrinchen, nicht alle hier denken schlecht von dir.« Der Trost, der in diesen Worten verborgen war, mochte relativ sein, denn was heißt schon »nicht alle«? – aber immerhin waren es eben »nicht alle«. Man einigte sich darauf, zu Blornas zu fahren und dort den Rest des Abends zu verbringen. Dort wurde Katharina striktestens verboten, ihre ordnende Hand anzulegen, sie habe Urlaub und sollte sich entspannen. Es war Frau Woltersheim, die in der Küche Brote zurechtmachte, während Blorna und Beiters sich gemeinsam um den Kamin kümmerten. Tatsächlich ließ Katharina sich »einmal verwöhnen«. Es wurde später richtig nett, und wäre da nicht ein Todesfall und die Verhaftung eines sehr lieben Menschen gewesen, man hätte gewiß zu vorgerückter Stunde ein Tänzchen riskiert, denn immerhin war Karneval.

Es gelang Blorna nicht, Katharina von dem geplanten Interview mit Tötges abzubringen. Sie blieb ruhig und sehr freundlich, und später – nachdem das Interview sich als »Interview« erwiesen hatte – lief es Blorna, wenn er zurückblickte, kalt den Rücken hinunter, wenn er bedachte, mit welch entschlossener Kaltblütigkeit Katharina auf dem Interview bestanden und wie entschieden sie seinen Beistand abgelehnt hatte. Und doch war er später nicht ganz sicher, daß Katharina an diesem Abend schon zum Mord entschlossen war. Viel wahrscheinlicher erschien ihm, daß die SONNTAGSZEITUNG den Ausschlag gegeben hatte. Man trennte sich friedlich, wieder mit Umarmungen, diesmal ohne Tränen, nachdem man miteinander sowohl ernste wie leichte Musik gehört und Katharina wie Else Woltersheim ein wenig vom Leben in Gemmelsbroich und Kuir erzählt hatten. Es war erst halb elf abends, als Katharina, Frau Woltersheim und Beiters sich unter Versicherungen großer Freundschaft und Sympathie von den Blornas trennten, die sich glücklich priesen, doch noch rechtzeitig – rechtzeitig für Katharina – zurückgekommen zu sein. Am erlöschenden Kaminfeuer erörterten sie bei einer Flasche Wein neue Urlaubspläne und den Charakter ihres Freundes Sträubleder und seiner Frau Maud. Als Blorna seine Frau bat, doch bei künftigen Besuchen das Wort »Herrenbesuch« nicht mehr zu gebrauchen, sie müsse doch einsehen, daß es zu einem neuralgischen Wort geworden sei, sagte Trude Blorna: »Den werden wir so bald nicht wiedersehen.«

## 46

Es ist verbürgt, daß Katharina den Rest des Abends ruhig verbrachte. Sie probierte ihr Beduinenkostüm noch einmal an, verstärkte einige Nähte und entschloß sich, anstelle eines Schleiers ein weißes Taschentuch zu verwenden. Man hörte noch ein wenig Radio miteinander, aß ein wenig Gebäck und begab sich dann zur Ruhe. Beiters, indem er zum erstenmal offen mit Frau Woltersheim in deren Schlafzimmer ging, Katharina, indem sie es sich auf der Couch bequem machte.

## 47

Als Else Woltersheim und Konrad Beiters am Sonntagmorgen aufstanden, war der Frühstückstisch aufs freundlichste gedeckt, der Kaffee schon in die Thermoskanne gefiltert und Katharina, die mit offensichtlichem Appetit schon frühstückte, saß am Wohnzimmertisch und las die SONNTAGSZEITUNG. Es soll hier kaum noch referiert, fast nur noch zitiert werden. Zugegeben, Katharinas »story« war nicht mehr mit Foto auf der Titelseite. Auf der Titelseite war diesmal Ludwig Götten mit der Überschrift: »Der zärtliche Liebhaber von Katharina Blum in Industriellen-Villa gestellt.« Die story selbst war umfangreicher als bisher auf den Seiten 7–9 mit zahlreichen Bildern: Katharina als Erstkommunikantin, ihr Vater als heimkehrender Gefreiter, die Kirche in Gemmelsbroich, noch einmal die Villa von Blornas. Katharinas Mutter als etwa Vierzigjährige, ziemlich vergrämt, fast verkommen wirkend vor dem winzigen Häuschen in Gemmelsbroich, in dem sie gewohnt hatten, schließlich ein Foto des Krankenhauses, in dem Katharinas Mutter in der Nacht von Freitag auf Samstag gestorben war. Der Text:

*Als erstes nachweisbares Opfer der undurchsichtigen, immer noch auf freiem Fuß befindlichen Katharina Blum kann man jetzt ihre eigene Mutter bezeichnen, die den Schock über die Aktivitäten ihrer Tochter nicht überlebte. Ist es schon merkwürdig genug, daß die Tochter, während ihre Mutter im Sterben lag, mit inniger Zärtlichkeit mit einem Räuber und Mörder auf einem Ball tanzte, so grenzt es doch schon ans extrem Perverse, daß sie bei dem Tod keine Tränen vergoß. Ist diese Frau wirklich nur »eiskalt und berechnend«? Die Frau eines ihrer früheren Arbeitgeber, eines angesehenen Landarztes, beschreibt sie so: »Sie hatte eine so richtig nuttige Art. Ich mußte sie entlassen, meiner heranwachsenden Söhne, unserer Patienten und auch um des Ansehens meines Mannes willen.« War Katharina B. etwa auch an den Unterschlagungen des berüchtigten Dr. Fehnern beteiligt? (Die ZEITUNG berichtete seinerzeit über diesen Fall.) War ihr Vater ein Simulant? Warum wurde ihr Bruder kriminell? Immer noch ungeklärt: ihr rascher Aufstieg und ihre hohen Einkünfte. Nun steht endgültig fest: Katharina Blum hat dem blutbefleckten Götten zur Flucht verholfen, sie hat das freundschaftliche Vertrauen und die spontane Hilfbereitschaft eines hochangesehenen Wissenschaftlers und Industriellen schamlos mißbraucht. Es liegen inzwischen der ZEITUNG Informationen vor, die fast schlüssig beweisen: nicht sie erhielt Herrenbesuch, sondern sie stattete unaufgefordert Damenbesuch ab, um die Villa auszubaldowern. Die geheimnisvollen Autofahrten der Blum sind nun nicht mehr so geheimnisvoll. Sie setzte den Ruf eines ehrenwerten Menschen, dessen Familienglück, seine politische Karriere – über die die ZEITUNG schon mehrfach berichtet hat – skrupellos aufs Spiel, gleichgültig gegenüber den Gefühlen einer loyalen Ehefrau und den vier Kindern. Offenbar sollte die Blum im Auftrag einer Linksgruppe die Karriere von S. zerstören.*

*Will die Polizei, will die Staatsanwaltschaft tatsächlich dem schandbedeckten Götten glauben, der die Blum voll entlastet? Die ZEITUNG erhebt zum wiederholten Male die Frage: Sind unsere Vernehmungsmethoden nicht doch zu milde? Soll man gegen Unmenschen menschlich bleiben müssen?*

Unter den Bildern von Blorna, Frau Blorna und der Villa:

*In diesem Haus arbeitete die Blum von sieben bis sechzehn Uhr dreißig selbständig, unbewacht, mit dem vollen Vertrauen von Dr. Blorna und Frau Dr. Blorna. Was mag sich hier alles abgespielt haben, während die ahnungslosen Blornas ihrem Beruf nachgingen? Oder waren sie nicht so ahnungslos? Ihr Verhältnis zur Blum wird als sehr vertraut, fast vertraulich bezeich-*

net. *Nachbarn erzählten Zeitungsreportern, man könne fast von einem freundschaftlichen Verhältnis sprechen. Gewisse Andeutungen übergehen wir hier, da sie nicht zur Sache gehören. Oder doch? Welche Rolle spielte Frau Dr. Gertrud Blorna, die in den Annalen einer angesehenen TH heute noch als die »rote Trude« bekannt ist? Wie konnte Götten aus der Wohnung der Blum entkommen, obwohl ihm die Polizei auf den Fersen war? Wer kannte die Konstruktionspläne des Appartementhauses »Elegant am Strom wohnen« bis ins letzte Detail? Frau Blorna. Die Verkäuferin Hertha Sch. und die Arbeiterin Claudia St. sagten übereinstimmend zur ZEITUNG: »Die, wie die miteinander tanzten (gemeint sind die Blum und der Bandit Götten) – als hätten sie sich schon ewig gekannt. Das war kein zufälliges Treffen, das war ein Wiedersehen.«*

## 48

Als Beizmenne später intern kritisiert wurde, weil er Götten, von dessen Aufenthalt in der Sträublederschen Villa er schon seit Donnerstagabend 23.30 Uhr wußte, fast achtundvierzig Stunden unbehelligt gelassen und damit ein weiteres Entkommen Göttens riskiert hatte, lachte er und sagte, Götten habe schon ab Donnerstag um Mitternacht keine Chance mehr gehabt zu entkommen. Das Haus liege im Wald, sei aber auf eine geradezu ideale Weise von Hochsitzen »wie von Wachtürmen« umgeben, der Innenminister sei voll informiert und mit allen Maßnahmen einverstanden gewesen; es sei per Hubschrauber, der natürlich nicht in Hörnähe gelandet sei, sofort ein Spezialtrupp in Marsch gesetzt, auf die Hochsitze verteilt worden, am anderen Morgen sei die lokale Polizeidienststelle durch weitere zwei Dutzend Beamte auf die diskreteste Weise verstärkt worden. Das wichtigste wäre gewesen, Göttens Kontaktversuche zu beobachten, und der Erfolg habe das Risiko gerechtfertigt. Es seien fünf Kontakte ausgemacht worden. Und man habe natürlich diese fünf Kontaktpersonen erst stellen und festnehmen, ihre Wohnungen durchsuchen müssen, bevor man Götten festnahm. Man habe bei diesem erst zugegriffen, als er auskontak-

tiert gewesen sei und leichtsinniger- oder frecherweise sich so
sicher gefühlt habe, daß man ihn von außen habe beobachten
können. Einige wichtige Details verdanke er übrigens den Reportern der ZEITUNG, dem dazu gehörenden Verlag und den
mit diesem Haus verbundenen Organen, die nun einmal lockere
und nicht immer konventionelle Methoden hätten, Einzelheiten
zu erfahren, die amtlichen Rechercheuren verborgen blieben. So
habe sich zum Beispiel herausgestellt, daß Frau Woltersheim
ebensowenig ein unbeschriebenes Blatt sei wie Frau Blorna. Die
Woltersheim sei 1930 als uneheliches Kind einer Arbeiterin in
Kuir geboren. Die Mutter lebe noch, und zwar wo? In der DDR,
und das keineswegs gezwungenermaßen, sondern freiwillig; es
sei ihr mehrmals, erstmalig 1945, noch einmal 1952, ein weiteres
Mal 1961 kurz vor dem Mauerbau angeboten worden, in ihre
Heimat Kuir zurückzukommen, wo sie ein kleines Haus und
einen Morgen Land besitze. Aber sie habe – und das dreimal
und alle drei Male ausdrücklich – abgelehnt. Noch ein paar Stufen interessanter sei der Vater der Woltersheim, ein gewisser
Lumm, ebenfalls Arbeiter, außerdem Mitglied der damaligen
KPD, der 1932 in die Sowjetunion emigriert sei und dort angeblich verschollen sei. Er, Beizmenne, nehme an, auf den Vermißtenlisten der Deutschen Wehrmacht sei diese Art von Verschollenen nicht zu finden.

## 49

Da man nicht sicher sein kann, daß bestimmte, relativ deutliche
Hinweise auf Handlungs- und Tatzusammenhänge nicht doch
möglicherweise als bloße Andeutungen verlorengehen oder
mißverstanden werden, sollte man hier doch noch einen Hinweis gestatten: Die ZEITUNG, die ja durch ihren Reporter Tötges den zweifellos verfrühten Tod von Katharinas Mutter verursachte, stellte nun in der SONNTAGSZEITUNG Katharina
als am Tode ihrer Mutter schuldig dar und bezichtigte sie außerdem – eben nur mehr oder weniger offen – des Diebstahls an
Sträubleders Schlüssel zu dessen Zweitvilla! Das sollte doch
noch einmal hervorgehoben werden, denn man kann da nie si-

cher sein. Auch nicht ganz sicher, ob man alle Verleumdungen, Lügen, Verdrehungen der ZEITUNG richtig kapiert.

Es sei hier am Beispiel Blorna dargestellt, *wie* die ZEITUNG sogar auf relativ rationale Menschen wirken konnte. In dem Villenvorort, in dem Blornas wohnten, wurde natürlich die SONNTAGSZEITUNG nicht verkauft. Dort las man Edleres. So kam es, daß Blorna, der glaubte, es sei ja nun alles vorbei, und der nur ein wenig bange auf Katharinas Gespräch mit Tötges wartete, erst am Mittag, als er bei Frau Woltersheim anrief, von dem Artikel in der SONNTAGSZEITUNG erfuhr. Die Woltersheim ihrerseits hatte es als selbstverständlich angesehen, daß Blorna die SONNTAGSZEITUNG schon gelesen habe. Nun hat man doch hoffentlich begriffen, daß Blorna ein zwar herzlicher, ehrlich um Katharina besorgter, aber auch ein nüchterner Mensch war. Als er nun sich von Frau Woltersheim die entsprechenden Passagen aus der SONNTAGSZEITUNG am Telefon vorlesen ließ, traute er – wie man das so nennt – seinen Sinnen nicht (in diesem Fall nur einem Sinn: dem Gehör) – er ließ sich das noch einmal vorlesen, mußte es dann wohl glauben, und – so nennt man es wohl – es platzte ihm regelrecht der Kragen. Er schrie, brüllte, suchte in der Küche nach einer leeren Flasche, fand eine, rannte damit in die Garage, wo er zum Glück von seiner Frau gestellt und daran gehindert wurde, einen regelrechten Molotow-Cocktail zu basteln, den er in die Redaktion der ZEITUNG und später einen zweiten in Sträubleders »Erstvilla« werfen wollte. Man muß sich das vor Augen führen: ein akademisch gebildeter Mann von zweiundvierzig Jahren, der seit sieben Jahren Lüdings Achtung, Sträubleders Respekt wegen seiner nüchternen und klaren Verhandlungsführung hatte – und das international sowohl in Brasilien wie in Saudi Arabien wie in Nordirland –, also es handelte sich keineswegs um einen provinziellen, sondern um einen durch und durch weltläufigen Menschen; *der* wollte Molotow-Cocktails basteln!

Frau Blorna erklärte das kurzerhand als spontan-kleinbürgerlich-romantischen Anarchismus, besprach ihn regelrecht, so wie man eine kranke oder wunde Körperstelle *bespricht*, griff selbst zum Telefon, ließ sich von Frau Woltersheim die entsprechenden Passagen vorlesen, und es muß hier gesagt werden:

sie wurde ziemlich blaß, sogar sie, und sie tat etwas, das vielleicht schlimmer war als Molotow-Cocktails je sein können, sie griff zum Telefon, rief Lüding an (der um diese Zeit gerade über seinen Erdbeeren *mit* Sahne und *mit* Vanilleeis saß) und sagte einfach zu ihm: »Sie Schwein, Sie elendes Ferkel.« Sie nannte zwar ihren Namen nicht, doch man kann voraussetzen, daß alle Bekannten von Blornas die Stimme seiner Frau, die um ihrer treffenden und scharfen Bemerkungen willen berüchtigt war, kannten. Das wiederum ging ihrem Mann zu weit, der glaubte, sie habe mit Sträubleder telefoniert. Nun, es kam da noch zu verschiedenen Krächen, selbst zwischen Blornas, zwischen Blornas und anderen, aber da dabei niemand umgebracht wurde, soll man gestatten, daß darüber hinweggegangen wird. Diese an sich unwichtigen, wenn auch beabsichtigten Folgen der SONNTAGSZEITUNG werden hier nur erwähnt, damit man weiß, wie sogar gebildete und etablierte Menschen empört waren und Gewalttaten gröbster Art erwogen.

Erwiesen ist, daß Katharina um diese Zeit – so gegen zwölf Uhr –, nachdem sie sich eineinhalb Stunden unerkannt dort aufgehalten und wahrscheinlich Informationen über Tötges gesammelt hatte, das Journalistenlokal »Zur Goldente« verlassen hatte und in ihrer Wohnung auf Tötges, der etwa eine Viertelstunde später eintraf, wartete. Über das »Interview« braucht ja wohl nichts mehr gesagt zu werden. Man weiß, wie das ausging. (Siehe Seite 323 f.)

## 50

Um die überraschende – *alle* Beteiligten überraschende Auskunft des Pfarrers von Gemmelsbroich, Katharinas Vater sei ein verkappter Kommunist gewesen, auf ihren Wahrheitsgehalt zu prüfen, fuhr Blorna für einen Tag in dieses Dorf. Zunächst: der Pfarrer bekräftigte seine Aussage, gab zu, daß die ZEITUNG ihn wörtlich und richtig zitiert habe, Beweise für seine Behauptungen könnte er keine bringen, wollte er auch nicht, sagte sogar, die *brauche* er nicht, er könne sich auf seinen Geruchssinn immer noch verlassen, und er habe einfach gerochen, daß Blum ein Kommunist sei. Definieren wollte er seinen Geruchssinn nicht, war auch nicht sehr hilfsbereit, als Blorna ihn bat, ihm doch zu erklären, wenn er schon seinen Geruchssinn nicht definieren könne, *wie* denn nun der Geruch eines Kommunisten sei, sozusagen, *wie* ein Kommunist denn rieche, und hier nun – es muß leider gesagt werden – wurde der Pfarrer ziemlich unhöflich, fragte Blorna, ob dieser katholisch sei, und als jener das bejahte, verwies ihn der Pfarrer auf seine Gehorsamspflicht, was Blorna nicht verstand. Natürlich hatte er von da an Schwierigkeiten bei den Recherchen über die Blums, die nicht sonderlich beliebt gewesen zu sein schienen; er hörte Schlimmes über Katharinas verstorbene Mutter, die tatsächlich einmal in Gesellschaft des inzwischen entlassenen Küsters *eine* Flasche Meßwein in der Sakristei geleert hatte, hörte Schlimmes über Katharinas Bruder, der eine regelrechte Plage gewesen sei, aber das einzige, den Kommunismus von Katharinas Vater belegende Zitat war eine von jenem im Jahre 1949 in einer der sieben Kneipen des Dorfes dem Bauern Scheumel gegenüber getane Äußerung, die gelautet haben sollte, »Der Sozialismus ist gar nicht das schlechteste.« Mehr war nicht herauszukriegen. Das einzige, was Blorna erntete, war, daß er am Ende seiner mißglückten Recherchen im Dorf selbst als Kommunist nicht gerade beschimpft, aber bezeichnet wurde, und zwar, was ihn besonders schmerzlich überraschte, durch eine Dame, die ihm bis dato eine gewisse Hilfe, fast sogar Sympathie entgegengebracht hatte: die pensionierte Lehrerin Elma Zubringer, die ihn, als er sich von ihr verabschiedete, spöttisch anlächelte, ihm sogar zuzwinkerte und sagte: »Warum geben Sie nicht zu, daß Sie selbst einer von denen sind – und Ihre Frau erst recht.«

51

Es kann hier leider die eine oder andere Gewalttätigkeit nicht verschwiegen werden, die sich ergab, während Blorna sich auf den Prozeß gegen Katharina vorbereitete. Den größten Fehler beging er, als er auf Katharinas Bitten auch die Verteidigung Göttens übernahm und immer wieder versuchte, für die beiden gegenseitige Besuchserlaubnis zu erwirken, da er darauf bestand, sie seien verlobt. Es habe eben an jenem fraglichen Abend des zwanzigsten Februar und in der darauffolgenden Nacht die Verlobung stattgefunden. Etc. Etc. Man kann sich ausmalen, was die ZEITUNG alles über ihn, über Götten, über Katharina, über Frau Blorna schrieb. Das soll hier nicht alles erwähnt oder zitiert werden. Gewisse Niveauverletzungen oder -verlassungen sollen nur dann vorgenommen werden, wenn sie notwendig sind, und hier sind sie nicht notwendig, weil man ja inzwischen die ZEITUNG wohl kennt. Es wurde das Gerücht ausgestreut, Blorna wolle sich scheiden lassen, ein Gerücht, an dem nichts, aber auch gar nichts wahr war, das aber dennoch zwischen den Eheleuten ein gewisses Mißtrauen säte. Es wurde behauptet, es ginge ihm finanziell dreckig, was schlimm war, weil es zutraf. Tatsächlich hatte er sich ein bißchen übernommen, da er außerdem eine Art Treuhänderschaft über Katharinas Wohnung übernommen hatte, die schwer zu vermieten war und auch nicht zu verkaufen, weil sie als »blutbefleckt« galt. Jedenfalls sank sie im Preis, und Blorna mußte gleichzeitig Amortisation, Zinsen etc. in unverminderter Höhe zahlen. Es gab sogar die ersten Anzeichen dafür, daß die »Haftex«, was ihren Wohnkomplex »Elegant am Strom wohnen« betraf, eine Schadenersatzklage gegen Katharina Blum erwog, weil diese den Miet-, Handels- und Gesellschaftswert geschädigt habe. Man sieht: Ärger, ziemlich viel Ärger. Ein Versuch, Frau Blorna aus der Architekturfirma zu entlassen wegen des Vertrauensbruches, der darin bestanden hatte, Katharina mit der Sub-Struktur des Wohnkomplexes vertraut zu machen, wurde zwar in erster Instanz abgewiesen, aber niemand ist sicher, wie die zweite und die dritte Instanz entscheiden werden. Noch eins: der Zweitwagen ist schon abgeschafft, und kürzlich war ein Foto von Blornas wirklich ziemlich elegantem »Superschlitten« in der ZEITUNG mit der Unterschrift: »Wann wird der rote Anwalt auf den Wagen des kleinen Mannes umsteigen müssen?«

52

Natürlich ist auch Blornas Verhältnis zur »Lüstra« (Lüding und Sträubleder Investment) gestört, wenn nicht gelöst. Man spricht lediglich noch von »Abwicklungen«. Immerhin bekam er von Sträubleder kürzlich die telefonische Auskunft: »Verhungern lassen wir euch nicht«, wobei das Überraschende für Blorna war, daß Sträubleder »euch« statt »dich« sagte. Er ist natürlich noch für die »Lüstra« und die »Haftex« tätig, aber nicht mehr auf internationaler Ebene, sogar nicht mehr auf nationaler, nur noch selten auf regionaler, meistens auf lokaler, was bedeutet, daß er sich mit miesen Vertragsbrechern und Querulanten herumschlagen muß, die etwa ihnen versprochene Marmorverkleidungen einklagen, die nur in Solnhofener Schiefer ausgeführt worden sind, oder Typen, die, wenn ihnen drei Schleiflackschichten auf Badezimmertüren versprochen wurden, mit dem Messer Farbe abkratzen, Gutachter anheuern, die feststellen, daß es nur zwei Schichten sind; tropfende Badewannenhähne, defekte Müllschlucker, die man zum Anlaß nimmt, vertraglich abgemachte Zahlungen nicht zu leisten – das sind so die Fälle, die man ihm jetzt überläßt, während er früher zwischen Buenos Aires und Persepolis nicht gerade ständig, aber doch ziemlich häufig unterwegs war, um bei der Planung großer Projekte mitzuwirken. Im militärischen Dienst nennt man das eine Degradierung, die meistens mit demütigenden Tendenzen verbunden ist. Folge: noch keine Magengeschwüre, aber Blornas Magen beginnt sich zu melden. Schlimm: daß er in Kohlforstenheim eigene Recherchen unternahm, um von dem örtlichen Polizeimeister zu erfahren, ob der Schlüssel, als man Götten verhaftete, innen oder außen steckte oder ob man Anzeichen dafür gefunden habe, daß Götten eingebrochen sei. Was soll das, wo die Ermittlungen abgeschlossen sind? Das – es muß festgestellt werden – heilt die Magengeschwüre keinesfalls, wenn auch Polizeimeister Hermanns sehr nett zu ihm war, ihn keineswegs des Kommunismus verdächtigte, aber ihm dringend riet, die Finger davonzulassen. Einen Trost hat Blorna: seine Frau wird immer netter zu ihm, sie hat ihre scharfe Zunge immer noch, wendet sie aber nicht mehr gegen ihn an, nur noch gegen andere, wenn auch nicht gegen alle. Ihr Plan, die Villa zu verkaufen, Katharinas Wohnung freizukaufen und dorthin zu ziehen, scheiterte bisher nur an der Größe der Wohnung, was bedeutet: an deren Kleinheit, denn Blorna will sein Stadtbüro aufgeben und seine Abwicklungen zu Hause erledigen; er, der als Liberaler mit Bonvivant-Zügen galt, ein beliebter, lebenslustiger Kollege, dessen Parties beliebt waren, beginnt, asketische Züge zu zeigen, seine Kleidung, auf die er immer großen Wert legte, zu vernachlässigen, und da er sie *wirklich*, nicht auf eine modische Weise vernachlässigt, behaupten manche Kollegen sogar, er betreibe nicht einmal mehr ein Minimum an Körperpflege und beginne zu riechen. So kann man sich wenig Hoffnung auf eine neue Karriere für ihn machen, denn tatsächlich – hier soll nichts, aber auch gar nichts verschwiegen werden – ist sein Körpergeruch nicht mehr der alte, der eines Mannes, der morgens munter unter die Dusche springt, reichlich Seife, Deodorants und Duftwasser verwendet. Kurz: es geht eine erhebliche Veränderung mit ihm vor sich. Seine Freunde – er hat noch einige, unter anderem Hach, mit dem er im übrigen in den Fällen Ludwig Götten und Katharina Blum beruflich zu tun hat – sind besorgt, zumal seine Aggressionen – etwa gegen die ZEITUNG, die ihn immer wieder mit kurzen Publikationen bedenkt – nicht mehr ausbrechen, sondern offensichtlich geschluckt werden. Die Sorge seiner Freunde geht so weit, daß sie Trude Blorna gebeten haben, unauffällig zu kontrollieren, ob Blorna sich Waffen besorgt oder Explosivkörper bastelt, denn der erschossene Tötges hat einen Nachfolger gefunden, der unter dem Namen Eginhard Templer eine Art Fortsetzung von Tötges betreibt: es gelang diesem Templer, Blorna beim Betreten einer privaten Pfandleihe zu fotografieren, dann, offenbar durchs Schaufenster fotografiert, den Lesern der ZEITUNG Einblick in die Verhandlungen zwischen Blorna und dem Pfandleiher zu geben: es wurde dort über den Leihwert eines Ringes verhandelt, den der Pfandleiher mit einer Lupe begutachtete. Unterschrift des Bildes: »Fließen die roten Quellen wirklich nicht mehr, oder wird hier Not vorgetäuscht?«

## 53

Blornas größte Sorge ist, Katharina so weit zu bringen, daß sie bei der Hauptverhandlung aussagen wird, sie habe erst am Sonntagmorgen den Entschluß gefaßt, sich an Tötges zu rächen, keineswegs mit tödlicher, nur mit abschreckender Absicht. Sie habe zwar bereits am Samstag, als sie Tötges zu einem Interview einlud, die Absicht gehabt, ihm tüchtig die Meinung zu sagen und ihn darauf aufmerksam zu machen, was er in ihrem Leben und im Leben ihrer Mutter angerichtet habe, aber töten wollen habe sie ihn nicht einmal am Sonntag, nicht einmal nach Lektüre des Artikels in der SONNTAGSZEITUNG. Es soll der Eindruck vermieden werden, Katharina habe den Mord tagelang geplant und auch planmäßig ausgeführt. Er versucht, ihr – die angibt, schon am Donnerstag nach Lektüre des ersten Artikels *Mordgedanken* gehabt zu haben – klarzumachen, daß manch einer – auch er – gelegentlich Mordgedanken habe, daß man aber den Unterschied zwischen Mordgedanken und Mordplan herausarbeiten müsse. Was ihn außerdem beunruhigt: daß Katharina immer noch keine Reue empfindet, sie deshalb auch nicht vor Gericht wird zeigen können. Sie ist keineswegs deprimiert, sondern irgendwie glücklich, weil sie »unter denselben Bedingungen wie mein lieber Ludwig« lebt. Sie gilt als vorbildliche Gefangene, arbeitet in der Küche, soll aber, wenn sich der Beginn der Hauptverhandlung noch hinauszögert, in die Wirtschaftsabteilung (Ökonomie) versetzt werden; dort aber – so ist zu erfahren – erwartet man sie keineswegs begeistert: man fürchtet – auf Verwaltungs- und auf Häftlingsseite – den Ruf der Korrektheit, der ihr vorangeht, und die Aussicht, daß Katharina möglicherweise ihre ganze Haftzeit – man rechnet damit, daß fünfzehn Jahre beantragt werden und daß sie acht bis zehn Jahre bekommt – im Wirtschaftswesen beschäftigt werden soll, verbreitet sich als Schreckensnachricht durch alle Haftanstalten. Man sieht: Korrektheit, mit planerischer Intelligenz verbunden, ist nirgendwo erwünscht, nicht einmal in Gefängnissen und nicht einmal von der Verwaltung.

## 54

Wie Hach Blorna vertraulich mitteilte, wird man die Mordanklage gegen Götten wahrscheinlich nicht aufrechterhalten können und also auch nicht erheben. Daß er aus der Bundeswehr nicht nur desertiert ist, sondern diese segensreiche Einrichtung außerdem erheblich geschädigt hat (auch materiell, nicht nur moralisch), gilt als erwiesen. Nicht Bankraub, sondern totale Ausplünderung eines Safes, der den Wehrsold für zwei Regimenter und erhebliche Geldreserven enthielt; außerdem Bilanzfälschung, Waffendiebstahl. Nun, man muß auch für ihn mit acht bis zehn Jahren rechnen. Er wäre dann bei seiner Entlassung etwa vierunddreißig, Katharina wäre fünfunddreißig, und sie hat tatsächlich Zukunftspläne: sie rechnet damit, daß sich ihr Kapital bis zu ihrer Entlassung erheblich verzinst und will dann »irgendwo, natürlich nicht hier« ein »Restaurant mit Traiteurservice« aufmachen. Ob sie nun als Göttens Verlobte gelten darf, das wird wahrscheinlich nicht an höherer, sondern an höchster Stelle entschieden. Entsprechende Anträge liegen vor und sind auf dem langen Marsch durch die Instanzen. Übrigens handelte es sich bei den Telefonkontakten, die Götten von Sträubleders Villa aus aufnahm, ausschließlich um Bundeswehrangehörige oder deren Frauen, darunter Offiziere und Offiziersfrauen. Man rechnet mit einem Skandal mittleren Umfangs.

## 55

Während Katharina fast unangefochten, lediglich in ihrer Freiheit eingeschränkt, der Zukunft entgegensieht, befindet sich auch Else Woltersheim auf dem Weg in eine sich steigernde Verbitterung. Es hat sie sehr getroffen, daß man ihre Mutter und ihren verstorbenen Vater diffamierte, der als Opfer des Stalinismus gilt. Man kann bei Else Woltersheim verstärkte gesellschaftsfeindliche Tendenzen feststellen, die zu mildern nicht einmal Konrad Beiters gelingt. Da Else sich immer mehr aufs kalte Büfett spezialisiert hat, sowohl was Planung wie Erstellung und Überwachung betrifft, wendet sich ihre Aggressivität immer mehr gegen die Partygäste, mögen es nun ausländische oder inländische Journalisten, Industrielle, Gewerkschaftsfunktionäre, Bankiers oder leitende Angestellte sein. »Manchmal«, sagte sie neulich zu Blorna, »muß ich mich mit Gewalt zurückhalten, um nicht irgendeinem Seeger eine Schüssel Kartoffelsalat über den Frack oder irgendeiner Zicke eine Platte mit Lachsschnittchen in den Busenausschnitt zu kippen, damit die endlich das Gruseln lernen. Sie müssen sich das mal von der anderen, von unserer Seite aus vorstellen: wie sie da alle mit ihren aufgesperrten Münden, oder sagen wir lieber Fressen, stehen, und wie sich natürlich alle erst einmal auf die Kaviarbrötchen stürzen – und da gibt es Typen, von denen ich weiß, daß sie Millionäre sind oder Millionärsfrauen, die stecken sich auch noch Zigaretten und Streichhölzer, Petit-Fours in die Tasche. Nächstens bringen sie noch irgendwelche Plastiktüten mit, in denen sie den Kaffee davonschleppen – und das alles, alles wird doch irgendwie von unseren Steuern bezahlt, so oder so. Da gibt es Typen, die sich das Frühstück oder das Mittagessen sparen und wie die Geier übers Büfett herfallen – aber ich möchte damit natürlich die Geier nicht beleidigen.«

## 56

An handgreiflichen Gewalttätigkeiten ist bisher eine bekanntgeworden, die leider ziemlich viel öffentliche Beachtung fand. Anläßlich einer Ausstellungseröffnung des Malers Frederick le Boche, als dessen Mäzen Blorna gilt, traf er zum erstenmal wieder Sträubleder persönlich, und als dieser ihm strahlend entgegenkam, Blorna ihm aber die Hand nicht geben wollte, Sträubleder Blornas Hand aber geradezu ergriff und ihm zuflüsterte: »Mein Gott, nimm das doch nicht zu ernst, wir lassen euch schon nicht verkommen – nur läßt du dich leider verkommen.« Nun, es muß korrekterweise leider berichtet werden, daß in diesem Moment Blorna Sträubleder wirklich in die F... schlug. Rasch gesagt, um ebenso rasch vergessen zu werden: es floß Blut, aus Sträubleders Nase, nach privaten Schätzungen etwa vier bis sieben Tropfen, aber, was schlimmer war: Sträubleder wich zwar zurück, sagte aber dann: »Ich verzeihe dir, verzeihe dir alles – angesichts deines emotionellen Zustandes.« Und so kam es, da diese Bemerkung Blorna über die Maßen zu reizen schien, zu etwas, das Augenzeugen als »Handgemenge« bezeichneten, und wie es nun einmal so ist, wenn Leute wie Sträubleder und Blorna sich in der Öffentlichkeit zeigen, war auch der Fotograf von der ZEITUNG, ein gewisser Kottensehl, der Nachfolger des erschossenen Schönner, zugegen, und man kann es vielleicht der ZEITUNG – da man ja ihren Charakter inzwischen kennt – nicht übelnehmen, daß sie das Foto von diesem Handgemenge publizierte mit der Überschrift: »Konservativer Politiker von linkem Anwalt tätlich angegriffen.« Am nächsten Morgen natürlich erst. Während der Ausstellung kam es noch zu einer Begegnung zwischen Maud Sträubleder und Trude Blorna. Maud Sträubleder sagte zu Trude Blorna: »Mein Mitleid ist dir gewiß, liebe Trude«, woraufhin Trude B. zu Maud S. sagte: »Tu dein Mitleid nur schleunigst in den Eisschrank zurück, wo alle deine Gefühle lagern.« Als sie dann noch einmal von Maud S. Verzeihung, Milde, Mitleid, ja fast Liebe angeboten bekam mit den Worten: »Nichts, gar nichts, auch deine zersetzenden Äußerungen können meine Sympathie verringern«, antwortete Trude B. mit Worten, die hier nicht wiedergegeben werden können, über die nur in referierender Form berichtet werden kann; damenhaft waren die Worte nicht, mit denen Trude B. auf die zahlreichen Annäherungsversuche von Sträubleder anspielte und unter anderem – unter Verletzung der Schweigepflicht, der auch die Frau eines Anwalts unterliegt – auf Ring, Briefe und Schlüssel hinwies, die »dein immer wieder abgewiesener Freier in einer gewissen Wohnung gelassen hat«. Hier wurden die streitenden Damen durch Frederick Le Boche getrennt, der es sich nicht hatte nehmen lassen, Sträubleders Blut geistesgegenwärtig mit einem Löschblatt aufzufangen und zu einem – wie er es nannte – »One minute piece of art« zu verarbeiten, dem er den Titel »Ende einer langjährigen Männerfreundschaft« gab, signierte und nicht Sträubleder, sondern Blorna schenkte, mit den Worten: »Das kannst du verscheuern, um deine Kasse ein bißchen aufzubessern.« Man sollte an dieser letzterwähnten Tatsache, an den eingangs beschriebenen Gewalttätigkeiten erkennen dürfen, daß die Kunst doch noch eine soziale Funktion hat.

57

Es ist natürlich äußerst bedauerlich, daß hier zum Ende hin so wenig Harmonie mitgeteilt und nur sehr geringe Hoffnung auf solche gemacht werden kann. Nicht Integration, Konfrontation hat sich ergeben. Man muß sich natürlich die Frage erlauben dürfen, wieso oder warum eigentlich? Da ist eine junge Frau gut gelaunt, fast fröhlich zu einem harmlosen Tanzvergnügen gegangen, vier Tage später wird sie – da hier nicht ge-, sondern nur berichtet werden soll, soll es bei der Mitteilung von Fakten bleiben – zur Mörderin, eigentlich, wenn man genau hinsieht, auf Grund von Zeitungsberichten. Es kommt zu Gereiztheiten und Spannungen, schließlich Handgreiflichkeiten zwischen zwei sehr lange befreundeten Männern. Spitze Bemerkungen von deren Frauen. Abgewiesenes Mitleid, ja abgewiesene Liebe. Höchst unerfreuliche Entwicklungen. Ein fröhlicher, weltoffener Mensch, der das Leben, das Reisen, Luxus liebt – vernachlässigt sich so sehr, daß er Körpergeruch ausströmt! Sogar Mundgeruch ist bei ihm festgestellt worden. Er bietet seine Villa zum Verkauf an, er geht zum Pfandleiher. Seine Frau sieht sich »nach etwas anderem um«, da sie sicher ist, in der zweiten Instanz zu verlieren; sie ist sogar bereit, diese begabte Frau ist bereit, wieder als bessere Verkäuferin mit dem Titel »Beraterin für Innenarchitektur« zu einer großen Möbelfirma zu gehen, aber dort läßt man sie wissen, »daß die Kreise, an die wir üblicherweise verkaufen, genau die Kreise sind, gnädige Frau, mit denen Sie sich überworfen haben«. Kurz gesagt: es sieht nicht gut aus. Staatsanwalt Hach hat Freunden bereits im Vertrauen zugeflüstert, was er Blorna selbst noch nicht zu sagen gewagt hat: daß man ihn als Verteidiger möglicherweise wegen erheblicher Befangenheit ablehnen wird. Was soll daraus werden, wie soll das enden? Was wird aus Blorna, wenn er nicht mehr die Möglichkeit hat, Katharina zu besuchen und mit ihr – man sollte es jetzt nicht mehr länger verschweigen! – Händchen zu halten. Kein Zweifel: er liebte sie, sie ihn nicht, und er hat nicht die geringste Hoffnung, denn alles, alles gehört doch ihrem »lieben Ludwig«! Und es muß hinzugefügt werden, daß »Händchen-Halten« hier eine vollkommen einseitige Sache ist, denn es besteht lediglich darin, daß er, wenn Katharina Akten oder Notizen oder Aktennotizen hinüberreicht, seine Hände auf ihre legt, länger, vielleicht drei, vier, höchstens fünf Zehntelsekunden länger als üblich wäre. Verflucht, wie soll man hier Harmonie herstellen, und nicht einmal seine heftige Zuneigung zu Katharina veranlaßt ihn, sich – nun sagen wir einmal – ein bißchen häufiger zu waschen. Nicht einmal die Tatsache, daß er, er allein die Herkunft der Tatwaffe herausgefunden hat – was Beizmenne, Moeding und ihren Helfern nicht gelang –, tröstet ihn. Nun ist »herausgefunden« vielleicht zuviel gesagt, es handelt sich um ein freiwilliges Geständnis von Konrad Beiters, der bei dieser Gelegenheit zugab, er sei ein alter Nazi, und dieser Tatsache allein verdanke er es wahrscheinlich, daß man bisher auf ihn nicht aufmerksam geworden sei. Nur, er sei Politischer Leiter in Kuir gewesen und habe seinerzeit etwas für Frau Woltersheims Mutter tun können, und, nun, die Pistole sei eine alte Dienstpistole, die er versteckt, aber dummerweise Else und Katharina gelegentlich gezeigt habe; man sei sogar einmal zu dreien in den Wald gefahren und habe dort Schießübungen veranstaltet; Katharina habe sich als sehr gute Schützin erwiesen und ihn drauf aufmerksam gemacht, daß sie schon als junges Mädchen beim Schützenverein gekellnert habe und gelegentlich mal habe ballern dürfen. Nun, am Samstagabend habe Katharina ihn um seinen Wohnungsschlüssel gebeten mit der Begründung, er müsse doch verstehen, sie wolle einmal allein sein, ihre eigene Wohnung sei für sie tot, tot ... sie sei aber am Samstag doch bei Else geblieben und müsse sich die Pistole am Sonntag aus seiner Wohnung geholt haben, und zwar, als sie nach dem Frühstück und nach der Lektüre der SONNTAGSZEITUNG als Beduinenfrau verkleidet in diese Journalistenbumsbude gefahren sei.

## 58

Letzten Endes bleibt da doch noch etwas halbwegs Erfreuliches mitzuteilen: Katharina erzählte Blorna den Tathergang, erzählte ihm auch, wie sie die sieben oder sechseinhalb Stunden zwischen dem Mord und ihrem Eintreffen bei Moeding verbracht hatte. Man ist in der glücklichen Lage, diese Schilderung wörtlich zu zitieren, da Katharina alles schriftlich niederlegte und Blorna zur Verwendung beim Prozeß überließ.

»In das Journalistenlokal bin ich nur gegangen, um ihn mir mal anzuschauen. Ich wollte wissen, wie solch ein Mensch aussieht, was er für Gebärden hat, wie er spricht, trinkt, tanzt – dieser Mensch, der mein Leben zerstört hat. Ja, ich bin vorher in Konrads Wohnung gegangen und habe mir die Pistole geholt, und ich habe sie sogar selbst geladen. Das hatte ich mir genau zeigen lassen, als wir damals im Wald geschossen haben. Ich wartete in dem Lokal eineinhalb bis zwei Stunden, aber er kam nicht. Ich hatte mir vorgenommen, wenn er zu widerlich wäre, gar nicht zu dem Interview zu gehen, und hätte ich ihn vorher gesehen, wäre ich auch nicht hingegangen. Aber er kam ja nicht in die Kneipe. Um den Belästigungen zu entgehen, habe ich den Wirt, er heißt Kraffluhn, Peter, und ich kenne ihn von meinen Nebenbeschäftigungen her, wo er manchmal als Oberkellner aushilft – ich habe ihn gebeten, mich beim Ausschank hinter der Theke helfen zu lassen. Peter wußte natürlich, was in der ZEITUNG über mich gelaufen war, er hatte mir versprochen, mir ein Zeichen zu geben, wenn Tötges auftauchen sollte. Ein paarmal, weil ja nun Karneval war, habe ich mich auch zum Tanz auffordern lassen, aber als Tötges nicht kam, wurde ich doch sehr nervös, denn ich wollte nicht unvorbereitet mit ihm zusammentreffen. Nun, um zwölf bin ich dann nach Hause gefahren, und es war mir scheußlich in der verschmierten und verdreckten Wohnung. Ich habe nur ein paar Minuten warten müssen, bis es klingelte, gerade Zeit genug, die Pistole zu entsichern und griffbereit in meiner Handtasche zu plazieren. Ja und dann klingelte es, und er stand schon vor der Tür, als ich aufmachte, und ich hatte doch gedacht, er hätte unten geklingelt, und ich hätte noch ein paar Minuten Zeit, aber er war schon mit dem Aufzug raufgefahren, und da stand er vor mir, und ich war erschrocken. Nun, ich sah sofort, welch ein Schwein er war, ein richtiges Schwein. Und dazu hübsch. Was man so hübsch nennt. Nun, Sie haben ja die Fotos gesehen. Er sagte ›Na, Blümchen, was machen wir zwei denn jetzt?‹ Ich sagte kein Wort, wich ins Wohnzimmer zurück, und er kam mir nach und sagte: ›Was guckst du mich denn so entgeistert an, mein Blümelein – ich schlage vor, daß wir jetzt erst einmal bumsen.‹ Nun, inzwischen war ich bei meiner Handtasche, und er ging mir an die Kledage, und ich dachte: ›Bumsen, meinetwegen‹, und ich hab die Pistole rausgenommen und sofort auf ihn geschossen. Zweimal, dreimal, viermal. Ich weiß nicht mehr genau. Wie oft, das können Sie ja in dem Polizeibericht nachlesen. Ja, nun müssen Sie nicht glauben, daß es was Neues für mich war, daß ein Mann mir an die Kledage wollte – wenn Sie von Ihrem vierzehnten Lebensjahr an, und schon früher, in Haushalten arbeiten, sind sie was gewohnt. Aber *dieser* Kerl – und dann ›Bumsen‹, und ich dachte: Gut, jetzt bumst's. Natürlich hatte er damit nicht gerechnet, und er guckte mich noch 'ne halbe Sekunde oder so erstaunt an, so wie im Kino, wenn einer plötzlich aus heiterem Himmel erschossen wird. Dann fiel er um, und ich glaube, daß er tot war. Ich habe die Pistole neben ihn geschmissen und bin raus, mit dem Aufzug runter und zurück in die Kneipe, und Peter war erstaunt, denn ich war kaum eine halbe Stunde weggewesen. Ich hab dann weiter an der Theke gearbeitet, habe nicht mehr getanzt, und die ganze Zeit über dachte ich: ›Es ist wohl doch nicht wahr‹, ich wußte aber, daß es wahr war. Und Peter kam manchmal zu mir und sagte: ›Der kommt heute nicht, dein Kumpel da‹, und ich sagte: ›Sieht ganz so aus.‹ Und tat gleichgültig. Bis vier habe ich Schnäpse ausgeschenkt und Bier gezapft und Sektflaschen geöffnet und Rollmöpse serviert. Dann bin ich gegangen, ohne mich von Peter zu verabschieden, bin erst in eine Kirche nebenan, hab da vielleicht eine halbe Stunde gesessen und an meine Mutter gedacht, an dieses verfluchte, elende Leben, das sie gehabt hat, und auch an meinen Vater, der immer, immer nörgelte, immer, und auf Staat und Kirche, Behörden und Beamte, Offiziere und alles schimpfte, aber wenn er mal mit einem von denen zu tun hatte, dann ist er gekrochen, hat fast gewinselt vor Unterwürfigkeit. Und an meinen Mann, Brettloh, an diesen miesen Dreck, den er diesem Tötges erzählt hatte, an meinen Bruder natürlich, der ewig und ewig hinter meinem Geld her war, wenn ich nur ein paar Mark verdient hatte, und sie mir abknöpfte für irgendeinen Blödsinn, Kleider oder Motorräder oder Spielsalons, und natürlich auch an den Pfarrer, der mich in der Schule immer ›unser rötliches Kathrinchen‹ genannt hat, und ich wußte gar nicht, was er meinte, und die ganze Klasse lachte, weil ich dann wirklich rot wurde. Ja. Und natürlich auch an Ludwig. Dann bin ich aus der Kirche raus und ins nächstbeste Kino, und wieder raus aus dem Kino, und wieder in eine Kirche, weil das an diesem Karnevalssonntag der einzige Ort war, wo man ein bißchen Ruhe fand. Ich dachte natürlich auch an den Erschossenen da in meiner Wohnung. Ohne Reue, ohne Bedauern. Er wollte doch bumsen, und ich habe gebumst, oder? Und einen Augenblick lang dachte ich, es wäre der Kerl, der mich nachts angerufen hat und der auch die arme Else dauernd belästigt hat. Ich dachte, das ist doch die Stimme, und ich wollte ihn noch ein bißchen quatschen lassen, um es herauszukriegen, aber was hätte mir das genutzt? Und dann hatte ich plötzlich Lust auf einen starken Kaffee und bin zum Café Bekering gegangen, nicht ins Lokal, sondern in die Küche, weil ich Käthe Bekering, die Frau des Besitzers, von der Haushaltsschule her kenne. Käthe war sehr nett zu mir, obwohl sie ziemlich viel zu tun hatte. Sie hat mir eine Tasse von ihrem eigenen Kaffee gegeben, den sie ganz nach Omas Art noch richtig auf den gemahlenen Kaffee aufschüttet. Aber dann fing sie auch mit dem Kram aus der ZEITUNG an, nett, aber doch auf eine Weise, als glaubte sie wenigstens ein bißchen davon – und wie sollen die Leute denn auch wissen, daß das alles gelogen ist. Ich habe ihr zu erklären versucht, aber sie hat nicht verstanden, sondern nur mit den Augen gezwinkert und gesagt: ›Und du liebst also diesen Kerl wirklich‹, und ich habe gesagt ›Ja‹. Und dann habe ich mich für den Kaffee bedankt, hab mir draußen ein Taxi genommen und bin zu diesem Moeding gefahren, der damals so nett zu mir war.«

# Kommentar

⟨Der liberale Labberdreck stammt nicht von mir⟩

## Entstehung

Der in Bölls Arbeitsbuch unter der Sign. 882/71 verzeichnete Offene Brief an Hilde Domin ist auf den 17. 8. 1971 datiert (*AB* I, Bl. 114) (NE). Grundlage von Bölls Reaktion war ein Durchschlag des Offenen Briefes, den Domin ihm am 14. 8. 1971 zusandte.

## Hintergrund

Der nachfolgend wiedergegebene Offene Brief Hilde Domins folgt dem Abdruck in der *Frankfurter Rundschau* v. 18. 8. 1971 u. d. T.: »Das ist pure Romantik, pure Rhetorik!«

Lieber Heinrich Böll und lieber Verf.,
ich würde Ihnen in unsere fast gemeinsame Hülchrather Straße schreiben, gleich um die Ecke von meiner alten Kölner Wohnung, hätte Ihre Stimme nicht in diesen Jahren einen so großen Widerhall bekommen, daß, was Sie sagen, eine öffentliche Sache ist, der man öffentlich zustimmen und auch öffentlich widersprechen muß. »Man kann ein Wort fallen lassen und sehen, was es anrichtet«, sagen Sie in Ihrem Interview mit Dieter Zimmer (Zeit, 6. 8. 71). »Es kann doch nichts Schlimmes anrichten.«
Wieso denn nicht. Gerade Worte richten Schlimmes an. Worte setzen Zeichen, können falsche Wegweiser sein. Weil Sie, Heinrich Böll, inzwischen einer der aussichtsreichsten Anwärter auf den Posten des »praeceptor Germaniae« geworden sind (wie Reich-Ranicki Ihnen in der gleichen Nummer der Zeit bestätigt), deswegen bitte ich Sie, zu überdenken und zurückzunehmen, was Sie über die Austauschbarkeit gesagt haben: als sei Austauschbarkeit ein wünschenswertes Ziel für den Menschen. Und nicht eine der Facetten der Entmenschung und Verdinglichung. Als sei es nicht einer der Schrecken, die den Jugendprotest ausgelöst haben und die ganze »Lvw« (Leistungsverweigerung), daß der Mensch so austauschbar geworden ist wie nur irgendein Gebrauchs- und Wegwerfgegenstand.
»Nun«, sagte mir einer, »das hat er sicher nicht gemeint. Er meinte die Austauschbarkeit der Funktionen.« Aber das ist es ja gerade, daß jeder an seinem Platz ersetzbar wird, als sei er ein Apparat. Das führt zum Waren-

charakter des Menschen, das führt zu den Identitätsstörungen, zur Vernichtung der menschlichen Bindungen. Und es ist auch gar nicht zu stoppen: denn wer die »Knöpfe« in der sich automatisierenden Industrie drückt, das wird zunächst einmal immer gleichgültiger werden.

Hier habe ich, glaube ich, von Marx bis Marcuse fast alle Gesellschaftskundler auf meiner Seite. (Interessant ist das Studium der Austauschbarkeit beim Funktionswechsel gerade in der US-Gesellschaft. Als Lektüre empfehle ich Die Pyramidenkletterer, deutsch bei Econ.) Einen der negativsten und »mörderischsten« Aspekte unserer Gesellschaft, lieber Heinrich Böll, stellen Sie als rosiges Zukunftsziel hin.

Und damit nicht genug, Sie weisen auf die Errungenschaften ferner und chiliastischer Länder hin, die uns auf diesem erstrebenswerten Weg vorausgegangen seien. »Kuba«, sagen Sie leichthin, »China, wo es ja den Wechsel von Positionen gibt.«

Im Zug von Arnheim nach Köln erzählte ich Ihnen dieser Tage (das Zeit-Interview war sicher bereits im Satz) von der in Kuba eingeführten Zwangsarbeit: für »mögliche Faulenzer« ein Jahr; für ertappte Faulenzer zwei Jahre. Castros Sanktionen gegen Lvw.! Sie hörten es mit geringer Begeisterung. Sicher schwebt Ihnen doch nicht der kubanische Arbeitsdienst oder irgendeine Variante des Ihnen vermutlich aus Ihrer Jugend noch erinnerlichen Arbeitsdienstes als gesellschaftliches Heilmittel vor. (Ganz abgesehen vom gänzlich anderen Stellenwert von L. und Lvw. in den Ländern der Dritten Welt.)

China, gewiß, ist viel weiter entfernt und daher geeigneter als Idealmodell. Wir lesen da von Kolonnen von Lehrern und Intellektuellen, die Feldarbeit tun. Nachdem man ihnen aber wörtlich »gezeigt hat, was eine Harke ist«, hat man ihnen offenbar wieder erlaubt, zu tun, was sie gelernt haben.

Vergleichbares können wir besser und näher beobachten: in der Tschechoslowakei zum Beispiel, wo die Intellektuellen, Redakteure und Autoren des »Prager Frühlings« im besten Fall die Erlaubnis bekommen, Straßenbahnschaffner zu werden oder Taxichauffeure.

Das Deutschland der Nazizeit hat auf seine linken wie auf seine nichtarischen Intellektuellen und Wissenschaftler verzichtet. Waren der Freud, der Einstein, der Brecht und all die andern »austauschbar«? Warum sollten sie es dann in China sein, bloß weil wir von China so wenig wissen?

Im Ernst, Heinrich Böll, was stellen Sie sich unter der von Ihnen befürworteten »Austauschbarkeit der Autoren« vor? Das ist nicht nur eine falsche Bescheidenheit (und Sie redeten ja vom »Ende der Bescheidenheit«), das ist die pure Romantik, die pure Rhetorik. Ganz wie auch die oft gehörte Forderung nach der Rückgängigmachung der Arbeitsteilung etwas Romantisches und geradezu Regressives hat. Wir befinden uns in der zweiten industriellen Revolution. Wir müssen hindurch, es gibt nur die Flucht nach vom: zu einer größeren Emanzipierung des Menschen. Er wird das Subjekt, nicht mehr das Objekt des Arbeitsprozesses sein.

Hier, lieber Heinrich Böll, rede ich Sie an als »Verf.«. Das Schöne an Ihrem Buch ist, daß die Menschen so inkonsequent, so undoktrinär sind. Nichts paßt zu nichts, wie wir es im Leben ja täglich sehen. Ihre Leni P. oder G. bleibt die gleiche, ob Sie ihr nun nachträglich das Etikett »Proletarierin« oder gar »wirkliche Arbeiterin« anheften oder nicht. Soziologisch gesehen ist diese Leni ein »drop out«, eine Verwandte der Hippies. »Xenophilie«, das klingt wie eine Krankheit, das ist eine Krankheit, deren Bazillen man hier verbreiten müßte. Das tun Sie in Ihrem so mitmenschlichen Buch. Aber die Zelebrierung der Kategorie »Proletarier«, so freundlich das Wort in den Ohren klingen mag, gehört ebenfalls zur Romantisierung einer Wirklichkeit, in der dieser Begriff seinen Sinn mehr und mehr verliert, bis er in der Mottenkiste verschwinden wird. Denn wir sind ja allen Ernstes unterwegs zu einer klassenlosen Gesellschaft, wir werden die Chancengleichheit aller Kinder – nach ihren Fähigkeiten – schaffen, ganz wie eine neue Form der Mitbestimmung.

Und hier nun, Heinrich Böll, rede ich Sie ganz dringend an, weil Sie wie kein zweiter deutscher Autor aus Liebe schreiben und weil Sie diese ungewöhnliche Begabung zur Mitmenschlichkeit haben. Ich bitte Sie ganz dringend, in diesem kritischen Augenblick, in dem wir im Flaschenhals des industriellen und gesellschaftlichen Fortschritts stecken, genau zu sein und beim Konkreten, bei den nachprüfbaren Fakten zu bleiben. Weil Worte so viel »anrichten«. Und besonders Worte, die so gehört werden wie die Ihren.

Ich lese in Joachim Kaisers Kritik: »Wie höllisch, finster diese Kriegs-, ja diese Nazizeit auch war – in Bölls Welt bietet sie den großen Gefühlen, dem persönlichen Heil immer noch mehr Chancen, als es der ›liberale Labberdreck‹ des Wohlstandsrummels täte, wenn man sich ihm nicht anarchisch verweigerte.«

Sie sind eine der Stimmen Deutschlands. Machen Sie es sich nicht leicht mit dem, was Sie sagen: mit dem, was Sie loben, und dem, was Sie verwerfen. Erinnern Sie sich, daß der Generation von Jünger der »liberale Labberdreck« auch fatal war. Man wünschte sich das bekannte »Stahlgewitter«. Und danach war dem Sieburg die Bundesrepublik wieder »zu langweilig«.

Es stehen nun einmal keine perfekten Lebensmodelle zur Verfügung, in die wir hineinschlüpfen könnten, als seien es weniger drückende Schuhe. Soviel auch ausprobiert worden ist, diese Modelle haben eine enttäuschende Entwicklung genommen. Gerade wieder Kuba (nicht von ungefähr wird Castro in einer Karikatur bereits ein Stalinbärtchen anprobiert). »Noch nie sind so viele so total dem Willen so weniger ausgeliefert gewesen wie dort, wo angeblich die Herrschaft des Proletariats errichtet wurde«, schreibt Marion Dönhoff in ihrem Leitartikel in der gleichen Nummer der Zeit

(6. 8. 1971) – Sie, Heinrich Böll, wissen das ganz aus der Nähe. Seien Sie »der Sand, nicht das Öl, in dem Getriebe«: dem und jenem.
Hilde Domin

## *Überlieferung*

### Typoskripte

Es liegt keine Überlieferung vor.

### Drucke

D$^1$: *Frankfurter Rundschau.* – 27. Jg., Nr. 191 (20. 8. 1971), S. 12, u. d. T.: »*Der liberale Labberdreck stammt nicht von mir*«. *Heinrich Böll antwortet Hilde Domin.*
D$^2$: *ESR* II, S. 510–512.
D$^3$: *EAS* 4, S 190–192.

## *Textgrundlage*

Textgrundlage ist D$^2$. Korrigiert wurde:
10. 5 *R. R.*] P. P.

## *Stellenkommentar*

9. 1 *liberale Labberdreck*] Labberdreck: von adj. labberig (labbrig) ugs. für ›unangenehm‹, ›fade‹, ›in unangenehmer Weise weich‹. Die Wendung ist Bölls *Gruppenbild mit Dame* (*KA* Bd. 17) entnommen und wird von Joachim Kaiser in seiner Rezension des Romans, »Mitleidiger Naturalismus und mystische Vision« in der *Süddeutschen Zeitung* v. 3. 7. 1971 zitiert. Hilde Domin bezieht sich in ihrem Offenen Brief (siehe *Hintergrund*) auf Joachim Kaisers Verwendung des Begriffs.

9. 3 *Domin*] Hilde Domin (eigentl. Hilde Palm, geb. 1909), Schriftstellerin.

9. 6 *Interview in der Zeit*] Interview von Dieter Zimmer mit Heinrich Böll in der *Zeit* v. 6. 8. 1971 unter dem Titel: »Für Sachkunde und für Phantasie. Das Gespräch mit dem Autor: Heinrich Böll«.

9. 21 *Bundeskanzler Erhard*] Ludwig Erhard (1897–1977), CDU-Politiker, 1963–1966 Bundeskanzler.

9. 21–22 *Kiesinger]* Kurt Georg Kiesinger (1904–1988), CDU-Politiker, 1966–1969 Bundeskanzler.

9. 26 *Mao]* Mao Tse-Tung (1893–1976), chin. Politiker und Staatsmann – Gründer und »Vorsitzender« der Volksrepublik China 1949–1976.

9. 29–30 *»Verf.«]* Verweis auf Bölls Roman *Gruppenbild mit Dame* (1971, *KA* Bd. 17), in dem die Erzählinstanz als »Verf.« auftritt.

10. 2–3 *Auch ... an]* Die Bezeichnung ›praeceptor Germaniae‹ wurde zuerst von Marcel Reich-Ranicki (geb. 1920, Literaturkritiker) in seiner Rezension zu *Gruppenbild mit Dame* (*KA* Bd. 17) in *Die Zeit* v. 6. 8. 1971, »Nachdenken über Leni G.«, auf Böll bezogen: »Heinrich Böll, der längst arrivierte Einzelgänger und der allseits sanktionierte Rebell, der repräsentative Außenseiter der bundesrepublikanischen Gesellschaft und ihr in Bonn und Ostberlin, in Rom und Moskau akkreditierter Ankläger, hat das einzigartige Kunststück vollbracht, ein Praeceptor Germaniae zu werden und ein rheinischer Schelm zu bleiben.«

10. 15 *Ikonen]* Kultbild der griech. und russ. orthodoxen Kirche. – Mit der Darstellung heiliger Personen oder ihrer Geschichte; hier: Vorbild oder Heiligenbild.

10. 22 *es ... gab]* Am 21. 7. 1971 organisierte der Verlag Kiepenheuer & Witsch in seinen Verlagsräumen in Köln-Marienburg einen Presseempfang anläßlich des Erscheinens von *Gruppenbild mit Dame* (*KA* Bd. 17). Vorgesehen waren an diesem Tag insgesamt sieben Interviews oder Gespräche mit Fernseh-, Rundfunk- und Pressevertretern, die ab 13 Uhr terminiert waren. Das Gespräch mit Dieter E. Zimmer fand gegen 19.15 Uhr statt und sollte laut Plan eine halbe bis eine dreiviertel Stunde dauern. Da nicht alle Interview-Partner an diesem Tag den Gesprächstermin wahrnehmen konnten, wurden vier weitere Interviews erst am 13. 8. 1971 geführt. (S. HA 1326–4310, Bl. 1–2.)

10. 29 *Wer hat Sie denn aus Deutschland vertrieben?]* Hinweis auf Hilde Domins Emigrantenjahre in Italien, Großbritannien und der Dominikanischen Republik.

10. 30 *»Anstreicher« Hitler]* Die Bezeichnung »Anstreicher« findet sich wiederholt bei Bertolt Brecht (1898–1956) als Anspielung auf Adolf Hitlers (1889–1945) gescheiterte Karriere als Zeichner und Maler. Hitler war 1907 bei der Aufnahmeprüfung in der Malklasse der Akademie am Schillerplatz in Wien durchgefallen. – Vgl. »Das Lied vom Anstreicher Hitler«. In: Brecht (1988): Band 11, S. 215; ferner: »Als ich ins Exil gejagt wurde«. In: Brecht (1993): Band 14, S. 185.

10. 31 *von Papen]* Franz von Papen (1879–1969), Zentrum-Politiker und Diplomat.

10. 31 *von Hindenburg]* Paul von Hindenburg, (eigentl. Paul von Beneckendorff und von Hindenburg) (1847–1934), Politiker (parteilos) und Militär, 1927–1934 Reichspräsident.

10. 35 *unserem Gespräch im Zug Arnhem – Köln]* Am 19. 7. 1971 fand im Rijnhotel in Arnheim ein Treffen von Vertretern des deutschen und des niederländischen P. E. N.-Zentrums statt, die als »Ausschuß des internationalen P. E. N.« eine Neuformulierung der fünfzig Jahre alten P. E. N.-Charta diskutieren sollten, »um so den veränderten Verhältnissen in der Welt Rechnung zu tragen«. (HA 1326–3001, Bl. 1) Von deutscher Seite bestand die Delegation aus Hans Bender, Heinrich Böll, Hilde Domin und Wilhelm Unger, die gemeinsam die Reise von Köln aus antraten und am gleichen Tag zusammen wieder zurückfuhren.

11. 1 *bis dato]* Lat., bis zu diesem Zeitpunkt.

11. 2 *mit dem Tage der Währungsreform]* Am 19. 6. 1948 tritt das »Gesetz zur Neuordnung des deutschen Geldwesens« in Kraft. Gegen Vorlage ihrer Kenn- und Lebensmittelkarten können die Bewohner der amerik., frz. und brit. Besatzungszonen am 20. 6. 1948 im Verhältnis 1:1 60 Reichsmark gegen 60 Deutsche Mark eintauschen (Kopfquote), wobei 40 Mark sofort ausgezahlt wurden, weitere 20 Mark innerhalb der folgenden zwei Monate; Betriebe erhalten für jeden Beschäftigten 60 DM. Die Umstellung von Reichsmark auf Deutsche Mark in Westdeutschland am 21. 6. 1948 erfolgt auf Anordnung der westlichen Besatzungsmächte wegen der durch die NS-Kriegswirtschaft zurückgestauten Inflation. Während in Gesetzen und Verwaltungsakten durch die bloße Ersetzung der Bezeichnung »Reichsmark« durch »D-Mark« im Verhältnis 1:1 – mit weitreichenden Ausnahmeregelungen – umgestellt wurde, galt für die meisten Verbindlichkeiten ein Verhältnis von 1:10; davon wurden jedoch wiederum Löhne und Gehälter, Miet- und Pachtzinsen sowie Renten und Pensionen (die ebenfalls im Verhältnis 1:1 umgestellt wurden) ausgenommen. Von der Währungsreform profitieren vor allem die Inhaber von Immobilien, Produktionsmitteln und anderen festen Werten, während Sparer Einbußen hinnehmen müssen. Die unmittelbare Folge der Währungsreform ist ein sprunghafter Anstieg des Angebots an Konsumgütern durch die Auflösung der bis dahin gehorteten Warenlager. Böll hat sich wiederholt sehr kritisch über die Bedingungen und Folgen des wirtschaftlichen Wiederaufbaus in der Bundesrepublik Deutschland, über die Währungsreform des Jahres 1948 und über das sogenannte »Wirtschaftswunder« geäußert.

11. 10 *Sand-Sein und Öl-Sein]* Böll nimmt hier ein Zitat aus Hilde Domins Brief auf, das auf Günter Eichs bekanntes Hörspiel *Träume* zurückgeht, in dem die letzte Zeile lautet: »Seid unbequem, seid Sand, nicht das Öl im Getriebe der Welt«. Vgl. Eich, Günter (1995): *Träume. Vier Spiele.* Frankfurt/Main: Suhrkamp Verlag, S. 190.

⟨Die internationale Nation⟩

## Entstehung

In Bölls Arbeitsbuch sind unter der Sign. 885/71 a-c drei Reden verzeichnet, die er während der Tagung des P. E. N. verfaßt und gehalten hat (*AB* I, Bl. 114) (NE).

Heinrich und Annemarie Böll reisten am 12. 9. 1971 von einem Urlaub in ihrem Haus auf Achill Island (ab dem 23. 8. 1971) an der Westküste Irlands zur 38. Tagung des Internationalen P. E. N. – gleichzeitig die Jubiläums-Tagung zum fünfzigjährigen Bestehen des P. E. N. – nach Dun Laoghaire südlich von Dublin. Seine Rede *Die internationale Nation* hielt Böll in Englisch, und zwar bei der »Formal Closing« benannten Abschlußsitzung am Vormittag des 18. 9. 1972. Der Überlieferung zufolge hielt er noch zwei weitere kurze Reden, ebenfalls in Englisch: Eine bei der »Opening Session« am 13. 9. 1972 (laut Programm von 10. 00–17.30 Uhr), an der nur die offiziellen Delegierten teilnehmen durften und bei der auch die Wahl Heinrich Bölls zum neuen Präsidenten stattfand (s. *Hintergrund*); in dieser Rede dankt er seinem Vorgänger Pierre Emmanuel (1916–1984, frz. Schriftsteller) für sein P. E. N.-Engagement (s. *Hintergrund*), erinnert an die Geschichte des P. E. N. und daran, daß weniger als einhundert Meilen nördlich, in Nord-Irland, täglich die Gewalt eskaliert. In einer weiteren, mit »Friday night« überschriebenen Ansprache bei einem Empfang der Royal Dublin Society dankt er dem Irischen P. E. N.-Zentrum für seine große Gastfreundschaft. Vgl. insbesondere für den Ablauf der Tagung: The Irish P. E. N. Centre (Hg.): »The Changing Face of Literature. A discussion and evaluation of developments over the past fifty years. Proceedings of the thirty-eigth International P. E. N. Congress, Dublin, 12–18 September, 1971«. Dublin 1972.

## Hintergrund

Als Heinrich Böll auf der Tagung des P. E. N.-Zentrums der Bundesrepublik Deutschland im April 1970 in Darmstadt zu dessen Präsident gewählt wurde (neuer Generalsekretär wurde Thilo Koch [geb. 1920, Jounalist und Publizist], Hans Schwab-Felisch [1918–1989, Journalist und Schriftsteller] und Joachim Kaiser [geb. 1928, Literaturkritiker] wurden Vizepräsidenten), war diese Wahl mit der Hoffnung verbunden, daß Böll, »der in jedem politischen Lager und literarischen Lager das für eine solche Stellung notwendige Vertrauen besitzt« – so Geno Hartlaub (geb. 1915) im *Deutschen Allgemeinen Sonntagsblatt* am 26. 4. 1970 –, seinen »Namen« zu einer Verbesserung der Beziehungen zum P. E. N.-Zentrum der DDR und den anderen osteuropäischen Zentren und dem Schriftstellerverband der UdSSR, die noch kein P. E. N.-Zentrum hatte, verwenden würde. Zu dieser Zeit war der frz. Lyriker Pierre Emmanuel (1916–1984) als 11. Internationaler P. E. N.-Präsident im Amt, eine Funktion, in die er auf dem 36. Internationalen P. E. N.-Kongreß im September 1969 im französischen Menton gewählt worden war. Zu Bölls Aufgaben gehörte es, an den zwischen den großen P. E. N.-Kongressen veranstalteten Tagungen des Exekutiv-Komitees des Internationalen P. E. N. teilzunehmen, bei denen Resolutionen verabschiedet, aber auch neue P. E. N.-Zentren aufgenommen wurden. Vom 7. bis 12. 5. 1971 tagte dieses Komitee unter Leitung von Pierre Emmanuel im jugoslawischen Piran (Istrien). In den Berichten über diese Tagung wird Heinrich Böll zum ersten Mal als Kandidat für das Amt des Präsidenten des Internationalen P. E. N. genannt, der auf dem folgenden Kongreß in Dublin im September 1971 neu zu wählen sein würde. Das hat vor allem mit der von mehreren Zentren kritisierten Haltung Pierre Emmanuels zu tun, den man sicher wiedergewählt hätte, wäre sein Auftreten in Piran nicht von »widersprüchlichen Rücktritts- und Gegenrücktrittserklärungen« (so Thilo Koch in einem vorläufigen »Bericht über die Tagung des Exekutivkomitees in Piran« an die Mitglieder des bundesdeutschen P. E. N.) geprägt gewesen. Diese Tagung veranlaßte Robert Neumann (1897–1975, österr. Schriftsteller und Literaturkritiker), einen Bericht zu verfassen, der am 21. 5. 1971 in der *Zeit* (»Mein Kandidat: H. Böll«) erschien.

Am 6. 6. 1971 teilt Thilo Koch den Präsidiumsmitgliedern des bundesdeutschen P. E. N. mit: »das holländische Zentrum hat Heinrich Böll als Kandidaten für die internationale Präsidentschaft nominiert«. Das führt zu einer Unterstützung dieser Kandidatur durch mehrere Zentren (Österreich, USA, Bundesrepublik Deutschland und DDR), und Böll nimmt sie persönlich durch ein undatiertes Telegramm (vermutlich Ende Juni 1972) an David Carver, den Generalsekretär der Internationalen P. E. N. in London, an.

Nachdem zwei Kandidaten für die Präsidentschaft des Internationalen P. E. N. – Emmanuel und Böll – aufgestellt waren, wurde durch den Internationalen P. E. N. eine Briefwahl bei den nationalen P. E. N.-Zentren durchgeführt. Robert Neumann sieht auf Grund seiner Einschätzung der P. E. N.-Strukturen bei dieser Form der Wahl keine Chance für Heinrich Böll. Er schreibt am 14. 8. 1971 an Bob den Doolaard, ein Mitglied des niederländischen P. E. N.: »Ich teile Ihre Ansicht, daß Böll leider in diesem Wahlgang keine Erfolgschancen hat. Der Grund ist, daß die schriftliche

Befragung all unserer Zentren, meiner Schätzung nach, 2/3 des Gesamtbestandes zu Worte kommen läßt [...] und die automatisch ›loyal‹ sind – also für den amtierenden Präsidenten« (HA 1326-4344, Bl. 1). Trotz dieser Einschätzung bekommen beide Kandidaten jeweils 16 Stimmen bei der Briefwahl. Die ›eigentliche‹ Wahl des neuen Präsidenten konnte nach den Statuten erst auf dem P. E. N.-Kongreß in Dublin am 13. 9. 1971 stattfinden. Nach der Auszählung der Voten von ingesamt 45 Ländern fiel die Wahl zugunsten Heinrich Bölls mit 22 zu 19 Stimmen aus (bei vier ungültigen Stimmen). Dieses Ergebnis führte zu turbulenten Szenen im Versammlungssaal, weil »sich einige Delegierte auf der Verliererseite wie in einem irrwitzigen Spektakel« aufführten. »Für den Höhepunkt des Schauspiels sorgte der Sprecher der Elfenbeinküste, der die Stimmzettel an sich riß und aus dem Saal eilte« – so schreibt Helmut M. Braem in einem Bericht für die *Stuttgarter Zeitung* am 14. 9. 1971. Braem führt weiter aus: »Die Wahl Heinrich Bölls ist zwar vor allem auf sein großes Ansehen, das er in vielen Ländern besitzt, zurückzuführen; aber es wird bei Gesprächen der Teilnehmer auch immer hervorgehoben, daß die Wahl Bölls eine politische Bedeutung hat. [...] Nach Ansicht Kamnitzers [Heinz Kamnitzer, 1917–2001, Schriftsteller, Präsident des P. E. N.-Zentrums der DDR] garantiere Böll an der Spitze des Internationalen P. E. N. für eine literarische Weltgemeinschaft, die sich über ideologische Grenzen hinwegsetze.«

Am 3. 10. 1971 schreibt Heinrich Böll u. a. an Carel Dinaux (1898–1980), den Präsidenten des niederländischen P. E. N.-Zentrums, das den Anstoß zu Bölls Kandidatur gegeben hatte: »Nachdem ich nun gewählt bin, wahrscheinlich zu unser aller Überraschung, bin ich entschlossen, das Amt auch wirklich wahrzunehmen, und erwäge einige Reformen. [...] In Dublin, nach der Wahl, da ich von vielen Zentren, dem Finnischen, sogar dem Englischen, dem Schottischen und anderen und ganz besonders vom Niederländischen Bestärkung bekommen habe, sehe ich meiner Amtszeit als internationaler Präsident mit viel weniger Furcht entgegen, als es im ersten Augenblick der Fall war.« (HA 1326-EKR 9, Bl. 14)

## *Überlieferung*

### Typoskripte

TH¹: Erstschr.; 4 Bll., masch. Titel: »Rede bei der Abschlußsitzung des 38. internationalen P. E. N.-Kongresses, gehalten vom neugewählten internationalen Präsidenten Heinrich Böll« und eh. Sign.: 885/71.
(HA 1326–256, Bll. 8–11)

TH²: Erstschr. und Durchschr.; 13 Bll., englische Übersetzung des Textes mit hs Titel: »Closing Session«; Bl. 13 Erstschrift einer Seite mit eh. und hs. Korr. vom Schluß der Rede.
(HA 1326–256, Bll. 12–24)

### Drucke

Z: Teilw. Druck in: *Frankfurter Allgemeine Zeitung*. – 23. Jg., Nr. 225 (29. 9. 71), S. 32.

D¹: The Irish P. E. N. Centre (Hg.): »The Changing Face of Literature. A discussion and evaluation of developments over the past fifty years. Proceedings of the thirty-eigth International P. E. N. Congress, Dublin, 12–18 September, 1971«. Dublin 1972, S. 144–147 (in engl. Sprache).

D²: *ESR* II, S. 513–517.

D³: *EAS* 4, S. 193–197.

## *Textgrundlage*

Textgrundlage ist D². Korrigiert wurde:
   *18. 9. 1971*] 26. 9. 1971

## *Varianten*

- 13. 21 *Ergebnis sein]* Fehlt in Z
- 13. 25 *Resolutionen]* Resolution Z
- 13. 31 *den richtigen Moment]* und den richtigen Stil Z
- 14. 15 *Stahlkonzern]* Autokonzern Z
- 14. 16 *im]* aus dem Z
- 14. 17 *– oder,* ] hätte oder – Z
- 14. 28 *Nationen innerhalb]* Nationen, innerhalb Z

15. 6 *sich]* zusammen Z
15. 9–13 *Wenn wir … Literatur verändern.]* Ich betrachte die Autoren als eine kleine internationale Nation. Diese Internationalität trifft auch auf die Nation zu, innerhalb deren sie leben. Z
15. 17–19 *Ich … hinzufügen]* Ich … äußern. Z
15. 38–16. 2 *Was geschieht … Öffentlichkeit sind]* die tantiemenfrei und jetzt in den Händen der Öffentlichkeit sind? Z
16. 7 *beitragen]* hinzufügen Z
16. 7 *völlig]* richtig Z
16. 30–17. 3 *Nun möchte ich … angefangen?]* Fehlt Z

## Stellenkommentar

12. 2 *PEN]* Die Abkürzung P. E. N. steht für Poets (Playwriters), Essayists (Editors) und Novelists. Unter diesem Kürzel wurde 1921 durch die englische Schriftstellerin Catharine Amy Dawson-Scott (1865–1934) in London eine internationale Schriftstellervereinigung gegründet, um nach dem Ersten Weltkrieg eine Art internationaler Schriftsteller-Republik zu schaffen. Der Internationale P. E. N. versteht sich als überparteiliche und ideologisch nicht gebundene Organisation, die sich aus den P. E. N.-Zentren der Mitglieds-Staaten zusammensetzt. Seine Prinzipien sind in der P. E. N.-Charta festgelegt, die seine Mitglieder u. a. zur »Bekämpfung von Rassen-, Klassen- und Völkerhaß« und »jeder Art der Unterdrückung der Äußerungsfreiheit« vepflichtet. (Vgl.: Hoffmann, Gerd (Hg.): *P. E. N. International.* München: C. Bertelsmann Verlag, 1986, S. 513). Vgl. Robert Neumanns Äußerungen zur Geschichte des P. E. N. auf S. 433 ff.

12. 2 *Dun Laoghaire]* Nach seinem Gründer Laoghaire, Hochkönig von Irland im 5. Jh., benannter Hafenort ca. 11 km südlich von Dublin.

12. 27 *das wechselnde Gesicht der Literatur]* Eine Übersetzung des englischen Kongreß-Themas: »The Changing Faces of Literature«.

12. 29–30 *die beiden Konferenzsprachen]* Englisch und Französisch.

12. 31 *den Turm von Babel]* Anspielung auf die biblische Geschichte vom Turmbau zu Babel (Gen 11,1–9), bei dem Gott dem AT zufolge die Sprache der Menschen verwirrt, »so daß keiner mehr die Sprache des anderen versteht« (Gen 11,7). Zitiert nach *Die Bibel* (1980), S. 25.

13. 16 *Hearing]* Engl.: öffentliche Anhörung von Sachverständigen oder Zeugen.

13. 23 *die Charta]* Die von John Galsworthy (1867–1933, engl. Schriftsteller, 1921–1933 erster P. E. N.-Präsident) Anfang der 1930er Jahre formulierte Charta ist in vier Paragraphen eingeteilt, in denen die Internationalität der Literatur und ihre Unantastbarkeit auch in Kriegszeiten kon-

statiert und der Einsatz der P. E. N.-Mitglieder gegen Rassen-, Klassen- und Völkerhaß und für die Freiheit des Wortes gefordert wird.

14. 18 *Busschaffners]* Vgl. hierzu Bölls Überlegungen in: *Die Internationale der Nestbeschmutzer* (S.18 ff.) und *Einmischung erwünscht* (S. 187 ff.).

14. 25-26 *total-, halb- oder kryptokolonialem Status]* ›krypto‹: griech. für geheim, verborgen, versteckt. – Böll bezieht sich hier auf die ehemaligen europäischen Kolonien in Afrika und Asien, die sich erst allmählich aus den alten, auch ökonomischen Abhängigkeiten befreien konnten.

14. 37 *Slang]* Engl.: nachlässige, saloppe Umgangssprache, meist sozial benachteiligter gesellschaftlicher Gruppen.

15. 19-20 *Mäzenatentum]* Freigebige Kunstpflege durch einen vermögenden Gönner. – Von dem römischen Patrizier Maecenas (70-8 v. Chr.), einem Förderer der Dichter Horaz (65-8 v. Chr.) und Vergil (70-19 v. Chr.) abgeleiteter Begriff für wohlhabende Kunstförderer.

15. 38-16. 2 *Was geschieht ... Öffentlichkeit sind]* Gemeint sind die bis zu diesem Zeitpunkt ohne Vergütung (= tantiemenfrei) an den Autor öffentlich genutzten künstlerischen Werke; etwa die von Bibliotheken ausgeliehenen Bücher oder die Tatsache, daß Texte von Autoren ohne Honorierung in Schulbüchern abgedruckt werden konnten. (Vgl. Bölls Rede bei der Gründungsversammlung des VS 1969 *Ende der Bescheidenheit*, *KA* Bd. 16; *EAS*, Bd. 4, S. 54-66.)

16. 3-4 *diese Honorare in einen Fonds zu zahlen]* Gemeint sind die ›Verwertungsgesellschaften‹ (VG), die urheberrechtliche Interessen wahrnehmen. Die VG Wort wurde 1958 gegründet, um die Interessen von Textautoren gegenüber Dritten zu vertreten. 1972 wurde mit der Einführung des ›Bibliotheksgroschens‹ – eine Abgabe auf jedes aus einer Bibliothek entliehene Buch – sowie eine Gebühr für Fotokopien aus Druckwerken durchgesetzt.

16. 24-26 *den Häretikern ... des Atheismus]* ›Häretiker‹ sind Abweichler von der vorgegebenen, ideologisch führenden und die Politik bestimmenden Richtung. Mit der Bezeichnung »Häretiker des Atheismus« meint Böll »Abweichler« von der durch eine marxistische Doktrin bestimmten Haltung in den sog. ›sozialistischen‹ Staaten.

16. 32 *Reid]* Meta Mayne Reid (1907-1992), ir. Schriftstellerin.

16. 33 *Carver]* David Dove Carver (1903-1974), engl. Sänger und Musiker; 1951-1974 Generalsekretär des Internationalen P. E. N.

16. 34 *Elstob]* Peter Frederick Egerton Elstob (1915-2002), engl. Schriftsteller, 1962-1974 Pressesprecher und 1974-1981 Generalsekretär des Internationalen P. E. N.

16. 36 *Clarke]* Desmond Clarke (1907-1979), ir. Schriftsteller und Bibliothekar.

⟨Die Internationale der Nestbeschmutzer⟩

## Entstehung

Die in Bölls Arbeitsbuch unter der Sign. 898/71 verzeichnete Antwort an Neumann ist dort auf Dezember 1971 datiert (AB I, Bl. 116) (NE).
Als der Offene Brief Neumanns in der *Zeit* v. 5. 11. 1971 (s. *Hintergrund*) erschien, befanden sich Annemarie und Heinrich Böll auf einer Reise in die USA (s. *Stellenkommentar* zu 18. 10), von der sie am 30. 11. 1971 zurückkehrten. Bölls Antwort muß aber schon bald nach der Rückkehr erfolgt sein, denn am 10. 12. 1971 bestätigt Dieter E. Zimmer (geb. 1934, Jounalist und Übersetzer) den Eingang des Textes bei der *Zeit*: »[...] wir wußten Sie auf Reisen und hatten gar nicht damit gerechnet, daß Sie auf Robert Neumanns Offenen Brief antworten würden; aber wir werden Ihre Antwort selbstverständlich sehr gern drucken, nächste Woche noch, hoffe ich« (HA 1326–4318, Bl. 4). Der Druck des Briefes erfolgt am 17. 12. 1971.

## Hintergrund

Der nachfolgend wiedergegebene Offene Brief Robert Neumanns folgt dem Abdruck in *Die Zeit* v. 5. 11. 1971.

Lieber Heinrich Böll,
»Mein Kandidat heißt Heinrich Böll« – das war der letzte Satz meines letzten PEN-Berichts in diesem Blatt, im Mai. Wir beide wissen, wie schwierig der Weg von dort bis zu Ihrer Wahl zum Internationalen Präsidenten in Dublin unlängst gewesen ist.
Behalten wir die Geschichte dieser Schwierigkeiten für uns. Nur: ich war praktisch seit der Gründung der internationalen Organisation vor nunmehr 50 Jahren dabei – Sie sind erst vor relativ kurzer Zeit zu uns gestoßen. Es wird für Sie vielleicht nicht unwichtig sein, zu erfahren, zu wem Sie gestoßen sind, was das Selbstverständnis dieser Organisation ursprünglich gewesen ist und wie sie heute steht – und was sich an diesem heutigen Stand reparieren läßt. Und da das für Leute unseres Gewerbes ganz allgemein nicht ohne Interesse ist, steht hier dieser »Offene Brief« an Stelle meiner privaten Gratulation an Sie.
Als der PEN gegründet wurde, 1921, glaubten die Naiveren unter uns,

mit dem Sieg über den wilheminischen Militarismus sei der Weltfrieden ausgebrochen, garantiert vom eben gegründeten Völkerbund. Von einem Mann namens Hitler hatten wir nie gehört. Gewiß, da gab es ein wenig unüberblickbar verworrene Zustände im fernen Rußland, die neuen Leute dort konnten sich sehr wohl noch zwei Jahre halten oder sogar drei, aber das würde sich arrangieren.

Kurzum, das war der richtige Augenblick für eine große Verbrüderung der Schriftsteller in aller Welt. Eine in England in einschlägigen Kreisen beliebte Romantante namens Dawson-Scott war es, die in die internationale Trompete stieß – als Vordermann und ersten Präsidenten gewann sie sich den durch seine Forsythe-Fortsetzungssaga international vielgelesenen John Galsworthy.

Auf den Trompetenstoß antworteten, wie der Zufall in einem jeden Land es wollte, Repräsentative oder Minder-Repräsentative. In einem großen europäischen Land, in dem das literarische Leben sich seit jeher in einem Ringen literarischer Gangs vollzieht, bewirkte die Übergabe des PEN-Mandats an die sich am flinksten meidende Gruppe automatisch die Nichtteilnahme aller anderen, in denen leider die bedeutendsten Schriftsteller saßen – sie sitzen dort PEN-fremd bis zu diesem Tag.

Aus einem anderen Land, in Ostasien, meldete sich auf den Trompetenstoß ein Prinz mit – zu unserer Verblüffung – ausschließlich zweiunddreißig Prinzen auf der eingereichten Mitgliederliste, und ob dort jeder Prinz schriftstellert oder jeder Schriftsteller geprinzt wird, weiß ich bis zum heutigen Tage nicht. In wieder einem anderen, sehr großen asiatischen Land schaute ich mir die Situation aus der Nähe an. Es gab dort einen Verband von 3600 meist armen, meist sozialistischen Schriftstellern; das prunkvolle Haus der Dame, die dort der PEN war, konnten oder wollten sie nicht betreten, dazu langten ihre ärmlichen Kleider nicht; so bestand der PEN jenes Vierhundertmillionenlandes aus eben jener Präsidentin, die nicht aus dem Land, sondern eine belgische Millionärin war, sie hatte einen eingeborenen Universitätsprofessor geheiratet, und ihre PEN-Mitglieder waren ausschließlich Kollegen vom Lehrkörper seiner Universität.

Soll ich weiter erzählen? Von dem blühenden PEN jenes Landes im fernen Südamerika, dessen Sekretärin durch lange Jahre lebhaft mit dem Londoner Generalsekretariat korrespondierte – bis dann eines Tages eine wirkliche Schriftstellerin aus jenem Lande nach London kam, von jener lebhaft korrespondierenden Sekretärin wußte sie nichts, auch daß es dort überhaupt einen PEN gab, war ihr durchaus unbekannt, es ergab sich, daß er aus einer vereinsamten älteren Dame in einem entlegenen Dorf bestand, die hatte uns all das Blühende vorgemacht. Tut nichts, gleich im Staat nebenan war der Präsident der Republik gleichzeitig Präsident des PEN, und sein erster Minister war Sekretär. So sah es quer durch die Welt mit der Realität aus – im Gegensatz zu der Vorstellung der Romantante Dawson-Scott, sie gründe einen exklusiven Klub der bedeutendsten Dichter in jedem Land. Es stimmte nicht. Es stimmte schon damals nicht.

Noch sehr viel weniger stimmte es natürlich, als Hitler kam. Die Bücherverbrenner schmissen wir hinaus (nach heftigem Widerstand), die Verbrannten, soweit sie Deutsche waren, organisierte in London Rudolf Olden, die Österreicher organisierte ich – unser Problem war, daß neben den »wirklichen« Schriftstellern eine erstaunlich große Zahl Bedrängter das britische Home Office um Einreiseerlaubnis anflehten, ausgerechnet mit der Behauptung eines jeden, er sei der vordringlich gefährdete, vordringlich zu rettende berühmteste verfolgte Autor von ganz Berlin, Breslau, Linz, Klagenfurt. Das Home Office verlangte, je nachdem, Oldens oder meine Bürgschaft für die Behauptungen, und war uns auch vollkommen unbekannt, aber politisch oder rassisch wirklich verfolgt, so bürgten wir natürlich für ihn: ja, er war der Berühmteste – auch wenn er in Wirklichkeit nur ein gelegentlicher Beiträger zur Fußballrubrik des Posemuckler Kreisblattes gewesen war. Es war in jenen Tagen von Panik, Tod, Selbstmord eine Selbstverständlichkeit – aber Sie können sich vorstellen, was da alles (neben den wirklichen Schriftstellern) durch unsere frommen Lügen in die Exil-PEN-Zentren geraten ist.

Der Verantwortung für die Österreicher mich nach Krieg und Sieg zu entledigen, gelang mir mühelos, *a lautrichienne*: ich löste das Exilzentrum auf und schob den ganzen Komplex nach Wien ab. Aber Olden starb vorzeitig und tragisch in einem von den Nazis torpedierten Flüchtlingsschiff – sein Häuflein Nicht-Repatriierbarer blieb ohne Kopf in London und New York sitzen, weil sie *nobodys darlings* waren und die Inlandsdeutschen West sie ebensowenig haben wollten wie die Inlandsdeutschen Ost. So nannten sie sich »Auslandsdeutscher PEN« und sitzen dort heute noch, und wenn die seit dem Tod ihres Schutzheiligen Senator McCarthy alle zusammen noch was geschrieben haben, das erführe ich gern, aber, bitte, ohne Zusendung des Manuskripts.

Trotzdem, sie haben eine Stimme in unserem internationalen Gremium – auch die USA, England, Frankreich, vierhundert Millionen Inder haben ganz wie diese paar liebenswerten Relikte nur eine Stimme. Und je eine Stimme hat auch jede andere kleinste Emigrantengruppe aus den während der Niederwerfung Hitlers oder bald danach von den Kommunisten besetzten Ländern. Sie sind wackere Feinde Moskaus allesamt – und wer sollte ihnen Quartier geben, wenn nicht der Internationale PEN?

Nur stellen sie unglücklicherweise in dem internationalen Gremium (das inzwischen auf etwa 8600 Schriftsteller in etwa 80 Ländern angewachsen ist) einen unerschütterlich antikommunistischen Block dar, dessen Stimmkraft in keinem Verhältnis zu seiner Bedeutung steht und der jede wirkliche, vertrauensvolle und fruchtbare West-Ost-Koexistenz unmöglich macht. Vor allem deshalb, weil der sehr redliche, sehr tüchtige, unentwegt alle Welt bereisende Internationale Generalsekretär nun einmal ein britischer Tory mit der guten alten Kiplingschen Empire-Romantik ist, der sich bei bestem Willen nicht dazu überwinden kann, für die altehrwürdig kommunistenfressenden Exil-Litauer, Exil-Letten und wie sie alle heißen durch die Gründung antifaschistischer Zentren der aus den Arnerican-Fruit-Co-Republiken Südamerikas, aus Südafrika, Biafra, Ostpakistan oder auch nur aus Griechenland oder der baskischen Provinz Franco-Spaniens Geflüchteten ein Gegengewicht zu schaffen. Infolgedessen sind die Sowjetunion und Maos China nicht Mitglieder des PEN, und wo ein Land in Ostasien eine nördliche und eine südliche Hälfte hat – Vietnam, Korea –, ist unweigerlich die südliche Hälfte »unser«, während unweigerlich die nördliche Hälfte fehlt. (Versteht sich, daß auch Formosa und die Philippinen »unser« sind.)

Der letzte Internationale Kongreß vor der Jubiläumssitzung war im südkoreanischen Seoul; der nächste wird im Manila des brutalen Diktators Marcos sein; und da unsere Progressiven auch dorthin nicht reisen werden, wird man dort in ihrer Abwesenheit wahrscheinlich beschließen, sich nächstens in Bolivien feiern zu lassen, oder in Saigon, oder in Athen – überall, wo eine alibisüchtige, von der Nixon–Administration finanzierte Regierung sich's etwas kosten läßt.

Damit bin ich beim Ende, und das heißt: beim Geld. Der Internationale PEN ist praktisch mittellos, sein Generalsekretär bekommt kein Gehalt. Sein Gehalt bekommt er vom Londoner PEN, dessen Sekretär er ist, in Personalunion. Der Londoner PEN zahlt ihm auch seine Sekretärinnen und seine Reisen. Um die internationale Organisation (die, um ihre Unabhängigkeit zu bewahren, staatliche Subventionen immer abgelehnt hat) so generös finanzieren zu können, multiplizieren sich die Londoner, der Mitgliedsbeiträge wegen, auf, glaube ich, derzeit etwa zwölfhundert. Zwölfhundert englische Schriftsteller! Mitglieder eines ursprünglich »elitär« geplanten Klubs! Sagte ich Ihnen: »Böll, nennen Sie mir rasch zwanzig oder, gut, ein bares Dutzend elitär qualifizierter englischer Schriftsteller« – bei welcher Zahl kämen Sie ins Stocken, bei welcher verstummten Sie? Zwölfhundert, das ist beinahe schon eine Gewerkschaft ohne Qualitäts-Kriterium – und vielleicht sollten wir überhaupt den Stier bei den Hörnern packen und von hier aus weiterdenken? Eine internationale Schriftstellergewerkschaft statt eines »Klubs«? 8600 in 80 Ländern: das wäre kein übler Anfang. Vor allem: er brächte uns endlich auch die Jungen überall, für die ein pseudo-elitärer, von mehr oder minder verdienstvollen Jubelgreisen (einschließlich meiner selbst) geleiteter Pseudoklub begreiflicherweise kein Interesse hat.

Und, nebenbei, wir werden uns für die internationale Organisation eine andere Finanzierungsmethode ausdenken müssen als die durch den Londoner PEN. Jene 1200, von denen Ihnen und mir nur ein knappes Dutzend eingefallen ist, können von ihrem Sekretär vernünftigerweise verlangen, daß er ihre Beschlüsse ausführt. Ist dieser Sekretär mit dem Generalsekretär identisch, der zwischen Kongressen das Schicksal des Internationalen PEN in Händen hat, so ergibt sich eine entscheiden[d]e Einflußnahme der *silent majority* jener zwölfhundert auf eine Weltorganisation. Wie viele liebenswerte englische Damen unter ihnen, die einmal im Leben ein Kochbuch gedichtet haben? Ich weiß es nicht. Was alles reizend anachronistisch, aber im Ernstfall einfach nicht tragbar ist.

Das sind nur ein, zwei Punkte unter zwei Dutzend, über die weiterzudenken ist, wenn man das auf eine charmante Weise um fünfzig Jahre veraltete, aber immer noch laufende Vehikel überholen und auf den Stand des Tages um-modernisieren will. Diese zwei Dutzend Reparaturnotwendigkeiten ergeben sich aus dem von mir Gesagten für Sie von selbst. An konkreten formellen Anträgen aus der BRD, aus der DDR, aus Österreich, aus den zweiundzwanzig weiteren Ländern, die Sie gewählt haben, wird es nicht fehlen.

Und: daß Sie mit dem bisherigen Generalsekretär jetzt ausgezeichnet zusammenarbeiten werden, dessen bin ich gewiß. Ein weltoffener britischer Tory ist für eine internationale Organisation nur dann bedenklich, wenn auch sein Präsident ein britischer Tory ist. Ist der Präsident international gesonnen und progressiv, wie Sie es sind, so ergibt sich eine Mischung, die mich und uns alle eine Menge erhoffen läßt. Ich gratuliere Ihnen zu Ihrer Wahl.

Ihr Robert Neumann

## *Überlieferung*

### Drucke

Z: *Die Zeit* (Hamburg). – 26. Jg., Nr. 51 (17. 12. 1971), S. 20.
D¹: *ESR* II, S. 518–520.
D²: *EAS* 4, S. 198–200.

## *Textgrundlage*

Textgrundlage ist D¹.

## Varianten

19. 28 *noch]* doch Z

## Stellenkommentar

18. 2 *Neumann]* Robert Neumann (1897–1975), österr. Schriftsteller und Literaturkritiker; emigrierte 1933 nach England, gründete dort 1939 zusammen mit Franz Werfel (1890–1945) den Österreichischen Exil P. E. N.

18. 9–10 *Ich ... herumgetrieben]* Vom 17. bis zum 22. 10. 1971 waren Heinrich und Annemarie Böll zu Besuch bei Freunden in Oslo und Stockholm, von wo aus sie nach New York flogen. In den USA war eine von Bölls amerikanischer Agentin, Joan Daves, organisierte Lese- und Diskussionsreise bis zum 30. 11. 1971 geplant, die von New York (New York, 23. 10.–3. 11.) nach Boston (Massachusetts, 4.–7. 11.), Chicago (Illinois, 9.–11. 11.), Bloomington (Indiana, 12. 11.), Eugene (Oregon, 15. 11.), San Francisco (California, 16.–20. 11.), Salt Lake City (Utah, 21.–22. 11.), Austin (Texas, 23.–24. 11.) und vom 27. bis zum 30. 11. wieder nach New York führte. In dieser Zeit hielt Heinrich Böll insgesamt 12 Vorträge an verschiedenen Universitäten: Princeton-University, University of Boston, Yale-University, University of Chicago, Indiana University, Oregon, Berkeley University, Stanford University, La Jolla University, University of Utah und University of Texas. Der Rückflug nach Deutschland erfolgte von New York am 30. 11. 1971. (HA 1326–4304, Bl. 8–9)

18. 11–12 *Alleghenny Airlines]* Regionale amerik. Fluggesellschaft mit vorwiegend kleinen Maschinen, 1946 in Harrisburg (Pennsylvania) gegründet.

19. 13–14 *Custard powder]* Custard: engl., Eiercreme, eine engl. Süßspeise, zu deren Backzutaten das Custard Powder gehört. – In seiner am 19. 12. 1971 an Böll gesandten Reaktion auf *Die Internationale der Nestbeschmutzer* schreibt Robert Neumann: »Der Jammer mit denen, die uns über die Verwendung des Custard Powder so Faszinierendes sagen könnten, ist nur, daß sie grimmig entschlossen sind, nicht darüber mit uns zu reden, sondern über Kunst mit dem großen K.« (HA 1326–4315, Bl. 22).

19. 21–22 *die fast totale Vermauerung dreier Welten]* Mit dem Bild der ›drei Welten‹ bezieht sich Böll auf die in den 1970er Jahren geläufige Unterteilung der Welt in die westlichen (›Erste Welt‹) und östlichen (›Zweite Welt‹) Industriestaaten mit ihren jeweiligen wirtschaftlichen und militärischen Blöcken und die ›Dritte Welt‹. Entstanden ist der Begriff ›Dritte Welt‹ in den 1950er Jahren. Er charakterisierte zunächst die Gruppe der weder

zum westlichen noch zum östlichen Einflußbereich zählenden ›blockfreien‹ Staaten. Eine Wandlung erfährt die Bezeichnung dadurch, daß ab den 1960er Jahren die Zugehörigkeit zur ›Dritten Welt‹ durch ein wirtschaftliches Entwicklungsland-Kriterium definiert wird. Dieses rein wirtschaftliche Kriterium führt in den 1970er Jahren zu einer weiteren Differenzierung, indem man die ärmsten der Entwicklungsländer in eine ›Vierte‹ oder sogar ›Fünfte Welt‹ zusammenfaßte. Gegen diese wertende Einteilung entsteht zugleich der Begriff ›Eine Welt‹, mit dem auf die gegenseitige Abhängigkeit alle Staaten untereinander aufmerksam gemacht werden soll.

19. 24 *»Nestbeschmutzung«]* In seinem Brief vom 19. 12. 1971 (s. *Stellenkommentar* zu 19. 13–14) führt Robert Neumann aus: »Auch bezüglich des ›Nestbeschmutzens‹ sind wir einer Ansicht – die Ihre kenne ich mindestens seit dem Tag, als Sie sich weigerten, an weiteren ›Wochen der Brüderlichkeit‹ zu partizipieren, sie würden denn auf ›Gastarbeiter, langhaarige Studenten, Homosexuelle‹ und sonst noch wen ausgedehnt.« (Vgl. *Schwierigkeiten mit der Brüderlichkeit, KA* Bd. 16; *EAS* Bd. 4, S. 144–150.)

19. 29 *die »Nestbeschmutzungen« Solschenizyns]* Alexander Issajewitsch Solschenizyn (geb. 1918), russ. Schriftsteller, 1970 Nobelpreis für Literatur. – Mit Werken wie *Ein Tag im Leben des Iwan Denissowitsch* (1962) oder *Im Interesse einer Sache* (1963) hatte Solschenizyn in den Augen der sowjetischen Partei- und Staatsführung antisowjet. Positionen eingenommen, die 1969 zu seinem Ausschluß aus dem sowjet. Schriftstellerverband führten und 1974 zur Ausbürgerung. (Vgl. dazu auch Bölls Äußerungen zu Solschenizyn in diesem Band: *Man muß immer weitergehen*, S.252 ff. und *Die himmlische Bitterkeit des Alexander Solschenizyn*, S.263 ff.)

19. 30–32 *daß man ... umgekehrt]* Im Gespräch mit Klaus Rainer Röhl, *Ändern Dichter die Welt?* in *Konkret*, Nr. 10 v. 10. 9. 1968, äußert sich Böll über die unterschiedliche Wahrnehmung von Protesten gegen den Vietnam-Krieg oder die Verfolgung sowjet. Autoren: »[...] die Proteste von Schriftstellern und westlichen Linken gegen die Verhaftung von Daniel und Sinjawski und gegen Vietnam kommen ja aus einem Geist. Das hat man hier nicht kapiert. Man hat im Osten nur unsere Proteste gegen Vietnam wahrgenommen und hier nur unsere Proteste gegen die Verhaftung von Daniel und Sinjawski. Diesen Geist zu erkennen, der nicht spaltbar ist in Nationalisten, kalte Krieger usw., ich glaube, das dürfte gar nicht schwer sein«.

19. 34 *Graham Greene]* Graham Greene (1904–1991), engl. Schriftsteller.

20. 5 *die Finanzierung des PEN]* Vgl. hierzu die Ausführungen Robert Neumanns in *Hintergrund*.

20. 8 *Ich werde das im Januar]* Bölls erster Besuch beim Sekretariat des Internationalen P. E. N. in London vom 4. bis 7. 1. 1972.

20. 10 *Antrittsrede in Dun Laoghaire]* Bölls ›Antritts‹-Rede nach seiner Wahl zum Präsidenten des Internationalen P. E. N. am 18. 9. 1971 beim Kongress in Dun Laoghaire (Irland), *Die internationale Nation*, S.12 ff.

⟨Torpedos⟩

## *Entstehung*

Der in Bölls Arbeitsbuch unter der Sign. 899/71 verzeichnete Leserbrief ist dort auf den 14. 12. 1971 datiert (*AB* I, Bl. 116) (NE). *Torpedos* ist die Reaktion Bölls auf einen mit »Groschen für Urheber« betitelten Artikel im *Spiegel* Nr. 51 v. 13. 12. 1971, S. 132–138. Darin fassen Karla Fohrbeck und Andreas Johannes Wiesand als Mitarbeiter des *Spiegel*–Instituts für Projektstudien die ersten Ergebnisse einer Befragung von 1700 Autorinnen und Autoren über deren soziale Lage zusammen. »Das Unternehmen«, so der *Spiegel* in der »Hausmitteilung« auf S. 3 der Ausgabe vom 13. 12. 1971, »hatte damit begonnen, daß – nach dem von Heinrich Böll, sicherlich nicht in eigener Sache, proklamierten ›Ende der Bescheidenheit‹ [s. *KA* Bd. 16] – der e. V. ›Verband deutscher Schriftsteller‹ (VS) der Bundesregierung und dem Bundestag, Legislative und Exekutive, einen Bericht über den Sozialstatus deutscher Autoren zuliefern wollte, zur Ausforschung aber keine eigenen Mittel hatte […]. Hier hatte das ›Spiegel-Institut‹ seine Aushilfe angeboten und die Sozial-Enquete zu seiner eigenen Sache gemacht.« Böll sandte eine Durchschrift des Leserbriefs auch an *Die Zeit*, wo er aber nicht abgedruckt wurde, weil – so Dieter E. Zimmer an Heinrich Böll am 22. 12. 1971 (HA 1326–4318. Bl. 3) – es »der Nachdruck eines ›Spiegel‹-Leserbriefs gewesen« wäre.

## *Überlieferung*

### Typoskripte

tH¹: Durchschr. (grün), 2Bll., Datumsangabe: 14. 12. 71 sowie Anschrift und Betreff: »An die Redaktionen des Spiegel und der Zeit. Betr. Artikel über Urheberrechtsnovelle« und eh. Sign.: 899/71.
(HA 1326–256, Bll. 33–37)

## Drucke

Z: *Der Spiegel* (Hamburg). – 25. Jg., Nr. 52 (20. 12. 1971), S. 12–14.
D¹: *ESR* II, S. 521–522.
D²: *EAS* 4, S. 201–202.

## Textgrundlage

Textgrundlage ist D¹.

## Stellenkommentar

21. 1 *Torpedos]* Torpedo: mit eigenem Antrieb und selbsttätiger Zielsteuerung ausgestattetes schweres Unterwassergeschoß.
21. 31–33 *daß jeder ... Multiplikationsmechanik]* Bezieht sich auf das Autorenhonorar, das nur ca. 10% (bei Taschenbüchern 5%) des Ladenpreises ausmacht.
22. 1 *»Bibliotheksgroschen«]* Eine Abgabe auf jedes in einer Bibliothek entliehene Buch, die den Autoren zugute kommen soll.
22. 27 *bekannt für sinnlose Baulustigkeit]* S. *Stellenkommentar* zu 102. 20.
22. 26–30 *Mir wurden ... keiner]* Der Fernsehfilm *Fedor M. Dostojewski und Petersburg* (*KA* Bd. 16), zu dem Böll das Drehbuch verfaßt hatte, fand nach seiner Ausstrahlung in der *ARD* am 15. 5. 1969 ein so großes Interesse, daß sich der *WDR* als Produzent der Dokumentation entschloß, den Film als Beitrag für den internationalen Fernsehwettbewerb Prix Italia 1969 in Mantua zu nominieren. Dieser Vorschlag wurde aber kurz danach ohne weitere Erklärung zurückgezogen. Auf Bölls Nachfrage ergab sich, daß die sowjet. Nachrichtenagentur *Nowosti* als Vertragspartner des *WDR* Einspruch gegen den Film eingelegt hatte, weil er die Sowjetunion verunglimpfe, und dem *WDR*, der (traditionell) für die *ARD* aus der Sowjetunion berichtete, eine Behinderung seiner Arbeit ankündigte für den Fall, daß die Nominierung aufrechterhalten würde. Daraufhin verklagte Böll den *WDR* auf Schadensersatz. Diese Klage wurde durch das Landgericht Köln am 8. 6. 1971 zurückgewiesen, woraufhin Böll die Anwaltskosten für den *WDR* zuzüglich 4% Zinsen seit Klageerhebung zu zahlen hatte. Der Prozeß endete am 11. 10. 1972 mit einem Vergleich vor dem Oberlandesgericht in Köln. (Zu dem ganzen ›Fall‹ s. die gesammelten Prozeßunterlagen in HA 1326-EK6.)

⟨Die Sprache der kirchlichen Würdenträger⟩

*Entstehung*

Für die in Bölls Arbeitsbuch unter der Sign. 873/71 verzeichnete *Sprache der kirchlichen Würdenträger* ist als Entstehungszeitraum Februar – August 1971 angegeben (*AB* I, Bl. 111) (NE). Zu Beginn der Arbeit lag die Sichtung von Filmmaterial, die Böll zusammen mit dem zuständigen Redakteur Michael Gramberg Anfang Februar und dann Anfang Juni 1971 im *WDR* vornahm (vgl. Bölls einleitende Bemerkung zum Film, wo er die Sichtung von 12 Stunden Filmmaterial erwähnt, die auf 20 Minuten reduziert wurden). Dabei nimmt das »Projekt«, wie Böll in einem Brief an Gramberg am 11. 6. 1971 mitteilt, »konkrete« Formen insofern an, als Böll die vorläufigen Filmzitate und ihre Reihenfolge zu diesem Zeitpunkt festlegt. Er teilt zur Terminplanung weiter mit: »Ich werde Ihnen also bis Ende Juni eine Art treatment schicken; wenn möglich, möchte ich dann am 6. Juli das gesamte Bild-Zitat-Material einmal hintereinander anschauen und meine endgültige Auswahl treffen« (HA 1326–257, Bll. 50–51). Seinen vorläufigen Ablaufplan mit der Reihenfolge und Länge der Filmzitate und seines Kommentars schickt Böll am 15. 6. 1971: »Naturgemäß kann ich das Drehbuch erst schreiben, wenn nach dem endgültigen Schnitt die Zitate auch wörtlich exakt vorliegen und ich dann meinen Kommentar nach dem fertigen Film schreiben kann; erst dann weiß ich ja auch, wie wir mit der Zeit zurechtkommen: ob es noch möglich ist, auf publizistisches Material (Hirtenbriefe etc.) einzugehen.« (HA 1326–257, Bll. 54–55) Seinem Brief fügt Böll die aus Sendeabschriften herausgeschnittenen Zitate bei, damit Gramberg die dadurch festgelegten Filmausschnitte kopieren kann. Am 25. 6. 1971 berichtet Gramberg über den Fortgang der Arbeit: »Das meiste ist schon nach Ihren Angaben geordnet, der Rest wird am 30. 6. erledigt. Sie können also am 6. 7. das Material auf einer Rolle anschauen.« (HA 1326–4311, Bl. 2) Nach der Sichtung der Filmzitate erweist sich deren Länge, die Gramberg mit Schreiben vom 3. 8. 1971 auflistet, als problematisch. Auf diesen Brief hin (HA 1326–257, Bll. 58–59) streicht Böll einzelne Zitate. Sein Ergebnis teilt Böll Gramberg im Begleitschreiben zu dem Entwurf des Drehbuchs (TH³) am 8. 8. 1971 mit: »So wie es jetzt aussieht, hat das Manuskript folgende Länge: Zitate insgesamt 17 Minuten, 2 Sekunden, Böll insgesamt 13 Minuten – das ist gewiß viel, obs zuviel ist, *darüber* müssen wir uns noch streiten.« Nachdem einzelne Zeugen wie der

Präsident des Zentralkomitees Deutscher Katholiken, Albrecht Beckel (1925–1993, CDU-Politiker), gestrichen wurden, »können wir den Titel nehmen: Sprache der kirchlichen Würdenträger. Oder: Wer vertritt welche Interessen? (Nach Tenhumberg) Oder: Möglichst nicht viel erwarten«. (HA 1326–257, Bl. 60)

Die Erstsendung erfolgt im *WDR* am 29. 12. 1971, im *NDR* am 28. 1. 1972 (Wiederholung *WDR* 12. 12. 1973).

Interesse am Druck des Textes bekundet Helmut Weigel vom Kreuz Verlag in Stuttgart in einem Brief vom 20. 1. 1972. Trotz der eh. Notiz Bölls auf dem Brief: »einverstanden – MS schicken« (HA 1326–4336, Bl. 5), unterbleibt der Druck im Kreuz Verlag, der schon eine Dokumentation über das Politische Nachtgebet in Köln mit einem Vorwort von Böll publiziert hatte (s. *An die Mitglieder des »Politischen Nachtgebet«*, *KA* Bd. 16; *EAS*, Bd. 4, S. 22–24), vermutlich weil der Umfang des Textes kein Buch füllte.

In seiner Rede zur Verleihung der Carl-von-Ossietzky-Medaille der Liga für Menschenrechte in Berlin distanziert sich Böll inhaltlich von der Passage mit der Kritik an Bischof Scharf. Es ist eine politisch aufgeheizte Stimmung in Berlin nach der Ermordung des Kammergerichtspräsidenten Günther von Drenkmann durch Terroristen am 10. 11. 1974, und Scharf bzw. Mitarbeiter der ev. Kirche in Berlin wurden in dieser Zeit – wie Böll – zu Sympathisanten der Terrorszene gezählt. Am 8. 12. 1974 wendet sich Böll zu Beginn seiner Rede (s. *Ich habe die Nase voll!*, *KA* Bd. 19, *EAS* Bd. 5, S. 165–170) an den anwesenden Bischof: »Ich möchte mich bei Herrn Bischof Scharf öffentlich entschuldigen und ihn um Verzeihung bitten. Ich habe ihn einmal angegriffen, böse, fast bösartig in einem Fernsehfilm. Und als jetzt diese ganze Kampagne hier losging, tat's mir einfach leid. Ich werde versuchen, soweit das autorenrechtlich möglich ist, den Film aus dem Verkehr zu ziehen. Und ich bitte Sie herzlich, meine Bitte um Verzeihung anzunehmen. (*Zwischenruf Scharf*: Ich habe aus Ihrer Kritik gelernt!).«

## *Überlieferung*

### Typoskripte

tH¹: Durchschr. (grün); 7 Bll. auf Bl. 1 eh. Sign.: 837/71 und Vermerk: »1. Entwurf des Kommentars Deutsch für Deutsche Gramberg/WDR«.
(HA 1326–257 Bll. 1–7)

TH²: Erstschr. 3Bll.; masch. Vermerk: »neue Texte Seite 5« und: »Schlußkommentar«; Bl. 10 abgeschnittener Blatteil eh. überschrieben mit: »S. 4 Dibelius«.

(HA 1326–257 Bll. 8–10)
TH³: Fotokopie einer Montage aus Ms-Teilen und Zitaten; 17 Bll., am roR eh. pag. 1–17.
(HA 1326–257 Bll. 11–27)

## Sendungen

*Westdeutscher Rundfunk* (Köln), Fernsehen 3. Programm, 29. 12. 1971.

## *Textgrundlage*

Der Druck folgt dem Sendeskript.

## *Stellenkommentar*

23. 17 *Tenhumberg]* Heinrich Tenhumberg (1915–1979), Theologe (kath.); ab 1966 Beauftragter der dt. Bischöfe bei der Bundesregierung und Leiter des Katholischen Büros in Bonn; 1969–1979 Bischof von Münster.

23. 31 *die das Proporzdenken betonen]* Proporz: Verteilung von Ämtern und Sitzen nicht nach Eignung, sondern nach dem Zahlenverhältnis der abgegebenen Stimmen oder etwa nach dem Anteil von Konfessionen an der Gesamtbevölkerung.

24. 19 *Wissing, und dessen, dem Prälaten Böhler]* Prälat: Bezeichnung für den Inhaber der Kirchengewalt, eines Ehrenamtes der römischen Kurie oder für den Träger eines vom Papst verliehenen Ehrentitels. – Wissing, Wilhelm (1916–1996), Theologe (kath.), Vorgänger des Bischofs Tenhumberg als Leiter des Katholischen Büros in Bonn. – Böhler, Wilhelm Johannes (1891–1958), Theologe (kath.), 1949 Beauftragter der kath. Kirche bei der Bundesregierung.

24. 27 *Episkopat]* Gesamtheit der Bischöfe eines Landes.

25. 1 *Bischof Dibelius (Rede in den USA 1947):]* Otto Dibelius (1880–1967), Theologe (ev.); 1945–1966 Bischof der Evangelischen Kirche Berlin-Brandenburg; 1949–1961 Ratsvorsitzender der Evangelischen Kirchen Deutschlands (EKD), damit deren höchster Repräsentant in Deutschland. Dibelius reiste 1947 in die USA, wo er auch vom 33. Präsidenten der USA Harry Spencer Truman (1884–1972) empfangen wurde. Im Rahmen seines Aufenthalts sprach Dibelius in der Martin-Luther-Erinnerungskirche in Washington sowie in anderen Städten der USA vor protestantischen Kirchenführern, wobei er erklärte, nur die christliche Idee könne den Kommunismus überwinden.

25. 18 *Quartaner]* Quarta ist die alte Bezeichnung für die 3. Klasse eines Gymnasiums.

25. 21 *Präses Scharf]* Präses: bezeichnet den Vorstand einer evangelischen Synode; Scharf, Kurt (1902–1990), Theologe (ev.); 1966–1976 Bischof von Berlin-Brandenburg; 1961–1967 Ratsvorsitzender der Evangelischen Kirche Deutschlands (EKD).

25. 25–27 *daß jeder ... westliche]* Die Evangelische Kirche in Berlin-Brandenburg war die einzige der 24 Landeskirchen, die durch den Bau der Berliner Mauer im August 1961 von der deutschen Teilung direkt betroffen war. Sie teilte sich faktisch in eine östliche und westliche Region, betonte aber stets ihre Zusammengehörigkeit. 1970 entstand unter dem maßgeblichen Einfluß von Bischof Scharf der Ökumenische Rat Berlin im Westteil der Stadt.

26. 2 *Regionalsynoden]* Synode: in der evangelischen Kirche eine aus Geistlichen und Laien bestehende Versammlung, die die Fragen der Lehre und der kirchlichen Ordnung regelt und unter bischöflicher Leitung Trägerin der kirchlichen Selbstverwaltung ist.

26. 17 *Scharf nicht durch Mut]* Vgl. Bölls Distanzierung von der Kritik an Bischof Scharf in *Entstehung*.

26. 21–22 *Alleinvertretungsanspruch der Bundesrepublik]* In einer Regierungserkärung v. 23. 9. 1955 wird der außenpolitische Grundsatz formuliert, daß die Bundesrepublik, die für sich einen demokratisch legitimierten Alleinvertretungsanspruch für das ganze dt. Volk in Anspruch nimmt, mit keinem Staat diplomatische Beziehungen haben werde, der in diplomatischer Beziehung zur DDR steht; eine Ausnahme ist die UdSSR. Diese nach Walter Hallstein (1901–1982), Jurist und CDU-Politiker, benannte ›Hallsteindoktrin‹ erfährt erst mit der Bildung der sozialliberalen Koalition 1969 einen qualitativen Wandel und wird – spätestens mit dem Grundlagenvertrag zwischen der Bundesrepublik und der DDR v. 21. 12. 1972 – ganz aufgegeben.

26. 29 *Kardinal Döpfner]* Julius Döpfner (1913–1976), Theologe (kath.), seit 1957 Bischof von Berlin; 1958 Ernennung zum Kardinal durch Papst Johannes XXIII. (1881–1963), 1961–1976 Erzbischof von München und Freising.

26. 31 *die in der Enzyklika angesprochen sind]* Enzyklika: päpstliches Rundschreiben, das die für Katholiken verbindliche Meinung des Papstes zu aktuellen Fragen enthält. – Kardinal Döpfner bezieht sich auf die Enzyklika *Humanae vitae* zu Fragen der Geburtenregelung vom 25. 7. 1968, in der Papst Paul VI. (1897–1978) seine Auffassung bekräftigt, daß der Geschlechtsverkehr und die »gottgewollte Fortpflanzung« untrennbar miteinander verknüpft seien und damit jede Form von künstlicher Verhütung für Katholiken untersagt ist. Vgl. auch *Taceat Ecclesia. Kritische Anmerkungen*

*zur päpstlichen Enzyklika »Humanae vitae«, KA* Bd. 15; *EAS,* Bd. 3, S 295-298.

27. 26-28 *wenn in dem ... wird]* 1929 entdeckten der österr. Gynäkologe Hermann Knaus (1892-1970) gleichzeitig mit dem japanischen Wissenschaftler Kjusako Ogino (1882-1975), daß während des weiblichen Zyklus fruchtbare und unfruchtbare Phasen auftreten. Mit der genauen zeitlichen Ermittlung der konzeptionsfreien Tage war die Voraussetzung für die praktische Anwendung der sogenannten Rhythmusmethode zur Empfängnisverhütung gegeben.

27. 34 *Präses Beckmann]* Joachim Beckmann (1901-1987), Theologe (ev.); 1958-1971 Präses der Evangelischen Kirche im Rheinland.

28. 31-36 *Defregger hat damals ... annehmen durfte]* Im Juli 1969 wird bekannt, daß der Münchener Weihbischof Matthias Defregger (1915-1995) als Hauptmann der dt. Wehrmacht am 7. 6. 1944 in dem ital. Abruzzen-Dorf Filetto die Erschießung aller 17 männlichen Bewohner des Dorfes als Vergeltung für einen Partisanenüberfall befohlen hatte. Zum ersten Mal wurde einem hohen Würdenträger der kath. Kirche in Deutschland eine solche Tat nachgewiesen. Das für Böll Entscheidende in den darauf folgenden öffentlichen Diskussionen, an denen er sich als häufig gefragter Interview-Partner beteiligt, ist die Tatsache, daß die führenden Bischöfe alles zu unternehmen suchen, jegliche Schuld von Defregger abzuweisen. Er sei, so die *Münchener Kirchenzeitung* dezidiert, »in juristischer und moralischer Hinsicht« unschuldig (s. Bericht im *Spiegel*, Nr. 32 v. 4. 8. 1969, »Kanonisches Auge«). (Vgl. u. a. *Antwort an Pfarrer Kurscheid* (1969), *KA* Bd. 16; *EAS* 4, S. 70-72.)

29. 3 *die Nuntiatur]* Nuntius bezeichnet einen ständigen diplomatischen Vertreter des Papstes bei einer Staatsregierung.

29. 3 *der Vatikan]* Oberste Behörde der röm.-kath. Kirche; Sitz des Papstes in Rom.

29. 3-4 *nicht von Filetto]* S. *Stellenkommentar* zu 28. 35-36.

29. 15-16 *heftige Auseinandersetzung über Bischof Defregger]* S. hierzu den Bericht »Kanonisches Auge« im *Spiegel* Nr. 32 v. 4. 8. 1969. Zudem eröffnete die Staatsanwaltschaft München ein Ermittlungsverfahren gegen Defregger, das 1970 eingestellt wurde.

29. 17 *REPORT]* Politisches Fernsehmagazin im 1. Programm des öffentlich-rechtlichen Fernsehens (*ARD*). Die Erstsendung am 25. 4. 1966 gilt als der Beginn eines neuen Abschnitts in der Fernsehgeschichte des politischen Journalismus in der Bundesrepublik Deutschland.

30. 1 *Millowitsch]* Millowitsch, Willy (1909-1999), Volksschauspieler und Theaterleiter. Von 1940-1996 leitete Millowitsch das Millowitsch-Theater in Köln, das zu den populärsten Volksbühnen Deutschlands zählt. In den 1950er und 1960er Jahren spielte er auch in Schlager- und Lustspiel-

filmen mit und avancierte mit Titeln wie *Wir sind alle kleine Sünderlein* (Autor: Heinz Köm, nach einer Melodie von 1887) zum Plattenstar.

30. 12 *Prof. Karl Forster (Deutsche Bischofskonferenz)]* Karl Forster (1928–1981), Theologe (kath.), 1966–1971 Sekretär der Deutschen Bischofskonferenz. – Die Deutsche Bischofskonferenz ist der Zusammenschluß der Bischöfe aller Diözesen in Deutschland; zu ihrer Aufgabe gehören u. a die Koordinierung der kirchlichen Arbeit und regelmäßige Konsultationen mit dem Vatikan.

30. 16 *Allensbacher Institut]* Gemeint ist das von Elisabeth Noelle (geb. 1916) und ihrem ersten Mann Erich Peter Neumann (1912–1973) 1947 in Allensbach am Bodensee als erstes deutsches Meinungsforschungsinstitut gegründete »Institut für Demoskopie Allensbach«.

31. 5–6 *ob sie dem Volk aufs Maul schauen]* Böll zitiert hier die sprichwörtlich gewordene Wendung »dem Volk aufs Maul schauen«, die Martin Luthers (1483–1546) *Sendbrief vom Dolmetschen* (1530) entnommen ist, in der der Reformator Luther über seine Übersetzung des Neuen Testament ins Deutsche berichtet: »Man muß nicht die Buchstaben in der lateinischen Sprache fragen, wie man soll deutsch reden, wie diese Esel tun, sondern man muß die Mutter im Hause, die Kinder auf der Gasse, den gemeinen Mann auf dem Markt drum fragen und denselbigen auf das Maul sehen, wie sie reden, und danach dolmetschen, so verstehen sie es denn und merken, daß man deutsch mit ihnen redet.« Zit. nach: Beutel, Albrecht (1991): *Martin Luther*. München: Beck, S. 77.

31. 23–24 *Je mehr ... zu erforschen]* Die Bibel stand lange Zeit für eine wissenschaftliche Bearbeitung und Kritik nicht zur Verfügung; erst im Rahmen der wissenschaftlichen Theologie begann man im 19. Jh. die Texte auf Zusammenstellung und historischen Gehalt zu prüfen, mit dem Ziel, den Auslegungen ein Fundament zu geben.

32. 32 *Katholikentag in Trier]* Der 12. Deutsche Katholikentag, der unter dem Motto »Gemeinde des Herrn« vom 9. bis 13. 9. 1970 in Trier stattfand.

34. 7 *als Haussegen in jeder Kommune]* Der Haussegen ist ursprünglich eine magische Beschwörung, u. a. in Form von Zaubersprüchen, die im Fundament eines Hauses verschlossen oder an Türen und Wänden befestigt wurden, um Haus und Hof vor Unglück zu bewahren. Heute wird der Haussegen eher als frommer Wandschmuck in Form von Souvenirs oder Devotionalien angeboten. – Die ›Kommunen‹ stellen während der Zeit der Studentenrevolte in den 1960er Jahre eine Form des Protests gegen die bürgerliche Lebenswirklichkeit dar. Bekanntestes Beispiel ist die *Kommune 1* (Mitglieder u. a. Fritz Teufel, Rainer Langhans und Uschi Obermaier), in der 1967–68 egalitäre Formen des Zusammenlebens praktiziert werden.

34. 23–24 *Demokratismus]* Bezeichnet die übertriebene Anwendung demokratischer Prinzipien.

34. 25 *Indifferentismus]* Gleichgültigkeit gegenüber bestimmten Dingen, Meinungen und Lehren.

34. 34 *Produktionsmittel]* Gesamtheit der Faktoren (Fabriken, Maschinen, Rohstoffe etc.), die unabhängig von der menschlichen Arbeitskraft für den Produktionsprozeß notwendig sind.

35. 1–2 *uns die Erde untertan zu machen]* Vgl. Gen 1,28: »Gott segnete sie, und Gott sprach zu ihnen: Seid fruchtbar, und vermehrt euch, bevölkert die Erde, unterwerft sie euch, und herrscht über die Fische des Meeres, über die Vögel des Himmels und über alle Tiere, die sich auf dem Land regen.« *Die Bibel* (1980), S. 17.

35. 6 *Sölle]* Dorothee Sölle, eigtl. Dorothee Steffensky-Sölle (1929–2003), Theologin (ev.) und Schriftstellerin; sie vertrat im praktischen Leben eine radikale Diesseitigkeit des Christentums und trat für die »Entmythologisierung« der Bibel ein. Mitbegründerin des »Politischen Nachtgebets« in Köln.

35. 14–15 *man hat vom Konzil zuviel erwartet]* Konzil: in der kath. Kirche die Versammlung von Bischöfen und anderen hohen Klerikern am Sitz des Papstes in Rom, auf der theologische und kirchliche Fragen erörtert und entschieden werden. – Gemeint ist hier das 2. Vatikanische Konzil (1962–1965), das auf Initiative von Papst Johannes XXIII. (1881–1963) am 25. 12. 1963 in Rom eröffnet wurde. Das Konzil sollte innere Reformen der katholischen Kirche erarbeiten, es traf bedeutende Aussagen über die positive kirchliche Haltung zur Religionsfreiheit und zur Ökumene. Nach dem Tod Johannes' XXIII. am 3. 6. 1963 führte sein Nachfolger Paul VI. (1897–1978) das Konzil fort, das am 8. 12. 1965 beschlossen wurde.

35. 27 *Camara]* Dom Helder Camara, eigtl. Helder Pessoa Camara (1909–1999), bras. Theologe (kath.); von 1952 bis 1964 Weihbischof in Rio de Janeiro; 1964–1985 Erzbischof von Olinda und Recife; sozial engagierter Bischof, der auch »Bruder der Armen« genannt wurde. Camara ist einer wichtigsten Vertreter der »Befreiungstheologie« und war in seiner brasilianischen Heimat ein strikter Gegner der Militärdiktatur (1964–1985).

⟨Günter Wallraffs unerwünschte Reportagen⟩

## Entstehung

Das in Bölls Arbeitsbuch unter der Sign.785/70 [korr. aus 778/70] verzeichnete Vorwort ist dort auf Mai 1970 datiert (*AB* I, Bl. 95) (NE).

Die Initiative, Heinrich Böll für ein Vorwort zur schwedischen Ausgabe der *Unerwünschten Reportagen* zu gewinnen, wird von Thomas von Vegesack als Verleger von PAN/Nordstets ausgegangen sein, der Böll aus der gemeinsamen P. E. N.-Arbeit kannte und sich ein Vorwort des in Schweden bekanntesten deutschen Gegenwartsautors wünschte. In einem Brief an von Vegesack bestätigt Böll indirekt diesen Zusammenhang. Er entschuldigt sich mit seiner und Annemarie Bölls Reise in die UdSSR, erst jetzt auf einen (nicht überlieferten) Brief von Vegesacks vom 6. 3. 1970 zu antworten: »Ich selbst muß mich jetzt eine lange Zeit zurückziehen, weil ich in Ruhe [u. a. am Roman *Gruppenbild mit Dame*, *KA* Bd. 17] arbeiten will. Aber das versprochene Vorwort zu Günter Wallraffs Buch werde ich Ihnen selbstverständlich schicken« (HA 1326–EKR 14, Bl. 1). Den Text schickt Böll ihm bereits am 25. 5. 1970: »Es wird Ihnen sicher nicht unrecht sein, daß es (ausnahmsweise) zu früh kommt, aber ich habe gerade jetzt noch einmal die Reportagen gelesen, und so ergab sich die ›Unpünktlichkeit‹.« Böll bittet um kritische Lektüre und erwähnt, daß er Wallraff in der kommenden Woche sehen »und auch ihn um ein Urteil bitten« werde (HA 1326–EKR 14, Bl. 2).

Als der Verlag Kiepenheuer & Witsch der gewachsenen Popularität Wallraffs in der Bundesrepublik Rechnung trägt und 1975 einen Band über seinen Autor publizieren will, ist es fast selbstverständlich, daß das Vorwort des inzwischen zum Nobelpreisträger avancierten ›Hausautors‹ Heinrich Böll in diesen Band aufgenommen wird. Am 28. 4. 1975 sendet Christan Linder als Herausgeber von *In Sachen Wallraff* Böll die Fahnen seines nach dem Typoskript neu gesetzten Vorworts mit der Bitte zu, sie bis zum 10. 5. 1975 an ihn zurückzuschicken (HA 1326–4403, Bl. 1). Die Fahnenkorrektur, so eine eh. Notiz auf dem Brief: »erl. 28. 4. 75«, führte Heinrich Böll noch am gleichen Tag aus.

## Überlieferung

### Typoskripte

TH¹: Erstschr. und Durchschr.; 6 Bll., eh. Notiz: »Nicht gültige Fassung«. (HA 1326–25, Bll. 38–43)

tH²: Durchschr.; 4 Bll., auf Bl. 4 eh. Sign.: 778/70 hs. geändert in: 785/70 sowie eh. Überschrift: »Wallraff-Vorwort«. (HA 1326–256, Bll. 44–47)

### Drucke

D¹: *13 icke önskvarda reportage*. Med förord av Heinrich Böll. – Stockholm: PAN/Nordstets, 1971, S. 5–8 u. d. T.: Föröd (in schwed. Sprache).

D²: Christian Linder (Hg.): *In Sachen Wallraff*. Berichte, Analysen, Meinungen und Dokumente. Köln: Kiepenheuer & Witsch 1975 (pocket 60), S. 9–12.

D³: *EE*, 1973, S. 9–12.

D⁴: *ESR* II, 1979, S. 490–493.

D⁵: *EAS* 4, S. 170–173.

### Textgrundlage

Textgrundlage ist D⁴. Korrigiert wurde:
39. 7 *Lehensdienste*] Lebensdienste.

### Varianten

37. 21 *Stellen*] Personen *D²*

37. 21 *des Militärpfarrers*] den Militärpfarrer, den Kursleiter für Zivilschutz, *D²*

37. 25 *Landserjargon*] »Landser«jargon *D²*

37. 25 *Zweiten*] zweiten *D²*, *D³*

37. 30 *kommt*] liegt *D²*

38. 24 *der Situationen*] Situation *D²*

39. 2 *Manipulation.*] Manipulationen *D²*

39. 6 *Gewiß ganz* ] Ganz gewiß *D²*, *D³*

40. 4 *hinwiederum*] wiederum *D²*

## Stellenkommentar

37.1 *Wallraffs unerwünschte Reportagen]* Hans Günter Wallraff (geb. 1942), Schriftsteller, Publizist und Journalist. – Aufgrund seiner besonderen Recherchemethoden, darunter die Annahme wechselnder Identitäten durch Tarnung und Maskierung, sah sich Wallraff von Anfang an scharfen Angriffen ausgesetzt, einschließlich einer Anklage wegen Amtsmißbrauchs. – *13 unerwünschte Reportagen.* Köln, Berlin: Kiepenheuer & Witsch 1969 (pocket 7). S. auch Bölls Günter Wallraff gewidmete Erzählung *Erwünschte Reportage (KA* Bd. 19), die den Titel der *Reportagen* ironisch aufgreift.

37.24–25 *in dem Bericht: Töten um Gottes willen]* Böll bezieht sich auf die gleichnamige Reportage »Töten um Gottes willen« in: Wallraff, Günter: *13 unerwünschte Reportagen.* Köln, Berlin: Kiepenheuer & Witsch 1969, S. 121–134.

37.25 *Landserjargon]* Landser: veralteter Ausdruck für ›einfacher Soldat‹; Landserjargon: Sprechweise der einfachen Soldaten im Zweiten Weltkrieg.

38.16 *Schickeria]* Die in der Mode und im gesellschaftlichen Leben tonangebende Schicht.

38.25 *Frau Baronin von Carlowitz ausgeliefert]* Elfriede Baronin von Carlowitz (keine Angaben). Das Geschlecht von Carlowitz gehört zum ältesten westfälischen Landadel, Stammsitz ist Burg Holtzbrinck (erb. im 12. Jh.) in Altena (Westfalen). – Böll bezieht sich hier auf Wallraffs Reportage: *Lehensdienste in Westfalen,* s. Wallraff 1969, S. 80–90.

38.25–26 *dem Herrn Militärpfarrer unterworfen]* Vgl. Wallraff 1969, S. 121–134: *Töten um Gottes Willen.*

38.27–28 *oder als Sandwich-Man durch Berlin gehen]* Sandwich-Man: eine Person, die auf der Brust und auf dem Rücken ein Plakat trägt, das für politische Ziele oder kommerzielle Produkte wirbt. Böll bezieht sich hier auf Wallraffs Text *Sauberes Berlin,* in: Wallraff 1969, S. 62.

38.31–32 *das Phänomen Axel Springer]* Axel Cäsar Springer (1912–1985), Verleger. – Springer gilt als einer der einflußreichsten Verleger der deutschen Nachkriegsgeschichte. Er steht in den 1960er und 1970er Jahren wegen seiner konservativen politischen Position und einer zum Teil unseriösen Berichterstattung in den von ihm verlegten Blättern (vor allem in der *Bild-Zeitung*) häufig im Mittelpunkt öffentlicher Kritik.

38.34–35 *Springers Lieblingswirkungsfeld Berlin]* 1958 reist Springer nach Moskau. Bei einem persönlichen Treffen mit dem damaligen Generalsekretär der KPdSU, Nikita Sergejewitsch Chruschtschow (1894–1971), versuchte Springer vergeblich, die sowjetische Partei- und Staatsführung für die Wiedervereinigung Deutschlands zu gewinnen. Als Konsequenz dieses Treffens beschließt Springer, die Zentrale seines Verlagskonzerns im Westteil des geteilten Berlin zu errichten. Der Konzernherr Springer sieht den Umzug nach Berlin als Beitrag zur zukünftigen Verwirklichung der dt. Einheit. In Berlin gehören neben der Westberliner Ausgabe von *Bild* die *BZ* und die *Berliner Morgenpost* zum Springer-Konzern.

38. 37–38 *demagogisierte Berliner Bevölkerung]* Demagogie (gr.): Volksverführung, Volksaufwiegelung, politische Hetze. – Böll bezieht sich hier auf Wallraffs Reportage *Sauberes Berlin* in: Wallraff 1969, S. 52–64. In dieser Reportage gibt sich Wallraff als Student aus und schildert die Reaktionen der Berliner Bevölkerung auf die Studentenunruhen. (Vgl. Bölls Ausführungen in *Die Würde des Menschen ist unantastbar*, S.140 ff.)

39. 1–2 *Springerscher Manipulation.]* Ende der 1960er Jahre wird der *Bild*–Zeitung eine einseitige diffamierende Berichterstattung über die Studentenbewegung und die Außerparlamentarische Opposition (APO) in der Bundesrepublik Deutschland vorgeworfen. Viele Studierende sehen die Pressekampagne gegen die APO als auslösendes Moment für das Attentat auf den Studentenführer Rudi Dutschke (11. 4. 1968). Nach dem Attentat auf Dutschke kommt es Ostern 1968 zu Demonstrationen und Ausschreitungen vor dem Gebäude des Springer-Verlags.

39. 4–5 *Asozialen-Obdachlosen-Trinkerheilanstaltsprobleme]* Böll bezieht sich hier auf Wallraffs Reportage *Als Alkoholiker ins Irrenhaus*, in: Wallraff 1969, S. 18–36.

39. 8 *Napalm]* Ein aus den Anfangsbuchstaben der Naphten- und Palmitinsäure gebildete Bezeichnung für ein von den Amerikaner insbesondere während des Vietnamkrieges eingesetztes Brandmittel. Die verheerende Wirkung von Napalm liegt darin, daß es kaum zu löschen ist und deshalb zu schweren Brandverletzungen bei Menschen führen kann. Im Vietnamkrieg wurden von der amerik. Armee über 200 000 Tonnen Napalmbomben über Vietnam abgeworfen.

39. 14–15 *ähnliche Art der Einweisung, wie ich sie im Jahr 1938 erlebte]* Von Böll beschrieben im *Brief an einen jungen Katholiken*, *KA* Bd. 10; *EAS* Bd. 1, S. 257–272.

39. 21 *exhibitionistischer Anbiederung]* Exhibitionsimus, hier: Neigung zu Zurschaustellung des eigenen Körpers und von Gefühlen und Überzeugungen.

39. 23–29 *Umstritten... nicht]* Vgl. insbesondere Bölls Ausführungen als Gutachter zu Wallraffs Methode in der *Verhandlung vor dem Kölner Landgericht gegen Günter Wallraff* in *Int*, S. 675–681.

40. 2–6 *Eine hübsche ... entlassen]* Die *KNA* zitierte am 9. 3. 1967 in ihrer Besprechung zu »Napalm? Ja und Amen« aus Wallraffs *Mein Tagebuch aus der Bundeswehr*, um die Unglaubwürdigkeit des Autors zu belegen. Wallraff war nach einem Antrag auf Anerkennung als Kriegsdienstverweigerer (1962) als »Unruhestifter und Zersetzer« zwei Monate zur Beob-

achtung in einem psychiatrischen Lazarett untergebracht und wurde als »abnorme Persönlichkeit verwendungsunfähig auf Dauer« entlassen.

40. 10–13 *Ich habe nur ... Dutzend Wallraffs]* Böll spielt hier auf einen Ausspruch Ernesto Che Guevaras (1928–1967) an: »Schaffen wir zwei, drei, viele Vietnam«. Vgl. Che Guevara, Ernesto: *Schaffen wir zwei, drei viele Vietnam*. Briefe an das Exekutivsekretariat von OSPAAL (Organisation der Völker Asiens, Afrikas und Lateinamerikas). Eingeleitet und übersetzt von G. Salvatore und R. Dutschke. Westberlin 1969. Allerdings zeigen die weiteren ›Arbeiten‹ Wallraffs, daß Böll sich in seiner Befürchtung geirrt hat. So arbeitete Wallraff 1977 unter dem Pseudonym Hans Esser bei der *Bild*-Zeitung in Hannover. Vgl. Wallraff, Günter: *Der Aufmacher. Der Mann der bei ›Bild‹ Hans Esser war*. Köln: Kiepenheuer & Witsch, 1978.

40. 15–16 *Anklage der Amtsanmaßung]* Verweis auf den in 37.1 erwähnten Vorgang, aufgrund dessen Wallraff 1967 wegen Amtsanmaßung angeklagt, 1969 aber freigesprochen wurde.

⟨Soviel Liebe auf einmal. Will Ulrike Meinhof
Gnade oder freies Geleit?⟩

## Entstehung

Der in Bölls Arbeitsbuch unter der Sign. 900/71 verzeichnete Essay *Soviel Liebe auf einmal* ist dort auf den 23.–26. 12. 1971 datiert (*AB* I, Bl. 116) (NE).

Nach der Lektüre der *Bild*–Zeitung vom 23. 12. 1971 hatte Heinrich Böll Rudolf Augstein (1923–2002), den Herausgeber des *Spiegel*, angerufen und einen Beitrag über den *Bild*–Zeitungs-Bericht zum Bankraub in Kaiserslautern angekündigt. Zwischen dem 23. und 26. 12. 1971 entstehen einschließlich der Reinschr. (tH⁵) fünf Fassungen. Noch am 26. 12. 1971 schickt Böll Augstein den Text und bittet im beiliegenden Brief, nichts daran zu ändern, ohne es mit ihm abzusprechen: »Ich habs gut überlegt, gründlich überarbeitet, mehrmals neu ›gefaßt‹, und ich entdecke nichts zu Beanstandendes mehr – vielleicht aber Sie und Ihre Redaktion« (HA 1326-Ergänzung 4, Bl. 30). Eine wichtige Änderung erfährt der Text dadurch, daß die Redaktion nicht den von Böll vorgesehenen Titel »Soviel Liebe auf einmal« verwendet, sondern eine Text-Passage (»Will Ulrike Meinhof, daß es so kommt? Will sie Gnade oder wenigstens freies Geleit?«) zu einem (scheinbaren) Zitat-Titel »Will Ulrike Gnade oder Freies Geleit?« umformuliert.

Den ursprünglichen Titel findet Böll in der von ihm besprochenen *Bild*–Zeitungs Ausgabe auf Seite 5, wo eine ein Drittel der Seite einnehmende Kolumne mit Spendern für eine Weihnachtsaktion von *Bild* aufgelistet ist unter der Überschrift »›Soviel Liebe auf einmal‹«. Mit dem von *Bild*–Lesern gespendeten Geld wurden Weihnachtspakete an Bedürftige geschickt. Der von *Bild* gewählte Titel entstammt der in der Kolumne abgedruckten Zuschrift von »Anna Grimm, Heimbrechts«. Sie schreibt: »Am Samstag habe ich das Paket bekommen. Den ganzen Sonntag drehten sich meine Gedanken immer nur um dieses Ereignis. Soviel Liebe auf einmal wurde mir da zuteil.«

Daß der Titel Bölls »Soviel Liebe auf einmal« in »Will Ulrike Gnade oder freies Geleit?« abgeändert wird, dürfte für die folgende, öffentlich geführte Diskussion um Böll von Bedeutung gewesen sein. »Will Ulrike Gnade oder freies Geleit?« suggeriert eine persönliche Vertrautheit Bölls mit Ulrike Meinhof, die tatsächlich nicht bestanden hat, so daß der Artikel ›gegen‹ die *Bild*–Zeitung in einen ›für‹ Ulrike Meinhof umgedeutet werden kann. (Vgl.

hierzu Bölls Nebenbemerkung in *Vorwort in eigener und andere Sache*: »Daß der *Spiegel*, ohne mich zu fragen, den Titel meines Artikels änderte, steht auf einem anderen Blatt.« *(KA* Bd. 23, *EAS* 7, S. 149–154.) Bei dem Nachdruck in *Freies Geleit* und den weiteren Folgedrucken (D² und D³) wurde der Nachname Ulrike Meinhofs dem Drucktitel im *Spiegel* beigefügt. Als 1982 der Text auf Wunsch Bölls in das aus Anlaß seines 65. Geburtstags zusammengestellte *Heinrich Böll Lesebuch* (dtv) aufgenommen wurde, bestand Böll darauf, den ursprünglichen Titel in einen jetzt neu komponierten Titel mit aufzunehmen: »Soviel Liebe auf einmal. Will Ulrike Meinhof Gnade oder Freies Geleit?«.

## *Hintergrund*

Die 1960er Jahre sind – neben der Konfrontation der von den USA bzw. der UdSSR geführten Machtblöcke im ›Kalten Krieg‹ – weltpolitisch bestimmt durch Befreiungs- und Unabhängigkeitskämpfe in verschiedenen Ländern und den Kampf gegen den Kolonialismus, deren theoretische Diskussion die Entstehung der ›Neuen Linken‹ auch in der Bundesrepublik beeinflußt. Zum Symbol des Widerstandes gegen die alte Ordnung wird der Vietnam-Krieg, in dem die USA sich zunächst mit Militärberatern, dann mit Soldaten in Südvietnam gegen die durch das kommunistische Nordvietnam unterstützte Befreiungsbewegung engagieren. In den USA, Frankreich und der BRD entstehen Anti-Vietnamkriegsbewegungen, die im wesentlichen von den Universitäten ausgehen.

In der Bundesrepublik entzündet sich der studentische Widerstand auch an den Zuständen in den Hochschulen selbst: Eine wachsende Zahl von Studierenden führt zu überfüllten Hörsälen in Universitäten, die durch obrigkeitsstaatliche Strukturen bestimmt sind und deren Lehrkörper vielfach aus Professoren besteht, die ihre Karriere in der Nazi-Zeit begonnen hatten. Ein Motto der Studentenbewegung lautet in Anspielung auf das von den Nazis gewollte ›Tausendjährige Reich‹: »Unter den Talaren, der Muff von 1000 Jahren«.

Wird die Protestbewegung bis 1966 im wesentlichen von den Studenten, insbesondere dem Sozialistischen Deutschen Studentenbund (SDS) unter Rudi Dutschke, getragen, so vergrößert sich das gesellschaftliche Umfeld mit Beginn der Großen Koalition zwischen CDU/CSU und SPD im Herbst 1966, weil u. a. viele kritische Intellektuelle eine parlamentarische Regierungsmehrheit von fast 95% der Abgeordneten als einen »Notstand der Demokratie« ansehen. Die Proteste und Demonstrationen gegen Regierungsvorhaben (›Notstandsgesetze‹) und gegen den eskalierenden Vietnam-Krieg verschärfen sich. Als am 2. 6. 1967 während einer Demonstration gegen den Besuch des (diktatorisch regierenden, aber pro-westlich eingestellten) Schah von Persien der Student Benno Ohnesorg von einem Polizisten erschossen wird, erreichen der Protest und die staatlichen Reaktionen darauf eine neue Qualität. Bölls Reaktion in *Soviel Liebe auf einmal*, zumal auf den Springer-Konzern und die *Bild*–Zeitung, begründen sich in dem Anteil der Gewalteskalation, der den Springer-Medien insbesondere in Berlin zugeschrieben wird. Als am 17./18. 2. 1968 an der Technischen Universität (TU) in Berlin ein Internationaler Vietnam-Kongreß stattfindet und im Anschluß daran über 12 000 Menschen an der Abschlußdemonstration teilnehmen, organisiert der Springer-Konzern zusammen mit dem Berliner Senat am 21. 2. 1968 eine Gegenkundgebung. Beamte und Angestellte im Öffentlichen Dienst werden zur Teilnahme freigestellt. 80 000 Berlinerinnen und Berliner demonstrieren gegen die Studentenbewegung unter dem Motto »Berlin darf nicht Saigon [Hauptstadt von Südvietnam] werden«. In der von den Springer-Zeitungen angeheizten Pogrom-Stimmung kommt es mehrfach zu Ausschreitungen gegen Studenten, Jugendliche und Intellektuelle. Als am 11. 4. 1968 der führende Kopf der Studentenbewegung, Rudi Dutschke, in West-Berlin von Josef Bachmann durch einen Kopfschuß lebensgefährlich verletzt wird, beruft sich der Attentäter auf Berichte in der *Bild*–Zeitung. Unmittelbar nach dem Attentat kommt es in der BRD und West-Berlin zu den bisher größten und militantesten Demonstrationen (›Osterunruhen‹). Unter dem Motto »BILD hat mitgeschossen« wird die Auslieferung der Springer-Presse verhindert. Es kommt zu tagelangen Straßenschlachten mit der Polizei. (U.a. infolge der Gewalt-Diskussion innerhalb des SDS löst sich der Studentenverband auf. Nachfolgend bilden sich in der BRD diverse kommunistische Parteien, die sogenannten K-Gruppen, aber auch gewaltbereite Untergrundorganisationen wie ›Tupamaros West-Berlin‹, ›Haschrebellen‹, ›Schwarze Ratten‹, ›Schwarze Front‹.)

Am 2. 4. 1968 explodieren nach Geschäftsschluß in den beiden Kaufhäusern Kaufhof und Schneider in Frankfurt a. M. mehrere selbstgebaute Brandsätze, die erheblichen Sachschaden anrichten. Als Tatverdächtige werden drei Tage später Andreas Baader, Gudrun Ensslin, Thorwald Proll und Horst Söhnlein in Frankfurt-Bockenheim festgenommen. Im anschließenden Strafprozeß vor der vierten Großen Strafkammer des Landgerichts in Frankfurt im Oktober 1972 werden die Angeklagten, die ihre Tat als Protest gegen den Vietnam-Krieg verstanden wissen wollen, zu jeweils drei Jahren Haft verurteilt. Während der Untersuchungshaft besucht die Journalistin Ulrike Meinhof Gudrun Ensslin im Gefängnis, um für einen Artikel (s. Ulrike Marie Meinhof: »Warenhausbrandstiftung« in *Konkret* Nr. 14 1968) zu recherchieren. Acht Monate später, im Mai 1969, werden die Verurteilten vorläufig aus der Haft entlassen. Nach einer negativen Revisionsentscheidung des Bundesgerichtshofes im November 1969 geht Horst Söhnlein zurück ins Gefängnis, während sich die anderen Verurteilten nach Frankreich absetzen. Thorwald Proll flieht von Paris aus in die Schweiz, Gudrun Ensslin und Andreas Baader kehren (illegal) nach Deutschland zurück. Am 4. 4. 1970 wird Andreas Baader bei eine Verkehrskontrolle in Berlin erneut verhaftet und in der Justizvollzugsanstalt Berlin-Tegel inhaftiert. Im Zusammenhang mit der Arbeit an einem Buchprojekt mit Ulrike Meinhof wird Baader am 14. 5. 1970 zu einer durch seinen Anwalt Horst Mahler erwirkten Literatursichtung in das Institut für soziale Fragen gebracht, wo ihn Meinhof bereits erwartet. Bei der folgenden Befreiungsaktion wird der Institutsangestellte Georg Linke angeschossen. Erst danach, in einem nicht namentlich gekennzeichneten Brief an die Westberliner Untergrundzeitung *883* zur Baader–Befreiung, wird von dem Aufbau einer ›Rote Armee Fraktion‹ (RAF) gesprochen.

Die ›Bilanz‹ der nun beginnenden Auseinandersetzung von ›Aktionen‹ der RAF und ›Gegenreaktionen‹ des Staates bis zur Entstehung von *Soviel Liebe auf einmal* im Dezember 1971 stellt sich rückblickend in den ›wichtigsten‹ Daten wie folgt dar:

29. 9.1970 (West-Berlin) – Die RAF verübt den ›Dreierschlag‹ in Berlin: Sie überfällt zur selben Zeit drei Banken. An der Aktion sind mindestens 16 Personen beteiligt. Beute: über 217 000 DM.

8. 10. 1970 – In der Knesebeckstraße 89 in Berlin verhaftet die Polizei Horst Mahler, Ingrid Schubert, Monika Berberich, Brigitte Asdonk und Irene Goergens.

15. 1. 1971 – Bei zwei Überfällen zur selben Zeit erbeutet die Gruppe in Kassel 114 000 DM.

6. 5. 1971 – Astrid Proll wird in Hamburg verhaftet.

15. 6. 1971 – Die mutmaßliche Terroristin Petra Schelm wird bei einem Schußwechsel mit der Polizei anläßlich einer Verkehrskontrolle in Hamburg getötet; ihr Begleiter, Werner Hoppe, wird festgenommen.

22. 10. 1971 – In Hamburg wird der Polizeimeister Norbert Schmid durch das RAF-Mitglied Gerhard Müller bei einer Fahndungsaktion erschossen. Müller und Ulrike Meinhof können fliehen, in der Nähe des Tatorts wird die gesuchte Margrit Schiller festgenommen.

4. 12. 1971 – Bei einer Fahndungsaktion in West-Berlin wird der gesuchte Student Georg von Rauch erschossen.

22. 12. 1971 – Bei einem Überfall auf die Bayerische Hypotheken- und Wechselbank in Kaiserslautern erbeutet die Gruppe 134 000 Mark. Dabei erschießen RAF-Mitglieder den Polizeibeamten Herbert Schoner.

Vgl. u. a.: Aust, Stefan (1985): *Der Baader-Meinhof-Komplex*. Hamburg: Hoffmann und Campe. – Schwind, Hans-Dieter ([Hg.] 1978): *Ursachen des Terrorismus in Deutschland*. Berlin/New York: de Gruyter. – Behn, Hans Ulrich (1981): *Politische Zeittafel 1949–1979*. Hrsg. vom Presse- und Informationsamt der Bundesregierung, Bonn. – Mecklenburg, Jens ([Hg.] 2001): *Margrit Schiller. Es war ein harter Kampf um meine Erinnerung. Ein Lebensbericht aus der RAF*. München/Zürich: Piper.

## *Überlieferung*

### Typoskripte

TH[1]: Erstschr.; 3 Bll.
 (HA 1326–256, Bll. 48–50)
TH[2]: Erstschr., 3Bll., eh. Notiz: »(?) 1. Version verworfen«, unvollst.
 (HA 1326–256, Bll. 51–53)
TH[3]: Erstschr. und Durchschr. (grün und gelb); 18 Bll., auf Bl. 3 eh. Notiz: »2. Version verworfen 24. 12. 71«, auf Bl. 9 eh. Notiz: »Verworfen 2. Version 25. 12. 71«.
 (HA 1326–256, Bll. 54–71)
TH[4]: Erstschr. und Durchschr. (grün); 16 Bll., masch. Titel: »›Soviel Liebe auf einmal‹« und eh. Sign.: 900/71 und eh. Notiz: »3. Version verworfen 25. 12. 71«; Reinschr. am roR eh. pag. 1–8.
 (HA 1326–256, Bll. 72–87)
tH[5]: Durchschr. (grün); 7 Bll., eh. Sign. und masch. durchschr. Titel: »Soviel Liebe auf einmal«.
 (HA 1326–256, Bll. 88–94)

### Drucke

Z: *Der Spiegel* (Hamburg). – 26. Jg., Nr. 3 (10. 1. 72), S. 54–57 u. d. T.: »Will Ulrike Gnade oder freies Geleit?«
D[1]: *Freies Geleit*, S. 27–33.
D[2]: *NPLS* 1973, S. 230–238.
D[3]: *ESR* II, S. 542–549.
D[4]: *EAS* 4, S. 222–229.

## *Textgrundlage*

Textgrundlage ist D[3]. Die von Böll verwandten Zitate wurden überprüft und gegebenenfalls korrigiert.

## Varianten

41. 2 *Geleit]* »Will Ulrike Gnade oder freies Geleit?« Z, D $^1$
41. 17–18 *Verdächtigten]* Verdächtigen Z, D $^1$ Verdächtigungen D $^2$
45. 11 *darauf]* drauf Z, D $^1$, D $^2$
45. 13 *Meinhof]* Ulrike Meinhof Z, D $^1$
46. 9 *ausüben ]*, oder sind die jungen Juristen alle darüber informiert, auf dem Hintergrund welcher Rechts*geschichte* sie ihren Beruf ausüben? Z, D $^1$, D $^2$
48. 17 *Herren]* Fehlt D $^1$
49. 15 *glückseliges]* glückliches D $^1$

## Stellenkommentar

41. 1 *Ulrike Meinhof]* Ulrike Meinhof (1934–1976), Journalistin; von 1959 bis 1968 Redakteurin und Kolumnistin der Zeitschrift *Konkret*; Gründungsmitglied der »Rote Armee Fraktion« (RAF). – Die Gruppe um Andreas Baader und Ulrike Meinhof, die sich ab 1970 Rote Armee Fraktion (RAF) nannte, entstand aus der radikalisierten Studentenbewegung Ende der 1960er Jahre. S. *Hintergrund*. Zu Einzelheiten vgl. insbesondere: Aust, Stefan (1985): *Der Baader-Meinhof-Komplex*, Hamburg: Hoffmann und Campe.

41. 2 *freies Geleit]* Die im Mittelalter einem flüchtigen Angeklagten erteilte Zusicherung, daß er vor der Rache des Verletzten geschützt sei und im Falle einer Verurteilung ungefährdet zurückkehren dürfe, wenn er sich dem Gericht stelle.

41. 5–7 *Dicke Überschrift ... mordet weiter«]* Die Überschrift in der *Bild*–Zeitung v. 23. 12. 1971 lautete: »Baader-Meinhof-Bande mordet weiter«. – Böll weigerte sich selbst bei diesem Zitat, die in der Öffentlichkeit und insbesondere in der *Bild*–Zeitung häufig benutzte Bezeichnung »Bande« für die RAF zu übernehmen. – Andreas Baader (1943–1977), Mitglied der Rote Armee Fraktion (RAF).

41. 21–22 *Rauber, der Chef der Kaiserslauterer Kriminalpolizei]* Hermann Rauber (1919–2001), Kriminaloberrat.

41. 30 *Manifest der Gruppe]* Als Verfasserin des Manifests gilt Ulrike Meinhof. In diesem Manifest taucht zum ersten Mal der Name »Rote Armee Fraktion« auf; als Gruppenzeichen erscheint der Stern mit der Maschinenpistole »Heckler & Koch MP 5«. – Vgl. Schubert, Alex (1971): *Stadtguerilla. Tupamaros in Uruguay. Rote Arme Fraktion in der Bundesrepublik*. Berlin: Wagenbach-Verlag (Rotbuch 26), S. 108–130. S. a. *Hintergrund*.

42. 1–7 *»Am 14. Mai ... wahr ist.«]* Schubert 1971, S. 111. – Der in Klammern gesetzte Einschub ist eine Ergänzung Bölls.

42. 8–14 »*Wir machen nicht ... auch laufen.*«] Schubert 1971, S. 111.
42. 15 *Bulle]* Hier: ugs. abwertender Ausdruck für Polizisten.
42. 17 *die bisher nachgewiesenen Taten* ] S. *Hintergrund.*
42. 19 *Den bewaffneten Kampf unterstützen! Sieg im Volkskrieg!]* Schubert 1971, S. 111; dort steht der Aufruf in Versalien.
42. 19–21 *so klingt das ... worden ist]* Vgl. – auch zur Form der Berichterstattung in Springer-Medien – *Bild*–Zeitung v. 14. 2. 1971, in der auf S. 1–3 (!) u. d. T.: »Meinhof-Bande plant vier neue Banküberfälle. Diesmal mit Pistolen und Schnellfeuer-Gewehren« Fahndungsfotos von vier Mitgliedern der Gruppe (Baader, Meinhof, Grashof und Proll) veröffentlicht werden.
42. 23 *Linke]* S. *Hintergrund.*
42. 25–29 »*Die Frage ... beantwortet werden.*«] Schubert 1971, S. 110. – Das Zitat enthält dort eine in Klammern gefaßte Erläuterung zur Person Linkes durch Schubert.
42. 32 *Kuhlmann]* Werner Kuhlmann (1921–1992), SPD-Politiker und Gewerkschafter.
43. 1 *Theorien ... Praxis ist]* S. *Hintergrund.*
43. 6–9 »*Weder ... Tanz.*«] Schubert 1971, S. 111.
43. 33 *Schelm]* Petra Schelm (1950–1971), Mitglied der RAF; s. *Hintergrund.*
43. 34 *Georg von Rauch]* Georg von Rauch (1947–1971), Philosophiestudent und Sympathisant der RAF; s. *Hintergrund.*
43. 34 *zum Hauch wird]* Georg von Rauch wird in der *Bild*–Zeitung vom 23. 12. 1971 als »Georg von Hauch« bezeichnet (unter der Rubrik »Die Opfer der Baader-Meinhof-Bande«).
44. 2–3 *Hermann Göring ... zu zählen]* Hermann Göring (1893–1946), NSDAP-Politiker und Militär; 1946 als ranghöchster Nationalsozialist vor dem Internationalen Militärgerichtshof in Nürnberg angeklagt und zum Tode verurteilt (1. 10. 1946). Göring beging zwei Stunden vor der Hinrichtung Selbstmord durch Vergiftung (15. 10. 1946).
44. 6 *Frankfurter Kaufhausbrandstiftung]* Zu dem am 2. 4. 1968 verübten Brandanschlag s. *Hintergrund.*
44. 7 *Baaders Befreiung]* S. *Hintergrund.*
44. 7–8 *Schußwechsel am 24. 12. 70 in Nürnberg]* Im Rahmen einer Polizeikontrolle kommt es am Abend des 24. 12. 1970 in Nürnberg zu einem Schußwechsel zwischen Polizeibeamten und dem RAF-Sympathisanten Heinrich »Ali« Jansen (geb. 1949), als dieser im Rahmen einer Polizeikontrolle nach einem versuchten Autodiebstahl gestellt wird. Vgl. zu diesem Vorfall im einzelnen Aust, Stefan (1985): *Der Baader-Meinhof-Komplex.*
44. 22 *krypto]* Griech.: verborgen, versteckt.
44. 22 *faschistoid]* Faschistische Züge zeigend.

44. 35 *Herrn XY Zimmermann]* Eduard Zimmermann (geb. 1929), Fernsehmoderator, bekannt geworden u. a. durch die Sendung »Aktenzeichen XY ... ungelöst«, die seit dem 20. Oktober 1967 als Fahndungsserie im *Zweiten Deutschen Fernsehen* (ZDF), später auch im schweizerischen und österreichischen Fernsehen ausgestrahlt wurde. Diese Sendung war ein publikumswirksamer Versuch, das Fernsehen in den Dienst der Verbrechensbekämpfung zu stellen: Ca. 40 % der dargestellten Kriminalfälle konnten gelöst werden. Zimmermann moderierte die Sendung 300 mal (bis zum 24. 10. 1997).

45. 6–7 *Mischung von fact und fiction]* Anspielung auf die Dramaturgie der Fernsehsendung »Aktenzeichen XY ... ungelöst«, die in einer Mischung aus Tatsachen und Erfindungen reale Kriminalfälle nachstellt.

45. 26–27 *»Soviel Liebe auf einmal«. ]* S. Entstehung.

46. 6 *Währungsreform]* S. Stellenkommentar zu 11. 2.

46. 10–13 *Bundesminister ... Richter in Schneidemühl]* Hans Krüger (1902–1971), CDU-Politiker und Jurist; am 16. 10. 1963 zum Bundesminister für Vertriebene, Flüchtlinge und Kriegsgeschädigte ernannt, trat am 22. 1. 1964 zurück, als seine NS-Vergangenheit bekannt wurde, insbesondere seine Tätigkeit als Oberamtsrichter und Beisitzer in der westpreußischen Kleinstadt Konitz und des dort tätigen Sondergerichts, das für zahlreiche Terrorurteile einschließlich Todesstrafen gegen Polen verantwortlich war. Die von Böll angegebene Stadt Scheidemühl konnte als Dienstort Krügers nicht nachgewiesen werden. Konitz befindet sich ebenso wie Scheidemühl in der Nähe von Bromberg. Vgl. zu diesem Vorgang die Berichte im *Spiegel*: – anon. (1964): »Es kam auf ihn zu«. In: *Der Spiegel*, Nr. 1/2/64 v. 8. 1. 1964, S. 20; – anon.(1964): »Einfach durchhalten«. In: *Der Spiegel*, Nr. 4/64 v. 20. 1. 1964, S. 19/20.

46. 14–15 *Satrapen wie Baldur von Schirach]* Satrapen: Lat.-griech.: Statthalter einer Provinz; als ›Satrapenwirtschaft‹ abwertende Bezeichnung für die Willkür von Behörden. – Baldur von Schirach (1907–1974), NSDAP-Politiker. Am 17. 6 1933 erfolgte seine Ernennung zum Jugendführer des Deutschen Reiches; er war damit zuständig für die gesamte außerschulische Jugenderziehung (Hitlerjugend). 1946 wurde er im Hauptkriegsverbrecherprozeß in Nürnberg zu 20 Jahren Haft verurteilt. Am 30. 9. 1966 wurde er aus dem Spandauer Kriegsverbrechergefängnis entlassen.

46. 24–25 *das Rotbuch 24]* Meinhof, Ulrike Marie (1970): *Bambule. Fürsorge – Sorge für wen?* Berlin: Wagenbach Verlag (Rotbuch 24).

46. 26–27 *als Film immer noch nicht gesendet]* Die Ausstrahlung des für den *Südwestfunk* Baden-Baden produzierten Fernsehspiels (Regie: Eberhard Itzenplitz [geb. 1926]) war ursprünglich für den 24. 5. 1970 vorgesehen. Da Ulrike Meinhof in die Befreiung des inhaftierten Andreas Baader am 14. 5. 1970 verwickelt war und von der Polizei gesucht wurde, wurde das

Fernsehspiel »Bambule« kurzfristig von der *ARD* abgesetzt. Seine Erstausstrahlung erfolgte im Mai 1994.

46.29–31 *auf Anraten* ... *sind]* Konrad Adenauer (1876–1967), CDU-Politiker; 1917–1933 Oberbürgermeister von Köln; 1946 Mitbegründer der CDU; 1949–1963 Bundeskanzler. Mit seiner Regierungserklärung vom 20. 9. 1949 setzte Adenauer ein wichtiges Signal, was die für ihre Verbrechen während der Zeit des Dritten Reiches verurteilten Nationalsozialisten betraf: Er forderte, die Aufhebung der Unterscheidung zwischen »zwei Klassen von Menschen in Deutschland«, zwischen »politisch Einwandfreien« und »Nichteinwandfreien«, rasch aufzuheben. Die Bundesregierung sei entschlossen, dort wo es ihr vertretbar erscheine, »Vergangenes vergangen sein zu lassen«. Adenauer stellte in Aussicht, »bei den Hohen Kommissaren dahin vorstellig zu werden, daß entsprechend für von alliierten Militärgerichten verhängte Strafen Amnestie gewährt wird« (Zit. nach: *Stenographische Berichte des Deutschen Bundestages, 1. Wahlperiode*, S. 27. In: Frei, Norbert (2001): *Karrieren im Zwielicht. Hitlers Eliten nach 1945*. In Zusammenarbeit mit Tobias Freimüller/Marc von Miquel/Tim Schanetzky/Jens Scholten/Matthias Weiß. Frankfurt am Main/New York: Campus Verlag, S. 310).

Einen ersten gesetzlichen Schritt stellte das am 31. 12. 1949 in Kraft getretene erste Amnestiegesetz dar, von dem vor allem Mediziner, Juristen und ehemalige Offiziere der Wehrmacht profitierten. – Vgl. auch Böll im Gespräch mit Peter Hamm und Renate Matthaei, *Süddeutscher Rundfunk* (Stuttgart) 18. 5. 1975: »Das war sehr deutlich zu spüren so 50, 51, daß wir wieder aufgerüstet werden sollten, daß man sehr, sehr gnädig mit alten Nazis und regelrechten Kriegsverbrechern umging, die alle entlassen wurden und so irgendwo versteckt, alte Generäle auch Politiker. Und die Tendenz dieser scheinbaren Milde war deutlich zu spüren dann 52, 53 usw., [...] von da an ist die deutsche Innenpolitik eigentlich permanent korrumpiert worden, aus äußerem Druck, zum Teil auch aus Anpassung, und von da an hat sich mein politisches Engagement, wie man das nennt, entwickelt – verschärft auch.« Zit. nach: *Querschnitte. Aus Interviews, Aufsätzen und Reden von Heinrich Böll.* Zusammengestellt von Viktor Böll und Renate Matthaei. Köln: Kiepenheuer & Witsch 1977, S. 138f.

46.38–47.1 *sie alle ... noch Deutsche]* Böll verwendet hier sinngemäß einen Ausspruch von Kaiser Wilhelm II., der am 4. 8. 1914 in einer Reichstagssitzung zum Thema »Kriegskredite« gesagt hatte: »Ich kenne keine Parteien mehr, ich kenne nur noch Deutsche.«

47.3 *Fraktionschinesisch]* Ugs. für unverständliche Redeweise.

47.11 *Gesabbere]* Ugs. für Geschwätz, dummes Gerede.

47.15 *Gebetsmühlen]* Ugs. für ständiges Wiederholen einer Sache oder einer Äußerung.

47. 16–17 *Paulinchen war allein zu Haus]* Erste Zeile des Gedichts »Die gar traurige Geschichte mit dem Feuerzeug« aus der Geschichtensammlung *Der Struwwelpeter* (1846) von Heinrich Hoffmann (1809–1894).

47. 31 *Stürmer] Der Stürmer*: Ein 1923 von Julius Streicher (1885–1946) in Nürnberg begründetes antisemitisches Hetz- und Kampfblatt der Nationalsozialisten.

47. 34 *auf der Flucht erschossen]* Vor allem in der Zeit des Nationalsozialismus verwendeter euphemistischer Ausdruck für staatlich sanktionierten Mord.

48. 7–8 *Hintergrund einer Rechtsgeschichte]* Böll verweist hier auf die Praxis der Rechtsprechung in der Zeit des Nationalsozialismus.

48. 20 *Pragmatismus]* Den Tatsachen gemäß sachbezogen handeln.

48. 28 *Hitlerjugendwehwehchen]* Hitlerjugend (HJ): Jugendorganisation der NSDAP, die am 1. 12. 1936 in Deutschland »zur körperlich-geistigen sowie sittlichen Erziehung der Jugend« eingerichtet worden war und seit 1939 auch der vormilitärischen Ausbildung diente.

48. 35 *Metaphysik]* Philosophische Disziplin oder Lehre, die hinter der sinnlich erfahrbaren, natürlichen Welt liegende Seinsgründe zu denken versucht.

49. 2 *historischer Feudalismus]* Auf Lehensrecht aufgebaute Wirtschafts- und Gesellschaftsform, in der die Herrschaftsfunktion von der über den Grundbesitz verfügenden aristokratischen Oberschicht ausgeübt wird.

49. 3 *Freistätten]* Freistatt: Bezeichnung für Zufluchtsort oder Asyl.

49. 6 *Unfehlbarer, als alle Päpste zusammen]* Böll verweist hier ironisch auf das kirchliche Dogma von der päpstlichen Unfehlbarkeit, das am 18. 7. 1870 auf dem I. Vatikanischen Konzil verkündet wurde.

⟨Fall Höhn⟩

## Entstehung

Der in Bölls Arbeitsbuch unter der Sign. 910/72 verzeichnete Leserbrief (zur Dokumentation »Sozialdemokraten decken Himmler-Freund: wie lange noch? Fall Prof. Höhn und die Harzburger Akademie vor dem Bundestag« im *Vorwärts* v. 13. 1. 1972, S. 7–89) ist dort auf den 21. 1. 1972 datiert (*AB* I, Bl. 118) (NE).

## Überlieferung

### Typoskripte

TH: Erstschr. und Durchschr. (grün); 2 Bll., mit eh. Unterschrift und Datum (21. 1. 72) sowie eine hs. Ergänzung: »veröffentlicht aN–5/72«; auf der Durchschr. eh Sign.: 910/72.
(HA 1326–256 Bll. 102–103)

### Drucke

Z: *Vorwärts* (Bonn). – 83. Jg. Nr. 5 (27. 01. 1972), S. 4.
D: »*Harzburger Front*« *1972? Dokumentation des PDA.* – *Pressedienst der Demokratischen Aktion*, München: 1972 (= *Schriftenreihe des »Pressedienstes der Demokratischen Aktion«* 8), S. 3.

## Textgrundlage

Textgrundlage ist Z.

## Varianten

50. 3–7 *Lieber Herr Gründler, ... worden ist.]* Fehlt D
50. 15–19 *Nicht ... unfaßbar]* Fehlt D

50, 24 *Freundlichkeiten]* Freundlichkeit *D*
50. 25-26 *bezeichnen, objektiv ]* bezeichnen. Objektiv *D*
50. 28 *Weise auf eine fürchterliche Weise ]* Weise, auf eine fürchterliche Weise *D*

## Stellenkommentar

50. 1 *Höhn]* Reinhard Höhn (1904-2000), Staats- und Verwaltungsrechtler; Mitglied der NSDAP und der SS; 1933-35 Hauptabteilungsleiter im Sicherheitsdienst (SD) unter Reinhard Heydrich; Vorgesetzter Adolf Eichmanns; nach dem Krieg untergetaucht. Höhn leitete seit 1955 die Akademie für Führungskräfte der Wirtschaft in Bad Harzburg. Er vertrat u. a. die nie korrigierte Ansicht, daß der Eid auf Hitler auch nach dem Tod des ›Führers‹ gültig sei. Am 9. 12. 1971 veröffentlichte die sozialdemokratische Zeitung *Vorwärts* einen Bericht von Bernt Engelmann über die Bad Harzburger Führungskräfte-Akademie, der am Beispiel von Lehr- und Unterrichtspraktiken sowie der Person Höhns und der politischen Vergangenheit weiterer Akademie-Dozenten die Frage aufwarf, ob der ehemalige SS-Oberführer Höhn ›Führungskräfte der Wirtschaft‹ unterrichten dürfe. S.a. »›Harzburger Front‹ 1972?« Dokumentation des PDA. Nr. 8. Schriftenreihe des »Pressedienst der Demokratischen Aktion« [München, April 1972, 35 S.].

50. 4-5 *nachdem ... las]* Gerhard E. Gründler (geb. 1930), Journalist; zum Zeitpunkt der Entstehung des Leserbriefs Chefredakteur (1971-1976) der 1876 gegründeten sozialdemokratischen Wochenzeitung für Politik, Wirtschaft und Kultur *Vorwärts*. Böll reagiert mit seinem Leserbrief nicht auf den der Auseinandersetzung vorausgehenden Artikel Bernt Engelmanns im *Vorwärts* v. 9. 12. 1971, sondern auf die Reaktionen auf diesen Artikel, die in der Ausgabe vom 13. 1. 1972 dokumentiert wurden.

50. 9-10 *vier Fragen]* Im *Vorwärts* vom 13. 1. 1972, S. 7, ist in Spalte drei unter der Überschrift »Vier Fragen an H. Schmidt« ein »Offener Brief an den Bundesverteidigungsminister« abgedruckt, in dem u. a. Hans Helmut Kirst, Bernt Engelmann, Ulrich Sonnemann, Günter Wallraff und Siegfried Lenz nach Helmut Schmidts Kenntnis der NS-Vergangenheit von Mitarbeitern der Harzburger Akademie und den daraus zu ziehenden Konsequenzen fragen.

50. 14-15 *Todesadministration]* Böll spielt hier auf Höhns Tätigkeit als hoher SS-Offizier und als Vorgesetzter Adolf Eichmanns während des Nationalsozialismus an. (Vgl. *Wie das Gesetz es befahl* – Bölls Rezension zu H. G. Adler *Der verwaltete Mensch*, S.297 ff.)

50. 16-18 *ist die Naivität ... machen]* Hinweis Bölls auf die Tatsache,

daß auch SPD-Politiker Höhn verteidigt haben. Vgl. *Vorwärts*. Nr. 3 v. 13. 1. 1972, S. 7.

50. 27 *Eichmanns Vernichtungspolitik]* Adolf Eichmann (1906–1962), NSDAP-Politiker, NS-Funktionär; als SS-Obersturmbahnführer im Reichssicherheitshauptamt (RSHA) zuständig für die »Endlösung der Judenfrage« und damit maßgeblicher Organisator des Holocaust. Der israelische Geheimdienst spürte Eichmann 1960 in Argentinien auf und entführte ihn nach Israel, wo er sich ab Februar 1961 in einem aufsehenerregenden Prozess für seine Taten verantworten mußte. Eichmann wurde im Dezember 1961 zum Tode verurteilt und im März 1962 hingerichtet. (Vgl. auch *Befehl und Verantwortung. Gedanken zum Eichmann-Prozeß*, KA Bd. 12; EAS 2, S. 135–138.)

50. 29–30 *Publikationen etwa von H. G. Adler]* Hans Günther Adler, (1910–1988), Schriftsteller und Soziologe. Werke (u. a.): *Theresienstadt 1941–1945. Das Antlitz einer Zwangsgemeinschaft. Geschichte, Soziologie, Psychologie*. Tübingen: J. C. B. Mohr 1955. – *Die Juden in Deutschland. Von der Aufklärung bis zum Nationalsozialismus*. München: Kösel 1960. – *Auschwitz. Zeugnisse und Berichte*. Hg. zusammen mit Hermann Langbein und Ella Lingens-Reiner. Frankfurt/M.: Europäische Verlags-Anstalt 1962. – *Unser Georg. Und andere Erzählungen*. Wien: Bergland Verlag 1961. – *Panorama* [autobiographischer Roman], Olten: Walter 1968.

⟨Schwarzer Mittwoch beim ZDF⟩

## Entstehung

Die in Bölls Arbeitsbuch unter der Sign. 916/72 verzeichnete Reaktion Bölls auf zwei ZDF–Sendungen am 26. 1. 1972 ist dort auf den 30. 1. 1972 datiert (*AB* I, Bl. 119) (NE).
Der Text entspricht inhaltlich einem Brief an den Intendanten des *ZDF*, Holzamer, den Böll noch am Tag der Sendung (27. 1. 1972) formulierte (HA 1326-268, Bll. 144-149). Gedacht als Beitrag für die *Frankfurter Rundschau*, wurde er von Böll aber nicht abgeschickt, ebenso wie der *Leserbrief an die Süddeutsche Zeitung*, s. 71. Die Gründe liegen in beiden Fällen wahrscheinlich darin, daß Böll fast täglich auf ähnliche Kommentare hätte reagieren müssen und die Reaktionen wieder neue Kommentare nach sich gezogen hätten. Während der *Leserbrief an die Süddeutsche Zeitung* aber Aufnahme in *Freies Geleit* fand, wurde der vorliegende Beitrag zu Bölls Lebzeiten nicht publiziert.

## Überlieferung

### Typoskripte

tH: Durchschr. (gelb); 3 Bll., eh Sign.: 916/72 auf Bl. 3 eh. durchschr. Unterschrift; am roR eh. durchschr. Pag. 1-3.
(HA 1326-268, Bll. 140-142)

## Textgrundlage

Textgrundlage ist tH.

## Stellenkommentar

51. 19-20 *ich ... Faschisten]* Bezieht sich auf die Äußerung des Chefredakteurs des *Zweiten Deutschen Fernsehens* (ZDF), Rudolf Woller (1922-1996, Chefredakteur des ZDF 1971-1976), in seinem Kommentar in-

nerhalb der Nachrichtensendung (beginnend um 22.50 Uhr) am 26. 1. 1972: »Er [Böll] wird nicht müde, diesen unseren Staat als das gesetzgewordene Böse zu diffamieren. Er möchte anderen, die anderer Meinung sind, mit dem Urteil ›faschistisch‹ den Mund verbieten.« (Zit. nach *Freies Geleit*, S. 106.)

51. 20–21 *Holzamer]* Karl Holzamer (geb. 1906, Intendant des ZDF 1962–1977).

51. 29–30 *Behauptete ... tun]* Innerhalb seines Kommentars behauptete Woller: »Und er, der Präsident des internationalen ›PEN-Clubs‹ findet kaum ein Wort der Verteidigung für sowjetische Schriftsteller, die für ihre Überzeugung in Irrenhäuser und Gefängnisse gehen. Ohne gerechten Prozeß übrigens ...« (Zit. nach *Freies Geleit*, S. 106.)

51. 31–32 *Das ... widerlegt]* Klaus Harpprecht (geb. 1927, Journalist und Publizist) führte in seinem Kommentar am 27. 1. 1972 in den *ZDF*-Spätnachrichten u. a. aus: »Ein Nachwort zu Heinrich Böll: es ist fatal, seine unmißverständliche Härte in der Affäre Baader-Meinhof und seine mißverständliche Zurückhaltung im Fall Bukowski zu vermengen – und hier widerspreche ich dem Kommentar Rudolf Wollers [...]. Bölls Reserve erklärt sich aus der Tatsache, daß er entschiedener und vermutlich erfolgreicher für die Freiheit der Schriftsteller in Osteuropa und der Sowjetunion gewirkt hat als irgendeiner seiner Kollegen. Mit sehr hohem persönlichen Mut.« (Zit. nach *Freies Geleit*, S. 112.)

51. 33 *zur Mitternacht hin gerutscht]* Die Spätnachrichten im ZDF am 27. 1. 1972 waren um 23 Uhr vorgesehen, verzögerten sich aber wegen der vorher ausgestrahlten und verlängerten Sendung »Journalisten fragen – Politiker antworten« bis gegen Mitternacht.

52. 1–3 *Lastet ... gehabt]* Ulrike Meinhof war weder an der Planung noch an der Durchführung der Kaufhausbrandstiftung beteiligt. S. *Hintergrund* S. 455 ff.

52. 11 *das berühmte Wuppertaler Zitat]* Das Zitat aus der Rede zur Eröffnung des Wuppertaler Schauspielhauses am 24. 9. 1966, *Die Freiheit der Kunst* (*KA* Bd. 15; *EAS* Bd. 3, S. 224–228) lautet: »Dort, wo der Staat gewesen sein könnte oder sein sollte, erblicke ich nur einige verfaulende Reste von Macht, und diese offenbar kostbaren Rudimente von Fäulnis werden mit rattenhafter Wut verteidigt.« Dieses Zitat wird in Zukunft häufiger gebraucht, um Bölls ›Staatsverdrossenheit‹ zu belegen. Vgl. *Ich habe die Nase voll! KA* Bd. 19; *EAS* 5, S. 165–170.

52. 22–23 *mitten aus der Krise der Regierung Erhard]* Die ›Krise‹ der Regierung unter Bundeskanzler Erhard wurde durch die Weigerung der in einer Koalition mit der CDU regierenden FDP ausgelöst, die während der ersten Wirtschaftskrise der Bundesrepublik (1966) von der CDU geforderte Steuererhöhungen nicht mittragen wollte. Nachdem die FDP-Minister die Regierung verlassen hatten, regierte Ludwig Erhard mit einem Minderheits-

kabinett und war damit unfähig, parlamentarische Mehrheiten für Regierungsvorhaben zu finden. Vgl. hierzu die Titelgeschichte des *Spiegel* Nr. 45 v. 31. 10. 1966 unter dem Bölls gleichnamiger Erzählung entlehnten Titel »Ende einer Dienstfahrt«, der ein Zitat aus Bölls Wuppertaler Rede (Wortlaut des Zitats s. *Stellenkommentar* zu 52. 11) vorangestellt ist und in dem es u. a. heißt: »Seit Ende letzter Woche weiß die deutsche Nation, daß Heinrich Bölls Vision vom nicht mehr auffindbaren Staat makabre Wirklichkeit geworden ist. In Bonn amtierte ein Kanzler, den seine eigene Partei loswerden will [...]. Zwar standen die Leichenträger, die ihn heraustragen möchten, schon vor der Tür. Aber sie alle – ob Barzel, ob Strauß [...] – wagten sich nicht die Tür aufzustoßen, weil sie sich scheuten, damit den Wählern den Bankrott der christlich-demokratischen Politik zu offenbaren.«

52. 28–30 *Schließlich ... auf]* Innerhalb seines Kommentars in den ZDF-Spätnachrichten führte Rudolf Woller aus: »Das ist das Dilemma des Heinrich Böll: daß er sich nicht mehr verständlich machen kann. Moralisten mit einseitiger Moral erreichen das Gewissen eines Volkes nicht mehr. Er, der mit seinen Büchern in Ost und West Millionen verdient haben dürfte – spürt er noch die Verantwortung des Wortes?« (Zit. nach *Freies Geleit*, S. 106.) Vgl. *Offenbarungseid*, S. 68ff.

53. 4 *Boenischs]* Peter Boenisch (geb. 1927), Journalist, Chefredakteur der *Bild*-Zeitung.

53. 8–9 *ZDF ein Kündigungsschreiben schicke]* Tatsächlich berichtete die *Welt am Sonntag* am 12. 2. 1972 unter der Überschrift »Böll kündigt beim ZDF«, daß Böll »gegenüber dem Intendanten des Zweiten Deutschen Fernsehens erklärt [habe], er werde seine Mitarbeit bei der Mainzer Anstalt einstellen«. In der Ausgabe der *Welt am Sonntag* vom 20. 2. 1972 mußte dazu eine Gegendarstellung Heinrich Bölls publiziert werden: »Dazu wird festgestellt: ›Zu keinem Zeitpunkt habe ich gegenüber dem Intendanten des ZDF eine solche Erklärung, sei es wörtlich, sei es sinngemäß, abgegeben‹.« (Bestätigt wurde diese Angabe in einem Telegramm des Intendanten des ZDF, Prof. Holzamer, an Heinrich Böll am 14. 2. 1972. S. *Freies Geleit*, S. 186.)

53. 9–12 *Es gibt ... unsäglichen Herrn Löwenthal]* In einer Anmoderation zu einem Beitag über die (politische) Situation an deutschen Hochschulen im ZDF-Magazin um 20.15 Uhr am 26. 1. 1972 hatte Gerhard Löwenthal (1922–2002, Journalist und Fernsehmoderator) u. a. ausgeführt: »Der rote Faschismus [...] unterscheidet sich in nichts von dem braunen Faschismus. Und die Sympathisanten dieses Linksfaschismus, die Bölls und Brückners und all die anderen sogenannten Intellektuellen sind nicht einen Deut besser als die geistigen Schrittmacher der Nazis, die schon einmal soviel Unglück über unser Land gebracht haben.« (Zit. nach *Freies Geleit*, S. 104.)

Über diesen Kommentar gab es von seiten des Redaktionskollegiums im *ZDF* heftige Kritik an Gerhard Löwenthal (vgl. auch den Bericht in *Evangelischer Pressedienst* Nr. 7 v. 19. 2. 1972, S. 2). Das von Böll genannte ›andere Mittel‹ gegenüber Löwenthal war die Beantragung einer einstweiligen Verfügung beim Landgericht Köln am 9. 2. 1972 auf Unterlassung dieser Äußerung.

Bei der mündlichen Verhandlung vor dem Landgericht in Köln am 29. 3. 1972, bei der Heinrich Böll und Gerhard Löwenthal anwesend waren, wurde die Klage »in der Hauptsache für erledigt erklärt« (HA 1326 EK 8, Beschluß des Landgerichts Köln vom 12. 4. 1972, S. 3), weil Löwenthal in der Sendung des *ZDF*–Magazins am 16. 2. 1972 in Unkenntnis von Bölls Klage-Einreichung seine Äußerung relativiert hatte. In »eigener Sache« kommentierte Löwenthal seine Moderation: »In der Sendung vom 26. Januar machte ich einige Bemerkungen über die Gefahren, die unserer Demokratie drohen, und ich erwähnte dabei Heinrich Böll. Da gab es offenbar bewußte oder unbewußte Mißverständnisse. [...] Eine pauschale Verdächtigung von Herrn Böll als Nazi oder Kommunisten lag mir natürlich genauso fern wie eine Diffamierung seiner Person [...].« (S. zum Prozeßverlauf auch den Bericht: »In Sachen Böll gegen Löwenthal« im *Kölner Stadt-Anzeiger* v. 30./31. 3. 1972.)

⟨Man muß zu weit gehen⟩

## *Entstehung*

Die in Bölls Arbeitsbuch unter der Sign. 908/72 verzeichnete Zusammenfassung der bisherigen Reaktionen auf den Artikel im *Spiegel* vom 10. 1. 1972 *Will Ulrike Gnade oder Freies Geleit* ist dort auf den 17. 1. 1972 datiert (*AB* I, Bl. 118) (NE).

## *Überlieferung*

### Typoskripte

TH¹: Erstschr.; 8 Bll.
    (HA 1326-256, Bll. 106-113)
TH²: Erstschr.; 12 Bll.; eh. Sign.: 908/72 und eh. Unterschrift auf Bl. 12.
    (HA 1326-256, Bll. 114-125)

### Drucke

Z:   *Süddeutsche Zeitung* (München). – 28. Jg., Nr. 23 (29./30. 1. 1972, *SZ am Wochenende*).
D¹: *Freies Geleit*, S. 142-144.
D²: *ESR* II, S. 551-558.
D³: *EAS* 4, S. 231-238.

## *Textgrundlage*

Textgrundlage ist D².

## *Stellenkommentar*

54. 3 *Schwierigkeiten beim Häuserbauen]* Reinhard Lettau (1929-1996), Schriftsteller und Literaturwissenschaftler; *Schwierigkeiten beim Häuserbauen*. Geschichten. München: Hanser 1962.

54. 9 *der Artikel im Spiegel]* Böll bezieht sich auf »Will Ulrike Meinhof Gnade oder freies Geleit?«. In: *Der Spiegel* v. 10. 1. 1972 (s. S. 41 ff.)

54. 10 *Meinhof]* Ulrike Meinhof (1934–1976), Journalistin, Gründungsmitglied der RAF.

54. 11 *mein Interview mit Peter Merseburger]* Peter Merseburger (geb. 1928), Fernsehjournalist und Publizist. – Interview mit Böll in dem politischen Fernsehmagazin *Panorama* (NDR/ARD) am 10. 1. 1972, gekürzt abgedruckt in *Freies Geleit*, S. 33–35.

54. 12 *Fall Bukowski]* Wladimir Bukowski (geb. 1942), sowj. Schriftsteller, Systemkritiker und Bürgerrechtler; von 1963 bis zu seiner Ausreise aus der Sowjetunion (1976) vielfach inhaftiert und zwangspsychiatrisiert; Autor zahlreicher kritischer Bücher über die Sowjetunion und über die Rußland-Politik des Westens.

54. 14 *im Fall Arnfrid Astel]* Böll bezieht sich auf ein Interview mit dem Journalisten Hanjo Kesting (geb. 1943) am 29. 12. 1971 im *Norddeutschen Rundfunk*; das Interview wurde am 10. 1. 1972 in der Sendung »Kurier am Mittag« ausgestrahlt. – Arnfrid Astel (geb. 1933), Schriftsteller und Rundfunkredakteur. – »Fall Astel«: 1971 wurde Astel vom damaligen Intendanten des Saarländischen Rundfunks Franz Mai (1911–1999, Intendant des *Saarländischen Rundfunks* 1958–1977) aufgrund eines ›politisierten‹ Literaturprogramms fristlos gekündigt. Als Entlassungsgründe wurden genannt: einige seiner Epigramme (besonders »Auto-Mobilmachung«, ein Protest gegen Altbundeskanzler Kiesinger bei einer CDU-Wahlveranstaltung), sein ehrenamtliches Engagement an der Jugendstrafanstalt Ottweiler und die Weitergabe eines rundfunkinternen Intendantenbriefs. 65 deutsche Autoren, Redakteure und Lektoren protestierten in einem Brief an den Intendanten Mai gegen die Entlassung Astels, der einen Prozeß vor dem Arbeitsgericht gewann und 1973 an seinen Arbeitsplatz zurückkehren konnte.

54. 19 *Stadt-Anzeiger]* Gemeint ist die Tageszeitung *Kölner Stadt-Anzeiger*.

54. 28 *Denger]* Erwin Denger (1914–1990), Oberstaatsanwalt.

54. 28 *Süddeutscher Zeitung]* Überregionale Tageszeitung aus München.

55. 24–25 *Herr Hicks ... nahm]* Wolfgang Hicks (1909–1983), Karikaturist, der schon in Nazi-Zeitungen publiziert hatte. Die von Böll erwähnte Karikatur, der Hicks den Titel des Romans *Ansichten eines Clowns* (1963, *KA* Bd. 13) gegeben hat, erschien in der *Welt* v. 17. 1. 1972; sie ist auch abgedruckt in *Freies Geleit*, S. 37.

55. 27 *schizophren]* Hier im übertragenen Sinn gebraucht: in sich widersprüchlich, in hohem Grade inkonsequent.

55. 27–28 *Vorsitzenden ... PEN]* Siehe *Hintergrund* zu *Die Internationale Nation*, S.427 ff.

56. 15–16 *Einstellung zur Besetzung der CSSR]* S. *Prag – ja oder nein*, S.230 ff.

56. 16 *Krämer-Badoni]* Rudolf Krämer-Badoni (1913–1989), Schriftsteller.
56. 17 *Habe]* Hans Habe (eigentl. Janos Békessy) (1911–1977), österr. Schriftsteller.
56. 17 *Scharnagl]* Wilfried Scharnagl (geb. 1938), von 1977–2001 Chefredakteur des CSU-Parteiblattes *Bayernkurier*. Vgl. »Demaskierter Böll«. In: *Bayernkurier* vom 15. 1. 1972, abgedruckt auch in *Freies Geleit*, S. 51–53.
56. 38 *H. H. nicht meinen Abtritt]* Hans Habe: »Treten Sie ab, Herr Böll«. In: *Welt am Sonntag* v. 16. 01. 1972, gekürzt in *Freies Geleit*, S. 55–57.
57. 5–6 *von der Erschießung Benno Ohnesorgs]* Benno Ohnesorg (1940–1967), Student der Germanistik. Am 2. 6. 1967 wird der Student Benno Ohnesorg bei einer Demonstration gegen den Schah von Persien in Berlin (West) von einem Polizeibeamten (Karl-Heinz Kurras) niedergeschossen – sein Tod wird zum Auslöser für eine Radikalisierung großer Teile der Studentenschaft. (S. *Hintergrund* zu *Soviel Liebe auf einmal*, S.455 ff.) Die im Januar 1972 gebildete terroristische »Bewegung 2. Juni« bezog sich in ihrem Namen auf Ohnesorgs Todestag.
57. 6 *bis zum Attentat auf Dutschke]* Alfred Willi Rudolf (›Rudi‹) Dutschke (1940–1979), Soziologe und Studentenführer. Am 11. 4. 1968 wird der Vorsitzende des »Sozialistischen Deutschen Studentenbundes« (SDS) Rudi Dutschke in Berlin (West), von Josef Erwin Bachmann, dem rechtsextreme Tendenzen nachgesagt werden, niedergeschossen und lebensgefährlich verletzt. 1979 stirbt Dutschke in Dänemark an den Spätfolgen des Attentats. (S. Hintergrund zu *Soviel Liebe auf einmal*, S.455 ff.)
57. 9–10 *Beschlagnahme des Roten Kalenders]* Im Zuge von Ermittlungsverfahren kam es mehrfach zur Durchsuchung des Wagenbach Verlags und zur Beschlagnahme von indizierten Texten; 1971 mehrfache Durchsuchung wegen der Veröffentlichung des Manifestes der RAF (s. *Stellenkommentar* zu 41. 30.) und Beschlagnahme des Manifests; 1971 Beschlagnahme des »Roten Kalenders für Lehrlinge und Schüler«.
57. 11 *Dutschke-Attentäter Bachmann fliehen konnte]* Josef Erwin Bachmann (1945–1970), Anstreicher und Maler.
57. 13 *Erschießung Georg von Rauchs]* Georg von Rauch (1947–1971), Philosophiestudent und Sympathisant der RAF (s. *Stellenkommentar* zu 259. 17).
57. 25 *Die Polemik gegen die Ostverträge]* Kurz nach ihrem Amtsantritt im September 1969 bemüht sich die SPD/FDP-Regierung um Gewaltverzichtsverträge mit der Sowjetunion, Polen und der CSSR. Diese Politik wird von der Koalition als Möglichkeit angesehen, eine mit dem Begriff der »Aussöhnung« verbundene Entspannung in Europa herzustellen, im Gegensatz zur CDU/CSU und der sie unterstützenden Presse, die darin einen

»Ausverkauf deutscher Interessen« sieht, der einen endgültigen Verzicht auf die östlichen, ehemals deutschen Gebiete zur Folge hatte.

57. 27 *Non, messieurs, non]* Frz.: Nein, meine Herren, nein.

57. 29–30 *Späne, die fallen, wenn gehobelt wird]* Abwandlung des Sprichwortes: »Wo gehobelt wird, fallen Späne«.

57. 34 *eine festgefügte Pressemauer gibt]* Böll verwendet die Bezeichnung »Pressemauer« zur Kennzeichnung der nahezu einheitlichen Reaktion der bundesdeutschen Presse, die auch im Fall der Terroristen und ihrer Sympathisanten keine differenzierte Analyse zuläßt.

57. 37 *Baader-Meinhof-Gruppe mordet weiter]* S. Stellenkommentar zu 41. 7.

58. 5–6 *Man muß ... gehen kann]* Selbstzitat Bölls aus *Briefe aus dem Rheinland* (19), KA Bd. 14, S. 59: »Er sagte: ›Manche Leute gehen wirklich zu weit. Aber man muß sehr weit gehen, um herauszufinden, wie weit man gehen kann. Es ist wie beim Scheibenschießen; wer zunächst übers Ziel hinausschießt, kommt eher ins Ziel als der, der sich zaghaft aus dem Vordergrund der Scheibe nähert.‹«

58. 13 *auch an ihr gibt es »Schießbefehle«]* Anspielung auf den Schießbefehl an der Berliner Mauer durch die Partei- und Staatsführung der DDR – eine Anweisung an die Grenzsoldaten der DDR, Fluchtversuche mit allen Mitteln zu verhindern.

58. 27–28 *Erklärung von Innenminister Genscher, die Zahl 6 betreffend]* Hans-Dietrich Genscher (geb. 1927), FDP-Politiker, 1969–1974 Innenminister, 1974–1992 Außenminister. Genscher sagte am 11. 1. 1972 im Rahmen einer Pressekonferenz in Bonn, die Bundesregierung besitze keinerlei Informationen darüber, daß der Kern der Baader-Meinhof-Bande nur aus 6 Personen bestehe.

58. 35–37 *Innenminister Weyer ... Gruppe.]* Willy Weyer (1917–1987), FDP-Politiker, 1962–1975 Innenminister des Landes Nordrhein-Westfalen; »Sechs prominente Politiker widersprechen dem Schriftsteller Heinrich Böll«. In: *Die Welt* vom 15. 1. 1972.

59. 8–9 *das hätte Schlamm besser]* William Siegmund Schlamm (1904–1978), amerik. Journalist und Schriftsteller; Kolumnist für Springer-Zeitungen.

59. 21 *H. H.s Roman »Ob tausend fallen«]* Habe, Hans (1947): *Ob tausend fallen.* Stuttgart/Hamburg: Rowohlt-Verlag.

59. 24–25 *meiner Millionenauflage in der Sowjetunion]* Vgl. Bölls Ausführungen zu seinen Buchauflagen in der UdSSR in *Offenbarungseid*, S. 68. 1 ff.

60. 19 *Albert Schweitzer, Schwejk und Fritz Teufel]* Albert Schweitzer (1875–1965), Tropenarzt und Kulturphilosoph; 1952 Friedensnobelpreis. – Schwejk ist die Hauptfigur des Romans *Die Abenteuer des braven Soldaten*

*Schwejk* (1921) von Jaroslav Hasek (1882–1923, tschech. Schriftsteller). – Fritz Teufel (geb 1943), Mitglied der Kommune I.

60.32 *Mea culpa]* Lat., (durch) meine Schuld; Ausruf im Confiteor (Allgemeines Schuldbekenntnis im kath. Gottesdienst) mit der vollständigen Formel: »Mea culpa, mea culpa, mea maxima culpa« (durch meine Schuld, durch meine Schuld, durch meine übergroße Schuld).

61.1–3 *In diesem Wort ... vermißt]* Hans Filbinger (geb. 1913), CDU-Politiker und Jurist – Böll spielt vermutlich auf Filbingers Tätigkeit als Marinerichter (ab 1943) an; Filbinger war in dieser Eigenschaft als Ankläger oder Beisitzer gegen Ende des Weltkrieges an Strafverfahren beteiligt, die mit dem Todesurteil endeten.

61.6–7 *des berühmten Herrn Löwenthal vom ZDF]* Gerhard Löwenthal (1922–2002), Journalist und Fernsehmoderator; Löwenthal moderierte von Januar 1969 bis Dezember 1987 das *ZDF-Magazin*. Hier prangerte er Menschenrechtsverletzungen in Osteuropa an und zog gegen die Ostpolitik der Regierung Willy Brandt zu Felde.

61.12–16 *Am ... lädiert]* Die Wagen der Marke BMW (Bayerische Motorenwerke) wurden wegen ihrer Schnelligkeit häufig von Mitgliedern der RAF bei ihren Aktionen benutzt; deshalb wurde das Kürzel ›BMW‹ auch als ›Baader-Meinhof-Wagen‹ bezeichnet. Vgl. Aust 1985, S. 171.

61.34–35 *Darin liegt für ... den Rechtsstaat]* Am 14. 1. 1972 verbreitete die Katholische Nachrichten Agentur (KNA) einen Brief an Böll, der namentlich vom Bundesvorsitzenden der Jungen Union (JU), Jürgen Echternach, und Wulf Schönbohm, dem Vorsitzenden der JU-Rheinland, gezeichnet war. U.a. heißt es darin, der Artikel Bölls zur RAF im *Spiegel* v. 10. 1. 1972 (s. ) stelle die »Existenz und Legitimation unserer Demokratie in Frage«. S. »Junge Union greift Heinrich Böll an«. In: *Stuttgarter Nachrichten* v. 15. 1. 1972.

62.1–4 *Und zuallerletzt ... gemacht hat]* Der 1877 durch Leopold Ullstein (1826–1899) in Berlin gegründete Ullstein Verlag wurde zu einem der größten dt. Presse- und Buchverlage. 1960 erwarb der Axel Springer Verlag die Aktienmehrheit an der Ullstein AG. Böll wurde zu einem ›Springer-Ullstein-Autor‹ durch die Lizenzausgaben seiner Bücher, die in den 1950er Jahren im 1953 gegründeten Ullstein Taschenbuch-Verlag erschienen: *Wo warst du, Adam?* (Ullstein Bücher [UB] 84), *Und sagte kein einziges Wort* (UB 141), *Haus ohne Hüter* (UB 185), *Das Brot der frühen Jahre* (UB 239), *Wanderer, kommst du nach Spa...* (UB 322) und *Der Zug war pünktlich* (UB 415).

62.13 *Gruppenbild]* Gruppenbild mit Dame, KA Bd. 17.

⟨Verfolgt war nicht nur Paulus⟩

## Entstehung

Die in Bölls Arbeitsbuch unter der Sign. 911/72 verzeichnete Reaktion auf den Leserbrief Diether Possers zu Bölls Artikel im *Spiegel* v. 10. 1. 1972 *Will Ulrike Gnade oder freies Geleit?* ist dort auf den 24.–15. 1. 1972 datiert (*AB* I, Bl. 11) (NE).

Bölls *Spiegel*–Artikel kommentierte Diether Posser, Minister für Bundesangelegenheiten des Landes Nordrhein-Westfalen, im *Spiegel*, Nr. 5 v. 24. 1. 1972, S. 40–41 u. d. T.: »Diese Praxis ist verheerend«. Nach dem Eintrag im *AB* I verfaßte Böll noch am Erscheinungstag des Kommentars seine Antwort *Verfolgt war nicht nur Paulus.*

Vgl. auch den Leserbrief Erich Frieds (1921–1988) zu Possers Kommentar im *Spiegel*, Nr. 7 v. 7. 2. 1972, der eine Anklage gegen Fried wegen Beleidigung zur Folge hatte. S. *Hintergrund* zu *Gutachten zum Prozeß gegen Erich Fried*, S. 667 ff.

## Hintergrund

Der Abdruck des Kommentars von Diether Posser folgt dem Wortlaut im *Spiegel*, Nr. 5 v. 24. 1. 1972:

Heinrich Böll fordert in seiner Stellungnahme zur Aktivität der Baader-Meinhof-Gruppe »Gnade oder wenigstens freies Geleit« für Frau Meinhof und einen Prozeß gegen Herrn Springer wegen Volksverhetzung. Anlaß seiner aggressiven Polemik ist die Ausgabe der »Bild«-Zeitung vom 23. Dezember 1971 mit der Schlagzeile »Baader-Meinhof-Bande mordet weiter – Bankraub: Polizist erschossen«.

Diese »Nachricht« ist in der Tat skandalös, weil sie ohne zureichende Anhaltspunkte ein Kapitalverbrechen einer bestimmten Personengruppe anlastet und durch die Wortwahl zur Hysterie aufreizt. Hier ist harte Kritik angebracht, wenn auch die Wertung dieser journalistischen Fehlleistung als »nackter Faschismus« den Faschismus verharmlost.

Böll »kann nicht annehmen, daß Polizeibehörden und zuständige Minister über Helfershelfer wie ›Bild‹ glücklich sein können«. Sie sind es in der Tat nicht. Wer mit Fakten fahrlässig umgeht und Verfolgungsinstinkte aufputscht, ist für den Rechtsstaat kein tauglicher Streitgenosse. »Bild« regiert: ein Alptraum.

Aber auch Bölls Haltung zur Baader-Meinhof-Gruppe und zu unserer staatlichen Ordnung fordert Kritik heraus. 1. Ich verkenne nicht, daß Böll sich keineswegs mit dieser Gruppe und erst recht nicht mit ihren Taten identifiziert. Auch er geht davon aus, daß diese Gruppe in ihrem Manifest unserer Gesellschaft »den Krieg erklärt« hat, den er »auch im Sinne des publizierten Konzepts« für »sinnlos« hält.

Bölls erster Fehler liegt in der kritiklosen Übernahme der Darstellung, die die Gruppe über ihre Verhaltensweise gibt: » ... haben die Bullen zuerst geschossen. Die Bullen haben jedesmal gezielte Schüsse abgegeben ... Wir schießen, wenn auf uns geschossen wird.«

In Wahrheit schossen die Angehörigen der Gruppe stets zuerst: bei der gewaltsamen Befreiung des Strafgefangenen Baader am 14. Mai 1970, bei der Flucht mit einem gestohlenen Pkw am 22. Dezember 1970 in Nürnberg, bei den beiden Banküberfällen am 15. Januar 1971 in Kassel, bei dem Schußwechsel am 15. Juli 1971 in Hamburg, bei dem Petra Schelm getötet wurde, und bei einer Festnahme am 22. Oktober 1971, bei der ein Polizist getötet wurde.

Absurd ist auch die von Böll offenbar gebilligte Vorstellung, die Gruppenmitglieder könnten sich mit den Polizeibeamten auf eine Stufe stellen: »Den Bullen, der uns laufenläßt, lassen wir auch laufen.« Die Polizeibeamten, die einen steckbrieflich gesuchten Tatverdächtigen festnehmen oder einen gerichtlichen Haftbefehl vollziehen, handeln im Auftrag der im Staat organisierten Rechtsgemeinschaft unseres Volkes. Sie können – von Extremfällen wie der Rücksichtnahme auf Geiseln abgesehen – keinen Beschuldigten »laufenlassen«, ohne sich der Begünstigung im Amt schuldig zu machen.

2. Böll verharmlost in gefährlicher Weise die Tätigkeit der Gruppe, die nach den Angaben inzwischen verhafteter Mitglieder und anderen Beweismitteln als eine kriminelle Vereinigung anzusehen ist, wenn er meint, ihre Theorien klängen »weitaus gewalttätiger, als ihre Praxis ist«. Diese Praxis ist verheerend: vollendeter und versuchter Mord oder Totschlag, Banküberfälle, Sprengstoff- und Brandsatzanschläge, Diebstähle, Betrügereien, Urkundenfälschung, illegaler Waffenbesitz.

Nichts kann die kriminellen Taten dieser Gruppe rechtfertigen oder auch nur verständlich machen: weder beklagenswerte Mißstände in unserer Verfassungswirklichkeit noch die vorzeitige Entlassung tatsächlicher oder vermeintlicher Kriegsverbrecher aus alliierter Strafhaft. Sieht Böll nicht, daß diese Gruppe unsere Ordnung mit ihren unbestrittenen Mängeln nicht verbessern will, sondern daß sie sie zerschlagen möchte?

Der Weg der Baader-Meinhof-Gruppe führt von scheinrevolutionären

Phrasen über einen blinden Aktionismus in die – mühsam, aber vergeblich politisch frisierte – Kriminalität. Deshalb ist es unerträglich, wenn Böll die Mitglieder dieser Gruppe in eine auch nur gedankliche Verbindung zu den Verfolgten des nationalsozialistischen Gewaltregimes bringt: »Haben alle, die einmal verfolgt waren, von denen einige im Parlament sitzen, der eine oder andere in der Regierung, haben sie alle vergessen, was es bedeutet, verfolgt und gehetzt zu sein ... waren nicht auch sie die ehemals Verfolgten, einmal erklärte Gegner eines Systems ...?«

Ich weigere mich anzunehmen, daß Heinrich Böll nicht die unübersteigbaren Unterschiede zwischen der nüchternen, entschiedenen, die Menschenwürde auch des Verbrechers achtende Strafverfolgung durch den Rechtsstaat und der Menschenjagd und den Mordtaten des nationalsozialistischen Unrechtstaates kennt. Die Böllsche Parallele ist eine böse Entgleisung.

3. Böll befürchtet zu Unrecht, Frau Meinhof müsse »damit rechnen, sich einer totalen Gnadenlosigkeit ausgeliefert zu sehen«. Am 21. Mai 1971 verurteilte das Schwurgericht in Berlin wegen gemeinschaftlich versuchten Mordes in Tateinheit mit vorsätzlicher Gefangenenbefreiung und unerlaubtem Waffenbesitz Ingrid Schubert zu sechs Jahren Freiheitsstrafe und Irene Goergens zu vier Jahren Jugendstrafe. Der in demselben Verfahren angeklagte ehemalige Rechtsanwalt Mahler wurde trotz eines bestehenbleibenden, erheblichen Tatverdachts vom Vorwurf der Beihilfe zur gewaltsamen Befreiung Baaders freigesprochen. Ihm war nicht mit der zur Verurteilung erforderlichen Sicherheit nachzuweisen, daß er von dem Befreiungsplan und der Art seiner Durchführung Kenntnis hatte.

Dieser Strafprozeß widerlegt in seinem Verlauf und Ausgang Bölls Sorge, Ulrike Meinhof hätte, falls sie sich stellte, nur die »Aussicht, als die klassische rote Hexe in den Siedetopf der Demagogie zu geraten«. Sie wird einen fairen Prozeß bekommen.

Keines der bisher verhafteten Mitglieder der Gruppe ist »auf der Flucht erschossen« worden, wie die Tarnformel für die ohne Gerichtsverfahren liquidierten Inhaftierten in Gewaltregimen lautet. Deutschland ist kein Land der Lynchjustiz.

4. Böll fragt: Will Ulrike Meinhof »Gnade oder wenigstens freies Geleit? Selbst wenn sie keines von beiden will, einer muß es ihr anbieten. Dieser Prozeß muß stattfinden, er muß der lebenden Ulrike Meinhof gemacht werden.«

Gnade ist nach weltlichem Sprachgebrauch Erlaß oder Milderung einer rechtskräftig verhängten Strafe, setzt also einen mit Verurteilung abgeschlossenen Strafprozeß voraus. Freies Geleit oder – wie unsere Strafprozeßordnung formuliert – sicheres Geleit gewährt nur Befreiung von der Untersuchungshaft. Es erlischt, wenn ein auf Freiheitsstrafe lautendes Urteil ergeht.

Böll denkt offenbar an das freie Prozeßgeleit des Mittelalters, an die einem flüchtigen Angeklagten erteilte Zusicherung, daß, wenn er sich dem Gericht stelle, er vor der Rache des Verletzten geschützt sei und im Falle der Verurteilung ungefährdet zurückkehren dürfe. Dies und die Freistätten dienten damals der Eindämmung der Blutrache und der rechtswidrigen Selbsthilfe. Beides verbietet unsere Rechtsordnung.

Nein, wir wollen nicht, daß unsere »freiheitlich-demokratische Grundordnung gnadenloser ist als irgendein historischer Feudalismus, in dem es wenigstens Freistätten gab, auch für Mörder, und erst recht für Räuber«.

Aber: Unsere Freistätten sind Gesetz und Recht, die alle – auch die staatlichen Behörden – binden. Mit der Garantie objektiver Straftatbestände und genauer Beweisregeln, rechtlichen Gehörs und öffentlich durchgeführter Hauptverhandlung sollen sie gerade Willkür und Rache verhindern.

Böll hat zu einem wichtigen Thema seine Stimme erhoben. Aber der Zorn emotionalisierte seine Kritik und machte sie unsachlich. Seine Polemik übertrieb nicht nur – sie schadete. Er wollte zur Besinnung rufen und schrieb selbst unbesonnen.

## *Überlieferung*

### Typoskripte

TH[1]: Erstschr.; 2 Bll.
   (HA 1326-256, Bll. 130-131)
TH[2]: Durchschr. (grün); 5 Bll., eh. Sign.: 911/72.
   (HA 1326-256, Bll. 132-136)

### Drucke

Z:    *Der Spiegel* (Hamburg). – 26. Jg., Nr. 6 (31. 1. 1972), S. 60.
D[1]: *Freies Geleit*, S. 142-144.
D[2]: *ERS* II, S. 559-561.
D[3]: *EAS* 4, S. 239-241.

## *Textgrundlage*

Textgrundlage ist D[2].

## Stellenkommentar

63. 1 *Paulus]* Der heilige Paulus (ursprüngl.: Saulus), Heiliger und Verfasser zahlreicher neutestamentlicher Schriften, wurde vermutlich um 10 geboren und starb um 65. Paulus entstammte einer streng jüdischen Familie, die das römische Bürgerrecht verliehen bekommen hatte. Ursprünglich ein Gegner und Verfolger der ersten Christen, wurde er nach einem Bekehrungserlebnis in Damaskus zum »Apostel der Heiden«, der in Rom als Märtyrer bei den damaligen Christenverfolgungen starb.

63. 2 *Possers]* Diether Posser (geb. 1922), SPD-Politiker und Jurist; 1968–1972 Minister in Nordrhein-Westfalen für Bundesangelegenheiten, 1972–1978 Justizminister in NRW.

63. 8 *siehe den Fall Schrübbers]* Hubert Schrübbers (1907–1979), Jurist; von 1955–1972 Leiter des Bundesamtes für Verfassungsschutz in Köln. – Mit dem Namen Schrübbers sind zwei Affären verbunden: eine Telefonabhöraffäre (1963) und seine Tätigkeit als Staatsanwalt während der Zeit des Nationalsozialismus, die 1972 zum vorzeitigen Rücktritt von seinem Amt führte.

63. 8–10 *Adenauers ... Wiederaufrüstung]* Als Bundeskanzler setzte Adenauer (1876–1967) kurz nach dem Krieg die vorzeitige Entlassung von NS-Kriegsverbrechern durch. (Vgl. hierzu Bölls Rezension von Konrad Adenauers Memoiren, *Keine so schlechte Quelle*, KA Bd. 14, S. 346–355, dort den *Stellenkommentar* (Wehrdebatte) 347. 16–17. S. *Stellenkommentar* zu 224. 35.

63. 11 *Hintergründe der Währungsreform]* S. *Stellenkommentar* zu 11. 2.

63. 18 *Ausmaß der Demagogie, die ich heraufbeschwören würde]* ›Demagogie‹, griech.: Volksverführung, Volksaufwiegelung, politische Hetze. – Böll bezieht sich hier auf die Reaktionen, die sein Artikel über die RAF im *Spiegel* zur Folge hatte. Vgl. hierzu *Freies Geleit*, in dem die Kommentare und Bölls Reaktionen vom 11. 1.–23. 2. 1972 dokumentiert sind.

63. 30 *Ruhland-Prozeß]* Karl-Heinz Ruhland (geb. 1938), Autoschlosser, Sympathisant der RAF. Am 29. 9. 1971 war Ruhland an einem von drei Banküberfällen, dem von der RAF sogenannten ›Dreierschlag‹, in Berlin beteiligt. Vgl. Aust 1985, S. 122.

64. 1–4 *Ich bin Schriftsteller ... Polizeibeamte haben]* Vgl. Böll im Gespräch mit Georges Wagner-Jourdain, »Menschen, Orte, Handlungen. Schauplätze der Weltliteratur: Heinrich Böll, Hülchrather Str. 7«, *Deutsche Welle* 24. 5. 1978, Abschrift S. 10: »Die meisten Spannungen, Mißverständnisse, sagen wir zunächst einmal schuldlos, unschuldigerweise, entstehen durch die Wörtlichkeitsverschiedenheiten. Wenn ich das Wort Gnade ausspreche, hat das eine ganz andere Bedeutung und ein anderes Gewicht [...],

als wenn ein Richter, Priester oder irgend jemand es ausspricht. Da aber jeder das Wort in seine Wörtlichkeit versetzt, entstehen 1000 Mißverständnisse. Nehmen Sie ein Wort, eine harmlose juristische Vokabel wie Mittäterschaft, für einen Juristen ist das ein ganz klar umrissener Begriff, unter dem er sich etwas Bestimmtes vorstellt. Sie können z. B. Mittäter werden, wenn Sie in eine Demonstration geraten, in der Gewalt ausgeübt wird. [...] Ein Begriff, der für einen Nichtjuristen völlig unverständlich ist. Wenn ich also sage Mittäterschaft und ein Jurist sagt Mittäterschaft, prallen zwei Welten aufeinander.«

64.15–16 *Der ... raus]* Kurt Freiherr von Schröder (1889–1966), Bankier; nach der Machtübernahme durch die NSDAP (1933) wurde von Schröder Leiter der »Fachgruppe Privatbankiers« in der ehemaligen »Reichsgruppe Banken« und Präsident der Gauwirtschaftskammer Köln und der Wirtschaftskammer Rheinland. Er stellte hohe Beträge für die NSDAP und einen Förderungsfonds für die SS zur Verfügung und wurde zum SS-Brigadeführer ernannt. Vgl. KA Bd. 14, *Stellenkommentar* zu 10.37.

64.17–18 *außerhalb des Trockendocks]* Maritimer Fachausdruck: das Dock, das nach Einfahrt des Schiffes verschlossen und leer gepumpt wird. Hier gemeint als ›außerhalb‹ der reduzierten Perspektive juristischer Fachbetrachtung verwendete Sprache.

64.24–25 *Meinhof]* Ulrike Meinhof (1934–1976), Journalistin; von 1959 bis 1968 Redakteurin und Kolumnistin der Zeitschrift *Konkret*; Gründungsmitglied der »Rote Armee Fraktion« (RAF).

64.28 *Mahler]* Horst Mahler (geb. 1936), Jurist, Anwalt von Mandanten aus der APO-Szene, 1969 Verteidiger der Frankfurter Kaufhausbrandstifter Andreas Baader und Gudrun Ensslin. – Mahler erhielt 14 Jahre Freiheitsentzug für die Beteiligung an einem Banküberfall in Berlin 1971; vor seiner Verurteilung und während der Haft distanzierte sich Mahler von seiner terroristischen Vergangenheit und wurde nach zehn Jahren Haft 1980 entlassen. Seitdem arbeitet Mahler wieder als Anwalt und betätigt sich politisch im rechtsradikalen Spektrum.

64.28–30 *mein ... lachen]* In der Ausgabe des *Spiegel*, Nr. 5 v. 24.1.1972, in dem Possers Kommentar zu Bölls Artikel erschien, wurde eine von Horst Mahler aus der Untersuchungshaft zugesandte Stellungnahme zum Konzept der Stadtguerilla (»Die revolutionäre Linke ist kriminell«) abgedruckt, auf die sich Böll hier bezieht. Zu Bölls Reaktion auf seinen Kommentar schrieb Diether Posser am 3.2.1972 aus seinem Urlaubsort Saig/Schwarzwald an Heinrich Böll (HA 1326–4320, Bl. 16–17), daß er das »Angebot, das Gespräch privat fortzusetzen, gerne und dankend« annehme, daß er aber zu den von Böll ihm unterstellten Gemeinsamkeiten mit Horst Mahler einen Leserbrief an den *Spiegel* geschickt habe (s. *Spiegel*, Nr. 7 v. 7.2.1972, S. 7): »1. Mit Herrn Mahler verbindet mich, daß er und ich

Mensch sind. Seine Menschenwürde achte ich, obwohl ich seine politischen Auffassungen bekämpfe und sein strafbares Verhalten verurteile. In nationalsozialistischer und stalinistischer Gedankenwelt wird der politische Gegner oder der Kriminelle zum ›Untermenschen‹ und ›Ungeziefer‹, im demokratischen Rechtsstaat bleibt er Mit-Mensch. 2. Es schmerzt mich, daß Herr Böll eine solche mephistophelische Reaktion bei mir für möglich hält. Ich jedenfalls halte Mitleid für eine der menschlichsten Eigenschaften.« – Mahler reagierte ebenfalls mit einem Leserbrief an den *Spiegel*, geschrieben am 31. 1. 1972, abgedruckt in der Ausgabe Nr. 9 v. 21. 2. 1972, S. 11 f. Dort heißt es einleitend: »Lieber Heinrich Böll, es gibt nichts, worüber Posser und ich gemeinsam lachen könnten. Kennen Sie mich gut genug, um behaupten zu dürfen, ich würde Mitleid verlachen?«

65. 3 *Rauchs]* Georg von Rauch (1947–1971), Philosophiestudent und Sympathisant der RAF.

65. 3–4 *Für die rechtsstaatliche Korrektheit dieser Erschießung]* S. Stellenkommentar zu 259. 17.

65. 33–34 *im Falle Defregger]* Vgl. Stellenkommentar zu 28. 35–36.

⟨Brief an den Leiter der Pressestelle des Südwestfunks⟩

## Entstehung

Der in Bölls Arbeitsbuch unter der Sign. 915/72 verzeichnete Brief an den Leiter der Pressestelle des *SWF* ist dort auf den 26. 1. 1972 datiert (*AB* I, Bl. 115) (NE).
In einem Kommentar zur Terrorismussituation in den Spätnachrichten der *Tagesschau* am 24. 1. 1972 hatte Ulrich Frank-Planitz u. a. geäußert: »Inzwischen hat sich der Literaturpräsident Heinrich Böll zum Anwalt der anarchistischen Gewalttäter aufgeschwungen«. Die Unterstützer der »Bande« seien »Salonanarchisten«, die Terroristen »Bölls Klienten«. (Zit. nach *Freies Geleit*, S. 85.) Daraufhin, noch am 24. 1. 1972, hatte Böll dem Intendanten des *SWF*, Helmut Hammerschmidt, ein Telegramm geschickt und seine Mitarbeit bei dem Sender wegen der »faschistisch-verleumderischen« Tendenz des Kommentars von Planitz für beendet erklärt und hinzugefügt: »Ich nehme an, daß Ihnen die Aufkündigung eines Mitarbeiters als Salonanarchist ins Konzept paßt.« (Zit. nach *Freies Geleit*, S. 86.) Da Böll sein Telegramm auch an *dpa* gerichtet hatte, antwortet ihm – und in Kopie an *dpa* – Fritz Niehus als Pressesprecher des *SWF* am 25. 1. 1972 ebenfalls mit einem Telegramm, in dem er alle Vorwürfe zurückweist und Böll vorwirft, »offenbar nicht bereit [zu sein], einem Kommentar die Meinungsfreiheit zuzubilligen, die er für sich selbst in Anspruch nimmt«. (Zit. nach *Freies Geleit*, S. 86.) Auf dieses Telegramm erfolgt dann Bölls Brief vom 26. 1. 1972, der in die Dokumentation *Freies Geleit* aufgenommen wurde.

## Überlieferung

### Typoskripte

tH: Durchschr. (rosa); 1 Bl., mit eh. Sign.: 95/72 und durchschr. Datum: 26. I. 72, Unterschrift und Vermerk: »Durchschlag an dpa Büro Köln«.
(HA 1326-258, Bl. 1)

## Drucke

D¹: *Freies Geleit*, S. 101.
D²: *ERS* II, S. 550.
D³: *EAS* 4, S. 230.

## Textgrundlage

Textgrundlage ist D². Korrigiert wurde:
66. 3  *Niehus]* Niehaus.

## Stellenkommentar

66. 3  *Niehus]* Fritz Niehus (1922–1982), Journalist; 1971–1974 Leiter der Presse- und Informationsabteilung des Südwestfunks.
66. 7  *Ulrich Frank-Planitz]* Ulrich Frank-Planitz (geb. 1936), Verleger und Geschäftsführer einer Mediengesellschaft; 1969 stellv. Chefredakteur der Wochenzeitung *Christ und Welt*, die 1970 mit der Wochenzeitung *Rheinischer Merkur* zur Wochenzeitung *Rheinischer Merkur/Christ und Welt* vereinigt wurde.
66. 15–16  *Interview beim Saarländischen Rundfunk]* Gemeint ist das mit Axel Buchholz in der Reihe »Zwischen heute und morgen« geführte Interview über Bölls ›Kündigung‹ beim Südwestfunk v. 26. 1. 1972, in dem Böll u. a. ausführt: »Ich habe die Methode und das Vokabularium von Herrn Planitz [...] als verleumderisch faschistisch bezeichnet, und ich finde in einer Anstalt des öffentlichen Rechtes eine solche Methode unträgbar, und da ich ein freier Schriftsteller in einer freien Gesellschaft bin, suche ich mir die Leute, mit denen ich arbeite, aus und schließe den Südwestfunk aus. [...] Ich bin bereit zuzugeben, daß man diesen Aufsatz kritisieren kann, daß man darüber streiten kann, sehr lange, aber nicht auf diese Weise, indem man ihn verkürzt, und zwar mit faschistischen Methoden verkürzt, indem man Ausdrücke gebraucht, die ich kenne aus meiner Jugend. Der Ausdruck Salon-Anarchist ist entsprechend dem Salon-Bolschewiken, der ein beliebtes Mittel der Nazipresse war. Der Ausdruck Literaturpräsident ist entweder der Ausdruck eines Analphabeten, der also über etwas spricht, was er nicht kennt, oder eine Diffamierung, denn es gibt keine Literaturpräsidenten auf der Welt, usw.« Abgedruckt in *Freies Geleit*, S. 95–99.
66. 20–21  *eine Zeitung zur Verbreitung seiner Meinung]* Böll bezieht sich auf die Funktion von Ulrich Frank-Planitz als Chefredakteur der Wochenzeitung *Rheinischer Merkur/Christ und Welt*.

⟨Gib Alarm!⟩

## Entstehung

Das in Bölls Arbeitsbuch unter der Sign. 919/72 verzeichnete Gedicht ist dort auf den 1. 2. 1972 datiert (*AB* I, Bl. 120) (NE).
Wie sich aus einem undatierten (laut Bölls Posteingangsbuch, Brf. Nr. 04887, am 1. 2. 1972 eintreffenden) Brief Ulrich Sonnemanns an Böll (HA 1326–4351, Bl. 32) rekonstruieren läßt, ist Böll von der *Süddeutschen Zeitung* Ende Januar 1972 gebeten worden, einen kurzen Text zu Sonnemanns sechzigstem Geburtstag zu schreiben, und hat darüber mit Sonnemann telefoniert. Sonnemann berichtet in seinem Brief, »daß meine Freunde in der Redaktion dort die Bitte an Sie gegen größten Widerstand erkämpft haben müssen. Ich bin wirklich nicht böse, sollte es Ihnen an Zeit oder Disposition fehlen«. Sonnemann kennt Heinrich Bölls momentane Situation und zeitliche Anspannung nach dem *Spiegel*–Artikel genau (s. *Soviel Liebe auf einmal?* S.41.) und glaubt, die Lösung zu wissen: »schon […] zwei oder drei Sätze, auch einfach ein Selbstzitat aus Ihrem Rheinischen Tagebuch [bieten] einen Ausweg«.
Mit dem ›Rheinischen Tagebuch‹ sind Bölls 19 satirische *Briefe aus dem Rheinland* gemeint, die er in loser Folge zwischen Dezember 1962 und September 1963 in der *Zeit* publiziert hatte. Im 18. dieser an einen fiktiven Freund gerichteten Briefe weist Böll auf eine Deutschland-kritische Essay-Sammlung Sonnemanns hin: »Lieber Freund, neben den Grimmschen Märchen lese ich jetzt *Das Land der unbegrenzten Zumutbarkeiten* [*Deutsche Reflexionen*. Reinbek: Rowohlt, 1963], das Du mir dankenswerterweise geschickt hast, und ich stelle zu meinem Erstaunen fest, daß die beiden Bücher sich auf eine merkwürdige Weise ergänzen: sie sind beide, was Du wohl ›spezifisch deutsch‹ nennen würdest – ich nenne es nur deutsch.« (*KA* Bd. 14, S. 54 ; *EAS* Bd. 2, S. 209). Als Böll auf Sonnemanns Geburtstag mit *Gib Alarm!* reagiert, schickt dieser ihm am 5. 2. 1972 ein Telegramm: »WAERMSTEN DANK FAND MICH BERUEHRT BEGRIFFEN BEGEISTERT«.

## *Überlieferung*

### Typoskripte

TH: Erstschrift und Durchschr. (grün); 2 Bll., auf Bl. 2 eh. Titel: »Für Ulrich Sonnemann zum 60. Geb. Tag« und Sign.: 919/72. (HA 1326–258, Bll. 2–3)

### Drucke

Z: *Süddeutsche Zeitung* (München). – 28. Jg., Nr. 27 (3. 2. 1972), S. 29.
$D^1$: *Freies Geleit*, S. 158.
$D^2$: *Gedichte*. Berlin: Literarisches Colloquium 1972 (LCB-Editionen 18), S. 19.
$D^3$: *HTDG*, S. 28.

### *Textgrundlage*

Textgrundlage ist Z.

### *Varianten*

67. 2 *Ulrich]* Ullrich $D^2$

### *Stellenkommentar*

67. 2 *Ulrich]* Ulrich Sonnemann (1912–1993), Sozialphilosoph, Psychologe, Schriftsteller und Essayist.
67. 15 *Muli]* Lat., Maulesel; Kreuzung von Pferdehengst und Eselstute.
67. 15 *Göpel]* Vorrichtung zum Übertragen tierischer oder menschlicher Kraft auf Maschinen, um diese zu bewegen; die üblichste Form ist der Rundlaufgöpel, ein Rad mit senkrechter Welle und Zugbäumen, an denen Tiere (Mulis, Pferde, Ochsen) im Kreis gehen; die Bewegung wird durch Zahnradgetriebe auf die Antriebswelle der Arbeitsmaschine übertragen.

⟨Offenbarungseid⟩

## Entstehung

Der in Bölls Arbeitsbuch unter der Sign. 909/72 verzeichnete *Offenbarungseid* ist dort auf den 20. 1. 1972 datiert (*AB* I, Bl. 118) (NE).
Der Text ist eine Richtigstellung der in bestimmten Teilen der Medien nach Bölls Meinhof–Artikel im *Spiegel* vom 10. 1. 1972 (s. *Soviel Liebe auf einmal* S.41.) geäußerten und diskreditierend gemeinten Vermutung, Böll verdiene mit seinen Büchern in der UdSSR viel Geld, setze sich gleichzeitig aber nicht für seine verfolgten sowjetischen Kollegen ein.

Der am 20. 1. 1972 verfaßte *Offenbarungseid* ging zu spät, nämlich erst am Dienstag, den 23. 1. 1972, bei der *Zeit* ein. Marion Gräfin Dönhoff schreibt deshalb als Mitherausgeberin der *Zeit* am 26. 1. 1972 an Heinrich Böll, daß der Brief, weil zu diesem Zeitpunkt »alle Teile der Zeitung entweder fest disponiert oder schon umbrochen waren«, erst in der folgenden Woche erscheinen könne. Kommentierend fügt sie hinzu: »wenn ich bisher nicht sehr viel darüber nachgedacht [...] hatte, so bin ich doch verblüfft, wie wenig der millionenfach aufgelegte Böll mit diesen russischen Auflagen verdient hat«. Gleichzeitig wurde in der *Zeit*–Redaktion offensichtlich daran gearbeitet, den Text Bölls in ein ›Umfeld‹ zu betten. Als der Artikel erschien, fand er sich unter dem Sammel-Titel »In Sachen Heinrich Böll« ergänzt durch zwei weitere Artikel. Hellmuth Karasek schreibt u. d. T.: »Perfide Taktiken« über das Hin und Her der Reaktionen, insbesondere der Springer-Presse, auf Bölls *Spiegel*-Artikel vom 10. 1. 1972, Carl Amery über Heinrich Bölls Einstellung zum Christentum u. d. T.: »Himmliches Gutachten über einen christlichen Dichter«.

## Überlieferung

### Typoskripte

TH¹: Erstschr. und Durchschr. (grün); 6 Bll., eh. Notiz: »1. Version ungültig«, auf Bl. 3 eh. Sign.: 909/72 und Notiz: »Versuch ungültig« und eh. Unterschrift; Bll. am roR eh. pag. 1–3.
(HA 1326–258, Bll. 7–12)

tH²: Durchschr. (grün); 3 Bll., eh. Sign.: 909/72, auf Bl. 3 eh. durchschr. Unterschrift.

(HA 1326-258, Bll. 13-15)

## Drucke

Z: *Die Zeit* (Hamburg). – 27. Jg., Nr. 5 (4. 2. 1972), S. 11–12
D¹: *Freies Geleit*; S. 159–161.
D²: *ERS II*, S. 562–564.
D³: *EAS* 4, S. 242–244.

## *Textgrundlage*

Textgrundlage ist D².

## *Varianten*

68. 18  *nicht besonders]* nicht, besonders Z
70. 11  *Honorar in DM]* Honorar in DM West Z

## *Stellenkommentar*

68. 1  *Offenbarungseid]* Bezeichnung für die eidesstattliche Versicherung zur Bekräftigung einer geschuldeten Auskunft oder für die vom Schuldner auf Antrag des Gläubigers vor Gericht offengelegten Vermögensverhältnisse.

68. 4  *freiheitlich-demokratischer Grundordnungen]* Der Begriff »freiheitlich-demokratische Grundordnung« findet sich in Art. 18 und 21 (Abs. 2) des Grundgesetzes der Bundesrepublik Deutschland. Er bezeichnet die Staatsform der Bundesrepublik. Er wurde in den 1970er Jahren häufig von konservativer Seite gegenüber Intellektuellen verwandt, denen man unterstellte, »nicht auf dem Boden der freiheitlich-demokratischen Grundordnung« zu stehen.

68. 7–8  *Wie ... erforscht hat]* Der amerik. Literaturwissenschaftler Henry Glade (1920–1999) publizierte in der Zeitschrift *Arcadia* (H. 1/1972, S. 65–73) einen mit »Soviet Views of Heinrich Böll« überschriebenen Artikel, in dem er u. a. tabellarisch die Titel, das Erscheinungsjahr und die Auflage der Bücher und anderer Texte Heinrich Bölls zwischen 1957–1971 auflistet. Vgl. die umfangreiche ›Fortführung‹ von Glades Arbeit in: Bruhn, Peter; Glade, Henry (1980): *Heinrich Böll in der Sowjetunion 1952–1979.*

Einführung in die sowjetische Böll-Rezeption und Bibliographie der in der UdSSR in russischer Sprache erschienenen Schriften von und über Heinrich Böll. Mit einem Geleitwort von Heinrich Böll. Berlin: Erich Schmidt Verlag.

68. 12–13 *Nowy Mir und Inostrannaja Literatura]* Novij Mir (»Die neue Welt«): Zeitschrift für Literatur; erscheint seit 1925 monatlich in Moskau; zu ihren Chefredakteuren zählen Konstantin Simonow (1915–1979) von 1945 bis 1950 und von 1954 bis 1958 sowie Alexander Twardowski (1910–1971) von 1950 bis 1954 und von 1958 bis 1970. Unter Twardowski wurde die Zeitschrift zum Zentrum für Autoren, die sich der herrschenden Ideologie zu widersetzen versuchten. Es erschienen zahlreiche systemkritische Werke, u. a. *Ein Tag im Leben des Iwan Denissowitsch* von Alexander Solschenizyn (1962). – *Inostrannaja literatura* (»Auslandsliteratur«): Zeitschrift für Literatur und Kunst; erscheint seit 1891 monatlich in Moskau, bis 1943 unter den Namen *Vestnik innostrannoj literaturi* (»Der Bote der ausländischen Literatur«), *Literatura mirovoj rvoluzii* (»Literatur der Weltrevolution«), *Internazional'naja literatura* (»Internationale Literatur«); unter ihrem jetzigen Namen erscheint sie seit 1955.

68. 23–24 *Einfluß auf die Höhe seiner Auflage haben könnte]* Die UdSSR war zu diesem Zeitpunkt noch nicht dem Welturheberrechtsabkommen (»Berner Konvention«) beigetreten, d. h. weder ein westlicher Autor noch sein Verlag hatte einen Einfluß darauf, was und in welcher Auflage in der UdSSR publiziert wurde. Gleichzeitig waren die Übersetzer gehalten, z. B. sexuelle Darstellungen in Texten zu eliminieren, so daß es zu regelrechten Bearbeitungen kam. Vgl. hierzu Glade, Henry und Konstantin Bogatyrev (1976): »The soviet Version of Heinrich Bölls ›Gruppenbild mit Dame‹: The Translator as Censor. In: *The University of Dayton Review* 12 (1976), Nr. 2, S. 51–56.

68. 28 *Rubel]* Offizielles Zahlungsmittel in der ehemaligen Sowjetunion und im heutigen Rußland.

69. 1–2 *Reisebüro von internationalem Ruf]* Gemeint ist das Reisebüro Cooks (mit damals 444 Zweigstellen in 65 Ländern), das sich im Gebäude des Dom-Hotels unmittelbar an der Südseite des Doms befand (Am Domhof 1). Böll wickelte alle seine Auslandsreisen über diese Zweigstelle ab.

69. 2 *vier verschiedenen Kölner Banken]* Gemeint sind Commerzbank, Bank für Gemeinwirtschaft, Herstatt-Bank und die Stadtsparkasse Köln.

69. 18–21 *Nicht ... läuft]* In einem Artikel in der *Frankfurter Allgemeinen Zeitung* v. 17. 4. 1968 berichtet Hermann Pörzgen (»Bölls Clown auf der Moskauer Bühne«) über den sensationellen Premieren-Erfolg der Bühnenfassung der *Ansichten eines Clowns* im Akademischen Mossowjet-Theater in der Bearbeitung des Schauspielers Gennadi Bortnikow (geb. 1939), der auch Regie führte und den ›Clown‹ in dem Einpersonenstück

darstellte. Die von Böll erwähnten ›verschiedenen Dramatisierungen‹ bestanden seit dem Erscheinen des Romans in russ. Sprache 1964 (in zwei Übersetzungen in der Zeitschrift *Inostranaja Literatura* und in Buchform im Moskauer Verlag Progress 1965) in verschiedenen Lesungen in Theatern. (Vgl. Glade, Henry: »Novel into Play: Heinrich Böll's ›Clown‹ at the Mossoviet Theatre in Moscow«. In: *The University of Dayton Review*, Nr. 2, 1973, S. 15–23.) Einer der Vortragenden war auch Gennadi Bortnikow, der später den Auftrag zur Dramatisierung bekam. Den jahrelangen Erfolg der Stückes dokumentiert eine weitere Notiz Pörzgens in der *Frankfurter Allgemeinen Zeitung* v. 24. 5. 1974 (also 6 Jahre nach der Premiere), in der von 180 ausverkauften Aufführungen im Mossowjet-Theater berichtet wird.

69. 22 *Berner Konvention]* Ein am 9. 9. 1886 von zehn europäischen Staaten unterzeichneter völkerrechtlich bindender Vertrag zum internationalen Schutz von Werken der Literatur und Kunst.

69. 23–24 *Auseinandersetzungen um Solschenizyns August 1914]* Alexander Issajewitsch Solschenizyn (geb. 1918), russ. Schriftsteller. – Der Roman erschien zuerst 1971 in russ. Sprache bei YMCA-Press. Daraufhin wurde durch den Langen-Müller Verlag in München 1971 eine Übersetzung auf den Markt gebracht mit dem Titel: *August neunzehnhundertvierzehn*. Das führte zu einer gerichtlichen Auseinandersetzung zwischen dem Luchterhand Verlag (als dem von Solschenizyn bestimmten deutschen Verlag) und Langen-Müller, die zugunsten des Luchterhand Verlags endete, in dem der Roman unter dem Titel *August 1914* erschienen war. Der Langen-Müller Verlag argumentierte in der Verhandlung mit sowjet. Recht, nach dem kein Bürger der UdSSR ohne Genehmigung des Außenhandelsministeriums Handelsgeschäfte mit dem Ausland abschließen könne. Zur Auseinandersetzung vgl. insbesondere: »Solschenizyn ›August vierzehn‹. Fakten zu einem Fall.«, Luchterhand Informationen 15 [1971]. Vgl. auch Schmitz, Helmut (1971): »Literatur-Piraten laufen auf Juristen-Riff«. In: *Frankfurter Rundschau* v. 25. 10. 1971.

70. 1–2 *Solschenizyn und andere Autoren in der Sowjetunion nicht gedruckt werden]* Hierzu zählen u. a. die Schriftsteller Wladimir Bukowski (geb. 1942), Andrej Amalrik (1938–1980), Alexander Sinowjew (geb. 1922) und Lew Kopelew (1912–1997).

70. 19 *Taschenbuchausgabe meines letzten Romans] Gruppenbild mit Dame*, 1971, der im Januar 1974 beim Deutschen Taschenbuch Verlag (dtv) erscheint.

70. 33 *Löwenthal]* S. Stellenkommentar zu 61. 7.

70. 38 *Hans Habe und Krämer-Badoni]* S. Stellenkommentare zu 56. 16 u. 56. 17.

⟨Leserbrief an die Süddeutsche Zeitung⟩

## *Entstehung*

Der in Bölls Arbeitsbuch unter der Sign. 924/72 verzeichnete Leserbrief ist dort auf den 6. 2. 1972 datiert (*AB* I, Bl. 121) (NE).

Nach einer Notiz auf TH¹ wird er aber nicht an die *Süddeutsche Zeitung* geschickt (vgl. das ähnliche Verfahren bei *Schwarzer Mittwoch im ZDF*, *Entstehung* S. 467). Der Druck erfolgt in dem die Auseinandersetzung dokumentierenden Band *Freies Geleit*.

## *Überlieferung*

### Typoskripte

TH¹: Erstschr.; 4 Bll., auf Bl. 3 seitliche Notiz: »Leserbrief SZ / nicht / abgeschickt«.
(HA 1326-268 Bll. 166-169)

tH²: Durchschr., 4 Bll., auf Bl. 170 eh. Titel: »Leserbrief an SZ« und Datum: »6. II. 72« und Sign.: 924/72; Bll. am roR Eh. Durchschr. pag. 1-4, auf Bl. 173 eh. Durchschr. Unterschrift.
(HA 1326-268 Bll. 170-173)

TH³: Fotokopie; 4 Bll., Text wie tH², aber mit anderen Korr., auf Bl. 20 eh. Sign.: 924/72.
(HA 1326-258 Bll. 20-23)

### Drucke

D¹: *Freies Geleit*, S. 172-175.
D²: *ERS* II, S. 565-568.
D³: *EAS* 4, S. 245-248.

## Textgrundlage

Textgrundlage ist D².

## Stellenkommentar

71.3 *Was Herr Zöller von der Jungen Union schreibt]* Walter Zöller (geb. 1940, 1971–1973 Vorsitzender der Jungen Union der CSU in München). – Gemeint ist der Leserbrief Walter Zöllers unter der Rubrik: »Heinrich Böll – Schriftsteller oder politischer Akteur« in der *Süddeutschen Zeitung* v. 5./6. 2. 1972 als Reaktion auf Bölls Artikel *Man muß zu weit gehen*, s. S. 54 ff.

71. 8–9 *Hintergrund unserer Polizei- und Rechtsgeschichte]* Bezieht sich auf Zöllers Formulierung: »Wenn man Böll beim Wort nehmen darf, dann vermag er keinen Unterschied zu erkennen zwischen dem System der Bundesrepublik und dem des Nazi-Regimes; dann setzt er, naiv oder bewußt, KZ-Morde gleich mit Strafverfolgungs- oder Notwehrhandlungen (›auf der Flucht erschossen‹); dann konstatiert er eine ungebrochene Tradition der ›Polizeigeschichte‹ und ›Rechtsgeschichte‹ von Hitler über Adenauer bis Brandt.«

71. 13 *Perfidie]* Substantiv zu Adjektiv perfide: niederträchtig, in besonders übler Weise gemein.

71. 30–32 *wenn mir da ... nicht mein Staat]* Vgl. Stellenkommentar zu 61. 35.

71. 32–33 *Herrn ... Schuß]* Hans Habe (eigentl. Hans Békessy) (1911–1977), Publizist und Schriftsteller. In der *Süddeutschen Zeitung* v. 5./6. 2. 1972 ist nicht nur der Leserbrief Walter Zöllers publiziert, sondern auch eine Reaktion Hans Habes u. d. T.: »Ein Rückzug in Richtung Piedestal«. Mit seiner Bemerkung bezieht sich Böll auf die Absenderangabe des Leserbriefs: »Hans Habe / Casa Acacia, Via Muraccio Ascona Ticino«.

72. 8 *Dr. Kiesinger]* Kurt Georg Kiesinger (1904–1988), CDU-Politiker, 1966–1969 Bundeskanzler.

72. 10 *Dr. Schiller]* Karl Schiller (1911–1994), SPD-Politiker und Wirtschaftswissenschaftler; 1966–1972 Bundeswirtschaftsminister; 1971–1972 Finanzminister. 1972 Austritt aus der SPD und Engagement im nachfolgenden Bundestagswahlkampf für die CDU. 1980 erneuter Eintritt in die SPD, ohne Ausübung politischer Ämter.

72. 14–18 *Herr Emil Franzel ... als »Katholik«]* Emil Franzel (1901–1976), Journalist und Schriftsteller. – Gemeint ist hier ein Artikel von Franzel im *Bayernkurier* v. 23. 1. 1972 (»Ein neues Hochland?«), in dem er die Geschichte der 1903 durch Carl Muth gegründeten (katholischen) »Mo-

natsschrift für alle Gebiete des Wissens, der Literatur und Kunst« *Hochland* beschreibt, deren Erscheinen gerade eingestellt wurde. Der Kösel-Verlag in München plante die Herausgabe von *Neues Hochland* (erschienen 1972–1974) unter der Leitung von Helmut Lindemann, laut Franzel ein politischer Publizist »von extrem linker Haltung«. Franzels Artikel schließt mit dem Resümee: »Aber – so grotesk ist die heutige Lage des geistigen Katholizismus! – man muß froh sein, daß der Liquidator der Protestant Lindemann und nicht der ›Katholik‹ Böll ist!«

72.23 *Exkommunikationen]* Kirchenrechtlicher Begriff der kath. Kirche, der den Ausschluß aus der Gemeinschaft der Gläubigen, besonders vom Empfang der Sakramente, nicht aber den Ausschluß aus der Kirche meint.

72.24–25 *ich zahle – wie lange noch, weiß ich nicht – r. k. Kirchensteuer]* r. k.: römisch katholisch. – Kirchensteuer: die von den christlichen Kirchen von ihren Mitgliedern erhobene und vom Staat eingezogene Steuer. Böll weigerte sich seit 1967, Kirchensteuer zu zahlen. Sie mußte durch einen Gerichtsvollzieher bei seinem Verlag Kiepenheuer & Witsch eingtrieben werden. Im Mai 1976 traten Annemarie und Heinrich Böll aus der kath. Kirche aus.

72.29 *das C bei ihnen herausgefordert]* Das »C« für christlich in den Parteinamen ›Christlich Demokratische Union‹ (CDU) und ›Christlich Soziale Union‹ (CSU).

72.33 *Piedestal]* Sockel, sockelartiger Ständer, auf dem ein Denkmal errichtet ist.

72.33–34 *Was... dumm]* Böll bezieht sich auf folgende Passage in Habes Leserbrief: »In seinem SZ-Artikel unternimmt es Böll, den Rückzug in Richtung Piedestal anzutreten. Mit seinem *Spiegel*–Aufsatz, mit seiner ›Faschisten‹-Jagd, mit seinem ›Boykott‹ von Zeitungen und Verlagsanstalten, mit seiner Beschimpfung politischer Gegner, mit der Duldung der PEN-Kampagne gegen mich hat er sich selbst vom Piedestal gestürzt. Es gelingt ihm nicht ganz, sein zerbrochenes Standbild zu renovieren.«

72.37–38 *Und... Beruf]* In seinem Leserbrief geht Habe auch auf Bölls Bemerkung zu dessen Millionenauflage in der UdSSR ein: »die Sowjets sind Diebe von Beruf und und Überzeugung – sie bestehlen Böll wie mich«.

73.1 *Stürmer und im Schwarzen Korps]* Zum *Stürmer* s. 47.31. *Das schwarze Korps* war das wöchentlich erscheinende Organ der Reichsleitung SS und erschien vom 6.3.1935 bis zum 12.4.1945.

73.24–25 *Günter Grass... Wahlreden hält]* Günter Grass (geb. 1927), Schriftsteller und Grafiker, 1999 Nobelpreis für Literatur. Bezieht sich auf Grass' Engagement im Bundestagswahlkampf 1969, in dem er als populärster Vertreter der Sozialdemokratischen Wählerinitiative (SWI) durch die Bundesrepublik reiste, um für Willy Brandt und die SPD zu werben.

73. 29–30 *Immerhin hat Herr Löwenthal ... zitiert]* S. *Schwarzer Mittwoch im ZDF,* S. 51ff. – Peter Brückner(1922–1982), Psychologe – wurde durch klare Parteinahme für die Positionen der Studenten in den Jahren um 1968 eine Art Symbolfigur für den ›linken Professor‹. Er wurde – u. a. weil er die gesuchte Ulrike Meinhof für eine Nacht in seiner Wohnung beherbergt hatte – vom Dienst an der Technischen Universität Hannover suspendiert. – Jürgen Seifert (geb. 1928), Politikwissenschaftler, war wie Brückner Professor an der TU Hannover.

74. 12–13 *finsteren Beamtengesetze ... zu verhindern]* S. Stellenkommentar zu 242. 24.

74. 26 *ich resigniere nicht, lieber Günter Grass]* Böll antwortet Grass auf dessen Schlußbemerkung in seinem »Politischen Tagebuch« in der *Süddeutschen Zeitung* vom 5./6. 2. 1972, in dem Grass auch die gegenwärtige Kampagne gegen Böll anspricht: »Eine Verfemung des Schriftstellers Heinrich Böll wird es nicht geben; einer Flucht meines Kollegen Heinrich Böll in die Resignation versuchte ich, mich schreibend in den Weg zu stellen.«

74. 30–31 *Ich fahre weg ... wohnen]* Bölls Reise in die UdSSR im Februar 1972.

⟨Aus der Vergangenheit lernen⟩

## Entstehung

Die in Bölls Arbeitsbuch unter der Sign. 902/71 verzeichnete Beschreibung der *Germania Judaica* ist dort auf den 30. 12. 1971 datiert (*AB* I, Bl. 117) (NE).

Am 23. 4. 1971 schreibt die Geschäftsführerin der *Germania Judaica*, Jutta Bohnke-Kollwitz, an das Mitglied des Vorstands der Bibliothek, Heinrich Böll, und berichtet über ein Telefonat mit dem Berliner Fotografen Max Jacoby: »Er arbeitet mit an einer public-relation-Zeitung der Bundesrepublik, die ›Scala International‹ heißt und in 26 Länder geht. In dieser Zeitschrift möchte er eine Reportage über die GERMANIA JUDAICA bringen [...]. Nun fragt er, ob er 1. vielleicht Sie hier treffen könnte, in die Betrachtung von Büchern der Bibliothek vertieft, und ob man 2. nicht den Bundespräsidenten einmal zu einem Besuch bewegen könne. [...] Jacoby fragt weiter, ob Sie zu den Bildern einen kurzen Text schreiben würden über die Aufgaben, die Erfahrungen und die Ziele der Bibliothek, weil das die Wirksamkeit der Berichterstattung unterstützen würde.« (HA 1326–4311, Bl. 5).
Die Zustimmung Heinrich Bölls dürfte telefonisch erfolgt sein. Jutta Bohnke-Kollwitz hat, wie in dem Brief angekündigt, mit dem Bundespräsidialamt einen Besuch Gustav Heinemanns abgesprochen. Der Besuch des Bundespräsidenten zusammen mit Hilda Heinemann in der Bibliothek am Kölner Hansaring erfolgte am 12. 8. 1971 (s. Bericht »Heinemann besuchte die ›Germania Judaica‹« in der *Kölnischen Rundschau* v. 13. 8. 1971).

Den Eingang von Bölls Beitrag bestätigt Gerd Hofmann, *Scala International*, am 10. 1. 1972 und kündigt sein Erscheinen »in Heft 3/72« an. Er bittet Böll um Verständnis dafür, daß die Herausgeber den Text »nicht zu einem früheren Zeitpunkt bringen können, da die ›scala international‹ in sieben Sprachen [Deutsch, Englisch, Finnisch, Französisch, Indonesisch, Portugiesisch und Spanisch] erscheint und eine Vorbereitungszeit von 3 Monaten benötigt« (HA 1326–4319, Bl. 5).

## Überlieferung

### Typoskripte

tH: Durchschr. (grün); 2 Bll., eh. Sign.: 902/71.
(HA 1326-258 Bll. 50-51)

### Drucke

Z: *Scala International* (Frankfurt a. M.). – 1972, Nr. 3 (März), S. 26–27.
D¹: *ESR* II, S. 573–574.
D²: *EAS* 4, S. 253–254.

## Textgrundlage

Textgrundlage ist D¹

## Stellenkommentar

75. 4 *Die Entstehung der Bibliothek* GERMANIA JUDAICA] Am 2. 1. 1959 wurde in der Wohnung des Journalisten und Publizisten Wilhelm Unger in der Hollardstraße 5 in Köln-Lindenthal ein »Verein für die Gründung, Förderung und Unterhaltung der Bibliothek für die Geschichte des Judentums in Deutschland« gegründet, der laut Satzung den Namen *Germania Judaica* tragen sollte. Die Vereinsgründer waren Annemarie und Heinrich Böll, der Kölner Verleger Ernst Brücher, der Kölner Kulturdezerent Kurt Hackenberg, der Buchhändler Karl Keller sowie Ilse und Paul Schallück. Den ersten Vereinsvorstand bildeten: Böll (Vorsitzender), Schallück (2. Vorsitzender), Keller (Schriftführer). (HA 1326-EK 15, Bl. 3)

76. 7–8 *halbjährlich unter dem Titel Arbeitsinformationen erscheint*] Erhebungen über laufende Forschungsprojekte, die *Arbeitsinformationen über Studienprojekte auf dem Gebiet der Geschichte des deutschen Judentums und des Antisemitismus*, erscheinen ab 1963 alle drei Jahre (nicht, wie von Böll irrtümlich angegeben, halbjährlich).

76. 13–14 *eine eigene Publikation Germania Judaica*] Die von 1960–1969 erscheinende *Germania Judaica. Bulletin der Kölner Bibliothek zur Geschichte des deutschen Judentums*.

⟨Hülchrather Straße Nr. 7⟩

## Entstehung

Das in Bölls Arbeitsbuch unter der Sign. 837/71 verzeichnete »Exposé für Film Hülchratherstr. – mit Toni Richter und Bernd Schauer« ist dort undatiert (*AB* I, Bl. 105) (NE). Da auch der überlieferte Typoskriptdurchschlag nicht datiert ist, scheint eine zeitliche Einordnung der Entstehung nur über andere, in zeitlicher Nähe zu *Hülchrather Straße Nr. 7* entstandene Arbeiten möglich. Mit der Sign. 836/71 ist in Bölls Arbeitsbuch als vorhergehende ›Arbeit‹ eine bisher nicht durch eine Veröffentlichung nachgewiesene und nicht näher bezeichnete Diskussion aufgenommen, die dort auf den 15. 1. 1971 datiert ist. Unter der Sign. 838/71 ist ein ebenfalls undatiertes Gespräch Bölls mit Ekkehart Rudolph verzeichnet (»Autoren im Gespräch: Heinrich Böll«) und die Lesung der Erzählung *Veränderungen in Staech* (KA Bd. 16), die am 22. 8. 1971 im *Süddeutschen Rundfunk* gesendet wurden. Die nächste Arbeit (Sign. 839/71) ist das Statement *Über Bernd Alois Zimmermann* (S. 107 ff.), dessen Aufnahme im Arbeitsbuch auf den 8. 2. 1971 datiert ist. – Diese zeitliche Einordnung der die *Hülchrather Straße Nr. 7* umgebenden Arbeiten, läßt eine Datierung der Entstehung dieses Essays Ende Januar/Anfang Februar 1971 zu.

## Überlieferung

### Typoskripte

tH¹: Durchschr. (gelb); 13 Bll., durchschr. eh. Sign.: 837/71, alle Bll. am roR eh. durchschr. pag. 1–13.
(HA 1326–258, Bll. 26–38)

### Drucke

Z: *Köln. Vierteljahresschrift für Freunde der Stadt.* – 18. Jg. (1972), Heft III (Juli-September), S. 114–122.
D¹: *NPLS*, 1973, S. 202–212.

D²:   *ERS* II, S. 585–594.
D³:   *EAS* 4, S. 265–274.

## Sendungen

*ARD (Bayerischer Rundfunk)*, 5. 3. 1972 (»Schriftsteller in ihren Straßen«).

## Textgrundlage

Textgrundlage ist D².

## Varianten

85. 39  *Öl wechseln zu lassen]* Öl zu wechseln Z

## Stellenkommentar

77. 1  *Hülchrather]* Nach der Ortschaft Hülchrath (heute Teil von Grevenbroich, etwa 30 km nord-westlich von Köln) benannte Straße im Agnes-Viertel. Hülchrath war bis 1803 Sitz einer kurkölnischen Bezirksverwaltung, deren Amtsbereich von dem nördlich vor Köln gelegenen Nippes bis nach Krefeld reichte.

77. 3–5  *warum man ... gewohnt hat]* Der Umzug in die Hülchrather Straße Nr. 7 erfolgte 1969. Vorher hatte die Familie 15 (nicht 25) Jahre in einem 1954 neu gebauten Haus im ländlichen Köln-Müngersdorf, Belvederestraße 35, im Westen der Stadt gewohnt. Allerdings erscheint die Charakterisierung des innenstadtnah gelegenen Agnes-Viertels als durch »Großstadtfluchten« geprägt leicht übertrieben und ist nur im Vergleich zu dem von zweigeschossigen Einfamilienhäusern dominierten Müngersdorf zu verstehen. Tatsächlich besteht das Viertel, zu dem auch die Hülchrather Straße zählt, aus einem in der Gründerzeit entstandenen Wohngebiet, dessen Gebäude selten höher als vier Etagen gebaut wurden.

77. 10  *Demokratie Schweizer Art]* Die Schweiz gilt wegen der verfassungsmäßig vorgesehenen Volksentscheide über wichtige politische Anliegen als demokratisches ›Musterland‹ in Europa.

77. 21–22  *Der Stadtteil ... Bodenspekulation]* In einem der Beschlüsse des Wiener Kongresses (1814/15), in dem die (auch gebietsmäßigen) Ver-

hältnisse im Europa der nach-napoleonischen Zeit neu geordnet und festgelegt wurden, wurde das Rheinland 1815 in das Königreich Preußen eingegliedert. In der Folge wurde Köln, als größte Stadt des Rheinlandes und westlichste Großstadt Preußens, von der preußischen Militärverwaltung zur Festungsstadt ausgebaut. So entstanden etwa einen Kilometer vor der mittelalterlichen Stadtmauer auf der linken Rheinseite elf Festungswerke (Forts), die durch sieben Zwischenwerke (Lünetten) ergänzt wurden. Ein Entwicklungsproblem der Stadt Köln lag darin, daß zwischen der Stadtmauer und den vorgelagerten militärischen Anlagen eine Sichtverbindung, der Rayon (das Schußfeld), bestehen mußte und darin (und auch davor) deshalb keine zivile Bebauung stattfinden konnte. Zwischen 1816 und 1880 stieg die Zahl der Einwohner der Stadt Köln von 53 000 auf 144 000. Den im Rahmen der zunehmenden Industrialisierung benötigten Raum fanden die Unternehmen nur in den sich entwickelnden Vororten außerhalb des Schußfeldes: z. B. Bayenthal im Süden, Ehrenfeld im Westen und Nippes im Norden. Die Entwicklung der Militärtechnik (größere Geschützreichweite) bewirkte ab ca. 1860, insbesondere aber nach dem dt.-frz. Krieg von 1870/71 eine Neubewertung der militärischen Lage in Köln. Die ›Festung‹ Köln hätte einem möglichen Angriff (von Westen) nicht standhalten können – die neue Situation führte zur Aufgabe der bisherigen miltitärischen Anlagen und ihrem Neubau ca. 6–10 Kilometer vor der ma. Stadtmauer. Gleichzeitig bedeutete diese Maßnahme, daß die von den Kölnern ab dem 12. Jh. errichtete Stadtmauer zusammen mit einem Teil der militärischen Anlagen davor an die Stadt hätten zurückgegeben werden können. Der Kölner Stadtrat (dessen Mitglieder überwiegend selbst mehrfache Haus- und Grundstücksbesitzer waren) wollte aber das ›eigene‹ Gelände nicht ›geschenkt‹ haben, weil das zu einem Verfall der Immobilienpreise in der Stadt selbst hätte führen können. Die Verhandlungen zwischen der Stadt Köln und der preußischen Militärverwaltung zogen sich über zwanzig Jahre hin, bis schließlich am 23. 2. 1881 ein Vertrag unterschrieben wurde, dem zufolge die Stadt Köln für das Gelände 12 Millionen Mark zu zahlen hatte. Am 11. 6. 1881 begann mit einem Durchbruch am Gereonshof der Abbruch fast der gesamten ma. Stadtmauer und damit die eigentliche ›Erweiterung‹ der Stadt Köln. Das Stadtgebiet Kölns vergrößerte sich durch die neue Fläche, auf der die ›Kölner Neustadt‹ gebaut werden sollte, von 400 auf 850 Hektar. Die Stadt Köln betrieb Grundstücksspekulation in großem Umfang und erwirtschaftete mit dem Verkauf ihrer Grundstücke in der Neustadt einen erheblichen Gewinn. (S. auch *Stellenkommentar* zu 87. 4.)

77. 22–25 *die Straßennamen ... Weissenburg]* Die von der Stadtversammlung in Köln am 3. 2. 1892 beschlossenen Straßennamen für die in der ummittelbaren Nachbarschaft der Hülchrather Straße geplanten Straßen in der nördlichen Neustadt erinnern an – von dt. Seite aus ›triumphale‹ –

Schlachtorte im dt.-frz. Krieg von 1870/71, für die bei der Namenvergabe aber die dt. Schreibweisen (etwa Woerth=Wörth) gewählt wurden. Am 4. 8. 1970 fand die Schlacht in der elsässischen Stadt Wissenbourg (=Weissenburg) statt. Nach der Schlacht von Sedan an der Maas am 2. 9. 1870 kapitulierte die frz. Armee unter Napoleon III.

77. 30 *Tristesse]* Frz.: Traurigkeit, Melancholie, Schwermut.

77. 26–30 *Jugendstil ... stützen]* Der Jugendstil ist eine an der Wende des 19. zum 20. Jh. (›fin de siècle‹) entstehende und bis ca. 1914 andauernde Stilrichtung, die fast alle Kunstgattungen einschließlich der Architektur umfaßte. Zu den formalen Besonderheiten gehören vor allem eine dekorative Ornamentik und eine geschwungene Linienführung.

77. 30–78. 2 *In solchen Straßen ... ähnlichen Wohnung]* Anspielung auf Wohnorte Annemarie Cechs und Heinrich Bölls in Köln. Als Böll im September 1939 zur Wehrmacht eingezogen wurde, lebte er in der elterlichen Wohnung am Karolingerring und Annemarie Cech in der Kleingedankstraße am Volksgarten. Beide Wohnungen lagen in der südlichen Neustadt.

78. 17–20 *Und dann ... nur Ausflugsziel]* Die Entfernung vom vorherigen Wohnort in Müngersdorf zum Rhein beträgt ca. 10 Kilometer, während der Fluß von der Hülchrather Straße aus zu Fuß in wenigen Minuten über die Wörth Straße zu erreichen ist.

78. 37 *Klickern spielen]* Regional verwendeter Ausdruck für ›mit Murmeln (kleine Kugeln aus Glas oder Ton) spielen‹.

79. 1–8 *immerhin ... bedauert]* Die Söhne Annemarie und Heinrich Bölls, Raimund, René und Vincent, sind 1947, 1948 und 1950 in der Schillerstraße 99 in Köln-Bayenthal geboren worden. Die anliegenden Grundstücke Schillerstraße 101–103 blieben bis Ende der 1950er Jahre Trümmergrundstücke.

79. 19 *Beckett-Stücke]* Samuel Beckett (1906–1989), ir. Dramatiker; hier: Anspielung auf die gewöhnlich sparsame Dekoration bei der Aufführung von Stücken Becketts (u. a. *Warten auf Godot*, 1952; *Endspiel*, 1957).

79. 30–80. 28 *Beherrschend ... zurückbefördert wird]* Gemeint ist das Gebäude des Oberlandesgerichtes am Reichenspergerplatz, das von fünf Straßen, u. a. der Hülchrather Straße, umgrenzt wird. Das zwischen 1907–1911 im neubarocken Stil auf ca. 15 000 qm errichtete Gebäude galt seinerzeit als das größte Gerichtsgebäude in Deutschland. Das schloßartige Bauwerk mit vier Innenhöfen, 34 Sitzungssälen, 400 Geschäftzimmern und Fluren mit einer Gesamtlänge von mehr als vier Kilometern sollte ein Symbol sein für die ›neue‹ Unabhängigkeit der Gerichte gegenüber Königshäusern und Kirche. Ausdruck dafür ist auch eine neuartige Darstellung der römischen Göttin Justitia im Fries über dem Hauptportal. Die richtende Göttin der Gerechtigkeit ist dort in einem Relief ohne Augenbinde dargestellt – Ausdruck dafür, daß die Justiz zwar blind ist gegen die Unterschiede

des Standes, aber nicht blind im allgemeinen. Die von Böll im Text erwähnte »Dame mit den verbundenen Augen« meint dagegen die traditionelle Darstellung der Justitia mit einer Binde vor den Augen und mit der Waage der Gerechtigkeit in der Hand.

80. 29 *Die Schule im Hof des Nachbarblocks]* Die Gemeinschaftsgrundschule in der Balthasarstraße 87, deren Schulhof unmittelbar an die Rückfront der Hülchrather Straße 7 heranreicht.

81. 18–19 *Deutschlands Strom]* »Der Rhein, Teutschlands Strom, nicht Teutschlands Grenze«; Titel einer von Ernst Moritz Arndt 1813 verfaßten Flugschrift.

81. 19–20 *sein schmutzigstes, giftigstes Stadium]* Gemeint sind die nördlich von Köln durch den Chemiekonzern Bayer bei Leverkusen eingeleiteten Schadstoffe.

81. 27–28 *Wo die ... gebaut]* Als einzige Stadt der Welt beherbergt Köln in seinem Altstadtbereich noch zwölf große, zwischen dem 10. und 12. Jh. entstandene, meist als Stifts- oder Klosterkirchen gebaute romanische Kirchen. St. Andreas, St. Aposteln, St. Cäcilien, St. Georg, St. Gereon, St. Kunibert, St. Maria im Kapitol, St. Maria Lyskirchen, Groß St. Martin, St. Pantaleon, St. Severin und St. Ursula bilden zusammen den »Kranz der romanischen Kirchen Kölns«. Nach den Zerstörungen durch die Luftangriffe auf Köln im Zweiten Weltkrieg mußten viele dieser Kirchen wieder aufgebaut werden; gleichzeitig wurden zwischen 1951 und 1970 durch Architekten wie Gottfried Böhm, Fritz Schaller und Maria und Rudolf Schwarz insgesamt 46 katholische Kirchen auf dem Kölner Stadtgebiet neu gebaut.

81. 28–29 *wo die ... gebaut]* Die älteste (feste) Brücke über den Rhein ist die unter der Regentschaft Kaiser Konstantins des Großen (280–337) im Jahr 310 gebaute und nach ihm benannte Konstantin-Brücke von Köln zu dem als Festung ausgebauten römischen Brückenkopf Deutz (Castra Divita). Diese Brücke stand bis etwa 960. In der Folgezeit gab es bis zum 19. Jh. hinein keine neue (feste) Brücke. Der Rhein diente den Kölnern als Schutz nach Osten, während der Rest der Stadt durch die große, im 12. Jh. im Halbkreis um Köln errichtete Stadtmauer geschützt wurde. Das änderte sich erst, als Köln durch den Wiener Kongreß dem Königreich Preußen (s. *Stellenkommentar* zu 77. 22.) zugeschlagen wurde und der Rhein seine Grenzfunktion verlor. 1822 wurde zunächst eine Schiffsbrücke nach Deutz errichtet, dann, im Zuge von technischer und industrieller Entwicklung, die erste Eisenbahnbrücke (Dombrücke), die im Jahr 1855 die Schiffsbrücke ablöste. Aufgrund der Umstrukturierung des Eisenbahnnetzes kam eine Brücke für den Güterverkehr, die Südbrücke, 1910 hinzu, die Dombrücke wurde durch die größere Hohenzollernbrücke 1911 ersetzt, und als erste Hängebrücke über den Rhein wurde die Deutzer Brücke 1915 eingeweiht.

Es folgten 1929 die Mülheimer Hängebrücke im Kölner Norden und die erste Autobahnbrücke über den Rhein, die Rodenkirchener Brücke, im Süden 1939. Im Zweiten Weltkrieg wurden alle Kölner Brücken bei Luftangriffen zerstört. Ihr Wiederaufbau dauerte bis 1954; die Deutzer Brücke wurde an gleicher Stelle neu gebaut. Die von Heinrich Böll benannte »modernste« Brücke Kölns war 1972 die zwischen Mülheimer und Hohenzollernbrücke errichtete Zoobrücke, die nach einer weiteren innerstädtischen Brücke (Severinsbrücke, 1959) und einer Autobahnbrücke im Norden (Leverkusener Brücke, 1965), 1966 fertiggestellt wurde.

81. 31–82. 1 *Man kann ... konfrontiert ist]* Mit dem Luftkurort Tegernsee in Oberbayern, der am gleichnamigen See liegt, und dem hessischen Fulda, dem Sitz der katholischen Deutschen Bischofskonferenz und des Sekretariats des Deutschen Evangelischen Kirchentages, oder der idyllischen Gemeinde Rott am Inn, ebenfalls in Oberbayern, benennt Böll Orte, die (1972) im krassen Gegensatz zur Industrieregion Groß-Köln zu sehen sind. Vor allem die Chemiefabriken im Norden (Bayer Leverkusen) und Süden (Wesseling) von Köln, das Industriegebiet im rechtsrheinischen Vorort Kalk und die Braunkohlekraftwerke im Westen (Frechen) führen zu starken Umweltverschnutzungen und zu verkehrsbedingten Beeinträchtigungen.

82. 5–7 *Heil dir ... festen Hand]* »Heil dir im Siegerkranz« war die Königshymne Preußens und wurde nach der Reichseinigung 1871 Kaiserhymne. Sie war neben dem Lied »Die Wacht am Rhein« die Nationalhymne des Deutschen Reiches 1871–1918: Heil dir im Siegerkranz,/Herrscher des Vaterlands!/Heil, Kaiser dir./Fühl' in des Thrones Glanz/die hohe Wonne ganz:/Liebling des Volkes sein!/Heil Kaiser, dir!« (Text nach Heinrich Harries (1762–1802), geschrieben 1790; Musik von Henry Carey (1687?–1743). Vgl. *Stellenkommentar* zu *Der Rhein. KA* Bd. 14, S. 739. – *Die Union der festen Hand* ist der Titel eines Romans von Erik Reger (1893–1954), in dem das Großindustriellentum am Rhein und an der Ruhr geschildert wird, ein literarisches Dokument zur Geschichte des kontinentalen Kapitalismus.

82. 20–27 *bevor der ... Hupen ein]* Diese Beobachtung setzt Böll in dem Roman *Gruppenbild mit Dame* (1971, *KA* Bd. 17) literarisch um: Die Heldin des Romans, Leni Gruyten, soll aus ihrer Wohnung durch eine Räumungsklage vertrieben werden. Diese Zwangsmaßnahme wird dadurch verhindert, daß mehrere Müllwagen die Zufahrt zu dem Haus, in dem ihre Wohnung liegt, blockieren und so den Abtransport ihrer Möbel unmöglichen machen, bis bei Gericht (durch ein »Helft-Leni-Komitee«) ein Aufschub erwirkt ist.

82. 34 *Es sind Italiener, Türken, Griechen, Marokkaner]* Aufzählung einiger Nationalitäten von Gastarbeitern, die ab Mitte der 1960er Jahre bei der städtischen Müllabfuhr in Köln beschäftigt waren.

83,6 *Nifelheim hier in den Norden]* Nifelheim (auch: Niflheim) ist in der nordischen Mythologie das Land im Norden, das Land der Nebel, der Kälte und der Finsternis; überliefert in der »Edda«, einer Liedersammlung in altnordischer Sprache, die, im 13. Jh. niedergeschrieben, Götter- und Heldensagen des 9.–12. Jh. vereint.

83,7 *durch das Siegfried nach Burgund]* Siegfried ist eine der zentralen Figuren in der bedeutendsten dt. Heldendichtung des Mittelalters, dem *Nibelungenlied*. Das mittelhochdeutsche Heldenepos entstand um 1198–1204 aus verschiedenen, in den germanischen Stämmen gesondert entwikkelten Sagenkreisen, wie jenen um Siegfried, der der Sage nach von Xanten am Niederhein an den Hof der Burgunder nach Worms reitet.

83,28–31 *Die Straße ... gute Adresse]* Dies entsprach der nach sozialen Schichten differenziert geplanten Bebauung der Neustadt. Vgl. hierzu Kier, Hiltrud (1978): *Die Kölner Neustadt*. Planung, Entstehung, Nutzung. Beiträge zu den Bau- und Kunstdenkmälern im Rheinland, Bd. 23. Düsseldorf: Schwann.

83,32 *1918 und noch einmal nach 1945]* Die sozialen Veränderungen nach dem Ersten und dem Zweiten Weltkrieg, die auch eine veränderte Nutzung der Wohnungen ergaben.

84,27–28 *langsam voranschleichender Autos]* In unmmitelbarer Nähe zur Hülchrather Straße liegt eine ›Nord-Süd-Fahrt‹ genannte, quer durch die Kölner Innenstadt führende Hauptverkehrsstraße, die in dem Teilstück, in das die Hülchrather Straße mündet, sechsspurig ausgebaut ist. Zu Hauptverkehrszeiten gibt es hier nur einen zähfließenden, wenn nicht ›stehenden‹ Verkehr. In der parallel zur Nord-Süd-Fahrt liegenden Domstraße hat der Fluxus-Künstler Wolf Vostell 1969 sein »Ruhender Verkehr« realisiert – ein bei (laufendem Autoradio) in Beton gegossenes Auto der Marke ›Opel Kapitän‹, das momentan auf dem Hohenzollernring in Köln steht.

86,8–14 *den Chrom-Riesen, ... Anzüge reinigen]* Gemeint ist die damalige Filiale des »Deutschen Supermarkts« (DS) auf der Neusser Straße 5–7, deren Eingangsbereich mit verchromten Blechen gestaltet war. Heute ist dort der »Stüssgen«-Supermarkt untergebracht – der verchromte Eingangsbereich ist geblieben. – Es handelt sich um Bölls Imagination der (heutigen) Einkaufszentren, die Anfang der 1970er Jahre noch nicht sehr verbreitet waren.

86,30–33 *In der Nachbarschaft ... Opfer fordert]* Vgl. die Titelgeschichte des *Spiegel* Nr. 24 v. 7. 6. 1971: »Sind die Städte noch zu retten?« und den »Länge mal Breite mal Geld« betitelten Bericht über die städtebaulichen Probleme in der Bundesrepublik, in dem auf S. 62 auch die West-Berliner Zeitschrift *Das Grundeigentum* zitiert wird: »›Verzinsen sich Grund und Boden nicht mehr, ist es höchste Zeit, das Grundstück einer neuen wirtschaftlichen Nutzung zuzuführen.‹ Der Abriß von Häusern auf teurem Boden, so lehrt das Blatt, könne selbst dann geboten sein, ›wenn sie von der Substanz her erhaltenswert erscheinen‹« (HA 1326–ZAB 24, Bl. 71).

86. 37–87. 4 *wo die Herrschaft* ... *eingerichtet]* Anspielung auf die Familie Roeckerath, deren Reichtum auf den erfolgreichen Grundstückshändler, Bauunternehmer und Politiker Peter Joseph Roeckerath (1837–1905) zurückgeht. Roeckerath war für die Zentrumspartei seit 1875 Mitglied des Kölner Stadtrates und gehörte der Kommission an, die mit den preußischen Militärbehörden über den Verkauf der ma. Stadtmauer und anderen militärischen Geländes an die Stadt Köln verhandelte, nachdem diese aus militärischer Sicht sinnlos geworden waren (s. *Stellenkommentar* zu 77. 22). Der Reichtum der Familie gründet sich vor allem auf den Grundbesitz, den Roeckeraths zweite Frau, Agnes Schmitz (1846–1890) in die Ehe mitbrachte: Sie stammte aus einer alten Kölner »Kappes [=rhein. für Kohl]bauernfamilie«, deren Felder unmittelbar vor der Stadtmauer lagen. Durch den Abriß dieser Mauer und den Beginn der Stadterweiterung 1881 wurden diese Äcker teures Bauland, mit dem Roeckerath erfolgreich spekulierte. Nach dem Tod von Agnes Roeckerath 1890 beschloß Peter Joseph Roeckerath, ihr zu Ehren eine Kirche zu stiften, die nach der Namenspatronin seiner Frau, der Hl. Agnes benannt werden sollte. Mit dem Bau einer Hallenkirche – vor allem im norddeutschen Raum verbreitet – nach den Plänen von Carl Rüdell (1855–1939) wurde 1896 auf einem Grundstück an der Neusser Straße/Neusser Platz begonnen. Nach fünfjähriger Bauzeit wurde die mit 80 m Länge und 40 m Breite nach dem Dom raumgrößte Kirche Kölns fertig gestellt.

⟨Bericht des Internationalen Präsidenten über kürzliche Besuche im Ausland⟩

## Entstehung

Die in Bölls Arbeitsbuch unter der Sign. 942/72 verzeichnete Rede ist dort auf den 19. 4. 1972 datiert (*AB* I, Bl. 122) (NE).
Das im Arbeitsbuch angegebene Datum stimmt mit dem Beginn der zweitägigen Zusammenkunft des Exekutiv-Komitees des Internationalen P. E. N. in London am 19. 4. 1972 überein. Für die Entstehung des Textes ist das auf TH[4] eh. notierte Datum 14. 4. 1972 anzunehmen.

## Überlieferung

### Typoskripte

TH[1]: Erstschr.; 5 Bll., eh Sign.: 942/72, Text in englischer Sprache; am roR eh. pag. 1–5.
(HA 1326-268, 150–154)

tH[2]: Durchschr. (grün); 3 Bll., eh. Sign.: 942/72, Text in englischer Sprache; am roR eh. durchschr. pag. 1–3.
(HA 1326-268, 155–157)

tH[3]: Durchschr. (grün); 4 Bll., eh. Sign.: 942/72 und einem eh. Vermerk: »Deutsche Übersetzung von AB[Annemarie Böll]«; am roR eh. durchschr. pag. 1–4.
(HA 1326-268, 158–161)

TH[4]: Fotokopie des Textes wie tH[3]; 4 Bll., auf jedem Bl. mit hs. Hinweis auf die Tagung: »London – Pen / 19. – 20. 4. 72« jeweils in Klammern gesetzt und einem ursprünglich eh. Vermerk Bl. 1: »Rede / PEN – Tagung / London / 14. 4. 72« und ursprünglich eh. Unterschrift auf Bl. 4.
(HA 1326-268, 162–165)

## Textgrundlage

Textgrundlage ist tH³

## Stellenkommentar

88. 1–2 *kürzliche Besuche im Ausland]* Gemeint sind die Reisen Annemarie und Heinrich Bölls vom 7. 2. 1972 bis 22. 3. 1972 in die DDR, UdSSR und CSSR.

89. 2–3 *Konferenzen und Verträge von Teheran, Yalta und Potsdam]* In Teheran kam es vom 28. 11. bis 1. 12. 1943 zwischen dem britischen Premier Winston Churchill, dem amerikanischen Präsidenten Franklin D. Roosevelt und Josef Stalin, dem sowjetischen Staatschef zu einem ersten Treffen, bei dem über die Fortführung des Krieges gegen Nazi-Deutschland und über die Nachkriegsordnung Europas gesprochen wurde. – Das zweite Treffen der drei Politker fand vom 4. bis 11. 2. 1945 in Jalta auf der Krim statt. Festgelegt wurden dabei die allgemeinen Kapitulationsbedingungen für Deutschland. – Die dritte Konferenz zwischen den Alliierten wurde in Potsdam vom 17. 7. bis 2. 8. 1945 abgehalten. Dabei ging es um die zukünftige Position des in Besatzungszonen aufgeteilten Deutschland und um Grenzverschiebungen in Europa nach Kriegsende.

89. 5–6 *von dem verstorbenen Herrn Kruschev]* Da Böll seine Rede in Englisch hielt, schrieb er in seinem Typoskript einzelne Worte in englischer Schreibweise (etwa Yalta). – ›Kruschev‹ = Nikita Sergejewitsch Chruschtschow (1894–1971), sowjet. Politiker und Staatsmann.

⟨Suchanzeigen⟩

## Entstehung

Der in Bölls Arbeitsbuch unter der Sign. 903/71 verzeichnete Anthologie-Beitrag ist dort auf den 30. 12. 1971 datiert (*AB* I, Bl. 117) (NE). Der Kulturkreis im Bundesverband der Industrie plante im Herbst 1971, aus Anlaß seines zwanzigjährigen Bestehens zusammen mit dem Hanser-Verlag eine Anthologie mit Beiträgen seiner bisherigen Preisträger zusammenzustellen. Im Auftrag des Herausgebers, Rudolf de le Roi, und des Carl Hanser Verlages wendet sich Hans Bender am 24. 10. 1971 an Böll als einen der Preisträger des Jahres 1953: »[...] ich höre, sehe und lese, wie sehr man Sie strapaziert [...]. Und auch ich muß nochmals kommen und nach dem Preisträgerbuch-Beitrag fragen« (HA 1326–4315, Bl. 11). Böll befindet sich zu diesem Zeitpunkt auf einer längeren Reise, von der er erst im Dezember zurückkehrt (s. *Stellenkommentar* zu 18. 10). Laut Eintrag im Arbeitsbuch verfaßt Böll seinen Beitrag am 30. 12. 1971 und schickt ihn umgehend an Hans Bender. Dieser dankt Böll am 3. 1. 1972 für den fünfseitigen Text: »Sie erhalten auf alle Fälle Korrekturfahnen. Tippfehler habe ich bereits verbessert« (HA 1326–4315, Bl. 2). Rudolf de le Roi dankt Böll am 30. 1. 1972, daß er »in der Unruhe Ihrer Reisen und Probleme die Zeit gefunden« habe, »einen so warmen, persönlichen Beitrag zu schreiben« (HA 1326–4334, Bl. 1). Einen zweifachen Korrekturabzug der *Suchanzeigen* erhält Böll am 21. 3. 1972 (HA 1326–4326, Bl. 4). Die Anthologie *Jemand der schreibt* erscheint Ende April 1972.

## Überlieferung

### Typoskripte

TH¹: Erstschr. und Durchschr. (grün); 4 Bll., unvollst.
  (HA 1326–258, Bll. 174–177)
TH²: Erstschr. und 1. und 2. Durchschr. (grün und gelb); 16 Bll., hs. Sign.: 903/71 und eh. Notiz: »Verworfen« ebenso auf Bl. 12. Bl. 16 masch. Durchschr. (grün) 1. Seite der Reinschr.
  (HA 1326–258, Bll. 178–193)

## Drucke

D¹:  *Jemand der schreibt.* 57 Aussagen. Hrsg. von Rudolf de le Roi. – München: Carl Hanser Verlag, 1972. S. 38–42.
D²:  *NPLS*, 1973, S. 239–243.
D³:  *ESR II*, S. 527–531.
D⁴:  *EAS* 4, S. 207–211.

## *Textgrundlage*

Textgrundlage ist D².

## *Varianten*

94. 34 *der eine]* die einen *D¹*

## *Stellenkommentar*

91. 10 *Golzheim]* Eine kleine Gemeinde östlich von Düren.

91. 3–29 *Ich suche ... meine Mutter]* Maria Böll, geb. Hermanns (1877–1944). Der Vater Heinrich Bölls, Viktor Böll (1870–1960), war in erster Ehe von 1897 bis 1901 mit Katharina Gießen (1870–1901) verheiratet. Nach dem Tod von Katharina Böll reißt die Verbindung Viktor Bölls zu der bis dahin im Haushalt tätigen Maria Hermanns aus Düren nicht ab; beide heiraten 1906. Nach Mechthild (1907–1972), Gertrud (1909–1999), Alois (1911–1981), Alfred (1913–1988) ist Heinrich Böll (1917–1985) das fünfte (und letzte) Kind aus dieser Ehe.

91. 31–33 *Fünfundachtzig Jahre ... schnell]* Golzheim liegt an der Bundesstraße 264, die Böll zur Fahrt von Köln in sein Haus in Langenbroich südlich von Düren benutzte.

92. 1 *Mit dem Auto]* Heinrich Böll fuhr 1972 einen Peugeot Typ 204.

92. 16–19 *Ich weiß nichts ... einen trinkt]* Wilhelm Hermanns (1837–1905).

92. 24–25 *Ich kenne ... Mädchens]* Agnes Hermanns (1844–1917).

92. 26–29 *Ich weiß ... betrogen]* Vgl. *Über mich selbst* (1959) *KA* Bd. 10; *EAS* I, S. 280 f.): »Die Vorfahren mütterlicherseits waren Bauern und Bierbrauer; eine Generation war wohlhabend und tüchtig, dann brachte die nächste den Verschwender hervor, war die übernächste arm, brachte wieder den Tüchtigen hervor, bis sich im letzten Zweig, aus dem meine Mutter stammte, alle Weltverachtung sammelte und der Name erlosch.«

92. 29 *Man sieht dem bitteren Gesicht noch an]* Vgl. die Fotos von Agnes Hermanns in: Böll, Alfred (1981): *Bilder einer deutschen Familie. Die Bölls.* Bergisch Gladbach: Gustav Lübbe Verlag, S. 114 und 122 f., die sie – nach Alfred Böll – jeweils mit einen »leicht bitteren Gesichtsausdruck« (S. 114) zeigen.

92. 30–32 *Das klassische ... verbittert]* Jansenismus: Nach dem Löwener Theologen und Bischof von Ypern, Cornelius Jansen (1585–1638), benannte Bewegung in Belgien, Frankreich und den Niederlanden des 17. und 18. Jh. Im Jansenismus wurde eine dogmatische Moralauffassung vertreten, deren Frömmigkeitspraxis auf die Erziehung des grundsätzlich ›schwachen‹ Menschen und seines als verderbt und tendenziell bösen Willens mit großer Strenge und kirchlicher Disziplin abzielte.

93. 32 *Victor]* Viktor Böll (1870–1960).

94. 16–17 *Ich suche ... unterwegs]* Von der Kreuznacher Straße am Vorgebirgspark im südlichen Kölner Vorort Raderberg in das Staatliche Kaiser-Wilhelm-Gymnasium in der Heinrichstraße (Innenstadt), das Böll von 1928 bis 1937 besuchte.

94. 23–26 *den einen ... in einem Park]* Raimund Böll (1947–1982), René Böll (geb. 1948) und Vincent Böll (geb. 1950).

95. 5–6 *Leipziger Platz]* Annemarie Böll (geb. 1910), die Ehefrau Heinrich Bölls, ist bei ihren Großeltern in der Bülowstraße, in der Nähe des Leipziger Platzes im nördlichen Kölner Vorort Nippes aufgewachsen.

95. 6–7 *die Brote ... gegessen wurden]* In der Machabäerstraße befand sich die Ursulinenschule, ein katholisches Mädchengymnasium, in das u. a. Bölls Schwester Grete und seine spätere Ehefrau Annemarie Cech zur Schule gingen.

95. 7–8 *Teutoburger Straße]* Heinrich Böll ist in der Teutoburger Straße 1917 geboren; die Familie hat dort bis 1922 gewohnt.

95. 8–9 *Sägemehl ... Schwanenkampstraße]* Im Geburtshaus Viktor Bölls in der Schwanenkampstraße in Essen (Innenstadt) betrieb sein Vater Heinrich Böll (1829–1911) eine Schreinerei.

95. 9–10 *Pletzergasse]* In der Dürener Altstadt in der Nähe des Marktplatzes gelegene Straße.

95. 11 *die Klicker aus der Kreuznacher Straße]* Klicker: Regional verwendete Bezeichnung für Murmeln. – Zwischen 1922 und 1930 lebte die Familie Böll in der Kreuznacher Straße am Vorgebirgspark im südlichen Kölner Vorort Raderberg.

⟨Köln III⟩

## Entstehung

Das in Bölls Arbeitsbuch unter der Sign. 889/71 verzeichnete Gedicht ist dort auf Oktober 1971 datiert (*AB* I, Bl. 115) (NE).

Eine Nachricht über ein schon länger geplantes Projekt, das der gestiegenen Bedeutung Kölns als ›Literaturstadt‹ Rechnung tragen sollte, erreichte Böll am 22. 6. 1971. Bölls Lektor bei Kiepenheuer & Witsch, Dieter Wellershoff (geb. 1925), schrieb ihm, er »habe es übernommen, den geplanten Sammelband ›Kölner Autoren‹ zu lektorieren und möchte zunächst einmal ganz generell an das Projekt erinnern. Ich hoffe, daß schon einige Texte vorliegen und wäre dankbar, wenn ich vor meiner Reise am 10. Juli in die Ferien die Manuskripte bekommen könnte, die schon fertig sind«. (HA 1326–4220, Bl. 3) Mit Sicherheit konnte Heinrich Böll zu diesem Zeitpunkt noch keine Teile seines Gedichts vorlegen, da er intensiv mit anderen Arbeiten beschäftigt war, vor allem mit der Präsentation seines neuen Romans, *Gruppenbild mit Dame* (*KA* Bd. 17), und der Vorbereitung der Tagung des Internationalen P. E. N. in Dun Loaghaire (Irland) vom 12. bis 18. 9. 1971 (s. *Entstehung* von *Die internationale Nation*, S. 427.)

Nach der Rückkehr am 21. 9. 1971 blieb wenig Zeit bis zur nächsten Reise, die Annemarie und Heinrich Böll am 17. 10. 1971 zunächst zu Freunden nach Oslo und Stockholm und vom 22. 10. bis 4. 12. 1971 zu einer Lese- und Diskussionsreise quer durch die USA führte.

Als Entstehungszeitraum für *Köln III* ist Anfang bis Mitte Oktober anzunehmen. Den Eingang von Bölls Beitrag im Verlag bestätigt Wellershoff in einem Brief am 20. 10. 1971 (HA 1326–4315, Bl. 10). Er bittet Heinrich Böll, »in Kürze die endgültige Fassung« zuzusenden: »Ich muß nämlich jetzt alles in die Herstellung geben, und da das Ganze alphabetisch geordnet sein soll [...], würde Ihr Text an der zweiten Stelle stehen [tatsächlich erscheint er dann als dritter Beitrag nach denen Jürgen Beckers und Hans Benders], und das bedeutet, daß wir ihn vor dem Umbruch haben müssen.« Worin die dann doch im Produktionsprozeß des Bandes eintretende Verzögerung begründet ist, läßt sich nicht eruieren, jedenfalls wurden Böll zwei Fahnenabzüge seines Beitrags erst am 19. 3. 1972, mit der Bitte, sie »umgehend« zurückzusenden, zugeschickt (HA 1326–4348, Bl. 2). Öffentlich präsentiert wurde das *Notizbuch. Neun Autoren – Wohnsitz Köln* während eines Empfangs – an dem Böll nicht teilgenommen hat – auf Einladung von

Kiepenheuer & Witsch und der Buchhandlung Paul Neuber in deren Räumen am Hohenstaufenring in Köln am 27. 4. 1972.

## Überlieferung

### Typoskripte

tH¹: Durchschr. (grün); 4 Bll., mit eh Sign.: 899/71 und Notiz: »1. Version«.
(HA 1326-258, Bll. 57-60)
TH²: Erstschr.; 9 Bll., am roR eh. pag. 1-9, Einteilung des Textes in 27 durchnummerierte Absätze; auf Bl. 1 masch Titel, eh. Sign.: 899/71 und Notiz: »2. Version«.
(HA 1326-258, Bll. 61-69)
tH³: Durchschr.; 12 Bll., am roR eh. durchschr. pag 1- 12, auf Bl. 1 durchschr. Sign.: 889/71 und eh Notiz: »3. Version – Korrekturarbeit(?) folgt« sowie weitere eh. Notizen. Diese Fassung entspricht bis auf Änderung der Einteilung dem Erstdruck.
(HA 1326-258, Bll. 70-81)

### Drucke

D¹: *Notizbuch*. Neun Autoren – Wohnsitz Köln. Köln: Kiepenheuer & Witsch 1972. S. 45-57.
D²: *Gedichte*. Literarisches Colloquium (Berlin) 1972 (LCB-Edition 28), S. 20-33.
D³: *HTDG*, S. 23-39.

## Textgrundlage

Textgrundlage ist D³.

## Stellenkommentar

96. 1 *Köln III]* Dritter Teil des sogenannten ›Köln-Zyklus‹, der außerdem die Gedichte *Köln I* (1968, s. KA Bd. 15) und *Köln II* (1969, KA Bd. 16) umfaßt. Ein weiteres ›Köln-Gedicht‹ ist *Versunken die Stadt* (1984, KA Bd. 23).

96. 9-10 *im dreißigjährigen Krieg ... der Bauplaner]* Mit dem Dreißigjährigen Krieg wird eine Reihe von Kriegen in Europa, hauptsächlich auf

deutschem Territorium, zwischen 1618 und 1648 bezeichnet, die durch die unüberbrückbaren katholisch-protestantischen Gegensätze nach der Reformation ausgelöst wurden. Böll meint hier die Umsetzung der stadtplanerischen Neuordnung des stark zerstörten Köln nach dem Zweiten Weltkrieg, wie er sie in *Hülchrather Straße 7* (S.77. 1) beschrieben hat.

96. 17 *nach dreißigjährigem Einsatz der Preßlufthammerflak]* Anspielung auf die im Krieg während zahlreicher Luftangriffe auf Köln zum Einsatz kommenden Flugabwehrkanonen (Flak), die durch ihre in kurzen Abständen abgeschossenen Projektile den Geräuschen von Preßlufthämmern ähneln.

96. 23–24 *die Sappen längst ... bis Wladiwostok vorgetrieben]* Die ›Sappen‹ sind der veraltete Begriff für die gegen einen Angriff auf Festungen angelegten Lauf- oder Schützengräben. – Wladiwostok ist die Hauptstadt der Region Primorje in Rußland und Endpunkt der Transsibirischen Eisenbahn, also ca. 3000 km von Deutschland entfernt. Böll meint hier die Summe der während des Wiederaufbaus und der Umgestaltung in Köln aufgerissenen Straßen.

96. 28 *Hopliten]* Griech.: Schildträger, schwerbewaffneter Fußsoldat im alten Griechenland.

97. 8 *leukämische]* An Leukämie (Blutkrebs) leidend.

97. 10–11 *o heiliger Geist ... erbarme dich unser]* ›O heiliger Geist‹ ist die Anfangsformel verschiedener Gebete und Lieder; ›erbarme dich unser‹ ist Bestandteil der kirchlichen Liturgie (Anrufung Gottes, z. B. in der Heiligenlitanei).

97. 27 *Ersatzreserve III]* In der ›Ersatzreserve‹ sind alle ungedienten Wehrpflichtigen erfaßt, die je nach der bei der Musterung festgestellten Tauglichkeit zur Ersatzreserve I bzw. (bei ›beschränkt tauglich‹) zur Ersatzreserve II gezählt werden. Eine Ersatzreserve III gibt es nicht. Gemeint sein dürfte hier der Tauglichkeitsgrad III der Ersatzreserve I, in der bei der Klassifizierung der Wehrpflichtigen drei Grade (I-III) unterschieden werden.

98. 4 *katholische Revolution]* Bezieht sich vermutlich auf die durch Papst Johannes XXIII. (1881–1963) eingeleiteten Erneuerungsbestrebungen innerhalb der katholischen Kirche, die zu konkreten Beschlüssen während des 2. Vatikanischen Konzils (1962–1965) führten.

98. 6–11 *du einzig wahre ... Hügel am Kapitol]* Die Glasaugenmadonna in der romanischen Kirche Sankt Maria am Kapitol; um 1200 entstanden.

98. 15–16 *mokante ... Trümmerkokette]* Mokant: frz., spöttisch. – Kokette: frz., Adjektiv kokett; von eitel-selbstgefälligem Wesen; bestrebt, die Aufmerksamkeit anderer zu erregen und zu gefallen. – Gemeint ist hier die »Madonna in den Trümmern«, eine Marienfigur von einem der Chorpfeiler der ältesten Pfarrkirche Kölns, St. Kolumba, die im Krieg mehrfach von Bomben getroffen wurde. Beim letzten Luftangriff auf Köln am 2. 3. 1945,

kurz bevor die amerik. Armee die Stadt besetzte, wurde die Basilika fast vollständig zerstört – nur der Pfeiler mit der »Madonna mit Kind« (entstanden um 1460) blieb (wie durch ein Wunder) stehen und ragte aus dem Trümmerfeld hervor. Die ›einsam‹ stehende Madonna wurde zu einem ›Wallfahrtsort‹ der Kölner Bevölkerung. Die Trümmer von St. Kolumba wurden als ein Mahnmal des Krieges stehengelassen. Auf dem Gelände entstand lediglich eine kleine, durch Gottfried Böhm 1950 gestaltete Kapelle, in der, immer noch in besonderer Weise verehrt, auch die »Madonna in den Trümmern« steht.

98. 33–34 *der ... kleinen da in St. Peter]* Bezieht sich auf eine in Relation zu den anderen von Böll hier erwähnten Madonnenfiguren kleinere Skulptur (Madonna mit Kind, um 1400) in der Kirche St. Peter.

99. 1 *Boschgestalten]* Hieronymus Bosch (eigentl. Jheronimus Bosch van Aken, genannt Jeroen, um 1450–1516), niederl. Maler. – Boschgestalten: zur Darstellung der Triebhaftigkeit, Sündhaftigkeit und Dummheit des Menschen personifiziert Bosch die Laster in monströsen Mißgestalten und in grotesken Szenen. Hier sind von Böll aber eher Nichtseßhafte gemeint, wie der Kontext zeigt.

99. 12–13 *der Bischofspalast ... kein Bischofspalast]* Der Sitz des Kölner Kardinals, der nicht, wie bei anderen Bischofssitzen in Deutschland, mittelalterlichen oder barocken Ursprungs ist (und damit ›palastartig‹, wie etwa das Münchener Bischofspalais), sondern erst zwischen 1954–1956 als roter Backsteinbau erbaut wurde, nachdem Kardinal Frings darauf verzichtet hatte, das ursprüngliche, im Zweiten Weltkrieg zerstörte Palais in der Gereonstraße wieder aufbauen zu lassen.

99. 21–22 *steht er da ... wo die Wucherer hausen]* Damit meint Böll die unmittelbare Nähe zum Kölner ›Bankenviertel‹, vor allem in der Straße Unter Sachsenhausen, in der die Kölner Zentralen der deutschen Großbanken ihren Sitz haben.

99. 25–27 *das Lochnerhaar ... gestorben an Leukämie]* Der Maler Stephan Lochner (um 1410–1451) war seit den 1430er Jahren in Köln ansässig, wo er um 1440 das berühmte ›Kölner Dombild‹ schuf, einen dreiteiliges Altarwerk. Weitere Hauptwerke: »Maria mit Veilchen« (um 1439) und »Maria im Rosenhag« (um 1448). – Grete Böll (1900–1963).

99. 28 *Schatzkammer Schnödigkeit Schnütgen]* Alexander Schnütgen (1843–1918), Domkapitular in Köln. S. baute eine Sammlung christlicher Kunst vom Mittelalter bis zum 19. Jh. auf, die er 1906 der Stadt Köln schenkte und die den Grundstock für das Schnütgen-Museum bildete.

99. 33–34 *verblüffend die Ähnlichkeit ... Haubrich-Schnütgen]* Josef Haubrich (1889–1961). Die hier benannte Ähnlichkeit zwischen Haubrich und Schnütgen besteht nicht im Inhalt ihrer jeweiligen Sammlungen, sondern in der Tatsache, daß aus ihren Schenkungen an die Stadt Köln nach ihnen benannte Museen entstanden.

100.2 *neugotischer Gips gegen Echtes]* Neugotik: Stilrichtung der Architektur des 18. und 19. Jh. – Der Aufbau der Sammlung mittelalterlicher Kunst durch Alexander Schnütgen vor allem deshalb möglich, weil u. a. viele kirchliche Ausstattungsgegenstände aus dieser Zeit im Zuge eine Neuorientierung auf die ›Neugotik‹ aussortiert wurden und auf dem Dachboden der Kirchen landeten, wo Schnütgen sie systematisch suchte und (auch dort) das ›Echte‹ billig erstehen konnte. Vgl. hierzu die Einleitung (S. 3–9) in: Anton Legner (1971): *Schnütgen Museum Köln.* München; Zürich: Verlag Schnell & Steiger.

100.3–5 *dissertations- ... ordinationsreif]* Dissertation: für die Erlangung des Doktorgrades angefertigte wissenschaftliche Arbeit (Doktorarbeit). – Habilitation: Verfahren zum Erwerb der Venia Legendi (lat.: Erlaubnis zu lesen = Lehrberechtigung) an Hochschulen und Universitäten durch Anfertigung einer schriftlichen Arbeit oder mehrerer kleinerer Schriften. – Ordination: 1. medizinischer Ausdruck für eine ärztliche Verordnung (veraltet für ärztliche Sprechstunde); 2. in der kath. Kirche: sakramentale Weihe eines Diakons, Priesters oder Bischofs; 3. in der ev. Kirche: feierliche Einsetzung eines Pfarrers in sein Amt.

100.6–7 *das Abgetriebene ... nicht geschützt durch 218]* Gemeint ist der Paragraph 218 des dt. Strafgesetzbuches (StGB), der die gesetzliche Regelung des Schwangerschaftsabbruchs enthält und deshalb auch als ›Abtreibungsparagraph‹ bezeichnet wird. Er hat seinen Ursprung in dem 1871 formulierten Paragraphen 218 des Reichsstrafgesetzbuches: »Eine Schwangere, welche vorsätzlich abtreibt oder im Mutterleib tödtet, wird mit Zuchthaus bis zu 5 Jahren bestraft [...]«. Seit Beginn der sozial-liberalen Koalition 1969 wurde im Zuge der angestrebten gesellschaftlichen Reformen auch um eine (auf heftigen Widerstand insbesondere der Kirchen treffende) Neufassung des § 218 StGB gerungen. Erst 1976 wird eine Indikationsregel in Kraft gesetzt, die einen Schwangerschaftsabbruch unter bestimmten medizinischen oder gesellschaftlichen Indikationen erlaubt.

100.12 *Generalvikar]* Persönlicher Stellvertreter eines Erzbischofs in allen Verwaltungsaufgaben.

100.13 *zahl oder tritt aus]* Vgl. den *Tagesspiegel* v. 8. 10. 1972, der u. d. T. »Böll will sich weiter von der Kirche pfänden lassen« einen *dpa*–Bericht verbreitete: »Zu Angaben des Erzbischöflichen Generalvikariats in Köln, das Finanzamt sei zur Pfändung der Kirchensteuerschuld Bölls aufgefordert worden, sagte der katholische Schriftsteller in einem Gespräch mit der Deutschen Presse-Agentur, er werde sich nach wie vor weigern, ›den Kirchen eine Art Aktie am Sozialprodukt zuzugestehen‹. Mit seiner seit 1967 bestehenden Weigerung wolle er die ›brutale Alternative: zahlen oder aus der Kirche austreten‹ deutlich machen«. – Diese Haltung bestand bis Mai 1976, als Annemarie und Heinrich Böll gegenüber dem Amtsgericht in

Düren ihren Austritt »aus der römisch-katholischen Kirche in ihrer Eigenschaft als Körperschaft des öffentlichen Rechts« erklärten und damit ab 1. 1. 1977 nicht mehr kirchensteuerpflichtig waren.

100. 18 *ihr habt doch gesiegt]* Anspielung auf alte bzw. neue Nazis.

100. 22 *Gerling und Breker]* Hans Gerling (1915–1991), Versicherungsunternehmer, übernahm 1939 die Leitung der durch seinen Vater Robert (1878–1935) 1904 zunächst als »Bureau für Versicherungswesen« gegründeten, nach mehreren Erweiterungen 1923 in »Gerling-Konzern Allgemeine Versicherungs AG« umbenannten Versicherungsgesellschaft mit Sitz im Kölner (innerstädtischen) Friesenviertel. – Arno Breker (1900–1991), Bildhauer und Architekt; einer der von den Nazis bevorzugten Bildhauer, bekannt durch seine Gestaltung des Reichsparteitagsgeländes in Nürnberg. Breker hat in der Nachkriegszeit als Bildhauer und beratend als Architekt für den Gerling-Konzern am Ausbau der Zentrale im Kölner Friesenviertel mitgewirkt. Zur Arbeit Brekers für den Gerling-Konzern in Köln vgl. auch Cord Machens: »Schlimme Kunst – seicht vorgestellt«, taz (NRW-Ausgabe) v. 15. 2. 2001.

100. 23 *Reichsparteitagsgelände]* Nach der Machtübernahme durch die Nationalsozialisten am 30. 1. 1933 wird Nürnberg offiziell zur »Stadt der Reichsparteitage«. Auf einem Gelände von 16 Quadratkilometern beginnen im gleichen Jahr am Stadtrand von Nürnberg die Bauarbeiten für das Parteitagsgelände. In Anlehnung an dieses Gelände meint Böll hier den von Arno Breker gestalteten Platz vor dem Haupteingang des Gerlingkonzerns.

100. 31–32 *Kunst am Bau ... Zwei vom Hundert]* ›Kunst am Bau‹ nennt man die gesetzliche Verpflichtung, beim Bau öffentlicher Gebäude oder Hochhäuser in einem Rahmen von etwa 2% der Bausumme künstlerische Arbeiten einzuarbeiten oder einen entsprechenden Betrag für Kunst auszugeben.

100. 33 *Knaatschbüggel]* Rhein. für einen weinerlichen Menschen.

101. 1 *wie bei der Zerstörung Warschaus]* Nachdem sowjet. Einheiten den Warschauer Vorort Praga erreicht haben, brach unter General Tadeusz Bór-Komorowski (1895–1966) am 1. 8. 1944 in Warschau ein Aufstand der militärischen Verbände des polnischen Widerstandes aus. Bór-Komorowski hoffte, nach Abbruch der sowjetisch-polnischen Beziehungen am 13. 4. 1943 den Einfluß des auf Weisung von Stalin in Lublin gegründeten Komitees von Kommunisten als Gegengewicht zur polnischen Exilregierung in London minimieren zu können. – Die Beteiligung an der Befreiung Warschaus sollte den Einfluß der Widerstandsbewegung sichern und die Machtübernahme der polnischen Kommunisten verhindern. Auf Weisung Stalins stoppte die Rote Armee ihren Vormarsch. Bis zum 2. 10. 1944 gewannen SS-Verbände die Oberhand. Es fielen 15 000 Angehörige der Untergrundarmee; Warschau wurde völlig zerstört.

101.2 *die alte Herrschaft]* Gemeint ist hier u. a. der Gerling-Konzern, der während der Nazi-Zeit als eines der führenden dt. Unternehmen der Versicherungsbranche gute Geschäfte machte. 1941 machte das Unternehmen dem Reichswirtschaftsministerium Vorschläge, wie die Beschlagnahme des Vermögens der aus Deutschland fliehenden Menschen effizienter zu gestalten sei.

101.4 *Friesenviertel fällt]* Hinweis auf die das ma. Friesenviertel sozial und architektonisch verändernde Bautätigkeit insbesondere des Gerling-Konzerns. Vgl. hierzu Kurylo, Friedrich K.: »Gerlings neue Stadt« im *Kölner Stadt-Anzeiger* v. 8. 7. 1971 (HA 1326–ZAB 31, Bl. 8).

101.9 *Ersatzreserve I]* S. Stellenkommentar zu 97. 27.

101.13 *für Deine Obdachlosen]* Anspielung auf den Beruf von Bölls Schwester Grete als Sozialarbeiterin.

101.16 *der graue Dom]* Der Kölner Dom (Dom St. Peter und Maria); Baubeginn 1248. Durch häufige Unterbrechungen der Arbeiten in den folgenden Jh. wurde der im Stil der Hochgotik errichtete Dom auf Initiative von Friedrich IV. von Preußen (1795–1861, König von Preußen ab 1840) erst zwischen 1842 und 1880 fertiggestellt.

101.17 *Teich der Gründlinge]* Gründling: Süßwasserfisch, der zur Familie der Karpfenfische gehört. In *Köln III* wird an mehreren Stellen auf das Grimmsche *Märchen von einem, der auszog, das Fürchten zu lernen* angespielt. Darin zieht ein als »Dummbart« beschriebener junger Mann in die Welt, um die Kunst des Gruselns zu lernen. Er besteht mehrere (gruselige) Abenteuer und gewinnt so eine Prinzessin zur Frau, lernt aber das Gruseln nicht. Das Kammermädchen der Prinzessin »ging hinaus zum Bach [...] und ließ sich einen ganzen Eimer voll Gründlinge holen. Nachts, als der junge König schlief, mußte seine Gemahlin ihm die Decke wegziehen und den Eimer kalt Wasser mit den Gründlingen über ihn herschütten, daß die kleinen Fische um ihn herumzappelten. Da wachte er auf und rief: ›Ach, was gruselt mir, was gruselt mir, liebe Frau! Ja, nun weiß ich was Gruseln ist.‹« (Zit. nach: Brüder Grimm. *Kinder und Hausmärchen*. Gesamtausgabe mit den Originalanmerkungen der Brüder Grimm. Hrsg. von Heinz Rölleke. Stuttgart: Reclam 2001. Bd. 1, S. 51.)

Gemeint ist hier der Kölner Dom als Hauptkirche der Erzdiözese Köln (der »Teich«) und der damit verbundenen Erdiözesan-Verwaltung, das Generalvikariat in der Marzellenstraße in unmittelbarer Nähe des Doms, in dem u. a. die Steuern und der Grundbesitz der reichsten Diözese der Welt verwaltet werden – durch die »Gründlinge«. In Zeile 104. 14 spricht Böll von dem »Obermeister der Gründlinge«, dem Erzbischof als oberstem ›Chef‹ dieser Verwaltung.

101.18 *Blasphemie]* Griech.: verletzende, höhnende Äußerung über etwas Heiliges, Göttliches.

101. 20 *das harntreibende Lokalgebräu]* Harn: eigentl. das Ausgeschiedene; in den Nieren gebildete Flüssigkeit, mit der ein Teil der Stoffwechselschlacken aus dem Körper ausgeschieden wird; Böll spielt auf das in Köln gebraute Kölsch an, ein obergäriges kohlensäurearmes Bier mit starkem Hopfengehalt.

101. 27–31 *von Sester ... Sion]* Namen von in Köln gebrauten und vetriebenen Kölsch-Sorten.

101. 34–102. 1 *die pausbackig ... in St. Kunibert]* Vermutlich die in St. Kunibert als Teil des Kirchenschatzes verwahrten zahlreichen weiblichen Reliquienbüsten, die zumeist Anfang des 15. Jh. entstanden sind.

102. 4 *Brücken]* Siehe *Stellenkommentar* zu 81. 29.

102. 10 *St. Gerling]* »St.«: Abkürzung von ›Sankt‹ zur Kennzeichnung einer nach einer Heiligen oder einem Heiligen benannten Kirche; ironische Anspielung auf den Gerling-Konzern.

102. 10 *St. Gereon]* Eine der romanischen Kirchen Kölns, in unmittelbarer Nähe zum Gerling-Konzern gelegen. Nach verschiedenen Bauphasen vom 4. Jh. an erhielt St. Gereon die heute noch sichtbare Form im 13. Jh.

102. 12–20 *und der WDR ... die des Doms]* Der *Westdeutsche Rundfunk* dehnte sich, den gestiegenen räumlichen Anforderungen an den größten Sender innerhalb der *ARD* Rechnung tragend, von Mitte der 1950er Jahre vom ›Stammhaus‹ am Wallrafplatz in Domnähe nach Westen bis zum Appellhofplatz aus, wo das sogenannte Vier-Scheiben- und das Film-Haus entstanden. Entsprechend prägten die Baukräne für lange Zeit das innerstädtische Erscheinungsbild Kölns, so wie ab dem 15. Jh. der auf dem Südturm des Domes plazierte spätma. Baukran das Stadtbild bestimmt hatte.

102. 28 *auf St. Gerling hinschwenkend]* Durch die Ausdehnung seiner Fläche nach Westen rückte der *WDR* mit seinen Gebäuden räumlich immer näher an den Gerling-Konzern im Friesenviertel heran.

102. 35–36 *unbegründete Gruseln ... in der Marzellenstraße]* Die Marzellenstraße ist mit dem Sitz des Generalvikariats das (verwaltungsmäßige) Zentrum der Erzdiözese Köln. Böll führt im weiteren mit der katholisch geprägten Tageszeitung *Rheinischer Merkur* und dem vielfach im Auftrag des Generalvikariats druckenden Verlagshaus J. P. Bachem aus, daß die Marzellenstraße auch eine Art katholischen Medienzentrums war.

103. 1 *zahl oder tritt aus]* S. *Stellenkommentar* zu 100. 13.

103. 7–8 *spanische ... Maria Himmelfahrt]* Eigentlich St. Mariä Himmelfahrt, eine im 17. Jh. durch Jesuiten gebaute barocke Kirche. Am Ende des Zweiten Weltkriegs war die Kirche (bis auf die ausgelagerten Bilder und Skulpturen) fast völlig zerstört. Die ursprünglich reich ausgestattete Kirche mußte über Jahre aufwendig renoviert werden, die Rekonstruktion fand 1977 mit der vollständigen Wiederherstellung des Innenraumes einen ersten Abschluß, endgültig erneuert präsentierte sich die Kirche erst 1986.

103. 11 *wer soll das bezahlen]* Anspielung auf den Titel des Liedes: »Wer soll das bezahlen« (Melodie: Jupp Schmitz 1949, Text: Walter Stein 1949), dessen Refrain lautet: »Wer soll das bezahlen, / Wer hat das bestellt, / Wer hat so viel Pinke-pinke, / Wer hat so viel Geld?«.

103. 19 *Machabäerstraße]* In der Machabäerstraße befand sich die Ursulinenschule, ein kath. Mädchengymnasium, das u. a. Bölls Schwester Grete und seine spätere Ehefrau Annemarie Cech zur Schule besuchten.

103. 26 *Mesalliance]* Ehe, Partnerschaft zwischen nicht zusammen passenden Partnern.

103. 28 *das Marzellengymnasium]* Ein kath. Jungengymnasium, später umbenannt in Dreikönigsgymnasium.

103. 34–35 *kannten sie ... des St. Ligouri]* Der Beichtspiegel ist ein meist in Frageform abgefaßtes, nach dem Vorbild der 10 Gebote aufgebautes Sündenregister zur Gewissenserforschung vor der Beichte. – Alfons Maria von Ligouri (1696–1787), ital. Moraltheologe, 1839 heiliggesprochen, 1950 zum Patron der Beichtväter und Moraltheologen erklärt.

103. 36 *Weiberfastnacht]* Weiberfastnacht ist der Donnerstag vor Aschermittwoch (mit dem die christliche Fastenzeit beginnt) und der Beginn des Straßenkarnevals in Köln, der an diesem Tag insbesondere von den Frauen – meist ohne Begleitung der Männer – ausgiebig gefeiert wird.

104. 1–5 *Ihre Männer ... nördlich des Domes]* Anspielung auf Viertel mit (ehemals) Prostitution: die Kölner Altstadt südlich des Doms und das Eigelsteinviertel nördlich davon.

104. 11–12 *zahl oder ... tritt aus]* S. *Stellenkommentar* zu 100. 13.

104. 14–16 *mehr als der ... zwei Millionen]* Der »Obermeister der Gründlinge«: Kardinal Josef Höffner (1906–1987), Erzbischof von Köln (1969–1987). – Im Oktober 1969 bewilligte der Kirchensteuerbeirat der Erzdiözese Köln dem *Rheinischen Merkur* einen Zuschuß von zwei Mio DM in 5 Jahresraten. Als Begründung diente die Höhe des Zuschusses an *Publik* durch die deutschen Bistümer, der »die vierzehnfache Summe, nämlich 28 Mio DM, zugesagt worden war«. Vgl. hierzu die den Materialien zu *Köln III* zugeordnete »Verlautbarung des Presseamtes des Erzbistums Köln zur finanziellen Unterstützung des *Rheinischen Merkur* durch die Erzdiözese Köln« v. 4. 1. 1972 (HA 1326–258, Bl. 84).

104. 24 *leukämischen Hostien]* Hostie: Oblate, Abendmahlsbrot, das den Katholiken am Ende einer Messe gesegnet und als ›Leib Christi‹ vom Priester gerreicht wird. – Leukämie: Blutkrebs.

104. 25 *den vorenthaltenen Wein]* Bezieht sich auf den Meßwein, der während der katholischen Meß-Feier als das ›Blut Christi‹ im Angesicht der Gemeinde vom Priester aus dem Meßkelch getrunken wird.

106. 11 *Segnet die Waffen ... geringen Lohn]* Die ›Waffen‹ eines Schriftstellers: seine Produktionsmittel.

⟨Über Bernd Alois Zimmermann⟩

## *Überlieferung*

Das in Bölls Arbeitsbuch unter der Sign. 945/72 als »Interview« verzeichnete Statement zu Bernd Alois Zimmermann ist dort auf den 24. 4. 1972 datiert (*AB* I Bl. 123) (NE).

## Drucke

D¹:  *ESR* II, S. 488–489.
D²:  *EAS* 4, S. 168–169.

## Sendungen

*Westdeutscher Rundfunk* (Köln), Fernsehen 3. Programm, 5. 6. 1972.

## *Textgrundlage*

Textgrundlage ist D¹.

## *Stellenkommentar*

107. 1 *Bernd Alois Zimmermann]* Bernd Alois Zimmermann (1918–1970), Komponist.

107. 6 *Lenz und Joyce und Jarry]* Jacob Michael Reinhold Lenz (1751–1792), Schriftsteller. – Bernd Alois Zimmermann vertonte das Drama *Die Soldaten* (1776) von J. M. R. Lenz als Oper in 4 Akten (1957–1965). – James Joyce (1882–1941), ir. Schriftsteller. – In dem szenischen Konzert für Geige, Cello und Klavier »Présence« von Zimmermann (1960) symbolisiert das Cello Molly Bloom aus Joyce' Roman *Ulysses* (vgl. hierzu: Stürzbecher, Ursula (1973): *Werkstattgespräche mit Komponisten*. München: Deutscher Taschenbuch Verlag (dtv 910), S. 180 f.). – Alfred Jarry (1873–1907), frz. Schriftsteller. – Zimmermann bearbeitete Jarrys Drama *König Ubu* (1896)

für ein Ballett in 7 Teilen und einem Eingang mit dem Titel *Musik für die Abendessen des Königs Ubu* (1962–1966).

107. 9 *Problem Zeit als Element]* Die Gestaltung von ›Zeit‹ stand für Zimmermann im Zentrum der musikalischen Reflexion. Er faßte sie als Einheit von Vergangenheit, Gegenwart und Zukunft, die sich in ständiger Gleichzeitigkeit aller Erscheinungen manifestierte.

107. 16–18 *sowohl Zimmermann ... war]* Zimmermann wurde drei Monate nach Böll (am 20. 3. 1918) in Bliesheim bei Köln geboren und ist ebenso wie Böll in einem (rheinisch) katholischen Milieu aufgewachsen.

107. 27 *Dogmatismus]* Ausdruck für ein starres, unkritisches Festhalten an Anschauungen, Lehrmeinungen o. ä.

⟨Über Willy Brandt⟩

*Entstehung*

Der in Bölls Arbeitsbuch unter der Sign. 948/72 verzeichnete Essay *Über Willy Brandt* ist dort auf Mai 1972 datiert (*AB* I, Bl. 123) (NE).
Am 20. 12. 1971 berichtet Dagobert Lindlau, Chefreporter des *Bayerischen Rundfunks,* in einem Brief auf Kopfbogen des Kindler Verlags in München (HA 1326-4320, Bl. 3-4) Böll von dem Plan »einer kleinen Gruppe bekannter deutschsprachiger Autoren«, ein Buch über Willy Brandt zu machen. Das Projekt sei so weit gediehen, daß der Kindler Verlag die Realisierung übernehmen werde und Lindlau als Herausgeber für den Band vorgesehen sei. »Das Buch soll den Titel ›Der Kanzler‹ haben und mit dem Untertitel ›Überlegungen zur Person‹ versehen werden.« Dieser Brief scheint im Büro Heinrich Bölls verlegt worden zu sein, denn in einem weiteren Brief Dagobert Lindlaus vom 21. 2. 1972 legte er eine Kopie des ersten bei, »der offenbar irgendwo in Ihrer Post verloren gegangen ist«. Lindlau drückt seine Freude darüber aus, daß er Böll »noch kurz vor der Abreise nach Moskau [7. 2.-22. 3. 1972] telefonisch« habe sprechen können. Erfreut sei er auch über dessen Zusage, »an dem Brandt-Buch mitzuarbeiten«: »Sie werden diesen Brief vorfinden, wenn Sie zurückkehren als Erinnerung an unser Telefongespräch.« Da die überlieferten Typoskripte nicht datiert sind, deutet die Sign. 948/72 auf eine Entstehung des Textes ab Mitte Mai hin – die vorangehende Arbeit *Unsere Wahlen aus deutscher Sicht* (s. S. 117) entstand laut Eintrag im Arbeitsbuch am 15. 5. 1972 (*AB* I, Bl. 123) (NE). Den abgeschlossenen Text schickt Böll an Willy Brandt mit der Bitte um kritische Lektüre, wie dem Brief Brandts vom 27. 5. 1972 (HA 1326-4320, Bl. 2) zu entnehmen ist: »Nein, es ist nichts für mich Kränkendes darin. Allerdings kann ich die Dinge auch verständlicherweise nicht ganz so sehen wie Sie – schon deshalb nicht, weil mir der ›katholische Hintergrund‹ fehlt.«
Dagobert Lindlau bestätigt den Eingang des Typoskripts am 5. 6. 1972: »Der Durchschlag, den ich habe, ist an manchen Stellen so, daß ich nicht alles lesen kann«, und kündigt einen Anruf an, um Unklarheiten zu beseitigen, bevor der Text in den Satz geht.
Wie der Kontakt zur *Göteburgs Handels- och Sjofarts-Tiding,* in der der Beitrag als Erstdruck am 5. und 6. 6. 1972 erfolgte, zustande kam, ist nicht festzustellen. Der Redaktionssekretär der Zeitung, Tord Melander, sendet am 16. 6. 1972 (HA 1326-4340, Bl. 2) zwei Belegexemplare des Abdrucks

an Böll, bedankt sich für dessen Mitarbeit und begründet den aufgeteilten Abdruck in zwei Folgeausgaben der Zeitung mit der Länge des Essays. Weiter berichtet er über die ›Wirkung‹: »Ich habe bereits Beweise erhalten, daß Ihre interessanten Gedanken über Willy Brandts politische Karriere und sein Versuch, ein neues Vertrauen für die deutsche Außenpolitik zu schaffen, unter unseren Lesern berechtigte Aufmerksamkeit geweckt haben. Dazu trug eine bedauernswerte Tatsache bei, daß Sie ein so seltener Gast in der schwedischen Presse, in Radio und Fernsehen sind.«

Die Fahnen erhält Böll am 7. 7. 1972 durch Wolf Keienburg vom Lektorat des Kindler Verlags zugeschickt (HA 1326–4339, Bl. 6), mit der zur Eile drängenden Bemerkung, daß »im Hinblick auf die bevorstehenden Wahlen« der »Band unbedingt in der ersten Augusthälfte (!) erscheinen muß«. Vier Tag später schreibt Keienburg erneut an Böll, daß bei dessen »fernmündliche[r] Korrekturdurchgabe« ihm »leider nicht alle Änderungswünsche hundertprozentig klargeworden« seien. Deshalb bitte er, die »Fahnen zur Übertragung doch kurz zuzusenden« (HA 1326–4339, Bl. 4). Helmut Kindler schreibt Böll schließlich am 26. 7. 1972, daß der »Band mit den Beiträgen über Willy Brandt jetzt in den Druck gegangen ist« und daß der Band noch im August ausgeliefert werde (HA 1326–4353, Bl. 1).

## *Überlieferung*

### Typoskripte

tH¹: masch. Durchschr. (grün), 5 Bll. unvollst.
(HA 1326–258, Bll. 86–90)
TH²: Fotokopie mit ursprünglich eh. Korr., 9 Bll, eh. Sign.: 948/72, am roR eh. pag. 1–9.
(HA 1326–258, Bll. 91–99)

### Drucke

Z: *Göteborgs Handels- och Sjöfarts-Tiding.* – 141. Jg., 127 (5. 6. 72), S. 3. Teil 1 u. d. T.: »Brandt den förste tyske kansler som lämnar herrefolkstraditionen«. Teil 2 in Nr. 128 vom 6. 6. 1972. S. 3 u. d. T.: »Brandt representerar den nya tiden och den är ännu inte inne«. (In schwedischer Sprache)
D¹: *Dieser Mann Brandt.* Gedanken über einen Politiker von 35 Wissenschaftlern, Künstlern und Schriftstellern. Hg. von Dagobert Lindlau. München: Kindler Verlag, 1972, S. 37–43.

D²: *NPLS*, S. 248-255.
D³: *ESR* II, S. 535-541.
D⁴: *EAS* 4, S. 215-221.

## Textgrundlage

Textgrundlage ist D³.

## Varianten

110.34 *kaum]* gerade *D¹*
115.12 *bis fünfundneunzig]* Fehlt *D¹*

## Stellenkommentar

109.1 *Brandt]* Willy Brandt (eigentl. Herbert Ernst Karl Frahm) (1913-1992); SPD-Politiker; 1969-1974 Bundeskanzler, 1971 Friedensnobelpreis.

109.11 *eine uneheliche Mutter]* Willy Brandt wurde am 18.12.1913 als unehelicher Sohn der Verkäuferin Martha Frahm (1894-1969) geboren.

109.14 *Buddenbrooks]* Buddenbrooks ist der Titel des 1901 erschienenen Romans von Thomas Mann (1875-1955; Nobelpreis für Literatur 1929), in dem der in Lübeck geborene Mann den Niedergang einer Lübekker Kaufmannsfamilie beschreibt.

109.19 *Herrenpartei]* Polemische Bezeichnung Bölls für die CDU/CSU.

109.22-23 *der legitime Aggressionskatholik aus München]* Legitim: lat., rechtmäßig, hier im Sinne von ›ehelich geboren‹. – Gemeint ist der CSU-Politiker Franz Josef Strauß (1915-1988), der im Bundestagswahlkampf 1969 gegen Willy Brandt als möglichen Kanzler polemisiert hatte. Allerdings wäre Strauß nicht, wie Böll hier meint, bei einem Wahlsieg der CDU/CSU Bundeskanzler geworden, da deren Kandidat Kurt Georg Kiesinger (1904-1988) war.

109.24 *illegitime]* Lat.: unrechtmäßig, hier im Sinne von ›unehelich geboren‹.

109.31 *nicht häuslicher]* Anspielung auf die von Böll als in religiösen Dingen eher liberal empfundene Erziehung durch seine Eltern.

109.32 *Indoktrinierung]* Massive psychologische Mittel nutzende Beeinflussung von einzelnen oder Gruppen der Gesellschaft im Hinblick auf die Bildung einer bestimmten Meinung oder Einstellung.

110. 2 *Menschgewordener]* Jesus Christus, vgl. hierzu auch *Wer ist Jesus von Nazareth – für mich*, S.199.

110. 11 *tumbes]* Spöttischer Ausdruck für arglos, unbekümmert, einfältig-naiv.

110. 18 *d'Austria]* Don Juan d´Austria (1547–1578), span. Feldherr, ›illegitimer‹ Sohn von Kaiser Karl V. (1500–1558).

110. 21–26 *Konrad Adenauer ... Kleinlichkeit auflöste]* Konrad Adenauer (1876–1967), CDU-Politiker; 1949–1963 Bundeskanzler. Am Ende seiner Amtszeit war Adenauer 87 Jahre alt.

110. 27–28 *pompöses Pontifikalrequiem]* Pontifikalamt: von einem Bischof (oder Prälaten) gehaltene feierliche Totenmesse. – Konrad Adenauer starb am 20. 4. 1967, der Sarg mit seiner Leiche wurde vom 22. 4. bis 23. 4. 1967 im Kabinettssaal in Bonn aufgebahrt und am 24. 4. 1967 nach Köln in den Dom gebracht, wo am 25. 4. 1967 um 14 Uhr vor höchsten Vetretern der Weltpolitik (Delegationen aus 54 Ländern) ein Pontifikalrequiem abgehalten wurde. Danach wurde der Leichnam per Schiff nach Rhöndorf überführt und dort im engsten Familienkreis beerdigt. S. hierzu den Bericht im *Kölner Stadt-Anzeiger* v. 26. 4. 1967 S. 1–6. Vgl. auch Bölls Beitrag *Deutsche Meisterschaft* (1969), *KA* Bd. 16; *EAS* 4, S. 15–21.

110. 31 *churchillistisch inszeniertes Staatsbegräbnis]* Winston Spencer Churchill (1874–1965), brit. Politiker und Staatsmann. – Churchill starb am 24. 1. 1965 und wurde in Westminster Hall aufgebahrt. Die Trauerfeier und der anschließende Trauerkondukt durch die Stadt London wurden entsprechend seinen Wünschen durchgeführt. Es nahmen Staatsoberhäupter und Politiker aus der ganzen Welt teil; erstmals in der Geschichte nahm auch die Königin von England an einer Trauerfeier für einen britischen Staatsbürgers persönlich teil. Das Staatsbegräbnis wurde vom Fernsehen in alle westlichen Länder übertragen.

110. 35 *expressis verbis]* Lat.: ausdrücklich.

110. 36 *Herr Wörner]* Manfred Wörner (1934–1994), CDU-Politiker; 1969–1972 einer der stellvertretenden Vorsitzenden der CDU/CSU-Bundestagsfraktion; 1982–1988 Verteidigungsminister; 1988–1994 NATO-Generalsekretär.

110. 37 *Herr Marx]* Werner Marx (1924–1985), CDU-Politiker, Journalist und Historiker.

110. 37–111. 2 *während der Pontifex ... packe]* Pontifex Maximus: hier zu verstehen als höchster Vertreter christlicher Politik.

111. 2–3 *Der mißglückte Versuch, Willy Brandt zu stürzen]* Böll bezieht sich auf den gescheiterten Mißtrauensantrag der CDU/CSU-Bundestagsfraktion, die am 27. 4. 1972 versuchte, durch ein konstruktives Mißtrauensvotum den CDU-Fraktionsvorsitzenden Rainer Barzel zum Nachfolger von Bundeskanzler Willy Brandt zu wählen.

111.13 *Scheel]* Walter Scheel (geb. 1919), FDP-Politiker; 1969–1974 Außenminister und Vizekanzler, 1974–1979 Bundespräsident.
111.14 *Barzel]* Rainer Barzel (geb. 1924), CDU-Politiker.
111.15 *Katzer]* Hans Katzer (1919–1996), CDU-Politiker; 1965–1969 Bundesminister für Arbeit und Sozialordnung; 1963–1977 Vorsitzender der Sozialausschüsse der Christlich-Demokratischen Arbeitnehmerschaft (CDA).
111.19–20 *diese Herrenpartei ... abfahren lassen]* Gemeint ist die Auseinandersetzung auf dem 18. Bundesparteitag vom 25. bis 27. 1. 1972 in Düsseldorf um die Frage der paritätischen Mitbestimmung zwischen Alfred Dregger als Vertreter des CDU-Wirtschaftsrates und Hans Katzer als Vorsitzender der CDU-Sozialausschüsse. Der Antrag der Sozialausschüsse, nach dem in einem Verwaltungsrat (anstelle des Aufsichtsrats) vier Vertreter des Kapitals, vier Arbeitnehmer und zwei Vorstandsmitglieder sitzen sollten, wurde zugunsten eines unternehmerfreundlicheren Modells (sieben Kapitaleigner sitzen fünf Arbeitnehmern gegenüber) abgelehnt. Vgl. den Artikel »Glücklicher Tag« im *Spiegel* Nr. 6 v. 1. 2. 1971.
111.27 *Dregger und Jaeger]* Alfred Dregger (1920–2002), CDU-Politiker. – Richard Jaeger (1913–1998), CSU-Politiker, der als als einziges Mitglied der CDU/CSU-Fraktion die nach zähen Verhandlungen zwischen Regierung und Opposition formulierten ›Ostverträge‹ weiterhin ablehnte.
111.37–38 *dessen einzige Stärke sein Hinterland ist]* Gemeint ist das Bundesland Bayern, in dem die CSU mit absoluter Mehrheit regierte.
112.20 *Fronleichnamsprozession]* Fronleichnam: das katholische Fest am zweiten Donnerstag nach Pfingsten zum Gedenken an die Einsetzung der Eucharistie (zentraler Teil der katholischen Meßfeier, der die Bereitung, Wandlung und Austeilung der Opfergaben umfaßt); damit verbunden ist eine in der jeweiligen Gemeinde stattfindende Prozession.
112.25 *Allerheiligsten]* Brot (Hostien) und Wein, die auf dem Altar im Tabernakel aufbewahrt und während der katholischen Messfeier symbolisch in Leib und Blut Christi verwandelt werden.
112.25 *Flambeau]* Ein mehrarmiger Leuchter mit hohem Fuß, der zu den Altargegenständen in einer katholischen Kirche gehört.
112.34 *Jusos]* Kurzwort für die politische Jugendorganisation der SPD, die Jungsozialisten.
113.2–3 *Junge Union]* Die politische Jugendorganisation der CDU und der CSU.
113.7 *Sozialausschüsse]* Die durch die CDU 1947 gegründeten Sozialausschüsse der Christlich Demokratischen Arbeitnehmerschaft (CDA), die, orientiert an den christlichen (katholischen) Gewerkschaften der Weimarer Republik, ein Gegengewicht zur Einheitsgewerkschaft bilden sollten. Zur Entstehung der CDA bzw. der Sozialausschüsse vgl. Frank Bösch (2001):

»Die Adenauer-CDU. Gründung, Aufstieg und Krise einer Erfolgspartei 1945-1969«. Stuttgart/München: Deutsche Verlagsanstalt.

113. 9-11 *Hier hat man's ... vorschreibt]* Galopin: frz., veraltete Bezeichnung für einen Ordonnanzoffizier. – Major: Offizier, der im Rang über dem Hauptmann steht. – Majorsecke: bezeichnet die kritische Zeit vor der Beförderung eines Hauptmanns zum Major. – Ugs. Wendung: Er ist »an der Majorsecke« gescheitert.

113. 26 *Ebert]* Friedrich Ebert (1871-1925), SPD-Politiker; 1919-1925 Reichspräsident.

113. 30-31 *die Schnödigkeit Hindenburgs gegenüber Brüning]* Paul von Beneckendorff und von Hindenburg (1847-1934), Generalfeldmarschall und 1925-1934 Reichspräsident. – Heinrich Brüning (1885-1970), Zentrums-Politiker; 1930-1932 Reichskanzler. – Nachdem Brüning im April 1932 die Zustimmung des Reichspräsidenten Hindenburg zu einem entschiedenen Vorgehen gegen die SA und die SS erlangt hatte, führten Intrigen innerhalb der Reichswehr, die Abwendung der Deutschnationalen von Brünings Plänen sowie die sich stetig verschlechternde wirtschaftliche Lage dazu, daß Hindenburg Brüning am 30. 5. 1932 als Reichskanzler entließ. Franz von Papen (1879-1969) vom rechten Flügel des Zentrums wurde sein Nachfolger.

113. 31-33 *Hindenburgs Schwiegertochter ... nun los sei]* Margarethe von Hindenburg. – Plebs: lat., 1. abwertende Bezeichnung für die Masse niedrig und gemein denkender, roher Menschen; 2. das gemeine Volk im alten Rom. – Böll zitiert hier aus den Memoiren Brünings: »Meißner ließ durch Pünder anfragen, nachdem ich noch andere beleidigende Äußerungen des Reichspräsidenten erfahren hatte und mir die Bemerkung der Frau von Hindenburg, ›Wir sind froh, daß wir die Plebs jetzt los sind‹ bekannt geworden war, ob ich bereit sei, an einem Frühstück im engsten Familienkreis beim Reichspräsidenten teilzunehmen.« Heinrich Brüning (1970): *Memoiren 1918-1934*. Stuttgart: Deutsche Verlags-Anstalt, S. 613. Vgl. auch: Morsey, Robert (1970): »Mehr Monarchist als Zentrumsmann. Die glanzlosen Memoiren des Heinrich Brüning«. In: *Frankfurter Allgemeine Zeitung* v. 5. 11. 1970, S. 19 (HA 1326-ZAB 24, Bl. 38). In der von Böll verwahrten Rezension wird der Satz Margarethe von Hindenburgs ebenfalls zitiert.

114. 10 *Plebejer]* Lat.: Angehöriger der plebs im alten Rom.

114. 10 *Demos]* Altgriech.: für Volk, Gemeinde, Staat.

114. 33-34 *Höffner]* Joseph Höffner (1906-1987); 1969-1987 Kardinal und Erzbischof von Köln.

115. 33 *großer Koalition]* Die sogenannte »Große Koalition« (1966-1969) zwischen CDU/CSU und SPD unter Bundeskanzler Kurt-Georg Kiesinger (CDU).

115. 36-37 *sozialistischen Realismus]* Bezeichnung für die mit Beschluß

des Zentralkomitees der Kommunistischen Partei der Sowjetunion vom 23. 4. 1932 festgesetzte offizielle Richtlinie für Literatur, Film, bildende Kunst und Musik.

116.4 *Rilke]* Rainer Maria Rilke (1875–1926); österr. Schriftsteller.

116.4 *Vernissagen]* Frz.: Neueröffnung, Vorbesichtigung einer Kunstausstellung am Tage vor der offiziellen Eröffnung. Die Bezeichnung Vernissage (von frz.: vernis, dt. Firnis) entstand daraus, daß ursprünglich die Gemälde erst am Eröffnungstag gefirnißt wurden.

116.7 *Nikodemusse waren immer rar]* Nikodemus: biblische Gestalt; ursprünglich reicher Pharisäer, später Anhänger Jesu. Nikodemus half nach der Kreuzigung Jesu, den Leichnam zu bestatten (vgl. Joh 3,1–13).

⟨Unsere Wahlen aus deutscher Sicht⟩

## Entstehung

Der in Bölls Arbeitsbuch unter der Sign. 947/72 verzeichnete Artikel ist dort auf den 15. 5. 1972 datiert (*AB* I, Bl. 123) (NE).
Am 21. 10. 1971 schreibt einer der Herausgeber der *New York Times*, Herbert Mitgang, an Kirsten Michalski (HA 1326–4310, Bl. 8), »Excecutive Secretary« des P. E. N.-Zentrums der USA in New York, daß er mit Heinrich Böll Kontakt aufnehmen möchte, »so that I can invite him to write something for the Times« [»um ihn zu bewegen, etwas für die Times zu schreiben«]. Er bittet, daß Böll ihn anrufen möge. Diese Bitte um einen direkten Kontakt bezieht sich auf die Zeit von Heinrich und Annemaries Bölls Aufenthalt in den USA (s. *Stellenkommentar* zu 18. 10) im Herbst 1971. Inwieweit ein direkter Kontakt während Bölls Aufenthalt zustande kam, ist nicht zu rekonstruieren. Herbert Mitgang schreibt Böll am 28. 1. 1972 an seine Kölner Adresse und bittet ihn, in den nächsten drei Wochen einen Artikel über die Präsidentschaftswahlen 1972 in den USA für die *New York Times* zu schreiben. Mitgang drängt Böll am 7. 4. 1972 (HA 1326–4331, Bl. 6) erneut: »I look forward to your article with great anticipation« [Ich erwarte Ihren Artikel mit großer Spannung], und ergänzt: »I know from Arthur Miller how much work you are doing for P. E. N. But please, do a little journalism for us, too – and help explain what's happening politically here!« [Ich weiß von Arthur Miller, wieviel Arbeit Sie für den P. E. N. leisten – aber bitte, schreiben Sie etwas für uns – und helfen Sie erklären, was politisch hier passiert!] Am 5. 5. 1972 drängt Mitgang ein weiteres Mal: »we're still waiting patiently for that article from you on reactions in Europe (or West Germany) to the Presidential race now going on in the United States« [Immer noch warten wir geduldig auf Ihren Artikel über Reaktionen in Europa (oder der Bundesrepublik Deutschland) zum Präsidentschaftwahlkampf in den USA]. Den gewünschten Artikel schreibt Böll am 15. 5. 1975 gleich in Englisch, wobei ihm Annemarie Böll bei der Übertragung hilft. Er erscheint in der *New York Times* am 19. 6. 1972. Für den Druck in *ESR* II fertigte Bernd Balzer eine deutsche Übersetzung an.

## *Überlieferung*

### Typoskripte

TH¹: Erstschr.; 4 Bll., eh. Sign.: 947/72, verschiedene Versuche in englischer Sprache, Bl. 2 A 5.
(HA 1326-258, Bll. 102-105)
TH²: Erstschr. und Durchschr. (grün); 4 Bll., in englischer Sprache.
(HA 1326-258, Bll. 106-109)

### Drucke

Z: *New York Times.* – 121. Jg., Nr. 41 (19. 6. 1972), S. 33 u. d. T.: »*Our Election in German Eyes*« (in englischer Sprache).
D¹: *ESR* II, S. 581-582.
D²: *EAS* 4, S. 261-262.

## *Textgrundlage*

Textgrundlage ist D¹.

## *Stellenkommentar*

117. 3-4 *die amerikanischen Präsidentschaftswahlen]* Der Wahlkampf für die amerikanische Präsidentschaftswahl am 7. 11. 1972 zwischen dem Kandidaten der Republikanischen Partei, Richard Milhouse Nixon (1913-1994), 37. Präsident der USA (1969-1974), und dem der Demokratischen Partei, George McGovern (geb.1922), Politiker und Politologe.

117. 23-25 *die semantische ... miteingeschlossen]* Der Vertrag zwischen der BRD und der UdSSR wurde am 12. 8. 1970 in Moskau unterzeichnet und legt den Verzicht auf Gewalt und auf Gebietsansprüche außerhalb der bestehenden Grenzen fest. Er war damit der erste Vertrag, der innerhalb der neuen Ostpolitik mit den Staaten Osteuropas unter der Regierung Brandt geschlossen wurde. Der Vertrag mit der UdSSR trat erst mit seiner Ratifizierung am 17. 5. 1972 durch den Bundestag in Kraft. S.

117. 30 *Muskie]* Edmund Sixtus Muskie (1914-1996); amerik. Politiker und Jurist. – 1972 bewarb sich Muskie um die Präsidentschaftskandidatur der Demokratischen Partei; nach Anfangserfolgen bei den Vorwahlen gab er vorzeitig auf.

118. 4-5 *Vietnam, das man eigenartigerweise wieder Indochina nennt]* Indochina ist der Name für das ehemalige französische Generalgouvernement (Kambodscha, Laos und Vietnam). 1945 wurden unter Führung der kommunistischen Vietminh die Gebiete Annam, Tongkieng und Cochinchina zu Vietnam zusammengefaßt.

118. 6-9 *Ich kann ... angezettelt worden ist]* Francis Joseph Spellman (1889-1967); Kardinal und Erzbischof von New York. – Als Kreuzzüge bezeichnet man die Kriege der ›abendländischen Christenheit‹ zwischen 1096 und 1291 zur Eroberung Jerusalems und Palästinas, also des Gebietes, in dem der Bibel nach die Wirkungsstätte Jesu Christi lag. – Böll bezieht sich vermutlich auf Kardinal Spellmans Vietnamreise 1966/67. Spellman hatte 1966 während eines Weihnachtsbesuchs bei einer amerikanischen Einheit in Vietnam erklärt, daß nur ein vollständiger Sieg der USA dem Konflikt ein Ende setzen könne. Später erklärte er, daß amerikanische Soldaten unter ›Sieg‹ nicht die völlige Vernichtung und Zerschmetterung des Feindes verständen, ebensowenig die Eroberung Nordvietnams.

118. 14-17 *Ich werde niemals ... mich zu befreien]* Vgl. hierzu Bölls Schilderung in dem autobiographischen Essay *Brief an meine Söhne*, KA Bd. 23; *EAS* 9, S. 206-228.

118. 34-35 *daß ein Starfighter nach dem anderen vom Himmel fallen muß]* Der Starfighter ist ein vom amerikanischen Lockheed-Konzern zwischen 1954 und 1958 unter der Typenbezeichnung F-104 konstruierter leichter Abfangjäger, der später zum Allwetter-Jagdbomber ausgebaut wurde. Auch die Bundesluftwaffe flog seit 1958 die Maschine (F-104G – G für Germany) und später auch eine verbesserte Version. Schon in den ersten vier Jahren stürzten 69 Starfighter ab; insgesamt gingen in Deutschland 370 Maschinen durch Absturz verloren.

⟨Nicht Humus, sondern Wüstensand⟩

## Entstehung

Das in Bölls Arbeitsbuch unter der Sign. 958/72 verzeichnete Resümee zu den letzten Entwicklungen und Diskussionen in der Terrorismusdiskussion ist dort auf den 18. 6. 1972 datiert (*AB* I, Bl. 125 ) (NE).
Die Datierung von tH¹ weist als Beginn der ersten Niederschrift den 15. 6. 1972 auf. Die von Böll vermerkte Versendung des Textes an verschiedene Redaktionen führt zu der ungewöhlichen Situation, daß der Text am 21. 6. 1972 in zwei überregionalen Frankfurter Zeitungen gleichzeitig erscheint (s. Drucke).

## Überlieferung

### Typoskripte

tH¹: Durchschr. (rosa), 4 Bll., masch. durchschr. Adressatenangabe: »An die / Redaktionen einiger deutscher Zeitungen / und Funkanstalten / 15. 6. 72« sowie eh Notiz: »1. Entwurf / ungültig«, am roR durchschr. pag.: 1–4.
(HA 1326–258 Bll. 165–168)
tH²: Durchschr. (grün), 5 Bll., eh. Sign.: 958/72 sowie Datierung: »18. 6. 72«, am roR durchschr. eh. pag.: 1–5.
(HA 1326–258 Bll. 169–173)

### Drucke

Z¹: *Frankfurter Rundschau.* – 28. Jg., Nr. 140 (21. 6. 1972), S. 4 u. d. T.: »»Nicht Humus, sondern Wüstensand««.
Z²: *Frankfurter Allgemeine Zeitung.* – 24. Jg., Nr. 140 (21. 6. 1972), S. 7 u. d. T.: »Böll: Das Wort Intellektuellenhetze ist berechtigt«.
D¹: *ESR*, S. 569–572.
D²: *EAS* 4, S. 249–252.

## Textgrundlage

Textgrundlage ist D¹.

## Varianten

121. 38 *von einiger Infamie]* von einer Infamie Z

## Stellenkommentar

120. 1 *Humus, sondern Wüstensand]* Humus: lat. für Boden, in der Landwirtschaft die Bezeichnung für einen nährstoffreichen und besonders wertvollen Boden, im Gegensatz zum unfruchtbaren Wüstensand.

120. 3–4 *12. Juni 1972 in einem Monitor-Interview]* In dem politischen Magazin des *Westdeutschen Rundfunks (WDR), Monitor,* das innerhalb der *ARD* ausgestrahlt wird, gab Böll am 12. 6. 1972 Werner Potthast ein Interview über die Ursachen und Folgen der Hausdurchsuchung bei ihm am 1. 6. 1972. Böll wandte sich u. a. gegen eine Äußerung des Hamburger Innensenators Heinz Ruhnau (SPD), der an die Adresse der bürgerlichen Helfer der RAF von »dekadenter Bourgeoisie« gesprochen hatte: »Das ist ein Terminus, den kenne ich nur aus Äußerungen des ZK der KPdSU über ›dekadente Literaten‹. [...] Überhaupt, diese Benennung: Sympathisanten, Helfershelfer, Humus, auf dem das alles gewachsen ist! Damit wird ein Klima geschaffen, in dem kein Intellektueller mehr arbeiten kann.« Zitiert nach: »Böll warnt vor Terror gegen Intellektuelle«. In: *Frankfurter Rundschau* v. 14. 6. 1972.

120. 10 *Bombenanschlägen]* Im Mai 1972 verüben terroristische Gruppen verstärkt Anschläge in Deutschland. Am 5. 5. 1972: Brandanschlag auf die juristische Fakultät der Freien Universität in Berlin (›Bewegung 2. Juni‹); am 11. 5. 1972: Anschlag auf das Hauptquartier des 5. US-Corps in Frankfurt a. M., bei dem ein Soldat getötet und 13 Personen verletzt werden (RAF-Kommando ›Petra Schelm‹); am 15. 5. 1972: Explosion einer Bombe im Auto des Bundesrichters Wolfgang Buddenberg, die seine Frau schwer verletzt (RAF-Kommando ›Manfred Grashof‹); am 19. 5. 1972: Anschlag auf das Springer-Hochhaus in Hamburg mit 17 Verletzten (RAF-Kommando ›2. Juni‹); am 24. 5. 1972: Anschlag auf das US-Hauptquartier in Heidelberg, bei dem 3 Soldaten getötet und 5 weitere verletzt werden (RAF-Kommando ›15. Juli‹).

120. 12–15 *Am 26. Mai ... unsere Isolierung]* In der Bundestagssitzung vom 7. 6. 1972 erläuterte Vogel: »Aber nicht nur um diejenigen geht es, die

sich im strafrechtlichen Sinne als Begünstiger und Gehilfen strafbar gemacht haben. Es geht vor allem auch um diejenigen, die durch Wort und Tat den geistigen Hintergrund geschaffen haben und noch schaffen, von dem aus politische Gewaltkriminalität in unserem Lande glorifiziert und mystifiziert und vielfach sogar gerechtfertigt wird. Das habe ich gemeint, als ich neulich von den ›Bölls und Brückners‹ gesprochen habe, die das Wasser abgeben, in dem die Fische herumschwimmen.« (Vgl. *Deutscher Bundestag. 188. Sitzung. Bonn, Mittwoch, den 7. Juni 1972*, Verlag Hans Heger, Bonn – Bad Godesberg. S. 10986.)

120. 16–17 *die Polizeiaktion um mein Haus und das Dorf herum statt]* Im Zuge bundesweiter Fahndung nach Mitgliedern der Baader-Meinhof-Gruppe wurde auch Bölls Haus in der Dorfstraße in Langenbroich durchsucht.

120. 21–22 *Bundesinnenminister Genscher]* Hans-Dietrich Genscher (geb. 1927), FDP-Politiker, 1969–1974 Bundesinnenminister; 1974–1992 Bundesaußenminister.

121. 8 *Günter Grass, Martin Walser]* Die Schriftsteller Günter Grass (geb. 1927), Nobelpreis für Literatur 1999, und Martin Walser (geb. 1927).

121. 13 *John Dillinger]* Der amerik. Gangster John Herbert Dillinger (1903–1934) war Anfang der 1930er Jahre der meistgesuchte Verbrecher in den USA.

121. 18–19 *auf eine Intellektuellenhetze einzuschießen]* Böll verweist auf Äußerungen von CDU/CSU-Politikern im Verlauf der Bundestagsdebatte vom 7. 6. 1972, die sich u. a. gegen prominente deutsche Intellektuelle wie Günter Grass, Martin Walser, Hans Magnus Enzensberger und Oskar Negt richteten. Dies gilt insbesondere für die Beiträge des Abgeordneten Friedrich Vogel (CDU) und den Abgeordneten Oscar Schneider (CSU). Vgl. *Deutscher Bundestag. 188. Sitzung. Bonn, Mittwoch, den 7. Juni 1972*, Verlag Hans Heger, Bonn – Bad Godesberg. S. 10982–10988 und S. 11014–11021.

121. 22 *auch Gudrun Ensslin gefaßt ]* Gudrun Ensslin (1940–1977), Gründungsmitglied der RAF, wurde am 7. 6. 1972 in Hamburg verhaftet, während Andreas Baader, Holger Meins (1941–1974) und Jan Carl Raspe (1944–1977) schon am 1. 6. 1972 in Frankfurt a. M. festgenommen wurden.

121. 23–24 *von den Helfershelfern, den Humuslieferanten]* In der Bundestagsdebatte vom 7. 6. 1972 äußerte sich der Abgeordnete Friedrich Vogel (CDU) in der Debatte über die innere Sicherheit: »So sehr uns die Anwendung von Gewalt gegen Personen oder Sachen bis hin zu den jüngsten schrecklichen Bombenanschlägen beunruhigen muß, was unter dem Gesichtspunkt der inneren Sicherheit fast noch beunruhigender sein muß, ist der Humusboden der Sympathisanten und intellektuellen Helfershelfer, auf dem die Saat der Gewalt aufgehen und gedeihen konnte. […] Ich kann hier

nicht alles aufzählen, was der Humusboden der Sympathisanten und intellektuellen Helfershelfer politischer Krimineller in unserem Lande ausmacht.« (Vgl. *Deutscher Bundestag. 188. Sitzung. Bonn, Mittwoch, den 7. Juni 1972*, Verlag Hans Heger, Bonn – Bad Godesberg. S. 10985/86.)

121. 24–26 *Die einzigen Politiker ... FDP und SPD]* Willy Brandt (eigentl. Herbert Ernst Karl Frahm) (1913–1992), SPD-Politiker; 1969–1974 Bundeskanzler, 1971 Friedensnobelpreis. – Während der Debatte über Innere Sicherheit am 7. 6. 1972 reagierte Willy Brandt u. a. auf die Vorwürfe gegen Schriftsteller: »Ich hätte es begrüßt, wenn man sich in diesem Zusammenhang, anstatt sich mit Schriftstellern auseinanderzusetzen, die sich hier nicht wehren können und denen man auch nicht annähernd geistig gerecht geworden ist [...]«. Vgl. *Deutscher Bundestag. 188. Sitzung. Bonn, Mittwoch, den 7. Juni 1972*, Verlag Hans Heger, Bonn – Bad Godesberg. S. 11022.

121. 36 *Dr. Schneider]* Oscar Schneider (geb. 1927); CSU-Politiker.

121. 37 *fünf Monate nach dem umstrittenen Artikel]* Bölls Artikel im *Spiegel* v. 10. 1. 1972 »Will Ulrike Gnade oder freies Geleit?«. S.41.

122. 1–5 *Was Herr Dr. Schneider ... informiert]* Alexander Issajewitsch Solschenizyn (geb. 1918), russ. Schriftsteller; Nobelpreis für Literatur 1970. – Wladimir Bukowski (geb. 1942), sowj. Schriftsteller. – Gerhard Löwenthal (1922–2002), Journalist und Fernsehmoderator (von 1969 bis 1987) der politischen Fernsehsendung *ZDF-Magazin*. – Schneider äußerte in der Bundestagsdebatte am 7. 6. 1972 u. a.: »Ich richte an Herrn Böll die Frage: wie sind denn unsere sozialen Verhältnisse beschaffen, wie die wirtschaftlichen, wie steht es um die persönliche Meinungsfreiheit in unserem Lande, in diesem Staate? Hätte Herr Böll nicht besser daran getan, im Falle Solschenizyn und seinen verfolgten Freunden, wie im Falle Bukowsky, zu fragen, was wir verlören, gäbe es diesen Staat mit seinen sozialen, wirtschaftlichen und kulturellen Möglichkeiten nicht mehr? Hier hätte Herr Böll seine liberale [...], seine freiheitliche Gesinnung unter Beweis stellen können. Er hat geschwiegen. [...] Vermutlich hat er nicht den Mut gefunden, Unrecht Unrecht zu nennen, obwohl er in dem hohen Amte eines PEN-Präsidenten steht.« Vgl. *Deutscher Bundestag. 188. Sitzung. Bonn, Mittwoch, den 7. Juni 1972*, Verlag Hans Heger, Bonn – Bad Godesberg. S. 11015 f.

122. 13 *Franz Josef Strauß]* Franz Josef Strauß (1915–1988), CSU-Politiker.

123. 2–5 *Die Diskriminierung ... älteren Generation ist]* Helmut Gollwitzer (1908–1993), ev. Theologe. Gollwitzer setzte sich für die Forderungen der 1968er Studentenbewegung ein und wurde wie Böll zu den RAF-Sympathisanten gerechnet.

123. 29–30 *VS, dem PEN-Club, der Journalisten-Union]* VS ist das Kürzel für ›Verband deutscher Schriftsteller‹; der P. E. N. ist eine internationale

Schriftstellervereinigung mit Zentren in den jeweiligen Mitgliedsstaaten; die Journalisten-Union ist ein gewerkschaftlicher Zusammenschluß von Journalisten in der BRD.

123.31 *Herbert Wehner]* Herbert Wehner (1906–1990); SPD-Politiker, 1969–1983 Vorsitzender der SPD-Bundestagsfraktion.

⟨sieben Jahre und zwanzig später⟩

## Entstehung

Das in Bölls Arbeitsbuch unter der Sign. 957/72 verzeichnete Gedicht ist dort auf den 16. 6. 1972 datiert (*AB* I, Bl. 125) (NE).

## Überlieferung

### Typoskripte

TH¹: Erstschr.; 4 Bll.
   (HA 1326–258, Bll. 116–119)
tH²: Durchschr. (grün und gelb); 7 Bll., eh. Sign.: 957/72 und Datumsangabe: »16. 6. 72«.
   (HA 1326–258, Bll. 120–126)

### Drucke

Z: *Dokumente* (Köln). – 28. Jg. (1972), Heft 3 (September), S. 179.
D¹: *HTDG*, S. 39–41.

## Textgrundlage

Textgrundlage ist D¹.

## Stellenkommentar

124. 1 *sieben Jahre und zwanzig später*] Böll zitiert im Titel und mehrfach im Gedicht Zeilen aus *Früher Mittag* von Ingeborg Bachmann (1926–1973; österr. Schriftstellerin), das Bestandteil des Gedichtzyklus *Die gestundete Zeit* aus dem Jahr 1957 ist. Die für Böll wichtigen Zeilen lauten: Sieben Jahre später / fällt es dir wieder ein / Am Brunnen vor dem Tore, / blick nicht zu tief hinein. // Sieben Jahre später, / in einem Totenhaus, /

trinken die Henker von gestern / den goldenen Becher aus. / Die Augen täten Dir sinken. Zit. nach Ingeborg Bachmann (1978): *Werke.* Hrsg. v. Christine Koschel, Inge von Weidenbaum und Clemens Münster. Bd. 1: *Gedichte, Hörspiele, Libretti, Übersetzungen.* München; Zürich: R. Pieper & Co, S. 44.

124. 4 *für Annemarie C.]* Annemarie Böll, geb. Cech (geb. 1910), Übersetzerin, Ehefrau Heinrich Bölls.

125. 10–18 *vergiß ... versetzt haben]* Vgl. Bölls Ausführungen über die letzten Kriegstage im *Brief an meine Söhne oder vier Fahrräder* (1985), KA Bd. 23; *EAS* 9, S. 206–228.

125. 32–33 *trägt keiner ... Stern]* Gemäß einer Polizeiverordnung zur ›Kennzeichnung der Juden‹ müssen ab dem 19. 9. 1941 alle Juden vom 6. Lebensjahr an einen auf der linken Seite der Kleidung angenähten 6-zackigen gelben Stern tragen, auf dem in schwarzer Schrift ›Jude‹ steht.

⟨Sport und Nationalismus⟩

## Entstehung

In Bölls Arbeitsbuch sind unter der Sign. 965/72 sowohl die Vorarbeiten für den Kongreß insgesamt (»Mai – September« 1972) als auch seine als »Referat« beschriebene Rede verzeichnet, die dort aber nicht näher datiert ist (*AB* I, Bl. 127) (NE). Vermutlich ist der kurze Text erst unmittelbar vor Beginn der Tagung entstanden.

Seine Begrüßungsansprache hielt Böll am 8. 9.1972 um 19 Uhr an dem als »Anreisetag« deklarierten Beginn der Tagung im Foyer des Esso Motor Hotels in der Dürener Straße in Köln vor 80 teilnehmenden Gästen (u. a. Jean Améry, Belgien; Rudolf Augstein, Deutschland; Breyten Breytenbach, Südafrika; Anne Moody, USA; Alan Sillitoe, Großbritannien).

Am 28. 8. 1972 hatte die *AZ* in München telegrafisch um die Genehmigung gebeten, Bölls Eröffnungsrede zumindest in Teilen abdrucken zu dürfen. Der Umfang der Rede ließ jedoch den Gesamtabdruck zu. Eine kleine Streichung wird im Vergleich von Druck und TH² deutlich. Am Ende seiner Rede wendet sich Böll an die Anwesenden: »Ich will hier weder die Referate noch die ebenso wichtigen Diskussionen vorwegnehmen, nur ein paar Gedanken äußern, die unsere niederländischen, flämischen Freunde und uns veranlaßt haben, Sie einzuladen und mit uns zu diskutieren.« Diese Passage zitiert die *AZ* anläßlich des Erstdrucks in der Ausgabe vom 8. 9. 1972 in einer Vorbemerkung, sie geht aber in den Buchdruck nicht ein.

## Hintergrund

Die Idee, parallel zur Olympiade in Deutschland 1972 eine Schriftstellertagung, eine, wie es in Briefen heißt, »Schriftsteller-Olympiade« zum Thema »Sport und Nationalismus« abzuhalten, wurde zunächst auf der Mitgliederversammlung des P. E. N.-Zentrums der Bundesrepublik Deutschland in Nürnberg (15.–18. 4. 1971) auf Vorschlag von Böll diskutiert, dort aber bei einer Vorstandssitzung als offizielle Veranstaltung des P. E. N. abgelehnt. Böll berichtet darüber dem Präsidenten des Niederländischen P. E. N., Carel Dinaux, am 17. 6. 1971 (HA 1326–EKR 6, Bl. 95) und schlägt vor, die gemeinsam entwickelte »Olympia-Idee ›aufrecht‹ zu erhalten« und bei dem geplanten Treffen der bundesdeutschen und niederländischen Reform-Kommission zur Neuformulierung der Charta des Internationalen P. E. N. in Heinrich Bölls Wohnung in Köln am 26. 6. 1972 und dann bei dem Folgetreffen in Arnheim am 19. 7. 1971 (s. *Stellenkommentar* zu 10. 35) auch dieses Thema zu besprechen und vielleicht eine gemeinsame Veranstaltung zu machen.

Nachdem sich auch das flämische P. E. N.-Zentrum anbot, als Mitveranstalter aufzutreten, wurde eine – nicht offiziell existierende – »Kölner Gruppe« des P. E. N. (Heinrich Böll, Paul Schallück und Wilhelm Unger) mit der Organisation der Veranstaltung und der Mittelbeschaffung (Stadt Köln, Land NRW) beauftragt. Als Termin wurde der 8.–12. 9.1972 festgelegt – also während der Endphase der XX. Olympiade in München und Kiel, die vom 26. 8. bis 9. 9. 1972 stattfinden sollte, jedoch bis zum 11. 9. 1972 verlängert wurde. (Am 6. 9. 1972 stürmten sieben arabische Terroristen, ein Kommando ›Schwarzer September‹, das Qartier der israelischen Mannschaft, ermordeten zwei israelische Sportler und nahmen neun als Geiseln. Die Geiselnahme endete am Abend des gleichen Tages auf dem Militärflughafen von Fürstenfeldbruck bei München in einem Blutbad, als bei dem Versuch, die Gefangenen zu befreien, alle Geiseln, ein Polizist und vier Terroristen ums Leben kamen. Nach einer Trauerfeier im Olympiastadion in München am 6. 9. 1972 wurden die Spiele fortgeführt und entsprechend verlängert.)

Für die ›Schriftsteller-Olympiade‹ wurde ein Programm entwickelt, das als zentrale Themenstellungen für die einzelne Referate und Diskussionsforen und die jeweiligen Verantwortlichen festlegte: »Sport und Nationalismus« (Heinrich Böll), »Sport, Soziologie und Psychologie« (Paul Schallück), »Sport und Leistung« (Piet Theys, Belgien) sowie »Sport und Imperialismus« (Jan Boelens, Niederlande). Als Veranstaltungsort war das Forum der Volkshochschule der Stadt Köln am Josef-Haubrich-Hof angemietet worden.

Das offizielle Programm, das der »P. E. N.-Club (Kölner Gruppe) gemeinsam mit dem Niederländischen P. E. N. und dem flämischen P. E. N. Zentrum« ab Februar versandte, schloß noch eine Veranstaltung »Musik, Poesie, Spiele« ein, die am 10. 9.1972 geplant war, unter dem Eindruck der Ereignisse im Olympischen Dorf in München am 6. 9. 1972 aber abgesagt wurde. Statt dessen wurde auf dem Kölner Neumarkt an diesem Tag um 16 Uhr eine Trauerfeier für die Opfer des Anschlags abgehalten, zur der die Kirchen und die Kölner Gesellschaft für christlich-jüdische Zusammenarbeit gemeinsam mit dem P. E. N. aufgerufen hatten. Der *Kölner Stadt-Anzeiger* berichtete am 11. 9. 1972 über diese Gedenkfeier, bei der Böll eine improvisierte Rede hielt: »Der Schriftsteller Heinrich Böll mahnte, die blutige Gewalttat von München nicht zum Anlaß für Selbstgefälligkeit, ›zum Vehikel der eigenen Entsühnung‹ werden zu lassen. Vor ein paar Jahren noch seien in Köln, ›hier in unseren Nachbarstraßen‹, wie in allen deutschen

Städten, schreckliche Verbrechen begangen worden. ›Wir wissen, wie rasch Demagogie entsteht und in Terror umschlägt‹, sagte er. Böll warnte davor, München zum Wahlkampfthema [der Bundestagswahl 1972] zu machen. Eine Partei, die daraus politisches Kapital schlagen wolle, gerate in eine ebenso verwerfliche Position wie ein Terrorist.« Zum Tagungsverlauf vgl. den Bericht in der *Frankfurter Allgemeinen Zeitung* v. 13. 9. 1972: »Die zwei Seiten des Sports«.

## *Überlieferung*

### Typoskripte

TH¹: Erstschr. 3 Bll., am roR eh pag. 1–3.
(HA 1326–258, Bll. 127–129)
TH²: Erstschr. und Durchschr. (rosa); 4 Bll., eh. Sign.: 965/72.
(HA 1326–258, Bll. 130–133)

### Drucke

Z:   *Abendzeitung* (München). – 8. 9. 1972 (»8-Uhr-Blatt«).
D¹:  *ESR* II, S. 583–584.
D²:  *EAS* 4, S. 263–264.

## *Textgrundlage*

Textgrundlage ist D¹.

## *Stellenkommentar*

127. 22–23 *atavistischen]* Atavismus: zu lat. atavus: Urahn, Vorfahr. Abwertender Ausdruck für Gefühle und Handlungen, die einem früheren, primitiven Stadium der Menschheit entsprechen.

127. 33–128. 1 *Ausscheidung ... Selektion]* Im nationalsozialistischen Sprachgebrauch steht Selektion für die in den KZ nach äußerem Augenschein getroffene Entscheidung, ob ankommende Häftlinge als arbeitsfähig galten oder zu töten waren.

‹Der Lorbeer ist immer noch bitter›

## Entstehung

Die in Bölls Arbeitsbuch unter der Sign. 959/72 verzeichnete Rezension ist dort nicht datiert (*AB* I, Bl. 126 ) (NE).
Einen ersten Hinweis darauf, daß Stefan Heym an einem neuen Roman arbeitet, erhält Böll am 24. 9. 1971. Heym dankt ihm in einem Brief [an Heinrich Böll über den Verlag Kiepenheuer & Witsch] für die Zusendung von *Gruppenbild mit Dame* (HA 1326–4315, Bl. 24) und schreibt weiter: »Durch die Arbeit an meinem David-Roman bin ich erst jetzt dazu gekommen, die Lektüre anzufangen.« Zu einem ersten Treffen zwischen Heym und Böll kommt es am 10. 12. 1971, als Heym – dem zu seiner eigenen Überraschung eine Lesereise durch die DDR-Behörden genehmigt worden war – auch in Köln liest. Bei diesem Treffen wird Böll von seinen und Annemaries Bölls Reiseplänen gesprochen haben: Sie wollen vom 22. bis 27. 1. 1972 einen Besuch in Ost-Berlin machen, um anschließend weiter nach Moskau zu fliegen. (Der Beginn der Reise wurde – aufgrund der Ereignisse nach Bölls *Spiegel*-Artikel v. 10. 1. 1972 – auf den 7. 2. 1972 verschoben. [s. *Soviel Liebe auf einmal*, S.41 ].) Bei dem Aufenthalt in Berlin haben Annemarie und Heinrich Böll Inge und Stefan Heym getroffen. Böll hat sich mit Heym über den Fortgang des Roman-Projekts unterhalten. Traut Felgentreff vom Lektorat des Kindler Verlags schreibt Böll am 11. 4. 1972: »[...] als ich kürzlich Stefan Heym während der Buchmesse in Leipzig traf[,] erzählte er mir, daß Sie in Berlin über seinen Roman ›Der König-David-Bericht‹ gesprochen hätten« (HA 126–4320, Bl. 7). Felgentreff bittet Böll, die dem Brief beiliegenden Fahnen zu lesen. »Und sollte Sie die Lektüre zu einem spontanen Urteil, und mag es noch so knapp gehalten sein, hinreißen – Sie könnten dem Autor und dem Buch damit unendlich helfen.« Ein Brief von Felgentreff am 17. 5. 1972 (HA 1326–4324, Bl. 1) enthält die weitere Entwicklung: »[...] ich habe vor wenigen Tagen Stefan Heym in Ostberlin besucht [...]. Noch vor meiner Abreise hatte ich von Rolf Becker erfahren, daß Sie Stefan Heyms Roman ›Der König David Bericht‹ für den SPIEGEL besprechen werden, und ich hätte Heym wohl kaum mit einer anderen Nachricht glücklicher machen können als mit dieser.« Parallel zu diesem Brief erhält Böll eines der ersten Vorausexemplare des Romans.
Wann Böll mit der Formulierung der Besprechung begonnen hat, läßt

sich nicht genau bestimmen. Die vorausgehende Arbeit mit der Sign. 958/72 *Nicht Humus, sondern Wüstensand* (S. 120 ff.) entstand am 21. 6. 1972. Die Reaktion Rolf Beckers vom *Spiegel* am 27. 6. 1972 auf die Zusendung des Typoskripts der Besprechung macht eine Datierung auf den Anfang der vierten Woche des Juni 1972 wahrscheinlich. Becker schreibt (HA 1326-4340, Bl. 1): »Ihre Heym-Besprechung ist sehr schön zu lesen – vielen Dank! –. Aber leider auch sehr, sehr lang. Ungekürzt würde sie 7 Spalten im Spiegel füllen. Wir können aber höchstens 6 Spalten – also immerhin 2 ganze SPIEGEL-Seiten – nehmen. Ich schlage Ihnen daher die auf beiliegender Fahne notierten Kürzungen vor [...]. Ich möchte die Besprechung in unserer Nummer 29 (übernächsten Montag) [= Ausgabe v. 10. 7. 1972] bringen. Heym ist noch vordringlicher als Koch.« (s. *Entstehung* zur Koch-Besprechung *See-Leben I*, S. 566). Tatsächlich erscheint die Besprechung im *Spiegel* aber erst in Nr. 39 v. 18. 9. 1972. Dieser Druck geht in die folgenden Buchausgaben ein.

## *Überlieferung*

### Typoskripte

TH$^1$: Erstschr.; 5 Bll., mit eh. Notiz: »1. Entwurf«, Bl. 4–5 Durchschr. (grün) zu Bl. 1–2.
(HA 1326-258, Bll. 135–139)

tH$^2$: Durchschr. (grün); 8 Bll., am roR eh. durchschr. pag. 2–9, eh. Sign.: 959/72 und Titel sowie zweifache Notiz: »1. Seite fehlt«.
(HA 1326-258, Bll. 140–147)

### Drucke

Z: *Der Spiegel* (Hamburg). – 26. Jg., Nr. 39 (18. 9. 1972), S. 158–160.
D$^1$: *NPLS*, 1973, S. 256–259.
D$^2$: *ESR* II, S. 595–598.
D$^3$: *EAS* 4, S. 275–278.

## *Textgrundlage*

Textgrundlage ist D$^2$. Die von Böll verwendeten Zitate wurden überprüft und gegebenenfalls korrigiert.

## Stellenkommentar

129.1 *Der Lorbeer ist immer noch bitter]* Mit seinem Titel verweist Böll auf Stefan Heyms Roman *Der bittere Lorbeer. Roman unserer Zeit.* München: List, 1950.

129.2 *Stefan Heyms Roman »Der König David Bericht«]* Stefan Heym, eigentl. Helmut Flieg (1913–2001), Schriftsteller. – *Der König David Bericht.* München: Kindler 1972.

129.23–29 *»Eine und Einzig…König Salomo«]* Heym 1972, S. 42, 253, 257.

130.1 *»Ich, Ethan«]* Heym 1972, S. 7.

130.2 *apokryphe]* Griech.: verborgen; Adjektiv zu: die Apokryphen: nicht in den Kanon der biblischen Texte aufgenommene jüdische und christliche Schriften.

130.4 *Pentagon Papers]* Bezeichnung für einen von Angestellten des amerikanischen Verteidigungsministeriums (Pentagon) erarbeiteten Bericht über die Verstrickungen der USA im Vietnam-Krieg. Dieser Bericht wurde 1971 auf geheimen Wegen einflußreichen Printmedien, der *Washington Post* und der *New York Times*, zugeleitet. Nachdem im Juni 1971 der erste Artikel in beiden Zeitungen erschienen war, erwirkte Präsident Nixon eine einstweilige Verfügung, die den weiteren Abdruck zunächst untersagte. Diese Verfügung wurde durch das Oberste Gericht der USA aufgehoben, so daß die *Pentagon Papers* weiter veröffentlicht werden konnten.

130.12–13 *»behördlich zugelassene Erzähler von Geschichten und Legenden«]* Heym 1972, S. 42.

130.27–28 *»Erstaunlichen Aufstiegs«]* Heym 1972, S. 42.

131.1–5 *»Mein Vater … Schau stellen.«]* Heym 1972, S. 31.

131.25 *Chlodwigs, des Merowingers]* Chlodwig I. (466–511), König der Franken aus dem Geschlecht der Merowinger, Gründer des fränkischen Großreiches.

132.4 *Krethi und Plethi]* Nach der Lutherschen Bibelübersetzung von 2. Sam. 8,18 die Bezeichnung für die Kreter und Philister in der Söldnertruppe des biblischen Königs David. – Abwertend verwendet für: jedermann.

132.4–7 *»Wissen ist ein … Grab sinkt.«]* Heym 1972, S. 255.

132.9–10 *»Darum nun soll er zu Tode geschwiegen werden.«]* Heym 1972, S. 257.

132.13–15 *»Weder gehörst du … auch nicht.«]* Heym 1972, S. 261.

132.16–17 *Biermann, Fühmann, Kunze, Wolf, Schneider, Kunert, Heym, Hermlin]* Wolf Biermann (geb. 1936), Liedermacher und Schriftsteller. – Franz Fühmann (1922–1984), Schriftsteller. – Reiner Kunze (geb. 1933), Schriftsteller. – Christa Wolf (geb. 1929), Schriftstellerin. – Rolf Schneider (geb. 1932), Schriftsteller. – Günter Kunert (geb. 1929), Schriftsteller. – Stephan Hermlin (1915–1997), Schriftsteller.

⟨Annemarie und Heinrich Böll zur Wahl⟩

## Entstehung

Der in Bölls Arbeitsbuch unter der Sign. 973/72 verzeichnete Wählerbrief zur Unterstützung Brandts ist dort auf September 1972 datiert (*AB* I, Bl. 127) (NE).
Entstanden ist der Brief vermutlich nach dem von der SPD/FDP-Koalition eingebrachten Mißtrauensvotum gegen die Regierung am 22. 9. 1972, mit dessen positivem Ausgang der Weg frei war zu Neuwahlen am 19. 11. 1972, und dem Beginn des Wahlkampfs.

## Hintergrund

In den 1960er Jahren, als sich viele seiner Schriftsteller-Kollegen, vor allem Günter Grass, für die SPD bzw. den Kanzlerkandidaten Willy Brandt einsetzten, hielt sich Böll mit einer direkten Unterstützung der SPD zurück. Zu Zeiten der Großen Koalition zwischen CDU/CSU und SPD (1966–1969) unter dem ehemaligen NS-Funktionär Kurt-Georg Kiesinger als Kanzler war Böll auf seiten der außerparlamentarischen Opposition (APO) und engagierte sich u. a. gegen die Verabschiedung der Notstandsgesetze. Auch als sich mit der Wahl Gustav Heinemanns am 5. 3. 1969 zum ersten sozialdemokratischen Bundespräsidenten ein politischer Wandel in der Bundesrepublik andeutete, verweigerte Böll eine direkte Unterstützung der SPD im Wahlkampf für die auf den 28. 9. 1969 festgelegten Bundestagswahlen. Als der Wahlkampf beginnt, bittet Günter Grass als führender Kopf der (gerade gegründeten) Sozialdemokratischen Wählerinitiative (SWI) Böll um Unterstützung für Willy Brandt. Am 14. 6. 1969 antwortet Böll: »öffentliche Veranstaltungen: nein. Fernsehdiskussion, über jedes Thema, das Sie unterbringen können: ja. [...] Hinzu kommt, daß ich, was getan werden kann, besser in meinem Stil und auf meine Art tue: bisher hat das, glaube ich, auch politisch gar nicht schlecht ›gewirkt‹.« (HA 1326-EK 8, Bl. 23) Die einzige direkte Unterstützung, die Böll im Wahlkampf 1969 leistet, bleibt ein *Offener Brief an eine deutsche Frau* (*KA* Bd. 16; abgedruckt in der *Zeit* und in *dafür*, der Wahlkampfzeitung des SWI), in dem er sich an die katholischen Wählerinnen der CDU/CSU wendet und dafür wirbt, bei der Wahl »das Kreuzchen anderswohin zu machen«.

Aus den Wahlen zum sechsten deutschen Bundestag am 28. 9. 1969 geht zwar die CDU/CSU als stärkste Partei hervor (46,1%), doch SPD (42,7%) und FDP (5,8%) nutzen ihre Mehrheit zur Regierungsbildung. Willy Brandt wird erster sozialdemokratischer Bundeskanzler nach dem Zweiten Weltkrieg. Mit Bildung der sozialliberalen Koalition, mit dem Beginn von Reformen in der Bundesrepublik und der von Brandt vertretenen Aussöhnungspolitik mit den Ländern Osteuropas, kommt es auch zu einem Wandel im Verhältnis von Intellektuellen und Politikern der Regierungskoalition. Organisiert durch die SWI finden regelmäßig sogenannte ›Parlamentariergespräche‹ statt, in denen ein Meinungsaustausch zu wichtigen Themen der Zeit gepflegt wird, etwa am 2. 12. 1970 ein »Gespräch zum Thema ›Eigentum verpflichtet‹« (s. Protokoll der Sitzung HA 1326–ZAB 12, Bl. 34) im Bundeskanzleramt oder am 7. 6. 1971 im Haus des Bundeskanzlers ein »Gespräch über Massenmedien« (s. Protokoll der Sitzung HA 1326–ZAB 12, Bl. 35). Teilnehmer sind, neben Bundeskanzler Brandt, Minister wie Horst Ehmke, Professoren wie Hartmut von Hentig, Künstler wie Georg Meistermann und Schriftsteller wie Grass und Böll.

Durch die Übertritte einzelner Koalitionsabgeordneter zur Opposition seit Oktober 1970, die mit der Ablehnung der neuen Ostpolitik begründet werden, schrumpft die parlamentarische Mehrheit der Koalition. Am 15. 3. 1972 wenden sich Veronika Schröter und Günter Grass für den SWI an Böll und laden ihn für den 15. 4. 1972 ein, um in Vorbereitung auf den Bundestagswahlkampf 1973 »einmal grundsätzlich die Fragen zu erörtern, wie die Basis der gegenwärtigen Regierung in der katholischen Wählerschaft verbreitert werden kann« (HA 1326–2326, Bl. 5). Nach seiner Rückkehr von der Reise in die UdSSR am 23. 3. 1972 sagt Böll am 1. 4. 1972 seine Teilnahme zu. Nachdem am 23. 4. 1972 der FDP-Bundestagsabgeordnete Wilhelm Helms seinen Austritt aus der FDP-Fraktion erklärt, bleibt der Koalition nur noch eine Stimme Mehrheit im Parlament. Es kommt zum (gescheiterten) konstruktiven (= mit der Wahl eines neuen Bundeskanzlers verbundenen) Mißtrauensantrag der Opposition gegen Kanzler Brandt am 27. 4. 1972. Spätestens nach der Verabschiedung der Ostverträge am 17. 5. 1972 (bei Stimmenthaltung der CDU/CSU-Opposition) ist klar, daß es eine Lösung der Pattsituation im Parlament (nach Ausschluß des SPD-Abgeordneten Müller aus seiner Fraktion am 16. 5. 1972) nur durch Neuwahlen geben kann.

Am 2. 6. 1972, noch unter dem Eindruck der Hausdurchsuchung bei ihm einen Tag zuvor im Rahmen der Terroristenfahndung, zieht Böll gegenüber Grass seine Beteiligung an einer »katholischen Wählerinitiative« zurück. Er werde sich weiterhin für Brandt, unter diesen Umständen aber nicht für die Regierung insgesamt einsetzen (HA 1326-EK 8, Bll. 28–30). Neben dem von Annemarie und Heinrich Böll gezeichneten Flugblatt (»Wir wählen

Willy Brandt und unterstützen seinen Wahlkampf«) beteiligt sich Böll mit Reden oder Diskussionsbeiträgen als Mitglied der Wählerinitiative »Bürger für Brandt« an folgenden SPD-Wahlveranstaltungen: am 29. 9. 1972 zum Wahlkampfauftakt der Jusos in Essen (»Experten gegen Strauß/Barzel«); am 3. 10. 1972 in Kleve (s. *Wahlrede in Kleve*, S.146 ff.) und Geldern; am 8. 10. in Bonn; am 12. 10. 1972 auf dem außerordentlichen Parteitag der SPD in Dortmund (s. *Gewalten, die auf Banken liegen*, S.153 ff.) und – nach dem Rückkehr von seiner Reise nach Griechenland und Israel, jetzt als Nobelpreisträger für Literatur – am 12. 11. 1972 in Beckum sowie am 14. 11. 1972 in Köln. Hinzu kommt der Text *Luft in Büchsen* (s. S.165 ff.) für die SPD-Wahlzeitung. Außerdem überließ Böll ein Typoskript und den handkorrigierten Fahnensatz seiner Erzählung *Entfernung von der Truppe* , die für 10 000 DM vom Heinrich-Heine-Institut in Düsseldorf ersteigert wurden, der SWI zur Unterstützung ihrer Arbeit.

## *Überlieferung*

### Typoskripte

tH:  Durchschr. (gelb); 2 Bll., eh Sign.: 973/72, auf Bl. 2 durchschr. Unterschriften von Annemarie und Heinrich Böll.
(HA 1326–259, Bll. 1–2)

### Drucke

Flugzettel zur Bundestagswahl 1972 für die Sozoialdemokratische Wählerinitiative (SWI) Niedersachsen (Hannover), 2 Seiten.

## *Textgrundlage*

Textgrundlage ist tH.

## *Stellenkommentar*

133. 3 *Willy Brandt]* Willy Brandt, eigtl. Herbert Ernst Karl Frahm (1913–1992), SPD-Politiker; 1969–1974 Bundeskanzler; 1971 Friedensnobelpreis.

133. 21 *Dr. Barzel]* Rainer Barzel (geb. 1924), CDU-Politiker, Kanzlerkandidat der CDU/CSU im Wahlkampf 1972.

133.31 *Gustav Heinemann]* Gustav Heinemann (1899–1976), SPD-Politiker, 1969–1974 Bundespräsident. S. *Hintergrund*.

134.2–3 *Regierung Brandt/Scheel]* Walter Scheel (geb. 1919), FDP-Politiker; 1969–1974 Außenminister und Vizekanzler, 1974–1979 Bundespräsident.

⟨Ein Roman von Iván Mándy⟩

## Entstehung

Die in Bölls Arbeitsbuch unter der Sign. 956/72 verzeichnete Rezension ist dort auf den 16. 6. 1972 datiert (*AB* I, Bl. 125) (NE).

Der Mai 1971 ist, nachdem die letzten Manuskript-Arbeiten am Roman *Gruppenbild mit Dame* (*KA* Bd. 17) abgeschlossen waren, für Annemarie und Heinrich Böll ein Reise-Monat mit einer Kombination aus Urlaub und ›offiziellen‹ Verpflichtungen. Am 1. 5. 1971 fahren sie von Köln aus nach Wien, von dort am 4. 5. 1971 nach Slowenien (Ljubljana), um sich hier mit dem Böll-Übersetzer Janez Gradisnik und dem jugoslawischen Dissidenten Edvard Kocbek, einem in Ungnade gefallenen ehemaligen Mitstreiter Marschall Titos, zu treffen.

Vom 7. bis 12. 5. 1971 tagte das Exekutiv-Komitee des Internationalen P. E. N. in Piran (Istrien), etwa 100 Kilometer südlich von Ljubljana in Kroatien. Die Reise führt nach einem weiteren Aufenthalt in Ljubljana zu einem Besuch Bölls in seiner Eigenschaft als Präsident des P. E. N.-Zentrums der Bundesrepublik Deutschland beim Ungarischen P. E. N. in Budapest vom 21. bis 29. 5. 1971. Das Programm sah für den 24. 5. 1971 um 17 Uhr in Bölls Hotel (Hotel Budapest) ein Treffen mit dem ungarischen Schriftsteller Iván Mándy und dem Redakteur der Zeitschrift der Vereinigung der ungarischen Buchverlage, *Bücher aus Ungarn*, Jenö Széll vor. Wie sich aus der weiteren Korrenspondenz ergibt, wurde bei diesem Treffen verabredet, daß Böll für die dreisprachig (Deutsch, Englisch und Französisch) vierteljährlich erscheinende Zeitschrift eine Rezension von Iván Mándys Roman *Am Rande des Spielfeldes* schreiben sollte, und zwar noch für die im Oktober 1971 erscheinende Ausgabe. Die Geschichte der Entstehung dieser Rezension ist von diesem Zeitpunkt an eine des Aufschubs durch Böll, die sich durch äußere Umstände erklären läßt. Seine erste Bitte um Verlängerung der Abgabefrist ergeht im August 1971 mit dem Hinweis auf Krankheit und die bevorstehende Reise nach Norwegen, Schweden und in die USA (s. Stellenkommentar zu 18. 10). Als Böll Anfang Dezember nach Köln zurückkehrt, ist es für die nächste, Anfang Januar 1972 erscheinende Ausgabe schon zu spät, da sein (noch nicht geschriebener) Beitrag vor dem Druck Mitte Dezember 1971 noch ins Englische und Französische übersetzt werden muß (s. 1326–4311, Bl. 4). Nach den Ereignissen um seinen *Spiegel*–Artikel am 10. 1. 1972 und der Reise in die DDR, die UdSSR und die

CSSR kommt Böll erst Mitte Juni 1972 dazu, die Rezension zu schreiben, die im 4. Heft 1972 der *Bücher aus Ungarn* im Oktober erscheint.

## Überlieferung

### Typoskripte

tH: Durchschr. (grün); eh. Überschrift: »Ivan Mandy: Am Rande des Spielfeldes«, Sign.: 956/72 und Datum: »16. 6. 72«; am roR eh. pag. 1–5; durchschr. eh. Unterschrift auf Bl. 5.
(HA 1326–259, Bll. 4–8)

### Drucke

Z: *Bücher aus Ungarn* (Budapest). – 14. Jg. (1972), Heft 4 (Oktober-Dezember), S. 10–11.
$D^1$: *ESR* II, 613–616.
$D^2$: *EAS* 4, S. 293–296.

## Textgrundlage

Textgrundlage ist $D^1$. Korr. wurde: 137. 23 *Held für uns]* Heidruns tH

## Varianten

138. 2–3 *die FCs]* die FCs Ausschwung Z

## Stellenkommentar

135. 1 *Iván Mándy]* Iván Mándy (1918–1995), ung. Schriftsteller.
135. 2 *Am Rande des Spielfeldes«]* Iván Mándy (1971): *Am Rande des Spielfeldes*. Stuttgart: Deutsche Verlags-Anstalt.
135. 8–9 *die Adjektive »klein« und »groß«, auf Menschen bezogen]* Vgl. hierzu Bölls Definitionsversuch von ›großen‹ und ›kleinen‹ Menschen in *Die »Einfachheit« der »kleinen« Leute und ihre mögliche Größe*, *KA* Bd. 20; *EAS* 7, S. 21–23.
136. 18 *beaucoup de tristesse]* Frz.: viel Trauer.

136. 24–25 »*in diesem ... zerrissenen Tasche.*«*]* Mándy 1971, S. 14.

136. 36 »*Liebe auf den ersten Blick!*«*]* Mándy 1971, S. 66.

137. 1 »*beiden jungen Herzen*«*]* Bei Mándy 1971, S. 66, heißt das vollständige Zitat: »Ich glaube nur an Gefühle! An die Begegnung zweier junger Herzen!«

137. 6–8 *hat nicht den ... Summen nennt]* Nach Beendigung der Bundesligasaison 1970/71 wurde bekannt, daß Spiele manipuliert worden waren, um einem drohenden Abstieg aus der Bundesliga zu entgehen. U.a. waren die Vereine Kickers Offenbach, Arminia Bielefeld und Schalke 04 an dem Handel beteiligt. In der Folge wurde gegen 52 Spieler, zwei Trainer und sechs Funktionäre Anklage erhoben. Vgl. auch *Fußball mit dem Rechtsstaat. Geschrieben 1975, während die Verhandlung noch lief. Man weiß, wie sie ausging.* In: *Der mißhandelte Rechtsstaat in Erfahrung und Urteil bundesdeutscher Schriftsteller, Rechtsanwälte und Richter.* Hrsg. von Ulrich Sonnemann. Köln: Kiepenheuer & Witsch, 1977. *KA* Bd. 20.

137. 21 »*Rote Hungler*«*]* Mándy 1971, S. 13 ff.

137. 22–23 *Beckenbauer, Overath, Seeler und Held]* Beckenbauer, Franz (geb. 1945), Fußballspieler und Trainer. – Overath, Wolfgang (geb. 1943), Fußballspieler. – Seeler, Uwe (geb. 1936), Fußballspieler. – Held, Siegfried (geb. 1942), Fußballspieler und Trainer.

137. 34–35 *Rozsavölgyi und Soroksar]* Rózsavölgyi ist eine Roman-Figur und nicht, wie der Text nahelegt, der Name eines Ortes. Vgl. Mándy 1971, S. 17: »Dann ist es aus mit Rózsavölgyi, dann fliegt Rózsavölgyi in hohem Bogen aus dem Tor.« – Soroksár ist ein auf der Pester Seite der Donau gelegener südlicher Budapester Stadtteil (23. Bezirk). Vgl. Mándy 1971, S. 15: »wie mit einem Klub aus der Provinz, sagen wir aus Soroksár«.

137. 35 *Schalke 04 oder Rot-Weiß Oberhausen]* Zwei 1904 gegründete Fußballvereine.

138. 8–12 »*Du stehst im ... stolzes Gefühl.*«*]* Mándy 1971, S. 146.

138. 23 »*was hast du davon, sag es mir!*«*]* Mándy 1971, S. 213.

138. 24 »*Nichts hast du davon!*«*]* Mándy 1971, S. 213.

138. 25–26 »*Wenn ... ihn auf!*«*]* Mándy 1971, S. 214.

138. 26–31 »*Aufschlitzen sollst ... an dich!*«*]* Mándy 1971, S. 214.

138. 33–35 »*Melde dich ... Ich komme.*«*]* Mándy 1971, S. 214.

⟨Die Würde des Menschen ist unantastbar⟩

## Entstehung

Das in Bölls Arbeitsbuch unter der Sign. 963/72 verzeichnete Vorwort ist dort auf August 1972 datiert (*AB* I, Bl. 126) (NE).
Am 15. 5. 1972 schreibt Freimut Duve (geb. 1936) als Herausgeber der Reihe »rororo aktuell« des Rowohlt Taschenbuch Verlags in Reinbek bei Hamburg an Böll über ein für November geplantes Buch-Projekt: »[…] ein Band zur Situation der Presse im Kapitalismus […], geschrieben von einem Berliner Autorenkollektiv, dessen Mitglieder sich mit Pressefragen im Rahmen des Instituts für Publizistik und des Instituts für Konzentrationsforschung beschäftigen«. Die Autoren bitten Duve um Vermittlung eines Vorworts von Heinrich Böll, weil »das Vorwort eines Wort-Produzenten, dessen subjektive Erfahrung mit der kapitalistischen Presse inzwischen auch für den Außenstehenden objektiven Erkenntniswert für den Zustand unserer Gesellschaft hat« (HA 1326–259, Bl. 40). Nachdem Böll Anfang Juni von seiner Ungarn-Reise nach Köln zurückgekehrt ist, sagt er Duve zu, wie sich dessen Reaktion am 15. 6. 1972 entnehmen läßt (HA 1326–259, Bl. 41). Am 2. 7. 1972 bekommt Heinrich Böll durch einen der Herausgeber des Bandes, Rolf Sülzer, eine Inhaltsübersicht und Material zur Presse-Situation in Berlin zugesandt (HA 1326–259, Bll. 42–48). Schließlich schickt Freimut Duve am 3. 8. 1972 ein Telegramm: »Angekündigtes Manuskript Presse im Kapitalismus inzwischen fertiggestellt. Erbitte rasche Mitteilung wohin Kopie schicken«. Mit der Zusendung des [nicht überlieferten] Buch-Manuskripts ist die Voraussetzung für Bölls Vorwort geschaffen, das er am 11. 8. 1972 an Duve schickt, mit der Bitte, ein Belegexemplar an Bundespräsident Gustav Heinemann und an Freunde in Schweden zu schicken, und einem »ps: Bitte kritisieren Sie ›unverzagt‹ das Vorwort« (HA 1326–259, Bl. 49).

## Überlieferung

### Typoskripte

TH¹: Erstschr.; 4 Bll.
(HA 1326–259, Bll. 12–15).
TH²: Erstschr.; 11 Bll., eh. Notiz: »3. oder / 4. Version / verworfen«; Bl. 6 nur Teil von A4, Bll. 7–11 Durchschr. (grün) zu Bll. 1–5.
(HA 1326–259, Bll. 16–26).
tH³: Durchschr. (grün), 7 Bll., eh. Sign.: 963/72, auf Bl. 7 eh. durchschr. Unterschrift; am roR eh. durchschr. pag. 1–7.
(HA 1326–259, Bll. 27–33).

### Drucke

D¹: Autorenkollektiv Presse, Berlin West (Hg.): *Wie links können Journalisten sein?* Mit einem Vorwort von Heinrich Böll. – Reinbek bei Hamburg: Rowohlt Taschenbuch Verlag, Oktober 1972. S. 7–11.
D²: *NPLS*, 1973, S. 260–266.
D³: *ESR* II, S. 575–580.
D⁴: *EAS* 4, S. 255–260.

## Textgrundlage

Textgrundlage ist D³.

## Varianten

140. 25–28 *Eines Tages ... muß.*] Fehlt *D¹*.
140. 31–141. 2 *Ich nehme an, ... gedacht.*] Fehlt *D¹*.
141. 2 *Und*] Fehlt *D¹*.
141. 10 *heißt.*] Die Fraktion der FDP in Hamburg hatte genug rechtsstaatliches Empfinden, um diesen Vorgang öffentlich zu kritisieren. *D¹*
143. 18–23 *Die gesamte ... können.*] Fehlt *D¹*.
144. 1 *eine Bürgerinitiative*] das Volksbegehren *D¹*
144. 23 *Nordamerika*] Es gibt nicht nur Jusos, sondern auch Jukas (Abkürzungsvorschlag für Jungkatholiken, Urahn der 1963 im Alter von 82 Jahren verstorbene Johannes XXIII.; ihre zur Zeit eifrigste Vertreter in der Bundesrepublik sind der 68jährige Karl Rahner und der 72jährige Wal-

ter Dirks; logischerweise werden Barzel und Strauß dann zu Akas), denn es ist ja nicht so, daß nur die SPD ihr Jusoproblem hätte, es gibt ja auch die Jungdemokraten und ein paar Jukas im Vatikan, in Spanien, Latein- und Nordamerika. $D^1$

145. 35–36 *nicht wie Hohn.]* August 1972 $D^1$

## Stellenkommentar

140. 2 *Wie links können Journalisten sein?«]* Autorenkollektiv Presse, Berlin (West) (Hg.): *Wie links können Journalisten sein? Pressefreiheit und Profit.* Mit einem Vorwort von Heinrich Böll. Reinbek bei Hamburg: Rowohlt Taschenbuch Verlag, 1972 (rororo aktuell 1599).

140. 14 *Schüler-Kalender des Wagenbach-Verlages]* S. *Stellenkommentar* zu 57. 9–10.

140. 17 *Quick]* 1948 in München gegründete, wöchentlich erscheinende Illustrierte.

140. 18 *SFB] Sender Freies Berlin (SFB),* seit 1953/54 Landesrundfunkanstalt (West-)Berlins, seit 1954 Mitglied der *ARD.*

140. 28–141. 2 *Höhepunkt dieses Respekts ... gedacht.]* Die Mitglieder der RAF Andreas Baader (1943–1977), Holger Meins (1941–1974) und Jan-Carl Raspe (1944–1977). – Vgl. die Ausgabe der *Bild*–Zeitung am 2. 6. 1972 mit den überdimensionierten Titelzeilen: »Baader im / Bomben-Lager / überwältigt!«, in der auf den Seiten 1–4 über die Gefangennahme berichtet wird. Auf der Titelseite und auf S. 3 ist jeweils ein Foto des nackt auf einer Tragbahre liegenden Baader abgedruckt. Die Unterzeilen zum Foto auf der Titelseite lauten: »Ein nackter Terrorist flößt / keinen Schrecken mehr ein«.

141. 5–6 *Ensslin im Polizeihubschrauber]* Ensslin, Gudrun (1940–1977), Gründungsmitglied der RAF.

141. 6–10 *ein Röntgenfoto ... Meinhof]* Meinhof, Ulrike (1934–1976), Journalistin und Gründungsmitglied der RAF.

141. 22–23 *das Urteil gegen Werner Hoppe]* Werner Hoppe (geb. 1949), Mitglied der RAF. – Hoppe wurde am 15. 7. 1972 als Begleiter der bei der Aktion erschossenen Pertra Schelm festgenommen und Ende Juli 1972 wegen Mordversuchs zu zehn Jahren Haft verurteilt. Die Staatsanwaltschaft hatte sechs Jahre gefordert. Vgl. auch zum widersprüchlichen Prozeßverlauf *Der Spiegel,* Nr. 28 v. 3. 7. 1972 (»Keiner weiß mehr«) und Nr. 32 v. 31. 7. 1972 (»Auch richtig«).

141. 35 *Anankasmus]* Griech. anánke = Zwang; krankhafter Zwang; Anankast: Zwangsneurotiker.

142. 2–4 *Warum eigentlich ... distanzieren]* Klaus von Bismarck (1912–1997), Intendant des *Westdeutschen Rundfunks* 1961–1976. – Ernest

Borneman, eigentl. Ernst Wilhelm Julius Bornemann (1915–1995), Schriftsteller und Wissenschaftspublizist.
Borneman hatte am 2. 6. 1972, einen Tag nach der Verhaftung der Terroristen Andreas Baader, Holger Meins und Jan-Carl Raspe in Frankfurt, in der *WDR*-Hörfunksendung »Heute Morgen« Helga Märtesheimer ein Telefon-Interview über die Eskalation der Gewalt in der Bundesrepublik gegeben. Obwohl sich Borneman in diesem Interview eindeutig von der Baader-Meinhof-Gruppe distanzierte (»Ich habe nicht die geringste politische Sympathie mit den Methoden der Gruppe, weil ich nicht glaube, daß man durch individuellen Terror politische Ungerechtigkeiten beseitigt«), sah sich der Intendant des *WDR*, Klaus von Bismarck, genötigt, ein – offensichtlich in Unkenntnis des Interview-Wortlauts verfaßtes – Dementi dazu zu veröffentlichen: »Der Westdeutsche Rundfunk bedauert außerordentlich, daß gerade am Morgen nach dem Erfolg der Polizei in Frankfurt der Eindruck entstehen konnte, als sollten die Ordnungskräfte in der Bundesrepublik Deutschland nachträglich diskreditiert und die verbrecherischen Aktivitäten irregeleiteter junger Menschen beschönigt werden.« (HA 1326–EK 13, Bl. 1–39) S. den anschließenden Stellenkommentar.

142. 18–20 *Muß das … Aussätzigen meiden?]* Das durch den Intendanten des WDR, von Bismarck, veröffentlichte Dementi zu dem Interview verschaffte Bornemans Äußerungen eine Medien-Publizität, in der er als ›Sympathisant‹ der Terroristen gebrandmarkt wurde. In der Folge ermittelte die Staatsanwaltschaft Köln gegen ihn nach § 140 StGB wegen Billigung einer mit Strafe bedrohten Handlung – ein Verfahren, das schon im Ermittlungsstadium eingestellt wurde. Zudem wurde Borneman, der zu diesem Zeitpunkt (als bundesdeutscher Staatsbürger) in Österreich lebte, von den österr. Behörden mit Ausweisung bedroht. Die angedrohte Ausweisung wurde nach einem Appell Robert Neumanns an den österr. Bundeskanzler Bruno Kreisky nicht durchgeführt, mit der Auflage an Borneman, sich zukünftig nicht mehr politisch zu äußern (HA 1326-EK 13, Bl. 2). In einem Brief am 30. 7. 1972 an Böll mit der Bitte um Hilfe, berichtet Borneman über die Folgen der ›Fehlinterpretation‹ seines Interviews: »Nicht nur der WDR, sondern alle anderen Rundfunkanstalten, mit denen ich über diese oder jene Sendung im Gespräch war, behandeln mich seit dieser Sache wie ein heißes Eisen. Mein Einkommen ist auf null gesunken. Drei Verlage, mit denen ich über neue Bücher im Gespräch war, haben abgesagt.« (HA 1326-EK 13, Bl. 2)

142. 21–22 *Vor ungefähr einem … ein Alptraum]* Diether Posser (geb. 1922), SPD-Politiker und Jurist; 1972–1978 Justizminister in NRW. – Das Zitat stammt aus dem Leserbrief Possers zu Bölls Meinhof-Artikel vom 10. 1. 1972 im *Spiegel*: »Wer mit Fakten fahrlässig umgeht und Verfolgungsinstinkte aufpustcht, ist für den Rechtsstaat kein tauglicher Streitgenosse. ›Bild‹ regiert: ein Alptraum.« (S. *Hintergrund* S. 476 ff.)

142.30 *Helmut Schmidt]* Helmut Schmidt (geb. 1918), SPD-Politiker und Publizist; 1974–1982 Bundeskanzler.

142.31 *Springer]* Axel Cäsar Springer (1912–1985), Verleger. S. *Stellenkommentar* zu 38.32.

142.33–35 *so könnte sich ... die Frage]* Hamlet: Titelfigur aus William Shakespeares (1564–1616) Drama *Hamlet,* enstanden 1603. Böll spielt hier auf Hamlets berühmten Monolog »Sein oder Nicht-Sein« an.

143.12–15 *bei der ... spielte]* Gemeint ist Rainer Barzel (geb. 1924), CDU-Politiker. – Im Rahmen der Auseinandersetzung um die atomare Bewaffnung der Bundeswehr startet die SPD am 10.3.1958 mit breiter Unterstützung durch Gewerkschaften, Wissenschaftler und Künstler die Kampagne »Kampf dem Atomtod«. Die Regierungsparteien CDU/CSU kontert mit der Gründung des Komitees »Rettet die Freiheit«, in dem der spätere Vorsitzende der CDU/CSU-Bundestagsfraktion und Kanzlerkandidat Rainer Barzel eine maßgebliche Rolle spielt. In dem vom Komitee »Rettet die Freiheit« 1960 veröffentlichten *Rotbuch* werden Hunderte von Professoren der »Ostanfälligkeit« und der Handlangerdienste für den Kommunismus verdächtigt.

143.24–27 *Wenn die SPD ... überläßt]* Bezieht sich auf die Einstellung (Juni 1972) der sozialdemokratischen Berliner Tageszeitung *Telegraf,* mit einem Marktanteil von 11,7 Prozent am Berliner Zeitungsmarkt, der durch Publikationen des Springer-Konzerns mit einem Anteil von 68,6 Prozent beherrscht wurde. Vgl. »War ein Faß«, in: *Der Spiegel* Nr. 28 v. 3.7.1972. Zum weiteren ›Zeitungssterben‹ sozialdemokratischer Publikationen vgl. Dürr, Heidi (1973): »Von Pleite zu Pleite«. In: *Die Zeit,* Nr. 8 v. 16.2.1973 (1326–ZAB 2, Bl. 29).

143.28–29 *warum Herr Walden noch nicht Intendant ist]* Matthias Walden, eigentl. Eugen Wilhelm Otto Freiherr von Saß (1927–1984), Journalist und Publizist; 1956–1979 Chefredakteur und -kommentator des *SFB.* Auch als Kolumnenschreiber und Kommentator für die Springer-Presse tätig.

143.32–35 *wenn die ... Mark zuspricht]* Die als liberal einzustufende kath. Zeitung *Publik,* die sowohl für konservative als auch kritische Theologen ein Forum der Auseinandersetzung geboten hatte, mußte im November 1971 nach vier Jahren ihr Erscheinen einstellen. Von Seiten der Deutschen Bischofskonferenz wurde diese Entscheidung vor allem mit der wirtschaftlichen Lage der Zeitung begründet, die nach einer Anschubfinanzierung von 15 Mio DM weitere 6 Mio für ihre Sicherung gebraucht hätte. In der letzten Ausgabe von *Publik* am 19.11.1971 erläuterte Chefredakteur Alois Schardt auf der Titelseite (»Publik ist tot«) die Gründe für die Aufgabe von *Publik* aus seiner Sicht: »Das [kath.] Milieu will nicht gestört sein, will unter sich bleiben, will Konflikte lieber übersehen als austragen, es haßt den Einspruch von draußen, wenn er ungemütlich wird.« S. die ebenfalls auf dieser Seite abgedruckte »Verlautbarung des Sekretariats der Deutschen Bischofskonferenz« zur Einstellung von *Publik*. Fortgeführt wurde die von *Publik* begonnene kritische Berichterstattung im unabhängigen, vierzehntäglich erscheinenden *Publik-Forum* als »Zeitung kritischer Christen«, hrsg. von der Leserinitiative Publik e. V., dessen erste Nummer 1972 erschien. – Im Oktober 1969 bewilligte der Kirchensteuerbeirat der Erzdiözese Köln dem *Rheinischen Merkur* einen Zuschuß von zwei Mio DM in 5 Jahresraten. Als Begründung diente die Höhe des Zuschusses an *Publik* durch die deutschen Bistümer, der »die vierzehnfache Summe, nämlich 28 Millionen DM, zugesagt worden war«.

144. 5 *l'art pour l'art ]* Frz.: ›Kunst um der Kunst willen‹, Formel für die Eigengesetzlichkeit und -wertigkeit der Kunst.

144. 7 *Berliner Extradienst]* Aus dem Umfeld der Berliner Studentenbewegung hervorgegangenes linksorientiertes, kleinformatiges Periodikum (1967–1979).

144. 8 *Publik Forum]* Als Nachfolge von *Publik* 1972 gegründete Zeitung.

144. 8–9 *das Herausgeberteam dieses Buches]* Das Autorenteam Presse wurde im Zusammenhang mit der Entlassung gewerkschaftlich organisierter Journalisten Ende 1971 aus Wissenschaftlern des Instituts für Konzentrationsforschung und des Instituts für Publizistik (beide Berlin) gebildet. Ihm gehörten an: Jörg Aufermann (geb. 1940); Werner Breede (geb. 1941); Klaus-Detlef Funke (geb. 1943); Rainer Klatt (geb. 1949); Manfred Knoche (geb. 1941); Thomas Krüger (geb. 1949); Rolf Sülzer (geb. 1945); Axel Zerdick (geb. 1941).

144. 16 *Jusos]* Abkürzung für Jungsozialisten, Jugendorganisation der SPD.

144. 18–19 *Johannes XXIII]* Johannes XXIII., eigtl. Angelo Giuseppe Roncalli (1881–1963); 1958–1963 Papst.

144. 20–21 *68jährige Karl Rahner und der 72jährige Walter Dirks]* Karl Rahner (1904–1984), Theologe (kath.). – Walter Dirks (1901–1991), Publizist.

144. 22 *Jungdemokraten]* Bis 1980 Jugendorganisation der Freien Demokratischen Partei (FDP), danach Umbenennung in ›Jungliberale‹.

144. 27–28 *daß Dr. Barzel ... abbreche]* Als die Staatsanwaltschaft Bonn am 9. 8. 1972 aufgrund des Verdachts der Steuerhinterziehung und des Verwahrungsbruchs gegen einen Journalisten die Durchsuchung von Verlagsräumen der Wochenzeitschrift *Quick* und des Heinrich-Bauer-Verlages veranlaßte, wurde diese (rechtmäßige) Aktion zu einer »Staatsaffäre« dadurch, daß in der Ausgabe der *Quick* v. 23. 8. 1972 deren Chefredakteur Nouhuys einen Offenen Brief an Bundeskanzler Brandt richtete, in dem er die Regierung beschuldigte, die Durchsuchung angeordnet zu haben, weil »Quick«

nicht zur ›Linkspresse‹ gehöre. Dagegen verwahrte sich Brandt in einem Brief an *Quick*, der in der Ausgabe vom 23. 8. 1972 abgedruckt wurde. Vgl. auch Zundel, Rolf (1972): »Staatsanwälte als Sündenböcke?«. In: *Die Zeit*, Nr. 33 v. 18. 8. 1972. (HA 1326–ZAB 45, Bl. 57)

144. 28 *Jungen Union]* Nachwuchsorganisation der Christlich Demokratischen (CDU) und der Christlich Sozialen Union (CSU).

144. 37–145. 2 *Lacht da einer ... worden ist]* Als der Industrielle Friedrich Flick (1883–1972) am 20. 7. 1972 starb, stellte sich heraus, daß er sein Milliardenvermögen seit 1937 systematisch an seine Kinder (und diese wieder an ihre Kinder) verschenkt hatte, wobei die Verfügungsgewalt über das Vermögen in seinen Händen blieb. Die für diese Schenkungen zum Teil noch in Reichsmark gezahlte Steuer hatte etwa 90 Mio ausgemacht, ein Zehntel dessen, was 1972 an Erbschaftssteuer fällig gewesen wäre. Vgl. »Geschenke vom Patriarchen«. In: *Der Spiegel*, Nr. 32 v. 31. 7. 1972.

145. 18–23 *Die Zeitungsverleger ... Fürstentümer geworden]* Nach dem Ende des Zweiten Weltkriegs stand das deutsche Pressewesen vor einem völligen Neuanfang unter strenger Kontrolle der Besatzungsmächte. Die *Aachener Nachrichten* erschienen am 24. 1. 1945 als erste deutsche Nachkriegszeitung. In der Folgezeit gingen aus der amerikanischen Besatzungszone die überregionalen Zeitungen *Frankfurter Rundschau* und *Süddeutsche Zeitung* hervor. Die Tageszeitung *Die Welt* und das Nachrichtenmagazin *Der Spiegel* wurden unter britischer Lizenz gegründet.

⟨Wahlrede in Kleve⟩

## Entstehung

Die in Bölls Arbeitsbuch unter der Sign. 975/72 verzeichnete Rede ist dort nicht datiert (*AB* I, Bl. 127) (NE).
Auf Bl. 127 des Arbeitsbuches sind alle Wahlkampf-Aktivitäten Bölls verzeichnet und dort entweder nicht oder auf September 1972 datiert. Neben dem Flugblatt *Annemarie und Heinrich Böll zur Wahl* (s. S.133ff.) mit der Sign. 973/72 sind dies: *Luft in Büchsen* (s. S.165 ff.), Sign. 974/72; die *Wahlrede in Kleve*, Sign. 975/72, und die Rede auf dem Parteitag in Dortmund *Gewalten, die auf Banken liegen* (s. S. 153 ff.), 977/72. Für alle diese Arbeiten ist Ende September als Entstehungszeitraum anzunehmen.

## Überlieferung

### Typoskripte

TH¹: Erstschr.; 5 Bll., eh. Notiz : »ungültig«.
(HA 1326–259, Bll. 55–59)
TH²: Erstschr.; 6 Bll., am roR eh pag. 1–6, eh. Notiz : »zweite Version verworfen« und [falsche] Sign.: 975/76.
(HA 1326–259, Bll. 60–65)
tH³: Durchschr. (grün); 9 Bll., Bl. 8 masch. Durchschr. (weiß) im Format A5, Bl. 9 b eh. Notizen, auf Bl. 1 eh. Notiz: »Rede Geldern« und Sign.: 975/72.
(HA 1326–259, Bll. 66–74)

### Drucke

D¹: *ESR* II, S. 599–604.
D²: *EAS* 4, S. 279–284.

## Textgrundlage

Textgrundlage ist D¹. Korrigiert wurde:
146.25-26 *Seit Beginn der sozial-liberalen Koalition*] seit Beginn der großen Koalition TH²

## Stellenkommentar

146.1 *Kleve]* Kreisstadt im Bundesland Nordrhein-Westfalen (NRW). Böll sprach hier im Wahlkampf 1972 als Vertreter der sozialdemokratischen Wählerinitiative (SWI).

146.3 *Willy Brandt]* Willy Brandt, eigentl. Herbert Ernst Karl Frahm (1913-1992), SPD-Politiker; 1969-1974 Bundeskanzler; 1971 Friedensnobelpreis.

146.3-4 *nach dem gescheiterten Mißtrauensvotum der CDU/CSU]* S. *Hintergrund* zu *Annemarie und Heinrich Böll zur Wahl*, S.544 ff.

146.7-8 *Osteuropapolitik als Hauptwahlkampfthema]* S. *Hintergrund* zu *Annemarie und Heinrich Böll zur Wahl*, S.544 ff.

146.19-21 *so ist es ... übergegangen sind]* S. *Hintergrund* zu *Annemarie und Heinrich Böll zur Wahl*, S.544 ff.

146.25-26 *seit Beginn der sozial-liberalen Koalition]* S. *Hintergrund* zu *Annemarie und Heinrich Böll zur Wahl*, S.544 ff.

146.30-33 *Ich mag die ... würde]* S. *Hintergrund* zu *Annemarie und Heinrich Böll zur Wahl*, S.544 ff.

147.32 *Adenauer]* Konrad Adenauer (1876-1967), CDU-Politiker; 1949-1963 Bundeskanzler.

147.36-37 *die Regierungen Erhard und Kiesinger]* Ludwig Erhard (1897-1977), CDU-Politiker; 1963-1966 Bundeskanzler. - Kurt Georg Kiesinger (1904-1988), CDU-Politiker; 1966-1969 Bundeskanzler.

148.9 *EWG]* Europäische Wirtschaftsgemeinschaft, hervorgegangen aus der durch die »Pariser Verträge« 1951 gegründeten EGKS (Europäische Gemeinschaft für Kohle und Stahl), 1957 durch Unterzeichnung der »Römischen Verträge« mit Sitz in Brüssel entstandener Zusammenschluß Belgiens, Deutschlands, Frankreichs, Italiens, Luxemburgs und der Niederlande. Es wird eine unbefristete, überstaatliche, mit eigenen Hoheitsrechten ausgestattete Wirtschaftsgemeinschaft gebildet, deren Ziel die Errichtung eines »gemeinsamen Marktes« und die Annäherung der Wirtschaftspolitik der Mitgliedstaaten ist. Ihr Kernstück bildet eine gemeinsame Zollunion. Erweiterungen 1973: Großbritannien, Irland und Dänemark; 1981: Griechenland; 1986: Spanien und Portugal; 1994: Österreich, Finnland, Norwegen und Schweden. Seit 1992 (»Maastrichter Vertrag«) umbenannt in EU (Europäische Union).

148. 24–25 *Parlamentarischen Rat]* Eine 1948/49 begründete parlamentsähnliche Körperschaft aus 65 von den Landtagen der 11 westdeutschen Länder gewählten Abgeordneten. Am 23. 5. 1949 wird das Grundgesetz der Bundesrepublik Deutschland in einer Feierstunde vor dem Plenum des Parlamentarischen Rates verkündet. Es ist seit dem 24. 5. 1949 in Kraft.

149. 3 *CDU-Wirtschaftsrat]* Ein bundesweit organisierter, in die CDU integrierter Verband (gegr. 1963), der seinen Mitgliedern eine Plattform zur Mitgestaltung der Wirtschaftspolitik im Sinne der Sozialen Marktwirtschaft Ludwig Erhards bietet. S. den nachfolgenden *Stellenkommentar*.

149. 9–10 *Diese Summe und ihre Verteilung an Brave und Nichtbrave]* Bezieht sich auf die Verteilung der Inserate auf ›genehme‹ oder nicht ›genehme‹ Zeitungen und Zeitschriften. So mußte der *Spiegel* seit Anfang 1971 ein Anzeigenminus von 28 Prozent verkraften, der *Stern* eines von 9 Prozent. Vgl. hierzu: Piel, Dieter (1972): »Mit Asbach gegen Brandt. Wie der CDU-Wirtschaftsrat ›Linksblätter‹ unter Druck setzen will«. In: *Die Zeit* Nr. 36 v. 8. 9. 1972 (HA 1326–ZAB,5, Bl. 14). Zu der gegen die Regierungskoalition aus SPD und FDP geführten Kampagne vgl. insbesondere: Presseausschuß der Demokratischen Aktion ([Hg.] 1973): *Das Schwarze Kassenbuch. Die heimlichen Wahlhelfer der CDU/CSU*. Unter Mitarbeit von Bernt Engelmann. Vorwort von Heinrich Böll. Köln: Kiepenheuer & Witsch.

149. 14–15 *SPD medienpolitisch sich eher auf dem Rückzug]* S. *Stellenkommentar* zu 143. 27.

149. 32–34 *Herr Barzel ... zu begründen]* S. *Stellenkommentar* zu 144. 28.

151. 17 *Dr. Strauß]* Franz Josef Strauß (1915–1988), CSU-Politiker, 1966–1969 Bundesfinanzminister, 1978–1988 Ministerpräsident von Bayern.

151. 24 *CDU-Parteitag in Düsseldorf]* Der 18. CDU-Bundesparteitag vom 25. bis 27. 1. 1971 in Düsseldorf.

151. 27–28 *Herren Strauß und Dregger abkanzeln ließ]* Alfred Dregger (1920–2002), CDU-Politiker. – ›abkanzeln‹: ugs. für (besonders einen Untergebenen) unhöflich, scharf tadeln. – Am 26. 1. 1971 kam es auf dem 18. CDU-Bundesparteitag in Düsseldorf über die Frage der paritätischen Mitbestimmung zu einer Auseinandersetzung zwischen Alfred Dregger als Vertreter des CDU-Wirtschaftsrates und Hans Katzer als Vertreter der CDU-Sozialausschüsse. Vgl. hierzu die Niederschrift des 18. CDU-Bundesparteitags (25.–27. 1. 1971). S. 257–271.

151. 29 *Helmut Kohl]* Helmut Kohl (geb. 1930), CDU-Politiker, 1982–1998 Bundeskanzler.

152. 9 *unter der Regierung Brandt/Scheel]* Walter Scheel (geb. 1919), FDP-Politiker, 1969–1974 Außenminister; 1974–1979 Bundespräsident.

⟨Gewalten, die auf der Bank liegen⟩

## Entstehung

Die in Bölls Arbeitsbuch unter Sign. 977/72 verzeichnete Rede ist dort auf September 1972 datiert (*AB* I, Bl. 127) (NE).
Vgl. *Entstehung* von *Wahlrede in Kleve*, S. 558.

## Überlieferung

### Typoskripte

TH¹: Erstschr.; 7 Bll..
   (HA 1326–259, Bll. 75–81)
TH²: Erstschr.; 4 Bll., eh. Sign.: 972/72.
   (HA 1326–259, Bll. 82–85)
tH³: Durchschr.; 8 Bll., eh. Sign.: 972/72 und eh. Vermerke: »noch nicht korrigiert und nicht ganz vollständig« und: »hinfällige Version«.
   (HA 1326–259, Bll. 86–93)
Th⁴: Erstschr.; 4 Bll., eh. Sign.: 972/72, am roR eh. pag. 1–4.
   (HA 1326–259, Bll. 94–97)

### Drucke

Z:   *Frankfurter Rundschau*. – 28. Jg., Nr. 238 (13. 10. 1972), S. 4.
D¹:  *NPLS*, 1973, S. 271–275.
D²:  *ESR* II, S. 605–608.
D³:  *EAS* 4, S. 285–288.

## Textgrundlage

Textgrundlage ist D².

## Varianten

154. 35 *wenn Gewalt]* wo Gewalt Z
155. 11 *sozialen]* Fehlt Z.

## Stellenkommentar

153. 2–3 *Parteitag der SPD am 12. 10. 1972 in Dortmund]* Außerordentlicher (Wahl-) Parteitag der SPD vom 12./13. 10. 1972, auf dem Heinrich Böll als Mitglied der Sozialdemokratischen Wählerinitiative (SWI) sprach.

153. 4–6 *Es ist in den ... geschrieben worden]* Bezieht sich auf die Studentenunruhen Ende der 1960er Jahre und die terroristischen Gewalttaten ab 1970. (S. *Hintergrund* zu *Soviel Liebe auf einmal*, S.455 ff.)

153. 12 *Pressekonzerne]* Gemeint ist u. a. die Monopolstellung des Springer-Konzerns (s. Stellenkommentar zu 143. 27).

153. 18–19 *CDU-Wirtschaftsrats]* S. *Stellenkommentar* zu 149. 3.

153. 23–27 *Und das ... abgeschlossen sind]* Böll bezieht sich auf die sog. Ostverträge, die in den konservativen Zeitungen vehement angegriffen wurden, gleichzeitig aber der Wirtschaft gute Geschäftsverbindungen ermöglichten.

153. 29 *sozial-liberale Koalition]* Koalition aus SPD/FDP von 1969–1982; von 1969 bis 1974 unter Bundeskanzler Willy Brandt (SPD) und von 1974 bis 1982 unter Bundeskanzler Helmut Schmidt (SPD).

154. 2 *die Finanzierung dieses Wahlkampfes]* Vgl. hierzu insbesondere: *Das schwarze Kassenbuch. Die heimlichen Wahlhelfer der CDU/CSU.* Hrsg. v. Presseausschuß der Demokratischen Aktion. Köln: Kiepenheuer & Witsch, 1973. Bölls *Gewalten, die auf der Bank liegen* wurde in gekürzter Fassung als Vorwort in diesen Band aufgenommen.

154. 9 *daß Sozialdemokraten regierten]* Nach dem Wahlerfolg 1969 wurde mit Willy Brandt zum ersten Mal in der Nachkriegsgeschichte der Bundesrepublik ein Sozialdemokrat Bundeskanzler. Vgl. *Über Willy Brandt*, S.109 ff.

154. 18–20 *Vor einigen Jahren ... beendet erklärt.]* Im Oktober 1953 sprach Konrad Adenauer in seiner Antrittsrede als neugewählter Bundeskanzler vom »Ende der Nachkriegszeit« – eine rhetorische Figur, die, mit unterschiedlichen Intentionen und Nuancen, von nun an in fast jeder Antrittsrede der nachfolgenden Bundeskanzler verwendet wurde. Vgl. Dubiel, H. (1999): *Niemand ist frei von Geschichte*. München/Wien: Hanser, S. 45.

154. 24–25 *an den Elementen Wasser, Luft, Erde]* Vgl. *Luft in Büchsen* S.165 ff. und *Wahlrede in Kleve* S.146 ff.

155. 5 *Geschichtsenthaltung]* Eine Anspielung Bölls auf die Stimment-

haltung von CDU/CSU-Abgeordneten in der Abstimmungsfrage über den Ostverträge. Der Vertrag mit der UdSSR (Moskauer Vertrag) wurde am 17. 5. 1972 mit 248 Stimmen gegen 10 Stimmen bei 238 Enthaltungen vom Deutschen Bundestag angenommen; der Vertrag mit Polen (Warschauer Vertrag) am selben Tag mit 248 Stimmen gegen 17 Stimmen bei 231 Enthaltungen. Vgl. Klaus Harpprecht (2003): *Willy Brandt oder der Mut zum Glück*. Frankfurt/Main: Fischer Verlag; Köln: Kiepenheuer & Witsch; Reinbek bei Hamburg: Rowohlt, S. 72.

155. 11–17 *Mir wird ... Stillschweigen übten]* Bezieht sich auf den Bundestagswahlkampf 1972, in dem die CDU versuchte, ihre Sozialpolitik stärker zu akzentuieren. Vermutlich handelt es sich nicht – wie von Böll angegeben – um einen Landesparteitag der CDU, sondern um den 18. CDU-Bundesparteitag vom 25. bis 27. 1. 1972 in Düsseldorf. – Hans Katzer (1919–1996), CDU-Politiker; 1965–1969 Bundesminister für Arbeit und Sozialordnung. – Franz Josef Strauß (1915–1988), CSU-Politiker; Verteidigungsminister, 1966–1969 Bundesfinanzminister, 1978–1988 Ministerpräsident in Bayern. – Alfred Dregger (1920–2002), CDU-Politiker. – Heinrich Köppler (1925–1980), CDU-Politiker. – Helmut Kohl (geb. 1930), CDU-Politiker; 1982–1998 Bundeskanzler.

155. 21–22 *Kandidatur von Herrn Barzel]* Rainer Barzel (geb. 1924), CDU-Politiker. – Bezieht sich auf die Rolle Barzels als Kanzlerkandidat der CDU/CSU im Wahlkampf 1972, die aus seiner Funktion als Fraktionsvorsitzender entstanden ist. Vgl. hierzu insbesondere: Becker, Dierk-Eckhard und Elmar Wiesendahl (1972): *Ohne Programm nach Bonn. Die Union als Kanzlerwahl-Verein*. Reinbek bei Hamburg: Rowohlt Taschenbuch Verlag.

155. 23 *die Zeichen einer veränderten Welt]* Gemeint ist u. a. die von der sozial-liberalen Koalition (SPD/FDP) eingeleitete neue Ostpolitik und die damit einsetzende Annäherung zwischen der Bundesrepublik Deutschland und den Staaten des sog. Ostblocks.

156. 16–17 *Wählerinitiative]* Die Sozialdemokratische Wählerinitiative (SWI) wurde 1969 gegründet. Gründungsmitglieder waren der Schriftsteller Günter Grass und der Historiker Eberhard Jäckel. S. *Hintergrund* zu *Annemarie und Heinrich Böll zur Wahl*, S. 544 ff.

156. 20–22 *als eine ... mobilisiert wird]* Anspielung auf die von Teilen der Unternehmerschaft unterstützte Wahlkampagne der CDU/CSU gegen die SPD/FDP-Regierung. (S. *Stellenkommentar* zu 149. 9–10.)

156. 25–29 *Und so ist ... für die SPD wirken.]* Walter Dirks (1901–1991), Publizist. – Peter Lengsfeld (geb. 1930), kath. Theologe. – Norbert Greinacher (geb. 1931), kath. Theologe. – Alfons Erb (1907–1983), langjähriger Vizepräsident der Pax-Christi-Bewegung, Begründer, Geschäftsführer und Ehrenpräsident des Maximilian-Kolbe-Werkes, das bedürftige polnische Konzentrationslager-Opfer und deren Angehörige unterstützt.

⟨Vorwort zu »5 Kontinente«⟩

## Entstehung

Das in Bölls Arbeitsbuch unter der Sign. 962/72 verzeichnete Vorwort ist dort auf Juli 1972 datiert (*AB* I, Bl. 127) (NE).
Frank Auerbach vom Horst Erdmann Verlag in Tübingen schreibt am 21. 4. 1972 an Böll, daß der Erdmann Verlag im »Jahr des Buches« eine Anthologie mit dem Arbeitstitel »Die Welt erzählt« publizieren möchte, und fragt, ob Böll dazu ein Vorwort schreiben würde (HA 1326–4347, Bl. 18). Für Bölls »grundsätzliche Bereitwilligkeit« dankt Auerbach am 16. 5. 1972. Er überläßt ihm die Entscheidung über den Umfang und setzt indirekt einen Termin im Juli 1972: weil »der Band ja als deutscher Beitrag zum internationalen Jahr des Buches gedacht ist, sollte er zur Buchmesse im Oktober vorliegen«. Mit Schreiben vom 19. 7. 1972 schränkt Auerbach den Umfang auf vier Druckseiten ein. Diese habe man freigehalten, alles andere sei schon gesetzt, und der Band müsse in den Druck gehen, »so daß ich etwas in Verlegenheit gerate wegen des noch ausstehenden« Vorworts (HA 1326–260, Bl. 61). Auf diesen Brief reagiert Bölls Sekretärin mit der Ankündigung des Textes in vierzehn Tagen. Dessen Eingang im Verlag bestätigt schließlich L. Isvaran am 4. 8. 1972 (HA 1326–260, Bl. 62). Dieses Datum deutet auf eine Entstehung Ende Juli 1972 hin. Am 18. 10. 1972 erhält Böll durch den *Erdmann Verlag* 5 Belegexemplare übersandt (HA 1326–4332, Bl. 12).

## Überlieferung

### Typoskripte

tH: Durchschr. (grün); 4 Bll., eh. Überschrift: »Vorwort Erdmann Anthologie« und eh. Sign.: 962/72, auf Bl. 4 eh. durchschr. Unterschrift. (HA 1326–260, Bll. 57–60)

### Drucke

D¹: *5 Kontinente*. Moderne Erzähler der Welt. Erzählungen aus: Europa, Amerika, Asien, Australien, Afrika. Vorgestellt von Heinrich Böll.

Hg. von Frank Auerbach. – Tübingen/Basel: Horst Erdmann Verlag, 1972. S. 9–12.
D²: *ESR* II, S. 532–534.
D³: *EAS* 4, S. 212–214.

## Textgrundlage

Textgrundlage ist D².

## Stellenkommentar

157.1 *Vorwort zu »5 Kontinente«]* 5 Kontinente. Moderne Erzähler der Welt. Erzählungen aus: Europa, Amerika, Asien, Australien, Afrika. Vorgestellt von Heinrich Böll. Hrsg. von Frank Auerbach. Tübingen/Basel: Horst Erdmann Verlag, 1972.

157.3–20 *ersetzen manche ... mitten im Konferenzsaal]* Vgl. *Die Internationale Nation*, S. 427.

157.24 *polyglott]* Griech.: viele Sprachen sprechend.

158.5–6 *Es treten ... Geschichte ein]* Vgl. *Die Internationale Nation*, S. 427.

159.17–31 *Der russische Dichter ... denen er lebt.«]* Joseph Brodsky, eigentlich Jossif Alexandrowitsch Brodskij (1940–1996), sowjet.-amerik. Lyriker, 1987 Nobelpreis für Literatur. – Leonid Iljitsch Breschnew (1906–1982), sowjet. Staatspräsident und Vorsitzender der KPdSU. – Brodskij wird am 4. 6. 1972, nachdem die sowjetischen Behörden ihm als Juden »mit großem Nachdruck« eine »Auswanderung nach Israel nahegelegt« hatten (vgl. redaktionelle Vorbemerkung zum Abdruck des Briefes im *Kölner Stadt-Anzeiger* v. 28. 7. 1972 u. d. T.: »Die Sprache ist älter als jeder Staat. Ein Brief des sowjetischen Dichters Jossif Brodskij an Breschnew«), gegen seinen Willen nach Wien ausgeflogen. Von dort reist er aber nicht nach Israel, sondern in die USA, wo er an der Michigan-University in Ann Arbour eine Stelle als Gastdozent erhält. (Vgl. auch Bölls Rezension von Carl-Jacob Danziger, *Die Partei hat immer recht*, *KA* Bd. 19; *EAS* 6, S. 95–98, der Böll den ›Zitat-‹Titel Brodskijs gegeben hat: *Sprache ist älter als jeder Staat*).

⟨Schwierigkeiten mit Essenmarken⟩

## *Entstehung*

Die in Bölls Arbeitsbuch unter der Sign. 921/72 verzeichnete Rezension ist dort auf den 2. 2. 1972 datiert. (*AB* I, Bl. 120) (NE).
Am 17. 9. 1971 schreibt der Verleger Günther Neske an Heinrich Böll: »Werner Koch hat Ihnen vielleicht erzählt, daß ›See-Leben I‹ bei mir erscheint [...]. Ich sende Ihnen Mitte der Woche ein Freiexemplar. Ob Sie beim Start etwas helfen können? Rolf Becker wäre sicher dankbar, wenn Sie ihm für den ›Spiegel‹ eine Besprechung geben würden. Er will sich an Sie wenden.« (HA 1326-4316, Bl. 8) Wann eine Rezension für den *Spiegel* mit Rolf Becker vereinbart wurde, läßt sich nicht feststellen. Bölls dürfte den Text jedoch unmittelbar nach dem 2. 2. 1972 an den *Spiegel* geschickt haben. Eine weitere Nachricht von Rolf Becker am 3. 5. 1972 erklärt die Verzögerung des Drucks: »[...] das hat sich so verzögert, weil mir die Rezensionen [anderer Bücher] [...] noch vordringlicher erschienen« (HA 1326-4347, Bl. 1). In diesem Brief deutet sich auch eine Kritik der Rezension an: »Ein paar mehr reflektierende, interpretierende, ›einordnende‹ bewertende Sätze zu Kochs Buch wären mir allerdings in Ihrer Besprechung tatsächlich willkommen gewesen; man bleibt ein wenig ratlos, was man von dem Buch zu halten hat.« Ob diese Berurteilung der Grund war, daß die Rezension nicht im *Spiegel* erschien, darüber bietet die Korrespondenz keinen Aufschluß. Als sie dann am 30. 10. 1972 in Dritten Programm des *Westdeutschen Rundfunks* gesendet wurde, war es die erste Veröffentlichung nach der Bekanntgabe der Verleihung des Nobelpreises an Böll am 19. 10. 1972 . S. auch *Entstehung* zu *Wie das Gesetz es befahl*, S.711 ff.

## *Überlieferung*

### Typoskripte

Ein Typoskript der Rezension ist nicht erhalten.

## Drucke

Z: *National-Zeitung* (Basel). – 130. Jg., Nr. 444 (2. 12. 1972), NZ am Wochenende, S. IV u. d. T.: »Katze und Eule«.

D¹: »*Ich möchte an einem See sterben*«. Gedanken zu *See-Leben I* von E. Stäuble, W. Koch und H. Böll. Hg. von Günter Neske. – Pfullingen: Verlag Günter Neske, 1972 (Sonderdruck), S. 27–31 u. d. T.: *Replik eines Kölners*.

D²: *NPLS*, 1973, S. 244–247.

D³: *ESR* II, S. 617–620.

D⁴: *EAS* 4, S. 297–300.

## Sendungen

*Westdeutscher Rundfunk* (Hörfunk), III. Programm, Kulturelles Wort, 30. 10. 72, 19. 30–19.40 Uhr.

## *Textgrundlage*

Textgrundlage ist D³. Die Zitate aus *See-Leben I* wurden überprüft und gegebenenfalls korrigiert.

## *Varianten*

162. 23 *welch eine Frechheit! –]* welche Frechheit – Z
163. 5 *Dienstreisen]* Dienstreise Z
163. 8 *an seinem See]* am See Z
163. 9 *eine Mark und fünfzig]* eine Mark fünfzig Z
163. 9–10 *benutze noch verschenke]* benutzte noch verschenkte Z
164. 24 *inzwischen gediehen ist]* gediehen ist inzwischen Z

## *Stellenkommentar*

161. 2 *Werner Kochs Roman »See-Leben I«]* Werner Koch (1926–1992), Redakteur und Schriftsteller. – *See-Leben I*. Pfullingen: Verlag Günter Neske, 1972.

161. 7–8 *»Ja, so ist das« und noch ein paarmal »Ja, so ist das«]* Koch 1971, S. 10 f.

161.9 *Kölner Firma]* Der *Westdeutsche Rundfunk*, bei dem Werner Koch als Redakteur angestellt war, bildet hier den Erfahrungshintergrund für den Autor.

161.12 *»Nurmi«]* Koch 1972, S. 27.

161.20 *»Wieso frei?«]* Koch 1972, S. 11. Böll zitiert hier indirekt, im Text steht: »Wieso frei, sagte Greif.«

162.2–4 *zitiert aber doch ... aufgelesen hat]* Werner Höfer (1913–1997), Journalist, Leiter der populären politischen Fernsehsendung »Der Internationale Frühschoppen« (1953–1987), die sonntags zwischen 12.00 und 12.45 Uhr in der *ARD* ausgestrahlt wurde. Eingestellt wurde die Sendung, nachdem der *Spiegel* in der Ausgabe Nr. 51 v. 14.12.1987 (»Tod eines Pianisten«) über Höfers Tätigkeit als Journalist während der Zeit des Nationalsozialismus berichtet hatte.

162.12–13 *»Sonntagsbraten«]* Koch 1971, S. 37.

162.19 *»Mitmenschen zwar, aber Außenseiter«]* Koch 1972, S. 55.

162.26 *Platon]* Platon (427–348/347 v. Chr.), griech. Philosoph.

162.31–32 *»Ich habe Angst vor meiner Kölner Firma«]* Koch 1972, S. 70.

162.36–37 *»Und Büros dürfen nicht stumm sein, das macht sie verdächtig«]* Koch 1972, S. 79.

163.14–18 *»der ganze Kantinenbetrieb ... würde gestört«]* Koch 1972, S. 87.

163.28–32 *»Ich mochte ... zu sein.«]* Koch 1972, S. 114.

163.33–38 *»Ich verstehe ihre ... keinen Freund.«* ] Koch 1972, S. 105 f.

163.38–164.1 *Und anderswo über Köln]* Koch 1972, S. 121.

164.11–12 *»Der Bodensee ... New Yorker Hafens«]* Koch 1972, S. 123.

164.14 *»was vom Leben haben will«.]* Koch 1972, S. 119. Böll zitiert hier indirekt, im Original heißt es: »Ich will was vom Leben haben.«

164.19 *See-Leben II* ] Koch 1972, S. 144. – Werner Koch (1975): *Wechseljahre oder See-Leben II*. Frankfurt a. M.: Suhrkamp.

164.26–27 *auch das Thema Köln]* Das ausführlichste Gespräch zum Thema »Köln« führte Heinrich Böll mit Werner Koch 1979: »Köln gibt's schon, aber es ist ein Traum«. In: *Merian*, Nr. 12/79 »Köln«.

⟨Luft in Büchsen⟩

*Entstehung*

Der in Bölls Arbeitsbuch unter der Sign. 974/72 verzeichnete Artikel für die Wahl-Zeitung der SPD ist dort nicht datiert (*AB* I, Bl. 127) (NE). S. *Entstehung* von *Wahlrede in Kleve*, S. 558.
Am 8. 11. 1972 schreibt Eva Windmöller an Böll über die beginnende ›heiße‹ Phase des Wahlkampfs, in der die Zeitung *Wahltag* eine weitere Mobilisierung der SPD-Wähler bewirken sollte: »Gestern haben wir WAHLTAG mit Hans Jochen Vogel und Kronawitter in der Münchener Fußgängerzone aus der Taufe gehoben. Nach drei Stunden lagen nur zwei Zeitungen am Boden, trotz Überfütterung der Leute mit Papier in dieser letzten Wahlkampfphase [...].« Zudem berichtet sie, daß die Auflage von den geplanten 500 000 Exemplaren auf 1 200 000 gestiegen sei: »es dürfte der beste Beitrag dieser Art im Wahlkampf sein« (HA 1326–4342, Bl. 3).

*Überlieferung*

Typoskripte

TH$^1$: Erstschr.; 3 Bll., eh. Sign.: 974/72.
(HA 1326–268, Bl. 166–168)
tH$^2$: Durchschr. (grün); 4 Bll., eh. Sign: 974/72, Bl. 1–3 am roR eh. durchschr. pag. 1–3.
(HA 1326–268, Bl. 169–173)

Drucke

D$^1$: teilw. Druck in: *Wahltag*. Hg. von Eva Höppker-Windmöller [November 1972], S. [8] u. d. T.: Was kostet uns kein Umweltschutz? Das Leben!
D$^2$: *NPLS*, 1973, S. 276–279.
D$^3$: *ESR* II, S. 609–612.
d$^4$: *EAS* 4, S. 289–292.

## Textgrundlage

Textgrundlage ist D³.

## Varianten

165. 4–6 *wohl ein … haben.]* Fehlt D¹
165. 9 *sondern einfach]* sie könnte einfach D¹
165. 9–10 *Nicht Sauerstoff, … sondern]* Fehlt D¹
165. 15 *Schlucke]* Schluck D¹
165. 20 *(für uns Europäer jedenfalls)]* (bei uns jedenfalls) D¹
165. 22–30 *Manchmal, wenn … passen.]* Fehlt D¹
166. 11 *Kategorie]* Sorte D¹
166. 13–19 *Das Erlöschen … anheimgeben.]* Fehlt D¹
167. 3 *Mark]* Deutsche Mark D¹
167. 4–6 *weil man … und]* Fehlt D¹
167. 8–16 *Um alle … höchste Zeit]* Fehlt D¹
167. 17–18 *es könne … geplant werden]* das könne ohne Steuererhöhungen geplant werden D¹
167. 18–19 *oder andere.]* Nicht bei ihrer Gründung, aber in ihrem Werdegang seit 1949 hat sich die CDU/CSU immer mehr zur Arbeitgeberpartei entwickelt, sie ist zur Partei der Großindustrie geworden, und was die Großindustrie in einhundertfünfzig Jahren in den Städten, mit der Landschaft angerichtet hat, ist überall sichtbar. Wenn man die Großindustrie zur Wiederherstellung der Landschaft, zur Erhaltung der Elemente verpflichten will, bedarf es einer Stärkung aller Gruppen, die man als Arbeitnehmer bezeichnen kann: das sind mehr als 90 Prozent der Bevölkerung der Bundesrepublik. *Fehlt D², D³*
167. 21 *»Plan«]* Plan D²
167. 19–168. 17 *Es erscheint … Kriegsbereich.]* Fehlt D¹
168. 20–33 *In der blinden … Erde.]* Fehlt D¹

## Stellenkommentar

165. 27 *die Sage vom König Midas]* Midas, König von Phrygien (2. Hälfte des 8. Jahrhunderts vor Christus).
168. 31–33 *wie der … Probleme schrieb]* Andrej Dimitrijewitsch Sacharow (1921–1989), russ. Physiker und Bürgerrechtler. – Sacharow-Memorandum (1968): »Gedanken über den Fortschritt, die friedliche Koexistenz und geistige Freiheit«. Vgl. *Es wird immer später. Gedanken zum Sacharow-Memorandum.* (1969) *KA* Bd. 16; *EAS* 4, S. 27–33.

⟨Rede auf dem Empfang des Bundespräsidenten
Gustav Heinemann für die Mitglieder des P. E. N.⟩

## Entstehung

Die in Bölls Arbeitsbuch unter der Sign. 45/72 verzeichnete Rede ist dort nicht datiert (*AB* I, Bl. 120) (NE).
Bölls Rede ist die Antwort auf die Ansprache Gustav Heinemanns auf dem Empfang in Schloß Bellevue am 16. 11. 1972. Der Text der Rede Heinemanns lag Böll als Entwurf seit dem 8. 11. 1972 vor und trägt Bearbeitungsspuren Bölls, die in die endgültige Fassung der ab 13. 11. 1972 der Presse vorliegenden Rede eingegangen sind (HA 1326-260, Bl. 21–24). Entgegen der Datierung des Ms. (s. *Überlieferung*) dürfte Böll seine Rede am Tag des Empfangs aufgeschrieben haben. Die Ansprache Heinemanns wurde im Wortlaut in der *Frankfurter Rundschau* v. 17. 11. 1972 u. d. T.: »»Wir Deutschen tun uns mit unseren Dichtern viel schwerer«« abgedruckt. Der Text der Übersetzung seiner Rede durch Sophie Wilkins wurde Heinrich Böll am 8. 12. 1972 durch den Senior Editor des *Intellectual digest*, Sidney Offit, zugeschickt. Dieser Brief trägt eine eh. Notiz, nach der ein zustimmendes Brieftelegramm an Offit geschickt werden sollte (HA 1326-4335, Bl. 2).

## Hintergrund

Die Tagung des Internationalen P. E. N. sollte 1972 in Manila (Philippinen) stattfinden, wurde aber durch die philippinische Regierung im September 1972 abgesagt. Am 2. 8. 1972 wendet sich Heinrich Böll als Präsident des Internationalen P. E. N. an Bundeskanzler Brandt mit der Bitte um Unterstützung der kurzfristig durch das Präsidium des Internationalen P. E. N. nach West-Berlin verlegten Tagung. Heinrich Böll erwartet etwa 200 bis 300 Teilnehmer und braucht »fast ebenso viele Tausendmark-Scheine« (HA 1326-EK 19, Bl. 54). Willy Brandt antwortet am 24. 8. 1972 an die Adresse des Internationalen P. E. N. (Globe House, 62/63 Globe Place, Chelsea) in London: »Ich antworte erst heute, weil zunächst ein Ergebnis der Bemühungen von Herrn Bundesminister Genscher und des Landes Berlin abzuwarten waren. Wie Herr Genscher mir jetzt mitteilt, werden das Bundesministerium des Inneren und das Land Berlin gemeinsam einen Zuschuß von bis zu etwa 150 000 DM leisten.«

Der besondere Status von West-Berlin stellt als Tagungsort ein Problem für die beiden deutschen P. E. N.-Zentren dar. Böll regt im Gespräch mit Stefan Heym an, ob nicht einen Tag lang das Executiv-Komitee in Ost-Berlin, also in der DDR tagen könne. Heym verspricht, darüber mit Stefan Hermlin zu sprechen, und berichtet am 18. 10. 1972 in einer ebenso bestimmten wie verklausulierten Form: »In der Tat hatte Hermlin schon selbst mit dem Mann geredet, den ich im Sinn hatte. Die Gründe für die Ablehnung [West-Berlin war nach Auffassung der DDR-Regierung nicht Teil der Bundesrepublik Deutschland, und somit hätte das P. E. N.-Zentrum der Bundesrepublik keine Tagung in Berlin ausrichten dürfen] sind aber so gravierender Natur, daß man nichts dagegen unternehmen kann.« (HA 1326–4332, Bl. 18)

Die Tagung fand vom 13. bis 18. 11. 1972 in der Akademie der Künste in Berlin statt. Heinrich Böll konnte erst am 15. 11. 1972 nach Berlin reisen, da er am Abend des 14. 11. 1972 zusammen mit Willy Brandt einen Wahlkampfauftritt in der Kölner Sporthalle hatte.

## *Überlieferung*

### Manuskripte

M: Beidseitig beschriebenes Notiz-Blatt des *Palace Hotel* Berlin im Format A4. Auf der Vs mit eh. Sign.: 045/72 und Überschrift: »Rede beim Empfang bei Heinemann 17. 11. 72 / Berlin«.
(HA 1326–260, Bl. 13)

### Typoskripte

TH: Abschrift, 2 Bll., eh. Sign. 45/72 und masch. Titel: »Rede Heinrich Böll«.
(HA 1326–260, Bl. 14–15)

### Drucke

Z: *From the P. E. N. Conference/Berlin.* In: *Intellectual Digest* (Boulder), Vol. III, No. 9 (May 1973), S. 65 (innerhalb eines Interviews von Alice Fleming mit Heinrich Böll u. d. T.: »Heinrich Böll: Germany Restored«).

## Textgrundlage

Textgrundlage ist TH.

## Stellenkommentar

169.4 *lieber Herr Bundespräsident, liebe Frau Heinemann]* Gustav Heinemann (1899–1976), SPD-Politiker, 1969–1974 Bundespräsident. – Hilda Heinemann (1896–1979). Ehefrau Gustav Heinemanns von 1926–1976.

169.6–8 *Das Ärgernis ... anspielten]* Den Umgang mit Schriftstellern hatte Heinemann im Vergleich zu Frankreich und Großbritannien in seiner Ansprache so beschrieben: »Wir Deutsche tun uns da mit unseren Dichtern und Schriftstellern viel schwerer. Das erleben wir zum Beispiel in diesen Wochen um Heinrich Heine, dessen 175. Geburtstag im Dezember dieses Jahres Anlaß zu lebhafter Auseindersetzung ist.« S. Gustav W. Heinemann: »›Wir Deutschen tun uns mit unseren Dichtern viel schwerer‹«. In: *Frankfurter Rundschau* v. 17.11.1972. Vgl. zur Intellektuellenproblematik Habermas, Jürgen (1986): Heinrich Heine und die Rolle des Intellektuellen in Deutschland. In: Ders. (1992): *Die Moderne – ein unvollendetes Projekt. Philosophisch-politische Aufsätze 1977–1992.* Auswahl und Vorwort für diese Ausgabe von Jürgen Habermas. 2. erweiterte Auflage. Lizenzausgabe des Reclam-Verlages Leipzig mit freundlicher Genehmigung des Suhrkamp-Verlages. Leipzig: Reclam-Verlag, S. 130–158. – Ferner: Bourdieu, Pierre (1991): *Die Intellektuellen und die Macht.* Hamburg: VSA-Verlag. – Vgl. dazu auch – auf Böll bezogen – Warnach, Walter (1978): »Heinrich Böll und die Deutschen«. *Frankfurter Hefte* 33, H. 7 (Juli), S. 51–62.

169.23 *Ehrung durch die schwedische Akademie]* Gemeint ist die Verleihung des Nobelpreises für Literatur an Heinrich Böll durch die königliche schwedische Akademie, die am 19.10.1972 bekanntgegeben wurde und zu unterschiedlichen Reaktionen führte, auch parteipolitisch gedeutet wurde. Für den CSU-Politiker Franz Josef Strauß war die Ehrung Bölls – zumal aus dem sozialdemokratisch regierten Schweden kommend – eine Art ›Verschwörung‹ der Sozialistischen Internationale. Er kommentierte: »Es scheint bezeichnend, daß dieser Preis wenige Wochen vor den Wahlen zum Deutschen Bundestag einem erklärten Parteigänger der SPD verliehen wurde.«

169.21–24 *Die Unbeherrschtheiten ... Wahlkampfnervosität]* Bis Mitte Oktober 1972 waren sich CDU/CSU-Politiker noch sicher, die Bundestagswahlen am 19.11.1972 mit einer absoluten Mehrheit gewinnen zu können. Die Gemeindewahlen in Hessen und Niedersachsen am 22.10.1972 brachten aber vor allem der SPD überraschende Zugewinne, selbst in ihren Hochburgen. Demoskopen kamen zu dem Ergebnis, daß die SPD am 19. 11. 1972 (zum ersten Mal in der Geschichte der Bundesrepublik) stärkste Fraktion im Bundestag werden und die SPD/FDP-Koalition insgesamt gestärkt aus den Bundestagswahlen hervorgehen würde. Vgl. hierzu den Bericht im *Spiegel* v. 30. 10. 1972, S. 19f.: »Genausogut genauso knapp andersherum«.

170. 24 *Brodskij]* Joseph Brodski (eigtl. Jossif Aleksandrowitsch Brodskij) (1940–1996), sowjet.-amerik. Lyriker; 1987 Nobelpreis für Literatur.

170. 26 *Breschnew]* Leonid Iljitsch Breschnew (1906–1982), sowjet. Staats- und Parteichef.

170. 22–27 *Als besten ... zu dürfen]* S. Stellenkommentar zu 159. 17.

170. 28–33 *»Die Sprache ... denen er lebt.«]* S. Stellenkommentar zu 159. 17.

171. 4 *über die hohe Ehrung aus Stockholm]* Gemeint ist die Verleihung des Nobelpreises für Literatur an Böll am 19. 10. 1972, als er sich in Athen aufhielt. S. *Hintergrund* S.579.

171. 5–6 *jungen griechischen Journalisten ein Interview gab]* »Piro to Nobel szo assanser!... eno vriskotar stin Athina« (Er erhielt den Nobelpreis im Aufzug!... während er sich in Athen aufhielt). In: *Apojeomatin* (Athen), Nr. 6004 v. 20. 10. 1972. Der Interview-Partner ist dort nicht genannt.

171. 8–9 *»Weil ich nicht einem verwöhnten Volk angehöre.«]* Vgl. »Weil dieses Volk so verachtet wurde, wollte ich dazugehören...« Interview mit Jean-Louis Rambures. In: *Frankfurter Allgemeine Zeitung* Nr. 290 v. 13. 12. 1973. *Int*, S. 243–250.

⟨Das tägliche Brot der Bomben oder: Law and order⟩

## Entstehung

Der in Bölls Arbeitsbuch unter der Sign. 964/72 verzeichnete Beitrag ist dort auf August 1972 datiert (*AB* I, Bl. 126) (NE).
Der italienische Schriftsteller und Böll-Übersetzer Italo Alighiero Chiusano (geb. 1926) berichtete Heinrich Böll am 21. 7. 1972 über eine »Anthologie der großen Unruhestifter und Nonkonformisten aller Zeiten«, zu der Böll ein 3-4-seitiges Vorwort schreiben soll (HA 1326-4347, Bl. 8). Wie dem folgenden Brief Chiusanos vom 2. 8. 1972 zu entnehmen ist, sagt Böll zu. Chiusano kommentiert: »Wunderbar, daß Sie sich auf Jesus konzentrieren wollen: er ist doch, alles in allem, die allergrößte Revolution und Provokation« (HA 1326-260, Bl. 73). Nachdem Chiusano am 21. 8. 1972 noch »mit brennendem Interesse die kleine Einleitung« erwartet, bestätigt er deren Eingang am 13. 9. 1972 mit der Bemerkung, »Ihre Einleitung ist zwar keine Einleitung, aber immerhin ein recht gelungenes Stück Prosa über die christliche Provokation« (HA 1326-4350, Bl. 13). Somit ist für die Entstehung von *Das tägliche Brot der Bomben* Ende August 1972 anzunehmen. Warum die Anthologie dann doch nicht bei Ferro Edizioni in Mailand erschienen ist, läßt sich nicht klären.
Über die Entstehung der Sammlung von Texten deutscher Literaturnobelpreisträger *Deutsche Nobel Galerie*, in der der Text erscheint, schreibt Werner Höfer als Herausgeber in seinem Vorwort: »Dieses Buch [ist] am 19. Oktober 1972, dem Tag der Zuerkennung des Nobelpreises für Literatur an den deutschen Schriftsteller Heinrich Böll, entworfen und zum 10. Dezember, dem Datum der Verleihung der Auszeichnung, erschienen [...]. Zwischen Heinrich Böll, dem Auserwählten des Jahres 1972, und Theodor Mommsen (1817-1903) dem Ausgezeichneten von 1902, erscheinen Rudolf Eucken (1846-1926) und Paul von Heyse (1830-1914), Gerhart Hauptmann (1862-1946) und Thomas Mann (1875-1955), Hermann Hesse (1877-1962) und Nelly Sachs (1891-1970). Es ist der Ehrgeiz dieser Sammlung, jedem Leser [...] als ein Almanach deutscher Weltliteratur zu dienen«. Neben *Das tägliche Brot der Bomben* weist das Kapitel über Heinrich Böll zwei weitere Texte als »Sonderbeiträge von Heinrich Böll« auf: *Hülchrather Straße Nr. 7* (erschien im September 1972) und *Was ist angemessen?* aus dem Jahr 1969 (*KA* Bd. 16; *EAS* 4, S. 88-91).

## Überlieferung

### Typoskripte

TH¹: Erstschr.; 1 Bl., mit eh. Notiz: »1. Version«, unvollst. (HA 1326–260, Bl. 63)
tH²: Durchschr.; 4 Bll., eh. Sign.: 964/72, am roR eh. durchschr. pag. 1–4. (HA 1326–260, Bll. 64–67)

### Drucke

D¹: Werner Höfer (Hg.): *Deutsche Nobel Galerie*. Von Theodor Mommsen bis Heinrich Böll. Deutschlands Nobelpreisträger aus siebzig Jahren. – Percha/Kempfenhausen: Verlag R. Schultz, 1972. S. 9–12.
D²: *NPLS*, 1973, S. 267–270.
D³: *ESR* II, S. 523–526.
D⁴: *EAS* 4, S. 203–206.

## Textgrundlage

Textgrundlage ist D³.

## Varianten

172. 33 *nicht israelische]* nichtstuerische D¹
173. 5–6 *legitimiere]* legitimiert D¹
175. 14 *Manna]* Oh, Manna D¹

## Stellenkommentar

172. 1 *Das tägliche Brot]* Bestandteil des von Jesus Christus überlieferten Gebets »Vaterunser«, in dem es heißt: »Gib uns heute das Brot, das wir brauchen.« (Mt 6,11) In einer früheren, noch heute populären Version auch bekannt als: »Unser täglich Brot gib uns heute.« Vgl. *Die Bibel* (1980), S. 1081.

172. 1 *Law and order]* Engl.: Recht und Ordnung; Schlagwort, mit dem einerseits die Bekämpfung von Kriminalität und Gewalt durch harte Gesetzesmaßnahmen gefordert wird und mit dem andererseits konservativen

Kräften der Vorwurf gemacht wird, die bürgerlichen Freiheiten zugunsten eines ›starken Staates‹ abbauen zu wollen.

172. 3–4 *zum Superstar erkorenen Jesus Christus]* Anspielung auf das Rock-Musical *Jesus Christ Superstar* des englischen Komponisten und Produzenten Andrew Lloyd Webber (geb. 1948). Das Musical schildert die letzten sieben Lebenstage Jesu Christi. Die Lebensstationen werden von Webber mit Elementen aus Gospel, Rock und sinfonischen Passagen gestaltet. Die Uraufführung des Musicals fand am 12. 10. 1971 in New York statt.

172. 5 *ersten Verse des Matthäusevangeliums]* Der Anfang des Matthäusevangeliums (Mt 1,1–1,17) befaßt sich in ausführlicher Form mit dem Stammbaum Jesu, um nachzuweisen, daß Jesus der Erbe der alttestamentl. Verheißungen ist, die an Abraham und David ergingen. Vgl. *Die Bibel* (1980), S. 1075 f.

172. 8 *purifiziert]* Lat.: gereinigt, geläutert.

172. 9–10 *»von Juda und der Thamar stammen Peres und Zerach«]* Vgl. Mt 1,3; *Die Bibel* (1980), S. 1075.

172. 14–15 *der ominöse Onan]* Ominös: lat., bedenklich, verdächtig, anrüchig. – Zu Onan vgl. Gen 38,8–38,10; *Die Bibel* (1980), S. 51 f. – Der Name wurde im 18. Jahrhundert aus dem Englischen in die deutsche medizinische Fachsprache als Begriff (Onanie: sexuelle Selbstbefriedigung) übernommen.

172. 29–30 *»Von David und des Urians Weib (stammt) Salomonen«]* Vgl. Mt 1,6; *Die Bibel* (1980), S. 1075.

173. 10–11 *zum Vorläufer ... gehabt hätte?]* Gemeint ist hier Jesus Christus.

173. 14 *vier Versionen und einigen Ergänzungen]* Gemeint sind die vier Evangelien im Neuen Testament (Matthäus, Markus, Lukas, Johannes) sowie die übrigen Schriften des Neuen Testaments, die aufgrund ihrer theologischen Fragestellungen (Paulusbriefe) und ihrer gesamtgeschichtlichen Perspektive (Apostelgeschichte) nicht in erster Linie an historischen Details des Lebens Jesu interessiert sind.

173. 25–27 *und doch steht ... verkündet]* Vgl. Lk 4,16–18; *Die Bibel* (1980), S. 1148: »Der Geist des Herrn ruht auf mir; / denn der Herr hat mich gesalbt./ Er hat mich gesandt, / damit ich den Armen eine gute Nachricht bringe«.

173. 28–29 *tägliche Brot als mörderisches Manna]* Manna: hebr., »Was ist das?« – Hier: die Nahrung der Israeliten nach dem Auszug aus Ägypten während des Aufenthaltes in der Wüste, die in Form herabfallenden Brotes den Israeliten von Gott geschickt wird. Vgl. Ex 16,4–16,15; *Die Bibel* (1980), S. 79f. Böll verwendet diesen bibl. Zusammenhang als sarkastische Metapher für die in Nordvietnam niedergehenden Bomben der Amerikaner im Vietnamkrieg.

173. 36 *Spellman]* Francis Joseph Spellman (1889–1967), amerik. Kardinal und Erzbischof von New York. S. *Stellenkommentar* zu 118. 8–9.

174. 2–3 *Don Mazzi und neuerdings dem Benediktinerabt Don Giovanni.]* Enzo Mazzi (geb. 1927), Priester in einem Vorort am Stadtrand von Florenz (Isolotto), der mit seiner Gemeinde Fragen der Armut, der Stellung der Laien in der Kirche und die autoritäre kirchliche Hierarchie diskutierte und u. a. einen ›neuen‹ Katechismus verfaßte (dt. *Die Botschaft Jesu im Isolotto. Der Katechismus des Don Mazzi*. Mainz: Matthias-Grünewald-Verlag, 1970). Der Katechismus wurde durch den Bischof von Florenz, Kardinal Ermenegildo Florit, verboten und Mazzi 1970 als Pfarrer abgesetzt. (Vgl. die »Dokumentation einer neuen christlichen Gemeinde«. In: *Frankfurter Allgemeine Zeitung* v. 3. 6. 1970.) – Giovanni Franzoni (geb. 1928), im Range eines Bischofs stehender Abt des römischen Benediktiner-Klosters »Sankt Paul vor den Toren«. Der ›rote Abt‹ demonstrierte mit seiner ›Basisgruppe‹ Anfang der 1970er Jahre öffentlich für Frieden, Menschenrechte und mehr Demokratie in der Kirche und geriet so ins Kreuzfeuer der Kritik der konservativen römischen Kurie. (Vgl. »Der ›rote Abt‹ bringt seine Gegner zur Weißglut«. In: *Nürnberger Nachrichten* v. 8. 8. 1972.)

174. 5–6 *Eine wunderbare Brotvermehrung nach der anderen!]* Bezeichnet im Neuen Testament die als Wunder angesehene Speisung einer großen Volksmenge, die der Predigt Jesu zuhörte. Vgl. Mt 14,13–21, *Die Bibel* (1980), S. 1094; Mt 15,32–39, *Die Bibel* (1980), S. 1095; Mk 6,30–44, *Die Bibel* (1980), S. 1124; Mk 8,1–10, *Die Bibel* (1980), S. 1126. Hier von Böll im übertragenen Sinn auf die Bombardierung angewandt.

174. 23 *das Schweigen vor Gericht.]* Bezieht sich auf den Prozeß Jesu vor dem römischen Statthalter Pontius Pilatus in Jerusalem, bei dem Jesus die Antwort auf die Fragen des Pilatus verweigerte. Vgl. Mt 27,12–14; *Die Bibel* (1980), S. 1112.

174. 31 *wie bei der Ehebrecherin]* Bezieht sich auf die Begegnung Jesu mit einer Ehebrecherin, die nach dem Gesetz des Moses gesteinigt werden soll. Jesus lehnt (und wendet) diese Bestrafung ab, indem er sagt: »Wer von euch ohne Sünde ist, werfe als Erster einen Stein auf sie.« Vgl. Joh 8,7; *Die Bibel* (1980), S. 1193.

⟨Rede zur Verleihung des Nobelpreises
am 10. 12. 1972 in Stockholm⟩

## Entstehung

Die in Bölls Arbeitsbuch unter der Sign. 56/72 verzeichnete Rede ist dort auf den Zeitraum 26. 11. bis 4. 12. 1972 datiert (*AB* I, Bl. 131 ) (NE).

Ein konzeptionelles Problem lag für Böll in der Frage, ob König Gustav VI. Adolf von Schweden bei der Feier anwesend sein würde. Zumindest die Anrede an die Gäste ist wahrscheinlich erst am 10. 12. 1972 entstanden, als feststand, daß der König selbst nicht, aber auch kein Mitglied der königlichen Familie – wegen der Erkrankung des hochbetagten Königs – bei dem Festakt anwesend sein würde. Entsprechend weicht der Text der Rede von den Erstdrucken ab, weil an die Medien vorab der vor der Änderung verfaßte Text weitergegeben wurde. S. *Varianten*.

## Hintergrund

Die ersten Gerüchte, daß Heinrich Böll als Kandidat für den Literatur-Nobelpreis im Gespräch sei, gibt es schon 1958 (vgl. *Salzburger Nachrichten* v. 21. 10. 1958 u. d. T.: »Einer weniger?«). Weitere Spekulationen gab es in den folgenden Jahren in regelmäßigen Abständen. Als sich Böll am 21. 10. 1971 zu einer Lesung in Stockholm aufhält, vermutet die *Süddeutsche Zeitung* eine bevorstehende Verleihung des Preises an Heinrich Böll (»Böll zu Lesung in Stockholm«), weil an diesem Tag der Preisträger des Jahres 1971 durch die Schwedische Akademie benannt wird. Am 22. 6. 1972 verbreitet *dpa* u. d. T.: »Nobelpreis für Böll?«, »die Stockholmer Abendzeitung ›Expressen‹ berichtete am Mittwoch, daß ›starke Kräfte‹ in der schwedischen Akademie dafür plädieren, daß der diesjährige Nobelpreis für Literatur an Heinrich Böll vergeben werde«.

Einen ersten ernstzunehmenden Hinweis erhält Heinrich Böll durch Hans Mayer, der ihm am 20. 4. 1972 u. a. schreibt: »[...] vielleicht wird es Sie freuen, daß ich zu Beginn des Jahres vom Nobelkomitee in Stockholm um den Vorschlag eines Kandidaten gebeten wurde. Ich habe Ihren Namen genannt. Später erfuhr ich, daß sich zwei andere deutsche Empfänger solcher Briefe genauso entschieden«. (HA 1326–4351, Bl. 18) Die nächste Andeutung – neben der oben zitierten *dpa*–Meldung – steht wieder im Zusammenhang mit dem Namen Hans Mayers. Max Tau schreibt aus Oslo an Heinrich Böll am 13. 10. 1972: »Vor einigen Tagen hatte ich Besuch von unserem gemeinsamen Freund Hans Mayer und er war ganz sicher, daß Du diesmal den Literaturnobelpreis bekommst. […] Er war seiner Sache ganz sicher, aber ich hoffe, weil ich weiß, daß bei der Preisverleihung immer noch was passieren kann. Aber mein Instinkt sagt mir, daß Du diesmal dran bist.« (HA 1326-4351, Bl. 1)

## *Überlieferung*

### Typoskripte

TH$^1$: Erstschrift.; 7 Bll., Bl. 1 und 3 abgeschnittene Teile von A4.
   (HA 1326-260, Bll. 26-32)
TH$^2$: Erstschrift.; 2 Bll., eh. Sign.: 56/72.
   (HA 1326-260, Bll. 33-34)
TH$^3$: Erstschrift.; 2 Bll., eh. Sign.: 56/72.
   (HA 1326-260, Bll. 35-36)
tH$^4$: Durchschrift.; 3 Bll., auf Bl. 37 eh. Sign.: 56/72.
   (HA 1326-260, Bll. 37-39)
TH$^5$: Erstschrift.; 3 Bll.; zu tH$^4$ mit anderen eh. Korr., eh Sign.: 56/72.
   (HA 1326-260, Bll. 40-42)
TH$^6$: Fotokopie mit wenigen hs. Korr.
   (HA 1326-260, Bll. 43-55)

### Drucke

Z$^1$: *Frankfurter Allgemeine Zeitung.* – 24. Jg., Nr. 287 (11. 12. 1972), S. 22 u. d. T.: Böll in Stockholm: Mein Ausweis ist meine Sprache.
Z$^2$: *Der Spiegel.* – Nr. 51/72, S. 133; u. d. T.: Durch einen Wald von Zeigefingern.
Z$^3$: *Frankfurter Rundschau.* – Nr. 287 (11. 12. 1972), S. 3 u. d. T.: »Mit Bangen denke ich an meine deutschen Vorgänger hier«.
D$^1$: *ESR* II, S. 621-623.
D$^2$: *EAS* 4, S. 301-303.

REDE ZUR VERLEIHUNG DES NOBELPREISES 581

## Textgrundlage

Textgrundlage ist D¹.

## Varianten

176. 3–4 *Herr Ministerpräsident, ... Herren]* Eure Majestät, königliche Hoheiten, meine Damen und Herren Z², Z³
176. 5 *hat ... König von Schweden,]* hat seine Majestät der König Z¹, haben Eure Majestät Z², Z³
176. 12 *Vertreibung]* Vertreibungen Z¹
176. 17 *Teutsche]* Fehlt Z¹.
178. 16 *Ich danke]* Eurer Majestät Z², Z³

## Stellenkommentar

176. 1 *Nobelpreises]* In seinem Testament verfügte der schwedische Chemiker und Industrielle Alfred Nobel (1833–1896) die Gründung einer Stiftung, die seit 1901 in unterschiedlichen Sparten einen Preis an Personen verleiht, die der Menschheit Nutzen gebracht haben. Es gibt folgende Nobelpreise: Physik, Chemie, Physiologie oder Medizin, Literatur, Frieden und Wirtschaftswissenschaften. Die Nobelpreisträger werden von schwedischen Institutionen bestimmt (der Literaturnobelpreis von der »Schwedischen Akademie«); nur der Friedensnobelpreis wird von einem Ausschuß des norwegischen Parlaments vergeben. Am 10. Dezember, dem Todestag Alfred Nobels, werden alljährlich traditionell der Friedensnobelpreis vom norwegischen König in Oslo und die anderen Nobelpreise vom schwedischen König in Stockholm überreicht.
176. 3 *Herr Ministerpräsident, liebe Frau Palme]* Olof Joachim Palme (1927–1986), schwedischer Politiker; Ministerpräsident Schwedens in zwei Amtsperioden (1969–1976 und 1982–1986); Palme wurde 1986 Opfer eines Attentats. – Palme, Lisbet, geb. Freiin Beck-Friis (geb. 1931), Ehefrau von Olof Palme.
176. 4–7 *anläßlich eines ... der wir wohnen]* Gustav VI. Adolf (1882–1973), 1950–1973 schwed. König. Gustav VI. Adolf war vom 8. bis 10. 5. 1972 zu einem Staatsbesuch in der Bundesrepublik Deutschland. Sein Besuchsprogramm war durch seine archäologischen Interessen geprägt. Am 9. 5. 1972 besuchte der König, der sich unter dem Pseudonym Graf Gripsholm in der archäologischen Fachwelt einen Namen gemacht hat, vormittags das Rheinische Landesmuseum in Bonn und am Nachmittag den Köl-

ner Dom, wo er insbesondere die Ausgrabungsstätten unter der Kathedrale besichtigte. Vgl. *Kölner Stadt-Anzeiger* v. 10. 5. 1972: »Altes Sofa für den König«.

177. 2 *der Krieg der Vater aller Dinge]* Der Satz findet sich in einem Fragment des griechischen Philosophen Heraklit (um 550–480 v. Chr.).

177. 3–5 *daß die Friedfertigen ... besitzen würden]* Böll zitiert aus den »Seligpreisungen« der Bergpredigt, in denen es u. a. heißt: »Selig, die keine Gewalt anwenden; denn sie werden das Land erben« (Mt 5,5). Vgl. *Die Bibel* (1980), S. 1079.

178. 1–3 *die innerhalb ... sein sollten]* Umschreibung für die Auffassung, nach der die genannten Autoren und Nelly Sachs keine ›deutschen‹ Nobelpreisträger für Literatur gewesen seien.

178. 3–4 *Nelly Sachs, von Selma Lagerlöf gerettet]* Nelly Sachs (1891–1970), schwed. Schriftstellerin dt. Herkunft; 1966 Nobelpreis für Literatur. – Selma Lagerlöf (1858–1940), schwed. Schriftstellerin; 1909 Nobelpreis für Literatur. – Selma Lagerlöf und einflußreiche Freunde retteten Nelly Sachs und ihre Mutter 1940 vor der Deportation in ein Vernichtungslager und ermöglichten ihr eine Existenz im Exil in Schweden.

178. 4–5 *Thomas Mann, vertrieben und ausgebürgert]* Thomas Mann (1875–1955), Schriftsteller; Nobelpreis für Literatur 1929. Anläßlich einer Vortragsreise emigrierte Mann 1933 über Holland, Belgien und Frankreich in die Schweiz, wo er sich in Küsnacht am Vierwaldstätter See niederließ. Zu dieser Zeit erwarb er die tschechoslowakische Staatsbürgerschaft, nachdem ihm die deutsche aberkannt worden war. 1939 folgte er einem Ruf als Professor an die Princeton-Universität in New Jersey und siedelte sich in Kalifornien an. 1944 erhielt er die amerikanische Staatsbürgerschaft.

178. 5–7 *Hesse ... geehrt wurde]* Hermann Hesse (1877–1962), Schriftsteller; Nobelpreis für Literatur 1946; 1919 übersiedelte Hesse nach Montagnola im Tessin (Schweiz); 1923 erhielt er die Staatsbürgerschaft der Schweiz; Hesse trat aus politischen Gründen 1931 aus der Preußischen Akademie der Künste aus.

178. 9 *Hauptmann]* Gerhart Hauptmann (1862–1946), Schriftsteller; Nobelpreis für Literatur 1912.

178. 13–15 *mein einzig gültiger ... der ich schreibe]* Vgl. den von Böll in dieser Zeit mehrfach zitierten Brief Joseph Brodskys an Leonid Breschnew, in dem es heißt: »Sprache ist etwas viel Älteres und Unvermeidlicheres als der Staat« s. 159. 17–31.

⟨Rede zur Eröffnung der Heinrich-Heine-Ausstellung in Stockholm am 13. 12. 1972⟩

## Entstehung

Die in Bölls Arbeitsbuch unter der Sign. 63/72 verzeichnete Rede ist dort auf den 13. 12. 1972, den Tag der Austellungseröffnung, datiert (*AB* I, Bl. 122) (NE).
Uno Willers (1952–1977 Direktor der Stockholmer Riksbibliotek) wendet sich mit einem Telegramm am 27. 11. 1972 an Heinrich Böll: »In der koenigl Bibliothek wird anläßlich Heinrich Heine-Jubiläum eine kleine Ausstellung arrangiert. Eröffnung 12. oder 13. Dezember. Sind Sie bereit, einige Worte dabei zu sagen. Tag und Stunde können Sie selbst bestimmen.« (HA 1326–4332, Bl. 2) Eine genaue Terminübersicht für seinen Aufenthalt in Stockholm anläßlich der Nobelpreisverleihung am 10. 12. 1972 gibt es für Heinrich Böll zu diesem Zeitpunkt noch nicht. Entsprechend telegraphiert er am 29. 11. 1972 an Willers zurück – so der eh. Vermerk auf dem Willers-Telegramm –, daß man erst »in Stockholm darüber sprechen« könne.

## Überlieferung

### Manuskripte

M: Notizen; 2 Bll., mit eh. Sign.: 63/72 und Notiz: »Kleine Ansprache zur / Eröffnung der Heine / Ausstellung in Stockholm / 13. 12. 72 / Reichsbibliothek; Bl. 2 eh. Stichworte zur Rede auf Notiz-Zettel des *Grand Hotels* Stockholm.
(HA 1326–260, Bll. 52–53)

### Drucke

Z: *Notiser fran riksbibliotekarien* (Stockholm). – 6. Jg. (1973), Nr. 1–2 (Mai), S. 1 und 4 u. d. T.: Heinrich Bölls Rede zur Eröffnung der Heinrich-Heine-Ausstellung in Stockholm am 13. 12. 1972.

## Textgrundlage

Textgrundlage ist Z.

## Stellenkommentar

179.1 *Heinrich-Heine]* Heinrich Heine, eigentl. Harry Heine [bis 1825], (1797–1856), Schriftsteller und Publizist. – Die Ausstellung wurde anläßlich des 175. Geburtstages von Heine in der Stockholmer Riksbibliotek gezeigt.

179.3–7 *Der russische Dichter ... zu dürfen]* Joseph Brodski (eigentlich Jossif Alexandrowitsch Brodskij) (1940 – 1996), sowjet.-amerik. Lyriker; Nobelpreis für Literatur 1987. – Leonid Iljitsch Breschnew (1906–1982), sowjet. Staatspräsident und Vorsitzender der KPdSU. S. *Stellenkommentar* zu 159.17.

179.13–14 *»Dichter kehren immer zurück, in ihrem Wort, in ihrem Text«]* S. *Stellenkommentar* zu 159.17.

179.14–15 *ob Brodsky jüdischer Herkunft war]* S. *Stellenkommentar* zu 159.17.

179.16–18 *ich glaube ... wieder hinaus]* Wegen seiner kritischen poetischen und publizistischen Texte, seiner jüdischen Abstammung und seines Exils in Frankreich wurde Heine lange Zeit als ›undeutscher‹ Dichter abgelehnt. Selbst seine Heimatstadt Düsseldorf tat sich schwer mit der Person Heines. Erst nach jahrelangen Diskussionen wurde 1988 beschlossen, die 1965 (durch Umwandlung der seit 1907 bestehenden Medizinischen Akademie) gegründete Universität Düsseldorf nach dem 1856 in Paris verstorbenen Dichter zu benennen.

179.21–22 *daß Blasphemie auch eine Liebeserklärung ist]* Blasphemie: griech. »Gotteslästerung«. – Als rhetorische Figur ist Blasphemie auch ein ironisches Understatement, eine Untertreibung, die zugleich Hochachtung ausdrückt.

179.22–23 *Ein Mensch ... mitgestorben ist]* Vgl. die erste Strophe in Heines Gedicht *Nachtgedanken*: »Denk ich an Deutschland in der Nacht, / dann bin ich um den Schlaf gebracht, / ich kann nicht mehr die Augen schließen, / und meine heißen Thränen fließen« (Zit. nach: *Heinrich Heine. Historisch-Kritische Gesamtausgabe der Werke.* Hrsg. von Manfred Windfuhr. (1975ff.) Band 2: *Neue Gedichte.* Bearbeitet von Elisabeth Genton. Hamburg: Hoffmann und Campe, 1983, S. 129 f.

180.2 *Lokalpatriotismus]* Übertrieben starke Liebe zur Heimatstadt oder heimatlichen Landschaft. Böll verweist hier auf Heines und seine eigene rheinische Herkunft.

180. 5–6 *Wolfskehl anschaue oder Paul Celan]* Karl Wolfskehl (1869–1948), Schriftsteller. – Wolfskehl stammte aus einem alten jüdischen Geschlecht in Darmstadt und zählte zum Dichterkreis um Stefan George. Er verließ 1933 Deutschland und ging 1938 nach Neuseeland. – Paul Celan (eigtl. Paul Antschel [Anczel, auch: Ancel]) (1920–1970), Schriftsteller rumän. Herkunft.

180. 21–22 *»Ich weiß nicht, was soll es bedeuten, daß ich so traurig bin.«]* Vgl. die erste Strophe von Heines Gedicht *Die Loreley*: »Ich weiß nicht, was soll es bedeuten, / daß ich so traurig bin; / ein Mährchen aus alten Zeiten, / das kommt mir nicht aus dem Sinn« (Zit. nach: *Heinrich Heine. Historisch-Kritische Gesamtausgabe der Werke*. Hrsg. von Manfred Windfuhr. (1975 ff.) Band I/I. *Buch der Lieder*. Bearbeitet von Pierre Grappin. Hamburg: Hoffmann und Campe, 1975, S. 206–209.

⟨Protest – Laut oder leise?⟩

## Entstehung

Die in Bölls Arbeitsbuch unter der Sign. 70/73 verzeichnete Reaktion auf den Offenen Brief Kogons (s. *Hintergrund*) ist dort auf den 13./14. 1. 1973 datiert (*AB* I, Bl. 123 ) (NE).

## Hintergrund

Ausgangspunkt des Offenen Briefes an Eugen Kogon war ein »Offener Brief« an Willy Brandt, den Walther Marseille und Dietrich Wabner verfaßt hatten und der u. a. auch von Heinrich Böll unterzeichnet und in vielen Tageszeitungen zitiert wurde:

Sehr verehrter Herr Bundeskanzler, unter Ihren Freunden sind die Unterzeichneten nicht die ersten, die Ihnen zu einer außenpolitischen Wendung raten, die Sie sicher schon längst erwägen: die brutale Kriegspolitik des amerikanischen Präsidenten aufs schärfste zu verurteilen – im Namen der von Ihnen geführten Regierung und der überwältigenden Mehrheit des deutschen Volkes.

In diesen Tagen werden Entscheidungen fallen, welche für viele Jahre nachwirken können: wird die Welt tatenlos mit ansehen, wie die mächtigste Nation ein kleines Volk vergewaltigt, sein Land zerstört und seine eigenen Söhne zu Verbrechern heranbildet? Wenn zynischer Opportunismus nur wirkungslose Proteste erlaubt und dadurch dem amerikanischen Präsidenten zum Erfolg seiner barbarischen Pläne verhilft, dann werden wir zukünftige Gewaltverbrecher, Nationen wie Einzeltäter, durch eigene Schuld ermutigen. Herr Bundeskanzler, wir appellieren an Sie, daß Sie tun, was in Ihrer Macht steht, um zu verhindern, daß die Bundesrepublik an solchem Versagen mitschuldig wird.

Alle Ihre wahren Freunde in der ganzen Welt werden mit Erleichterung und Freude begrüßen, wenn Sie in einem ersten Schritt sich mit Ihrem Kollegen, dem schwedischen Ministerpräsidenten Olof Palme, öffentlich solidarisch erklären. Und den egoistischen »Realisten«, die Ihnen einreden wollen, wir könnten doch »bloß wegen Vietnam« nicht unser Schutzbündnis mit den Vereinigten Staaten aufs Spiel setzen, können Sie erwidern, daß es sogar im Interesse nüchterner Realpolitik vordringlich ist, unseren Verbündeten wissen zu lassen, daß wir kein Verlangen haben, von ihm in der Weise beschützt zu werden, wie er Südvietnam »beschützt« – ohne Rücksicht darauf, ob wir damit die Herren im Weißen Haus verstimmen.

Wir maßen uns nicht an, über den vorgeschlagenen ersten Schritt hinaus weitere politische Vorschläge zu machen. Vielmehr wollen wir Ihre Aufmerksamkeit auf einen Punkt lenken, welcher erstaunlicherweise bisher überhaupt nicht beachtet worden ist. Der Präsident der USA ist ein kranker Mensch. Richard Nixon hat sich vor aller Welt stolz zu den Symptomen seines größten Wahns bekannt: er wird nicht der US-Präsident sein, der einen Krieg verliert. Er verspricht seinem Land einen ehrenvollen Frieden. Er glaubt, daß er durch seine patriotische Politik das amerikanische Volk wieder geeinigt hat. Das alles sind Wahnvorstellungen. Denn noch niemals ist ein großes Volk durch eine unehrenhafte Niederlage tiefer gespalten worden als das amerikanische durch den Vietnamkrieg. Diese Wahnvorstellungen Nixons sind nicht etwa deswegen bedenklich, weil sie seinem maßlosen Ehrgeiz entstammen. Im Gegenteil: In allen Phasen seines Aufstiegs war sein Ehrgeiz gekennzeichnet durch ein Ich-besessenes, skrupelloses und mitleidsloses Durchsetzungsvermögen. Die dem amerikanischen Präsidenten anvertraute Machtfülle ist jetzt im Begriff, seinen Wirklichkeitssinn zu korrumpieren. Nur der US-Kongreß kann ihm Einhalt gebieten. Dadurch, daß er ihm die Vollmacht entzieht, allein und ohne die verfassungsmäßige Mitbestimmung der Volksvertretung über Krieg und Frieden zu entscheiden – und ihm vor allem die alleinige Entscheidung über einen Einsatz der nuklearen Waffen zu entziehen.

Nixons Gegner bedürfen dringend der Unterstützung durch eine unzweideutige Weltmeinung.

In aufrichtiger Verbundenheit
Walther Marseille, Dietrich Wabner

Am 12. 1. 1973 veröffentlichte *Die Zeit* eine Stellungnahme zu diesem Offenen Brief von Eugen Kogon: »Protestieren – lieber laut oder leise? Von der nützlichsten Form moralischen Wirkens«, die Böll zu seiner Reaktion veranlaßte. Der Artikel Kogons hat folgenden Wortlaut:

I

Hat Heinrich Böll recht daran getan, den Appell mitzuunterzeichnen, den in Sachen Vietnam deutsche Schriftsteller an den Bundeskanzler und Friedens-Nobelpreisträger Willy Brandt gerichtet haben? Der Brief ist von ihnen am 4. Januar veröffentlicht worden – zwei Wochen nach dem (vielleicht nur vorübergehenden, hoffentlich nicht nur vorübergehenden) Halt im Flächenbombardement gegen Hanoi und Haiphong, das auch die ZEIT in ihrer

Ausgabe vom 29. Dezember 1972 »Terror und Tortur« genannt hat, »um die Nordvietnamesen gefügig zu machen«.

Es sollen, so legt der Text des Briefes an Brandt gleich zu Beginn es nahe, einschneidende Konsequenzen gezogen werden. »Unter Ihren Freunden sind die Unterzeichneten nicht die ersten, die Ihnen zu einer außenpolitischen Wendung raten, die Sie sicher schon längst erwägen: die brutale Kriegspolitik des amerikanischen Präsidenten aufs schärfste zu verurteilen – im Namen der von Ihnen geführten Regierung und der überwältigenden Mehrheit des deutschen Volkes.« Im übernächsten Abschnitt des Appells heißt es dann: »Alle Ihre wahren Freunde in der ganzen Welt werden mit Erleichterung und Freude begrüßen, wenn Sie in einem ersten Schritt sich mit Ihrem Kollegen, dem schwedischen Ministerpräsidenten Olof Palme, öffentlich solidarisch erklären.«

Zwar beginnt die zweite Hälfte des Briefes mit dem Satz: »Wir maßen uns nicht an, über den vorgeschlagenen ersten Schritt hinaus weitere politische Vorschläge zu machen.« Aber dem Bundeskanzler wird nicht weniger zugemutet als die Annahme der These, die der Münchener Psychotherapeut Walther Marseille, Verfasser und Erstunterzeichner des Textes, markant dartut: daß der gegenwärtige Präsident der Vereinigten Staaten »ein kranker Mensch sei. ... in allen Phasen seines Aufstiegs war sein Ehrgeiz gekennzeichnet durch ein Ich-besessenes, skrupelloses und mitleidsloses Durchsetzungsvermögen«, angestachelt von Wahnvorstellungen; nur noch der US-Kongreß könne dem Einhalt gebieten. »Nixons Gegner bedürfen dringend der Unterstützung durch eine unzweideutige Weltmeinung.«

Nun, Nixon selbst ist es gelungen, in aller Welt das moralische Bewußtsein weiter Kreise, die auf die Vietnam-Politik der Vereinigten Staaten stets Rücksicht genommen haben, in laut vernehmliche Proteste zu bomben. Jetzt wird die Beendigung des Krieges durch Verhandlungen in jedem Fall gefordert. Der mächtigste Präsident hat nicht mehr nur die Kommunisten in dieser Sache gegen sich und die unermüdet Demonstrierenden der weltweit linken jüngeren – immer wieder Veteranen unter ihnen, die dem Weißen Haus die Kampfauszeichnungen über den Zaun werfen.

II

Der Erwägung wert ist es natürlich, welche Bedeutung Willy Brandts Verhalten im Zusammenhang hat. Ein Zweifel an seiner Gesinnung besteht gewiß nicht. Es kann sich nur um die Mittel und Wege handeln, dieser Gesinnung zur bestmöglichen politischen Wirkung zu verhelfen.

Sehen wir von der Unklarheit in dem Brief ab, was mit der »außenpolitischen Wendung« gemeint sein mag, die der Bundeskanzler, angeblich auf Rat ihm Nahestehender, selber »sicher schon lange« erwägt und zu der die öffentliche Solidarisierung mit dem schwedischen Ministerpräsidenten –

»Ihrem Kollegen« – »der erste Schritt« sein soll. Von keinem der Unterzeichner des Briefes ist bekannt, daß er etwa ein Vertrauter des Bundeskanzlers wäre und daher, möglicherweise, über sicher nur geheimste Absichten Bescheid wüßte, die Richtlinien der Politik der Bundesrepublik Deutschland im Sinne einer »Wendung« neu zu bestimmen. Solche »Erwägungen« und solches Wissen anzunehmen, wäre blanker Unsinn; allerdings ein nicht ganz ungefährlicher Unsinn angesichts einiger innenpolitischer, aber auch internationaler Vermutungs-, Gerüchte- und Beschuldigungssucht. Wird der Bayernkurier die Stelle im Brief als Beweisstück für beabsichtigte Wegbereitung europaverschlingender großrussischer Vorherrschaftspolitik aufziehen? Man weiß nicht, was der Satz aussagen oder andeuten möchte. Lassen wir ihn daher beiseite.

Und beiseite, daß mit der zweiten Hälfte des Briefes – dem Hinweis »auf einen Punkt, welcher erstaunlicherweise bisher überhaupt nicht beachtet worden ist«: der gegenwärtige Präsident der Vereinigten Staaten von Amerika sei ein Fall für den Pathologen – der Regierungschef der Bundesrepublik unmöglich etwas Brauchbares anfangen kann. Auch der Außenminister nicht. Und kein Kabinettsmitglied. Weiche Gründe bieten sich, ohne daß man von irgend jemandem oder irgend etwas Intimus zu sein brauchte, als Erklärung dafür an, daß der Bundeskanzler den Schritt, der im Appell der Schriftsteller von ihm gefordert und erwartet wird, nicht getan hat?

III

Um mit der sozusagen diskreten Schwierigkeit zu beginnen: Er hätte sich von der Stellungnahme des schwedischen Ministerpräsidenten differenzierend distanzieren müssen – was in Fällen, in denen es gerade auf die Gemeinsamkeit ankommt, offensichtlich nicht die beste Methode ist, Erfolg durch Zusammenarbeit zu erzielen. Keiner der Vergleiche, die Olof Palme gewählt hat, um die Barbarei des amerikanischen Vorgehens zu brandmarken, trifft den Sachverhalt: Weder Guernica, noch Oradour, noch Babi Jar (die Massenvernichtung jüdischer Einwohner Kiews in einer nahegelegenen Schlucht), noch Katyn, noch Lidice, noch Sharpeville (ein polizeiliches Panikgeschlächter in der Republik Südafrika), noch Budapest, noch Treblinka sind »Vietnam-Vorläufer«. Warschau, Rotterdam, Coventry, dann Dresden, Hamburg, Berlin, die Zerbombung weiterer deutscher Städte im Zweiten Weltkrieg, um die Verbindung zwischen Regime und Volk, um nationalen Widerstand zu zerbrechen, hätten genannt werden müssen; aber das ging nicht.

Willy Brandt seinerseits, als Staatsmann, der die Geltung der Moral in der Politik wahrlich nicht heuchelt, sondern sie immer wieder so glaubhaft wie eindrucksvoll bekundet, ist in der heiklen Situation, darauf achten zu müssen, nicht hier in Deutschland und nicht im Ausland, anstatt der Besinnung auf die Prinzipien der Humanität zu dienen, nationale »Aufrechnungsfronten« wachzurufen. Er ist zwar der einzige nichtamerikanische Politiker, der 1972 in der lediglich zehn Namen umfassenden Anerkennungsliste der Bevölkerung der Vereinigten Staaten figuriert, aber hätte selbst er den Neuaufstand der – mittlerweile eher latent gewordenen – antideutschen Ressentiments verhindern können, wenn er sich, noch dazu »im Namen der von ihm geführten Regierung und der überwältigenden Mehrheit des deutschen Volkes«, dem Vergleich mit jenen Greueltaten angeschlossen hätte?

Das Massenblatt »New York Daily News« schrieb am 3. Januar 1973: »Olof Palme, der Peacenik-Ministerpräsident Schwedens, hatte die Unverschämtheit, die amerikanischen Bombenangriffe gegen Nordvietnam mit den abscheulichen Verbrechen Nazi-Deutschlands zu vergleichen. Wie können es die Schweden wagen, Moralpredigten zu halten? Wenn wir uns recht erinnern, dann standen sie während des Zweiten Weltkrieges voller Selbstgefälligkeit abseits, steckten durch Geschäfte mit Hitler-Deutschland ansehnliche Profite ein und ließen die Nazis außerdem noch Schweden als geschützten Durchgang für ihre Truppen benutzen, die im darbenden Norwegen als Besatzer Dienst taten. Hat sich Palme dadurch das Recht erworben, sich zum Richter über die Vereinigten Staaten aufzuschwingen?«

Für uns in der Bundesrepublik Deutschland geht es in dieser Sache viel eher als um Protest um die Darlegung des eigenen Interessen-Standpunktes, der sowohl politisch als auch moralisch ist und einen Mitanstoß dafür geben soll, in der Komplexheit der Zusammenhänge, die seit mehr als eineinhalb Jahrzehnten nun schon fünf US-Präsidenten in verhängnisvoller Weise gefangenhalten, unser gemeinsames Fundament des Handelns zu bedenken: die Sicherung, nicht die Einstampfung der Menschenrechte.

Darum geht es, nicht generell darum, »Nixons Gegnern« Unterstützung zu geben. Es bedarf nicht der Intervention eines deutschen Regierungschefs, die Stimme der Moral und der Vernunft in den Vereinigten Staaten hörbar zu machen. Nicht wegen der ausländischen Interventionen begann schließlich auch der amerikanische Kongreß in Aktion zu treten.

IV

An der internationalen diplomatischen Einflußnahme, die parallel zu den Demonstrationen und zu den Protesten, formal unabhängig von ihnen, erfolgt ist, war der Bundeskanzler, wie man mittlerweile weiß, aus eigener Initiative und »namens der von ihm geführten Regierung« sehr wohl beteiligt – in Abstimmung sicherlich mit Präsident Pompidou und dem französischen Außenminister, die zur Wiederaufnahme der Verhandlungen zwischen Washington und Hanoi vermittelten, in Abstimmung sicherlich auch mit dem britischen Premier Edward Heath, der seinerseits unter heftigem Druck der Labour-Opposition stand, sich protestierend zu solidarisieren, dagegen aber einwandte, daß das »nicht immer der beste Weg« sei, dem Frieden zu dienen. Ganz gewiß nicht der einzige Weg, obwohl unentbehrlich heutzutage gegen den uralten Zynismus der Macht. Egon Bahrs treffliche Regierungsformel vor der Abreise in die Vereinigten Staaten: »Mit den Freunden spricht man offen, aber nicht öffentlich«, wäre freilich durch eine rechtzeitige, noch so kurze Verlautbarung des Bundespresseamtes nützlich eingeleitet gewesen: daß der Bundeskanzler in der Sache tätig sei. Die Angriffe gegen ihn und die Appelle an ihn, zahlreich von vielen Seiten vorgebracht, hätten sich dann erübrigt. Auch der Satz im Schriftstellerbrief: »Herr Bundeskanzler, wir appellieren an Sie, daß Sie tun, was in Ihrer Macht steht ...« Das Ziel ist allen gemeinsam, die gleicher Gesinnung sind wie Willy Brandt und Heinrich Böll: der Humanität in der Politik, der Wirtschaft, der Bildung und im Recht die zureichenden Bedingungen zu schaffen, sie jedermann in der Welt sichern zu helfen. Das ist in der UN-Deklaration der Menschenrechte, in der Europäischen Konvention der Menschen- und Bürgerrechte feierlich beurkundet. Insofern sind Recht und Pflicht zum individuellen wie zum kollektiven Engagement unbestreitbar.

Aber noch fehlt die universelle Friedensmachtordnung; wir sind erst am Beginn des langwierigen und mühsamen Weges zu einem wirksamen Weltsicherheitsrat. Man muß daher sehen, wie sich von Fall zu Fall auf mannigfache Weise, in mancherlei Kombination der gegebenen Möglichkeiten zurechtkommen läßt.

V

Es sollte zwischen den pluralistisch-demokratisch institutionalisierten Gesellschaften leichter geschehen können – sie trennt kein fundamental ideologischer Gegensatz. Die Vietnam-Verantwortung der Vereinigten Staaten ist in der Tat auch unsere Sache, von der besonderen deutschen, der vergangenen Schuld und unseren Unterlassungen heute zu schweigen. Es muß uns erlaubt sein zu intervenieren – durch Darlegungen, Demonstrationen und Proteste die einen, diplomatisch-freundschaftlich, soweit erforderlich eindringlich, die anderen. Warum da den Bundeskanzler zur Gleichschaltung auf eine einzige Methode zwingen wollen – worauf er sich selbstverständlich nicht einläßt?

Sehr viel schwieriger wird es innerhalb der Allianzen zwischen systemverschiedenen Regimen – im Verhältnis zum Griechenland der Obristen beispielsweise, zum gegenwärtigen Persien, zu Franco-Spanien, zu Portugal, zur Republik Südafrika. Die ungehinderte Protestbewegung, die den moralischen Stachel gegen die Exzesse der »Law-and-Order« -Autoritäten scharf hält, gewinnt da an Bedeutung, sie darf auch über Jahre hin nicht erlahmen – die Regierungen müssen Gelegenheiten zu Verbesserungseinflußnahmen und zu Korrekturen wahrnehmen. Wenn es sich um erklärten

Faschismus handelt, dürfen Bündnisse mit solchen Staaten weder gesucht noch angenommen werden. Die Sozialdarwinisten anerkennen keinen anderen Sinn der menschlichen Geschichte als expansive Herrschaft in Ober- und Unterordnung, in Dienst und Ausbeutung; Humanität ist in ihren Augen Duselei, Geheuchel und allenfalls Schwäche. Sie können, je nach den Umständen, nur durch Festigkeit oder durch vertretbare Ausgleichsvorteile dazu gebracht werden, Menschenrechte für andere als sich selbst gelten zu lassen und einzuhalten.

Bleibt das Verhältnis zur Macht im Kommunismus. In ihm ist eine aus der Theorie des Historischen Materialismus dogmatisch abgeleitete kollektiv politische und ökonomische Fundierung der Humanität angestrebt, die nur durch den Klassenkampf der Arbeiter- und Bauernschaft unter Beitritt der aufgeklärten Intellektuellen zu erreichen sei. Das Erfordernis der »Einheit der Aktion« zur generellen geschichtlichen Durchsetzung der Menschenrechte schließt Pluralismus der Ideologien und der Parteien aus, in allen Fällen der Notwendigkeit die Unterdrückung solch »irrtümlicher und schädlicher Freiheit« zwingend ein.

Wie soll, wenn die Freiheit der Argumentation nicht als Menschen- und Bürgerrecht, sondern als elementare Bedrohung des Fortschritts zu gesicherten Bedingungen der Humanität angesehen wird, sowjetischen Schriftstellern, die wegen oppositionellen Verhaltens in »Nervenheilanstalten« eingewiesen sind, von uns aus geholfen werden können? Durch Proteste? Heinrich Böll hat das für seine Person, in der Sowjetunion wohlangesehen, bis unlängst, als man ihn in der Bundesrepublik immer wieder dazu aufforderte, abgelehnt – auf Grund der besonderen Möglichkeiten, die sich ihm bei Besuchen zu bieten schienen, hat er bewußt den geduldigen Dialog und die »diplomatische Intervention« des Partners, der kein Feind ist, vorgezogen.

VI

Ich weiß nicht, wie Böll es jetzt damit halten möchte. In Stockholm, bei der Bankettrede zur Verleihung des Literaturnobelpreises an ihn, hat er Unrecht, das die politische Macht begeht, generell und unzweideutig auch auf die Sowjetunion bezogen, verurteilt. Im internationalen PEN-Club ist er als dessen derzeitiger Präsident für die Gründung einer Kommission eingetreten, die sich mit allen Fällen von Unterdrückung Geistigschaffender befassen soll. Die Gründung ist unter Beitritt von PEN-Mitgliedern aus den Staaten des kommunistischen Bereichs zustande gekommen! Sie kann, wenn sie sich nicht alsbald als ein totgeborenes Kind erweisen sollte, von erheblicher Bedeutung sein – sowohl durch Protestaktionen als auch durch reale Einflußnahmen auf Grund von Verständigungen, soweit sie nur möglich sind.

Koexistenz und Kooperation können auf die humanitäre Fortschrittsrolle der Intellektuellen im Bereich sowohl der öffentlichen Meinungsbildung als auch der unmittelbaren politischen Verantwortung auf Dauer nicht ohne spürbaren Einfluß bleiben.

Um noch einmal zu der aktuellen Kontroverse zurückzukehren: Die Wahl der Mittel zum Protest sollten wir dort, wo die Gesinnung nicht in Zweifel steht, in die Diskretion derer stellen, die am ehesten die Wirkung ihres Tuns abzuschätzen vermögen. Was Böll in Moskau recht war, muß Brandt in Washington billig sein.

## *Überlieferung*

### Typoskripte

TH[1]: Erstschr. und 1. und 2. Durchschr. (grün und gelb); 8 Bll., eh. Notiz: »1. Version ungültig«.
(HA 1326–260, Bll. 74–81)

TH[2]: Erstschr.; 6 Bll., eh. Notiz: »2. Version ungültig«, am roR eh. pag. 1–6.
(HA 1326–260, Bll. 77–82)

TH[3]: Erstschr.; 6 Bll., auf Bl. 6 eh. Unterschrift, am roR eh. pag. 1–6.
(HA 1326–260, Bll. 83–88)

Th[4]: Durchschr. (grün); 6 Bll., auf Bl. 1 und 6 eh Sign.: 70/73, eh. Überschrift: »Antwort auf Kogon Artikel in Die Zeit 14. 1. 73«, am roR durchschr. eh. pag. 1–6.
(HA 1326–260, Bll. 89–94)

### Drucke

Z: *Die Zeit* (Hamburg). – 28. Jg., Nr. 4 (19. 1. 1973), S. 9.
D[1]: *ESR* III, S. 16–21.
D[2]: *EAS* 5, S. 12–17.

## *Textgrundlage*

Textgrundlage ist D[1].

## Stellenkommentar

181. 2 *Kogon]* Eugen Kogon (1903–1987), Publizist.
181. 5 *Brandt]* Willy Brandt, eigtl. Herbert Ernst Karl Frahm (1913–1992), SPD-Politiker; 1969–1974 Bundeskanzler; 1971 Friedensnobelpreis.
181. 7 *Kogons Artikel]* Eugen Kogon: »›Protestieren – Lieber laut oder leise?‹ Von der nützlichsten Form moralischen Wirkens – die ›Vietnam-Kritik am Bundeskanzler.‹« In: *Die Zeit* v. 12. 1. 1973, S. 9. S. *Hintergrund*.
181. 8 *ausdrücklich apostrophiert werde]* Apostrophieren: jemanden feierlich oder gezielt ansprechen, sich deutlich auf jemanden beziehen.
181. 8–9 *in ... habe]* Am 4. 1. 1973 wurde ein von Walther Marseille (1904–1973) und Dietrich Wabner (geb. 1935) verfaßter Offener Brief an Bundeskanzler Willy Brandt veröffentlicht (Abdruck in der *Zeit* vom 12. 1. 1973, S. 9; s. *Hintergrund*). Darin wird an Willy Brandt appelliert, sich öffentlich gegen die Vietnam-Politik des Präsidenten der Vereinigten Staaten, Richard Nixon, zu wenden. Das Problem der Wahrnehmung des Offenen Briefes an Willy Brandt lag darin, daß fast ausschließlich Heinrich Böll, der den Brief ›nur‹ mitunterzeichnet, aber nicht verfaßt hatte, als ›Protestler‹ in der öffentlichen Berichterstattung genannt wurde. (Vgl. »Böll fordert Brandt-Protest gegen US-Krieg« in der Münchener *Abendzeitung* v. 4. 1. 1973. Vgl. auch den »Vietnam-Appell Bölls an Brandt« betitelten Bericht in der *Kölnischen Rundschau* am 5. 1. 1973, der eine beispiellose Leserbrief-Reaktion in dieser Zeitung auslöste, die dort unter dem Titel: »Protest müßte sich auch gegen Hanoi richten« am 12. 1. 1973 erschien, versehen mit einer Vorbemerkung der Redaktion, daß dieser Appell bei den Lesern der *Kölnischen Rundschau* »ausnahmslos auf bittere Kritik stößt«.)
181. 14–15 *Wladimir Bukowski]* Wladimir Bukowski (geb. 1942), sowjet. Schriftsteller und Systemkritiker.
182. 7–8 *»Gewissen der Nation«]* Vgl. Böll im Gespräch mit Christan Linder, *Drei Tage im März* (1975), *Int*, S. 419: »Es gibt ja dieses Wort vom Gewissen der Nation, das Grass und ich und andere sein sollten – das halte ich für lebensgefährlichen Wahnsinn; das Gewissen der Nation ist eigentlich ihr Parlament, ihr Gesetzbuch, ihre Gesetzgebung und ihre Rechtsprechung, das können wir nicht ersetzen und das maßen wir uns auch gar nicht an.«
182. 35–36 *Schweigen über Vietnam]* Bezieht sich auf die von den Verfassern des Offenen Briefes beklagte fehlende Stellungnahme Brandts auf die vom Präsidenten der USA, Richard Nixon, eingeleitete Bombardierung der nordvietnamesischen Städte Hanoi und Haiphong im Dezember 1972.
182. 38 *Ikonisierung]* Ikone: griech., Kultbild, geweihtes Tafelbild in der orthodoxen Kirche mit der Darstellung heiliger Personen oder ihrer Geschichte. Hier gemeint als mögliche ›Heiligsprechung‹ Willy Brandts.

183.4 *NATO-Partner]* NATO: Abkürzung für North Atlantic Treaty Organization (Nordatlantikpakt). – 1949 in Washington gegründetes Verteidigungsbündnis mit dem Ziel, in Westeuropa der als Bedrohung empfundenen militärischen Präsenz der Sowjetunion ein Verteidigungspotential entgegenzusetzen. Gründungsmitglieder waren Belgien, Dänemark, Frankreich, Großbritannien, Island, Italien, Kanada, Luxemburg, die Niederlande, Norwegen, Portugal und die USA. Im Zuge der Wiederbewaffnung 1955 wurde auch die Bundesrepublik Deutschland Mitglied der NATO.

183.9 *Nixon]* Richard Milhouse Nixon (1913–1994), amerik. Politiker; 1969–1974 37. Präsident der USA.

183.11 *griechischen Obristen]* Obrist: veraltete Bezeichnung für den Militärrang eines Oberst; hier abwertend für die Mitglieder der griechischen Militärjunta gemeint, die seit dem 21. 4. 1967 durch einen Putsch rechtsgerichteter Militärs unter Georgios Papadopoulos (1919–1999) an die Macht kam und eine Militärdiktatur errichtete (bis 1974).

183.19 *SEATO]* Abkürzung für South East Asia Treaty Organization (Südostasien-Pakt); gegründet 1954 in Manila. Diesem Verteidigungsbündnis gehörten Australien, Frankreich, Großbritannien, Neuseeland, Pakistan, die Philippinen, Thailand und die USA an. In den 1970er Jahren verlor das Bündnis an Bedeutung und löste sich 1977 auf.

183.20 *Scheel]* Walter Scheel (geb. 1919), FDP-Politiker; 1969–1974 Außenminister, 1974–1979 Bundespräsident.

183.31 *Ikonolatrie]* Griech.: Dienst, Gottesverehrung.

183.32–33 *Lilien, dem Dauerattribut des heiligen Aloysius]* Aloysius von Gonzaga (1568–1591), ital. Jesuit und Heiliger; Schutzpatron der studierenden Jugend. – Das Kennzeichen des Heiligen Aloysius ist die Lilie, das Sinnbild der Reinheit, die er laut Überlieferung wie kaum ein anderer Heiliger verkörperte.

184.16–17 *Praxis der Nichteinmischung]* S. Bölls Ausführungen in *Einmischung erwünscht*, S. 187 ff.

184.19–22 *die kommerziellen ... auszuspielen]* Olof Joachim Palme (1927–1986), schwed. Politiker; Ministerpräsident Schwedens 1969–1976 und 1982–1986. – Böll bezieht sich auf den Artikel von Eugen Kogon, der seinerseits die amerikanische Zeitung *New York Daily News* vom 3. 1. 1973 zitiert: »Olof Palme, der Peacenik-Ministerpräsident Schwedens, hatte die Unverschämtheit, die amerikanischen Bombenangriffe gegen Nordvietnam mit den abscheulichen Verbrechen Nazideutschlands zu vergleichen. Wie können es die Schweden wagen, Moralpredigten zu halten? Wenn wir uns recht erinnern, dann standen sie während des Zweiten Weltkrieges voller Selbstgefälligkeit abseits, steckten durch Geschäfte mit Hitler-Deutschland ansehnliche Profite ein und ließen die Nazis außerdem noch Schweden als geschützten Durchgang für ihre Truppen benutzen, die im darbenden Norwegen als Besatzer Dienst taten. Hat sich Palme dadurch das Recht erworben, sich zum Richter über die Vereinigten Staaten aufzuschwingen?« S. *Hintergrund*.

184. 29–30 *schwedischen Soldateska während des Dreißigjährigen Krieges]* Soldateska: abwertender Ausdruck für gewalttätig und rücksichtslos vorgehende Soldaten. – Schweden griff unter Führung von König Gustav II. Adolf (1594–1632) am 4. 7. 1630 mit der Landung schwedischer Truppen auf der Insel Usedom in Pommern in den Dreißigjährigen Krieg (1618–1648) ein. Die schwedischen Soldaten standen bereits nach kurzer Zeit in dem Ruf, besonders rücksichtslos und brutal zu sein. Vordergründig ging es den Schweden um die Bewahrung des Protestantismus, vor allem aber um die Sicherung schwedischer Interessen. Ein Ziel war die Errichtung eines schwedisch dominierten »Dominium mares Baltici«. Am 16. 11. 1632 fällt König Gustav II. Adolf in der Schlacht bei Lützen (heute Kleinstadt im südlichen Teil des Bundeslandes Sachsen-Anhalt). Durch die im ›Westfälischen Frieden‹ von 1648 erreichten bedeutenden Territorialgewinne wird Schweden zur europäischen Großmacht.

184. 30–31 *Olof Palmes moralischen und politischen Appell]* Böll bezieht sich auf die im Text von Kogon erwähnte öffentliche Verurteilung des Bombenkrieges der Amerikaner gegen Nordvietnam durch den schwedischen Ministerpräsidenten Olof Palme, der die Bombardierung Vietnams u. a. mit Kriegsverbrechen der Nationalsozialisten verglich.

185. 3 *Solschenizyn]* Alexander Issajewitsch Solschenizyn, (geb. 1918), russ. Schriftsteller; 1970 Nobelpreis für Literatur.

185. 4 *Die Lautstärke ist nicht vorgeschrieben]* Wie schwierig die Frage von ›lautem oder leisem‹ Protest zu beantworten ist, dazu äußert sich Böll am 18. 7. 1973 in den *ZDF*–Nachrichten im Gespräch mit Nino Erné (1921–1994) nach der Verutteilung Amalriks (1938–1980) in der UdSSR. Böll war nach der Verurteilung Amalriks in der UdSSR am 10. 7. 1973 durch Andrej Sacharow (1921–1989) zu einem öffentlichen Protest aufgefordert worden:

HEINRICH BÖLL: »Es könnte sein, daß der Appell, den Sacharow an mich gerichtet hat, der hat mich ja öffentlich apostrophiert, mich veranlaßt hat, energischer zu werden, und deutlicher, und lauter. Es könnte sein!

NINO ERNE: Sie haben ja, und sind deswegen oft genug diffamiert worden, früher sich sehr vorsichtig verhalten. Sehen Sie jetzt – sonst täten Sie es ja wahrscheinlich nicht . . . sehen Sie jetzt doch eine Chance – mit diesem großen Protest?

HEINRICH BÖLL: Das jeweilige Verhalten, darüber kann man die Öffentlichkeit nicht immer aufklären. Warum das so oder so ist, ist in jedem Falle klar, ist mehr oder weniger abhängig von dem, was die Kollegen in dem Land, über das man spricht, für richtig halten. Wir haben uns immer so verhalten (»wir« meine ich: PEN-Club und mich als Person), im Falle Tschechoslowakei, gefragt: was wollt Ihr, was sollen wir tun? In dem Falle bin ich von Herrn Sacharow angesprochen worden, öffentlich, in der Weltöffentlichkeit, und habe entsprechend reagiert. Ob das richtig war, ob meine Reaktion, in diesem Fall eine öffentliche und energische, Amalrik mehr genützt oder geschadet hat, werde ich nie rauskriegen; verstehen Sie, das ist eine falsche Denkweise, das Laut oder Leise überhaupt zur Qualitätsfrage zu machen.« (Zit. nach *Int*, S. 242.)

185. 7–8 *Rede anläßlich des Nobel-Banketts]* S. 176 ff.

185. 16–19 *hat mein Verleger ... »Aktivitäten« nachgewiesen]* Reinhold Neven Du Mont (geb. 1936), Verleger. – Die *Berliner Morgenpost* berichtet in ihrer Ausgabe v. 22. 6. 1972 unter dem Titel »Ausgerechnet Böll?« über Gerüchte aus Stockholm, die Schwedische Akademie wolle den Nobelpreis für Literatur 1972 an Böll verleihen und kommentierte: »Dies erscheint um so zwiespältiger, als in Böll ein Mann mit dem Nobelpreis ausgezeichnet würde, der den verfemten sowjetischen Dichter und Nobelpreisträger Alexander Solschenizyn in beschämender Weise im Stich gelassen hat.« Gegen diese Behauptung beantragte Böll – nicht sein Verleger – eine einstweilige Verfügung beim Kammergericht Berlin, die am 22. 8. 1972 vom Gericht erlassen wurde. Schützenhilfe erhielt Böll insbesondere durch den Züricher Rechtsanwalt Fritz Heeb, der Solschenizyns Interessen in Westeuropa vertrat. Heeb schrieb am 3. 7. 1972 einen Kommentar zu dem Bericht in der *Berliner Morgenpost*, den er an die *Zeit* schickte (vgl. »Hetze gegen Böll«. In: *Die Zeit*, Nr. 28 v. 14. 7. 1972). Er führt u. a. aus: »Heinrich Böll hat sich Solschenizyn gegenüber in außergewöhnlicher Weise hilfsbereit gezeigt, und zwar durch Taten, nicht durch bloße Worte. Ihn zu beschuldigen, Solschenizyn im Stich gelassen zu haben, ist angesichts der Tatsachen eine krasse Unwahrheit.«

185. 27 *Pappas und Onassis]* Thomas A. Pappas (1899–1978), griech.-amerik. Geschäftsmann, Unterstützer der Militärjunta, von 1962–1974 (Ende der Diktatur) Präsident von Esso-Pappas in Griechenland. – Aristoteles Onassis (1906–1975), griech. Reeder.

186. 6–7 *Es gab da ... Kardinal Spellman]* Francis Joseph Spellman (1889–1967), amerik. Kardinal und Erzbischof von New York. S. *Stellenkommentar* zu 118. 8–9.

186. 15–18 *Kardinal Alfrink ... protestiert hat]* Bernard Alfrink (1907–1987), niederl. Kardinal und Erzbischof von Utrecht.

⟨Einmischung erwünscht⟩

## Entstehung

Der in Bölls Arbeitsbuch unter der Sign. 68/72 verzeichnete Essay über der ›Zustand‹ der Menschenrechte ist dort auf den 31. 12. 1972 datiert (*AB* I, Bl. 133) (NE).

Die Bitte, nach *Unsere Wahlen aus deutscher Sicht* (s. 117 ff.), einen weiteren Artikel für die *New York Times* zu schreiben, formuliert Herbert Mitgang in einem Brief an Heinrich Böll am 19. 10. 1972. Unter den verschiedenen Themen, die Mitgang Böll vorschlägt, findet sich auch die Möglichkeit, über inhaftierte Schriftsteller zu schreiben (HA 1326–4332, Bl. 13). Am 25. 10. 1972 wiederholt Mitgang seine Bitte und ergänzt, Böll möge den Artikel – den Mitgang sehr bald erwartet – auf englisch schreiben (HA 1326–4345, Bl. 12). Da Böll zu dieser Zeit zusammen mit seiner Frau bis zum 9. 11. 1972 auf Reisen ist und damit auch von Mitgangs Bitte nichts weiß, druckt er in der *New York Times* v. 8. 11. 1972 Bölls Rede auf dem SPD-Parteitag: *Gewalten, die auf Banken liegen* (s. S.153 ff.) in englischer Übersetzung unter dem Titel »›A Profit Society‹« ab. Er schickt Böll am gleichen Tag einen Beleg zu mit der erneuten Bitte um einen Original-Beitrag (HA 1326–4347, Bl. 14). Diesen verfaßt Böll schließlich am 31. 12. 1972. Seinen Text sendet er an seine amerikanische Agentin, Joan Daves, nach New York, die ihn an Herbert Mitgang weiterleitet (s. HA 1326–4350, Bll. 2–3). Am 2. 2. 1973 berichtet Joan Daves, daß Mitgang, der die deutsche Fassung des Textes zunächst abgelehnt hatte, die von Freunden Daves' erstellte englische Fassung »mit Begeisterung an[nimmt]«. Ein Problem stellt aber die Länge des Textes dar. Joan Daves schickt Böll eine Druckfahne (s. *Überlieferung*), aus der die Kürzungen ersichtlich sind. Böll ist – so eine eh. Notiz auf diesem Brief – einverstanden (HA 1326–4356, Bl. 27). Am 20. 2. 1973 sendet Mitgang einen Druck-Beleg des am 18. 2. 1973 erschienenen Textes an Böll und kommentiert dessen Inhalt: »As Präsident of The Authors Guild in the United States, naturally I am sympathetic to your ideas of helping inprisoned writers« (HA 1326–4386, Bl. 11).

## *Überlieferung*

### Typoskripte

TH¹: Erstschr.; 2 Bll.
(HA 1326-260, Bll. 107-108)
tH²: Durchschr. (grün), 4. Bll., eh. Sign.: 68/72 durchschr. eh. pag 1-4.
(HA 1326-260, Bll. 109-112)

### Drucke

Z¹:  Teilw. Druck in: *The New York Times.* – 122. Jg. (18. 2. 1973), Section 4, u. d. T.: A Plea for Meddling. (gekürzt)
Z²:  *Dokumente* (Köln). – 29. Jg., Heft 1 (März 1973), S. 3-6.
D¹:  *EE*, S. 13-16.
D²:  *ESR* III, S. 22-26.
D³:  *EAS* 5, S. 18-22.

## *Textgrundlage*

Textgrundlage ist D².

## *Varianten*

189. 18 *sind.]* Inzwischen nimmt die Anzahl der inhaftierten Autoren nicht ab, sie wächst wöchentlich, fast täglich, und man investiert weiter mit hohem Profit in Brasilien, in der Türkei, in Griechenland etc. – es »normalisiert« sich alles, außer in den Gefängnissen und Lagern. Z²

190. 32-33 *Sie sollen wissen ... sind.]* Sie sollen wissen, gegen welche Heuchelei wir hier stehen, und in welche Heuchelei wir hier verstrickt sind. Z²

190. 38 *Frauen und Schwestern]* Schwestern und Frauen Z²

## *Stellenkommentar*

187. 1 *Einmischung erwünscht]* Bezieht sich auf die geltende Doktrin der Nicht-Einmischung in die inneren Angelegenheiten eines anderen Staates, die Böll schon im Titel in Frage stellt.

187. 3 *weltweite Entspannung]* Böll spielt hier auf die Anfang der 1970er Jahre einsetzende politische Entspannung zwischen den Weltmächten USA und UdSSR und den jeweiligen Blöcken an. In diesem Zusammenhang wird am 26. 5. 1972 durch die beiden Weltmächte das SALT–1–Rüstungskontrollabkommen zur Begrenzung der strategischen Waffensysteme und zur Begrenzung der Aufrüstung mit Atomwaffen unterzeichnet.

187. 9–10 *daß die Sowjetunion Annäherung an Spanien sucht]* Gemeint ist die Annäherung der kommunistisch regierten Sowjetunion an das von General Franco regierte Spanien.

187. 10 *Griechenland bald die DDR anerkennen will]* Noch zu Beginn des Jahres 1973 war die DDR nur von wenigen westlichen Staaten als eigener Staat anerkannt. Griechenland wurde zu diesem Zeitpunkt von einer Militärjunta regiert.

187. 11 *Papadopoulos]* Georgios Papadopoulos (1919–1999), griech. Politiker und Offizier; 1967–1974 Chef eines rechtsgerichteten Militärregimes in Griechenland.

187. 12 *Biermann]* Wolf Biermann (geb. 1936), Liedermacher und Schriftsteller. Der gebürtige Hamburger wechselte 1958 von der Bundesrepublik in die DDR. Seit 1965 hatte Biermann wegen seines unangepaßten Verhaltens politische Schwierigkeiten mit den Behörden in der DDR (Auftritts-, Publikations- und Ausreiseverbot). 1976 wurde ihm nach einem Konzert in Köln die Staatsbürgerschaft der DDR aberkannt.

187. 12 *Honecker]* Erich Honecker (1912–1994), SED-Politiker; 1971–1989 Parteichef der SED, 1976–1989 Staatschef der DDR.

187. 14 *Generalissimus Franco]* Francisco Franco (eigtl. Francisco Franco y Bahamonde, 1892–1975), span. Politiker und General; 1936–1975 diktatorisch regierender Staatschef Spaniens.

187. 14–15 *Solschenizyn]* Alexander Issajewitsch Solschenizyn (geb. 1918), russ. Schriftsteller, 1970 Nobelpreis für Literatur.

187. 15 *Bukowski]* Wladimir Bukowski (geb. 1942), sowjet. Schriftsteller und Systemkritiker.

187. 15–16 *Breschnew]* Leonid Iljitsch Breshnew (1906–1982), sowjet. Politiker; 1964–1982 Parteichef der KPdSU; 1977–1982 Staatschef der UdSSR.

187. 20 *Präsident Nixon]* Richard Milhouse Nixon (1913–1994), amerik. Politiker; 1969–1974 37. Präsident der USA.

187. 21 *Romancier Toer]* Pramoedya Ananta Toer (geb. 1925), indones. Schriftsteller. – Toer wurde am 13. 10. 1965 unter dem Verdacht der »Sympathie für Kommunisten« verhaftet und ohne ordentliches Gerichtsverfahren während der nächsten Jahre in verschiedenen Gefängnissen interniert, bevor die indonesischen Behörden ihn 1969 auf die 1500 Kilometer von Java entfernte Sträflingsinsel Buru verbannten, die zum Synonym für die Recht-

losigkeit des Suharto-Regimes wurde. 1980 wurde Toer unter strengen Auflagen entlassen.

187. 24–25 *Vertrag mit der Prager Regierung]* Böll bezieht sich hier auf die Anfang 1973 beginnenden, das ganze Jahr über andauernden Verhandlungen zwischen der Bundesrepublik Deutschland und der CSSR. Mit dem angestrebten Vertrag, der am 11. 12. 1973 in Prag unterzeichnet wurde, ist eine Grundlage für normalisierte Beziehungen zwischen beiden Staaten geschaffen worden (Verzicht auf Gewalt und Verzicht auf Gebietsansprüche). S. *Stellenkommentar* zu 57. 25.

188. 12–13 *Vlado Gotovac und Zlato Tomicis verurteilt]* Vlado Gotovac (1930–2000), kroat. Politiker und Schriftsteller. – Zlato Tomicis, kroat. Schriftsteller.

188. 21 *Amnesty International]* Internationale Hilfsorganisation für politische Gefangene (Abk. ai), gegründet 1961. ai betreut Menschen, die aus politischen, rassischen oder religiösen Gründen in Haft sind, und versucht, deren Freilassung zu erreichen oder Haftmilderung für sie zu erwirken und kämpft gegen Folter und Todesstrafe. 1977 erhält die Organisation den Friedensnobelpreis. Im Jahr 2003 hat ai etwa 1 Mio. Mitglieder in über 150 Ländern.

188. 21 *Internationalen PEN]* S. *Stellenkommentar* zu 12. 2.

189. 16 *NATO- und SEATO-Ländern]* S. *Stellenkommentare* zu 183. 4 und 183. 19.

189. 26–29 *in dem wir ... Bürger wir sind]* Wladimir Iljitsch Lenin, eigentl. Wladimir Iljitsch Uljanow (1870–1924), sowjet. Politiker und Revolutionär. – ›nützliche Idioten‹: ugs. für Menschen, die für einen bestimmten (politischen) Zweck benutzt bzw. missbraucht, nach dessen Erreichung aber fallengelassen werden.

189. 32–38 *Es war eine ... hineinbombardieren wollte]* Olof Joachim Palme (1927–1986), schwed. Politiker; Ministerpräsident Schwedens von 1969–1976 und von 1982–1986; 1986 Opfer eines Attentats. S. *Stellenkommentar* zu 184. 22.

190. 26 *Lamento]* Lat.: Wehklage, Gejammer.

191. 13 *PEN EMERGENCY FOUND]* Gemeint ist »Foundation P. E. N. Emergency Fund«. – Eine auf Beschluß des Internationalen P. E. N. im Januar 1971 vom niederländischen P. E. N.-Zentrum gegründete Stiftung mit der niederländischen Bezeichnung »Stichting Schrijvers in Nood«. Die Stiftung arbeitet eng mit dem 1960 gegründeten »Writers in Prison Comittee« des Internationalen P. E. N. zusammen und gibt das gespendete Geld an verfolgte oder inhaftierte Autoren und deren notleidende Familien weiter. Böll spendete einen Teil des mit dem Nobelpreis verbundenen Preisgeldes an den »Emergency Fund«.

⟨Blick zurück mit Bitterkeit⟩

## Entstehung

Die in Bölls Arbeitsbuch unter der Sign. 83/73 verzeichnete Rezension ist dort auf Ende März 1973 datiert (*AB* I, Bl. 135) (NE).
Am 9. 1. 1973 antwortet Rolf Becker (*Der Spiegel*) auf einen (nicht überlieferten) Brief Heinrich Bölls, in dem dieser zugesagt hat, nach den Strapazen der letzten Zeit (Wahlkampf, Nobelpreis) eine Rezension über Rudolf Augsteins *Jesus Menschensohn* und die Reaktionen darauf zu schreiben, dafür aber noch um Aufschub bittet. Becker schreibt: »Wenn's denn nicht früher geht, werden wir uns also gedulden müssen – der ›Menschensohn‹-Autor, der über Ihre Zusage erfreut war, gewiß schweren Herzens.« (HA 1326–4378, Bl. 1)

Das ›Drängen‹ der *Spiegel*-Redaktion erklärt sich daraus, daß, nachdem *Jesus Menschensohn* im September 1972 erschienen war, schon im November 1972 ein Band mit Analysen des Buches vorlag, dessen Beiträge bezeichnende Überschriften tragen wie: »Dokument der Verwirrung« (Rudolf Pesch), »Im theologischen Dschungel verirrt« (Ulrich Wickens), »Augsteins Pseudo-Wissenschaftlichkeit« (Odilo Kaiser/Rudolf Pesch). Vgl.: Pesch, Rudolf und Günter Stachel ([Hg.] 1972): *Augstein's Jesus*. Eine Dokumentation. Zürich, Einsiedeln, Köln: Benziger Verlag. Bölls Rezension entstand in Kenntnis dieses Bandes.

Auf die im *Spiegel* am 9. 4. 1973 erschienene Rezension schreibt der Theologe Hans Küng in einem Brief an Böll am 3. 5. 1973: »Ihr ›Blick zurück mit Bitterkeit‹ auf die Theologie ist leider in vielem berechtigt. Und so möchte ich Ihnen für Ihre Worte aufrichtig danken, auch wenn sie unbequem sind. [...] Ganz leicht ist auch unser Geschäft heute nicht: zwischen Aberglauben und Rationalismus, zwischen falschen Progressismen und reaktionärer Hierarchie, wo man im selben Feld zugleich ausreißen und anpflanzen sollte« (HA 1326–4374, Bl. 5).

## *Überlieferung*

### Typoskripte

TH¹: Erstschr.; 5 Bll., am roR eh. pag. 1–5.
(HA 1326–261, Bll. 1–5)
TH²: Erstschr.; 8 Bll., eh. Sign.: 87/73, am roR eh. pag. 1–8.
(HA 1326–261, Bll. 6–13)
tH³: Durchschr. (rosa und gelb); 16 Bll., auf Bl. 1 und 9 mit eh. Titel und Sign., am roR eh. durchschr. pag. 1–8 auf der letzten Seite jeweils eh. durchschr. Unterschrift.
(HA 1326–261, Bll. 14–30)

### Drucke

Z: *Der Spiegel* (Hamburg). – 27. Jg. (1973), Nr. 15 (9. 4. 1973), S. 158–163.
D¹: *EE*, S. 21–27.
D²: *ESR* III, S. 27–33.
D³: *EAS* 5, S. 23–29.

## *Varianten*

194. 35 *Gottesgelehrtheit]* Gottesgelahrtheit Z
197. 24 *Man mag mir]* Mag man mir Z

## *Stellenkommentar*

192. 1 *Blick zurück mit Bitterkeit]* Böll variiert hier den zum geflügelten Wort gewordenen Titel *Blick zurück im Zorn* eines Theaterstücks von John Osborne (1929–1994), engl. Dramatiker; engl. Titel *Look back in anger*, 1957.

192. 2 *»Jesus Menschensohn«]* Rudolf Augstein (1923–2002), Publizist und Journalist, Gründer und Herausgeber des Nachrichtenmagazin *Der Spiegel* (gegr. 1946). – ›Menschensohn‹: hebräische und aramäische Umschreibung für Mensch; in der jüdischen Apokalyptik Bezeichnung des Messias, der das endzeitliche Reich errichten wird; im Neuen Testament fast ausschließlich in der wörtlichen Rede Jesu gebraucht, der vom ›Menschensohn‹ stets in der dritten Person spricht. Augstein wählt diesen Titel für sein

Buch in der Absicht, mit wissenschaftlichen Argumenten die in der christlichen Lehre vertretene Überzeugung zu widerlegen, daß Jesus der Sohn Gottes gewesen sei. – Augstein, Rudolf (1972): *Jesus Menschensohn*. München, Gütersloh, Wien: C. Bertelsmann Verlag.

192.11 *es sei im »Spiegel-Jargon« geschrieben]* Vgl. die Rezension von Gisela Uellenberg: »Spiegel-Report über Jesus von Nazareth« in der *Süddeutschen Zeitung* v. 27. 9. 1972. Abgedruckt in: Pesch 1972, S. 65-73.

192.13 *Spiegel-Jargon]* Vgl. Enzensberger, Hans Magnus (1976): *Die Sprache des Spiegel*. In: *Einzelheiten I. Bewußtseins-Industrie.* Frankfurt a. M.: Suhrkamp Verlag (edition Suhrkamp 63), S. 74-105. »Die Sprache des Spiegel« war ursprünglich ein Rundfunk-Feature Enzensbergers für den *Süddeutschen Rundfunk*, 1957.

192.21 *den Theologen am meisten ärgerliche]* S. die unter Entstehung aufgeführten Titel von Rezensionen in: Pesch 1972.

192.21-23 *»Der Heilige Geist, wenn denn überhaupt eine journalistische Begabung, ist ein schlechter Reporter«]* Augstein 1972, S. 204.

192.23-24 *nicht einmal blasphemisch]* Adjektiv zu Blasphemie, griech.: verletzende, verhöhnende Äußerung über etwas Heiliges oder Göttliches.

193.1 *Wenn am Anfang das Wort war]* Vgl. Joh. 1,1: »Im Anfang war das Wort, / und das Wort war bei Gott, / und das Wort war Gott.« *Die Bibel* (1980), S. 1182.

193.17-18 *Plural, von dem ich hoffe, daß er kein Majestatis ist]* Pluralis Majestatis: lat., höfische Gepflogenheit, Herrscher zur Hervorhebung der eigenen Person von sich selber im Plural sprechen zu lassen; z. B.: »Wir, Wilhelm, von Gottes Gnaden deutscher Kaiser«.

193.25-27 *man schaue sich ... »gewechselt« wird]* Karl Rahner (1904-1984), kath. Theologe und Religionsphilosoph. – Joseph Höffner (1906-1987), kath. Theologe und Sozialwissenschaftler; 1969-1987 Kardinal und Erzbischof von Köln. – Heinrich Flatten (1907-1987) kath. Theologe. – Böll bezieht sich auf eine Auseinandersetzung über die Verbindlichkeit und damit Diskussionsfähigkeit von Dogmen innerhalb der kath. Kirche zwischen Rahner auf der einen, Höffner und Flatten auf der anderen Seite, die auf der Synode der deutschen Bistümer in Würzburg im Januar 1971 öffentlich ausgetragen wurde. Vgl.: »Was ist die Lehre der Kirche? Ein Briefwechsel zwischen Kardinal Höffner und Karl Rahner«. In: *Publik* Nr. 4 v. 22. 1. 1971.

194.10 *vulgus]* Lat.: Menge, gemeines Volk.

194.25-26 *Bruno]* Giordano Bruno (1548-1600), ital. Philosoph und Dominikaner; 1600 als Ketzer nach Verhör durch die Inquisition verbrannt, weil er gegen Dogmen der kath. Kirche verstoßen hatte.

194.29 *Katechismus]* Griech.: seit dem 16. Jh. kurzgefaßtes, meist in Frage- und Antwortform aufgebautes Lehrbuch über Grundfragen des

BLICK ZURÜCK MIT BITTERKEIT 605

christl. Glaubens zur Unterweisung in Familie, Kirche und Schule. Bedeutend sind Luthers großer und kleiner Katechismus (beide 1529), für die reformatorischen Kirchen der Heidelberger (1563) und der Genfer Katechismus (1545), für die katholische Kirche der »Catechismus Romanus« (1566), seit 1992 der neue gesamtkirchliche katholische Katechismus (»Weltkatechismus«).

194. 32-33 *Theologie eines Erich Przywara]* Erich Przywara (1889–1972), kath. Theologe und Religionsphilosoph. Im Zentrum seiner Theologie steht die Frage nach dem Verhältnis zwischen der ›Allwirksamkeit‹ Gottes und der ›Eigenwirksamkeit‹ des Menschen.

194. 33-34 *ökumenischen Ansätzen eines Arnold Rademacher]* Arnold Rademacher (1873–1939), kath. Theologe. – R. vertrat bereits in den 1930er Jahren eine ökumenisch ausgerichtete Theologie (vgl. *Die Wiedervereinigung der christlichen Kirchen*. Bonn 1937).

194. 36 *Tacheles]* Hebr.-jidd.: Zweck, Ziel; ›Tacheles reden‹: offen miteinander sprechen; jmd. unverblümt die Meinung sagen; zur Sache kommen.

195. 1 *populus]* Lat.: das Volk.

195. 4-5 *Heisenbergs]* Werner Heisenberg (1901–1976), Physiker; 1933 Nobelpreis für Physik; Begründer der Quantenmechanik, einer der bedeutendsten theoretischen Physiker des 20. Jh., entdeckte die »Unschärferelation«, die eine wichtige Rolle bei der Entwicklung der Mechanik spielt und von großem Einfluß auf die moderne Philosophie ist.

195. 7 *meine Großmutter]* Agnes Hermanns (1844–1917).

195. 7-8 *das Dogma von der Unfehlbarkeit des Papstes]* S. Stellenkommentar zu 49. 6.

195. 16 *Gebot der Nüchternheit]* Das Gebot der Nüchternheit in der kath. Kirche bestimmt, daß Gläubige bei der Feier der Eucharistie, insbes. vor dem Empfang der Hostie als dem ›Leib‹ Christi, ›nüchtern‹ sein müssen, d. h. nichts gegessen oder getrunken haben dürfen.

195. 30 *Exkommunikation]* Lat.: Ausschluß; Begriff aus dem Kirchenrecht der kath. Kirche, mit dem der Ausschluß aus der Gemeinschaft der Gläubigen gemeint ist, besonders vom Empfang der Sakramente, nicht aber aus der Kirche selbst; auch als ›Kirchenbann‹ bezeichnet.

196. 3-4 *Zölibat, Geburtenkontrolle, Unauflöslichkeit der Ehe]* Zölibat, lat.: Ehelosigkeit; für Priester in der katholischen Kirche ist das Zölibat eine auferlegte Standespflicht, die aus der Bibel mit einer völligen Hingabe an Gott begründet wird. Die ersten kirchenrechtlichen Regelungen zum Zölibat wurden um 309 auf der Synode von Elvira beschlossen; im 12. Jh. wurde das Pflichtzölibat eingeführt; das 2. Vatikanische Konzil (1962–1965) der kath. Kirche hat die Zölibatspflicht für Diakone aufgehoben, doch für Priester und Bischöfe beibehalten, während die evangelische Kirche das

Zölibat ablehnt. – Geburtenkontrolle: gemeint sind die verschiedenen Methoden zur Schwangerschaftsverhütung; die katholische Kirche erkennt außer der natürlichen Verhütung (Knaus-Ogino-Methode) keine Methode zur Geburtenkontrolle an. (S. *Stellenkommentar* zu 27. 28). – Unauflöslichkeit der Ehe: bezieht sich auf die Auffassung der kath. Kirche, nach der die Ehe als lebenslanger Bund zwischen Mann und Frau als Abbild des Bundes zwischen Gott und den Menschen unauflöslich ist. Die Ehe gilt als eines der von Gott gestifteten sieben Sakramente (Taufe, Kommunion, Firmung, Buße, Krankensalbung, Priesterweihe, Ehe). Ihre Unauflöslichkeit begründet die kath. Kirche mit mehreren Stellen des Evangeliums, z. B. Mt 19,4–6 (4): »Er antwortete: Habt ihr nicht gelesen, dass der Schöpfer die Menschen am Anfang als Mann und Frau geschaffen hat (5) und dass er gesagt hat: Darum wird der Mann Vater und Mutter verlassen und sich an seine Frau binden und die zwei werden ein Fleisch sein? (6) Sie sind also nicht mehr zwei, sondern eins. Was aber Gott verbunden hat, das darf der Mensch nicht trennen.« (*Die Bibel* 1980, S. 1100)

197. 19 *Cervantes]* Miguel de Cervantes Saavedra (1547–1616), span. Schriftsteller, Autor des Romans *Don Quichotte* (1605–1615), eines der bedeutendsten Werke der Weltliteratur, das sich in der Kontrastierung seiner beiden Protagonisten, Don Quichotte und Sancho Pansa, von einer Parodie zeitgenössischer Ritterromane zu einer ironischen Sicht auf das zeitgenössische Spanien und zu einer Menschheitskomödie erweitert.

197. 23 *Nexö]* Martin Andersen-Nexö (1869–1954), dän. Schriftsteller. – A.-N. beschäftigt sich in seinen Werken vorrangig mit den Problemen und dem sozialen Elend der dänischen Arbeiterklasse; von 1894 bis 1896 und abermals 1902 bereist A.-N. Spanien; seine Reiseerlebnisse und -erfahrungen schildert er in dem 1924 in dt. Sprache publizierten Buch *Reiseschilderung aus dem Süden. Sonnentage* (zuerst 1903 in dän. Sprache u. d. T. *Soldage*); 1937 nimmt A.-N. am »Zweiten Internationalen Schriftsteller-Kongreß zur Verteidigung der Kultur« in Madrid teil.

197. 24 *pro domo]* Lat.: ›fürs Haus‹, in eigener Sache, zum eigenen Nutzen.

197. 26–32 *Dichtung ist nicht... würden]* Vgl. hierzu insbesondere Bölls Ausführungen in seiner Nobelpreis-Vorlesung *Versuch über die Vernunft der Poesie*, S.200 ff.

198. 1 *Evangelisten Johannes]* Der Evangelist Johannes (gestorben um 101 n. Chr.) wirkte (vermutlich ab 70 n. Chr.) in Ephesus; von der kirchlichen Tradition mit dem Apostel Johannes identifiziert, nach altkirchlicher Tradition Verfasser des Johannesevangeliums, der Offenbarung des Johannes und der Johannesbriefe. In der bildenden Kunst wird er häufig als Lieblingsjünger Jesu dargestellt, insbesondere bei Abendmahlszenen. In anderen Darstellungen erscheint er mit anderen Attributen (z. B. einer Schriftrolle

oder einem Buch und einem Kessel) als Hinweis auf die legendäre Ausgestaltung seines Lebens, nach der er seinem angeblich zugedachten Martyrium, dem Verbrennen in einem Kessel mit siedendem Öl, entgangen sein soll; ebenso soll er einen Becher Gift nach dessen Segnung ohne Folgen ausgetrunken haben.

198. 2 *Markus]* Der Evangelist Markus (1. Jahrhundert n. Chr.) wurde als Johannes Markus geboren; Verfasser des zweiten Evangeliums, Begleiter des Paulus auf der ersten Missionsreise, der Legende nach Märtyrerbischof von Alexandria, dessen Leiche angeblich nach Venedig gebracht wurde.

198. 4–5 *Peter Handkes Wunschloses Unglück]* Peter Handke (geb. 1942), österr. Schriftsteller. – *Wunschloses Unglück*. Erzählung. Salzburg: Residenz 1972. – Handke verfaßte die autobiographisch inspirierte Erzählung sieben Wochen nach dem Selbstmord seiner Mutter Maria.

198. 5–6 *Dichtung zu Wahrheit und Wahrheit zu Dichtung]* Abwandlung des Titels von Goethes Autobiographie *Aus meinem Leben. Dichtung und Wahrheit* (1.–3. Teil: 1811/14; 4. Teil: posthum 1833).

198. 9 *Dostojewski]* Fjodor Michailowitsch Dostojewski (1821–1881), russ. Schriftsteller.

198. 11–13 *ich weiß ... als seinen Idioten]* Dostojewskis Roman *Der Idiot* entsteht 1867–1869. – Bevor er in Buchform 1874 in Petersburg erscheint, wird er 1868/69 in Fortsetzungen in der konservativen Zeitschrift *Der russische Bote* publiziert. Der Roman beschreibt die leidenschaftliche Beziehung des 26jährigen, an Epilepsie leidenden Fürsten Lew Nikolajewitsch Myschkin zu Nastassja Filippowna Baraschkowa. Der Titelheld wird in dem Roman als Verkörperung eines Menschen geschildert, der die Welt nicht versteht und dabei von tiefgründiger Torheit ist. – Vgl. zu Bölls Rezeption der Werke Dostojewskis *KA* Bd. 2, S. 514 f., und *KA* Bd. 14, S. 700.

198. 13 *Rilke-Verse]* Rainer Maria Rilke (eigtl. René Maria Rilke, 1875–1926), österr. Schriftsteller. – Rilke wird auf den S. 228, 324, 385 und 488 zitiert.

198. 31–33 *Die Geringschätzung ... der Theologen]* Vgl. hierzu insbesondere Bölls Ausführungen in seiner Nobelpreis-Vorlesung *Versuch über die Vernunft der Poesie*, S.200 ff.

198. 37 *durch Schweigen vor Gericht]* Böll bezieht sich hier auf den Gerichtsprozeß Jesu und sein Schweigen auf die Fragen seines Anklägers Pontius Pilatus.

⟨Wer ist Jesus von Nazareth – für mich?⟩

## *Entstehung*

Die in Bölls Arbeitsbuch unter der Sign. 954/72 verzeichnete Umfrage-Antwort ist dort auf den 10. 6. 1972 datiert (*AB* I, Bl. 124) (NE). Auf einem in Fotokopie an die Teilnehmer der Umfrage gerichteten Schreiben bitten Heinrich Spaemann als Herausgeber und Ernst Josef Krzywon als Leiter des Theologischen Lektorats im Kösel Verlag die Autoren im September 1972 – nachdem wahrscheinlich die eingegangenen Beiträge in Art und Umfang die Produktion eines Buches möglich machten – um Erteilung der Abdruckgenehmigung: »Wir danken Ihnen für Ihr Verständnis, das uns die Durchführung dieses kleinen, uns wichtigen Vorhabens ermöglicht, und bitten Sie, uns Ihre Zustimmung auf der beiliegenden Antwortkarte freundlichst zu bestätigen.« (HA 1326–263, Bl. 76) Die »100 zeitgenössischen Zeugnisse« (Untertitel) zu Jesus von Nazareth erscheinen im April 1973.

## *Überlieferung*

### Typoskripte

tH:  Durchschr. (grün); 1 Bl., eh. Sign.: 954/72 und Datierung: »10. 6. 72«. (HA 1326–263, Bl. 75)

### Drucke

D¹: Heinrich Spaemann (Hrsg.): *Wer ist Jesus von Nazareth – für mich?* 100 zeitgenössische Zeugnisse. – München: Kösel Verlag, 1973, S. 39–40.
D²: *ESR* III, S. 15.
D³: *EAS* 5, S. 11.

## Textgrundlage

Textgrundlage ist D².

## Stellenkommentar

199. 3 *Trennung des Jesus vom Christus]* Böll meint hier die Trennung der historischen Figur Jesus von dem von Gott-Vater mit göttlichem Auftrag auf die Erde gesandten (und damit ›menschgewordenen‹) Sohn.

199. 9–10 *in der sogenannten Amtskirche]* ›Amtskirche‹ meint die Gesamtheit kirchlicher Würdenträger, Funktionäre und Institutionen. Der Begriff bezieht sich auf die Außenwahrnehmung der Kirche (bei Böll: der katholischen Kirche in Deutschland) als einer hochspezialisierten, Glauben und Religion lediglich verwaltenden Organisation.

199. 25–30 *Die Tatsache ... Taufe zu widerrufen]* Franz Josef Strauß (1915–1988), CSU-Politiker, 1978–1988 Ministerpräsident in Bayern. – Richard Jaeger (1913–1998), CSU-Politiker und Jurist. Jaeger galt als konservativer und ›kämpferischer Katholik‹, der sich in den 1950er Jahren gegen die Ehescheidung und für die Wiedereinführung der Todesstrafe engagierte. – Böll weigerte sich seit 1967, seine Kirchensteuer zu bezahlen. Sie mußte von einem Gerichtsvollzieher in Bölls Verlag Kiepenheuer & Witsch eingetrieben werden (s. *Stellenkommentar* zu 100. 13).

⟨Versuch über die Vernunft der Poesie⟩

## Entstehung

Die in Bölls Arbeitsbuch unter der Sign. 78/73 verzeichnete Nobelvorlesung ist dort auf den Zeitraum Februar – März 1973 datiert (*AB* I, Bl. 134) (NE).
Nachdem sich Böll zur Annahme des ihm am 19. 10. 1972 verliehenen Nobelpreises offiziell gegenüber der Schwedischen Akademie bereit erklärt hat, schreibt ihm Stig Ramel als Direktor der Nobel-Stiftung am 31. 10. 1972 über das weitere Prozedere: »Bei dem Bankett [am 10. 12. 1972, dem Tag der Nobelpreisverleihung] wird Gelegenheit geboten, falls gewünscht, einige Dankesworte zu sprechen [s. *Rede zur Verleihung des Nobelpreises*, S.176 ff.] Diese kurze Rede sollte nicht länger als drei Minuten dauern. Eine Ausnahme ist jedoch für den Preisträger der Literatur gemacht, der ungefähr 10 bis 15 Minuten für eine Rede, die als seine Nobel-Vorlesung anzusehen ist, erhalten kann« (HA 1326-4349, Bl. 1). Böll entscheidet sich für eine kurze Dankesrede am 10. 12. 1972 und für eine separate Vorlesung.
Als Termin dafür bietet sich Anfang Mai 1973 an, weil Böll in dieser Zeit zu einer Tagung des Exekutivausschusses des Internationalen P. E. N. (1.–5. 5. 1972) in Stockholm ist. Die Festlegung auf den 2. 5. 1973 erfolgt in Absprache zwischen Per Wästberg als dem Organisator der P. E. N.-Tagung und Karl Ragnar Gierow von der Schwedischen Akademie Anfang Februar 1973.
Vermutlich nachdem Gierow Böll diesen Termin am 8. 2. 1973 mitteilt (HA 1326-4397, Bl. 12), beginnt Böll mit der Konzeption und Ausarbeitung der Vorlesung. Der vorläufige Abschluß der Arbeit mit der Reinschrift (s. Überlieferung TH[4]) liegt um den 20. 3. 1973, denn am 22. 3. 1972 schickt Böll eine Kopie der Vorlesung an die Solschenizyn-Übersetzerin Elisabeth Markstein nach Wien, mit der Bitte, den Text an »die Freunde nach Moskau zu spedieren« (HA 1326-EK 17, Bl. 123).
Umfangreiche Korrekturen trägt Böll noch in die ihm am 19. 4. 1973 durch die Druckerei P. A. Norstedt & Söner in Stockholm zugesandte Fahne ein (s. Überlieferung TH[5]).
Am 6. 4. 1973 bekundet Karl Korn für die *Frankfurter Allgemeine Zeitung* Interesse am Abdruck: »die FAZ ist selbstverständlich sehr daran interessiert, den Text der Rede zu veröffentlichen« und bittet um die

Abdruckgenehmigung (HA 1326–4394, Bl. 3), die Böll am 12. 4. 1973 erteilt. In der Ausgabe der *Frankfurter Allgemeine Zeitung* v. 3. 5. 1972 erfolgt der erste, fast vollständige Abdruck der Rede.

## *Überlieferung*

### Typoskripte

TH[1]: Erstschr.; 8 Bll., am roR eh. pag. 1–8, Bl. 8 abgeschnittener Teil, Bll..
(HA 1326–261, Bll. 61–68)

TH[2]: Erstschr.; 12 Bll., am roR eh. pag. 1–2, 5–14.
(HA 1326–261, Bll. 69–80)

TH[3]: Erstschr. und Durchschr. (grün, gelb und rosa); 76 Bll., Bl. 24 abgeschnittener Teil, am roR eh. pag. 1–19; auf Bl. 1 am linken Rand eh. Vermerk: »aller letzte / Fassung / siehe Reinschrift!«, auf Bl. 20: »noch nicht / endgültige / 3. Version / der N-Vor- / lesung«, auf Bl. 60: »3. nicht / abgegebene / Version / der N- / Vorlesung / 10. 3. 73«.
(HA 1326–261, Bll. 81–155a)

TH[4]: Erstschr. und Fotokopie; 44 Bll., eh. Titel korr. aus: »Die Vernunft der Poesie« und eh. Sign.: 78/73, am roR eh pag. 1–22.
(HA 1326–261, Bll. 156–199).

TH[5]: Druckfahne; 6 Bll., beidseitig bedruckt; auf den 19. 4. 1973 datierte Korrekturfahne der Druckerei P. A. Norstedt & Söner (Stockholm).
(HA 1326–261, Bll. 254–159)

### Drucke

Z: *Frankfurter Allgemeine Zeitung*. – 25. Jg., Nr. 102 (3. 5. 1973), S. 22–23 (Teilabdruck).

D[1]: The Nobel Foundation (Hg.): ›*Les Prix Nobel en 1872*‹. Stockholm 1973, S. 187–198.

D[2]: *EE*, S. 28–43.

D[3]: *ESR* III, S. 34–50.

D[4]: *EAS* 5, S. 30–46.

## *Textgrundlage*

Textgrundlage ist D[3].

## Varianten

205. 10 *Poesie und der Vorstellungskraft]* Poesie nur auf Vorstellungskraft Z

205. 20–21 *Insofern … geben,]* Insofern kann es gar keine gelungene Literatur, kann es auch keine gelungene Musik und Malerei geben, Z

205. 26 *Relation ]* Relativität Z
205. 26 *schätzbar]* schützbar Z
206. 13 *der Mitteilungswerte]* des Mitteilungswertes Z
206. 29 *der Schriftsteller]* Fehlt Z.
207. 25–27 *– nehme ich … verliehen bekam –]* Fehlt Z.
207. 34–35 *in einem Roman oder Gedicht]* eines Romans der Geschichte Z

210. 5–6 *Jahrhunderten]* Jahrzehnten Z
211. 9 *eigenen]* Fehlt Z.
212. 3 *erscheinen]* erschienen Z
212. 19 *verbergen]* verbirgt Z
213. 9 *Information oder Poesie]* Information/Agitation/Poesie Z
213. 16 *Literaturen]* Literaten Z
213. 23 *nicht]* Fehlt Z.
213. 37 *vorenthaltenem Wein]* vorenthalten Weins Z
214. 19–20 *gläubig erhalten oder gemacht hat]* gläubig erhalten haben Z
214. 21 *und der Kirche]* und der Kirche machte Z
217. 9 *rational/irrational]* rational Z

## Stellenkommentar

200. 3 *Lieber Herr Gierow]* Karl Ragnar Gierow (1904–1982) war von 1964–1977 Ständiger Sekretär der Schwedischen Akademie und Präsident des Komitees für Literatur.

200. 3–4 *Mitglieder der Schwedischen Akademie]* Die Mitglieder des Literaturkomitees, die Heinrich Böll den Nobelpreis für Literatur für 1972 zuerkannten, waren: A. J. Österling, E. Johnson, H. Olsson, L. Gyllensten und M. A. Ryberg.

200. 5 *zum zweiten Mal]* Zum zweiten Mal nach Bölls Aufenthalt in Stockholm anläßlich der Verleihung des Nobelpreises am 10. 12. 1972.

200. 14–15 *ich mußte Korrektur lesen]* Böll arbeitete ab Oktober 1972 an der Zusammenstellung des Bandes *Neue politische und literarische Schriften*, der 41 Texte aus den Jahren 1967–1972 umfaßt und im Frühjahr 1973 im Verlag Kiepenheuer & Witsch erscheint. Als letzter Text dieses Bandes wurde die *Rede zur Verleihung des Nobelpreises* am 10. 12. 1972 (s. S.176 ff.) in Stockholm aufgenommen.

200.19–20 *mit Dostojewski beschäftigt]* Gemeint ist die Arbeit am Drehbuch zu dem Fernsehfilm *Fedor M. Dostojewski und Petersburg*. S. *KA* Bd. 16, *HTDG*, S. 537–555.

200.22 *Rundfunkdebatte]* Aus Anlaß des 150sten Geburtstags am 11.11.1971 gab es im *Nordeutschen Rundfunk* am 12.11.1971 eine Debatte zum Thema: *Dostojewskij – heute?* (S. *Int*, S. 177–193).

200.23–25 *habe dann ... Annäherungsversuch]* Nachwort in: Leo N. Tolstoi: *Krieg und Frieden*. Ins Deutsche übertragen von Werner Bergengruen. Nachwort von Heinrich Böll. 2 Bde. München: Paul List Verlag, 1970, S. 1563–1581. Der Text erschien bereits im Jahr 1970; die Zeitangabe ›1971‹ ist ein Irrtum. Ob der als Nachwort erschienene Text als ›Vortrag‹ gehalten wurde, ist nicht nachzuweisen.

200.28 *das Thema gewechselt]* Aus Anlaß der Nobelpreisverleihung berichtet die *Frankfurter Allgemeine Zeitung* v. 11.12.1972 auf S. 22: »Böll wird seine Nobelvorlesung nach Absprache mit Karl Ragnar Gierow erst im Mai halten. Die Vorlesung wird eine Hommage an Dostojewski werden, dem Böll soviel zu verdanken habe. Auch die russische Dichtung des 19. und 20. Jahrhunderts gehört zum Thema dieser Vorlesung.«

200.32–201.3 *Gesprächen ... scheint]* S. dazu *Blick zurück mit Bitterkeit*. S.: »Es ist ebenfalls ein Irrtum anzunehmen, schriftliche Überlieferungen seien zuverlässiger als mündliche. Auch schriftliche Überlieferungen können redigiert, manipuliert, gefälscht werden, und wenn Augstein, um die historische Zuverlässigkeit eines Textes anzuzweifeln, sagt, es seien eben ›Dichter am Werk‹ gewesen, so ist die unterstellte Voraussetzung Dichtung gleich Dichtung gleich Unwahrheit oder Ungenauigkeit schlichtweg falsch.«

201.26–27 *ein Maler ... gewesen war]* Joseph Fassbender (1903–1974), gelernter Bäcker, der nach seiner Lehre im elterlichen Betrieb gearbeitet hat, bevor er 1926 ein Studium an den Kölner Werkschulen begann.

203.2–6 *Es müßte ... Zusammenhang stört]* Vgl. z. B. »Es sind fast unzählige Dinge, die den Ausdruck, soweit er an diesem oder jenem Tag gefunden wird, bestimmen: Erkenntnisse, ein Gespräch, ein Traum, das Wetter, Straßenlärm, Stimmungen, Treffsicherheit oder -unsicherheit, ein Bild, das man sieht, einen Film, Leute auf der Straße, ein Telefongespräch, das bloße Klingeln des Telefons, Kaffee, Tee, Zeitungslektüre, eine Freude, ein Ärger usw. – Gedanken in einer schlaflosen Stunde oder Nacht usw. Vor allem ist auch das möglicherweise Geschriebene, aber nicht Publizierte manchmal wichtiger als das Publizierte – als Arbeitsweg, Arbeitsgang.« In: Rudolph, Ekkehart (Hrsg. [1971]): *Protokoll zur Person. Autoren über sich und ihr Werk*. München: List, S. 34.

204.12–13 *Schweigen wir ... steht]* Gemeint ist Bölls Arbeitszimmer in seinem Haus in Langenbroich in der Dorfstraße, die nach seinem Tod in Heinrich-Böll-Straße umbenannt wurde.

206. 35 *litterature pure und litterature engagée]* Vgl. das Interview »Politiker sind Romantiker...« mit Kristina Bonilla in der *Zürcher Woche* v. 27./28. 9. 1969: »Ich habe diese Teilung der Literatur in ›engagierte‹ und die ›andere‹ – wie immer sie aussehen mag – nie wahrgenommen. Ich glaube an die ungeteilte und unteilbare Literatur. Wer sich ausdrückt und diesen Ausdruck publiziert, ist einfach da, und wer da ist, ist engagiert, weil er lebt. Alles andere ist mehr oder weniger Geschwätz und der Versuch, die Literatur zu teilen im Sinne von Spalten und dieses Spalten wieder im Sinne von ›divide et impera‹, so kann man die ›Engagierten‹ und die ›Nicht-Engagierten‹ besser beherrschen.«

207. 5–8 *Nehmen wir ... genannt hat]* Am 20./22. 1. 1973 muß – bedingt durch eine negative Entwicklung der US-Zahlungsbilanz und Spekulationen gegen den US-Dollar – die Deutsche Bundesbank 7 Mrd US-Dollar zur Stützung der amerikanischen Währung aufkaufen; die japanische Zentralbank kauft ca. 1 Mrd US-Dollar. Weitere Stützungskäufe durch die Deutsche Bundesbank folgen in Höhe von 1,5 Mrd am 6. 2. 1973 sowie in Höhe von 1,7 Mrd am 8. 2. 1973. Am 12. 2. 1973 wird der US-Dollar um 10% abgewertet. Nachdem am 1. 3. 1973 die Deutsche Bundesbank nochmals rund 2,7 Mrd US-Dollar aufkaufen muß, wird durch das deutsche Finanzkabinett unter Vorsitz des amtierenden Bundeskanzlers Willy Brandt die Schließung der Devisenbörsen verfügt. Am 2. 3. 1973 schließt die Börse von Tokio ebenfalls. Nach Durchführung mehrerer währungspolitischer Konferenzen westeuropäischer Regierungen und Japans, die u. a. zur Verabredung einer Freigabe des Wechselkurses (Floating) gegenüber dem US-Dollar bei gegeneinander unverändertem Währungsverhältnis sowie einer Aufwertung der DM um 3% führen, erfolgt die Wiedereröffnung der Devisenbörsen am 19. 3. 1973.

207. 9–14 *daß zwei Staaten ... Weltkrieg verloren]* Deutschland und Japan.

208. 17–18 *Marcel Prousts ... Zeit]* A la recherche du temps perdu (dt. *Auf der Suche nach der verlorenen Zeit*). Siebenteiliger (z. T. aus dem Nachlaß publizierter) Romanzyklus des frz. Schriftstellers Marcel Proust (1871–1922).

208. 18 *Wessobrunner Gebet]* Ahd., in einer lat. Hs. des Klosters Wessobrunn überliefertes Gebet (9. Jh.) mit der Überschrift »De poeta« (»Von einem Dichter«). Zweiteilig aufgebaut, vermittelt der erste Teil eine – mit Anklang an die altnordische Weltentstehungsdichtung Völuspä gehaltene – Kosmologie, der zweite Teil eine nach traditionellem Muster gebildete Gebetsformel.

210. 4 *Die entsetzliche Problematik Nordirlands]* Ende 1968/Anfang 1969 hatte sich der auf das – nach der Loslösung Irlands von der britischen Herrschaft 1921 und Gründung der Republik Irland – bei Großbritannien

verbliebene Nordirland (Ulster) konzentrierte religiös-soziale Konflikt durch blutige Auseinandersetzungen zwischen Katholiken (Bevölkerungsanteil 1969: 34,9%) und Protestanten (Bevölkerungsanteil 1969: 65%) verschärft. Es kam vor allem infolge von Bombenanschlägen am 21. 7. 1972 vermehrt zu Anschlägen, sowohl durch die IRA (Irish Republican Army) als auch durch die protestantische UDA (Ulster Defence Association). Als Reaktion auf die Anschläge wurde am 28. 7. 1972 die Gesamtzahl der seit 1969 in Nordirland eingesetzten britischen Truppen durch Entsendung weiterer 4000 Mann auf insgesamt 21 000 Soldaten erhöht. Am 31. 7. 1972 drang das britische Militär in die katholischen »No-go-Distrikte« von Londonderry (Creggan und Bogside) ein und übernahm – mit der Begründung, weitere Anschläge der IRA verhindern zu wollen – die Kontrolle über Nordirland. Die Anzahl der Opfer stieg – gegenüber 13 im Jahr 1969, 25 im Jahr 1970 und 173 im Jahr 1971 – im Jahr 1972 auf 467 Personen (s. auch Bölls Essay *Die Ursachen des Troubles mit Nordirland*, 1970, KA Bd. 16; EAS 4, S. 136–143).

210. 11–17 *Wo man ... zu breiten]* Zu Beginn des 19. Jh. wurden mit Einführung des sog. ›Ehekonsenses‹ gesetzliche Beschränkungen in Kraft gesetzt, die aus ordnungspolitischen Gründen eine Eheschließung nur dann zuließen, wenn von seiten einer Gemeinde oder der Bürgerausschüsse kein Einspruch gegen eine Heirat erhoben wurde. Eine Heiratsbewilligung erhielt nur, wer nicht bereits Unterstützung aus der Armenfürsorge erfuhr bzw. über ein nachweislich gesichertes Einkommen verfügte. Betroffen von dieser Regelung waren vor allem Dienstboten, Gesellen und Tagelöhner, da durch deren unregelmäßige Beschäftigung oder Krankheit oftmals keiner der Erwachsenen zum Familienunterhalt beitragen konnte. Damit war der Weg in die Verarmung und eine notwendige öffentliche Unterstützung vorgezeichnet. Die Ehe war insofern ein durch die Besitzverhältnisse bestimmtes Privileg. Zugleich aber waren die unehelichen Verbindungen entstammenden Kinder ebenso wie ihre zumeist als Mägde arbeitenden Mütter als »billige« Arbeitskräfte gefragt.

211. 33–34 *Bellum Gallicum des Julius Caesar]* Die acht Bücher Gaius Julius Caesars (100–44 v. Ch.) *Commentarii de Bello Gallico*, vermutl. um 52 v. Ch. nach dem Sieg über Vercingetorix verfaßt, schildern die Feldzüge der Eroberung Galliens vom Jahr 58 v. Ch. bis zur Einnahme Alesias im Jahr 52 v. Ch.

212. 31–34 *den direkten ... zugänglich]* Im Rahmen der 3. Konzilsperiode des 11. Vatikanischen Konzils vom 14. 9. bis 21. 11. 1964 wurden erstmals Regelungen getroffen, Teile der Messe in der jeweiligen Volkssprache lesen zu lassen. Vgl: *Dokumente des Zweiten Vatikanischen Konzils.* Band III: *Über die Liturgie.* Konstitution – Motu Proprio – Instruktion – Reskripte. Trier: Paulinus-Verlag, 1965, S. 200ff.

213. 10 *divide et impera]* Lat.: ›teile und herrsche‹. – Römische Formel mit der Bedeutung des Trennens und Zwietrachtsäens zum Zweck des Herrschens. Vgl. hierzu auch: »Der Fluch aller Kritik war immer die mögliche Trennung von Form und Inhalt (die in der Theologie in etwa der Trennung von Symbol und Wirklichkeit entspricht). Man konnte immer das eine am anderen aufhängen oder mit dem anderen aufspießen. Diese Methode ist eine Variante der alten römischen Herrschaftsformel: divide et impera.« Zit. nach: *Heinrich Böll – Im Gespräch mit Dieter-Olaf Schmalstieg. Internationale DIALOG Zeitschrift* (Wien). 2 Jg., 1969, Nr. 4 (Oktober), S. 2.

213. 31–34 *das mich ... Gestalten erinnert]* Nach den beiden Abendmahlsstreiten des Mittelalters im 9. und 11. Jh. um die Beantwortung der Frage, ob Brot und Wein in die Substanz von Leib und Blut Christi verwandelt werden (Transsubstantiationslehre) oder ob die Gegenwart Christi nur symbolisch zu verstehen sei, entbrannte unter den Reformatoren eine neue Kontroverse, die bei den Marburger Religionsgesprächen im Oktober 1529 ausgetragen wurde. Die Frage lautete auch hier, ob das Abendmahl das Sakrament der leiblichen Gegenwart Christi ist oder ob sich bei Brot und Wein die Erinnerungsfeier der Gemeinde vollzieht, die sich dabei ihrer Gemeinschaft mit dem geistlich (symbolisch) anwesenden Herrn versichert. Luther und mit ihm Melanchthon (1497–1560, Humanist und Reformator) hielten – unter Verwendung der Transsubstantiationslehre – gegen Zwingli (1484–1531, schweiz. Reformator) an der Realpräsenz Christi im Abendmahl fest, die anderen lehnten sie zugunsten einer symbolischen Deutung ab.

214. 2–3 *neue Schule des Manichäismus]* Anspielung auf die vom schematischen Dualismus »Geist«/»Materie«, »Licht«/ »Finsternis« bestimmte, auf Mani (216–277) zurückgehende synkretistische Religion der Spätantike. Wie alle gnostischen Lehren enthält der Manichäismus im Kern den Gedanken einer Befreiung des »Geistes« aus der »Materie«, des »Lichtes« aus der »Finsternis«. Der Mensch kann in diesem Prozeß die Erlösung befördern, die in der Erkenntnis der von aller Sinnlichkeit (Materie), d. h. von ihr unabhängigen, *einen* Wahrheit liegt.

214. 4–6 *das mit ... Luthers]* Jan Hus, auch Johannes de Hussynecz (= aus der Stadt Husinec) (um 1370–1415). – Hus, der um 1386 in Prag ein Theologiestudium aufgenommen hatte, wird hier mit der Lehre des Oxforder Theologieprofessors und erstem Übersetzer der Bibel in die englische Sprache, John Wiclif (um 1320–1384), bekannt, durch dessen konservative Frömmigkeit und Ablehnung aller kirchlichen säkularen Herrschaft und allen Besitzes er geprägt wird. Gegen Hus erfolgt im Zusammenhang seiner Kritik am Verkauf von Kreuzzugsablässen durch Papst Johannes XXIII. zur Finanzierung des Kriegszuges gegen Ladislaus von Neapel, aber auch durch

seine 1410 gehaltenen Verteidigungsreden der Lehre Wiclifs die Androhung der Verhängung des Kirchenbanns (Exkommunikation), die 1412 verkündet und auf ganz Prag ausgedehnt wird. Nachdem er Prag verlassen hat, betätigt sich Hus zunächst als Volksprediger und verfaßt zugleich sein Hauptwerk *De ecclesia* (1413), in dem er die Ordnung der Römischen Kirche in Frage stellt. Während er sich zur Verteidigung seiner Lehren auf dem Konzil in Konstanz befindet, wird er am 28. 11. 1414 gefangengenommen. Am 5. 6. 1415 wird der Prozeß gegen ihn eröffnet. Als Ketzer aus dem geistlichen Stand gestoßen, wird er am 6. Juli 1415 in Konstanz verbrannt.

Martin Luther schlug seine 95 Thesen, die Disputation zur Erläuterung der Kraft des Ablasses, am 31. 10. 1517 an der Tür der Schloßkirche zu Wittenberg an. 1518 erfolgte in Rom eine gerichtliche Untersuchung wegen des Verdachts auf Häresie und Auflehnung gegen die kirchliche Obrigkeit. Durch Vermittlung von Kurfürst Friedrich dem Weisen folgte zunächst während des Reichstags in Augsburg (Oktober 1518) eine Vernehmung Luthers durch Kardinal Cajetan (1469-1534) als Legat des Papstes. Nach Beendigung der Vernehmung forderte Cajetan den Kurfürsten auf, Luther, der sich eindeutig der Ketzerei schuldig gemacht habe, nach Rom auszuliefern, was der Kurfürst aber ablehnte. Nach Luthers Teilnahme an der Leipziger Disputation u. a. mit dem Theologieprofessor Johannes Eck (1486-1543) zur Ablaßfrage drängte dieser erneut in Rom auf eine Verurteilung Luthers und wurde daraufhin zum Mitglied der eingesetzten Verurteilungskommission berufen. Deren Beratungsergebnis bildete die Bannandrohungsbulle »Exsurge domine« vom 15. 6. 1520. Statt – wie gefordert – binnen 60 Tagen zu widerrufen, verbrannte Luther die Bulle am 10. 12. 1520, dem letzten Tag der Widerspruchsfrist, in Wittenberg. Nach Luthers vollzogener Exkommunikation folgte die Verhängung der Reichsacht.

214. 19-21 *die den einen ... der Kirche]* Zu den bekanntesten Werken Solschenizyns (geb.1918) gehört – neben den Romanen *Ein Tag im Leben des Iwan Denissowitsch, Der erste Kreis der Hölle* und *Krebsstation* – die Dokumentation *Archipel Gulag*. In dieser stellt Solschenizyn, der selbst zwischen 1945 und 1956 in verschiedenen Lagern inhaftiert gewesen ist, anhand von Zeugnissen der Opfer das System der sowjetischen Straflager und ihren Mechanismus von Terror und Folter dar. – Solschenizyn war Nobelpreisträger für Literatur des Jahres 1970, konnte den Preis aber nicht selbst entgegennehmen. Nach seiner Ausbürgerung aus der Sowjetunion war Solschenizyn vor seiner Weiterreise nach Zürich 1974 Gast Heinrich Bölls in Langenbroich (s. *Hintergrund* S.738 ff.).

Fernando Arrabal (geb. 1932). – Prägend für die Theaterstücke des spanischen Dramatikers, Regisseurs und Mitbegründers des »théatre panique« Arrabal (u. a. *Picknick im Felde; Und sie legten den Blumen Handschellen an; Guernica*) ist die Auseinandersetzung mit der Deformation des Individuums durch obrigkeitlich und ideologisch bestimmte Haltungen und Handlungen. In seinem autobiographisch geprägten *Brief an den General Franco* (1971) setzte sich Arrabal mit dem System und der Geschichte der Unterdrückung im francistischen Spanien auseinander, in dem seine Dramen verboten waren. Arrabal lebt seit 1954 in Frankreich.

215. 22–23 *Man lese ... genau]* Auch wenn für diese Textstelle kein bestimmtes Zitat nachweisbar ist, auf das sich Böll bezieht, lassen sich Rosa Luxemburgs *Briefe aus dem Gefängnis an Sophie Liebknecht* (15. Aufl. Berlin: Dietz, 1989) angeben: »Lesen Sie mal ›Les dieux ont soif‹ [Die Götter dürsten] von Anatole France. Ich halte das Werk für so groß hauptsächlich deshalb, weil es mit genialem Blick für das Allzumenschliche zeigt: Seht, aus solchen Jammergestalten und solcher alltäglichen Kleinlichkeit werden in entsprechenden Momenten der Geschichte die riesenhaften Ereignisse und die monumentalsten Gesten gemacht. [ ... ] Allerdings ist es qualvoll – wenigstens für mich –, schöne Musik ganz allein genießen zu müssen. Tolstoi hat nach mir das tiefste Verständnis gezeigt, als er sagte, die Kunst sei ein gesellschaftliches Verkehrsmittel, eine soziale ›Sprache‹.« (Brief v. Mitte November 1917, a. a. o., S. 72 f.)

215. 24–27 *welche Denkmäler ... Dostojewski]* Am 30. 7. 1918 leitete Lenin die Sitzung des Rats der Volkskommissare, auf der eine Liste von zu errichtenden Denkmälern, die vom Volkskommissariat für Bildung zusammengestellt worden war, erörtert, geprüft und beschlossen wurde. Die beschlossene Liste wurde am 2. 8. 1918 in Nr. 163 der Regierungszeitung *Iswestija* (Nachrichten) veröffentlicht und enthielt die Namen von 65 Revolutionären und Politikern, Schriftstellern und Dichtern, Philosophen und Wissenschaftlern, Künstlern, Komponisten und Schauspielern, denen Denkmäler errichtet werden durften. (S. ausführlichen Stellenkommentar (362. 2–5) in *KA* Bd. 14, S. 724)

216. 29–30 *sondern ... Dostojewski]* Böll las und beschäftigte sich seit ca. 1934–35 mit dem Werk Dostojewskis.

217. 12–13 *Übergehen mußte ich den Humor]* Zur Orientierung von Bölls Humorbegriff an Jean Pauls Definition des Humors als das »umgekehrt Erhabene«, das nicht das »Einzelne« »vernichtet«, sondern »das Endliche durch den Kontrast mit der Idee« darstellt (§ 32 der 1. Abt. ›Humoristische Totalität‹ seiner 1804 erschienenen *Vorschule der Ästhetik*); vgl. die *Frankfurter Vorlesungen KA* Bd. 14, S. 197: »Mir scheint, es gibt nur eine humane Möglichkeit des Humors: das von der Gesellschaft für Abfall Erklärte, für abfällig Gehaltene in seiner Erhabenheit zu bestimmen.«

⟨Am Anfang⟩

*Entstehung*

Die in Bölls Arbeitsbuch unter der Sign. 77/73 verzeichnete Erinnerung an seine ›Anfänge‹ als Schriftsteller ist dort auf den 24./25. 2. 1973 datiert (*AB* I, Bl. 136) (NE).
 Am 21. 6. 1972 wendet sich Hans Daiber, Redakteur beim *Westdeutschen Rundfunk* (Kulturelles Wort), an Heinrich Böll, um wegen einer Beteiligung Bölls an einer Sendereihe mit dem Titel »Erstlingswerke« anzufragen. »Bitte schildern Sie die Entstehung Ihrer ersten größeren, Ihnen wesentlichen Arbeit, die Absichten und Hoffnungen, die sich daran knüpften und den Erfolg oder Mißerfolg. [...] Es stehen 30 Minuten Sendezeit zur Verfügung« (HA 1326–4347, Bl. 2). Nachdem Böll die Beteiligung aus gesundheitlichen Gründen zunächst abgesagt hatte, meldet sich Daiber erneut am 15. 12. 1972 und berichtet, daß sich der Beginn der Reihe verzögert habe und erst am 14. 1. 1973 starten werde. »Auch [...] interessiert sich schon ein Verlag [...], der Kindler Verlag hat Wind bekommen, weil er Heym [Stefan Heym war einer der Autoren in der Reihe] als Briefkasten dient« (HA 1326–4347, Bl. 19).
 »Vielen Dank für Ihren eindrucksvollen Beitrag zu der Reihe ›Wie ich anfing‹«, bestätigt Daiber am 8. 3. 1972 den Eingang des Typoskripts und ergänzt: »Ihr Beitrag würde freilich verlieren, ließe man ihn von einem Berufssprecher lesen. Ich möchte Ihnen darum noch einmal lästig fallen mit der Bitte, Ihren Bericht selber auf Band zu sprechen.« Der Bitte, einen Termin für die Aufnahme zu nennen, kommt Böll nach seiner eh. Notiz auf dem Brief am »19. III. 17–18 Uhr« nach (HA 1326–4375, Bl. 1). Die Aufnahme fand am 19. 3. 1973 um 15.30 Uhr statt.
 Ein die Beiträge der Reihe dokumentierender Band erscheint von Hans Daiber herausgegeben 1979 im Claasen Verlag, Düsseldorf, u. d. T.: *Wie ich anfing ...* .

## *Überlieferung*

### Typoskripte

TH¹: Erstschr. und Durchschr. (grün und gelb); 15 Bll., eh. Sign.: 77/73, auf Bl. 11 eh. Notiz: »Verworfen ungültig(?)«, die jeweils ersten vier Seiten am roR eh. pag.
(HA 1326-262, Bll. 1-15)
tH²: Durchschr. (gelb); 5 Bll., eh. Sign., am roR durchschr. eh. pag. 1-5.
(HA 1326-262, Bll. 16-20)

### Drucke

D¹: *Der Schriftsteller Heinrich Böll*. Ein biographisch-bibliographischer Abriß. München: Deutscher Taschenbuch Verlag (dtv 530), 1977 (5. Aufl.), S. 25-28.
D²: *EE*, S. 17-21.
D³: *ESR* III, S. 51-54.
D⁴: *EAS* 5, S. 47-50.

### Sendungen

*Westdeutscher Rundfunk* (Köln), Hörfunk, 20. 5. 1973 – *Wie ich anfing*. Erstlingswerk. U.d. T.: Heinrich Böll und seine Erzählung: ›Der Zug war pünktlich‹.

### *Textgrundlage*

Textgrundlage ist D³.

### *Varianten*

220. 25 *Brennholz]* Brennmaterial *D¹*
221. 7 *ich fand diese Methode]* ich fand aber diese Methode *D¹*
221. 26 *nicht garantieren]* nicht mehr garantieren *D¹*

## Stellenkommentar

218. 9–10 *Meine ... Roman]* S. *KA* Bd. 1; der Roman trägt den Titel: *Am Rande der Kirche*.

218. 10–11 *Erstpublikationen ... Kurzgeschichten]* Bölls erste Veröffentlichungen: *Aus der ›Vorzeit‹* in: *Rheinischer Merkur* v. 3. 5. 1947; *Die Botschaft* in: *Karussell*, August 1947 (Folge 14); *Der Angriff* in: *Rheinischer Merkur* v. 13. 9. 1947; *Kumpel mit dem langen Haar* in: *Karussell*, November 1947 (Folge 17); *Ein Hemd aus grüner Seide* in: *Hessische Nachrichten* v. 15. 11. 1947. S. *KA* Bd. 3.

218. 11–13 *Meinen ... angeboten]* Kreuz ohne Liebe, KA Bd. 2; s. dort unter *Entstehung*.

218. 14 *Preisausschreiben]* Der Wilhelm Naumann Verlag in Augsburg schrieb im *Börsenblatt* v. 29. 8. 1946 einen Wettbewerb aus für »den besten Roman, der die weltanschauliche Auseinandersetzung des Christentums mit dem Nationalsozialismus gestaltet«. S. *Entstehung* von *Kreuz ohne Liebe*, *KA* Bd. 2.

218. 16–17 *ein Original und vier Durchschläge]* S. *Kreuz ohne Liebe*, *KA* Bd. 2, *Überlieferung*.

218. 19–21 *Der ... Manuskriptseiten]* Der tatsächliche Umfang des Manuskripts, bzw. der Durchschläge beträgt etwa 200 (eng beschriebene) Seiten. S. *Überlieferung* von *Kreuz ohne Liebe*, *KA* Bd. 2.

218. 30 *in unserem Wohnschlafzimmer]* Annemarie und Heinrich Böll wohnten zu dieser Zeit in Köln Bayenthal, Schillerstraße 99, in der ersten Etage.

219. 3–4 *Der Roman ... zurück]* Der Roman *Kreuz ohne Liebe* wird Böll am 15. 4. 1948 vom Wilhelm Naumann Verlag zurückgeschickt; entgegen Bölls Erinnerung aber mit einem Kommentar, in dem es u. a. heißt: »Es wird [...] bei der Beurteilung hervorgehoben, daß Sie über dichterische Möglichkeiten verfügen, doch wird dazu bemerkt, daß diese noch der Reifung bedürfen.« S. *Entstehung* von *Kreuz ohne Liebe* in *KA* Bd. 2.

219. 9–10 *meine Frau ... Freundin]* Annemarie Böll (geb. 1910) und Mechtild Böll (1907–1972). Die ›Schwägerin‹ und deren ›Freundin‹ sind nicht zu ermitteln.

219. 13–15 *Ich schrieb ... worden]* In diesem Zeitraum sind insgesamt über 120 Texte (darunter Romane wie *Kreuz ohne Liebe* oder *Wo warst du Adam?* und Großerzählungen wie *Das Vermächtnis* oder *Der Zug war pünktlich*) entstanden. (Vgl. *KA* Bd. 2–4.)

219. 18–19 *anläßlich eines Umzuges]* Die Terminierung des Umzugs »dreiundzwanzig Jahre später« verweist auf den Wohnungswechsel der Familie aus Köln-Müngersdorf, Belvederestraße 35, in die Hülchrather Straße 7 im Agnesviertel in Köln 1969. S. *Hülchrather Straße Nr. 7*, S.77 ff.

219. 22–33 *Wahrscheinlich ... schützen]* Vgl. *Heimat und keine*, KA, Bd. 14, S. 377: »Was nicht sichtbar gemacht werden kann, vielleicht aber spürbar wird: der Staub und die Stille. Staub, Puder der Zerstörung, drang durch alle Ritzen, setzte sich in Bücher, Manuskripte, auf Windeln, aufs Brot und in die Suppe; er war vermählt mit der Luft, sie waren ein Leib und eine Seele; jahrelang die tödliche Qual, gegen alle Vernunft, gegen alle Hoffnung als Sisyphus und Herakles diese Unermeßlichkeit des Staubs zu bekämpfen, wie ihn eine zerstörte Stadt von den Ausmaßen Kölns hervorbringt; er klebte auf Wimpern und Brauen, zwischen den Zähnen, auf Gaumen und Schleimhäuten, in Wunden – jahrelang dieser Kampf gegen die Atomisierung unermeßlicher Mengen von Mörtel und Stein.« Vgl. auch Kap. 4 des Romans *Und sagte kein einziges Wort*, KA Bd. 6.

220. 15 *Student an der Universität Köln]* Böll meldet sich am 20. 5. 1946 an die Universität Köln zurück und schreibt sich für die Fächer Klassische Philologie und Germanistik ein, in denen er in den beiden folgenden Semestern zwar einige Vorlesungen belegt, aber kaum besucht. Als er im März 1947 seitens der Universität die Aufforderung erhält, Exmatrikel zu beantragen – vermutlich hatte er sich nicht rechtzeitig zurückgemeldet –, stellt Böll zunächst zwar noch einen Antrag auf Beurlaubung für das kommende Sommer- sowie das nächste Wintersemester 1947/48, teilt dann aber in einem Schreiben an den Prorektor der Universität vom 18. 8. 1947 mit, daß er sich in den »folgenden Semestern freien schriftstellerischen Arbeiten widmen« wolle und deshalb seinen »Studienplatz einem anderen Bewerber zur Verfügung stelle«.

220. 19–20 *Meine Frau war als Mittelschullehrerin berufstätig]* Annemarie Böll unterrichtete Deutsch und Englisch an der Realschule Severinswall (1947/48 und von 1949 bis 1952).

220. 22 *unser Sohn Raimund]* Raimund Böll (1947–1982), Bildhauer, wurde am 19. 2. 1947 geboren.

220. 24–25 *die benachbarten Trümmer]* Zu diesem Zeitpunkt lag fast jedes dritte Haus in der Schillerstraße in Köln-Bayenthal als Folge der Luftangriffe auf Köln in Trümmern. Vgl.: »Um Brennholz brauchten wir uns nicht zu sorgen: Wir wohnten in einer total zerstörten Straße in Köln«. In: *Die wenig wunderbare Brotverringerung*, KA Bd. 23; *EAS* 9, S. 163)

220. 31 *Schwarzmarkt]* Neben den offizellen Tauschmärkten gab es in Köln zwei Schwarzmärkte: auf dem Domplatz und am Eigelstein.

221. 11 *im Revier westlich von Köln]* Der Braunkohletagebau bei Frechen.

221. 12–13 *mein Vater, mein Bruder und ich]* Der Vater Viktor Böll (1870–1960) und der Bruder Alois Böll (1911–1981).

221. 18–19 *Mit ... fertig]* S. *Entstehung* von *Der Zug war pünktlich*, KA Bd. 4.

221. 19–21 *Ich bot ... veröffentlichte]* S. *Entstehung* von *Der Zug war pünktlich, KA.* Bd. 4.

221. 27–29 *ich bekam ... waren]* Vgl. *Die wenig wunderbare Brotverringerung, KA* Bd. 23; *EAS* Bd. 9, S. 163: »Mein allererstes Honorar erhielt ich 1947 vom *Rheinischen Merkur.* Wie hoch es war, weiß ich nicht mehr [80 Reichmark für *Aus der ›Vorzeit‹*]. Laufend gab es weitere Honorare von verschiedenen Zeitungen und Zeitschriften – die meisten kamen überraschenderweise etwa drei bis zwei Wochen vor der Währungsreform; ein paar saftige darunter, sie waren von Publikationsorganen, die nach der Währungsreform für hartes Geld verkauft wurden.«

221. 31 *Währungsreform]* S. *Stellenkommentar* zu 11. 2.

221. 36–37 *Mein Buchmanuskript ... verschwand]* S. *Entstehung* von *Der Zug war pünktlich, KA* Bd. 4.

221. 38–222. 3 *Ein paar Monate ... ihn habe]* Paul Schaaf schreibt am 8. 1. 1949 an Böll: »Ich weiß nicht ob es Ihnen bekannt ist, daß ich zunächst durch eine Erzählung von Ihnen in der ›Literarischen Revue‹ und dann durch eine weitere im ›Ruf‹ auf Sie aufmerksam wurde. Ich habe damals den Verlag Middelhauve sogleich gebeten, Ihre Adresse ausfindig zu machen, und nun habe ich vor kurzem Ihre große Erzählung ›Zwischen Lemberg und Czernowitz‹ erhalten und gelesen. Meinen ersten Eindruck finde ich darin vollkommen bestätigt, vor allem die ›Richtigkeit‹ Ihres Erzählens, das nicht künstlich Herbeigeführte, aber äußerst Dringende darin. Auch finde ich, daß Sie vielleicht die jetzt einzig mögliche Form gefunden haben, diese Erlebnisinhalte aus dem Krieg ›romanhaft‹ auszudrücken, nämlich nicht in einem Roman gewöhnlichen Sinnes, sondern im Nachgang dieser wenigen Stunden, die Ihre Erzählung umfaßt.«

222. 5–6 *meinen ersten Verlagsvertrag]* Am 2. 5. 1949 kommt es zwischen »Heinrich Böll, Köln-Bayenthal, Schillerstraße 99« und dem »Verlag Friedrich Middelhauve, Opladen, Ophovenerstr. 1–3« zum Abschluß eines Verlagsvertrages.

222. 7 *erschien dann im Winter 1949] Der Zug war pünktlich* erscheint im Dezember 1949. S. *KA* Bd. 4.

⟨Gefahren von falschen Brüdern⟩

## Entstehung

Der in Bölls Arbeitsbuch unter der Sign. 149/73 verzeichnete Artikel ist dort auf den 21. 7. 1973 datiert (*AB* II, Bl. 6 ) (NE).
Den Eingang des Textes bei der *Frankfurter Rundschau* bestätigt Wolfram Schütte am 24. 7. 1973 und schickt – »mit gleicher Post« – 5 Belegexemplare an Böll. In dem Vorspann zum Abdruck heißt es: »In dem nachfolgenden Artikel präzisiert Heinrich Böll noch einmal unmißverständlich und an die Adresse der ›falschen Brüder‹ gewandt, die ihn plötzlich nach seiner jüngsten Kritik an der Sowjetunion bei uns in ihr Herz schließen wollen, was er unter ›Einmischung‹ versteht und was den legitimieren muß, der sich zu ihr entschließt.« Für den Beitrag erhielt Heinrich Böll den »Stern der Woche« (17.–27. 7. 1973) der Feuilleton-Redaktion der *Abendzeitung* (München), in der der Artikel am 26. 7. 1973 nachgedruckt wurde.

## Überlieferung

### Typoskripte

TH¹: Erstschr.; 5 Bll.
   (HA 1326-262, Bll. 21–25)
tH²: Durchschr.; 3 Bll., eh. Sign.: 149/73, am roR eh. pag. 1–3.
   (HA 1326-262, Bll. 26–28)

### Drucke

Z: *Frankfurter Rundschau.* – 29. Jg., Nr. 170 (25. 7. 1973), S. 8.
D¹: *EE*, S. 45–46.
D²: *ESR*, III, S. 55–57.
D³: *EAS* 5, S. 51–53.

## Textgrundlage

Textgrundlage ist D².

## Stellenkommentar

223.1 *Gefahren von falschen Brüdern]* Der Titel des Textes bezieht sich auf eine Stelle aus 2. Korinther 11, 16–33, in der »die Leiden und Mühen des Apostels« Paulus geschildert werden. In Vers 11,26 heißt es: »Ich war oft auf Reisen, gefährdet durch Flüsse, gefährdet durch Räuber, gefährdet durch das eigene Volk, gefährdet durch Heiden, gefährdet in der Stadt, gefährdet in der Wüste, gefährdet auf dem Meer, gefährdet durch falsche Brüder.« *Die Bibel* (1980), S. 1292 f. Böll verwandte diesen Bibel-Bezug schon 1964 in dem Titel seiner Rezension *Gefahr unter falschen Brüdern* zu Anna Seghers Roman *Transit*, s. *KA*. Bd 14, S. 126–130; *EAS* 3, S. 24–27.

223.6–7 *Bramarbasieren]* Aufschneiden, Prahlen; hier vergangene Erlebnisse verklären.

223.15–16 *Solschenizyn, Bukowskij, Amalrik, Grigorenko, Maximow und Galitsch]* Alexander Issajewitsch Solschenizyn (geb. 1918), russ. Schriftsteller, 1970 Nobelpreis für Literatur. – Wladimir Bukowski (geb. 1942), sowjet. Schriftsteller. – Andrej Amalrik (1938–1980), sowjet. Schriftsteller. – Pjotr Grigorjewitsch Grigorenko (1907–1987), sowjet. General und Militärhistoriker; seit 1961 dauernden Maßregelungen ausgesetzt und seit 1969 mehrfach in »Sonderirrenanstalten« der politischen Psychiatrie. Vgl. Andrej Dubrow: »Auf Befehl erschieße ich ihn.« In: *Der Spiegel* Nr. 44 v. 29. 10. 1973. – Wladimir Maximow (1932–1995), sowjet. Schriftsteller. – Alexander Arkadiewitsch Galitsch (1919–1977), russ. Liedermacher und Schriftsteller.

223.19 *Hexenjagd]* Böll verwendet den Ausdruck hier metaphorisch für die Hetze gegen Linke, Intellektuelle und angebliche RAF-Sympathisanten.

223.19–20 *Einmischung ist nur dann legitimiert, wenn sie national und international erfolgt.]* Vgl. *Einmischung erwünscht*, S.187 ff.

223.24 *Dr. Strauß]* Franz Josef Strauß (1915–1988), CSU-Politiker; 1978–1988 Ministerpräsident von Bayern.

223.27 *Bundestagssitzung vom 7. Juni 1972]* Bezieht sich auf eine Debatte des Bundestages vom 7. 6. 1972 zum Tagesordnungspunkt »Innere Sicherheit«. Vgl. *Stellenkommentare* zu 121. 23–24 und 121. 26.

223.27–28 *Der VS und der westdeutsche PEN]* VS ist das Kürzel für den »Verband deutscher Schriftsteller«, der 1969 in Köln als Schriftstellergewerkschaft gegründet wurde. – Nach dem Scheitern eines gemeinsamen P. E. N.-Zentrums nach dem Krieg in Deutschland 1951 wurde in der Bundesrepublik ein »P. E. N-Zentrum Bundesrepublik Deutschland« mit Sitz in Darmstadt gegründet. 1953 enstand als ostdeutsches Gegenstück ein »P. E. N.-Zentrum Ost und West«, das 1967 in »P. E. N.-Zentrum der Deutschen Demokratischen Republik« umbenannt wurde, mit Sitz in Ost-Berlin. Heinrich Böll war seit 1954 Mitglied und von 1970 bis 1972 Präsident des P. E. N-Zentrums der Bundesrepublik Deutschland.

223. 32–33 *das Rotbuch des »Komitees Rettet die Freiheit«]* S. *Stellenkommentar* zu 143. 14–15.

224. 1–2 *den Herren Vogel und Dr. Schneider]* Friedrich Vogel (geb. 1929), CDU-Politiker. – Oscar Schneider (geb. 1927), CSU-Politiker.

224. 8 *Zwischenrufe des Herrn Dr. Marx]* Werner Marx (1924–1985), CDU-Politiker.

224. 9 *Law-and-order-Leuten]* Nach ›Gesetz und Ordnung‹ rufende Menschen. Vgl. *Stellenkommentar* zu 172. 1.

224. 13 *Amalrik]* Andrej Amalrik (1938–1980), sowjet. Schriftsteller.

224. 17–18 *Protokoll der Sitzung vermerkt: »Beifall bei der CDU/CSU]* Vgl. *Deutscher Bundestag. 188. Sitzung. Bonn, Mittwoch, den 7. Juni 1972*, Verlag Hans Heger, Bonn – Bad Godesberg. Dort ist während der Rede des Abgeordneten Vogel (CDU) allein auf 2 Seiten (10985 f.) 10 Mal »Beifall bei der CDU/CSU« protokolliert.

224. 21 *Sie werden sich noch zu Tode differenzieren]* Vgl. *Deutscher Bundestag. 188. Sitzung. Bonn, Mittwoch, den 7. Juni 1972*, Verlag Hans Heger, Bonn – Bad Godesberg. S. 11025. Dort ist bei einem Redebeitrag des Bundesministers für besondere Aufgaben, Horst Ehmke, zur inneren Sicherheit protokolliert: »Zuruf von der CDU/CSU: Sie differenzieren sich noch zu Tode!«

224. 22 *Dr. Ehmke]* Horst Ehmke (geb. 1927), SPD-Politiker, 1969–1972 Minister für besondere Aufgaben im Kanzleramt.

224. 22–23 *Herrn Wohlrabe]* Jürgen Wohlrabe (1936–1995), CDU-Politiker und Unternehmer.

224. 23–27 *Im Bayernkurier vom 14. Juli 1973 ... loswerden möchte]* Peter Alexander (d. i Peter Alexander Neumayer, geb. 1926), österr. Sänger und Schauspieler. – Günter Grass (geb. 1927), Schriftsteller, Nobelpreis für Literatur 1999.

224. 30–31 *Dr. Kohl und Prof. Dr. Biedenkopf]* Helmut Kohl (geb. 1930), CDU-Politiker, 1982–1998 Bundeskanzler der Bundesrepublik Deutschland. – Kurt Hans Biedenkopf (geb. 1930), CDU-Politiker. – Kohl als neugewählter Parteivorsitzender (1973–1998), Biedenkopf als neuer Generalsekretär der CDU (1973–1977).

224. 35 *Wiederaufrüstungsdebatte]* 1950 beginnt die damalige Bundesregierung unter Bundeskanzler Adenauer gemeinsam mit den drei Westmächten (USA, Großbritannien und Frankreich) Verhandlungen über einen

deutschen Beitrag zur Verteidigung der Bundesrepublik. Ziel Adenauers ist die Wiederbewaffnung Westdeutschlands bei gleichzeitiger Integration in das westliche Bündnis, die NATO. Die von Böll zitierte Wiederaufrüstungsdebatte konzentrierte sich auf die Jahre 1954–1956: mit den »Pariser Verträgen« vom 23. 10. 1954 wird die Bundesrepublik in die NATO aufgenommen (offizielles Mitglied ab Mai 1955), am 7. 7. 1956 beschließt der Bundestag gegen die Stimmen von SPD und FDP das Wehrpflichtgesetz über die Einführung der allgemeinen Wehrpflicht. Zum 1. 4. 1957 rücken die ersten Wehrpflichtigen in die Kasernen ein.

224.35-36 *Antiatomtod-Bewegung]* Im März 1958 faßt der Bundestag auf Initiative des damaligen Verteidigungsministers Franz Josef Strauß (1915–1988) gegen die Stimmen der SPD den Beschluß, die Bundeswehr im Rahmen der NATO mit Trägersystemen für Atomwaffen auszustatten. Diese Entscheidung wird Ausgangspunkt einer breiten außerparlamentarischen Bewegung. Am 12. 9. 1958 gründet sich in Bonn der »Arbeitsausschuß ›Kampf dem Atomtod‹ e. V«. Die Bewegung wird zunächst von der SPD unterstützt. Die Unterstützung wird allerdings eingestellt, nachdem eine gegen die Aufrüstung der Bundeswehr gerichtete Volksbefragung am 30. 7. 1958 durch das Bundesverfassungsgericht verboten worden war. Bereits 1957 erschien das »Göttinger Manifest«, eine von 18 Wissenschaftlern verfaßte Erklärung gegen die atomare Bewaffnung der Streitkräfte. Am 10. 3. 1958 wurde ein von zahlreichen Wissenschaftlern, Politikern und Schriftstellern (darunter Heinrich Böll) unterzeichneter erster Aufruf »Kampf dem Atomtod« veröffentlicht, dem am 15. 4. 1958 ein von vielen prominenten Künstlern unterschriebenes Manifest »Gegen die atomare Bewaffnung« folgte. (Die beiden Texte sind abgedruckt in: *Vaterland, Muttersprache. Deutsche Schriftsteller und ihr Staat.* Ein Nachlesebuch: Offene Briefe, Reden, Aufsätze, Gedichte, Manifeste, Polemiken. Zusammengestellt von Klaus Wagenbach, Winfried Stephan und Michael Krüger. Mit Randbemerkungen und einer Zeittafel. Vorwort von Peter Rühmkorf. Berlin: Verlag Klaus Wagenbach. S. 144 f.; vgl. *KA* Bd. 14, S. 689.)

224.36 *Komitee »Rettet die Freiheit«]* S. Stellenkommentar zu 143. 14–15.

224.38–225.1 *Spießer-Anti-Spiritualismus der Adenauer-Ära]* Konrad Adenauer (1876–1967), CDU-Politiker, 1949–1963 Bundeskanzler. – Spiritualismus: Bezeichnung für verschiedene Bewegungen in der Geschichte des Christentums, die das unmittelbare Heilswirken Gottes durch dessen Geist (lat. spiritus) betonen und sich deshalb gegen die verfaßte Kirche und das kirchliche Amt wenden.

225.6 *Springer-, Bauer- und Burdapresse]* Springer – s. *Stellenkommentar* zu 38. 32. – Alfred Louis Heinrich Bauer (1898–1984), Verleger, 1946 Gründer des Heinrich Bauer Verlags, zu dem (1972) u. a. *TV Hören und*

*Sehen, Quick, Bravo* und *Neue Revue* gehören. Der Verlag unterstützte auf verschiedene Weise deutlich die damaligen Oppositionsparteien CDU/CSU im Umfeld des Wahlkampfes 1972, so in der Mitarbeit an dem sogenannten »Arbeitskreis Soziale Marktwirtschaft«, der eine großangelegte Anzeigenkampagne gegen die SPD/FDP-Bundesregierung führte (vgl. *Das Schwarze Kassenbuch. Die heimlichen Wahlhelfer der CDU/CSU*; vgl. ebenso den *Spiegel*-Report über den Bauer-Verlag »›Blätter, wie sie Menschen brauchen‹«, Nr. 47 v. 1972). – Franz Burda (1903–1986), Verleger. Der seit den 1920er Jahren vor allem als kartographischer Verlag fungierende Burda-Verlag stieg erst 1948 ins Zeitschriftengeschäft ein; Publikationen (1972) u. a: *Bunte, Bild+Funk, Freundin*.

225. 12–13 *Richard Jaeger zu Franco schicken]* Richard Jaeger (1913–1998), CSU-Politiker. – Jaeger trat wiederholt für die Wiedereinführung der Todesstrafe in der BRD ein. – Francisco Franco (eigentl. Francisco Franco y Bahamonde) (1892–1975), spanischer General und Politiker; 1936–1975 Staatschef Spaniens. Franco putschte als Oberbefehlshaber von Spanisch-Marokko 1936 gegen das gewählte Regierungsbündnis aus linken Parteien (»Volksfrontregierung«) und löst damit den Spanischen Bürgerkrieg aus, der 1939 mit der Einnahme Madrids durch die Franco-Truppen endet. Franco stützte seine diktatorische Herrschaft auf die Armee, die Einheitspartei der Falange und die katholische Kirche.

225. 13–14 *für die katalanischen ... auferlegt hat]* Vgl. *Einmischung erwünscht*, S.187 ff.

225. 18 *nach Griechenland ]* Vgl. *Unsere Wahlen aus deutscher Sicht*, S.117 ff.

225. 19 *von Hassel]* Kai-Uwe von Hassel (1913–1997), CDU-Politiker.

225. 20 *Südafrika]* Bezieht sich auf die bis Anfang der 1990er Jahre in der Republik Südafrika herrschende Apartheidpolitik, die gesetzlich verankerte Rassentrennung und die damit verbundene faktische Diskriminierung der Nicht-Weißen, die von der Teilhabe an politischen Entscheidungen ausgeschlossen waren. Symbolfigur des Widerstands gegen das Apartheid-Regime war der schwarze Bürgerrechtler Nelson Mandela (geb. 1918), der 1961 verhaftet und 1964 zu lebenslanger Haft verurteilt wurde. Nach dem Ende der Apartheid wurde Mandela, der 1993 den Friedensnobelpreis erhielt, von 1994 bis 1999 der erste Präsident des neuen demokratischen Südafrika.

225. 21 *Portugal]* 1926 errichtet General Gomes da Costa (1863–1929) ein autoritäres Regime, das bis 1974 an der Macht bleibt.

⟨Eine Brücke, die ich nicht betrete⟩

## Entstehung

Die in Bölls Arbeitsbuch unter der Sign. 151/73 verzeichnete Erwiderung auf den Offenen Brief von Peter Schütt (s. *Hintergrund*) ist dort auf den 2. 8. 1973 datiert (*AB* II, Bl. 6) (NE).
Der Offene Brief Schütts v. 22. 7. 1973 wurde in Auszügen im Berliner *Extra-Dienst* am 27. 7. 1973 und, ebenfalls gekürzt, in der *Frankfurter Rundschau* am 31. 7. 1973 veröffentlicht. Auf diese Veröffentlichungen reagiert Böll in Kenntnis des gesamten Textes. Er schickt seine Antwort an den *Berliner Extra-Dienst* und an die *Frankfurter Rundschau*, wo sie am 7. bzw. 8. 8. 1973 erscheint. (Ein vollständiger Abdruck des ›Briefwechsels‹ erfolgt in *Konkret* Nr. 34 v. 16. 8. 1973.)

## Hintergrund

Der im folgenden abgedruckte Offene Brief Peter Schütts folgt dem Wortlaut des Abdrucks in *Konkret*, Nr. 34 v. 16. 8. 1973.

Lieber Kollege Böll!
Ihre öffentliche Stellungnahme in Sachen Amalrik hat mich enttäuscht. Ich bin betroffen, daß ausgerechnet Sie, der noch vor einem Jahr von der Springerpresse und der gesamten Reaktion mit Gift und Galle bespien wurden, zum Kronzeugen der abgefeimtesten Antikommunisten und Friedensfeinde gemacht worden sind. Zur selben Zeit sind die Feuilletonseiten aller bürgerlichen Zeitungen, von der »Welt« über die »Zeit« bis zur »Frankfurter Rundschau«, voll von Artikeln über die angebliche Verschärfung der sowjetischen Kulturpolitik, und die Rundfunk- und Fernsehkommentatoren der ganzen »Freien Welt« überschlagen sich wie zu Adenauers Zeiten in Wehklagen über die Leiden der unterdrückten Intellektuellen und Schriftsteller in der Sowjetunion. Wenn das nicht zentral gesteuert ist, heiß ich Amalrik! Die »einhellige Empörung« geht weit über die Landesgrenzen hinaus. »Le Monde« und die »New York Times« sind genauso mit von der Partie. Der Verdacht drängt sich auf: Hier handelt es sich um eine großangelegte Kampagne des Antisowjetismus, die von den erfahrenen Meinungsmachern des CIA ausgebrütet worden ist. Als Sie Ihre Stellungnahme ab-

gaben, konnten Sie von diesen Zusammenhängen nichts wissen. Sie sind überrumpelt worden; ich weiß nicht, ob von einem gut- oder übelwollenden Journalisten oder von Ihrer spontanen Empörung. Ich bin übrigens nicht der Meinung, daß wir über die Sowjetunion, ihre Politik, ihre Gesellschaft nicht diskutieren dürfen. Ganz im Gegenteil! Die Sowjetunion, Ihr Freund und der Freund vieler, die den Frieden wollen, darf kein Tabu sein.

Über Herrn Amalrik will ich nicht den Stab brechen. Aber was er in seiner Studie darüber, ob die Sowjetunion das Jahr 1984 erleben könne, geschrieben hat, ist weder ein Dokument des Realismus noch des Humanismus. Aber diese Schrift wird ihm gar nicht zur Last gelegt. Er hat sich gegen Gesetze des Sowjetstaates vergangen. Ist das undenkbar? Ist Herr Amalrik unfehlbar?

Sie, lieber Kollege Böll, sind ein entschiedener Fürsprecher der Entspannung, mehr noch: ein Vorkämpfer. Mit Ihrem Werk, mit Ihren Erklärungen haben Sie unendlich viel zur Verständigung zwischen dem Volk der Bundesrepublik und den Völkern der UdSSR beigetragen. Jetzt aber haben Sie sich, fürchte ich, in eine weltweite Aktion einspannen lassen, die ausgerechnet von denen gesteuert wird, denen die ganze Entwicklung der letzten Jahre, die Durchsetzung der Koexistenzpolitik, die Verträge von Moskau und Warschau, das Atomstoppabkommen, ein Dorn im Auge ist. Und ich fürchte, genau diese Kräfte haben auch Herrn Amalrik, vielleicht gegen seinen Willen, vor ihren Karren gespannt. Insofern besteht wirklich ein Zusammenhang zwischen Entspannungspolitik und Amalrik-Prozeß. Legt es Herr Amalrik nicht mit allen Mitteln darauf an, sich mit den sowjetischen Behörden anzulegen? Versucht er nicht alles, um die sowjetische Rechtsprechung zu Maßnahmen zu zwingen, die sie vor den Augen der Weltöffentlichkeit diskreditieren sollen? Liefert er nicht mit großer Beharrlichkeit denjenigen Material und Munition, die den Entspannungsprozeß mit Lüge und Hetze zu bremsen versuchen und kulturpolitisch einen neuen Kalten Krieg vom Zaume brechen wollen?

Wenn einer in der Sowjetunion partout gegen die Entspannung arbeiten will, wie wäre das in einem Land, in dem es keine Hetzsender, keine Groschenhefte und keine Springerzeitungen gibt, anders möglich als mit Methoden, denen sich Herr Amalrik bedient? Er verleumdet die Sowjetunion, spielt westlichen Verlagen und Nachrichtenagenturen »verbotene« Manuskripte zu, kürt sich mit Entschlossenheit zum Märtyrer, spielt den Bürgerschreck und gibt sich demonstrativ als Nichtstuer. Nichtstuer sind in Gesellschaften, wo die Arbeiter die Macht haben, nun einmal schlecht angesehen.

Herr Amalrik ist, das werden Sie nicht bestreiten, ein Einzelfall. Es gibt keine organisierte Schriftstellerverfolgung in der UdSSR. In keinem Land der Welt sind die Schriftsteller so frei wie in der Sowjetunion. Sie haben dort eigene Verlage, Zeitschriften und unbegrenzte Geldmittel. Sie sind von keinem Verleger abhängig und sozial bestens versorgt. Nirgendwo haben sie mehr Leser, mehr Möglichkeiten, ihre Werke zu diskutieren und ihre Ideen in die Tat umzusetzen. Nirgendwo werden die Schriftsteller so ernst genommen. Um den Preis allerdings, daß sie ihre jahrhundertealte Narrenrolle, den Garantieschein für Wirkungslosigkeit, verlieren!

Herr Amalrik hat die Sowjetunion kritisiert. Das, sagen Sie, ist sein gutes Recht. Aber ist es nicht ein fundamentaler Unterschied, ob ein Autor eine korrupte und dekadente Gesellschaftsordnung kritisiert oder eine Gesellschaft, die sich, allen Widerständen und Widersprüchen zum Trotz, schrittweise humanisiert? Es richtet sich nach den gesellschaftlichen Verhältnissen, ob eine Kritik vorwärts drängend und klärend wirkt oder ob sie den Kräften der Beharrung, der Reaktion, des Unfriedens nützt. Auch Kritik muß kritisierbar sein, korrigierbar, unter Umständen sogar: strafbar, wenn sie dem Geiste des Friedens und des Humanismus entschieden zuwider ist. Oder besitzt ein Kritiker in Ihren Augen absolute Immunität? Aber Herr Amalrik ist nicht als radikaler Kritiker der Sowjetunion verurteilt worden. Sie wissen, vermutlich besser als ich, in der Sowjetunion gibt es viele begabte und bedeutende Schriftsteller, die Mißstände offen kritisieren, Rosow oder Aitmatow zum Beispiel. Sie werden nicht verfolgt, sondern geachtet und heftig diskutiert. Kritik ist in der Sowjetunion nicht verpönt, sondern, im Interesse des gesellschaftlichen Fortschritts, von der Partei und vom Staat gefordert.

Und gesetzt den Fall, Herrn Amalrik sei wirklich Unrecht geschehen – was ich selber schwer annehmen kann –, hätten Sie dann wirklich recht, seinen Fall so herauszustellen? Gemessen an dem Unrecht, das viele fortschrittliche Schriftsteller und nicht nur Schriftstellerkollegen in Südvietnam, Südafrika, Indonesien, Persien, Brasilien, Angola, Portugal, Spanien oder Griechenland erleiden! Gemessen an dem Unrecht, das in allen Ländern des Kapitalismus zum System gehört! Auch bei uns. Die Unternehmer haben in diesen Tagen sechshundert gewerkschaftliche Jugendvertreter aus ihren Betrieben gefeuert, und mehr als hundert linke Lehrer sind inzwischen Opfer jenes unseligen Ministerpräsidentenbeschlusses geworden.

Sagen Sie nicht, dergleichen zu vergleichen, sei unfair! Zum humanen Realismus Ihres Werkes gehört auch ein Augenmaß für Proportionen. Wenden Sie dieses Maß auch jetzt an! Machen Sie deutlich, auf wessen Seite Sie stehen!

Es grüßt Sie in Verehrung und Verbundenheit
Ihr Peter Schütt

## Überlieferung

Typoskripte

tH: Durchschr.; 3 Bll., eh. Sign.: 151/73, am roR eh. 1–3, durchschr. eh. Unterschrift auf Bl. 3.
(HA 1326–262, Bll. 39–41)

## Drucke

Z¹: *Extra-Dienst* (Berlin) – 7. Jg., Nr. 63 (7. 8. 73), S. 15–16 u. d. T.: »Ich bin kein Ministrant«.
Z²: *Frankfurter Rundschau* – Jg., Nr. 182 (8. 8. 73), S. 7 u. d. T.: »Eine Brücke, die ich nicht betrete«. Heinrich Böll antwortet Peter Schütt.
D¹: *ESR* II, S. 58–60.
D²: *EAS* 5, S. 54–56.

## Stellenkommentar

227. 3 *Peter Schütt]* Peter Schütt (geb. 1939), Schriftsteller. – Schütt war 1968 Mitbegründer und seit 1971 Mitglied des Parteivorstandes der Deutschen Kommunistischen Partei (DKP), einer Nachfolgepartei der 1956 verbotenen Kommunistischen Partei Deutschlands (KPD), die einen dogmatischen Marxismus-Leninismus vertrat.

227. 4–5 *Meine Äußerungen zum Fall unseres Kollegen Amalrik]* Andrej Amalrik (1938–1980), sowjet. Schriftsteller. – Amalrik war bereits in den 1960er Jahren als scharfer Kritiker des Sowjetsystems hervorgetreten (u. a in dem 1969 im Westen erschienenen Aufsatz »Kann die Sowjetunion das Jahr 1984 erleben?«). Im November 1970 wurde er zu drei Jahren Zwangsarbeit verurteilt, am 10. 7. 1973 erfolgte eine erneute Verurteilung zu drei Jahren Arbeitslager wegen angeblicher »Verleumdung der Sowjetunion«. Dagegen protestierten das P. E. N-Zentrum der Bundesrepublik und Böll als Präsident des Internationalen P. E. N.

227. 9–12 *Ich setze voraus ... hieß]* Gespräch mit Lothar Dombrowski und Paul Schallück, *WDR*, »Mittagsmagazin« am 6. 7. 1973 (*Int*, S. 233–236); Interview mit Hans Vetter, *Deutsche Welle* am 10. 7. 1973, gedruckt im *Kölner Stadt-Anzeiger* v. 12. 7. 1973 u. d. T.: »Verängstigt, verboten, nach Sibirien verbannt«; »Es ist Zeit, öffentlich energisch zu werden«, *Spiegel* Nr. 29 v. 16. 7. 1973 (*Int*, S. 237–239). – Vgl. a. *Gefahren von falschen Brüdern*, S.223 ff.

227. 19–20 *des Springer-Inlanddienstes]* Gemeint ist der Nachrichtendienst des Springer-Konzerns (sid).

227. 25–26 *»jederzeit erhältlich«.]* Böll bezieht sich auf eine Nachricht des Springer-Auslandsdienstes (sad), die er in der *Kölnischen Rundschau* v. 28. 7. 1973 unter dem Titel: »In Ostberlin ist Böll ›zur Zeit nicht lieferbar‹« abgedruckt fand. Darin wird berichtet, daß bei Fragen nach Böll-Büchern in vier Ostberliner Buchhandlungen jeweils nur die Antwort gegeben wurde: »Zur Zeit nicht lieferbar«. Ergänzend steht im Artikel: »Bis vor kurzem waren die Werke des Nobelpreisträgers in allen Ostberliner Buchhandlungen jederzeit erhältlich.«

228. 2–3 *Fliegen fressen würde]* Bezieht sich auf das Sprichwort »In der Not frißt der Teufel Fliegen«, in der Bedeutung von: in der Not tut man Dinge, die man sonst nicht tun würde.

228. 5 *CIA]* Abkürzung für Central Intelligence Agency, 1947 gegründeter US-amerik. Geheimdienst.

228. 14–15 *Solschenizyn ... Bukowski]* Alexander Issajewitsch Solschenizyn (geb. 1918), russ. Schriftsteller, 1970 Nobelpreis für Literatur. – Wladimir Bukowski (geb. 1942), sowjet. Schriftsteller.

228. 22–23 *Maximow, Galitsch]* Wladimir Maximow (1932–1995), sowjet. Schriftsteller. – Alexander Arkadiewitsch Galitsch (1919–1977), russ. Liedermacher.

228. 28 *nicht mehr als ein Ministrant]* In der katholischen Kirche Gehilfe des Priesters, der diesem während der liturgischen Handlungen mit Handreichungen zur Seite steht.

228. 30 *die Angehörigen einer politischen Minderheit]* Bezieht sich auf Schütts Mitgliedschaft in der DKP und deren Abschneiden bei Wahlen, in denen sie stets weniger als 1% der Stimmen erhielt.

228. 31–33 *so wie sich ... gewendet haben]* S. Stellenkommentar zu 230. 12.

228. 34 *Tass-Verlautbarung]* TASS: Abkürzung für Telegrafnoje Agentstwo Sowetskowo Sojusa; 1925 gegründete sowjetische Nachrichtenagentur. – Juri Kornilow: »Nach fremden Noten. Ein TASS-Kommentar«. In: *Neues Deutschland* v. 19. 7. 1973. Kornilow wendet sich gegen Bölls Vorwürfe, die Kulturpolitik der UdSSR lege der Förderung kultureller Kontakte viele Hindernisse in den Weg. Laut *Salzburger Nachrichten* v. 19. 7. 1973 (»TASS rügt den ›unwissenden‹ Böll«) wurde der Kommentar »von keiner sowjetischen Zeitung abgedruckt, schien [also] nur für das Ausland bestimmt zu sein«.

228. 35–229. 1 *In den USA ... verwenden]* Richard Milhouse Nixon (1913–1994), amerik. Politiker; 1969–1974 37. Präsident der USA. – Leonid Iljitsch Breschnew (1906–1982), sowjet. Politiker; 1964–1982 Parteichef der KPdSU; 1977–1982 Staatschef.

229.3–4 *hiesige DKP-Kulturfunktionäre päpstlicher sind]* Böll zitiert hier den ugs. Ausdruck »päpstlicher als der Papst sein«, d.h. strenger, unerbittlicher sein als der für einen bestimmten Bereich Verantwortliche.

229.12–15 *der Artikel ... und andere]* Böll spielt hier auf seinen *Spiegel*-Essay *Will Ulrike Gnade oder freies Geleit* an. S. 41 ff.

⟨Prag – ja oder nein?⟩

## Entstehung

Die in Bölls Arbeitsbuch unter der Sign. 153/73 verzeichnete Reaktion auf die von der *Konkret*–Redaktion am 30. 7. 1973 innerhalb einer Umfrage gestellten Fragen ist dort auf den 7. 8. 1973 datiert (AB II, Bl. 6) (NE).

Sie erschien zeitnah zum 5. ›Jahrestag‹ des Einmarsches der Warschauer-Pakt-Staaten am 23. 8. 1973.

Die vier von der *Konkret*–Redaktion gestellten Fragen lauteten:
»1. War der Einmarsch der Warschauer-Pakt-Truppen am 21. August 1968 notwendig, weil die Regierung Dubcek die Konterrevolution nicht mehr hätte verhindern können?

2. Wie beurteilen Sie die Haltung der westeuropäischen Sozialisten und Kommunisten zur Besetzung der CSSR?

3. Ist die Stabilität des Warschauer-Pakt-Systems Voraussetzung für die Politik der Entspannung? Wären ohne den Einmarsch die Verträge zwischen Bonn, Moskau und Warschau nicht zustande gekommen?

4. Haben Sie heute, fünf Jahre danach, die gleiche Meinung über die Ereignisse in der CSSR, oder hat sich Ihre Meinung grundlegend geändert?«

Um Antworten waren, neben Böll, der *Konkret*-Redakteur Eberhard Zamory, der marxistische Wirtschwaftswissenschaftler und Erste Sekretär der Trotzkistischen Internationale, Ernest Mandel, sowie der stellvertretende Bundesvorsitzende der Jungsozialisten Gert Börnsen gebeten worden.

## Überlieferung

### Typoskripte

tH: Durchschr. (grün und gelb); 2 Bll., eh. Sign.: 153/73, auf Bl. 2 eh. durchschr. Unterschrift.
(HA 1326–263, Bll. 1–2)

## Drucke

Z: *Konkret* (Hamburg). – 19. Jg., Nr. 35 (23. 8. 1973), S. 19.
D¹: *ESR* III, S. 61.
D²: *EAS* 5, S. 57.

## Textgrundlage

Textgrundlage ist D¹.

## Stellenkommentar

230. 3–8 *Ich kann mit ... meine Antwort: nein]* Mit der Wahl des Reformpolitikers Alexander Dubcek (1921–1992) am 5. 1. 1968 zum Ersten Sekretär des Zentralkomitees der Kommunistischen Partei der Tschechoslowakei (KPC) beginnt in der CSSR das Experiment eines ›Sozialismus mit menschlichem Antlitz‹, der sogenannte ›Prager Frühling‹. In diesem Zusammenhang wird von der KPC am 5. 4. 1968 ein Aktionsprogramm beschlossen, das die Pressezensur aufhebt und Meinungs-, Versammlungs- und Koalitionsfreiheit vorsieht. Bereits im Februar 1968 reagieren die osteuropäischen kommunistischen Parteien offiziell besorgt auf die Veränderungen in der CSSR. So werden am 23. 3. 1968 auf einer Konferenz der Warschauer-Pakt-Staaten in Dresden Vorwürfe und Drohungen gegen Dubcek und die Reformer laut, auf einer Konferenz in Warschau am 14./15. Juli warnen die russische, bulgarische, ostdeutsche, polnische und ungarische Delegation die CSSR vor den Gefahren einer von imperialistischen und reaktionären Kräften getragenen »Konterrevolution«, die die Errungenschaften der sozialistischen Revolution in der Tschechoslowakei seit 1948 zurücknehme.

Am 20. 8. 1968 marschierten Truppen des Warschauer Paktes in die Tschechoslowakei ein; die Nationale Volksarmee der DDR war – nach neuen Erkenntnissen – nicht direkt an der militärischen Besetzung der CSSR beteiligt, wohl aber an der Planung, Vorbereitung und Absicherung des Einmarsches der Warschauer-Pakt-Staaten. Vgl. dazu: Prieß, Lutz (u. a.) (1996): *Die SED und der »Prager Frühling« 1968. Politik gegen einen »Sozialismus mit menschlichem Antlitz«.* Berlin: Akademie Verlag, S. 238 f. – Heinrich Böll erlebte die Ereignisse im August 1968 als Augenzeuge. Vgl. *Der Panzer zielte auf Kafka. Vier Tage in Prag.* In: *Der Spiegel,* Nr. 40 v. 30. 9. 1968; *KA* Bd. 15; *EAS,* Bd. 3, S. 301–312.

230. 9 *Schibboleth]* Aus dem Hebräischen stammender Begriff für Erkennungszeichen oder Losungswort.

230. 11–12 *KP in Italien und Frankreich]* Offiziell verurteilten die italienische, französische und spanische KP den Einmarsch als ungerechtfertigt und unvereinbar mit der Autonomie und Souveränität jeder kommunistischen Partei und jedes sozialistischen Staates. Vgl. Stehle, Hansjakob: »Prag und die roten Brüder. Östliche Einheit: nur in der nationalen Vielfalt«. In: *Die Zeit* Nr. 31 vom 2. 8. 1968, S. 1; Sassone, Sandra: »Gespaltene Kommunisten. Die italienische KP mißbilligt die Invasion, will aber keinen Bruch«. In. *Die Zeit* Nr. 37 vom 13. 9. 1968, S. 4.

230. 20 *die Meinung Kossygins]* Alexej Nikolajewitsch Kossygin (1904–1980), sowjet. Politiker, 1964–1980 Vorsitzender des Ministerrates der UdSSR. Kossygin war seit 1960 Mitglied des Politbüros und hielt sich als sowjetischer Außenpolitiker während des »Prager Frühlings« mehrfach zu Verhandlungen mit der tschechoslowakischen Führung in der CSSR auf. Er soll bei der entscheidenden Abstimmung im Politbüro der KPDSU gegen die Okkupation der CSSR gestimmt haben.

230. 22–23 *Warschauer Pakt]* Am 14. 5. 1955 unterzeichnen Regierungsvertreter aus der Sowjetunion, Albanien, Bulgarien, der CSSR, der DDR, Polen, Rumänien und Ungarn einen »Vertrag über Freundschaft, Zusammenarbeit und gegenseitigen Beistand« in Warschau. Damit wird ein Militärbündnis geschaffen, das als Gegengewicht zu der am 4. 4. 1949 gegründeten NATO gedacht ist. Nach der Wende in Ost- und Mitteleuropa und dem Ende des »Kalten Krieges« wird der Warschauer Pakt am 31. 3. 1991 offiziell aufgelöst.

230. 30–33 *Die Ergebnisse der Prozesse ... sie erbärmlich]* Bei der Besetzung der CSSR am 21. 8. 1968 setzt der Warschauer Pakt insgesamt 32 Divisionen (350 000–400 000 Mann) ein. Die offizielle Begründung für die Intervention lautete, daß die Führung der CSSR die sozialistische Ordnung in ihrem Land und den Frieden in Europa in Gefahr gesehen und deshalb die »sozialistischen Bruderländer« um Hilfe gebeten habe. Vgl. hierzu: Pfaff, Ivan (1973): »Die Rache an den Prager Reformern. Politische Justiz in der Tschechoslowakei in den Jahren 1969 bis 1972«. In: *Frankfurter Allgemeine Zeitung*, Nr. 96 v. 25. 4. 1973. (HA 1326–ZAB 44, Bl. 48)

⟨Zum Problem der Kleinschreibung⟩

*Entstehung*

Das in Bölls Arbeitsbuch unter der Sign. 158/73 verzeichnete Statement ist dort auf den 25. 8. 1973 datiert (AB II, Bl. 7 ) (NE).
Am 19. 5. 1973 schreibt Ingeborg Drewitz (HA 1326–4357, Bl. 5) an Heinrich Böll: »Sie wissen sicher, daß ich im Auftrage des BRD-PEN und des VS [Verband deutscher Schriftsteller] mit der GEW [Gewerkschaft Erziehung und Wissenschaft] und der IG [Industrie-Gewerkschaft] Druck und Papier einen Kongreß vorbereite, der den Anstoß zur Freigabe der gemäßigten Kleinschreibung geben soll, die nicht nur Sprachbarrieren innerhalb des dt. Sprachgebietes abbauen hilft[,] sondern unsere Sprache der Weltnorm angleicht. Die Pädagogen erwarten [eine] Freisetzung der kindl. Kreativität durch den ausbleibenden Rechtschreib-Drill, Abbau auch der sozialen Schranken und schließlich Abbau der Drill-Autorität der Lehrer.« Der geplante Kongreß dazu finde am 5./6. 10. 1973 in Frankfurt statt, und am 5. 6. 1973 »hätte ich Sie gern für 10 Minuten aufs Podium gebeten, um den Standpunkt des Autors zur gemäßigten Kleinschreibung [...] darzulegen« (HA 1326–4357, Bl. 5). Heinrich Böll verfaßt sein Statement dazu laut Arbeitsbucheintrag am 25. 8. 1973, das im Gegensatz zum hier wiedergegebenen Druck in »gemäßigter« Kleinschreibung in »normaler« Rechtschreibung geschrieben ist (s. tH[1]).

Ein Problem für Böll ergab sich daraus, daß er seine Teilnahme an dem von Ingeborg Drewitz geleiteten Kongreß zwar abgelehnt hatte, er gleichwohl als ›Teilnehmer‹ von der Deutschen Pesseagentur (dpa) bezeichnet wurde – eine Meldung, die sich in zahlreichen Berichten der Tagespresse wiederholt, etwa im *Kölner Stadt-Anzeiger* v. 20. 9. 1973: »Böll zum Kongreß über Rechtschreibung«.

## *Überlieferung*

### Typoskripte

tH¹:  Durchschr. (grün); 1 Bl., eh. Sign.: 158/73.
(HA 1326–263, Bl. 9)

### Drucke

D¹:  Ingeborg Drewitz, E. Reuter (Hg.): *vernünftig schreiben – reform der rechtschreibung*. – Frankfurt a. M.: Fischer Taschenbuch Verlag (Nr. 1465), 1974. S. 109.
D²:  *ESR* III, 1980, S. 82.
D³:  *EAS* 5, S. 78.

## *Textgrundlage*

Textgrundlage ist D².

## *Stellenkommentar*

231. 7–9 *die entlastung ... um rat fragen]* So äußert sich Böll in einem Gespräch 1961 über die ›Hilfestellung‹, die Annemarie Böll ihm gibt:
Böll: Ich habe wohl gute Korrektoren gehabt, unter anderem meine Frau, die also eine Deutschlehrerin war, und ich hatte wirklich sehr ...
Besch: Das heißt also, hier ging es um grammatische Fragen eigentlich.
Böll: Es ging einfach um Zeichensetzung und ganz dumme Dinge, die ich nicht wußte und auch nicht kannte. Es geht mir heute noch so, daß meine Kinder mich manchmal fragen, und ich muß die Antwort verweigern.
Gespräch mit Lutz Besch: »Literarisches Leben – heute«, *Radio Bremen*, 14. 4. 1961.
231. 15 *majuskeln]* Majuskel: zu lat. maiusculus = etwas größer; Großbuchstabe – die Majuskelschrift: Druckschrift, die nur aus Großbuchstaben besteht.

⟨Zum Tode Ingeborg Bachmanns⟩

## *Entstehung*

Der in Bölls Arbeitsbuch unter der Sign. 166/73 verzeichnete Nachruf auf Ingeborg Bachmann ist dort auf den 18. 10. 1973 datiert (*AB* II, Bl. 8) (NE).

## *Überlieferung*

### Typoskripte

TH¹: Erstschr.; 5 Bll., Bl. 2 und 4 abgeschnittnene Teile von A4.
(HA 1326–263, Bll. 42–46)
tH²: Durchschr. (grün und gelb); 6 Bll., eh. Sign.: 166/73, eh. Unterschrift auf Bl. 6.
(HA 1326–263, Bll. 47–52)

### Drucke

Z: *Der Spiegel* (Hamburg). – 27. Jg., Nr. 43 (22. 10. 73), S. 206 u. d. T.: »Ich denke an sie wie an ein Mädchen«. Heinrich Böll zum Tode Ingeborg Bachmanns.
D¹: *EE*, S. 47–49.
D²: *ESR* III, S. 62–64.
D³: *EAS* 5, S. 58–60.

## *Textgrundlage*

Textgrundlage ist D².

## *Stellenkommentar*

232. 1 *Bachmanns]* Ingeborg Bachmann (1926–1973), österr. Schriftstellerin. – Seit 1965 hatte Ingeborg Bachmann ihren Wohnsitz in Rom.

Anfang Oktober 1973 wurde sie, nachdem sie offenbar beim Rauchen eingeschlafen war, mit schweren Brandverletzungen in eine Klinik eingeliefert. Am 7. 10. 1973 erlag sie ihren Brandverletzungen.

232. 4–5 *geplanten Romanzyklus Todesarten]* Im April 1971 erschien mit dem Roman *Malina* der erste Teil des seit längerem geplanten Romanzyklus *Todesarten*, der außer *Malina* die (unvollendet gebliebenen) Romane *Requiem für Fanny Goldmann* und *Der Fall Franza* enthalten sollte. Der *Todesarten*-Zyklus sollte nach dem Willen Bachmanns ein Prosa-Epitaph für Frauen darstellen, die in der männlich dominierten Welt seelisch wie körperlich zugrunde gerichtet werden. Vgl. Ingeborg Bachmann (1995): *Todesarten-Projekt*. Kritische Ausgabe. 4 Bde. München u. a: Piper; ab 2003 auch in Einzelausgaben erschienen.

232. 10 *aus der Anrufung]* Anspielung auf das Gedicht *Anrufung des Großen Bären* (1956), das dem zweiten Gedichtband der zunächst als Lyrikerin hervorgetretenen Ingeborg Bachmann den Titel gab.

232. 11–13 *man hat ... und an Rom]* Seit ihrem ersten öffentlichen Auftreten im Jahre 1953 stand die Person Ingeborg Bachmanns ebenso im Mittelpunkt des öffentlichen Interesses wie ihre literarischen Texte. Bereits 1954 erschien über sie eine Titelgeschichte im *Spiegel* (Nr. 34 v. 18. 8. 1954). Die Texte über ihr Leben und ihren ›Feuertod‹, die Schriftsteller wie Uwe Johnson (*Reise nach Klagenfurt*, 1974. Vgl. Bölls Rezension *Spurensicherung* dazu, *KA* Bd. 19; *EAS*, Bd. 5, S. 163–164) und Max Frisch (*Montauk*, 1975) nach ihrem Tod veröffentlichten, trugen zum Bild einer rätselhaften und faszinierenden Persönlichkeit bei. – 1952 unternahm Bachmann eine erste Reise nach Italien, dem 1953 bis 1955 ein erster Aufenthalt in Rom folgte; zwischen 1958 und 1962 lebte sie mit Max Frisch (1911–1991) in Rom und Zürich; 1965 kehrte sie nach Rom zurück. 1955 erschien ihr Essay *Was ich in Rom sah und hörte*.

232. 15–17 *und dann anfing ... (»weil du gelitten hast«)]* Hl. Leonhard (gestorben vermutlich 559); Abt von Noblac bei Limoges und Einsiedler, Hauptheiliger der alpenländischen Bauern. – Hl. Antonius von Padua (um 1195–1231), Mönch (Franziskaner) und Kirchenlehrer. – Hl. Vitus (Veit) (Geburtsdatum unbekannt, gestorben um 304), Märtyrer und Nothelfer, aus Sizilien stammend. – Hl. Rochus von Montpellier (um 1295–1327), volkstümlicher Heiliger. – Böll bezieht sich hier auf zwei Stellen aus dem Gedicht »Lieder von einer Insel« aus dem Band *Anrufung des Großen Bären* (1956) von Ingeborg Bachmann. Dort heißt es in der ersten Strophe des dritten Liedes: »Einmal muß das Fest ja kommen!/ Heiliger Antonius, der du gelitten hast,/ Heiliger Leonhard, der du gelitten hast,/ Heiliger Vitus, der du gelitten hast.« In der letzten Strophe des gleichen Liedes heißt es: »Jetzt seid standhaft, törichte Heilige,/ sagt dem Festland, daß die Krater nicht ruhn!/ Heiliger Rochus, der du gelitten hast, o der du gelitten hast,

heiliger Franz.« (Vgl. Ingeborg Bachmann (1974): *Die gestundete Zeit. Anrufung des Großen Bären.* Gedichte. München: Piper, S. 113 f.)

232. 18 *Ikonisierung]* S. *Stellenkommentar* zu 182. 38.

232. 31-32 *engagiert – und das andere]* Anspielung Bölls auf die bis in die 1970er Jahre geführte Diskussion über »literature engagée« und »literature pure«. S. *Stellenkommentar* zu 206. 35.

233. 10-11 *1953, nachdem ... worden war]* Paul Celan (eigentl. Paul Antschel [Anczel, auch Ancel] (1920-1970), Schriftsteller rumän. Herkunft; 1947 Änderung des Familiennamens Antschel in Celan (Anagramm zu Ancel). – Böll spielt hier auf den Auftritt Celans 1952 (23.-25. 5.) bei der Tagung der Gruppe 47 in Niendorf an der Ostsee an, auf der der Lyriker Celan u. a. sein berühmtes Gedicht *Todesfuge* vortrug, das bei den anwesenden Autoren und Kritikern weitgehend auf Ablehnung und Unverständnis stieß. Vgl. hierzu Klaus Briegleb (2003): *Wie antisemitisch war die Gruppe 47?* Berlin: Philon.

233. 12 *aus der Gestundeten Zeit zu lesen] Die gestundete Zeit*: Titelgedicht des gleichnamigen ersten Gedichtbandes von Ingeborg Bachmann (1953): *Die gestundete Zeit.* Gedichte. Frankfurt/M.: Frankfurter Verlagsanstalt.

233. 12-13 *indem sie ihr ihren Preis verlieh]* Ingeborg Bachmann erhielt 1953 für *Die große Fracht* und andere Gedichte aus dem späteren Band *Die gestundete Zeit* den vierten Literaturpreis der Gruppe 47 nach Günter Eich (1950), Heinrich Böll (1951) und Ilse Aichinger (1952).

233. 13 *Gruppe 47]* Vgl. *Stellenkommentar* KA Bd. 14, S. 679 f.

233. 14 *Eich und Ilse Aichinger]* Günter Eich (1907-1972), Schriftsteller. – Ilse Aichinger (geb. 1921), österr. Schriftstellerin, Ehefrau (seit 1953) von Günter Eich.

233. 16-17 *Komitee gegen Atomrüstung]* Vgl. *Stellenkommentar* zu 143. 14-15.

233. 17-18 *sich 1963 der Klage gegen Dufhues anzuschließen]* Josef Hermann Dufhues (1908-1971), CDU-Politiker, Geschäftsführender Bundesvorsitzender der CDU von 1962 bis 1966. – Dufhues hatte auf einer Pressekonferenz am 19. 1. 1963 in Hannover seine Sorge über den kulturellen und politischen Einfluß der Gruppe 47 geäußert und diese mit der nationalsozialistischen »Reichsschrifttumskammer« verglichen. Da Dufhues diesen Vergleich nicht zurückziehen wollte, verklagten ihn elf Autoren (unter ihnen Heinrich Böll, nicht aber Ingeborg Bachmann). Die »Dufhues-Affäre« endete im Dezember 1963 mit einem juristischen Vergleich. – Vgl. hierzu auch die *Stellenkommentare KA* Bd. 14, S. 439, S. 452, S. 690f.

233. 18 *1965 die Erklärung zum Vietnamkrieg]* Gemeint ist hier die im November 1965 veröffentlichte »Erklärung der ›Gruppe 47‹ zum Krieg in Vietnam«, abgedruckt in: *Vaterland, Muttersprache,* S. 216 f.

233. 21–23 »*Ich mit der ... alle Sprachen.*«] Bachmann, Ingeborg (1957): »Exil«. In: *Ingeborg Bachmann. Werke.* Hrsg. von Christine Koschel, Inge von Weidenbaum, Clemens Müster (1978). Erster Band: *Gedichte, Hörspiele, Libretti, Übersetzungen.* München und Zürich: R. Piper Verlag, S. 153.

233. 25–26 »*Sieben Jahre ... Becher aus.*«] Böll zitiert hier eine Strophe aus dem Bachmann-Gedicht *Früher Mittag* (1953). Das Zitat lautet bei Bachmann: »Sieben Jahre später,/ in einem Totenhaus,/ trinken die Henker von gestern/ den goldenen Becher aus.« (Bachmann 1974, S. 26) – (Vgl. auch das in Anlehnung dieser Gedichtzeilen von Böll verfaßte *sieben Jahre und zwanzig später*, S.124 f.)

234. 16–18 *die den berüchtigten ... umgeprägt hat]* Böll zitiert hier aus der letzten Strophe des Bachmann-Gedichtes *Alle Tage* (1953): »Er [der »armselige Stern der Hoffnung«] wird verliehen/ für die Flucht von den Fahnen/ für die Tapferkeit vor dem Freund/ für den Verrat unwürdiger Geheimnisse/ und die Nichtachtung/ jeglichen Befehls.« (Bachmann 1974, S. 28)

⟨»Ich glaube, meine Erinnerung liebt mich«⟩

## Entstehung

Die in Bölls Arbeitsbuch unter der Sign. 177/73 verzeichnete Rezension ist dort auf den 19. 11. 1973 datiert (*AB* II, Bl. 10) (NE).
Als der damals schon fünfundsechzigjährige Max Fürst 1970 mit der Niederschrift des ersten Bandes seiner Memoiren begann, schickte er die jeweils fertigen Teile seines Manuskripts an Böll, den er durch den gemeinsamen Freund HAP Grieshaber kannte. Am 3. 12. 1971 sendet er Böll das letzte Kapitel (s. HA 1326–4364, Bl. 3). Das Manuskript liegt zu diesem Zeitpunkt – auf Vermittlung durch Böll – auch vollständig dem Hoffmann und Campe Verlag in Hamburg zur Prüfung vor. Da Böll gebeten hatte, ihm die Entscheidung des Verlags mitzuteilen, schreibt ihm Albrecht Knaus am 26. 4. 1972 über die »letztlich leider doch negative Entscheidung« von Hoffmann und Campe (HA 1326–4351, Bl. 19). Fürst machte einen weiteren Versuch und bietet das Manuskript dem Carl Hanser Verlag in München an und kann Heinrich Böll am 27. 12. 1972 mitteilen: »manchmal geschehen doch noch Wunder. Der Hanser Verlag hat mir bestätigt, daß er mein Buch herausbringen will« (HA 1326–4356, Bl. 28). Ein unkorrigiertes Umbruchexemplar schickt Jürgen Kolbe (Carl Hanser Verlag) am 31. 7. 1973 an Böll: »Sie wissen, wie sehr es Max Fürst – und natürlich auch uns – freuen würde, wenn es darüber von Ihnen (im SPIEGEL?) etwas zu lesen gäbe« (HA 1326–4399, Bl. 3). Dem *Spiegel* hatte Böll gerade erfolgreich die Rezensionen zweier anderer Titel angeboten: H. G. Adler *Der verwaltete Mensch* (s. S.297 ff.) und Herbert Achternbusch *Der Tag wird kommen* (s. S.239 ff.). Auf Vermittlung durch den Carl Hanser Verlag meldet sich am 15. 10. 1973 Rudolf Goldschmit von der *Süddeutschen Zeitung* (»man sagte mir, daß Sie vielleicht bereit sind...«) und bietet Böll an, eine Rezension zu schreiben (HA 1326–4370, Bl. 2). Böll sagt für »Ende November/Anfang Dezember« zu, wie Goldschmit, an den Termin erinnernd, am 16. 11. 1973 schreibt: »Falls das Manuskript am 26. November da wäre, ginge es in der nächsten [...] großen Buchbeilage mit« (HA 1326–4387, Bl. 9). Böll verfaßt die Rezension schließlich am 19. 11. 1973. Sie erreicht die *Süddeutsche Zeitung* rechtzeitig zum Druck in der Ausgabe vom 6. 12. 1973.

## *Überlieferung*

### Typoskripte

TH¹: Erstschr.; 4 Bll., am roR eh. pag. 1–4, auf Bl. 4 eh. Unterschrift. (HA 1326-263, Bll. 13–16)
TH²: Durchschr. (grün); 4 Bll., eh. Überschrift: »Fürst: Gefilte Fisch«, Datum: »19. 11. 73« und Sign.: 177/73, am roR eh. pag. 1–4. (HA 1326-263, Bll. 17–20)

### Drucke

Z: *Süddeutsche Zeitung* (München). – 29. Jg., Nr. 282 (6. 12. 73), ›Buch und Zeit‹, S. 1.
D¹: *EE*, S. 50–53.
D²: *ESR* III, S. 65–68.
D³: EAS 5, S. 61–64.

## *Textgrundlage*

Textgrundlage ist D².
Die von Böll verwendeten Zitate wurden überprüft und gegebenenfalls korrigiert.

## *Stellenkommentar*

235. 2 *Max Fürst »Gefilte Fisch«*] Max Fürst (1905–1978), Schreiner und Schriftsteller. – Max Fürst (1973): *Gefilte Fisch. Eine Jugend in Königsberg.* Mit einem Nachwort von Helmut Heißenbüttel. München: Carl Hanser Verlag.

235. 4 *Erstling*] In *Das Ostpreußenblatt. Preußische Allgemeine Zeitung* (Hamburg) v. 3. 6. 2000 wird Max Fürst mit einer Erklärung des Titels zitiert: »Der gefilte Fisch ist eigentlich ein jüdisches Nationalgericht. Man nimmt die Gräten heraus und füllt ihn mit lauter guten Sachen. Bei diesem ›gefilten Fisch‹ sind die Gräten leider drin geblieben. Die Probleme der Deutschen, der Juden, der deutschen Juden, der Schule, der Lehrzeit sind hineingepackt und zusammengebunden in der Erzählung von meiner Jugend, meiner Familie und meinen Freunden.«

235. 23–26 *»Alles, was ich erzähle ... deshalb recht.«*] Fürst 1973, S. 5.

235. 28–29 *Die Angst ... nie gewichen.«]* Fürst 1973, S. 5.
236. 12–16 *Man erinnere ... Sympathie gereichte]* Gemeint ist das katholische Kindermädchen Roswitha Gellenhagen, die zur Vertrauten der Titelfigur in Theodor Fontanes (1819–1898) Roman *Effi Briest* (1895) wird. Effi Briest fragt Roswitha: »Wie heißen Sie denn?« »Ich heiße Roswitha.« »Ja, das ist selten, das ist ja...« »Ja, ganz recht, gnädige Frau, das ist ein katollscher Name. Und das kommt auch noch dazu, daß ich eine Katollsche bin. Aus'n Eichsfeld.« (Theodor Fontane [1974]: *Werke, Schriften und Briefe*. Vierter Bd. Hrsg. von Walter Keitel und Helmuth Nürnberger. München: Carl Hanser Verlag, S. 112.)
236. 19 *eines peinlichen Wilhelminismus]* Begriffsprägung für die Regierungszeit Wilhelms II. (1859–1941), Deutscher Kaiser und König von Preußen (1888–1918), die allgemein mit Untertanengeist und einem romantisch-pompösen Königstum verbunden wird. Berühmt-berüchtigt wurde Wilhelms II. Rede vor dem Reichstag am 4. 8. 1914, in der es hieß: »Ich kenne keine Parteien mehr. Ich kenne nur noch Deutsche.«
236. 24 *Kommunist geworden oder »Kommunist«]* Böll bezeichnet mit Anführungszeichen diejenigen Anhänger der kommunistischen Parteien, die deren Ziele lediglich aus opportunistischen Gründen vertreten.
237. 3–8 *»Damals« ... einiges eingeprägt.«]* Vgl. Fürst 1973, S. 27.
237. 12 *Mischpoke]* Hebr.-jidd.: ugs. abwertend für Familie, Verwandtschaft; ferner für üble Gesellschaft, Gruppe von unangenehmen Leuten.
237. 21–22 *ab 30. Januar 1933]* Datum der Machtübernahme durch die Nationalsozialisten auf Grund der Ernennung Adolf Hitlers zum Reichskanzler durch den Reichspräsidenten von Hindenburg.
237. 29–30 *Heimatvertreibung]* Vgl. *Stellenkommentar KA* Bd. 14, S. 579.
237. 31–32 *auf die Endlösung zuführte]* Gemeint ist die »Endlösung der Judenfrage« als nationalsozialistische Bezeichnung für den Versuch, die europäischen Juden zwangsweise in bestimmten Territorien zu konzentrieren (Madagaskar, Polen, Sibirien), bzw. (ab 1941) für die Absicht, die Juden durch einen bürokratisch organisierten industriellen Massenmord systematisch zu vernichten. Zur Umsetzung dieses Planes findet am 20. 1. 1942 in Berlin-Wannsee eine von Reinhard Heydrich (1904–1942), dem Chef der Sicherheitspolizei und des Sicherheitsdienstes (SD), organisierte Konferenz (›Wannsee-Konferenz‹) statt, an der Vertreter der SS und der Reichsregierung teilnehmen, um Maßnahmen zur Durchführung des euphemistisch zur »Endlösung« verharmlosten Massenmordes zu besprechen. Protokollführer dieses Treffens war Adolf Eichmann (1906–1962). Vgl. Bölls Rezension *Wie das Gesetz es befahl* zu H. G. Adlers *Der verwaltete Mensch*, S.297 ff.
238. 8 *1914, 1917, 1918, 1933]* 1914: Beginn des Ersten Weltkriegs; 1917: Oktoberrevolution in Russland; 1918: Ende des Ersten Weltkriegs; 1933: Machtübernahme der Nationalsozialisten in Deutschland.

⟨Alltag einer zerfetzten Welt⟩

## *Entstehung*

Die in Bölls Arbeitsbuch unter der Sign. 164/77 verzeichnete Rezension ist dort auf den 26. 9. 1973 datiert (*AB* II, Bl. 8) (NE).
 Vorausgegangen ist offensichtlich Bölls Angebot an Rolf Becker, für den *Spiegel* sowohl H. G. Adlers, *Der verwaltete Mensch* (s. S.297 ff.) als auch Achternbuschs neues Buch zu rezensieren. Am 16. 7. 1973 bestätigt Becker, daß er Bölls Rezensionsangebote annehme, »und zwar beide. Machen Sie also bitte Besprechungen über den Adler und, sicher kürzer als Adler, über Achternbusch für uns. Wegen eines Achterbusch–Exemplars für Sie geben wir Suhrkamp Bescheid« (HA 1326–4382, Bl. 6). Den Eingang der am 26. 9. 1973 entstandenen Rezension bestätigt Rolf Becker am 8. 10. 1973. Ihr Druck verzögert sich aber über zwei Monate.

## *Überlieferung*

### Drucke

Z: *Der Spiegel* (Hamburg). – 27. Jg., Nr. 51 (17. 12. 73), S. 108–109.
D$^1$: *EE*, S. 54–57.
D$^2$: *ESR* III, S. 69–72.
D$^3$: *EAS* 5, S. 65–68.

## *Textgrundlage*

Textgrundlage ist D$^2$.
 Die von Böll verwendeten Zitate wurden überprüft und gegebenenfalls korrigiert.

## *Varianten*

239. 26 *zu- und ausgeht]* zu- und auch ausgeht Z

## Stellenkommentar

239. 2 *Der Tag wird kommen]* Herbert Achternbusch (geb. 1938), Schriftsteller. – Achternbusch, Herbert (1973): *Der Tag wird kommen*. Frankfurt am Main: Suhrkamp.

239. 4 *nach Fassbinder und Kroetz]* Rainer Werner Fassbinder (1945–1982), Film- und Theaterregisseur, Schriftsteller und Schauspieler. – Franz Xaver Kroetz (geb. 1946), Dramatiker, Schauspieler und Regisseur.

239. 10 *sechs Buchpublikationen]* Gemeint sind die folgenden Werke von Achternbusch: *Hülle* (*Zigarettenverkäufer. Hülle. Rita*). Frankfurt am Main: Suhrkamp 1969. – *Das Kamel* (*Tibet. Indio. Afghanistan. 2. Mai 1969*). Frankfurt am Main: Suhrkamp 1970. – *Die Macht des Löwengebrülls*. Frankfurt am Main: Suhrkamp 1970 (edition suhrkamp 439). – *Die Alexanderschlacht*. Frankfurt am Main: Suhrkamp 1971. – *L'état c'est moi*. Frankfurt am Main: Suhrkamp 1972 (suhrkamp taschenbuch 262). – Ferner das hier rezensierte Buch *Der Tag wird kommen*.

240. 28 *im klassischen Anarchismus]* Anarchismus (von griech. anarché): Sammelbezeichnung für sozialphilosophische und politische Denkmodelle mit dem Ziel, die Autorität von Institutionen wie Staat oder Kirche als Form der Herrschaft von Menschen über Menschen zu beseitigen. Statt dessen soll das menschliche Zusammenleben auf der Basis unbeschränkter Freiheit des Individuums nach den Grundsätzen von Gerechtigkeit, Gleichheit und Brüderlichkeit (Solidarität) verwirklicht werden. Der Begriff Anarchismus stammt aus dem 19. Jh., in dem er seine bis heute wirksame Ausprägung erhielt.

240. 34–35 *»Wie ich ... schon verflucht«]* Achternbusch 1973, S. 67.

240. 37–38 *Zeisig ]* Singvogel (zur Familie der Finken gehörend), der vor allem in Nadelwäldern lebt.

241. 28–33 *»Die Jugend ... kommen.«]* Achternbusch 1973, S. 131.

242. 15 *Boheme]* Frz.: seit etwa 1830 Bezeichnung für ein unbürgerliches Künstlermilieu.

242. 23–24 *Da helfen keine Erlasse]* Böll spielt hier auf den sog. Radikalenerlaß bzw. Extremistenbeschluß an, der am 28. 1. 1972 durch die Regierungschefs von Bund und Ländern unter Vorsitz von Bundeskanzler Willy Brandt (SPD) die »Grundsätze über die Mitgliedschaft von Beamten in extremen Organisationen« beschloß. Demnach darf in das Beamtenverhältnis nur berufen werden, wer »die Gewähr dafür bietet, daß er jederzeit für die freiheitlich-demokratische Grundordnung im Sinne des Grundgesetzes eintritt« und bereit ist, sich entsprechend dem Beamtengesetz jederzeit »aktiv innerhalb und außerhalb des Dienstes für die Erhaltung dieser Grundordnung einzusetzen«. Es handelt sich hierbei um zwingende Vorschriften mit dem Ziel, Mitglieder »extremistischer Organisationen« aus

dem öffentlichen Dienst fernzuhalten. In der Praxis richtete sich der Erlaß vorrangig gegen Mitglieder der 1969 gegründeten Deutschen Kommunistischen Partei (DKP) und Angehörige linksradikaler Gruppen, die aus der Studentenbewegung hervorgegangen waren.

In der Zeit vom 1. 1. 1973 bis 30. 6. 1975 werden 454 685 Anfragen an die Verfassungsämter gerichtet und 328 Bewerber abgelehnt, also bezogen auf die Anfragen 0,007%. Diese sog. Regelüberprüfung durch den Verfassungsschutz, deren Ergebnis in keinem Verhältnis zum Aufwand steht, führt zu anhaltenden Protesten auch gegen ein faktisches ›Berufsverbot‹ für politisch mißliebige Personen. Vgl. die SPD-Dokumentation *Grundsätze zur Feststellung der Verfassungstreue im öffentlichen Dienst*. Vorgelegt von Hans Koschnick, stellvertretender Parteivorsitzender. Bonn, 16. Oktober 1978. (HA 1326–ZAB 29, Bl. 10)

⟨Radikalität und Hoffnung⟩

## *Entstehung*

Die in Bölls Arbeitsbuch unter der Sign. 179/73 verzeichneten Reflexionen über den Begriff ›radikal‹ sind dort auf den 22. 11. 1973 datiert (*AB* II, Bl. 11) (NE).

Als nach der Sendung im *WDR* am 25. 12. 1973 die *Basler National-Zeitung* den Essay mit Bölls Einverständnis drucken wollte, sah sich die Redaktion angesichts der Tatsache, daß sich hier ein deutscher Autor über ein aktuelles Problem in einer Schweizer Zeitung äußerte, zu einer Vorbemerkung veranlaßt, die auf die Verallgemeinerbarkeit der vorgetragenen Überlegungen verwies: »Wer ist ein Radikaler und Extremist? Was heisst Politisierung? Was heisst ausgewogen? Das sind einige Fragen, die Heinrich Böll in seinem Artikel stellt. Er nimmt darin Bezug auf die Verhältnisse in Deutschland, aber die Schlussfolgerungen, die Böll zieht, lassen sich ohne weiteres auf die Verhältnisse bei uns anwenden.«

## *Überlieferung*

### Typoskripte

TH¹: Erstschr.; 6 Bll., eh. Sign.: 179/73.
  (HA 1326–263, Bll. 54–59)
tH²: Durchschr. (gelb); 6 Bll., eh. durchschr. Titel und Sign.: 179/73 und eh. Datum: »22. 11. 73«, am roR eh. durchschr. pag. 1–6.
  (HA 1326–263, Bll. 60–65)

### Drucke

Z:  *Basler National-Zeitung.* – 132. Jg., Nr. 44 (9. 2. 1974), ›NZ am Wochenende‹, S. 3.
D¹: *EE*, S. 89–93.
D²: *ESR* III, S. 73–77.
D³: *EAS* 5, S. 69–75.

## Sendungen

*Westdeutscher Rundfunk* (Köln), Hörfunk 1. Programm, 25. 12. 1973
– Gedanken zur Zeit.

## *Textgrundlage*

Textgrundlage ist D².
Die von Böll verwendeten Zitate wurden überprüft und gegebenenfalls korrigiert.

## *Varianten*

243. 3–6 *Es waren nicht Radikale, ... besser davonkommen«.]* Es waren nicht Radikale, es waren Polizeibeamte, die zu 83 Prozent die Meinung äußerten, daß – ich zitiere wörtlich aus der »Zeit« vom 2. November 1973 – »reiche Leute vor Gericht in der Regel besser davonkommen«. Z

## *Stellenkommentar*

243. 4 *Die Zeit]* In Hamburg erscheinende Wochenzeitung für Politik, Wirtschaft, Wissen und Kultur. Unter der Zulassungsnummer 6 der britischen Militärregierung erschien am 21. 2. 1946 die erste Nummer der ZEIT, die zu den angesehensten und einflußreichsten Wochenzeitungen in Deutschland und Europa zählt.

243. 6 *Leute vor Gericht in der Regel besser davonkommen«.]* Vgl. »Wer arm ist, bekommt weniger Recht. Alle Bürger müssen gleiche Chancen vor Gericht haben« von Rudolf Wassermann (damaliger Präsidenten des Oberlandesgerichts Braunschweig). In: *Die Zeit*, Nr. 45 v. 2. 11. 1973, S. 65.

243. 9 *»Klassenjustiz«]* Marxistischer (Kampf-)Begriff aus der Zeit der Weimarer Republik, demzufolge in einer Klassengesellschaft die unterlegene, ausgebeutete gesellschaftliche Klasse durch Gesetze, Rechtsprechung, Strafverfolgung und Strafvollzug härter getroffen wird als die Angehörigen der herrschenden Klasse.

243. 11 *Radikale im öffentlichen Dienst]* S. *Stellenkommentar* zu 242. 24.

244. 30 *der ehemalige Abgeordnete Steiner]* Julius Steiner (geb. 1924), CDU-Politiker. – Steiner war von 1969 bis 1972 Mitglied des Deutschen Bundestages. Bekannt wurde er im Zusammenhang mit der Bestechungsaf-

färe um den parlamentarischen Geschäftsführer der SPD, Karl Wienand (geb. 1924). Im Frühsommer 1973 teilte Steiner mit, beim Mißtrauensvotum der CDU/CSU-Fraktion gegen den damaligen Bundeskanzler Willy Brandt am 27. 4. 1972 für diesen gestimmt zu haben, weil er dazu von Karl Wienand mit 50 000 DM bestochen worden sei. Bei dem Mißtrauensvotum hatten von den errechneten 249 CDU/CSU-Abgeordneten nur 247 dem Kanzlerkandidaten der CDU/CSU, Dr. Rainer Barzel, die Stimme gegeben. Während des Spionageprozesses gegen den ehemaligen Geheimdienstchef des Ministeriums für Staatssicherheit der DDR, Markus Wolf, wurde Anfang der 1990er Jahre aufgedeckt, daß Steiner seinerzeit das Geld vom Ministerium für Staatssicherheit zugeleitet worden war. Die Herkunft der zweiten Stimme aus der CDU/CSU-Fraktion für Brandt ist bis heute unbekannt geblieben.

244. 32–33 *eines Abgeordneten wie Dr. Mende]* Erich Mende (1916–1998), CDU-Politiker und Jurist. – Mende, 1945 Mitbegründer der FDP, ein Vertreter des konservativen FDP-Flügels, war 1970 zur CDU übergewechselt und saß für diese weiterhin im Bundestag. Anfang September 1967 hatte er den Posten des Deutschland-Managers der amerikanischen Firma »IOS-Investors Overseas Services« übernommen, deren Zusammenbruch infolge von Mißmanagement Mende ab April 1970 die Kritik einer breiten Öffentlichkeit eintrug. Im Juli 1970 gab Mende seinen Posten bei IOS auf. Er war danach bis 1980 als Wirtschaftsjurist für »Bonn-Finanz/Deutscher Herold« in Bonn tätig.

245. 1–5 *einmal auf die ... führen können]* Richard Milhouse Nixon (1913–1994), amerik. Politiker; 1969–1974 37. Präsident der USA. – Spiro Agnew (eigtl. Spiro Anagnostapulos, 1918–1986), amerik. Politiker und Jurist; von 1969–1973 Vizepräsident unter Richard Nixon; im Oktober 1973 nach massiven Bestechungsvorwürfen zurückgetreten. – »law and order«: vgl. *Stellenkommentar* zu 172. 1.

245. 8–9 *die Studentenbewegung]* Aus Protesten an den bundesdeutschen Hochschulen gegen unzureichende Studienbedingungen und erstarrte hierarchische Strukturen an den Universitäten entstandene politische Bewegung unter den Studierenden, die als zentraler Bestandteil der sogenannten »Außerparlamentarischen Opposition« (APO) bald über die Hochschulen hinausgreift und zwischen 1967 und den frühen 1970er Jahren das politische Klima in der Bundesrepublik mitbestimmt. S. *Hintergrund* S.455 ff.

245. 12–16 *Und man versuche ... worden sind]* Gemeint ist der 18. Bundesparteitag der CDU vom 25. bis 27. Januar 1971 in Düsseldorf.

245. 23–26 *Und wer ... ausschließt]* Vgl. die jeweiligen etymologischen Erläuterungen im Duden: »radikal (Adj.) [frz. radical, spätlat. radicalis = mit Wurzeln versehen (vgl. spätlat. radicaliter [Adv.] = mit Stumpf u. Stiel, von

Grund aus)]«. – »extrem (Adj.) [lat. extremus = der äußerste]«. In: *Duden. Deutsches Universalwörterbuch* (2001). 4., neu bearbeitete und erweiterte Auflage. Hrsg. vom Wissenschaftlichen Rat der Dudenredaktion. Mannheim: Bibliographisches Institut & F. A. Brockhaus AG.

246. 2–3 *die man den Radikalenerlaß genannt hat]* S. Stellenkommentar zu 242. 24.

246. 26 *die Modelle Kuba und Chile]* Gemeint sind hier die unterschiedlichen Versuche, in Lateinamerika sozialistische Gesellschaftsordnungen einzuführen. – Kuba: Im Jahr 1940 wird der kubanische General Fulgenico Batista y Zaldivar (1901–1973) Staatspräsident Kubas (1940–1944 und 1952–1959). Er errichtet eine Militärdiktatur, die von den USA unterstützt wird. 1953 scheitert ein Aufstandsversuch linksorientierter Studenten unter Führung des Rechtsanwalts Fidel Castro (geb. 1927). 1956 beginnt Castro einen Guerillakampf gegen das Batista-Regime, der mit einem Sieg der Revolutionäre 1959 und der Flucht Batistas endet. Nach seiner Ernennung zum Ministerpräsidenten beginnt Castro mit der Durchführung umfassender Reformen mit dem Ziel, eine sozialistische Gesellschaft aufzubauen (Enteignung der Großgrundbesitzer, Aufbau eines umfassenden Gesundheitssystems, Zurückdrängung des amerikanischen Einflusses auf die kubanische Wirtschaft). Das kubanische Modell einer sozialistischen Gesellschaft übte großen Einfluß auf die zeitgenössischen Befreiungsbewegungen in der sogenannten Dritten Welt aus, besonders in Lateinamerika. Der aus Argentinien stammende Revolutionär Ernesto »Che« Guevara Serna (1928–1967), der seit 1966 in Bolivien als Guerillaführer tätig war, wurde in den 1960er und 1970er Jahren zu einer Leitfigur der Protestbewegung. Vgl. hierzu Leo Huberman (1968): *Kuba. Anatomie einer Revolution*. Frankfurt am Main: Europäische Verlagsanstalt; Paul M. Sweezy (1970): *Sozialismus in Kuba*. Frankfurt am Main: Suhrkamp. – Chile: Am 4. 9. 1970 gewinnt der Kandidat der Unidad Popular (»Volksfront«), Salvador Allende Gossens (1908–1973), die Präsidentschaftswahlen in Chile. Zum ersten Mal übernimmt damit ein gewählter Marxist die Regierung in einem lateinamerikanischen Land. Allende kündigt ein Sofortprogramm zum Aufbau des Sozialismus an (Verstaatlichung der Bodenschätze, die bis dahin in der Hand der USA waren, Bodenreform). Literatur: Salvador Allende (1972): *Chiles Weg zum Sozialismus*. Wuppertal: Hammer. S. auch *Plädoyer für Ruhe und Ordnung*, S. 249

246. 27 *das Modell USA]* Anspielung auf die für das gesellschaftliche System der USA charakteristische Verbindung zwischen einem demokratisch-parlamentarischen System, an dessen Spitze der Präsident steht, und einem kapitalistischen Wirtschaftssytem; ferner auf das Selbstverständnis der Amerikaner von den USA als »God's own country« und auf die von Antikommunismus geprägte Politik der USA.

246. 28–29 *die gewaltsame Beendigung des Experiments Chile]* Am 11. 9. 1973 kommt der chilenische Präsident Salvadore Allende durch einen Putsch rechtsgerichteter Militärs unter Führung des chilenischen Generals Augusto Pinochet Ugarte (geb. 1915) ums Leben. Pinochet erklärt sich zum neuen Staatspräsidenten. Mit diesem Putsch endet der Versuch, in dem lateinamerikanischen Land einen demokratischen Sozialismus durchzusetzen. S. auch *Plädoyer für Ruhe und Ordnung*, S.172 ff.

247. 16 *durch Isolation etwa, bestraft]* Böll bezieht sich hier auf die Haftbedingungen der damaligen Mitglieder der terroristischen Rote Armee Fraktion (RAF). Als »Isolationshaft« bezeichnet man Haftbedingungen, die die Kontakte der Gefangenen zur Außenwelt bzw. zu anderen Häftlingen aus Sicherheitsgründen einschränken oder ganz unterbinden. Kritiker der damals heftig diskutierten Haftbedingungen sprachen von »Isolationsfolter«, auch weil die Gefangenen meist in Zellen in einem leerstehenden Trakt der Gefängnisse untergebracht waren. Vgl. Jens Mecklenburg 2001, S. 137–143 (»Im Toten Trakt«). Aufgrund eines Beschlusses des Zweiten Senats des Bundesverfassungsgerichts vom 14. 3. 1973 wurde die Verhältnismäßigkeit der Isolationshaft bei realer Gefährdung der öffentlichen Interessen jedoch grundsätzlich anerkannt.

247. 30 *die Waage der blinden Justitia]* Lat.: iustitia = Gerechtigkeit. – Im römischen Rechtsdenken verkörpert die Figur der Justitia die Erhaltung und Bewahrung des strengen, positiven Rechts. – Sie wird seit dem Spätma. im allg. mit den Attributen Schwert (rechte Hand) und Waage (linke Hand) und verbundenen Augen dargestellt. Waage und verbundene Augen stehen als Symbole für unparteiisches Abwägen der Rechtsverhältnisse.

⟨Plädoyer für Ruhe und Ordnung⟩

## Entstehung

Der in Bölls Arbeitsbuch unter der Sign. 170/73 verzeichnete Beitrag zur Chile-Schallplatte ist dort nicht datiert (*AB* II, Bl. 9) (NE).

Auf einem undatierten Notiz-Zettel ist eine telefonische Anfrage notiert, nach der der *Deutschlandfunk* in Köln sich erkundigt, ob Heinrich Böll zu einer Platte mit chilenischen Freiheitsliedern »eine Art Vorwort sprechen könnte, damit die Platte gut verkauft wird«. Der Erlös aus dem Verkauf der Platte solle an in Chile gefangengehaltene Künstler geleitet werden (HA 1326-4364, Bl. 4). Die diesem Beitrag vorausgehende Arbeit Bölls, ein Gespräch mit der Schriftstellerin Karin Struck (vgl. »Schreiben und Lesen«, *Int*, S. 251-282). ist auf den 23. 10. 1973, die danach – ein (nicht überliefertes) Interview mit einem argentinischen Journalisten – auf den 29. 10. 1973 datiert. Das läßt den Schluß zu, daß *Plädoyer für Ruhe und Ordnung* um den 25. 10. 1973 entstanden ist.

Die Platte, deren Hülle durch HAP Grieshaber gestaltet wurde, enthält nicht nur Freiheitslieder, etwa von Victor Jara (von chilenischen Militärs ermordet), sondern auch Textbeiträge wie die Rede Salvador Allendes vor den Vereinten Nationen im Dezember 1972 und von Mauricio Kagel rezitierte Gedichte Pablo Nerudas. Auf der Rückseite des Covers findet sich ein Hinweis auf die Entstehung und Verwendung des Erlöses aus dem Verkauf: »Diese Platte wurde für die politisch Verfolgten in Chile gemacht. Alle Beiträge wurden dem ›Aktionskomitee Chile‹ (Köln) unentgeltlich zur Verfügung gestellt. Den Reinerlös bekommt Amnesty International für ihre Arbeit in Chile.«

## Überlieferung

### Typoskripte

TH: Erstschr. und Durchschr.; 2 Bll., eh. Sign.: 170/73.
    (HA 1326-264, Bll. 1-2)

## Drucke

Z:   *Juso-Info* (Köln), 5/76, S. 3.

## Ton-/Bildträger

*Solidarität mit Chile '70/'73* (Schallplatte). – Köln: Aktionskomitee Chile 1973.

## *Textgrundlage*

Textgrundlage ist TH.

## *Stellenkommentar*

249. 3 *Berichte über Chile]* Am 4. 9. 1970 wurde Salvador Allende Gossens (1908–1973) als Kandidat eines Volksfrontbündnisses (Unidad Popular) aus Sozialisten, Kommunisten, Liberalen und christdemokratischen Dissidenten zum ersten sozialistischen Staatspräsidenten Südamerikas gewählt und damit Nachfolger des Christdemokraten Eduardo Frei Montalva (1911–1982). 1973 erklärte das Parlament Allende wegen wiederholter Verletzung der Gesetze und der Verfassung für abgesetzt. Nachdem Allende sich geweigert hatte, von seinem Amt zurückzutreten, folgte am 11. 9. 1973 ein Militärputsch, in dessen Verlauf er ums Leben kam. In Chile übernahm eine Militärjunta unter General Augusto Pinochet (geb. 1915) die Macht.

249. 5–6 *Freudenfeste unter Exil-Chilenen in Madrid]* Vgl. »Kämpfen bis zum Ende« in *Der Spiegel*, Nr. 36 v. 17. 9. 1973.

249. 15–17 *die düsteren Prognosen ... in Chile]* Als Allende 1970 Staatspräsident wurde, hatte Chile, dessen Wirtschaft zu 80% vom Ausland kontrolliert wurde, eine Inflationsrate von 35% aufzuweisen. Allendes Programme zur Verstaatlichung etwa des Bergbaus, der ausschließlich von amerik. Unternehmen betrieben wurde, und der Banken stießen auf den erbitterten Widerstand der USA, die mit der Einstellung der Wirtschaftshilfe reagierten. Der Sturz der Kupferpreise auf dem Weltmarkt, terroristische Aktionen von Extremisten und landesweite Streikaktionen des Mittelstandes (besonders der Fuhrunternehmen) stürzten das Land in ein Chaos, das zur Rechtfertigung des Putsches diente.

249. 29–30 *seit Jahrhunderten Elend und Hunger]* Vgl. »Es ist oft genug dargelegt worden, wie reich dieser Kontinent Südamerika an Öl, Erdgas,

Edelhölzern, Kohle, Pelztieren, Heilkräutern, Halbedelsteinen, Erzen ist (siehe Eduardo Galeano: *Die offenen Adern Lateinamerikas*) – und doch leben auf diesem reichen Kontinent neunzig Prozent der Bevölkerung am Rand des Existenzminimums, viele darunter.« In: *Wem gehört diese Erde?* KA Bd. 22; *EAS* 7, S. 169–173.

249. 32–33 *Milch für ihre Kinder]* Eines von Allendes Programmen sah vor, daß jedes Kind in Chile jeden Tag einen Liter Milch bekommen sollte.

⟨Zur Weiterentwicklung der Maulwürfe für,
nach und in memoriam günter eich⟩

## *Entstehung*

Der in Bölls Arbeitsbuch unter der Sign. 156/73 verzeichnete Text ist dort auf den 24. 8. 1973 datiert (*AB* II, Bl. 7) (NE).
Als Günter Eich am 20. 12. 1972 verstarb, plante sein Verleger Siegfried Unseld (Suhrkamp Verlag) ihm zu Ehren eine große öffentliche Lesung aus seinem Werk und einen ›Gedächtnisband‹, der zum ersten Todestag von Eich erscheinen sollte. Die Lesung fand am 1. 2. 1973 im Großen Sendesaal des *Hessischen Rundfunks* in Frankfurt statt; u. a. lasen Heinrich Böll, Günter Grass, Peter Huchel und Uwe Johnson aus dem Werk ihres Kollegen. »Der Redaktionsschluß für den Band«, so Siegfried Unseld an Heinrich Böll in einem undatierten Brief (HA 1326-4357, Bl. 2), »und der wirklich allerletzte Termin für die Ablieferung eines Beitrags ist der 1. September.« Böll verfaßt seinen in Anlehnung an Günter Eichs Kurzprosa-Band *Maulwürfe* (1968) entstandenen Text am 24. 8. 1973 und schickt ihn noch am gleichen Tag an Siegfried Unseld, der mit Schreiben vom 29. 8. 1973 für den »Böllschen Eich-Maulwurf« dankt (HA 1326-4401, Bl. 1).

## *Überlieferung*

### Typoskripte

TH¹: Erstschr.; 1 Bl.
    (HA 1326-263, Bl. 82)
TH²: Erstschr.; 2 Bll.
    ( HA 1326-263, Bll. 83-84)
tH³: Durchschr. (grün und gelb); 4 Bll., eh. Sign.: 156/73, auf Bl. 4 eh. durchschr. Unterschrift.
    (HA 1326-263, Bll. 85-88)

## Drucke

D¹: Siegfried Unseld (Hg.): *Günter Eich zum Gedächtnis*. – Frankfurt/M.: Suhrkamp Verlag, 1973, S. 16–17.
D²: *ESR* III, S. 13–14.
D³: *EAS* 5, S. 9–10.

## Textgrundlage

Textgrundlage ist D².

## Stellenkommentar

250. 2 *in memoriam* ] Lat.: in Erinnerung an, zum Gedenken an.
250. 2 *günter eich*] Günter Eich (1907–1972), Schriftsteller. – Böll bezieht sich hier auf kurze und kürzeste Prosatexte des Lyrikers und Hörspielautors Günter Eich, die dieser seit Ende der 1960er Jahre unter dem Titel *Maulwürfe* veröffentlichte, eine spezielle Form des Prosagedichts, die als Verweigerung direkter Aussage verstanden werden sollte. Eichs Prosaband *Maulwürfe* stand im Herbst 1968 im Brennpunkt der literarischen Diskussion. – Eich, Günter (1967): *Fünf Maulwürfe*. In: *Merkur*. H. 6 (1967), S. 562–564. – Eich, Günter (1968): *Maulwürfe*. Prosa. Frankfurt am Main: Suhrkamp. – Eich, Günter (1970): *Ein Tibeter in meinem Büro. 49 Maulwürfe*. Frankfurt am Main: Suhrkamp. – Eich, Günter (1972): *Gesammelte Maulwürfe*. Frankfurt am Main: Suhrkamp (= Bibliothek Suhrkamp 312).
250. 14 *»bugging«*] Engl.: Bezeichnung für (Abhör-)Wanzen.
250. 14–15 *»to watergate«*] Anspielung auf den sog. »Watergate-Skandal«: Am 17. 6. 1972 drangen Einbrecher in das Washingtoner Watergate-Hotel ein, das der oppositionellen Demokratischen Partei zu dieser Zeit als Wahlkampfquartier diente. Dieser Einbruch wurde in der Öffentlichkeit zunächst kaum beachtet, doch nach der Festnahme der Täter Anfang 1973 wurde deutlich, daß enge Vertraute des im November 1972 wiedergewählten republikanischen Präsidenten Richard M. Nixon für die Planung des Einbruchs und den Einbau von Abhörgeräten (»Wanzen«) verantwortlich waren. Durch Recherchen der *Washington Post* wurden die Verstrickung Nixons in den Skandal ebenso publik wie seine Versuche, diesen zu vertuschen. Nach der Eröffnung eines Amtsenthebungsverfahrens im Oktober 1973 trat Nixon am 9. 8. 1974 von seinem Amt zurück.
250. 15 *»molewarping«* ] Kunstwort Bölls aus engl. mole ›Maulwurf‹ und to warp ›sich verbiegen‹ oder ›verziehen‹ (im Sinne von ›verformen‹).

250. 16 »*talpa intima subterrana*«] Lat.: talpa (Maulwurf); talpa intima subterrana: fiktiver Ausdruck Bölls für »geheimer unterirdischer Maulwurf«.

250. 21 »*wanzennetz*«] Wanze: blutsaugendes Insekt; Bezeichnung für kleines, leicht zu versteckendes Abhörgerät.

250. 25 »*butter flying*«] Wortschöpfung Bölls in Anlehnung an das englische Wort ›butterfly‹ (›Schmetterling‹).

250. 31 *der neuen musik*] Sammelbezeichnung für die Strömungen der Kunstmusik im 20. Jh., z. B. die Zwölftonmusik im Umkreis von Arnold Schönberg (1874–1951), ferner die Serielle Musik sowie verschiedene Richtungen der elektronischen Musik.

⟨Man muß immer weitergehen⟩

## Entstehung

Der in Bölls Arbeitsbuch unter der Sign. 188/74 verzeichnete Solschenizyn-Text ist dort auf den 6. 1. 1974 datiert (*AB* II, Bl. 13) (NE).
Am 3. 1. 1974 wendet sich Rolf Michaelis (*Die Zeit*) mit einer Bitte an Heinrich Böll: »Für die in jedem Fall heikle Besprechung des neuen Buches von Solschenizyn würde sich die ZEIT gern Ihrer nicht nur literarisch, sondern auch, was in diesem Fall wohl ebenso notwendig ist, diplomatisch kenntnisreichen Mitarbeit versichern. Es sieht diesmal so aus, jedenfalls haben wir den Eindruck, als ob es jetzt für den Autor und einige Betroffene auf Leben und Tod gehen könnte.« (HA 1326-264, Bl. 17) Heinrich Böll reagiert am 6. 1. 1973: »Ich habe mich sofort, als ich Ihren Brief bekam, an die Arbeit gemacht und mich mehr mit dem Fall A. S. [Alexander Solschenizyn] als mit dem Buch ›Archipel Gulag‹ beschäftigt. Heute bekam ich noch Fotokopien aus der N Y T [*New York Times*], aus denen ich immerhin noch zwei Zitate entnehmen konnte. [...] Ich schicke Ihnen das MS heute schon per Eilpost, damit wir notfalls noch über Details telefonieren können.« (HA 1326-264, Bl. 19) Eine Rezension des *Archipel Gulag* zu schreiben, war Heinrich Böll zu diesem Zeitpunkt nicht möglich, weil er bis auf die Ausschnitte aus der *New York Times* das Buch, das Anfang Januar 1974 zunächst in russischer Sprache bei der YMCA-Press in Paris erschien, noch nicht kannte. (s. *Die himmlische Bitterkeit des Alexander Solschnizyn*, S.263.)

## Überlieferung

### Typoskripte

TH¹: Erstschr.; 2 Bll.
  (HA 1326-264, Bll. 4-5)
TH²: Erstschr.; 5 Bll., eh. Vermerk: »2. Version«, am roR eh. pag. 1-5.
  (HA 1326-264, Bll. 6-10)
tH³: Durchschr. (grün); 6 Bll., eh. Sign.: 188/73, am roR durchschr. pag. 1-6.
  (HA 1326-264, Bll. 11-16)

## Drucke

Z: *Die Zeit* (Hamburg). – 29. Jg., Nr. 3 (11. 1. 74), S. 9–10.
D¹: *EE*, S. 94–98.
D²: *ESR* III, S. 83–87.
D³: *EAS* 5, S. 79–83.

## *Textgrundlage*

Textgrundlage ist D².

## *Stellenkommentar*

252. 2–3 *Alexander Solschenizyn und sein Lagerbuch »Archipel Gulag«]*
Alexander Issajewitsch Solschenizyn (geb. 1918), russ. Schriftsteller; 1970 Nobelpreis für Literatur. – Zur Person: Nach dem Überfall Deutschlands auf die Sowjetunion wird der studierte Physiker und Mathematiker Solschenizyn am 18. 10. 1941 zur Roten Armee eingezogen. Im Februar 1945 fallen dem militärischen Abschirmdienst (»Smersch«) Feldpostbriefe Solschenizyns mit abfälligen Bemerkungen über Stalin in die Hände, die eine Verurteilung zu acht Jahren Straflager nach sich ziehen. Von 1946 bis 1950 sitzt Solschenizyn in einem Spezialgefängnis bei Moskau ein, in dem wissenschaftlich hochqualifizierte Gefangene an staatlichen Geheimprojekten arbeiten. Von 1950 bis 1953 befindet er sich in einem Sonderlager für politische Gefangene in Kasachstan. Bis zu seiner Rehabilitierung 1956 ist er in das Dorf Kok-Terek (Kasachstan) verbannt, wo er als Dorfschullehrer für Physik und Mathematik wirkt. Ab 1962 ist Solschenizyn als freier Autor tätig. 1969 wird er aus dem Schriftstellerverband der UdSSR ausgeschlossen und erst 1989 wieder aufgenommen. 1970 – nach der Zuerkennung des Nobelpreises für Literatur, dessen Verleihung er fernbleiben muß [er wird ihm erst am 8. 4. 1972 in Moskau durch eine Delegation der Schwedischen Akademie übergeben] – tritt Solschenizyn, dessen Werke seit 1966 nicht mehr in der Sowjetunion erscheinen dürfen, einer privaten sowjetischen Bürgerrechtsorganisation bei, die unter Leitung des Physikers Andrej Sacharow »konstruktive Kritik« an der sowjetischen Gesellschaft üben will. Solschenizyn wird am 12. 2. 1974 verhaftet, ausgebürgert und in die Bundesrepublik Deutschland abgeschoben, wo er zunächst bei Heinrich Böll Aufnahme findet. Vom 13. 2. bis zum 15. 2. 1974 lebt er in Bölls Haus in Langenbroich. Nach Jahren des Exils in der Schweiz und in den USA (ab 1976), in denen er sich als Autor und christlich-konservativer Moralist en-

gagiert, wird Solschenizyn ab 1989 in der ehemaligen Sowjetunion schrittweise rehabilitiert. Am 15. 8. 1990 gibt der sowjetische Staats- und Parteichef Michail Gorbatschow per Dekret 24 ausgebürgerten Dissidenten, unter ihnen Solschenizyn, die Staatsbürgerschaft zurück. 1994 kehrt er nach Rußland zurück und lebt seither in Moskau. – Zum Werk: Solschenizyn, Alexander (1974): *Der Archipel GULAG*. 1918–1956 Versuch einer künstlerischen Bewältigung. 2 Bde. Einzige autorisierte Übersetzung aus dem Russischen von Anna Peturnig (d. i. Elisabeth Markstein, die ein Pseudonym wählt, um ihr nahestehende Personen in der UdSSR zu schützen). (Teile I-III) und Ernst Walter (Teil IV) Bern: Scherz-Verlag [EA: Archipelag GULAG ‹1973› Paris: YMCA-Press]. Das auf den Aussagen und Aufzeichnungen von über 200 Personen beruhende Werk versucht die Geschichte und Methoden der sowjetischen Zwangsarbeitslager und Gefängnisse, des Strafvollzugs und der Gesetzgebung von der bolschewistischen Revolution 1918 bis zur Abrechnung mit den Verbrechen Stalins unter Chruschtschow nachzuzeichnen. Als es Anfang 1974 erscheint, gilt es als »publizistische Weltsensation« (*Der Spiegel* v. 7. 1. 1974). GULAG ist die russische Abkürzung für »Glawnoje Upawlenije Lagerej«. Die Metapher GULAG, ein Kürzel für »Zentrale Lagerverwaltung«, verweist auf das »Insel-System« des GULAG, in dem die einzelnen Lager wie »Inseln« im Mutterland eingebettet liegen. Bd. 1 schildert die geschichtliche Entwicklung des Systems, Bd. 2 die Lagerwelt aus der Sicht der verschiedenen Gruppen, die sie bevölkern, und den Weg der Häftlinge von der Einlieferung bis zum Tod durch Erschöpfung, Krankheit oder den Sadismus der Bewacher. Der 1976 im Scherz-Verlag erschienene Bd. 3 beschreibt die Bestrafung von politischen Häftlingen unter dem zaristischen und bolschewistischen System, die Massenvertreibung und Zwangsumsiedlung ganzer Klassen und Völker und gibt einen Ausblick auf die Zeit nach Stalin. Im Spätsommer 1973 geraten Teile des Manuskripts von *Der Archipel GULAG*, an dem der Autor von 1958 bis 1967 gearbeitet hat und das er als Teil seines literarischen Vermächtnisses ansieht, in die Hände des sowjetischen Staatssicherheitsdienstes. Solschenizyn veranlaßt daraufhin die Veröffentlichung des Manuskripts im Westen. Es erscheint zuerst 1973 in Paris und wird anschließend in zahlreiche Sprachen übersetzt. Das Erscheinen des Buches, das die Sowjetunion vergeblich zu verhindern versucht, erregt großes internationales Aufsehen. Das Werk verändert auch das Verhältnis zahlreicher westlicher Intellektueller zur Sowjetunion grundlegend.

252. 24-25 *»unser gemeinsames ... getötet wurden«*] Da Böll zu diesem Zeitpunkt (s. *Entstehung*) die autorisierte Übersetzung des *Archipel Gulag* nicht kannte, übersetzte er die entsprechenden Zitate aus dem Englischen. Bei Solschenizyn (1974), S. 11 heißt es: »Es ist unser gemeinsames Denkmal für alle Gemordeten und zu Tode Gemarterten.«

252. 29–253. 4 »*Du wirst ... eines Kinos.*«*]* Bei Solschenizyn 1974, S. 22 lautet der Text: »Im großen Lebensmittelgeschäft Gastronom werden Sie in die Bestellabteilung gebeten und dort verhaftet; ein Pilger verhaftet Sie, der um Christi willen Beherbergung bei Ihnen erbat; ein Monteur verhaftet Sie, der gekommen ist, den Gaszähler abzulesen; ein Radfahrer, der auf der Straße in Sie hineinfuhr; ein Eisenbahnschaffner, ein Taxifahrer, ein Schalterbeamter der Sparkasse und ein Kinodirektor – sie alle verhaften Sie, der Sie zu spät den gut versteckten weinroten Ausweis erblickten.«

253. 10–11 *sowjetischen Schriftstellerverbandes]* 1934 gegründete Vereinigung von sowjetischen Autoren, die bis zum Zusammenbruch der Sowjetunion 1991 existiert hat.

253. 13 *Achmatowa, Sostschenko, Pasternak]* Anna Achmatowa (1899–1966), russ. Schriftstellerin. – Michail Michailowitsch Sostschenko (1895–1958), russ. Schriftsteller. – Boris Leonidowitsch Pasternak (1890–1960), russ. Schriftsteller; 1958 Nobelpreis für Literatur.

253. 14 *Iwan Denissowitsch]* Gemeint ist Solschenizyns 1962 erschienene Erzählung *Ein Tag im Leben des Iwan Denissowitsch.*

253. 14–15 *mit Chruschtschows ausdrücklicher Billigung ]* Nikita Sergejewitsch Chruschtschow (1894–1971), sowjet. Politiker; 1953–1964 Parteiführer der KPdSU, 1958–1964 Ministerpräsident der UdSSR. – Solschenizyn hatte Ende 1962 mit der Veröffentlichung der Erzählung *Ein Tag im Leben des Iwan Denissowitsch* in der Zeitschrift *Nowyj Mir* für Aufsehen in der Sowjetunion gesorgt. Der damalige Parteichef Chruschtschow tolerierte das gegen Stalin gerichtete Buch, das den gewöhnlichen Alltag eines sowjetischen Lagerhäftlings beschreibt, da es in seine Kampagne zur Entstalinisierung paßte.

253. 18 *Twardowskij]* Alexander Trifonowitsch Twardowski (1910–1971), sowjet. Schriftsteller und Journalist; Chefredakteur der Literaturzeitschrift *Nowyj Mir* (1950–1954 und 1958–1970).

253. 19–20 *Er fiel mit Solschenizyn]* 1964 schlägt Twardowski Solschenizyn für den Leninpreis vor; die Ehrung wurde von Parteibürokraten verhindert. Twardowskis Versuch, 1968 Solschenizyns Roman *Krebsstation* zu veröffentlichen, war ebenso vergeblich, wie sein Bemühen, 1969 Solschenizyns Ausschluß aus dem sowjetischen Schriftstellerverband zu verhindern. Im Frühjahr 1970 wurde Twardowski zum zweiten Mal als Chefredakteur der Literaturzeitschrift *Nowyj Mir* seines Amtes enthoben. Twardowski erkrankte schwer und starb am 18. 12. 1971 in Moskau.

253. 21 *Die Krebsstation]* Gemeint ist der Roman *Krebsstation*, der 1968 nur im Westen erscheinen konnte. Seine Veröffentlichung hatte Solschenizyns Ausschluss aus dem Schriftstellerverband im November 1969 zur Folge.

253. 37–38 *jener Prozeß, den man Entstalinisierung nennt]* Josef Wis-

sarionowitsch Stalin (eigentlich Jossif Wissarionowitsch Dschugaschwilli, genannt ›Stalin‹ =›der Stählerne‹; 1879–1953), sowjet. Partei- und Staatsführer; 1924–1953 Parteiführer der KPdSU; 1946–1953 Regierungschef. – Der Begriff ›Entstalinisierung‹ bezeichnet die politischen und kulturellen Liberalisierungstendenzen innerhalb der Sowjetunion und anderer Länder des kommunistischen Machtsystems (z. B. Ungarn), die der Aufdeckung der Verbrechen des sowjet. Diktators Stalin folgten. Am 25. 2. 1956 enthüllt der erste Sekretär der KPdSU, Nikita S. Chruschtschow, vor den Delegierten des XX. Parteitags der KPdSU die vom ehemaligen Staats- und Parteichef Josef W. Stalin begangenen Verbrechen. Die Entstalinisierung bezieht sich auf die Entlassung politischer Gefangener, die Rehabilitierung zu Unrecht Verurteilter, auf eine Rückkehr zum kollektiven Führungsstil der Partei als Abkehr von der Ein-Personen-Herrschaft Stalins und auf begrenzte kulturelle Öffnungen. Diese Phase, die das sowjet. Herrschaftssystem an sich jedoch nicht antastet, ist nur von kurzer Dauer. Bereits 1957 wird Stalin rehabilitiert; Chruschtschow wird 1964 aufgrund wirtschaftlicher Mißerfolge gestürzt.

254.7 *»Samisdat«]* Russ. für »Selbstverlag«. Als »Samisdat-Literatur« bezeichnete man in der UdSSR seit Anfang 1966 maschinen- oder handschriftlich verbreitete literarische und publizistische Werke, die aus Gründen der Zensur nicht in einem offiziellen Verlag, sondern im »Selbstverlag« (Untergrund-Verlag) erschienen.

254. 17–21 *Es war befürchtet ... bringen würde]* Anläßlich des Beitritts der UdSSR zum Welturheberrechtsabkommen am 27. 5. 1973 veröffentlichte das Präsidium des Internationalen P. E. N. in London am 24. 5. 1973 eine von Böll unterzeichnete zweiseitige Erklärung. Darin wird auf die Gefahren aufmerksam macht, die aus einem unterschiedlichen Verständnis von (schriftstellerischer) Urheberschaft erwachsen könnten, die in den westlichen Staaten durch die Autorschaft einer Einzelperson begründet, in der UdSSR (und anderen osteuropäischen Staaten) hingegen in Abhängigkeit von ›gesellschaftlichen‹ Interessen definiert wird. Ein Beitritt der UdSSR zum Urheberrechtsabkommen, so der Tenor der Erklärung, werde deshalb an der Unterdrückung politisch mißliebiger Literatur nichts ändern. Vgl. Hermann Pörzgen (1973): »Die UdSSR wird zahlen. Der Beitritt zur Genfer Konvention«. In: *Frankfurter Allgemeine Zeitung* v. 12. 3. 1973.

255. 2 *Pankin]* Boris Dmitrijewitsch Pankin (geb. 1931), sowjet. Journalist u. Diplomat; 1973–1982 Leiter der sowjet. Behörde für den Schutz der Urheberrechte. Er setzt während seiner Tätigkeit als Botschafter in Schweden (1982–1990) durch, daß Astrid Lindgren Ende der 1980er Jahre Tantiemen für ihre in der UdSSR gedruckten Bücher erhält. – Pankin war von 1983 bis 1990 Botschafter der UdSSR in Schweden und seit 1990 in der Tschechoslowakei. Von August 1991 bis November 1991 war er kurzzeitig der Au-

ßenminister der UdSSR, bevor er von 1992 bis 1994 als außerordentlicher und bevollmächtigter Botschafter Rußlands in Großbritannien arbeitete.

255. 18 *Landserheftchen]* Landser: ugs. Wendung für einfacher Soldat. – Landserheftchen: Groschenhefte, in denen in unkritisch-verharmlosender Weise Kriegserlebnisse geschildert werden.

255. 25–26 *werden wir zu kalten Kriegern erklärt]* Kalter Krieg: seit etwa 1947 geläufige Bezeichnung für die nicht-militärische Konfrontation zwischen den USA und der UdSSR sowie der mit ihnen verbündeten Staaten als Folge des Zweiten Weltkriegs, die bis zur politischen Wende in den kommunistischen Staaten (1989/1990) andauerte; ›kalter Krieger‹ ist dementsprechend eine polemische Bezeichnung für jemanden, der in seiner Mentalität dem Konfrontationsdenken gegenüber dem jeweils anderen System verbunden ist.

256. 19–20 *Problem des Beifalls von der falschen Seite]* Vgl. *Gefahren von falschen Brüdern*, S.223 ff.

256. 22 *Löwenthal vom ZDF]* Gerhard Löwenthal (1922–2002), Journalist und Fernsehmoderator. – ZDF: *Zweites Deutsches Fernsehen* mit Sitz in Mainz. S. *Stellenkommentar* zu 61. 7.

257. 2–4 *Es ist zwar ... protestierte]* Jean Cayrol (geb. 1911), frz. Schriftsteller. – Gemeint ist der von Alain Resnais (geb. 1922) 1955 gedrehte Dokumentarfilm *Nacht und Nebel* (frz. *Nuit et brouillard*) über die nationalsozialistischen Konzentrationslager, zu der der französische Schriftsteller und ehemalige Häftling des Konzentrationslagers Mauthausen Jean Cayrol den Kommentar verfaßte (dt. Bearbeitung: Paul Celan) und der Komponist Hanns Eisler die Musik schrieb. – 1956 sollte der Film, der mit dem *Prix Jean Vigo* ausgezeichnet wurde, bei den Filmfestspielen in Cannes gezeigt werden. Hiergegen protestierte der dt. Botschafter in Paris, Vollrath von Maltzan, Freiherr zu Wartenburg und Penzlin (1899–1967), weil nach den Statuten des Festivals – so die Begründung des Einspruchs – nur Filme gezeigt werden dürfen, die die nationalen Gefühle eines anderen Volkes nicht verletzen und das friedliche Zusammenleben der Völker nicht beeinträchtigen. Auf Ersuchen des französischen Außen- und des Industrie- und Handelsministeriums wurde der Film zunächst von der Festivalleitung zurückgezogen. Nach öffentlichen Protesten wurde *Nacht und Nebel* außer Konkurrenz gezeigt. In der Bundesrepublik kam es zu einem parlamentarischen Nachspiel: Staatssekretär von Lex (1893–1970) bestätigte in einer Aktuellen Fragestunde am 18. 4. 1956 im Bundestag gegenüber der SPD-Abgeordneten Annemarie Renger (geb. 1919) die Intervention der Bundesregierung.

257. 9 *wenn nicht de jure, so doch de facto]* De jure: lat., von Rechts wegen, rechtlich betrachtet; Ggs. zu de facto: lat., tatsächlich bestehend. – Amalrik, Andrej (1938–1980), sowjet. Schriftsteller.

⟨Gutachten zum Prozeß gegen Erich Fried⟩

## Entstehung

Das in Bölls Arbeitsbuch unter Sign. 193/74 verzeichnete Gutachten ist dort auf den 18./19. 1. 1974 datiert (*AB* II, Bl. 14) (NE).

## Hintergrund

Auf Diether Possers Kommentar zu Bölls *Spiegel*-Artikel v. 10. 1. 1972 (s. *Hintergrund*, S.476 ff.) schrieb der in London lebende österr. Schriftsteller Erich Fried einen Leserbrief, der im *Spiegel* Nr. 7 v. 7. 2. 1972 auf S. 7–8 abgedruckt wurde. U.a. führt Fried darin aus: »Auch etwas wie Possers langen (hier gekürzten) Satz ›Die Polizeibeamten ... handeln im Auftrag der im Staat organisierten Rechtsgemeinschaft unseres Volkes‹ hätte Böll höchstens geschrieben, um den ewig ähnlichen Staatsgesinnungsschwulst vor, unter und nach Hitler damit zu parodieren, aber doch kaum in vollem Ernst! Wurde auch Petra Schelm »im Auftrag der im Staat organisierten Rechtsgemeinschaft unseres Volkes« durch den Kopf – statt etwa durch die Hand – geschossen? Und Georg von Rauch, der weisungsgemäß die Hände hochhielt? Ihn hat Posser nicht einmal erwähnt, formaljuristisch mit Recht, in Wirklichkeit aber, da der Vorbeugemord an von Rauch mit zur Sache gehört, in der Posser sich zum Kritiker über Böll aufwirft, mit Unrecht.« Georg von Rauch war am 4. 12. 1971 in Berlin während einer Fahndungsaktion gegen Mitglieder der RAF durch den der Politischen Polizei angehörenden Hans-Joachim Schulz erschossen worden. Die Umstände, unter denen von Rauch zu Tode kam, wurden in den folgenden Tagen und Wochen widersprüchlich dargestellt. Der *Spiegel* berichtete darüber in Nr. 53 vom 27. 12. 1971, S. 55–56, unter der Überschrift »Feuer eröffnet«. Zu diesem Artikel hatte Fried ebenfalls einen Leserbrief verfaßt, der im *Spiegel* Nr. 5 vom 24. 1. 1972 auf S. 9–10 veröffentlicht wurde. In diesem sprach Fried von einem »vermutlichen Vorbeugemord an Georg von Rauch«.

Über die weitere Entwicklung berichtet Fried an Böll in einem Brief vom 25. 8. 1972: »Mein alter Leserbrief im Spiegel zu Ihrer Verteidigung hat nun doch, nach geradezu unanständig langer Wartefrist, den Polizeipräsidenten von Berlin, bzw. die Staatsanwaltschaft Hamburg zum Eingreifen veranlaßt.« Der Berliner Polizeipräsident Klaus Hübner hatte gegen die Verwendung des Begriffs »Vorbeugemord« Anzeige erstattet, und die Staatsanwaltschaft Hamburg (Verlagsort des *Spiegel*) hatte am 21. 8. 1972 ein Ermittlungsverfahren gegen Fried, wie der von Fried dem Brief an Böll beigelegten Kopie zu entnehmen ist, »wegen des Verdachts der Beleidigung« eingeleitet. Das Ermittlungsverfahren mündete in eine Anklage gegen Fried – der die staatsanwaltlich eingeforderte Stellungnahme verweigerte – und gegen die für die Rubrik Leserbriefe beim *Spiegel* seinerzeit zuständige Redakteurin Heike von der Osten wegen Beleidigung vor dem Amtsgericht Hamburg. Unter welchen Umständen Böll in die Position des Gutachters gebracht wurde, ist nicht zu eruieren. Überliefert ist ein Brief von Frieds Anwalt, Kurt Groenewold, an Böll vom 18. 12. 1973, in dem Groenewold ein vorbereitendes Gespräch am 7. oder 8. 1. 1974 vorschlägt.

Die Verhandlung am 24. 1. 1974 dauerte 6 Stunden und endete mit einem Freispruch Frieds und von der Ostens. (Vgl. zum Prozeß gegen Fried: Stäkker, Dieter: »Vorbeugemord«. Beleidigungsprozeß gegen Erich Fried. In: *Frankfurter Rundschau*, 24. 1. 1974 – Müller-Meiningen jr.: »Vorbeugemord«. In: *Süddeutsche Zeitung*, 26. 1. 1974. – Wagner, Klaus: Freispruch für Erich Fried. Heinrich Böll als Gutachter im Beleidigungsprozeß. In: *Frankfurter Allgemeine Zeitung*, 26. 1. 1974. – Mauz, Gerhard: »Ein ernster, fürchterlicher Fall. Prozeß gegen Erich Fried in Hamburg«. In: *Der Spiegel*, 28. 1. 1974. – Herrmann, Ruth: »Die Wörtlichkeit eines Autors. Beleidigungs-Prozeß«. In: *Die Zeit*, 1. 2. 1974.)

## *Überlieferung*

### Typoskripte

TH$^1$: Erstschr.; 2 Bll.
(HA 1326–264, Bll. 38–39)

TH$^2$: Erstschr.; 6 Bll., am roR eh. pag. 1–5, Bl. 5 in zwei Teile durchschnitten.
(HA 1326–264, Bll. 40–45a)

tH$^3$: Durchschr. (grün); 4 Bll.; eh. Sign.: 193/74, am roR eh. pag. 1–4.
(HA 1326–264, Bll. 46–49)

### Drucke

D$^1$: Teilabdruck in: *Die Erschießung des Georg von Rauch*. Hg. von Rudi Dutschke, Heinrich Böll, Erich Fried (u. a.). – Berlin: Verlag Klaus Wagenbach, 1976. S. 72–74 (u. d. T.: Heinrich Böll: Über den Begriff »Mord«).

D²: *EE*, S. 99–103.
D³: *ESR* III, S. 88–92.
D⁴: *EAS* 5, S. 84–88.

## Textgrundlage

Textgrundlage ist D³.

## Varianten

259. 9 *stabile.* ] Fehlt *D¹*.
259. 15–16 *Demagogisierung der verschiedenen Fälle]* Demagogisierung der verschiedenen Fälle *D¹*
259. 32–33 *Tödlich verletzt, ... ermittelt.]* Fehlt *D¹*.
259. 37–260. 2 *Die Tötung ... und]* Fehlt *D¹*.
260. 3 *gesehen hat]* , als die Tötung eines Menschen so *D¹*
260. 6–7 *legale* ] Fehlt *D¹*.
260. 11–14 *In diesem Zusammenhang ... getötet hat.]* Fehlt *D¹*.
260. 22–24 *Notwehrtötung? ... Vorbeugetötung?]* Notwehrtötung? Vorbeugeerschießung? *D¹*
260. 26 *Das Wort Tötung]* Tötung – das Wort *D¹*
260. 31 *wäre er ohne]* wäre er auch ohne *D¹*
260. 33 *weder ... fahrlässig]* weniger lässig, nach- oder fahrlässig *D¹*
260. 36 *dieses ... nicht]* und eben dieses Vertrauen existiert nicht *D¹*
260. 37 *es]* Fehlt *D¹*.
261. 12 *daß ... Notwehr]* daß er in Notwehr *D¹*
261. 18–26 *Ich halte ... vorlag.]* Fehlt *D¹*.
261. 28 *könnten]* müßten *D¹*
261. 38–262. 3 *Besonders ... vorliegt,]* In Erich Fried *D¹*
262. 12–39 *Ich plädiere ... verlief.]* Fehlt *D¹*.

## Stellenkommentar

258. 1 *Gutachten zum Prozeß gegen Erich Fried]* Erich Fried (1921–1988), österr. Schriftsteller. Zur Anklageerhebung gegen Fried s. *Hintergrund*.
258. 7–8 *Demonstrationen gegen die Notstandsgesetze]* Bereits seit 1959 gab es Überlegungen der Bundesregierung, für den Fall eines übergesetzlichen Notstandes weitreichende Grundgesetzänderungen (›Notstandsgeset-

ze‹) einzuführen. Zu den inneren und äußeren Notsituationen gehören der äußere Notstand, der Spannungsfall und der Verteidigungsfall ebenso wie Innerer Notstand, Naturkatastrophen und außergewöhnliche Unglücksfälle. Am 9. 11. 1967 kommt es in der damaligen Bundeshauptstadt Bonn zu ersten öffentlichen Anhörungen über die Notstandsverfassung. Nach dem am 24. 6. 1968 auch von der SPD mitgetragenen 17. Gesetz zur Ergänzung des Grundgesetzes werden im Notstandsfall mehrere Grundrechte eingeschränkt. Die bereits am 30. 5. 1968 verabschiedeten sechs einfachen (d. h. nicht die Verfassung ändernden) Notstandsgesetze konkretisieren die im Notstandsfall erlaubte Einschränkung des Brief-, Post- und Fernmeldegeheimnisses, der Unverletzlichkeit der Wohnung, des Rechts auf Freizügigkeit und der freien Berufswahl sowie den Einsatz der Bundeswehr bei inneren Unruhen. Die Kritik an der Notstandsgesetzgebung bezog sich vor allem auf die mögliche Einschränkung von Grundrechten, die Aufhebung der Gewaltenteilung im Verteidigungsfall und die Mißbrauchsgefahr durch den nicht näher bezeichneten »Spannungsfall«, der auch ein allgemeiner innenpolitischer Krisenfall sein kann. – Die Opposition gegen die Notstandsgesetze umfaßt zahlreiche außerparlamentarische Gruppen (APO = Außerparlamentarische Opposition) aus dem Bereich der Universitäten, Gewerkschaften, Kirchen, Medien und Kulturinstitutionen, die zu bundesweiten Protestveranstaltungen aufrufen. Am 11. 5. 1968 finden in Dortmund und Bonn zentrale Kundgebungen statt, an denen ca. 70 000 Menschen teilnehmen. Heinrich Böll (Vgl.: *Radikale für Demokratie*. Rede bei der Kundgebung gegen die Notstandsgesetze im Bonner Hofgarten am 11. 5. 1968, *KA* Bd 16; *EAS* 3, S. 283–286) und Erich Fried gehören zu den Rednern. Vgl. hierzu *Die Fischer Chronik Deutschland. Ereignisse Personen Daten* (2001). Frankfurt a. M.: Fischer Taschenbuch Verlag, S. 412/413. – Vgl. auch Stellenkommentar KA Bd. 14, S. 688.

258. 22–23 *Erich Fried in seinem Leserbrief an Minister Dr. Posser]* Diether Posser (geb. 1922), SPD-Politiker und Jurist; 1969–1972 Minister für Bundesangelegenheiten in Nordrhein-Westfalen; 1972–1978 nordrheinwestfälischer Justizminister. Zum Leserbrief Frieds s. *Hintergrund*.

258. 28–29 *den Paragraphen Vorbeugen aus Trübners Deutschem Wörterbuch]* Den Manuskripten Bölls beigefügt sind Fotokopien aus *Trübners Deutsches Wörterbuch* (Im Auftrag der Arbeitsgemeinschaft für deutsche Wortforschung. Hrsg. von Alfred Götze; ab Bd. 5 hrsg. von Walther Mitzka. 8 Bde. Berlin 1939–1957.) 4. und 7. Band zu den Begriffen ›Mord‹ und ›Vorbeugen‹, jeweils mit masch. Quellenangaben und einer Ergänzung (HA 1326–264, Bll. 52–58).

258. 32 *Vorbeugehaft]* Amtssprachl. Bezeichnung für die Inhaftierung eines Verdächtigen zur Verhinderung weiterer Straftaten. Die Vorbeugehaft ist grundsätzlich unzulässig, außer bei Wiederholungsgefahr bei bestimm-

ten Straftaten (vgl. § 1 12a Strafprozeßordnung). Der Begriff »Vorbeugehaft« bzw. »befristete Vorbeugehaft« und seine Synonyme »Sicherheitsverwahrung« bzw. »Schutzhaft« stammen ursprgl. aus der Amtsprache der Nationalsozialisten. Sie wurden verwendet, um die Verhaftungen von Oppositionellen nach der nationalsozialistischen Machtübernahme am 30. 1. 1933 juristisch zu legitimieren.

259.9–17 *Es bedarf keiner ... überlastet waren]* Georg von Rauch (1947–1971), Philosophiestudent und Sympathisant der RAF, Mitglied der Westberliner anarchistischen Gruppe »Blues«. – Der Vorgang läßt sich folgendermaßen rekonstruieren: Am 4. 12.1971 werden in Berlin die polizeilich gesuchten Georg von Rauch, Michael ›Bommi‹ Baumann, Hans Peter Knoll und Heinz Brockmann im Rahmen der Fahndung (Deckname »Trabrennen«) nach Mitgliedern der RAF und der ›Bewegung 2. Juni‹ von zwei Polizeibeamten in Zivil bei einer Fahrzeugkontrolle gestellt. Alle vier gesuchten Personen sind mit großkalibrigen Pistolen bewaffnet und mit zwei gestohlenen Wagen unterwegs. Während Brockmann, verfolgt von einem der Beamten, flieht, befiehlt Kriminalobermeister Hans-Joachim Schulz den drei anderen Verdächtigen, sich mit erhobenen Händen und dem Gesicht zur Wand an eine Hauswand zu stellen. Georg von Rauch zieht seine Waffe, dreht sich um und schießt. Der Polizeibeamte Schulz schießt im selben Augenblick. Sein erster Schuß trifft von Rauch durch das linke Auge in den Kopf. Rauch ist sofort tot. Knoll und Baumann schießen ebenfalls auf den Beamten und verletzten ihn leicht am Arm. Knoll nimmt später die Pistole von Rauchs an sich, so daß bei dem Toten keine Schußwaffe gefunden werden kann. Vgl. hierzu im einzelnen Stefan Aust (1985): *Der Baader-Meinhof-Komplex*, S. 205 ff. – Bereits drei Tage später ruft die Westberliner Linke zu einer Vollversammlung in das Audimax der Technischen Universität, auf der eine Aufklärung des Vorgangs, aber auch »Rache für Georg« gefordert werden. Eine Version des Geschehens rückt das Vorgehen der Polizei ins Zwielicht und versucht zugleich, den Tod von Rauchs zu einem Mythos der linken Szene zu machen. Nach dieser Version ist Georg von Rauch unbewaffnet gewesen und sei, nachdem man ihn ohne Ergebnis nach Waffen durchsucht habe, aus einer Entfernung von einem Meter mit einer Kugel aus der Waffe des Kriminalhauptmeisters Schulz erschossen worden. Die mangelhafte Aufklärungsarbeit der Behörden, die in der Öffentlichkeit den Eindruck einer Verschleierung von Tatsachen erweckt, trägt zur Verbreitung dieser Version in erheblichem Maße bei. Vgl. »Freunde, schmeißt die Knarre weg«. *SPIEGEL*–Interview mit dem Untergrund-Anarchisten Michael Baumann. In: Der *Spiegel*, Nr. 7 v. 11. 2. 74. – Vgl. hierzu Baumann, Michael (›Bommi‹) (1975): *Wie alles anfing*. Berlin: Rotbuch Verlag. – 1976 kommt es zu einem Prozeß gegen den Berliner Verleger Klaus Wagenbach wegen »Verunglimpfung der Polizei«, da dieser im *Roten Kalender* seines Verlags den

Vorgang als »Mord« bezeichnet hatte. Vgl. *Die Erschießung des Georg von Rauch*. Eine Dokumentation anläßlich der Prozesse gegen Klaus Wagenbach (1976). Berlin: Verlag Klaus Wagenbach. S. *Hintergrund*.

259. 17–18 *die Situation des Polizeibeamten Herrn Schulz]* Der Beamte Hans-Joachim Schulz hatte mehrfach nach Verstärkung gerufen, da er offenbar der Situation (Kontrolle der drei bewaffneten Männer) nicht gewachsen war.

259. 25–28 *daß das Deutsche Fernsehen ... voranzutreiben]* Gemeint ist das Fernsehmagazin *Panorama* vom 10. 1. 1972, in dem Böll ein Interview gab. Vgl. *Man muß zu weit gehen*, S. 54 ff.

259. 28–29 *Polizeipräsidenten von Berlin]* Gemeint ist Klaus Hübner (geb. 1924), SPD-Politiker, 1969–1987 Polizeichef von Berlin.

259. 30 *ein peinlicher Euphemismus]* Euphemismus: griech., mildernde oder beschönigende Umschreibung für einen anstößigen oder unangenehmen Sachverhalt.

260. 26–27 *Euthanasiemaßnahmen der Nazis]* Euthanasie: griech., Sterbehilfe für unheilbar Kranke und Schwerstverletzte mit dem Ziel, ihnen ein qualvolles Ende zu ersparen. Im Dritten Reich diente der Begriff zur Verschleierung der gezielten Vernichtung sog. »lebensunwerten Lebens«. Im Rahmen des »Euthanasieprogramms« ließen die Nationalsozialisten von 1939 bis August 1941 in speziellen »Tötungsanstalten« schätzungsweise 60 000 bis 80 000 mißgebildete, geistig oder physisch kranke Menschen umbringen. Zur Einstellung der Morde führten u. a. Proteste der Kirchen.

262. 2–3 *Vom Ausland ... Gericht vorliegt,]* Erich Fried, aus einer jüdischen Wiener Familie stammend, floh mit seiner Mutter 1938, nach dem »Anschluß« Österreichs an Nazi-Deutschland, nach Großbritannien, wurde britischer Staatsbürger und lebte bis zu seinem Tod in London.

262. 5 *nach der Erschießung Benno Ohnesorgs]* Am 2. 6. 1967 wird in Berlin der Germanistikstudent Benno Ohnesorg (1941–1967) nach einer Demonstration gegen den Besuch des Schahs von Persien durch eine Kugel aus der Dienstpistole des Polizisten Karl Heinz Kurras tödlich getroffen. Der Tod Ohnesorgs wird zum Auslöser für die Radikalisierung großer Teile der Studentenschaft und für die wachsende Opposition gegen das gesellschaftliche und politische ›Establishment‹. Von offizieller Seite wird weder Kritik am Vorgehen der Polizei noch Bedauern über den Tod des Studenten geäußert. Der Polizist Kurras erreicht vor Gericht einen Freispruch. Begründung: Er habe aus ›vermeintlicher Notwehr‹ (»Putativnotwehr«) gehandelt. – Ein Teil des aus der Protestbewegung hervorgegangenen Links-Terrorismus beruft sich später ausdrücklich auf den Tod Ohnesorgs – etwa die nach Ohnesorgs Todestag benannte, Anfang 1972 gegründete ›Bewegung 2. Juni‹.

262. 24 *Usancen]* Usance: frz., Brauch, Gepflogenheit, insbesondere im Geschäftsleben.

⟨Die himmlische Bitterkeit des Alexander Solschenizyn⟩

## *Entstehung*

Die in Bölls Arbeitsbuch unter der Sign. 195/74 verzeichnete Rezension ist dort auf Ende Januar 1974 datiert. (*AB* II, Bl. 14) (NE).

## *Überlieferung*

### Typoskripte

TH¹:  Erstschr.; 4 Bll., Bl. 2 abgerissener Teil von A4.
(HA 1326–265, Bll. 1–4)
tH²:  Durchschr. (grün und gelb); 24 Bll., mit durchschr. eh. Unterschrift auf Bl. 12 und 24, am roR eh. durchschr. pag. 1–12, auf Bl. 1 und 13 eh. Sign.: 195/74.
(HA 1326–265, Bll. 5–28)

### Drucke

Z:  *Frankfurter Allgemeine Zeitung.* – 26. Jg., Nr. 34 (9. 2. 1974, ›Literaturblatt‹)
D¹:  *EE*, S. 104–114.
D²:  *ESR* III, 1980, S. 93–103.
D³:  *EAS* 5, S. 89–99.

## *Textgrundlage*

Textgrundlage ist D².
  Die von Böll verwendeten Zitate wurde überprüft und gegebenenfalls korrigiert.

## Varianten

267. 38 *keinen]* keinen einzigen Z
269. 23–24 *Kulaken]* Handwerker, Kulaken Z

## Stellenkommentar

263. 1 *Alexander Solschenizyn]* Solschenizyn, Alexander Issajewitsch (geb. 1918), russ. Schriftsteller; 1970 Nobelpreis für Literatur.

263. 2 *Der Archipel Gulag]* Solschenizyn, Alexander (1974): *Der Archipel GULAG. 1918–1956. Versuch einer künstlerischen Bewältigung.* 2 Bde. Einzig autorisierte Übersetzung aus dem Russischen von Anna Peturnig [d. i. Elisabeth Markstein] (Teile I-III) und Ernst Walter (Teil IV). Bern: Scherz-Verlag [EA: *Archipelag GULAG* ‹1973› Paris: YMCA-Press].

263. 2–3 *Versuch einer künstlerischen Bewältigung ]* Der russische Untertitel (»Oput chudoschestwennogo issledowanija«) lautet in der wörtlichen Übersetzung »Versuch einer künstlerischen Untersuchung«. Vgl. Peturnig, Anna: Einige Gedanken zur Übersetzungsarbeit an Solschenizyns Archipel GULAG. In: *Osteuropa*. Zeitschrift für Gegenwartsfragen des Ostens. 25. Jg., H. 3 (1975), Stuttgart: Deutsche Verlagsanstalt, S. 151–161.

263. 15–16 *Schukow, Tschakowski und Simonow]* Georgij Alexandrowitsch Schukow (1908–1991), sowjet. Journalist und Politiker. – Alexander Borisowitsch Tschakowski (1913–1994); sowjet. Journalist und Schriftsteller; 1955–1963 Chefredakteur der Zeitschrift *Inostrannaja literatura* (Die ausländische Literatur / Auslandsliteratur); 1962–1988 Chefredakteur der *Literaturnaja Gazeta* (Die literarische Zeitung). – Konstantin (eigentl. Kirill) Michailowitsch Simonow (1915–1979), sowjet. Schriftsteller. – Simonow war von 1946 bis 1959 und wieder ab 1967 Sekretär des sowjetischen Schriftstellerverbandes. 1967 setzte er sich für die Werke Solschenizyns ein. Er gehörte jedoch 1973 zu denen, die sich für Solschenizyns offizielle ›Liquidierung‹ aussprachen.

263. 20–21 *erstaunliche Übersetzung hindurchhört]* Den Hauptteil der Übersetzung (die Teile I-III der Bände 1 und 2) leistete Anna Peturnig (Elisabeth Markstein). Der Schriftsteller Horst Bienek (1930–1990) bezeichnete ihre Übersetzung als »die wohl beste, sorgfältigste, geschmeidigste Solschenizyn-Übersetzung«. Er hebt besonders hervor, daß zum ersten Mal die Begriffe aus der Lagersprache richtig eingedeutscht worden seien. Vgl. Bienek, Horst: »Die große Beglückung als blutige Farce. Der Satiriker Solschenizyn stellt im ›Archipel GULAG‹ die Moral der Revolution wieder her«. In: *Die Zeit*, Nr. 5, v. 25. 1. 1974, S. 17 f. Peturnig selbst charakterisiert Solschenizyns Stil als bewußt aus der lebendigen Volkstradition schöp-

fend, was ihre Übersetzung nicht einfach gemacht habe. Vgl. Peturnig (1975), S. 153.

263. 29–30 *was man Dokumentarliteratur zu nennen beliebt]* Prosatexte, Gedichte und Theaterstücke, die meist auf historische Dokumente oder wissenschaftliche Fakten zurückgreifen und diese literarisch verarbeiten bzw. zitieren, häufig in Form der Montage oder Collage. – Dokumentarliteratur findet sich während der 1920er Jahre vor allem im Umfeld der Neuen Sachlichkeit, so in Form von Reportagen bei Egon Erwin Kisch (1885–1946) sowie in der Theaterarbeit von Erwin Piscator (1893–1966); während der 1960er Jahre vor allem in Form des dokumentarischen Theaters, etwa bei Rolf Hochhuth (geb. 1931) und Peter Weiss (1916–1982), sowie in Form von Prosaarbeiten bei Alexander Kluge (geb. 1932), Erika Runge (geb. 1939) und Günter Wallraff (geb. 1942).

Bölls Stellung zur Dokumentarliteratur ist dadurch geprägt, daß er der getrennten Betrachtung von fiktionaler (erzählender) und nicht-fiktionaler (essayistischer, dokumentaristischer) Literatur mißtraut. In einem Interview über seinen Roman *Gruppenbild mit Dame* (KA Bd. 17) äußert er sich über die Erzähltechnik des Romans, die dokumentationsliterarische Ansätze zeigte. Er sieht darin einen »bewußten Versuch, die Schwemme von Dokumentationsliteratur – nein, nicht zu widerlegen, vielmehr zu beweisen, daß auch auf diese Weise dokumentiert werden kann, durch fiktive Zeugen. Ich habe nämlich bis heute den Unterschied zwischen Fiction und Nonfiction nicht begriffen. Sprache ist Fiktion, und auch Sprache in einem dokumentarischen Werk ist Fiktion, weil sie abstrakt ist.« Vgl. das Gespräch mit Gerd Courts: »Meine Heldin soll kein Image haben«. In: *Publik* Nr. 33 v. 13. 8. 1971, S. 27.

264. 18 *als Naturwissenschaftler ausweist]* Solschenizyn war Physiker und Mathematiker. S. *Stellenkomentar* zu 252. 3.

264. 25–26 *Solschenizyns eigene Romane und Erzählungen]* Gemeint sind hier die Romane *Der erste Kreis der Hölle* (1968) und *Krebsstation* (1968; mit einem Vorwort von Heinrich Böll in der dt. Ausgabe) sowie die Erzählungen *Ein Tag im Leben des Iwan Denissowitsch* (1962) und *Matrjonas Hof* (1963).

264. 26–27 *Ginsburgs Marschroute eines Lebens]* Jewgenija Semjonowa Ginsburg (1906–1977), russ. Schriftstellerin und Journalistin; Samisdat-[Untergrund-]Autorin, deren Lager-Erinnerungen nur im Westen erscheinen konnten. – Ginsburg, Jewgenija Semjonowa (1967): *Marschroute eines Lebens*. Deutsch von Swetlana Geier. Reinbek bei Hamburg: Rowohlt Verlag.

264. 30–31 *Tschukowskajas Leeres Haus]* Lydia Kornejewna Tschukowskaja (1907–1996), russ. Schriftstellerin und Literaturkritikerin; Samisdat-[Untergrund-]Autorin. – Tschukowskaja, Lydia (1967): *Ein leeres Haus*. Zürich: Diogenes-Verlag.

264. 31 *W. Schalamows Lagererzählung]* Warlam Tichonowitsch Schalamow (1907–1982), russ. Schriftsteller. – Gemeint ist hier: *Kolyma. Insel im Archipel.* München; Wien: Langen Müller Verlag, 1967. Vgl. auch die Angaben zur Person Schalamows bei Solschenizyn 1974, S. 598: »Samisdat-Autor; siebzehn Jahre im Lager an der Kolyma; distanzierte sich 1972 unter Druck der Behörden öffentlich von seinen im Westen erschienenen Lagererzählungen«.

264. 32 *Paragraphen 58]* Der Paragraph 58 des sowjetischen Strafgesetzbuches betraf sog. ›Staatsverbrechen‹, die in vagen Formulierungen wie »Vaterlandsverrat«, »Feindbegünstigung«, »Hilfeleistung für die Weltbourgeoisie«, »Spionage« »Terror« oder »bewußte Nichterfüllung bestimmter Pflichten oder ihre beabsichtigte nachlässige Erfüllung« umschrieben wurden.

264. 32–33 *Leonhards Gestohlenes Leben]* Susanne Leonhard (1895–1984), Schriftstellerin. – Leonhard, Susanne (1988): *Gestohlenes Leben. Als Sozialistin in Stalins Gulag.* Frankfurt a. M.: Suhrkamp Verlag.

265. 9 *Sybaritenvokabel]* Sybaris: griech. Kolonie am Golf von Tarent (Gründung um 720 v. Chr.). – Die Bewohner der Kolonie, die Sybariten, galten in der Antike als genußsüchtige, den Tafelfreuden zugeneigte Schlemmer.

265. 14 *perniziösen Häme eines Wilhelm Busch]* Perniziös: lat. für bösartig, unheilbar. – Wilhelm Busch (1832–1908), Schriftsteller und Zeichner, Schöpfer berühmter Bildergeschichten (*Max und Moritz*, 1865; *Die fromme Helene*, 1872), in denen er mit pessimistischem Weltblick die Verlogenheit und Selbstgerechtigkeit des Spießbürgertums kritisiert.

265. 16–21 *In Solschenizyns ... überließ]* Solschenizyn 1974, S. 37. – Solschenizyn zitiert an dieser Stelle aus Lenins Schrift »Wie soll man den Wettbewerb organisieren« (geschrieben 1918). Vgl. Lenin, Wladimir Iljitsch (1977): *Ausgewählte Werke in sechs Bänden.* Bd. IV. Berlin: Dietz Verlag, S. 108.

Unter »Ungeziefer« verstand Lenin nicht nur »klassenfeindliche« und »klassenfremde« Elemente, z. B in der Intelligentzija, sondern auch »Arbeiter, die sich vor der Arbeit drücken«, und »Saboteure«. – Wladimir Iljitsch Lenin (eigtl. Wladimir Iljitsch Uljanow, 1870–1924); sowjet. Politiker und Revolutionär.

265. 29 *Meditation über den »Bösewicht«]* Solschenizyn 1974, S. 172 ff.

265. 32–36 *»So stärkten ... Generationen.«]* Solschenizyn 1974, S. 172.

266. 3 *Literaturnaja Gazeta]* Die erste Nummer der Zeitung *Literaturnaja Gazeta* (Die literarische Zeitung), die von einer Schriftstellergruppe um Alexander Sergejewitsch Puschkin (1799–1837) initiiert worden war, erschien am 1. 1. 1830. Sie wurde zunächst bis zum 30. 6. 1831 und dann wieder von 1840 bis 1849 herausgegeben und ist das älteste russische Peri-

odikum. Nach wechselvoller Geschichte wird sie 1947 von einer rein literarischen in eine literarisch-gesellschaftspolitische Zeitschrift umgewandelt. Ab dem 1. 1. 1967 erscheint sie einmal pro Woche mit einem Umfang von 16 Seiten. Sie behandelt Fragen der Literatur und Kunst sowie der nationalen und internationalen Politik.

266.7 *mit dem Problem Wlassow-Armee]* Andrej Andrejewitsch Wlassow (1901–1946), sowjet. General. – W., seit 1918 Soldat in der Roten Armee, gelangte als Verteidiger von Moskau in der ›Winterschlacht‹ 1941/1942 zu Ruhm, wurde zum Generalleutnant befördert und von Stalin persönlich ausgezeichnet. – Nach seiner Gefangennahme infolge der Niederlage seiner Truppen stellt er sich im September 1942 den Deutschen für das antisowjet. nationalistische »Russische Komitee« zur Verfügung, das der deutschen Armee als Propagandainstrument ohne eigene Befugnisse dient. Wlassow verfaßte eine Denkschrift gegen Stalin, in der er nationalsowjet. Überlegungen entwickelte. Da diese in Widerspruch zur NS-Politik stehen, darf Wlassow die von den Deutschen besetzten Gebiete nicht mehr betreten. Er stellt 1944 aus sowjet. Kriegsgefangenen zwei Divisionen eines »Komitees für die Befreiung der Völker Rußlands« zusammen, die jedoch ohne militärische Bedeutung bleiben. Nach Kriegsende wird Wlassow mit seinen Truppen von den USA aus Prag an die Sowjetunion ausgeliefert. Neuere Darstellungen sprechen dafür, daß Wlassow durch Verrat eigener Leute am 11. 5. 1945 entdeckt und gefangengenommen wird. Am 1. 8. 1946 findet in Moskau seine Hinrichtung auf dem Roten Platz statt. – Am 1. 11. 2001 entscheidet das Militärkollegium des Obersten Gerichts Rußlands, daß das 1946 verhängte Todesurteil gegen Wlassow und elf weitere Offiziere wegen Vaterlandsverrats rechtmäßig gewesen sei. Wlassow wird nicht rehabilitiert.

266.12–17 *»Das Schicksal ... bereits verboten.«]* Solschenizyn 1974, S. 253.

266.18–20 *Natürlich gibt es ... entdecken]* Die von Böll genannten Begriffe, die Solschenizyn wieder in die sowjetische Literatur eingeführt habe, widersprechen den ästhetischen Vorgaben und der materialistischen Weltsicht des sog. ›Sozialistischen Realismus‹, der die sowjetische Literatur von Beginn der 1930er Jahre bis Ende der 1950er Jahre prägte.

266.21 *den heiklen Vergleich MGB-Gestapo]* MGB: russ. Abkürzung für Ministerstvo Gosudarstvennoj Besopasnosti (Ministerium für Staatssicherheit). – Zwischen 1934 und 1946 entsteht innerhalb des NKWD (Volkskommissariat für Inneres) die Hauptverwaltung für Staatssicherheit, die zum NKGB (Volkskommissariat für Staatssicherheit) wird; aus diesem entwickelt sich 1946 das MGB, das bis März 1953 existiert. 1953 erfolgt eine Umbenennung in MWD (Ministerium für Inneres). Seit März 1954 heißt die Einrichtung KGB (Komitee für Staatssicherheit beim Ministerrat der UdSSR). Das KGB bildet die Zentrale der Spionageabwehr und des Geheimdienstes im

Ausland. Alle genannten Institutionen waren zuständig für politische Überwachung, Nachrichtendienst, politische Strafjustiz etc. (Vgl. Solschenizyn, 1974, S. 603.) – Gestapo: Abkürzung für Geheime Staatspolizei, von 1933 bis 1945 bestehende politische Polizei des NS-Regimes. Die Gestapo wird 1936 mit der Ernennung Heinrich Himmlers (1900–1945) zum Chef der deutschen Polizei reichseinheitlich organisiert. Sie hat die Befugnis, tatsächliche oder angebliche Gegner des Regimes in »Schutzhaft« zu nehmen, sie in Gefängnissen und Konzentrationslagern zu foltern und zu töten. Die Gestapo richtet im Dritten Reich Arbeitslager ein, ist für die Bewachung der ausländischen Zwangsarbeiter und Kriegsgefangenen zuständig, beteiligt sich an Deportationen und an der Massenvernichtung der Juden. Sie wird bei den Nürnberger Prozessen zur Aufklärung der Naziverbrechen vom Internationalen Militärgerichtshof zur »verbrecherischen Organisation« erklärt.

266.23 *Diwnitsch]* Alexej Iwanowitsch Diwnitsch, russ.-orthodoxer Prediger.

266.24–29 *»Diwnitschs ... zu lassen.«]* Solschenizyn 1974, S. 146.

266.38–267.1 *H. G. Adlers Der verwaltete Mensch]* H. G. Adler (1974): *Der verwaltete Mensch. Studien zur Deportation der Juden aus Deutschland.* Tübingen: J. C. B. Mohr (Paul Siebeck). – Vgl. hierzu Bölls Rezension über H. G. Adler *Wie das Gesetz es befahl*, S.297 ff.

267.19–25 *»Gemeinsame ... Menschen.«]* Solschenizyn 1974, S. 145.

268.10 *Lubjanka]* Das sich auf dem Lubjanka-Platz in Moskau befindende Gebäude war jahrzehntelang Sitz des früheren sowjet. Geheimdienstes KGB und zugleich ein berüchtigtes Gefängnis. Heute ist es Sitz des inzwischen in FSB umbenannten russ. Inlandgeheimdienstes.

268.10–15 *»Zu sehen ... zu erstrecken.«]* Solschenizyn 1974, S. 137 f. – Die Erklärung zum Dach der Lubjanka im Zitat ist von Böll zum Verständnis eingefügt worden.

268.15 *Stalin]* Josef Wissarionowitsch Stalin (eigtl. Jossif Wissarionowitsch Dschugaschwili, genannt ›Stalin‹ = ›der Stählerne‹, 1879–1953), sowjet. Partei- und Staatsführer.

268.10–16 *»Zu sehen ... war's zu früh.«]* Solschenizyn 1974, S. 59.

268.16–17 *»Der Tag entzweit die Häftlinge, die Nacht bringt sie einander näher.« ]* Solschenizyn 1974, S. 565.

268.18–19 *»Die Dinge sind uns im Niemals-vergessen-Können voraus.«]* Solschenizyn 1974, S. 494.

268.23 *wird ein Majakowski-Vers zitiert]* Wladimir Wladimirowitsch Majakowski (1893–1930), sowjet. Schriftsteller, einer der Hauptvertreter des russischen Futurismus (*Wolke in Hosen*, 1915). – Als Propagandist eines revolutionären Sozialismus verherrlicht Majakowski die Oktoberrevolution (*Ode an die Revolution*, 1918). In den 1920er Jahren gerät Majakowski durch seine Theaterstücke *Die Wanze* (1928) und *Das Schwitzbad* (1929) in Konflikt mit der stalinistischen Kulturbürokratie. Am 14. 4. 1930 begeht Majakowski in Moskau Selbstmord.

Der bei Solschenizyn 1974, S. 74, zitierte Majakowski-Vers »Wer heute nicht mit uns singt/ der ist/ gegen/ uns« stammt aus dem am 2. 7. 1927 in der Moskauer Zeitung *Komsomolskaja Prawda* abgedruckten Poem »Gospodin« narodnij artist *(»Herr« Volkskünstler)*. Majakowski setzt sich in diesem Gedicht ironisch mit der Großzügigkeit des international bekannten Opernsängers Fjodor Iwanowitsch Schaljapin (1873–1938) gegenüber emigrierten Russen im Ausland auseinander.

Der in diesem Vers benannte Freund-Feind-Gegensatz geht auf die Bibel zurück: Nach Lk 11,23 spricht Jesus davon, daß, wer nicht für ihn ist, gegen ihn sei. In der Neuzeit nimmt zuerst der deutsche Philosoph Max Stirner (1806–1856), Verfechter eines extremen Egoismus (»ethischer Solipsismus«) und Anarchismus, in dem allein die Rechte des Einzelnen gelten sollen, denen sich Staat, Gesellschaft und Moral unterzuordnen haben (*Der Einzige und sein Eigentum*, 1845), die Wendung auf. Auch bei Lenin findet sich ein starkes Denken in Freund-Feind-Kategorien. So schreibt er an Maxim Gorki (1868–1936): »Wer nicht mit uns ist, ist gegen uns. Menschen, die von der Geschichte unabhängig sind, existieren nur in der Phantasie.« Zit. nach Weber (1970), S. 136.

268. 27 *Watergate-Skandal]* S. *Stellenkommentar* zu 250. 14–15.

268. 33 *Lew Tolstoi]* Lew Nikolajewitsch Tolstoi (1828–1910), russ. Schriftsteller.

268. 33–34 *fünfzig Jahre nach Borodino]* Das Dorf Borodino (ca. 110 km südwestl. von Moskau) wurde am 7. 9. 1812 Schauplatz einer bedeutenden Schlacht in den Kriegen, die Napoleon I. (1769–1821) zwischen 1807/08 und 1812 zur Behauptung seiner imperialen Hegemonialpolitik in Europa führte. Die Schlacht bei Borodino, die als eine der blutigsten im 19. Jh. gilt, wurde zwischen einer frz. Armee unter Napoleon I. und einer russ. Armee unter Feldmarschall Fürst Michail Illarionowitsch Kutusow (1745–1813) ausgetragen. Die Russen versuchten bei Borodino vergeblich, Napoleons Vormarsch nach Moskau aufzuhalten.

268. 35 *Krieg und Frieden]* Sechsbändiges Hauptwerk von Lew Tolstoi, ersch. 1868/69, in dem die Schlacht von Borodino verarbeitet wird. Vgl. Bölls Nachwort zu einer Ausgabe von *Krieg und Frieden* (List Verlag 1970) *Annäherungsversuch*, KA Bd. 16, *EAS* 4, S. 95–115.

269. 1–2 *»Sie bahnt ... aufzuhalten?!«]* Solschenizyn 1974, S. 288.

269. 11 *Krylenko]* Nikolai Wassiljewitsch Krylenko, (1885–1938?), sowjet. Jurist und Funktionär; seit 1936 Volkskommissar für Justiz der RSFSR (1931) und der UdSSR (1936), Hauptankläger, vermutlich 1938 erschossen.

269. 16–17 *Burjat-Mongolen, die Kasachen, Tataren, Balten,]* Solsche-

nizyn 1974 – Burjat-Mongolen: S. 61; Kasachen: S. 61, 68; Tataren: S. 36, 68, 90 (Krimtataren); Balten: S. 36.

269. 17 *Anderparteiler]* Solschenizyn 1974, S. 44, 61.

269. 18 *»Ährenabschneider«]* Solschenizyn 1974, S. 66.

269. 19 *»Frauen, die sich nicht von ihren Männern lossagen«]* Solschenizyn 1974, S. 84. Im Original heißt die Textstelle: »der Strom der sich nicht von ihren Männern lossagenden Frauen«.

269. 20 *»Radioverheimlicher«]* Solschenizyn 1974, S. 85.

269. 20–21 *»Afrikaner« (Hiwis aus der Rommel-Armee)]* Solschenizyn 1974, Anmerkungen S. 89. – Hiwi: ugs. Abkürzung für Hilfswilliger; jmd., der an untergeordneter Stelle Hilfsdienste leistet. – Erwin Rommel (1891–1944), Generalfeldmarschall; Kommandeur des deutschen Afrikakorps im Zweiten Weltkrieg, kämpfte 1941–1943 als General der Panzer-Truppen gegen die Briten, scheiterte 1942 in der entscheidenden Schlacht im ägyptischen El-Alamein (westlich von Alexandria). Vgl. Solschenizyn 1974, Anmerkung S. 89.

269. 21 *»Generals-Strom«]* Solschenizyn 1974, S. 87.

269. 21–22 *«schuldigen Moskauer«]* Solschenizyn 1974, S. 87.

269. 22 *Nichtdenunzianten]* Solschenizyn 1974, S. 95. Im Original heißt die Textstelle: »daß nur politische Nicht-Denunziation ein Staatsverbrechen sei«.

269. 23 *Wiederholer]* Solschenizyn 1974, S. 95.

269. 23 *»rächenden Kinder«]* Solschenizyn 1974, S. 96.

269. 23 *»Grenzwertler«]* Solschenizyn 1974, S. 54.

269. 23–24 *Kulaken]* Solschenizyn 1974, S. 63 ff.

269. 24 *Heimkehrverweigerer]* Solschenizyn 1974, S. 563. – Im Frühsommer 1925 reist der Biologe und Genetiker Nikolai W. Timofejew-Ressowski mit seiner Ehefrau, der Genetikerin Elena Alexandrowna Timofejew-Ressowski (1898–1973), auf Einladung des Berliner Hirnforschers Oskar Vogt (1870–1959) zur wissenschaftlichen Arbeit an das »Kaiser Wilhelm Institut für Hirnforschung« in Berlin. 1937 weigert sich das Ehepaar, der Aufforderung zur Heimkehr in die Sowjetunion, die von der sowjet. Botschaft in Deutschland ausgesprochen worden war, nachzukommen. Nach Kriegsende 1945 wird Nikolai W. Timofejew-Ressowski vom sowjet. Geheimdienst verhaftet und in ein Lager in Kasachstan verschleppt, wo man ihn für die Arbeit an einem Projekt der Atomforschung anwirbt.

269. 24–25 *»Nicht-vorgreifen-Wollenden«]* Solschenizyn 1974, S. 260.

269. 25 *Industriepartei]* Solschenizyn 1974, S. 359 ff., S. 381.

269. 25 *die Handwerker]* Solschenizyn 1974, S. 359 ff.

269. 16–25 *da gibt es die ... die Handwerker]* Die hier von Böll genannten Völker der Sowjetunion wurden auf je unterschiedliche Weise Opfer der Stalinschen Nationalitätenpolitik bzw. des sowjet. Imperialismus. – Bur-

jat-Mongolen: Die Mongolen sind eine am Baikal-See lebende Völkergruppe in Zentralasien; in der Sowjetunion wird am 30. 5. 1923 die Burjat-Mongolische Sowjetrepublik gegründet (am 30. 5. 1958 in Burjatische Sowjetrepublik umbenannt). – Kasachen: ursprgl. ein Nomadenvolk; die traditionelle Nomadenkultur erwies sich jedoch als nicht mit der kollektivierten Landwirtschaft stalinistischer Prägung vereinbar; der Versuch, die Kasachen seßhaft zu machen, scheitert; zahlreiche Kasachen wandern nach China aus, andere töten ihre Viehherden, um der Verstaatlichung zu entgehen; die Folge ist eine Hungersnot, in deren Verlauf nahezu 2 Mio. Kasachen umkommen. – Tataren: die sog. Krim-Tataren gelten als die Urbevölkerung der Krim-Halbinsel; 1921 entsteht die Autonome Sowjetische Sozialistische Republik Krim; 1927 beginnt eine erste Säuberungsaktion, bei der fast die gesamte krimtatarische Intelligenz vernichtet und der muslimische Klerus deportiert oder getötet wird; wegen angeblicher Kollaboration der Krimtataren mit Nazideutschland, dessen Truppen die Krim 1941 besetzt hatten, werden die Krimtataren 1941 in den Ural, nach Kasachstan und Usbekistan deportiert; 1967 werden sie offiziell rehabilitiert, dürfen aber erst seit 1990 auf die Krim zurückkehren. – Balten: Die drei baltischen Nationalstaaten Estland, Lettland und Litauen verdanken ihre Existenz den Bestimmungen des im März 1918 zwischen dem Deutschen Reich und Sowjetrußland geschlossenen Friedens von Brest-Litowsk; Estland und Lettland schließen 1939 jeweils einen Nichtangriffspakt mit dem Deutschen Reich, Litauen wird im Ergänzungsvertrag zum dt.-sowjet. Beistandspakt vom 23. 8. 1939 der UdSSR zugesprochen; im Juli/August (1939) erfolgt der gewaltsame Anschluß der drei Länder als Sozialistische Sowjetrepubliken an die UdSSR; 1948/49 erfolgen Massendeportationen vornehmlich von baltischen Bauern nach der Zwangskollektivierung der Landwirtschaft; 1991 werden die drei baltischen Staaten wieder unabhängig.

269. 26–270. 2 »*Die Verhaftung am Tag ... ins Lager.«]* Solschenizyn 1974, S. 19.

270. 5–6 *Orientalisten Newski]* Newski, Nikolai Aleksandrowitsch (1892–1937), russ. Philologe und Orientalist.

270. 6 *tanguitische Handschriften]* Gemeint ist hier die tangutische Sprache. – Hintergrund: Ende des 10. Jh. wird von den Tanguten ein Staat auf dem Territorium der heutigen chinesischen Provinz Gansu und dem westlichen Teil der Provinz Shaanxi geschaffen. Die Xi-xia-Dynastie der Tanguten ist ein Verband von Völkerschaften unterschiedlicher Herkunft (Tanguten, Tibeter, Türken, Chinesen). Ihre Religion ist der Buddhismus. Sie entwickeln eine eigene Schrift, die erst zum Teil entziffert ist. Der überwiegende Teil ihrer Literatur ist buddhistisch-religiösen Inhalts; außerdem wurde eine Reihe taoistischer und konfuzianischer Schriften aus dem Chinesischen ins Tangutische übersetzt. Insgesamt sind Tausende von Xi-xia-

Schriften erhalten geblieben, die das rege literarisch-geistige Leben dieser tibetisch-chinesischen Mischkultur zeugen. – Das Hauptwerk *Tangutische Philologie* des von staatlichen Repressalien betroffenen Newski ist erst 1960 veröffentlicht worden, nachdem man den Autor rehabilitiert hatte.

270. 8 *den Leninpreis]* Lenin, Wladimir Iljitsch (eigtl. Wladimir Iljitsch Uljanow, 1870–1924), sowjet. Politiker und Revolutionär. – 1925 führt die UdSSR den Leninpreis als staatliche Auszeichnung für wissenschaftliche, technische und künstlerische Leistungen ein. Er wurde alle zwei Jahre anläßlich von Lenins Geburtstag am 22. April verliehen. Nikolai A. Newski erhielt 1962 den Leninpreis posthum für sein Hauptwerk *Tanguistische Philologie* (1960).

270. 8 *bekam).«]* Solschenizyn 1974, S. 17.

270. 9–10 *»stürmischer ... Applaus«]* Solschenizyn 1974, S. 77.

270. 17–18 *»Und hören ... Klatschen auf.«]* Solschenizyn 1974, S. 78.

270. 19 *Timofejew-Ressowski]* Nikolai Wladimirowitsch Timofejew-Ressowski (1900–1981), russ. Biologe und Genetiker. S. *Stellenkommentar* zu 269. 24

270. 22–30 *»Er wird darin ... anzubringen.«]* Solschenizyn 1974, S. 202.

270. 34–35 *Für nichts kriegt man zehn]* Solschenizyn 1974, S. 283.

271. 10 *Finnischen Krieg]* Gemeint ist der Sowjet.-Finn. Winterkrieg 1939/40, durch den Finnland ein Zehntel seines Territoriums verlor. Nach dem dt. Überfall auf die Sowjetunion nahm Finnland von 1941 bis 1944 auf dt. Seite am Zweiten Weltkrieg teil.

271. 10–11 *Ustwymlag]* Abkürzung für das Arbeitsstraflager Ust-Vymsk.

271. 4–11 *»Den Krieg gibt's ... über dich.«]* Solschenizyn 1974, S. 234.

271. 12–24 *»Weil der Soldat ... nicht heiß ...)«]* Solschenizyn 1974, Anmerkung S. 235.

271. 25 *Buchenwald-Häftlinge]* Buchenwald: nationalsozialistisches Konzentrationslager auf dem Ettersberg bei Weimar. – Zwischen 1937 und 1945 wurden rund 240 000 Häftlinge aus 32 Nationen nach Buchenwald verschleppt. Von ihnen fanden ca. 55 000 den Tod.

271. 25–28 *»Die überlebenden ... was faul!«]* Solschenizyn 1974, Anmerkung S. 230.

271. 28–29 *Churchill und Roosevelt]* Winston Spencer Churchill (1874–1965), brit. Politiker; von 1940 bis 1945 und von 1951 bis 1955 brit. Premierminister. – Franklin Delano Roosevelt (1882–1945), amerik. Politiker; von 1933 bis 1945 32. Präsident der USA.

271. 29–30 *»notorischen Kurzsichtigkeit, ja sogar Dummheit«]* Solschenizyn 1974, Anmerkung, S. 251. – Im Original heißt es: »mit frappierender Deutlichkeit ihre notorische Kurzsichtigkeit, ja sogar Dummheit«.

272.9 »*entkorkten Frauen*«] Solschenizyn 1974, S. 195. – Im Original heißt es: »Rechnung führte er nur über die Frauen, die durch seine Hände gingen, im besonderen über jene, die er entkorkte, das war sein Hobby«.

272.10 »›*neun Gramm*‹ *ins Genick*«] Solschenizyn 1974, Anmerkung S. 90; S. 109: »Neun Gramm ins Genick!«; S. 140: »für den sind neun Gramm nicht zuviel!«

272.10 »*Viertelmaß*«] Solschenizyn 1974, S. 97, S. 416.

272.13 *der Konflikt Bucharins*] Nikolai Iwanowitsch Bucharin (1888–1938), sowjet. Politiker und Wirtschaftstheoretiker. Er spielte in der Oktoberrevolution als Kampfgenosse Lenins eine bedeutende Rolle. Als Mitglied des Politbüros (1924–1929) und Vorsitzender der Komintern (1926–1929) unterstützte er zunächst den Kurs Stalins, wandte sich dann jedoch gegen dessen Zwangskollektivierungs- und Industrialisierungspläne. Bucharin wurde nach einem Schauprozeß 1938 hingerichtet und 1988 juristisch rehabilitiert.

272.16 »*Lieber Koba*«] Solschenizyn 1974, S. 393, S. 394. – ›Koba‹ war der Deckname Stalins während seiner Tätigkeit als Propagandist der Sozialdemokratischen Arbeiterpartei Russlands (SDAPR) in Tiflis (1899), als Stalin Streiks und Demonstrationen bei den Eisenbahnarbeitern organisierte. – Die persönliche Anredeform durch Bucharin läßt auf ein Vertrauensverhältnis zwischen beiden Personen schließen. Erst um 1910 nahm Stalin den Namen ›Stalin‹ (= ›der Stählerne‹) an.

272.27 *Tabor*] Alte russ. Bezeichnung für Zigeunerlager.

272.17–29 »*Der ehemalige ... zu vermelden.*«] Solschenizyn 1974, S. 78 f. Die in Klammern eingefügten Erläuterungen im Zitat – (Kriminelle) und (Politische) – sind Ergänzungen Bölls.

272.34–38 »*Merkwürdig indes ... eines Jagdvereins.*«] Solschenizyn 1974, Anmerkung S. 31. – Sachar Georgijewitsch Trawkin, sowjet. Offizier; während des Zweiten Weltkriegs Vorgesetzter von Solschenizyn in dessen Artillerie-Abteilung; vgl. Solschenizyn 1974, S. 30f.

273.2 *M. P. J.*] Gemeint ist Michail Petrowitsch Jakubowitsch; sowjet. Funktionär (Menschewiki). – Jakubowitsch war Hautangeklagter in einem der stalinistischen Schauprozesse, dem Prozeß gegen das »Menschewistische Unionsbüro« (1.–9. 3. 1930). Vgl. Solschenizyn (1974), S. 380–387.

273.2–5 »*aber es wurde ... Verkorkstem gibt!*«] Solschenizyn 1974, Anmerkung S. 381.

273.17–18 *Und wenn es je Archipel Gulag Teil III geben wird*] Vgl. Solschenizyn, Alexander: *Der Archipel GULAG. 1918–1956. Versuch einer künstlerischen Bewältigung. Schlußband.* Scherz Verlag: Bern 1976.

273.25–27 *Da Solschenizyn ... und Umfangs*] Solschenizyns entschiedener Wunsch war es offensichtlich, durch einen bewußt niedrig kalkulierten Verkaufspreis zu einer weiten Verbreitung seines Buches im Westen beizutragen. Sein Rechtsanwalt Dr. Fritz Heeb (1911–1994), der die Vertretung der Autorenrechte von Solschenizyn im Westen wahrnahm, bemerkte dazu: »Die amerikanische Ausgabe wird weniger als zwei Dollar kosten, die schweizerische als Paperback 19,50 Franken. Solschenizyn, an die sowjetischen Bücherpreise gewöhnt, findet noch das horrend teuer.« (Zit. nach: Bondy, Francois: »Solschenizyns Mann in Zürich. Wer ist jener schweigsame Doktor Fritz Heeb?« In: *Die Zeit*, Nr. 4 v. 18. 1. 1974, S. 20)

273. 36–39 »*Die Jugend ... vieles voraus.*«] Solschenizyn 1974, S. 576.

# ⟨Zum Beispiel Schuhe⟩

## *Entstehung*

Der in Bölls Arbeitsbuch unter der Sign. 184/73 verzeichnete Artikel ist dort auf den Zeitraum 26.–28. 12. 1973 datiert (*AB* II, Bl. 12) (NE).
  Am 18. 8. 1973 sendet der Deputy Literary and Arts Editor der *Sunday Times* in London, John Whitley, ein Exemplar des neuen Buches von John B. Priestley *The English* an Böll mit der Bitte, aus seiner (Bölls) Sicht etwas darüber zu schreiben. (HA 1326–4406, Bl. 1) Böll berichtet Whitley am 28. 12. 1973 (in Englisch) vom Abschluß seiner Arbeit (HA 1326–264, Bl. 104). Gleichzeitig schickt er seinen auf deutsch (»my English is not good enough«) geschriebenen Artikel, der am 24. 2. 1974 in der *Sunday Times* erscheint.

## *Überlieferung*

### Typoskripte

TH¹: Erstschr.; 7 Bll.
   (HA 1326–264, Bll. 78–84)
TH²: Erstschr.; 5 Bll., eh. Titel und Sign.: 184/73, eh. pag 1–5.
   (HA 1326–264, Bll. 85–89)
tH³: Durchschr. (grün); 4 Bll., eh. Sign.: 184/73; auf Bl. 4 eh. durchschr. Unterschrift, am roR eh. durchschr. pag. 1–4.
   (HA 1326–264, Bll. 90–93)

### Drucke

Z¹:  *The Sunday Times* (London) vom 24. 2. 1974, S. 35 u. d. T.: »Attitudes and Anglo-Saxons. Essay about the English People« (in engl. Sprache).
Z²:  *Dokumente* (Köln). – 31. Jg. (1974), Nr. 2 (Juni), S. 104–106.
D¹:  *EE*, S. 115–118.
D²:  *ESR* III, S. 107–110.
D³:  *EAS* 5, S. 103–106.

## Textgrundlage

Textgrundlage ist D².

## Stellenkommentar

274. 4 *Priestley]* John Boyton Priestley (1894–1984), engl. Schriftsteller.
274. 4 *The English]* Priestley, John Boyton (1973): *The English.* London: Heinemann. – Priestleys Buch *The English* war Bestandteil einer Serie von Büchern, die der Autor in den 1970er Jahren über seine Landsleute schrieb (z. B. *The Prince of Pleasure and his Regency,* 1969; *The Edwardians* 1970; *Victoria's Heyday,* 1972; *English Humour,* 1976).
274. 11 *Beatles]* Berühmteste engl. Popband der 1960er und 1970er Jahre aus Liverpool, deren Mitglieder John Lennon (1940–1981), Paul McCartney (geb. 1942), George Harrison (1943–2001) und Ringo Starr (geb. 1940) waren.
274. 11 *Popwelle]* Pop: engl. Abk. für ›popular‹. – Etwa seit Mitte der 1950er Jahre bildet sich mit der sog. Popkultur ein vielschichtiger Bereich innerhalb der Gegenwartskultur, der um die verschiedenen Formen der anglo-amerikanischen Rock- und Pop-Musik zentriert war und bis heute als Popkultur Film, Literatur und Mode beeinflußt. – Böll bezieht sich hier auf die Verbreitung von britischer Rock- und Pop-Musik seit den frühen 1960er Jahren durch Bands wie die Beatles und die Rolling Stones sowie auf den freizügigen Lebensstil der 1960er Jahre.
274. 16 *Königin Victoria]* Alexandrina Viktoria (1819–1901), brit. Königin; 1837–1901 Königin von Großbritannien und Irland.
274. 17–18 *»Viktorianismus«]* Die nach der britischen Königin Viktoria benannte Epoche gilt als glanzvolle Periode des damaligen britischen Weltreichs, mit höchster politischer Machtentfaltung, wirtschaftlicher Prosperität und imperialistischer Expansion bei gleichzeitiger kultureller Verflachung und öffentlicher Prüderie.
274. 25 *Englishness]* Gemeint sind alle ›typisch englischen‹ Eigenheiten und Aspekte einer ›typisch englischen‹ Mentalität.
274. 27–28 *neulich in einem kleinen Restaurant in Sizilien]* Während einer Urlaubsreise von Annemarie und Heinrich Böll nach Sizilien (4.–14. 11. 1973).
275. 31 *Britishness]* Gemeint sind alle ›typisch britischen‹ Eigenheiten und Aspekte einer ›typisch britischen‹ Mentalität.
275. 36 *Royalty]* Engl.: Königtum, Königshaus, Angehörige der Königsfamilie.
276. 1–2 *Hochzeit von Prinzessin Anne und Mark Phillips]* Anne Elisa-

beth Alice Louise (geb. 1950), Prinzessin von Großbritannien und Nordirland. – Phillips, Mark (geb. 1948), engl. Offizier; 1973–1992 Ehemann von Prinzessin Anne. – Die Hochzeit fand am 14. 11. 1973 in Westminster Abbey statt.

276. 4 *Mrs. Phillips]* Anne Patricia Phillips.

276. 5 *Königin Elisabeth]* Elisabeth II. (geb. 1926), brit. Königin; seit 1952 Königin von Großbritannien und Nordirland.

276. 8–9 *»state of mind«]* Engl.: seelische Verfassung, Stimmung; hier im Sinn von ›Habitus‹ oder ›Mentalität‹.

276. 12 *William Pitt, der »Ältere«, ]* William Pitt d. Ä. (1709–1778), engl. Politiker.

276. 12–13 *»not essentially an English type« ]* »im eigentlichen Sinn kein typischer Engländer«.

276. 13–14 *Nelson »Englishness afloat and in action«]* Horatio Nelson (1758–1805), engl. Admiral; »typisch englisches Verhalten auf See und im Handeln«.

276. 15 *»Celts, Saxons and Danes«]* »Kelten, Sachsen und Dänen«.

276. 31–32 *Friedrich Engels, Konrad Adenauer, Heinrich Heine, Carl Schurz und Walter Scheel]* Friedrich Engels (1820–1895), Philosoph und Journalist. – Konrad Adenauer (1876–1967), CDU-Politiker; 1949–1963 Bundeskanzler. – Heinrich Heine (eigtl. Harry Heine; 1797–1856), Schriftsteller und Publizist. – Carl Schurz (1829–1906), amerik. Politiker, Journalist und Publizist dt. Herkunft. – Walter Scheel (geb. 1919), FDP-Politiker; 1969–1974 Außenminister und Vizekanzler, 1974–1979 Bundespräsident.

276. 33 *Marx]* Karl Marx (1818–1883), Philosoph, Politiker und Publizist.

277. 5 *Admass]* Engl. Bezeichnung für das Massenpublikum der Werbesendungen; von Böll – vermutlich in polemischer Absicht – mit »Gleichschaltung« (s. Text) übersetzt.

277. 15 *Anglia]* Bezeichnung für »England«.

277. 27 *Daffodils]* Englische Bezeichnung für gelbe Narzissen: »Osterblume« oder »Osterglocke«.

277. 32–33 *Was macht Virginia Woolf, was macht Osborne, Sillitoe, Pinter]* Virginia Woolf (1882–1941), engl. Schriftstellerin. – John Osborne (1929–1994), engl. Schriftsteller (Dramatiker). – Alan Sillitoe (geb. 1928), engl. Schriftsteller. – Harold Pinter (geb. 1930), engl. Schriftsteller, Schauspieler und Regisseur.

277. 35 *Lavendeldüfte von Bloomsbury]* Lavendel: eine wegen ihres angenehmen Duftes geschätzte Pflanze aus der Familie der Lippenblütler. – Bloomsbury: von zahlreichen Parks und grünen Plätzen wie Russel Square oder Bedford Square durchzogener Stadtteil im Norden Londons, in dem sich u. a. die University of London und das British Museum befinden und in

dem viele bekannte Künstler und Autoren wie Charles Dickens (1812–1870) und Virginia Woolf (1882–1941) lebten. Nach diesem Stadtteil benannte sich Anfang des 20. Jh. auch die Bloomsbury-Gruppe, ein intellektueller Freundeskreis, zu dem neben Virginia Woolf auch Bertrand Russell (1872–1970), John Maynard Keynes (1883–1946) und David Herbert Lawrence (1885–1930) zählten.

277.36 *East End]* Ehemaliges Arbeiterviertel in London, in dem seit Jahrhunderten Einwanderer aus verschiedenen Ländern leben. Im East End befindet sich auch der berühmte Hyde Park.

⟨Ich belehre niemanden in der Sowjetunion⟩

## Entstehung

Die in Bölls Arbeitsbuch unter der Sign. 196/74 verzeichnete Antwort an Volker von Törne ist dort auf den 30. 1. 1974 datiert (*AB* II, Bl. 14) (NE). Vorausgegangen war ein (zunächst privater) Brief von Törnes an Böll am 10. 11. 1973 (1326–264, Bl. 111–114), der am 11. 1. 1974 im Berliner *Extra-Dienst* veröffentlicht wurde, weil, so der einleitende Text, der *Extra-Dienst* um den Abdruck gebeten habe. Nachdem der Brief so zu einem ›offenen‹ wurde, verfaßte Böll seine Antwort an von Törne, die in der Ausgabe des *Extra-Diensts* v. 15. 2. 1974 erschien.

## Hintergrund

Der offene Brief Volker von Törnes an Böll im Berliner *Extra-Dienst* Nr. 4/VII v. 11. 1. 1974, S. 22 f., hat folgenden Wortlaut:

Sehr geehrter Herr Böll!
Am 14. Oktober 1973 habe ich in Moskau mit Wladimir Maximow gesprochen. Über dieses Gespräch möchte ich Ihnen kurz berichten, da mich Herr Maximow darum bat.
Zuvor einige Erläuterungen: Ich gehöre zu den Unterzeichnern der Erklärung »Freiheit für Amalrik – Freiheit wofür?« Diese Erklärung hat uns hierzulande den Vorwurf politischer Einäugigkeit eingebracht; mehr noch: uns wurde mit der Begründung, wir seien nicht bereit, »Unrecht und Unterdrückung in der Sowjetunion und anderen ›fortschrittlichen Ländern‹« (*Die Welt*, 13. 11. 73) zu verurteilen, das moralische Recht abgesprochen, gegen undemokratische Maßnahmen in unserer Gesellschaft wie »den Radikalenerlaß« öffentlich einzutreten.
Dieser Vorwurf, erhoben von unseren traditionellen Antikommunisten vom Dienst, hätte mich wenig beeindruckt. Es hat mich jedoch irritiert, daß auch Schriftstellerkollegen ähnliche Vorwürfe gegen uns geäußert haben. Ich habe daher im Oktober einen Aufenthalt in der Sowjetunion dazu genutzt, um im Gespräch mit Herrn Maximow meinen Standpunkt zu überprüfen.
In Herrn Maximow vermutete ich – aufgrund seiner in unserer Presse

wiederholt veröffentlichten Erklärungen – einen der aktivsten und wohl schärfsten »Systemkritiker« in der Sowjetunion. Besonders sein Offener Brief an Sie (*Die Welt*, 23. 8. 1973) interessierte mich, da sich Herr Maximow in diesem Brief einerseits als »Christ« bezeichnet und andererseits unter Anrufung des »Allmächtigen« die Entspannungspolitik »Teufelsspiele der Halbkönner der Diplomatie von heute« genannt hatte mit der Schlußfolgerung, diesen »Halbkönnern« sei »ein Platz auf der Anklagebank eines zweiten Nürnbergs ... zweifellos gewiß«. Die Frage, wie ein Schriftsteller, der sich selbst als »Christ« bezeichnet, dazu kommt, eine Politik, die den Frieden und die Verständigung zwischen den Völkern zum Ziel hat, »Teufelsspiele« zu nennen, beschäftigte mich.

Mein Gespräch mit Herrn Maximow fand in dessen Wohnung statt.

Herr Maximow erklärte mir sofort nach Beginn des Gespräches, daß er sich als »orthodoxer Christ« verstehe, jede Gewalt ablehne und das »Sowjetregime« als »blutbefleckt und gewalttätig« verurteilen müsse. Mein Versuch, die historische Entwicklung und die Gegenwart der Sowjetunion mit ihm in Gründen und Gegengründen zu diskutieren, wurde von ihm mit dem Hinweis abgelehnt, eine Diskussion dieser Gründe interessiere ihn nicht. Wenn ich mich als Deutscher vom Trauma der faschistischen Vergangenheit meines Volkes nicht lösen könne, so nütze es mir auch nichts, nach den Gründen und Ursachen des deutschen Faschismus zu fragen; alles, was ich tun könne, sei, mich dorthin zu stellen, wo ein Mensch erschossen worden sei, und zu beten.

Herrn Maximows christlich begründeter moralischer Rigorismus wurde für mich fragwürdig in dem Augenblick, als wir auf die gegenwärtige Situation in Chile zu sprechen kamen. Ich fragte ihn, warum er und sein Freund Sacharow nicht auch die Verbrechen der faschistischen Militärjunta verurteilt hätten. Herr Maximow, der vorher im Hinblick auf die Sowjetunion jede Diskussion von Gründen abgelehnt hatte, erklärte mir nun, daß Herr Sacharow und er zwar nicht alles, was gegenwärtig in Chile geschehe, gutheißen könnten. Andererseits sei jedoch durch die Politik von Präsident Allende und der von ihm geführten Unidad Popular die Verfassung in Chile verletzt und das Land in ein »wirtschaftliches und moralisches Chaos« gestürzt worden. Bei der Herstellung »normaler Verhältnisse« wende das Militär natürlich Mittel an, die er nicht akzeptiere. So habe er in einer gemeinsamen Erklärung mit Herrn Sacharow die Begleitumstände beim Tod von Pablo Neruda bedauert. So viel sei jedoch für ihn sicher: Präsident Allende und seine nur auf Sozialismus und Revolution bedachte Regierung seien an den gegenwärtigen Zuständen in Chile allein schuldig. Mein Versuch, mit Herrn Maximow die ökonomischen und politischen Hintergründe für die in Chile während der Präsidentschaft Allendes entstandene schwierige wirtschaftliche Lage zu diskutieren, lehnte Herr Maximow mit dem Argument ab, ich verstünde nichts von Ökonomie. Außerdem sei bereits unter der Präsidentschaft Allendes in Chile gemordet worden, wobei er offenbar für die von der ultrareaktionären Organisation »Libertad y patria« begangenen Morde die »Unidad Popular« verantwortlich machte.

Unser Gespräch endete mit einer langen Erklärung von Herrn Maximow zur Situation in der BRD. Er erklärte mir, er stehe nach wie vor zu seinem Urteil über die Entspannungspolitik Willy Brandts. Er könne es nicht verstehen, daß ein christlicher Schriftsteller wie Heinrich Böll die Politik und die Person Willy Brandts verteidige. Denn diese Politik sei ein Unglück für das gesamte westliche – von Herrn Maximow offenbar als christlich verstandene – Europa. In diesem Zusammenhang richtete Herr Maximow auch heftige Angriffe gegen die Jugend in der BRD und Westberlin. Er bezeichnete unsere junge Linke pauschal als »gewalttätige Extremisten« (wörtlich: »Extremisten«!)... Herr Maximow erklärte kategorisch, unsere Jugend sollte studieren und arbeiten, aber nicht auf den Straßen demonstrieren. Maßnahmen wie das Berufsverbot gegen Linke erklärte er mir damit, daß sich unsere Gesellschaft gegen »Extremisten« schützen müsse.

Nach meinem Gespräch mit Herrn Maximow frage ich mich: Was ist ein christlich begründeter moralischer Rigorismus wert, der immer dann aussetzt oder zu relativieren beginnt, wenn Gewalt angewendet wird wie in Chile oder vielen anderen Orten unserer westlichen Welt gegen Menschen – Kommunisten, Sozialisten oder Christen – die sich mit bestehendem Unrecht nicht als natur- oder gottgegeben abfinden? Und ich frage mich auch: Geht es Herrn Maximow und seinen Freunden wirklich um eine menschlichere Welt, in der Freiheit nicht länger ein Privileg einiger weniger ist?

Mit freundlichen Grüßen
Ihr Volker von Törne

## *Überlieferung*

### Typoskripte

tH: Durchschr. (grün); 2 Bll., durchschr. Datum: 30. 1. 74 und eh. Sign.: 196/74, eh. durchschr. Unterschrift auf Bl. 2.
(HA 1326-264, Bll. 108–109)

### Drucke

Z: *Berliner EXTRA-Dienst.* – 8. Jg., Nr. 14/VIII (15. 2. 1974), S. 12–14.
$D^1$: *ESR* III, S. 104–106.
$D^2$: *EAS* 5, S. 100–102.

## Textgrundlage

Textgrundlage ist D¹.

## Stellenkommentar

279. 2 *Antwort an Volker v. Törne]* Volker von Törne (1934–1980), Schriftsteller.

279. 8–10 *von hier aus ... Volkszorn schürt]* Vgl.: »Der Volkszorn gegen Solschenizyn. Uniformierte Posten als Schutz«, in: *Frankfurter Allgemeine Zeitung* v. 17. 1. 1974.

279. 17–18 *Wenn W. Maximow mich nun als christlichen Schriftsteller bezeichnet]* Wladimir Jemeljanowitsch Maximow (eigtl. Lew Alexejewitsch Samsonow) (1932–1995), sowjet. Schriftsteller. – Maximow, der seit Beginn der 1960er Jahre als freier Schriftsteller in Moskau lebte, geriet Anfang der 1970er Jahre mit den romantisch-religiösen Romanen *Die sieben Tage der Schöpfung* (1971; dt. 1972) und *Die Quarantäne* (1973; dt. 1974), deren Publikation in der Sowjetunion untersagt wurde, in Konflikt mit den Kulturbehörden und wurde 1973 wegen »Schädigung des Ansehens der Sowjetunion« aus dem Schriftstellerverband ausgeschlossen. Im August 1973 wurde Maximow vom französischen P. E. N.-Zentrum als assoziiertes Mitglied aufgenommen und nach Frankreich eingeladen. Anfang März 1974 konnte er dieser Einladung folgen. Bis zu seiner öffentlichen Rehabilitierung im September 1990 lebte er in Frankreich, danach wieder in Rußland. – Am 4. 8. 1973 hatte Maximow einen offenen Brief an Böll geschrieben, in dem er Böll bat, sich für Andrej Sacharow einzusetzen. In diesen Brief heißt es u. a. (auf Böll bezogen): »Die Anerkennung der Ohnmacht des Wortes gegenüber materieller Macht erweist sich als eine unzulässige Schwäche eines christlichen Schriftstellers.« Vgl. »Der Brief von Wladimir Maximow an Heinrich Böll«. In: *Die Welt* v. 23. 8. 1973. S. *Hintergrund.*

279. 30 *Dirks]* Walter Dirks (1901–1991), Journalist und Publizist.

279. 31 *Lengsfeld und Herrmann]* Peter Lengsfeld (geb. 1930), kath. Theologe, Direktor des Katholisch-Ökumenischen Instituts in Münster. – Horst Herrmann (geb. 1940) kath. Theologe.

279. 31–32 *Willy Brandt unterstützt]* Willy Brandt, eigtl. Herbert Ernst Karl Frahm (1913–1992), SPD-Politiker; 1969–1974 Bundeskanzler, 1971 Friedensnobelpreis. – Böll bezieht sich auf die Unterstützung des damaligen Bundeskanzlers Willy Brandt im Wahlkampf 1972 durch eine große Anzahl kath. Intellektueller.

280. 1–2 *W. Maximows offenen Brief]* S. *Stellenkommentar* zu 279. 17–18.

280.10 *Dissidenten]* Jemand, der von einer offiziellen Meinung abweicht; gemeint sind hier die kritischen Oppositionellen und Regimekritiker in der Sowjetunion und den Ländern des sog. ›Ostblocks‹.

280.17-19 *solange der sowjetische... einreisen darf]* Der sowjet. Schriftstellerverband stellte bei Auslandsreisen sowjet. Schriftsteller die Delegationen zusammen. Ausländische Schriftsteller brauchten eine offizielle Einladung durch den Verband, um ein Einreise-Visum zu bekommen.

280.20-21 *Solschenizyn und Sacharow]* Alexander Issajewitsch Solschenizyn (geb. 1918), russ. Schriftsteller; 1970 Nobelpreis für Literatur. – Andrej Dmitrijewitsch Sacharow (1921-1989), russ. Kernphysiker und Bürgerrechtler; 1975 Friedensnobelpreis. – Bölls nächste Reise in die UdSSR fand im Februar 1975 statt.

280.32-33 *Sitzungen des PEN Clubs, die ich zu leiten hatte]* Heinrich Böll war 1970-72 Präsident des P.E.N.-Zentrums der Bundesrepublik Deutschland, von 1971-1974 Präsident des Internationalen P.E.N.

281.8 *Bucharin]* Nikolai Iwanowitsch Bucharin (1888-1938), sowjet. Politiker und Wirtschaftstheoretiker.

281.15-17 *Jede Art ... Simonow teilnehmen]* Konstantin (eigtl. Kirill) Michailowitsch Simonow (1915-1979), sowjet. Schriftsteller.

281.21-22 *ein Zyniker ... Tschakowski]* Alexander Tschakowski (1913-1994); 1962-1988 Chefredakteur der *Literaturnaja Gazeta.* S. Stellenkommentar zu 253.18.

⟨Manifest zur Gründung einer »Freien Internationalen
Hochschule für Kreativität und
Interdisziplinäre Forschung e. V.«⟩

## Entstehung

Das in Bölls Arbeitsbuch unter der Sign. 150/72 verzeichnete Manifest ist dort auf den 24./25. 7. 1973 datiert (*AB* II, Bl. 6) (NE). Im »Protokoll der Mitgliederversammlung des Vereins ›Freie Internationale Hochschule für Kreativität und interdisziplinäre Forschung‹ am 27. 7. 1973 in Düsseldorf« ist auf S. 2 vermerkt, daß Böll seinen Entwurf »mit grundsätzlichen Gedanken über den Zweck der vom Verein intendierten ›Freien Internationalen Hochschule‹« vorgetragen und »ein Redaktionskomitee« angeregt hat, »das dieses Manuskript zu diskutieren und gegebenenfalls zu überarbeiten habe«. Laut Protokoll wurden »Heinrich Böll, Joseph Beuys, Prof. [Walter] Warnach, Klaus Staeck, Willi Bongard« in dieses Komitee gewählt, das eine Zusammenkunft am »8. August [1973], um 15.00 Uhr bei Willi Bongard, Köln, Lindenstraße 18« verabredete. (Vgl. das Protokoll der Sitzung HA 1326-EK16, Bl. 22–24.)

Der Text erfährt in der Diskussion unter den Mitgliedern weitere Korrekturen. Böll schickt ihn am 22. 8. 1973 mit der Bemerkung: »redaktionell ›erledigt‹« an Bongard (HA 1326-EK16, Bl. 25). Öffentlich vorgestellt wird das *Manifest* auf einer Pressekonferenz am 21. 2. 1974 in Düsseldorf. Vgl. hierzu insbesondere den Bericht: »Gruppenbild mit Böll. Die Gründung einer Hochschule für Kreativität in Düsseldorf«. In: *Frankfurter Allgemeine Zeitung* v. 26. 2. 1974. Darin wird Böll auch zur Autorschaft am Manifest befragt. Er antwortet: »Ich bin der Verfasser, nicht der Autor, daran haben viele Mitglieder gearbeitet.«

## Hintergrund

Als Prof. Joseph Beuys am 10. 10. 1972 mit 60 Studenten das Sekretariat der Kunstakademie in Düsseldorf für 20 Stunden besetzte, um damit auf die Raumnot der Akademie aufmerksam zu machen und gleichzeitig 125 abgelehnten Bewerbern um einen Studienplatz doch noch die Aufnahme in seine Klasse zu ermöglichen, endete die Besetzung des Sekretariats (im Gegensatz zu einer ähnlichen Aktion ein Jahr zuvor) nicht nur mit einem Polizeieinsatz, sondern auch mit seiner Entlassung als Akademielehrer durch den damaligen Wissenschaftsminister von NRW, Johannes Rau. Über die Aktion von Beuys, der zu diesem Zeitpunkt der international bekannteste lebende deutsche Künstler war, wurde daraufhin in vielen Zeitungen berichtet (s. etwa Rosemary Callman: »Beuys ging der Hut hoch«. In: *Die Zeit* v. 20. 10. 1972, HA 1326–ZAB 62, Bl. 15). Am 19. 10. 1972 publiziert der *Kölner Stadt-Anzeiger* ein Interview von Werner Krüger mit Beuys, in dem dieser im Zusammenhang mit der Überfrequentierung seiner Klasse an der Kunstakademie u. a. äußert: »Ich habe z. B. den Plan für eine ›freie Schule für Kreativität und interdisziplinäre Forschung‹ entwickelt und bin in Verhandlung mit der Stadt Düsseldorf getreten, um neue Räumlichkeiten zu bekommen.« Der Plan führt zur Gründung eines Vereins, der seine Ziele in einem undatierten ersten Prospekt zur Mitgliederwerbung wie folgt angibt: »Es geht darum, die akute Raumnot in der Düsseldorfer Kunstakademie zu beheben und eine Erweiterung dieser Akademie zu ermöglichen im Sinne der Gründung einer ›Freien Schule für Kreativität‹.« Zum ersten Mal wird Böll als Teilnehmer eines Treffen der Mitglieder am 6. 6. 1973 erwähnt, bei dem er auf Vorstandsbeschluß ›Mitglied‹ des Vereins wird (s. HA 1326–EK16, Bl. 34).

## *Überlieferung*

### Typoskripte

TH¹: Erstschr.; 5 Bll., eine Seite Durchschr. (grün und gelb), unvollst. (HA 1326–266, Bll. 1–5)

tH²: Durchschr. (grün und gelb); 6 Bll., auf Bl. 5 eh. Vermerk: »ungültig«. (HA 1326–266, Bll. 6–11)

### Drucke

Z:  *Freie Internationale Hochschule für Kreativität und Interdisziplinäre Forschung e. V.*

## *Textgrundlage*

Textgrundlage ist Z.

## Stellenkommentar

282. 26 *Die Schule]* Gemeint ist die »Freie Internationale Hochschule für Kreativität und Interdisziplinäre Forschung e. V«, deren Gründungsrektor der Künstler Joseph Beuys (1921–1986) werden sollte. Die Initiative gelangte aber über das Diskussionsstadium nicht hinaus. 1977 wurde eine den im Manifest formulierten Zielen entsprechende »Free International University« (F. I. U.) gegründet.

283. 15 *Massenkultur]* Böll spielt auf die kommerzialisierte, von der Unterhaltungsindustrie in Anlehnung an US-amerikanische Vorbilder produzierte populäre Gegenwartskultur an, die sich u. a. im Hollywood-Kino, in Rock- und Pop-Musik, TV-Serien und Sportveranstaltungen äußert und die auf die Bedürfnisse von passiv bleibenden Konsumenten zugeschnitten ist. Vgl. Artikel »Massenkultur«. In: *Metzler Lexikon Kultur der Gegenwart* (2000) Themen und Theorien, Formen und Institutionen seit 1945. Hrsg. von Ralf Schnell. Stuttgart; Weimar: Metzler, S. 325f.

284. 2–3 *Seminars für Höflichkeit]* Vgl. hierzu auch Bölls Erzählung *Höflichkeit bei verschiedenen unvermeidlichen Gesetzesübertretungen*, 1977, *KA* Bd. 20.

284. 4 *Die Gründer der Schule]* Mitglieder des Vereins »Freie Internationale Hochschule« waren – neben Beuys und Böll – u. a. der Graphiker Klaus Staeck (geb. 1938) als Vorsitzender, der Maler Georg Meistermann (1911–1990) als stellvertretender Vorsitzender und der Herausgeber von *Art aktuell*, Willi Bongard (1930–1985), als Schriftführer. S. *Hintergrund*.

284. 11 *Die Blut- und Bodenlehre der Nazis]* »Blut und Boden«: häufig verwendete Propagandaformel für die Ideologie der Nationalsozialisten, nach der ein »gesunder Staat« nur auf der Einheit von »eigenem Volk« oder »eigener Rasse« (= »Blut«) und »eigenem Boden« beruhen kann. – Der ideologische Zusammenhang von »Blut und Boden« wurde erstmals von Oswald Spengler (1880–1936) in dessen Hauptwerk *Der Untergang des Abendlandes* (1918–1922) eingeführt. Popularisiert und zum »ewigen Wert« erhoben wurde das Ideologem »Blut und Boden« durch das Buch *Neuadel aus Blut und Boden* (1930) des späteren Leiters des Rasse- und Siedlungshauptamtes (RuSHA) der SS, Richard Walther Darré (1895–1953).

284. 18–21 *Im permanenten ... erreicht haben]* Gemeint sind die Bundesrepublik Deutschland und die Deutsche Demokratische Republik (DDR), die bis 1990 miteinander in politischer und wirtschaftlicher Konkurrenz standen und unterschiedlichen politischen und militärischen Bündnissen und Blockbildungen angehörten. Der Grundlagenvertrag vom 21. 12. 1972, ermöglichte die Aufnahme der beiden deutschen Staaten als 133. und 134. Mitglied in die Vereinten Nationen am 18. 9. 1973.

284. 37 *(law and order)]* s. *Stellenkommentar* zu 172. 1.

⟨Die Raubtiere laufen frei herum⟩

*Entstehung*

Die in Bölls Arbeitsbuch unter der Sign. 216/74 verzeichnete Rede Bölls vor der SPD-Bundestagsfraktion ist dort auf März 1974 datiert (*AB* II, Bl. 16) (NE).

Da der Termin in Bonn für den 13. 3. 1974 verabredet war, wird der Text in den Tagen unmittelbar davor entstanden sein, zumal der von Böll im Text zitierte Bericht in *Newsweek* aus der Ausgabe v. 4. 3. 1974 stammt.

Die Verabredung, daß Böll zusammen mit Günter Grass und (ursprünglich) Siegfried Lenz vor der SPD-Bundestagsfraktion sprechen sollte, geht auf eine Initiative der Sozialdemokratischen Wählerinitiative (SWI) zurück. Offensichtlich war ein solches Treffen schon für den Herbst 1973 geplant, wurde aber von Böll abgesagt. Der endgültige Termin dürfte im November festgelegt worden sein. Heike Jaedicke schreibt für die SWI am 6. 11. 1973 an Böll: »[...] ich kann Sie leider nicht aus Ihrem Wort entlassen, gemeinsam mit Günter Grass und evtl. Siegfried Lenz eine politisch-moralische Aufrüstungsrede vor der Fraktion zu halten. Das heißt, ich möchte Ihnen zwei neue Termine anbieten: den 22. Januar 1974 oder den 12. Februar 1974. Um Ihnen vollends jede Hoffnung zu nehmen, sage ich gleich, daß ich auch darüber hinaus noch weitere Terminvorschläge in petto habe!«

Neben Böll waren am 13. 3. 1974 Günter Grass und der Schriftsteller Thaddäus Troll Gastredner bei der SPD-Bundestagsfraktion. Vgl. den Bericht des SWI-Mitglieds und Politikwissenschaftlers Hartmut Jäckel über die Begegnung von Schriftstellern und Politikern: »Die Chance für Willy Brandt«. In: *Die Zeit* Nr. 13 v. 22. 3. 1974. Vgl. zur Wirkung der Rede Bölls den Briefwechsel mit Gerd Bucerius: *Raubtier, nicht Raubtier oder Karnikkel?*, S. 294 ff.

## Überlieferung

### Typoskripte

TH¹: Erstschr.; 4 Bll., eh. Sign.: 216/74, Bl. 4 nur Teil von A4.
(HA 1326–266, Bll. 12–15)
tH²: Durchschr. (gelb und grün); 8 Bll., eh. Notiz: »UdSSR / 20 Millionen Tote / 1000de(?) Städte / 70 000 Dörfer / 250 Milliarden Mark« und eh. Sign.: 216/74; auf Bl. 5 eh. Sign. und Vermerk: »März«.
(HA 1326–266, Bll. 16–23)

### Drucke

Z: *Frankfurter Rundschau.* – 30. Jg., Nr. 62 (14. 3. 1974), S. 16.
D¹: *EE*, S. 119–122.
D²: *ESR* III, S. 111–114.
D³: *EAS* 5, S. 107–110.

### Textgrundlage

Textgrundlage ist D².

### Stellenkommentar

286. 8–9 *die Moralisten oder das Gewissen der Nation]* Vgl. z. B. »Man hat also den geradezu lebensgefährlichen Begriff des ›Gewissens der Nation‹ gebildet, ohne zu bedenken, daß das Gewissen einer Nation zunächst ihr Parlament ist – die Legislative und die Exekutive sind das eigentliche Gewissen der Nation. Dann kommt hinzu die öffentliche Meinung, d. h. die Zeitungen, die Medien aller Art, und innerhalb dieses selbstverständlichen Zusammenwirkens spielen natürlich die Intellektuellen eine wichtige und notwendige Rolle. Die Rolle – sagen wir mal – des Wächters, der Wachsamkeit, des ›Gewissens der Nation‹ und wie dieser ganze Unsinn heißt, den ich lebensgefährlich finde, auf sie allein zu verlegen, d. h. eigentlich, die Öffentlichkeit in den Zustand der Gewissenlosigkeit zu versetzen. Da sehe ich eine Gefahr, und da sehe ich auch die – ich will noch nicht einmal sagen: bewußte, aber unbewußte Überlastung der kritischen Intelligenz. Das kann selbst eine Gruppe von 200 permanent wachsamen Intellektuellen nicht schaffen.« (Heinrich Böll / Hans-Peter Riese: »Schriftsteller in dieser Republik – Gespräch über Selbstverständlichkeiten«. In: *L76*, Nr. 6, (1977), S. 5–37.

286. 14 *Der Beichtspiegel]* Heute meist in Frageform abgefaßtes, entsprechend den 10 Geboten aufgebautes Sündenverzeichnis in der katholischen Kirche zur Gewissenserforschung vor der Beichte.
286. 27 *wie ich kürzlich (am 2. 11. 1973) in der Zeit las]* Vgl. *Radikalität und Hoffnung*, S.243 ff.
286. 30–287. 1 *»Niemand darf ... bevorzugt werden.«]* Vgl. Artikel 3 Absatz 3. In: *Grundgesetz für die Bundesrepublik Deutschland* (2002). Herausgegeben von der Bundeszentrale für politische Bildung. Bonn, S. 13.
– Das vollständige Zitat lautet: »Niemand darf wegen seines Geschlechtes, seiner Abstammung, seiner Rasse, seiner Sprache, seiner Heimat und Herkunft, seines Glaubens, seiner religiösen oder politischen Anschauungen benachteiligt oder bevorzugt werden.«
287. 8 *»Eigentum verpflichtet«]* Vgl. Artikel 14 Absatz 2. In: *Grundgesetz für die Bundesrepublik Deutschland* (2002), S. 19.
287. 15–16 *Radikalität, die etwa in Irland sichtbar wird]* 1968 beginnt nach Straßenkämpfen im nordirischen Armagh der Bürgerkrieg zwischen der sozial benachteiligten kath. Minderheit und der protest. Mehrheit bzw. zwischen der kath. Irisch-Republikanischen Armee (IRA) und protest. Extremisten. 1969 entsendet Großbritannien Truppen nach Nordirland und übernimmt 1972 die direkte Regierungsgewalt über das Land. Am 30. 1. 1972, dem sog. »Bloody Sunday«, erschießen in Londonderry britische Fallschirmjäger 13 kath. Demonstranten, woraufhin die IRA ihre Terroranschläge gegen britische Einrichtungen verstärkt. Am 8. 3. 1973 entscheiden sich die Einwohner Nordirlands in einem Referendum mehrheitlich für den Verbleib bei Großbritannien. 1973 tritt die Republik Irland der EG bei.
287. 21–23 *Es waren ... heutigen IRA]* Zwischen 1845 und 1847 litt die irische Bevölkerung aufgrund einer Kartoffelmißernte unter einer verheerenden Hungersnot: über eine Mio. Menschen starben an Hunger, zwei bis drei Mio. Menschen wanderten aus, vor allem in die USA, so daß sich die Bevölkerung von etwa acht auf vier Mio. Menschen reduzierte. Die irischen Emigranten und ihre irisch-amerik. Nachfahren spielten eine wichtige Rolle bei der Finanzierung des irischen Unabhängigkeitskampfes gegen Großbritannien. – Die »heutige IRA« entsteht 1919 als militanter Arm des radikalen Flügels der nationalistischen kath. Partei Sinn Fein (gälisch für »wir selbst«; gegr. 1905), die nach den gescheiterten irischen Aufständen gegen die brit. Besatzungsmacht am 24. 4. 1916 (»Osteraufstand«) und 1919/1920 bei den Wahlen zum irischen Parlament 1921 fast alle Sitze gewinnt. Während die 1921 gegründete Republik Irland (»Eire«) 1937 volle Souveränität erlangt, bleibt Nordirland (»Ulster«) ein Teil Großbritanniens. Sinn Fein und die IRA kämpfen nach der Teilung Irlands für ein vereintes unabhängiges Irland. Am 4. 2. 1974 verübt die IRA einen ersten Anschlag in England (12 Tote), woraufhin das brit. Parlament die IRA in England, Schottland und

Wales verbietet. – Vgl. Raatz, H. (1990): *Der Nordirland-Konflikt und die britische Nordirland-Politik seit 1968.* Stuttgart: Silberburg-Verlag. – Vgl. auch Heinrich Böll (1970): *Die Ursachen des Troubles mit Nordirland.* KA Bd. 16; EAS 4, S. 136–143.

287. 37-38 *Wenn Herr Erhard ... Schweigen bricht]* Ludwig Erhard (1897–1977), CDU-Politiker; 1963–1966 Bundeskanzler.

288. 1-2 *vom Tage der Währungsreform an]* S. Stellenkommentar zu 11. 2.

288. 20-22 *Nach der ... Verfassungsdebatte]* Bezieht sich auf die Parlamentsdebatten, in denen der Grundlagenvertrag zwischen der Bundesrepublik und der DDR diskutiert wurde.

288. 24 *Bahr und Gaus]* Egon Bahr (geb. 1922), SPD-Politiker; 1972–1974 Bundesminister für besondere Aufgaben (ständiger Berater des Bundeskanzlers in allen Fragen der Ost- und Deutschlandpolitik), 1974–1976 Minister für wirtschaftliche Zusammenarbeit, 1976–1981 Bundesgeschäftsführer der SPD. – Günter Gaus (geb. 1929), SPD-Politiker (im Jahr 2001 aus der SPD ausgetreten); Journalist und Publizist; 1969–1973 Chefredakteur des Nachrichtenmagazins *Der Spiegel*, 1974–1981 Ständiger Vertreter der Bundesregierung in der DDR. – Bahr führt 1970/71 die Verhandlungen mit dem Beauftragten der DDR, Michael Kohl (1929–1981), über die Verbesserung der Beziehungen zwischen beiden deutschen Staaten. – Gaus führt ab November 1973 mit dem stellv. DDR-Außenminister Kurt Nier (geb. 1927) die dt.-dt. Gespräche unter der Zuständigkeit von Egon Bahr und Michael Kohl weiter. Nach Übernahme der Funktion als Ständiger Vertreter der BRD in der DDR vereinbart Gaus als »Chefunterhändler« der Bundesrepublik insgesamt 17 Abkommen mit der DDR.

288. 27 *Ihr verstorbener Kollege Arndt]* Klaus-Dieter Arndt (1927–1974), SPD-Politiker. 1969–1971 Staatssekretär im Wirtschaftsministerium.

288. 35 *Dr. Strauß]* Franz-Josef Strauß (1915–1988), CSU-Politiker; 1977–1988 Ministerpräsident von Bayern.

289. 9-10 *einen Artikel in der amerikanischen Zeitschrift Newsweek]* »Europe as Seen From Bonn«. In: *Newsweek* v. 4. 3. 1974, S. 16.

289. 13-29 *»Es gibt einige ... Deutschland ist.‹«]* Das von Böll übersetzte Zitat aus *Newsweek* v. 4. 3. 1974, S. 16, lautet: »There are some who say that Germany has already openly assumed the leadership of Europe. With the Deutsche mark the only major currency still in the joint European ›float‹, Germany now constitutes the core of a monetary group that includes Belgium, the Netherlands and the scandinavian countries. In the political field, Chancellor Willy Brandt is today the only statesman who processes wide appeal in the Western European countries – and this country is the only one in which the major parties genuinely believe in European unity. What with

scandals in the White House, health problems in the Elysée and confusion in Withehall, it is undeniably true, as the ›Washington Post‹ stated last week, that ›of all the Western democracies, the only one that continues under vigorous and secure leadership is Germany‹.«

⟨Von der Natur nicht vorgesehen⟩

## *Entstehung*

Die in Bölls Arbeitsbuch unter der Sign. 217/74 verzeichnete Rezension ist dort auf den Zeitraum 10.–15. 3. 1974 datiert (*AB* II, Bl. 16) (NE).

Wodurch Böll zur Rezension von Domins Buch angeregt worden ist, läßt sich nicht feststellen. Inwieweit die Sympathie für (und Bekanntschaft Bölls mit) Hilde Domin eine Rolle spielte und er durch seine Rezension in der *Zeit* dem Band eine ›Hilfestellung‹ geben wollte, läßt sich nur vermuten. Hilde Domin schreibt u. a. als Reaktion auf Bölls Rezension am 23. 7. 1974: »Ihre Hilfe, lieber Heinrich Böll, hat allgemein ermuntert, nur das Schlechte nachzuschreiben. Sie würden riesige Augen machen, wenn Sie es Stück für Stück vor sich sähen.« Sie fügt dem Schreiben eine Rezension aus der *Neuen Zürcher Zeitung* vom 22. 7. 1974 bei: »Qualitätsunterschiede in einem Band. Autobiographisches von Hilde Domin« (HA 1326–4402, Bl. 1–3).

## *Überlieferung*

### Typoskripte

TH: Erstschr.; 4 Bll., eh. Datum: »15. 3. 74« und Sign.: 217/74; Bll. 2–4 am roR eh. pag. 1–3.
(HA 1326–266, Bll. 43–46)

### Drucke

Z: *Die Zeit* (Hamburg). – 29. Jg., Nr. 16 (12. 4. 74), S. 25.
D$^1$: *EE*, S. 123–125.
D$^2$: *ESR* III, S. 118–120.
D$^3$: *EAS* 5, S. 114–116.

## Textgrundlage

Textgrundlage ist D².

## Stellenkommentar

290.2 *Hilde Domins autobiographische Prosa]* Hilde Domin (d. i. Hilde Palm; geb. 1909), Schriftstellerin. – Domin, Hilde (1974): V*on der Natur nicht vorgesehen.* Autobiographisches. München: Piper.

291.13 *»en miniature«]* Frz.: im Kleinen.

291.33–34 *über Italien, Spanien, England, Santo Domingo]* Emigrationsorte Hilde Domins. – Santo Domingo, Hauptstadt der Dominikanischen Republik, nach der Hilde Domin ihr Pseudonym bildete.

291.35 *Trujillo]* Rafael Leonidas Trujillo Molina (1891–1961), dominik. Politiker; 1930–1938 und 1942–1952 Staatspräsident der Dominikanischen Republik mit diktatorischen Vollmachten.

292.11 *Dominikaner]* Nach den Franziskanern der zweite Bettelorden der katholischen Kirche, 1216 von dem Hl. Dominikus (dem Spanier Dominikus Guzman; um 1170–1221) gegründet. – Ziel des sog. ›Predigerordens‹ war die Predigt, die wissenschaftliche Beschäftigung mit der Theologie und die Ketzerbekehrung. Seit 1232 waren die Dominikaner führend in der Inquisition tätig. Ihre Ordenstracht ist eine weiße, gegürtete Tunika mit weißem Skapulier und schwarzem Mantel mit Kapuzenkragen.

292.11–12 *Hunde des Herrn]* Wortspiel mit den lat. Wörtern für Herr (Genitiv ›domini‹) und Hund (Plural ›canes‹). Die Bezeichnung als ›Hunde des Herrn‹ für die Dominikaner entstand durch ihre führende Rolle während der Inquisition.

292.17 *Meta der Physik]* Wortspiel Bölls mit dem Begriff ›Metaphysik‹. – Ursprgl. Bezeichnung für eine in der Ausgabe der Werke des Philosophen Aristoteles (384–322 v. Chr.) hinter (= griech. metá) den Schriften zur Physik angeordnete Gruppe von philosophischen Arbeiten. – Begriff zur Bezeichnung derjenigen philosophischen Disziplin, deren Erkenntnisinteresse im Anschluß an Aristoteles über die Natur hinausgeht. Sie versteht sich primär als allgemeine Lehre vom Sein bzw. Seienden.

292.23 *älteste Schwester]* Böll, Grete (1900–1963), Sozialarbeiterin.

293.2 *nach einer Odyssee]* Unter dem Namen Homers (vermutl. zwischen 750 und 650 v. Chr.) überliefertes Epos, das die zehn Jahre während Heimfahrt des Odysseus aus dem Trojanischen Krieg nach Ithaka schildert.

293.4 *Heinrich Heine]* Heinrich Heine (eigentlich Harry Heine; 1797–1856), Schriftsteller und Publizist.

293.4–5 *von R. A. Bauer interviewt wird]* »Hilde Domin interviewt

Heinrich Heine 1972 in Heidelberg«. In: Domin 1974, S. 119–125. – »R. A. Bauer interviewt Hilde Domin 1972 in Heidelberg«. In: Domin 1974, S. 126–130.

293. 9 *engagiert sei oder das andere]* S. Stellenkommentar zu 206. 35.

⟨Raubtier, nicht Raubtier oder Karnickel?⟩

Die in Bölls Arbeitsbuch unter der Sign. 218/74 verzeichnete Antwort an Gerd Bucerius auf dessen Offenen Brief in der *Zeit* am 22. 3. 1974 (als Reaktion auf Bölls Rede vor der SPD-Fraktion *Die Raubtiere laufen frei herum*, s. S. 286 ff.) ist dort auf den 23. 3. 1974 datiert (*AB* II, Bl. 16) (NE).

Ein Mißverständnis bei Bölls Antwort entsteht dadurch, daß Gerd Bucerius eine eh. Ergänzung auf der ersten Seite des Briefes von Böll (s. tH²) offensichtlich falsch interpretiert. Bölls an der linken Seite angebrachter Zusatz lautet: »Lieber Herr Dr. Bucerius, / einen ›Briefwechsel‹ / kann ich mir nicht / leisten, weil ich / mitten in einer / großen Arbeit [*Die verlorene Ehre der Katharina Blum*, s. S. 322 ff.]/ stecke – aber / wollen Sie mir / diese Replik / gestatten? / Ihr / Heinrich Böll.« Als ihm Bucerius am 27. 3. 1974 für den »lieben« und »langen Brief« dankt und antwortet: »Ich schreibe aber noch ausführlicher, mit dem Ziel der Veröffentlichung, auch Ihres Briefes. Da frage ich Sie aber vorher«, erwidert ihm Böll am 9. 4. 1974: »[…] hatte ich Ihnen nicht klar genug gemacht, daß mein Brief eine ›offene Antwort‹ war – da ich doch handschriftlich am Rand das ›private‹ schrieb? Nun sitze ich mal wieder in der – mir allerdings gewohnten – Tinte, denn alle Idioten übernehmen nun Ihre Interpretation des ›Raubtiers‹ – und es hagelt Briefe: meist anonyme. Tatsächlich hatte ich ja das Raubtier-*Modell* unserer Gesellschaft gemeint.« Nach dieser ›Klärung‹ erscheint der Brief Bölls – zusammen mit einem Schlußwort von Bucerius [s. *Hintergrund*] – in der *Zeit* Nr. 16 v. 12. 4. 1974.

## *Hintergrund*

Der hier abgedruckte Brief von Gerd Bucerius folgt dem Wortlaut des Druckes in *Die Zeit* Nr. 13 v. 22. 3. 1974.

Lieber Herr Böll,
mein Alter verbietet mir, Ihnen meine Verehrung auszudrücken; lassen Sie mich dieses Wort durch »Respekt« ersetzen. Keinem lebenden Schriftsteller verdanke ich soviel wie Ihnen. Zu bewundern war, wie differenziert und präzise, wie human und gesetzestreu zugleich Sie sich etwa über Dissidenten in der Sowjetunion, den Prager Frühling oder die Baader-Meinhof-Leute ausgedrückt haben. Sie brauchen Ihre Fähigkeiten in politicis nicht

unter den Scheffel zu stellen. Nun lese ich, daß Sie mich in Ihrer Rede vor der SPD-Fraktion des Bundestages ein »Raubtier« genannt haben, ein »frei herumlaufendes« dazu. Zuerst habe ich mir gesagt: »Der meint dich nicht.« Aber Sie meinen natürlich die Unternehmer. Als Verleger bin ich einer; und meine Erfahrung erlaubt mir nicht, mich von meinen Kollegen zu distanzieren.

Nun lassen Sie doch »Herrn Erhard« in Gottes Namen in Springer-Zeitungen vor sich hin reden. Kann man bestreiten, daß er ein System geschaffen hat, das in kürzester Zeit und (verglichen mit irgendeinem anderen Land) mit den geringsten sozialen Unterschieden unsere Gesellschaft aus dem Elend zum Wohlstand brachte?

Man möge sich fragen (sagten Sie der SPD), »was vom Tage der Währungsreform an aus den ersparten 100 Mark eines Arbeitnehmers geworden, die auf sieben Mark schrumpften, und was aus den 100 Mark Aktien eines Aktionärs geworden ist, die keiner Schrumpfung unterlagen«. Also: die Aktionäre, diese Raubtiere, haben bei der Währungsreform bekommen, was man den Sparern genommen hat.

Richtig ist: für 100 Reichsmark Sparguthaben gab es nach der Währungsreform nur 7 Mark. Aber: die wichtigste Ersparnis des Beamten ist nicht ein Sparguthaben, sondern seine Pension; die wichtigste Ersparnis des Arbeitnehmers ist die Sozialversicherung. Beide wurden vom Tage der Währungsreform voll bezahlt. Wenn man fragt, was ein Arbeitnehmer besitzt, wird der Vermögenswert der Rente leider oft vergessen. Dabei kann sie – je nach Höhe des Verdienstes – heute am Ende eines Arbeitslebens oft 100 000 Mark betragen, sogar bis 150 000 Mark steigen.

Nur die 100 Mark, die der Arbeitnehmer außer der Rente »auf der Kasse« hatte, wurden auf sieben Mark abgewertet. Aber Sie wissen natürlich nicht mehr, daß noch ein Jahr nach der Währungsreform viele Aktien, die vorher 100 Reichsmark gekostet hatten, nicht einmal jene 7 DM wert waren. 100-Mark-Aktien der Deutschen Bank, die 117 Reichsmark gekostet hatten, waren noch Mitte 1949 für 5,50 DM zu haben. 100 Mark Aktien der AEG, die 111 RM gekostet hatten, kosteten 9,00 DM. Wenige gute Aktien waren »nur« auf ein Viertel gesunken, die meisten auf knapp zehn Prozent. Mancher Selbständige, der für seine Altersversorgung Aktien gekauft hatte, sah sich fast als Totalgeschädigter. So ging die Bitternis quer durch alle Stände. Wo waren da die Raubtiere?

Erst nach 1950 begannen die Aktien langsam zu steigen, von 1957 an sogar explosionsartig. Deshalb überlegten gegen Ende der fünfziger Jahre die Experten aller Parteien (die der SPD nicht einen Tag früher als die der CDU), wie man die Wertsteigerungen der Aktien zur Steuer heranziehen könne. Aber siehe da: 1960 war es aus mit den steigenden Aktienkursen! Die Tabelle 1 zeigt es: Die Kurse schwanken, aber sie steigen seit zwölf Jahren nicht mehr.

In diesen zwölf Jahren hat die Aktie auch noch die Geldentwertung mitgemacht: Der Aktionär erhält heute für seine 1960 gekaufte Aktie real 30 Prozent weniger als 1960 (und die Dividenden lagen unter dem Sparkassenzins). Nun, wer Aktien kauft, der will ein Risiko laufen; also mag er auch 30 Prozent verlieren.

Nur eines ist in dieser Gesellschaft unbeirrbar wertbeständig und steigt sogar: der Arbeitslohn. Tabelle 2 zeigt Ihnen, wie der Reallohn (bei sinkender Arbeitszeit) gestiegen ist: von Lohn und Gehalt kann der Angestellte heute fast dreimal so viel kaufen wie 1950. Dieser Anstieg hat 1960 nicht aufgehört! Kein schlechtes System, sollte man eigentlich sagen?

Oder ärgern Sie die paar tausend sehr reichen Leute? Reich wollen wir alle nennen, die mehr als ein Minister verdienen: also mehr als 150 000 Mark jährlich (plus Pension und Bundestagsdiäten; der Bundeskanzler verdient etwa 200 000 Mark plus Pension und Diäten). Der Chef einer großen Firma liegt etwas höher, ebenso die Chefs einer Industriegewerkschaft, wenn sie ihre Aufsichtsratstantiemen behalten. Was die noch höher Verdienenden verschwenden, also nicht investieren, sondern für den Reitstall, die Luxusreise, den Mercedes 600, die Perlenkette, die teure Zweitwohnung ausgeben, läßt sich schätzen. Es sind höchstens 1,5 Milliarden Mark jährlich. Wenn wir das auf die 25 Millionen Verdiener (unter 150 000 Mark) verteilen, erhält jeder im Monat fünf Mark, im Jahr 60 Mark. Diese 60 Mark sind der Preis für das erfolgreichste Wirtschaftssystem, das je ausprobiert wurde. Der Preis kann Ihnen zu hoch sein. Objektiv ist er nicht zu hoch; denn die Gesellschaft wäre in keinem anderen Wirtschaftssystem so reich geworden. Aber Sie mögen es für anstößig halten, daß einige wenige Geld verschwenden können. Es ist Ihr gutes Recht die Abschaffung des Systems zu verlangen. Aber uns deshalb »Raubtiere« zu nennen? Wenige nur kennen wie Sie Wesen und Seele des Menschen. Aber von »Wirtschaft« habe ich nie etwas in Ihren Bücher gelesen. Sind Sie sicher, daß Sie die – ich versichere Ihnen: äußerst komplizierten – wirtschaftspolitischen Fakten beherrschen? So beherrschen, daß Sie uns Raubtiere nennen können?

Mit den besten Grüßen bin ich stets Ihr dankbarer
Gerd Bucerius

[Nachdem Heinrich Böll auf diesen Brief in der *Zeit* v. 12. 4. 1974 mit seinem offenen Brief *Raubtier, nicht Raubtier oder Karnickel?* antwortete, erschien auf der gleichen Seite noch ein ›Schlußwort‹ von Gerd Bucerius: »Vielleicht werden wir doch einig«, das folgenden Wortlaut hat:]

Lieber Herr Böll,
außer dem Ihren habe ich noch eine Menge Briefe bekommen. Manche stimmen mir so heftig zu, daß *ich* mich schäme. Manche sind so böse, daß *Sie*

sich vor den Bundesgenossen erschrecken würden. Fast meint man, an dem Haß zu ersticken.

Mit Ihnen bin ich vielleicht nicht einig. Aber man könnte es doch werden.

Lesen Sie aus der Kurve der Aktienkurse wirklich so etwas wie »das nackte Elend«? Mir scheint: die Kurve geht von 1954 bis 1960 steil aufwärts.

Damals sind also einige Leute (nicht viele, aber zu viele) in einigen Jahren reich geworden. Die meisten ganz ahnungslos. Das glauben Sie mir nicht? Dann hören Sie die Geschichte eines Ahnungslosen. 1952 tauchten plötzlich aus dem Erbe meines Vaters Aktien auf, die wir von den Sowjets beschlagnahmt glaubten (»Sammeldepot«). Die Bank rechnete aus: ich könnte sie für 70 000 Mark verkaufen – etwa ein Viertel meiner persönlichen Schulden aus der ZEIT.

Da mußte ich mich also fragen: verkaufen oder warten, daß die Aktien wieder steigen? Ich fragte meinen Freund Pferdmenges. »Aktien junger Freund, können steigen, aber auch fallen. Ich glaube zwar, sie steigen noch etwas. Aber wenn Sie Schulden haben, dann verkaufen Sie besser«. Also tat ich's – leider; denn ein paar Jahre später hätten sie das Vierfache gebracht.

Sehen Sie: so war das. Niemand wußte, was kommen würde. Wer ein Risiko laufen wollte, der sparte nicht auf der Kasse, sondern kaufte Aktien; die waren schon das Stück für 50 Mark zu haben. Sechs Jahre, bis 1960, war das ein großartiges Geschäft. Aber seitdem – schon zweimal sechs Jahre (1960 bis 1973) – ist es eben ein schlechtes Geschäft. Ich fürchte auch, daß Aktien nie mehr »gut« werden. Jene sechs Jahre haben so viel Haß hinterlassen, selbst bei Gutverdienenden, daß ein System zerstört wurde.

Ein bißchen Glück hat ja auch das »Haus« gehabt. Wenn Sie freilich 1960 für ein 1900 für 25 000 Mark gebautes Haus noch 120 000 Mark gekriegt haben, dann hatten Sie ein bißchen Extra-Glück. Jetzt ist auch das vorbei. Am Grundstücksmarkt ist nichts mehr zu verdienen – niemand betrauert es. Da wir praktisch Mietstopp haben, werden die Häuser langsam verfallen. Das Kapital wird aufgefressen.

Der Ecklohn (mit Zuschlägen) war 1950 1,59 Mark; heute ist er 9,10 Mark. Mit 65 Jahren hat der Rentner heute noch eine Lebenserwartung von 11,83 Jahren; die 60jährige Rentnerin von 18,77 Jahren. Da lohnt es sich schon, zu sparen.

Ist der englische Arbeiter dümmer als der deutsche? Ich meine: nein. Aber das Einkommen pro Kopf der englischen Bevölkerung ist etwa 6700 Mark pro Jahr; in Deutschland – 11400 Mark pro Jahr. Das ist nicht gerade Armut in England, aber doch alles recht dürftig. Und England verlangt von den Reichen die höchsten Steuern der Welt. Dort gibt es also Gerechtigkeit, Gleichheit und Armut. Bei uns nicht ganz so viel Gleichheit, dafür weniger Armut. Wenn jetzt Gleichheit mehr gefragt sein sollte: Ich bleibe vergnügt bei dem Gedanken, mitgeholfen zu haben, daß die Nation reich wurde. Und daß der deutsche Arbeiter der reichste der ganzen Welt wurde.

In den Ferien lese ich noch einmal alle Ihre Werke. Schon jetzt fallen mir Sünden ein. Verzeihung!

Immer Ihr dankbarer
Gerd Bucerius

## *Überlieferung*

### Typoskripte

TH¹: Erstschr. und Durchschr. (grün); 6 Bll., eh. Notiz: »1. Version ungültig«, auf Bl. 3: »23. 3. 74 / ungültig«.
(HA 1326-266, Bll. 50-55)

tH²: Durchschr. (grün); 3 Bll., eh. Sign.: 218/74, auf Bl. 3 eh. durchschr. Unterschrift und Datum: »23. 3. 1974« sowie durchschr. eh. Anschreiben an Gerd Bucerius auf Bl. 1.
(HA 1326-266, Bll. 56-58)

### Drucke

Z:  *Die Zeit* (Hamburg). – 29. Jg., Nr. 16 (12. 4. 74), S. 25.
D¹: *EE*, S. 123-125.
D²: *ESR* III, S. 118-120.
D³: *EAS* 5, S. 111-113.

## *Textgrundlage*

Textgrundlage ist D².

## *Varianten*

295. 9  *auch: nicht ]* auch nicht Z

## Stellenkommentar

294.2 *Eine Antwort an den Verleger der ZEIT]* Auf Bölls Rede vor der sozialdemokratischen Bundestagsfraktion am 13.3.1974 unter dem Titel *Die Raubtiere laufen frei herum* (S.286 ff.) reagierte der Herausgeber der Zeit, Gerd Bucerius (1906–1995), mit einem Offenen Brief an Heinrich Böll unter der Überschrift »Ein Raubtier beschwert sich« (vgl. *Die Zeit*, Nr. 13 v. 22.3.1974, S. 10). S. *Hintergrund*.

294.4 *Dr. Bucerius]* Gerd Bucerius (1906–1995), Verleger und Publizist. – Bucerius war seit 1946 Mitherausgeber der Wochenzeitung *Die Zeit*, 1957 wurde er alleiniger Herausgeber, 1985 gab er die publizistische Leitung des *Zeit*-Verlages ab.

294.8–12 *Wenn ich ... den unaufhaltsamen Aufstieg.]* Vgl. die Tabellen zur Kursentwicklung der Aktien in Deutschland 1954–1973 und die Übersicht zur Entwicklung des Reallohns 1951–1973 in: *Die Zeit* Nr. 13 v. 22.3.1974, S. 10.

295.19 *»Das Haus«]* Das in der südlichen Neustadt in Köln gelegene Haus Vondelstraße 28, in dessen Hinterhaus die Schreinerei Familienschreinerei lag.

295.26–27 *von seinem 14. bis zu seinem 75. Lebensjahr gearbeitet]* Viktor Böll (1870–1960). – Bezieht sich auf Viktor Bölls Lehr- und Arbeitsjahre als Schreiner.

295.28 *»geklebt«]* »kleben«: veraltete ugs. Bezeichnung für das Entrichten von Sozialversicherungsbeiträgen, die früher in Form von Beitragsmarken in ein Versicherungsheft einzukleben waren.

295.30–34 *das müde ... Mark gekostet.]* Nach dem Tode Viktor Bölls 1960 wurde das Haus in der Vondelstraße verkauft und der Erlös unter den Erben aufgeteilt.

296.11–13 *In einigen meiner ... recherchiert sind]* Der Roman *Gruppenbild mit Dame KA* Bd. 17. In Kapitel 7 des Romans wird z. B. die Frage von Grund- und Bodenspekulation behandelt.

⟨Wie das Gesetz es befahl⟩

## Entstehung

Die in Bölls Arbeitsbuch unter der Sign. 189/74 verzeichnete Adler-Besprechung ist dort auf den Zeitraum 8.–10. 1. 1974 datiert (*AB* II, Bl. 13) (NE).

Dem Versprechen Bölls, mit einer Rezension zur Verbreitung von H. G. Adlers Buch beizutragen, gingen ab 1970 Bemühungen (von Böll und anderen) voraus, einen Verlag für das umfangreiche Projekt zu finden. Adler war zu diesem Zeitpunkt Autor des (Schweizer) Walter Verlags in Olten und hatte 1969 für seinen dort erschienenen autobiographischen Roman *Panorama* den renommierten Charles-Veillon-Preis erhalten. Doch an den anhaltend schlechten Verkaufszahlen seiner Bücher änderte sich nichts, so daß der Walter Verlag 1972 die Zusammenarbeit beendete. Der Kontakt zum J. C. B. Mohr Verlag Mitte 1972 führt – nachdem Adler Böll am 13. 2. 1973 mitteilen kann, daß der »Zuschuß für das Deportationsbuch jetzt vollauf gedeckt« ist (HA 1326-4397, Bl. 1) – dazu, daß *Der verwaltete Mensch* in Satz gehen kann. Nachdem Böll bereits im Juli 1973 mit Rolf Becker vom *Spiegel* die Rezension von Adlers Buch verabredet hatte, schreibt ihm Georg Siebeck als Verleger des J. C. B. Mohr Verlags am 21. 8. 1973, daß das Buch »erst im Januar, vielleicht sogar erst Anfang Februar [1974] erscheinen« werde. Deshalb »wäre eine Rezension vor Weihnachten vielleicht nicht einmal günstig« (HA 1326-4401, Bl. 8).

Seine abgeschlossene Rezension schickt Böll am 11. 1. 1974 an Rolf Becker mit dem Vorschlag, seine Rezension während des Vorabdrucks von Solschenizyns *Archipel Gulag* (Nr. 1/2 v. 7. 1. 1974 – Nr. 5 v. 28. 1. 1974 im *Spiegel*) wegen der vorhandenen Parallelen zu *Der verwaltete Mensch* zu veröffentlichen (HA 1326-266, Bl. 189). Becker antwortet ihm am 1. 2. 1974, daß Bölls Idee, die »Adler-Rezension während des Gulag-Vorabdrucks zu bringen, leider schon deswegen nicht zu realisieren [war], weil der Vorabdruck bereits abgeschlossen wurde« (HA 1326-266, Bl. 190). Becker weist außerdem darauf hin, daß die Rezension auch aus Umfangsgründen im *Spiegel* nicht untergebracht werden könne. Das von Adler behandelte Thema sei »nicht eigentlich neu«, und der *Spiegel* könne nicht mehr als sechs Manuskriptseiten »verkraften«. Er bat Böll deshalb um »Eingriffe, möglicherweise Umformulierungen« der Rezension, mit einem Schwerpunkt auf dem »Grundthema« des Buches: der »außerordentlich detailliert«

belegten »Verwaltungs-Akkuratesse bei der Verfolgung, beim Massenmord, bei der ›Endlösung‹«. Böll hat diesem Wunsch mit seiner überarbeiteten Fassung für den *Spiegel* entsprochen, die am 22. 4. 1974 erscheint. Zum ersten vollst. Druck des Textes kommt es erst 1977 im Sammelband *Einmischung erwünscht (EE)*.

## *Überlieferung*

### Typoskripte

TH¹: Erstschr.; 6 Bll., Bl. 1–4 am roR eh. pag.
(HA 1326-266, Bll. 65–70)

TH²: Erstschr.; 6 Bll., eh. Vermerk: »Adler 2. Version an(?) 74«, am roR eh. pag. 1–6, Bl. 6 abgeschnittener Teil von A4.
(HA 1326-266, Bll. 71–76)

tH³: Durchschr. (grün); 12 Bll., Bl. 1 und 11 mit Tesafilm zusammengeklebte MS-Teile, am roR eh. pag 1, 1a–11, auf Bl. 12 eh. durchschr. Unterschrift.
(HA 1326-266, Bll. 77–88)

TH⁴: Fotokopie; 7 Bll., mit hs. Korr. und Satzeinrichtung (*Der Spiegel*), auf Bl. 7 fotokopierte eh. Unterschrift durchstrichen.
(HA 1326-266 Bll. 89–95)

### Drucke

Z: *Der Spiegel* (Hamburg). – 28. Jg., Nr. 17 (22. 4. 74), S. 190–192 u. d. T.: Die 32,80 RM des Jakob Strauss. Heinrich Böll über H. G. Adler: »Der verwaltete Mensch«. (teilw.)

D¹: *EE*, S. 126–131.

D²: *ESR* III, S. 121–126.

D³: *EAS* 5, S. 117–122.

## *Textgrundlage*

Textgrundlage ist D².

## Stellenkommentar

297.1 *Wie das Gesetz es befahl]* Böll zitiert die letzten Zeilen einer durch Friedrich Schiller (1759–1805) in seiner Elegie *Der Spaziergang*. (1795) aufgenommenen antiken Grabinschrift. Sie findet sich bei dem griech. Geschichtsschreiber Herodot (ca. 490–430 v. Chr.) (»Fremdling, melde daheim Lakedaimons Bürgern: Zur Stelle / liegen wir, ihrem Befehl, den sie uns gaben, getreu«) und erinnert an die 480 v. Chr. in der Schlacht bei den Thermopylen gefallenen Spartaner: »Wanderer, kommst du nach Sparta, verkündige dorten, du habest / uns hier liegen gesehn, wie das Gesetz es befahl.« – Herodot beschreibt im siebten Buch seiner *Historien*, wie 300 Spartaner unter ihrem König Leonidas vergeblich den Engpaß der Thermopylen gegen eine Übermacht der Perser unter Xerxes I. zu verteidigen suchten. Böll selber bezieht sich kritisch auf die Inschrift, die insbesondere im dt. Bildungsbürgertum der Wilhelminischen Zeit als Symbol für Heroismus und militärische Tapferkeit und, damit verbunden, als Ausdruck unbedingten Gehorsams galt. Böll meint damit auch den in zahlreichen Prozessen gegen deutsche Kriegsverbrecher nach dem Zweiten Weltkrieg von den Angeklagten geäußerten ›Befehlsnotstand‹, wonach man sich auch bei schwersten Verbrechen auf das Ausführen von Befehlen berufen zu können glaubte – ›wie das Gesetz es befahl‹. (Vgl. hierzu insbesondere *Befehl und Verantwortung. Gedanken zum Eichmann-Prozeß. KA* Bd. 13, EAS 2, S. 135–138). Wie sehr Böll gerade durch diese Inschrift beeindruckt war, zeigt sich im Titel weiterer Arbeiten, der Erzählung: *Wanderer, kommst du nach Spa...* und die Erzählung: *Wie das Gesetz es befahl, KA* Bd. 3 und dem Drama: *Wie das Gesetz es befahl, KA* BD. 4.

297.2 *Über H. G. Adler, »Der verwaltete Mensch«]* H. G. Adler (eigentlich Hans Günther Adler) (1910–1988), Schriftsteller tschech. Herkunft. – H. G. Adler (1974): *Der verwaltete Mensch. Studien zur Deportation der Juden aus Deutschland.* Tübingen: J. C. B. Mohr (Paul Siebeck).

297.9–10 *»Schicksale aus den Akten«]* Adler 1974, S. 646–864.

297.12 *Endlösung]* Vgl. Stellenkommentar zu 237.31–32.

297.16–17 *»ordentliche Regelung des Außerordentlichen«]* Adler 1974, S. 38.

297.17 *»barbarisch ziviler Ordnung«]* Adler 1974, Vorwort S. XXI.

297.21 *»Geschichtlicher Abriß«]* Adler 1974, S. 1–277.

297.32–298.1 *»Deportation besonderer Gruppen«]* Adler 1974, S. 206–322.

298.1–2 *»Mischlinge und Mischehen«]* Adler 1974, S. 278–322.

298.4 *»Die Technik der Deportation«]* Adler 1974, S. 324–487.

298.5–6 *»Von der Transportliste bis zur Abmeldung der Deportierten«]* Adler 1974, S. 380–437.

298. 14 *etymologischer Art]* Etymologie: griech., für Herkunft und Geschichte eines Wortes und seiner Bedeutung.
298. 26 *euphemistisch]* Griech.: beschönigend, verhüllend.
298. 20–27 *»für die Verheimlichung ... euphemistisch]* Adler 1974, S. 83.
299. 8–11 *Wenn etwa ... berichtet wird]* Vgl. Adler 1974, S. 184.
299. 21–22 *Himmler, Eichmann, Hitler, Goebbels, Göring]* Himmler, Heinrich (1900–1945), NSDAP-Politiker und Reichsführer SS. – Eichmann, Adolf (1906–1962), NSDAP-Politiker; hauptverantwortlicher Organisator der Deportationen von Juden im Dritten Reich. – Hitler, Adolf (1889–1945), NSDAP-Politiker; ab 1933 Reichskanzler mit diktatorischen Vollmachten; ab 1934 auch Reichspräsident und ab 1941 Oberbefehlshaber der deutschen Wehrmacht. – Goebbels, Joseph (1897–1945), NSDAP-Politiker; ab 1933 Reichsminister für Volksaufklärung und Propaganda. – Göring, Hermann (1893–1946), NSDAP-Politiker und Generalfeldmarschall; ab 1933 Reichsminister ohne Geschäftsbereich, Reichskommissar für Luftfahrt und preußischer Innenminister.
299. 28–29 *deren »Gegensakrament« der Befehl gewesen und geworden sei]* Vgl. Adler 1974, S. 120: »Der Nationalsozialismus ist eine Gegenreligion, sein Gegensakrament ist der Befehl, diese furchtbarste Waffe in der Verfügung des herrschenden Bösen für die Bösen, die nach seiner Ermächtigung lechzen.« Vgl. auch Bölls Gegenüberstellung des ›Sakraments des Büffels‹ und des ›Sakrament des Lammes‹ in dem Roman *Billard um halb zehn* (1959), *KA* Bd. 11.
299. 32–33 *nachdem die ... festgelegt war]* Die Pogrome vom 9./10. 11. 1938 (›Reichskristallnacht‹) bilden den Übergang der antisemitischen Politik im Dritten Reich von Gesetzgebungsmaßnahmen und Repressalien zu einer systematischen Vertreibung der Juden ins Ausland und damit den Beginn der abschließenden Phase einer ›Arisierung‹, die auf eine Enteignung der Juden in Deutschland hinauslief. Nach einer Besprechung zwischen Göring, Goebbels, Heydrich und einigen Vertretern der Wirtschaft am 12. 11. 1938 folgten wenige Tage nach der ›Reichskristallnacht‹ Verordnungen über eine »Sühneleistung« der Juden in Höhe von 1 Mrd Reichsmark, die Ausschaltung der Juden aus dem deutschen Wirtschaftsleben, die Schließung aller jüdischen Geschäfts- und Handwerksbetriebe, der Zwangsverkauf jüdischen Eigentums an Grundstücken, Gebäuden, Geschäften und Produktionsmitteln sowie die Beschränkung der Verfügungsrechte über Wertpapiere, Kunst- und weitere Wertgegenstände, ferner Berufsverbote für jüdische Hebammen, Zahn- und Tierärzte und andere Heilberufe. Am 24. 1. 1939 erteilte Göring Heydrich den Auftrag, die ›Judenfrage‹ durch ›Auswanderung oder Evakuierung‹ zu lösen.
300. 2–3 *sieben Rollen Nähgarn einer Frau aus Steinach]* Vgl. Adler 1974, S. 793.

300. 3 *Hamsterns]* Ugs. für aufbewahren, sparen, horten (angesichts einer aktuellen oder drohenden Knappheit).

300. 7–8 *Jakob Strauss]* Vgl. Adler 1974, S. 707–713.

300. 6–12 *Es geht noch ... Hassfurt]* Seit dem 1. 1. 1939 durften Juden nur noch jüdische Vornamen tragen. Wenn sie deutsche Namen führten, mußten sie als Kennzeichnung zusätzlich den Namen ›Israel‹ bzw. ›Sara‹ annehmen. Ferner mußten Juden seit dem 1. 9. 1941 einen ›Judenstern‹ an ihrer Kleidung tragen. Sie durften ohne polizeiliche Genehmigung ihren Wohnbezirk nicht verlassen.

300. 19–26 *Von Hitler ... und Gesetz]* Vgl. Adler 1974, S. 991: »Hitler und die Mehrzahl seiner engsten Gefolgsleute neigten zu einer Herabsetzung und selbst Verachtung der Verwaltung, die überwiegend konventionell nach den vor 1933 üblichen Klischees aufgefaßt, aber zugleich auch eigenartig angesehen und gegen die höher bewertete, oft über alles erhabene ›Führung‹ gestellt wurde.«

300. 33 *innerhalb der SS]* Abkürzung für ›Schutzstaffel‹. – Die SS war eine im Umfeld der nationalsozialistischen Bewegung angesiedelte paramilitärische Truppe. Sie wurde 1925 gegründet und zunächst zum persönlichen Schutz Adolf Hitlers eingesetzt. – Unter dem ›Reichsführer SS‹ Heinrich Himmler übte die SS Polizeifunktionen aus. Sie war mit ihren Einsatzgruppen maßgeblich an der Verfolgung und Ermordung Hunderttausender Menschen in ganz Europa beteiligt. In den Nürnberger Prozessen wurde die SS 1946 als Hauptinstrument des politischen Terrors im Dritten Reich zur »verbrecherischen Organisation« erklärt.

301. 19 *bis zur Kristallnacht]* S. *Stellenkommentar* zu 299. 33.

301. 20 *SA]* Abkürzung für ›Sturmabteilung‹. – Die SA war die uniformierte und bewaffnete Kampf- und Propagandatruppe der NSDAP. Sie wurde 1920 als Saalschutztruppe für politische Veranstaltungen der Nationalsozialisten gegründet und 1921 in einen paramilitärischen Verband umgewandelt. Nach dem gescheiterten Hitler–Putsch 1923 verboten, wurde sie 1925 zu einem zentral gelenkten Kampfverband erweitert, der nach der Machtübernahme der Nazis 1933 etwa 700 000 Mitglieder umfaßte. Unter dem Vorwand, der damalige Leiter der SA, Ernst Röhm (1887–1934), habe mit seiner Truppe einen Putsch geplant, ließ Hitler am 30. 6. 1934 die gesamte Führungsriege der SA ermorden.

301. 25–26 *»Judenvermögensabgabe«]* Adler 1974, S. 13.

301. 26 *»Reichsfluchtsteuer«]* Adler 1974, S. 12.

301. 26–27 *Euthanasie]* S. *Stellenkommentar* zu 260. 26–27.

301. 27–28 *»Heilerziehungsanstalten«]* Adler 1974, S. 236.

301. 28–29 *»Gemeinnützige Stiftung für Anstaltspflege«]* Adler 1974, S. 238.

301. 29–30 *»Gemeinnützige Kranken-Transport-GmbH«]* Adler 1974, S. 238.

301.34 *»Vugesta« oder »Vugestap«]* Adler 1974, S. 592.

301.35 *Gestapo]* Abk. für ›Geheime Staatspolizei‹. – Vgl. *Stellenkommentar KA* Bd. 11, S. 395.

302.2 *Reichssicherheitshauptamt«]* Das Reichssicherheitshauptamt (RSHA) war die am 27. 9. 1939 durch die Vereinigung von Sicherheitspolizei (Sipo) und Sicherheitsdienst (SD) von Heinrich Himmler geschaffene zentrale Behörde, die alle Polizei- und Sicherheitsorgane des nationalsozialistischen Deutschland leitete. Das RSHA organisierte im Zweiten Weltkrieg Terror und Vernichtung in den vom Deutschen Reich besetzten Gebieten. Im Referat IV B 4 des RSHA organisierte Adolf Eichmann den bürokratischen Teil der ›Endlösung der Judenfrage‹.

302.20 *Endziel]* Die nationalsozialistischen Konzentrations- und Vernichtungslager wie Auschwitz, Treblinka oder Mauthausen.

302.23 *Hitlerwelle]* Böll verweist auf ein mit Beginn der 1970er Jahre neu einsetzendes (meist verklärendes) Interesse an der Person Adolf Hitlers und der Zeit des Dritten Reiches. – Vgl. hierzu Friedländer, Saul (1999): *Kitsch und Tod. Der Widerschein des Nazismus.* Erweiterte Neuausgabe. Frankfurt am Main: Fischer Verlag.

302.30–31 *»aus dem instinktiven Erfühlen des Führerwillens heraus«]* Adler 1974, S. 994. – Adler zitiert hier aus: Diehl-Thiele, Peter (1969): *Partei und Staat im Dritten Reich.* München: Beck Verlag, S. 250.

302.35–39 *»gebannten, einer … regiert wird.«]* Adler 1974, S. 957.

⟨A propos Freude⟩

## Entstehung

Der in Bölls Arbeitsbuch unter der Sign. 196/74 verzeichnete Beitrag für *Concilium* ist dort auf 20. 11. 1973 datiert (*AB* II, Bl. 10) (NE). Am 20. 7. 1973 schreibt der Theologe Karl Rahner an Böll: »[...] mein Freund J. B. Metz in Münster hat mich gebeten, Ihnen eine Bitte vorzutragen. Er meint anscheinend, diese Bitte werde von Ihnen eher erfüllt, wenn ich sie für ihn vortrage. [...] Wir beide gehören zum Herausgeberstab einer internationalen theologischen Zeitschrift ›Concilium‹, die in neun Sprachen erscheint und vermutlich die größte theologische Zeitschrift ist.« Für 1974 plane man ein Heft, das – so die beigefügte Projektbeschreibung – unter dem Leitgedanken eines Verses aus Joh. 16,22 stehe: »Jetzt habt ihr Trauer, aber ihr werdet euch freuen«. Rahner erläutert das ›Neue‹ dieses Heftes: »Man will in diesem Heft [...] auch einige ›Statements‹. Diese Statements sollen dazu dienen, daß die Hefte nicht nur vom tierischen Ernst der Fachtheologen mit ihrer Fachidiotie geschrieben werden. Hier soll also ganz kurz ein Mensch und nicht ein Theologe zum Thema sprechen. [...] Wie gut wäre es für diese Theologie, wenn Sie zwei Seiten dazu sagen würden.« (HA 1326-4376, Bll. 9–12) Bölls Antwort auf diesen Brief ist nicht erhalten, läßt sich aber aus dem »herzlichen Dank« erschließen, den J. B. Metz für Bölls Bereitschaft am 17. 8. 1973 ausspricht. In diesem Brief nennt Metz auch Fristen: »Da die Zeitschrift ja gleichzeitig in neun Sprachen erscheint, sind die Redaktionstermine ziemlich kompliziert. Wir haben in Ausnahmefällen als letzten Termin Anfang November genannt. Um Ihre Mitarbeit jedenfalls zu ermöglichen, kann ich Ihnen den 10. Dezember als dead-line nennen.« (HA 1326-4401, Bll. 1–2) Eine erste ›Erinnerung‹ an seinen Beitrag erhält Böll vom Sekretariat des *Concilium* in Nijmegen (Niederlande) am 19. 11. 1973. Bölls eh. Notiz auf diesem Brief »Beitrag unterwegs an Metz« bestätigt die fristgerechte Fertigstellung (HA 1326-4374, Bl. 7).

## *Überlieferung*

### Typoskripte

TH¹: Erstschr.; 3 Bll., eh. Notiz: »1. Version ungültig«, am roR eh. pag. 1–3.
(HA 1326–267, Bll. 1–3)
tH²: Durchschr. (grün); 3 Bll., am roR eh. durchschr. pag. 1–3.
(HA 1326–267, Bll. 4–6)
tH³: Durchschr. (rosa); 4 Bll., eh. Sign.: 178/73 und Überschrift: »Beitrag für Concilium (Metz)«, am roR eh. durchschr. pag. 1–4.
(HA 1326–267, Bll. 7–10)

### Drucke

Z: *Concilium* (Nijmegen). – 10. Jg. (1974), Nr. 5 (Mai), S. 378–379.
D¹: *EE*, S. 139–141.
D²: *ESR* III, S. 127–129.
D³: *EAS* 5, S. 123–125.

## *Textgrundlage*

Textgrundlage ist D².

## *Stellenkommentar*

303. 3–4 *Jetzt ... »euch freuen«*] S. Entstehung.

303. 7–10 *es ist eine ... Vertröstung macht*] Böll bezieht sich hier auf die in den urchristl. Gemeinden weitverbreitete Hoffnung auf eine baldige (leibliche) Wiederkehr des auferstandenen Christus (›Parusie‹), die in dem von Böll zitierten Bibelvers anklingt.

303. 19–20 *Vergegenwärtigung ... im Abendmahl*] Bezeichnung für das Mahl, das Jesus am Vorabend seines Leidens gemeinsam mit seinen Jüngern feiert (vgl. Mt 26,20–29; Mk 14,17–25; Lk 22,14–20), in der kath. Kirche auch als ›Eucharistie‹ bezeichnet. Das Abendmahl, ursprgl. ein nach der jüdischen Tradition ausgerichtetes Paschamahl, ist zentraler Bestandteil der christlichen Liturgie. Die traditionelle kath. Lehre besagt, daß Brot und Wein, die beim Abendmahl gesegnet und an die Gläubigen ausgeteilt werden, durch die Segnung des Priesters real in Fleisch und Blut Jesu Christi

verwandelt werden (›Transsubstantiationslehre‹). In den reformierten Kirchen wird lediglich eine symbolische Gegenwart Christi beim Abendmahl gefeiert.

303. 31 *Hostie]* Von lat. hostia (= Opfertier): das in der kath. und lutherischen Eucharistie- bzw. Abendmahlfeier verwendete ungesäuerte Brot (in Form einer kleinen runden Scheibe).

304. 31–33 *warum denn sehen ... »ausgekotzt« aus]* Vgl. hierzu *Die Heuchelei der Befreier*. Vortrag zur Pornographie-Diskussion auf der Nürnberger Jahrestagung des P. E. N.-Zentrums der Bundesrepublik am 16. 4. 71. *KA* Bd. 16; *EAS* 3, S. 176–179.

305. 3–4 *die innerkirchliche Verrechtlichung]* Böll verweist hier auf das kanonisierte Recht in der kath. Kirche und auf das Lehramt des Papstes, der in Enzykliken zu bestimmten Themen für alle Katholiken verbindlich Stellung beziehen kann.

305. 18–19 *Humanae Vitae]* Böll bezieht sich auf die von Papst Paul VI. herausgegebene *Enzyklika Humanae Vitae*, die eine künstliche Empfängnisverhütung ablehnt. Vgl. *Taceat Ecclesia*. Kritische Anmerkungen zur päpstlichen Enzyklika »Humanae vitae«. *KA* Bd. 16; *EAS* 3, S. 295–298. .

305. 22 *der Bischof von Rom]* Gemeint ist der Papst, der zugleich Bischof von Rom ist.

⟨Ignazio Silone – für die Seelsorge zu radikal⟩

## Entstehung

Die in Bölls Arbeitsbuch unter der Sign. 226/74 verzeichnete Silone-Rezension ist dort auf April 1974 datiert (*AB* II, Bl. 16) (NE).
Zwei der überlieferten Typoskripte weisen ›konkretere‹ Daten auf, nämlich den 25. 4. (TH²) bzw. 27. 4. 1974 (TH³), die eine Entstehung in den letzten April-Tagen 1974 nahelegen.

## Überlieferung

### Typoskripte

TH¹: Erstschr.; 3 Bll., am roR eh. pag. 1–3.
    (HA 1326–267, Bll. 19–21)

TH²: Erstschr.; 2 Bll., eh. Sign.: 226/74 und Vermerk: »zweite Version / ungültig / 25. April 73«.
    (HA 1326–267, Bll. 22–23)

TH³: Erstschr.; 5 Bll., eh. [falsche] Sign.: 224/74 und Vermerk: »3. Version / ungültig / 27. 4. 74,/ HB«, am roR eh. pag. 1–5.
    (HA 1326–267, Bll. 24–28)

tH⁴: Durchschr. (grün); 5 Bll., eh. Titel: »Silone: Wein + Brot«, eh. Sign. und Datierung: April 74«; auf Bl. 5 eh. Unterschrift, am roR eh. pag. 1–5.
    (HA 1326–267, Bll. 29–33)

### Drucke

Z: *Frankfurter Allgemeine Zeitung.* – 26. Jg., Nr. 109 (11./12. 5. 74), ›Bilder und Zeiten‹.
D¹: *EE*, S. 134–138.
D²: *ESR* III, S. 130–134.
D³: *EAS* 5, S. 126–130.

IGNAZIO SILONE – FÜR DIE SEELSORGE ZU RADIKAL 721

## Textgrundlage

Textgrundlage ist D². Die von Böll zitierten Passagen aus Silones Roman wurden überprüft und gegebenenfalls korrigiert. Die unterschiedliche Hervorhebung des Titels *Wein und Brot* wurde nach der sonst von Böll verwendeten Form bei Titelschreibungen, der Kursivierung, vereinheitlicht.

## Stellenkommentar

307.1 *Silone]* Ignazio Silone, d. i. Secondino Tranquilli (1900–1978), ital. Schriftsteller.

307.3 *»Wein und Brot«]* Silone, Ignazio (1974): *Wein und Brot*. Roman. Köln: Kiepenheuer & Witsch. Diese Ausgabe ist die Übersetzung der italienischen Neufassung von *Vino e Pane* von 1955. – Silones zweiter Roman ist zuerst auf deutsch 1936 bei Oprecht & Helbing in Zürich erschienen. Zusammen mit *Der Same unter dem Schnee* (1941) stellt der Roman die thematische Fortsetzung des international erfolgreichen Romans *Fontamara* (1930) dar, dessen Erstausgabe 1933 in deutscher Sprache zuerst ebenfalls bei Oprecht & Helbing in Zürich erscheint und der dem Autor 1934 den Pulitzer-Preis einbringt.

307.6–7 *Ignazio Silone auf den »Antikommunisten« zu reduzieren]* Antikommunismus: bisweilen militante politisch-geistige Gegnerschaft zum Kommunismus und seinen politischen Vertretern, besonders in der Zeit des Kalten Krieges. – Silone ist seit seiner Jugend an politischen, sozialen und religiösen Themen und Problemen interessiert und engagiert sich von 1917 bis 1919 in der Sozialistischen Jugendbewegung Italiens. 1921 wird er Mitglied des Zentralkomitees der von ihm mitbegründeten italienischen Kommunistischen Partei (KPI). Er schließt sich – nach Jahren des Exils – 1925 der kommunistischen Untergrundbewegung im faschistischen Italien an. Nachdem er sich 1929 auf einer Sitzung der Kommunistischen Internationale (Komintern) in Moskau geweigert hatte, eine Stellungnahme Trotzkis (1879–1940), die keiner der Delegierten gelesen hatte, zu verurteilen, wird Silone, der als erster den Ausdruck ›roter Faschismus‹ für den Stalinismus verwandte, aus der Partei ausgeschlossen. Von 1928 bis 1944 in der Schweiz im Exil lebend, kehrt er 1945 nach Italien zurück, wo er sich wieder als Sozialist engagiert. In den 1950er und 1960er Jahren überarbeitet Silone eine Reihe seiner Romane, indem er sie seinen gewandelten politischen Überzeugungen anpaßt, jedoch ohne ihre Grundaussage zu verändern. Vgl. Ploetz, Dagmar (2000): *Ignazio Silone. Rebell und Romancier*. Ein Schriftsteller im 20. Jahrhundert. Köln: Kiepenheuer & Witsch.

307.18 *Abenteuer eines armen Christen]* Silones Lesedrama *Das Aben-*

*teuer eines armen Christen* (*L'avventura d'un povero cristiano*; dt. 1966), das letzte Werk Silones, wurde 1968 in San Miniato bei Florenz uraufgeführt. Das Stück handelt vom Leben des Abruzzen-Eremiten Petrus von Murrone, der 1294 unerwartet zum Papst Cölestin V. gewählt wird. Er scheitert in seinem Bemühen, die Kirche zu entpolitisieren, um sie ohne Kompromisse ihrer Aufgabe als Hüterin christlicher Werte zuzuführen und sie zu Taten der Nächstenliebe anzuleiten.

307. 18–19 *Papst Cölestins V.]* Hl. Cölestin V., vorher Petrus von Murrone, eigtl. Pietro Angelari, um 1215–1296, ital. Einsiedler und Papst (5. 7. 1294–13. 12. 1294).

308. 7 *in ein armes Abruzzendorf geschickt]* Die Bergregion Abruzzen in Mittelitalien, östl. von Rom gelegen, mit der Hauptstadt L'Aquila, aus der Ignazio Silone stammt, ist Schauplatz des Romans *Wein und Brot*.

308. 10 *»Ich habe ... verloren«]* Silone 1974, S. 262.

308. 11–14 *»Bei dir und ... anzunehmen.«]* Silone 1974, S. 262.

308. 16–17 *»Gleich im ... führen sollen.«]* Silone 1974, S. 262.

308. 22–23 *Episkopalspitzel]* Person, die im Auftrag des Klerus andere Personen beobachtet und aushorcht.

308. 27 *Sakramente zu spenden]* In der kath. Kirche gibt es sieben Sakramente, die nach der offiziellen Lehre von Gott gestiftet sind und die nur ein geweihter Priester den Gläubigen spenden kann: Taufe, Kommunion, Firmung, Buße, Krankensalbung, Priesterweihe und Ehe.

309. 7 *Judas]* Nach der biblischen Figur des Judas Ischariot, der Jesus Christus verriet (vgl. Mt 10,4; Mk 3,19; Lk 6,10); ugs. Bezeichnung für einen heimtückischen Verräter.

309. 10–11 *um ein paar Silberlinge als Informant gekauft]* Anspielung auf die 30 Silberlinge, die Judas Ischariot vom Hohen Rat der Juden für seinen Verrat erhielt.

309. 22 *»Das ist die Wahrheit.«]* Silone 1974, S. 307.

309. 24 *»Das ist Brüderlichkeit.«]* Silone 1974, S. 307.

309. 18–27 *Luigi wird bald ... Reich der Arbeit.«]* Passion: die in allen vier Evangelien geschilderte Leidensgeschichte Jesu Christi von der Gefangennahme bis zur Kreuzigung, bei der Jesus verhöhnt und mißhandelt wurde.

309. 26–27 *»Das ist das Reich der Arbeit.«]* Silone 1974, S. 307.

309. 29–30 *Brot und Wein]* Jesus teilte mit seinen Jüngern beim Mahl am Vorabend seines Todes Brot und Wein. Vgl. hierzu Lk 22,19–20.

309. 31–33 *»Nehmt und ... sein Wein.«]* Silone 1974, S. 309.

310. 27 *KPI]* Abk. für Kommunistische Partei Italiens, gegründet 1921. – In den Jahren von 1926 bis 1944 spielt die KPI in der Illegalität eine wichtige Rolle, ebenso im politischen Leben Italiens nach der Befreiung vom Faschismus. Von 1944 bis 1947 an der Regierung beteiligt, steigt sie zur zweit-

stärksten Partei Italiens auf und wird zur größten nicht-regierenden KP der Welt. In den Jahren von 1960 bis 1980 vertritt sie zusammen mit der KP Frankreichs und Spaniens einen reformkommunistischen Kurs. 1991 benennt sich die KPI auf ihrem 20. Parteitag in »Demokratische Partei der Linken« um.

310.28-32 *Für viele Katholiken ... werden muß.]* Böll verweist hier möglicherweise auf die in Lateinamerika Ende der 1960er Jahre entstandene »Theologie der Befreiung«.

311.1-2 *Krieg gegen Abessinien gerade ausbricht]* Am 3. 10. 1935 marschieren italienische Truppen ohne Kriegserklärung aus den Kolonien Eritrea und Somaliland in Abessinien (heute Äthiopien) ein. Ziel des faschistischen Diktators Benito Mussolini (1883-1945) ist die Schaffung eines neuen römischen Imperiums in Verbindung mit der Verwirklichung italienischer Kolonialpläne des 19. Jh. Die vom Völkerbund verurteilte italienische Aggression endet im Mai 1936 mit der vollständigen Annexion Abessiniens, das mit Eritrea und Somaliland zu ›Italienisch-Ost-Afrika‹ verbunden wird.

311.9-14 *»Mit den ... persönlichen Berufung.«]* Silone 1974, S. 322.

311.14-16 *»Was schließlich den ... einfach zu sein.«]* Silone 1974, S. 323.

311.16-18 *Es ist nur ... heiligen Heinrich]* Gemeint sind Italien als Heimat des heiligen Franz von Assisi (1181/1182-1226) und Deutschland als Heimat des heiligen Heinrich II. (973-1024). - Der Ordensstifter Franz von Assisi stammte aus wohlhabender Familie und führte nach Krankheit und Bekehrungserlebnissen ein Bettlerleben, seine Gefährten verpflichtete er zum Dienst an Menschheit und Kirche in Armut und Buße. - Heinrich II. war seit 995 Herzog von Bayern, seit 1002 König von Bayern, seit 1014 Kaiser des Hl. Römischen Reiches Deutscher Nation.

⟨Herrliche Zeiten⟩

## *Entstehung*

Die in Bölls Arbeitsbuch unter der Sign. 234/74 verzeichnete Satire ist dort auf den 9. 5. 1974 datiert (*AB* II, Bl. 18) (NE).

## *Überlieferung*

### Typoskripte

TH¹: Erstschr.; 2 Bll.
  (HA 1326–267, Bll. 38–39)
TH²: Erstschr. und Durchschr. (grün); 6 Bll., die ersten Bll. eh. pag 1–2, auf Bl. 3 eh. Unterschrift, auf Bl. 4 eh. Überschrift: »Stern-Kolumne« und Sign.: 234/74; auf Bl. 3 masch., auf Bl. 6 eh. Nachsatz.
  (HA 1326–267, Bll. 40–45)

### Drucke

Z: *Der Stern* (Hamburg). – 27. Jg., Nr. 21 (16. 5. 74), S. 202 (Rubrik Satire).
D¹: *EE*, S. 132–133.
D²: *ESR* III, S. 135–136.
D³: *EAS* 5, S. 131–132.

## *Textgrundlage*

Textgrundlage ist D².

## *Stellenkommentar*

312. 5 *Falls die CDU in Hessen und Niedersachsen gewinnt]* Bei der Landtagswahl in Hessen am 27. 10. 1974 wird die CDU mit 47,3 % der

Stimmen erstmals stärkste Partei, dennoch bestätigt der Landtag am 18. 12. 1974 die bisherige SPD/FDP-Koalition. − Bei der Landtagswahl in Niedersachsen am 9. 6. 1974 verliert die SPD die absolute Mehrheit, sie bildet auch dort mit der FDP eine Koalition.

312. 9 *Dregger, Schleyer, Strauß]* Alfred Dregger (1920−2002), CDU-Politiker; 1967−1982 Vorsitzender der hessischen CDU. − Hanns-Martin Schleyer (1915−1977), Industriemanager; 1973−1977 Präsident der Bundesvereinigung der Deutschen Arbeitgeberverbände. − Franz-Josef Strauß (1915−1988), CSU-Politiker; 1978−1988 Ministerpräsident von Bayern.

312. 11 *Biedenkopf]* Kurt Hans Biedenkopf (geb. 1930), CDU-Politiker; 1973−1977 Generalsekretär der CDU, 1990−2002 Ministerpräsident von Sachsen.

312. 12 *die Inflation in der Bundesrepublik]* Der Begriff Inflation bezeichnet eine Zunahme des Preisniveaus bei gleichzeitigem Kaufkraftverlust des Geldes. − 1974 befindet sich die wirtschaftliche Konjunktur in der Bundesrepublik Deutschland in einer Krise. Die massive Erhöhung der Energiepreise durch den Ölboykott verschiedener arabischer Staaten im Jahr 1973 schlägt sich u. a. in einer Inflationsrate von 15% nieder, so daß das Vertrauen in die sozialliberale Regierung sinkt.

312. 28 *ex cathedra]* Lat.: ›vom (päpstlichen) Stuhl‹, d. h. aus päpstlicher Vollmacht und daher unfehlbar; ugs.: von maßgebender Seite, so daß etwas nicht angezweifelt werden kann.

312. 29 *Enzyklika]* S. *Stellenkommentar* zu 26. 31.

312. 29−30 *»Misericordia Teutonica ... «]* Lat.: »Deutsche Barmherzigkeit«.

312. 33−313. 1 *Panorama-Redakteuren]* Zu *Panorama* s. *Stellenkommentare KA* Bd. 14, S. 430, 436.

313. 4 *Bahr]* Egon Bahr (geb. 1922), SPD-Politiker; 1972−1974 Bundesminister für besondere Aufgaben (ständiger Berater des Bundeskanzlers in allen Fragen der Ost- und Deutschlandpolitik), 1974−1976 Minister für wirtschaftliche Zusammenarbeit, 1976−1981 Bundesgeschäftsführer der SPD.

313. 7 *Monstranzen]* In der kath. Kirche meist kostbare Gefäße zum Tragen und Zeigen der geweihten Hostie.

313. 11−12 *EKD, Bischofskonferenz, Zentralkomitee (der deutschen Katholiken)]* EKD, Abk. für Evangelische Kirche in Deutschland; Zusammenschluß 18 lutherischer, reformierter und unierter Kirchen in der Bundesrepublik Deutschland. − Bischofskonferenz, s. *Stellenkommentar* zu 30. 12. − Zentralkomitee, vgl. *KA* Bd. 14 S. 410.

313. 12−13 *Kardinal Döpfner]* S. *Stellenkommentar* zu 26. 29.

313. 13−14 *»Ich kenne keine Konfessionen mehr, ich kenne nur noch*

*deutsche Christen.«]* Böll wandelt hier einen Ausspruch Kaiser Wilhelms II. ab: »Ich kenne keine Parteien mehr, ich kenne nur noch Deutsche.«

313. 20–21 *Ein Triumvirat, bestehend aus den Herren Heubl, Huber, Zimmermann]* Triumvirat: lat., Dreimännerbund. – Antikes Vorbild ist der Bund zwischen Cäsar, Gnaeus Pompejus Magnus und Marcus Licinus Crassus zwischen 60 v. Chr und 56 v. Chr. – Franz Heubl (1924–2001), CSU-Politiker und Jurist; 1962–1978 bayerischer Staatsminister für Bundesangelegenheiten und Chef der bayerischen Landesvertretung, 1970–1989 stellvertretender CSU-Vorsitzender. – Ludwig Huber (geb. 1928), CSU-Politiker; 1972–1977 bayerischer Finanzminister. (Im Mai 1973 wurde bekannt, daß Huber im Aufsichtsrat von sieben Unternehmen Staatsinteressen wahrnahm; seine Nebeneinkünfte aus diesen Tätigkeiten wurden 1974 vom *Spiegel* auf rund 100 000 DM jährlich beziffert.) – Friedrich Zimmermann (geb. 1925), CSU-Politiker und Jurist; 1972–1976 stellvertretender Landesgruppenchef der CSU in Bonn; 1976–1982 Landesgruppenchef der CSU in Bonn; 1982–1991 Bundesinnenminister.

313. 23 *saubere Schwurfinger]* Böll spielt hier auf die sogenannte ›Spielbanken-Affäre‹ Friedrich Zimmermanns an. Im Juni 1960 wurde Zimmermann als damaliger Generalsekretär der CSU wegen fahrlässigen Falscheides im sog. Münchner Spielbanken-Prozeß von 1959 zunächst verurteilt, 1961 aber aufgrund eines medizinischen Gutachtens freigesprochen. Noch Jahre später wurde er von Teilen der Presse (in Anlehnung an den Schriftsteller Karl May [1842–1912]) mit dem Spitznamen ›Old Schwurhand‹ bedacht.

313. 26 *Laienpurpur]* Zu den Insignien von Kardinälen gehört der Purpurmantel. Die Farbe soll die Treue zum Papst (bis zum Blutvergießen) symbolisieren.

313. 30 *»ich begehre, nicht schuld daran zu sein«]* Böll zitiert einen Vers der ersten Strophe aus dem *Kriegslied* (1778) von Matthias Claudius (1740–1815): »'s ist Krieg! 's ist Krieg! O Gottes Engel wehre, / Und rede du darein! 's ist leider Krieg – und ich begehre / nicht schuld daran zu sein!« Zit. nach: Matthias Claudius (1966): *Werke*. Asmus omna sua secum portans oder sämtliche Werke des Wandsbecker Boten. Hrsg. von Urban Roedl. Stuttgart: Cotta Nachf. S. 290.

⟨Ein gutes Modell⟩

## Entstehung

Die in Bölls Arbeitsbuch unter der Sign. 225/74 verzeichnete Abschieds-Rede bei der Internationalen P. E. N.-Tagung in Ohrid ist dort nur vage auf Mai 1974 datiert (*AB* II, Bl. 17) (NE).
  Mit der Datierung im *AB* II könnte aber auch die Tagung selbst gemeint sein, die vom 17. bis 23. 5. 1974 stattfand. Die Sign. 225/74 und die eh. Ergänzung »April 74« auf dem Typoskript (tH) lassen den Schluß zu, daß die Rede, ebenso wie die mit der Sign. 226/74 folgende Rezension von Silones *Wein und Brot* (s. 307 ff.) in den letzten Apriltagen 1974 entstanden ist, zumal die Rede noch ins Französische übersetzt werden mußte.

## Überlieferung

### Typoskripte

tH: Durchschr. (grün); 3 Bll., eh. Sign.: 225/74, Überschrift: »Abschiedsrede PEN – Ohrid-See / Mai 74« und Ergänzung: »April 74«, am roR eh. durchschr. pag. 1–3.
 (HA 1326–267, Bll. 48–50)

### Drucke

Z: *Frankfurter Allgemeine Zeitung.* – 26. Jg., Nr. 116 (20. 5. 74), S. 17.
D[1]: *EE*, S. 142–144.
D[2]: *ESR* III, S. 137–139.
D[3]: *EAS* 5, S. 133–135.

### Textgrundlage

Textgrundlage ist D[2].

## Stellenkommentar

314. 2 *Abschiedsrede vor dem Internationalen PEN-Club]* Böll wurde 1971 auf dem 38. Internationalen P. E. N.-Kongress in Dun Laoghaire (Irland) zum Präsidenten der Organisation gewählt (Vgl. *Die Internationale Nation*, S.12 ff.). Die Tagung des Internationalen P. E. N.-Exekutiv-Ausschusses, der offiziellen Delegierten-Versammlung, die auch den jeweiligen internationalen Präsidenten zu wählen hat, fand vom 17. bis 23. 5. 1974 in Ohrid (Jugoslawien) statt. (Ursprünglich sollte auf einer Internationalen P. E. N.-Tagung im Dezember 1973 in Israel eine neuer Präsident gewählt werden. Diese Tagung wurde aber wegen der militärisch angespannten Situation in der Region zunächst auf Mai 1974 verschoben, fand aber erst im Dezember 1974 statt. Böll verabschiedet sich aus der Funktion des Internationalen Präsidenten; bei dieser Tagung wurde er zu einem der Vize-Präsidenten des Internationalen P. E. N. gewählt.

314. 3 *Ohrid]* Die antike Stadt Ohrid liegt im Südwesten des heutigen Mazedonien am Ohrid-See.

314. 4–5 *meinem Nachfolger]* Zu Bölls Nachfolger als Präsident des Internationalen P. E. N. wurde V. S. [Victor Swadon] Pritchett (1900–1997) gewählt (bis 1976).

314. 5 *französisch spreche]* Die beiden Konferenzsprachen des P. E. N. sind Englisch und Französisch.

314. 15–16 *Erbfeindschaften]* Der Begriff ›Erbfeindschaft‹ entstand im wilhelminischen Deutschland nach dem dt.-frz. Krieg 1870/71. Er sollte die angeblich natürliche und unüberwindbare Feindschaft zwischen den Nachbarstaaten Deutschland und Frankreich ausdrücken, die sich in verschiedenen Kriegen seit der Frz. Revolution von 1789 zeigte. – Böll bezieht sich hier auch auf die dt. Aussöhnung mit Polen und der Sowjetunion im Rahmen der »Ostverträge« (S. *Stellenkommentar* zu 57. 25).

314. 16–17 *im Falle der deutsch-französischen]* Die dt.-frz. ›Erbfeindschaft‹ wurde nach dem Zweiten Weltkrieg durch den ›Elysee-Vertrag‹ vom 22. 1. 1963 zwischen dem frz. Staatspräsidenten Charles de Gaulle (1890–1970) und Bundeskanzler Konrad Adenauer (1876–1967) überwunden. In einer gemeinsamen Erklärung in Paris sprechen die beiden Politiker von dem Ende einer jahrhundertelangen Rivalität, der Versöhnung beider Völker und der künftigen dt.-frz. Zusammenarbeit. Der Vertrag sollte die europäische Einigung voranbringen. Er sieht eine weitreichende Kooperation beider Staaten in politischen, wirtschaftlichen und kulturellen Fragen vor.

315. 4–5 *Documents – Dokumente]* Schon kurz nach Kriegsende entstand in der frz. besetzten Zone Deutschlands, in Offenburg am Rhein, die »Gesellschaft für übernationale Zusammenarbeit«, die sich, auch in der von ihr herausgegebenen Zeitschrift *Dokumente*, für internationale Kontakte

und insbesondere für die dt.-frz. Verständigung einsetzt. Gemeinsam mit der Pariser Schwester-Gesellschaft und der frz. Zeitschrift *Documents* bemühte man sich vor allem, Vorurteile abzubauen.

315. 8–11 *Und wenn ich ... als modellhaft]* Vgl. Bölls Beschreibung eines solchen Treffens in Paris 1953, *Rendezvous in Paris*, KA Bd. 6, EAS 1, S. 86–90.

315. 18–19 *mit einer eindeutigen Charta wäre]* S. Stellenkommentar zu 13. 23.

315. 17–316. 5 *Es ist nicht ... eindringen könnten]* Vgl. Bölls Ausführungen über die Situation kritischer Intellektueller in Zeiten der ›Entspannung‹ in *Einmischung erwünscht*, S.187 ff.

316. 6 *PEN Emergency Fund]* S. Stellenkommentar zu 191. 13.

⟨Der Appell der Schriftsteller⟩

## Entstehung

Der in Bölls Arbeitsbuch unter der Sign. 216/74 verzeichnete Appell ist dort mit dem Datum seiner Publikation bei einer durch das P. E. N.-Zentrum der Bundesrepublik bzw. dessen Generalsekretär Thilo Koch organisierten Pressekonferenz im Hotel Tulpenfeld in Bonn am 6. 6. 1974 versehen (*AB* II, Bl. 21) (NE).

## Überlieferung

### Typoskripte

TH: Erstschr.; 1 Bl., überschrieben: »Appell von achtzehn Schriftstellern an die auf der Konferenz für Sicherheit und Zusammenarbeit in Europa vertretenen Regierungen«.
(HA 1326–267, Bl. 58)

### Drucke

Z: *Frankfurter Rundschau.* – 30. Jg., Nr. 130 (7. 6. 74), S. 2.

## Textgrundlage

Textgrundlage ist Z.

## Stellenkommentar

317. 3–4 *Konferenz über Sicherheit und Zusammenarbeit in Europa (KSZE)]* Am 3. 7. 1973 beginnt zunächst in der finnischen Hauptstadt Helsinki die »Konferenz über Sicherheit und Zusammenarbeit in Europa« (KSZE) zwischen den Staaten, die der NATO, und denen, die dem Warschauer Pakt angehören. Im schweizerischen Genf finden vom Herbst 1973

bis zum Sommer 1975 Verhandlungen über die Grundsätze statt, von denen sich die KSZE-Staaten leiten lassen wollen. In der Schlußakte der KSZE, die nach über zweijährigen Verhandlungen am 1. 8. 1975 in Helsinki von den Staats- und Regierungschefs der 35 Teilnehmerstaaten (USA, Kanada sowie alle europäischen Staaten außer Albanien) unterzeichnet wird, verpflichten sich die Unterzeichner zu zehn Prinzipien, die der Festigung der zwischenstaatlichen Beziehungen in Europa und der Wahrung der Menschenrechte dienen sollen. Das Dokument stellt jedoch kein verbindliches Abkommen dar, sondern enthält lediglich Absichtserklärungen.

317. 17 *Schlußempfehlungen zur KSZE in Helsinki]* Die zehn Prinzipien der KSZE waren: Souveräne Gleichheit; Achtung der der Souveränität innewohnenden Rechte; Enthaltung von Androhung oder Anwendung von Gewalt; Unverletzbarkeit der Grenzen; territoriale Integrität der Staaten; friedliche Regelung von Streitfällen; Nichteinmischung in innere Angelegenheiten; Achtung der Menschenrechte und Grundfreiheiten, einschließlich der Gedanken-, Gewissens-, Religions- oder Überzeugungsfreiheit; Gleichberechtigung und Selbstbestimmungsrecht der Völker; Zusammenarbeit zwischen den Staaten; Erfüllung völkerrechtlicher Verpflichtungen nach Treu und Glauben.

317. 19-26 *verbesserte Kontakte ... der Kultur.]* Eine Motivation des *Appells der Schriftsteller* war, zu möglichst weitreichenden und verbindlich formulierten Erklärungen in dem auszuarbeitenden Abschlußvertrag beizutragen.

Die feierliche Unterzeichnung der Schlußakte von Helsinki im August 1975 durch die 35 teilnehmenden Staaten an der KSZE führte jedoch zu keinerlei Veränderung im Umgang mit Regime-Kritikern in den Staaten Osteuropas. Da aber in dem Vertrag nicht nur wirtschaftliche und soziale, sondern auch kulturelle und vor allem Bürgerrechte verankert waren (deren Nicht-Umsetzung allerdings keine vertraglichen Folgen hatte), bildeten sich bald Bügerrechtsbewegungen in Osteuropa, die sich auf die im Helsinki-Abkommen vorgesehenen Bürgerrechte beriefen. Am bekanntesten wurde in diesem Zusammenhang die ›Charta '77‹-Bewegung in der CSSR mit dem späteren Staatspräsidenten Vaclav Hável als einem der führenden Vertreter.

Vgl. hierzu auch *Helsinki war keine Falle* (1977, *KA* Bd. 20; *EAS* 6, S. 145-148) wo Böll u. a. äußert: »Es gehört zu den fadenscheinigsten Argumenten der Prager (der Moskauer, Warschauer, Ostberliner) Führung, wenn sie immer noch von Einmischung in innere Angelegenheiten spricht, wo doch die Abmachungen von Helsinki internationale Abmachungen sind. [...] Und man sollte doch nicht vergessen, mit welcher Intensität, indem sie Türen und Hintertüren einrannten, gerade die Regierungen auf Helsinki gedrängt haben, die sich jetzt weigern, in den Korb 3 [u. a. freier kultureller Austausch] auch nur ein paar verwelkte Blümchen zu legen; das Entscheidende, der *Austausch* nicht nur von Meinungen, nicht nur von Zeitungen, der *Austausch* von Personen, die Ausreisemöglichkeit von Bürgern, die nicht emigrieren wollen, daß sie keine Repressalien zu fürchten hätten, hat ja nicht einmal begonnen.«

318.11–15 *Friedrich Dürrenmatt ... Angus Wilson]* Friedrich Dürrenmatt (1921–1990), schweizer. Schriftsteller und Maler. – Pierre Emmanuel (1916–1984), frz. Schriftsteller. – Günter Grass (geb. 1927), Schriftsteller und Graphiker; 1999 Nobelpreis für Literatur. – Graham Greene (1904–1991), brit. Schriftsteller. – Eugéne Ionesco (1912–1994), frz. Schriftsteller. – Leszek Kolakowski (geb. 1927), poln. Philosoph und Schriftsteller. – Siegfried Lenz (geb. 1926), Schriftsteller. – Mary McCarthy (1912–1989), amerik. Schriftstellerin und Essayistin. – Norman Kingsley Mailer (geb. 1923), amerik. Journalist und Schriftsteller. – Arthur Miller (geb.1915), amerik. Schriftsteller. – Harold Pinter (geb.1930), engl. Schriftsteller, Schauspieler und Regisseur. – Denis Louis de Rougemont (1906–1985), schweizer. Schriftsteller, Publizist und Kulturphilosoph. – John Updike (geb.1932), amerik. Schriftsteller. – Vercors, d. i. Jean Marcel Bruller (1902–1991), frz. Schriftsteller und Verleger. – Per Wästberg (geb.1933), schwed. Journalist und Schriftsteller. – Angus Wilson (1913–1991), brit. Schriftsteller.

⟨Radikaler im öffentlichen Dienst⟩

## Entstehung

Der in Bölls Arbeitsbuch unter der Sign. 232/74 verzeichnete Text ist dort als »Rede – Heinemann Abschied« erfaßt, die am 4. 5. 1974 enstanden ist (*AB* II, Bl. 18) (NE).
　Anlaß für die Rede ist ein Empfang, den das deutsche P. E. N.-Zentrum der Bundesrepublik am 28. 5. 1974 dem scheidenden Staatsoberhaupt gibt und bei dem Böll eine Abschiedsrede auf Heinemann halten und gleichzeitig seine Wahl als Mitglied des P. E. N. bekannt geben soll. Da Böll verhindert ist, wird er an diesem Tag von Horst Krüger vetreten. (Vgl. »›PEN-Bruder‹ Heinemann«. In: *Düsseldorfer Nachrichten* v. 29. 5. 1974.)

## Überlieferung

### Typoskripte

TH¹: Erstschr.; 2 Bll., eh. Sign.: 232/74.
　　(HA 1326–267, Bll. 65–66)
TH²: Erstschr.; 3 Bll., eh. Sign. 232/74.
　　(HA 1326–267, Bll. 67–69)
tH³: Durchschr. (grün); 4 Bll., eh. Sign.: 232/74, am roR eh. pag. 1–4.
　　(HA 1326–267, Bll. 70–73)

### Drucke

Z:　*Süddeutsche Zeitung* (München). – 30. Jg., Nr. 147 (29./30. 6. 74), ›SZ am Wochenende‹, S. 97.
D¹: *EE*, S. 145–147.
D²: *ESR* III, S. 140–142.
D³: *EAS* 5, S. 136–138.

## Textgrundlage

Textgrundlage ist D².

## Varianten

320. 30 *eher]* sehr Z

## Stellenkommentar

319. 1 *Radikaler im öffentlichen Dienst]* Mit der Bezeichnung des Bundespräsidenten als ›Radikaler im öffentlichen Dienst‹ bezieht Böll Gustav Heinemann (1899–1976) in die 1974 aktuelle Diskussion um die Beschäftigung von sogenannten ›Radikalen im öffentlichen Dienst‹ ein, die sich zu Zeiten der Terrorismusdiskussion in dem ›Radikalenerlaß‹ der Ministerpräsidenten der Länder niederschlug (S. *Stellenkommentar* zu 242. 24). Heinemann war im Dritten Reich als evangelischer Christ einer der führenden Männer der »Bekennenden Kirche«. Nach dem Krieg war er als CDU-Mitglied Innenminister im ersten Kabinett Konrad Adenauers, trat aber 1950 als überzeugter Pazifist aus Protest gegen Adenauers Wiederbewaffnungspolitik von diesem Amt zurück. Im gleichen Jahr war er einer der Mitbegründer der »Gesamtdeutschen Volkspartei«, die jedoch erfolglos blieb. 1957 wurde Heinemann SPD-Mitglied und engagierte sich gegen die Außenpolitik Konrad Adenauers. 1966–1969 war Heinemann Justizminister in der Großen Koalition und setzte in dieser Funktion wichtige liberale Reformen um, so die Große Strafrechtsreform, die Reform des Unehelichenrechts und des politischen Strafrechts. Heinemann plädierte für die Abschaffung der Verjährungsfrist für NS-Verbrechen bei Mord. 1969 zum Bundespräsident gewählt, gilt Heinemann vor allem im Ausland, zusammen mit dem 1969 zum Bundeskanzler gewählten Willy Brandt, als Beispiel eines Politikers, der das demokratische Nachkriegsdeutschland in besonderem Maße repräsentierte.

319. 2 *Heinemann]* Gustav Walter Heinemann (1899–1976), SPD-Politiker und Jurist; 1969–1974 Bundespräsident. Ende 1973 wurde deutlich, daß Heinemann nicht die Absicht hatte, 1974 erneut für das Amt des Bundespräsidenten zu kandidieren. Am 15. 5. 1974 wurde der FDP-Politiker Walter Scheel (geb. 1919) zum neuen Bundespräsidenten gewählt. Heinemann schied offiziell am 1. 7. 1974 aus seinem Amt. S. *Entstehung.*

319. 5–6 *mit dem Etikett »unbequem« versehen ist]* Vgl. Braun, Joachim (1972): *Der unbequeme Präsident.* Karlsruhe: C. F. Müller.

320. 25–28 *Das Ergebnis ... Reichsgründung]* Vgl. Heinemann, Gustav Walter: *Reden und Schriften*. Bd. 1: *Allen Bürgern verpflichtet* (1975); Bd. 2: *Glaubensfreiheit, Bürgerfreiheit* (1976); Bd. 3: *Es gibt schwierige Vaterländer ...* (1977). Frankfurt am Main: Suhrkamp. – Vgl. auch: Heinemann, Gustav (1999): *Einspruch. Ermutigung für entschiedene Demokraten*. Hrsg. von Diether Koch. Bonn: Dietz Verlag. Vgl. auch: *Anstoß und Ermutigung. Gustav W. Heinemann. Bundespräsident 1969–1974*. Hrsg. von Heinrich Böll, Helmut Gollwitzer und Carlo Schmid. Frankfurt a. M.: Suhrkamp, 1974.

321. 20–24 *Wie radikal ... oder unterworfen]* Böll bezieht sich hier auf die staatlichen und bürokratischen Strukturen des Dritten Reiches, die im Sinne der NS-Ideologie den legitimierten Terror gegen Andersdenkende und Minderheiten und den Holocaust organisierten und durchführten. Vgl. insbesondere *Wie das Gesetz es befahl*, S. 297 ff. und *Fall Höhn*, S. 50 ff.

321. 37–38 *daß diese kostbare Pflanze importiert worden ist.]* Die demokratischen Strukturen wurden nach dem Zweiten Weltkrieg in den besetzten Zonen von den westlichen Siegermächten (Frankreich, Großbritannien und die USA) nach ihren jeweiligen Systemen durchgesetzt.

⟨Die verlorene Ehre der Katharina Blum⟩

## Entstehung

Als Entstehungszeitraum der in Bölls Arbeitsbuch unter der Sign. 221/74 verzeichneten Erzählung sind dort die Monate Februar bis April 1974 angegeben. (*AB* II, Bl. 17) (NE). Zu vermuten ist, daß Böll mit der Arbeit an der Erzählung nach Alexander Solschenizyns Aufenthalt (13.–15. 2. 1974) in seinem Haus in Langenbroich begann, also nach dem 15. 2. 1974, da die im Zusammenhang mit der Ausweisung Solschenizyns aus der UdSSR erfolgte Berichterstattung der Springer-Presse in den Entstehungshintergrund der Erzählung hineinspielt (s. *Hintergrund* S. 738 ff.). Nach den ersten, nur wenige Blatt umfassenden (undatierten) Skizzen entsteht eine 44 Seiten starke zweite, auf den 15. 3. 1974 datierte Niederschrift, die verworfen wird und in eine auf den 22. 3. 1974 datierte, wesentlich erweiterte 102 Seiten lange Neufassung eingeht. Im Anschluß an diese Textstufe beginnt die Abfassung einer ebenfalls 102-seitigen Reinschrift bis zum 6. 4. 1974. Diese Fassung bildet die Grundlage für den Satz. Durchsicht und Korrektur der Druckfahnen bzw. des Umbruchs erfolgen bis zum 24. 6. 1974.

Die außerordentliche Publikumsresonanz, die Bölls Erzählung erfährt, führt dazu, daß zahlreiche Leser von ihnen bemerkte Fehler in der Handlungsführung und in der Abstimmung von Orts- und Zeitangaben Böll mitteilen. So wird beispielsweise bemerkt, daß die Polizei um »10.30 Uhr« in Katharina Blums Wohnung eindringt (im Erstdruck S. 23), während Katharina bereits »gegen 10.15« zur Vernehmung abgeführt wird (im Erstdruck S. 27). Böll hat solche Fehler – auch etwa am Kilometerstand von Katharinas Auto – stillschweigend korrigiert. (S. *Varianten*). Andere Hinweise auf Ungereimtheiten betrafen die Handlungslogik. So berichtet der Erzähler in Kapitel 4, daß der Bildjournalist Schönner am Aschermittwoch erschossen aufgefunden wird. Obwohl als Tatzeitpunkt der Karnevalsdienstag festgestellt wird, gerät Katharina, die bereits seit Sonntagabend in Untersuchungshaft sitzt, kurzzeitig in Verdacht, möglicherweise auch Schönner erschossen zu haben. Ebenso unwahrscheinlich ist die Existenz einer Donnerstagsausgabe der ZEITUNG, auf die in Kapitel 27, 32 und 36 hingewiesen wird. – Böll hat sich bei anderer Gelegenheit ausdrücklich zu seiner Laxheit in Dingen der erzähltechnischen Organisation bekannt. Auf vergleichbare Hinweise zum Roman *Fürsorgliche Belagerung* angesprochen, äußert er 1978: »Das ist [...] eine Grundfrage der Kunst und Literatur überhaupt. [...] manches baue ich bewußt ein, ich baue auch bewußt, wenn sie nicht von Natur drin sind, bestimmte sogenannte Schlampereien ein, weil ich Perfektionismus hasse. Perfekte Kunstwerke kommen für mich immer nahe ans Kunstgewerbe, das ja sehr perfekt ist.« (Vgl. Interview mit Dieter Zilligen, *ARD* (*NDR*) am 5. 10. 1979 [»Bücherjournal«]. Zit. nach: *Materialien zur Interpretation von Heinrich Bölls »Fürsorgliche Belagerung«.* Köln: Kiepenheuer & Witsch, S. 20).

Auf die Bedeutung von Titel, Untertitel und Motto für das Verständnis der Erzählung hat Böll in einem Interview des Jahres 1975 ausdrücklich hingewiesen. Er bezeichnet hier diese »drei vorgesetzten Elemente« als »etwas sehr Musikalisches«, als eine »Sequenz«, durch die das Thema der Erzählung »in drei Formen, in drei Ausdrücken variiert« werde, worauf die »Ausführung des Themas« folge (*Int*, S. 346). In Bölls Nachwort *Zehn Jahre später* heißt es: »Titel, Untertitel, Motto, diese drei scheinbaren Kleinigkeiten sind wichtige Bestandteile der Erzählung. Sie *gehören* dazu. Ohne sie ist die pamphletistische Tendenz – und das ist fürwahr eine Tendenz-Erzählung! – nicht verständlich. Wer sich mit dieser Erzählung beschäftigt, sollte sich zunächst mit diesen drei vorgesetzten Elementen beschäftigen, sie sind schon fast eine Interpretation.« Der von Böll gewählte Titel verweist, wie Rolf Michaelis in seiner Kritik der Erzählung bereits 1974 bemerkt hat (*Die Zeit* Nr. 32 v. 2. 8. 1974), auf Friedrich Schillers Erzählung *Der Verbrecher aus verlorener Ehre* (1792). Für eine solche literarhistorische Traditionsbildung sprechen in der Tat einige gewichtige Argumente: die inhaltliche Motivierung des Handlungsgeschehens, die bereits der Untertitel (»Wie Gewalt entstehen und wohin sie führen kann«) andeutet, die moralische Bewertung der handelnden Figuren, die Verlagerung der Erzählperspektive von der Wiedergabe eines kriminellen Geschehens auf die Ebene der Figurenpsychologie, nicht zuletzt die Aussparung strafrechtlicher Folgen der begangenen Verbrechen. Dennoch hat Böll einen solchen Zusammenhang als »vollkommen irrig« nachdrücklich bestritten und zur Begründung angeführt: »Ich bin kein Schillerianer« (*Int*, S. 327). – Der Name der Titelfigur enthält zwei unterschiedliche Konnotationsmöglichkeiten, die einander jedoch nicht ausschließen. »Katharina« heißt griech. ›die Reine‹, ein in der kath. Kirche häufig verwendeter Heiligenname. Der Nachname »Blum« ist ein im Rheinischen weit verbreiteter Name und dient hier zur Kennzeichnung der Normalität Katharina Blums. Der bekannteste Träger dieses Namens ist der aus Köln gebürtige Revolutionär und Schriftsteller Robert Blum (1807–1848), 1848 Führer der politischen Linken in der Frankfurter Nationalversammlung, der wegen seiner Teilnahme am Oktoberaufstand in Wien am 9. 11. 1848 standrechtlich erschossen wurde.

Zum Untertitel: »Wie Gewalt entstehen und wohin sie führen kann«. Der

Begriff ›Gewalt‹ verweist in dieser Erzählung zunächst auf die Tötung des Journalisten Tötges durch Katharina Blum. Doch die Gewaltbereitschaft der Titelfigur ist ihrerseits durch eine besondere Form von Gewalt entstanden, deren Funktionsmechanismen im Zentrum der Erzählung stehen. Denn ›Gewalt‹ wird in dieser Erzählung vor allem als ›strukturelle Gewalt‹ verstanden, ein von dem norwegischen Friedenforscher Johan Galtung in die politische Debatte der 1970er Jahre eingeführter Begriff, der die ›indirekte‹ Gewaltförmigkeit politischer und ökonomischer Macht bezeichnet (J. Galtung, in: Senghaas [Hg.] 1971). Am Beispiel der ZEITUNG wird deutlich, daß solche ›strukturelle Gewalt‹ auch publizistischer und journalistischer Art sein kann. In diesem Zusammenhang schreibt Böll im Nachwort *Zehn Jahre später*: »Über die Gewalt von SCHLAGZEILEN ist noch zu wenig bekannt, und wohin die Gewalt von Schlagzeilen führen kann, darüber wissen wir nur wenig. Es wäre eine Aufgabe der Kriminologie, das einmal zu erforschen: was Zeitungen anrichten können, in all ihrer bestialischen ›Unschuld‹.« (*EAS* 9, S. 144). Vgl. hierzu auch Kap. 44 der Erzählung, wo der Begriff »ein Strukturproblem« ausdrücklich im Zusammenhang der ZEITUNG benutzt wird.

Motto: »Personen und Handlung ... sondern unvermeidlich«. Das Motto der Erzählung variiert eine gängige Formel zur Betonung des fiktionalen Charakters literarischer Werke: »Etwaige Ähnlichkeiten mit wirklichen Personen oder tatsächlichen Ereignissen sind unbeabsichtigt und rein zufällig.« Diese Fiktionalitätsklausel erfährt bei Böll eine ironische Aufhebung und Überbietung, die implizit auf die Generalisierbarkeit des in der Erzählung geschilderten Geschehens verweist. Die Bezeichnung ZEITUNG wählte Böll, wie er im Dezember 1975 in einem Interview mit Günter Nenning erläutert hat, aus juristischen Gründen: »Die Benennung Zeitung hat einen rein juristischen Grund, wenn Sie da irgendeinen Zeitungstitel erfinden und dann findet sich eine Zeitung, die so heißt, kann die Auseinandersetzung mit dem Problem [journalistischer Machtmißbrauch] auf juristischem Wege verhindert werden. Da hab ich also neutral diese Zeitung Zeitung genannt« (*Int* S. 455).

## *Hintergrund*

Zum ersten Mal seit seinem Bestehen druckt *Der Spiegel* mit *Die verlorene Ehre der Katharina Blum* eine Erzählung vorab, und zwar in vier Folgen (von Nr. 31 v. 29. 7. 1974 bis Nr. 34 v 19. 9. 1974). Das Echo in Form von Leserbriefen an den *Spiegel* war erheblich. Es galt vor allem der Suche nach Bölls Gründen, sich in einer Erzählung mit Praktiken eines Teils der Boulevard-Presse, vor allem der *Bild*–Zeitung, auseinanderzusetzen, eine Motivsuche, die sich in den Reaktionen der Literaturkritik fortsetzte. Das vermeintliche Motiv war schnell gefunden: Die Erzählung galt als Bölls ›Rache‹ (so lautete einer der Rezensions-Titel) an der Springer-Presse, ausgelöst durch eine Kampagne gegen Böll nach seinem *Spiegel*–Essay v. 10. 1. 1972 über die Berichterstattung der *Bild*–Zeitung anläßlich eines Bankraubs in Kaiserslautern. Im Verlauf dieser Kampagne war Böll zu einem der ›Ziehväter des Terrorismus‹ stilisiert worden. (Vgl. *Soviel Liebe auf einmal*, S.41 ff.) Im Gespräch mit Christian Linder äußert sich Böll 1975 zum Entstehungshintergrund der Erzählung präzisierend: »Ich glaube, auch das ist ein Irrtum oder Mißverständnis, dieses Buch im Zusammenhang mit der Baader-Meinhof-Geschichte zu sehen. Diese damalige Auseinandersetzung hat mich, was den Ur-Artikel betrifft, der alles ausgelöst hat, überhaupt nicht sehr erstaunt und auch nicht so sehr mitgenommen; denn ich wußte ja, was ich tat, und ich wußte auch, welchen Konzern ich reizte. [...] Insofern hat die ganze BM-Geschichte mit der Katharina Blum nur sehr wenig zu tun. Ich habe eine Zeitlang einen meiner gelegentlichen Mitarbeiter gebeten, die Bild-Zeitung und andere Boulevardblätter auf eklatante Verleumdungen von unbekannten und bekannten Personen durchzusehen. Sagen wir mal: Schauspielerin X hat gestern mit Regisseur Sowieso geschlafen, Ehemann hat sie ertappt, und so weiter. Die übelste Art also von Kolportage, meistens mit Namen oder Bild. Und da habe ich mir überlegt, was wird aus diesen Menschen. Irgend jemand steht in so einem Boulevardblättchen, wird plötzlich für ein, zwei Tage zur Sensation, und keiner weiß, was mit dem Leben dieser Menschen danach passiert. Diese Geschichten habe ich regelrecht studiert, Material gesammelt, und daraus schließlich die Geschichte einer völlig unbekannten und belanglosen Zeitgenossin gemacht, die plötzlich einer solchen Verleumdung ausgesetzt wird. Insofern hat es natürlich einen autobiographischen Zug und einen biographischen Einstieg. Das Wichtigste dabei ist, daß ich mich relativ wehren kann, ich kann immer noch Artikel schreiben und versuchen, die irgendwo unterzubringen; aber das kann ja ein Mensch in der geschilderten Lage überhaupt nicht, der ist ja vollkommen hilflos. Das war das Motiv.« (Zit. nach: Heinrich Böll/Christian Linder: *Drei Tage im März* – ein Gespräch, *Int*, S. 390.)

Bereits in einem Interview des Jahres 1959 hat sich Böll zu dieser Frage, insbesondere zur Wahrung der menschlichen Würde, geäußert: »Ich würde sagen, daß ich die [Verantwortung] darin sehe für einen Schriftsteller, daß er die Sprache bewacht, daß er die Würde des Menschen verteidigt im Wort, ja, weil Menschen durch Worte zum Gegenstand der Politik werden, der großen, der kleinen, der alltäglichen und auch, ich meine, der Mensch als gesellschaftliches Wesen existiert ja nur durch Sprache, und ich wüßte eigentlich kaum mehr zu sagen darüber. Da sehe ich für einen Schriftsteller schon eine sehr große Verantwortung, diese Sprache zu hüten und sie auch zu reinigen, wenn Sie wollen.« (Zit. nach: Interview von Elisabeth Wyrambe über Schriftsteller in der Bundesrepublik, *Süddeutscher Rundfunk*, 24. 3. 1959, Abschrift S. 2.)

Zum Entstehungshintergrund der Erzählung zählen auch Ereignisse Anfang Februar 1974, in denen Böll bzw. seine Familie erneut in die Schlagzeilen der Springer-Presse geraten. Am 4. 2. 1974 wird in Hamburg eine sog. ›konspirative‹ Wohnung entdeckt. Bei der Durchsuchung der Räume findet die Polizei Waffen und zahlreiche Ausweispapiere, darunter auch den Wehrpaß von Annemarie und Heinrich Bölls Sohn Raimund und abgelaufene Pässe seiner Ehefrau Lila. Am Morgen des 7. 2. 1974 werden Annemarie und Heinrich Böll durch den Anruf eines Bekannten darüber informiert, daß in der zum Springer-Konzern gehörenden *Berliner Zeitung* (*BZ*) auf der Titelseite in großen Lettern ein Artikel mit »Haussuchung beim Sohn des Nobelpreisträgers Heinrich Böll« überschrieben ist. In diesem Artikel heißt es: »Unter größter Geheimhaltung drangen Beamte des Staatsschutzes gestern vormittag in die Wohnung des 26jährigen Raimund Böll in der Bonner Straße in Köln ein. Mit einem Durchsuchungsbefehl ... Die Polizei vermutet, daß die Papiere den Bandenmitgliedern zur Verfügung gestellt wurden.« Diese Hausdurchsuchung und das geplante polizeiliche Verhör von Raimund und Lila Böll hatte jedoch zum Zeitpunkt des Erscheinens der *BZ* noch gar nicht stattgefunden. Zudem waren die polizeiinternen Vermutungen einer aktiven Unterstützung von Terroristen offenbar rechtswidrig an die Presse weitergegeben worden. Über diese Hausdurchsuchung, die tatsächlich erst am Nachmittag des 7. 2. 1974 erfolgte, schrieb Böll am 15. 11. 1981 (im Zusammenhang mit seinem Prozeß gegen den Journalisten Matthias Walden), an seinen Rechtsanwalt Hans-Erich Brandner: »Ein ›Ereignis‹ [...] möchte ich erwähnen, um die Stimmung und auch die Stimmungsmache [...] zu beleuchten. In einer Hamburger konspirativen Wohnung waren Ausweispapiere meines Sohnes und meiner damaligen Schwiegertochter gefunden worden und es war ohne Zweifel durchaus gerechtfertigt, daß dieser Fakt (es handelte sich um insgesamt 150 Pässe, Ausweise etc.) aufgeklärt werden mußte. ›Wie‹ sie aufgeklärt wurde? Mein Sohn und meine Schwiegertochter, die ahnungslos nach einem längeren Irlandaufenthalt zurückgekommen waren, erfuhren es – wie wir – durch eine mit riesigen Schlagzeilen auf dem Titelblatt (das gesamte Titelblatt war damit ausgefüllt) aus einer Berliner Springerzeitung die eine Haussuchung bei meinem Sohn ankündigte ›bevor‹ diese stattgefunden hatte; [...] natürlich erfuhr die Kölner Presse davon, und so kam es zu einem lebensgefährlichen Auflauf an einer der verkehrsreichsten Straßen Kölns, als die Polizei mit Hunden, Scharfschützen etc. ›wirklich‹ – etwa 7–8 Stunden nach der in Berlin als bereits erfolgt gemeldeten Haussuchung eintraf. Ich erspare Ihnen Details über unsere Stimmung, unsere Schwierigkeiten, möchte nur darauf hinweisen, daß das notwendige Ermittlungsverfahren gegen meinen Sohn und meine Schwiegertochter, die ihren Hausschlüssel monatelang nur vage bekannten Freunden überlassen hatten, kurz darauf eingestellt wurde [...], und daß es eine Zusammenarbeit von Springer- Presse und Polizei, was meine Familie betraf, mindestens in diesem Fall ›nachweislich‹ gegeben hatte.« (HA 1326-EK 5, Bl. 156) Die Hintergründe dieser ›Zusammenarbeit‹ sind nie aufgeklärt worden. Wenig später wird Raimund Böll abermals zum Objekt der Springer-Presse: Am 12. 2. 1974 erscheint in der *Bild*–Zeitung unter der Überschrift »Böll Junior läßt in Köln Puppen köpfen« ein Artikel, in dem der Bildhauer Raimund Böll als ›brotloser‹ Künstler dargestellt wird, der Maschinen baue, »in denen Menschen geköpft und erschlagen« würden. Die Verhaftung (12. 2. 1974) des Schriftstellers und Regimekritikers Alexander Solschenizyn kurz nach der Veröffentlichung seiner Dokumentation *Archipel Gulag* (s. ) in Westeuropa lenkte jedoch die Aufmerksamkeit der Springer-Presse offenbar um. Wie andere Schriftsteller und Organisationen auch reagierte Böll als Präsident des Internationalen P. E. N. mit einem Protest gegen die sowjetischen Maßnahmen, in Form eines Telegramms an den Parteichef der KPDSU, Leonid Breschnew. Einen Tag nach seiner Verhaftung wurde Solschenizyn aus der UdSSR ausgebürgert und in die Bundesrepublik ausgeflogen, da er den Wunsch geäußert hatte, zunächst seinen Freund Heinrich Böll besuchen zu wollen. »Mitten in diese Affäre [um Raimund Böll] hinein«, schreibt Böll 1984, »kam der Besuch meines Freundes Alexander Solschenizyn! – und das paßte nun gar nicht, weder ins Bild noch in Bild – und dann auch noch – und das nach Solschenizyns Besuch – die Katharina Blum.« Vgl. *Vorwort in eigener und anderer Sache* (*KA* Bd. 22; *EAS* 7, S. 151). Böll benennt diesen Hintergrund als ein weiteres Motiv für die Entstehung der Katharina Blum: »Das war die Vermischung meines Artikels über die Baader-Meinhof-Geschichte mit dem permanent erhobenen Vorwurf, ich täte nichts für meine sowjetischen Kollegen. Das war eine nachweisbare und damals auch für die, die mit diesem Vorwurf kamen, nachprüfbare Verleumdung bösester Art. Das war der Versuch, das eine mit dem anderen abzuschießen. Und diese Verleumdung, gegen die ich mich gar nicht öffentlich wehren konnte – ich konnte ja nun nicht sagen, also hört mal, ich habe dies und das getan, ich war bei diesem und jenem und habe dies und das mit dem und dem besprochen und folgendes in die Wege geleitet, verstehen Sie, dadurch wäre all das, was im Untergrund vorbereitet worden war und nur dort passieren konnte, um etwas zu erreichen, gefährdet gewesen, [...] diese Verleumdung hat mich nun wirklich sehr mitgenommen, weil ich mich eben nicht wehren konnte. Gegen die anderen Polemiken habe ich mich bis zu einem gewissen Punkt gewehrt, dann habe ich gedacht, leckt mich am Arsch, macht ruhig weiter«. (Zit. nach: Heinrich Böll/Christian Linder, *Drei Tage im März – ein Gespräch*, *Int*, S. 390).

## Überlieferung

Typoskripte

TH¹: Erstschr.; 4 Bll. mit eh. Korr., auf Bl. 3 masch. Titel: »die sache (die nacht) mit ludwig« (HA 1326-208, Bll. 1-4); Erstschr. und Durchschr. (grün); 4 Bll., masch. Titel: »Die verlorene Ehre der Katharina Blum oder: wie Gewalt entsteht« und die 1. Variante des Vorspruchs: »Personen und Handlung dieser Erzählung sind frei erfunden. Wenn sich bei der Schilderung gewisser journalistischer Praktiken Ähnlichkeit mit denen der Bild Zeitung ergeben, so ist diese Ähnlichkeit so zufällig wie unvermeidlich«. (HA 1326-209, Bll. 1-4); masch. Erstschr. und Durchschr. (grün); 16 Bll., auf Bl. 1 masch. Titel: »Das Verhör (die Verhöre) der Katharina Plumm« und 2. Variante des Vorspruchs: »Vorspruch: Personen und Handlung dieser Erzählung sind frei erfunden – Ähnlichkeit mit den Praktiken der Bild Zeitung, die sich bei der Schilderung gewisser journalistischer Praktiken ergeben, sind rein zufällig und waren unvermeidlich«. (HA 1326-210, Bll. 1-16)

TH²: Erstschr. und Durchschr. (grün); 113 Bll., unvollst., Bll. teilweise zerschnitten. Bl. 45-86 masch. Durchschr. zu Bl. 1-44, Bl. 86 (zweite Hälfte) und Bl. 87 masch. Durchschr., Bl. 88-89 eh. Notizen A 5, Bl. 90-94 masch. Erstschr., zum Teil zerschnitten, Bl. 95 masch. Durchschr. Auf Bl. 1 masch. Titel: »Die verlorene Ehre der Katharina [korr. aus: Maria] Blum oder: Wie Gewalt entsteht und wo sie endet – Kriminal-Erzählung« und 3. Variante des Vorspruchs: »Personen und Handlung dieser Erzählung sind frei erfunden. Sollten sich bei der Schilderung gewisser journalistischer Praktiken Ähnlichkeit mit den Praktiken der Bild Zeitung ergeben, so sind diese Ähnlichkeiten nicht zufällig, sondern unvermeidlich und beabsichtigt«. Auf Bl. 45 eh. Notiz: »2. ›Einstieg‹. Verworfen 15. III. 74«.
Beiliegend: Notiz-Zettel und einzelne ausgeschnittene Passagen masch. Erstschr. (Bl. 96-111a) sowie Aktenmappe (Bl. 112-113), auf Bl. 112 gestrichene eh. Notizen und Titel: »Die verlorene Ehre der Katharina Blum. Erzählung«.
(HA 1326-211, Bll. 1-113)

TH³: Erstschr.; 103 Bll., am roR eh. pag., Bl. 9 pag. 8a, Bl. 55 pag. 53a.
Beiliegend: Aktenmappe (Bl. 104-105), auf Bl. 104 eh. Titel und Datierung: »Katharina Blum. Reinschrift ab 22. III. 74« und endgültige Fassung des Vorspruchs.
(HA 1326-212, Bll. 1-105)

tH⁴: Durchschr. (grün); 102 Bll., zu Nr. 212 Bl. 1-103, ohne Bl. 9.

Beiliegend: Aktenmappe (Bl. 103–104), auf Bl. 103 eh. Sign.:
221/74 und Notiz: »Katharina Blum – Reinschrift ab 22 III. 74 bis
6. 4. 74 – zweiter Durchgang und (?) beendet. Letzte Arbeiten:«.
(HA 1326–213, Bll. 1–102)

T⁵: Erstschr. (Satzvorlage) von fremder Hand mit hs. Satzanweisungen.
(HA 1326–214, Bll. 1–114)

Th⁶: Fotokopie der Druckfahnen, zweispaltig, Fahne 1–84 mit hs. Korr.
(HA 1326–215, Bll. 1–84)

T⁷: Fotokopie der Druckfahnen wie TH⁶, zweispaltig, Fahne 1–84, auf
Fahne 1 eh. Notiz: »Ohne Korrekturen + Ergänzungen. HB.
31. 5. 74«.
(HA 1326–216, Bll. 1–84)
Beiliegend: 4 Bll.; Bl. 1 hs. Korrekturanweisungen, Notiz oben: »mit
Umbruchkorrektur am 24. VI. 74 verschickt / alle in Ordner HB.
24. VI. 74«, Bl. 2 masch. Durchschr. (grün), Korrekturen, eh. gestrichen, Bl. 3 masch. 2. Durchschr. (rosa) von Bl. 2 ohne Streichung,
Bl. 4 Andruck des Klappentextes mit hs. Satzanweisungen.
(HA 1326–216, Bll. 85–88)
Dem Material zugeordnet ist Korrespondenz mit Hinweisen auf Unstimmigkeiten in der Erzählung und daraus resultierende Korrekturanweisung für weitere Auflagen, masch. Erstschr. und hs. (Alexandra
von Miquel, Kiepenheuer & Witsch), sowie 1 Exemplar der Erstausgabe mit eh. Korr. auf S. 34, u. 63–65.
(HA 1326–217, Bll. 1–25)

## Drucke

Z: *Der Spiegel* (Hamburg). – Nr. 31 (29. 7. 1974) – Nr. 34 (19. 9. 1974).
D¹: Köln: Kiepenheuer & Witsch, 1974. 189 Seiten.
D²: Heinrich Böll. *Werke. Romane und Erzählungen* 5. 1971–1977. Hrsg.
von Bernd Balzer. Köln: Kiepenheuer & Witsch. 1977, S. 385–474.

## *Textgrundlage*

Textgrundlage ist D².
Korrigiert wurde:
*Ist es schon*] Ist schon D¹.
*110 000*] 10 000 D¹.
*einem einigemaßen*] einem D¹

## Varianten

324. 6 *Kriminaloberkommissars]* Kriminalkommissars Z
325. 21 *später]* Fehlt Z.
325. 35 *Karneval]* im Karneval Z
325. 37 *keinerlei ... Andalusierin]* Fehlt Z.
326. 3 *Brumme]* Bumme Z
327. 5 *nur]* Fehlt Z.
327. 11 *inzwischen]* nun Z
327. 19 *sechzigtausend]* siebzigtausend Z
327. 23 *vierzigtausend]* dreißigtausend Z
328. 25 *zu]* Fehlt Z.
332. 13 *endlich gegen 11.00 Uhr aus]* endlich aus Z, endlich gegen 10.15 Uhr aus $D^1$
334. 24–25 *Briefumschlag]* Umschlag Z
335. 21–23 *Frau Blorna ... zusteckte]* Fehlt Z.
336. 17 *von 11.30 bis 12.30 Uhr]* bis 12.30 Uhr Z, von 10.45 bis 12.30 Uhr $D^1$
336. 28 *wirklich]* Fehlt Z.
336. 29 *gebracht]* verbracht Z
339. 12 *wenig oder gar nichts]* mehr oder weniger gar nichts Z
340. 12–13 *Staatsanwaltschaften]* Staatsanwaltschaft Z
340. 13 *beschäftigte]* beschäftige Z
340. 15 *Mann]* Herrn Z
340. 23 *identifizieren]* definieren Z
340. 25 *sagte,]* Fehlt Z.
341. 10 *könnte]* könne Z
341. 11 *völlig]* Fehlt Z.
341. 25 *nein,]* Fehlt Z.
342. 5 *15.00 Uhr]* 15.30 Uhr Z
342. 14 *hinausgezogen]* hingezogen Z
343. 14 *er ]* Blorna Z
343. 15 *erschien]* kam Z
344. 8 *morgigen]* Fehlt Z.
344. 17 *und ... leiten]* Fehlt Z.
344. 32 *zwanglosen]* Fehlt Z.
345. 16 *unsere berufliche]* Fehlt Z.
345. 32 *des Bahnhofs]* Fehlt Z.
345. 34 *in Zivil]* Fehlt Z.
346. 14 *und]* , daneben Z
348. 28 *dem]* ihrem Z, $D^1$
349. 10 *Beizmennes ]* Kommissar Beizmennes Z

349. 17–18 *kleinen Formats]* Fehlt Z.
349. 20 *Blum]* Fehlt Z.
349. 25 *gerade]* geradezu Z
351. 21 *2 x 8000]* 6x8000 Z, $D^{1}$.
351. 22 *72 000]* 104 000–105 000 Z, $D^{1}$.
351. 23 *102 000]* 162 000 Z, $D^{1}$.
351. 32–33 *4000–5000]* 7000–8000 Z, $D^{1}$.
351. 33 *25 000]* 45 000–50 000 Z, $D^{1}$.
352. 7 *25 000]* 50 000 Z, $D^{1}$.
352. 23 *30]* 25 Z, $D^{1}$.
353. 17 *wohl öfter]* auch öfter Z
354. 32 *aufgeführten]* angeführten Z
354. 34 *ihren Benzinverbrauch]* den Benzinverbrauch Z
354. 37–38 *lose dort]* dort lose Z
356. 37 *Werbesendungen]* Warensendungen Z
357. 1 *eine ]* die Z
359. 12–13 *Entfernung]* Entfernungen Z
362. 5 *unglückseligen]* unglücklichen Z
362. 13 *an]* Fehlt Z.
363. 1 *seinen Namen nicht einmal]* nicht einmal seinen Namen Z
363. 2–3 *, sei ihr auch nicht vorgestellt worden]* Fehlt Z.
363. 8 *der]* Fehlt Z.
363. 37 *Frau Blum,]* Fehlt Z.
364. 12 *dem häuslichen]* diesem Z
364. 16 *und bescheinigen]* Fehlt Z.
365. 26 *verleugnen]* verneinen Z
366. 24 *und wieder ]* Fehlt Z.
366. 30 *Polkt]* Fehlt Z.
366. 33–34 *vor und nach den Sitzungen,]* Fehlt Z.
372. 17 *, sogar Angst]* Fehlt Z.
373. 3 *und neugierig]* Fehlt Z.
373. 19 *nicht anonymer]* Fehlt Z.
373. 34 *mit roter Tinte ]* die zum Teil mit roter Tinte Z, die zum größeren Teil, etwa drei bis vier – mit roter Tinte $D^{1}$
377. 31 *zu früh,]* Fehlt Z.
377. 32–33 *am Donnerstag]* donnerstags Z
378. 21 *und ... gestellt]* Fehlt Z.
378. 23–24 *und immer wieder]* Fehlt Z.
378. 34 *es immer wieder, ]* Fehlt Z.
378. 36 *schließlich]* Fehlt Z.
379. 4 *das Wort Herrenbesuch]* es Z
379. 11 *innerhalb von]* in Z

379. 20 *Götting, nein]* Fehlt Z
379. 33 *und zu schenken]* Fehlt Z.
379. 35–36 *, die Idee des Umschlagplatzes]* Fehlt Z.
379. 38–380. 1 *, die nicht gesehen werden wollen,]* Fehlt Z.
382. 24 *selbst ]* Fehlt Z.
383. 37–38 *Rüttel- und Schüttelzügen]* Zügen Z
384. 37–38 *würde]* Fehlt Z.
385. 4–5 *gewiß ]* Fehlt Z.
386. 5–6 *die Krokusse bald durchbrechen oder]* Fehlt Z.
386. 21 *ohne anzuklopfen]* Fehlt Z.
386. 30–31 *daß ... zu tun hat;]* Katharina habe nichts mit der Sache zu tun Z
386. 35 *ist noch nicht genannt worden]* wurde noch nicht genannt Z
386. 37–38 *an anderen Orten]* andernorts Z
387. 3 *deiner guten Frau mal]* mal deiner guten Frau Z
387. 7 *und der Ausstattung des Raumes]* Fehlt Z.
387. 11 *doch nicht]* doch wohl nicht Z
387. 12 *daraufhin]* Fehlt Z.
387. 17 *noch einmal,]* Fehlt Z.
387. 21 *regelrecht ]* Fehlt Z.
388. 36–37 *sein sauer ... Anzapfer]* sein Brot sauer verdienender Anzapfer Z
389. 9 *auch]* Fehlt Z.
390. 18 *etwas]* Fehlt Z.
392. 33 *ein bißchen]* etwas Z
393. 5 *ganz gewiß ausschlaggebend]* ganz gewiß nicht ausschlaggebend $D^2$
393. 11 *Brumme]* Bumme Z
395. 5 *auch]* Fehlt Z.
398. 5 *striktestens]* strikt Z
398. 7 *in der Küche]* Fehlt Z.
398. 8 *gemeinsam]* Fehlt Z.
399. 27 *Katharinas Mutter]* sie Z
399. 32 *Ist es]* Ist es Z, $D^1$
403. 15 *nun sich]* sich nun Z
403. 20 *regelrecht]* Fehlt Z.
403. 23–24 *einen regelrechten Molotow-Cocktail]* regelrechte Molotow-Cocktails Z
403. 25 *später einen zweiten]* Fehlt Z.
403. 27 *Mann]* Mensch Z, $D^1$
404. 4 *mit]* Fehlt Z.
407. 9 *sogar ... nationaler,]* Fehlt Z.

410. 2 *vertraulich]* Fehlt Z.
410. 4 *auch]* Fehlt Z.
412. 36 *signierte]* das er signierte Z
413. 12–13 *Fakten bleiben]* Fakten belassen bleiben *D¹*
414. 1 *nicht mehr länger]* nicht länger Z
414. 5–6 *denn es besteht lediglich darin, ]* Fehlt Z.
415. 13 *und habe]* , und ich habe Z
417. 33 *also]* Fehlt Z.

## *Rezeption*

Bölls Erzählung ist vielfältig rezipiert worden, in der deutschsprachigen wie in der internationalen Literaturkritik, im Film, in Bühnenbearbeitungen und in der Oper. Da diese Rezeption gut dokumentiert vorliegt (vgl. Bellmann/Hummel, 1999, S. 51 ff.), werden im folgenden lediglich zwei weitere zeitgenössische Kritiken vorgestellt.

Walter Jens: »Die verlorene Ehre der Katharina Blum«. Gesendet: *Hessischer Rundfunk*, 23. 7.1974. (Der Druck erfolgt nach der Vorlage in: *Die Verlorene Ehre der Katharina Blum oder: Wie Gewalt entstehen und wohin sie führen Kann*. Mit Materialien und einem Nachwort des Autors. Köln: Kiepenheuer & Witsch [KiWi 62], 1984, S. 243–250.)
Fast scheint es, als hätten die deutschen Schriftsteller in den letzten Jahren ein neues Thema entdeckt: Während Uwe Johnson in seiner Tetralogie ein ebenso profundes wie witziges Porträt der »alten Dame« aus Amerika, der »New York Times«, gezeichnet hat, ist jetzt Heinrich Böll darangegangen, in einem »Die verlorene Ehre der Katharina Blum« titulierten Traktat die Eigenarten jener journalistischen Verfahrensweise zu analysieren, die man gemeinhin als »Bildzeitungs-Jargon« bezeichnet. Beide, Johnson und Böll, kennen ihr Objekt sehr genau, beide bedienen sich der Technik des Zitats: der eine, Johnson, essayistisch und wirklichkeitsnah, der andere, Böll, mit Hilfe der – nicht weniger wirklichkeitsgetreuen – Fiktion. Beide – und das ist entscheidend – beschreiben das Geschehen aus einer doppelten Perspektive: Es wird geschildert, wie die gleichen Vorgänge sich aus der Sicht der Betroffenen und aus der Sicht der Presse ausnehmen: Johnson konfrontiert die große Welt der New York Times mit der kleinen Welt der Gesine Cresspahl und ihrer Tochter, Böll stellt der kleinen Welt der Wirtschafterin Katharina Blum die in anderer Weise kleine Welt der ZEITUNG – eine Chiffre für BILD – gegenüber. Der Unterschied liegt auf der Hand. Während Gesine Cresspahl allenfalls indirekt – und nicht entschiedener als jeder andere auch

– zum Objekt von Vorgängen wird, die in der New York Times ihren Niederschlag finden, ist, bei Böll, die Wirtschafterin Blum selber das Subjekt, das den Geschehensablauf in Bewegung setzt, an dessen Ende sie als Opfer erscheint. Als Opfer der Zeitung. Als Beute des Boulevardjournalismus. Zur Strecke gebracht von einer Berichterstattung, die nur ein einziges Ziel verfolgt: Die Mächtigen zu schonen, die Kleinen zu erledigen – und dabei den Millionen von Kleinen einzureden, daß ihrer aller Freiheit dahin sei, wenn einer von ihnen es wage, sich zu nehmen, was, nach Gesetz und Ordnung, nicht den Vielen zustünde, sondern allein den Wenigen. »Die verlorene Ehre der Katharina Blum«, ein exakt komponierter Traktat über die Frage »Wie Gewalt entstehen und wohin sie führen kann« (so der Untertitel der Böllschen Erzählung) hat die Form eines Berichts, der auf einer Reihe höchst unterschiedlicher, einander zum Teil ergänzender, zum Teil widersprechender Quellen basiert: Gerichtsprotokolle werden verwertet, Aussagen notiert, Verhöre in raffender Zusammenfassung wiedergegeben, Lebensläufe zitiert, Stellungnahmen der beteiligten Personen vorgeführt, die Verfälschung des Geschehens durch die ZEITUNGS-Ideologie ausführlich belegt. Ein Vorgang, gespiegelt aus vielerlei Sicht, aus der Sicht der Macht und der Ohnmacht, vom Zentrum aus und von der Peripherie her, aus dem Blickwinkel des Opfers und dem Blickwinkel der Täter – darum geht es in dieser poetischen Dokumentation, die Widersprüche nebeneinander stehenläßt, Unvereinbares nicht harmonisiert, aber durch die Art wie sie – vor- und zurückgreifend, verbindend und trennend – die Zeugnisse präsentiert, den Vorgang dennoch Schritt für Schritt erhellt. »Wenn der Bericht« – heißt es in einer – sprachlich leider verunglückten – Rechenschaft über die gewählte Erzählweise, »wenn der Bericht ... hin und wieder als fließendempfunden wird, so wird hierfür um Verzeihung gebeten: es war unvermeidlich. Angesichts von Quellen und Fließen kann man nicht von Komposition sprechen, so sollte man vielleicht statt dessen den Begriff der Zusammenführung (als Fremdwort dafür wird Konduktion vorgeschlagen) einführen, und dieser Begriff sollte jedem einleuchten, der je als Kind (oder gar als Erwachsener), in, an und mit Pfützen gespielt hat, die er anzapfte, durch Kanäle miteinander verband, leerte, ablenkte, umlenkte, bis er schließlich das gesamte, ihm zur Verfügung stehende Pfützenpotential in einem Sammelkanal zusammenführte, um es auf ein niedrigeres Niveau ab-, möglicherweise gar ordnungsgemäß oder ordentlich, regelrecht in eine behördlicherseits erstellte Abflußrinne oder in einen Kanal zu lenken. Es wird also nichts unternommen als eine Art Dränage oder Trockenlegung. Ein ausgesprochener Ordnungsvorgang!«

Das ›klingt‹, aber das ›ist‹ nicht ironisch: Ungeachtet des ständigen Perspektivenwechsels, der Zeitsprünge, des Alternierens von Erzählung und Kommentar, hat »Die verlorene Ehre der Katharina Blum« als Kunstwerk tatsächlich den Charakter eines Ordnungsvorgangs. Was immer geschieht: der Autor, der, wie ein altvorderlicher Berichterstatter, das Geschehen vom Olymp aus verfolgt, verliert die Zügel nie aus der Hand: verleugnet in keinem Augenblick seine Omnipräsenz, gibt Hinweise auf die Funktionalität der einzelnen Dokumente im Rahmen des Ganzen, stellt Fragen, schaltet sich, hier distanziert und dort mit dem Engagement des Parteigängers, in die Handlung ein: Der Erzähler in den Erzählvorgang. Auf diese Weise gewinnt ein Geschehen, das zu Beginn als ein brutales Faktum, im Chronikstil: mit Datum und Zeitangabe referiert wird, Plausibilität. Anfang und Ende entsprechen einander, die Erzählung ist ringkompositorisch gebaut: Am Anfang schildert der Chronist, was geschah, am Ende läßt er seine Protagonistin schildern, wie es geschah. Was geschah, ist in wenigen Worten erzählt: Eine junge unbescholtene Frau, die Wirtschafterin Blum, hat, bei einer Tanzveranstaltung um die Faschingszeit, einen Mann kennen- und liebengelernt – einen von der Staatsmacht gesuchten Deserteur, den sie, nach einer Nacht in ihrer Wohnung, dem Zugriff der Polizei entzieht, indem sie ihn, den man des Raubüberfalls auf eine Bank bezichtigt, durch das Schachtsystem ihres Hauses lotst und ihm Unterschlupf in der Villa eines reichen, sie umwerbenden, aber von ihr abgewiesenen Verehrers, eines sogenannten (aber eben nur sogenannten) »Herrenbesuches« gewährt. Dort wird der Mann später verhaftet – und verhaftet wird auch Katharina Blum, weil sie, erniedrigt und beleidigt durch die Interpretation, die ihre Hilfeleistung in der ZEITUNG erfuhr, den verantwortlichen Journalisten niederschoß: einen Mann namens Tötges (nomen est omen: Es handelt sich hier wirklich um ein Schreibtischmörderlein vom Rhein) ... einen Mann, der nicht nur Katharina Blum selbst, sondern auch ihre Mutter auf dem Gewissen hat, in deren Krankenzimmer er sich Einlaß verschaffte: Statt der Todesspritze die Nachricht, daß ihre Tochter eine Verbrecherin sei.

Wie gesagt, das »Was« ist schnell erzählt: Eine Frau, die aus Liebe gehandelt hat und dafür an den Pranger gestellt wird, erschießt den Mann, der ihr die Ehre geraubt hat. Ganz anders steht es mit dem »Wie« und »Warum«, mit den Vorgängen hinter den Vorgängen, den Faktoren, die die Fakten bestimmen, mit der Genese des Falls, seinen Weiterungen und Konsequenzen, seiner gesellschaftlichen Bedingtheit und der Lehre, die aus ihm zu ziehen ist ... doch gerade dies: Das Geschehnis als begründetes und abgeleitetes Element eines Gesamtgeschehens zu erweisen, gelingt Heinrich Böll – sieht man von einigen kabarettistischen Überzeichnungen, wie Blornas Niedergang ab – in seinem Traktat auf nahezu vollkommener Weise. Die Manier verrät hohen Kunstverstand, mit der er, sehr sanft und behutsam, die Verstrickungen beschreibt, in die einer geraten kann, der seinem Herzen folgen will, zu welchen Verwicklungen ein Liebesdienst zu führen vermag, wenn die Verhältnisse nicht so sind, wie sie sein sollten, und welchen Demütigungen diejenigen ausgesetzt sind – welcher Vereinsamung! –, die einem guten Menschen in einer Gesellschaft beistehen möchten, in der sich Güte nicht auszahlt. Es ist beeindruckend, mit welcher schriftstellerischen Akkuratesse (und, dabei, mit wieviel politischer Humanität) Böll die Prozessualität dieses Falles entwickelt und derart veranschaulicht, daß es eine ideologische Gewalt gibt – symbolisiert durch die ZEITUNG –, die so satanisch ist, daß nicht einmal das Lamm ihr gegenüber seine Unschuld zu behaupten vermag.

So betrachtet ist der Traktat von der Gewalt (der ZEITUNG und ihrer Handlanger in Staat und Gesellschaft: den Auftraggebern und den Angestellten dieser Ideologiefabrik) ... so betrachtet ist der Traktat von der Gewalt der ZEITUNG und der Gegengewalt einer reinen, frommen und hilflosen Seele ein vom Geist der demütigen Kirche bestimmter Traktat: Die Tötges und ihresgleichen, so viel steht fest, hätten auch Franz von Assisi zum Verbrecher gestempelt, zum Rebellen und Roten ... und die Frage bleibt, ob er, um seine Ehre zu retten, anders gehandelt hätte als die Wirtschafterin Blum.

Peter Gauweiler: »Böll und die Bildzeitung«. In: *Bayern-Kurier* v. 24. 8. 1974.

Die Stimmung des Verlagschefs war positiv: Eine Startauflage von einhunderttausend Exemplaren, das Stück zu achtzehn Mark, wurde in Rekordzeit auf den Markt gebracht – die Reinhard Mohn (»Bertelsmann«) KG hatte die Gesamtherstellung übernommen –, der »Spiegel« überwies für das Recht des Vorabdrucks fünfzigtausend Mark. Heinrich Böll hat ein neues Werk veröffentlicht: »Die verlorene Ehre der Katharina Blum«.

Auf einem privaten Tanzvergnügen lernt eine junge Frau zur Zeit des Karnevals einen gesuchten Schwerverbrecher lieben, verbirgt ihn vor der Polizei und verhilft ihm zur Flucht. Sie wird kurzfristig festgenommen, verhört. Als sie – bis dahin unbescholten »nonnenhaft« – als »Gangsterliebchen« von einer Boulevardzeitung rüde in die Schlagzeilen genommen wird, erschießt sie den verantwortlichen Reporter: ihre verlorene Ehre ist wiederhergestellt.

Die Geschichte »verführt vom Stoff her zum Kitsch oder zur Schnulze«, so ein Kritiker. Das Thema – brave Frau verliebt sich in Übeltäter und überwirft sich mit Vertretern öffentlicher Ordnung – ist etwas abgestanden; Hedwig Courths-Mahler und Karl May haben es bisher bearbeitet. Dennoch gibt die Erzählung, die im übrigen spannend geschrieben ist – nicht nur weil auch ein Kriminalkommissar in Erscheinung tritt –, Anlaß zu politischer Aufmerksamkeit. Gilt doch die Geschichte als literarischer Nachtrag u einer wahren Begebenheit, zum tatsächlichen Verhalten von Autor und Presse bei Festnahme und Fahndung von Ulrike Meinhof, gesucht wegen Mord, Raubes, Gefangenenbefreiung und anderem mehr.

Als von den exakten Sprengbomben der »roten Armee Fraktion« bereits die ersten Betroffenen getötet waren, hatte noch er »heiter-gütige Böll« (Rudolf Augstein) – mit unverhohlener Sympathie für Frau Meinhof – »freies Geleit« für »Ulrike« gefordert. Als die Hamburger Bildzeitung dennoch schrieb, »Baader-Meinhof-Bande mordet weiter«, erboste sich der »Moralist«: »Das ist nackter Faschismus, Lüge, Dreck!« Aus diesem Streit entstand laut »Spiegel« eine »denkwürdige publizistische Affäre«, in deren Verlauf sich die Zeitung sogar »erdreistete« über die Vernehmung von Bölls Sohn Raimund zu berichten.

Ihr unterschiedliches Verhältnis zur Gewalt hatten die größte Zeitung des Kontinents und der Nobelpreisträger schon einige Zeit zuvor bei einer anderen Dame festgestellt: als eine Beate Klarsfeld den letzten christlich-demokratischen Regierungschef ohrfeigte, verehrte Böll der bis dahin Unbekannten einen Blumenstrauß; Bild hinwiederum stellte sich auf die Seite des geschlagenen Kanzlers. Das Buch von der verlorenen Ehre der Katharina Blum ist eine Revanche. Schon im Vorwort werden Ähnlichkeiten mit den »Praktiken« der Bildzeitung als »unvermeidlich« hingestellt. »Bild« und »Bild am Sonntag« im Text kaum als »Zeitung« und »Sonntagszeitung« verhüllt, über deren Reporter nur gefragt wird, ob sie »wirklich so schmierig« aussehen und an deren Tod man »ohne Reue, ohne Bedauern« denkt.

Der Wirkungen solcher Schreibe kann sich Heinrich Böll schon jetzt sicher sein. »Dieses Buch wird stärkere Wirkungen haben als die ganze Kampagne ›Enteignet Springer‹«, jubelte Meinhof-Ex-Ehemann Klaus Rainer Röhl, der es wissen muß. Ob es in Zukunft nicht mehr »enteignet«, sondern »erschießt Springer« heißen soll, bleibt fraglich. – »Wie Gewalt entstehen und wohin sie führen kann«, lautet der Untertitel dieses Buches. Es ist nicht bekannt, ob Heinrich Böll seine gruseligen Konsequenzen tatsächlich zu Ende gedacht hat.

## *Stellenkommentar*

323.25–26 »*zusammen nicht kommen können*«] Zitat des Volksliedes »Es waren zwei Königskinder« aus der Liedersammlung *Des Knaben Wunderhorn* (2. Bd., 1808), herausgegeben von Achim von Arnim und Clemens Brentano. Das Motiv des Volkslieds geht zurück auf die antike Sage von Hero und Leander, die durch die Heroidenbriefe des römischen Dichters Ovid im 15. Jh. ihren Weg nach Deutschland fand (vgl. *Deutsche Volkslieder mit ihren Melodien*. Hrsg. vom deutschen Volksliedarchiv. Bd. 1.: Balladen, 1.2. Berlin und Leipzig: de Gruyter 1925, Nr. 20, 2). Die volkstümlich gewordene Version des Liedes lautet (Strophen 1–3): »Es waren zwei Königskinder,/ die hatten einander so lieb,/ sie konnten beisammen nicht kommen,/ das Wasser war viel zu tief.// Ach Liebster, könntest du schwimmen,/ so schwimm doch herüber zu mir!/ Drei Kerzen will ich anzünden,/ und die sollen leuchten zu dir.// Das hört ein falsches Nönnlein,/ die tät als wenn sie schlief;/ Sie tät die Kerzlein auslöschen,/ der Jüngling ertrank so tief.« Böll nimmt dieses Motiv in dieser Erzählung noch ein Vgl. 389. 13–15.

323. 31 *Weiberfastnacht]* Die Karnevals-Saison beginnt in Köln traditionell jedes Jahr am 11. 11. um 11.11 Uhr mit einer Feier auf dem Alten Markt. Weiberfastnacht ist der Donnerstag vor Aschermittwoch (dem ersten Tag der christlichen Fastenzeit) und der Beginn des Straßenkarnevals, der an diesem Tag von den (Markt-)›Weibern‹ beherscht wird. Den Höhepunkt des Straßenkarnevals bilden die Umzüge durch die Innenstädte der Karnevalshochburgen (Köln, Düsseldorf, Mainz) am folgenden Montag, dem ›Rosenmontag‹. Böll hat den Tag des Handlungsgeschehens kalendarisch präzise bestimmt – Weiberfastnacht fiel 1974 auf den 21. Februar.

324. 10 *Tötges]* Ein von ›Töten‹ abgeleiteter, sprechender Name. Neben den im rheinischen gebräuchlichen Namen wie ›Blum‹ sind sowohl ›Tötges‹, der später als »Todesherbeiführer« bezeichnet wird (vgl. 391. 30), als auch ›Beizmenne‹ (s. den folgenden Stellenkommentar) von Böll konstruierte Namen. In Gespräch mit René Wintzen 1976 spricht Böll über die grundsätzliche Bedeutung der Namen für ihn: »Das Allerwichtigste bei erzählerischen Dingen sind die Namen. Ich muß erst den Namen haben. Ich habe jetzt ein Jahr lang nachgedacht über einen Roman, den ich wahrscheinlich schreiben werde. Der Plot ist sehr simpel, das ist ja auch Nebensache, der Stoff, es ist ein Schuldproblem, wir [Annemarie und Heinrich Böll] haben darüber gesprochen und haben immer wieder überlegt, wie sollst du den Helden nennen. Jetzt habe ich endlich den Namen gefunden. Das ist ein ungeheuer kompliziertes Problem mit den Namen. [...] Ich gehe natürlich spazieren und gehe auch auf Friedhöfe und lese Anzeigen und begegne Namen auf Schildern. Ich notiere mir keinen davon, und wenn mich einer mal anregt, verwandele ich ihn auch« (Zit. nach: *Int* S. 658). Vgl. zur Funktion der Namen bei Böll auch: Reid, J. H. (1974): »Böll's Names«. In: *The Modern Language Review* 69 (1974), Nr. 2, S. 575–583.

324. 20–21 *Beizmenne]* Ähnlich sprechend wie der Name ›Tötges‹. – Zur Namensfindung benutzte Böll häufig das *Deutsche Wörterbuch* der Gebrüder Grimm. (Vgl. Gespräch mit René Wintzen *Eine deutsche Erinnerung*, 1976, zu den Namen vgl. auch *Berichte zur Gesinnungslage der Nation* [1975, *KA* Bd. 19] in *Int*, S. 659). – Die ›Beiz(e)‹: mhd. ›(Falken)Jagd‹; im *Deutschen Wörterbuch* der Brüder Grimmm (Bd. 1, S. 1411) findet sich der ›Beizhund‹ in der Bedeutung von ›Spürhund‹, womit ugs. auch ein Kriminalist bezeichnet wird.

324. 28 *Grusi- und Musicals einschlägiger Art]* Vgl. hierzu Bölls Essay *Soviel Liebe auf einmal* im vorliegenden Band S. 41 ff., in dem er den Aus-

druck »miese Grusicals« im Zusammenhang der von Eduard Zimmermann geleiteten, populären ZDF-Fernsehreihe »XY – ungelöst« benutzt (45. 4).

324. 31 *Scheichkostüm]* Die Vorliebe für das ›Scheich‹-Kostüm während des Karnevals im Jahr 1974 ergibt sich aus der Ölkrise Ende des Jahres 1973, die aus dem Krieg zwischen Israel und den arabischen Staaten (6.–11. 10. 1973) resultierte. Die arabischen Staaten versuchten zu diesem Zeitpunkt, durch die Erhöhung des Ölpreises Druck auf die USA und die mit ihnen verbündeten europäischen Staaten auszuüben. Auf diese Weise sollte Israel, durch Vermittlung des Westens, zu einer Änderung seiner Politik veranlaßt werden. Das ›Scheich‹-Kostüm verweist auf diesen politischen Hintergrund in ironischer Weise: Einerseits wird damit auf die politische Macht der ›Ölscheichs‹ angespielt; andererseits deutet der Hinweis, daß es aus ›dienstlichen, nicht privaten‹ Gründen getragen werde, auf die Distanz staatlicher Stellen gegenüber der Ölpreis-Politik der arabischen Staaten.

324. 34–35 *wird eine Pistole ... Spritzpistole]* Während die Spritzpistole eher den Lackierern zuzuordnen ist, heißt ihr (feineres) Pendant im künstlerischen Bereich ›Airbrush‹. Obwohl schon Ende des 19. Jh. entwickelt, galten mit dem Airbrush verfertigte Bilder lange Zeit als nicht künstlerisch. Erst mit der durch Bilder der Werbung und Gebrauchsgrafik inspirierten Popart in den 1960er Jahren wurde der Airbrush als technisches Mittel von Künstlern wie Allan Jones (geb. 1937) oder Peter Phillips (geb. 1939) von der Kunstszene akzeptiert.

325. 3–4 *in einem Waldstück ... Stadt]* Auch ohne daß der Name ausdrücklich genannt wird, läßt sich die Karnevalshochburg Köln unschwer als räumlicher Hintergrund des Geschehens identifizieren. Vgl. hierzu auch den Hinweis Katharina Blums bei der Begründung ihrer ausgedehnten Autofahrten: »nach Süden Richtung Koblenz oder nach Westen Richtung Aachen oder runter zum Niederrhein«, S. 352. 27. Auf die Frage, warum er Köln als Ort einer Handlung in seinen fiktionalen Texten nicht nennt, äußert sich Böll 1971: »Das hängt vielleicht mit meinem gestörten Verhältnis zur Wirklichkeit zusammen, oder sagen wir: zur Darstellbarkeit von Wirklichem. Wenn Sie einen Namen nennen, Köln, Berlin, kommt schon ein Bild heraus beim Leser. Und das will ich vermeiden. Das Ganze hat ja auch etwas Pseudodokumentarisches. Das hängt damit zusammen, daß ich bis zum heutigen Tag nicht weiß, welches der Unterschied zwischen Fiction und Nonfiction ist.« Zit. nach: »Für Sachkunde und Phantasie«. Gespräch mit Dieter E. Zimmer. In: *Die Zeit* Nr. 32 v. 6. 8. 1971.

325. 2–4 *Ob auch ... Opfer der Blum]* S. Entstehung.

325. 9 *Andalusierin]* Andalusien: Landschaft in Südspanien.

325. 22–24 *eine ominöse ... nicht den auch?«]* Diese rhetorische Frage Katharina Blums zitiert Böll in seiner im Dezember 1975 vorgetragenen Laudatio auf Heinrich Albertz (1915–1993, Theologe [ev.] und SPD-Poli-

tiker). Im Zusammenhang eines autobiographischen Hinweises auf das unter Jugendlichen im Dritten Reich verbreitete Sammeln von Zigarettenbildern der Marke »Alva« erwähnt Böll die Konterfeis von »SA-, SS-, Partei- und Hitlerjugendgrößen«, die im Zusammenhang des sog. ›Röhm–Putsches‹ am 30. 6. 1934 erschossen worden waren: »Das war ein ziemlich umfangreicher Stoß Bildchen mit merkwürdigen Physiognomien, aber die Physiognomien der Nichterschossenen waren nicht weniger merkwürdig. Und bei Göring und Himmler etwa dachte ich: Warum hat man die nicht auch erschossen? – Vierzig Jahre später rutschte dieser Satz: Warum die nicht auch, oder den nicht auch, in eine Erzählung und von dieser Erzählung in einen Film. So geschieht das mit Sätzen, die man als 15–16jähriger bei der Durchsicht von Zigarettenbildchen denkt.« (*KA* Bd. 19; *EAS* Bd. 5, S. 290).

325. 37 *Andalusierin]* S. *Stellenkommentar* zu 325. 9.

326. 3 *Brumme]* Lautmalerische Analogiebildung zu ›Biene‹; ugs. für Mädchen, junge Frau, Freundin oder Braut, mit teils bewunderndem, teils pejorativem Unterton (auch: ›Wuchtbrumme‹).

326. 5–7 *Ein hoher Karnevalsfunktionär ... wiederaufgebaut zu haben]* »Man meint ja immer, Humor und Ernst wären Widersprüche – im Gegenteil: Die gehören zusammen, und wenn man den Humor nicht verlieren kann, hat man keinen. Man kann nicht immer Humor haben. Das ist das Schreckliche am kommerziellen Kölner Karneval, daß da permanent Humor produziert wird, oder gezeigt oder demonstriert oder fabriziert wird. Thomas Liessem, der verstorbene, hat einmal gesagt: ›Wir haben doch‹ – und er meinte sein Festkomitee – ›in Köln den Humor wiederaufgebaut.‹ Damit ist nicht alles, aber viel über diese Art Humor gesagt.« Zitiert nach Heinrich Böll/Werner Koch (1979): »Köln gibt's schon, aber es ist ein Traum«. *Merian* Nr. 12/1979 (»Köln«), S. 135. Ironisch-kritischer Hinweis auf den Sekt- und Weinhändler Thomas Liessem (1900–1973), langjähriger Präsident (1935–1939 und 1954–1963) des Festkomitees der Kölner Karnevalsvereine. – Böll bezieht sich auf die Kommerzialisierung des ursprünglich gegen die ›Obrigkeit‹ gerichteten Kölner Karnevals, die er bereits 1969 in seinem Essay *Pfäffische Drei-Tage-Freiheit* kritisiert hatte: »Heute ist der Karneval total kommerzialisiert, er ist durch den Proporz und die Beschissenheit der Verantwortlichen ganz in die Hand der Bourgeoisie geraten, deren einzige Freiheit ihre Schlüpfrigkeit ist (an der angesichts der Sex-Welle keiner mehr Anstoß nimmt), deren politischer Witz zum blöden Kalauer verkümmert ist und die sich darauf beschränken muß, nicht die Mächtigen, sondern die Ohnmächtigen zu verspotten.« (*KA* Bd. 16; *EAS* 5, S. 39f.)

326. 12 *Sakrilege]* Verletzungen und Entweihungen religiöser Gebote und Orte.

327. 9–10 *Vergessen sein soll ... Presse]* Anspielung auf die Gedichtzeile »Nicht gedacht soll seiner werden«, die sich im vierten Gedicht des Zyklus

»Lamentationen« in Heinrich Heines *Nachgelesenen Gedichten 1854–1856* findet (Heinrich Heine, *Sämtliche Schriften*. Hg. von Klaus Briegleb. München: Hanser 1968 ff. Bd. VI, 1. S. 324).

327.22 *Amortisation]* Hier: die allmähliche Tilgung einer langfristigen Schuld nach einem festgelegten Plan.

327.25 *Akt- auch Passiva]* Aktiva (lat. activus ›tätig‹): die Vermögenswerte eines Unternehmens; Passiva (lat. passivus ›untätig, leidend‹): die Verbindlichkeiten, Rückstellungen etc. eines Unternehmens.

327.26–27 *mit einem unangemessenen Aufwand]* In der Verfilmung durch Volker Schlöndorff von 1975, die die Geschichte Katharina Blums in Form einer aus der Erzählung gefilterten Chronologie erzählt, bildet die Beerdigungsszene den (chronologischen) Schluß. Böll, der zusammen mit Schlöndorff und Margarethe von Trotta auch das Drehbuch verfaßt hatte, schrieb für das Drehbuch eine Grabrede des Verlegers der ZEITUNG, Dr. h. c. Lüding: »Die Schüsse, die Werner Tötges getroffen haben, haben nicht nur ihn getroffen. Sie galten der Pressefreiheit, einem der kostbarsten Güter unserer jungen Demokratie. Und durch die Schüsse sind auch wir, die wir trauernd und entsetzt stehen, nicht nur betroffen, sondern getroffen. Wer spürt nicht die Wunde, wer spürt nicht den Schmerz, der weit übers Persönliche hinausgeht. Wer spürt nicht den Atem des Terrors und die Wildheit der Anarchie, wer spürt nicht die Gewalt, mit der hier an der freiheitlich-demokratischen Grundordnung gerüttelt wurde, die uns allen so kostbar ist. Hier wurde scheinbar private Motivation zum politischen Attentat, und wieder einmal gilt: Wehret den Anfängen. Seid wachsam, denn mit der Pressefreiheit steht und fällt alles: Wohlstand, sozialer Fortschritt, Demokratie, Pluralismus, Meinungsvielfalt, und wer die ZEITUNG angreift, greift uns alle an.«

327.32–33 *Asservatenkammer]* Gerichtlicher und polizeilicher Aufbewahrungsort für Beweismittel.

327.33–34 *auch die Pistole ... Blorna Bescheid weiß]* Bezeichnung des Kalibers einer Pistole (Durchmesser des Geschosses in Millimetern, hier = acht Millimeter).

328.25 *bohemeartigen]* Boheme: frz., ungebundenes, unkonventionelles, z. T. anarchistisches Künstlertum.

328.26 *konfessionelle Tanzveranstaltungen]* Kirchlich organisierte Tanzvergnügen.

328.32 *Lemgo]* Stadt in Nordrhein-Westfalen.

328.33 *Volkswagen]* Gemeint ist der seit den 1940er Jahren im VW-Werk Wolfsburg gebaute VW-›Käfer‹, noch in den 1970er Jahren der meistgefahrene Pkw in Deutschland.

329.12 *Beduinenfrau]* Beduine (arab. ›Wüstenbewohner‹): der ursprgl. Typ des Aarabers.

329. 13 *Andalusierin]* S. *Stellenkommentar* zu 325. 9.

329. 15 *Honanseide]* Seide aus der chinesischen Provinz Honan.

330. 5–6 *Ich brauche ... Zäpfchen]* ›Zäpfchen‹ sind im allg. Sprachgebrauch durch den Anus eingeführte Arzneimittel (›Suppositorien‹); hier sprachspielerisch als Anforderung einer juristischen Verfügung für das ›Anzapfen‹ von Telefonleitungen verwendet.

332. 4 *Napoleonbiographie]* Napoleon Bonaparte (Napoleon I.) (1769–1821), frz. Kaiser von 1804–1814/15.

332. 5 *Königin Christina von Schweden]* Christina von Schweden (1626–1689), schwedische Königin von 1632–1654, Tochter Gustav Adolfs (1594–1632), entsagte 1654 dem Thron zugunsten Karl Gustavs und konvertierte 1655 zum Katholizismus.

332. 2–6 *Ihre Bibliothek ... Buchklub]* Die Erzählerhinweise auf die Buchklubmitgliedschaft, deren Angebot sich meistens auf ›populäre‹ (=gutverkäufliche) Literatur beschränkt, dienen vor allem der Charakterisierung Katharina Blums als ›Durchschnittsleserin‹ – so wie der Besitz eines VW-Käfers ihre Durchschnittlichkeit als Autobesitzerin kennzeichnet. Vgl. Bölls konzeptionelle Äußerungen in *Hintergrund*.

332. 19 *Weiberfastnacht]* S. *Stellenkommentar* zu 323. 31.

332. 21–22 *saturnalienartigen ... Festen etc.]* Saturnalien: Im alten Rom Feiern zu Ehren des Gottes Saturn.

332. 24 *Foyer]* Wandelhalle, Wandelgang (z. B. in einem Hotel oder im Theater).

332. 27–33 *Sie wurde von ... Gesichtsausdruck]* S. Bölls Ausführungen über die Presseberichterstattung zu den Verhaftungen insbesondere des harten Kerns der Rote-Armee-Fraktion (RAF) Anfang Juni 1972 in *Die Würde des Menschen ist unantastbar*, S. 140. – Vorbild für Bölls Darstellung eines menschenunwürdigen Verhaltens der Polizei dürfte hier die Presse-›Vorführung‹ von Margrit Schiller am 22. 10. 1971 in Hamburg gewesen sein. Schiller war nach der Ermordung des Polizisten Norbert Schmid durch – wie sich erst später erwies – das RAF-Mitglied Gerhard Müller in Hamburg in der Nähe des Tatorts in einer Telefonzelle festgenommen worden, verweigerte aber die Aussage. Über das folgende Geschehen berichteten die *Nürnberger Nachrichten* v. 23./24. 10. 1971 (»Im Blitzlichtfeuer schlug das Mädchen wild um sich«): »Zu einem in der Hamburger Kriminalgeschichte bisher einmaligen Vorfall kam es gestern nachmittag. Vier Polizeibeamte trugen Margrit Schiller waagrecht im Polizeipräsidium in einen Saal, damit die Verhaftete aus Gründen der Fahndungshilfe der Presse vorgeführt werden konnte. Während das Mädchen wild um sich schlug, strampelte und immer wieder versuchte, das Gesicht zu verbergen, klickten die Blitzlichter der Fotografen.« (HA 1326–ZAB 14, Bl. 116) Das »erschreckende Beispiel der Mißachtung der Menschenrechte« (Gerhard Krug: »Mutmaßungen

über Margrit«. In: *Die Zeit* v. 28. 10. 1971) rief deutliche Kritik auch vonseiten der Bundesanwaltschaft in Karlsruhe hervor. Im *Kölner Stadt-Anzeiger* berichtete Walter Schallies am 26. 10. 1971 (»Noch kein Beweis für Mord der Baader-Bande«): »Die gewaltsame Vorführung Margrit Schillers auf einer Pressekonferenz in Hamburg ist in Kreisen des Bundesgerichtshofes stark mißbilligt und als ein menschenunwürdiges und widerliches Schauspiel bezeichnet worden, dem niemand selbst im Interesse der Aufklärung eines schweren Verbrechens ausgesetzt werden dürfte.« (HA 1326–ZAB 14, Bl. 109) Vgl. Jens Mecklenburg (2001 [Hg.]): *Margrit Schiller. Es war ein harter Kampf um meine Erinnerung.* Ein Lebensbericht aus der RAF. München/Zürich: Piper, S. 18f.

333. 8 *Kuir]* Es handelt sich, wie bei den meisten Ortsangaben in dieser Erzählung, um fiktive Ortsnamen. Böll hat jedoch, um der Erzählung Lokalkolorit zu verleihen, bei zahlreichen dieser Angaben Anklänge an tatsächlich existierende Orte im Rheinland gewählt.

333. 13 *staublungenverdächtig]* Staublunge: Erkrankung der Lunge infolge von Arbeiten im Bergbau (insbesondere im Bereich des Kohlebergbaus), bei denen über längere Zeiträume hinweg Staubpartikel eingeatmet werden.

333. 14–15 *Versorgungsamt]* Institution zur Sicherung des Lebensunterhalts für Arbeitsunfähige, Ruheständler und Hinterbliebene.

333. 15 *Knappschaft ]* Knappen ist eine Bezeichnung für Bergleute; der Terminus ›Knappschaft‹ bezeichnet deren zunftartigen bzw. genossenschaftlichen Zusammenschluß zum Zweck der Renten- und Krankenversicherung.

333. 29–30 *Hauswirtschaftsschule]* Kurse (meist einjährig) zur Ausbildung in hauswirtschaftlichen Berufen (Wirtschafterin). Die Kurse werden mit einer Fachprüfung abgeschlossen.

334. 3 *Trommlerkorps]* ›Korps‹: milit. Truppenverband; hier als uniformierter Freizeitverein zu verstehen.

334. 32 *Ardennenpastete]* Ardennen: westl. Fortsetzung des Rheinischen Schiefergebirges, die Hochbelgien und Luxemburg umfaßt; Pastete: Speise aus fein gemahlenem Fleisch oder Leber (z. B. Gänseleberpastete).

335. 14–15 *Amortisation]* S. *Stellenkommentar* zu 327. 22.

335. 35 *Traiteur]* Leiter einer Großküche, Stadtkoch.

335. 38 *auf Pauschale ... Risiko]* Sinngemäß: freiberufliche Tätigkeit. Vgl. hierzu auch »Dem Finanzamt gegenüber gelte ich als freiberuflich. Ich zahle meine Steuern und Versicherungen selbst.« (336. 4–5)

336. 1 *Kalkulation]* Lat.: Berechnung, Kostenermittlung, Kostenvoranschlag.

339. 29 *Schlacks]* Eigtl. ›Schlaks‹: nld., ugs. für einen schlanken, aufgeschossenen jungen Mann, der sich ungelenk bewegt.

340. 8 *von ihm gebaute Brücke]* Metaphorisch für ›jmd. helfen, eine schwierige Situation zu überstehen‹.

342. 9 *vermasselt]* Ugs. für ›jmd. etwas verderben‹ oder ›etwas zunichte machen‹.

342. 32 *»front-page-story«]* Journalistischer Fachausdruck: engl., Bericht auf der ersten Seite (einer Zeitung).

343. 16–17 *RÄUBERLIEBCHEN]* Synonym für ›Flittchen‹.

343. 31 *verkappter Kommunist]* ›Kommunist‹: hier als Bezeichnung, die der politischen Herabsetzung einer Person dient. Das Wort ›verkappt‹ legt zugleich den Verdacht einer Untergrund- oder Spitzeltätigkeit nahe. Vgl. hierzu auch die Verwendung der Ausdrücke ›Kommunistensau‹ (S. 373. 28–29) und ›Kreml-Tante‹ (373. 32). Vgl. ferner Bölls Essay *Die 10 Gebote heute: Das 8. Gebot* (1975): »Und immer noch und immer wieder gilt Kommunist als Verleumdung oder Schimpfwort, angewandt auf solche, die sich zum Kommunismus bekennen, und andere, die weit davon entfernt sind, sich so zu definieren.«(*KA* Bd 19, *EAS* 5, S. 184)

343. 33 *Meßwein]* Wein, der in der kath. Kirche für die Messe verwendet wird (Eucharistie, Abendmahl).

343. 33 *Sakristei ]* Aufenthaltsraum des Priesters in einer katholischen Kirche, zugleich Aufbewahrungsort für die zur Durchführung des Gottesdienstes benötigten Gegenstände.

345. 2 *nach I.]* Vermutlich: ›nach Innsbruck‹.

345. 31 *saisongemäß fröhlich]* Ironischer Hinweis auf die während des Handlungsgeschehens andauernde, gleichsam ›verordnete‹ Karnevalsfröhlichkeit. Vgl. *Stellenkommentar* zu 326. 5–7

346. 36–37 *So mußte ... enden]* Vgl. hierzu den ›Bericht‹ der ZEITUNG über den Tod von Katharinas Mutter 399. 29–32.

347. 3 *tritschen gegangen]* Vermutlich ein Neologismus Bölls; im Sinne von ›abhauen‹.

347. 7 *Porsche]* Sportwagen der Luxusklasse, den Götten am Tag seiner Begegnung mit Katharina gestohlen hatte. Vgl. hierzu 370. 14–15.

347. 23 *der Gewerkschaft mißtraut]* Vgl. hierzu auch Bölls satirische Erzählung *Erwünschte Reportage*, KA Bd. 19.

347. 32 *Altphilologe]* Fachmann für klassische Sprachen wie Griechisch und Latein.

348. 8 *Altbauer]* Ehemaliger Besitzer eines Bauernhofes, der auf seinem Gut lebt, aber dessen Bewirtschaftung seinen Erben abgetreten hat.

348. 14 *›rote Trude‹]* Abschätzig gemeinter Spitzname für Blornas Frau. ›Rot‹ steht hier zur Bezeichnung ihrer politisch ›linken‹, dem Kommunismus oder Sozialismus nahestehenden Haltung.

348. 19–20 *Rückstau ... Rückblende]* Vgl. das von Böll zu Beginn der Erzählung metaphorisch eingesetzte Wortfeld ›Quelle‹, das an dieser Stelle

wieder aufgenommen und im folgenden leitmotivisch fortentwickelt wird. – Der Begriff ›Rückblende‹ bezeichnet ein Verfahren der Filmtechnik und der erzählenden Literatur (auch ›Rückgriff‹), mit dem der Handlungsgegenwart zeitlich vorgelagerte Ereignisse zu einem chronologisch nachgeordneten Zeitpunkt wiedergegeben werden.

349. 30 *Traiteuren]* Vgl. 335. 35.

349. 30 *Restaurateuren]* Hier: Restaurantbesitzer.

350. 3 *Bilanzfachmann]* Bilanz: Gegenüberstellung von Vermögen bzw. Kapital einerseits, Schulden andererseits.

353. 3 *Laien]* Theologisch nicht ausgebildete Gläubige.

353. 36–37 *Erstkommunikantin]* Junges Mädchen, das zum ersten Mal an der Kommunion und damit an der Eucharistie-Feier teilnimmt, d. h. an der Feier des heiligen Abendmahls als Mittelpunkt des kath. Gottesdienstes.

354. 20 *Gefreiten der Deutschen Wehrmacht]* Deutsche Wehrmacht: Bezeichnung der deutschen Armee während der Zeit des Nationalsozialismus; ›Gefreiter‹ ist der zweitunterste militärische Dienstgrad.

354. 24 *Sherry in Soßen]* Sherry: span. Süßwein.

357. 18 *Aniszeug ... schmeckte]* Vermutlich ›Pernod‹, ein beliebter Anis-Schaps, den man gewöhnlich mit Wasser verdünnt und dessen Alkoholgehalt durch die Wasserverdünnung wegen seines rein limonadenartigen Geschmacks unterschätzt wird.

360. 13–14 »*Mein Gott, ... kommen soll]* Vgl. Mt 11,2/3: »Johannes hörte im Gefängnis von den Taten Christi. Da schickte er seine Jünger zu ihm und ließ ihn fragen: Bist du der, der da kommen soll, oder müssen wir auf einen andern warten?« *Die Bibel*, 1980, S. 1088

360. 31–361. 1 *In diesem ... wiederherzustellen]* Vgl. Grundgesetz, Artikel 1: »Die Würde des Menschen ist unantastbar. Sie zu achten und zu schützen ist Verpflichtung aller staatlichen Gewalt.« S. auch *Hintergrund*.

361. 14–15 »*Person der Zeitgeschichte« ... öffentlichen Interesses]* Person mit einem durch politische oder gesellschaftliche Ereignisse bedingten hohen Bekanntheitsgrad.

364. 17 *Handwerkskammer]* Selbstverwaltungsinstitution deutscher Handwerksbetriebe mit dem Recht zur Abnahme von Lehrlings-, Gesellen- und Meisterprüfungen.

364. 19 »*organisierten Buffetismus«]* Ironisch-kritische Begriffsbildung, abgeleitet von ›Buffet‹, hier: Zusammenstellung von Speisen zur Selbstbedienung.

364. 29 *Pressefreiheit]* Nach Art 5 des Grundgesetzes garantierter Schutz der ungehinderten Verbreitung von Informationen und der freien Meinungsbildung.

364. 35 *Informationsgeheimnis]* Angehörige der Presse (in vergleichbarer Weise auch Ärzte, Priester, Anwälte, Steuerberater) besitzen ein Recht

auf Zeugnisverweigerung. Sie können auf diese Weise ihre Informanten oder Klienten vor dem Anspruch der Exekutive auf Preisgabe journalistischer Informationsquellen schützen.

366. 23 *Pionieren]* Hier: Angehörige der technischen Truppe in der Bundeswehr.

366. 24 *Innenstreife]* Militärpatrouille innerhalb des Bereichs einer Bundeswehrkaserne.

367. 19–21 *Ich habe am ... angerufen]* Ein offensichtlicher, auch von den vernehmenden Beamten nicht bemerkter Versprecher in der Aussage Hertha Scheumels, da sie erst nachmittags wußte, daß sie mit Claudia Sterm ins Café Polkt gehen würde und erst zu diesem Zeitpunkt mit Katharina Blum darüber telefonieren konnte.

368. 31–369. 3 *Es wurde ihr ... angerufen habe]* Staatsanwalt Korten erweist sich hier als uninformiert, wird doch in Kap. 33 von Beizmenne die »auf Schritt und Tritt«-Überwachung Göttens angeführt, während der dieser kein Telefonat geführt habe.

369. 30 *vulgär]* Vulgär (von lat. vulgus = Volk, Pöbel): niedrig, gewöhnlich.

370. 8 *heuer]* Mundartl. für ›in diesem Jahr‹, gebräuchlich in Süddeutschland, Österreich und der Schweiz.

370. 8–9 *Scheichs beliebter als Cowboys.]* S. *Stellenkommentar* zu 324. 31.

372. 37–38 *Andalusierin]* S. *Stellenkommentar* zu 325. 9.

373. 28–29 *Kommunistensau]* S. *Stellenkommentar* zu 373. 28–29.

373. 32 *Kreml-Tante]* S. *Stellenkommentar* zu 373. 28–29.

373. 35 *Stalin]* Josef Stalin (Jossif Wissarionowitsch Dschugaschwili)(1879–1953); sowjet. Staatsmann, seit 1922 Generalsekretär der Kommunistischen Partei der Sowjetunion (KPdSU); seit 1927 diktatorischer Alleinherrscher in der Sowjetunion; Oberbefehlshaber der sowjet. Armee.

373. 38 *Traktate]* Hier: religiöse Abhandlungen und Schriften zur Erbauung.

374. 24 *Kölnisch Wasser]* Alkoholisch-wäßrige Lösung von Duftstoffen und Ölen (auch ›Eau de Cologne‹).

376. 16–17 *»der da kommen sollte«]* S. *Stellenkommentar* zu 360. 14.

376. 19 *»kein Schmetterlingsfänger«]* Im Sinn von: ›kein harmloser, unbescholtener Mensch‹.

376. 26 *Frauenburnus]* Burnus: Kapuzenmantel der Beduinen.

378. 2 *Rechtsbeistandes]* Rechtsanwalt, Verteidiger.

378. 13 *Ambulierenderweise]* ›ambulieren‹: spazierengehen.

380. 7 *tritschen gegangen]* S. *Stellenkommentar* zu 347. 3.

380. 17 *perdu]* Frz.: verloren, verschwunden.

382. 23 *handsignierten Chagall]* Marc Chagall (1889–1985); berühmter

russ. Maler. Die eigenhändige Signatur (= Unterschrift) des Malers erhöht den Wert eines Bildes beträchtlich. Der Besitz eines »handsignierten« Chagall-Gemäldes kennzeichnet Blorna demnach als gutsituierten Anwalt.

383. 34 *Strohmann]* Person, die an Stelle einer anderen Person handelt.

384. 24–25 *Boulevardjournalismus]* ›Boulevard‹: frz., Straße. Gemeint ist die reißerisch aufgemachte Massenpresse mit Millionenauflage, wie sie in Bölls Erzählung nach dem Muster der *Bild-*Zeitung anhand der ZEITUNG dargestellt wird.

386. 22 *Transistor]* Halbleiter-Bauelement mit mindestens drei Elektroden und den Eigenschaften einer Elektronenröhre.

386. 27 *Pergola]* Laubenähnlicher Teil eines Gartens; auch An- oder Vorbau eines Hauses.

388. 5 *synchronisierbar]* Zeitlich aufeinander abzustimmen.

388. 6 *linearen Handlungsablauf]* Zeitlich kontinuierlicher Verlauf einer Handlung, ohne Vorausdeutungen, Rückwendungen oder Einschübe.

388. 8 *Zäpfchen]* S. *Stellenkommentar* zu 330. 6.

389. 1–2 *Sofort S. ganz raus, aber B. ganz rein.]* Anspielung auf die publizistische Strategie der Springer-Presse Böll gegenüber. Vgl. *Hintergrund*.

389. 13–15 *die »zueinander ... tief, ertrank]* Vgl. *Stellenkommentar* zu 323. 25–26.

389. 18 *Palatschinken mit Mohn]* Palatschinken: gefüllter Eierpfannkuchen (österr. Spezialität); Mohn: Würz-, Arznei- und Zierpflanze, auch Genuß- und Rauschmittel.

390. 4 *Anarchistencode]* Anarchisten: Anhänger des Anarchismus(= Lehre von der herrschaftsfreien Gesellschaft); Code: frz., geheime Sprache oder Verständigungsform.

390. 9 *Hasch]* Ugs. für Haschisch: aus dem Blütensaft des Hanfs gewonnenes Rauschgift.

390. 26 *Serenaden]* Instrumentale oder vokale Abendmusik; Ständchen.

390. 26 *Arien]* Sologesangsstück, v. a. in Oper und Oratorium, mit Instrumentalbegleitung.

390. 29 *telepathische]* Telepathie: Wahrnehmung von Empfindungen oder Gedanken anderer Menschen aus zeitlicher oder räumlicher Entfernung.

390. 34 *Zäpfchen]* S. *Stellenkommentar* zu 330. 6; ›genehmigt‹: hier die Erteilung einer Erlaubnis zum Abhören des Telefons einer verdächtigen Person.

391. 3–4 *Gewerkschaft ... Verkehr]* In den 1970er Jahren Teilgewerkschaft des Deutschen Gewerkschaftsbundes (DGB); heute (zusammen mit der Deutschen Angestellten Gewerkschaft, der Deutschen Postgewerkschaft, der Gewerkschaft Handel, Banken und Versicherungen und der Industriegewerkschaft Medien) als Teilgewerkschaft ver. di (= Vereinigte Dienstleistungsgewerkschaft) innerhalb des DGB organisiert.

391.7 *Tonbandstreitkräfte]* Ironisch-satirische Begriffsbildung Bölls; gemeint sind die mit dem Abhören von Telefonleitungen beauftragten Personen. Vgl. hierzu auch die satirische Bearbeitung dieses Themas in Bölls Satire *Berichte zur Gesinnungslage der Nation*, KA Bd. 19.

391.8 *Fuldaer Bischofskonferenz ]* Fulda: Stadt in Hessen; traditionsgemäß Tagungsort der Deutschen Bischofskonferenz, des Verbandes und Beschlußorgans der kath. Bischöfe in Deutschland. Vgl. *Notstandsnotizen* (1968), *KA* Bd. 15; *EAS* Bd. 3, S. 292: »Dabei müßte das Abhörgesetz für einen Moraltheologen doch ganz interessante Aspekte haben, da es ja doch die Telefonseelsorge und eine Art Telefonbeichte gibt: Wenn da mitten in der Nacht ein von Seelenqualen und Sündenlast geplagter Abgehörter einen Priester anruft, und es schaltet sich der Abhördienst in diese Beichte ein, es wird die ganze Sündenlast auf Tonband aufgenommen, weil der Verdächtige ja auch politische Sünden beichten könnte, welche ›theologische Situation‹ ergibt sich da?«

391.8–9 *Zentralkomitee deutscher Katholiken]* Dachorganisation der kath. Laien in Deutschland.

391.12 *Porno]* Abk. für Pornographie: griech., Druckwerk oder Bildmaterial, das die Darstellung von Sexualität überwiegend oder ausschließlich auf den genitalen Bereich konzentriert.

392.9–10 *Person der Zeitgeschichte]* S. *Stellenkommentar* zu 361.14.

392.26 *Artikulationshilfe]* Hilfe beim Formulieren von Mitteilungen; hier: kritisch-ironisch auf die verfälschenden Eingriffe bezogen, die Tötges an den Äußerungen der von ihm interviewten Personen vornimmt.

392.32 *Cleverness]* Engl.: Intelligenz, Schlauheit, Gerissenheit.

393.11 *Brumme]* S. *Stellenkommentar* zu 326.3.

394.35–395.1 *Rufmörder]* Person, die den Ruf eines anderen Menschen in verleumderischer Absicht schädigt.

395.4 *Marxistin]* Anhängerin der Lehren des dt. Philosophen und Revolutionärs Karl Marx (1818–1883).

395.23 *Milieukummer]* ›Milieu‹: frz., Herkunft, Umgebung, Umwelt; hier im Sinne von: Sorge um die eigene Familie.

397.7 *expedieren]* Lat.: ›(hinaus)befördern‹; hier: ironisch für die Hilfe Katharinas bei der Flucht von Götten.

397.11–12 *Räuber- und Gendarmromantik]* Anspielung auf das bei Kindern beliebte Verfolgungsspiel ›Räuber und Gendarm‹.

398.16–17 *das Interview ... erwiesen hatte]* Anspielung auf den Scheincharakter von Tötges' ›Interview‹ mit Katharina Blum, bei dem es ein Interview im Sinn eines Gesprächs oder einer Befragung nicht gegeben hat. – Vgl. hierzu auch den Hinweis auf die etymologische Bedeutung des frz. Ursprungswortes ›entrevoir‹ (= einander [kurz] sehen, sich begegnen, treffen) bei Bellmann/Hummel (1999), S. 21.

398. 37 *neuralgischen Wort]* Neuralgie: griech., Nervenschmerz; neuralgisch: hier im übertragenen Sinn von ›schwierig, problematisch‹.

399. 22 *Erstkommunikantin]* S. Stellenkommentar zu 353. 36–37.

399. 22 *Gefreiter]* S. Stellenkommentar zu 354. 20.

400. 19 *auszubaldowern]* Ugs.: ›auszukundschaften‹.

400. 24 *loyalen]* Frz.: ›treuen‹.

400. 25 *Linksgruppe]* Anhänger einer ›linken‹, sozialistischen oder kommunistischen Gruppe. Im Zusammenhang des ZEITUNG-Artikels herabsetzend gebraucht.

401. 5 *Annalen]* Lat. (›annus‹ = Jahr): Historische Jahrbücher.

401. 5 *TH]* Abk. für Technische Hochschule.

401. 23 *Hochsitzen]* Jägersprache (auch ›Anstand‹ oder ›Hochstand‹): Jagdart, bei der der Jäger an erhöhter und verdeckter Stelle auf Wild lauert.

401. 35–402. 1 *auskontaktiert]* Im Sinn von: die Kontakte eines Menschen vollständig ausforschen.

402. 7 *Rechercheuren]* Frz. ›recherche‹: Suche, Untersuchung, Erforschung.

402. 14 *Mauerbau]* Mit dem Bau der Mauer, die die Stadt Berlin bis 1989 teilte, begann die Regierung der DDR am 13. August 1961.

402. 11–17 *Die Mutter ... abgelehnt]* Wer ›freiwillig‹ in der DDR lebte oder in die DDR übersiedelte, galt in der Bundesrepublik Deutschland vor 1989 als Sympathisant des Sozialismus und deshalb als politisch verdächtig.

402. 17–21 *Noch ein paar ... verschollen sei]* Hinweis auf die im Jahr 1932 erheblich gewachsene Macht der Nationalsozialisten, die bereits vor der Machtübernahme durch Adolf Hitler (30. Januar 1933) zur Flucht von Mitgliedern der kommunistischen Partei aus Furcht vor Verfolgung und Unterdrückung führte. Die Wendung »verschollen« verweist auf die Internierung und Ermordung von politischen Emigranten in der UdSSR durch die Politik Stalins.

402. 21–22 *Vermißtenlisten der Deutschen Wehrmacht ]* Liste mit Namen von Personen, die im oder nach dem Zweiten Weltkrieg vermißt wurden, d. h. von denen keine Informationen über ihr Schicksal oder ihren Verbleib vorlagen.

403. 24 *Molotow-Cocktail]* Nach dem ehem. russ. Außenminister W. M. Molotow (1890–1986) benannte Mischung aus Benzin und Phosphor, die sich als Brandsatz verwenden läßt.

403. 35 *Anarchismus]* S. Stellenkommentar zu 390. 4.

403. 36 *bespricht]* Hier im Sinn von ›Gesundbeten‹.

404. 23 *»Interview«]* S. Stellenkommentar zu 398. 16–17.

406. 16 *Treuhänderschaft]* Verwaltung fremder Interessen oder Vermögenswerte durch eine andere Person, Organisation oder Institution (auch ›Treuhandschaft‹).

406. 19 *Amortisation]* S. *Stellenkommentar zu* 327. 22.

406. 28 *in erster Instanz]* Instanz: Stufe eines gerichtlichen Verfahrens.

407. 4 *Abwicklungen]* Abschluß politischer, ökonomischer und institutioneller Entwicklungsprozesse.

407. 11 *Querulanten ]* Lat.: uneinsichtige, engstirnige Menschen mit dem Hang zum Nörgeln.

407. 13 *Solnhofener Schiefer]* Solnhofen: Gemeinde in Mittelfranken (Bayern; aus dem Gestein der Fränkischen Alb werden Platten für Boden-, Wand-, Treppen- und Simsverkleidung gewonnen.

407. 12-15 *Marmorverkleidungen ... Schleiflackschichten]* Marmor dient vor allem als Bildhauer- und Dekorationsstein; Schleiflack ist ein Lack aus Kunst- und Naturharzen mit Zusätzen, die das Schleifen der getrockneten Lackschicht mit Bimsstein ermöglichen.

407. 23-24 *Degradierung]* Milit.: Herabstufung eines Dienstgrades, häufig aus disziplinarischen Gründen.

408. 5-6 *Bonvivant]* Frz.: Lebemann, auch Lebenskünstler; eine Person, die das Leben liebt und es zu genießen versteht.

408. 16 *Deodorants]* Geruchstilgende Mittel zur Körperpflege.

408. 34-36 *Fließen... vorgetäuscht]* Anspielung auf mögliche finanzielle Zuwendungen aus der DDR oder der Sowjetunion für den angeblich ›roten‹ Anwalt Blorna.

409. 3 *Hauptverhandlung]* Der wichtigste Teil des Strafprozesses mit Beweisaufnahme und Plädoyers (Schlußworten) der Staatsanwaltschaft und der Verteidigung. An der Hauptverhandlung müssen ununterbrochen die Richter, Schöffen und Geschworenen teilnehmen. Der Angeklagte wird hier vernommen, Zeugen und Sachverständige werden gehört. Der Angeklagte erhält das letzte Wort. Die Hauptverhandlung schließt mit der Urteilsverkündung.

410. 15-16 *Traiteurservice]* S. *Stellenkommentar zu* 335. 35.

410. 19 *langen Marsch durch die Instanzen]* ›Langer Marsch‹: Anspielung auf ein geflügeltes Wort des chinesischen Revolutionärs und Politikers Mao Tse Tung (1893-1976), das den Prozeß des Kampfes der kommunistischen Partei Chinas um die politische Macht umschreiben sollte; 1968 während der antiautoritären Revolte in der Bundesrepublik Deutschland von dem Studentenführer Rudi Dutschke (1940-1979) in der Formel vom »langen Marsch durch die Institutionen« wieder aufgenommen.

411. 6 *Seeger]* Ugs. für ›Seicher‹ = Person, die uriniert.

411. 7 *Zicke]* Mundartl. für ›Ziege‹; ugs. abwertende Bezeichnung für weibl. Person.

411. 15 *Petit-Fours]* Frz.: Feines Gebäck.

411. 25-26 *Frederick le Boche]* Künstlername, mit dem auf die abwertende frz. Bezeichnung für Deutsche (›les boches‹) angespielt wird.

411.26 *Mäzen]* Von dem römischen Patrizier Maecenas (70 v. Chr.-8 v. Chr.), einem Vertrauten des römischen Kaisers Augustus (63 v. Chr.-14 n. Chr.) und Förderer der Dichter Horaz (65 v. Chr.-8 v. Chr.) und Vergil (70 v. Chr.-19 v. Chr.) abgeleiteter Begriff für wohlhabende Kunstförderer.

413.3 *soziale Funktion]* Ironischer Verweis auf die gesellschaftliche Bedeutung der Kunst, die hier auf den Aspekt ihres Marktwerts eingeschränkt wird. Zu dieser Textstelle bemerkte Böll in einem Interview, es handele sich um einen »Hinweis auf den Snobismus des Kunstgeschäfts«: »Das soll ausdrücken – ob's geglückt ist, ist eine andere Frage –, daß alles kommerzialisierbar ist, sogar eine Ohrfeige und die zwei oder drei Blutstropfen, die sie zu Folge hat. Das kann man noch verkaufen mit der Signatur des berühmten Mannes« (*Int*, S. 341. S. auch *Stellenkommentar* zu dem »handsignierten Chagall« Blornas 382. 23.

413. 23–24 *zweiten Instanz]* S. *Stellenkommentar* zu 406. 28.

413. 32–33 *als Verteidiger ... ablehnen]* Tatsächlich kann ein Verteidiger nach deutschem Strafrecht (StPO § 146) nicht »wegen Befangenheit« abgelehnt werden. Böll bezieht sich hier auf den Ausschluß von Verteidigern in Verfahren gegen Mitglieder der terroristischen Roten Armee Fraktion. So wurde Otto Schily als Verteidiger von Gudrun Ensslin ausgeschlossen, weil er angeblich einen Kassiber seiner Mandantin aus dem Gefängnis geschmuggelt hatte. Obwohl nach dt. Strafrecht einem Täter eine Straftat nachgewiesen werden muß, wurde hier die Beweislast umgekehrt: Schily sollte – was er nicht konnte – seine Unschuld beweisen. Vgl. Rudolf Gerhardt (1972): »Ein Verteidiger wehrt sich«. In: *Frankfurter Allgemeine Zeitung* v. 24. 10. 1972 (HA 1326-ZAB 14, Bl. 36).

414. 17–19 *ein alter Nazi ... geworden sei]* Anspielung auf die Praxis des Verfassungsschutzes in der Bundesrepublik Deutschland, verdächtige ›Verfassungsfeinde‹ der politischen Linken strenger zu überwachen als einstige Nationalsozialisten. Vgl. hierzu Bölls Essay *In der Bundesrepublik leben?* (1963), in dem es heißt: »Wir leben in einem komplizierten Land, wo einer, obwohl, trotzdem oder gar weil er Nazi war, Politik machen, ein Amt bekleiden kann« (*KA* Bd. 11).

414. 19–20 *Politischer Leiter]* Politisch verantwortlicher Amtsträger der NSDAP.

416. 10 *Kledage]* Ugs. mundartl. (norddt.) für ›Kleidung‹.

# Anhang

# Siglen und Abkürzungen

## Textsiglen

| | |
|---|---|
| de | Druckfahne (Fahnenabzug) mit eigenhändigen Eintragungen Heinrich Bölls |
| M | Manuskript |
| N | Notizblatt |
| T | Typoskript |
| t | Typoskriptdurchschrift |
| TH | eigenhändig überarbeitetes Typoskript |
| Th | von fremder Hand überarbeitetes Typoskript |
| tH | eigenhändig überarbeitete Typoskriptdurchschrift |
| Z | Zeitschriftendruck |

## Textkritische Zeichen

| | |
|---|---|
| { } | von Böll gestrichen |
| [xxx] | unleserlich |
| / | Zeilen-, Versgrenze |

## Im Apparat verwendete Abkürzungen

| | |
|---|---|
| beschr. | beschrieben |
| Bl., Bll. | Blatt, Blätter |
| eh. | eigenhändig Heinrich Böll |
| eingef. | eingefügt |
| gestr. | gestrichen |
| hs. | handschriftlich von fremder Hand |
| korr. | korrigiert |
| Korr. | Korrektur(en) |
| loR | linker oberer Rand |
| roR | rechter oberer Rand |
| ms. | maschinenschriftlich |
| pag. | paginiert |
| r | recto |
| unpag. | unpaginiert |
| unvollst. | unvollständig |
| v | verso |

## Titelsiglen

| | |
|---|---|
| *AKR* | Heinrich Böll: *Aufsätze, Kritiken, Reden*. Köln: Kiepenheuer & Witsch, 1967 |

| | |
|---|---|
| BBK | *Die Hoffnung ist wie ein wildes Tier. Der Briefwechsel zwischen Heinrich Böll und Ernst-Adolf Kunz 1945–1953*. Hg. und mit einem Nachwort versehen von Herbert Hoven. Köln: Kiepenheuer & Witsch, 1994 |
| DWB | *Deutsches Wörterbuch von Jacob und Wilhelm Grimm und der Deutschen Akademie der Wissenschaften zu Berlin*. Leipzig: Hirzel, 1854ff. (Nachdruck: München: Deutscher Taschenbuch Verlag, 1984) |
| EAS | Heinrich Böll: *In eigener und anderer Sache. Schriften und Reden 1952–1985*. 9 Bde (= dtv, 10601–10609). München: Deutscher Taschenbuch Verlag, 1985. Bd. 4: *Ende der Bescheidenheit. Schriften und Reden 1969–1972* (= dtv; 10604); Bd. 5: *Man muß immer weitergehen. Schriften und Reden 1973–1975* (= dtv; 10605) |
| EE | Heinrich Böll: *Einmischung erwünscht. Schriften zur Zeit*. Köln: Kiepenheuer & Witsch, 1977 |
| ESR | Heinrich Böll: *Werke. Essayistische Schriften und Reden 1–3*. Hg. von Bernd Balzer. Bd. 1: *1952–1963*; Bd. 2: *1964–1972*. Köln: Kiepenheuer & Witsch, [1979] |
| *Freies Geleit* | *Heinrich Böll: Freies Geleit für Ulrike Meinhof. Ein Artikel und seine Folgen*. Zusammengestellt von Frank Grützbach. Mit Beiträgen von Helmut Gollwitzer, Hans G. Helms und Otto Köhler. Köln: Kiepenheuer & Witsch, 1972 |
| HTDG | Heinrich Böll: *Werke. Hörspiele, Theaterstücke, Drehbücher, Gedichte I. 1952–1978*. Hg von Bernd Balzer. Köln: Kiepenheuer & Witsch, [1979] |
| Int | Heinrich Böll: *Werke. Interviews I 1961–1978*. Hg. von Bernd Balzer. Köln: Kiepenheuer & Witsch, [1979] |
| KA | Heinrich Böll: *Werke. Kölner Ausgabe*. Köln: Kiepenheuer & Witsch, 2002ff |
| NPLS | *Heinrich Böll: Neue politische und literarische Schriften* Köln: Kiepenheuer & Witsch, 1973 |
| WA | Heinrich Böll: *Werke. Romane und Erzählungen 1–5*. Hg. von Bernd Balzer. Bd. 5: *1971–1977*. Köln: Kiepenheuer & Witsch, 1977 |

## *Archivsiglen*

| | |
|---|---|
| HA | Historisches Archiv der Stadt Köln |
| NE | Nachlaß Erbengemeinschaft Heinrich Böll |
| AB | Arbeitsbuch Heinrich Böll |
| EK | Einzelkorrespondenz |
| SBA | StadtBibliothek Köln – Heinrich-Böll-Archiv |
| ZAB | Zeitungs- und Dokumentensammlung Heinrich Böll |

# Personenregister

Recte gesetzte Ziffern verweisen auf Personennennungen im Textteil.
Kursive Ziffern beziehen sich auf den Apparat.

Achmatowa, Anna Andrejewna (eigentl. Anna Andrejewna Gorenko) (1889–1966), russ. Lyrikerin 253, *664*

Achternbusch, Herbert (geb. 1938), dt. Schriftsteller 239–242, *644*, *647–648*
    *Der Tag wird kommen* 239–240, *648*

Adenauer, Konrad (1876–1967), dt. Politiker (CDU) 46, 63, 110, 112, 147–148, 151, 225, 276, 462, 480, 492, 524, *559*, *562*, 626–627, 629, 687, *728*, *734*

Adler, Hans Günther (1910–1988), dt. Schriftsteller und Soziologe 50, 266, 297–299, 301–302, *644*, *646–647*, *678*, *711*, *713*
    *Der verwaltete Mensch. Studien zur Deportation der Juden aus Deutschland* 266, 297, 302, *711*

Agnew, Spiro (eigentl. Spiro Anagnostapulos) (1918–1986), amerik. Politiker und Jurist 245, *652*

Aichinger, Ilse (geb. 1921), österr. Schriftstellerin 233, *642*

Aitmatow, Tschingis (geb. 1928), sowjet. Schriftsteller *631*

Albertz, Heinrich (1915–1993), dt. Theologe (ev.) und Politiker (SPD) *753*

Alexander, Peter (eigentl. Peter Alexander Neumayer) (geb. 1926), österr. Schauspieler und Sänger 224, *626*

Alfrink, Bernard (1907–1987), niederl. Theologe (kath.) 186, *597*

Allende Gossens, Salvador (1908–1973), chilen. Staatspräsident 249, *653–656*, *690–691*

Aloysius von Gonzaga (1568–1591), ital. Heiliger und Jesuit 183, *595*

Amalrik, Andrej (1938–1980), sowjet. Schriftsteller 223–224, 226–229, 257, 490, *596–597*, *625*, *629–632*, *666*, *689*

Amery, Carl (d.i. Christian Mayer) (geb. 1922), dt. Schriftsteller und Publizist *487*

Améry, Jean (d.i. Johannes Mayer) (1912–1978), österr. Schriftsteller und Publizist *538*

Andersen-Nexö, Martin (1869–1954), dän. Schriftsteller 197, *606*

Anne (Prinzessin Anne) (eigentl. Anne Elisabeth Alice Louise Mountbatten) (geb. 1950), Prinzessin von Großbritannien und Nordirland; Tochter von Elisabeth II. 276, *686–687*

Antonius von Padua (um 1195–1231), ital. Heiliger, Mönch und Kirchenlehrer *641*

Aristoteles (384–322 v. Chr.), griech. Philosoph *703*

Arndt, Ernst Moritz (1769–1860), dt. Dichter und Publizist *501*
Arndt, Klaus-Dieter (1927–1974), dt. Politiker (SPD) 288
Arrabal Terán, Fernando (geb. 1932), span. Dramatiker und Regisseur 214, *617–618*
Asdonk, Brigitte (geb. 1947), dt. Mitglied der RAF *457*
Astel, Arnfrid (geb. 1933), dt. Schriftsteller und Rundfunkredakteur 54–56, *472*
Auerbach, Frank, dt. Lektor und Publizist *564*
Aufermann, Jörg (geb. 1940), dt. Politologe *556*
Augstein, Rudolf (1923–2002), dt. Journalist und Publizist 192–194, 196–198, *454, 538, 602–604*
*Jesus Menschensohn* 192, *604*
Augustus (63 v. Chr.–14 n. Chr.), röm. Kaiser *765*

Baader, Andreas (1943–1977), dt. Gründungsmitglied der RAF 42–44, 47, 140, *456–457, 459–460, 477–478, 481, 533, 554*
Bachmann, Ingeborg (1926–1973), österr. Schriftstellerin 124, 232–234, *536, 640–642*
*Anrufung des Großen Bären* 641
*Die gestundete Zeit* 642
*Todesarten-Projekt* 641
Bachmann, Josef Erwin (1945–1970), dt. Anstreicher und Maler 57, *456, 473*
Bahr, Egon (geb. 1922), dt. Politiker (SPD) 288, 313, *591, 700, 725*
Balzer, Bernd (geb. 1942), dt. Germanist *528*
Bareiro Saguier, Ruben (geb. 1930), parag. Schriftsteller 189

Barzel, Rainer (geb. 1924), dt. Politiker (CDU) 52, 111, 115, 117, 133, 144, 149, 151, 155, *469, 524–525, 546, 555, 563, 652*
Batista y Zaldivar, Fulgenico (1901–1973), kuban. Politiker und General *653*
Bauer, Alfred Louis Heinrich (1898–1984), dt. Verleger 225, *627*
Baumann, Michael »Bommi« (geb. 1948), dt. Sympathisant der RAF *671*
Beckel, Albrecht (1925–1993), dt. Politiker (CDU) und Jurist *443*
Beckenbauer, Franz (geb. 1945), dt. Fußballspieler 137, *550*
Becker, Jürgen (geb. 1932), dt. Schriftsteller *510*
Becker, Rolf (geb. 1928), dt. Journalist *541–542, 566, 602, 647, 711*
Beckett, Samuel (1906–1989), ir. Dramatiker 79, *500*
Beckmann, Joachim (1901–1987), dt. Theologe (ev.) 27, 31–32, *446*
Bender, Hans (geb. 1919), dt. Schriftsteller und Publizist *426, 507, 510*
Berberich, Monika (geb. 1942), dt. Mitglied der RAF *457*
Beuys, Joseph (1921–1986), dt. Bildhauer und Zeichner *694–696*
Beyer, Hans *siehe* Troll, Thaddäus
Biedenkopf, Kurt Hans (geb. 1930), dt. Politiker (CDU) 224, 312–313, *626, 725*
Bienek, Horst (1930–1990), dt. Schriftsteller *674*
Biermann, Wolf (geb. 1936), dt. Liedermacher und Schriftsteller 132, 187, *543, 600*
Bismarck, Klaus von (1912–1997),

Intendant des WDR 142, 553–554
Blum, Robert (1807–1848), dt. Publizist und Revolutionär 737
Böhler, Wilhelm Johannes (1891–1958), dt. Theologe (kath.) 24, 444
Böhm, Gottfried (geb. 1920), dt. Architekt 501, 513
Boelens, Jan, niederl. Schriftsteller 539
Böll, Alfred (1913–1988), Bruder H. Bölls 508
Böll, Alois (1911–1981), Bruder H. Bölls 508, 622
Böll, Annemarie (geb. Cech) (geb. 1910), Übersetzerin, Ehefrau Heinrich Bölls 103, 124, 133–134, 427, 433, 438, 449, 496, 500, 509–510, 518, 528, 537, 541, 545, 548, 621–622, 639, 686, 740
Böll, Gertrud (1909–1999), Büroangestellte, Schwester H. Bölls 508
Böll, Grete (1900–1963), Sozialarbeiterin und Schwester H. Bölls (aus erster Ehe von V. Böll) 99, 516, 518, 703
Böll, Katharina (1870–1901), erste Ehefrau Viktor Bölls 508
Böll, Lila (geb. 1950), Ehefrau von Raimund Böll 740
Böll, Maria (1877–1944), zweite Ehefrau Viktor Bölls, Mutter H. Bölls 508
Böll, Mechthild (1907–1972), Lehrerin, Schwester H. Bölls 508, 621
Böll, Raimund (1947–1982), Bildhauer, Sohn H. Bölls 220, 509, 622, 740–741
Böll, René (geb. 1948), Maler u. Graphiker, Sohn H. Bölls 509

Böll, Viktor (1870–1960), Schreinermeister, Vater H. Bölls 93, 508–509, 622, 710
Böll, Vincent (geb. 1950), Architekt, Sohn H. Bölls 509
Boenisch, Peter (geb. 1927), dt. Journalist 53, 469
Börnsen, Gert (geb. 1943), dt. Politiker (SPD) und Politologe 635
Bohnke-Kollwitz, Jutta (geb. 1923), dt. Germanistin 495
Bongard, Willi (1930–1985), dt. Kultur- und Wissenschaftsjournalist 694, 696
Bór-Komorowski, Tadeusz (1895–1966), poln. General 515
Borneman, Ernest (eigentl. Ernst Wilhelm Julius Bornemann) (1915–1995), dt. Sexualforscher und Wissenschaftspublizist 142, 554
Bortnikow, Gennadi Leonidowitsch (geb. 1939), sowjet. Schauspieler 489–490
Bosch, Hieronymus (eigentl. Jheronimus Bosch van Aken) (um 1450–1516), niederl. Maler 513
Braem, Helmut M. (1922–1977), dt. Schriftsteller, Übersetzer und Journalist 429
Brandner, Hans-Erich, dt. Jurist 740
Brandt, Willy (eigentl. Herbert Ernst Karl Frahm) (1913–1992), dt. Politiker (SPD) 109–116, 121, 123, 133–134, 146–147, 149, 151–152, 156, 181–183, 279, 289, 475, 492–493, 521–524, 529, 534, 544–546, 556–557, 559, 562, 571–572, 586–589, 591, 593–594, 648, 652, 691–692, 697, 734
Brecht, Bertolt (1898–1956), dt. Dramatiker und Lyriker 422, 425

Breede, Werner (geb. 1941), dt. Jurist *556*
Breker, Arno (1900–1991), dt. Bildhauer und Architekt 100, *515*
Breshnew, Leonid Iljitsch (1906–1982), sowjet. Politiker und Staatsmann 159, 170, 187, 228, *565*, *574*, *582*, *584*, 600, 633, *741*
Breytenbach, Breyten (geb. 1939), südafrik. Schriftsteller und Maler *538*
Brockmann, Heinz (geb. 1948), dt. Mechaniker und Sympathisant der RAF *671*
Brodsky (Brodski), Joseph (Josef) (eigentl. Jossif Alexandrowitsch Brodskij) (1940–1996), sowjet.-amerik. Lyriker 159, 170, 179, *565*, *582*, *584*
Brücher, Ernst (geb. 1925), dt. Verleger *496*
Brückner, Peter (1922–1982), dt. Psychologe 73, 120, *469*, *494*, *533*
Brüning, Heinrich (1885–1970), dt. Politiker (Zentrum) 113, *526*
Bruller, Jean Marcel *siehe* Vercors
Bruno, Giordano (1548–1600), ital. Philosoph und Dominikaner 194, *604*
Bucerius, Gerd (1906–1995), dt. Verleger 294–295, *697*, *705*, *707*, *709*–*710*
Bucharin, Nikolai Iwanowitsch (1888–1938), sowjet. Politiker und Wirtschaftstheoretiker 272, 281, *683*, *693*
Buddenberg, Wolfgang (1911–1997), dt. Jurist *532*
Bukowski (Bukowskij), Wladimir (geb. 1942), sowjet. Schriftsteller und Systemkritiker 54, 56–57, 60, 122, 181, 184–185, 187, 190, 223, 226, 228, *468*, *472*, *490*, *534*, *594*, 600, *625*, *633*
Burda, Franz (1903–1996), dt. Verleger 225, *628*
Busch, Wilhelm (1832–1908), dt. Schriftsteller und Zeichner 265, *676*

Caesar, Gaius Julius (100–44 v. Chr.), röm. Feldherr 211, 274, *615*
*De bello Gallico* 211
Cajetan, Thomas (eigentl. Jacobus de Vio) (1469–1534), ital. Theologe (kath.) und Kardinal *617*
Camara, Dom Helder (eigentl. Helder Pessoa Camara) (1909–1999), bras. Theologe (kath.) 35, *448*
Carey, Henry (1687–1743), engl. Komponist und Liedermacher *502*
Carver, David Dove (1903–1974), engl. Sänger und Musiker 16, *428*, *432*
Castellet, Josep Maria (geb. 1926), span. Literaturkritiker 187
Castro, Fidel (geb. 1927), kuban. Jurist und Revolutionär *422*–*423*, *653*
Cayrol, Jean (geb. 1911), frz. Schriftsteller 257, *666*
Celan, Paul (eigentl. Paul Antschel) (1920–1970), dt. Lyriker 180, 233, *585*, *642*, *666*
Cervantes Saavedra, Miguel de (1547–1616), span. Schriftsteller 197, *606*
Chagall, Marc (1889–1985), russ. Maler 382, *760*
Chiusano, Italo Alighiero (geb. 1926), ital. Germanist und Übersetzer *575*

Chlodwig I. (466–511), König der Franken aus dem Geschlecht der Merowinger 131, *543*
Christine von Schweden (Christina von Schweden) (1626–1689), schwed. Königin 332, *756*
Chruschtschow, Nikita Sergejewitsch (1894–1971), sowjet. Politiker und Staatsmann 89, 253–254, *663–665*
Churchill, Winston Leonard Spencer (1874–1965), brit. Politiker und Staatsmann 271, *524*, *682*
Cirici, Christian (geb. 1941), span. Architekt und Schriftsteller 187
Clarke, Desmond (1907–1979), ir. Schriftsteller und Bibliothekar 16, *432*
Claudius, Matthias (1740–1815), dt. Dichter *726*
Cölestin V. (eigentl. Petrus von Murrone (Pietro Angelari)) (um 1215–1296), ital. Einsiedler und Papst 307, *722*

Daiber, Hans (geb. 1927), dt. Redakteur *619*
Daniel, Julij Markowitsch (1925–1988), sowjet. Schriftsteller und Dissident *439*
Dannenberger, Hermann *siehe* Reger, Erik
Darré, Richard Walther (1895–1953), dt. Politiker (NSDAP) und Landwirt *696*
Daves, Joan (gest. 1994), amerik. Literaturagentin *438*, *598*
Dawson-Scott, Catharine Amy (1865–1934), engl. Schriftstellerin *431*, *434–435*
Defregger, Matthias (1915–1995), dt. Theologe (kath.) 28–29, 65, *446*
Denger, Erwin Adolf (1914–1990), dt. Jurist 54, *472*
Dibelius, Otto (1880–1967), dt. Theologe (ev.) 25–26, *444*
Dickens, Charles (1812–1870), engl. Schriftsteller *688*
Dillinger, John Herbert (1903–1934), amerik. Gangster 121, *533*
Dinaux, Carel (1898–1980), niederl. Essayist und Literaturkritiker *429*
Dirks, Walter (1901–1991), dt. Journalist und Publizist 144, 156, 279, *556*, *563*, *692*
Dönhoff, Marion Gräfin (1909–2002), dt. Publizistin *423*, *487*
Döpfner, Julius (1913–1976), dt. Theologe (kath.) 26, 28–29, 32–33, 35–36, 313, *445*
Domin, Hilde (eigentl. Hilde Palm) (geb. 1909), dt. Schriftstellerin 9, 290–292, *421*, *424*, *426*, *702–703*
*Von der Natur nicht vorgesehen. Autobiographisches* *703*
Don Juan d´Austria (1547–1578), span. Feldherr 110, *524*
Doolaard, A. den (d.i. Cornelius Johannes George (Bob) Spoelstra) (1901–1994), niederl. Schriftsteller *428*
Dostojewski, Fjodor Michailowitsch (1821–1881), russ. Schriftsteller 198, 200, 215–216, *607*, *613*, *618*
*Der Idiot* 198, *607*
Dregger, Alfred (1920–2002), dt. Politiker (CDU) 111, 151, 155, 312–313, *525*, *560*, *563*, *725*
Drenkmann, Günther von (1910–1974), dt. Jurist *443*
Drewitz, Ingeborg (1923–1986), dt. Schriftstellerin *638*

Dubcek, Alexander (1921–1992), tschech. Politiker *636*
Dürrenmatt, Friedrich (1921–1990), schweiz. Schriftsteller und Maler *318*, *732*
Dufhues, Josef Hermann (1908–1971), dt. Politiker (CDU) *233*, *642*
Dutschke, Alfred Willi Rudolf »Rudi« (1940–1979), dt. Studentenführer und Soziologe *57*, *452*, *455–456*, *473*, *764*
Duve, Freimut (geb. 1936), dt. Politiker (SPD) und Publizist *551*

Ebert, Friedrich (1871–1925), dt. Politiker (SPD) *113*, *526*
Echternach, Jürgen (geb. 1937), dt. Politiker (CDU) und Jurist *475*
Eck, Johannes (1486–1543), dt. Theologe (kath.) *617*
Ehmke, Horst (geb. 1927), dt. Politiker (SPD) *224*, *545*, *626*
Eich, Günter (1907–1972), dt. Lyriker und Hörspielautor *233*, *250*, *642*, *658–659*
  *Maulwürfe* *658–659*
Eichmann, Adolf (1906–1962), dt. Politiker (NSDAP) und NS-Funktionär *50*, *299–300*, *465–466*, *646*, *714*, *716*
Einstein, Albert (1879–1955), dt. Physiker *422*
Eisler, Hanns (1898–1962), dt. Komponist *666*
Elisabeth II. (geb. 1926), Königin von Großbritannien und Nordirland *276*, *687*
Elstob, Peter Frederick Egerton (1915–2002), engl. Schriftsteller *16*, *432*
Emmanuel, Pierre (1916–1984), frz. Schriftsteller *318*, *427–428*, *732*

Engelmann, Bernt (1921–1984), dt. Schriftsteller und Journalist *465*
Engels, Friedrich (1820–1895), dt. Philosoph und Journalist *276*, *687*
Ensslin, Gudrun (1940–1977), dt. Germanistikstudentin und Gründungsmitglied der RAF *47*, *121–122*, *141*, *456–457*, *481*, *533*, *553*, *765*
Enzensberger, Hans Magnus (geb. 1929), dt. Schriftsteller und Publizist *533*
Erb, Alfons (1907–1983), dt. Theologe (kath.) *156*, *563*
Erhard, Ludwig (1897–1977), dt. Politiker (CDU) *9*, *52*, *147*, *287*, *424*, *468*, *559–560*, *700*, *706*
Erné, Nino (1921–1994), ital. Schriftsteller und Fernsehjournalist *596*
Eucken, Rudolf (1846–1926), dt. Philosoph *575*

Fassbender, Joseph (1903–1974), dt. Maler *613*
Fassbinder, Rainer Werner (1945–1982), dt. Film- und Theaterregisseur, Schriftsteller und Schauspieler *239*, *648*
Felgentreff, Traut (geb. 1932), dt. Lektorin und Journalistin *541*
Feltz, Kurt *siehe* Stein, Walter
Filbinger, Hans (geb. 1913), dt. Politiker (CDU) und Jurist *61*, *475*
Flatten, Heinrich (1907–1987), dt. Theologe (kath.) *193*, *604*
Flick, Friedrich (1883–1972), dt. Industrieller *557*
Flieg, Helmut *siehe* Heym, Stefan
Florit, Ermenegildo (1901–1985), ital. Theologe (kath.), Kardinal und Erzbischof von Florenz *578*

Fohrbeck, Karla (geb. 1942), dt. Kulturwissenschaftlerin und Kulturmanagerin *440*

Fontane, Theodor (1819–1898), dt. Schriftsteller 236, *646*
*Effi Briest 646*

Forster, Karl (1928–1981), dt. Theologe (kath.) 30, *447*

Frahm, Martha (1894–1969), Verkäuferin und Mutter von W. Brandt *523*

France, Anatole (eigentl. Francois Anatole Thibault) (1844–1924), frz. Schriftsteller *618*

Franco, Francisco (eigentl. Francisco Franco y Bahamonde) (1892–1975), span. Politiker und General 187, 225, *600*, *618*, *628*

Frank-Planitz, Ulrich (geb. 1936), dt. Verleger und Medienmanager 52–53, 66, *483–484*

Franz von Assisi (eigentl. Giovanni Bernadone) (1182–1226), ital. Heiliger und Ordensstifter *723*

Franzel, Emil (1901–1976), dt. Journalist und Schriftsteller 72, *492–493*

Franzoni, Giovanni (geb. 1928), ital. Abt 174, *578*

Frei Montalva, Eduardo (1911–1982), chilen. Politiker *656*

Freud, Sigmund (1856–1939), österr. Psychoanalytiker *422*

Fried, Erich (1921–1988), österr. Schriftsteller 258–262, *476*, *667–670*, *672*

Friedrich III. (Friedrich der Weise) (1463–1525), dt. Kurfürst von Sachsen *617*

Friedrich Wilhelm IV. (1795–1861), dt. König von Preußen *516*

Frings, Joseph Kardinal (1887–1978), dt. Theologe (kath.) und Erzbischof von Köln *513*

Frisch, Max (1911–1991), schweiz. Schriftsteller *641*

Fühmann, Franz (1922–1984), dt. Schriftsteller 132, *543*

Fürst, Max (1905–1978), dt. Schriftsteller und Schreiner 235–238, *644–645*
*Gefilte Fisch 235*

Funke, Klaus-Detlef (geb. 1943), dt. Journalist *556*

Galitsch, Alexander Arkadiewitsch (1919–1977), russ. Schriftsteller und Liedermacher 223, 226, 228, *625*, *633*

Galsworthy, John (1867–1933), engl. Schriftsteller *431*, *434*

Galtung, Johan (geb. 1930), norweg. Soziologe und Friedensforscher *738*

Gaulle, Charles de (1890–1970), frz. Politiker *728*

Gaus, Günter (geb. 1929), dt. Politiker (SPD) 288, *700*

Genscher, Hans-Dietrich (geb. 1927), dt. Politiker (FDP) 58, 120, *474*, *533*, *571*

George, Stefan (1868–1933), dt. Lyriker *585*

Gerling, Hans (1915–1991), dt. Versicherungsunternehmer 100, *515*

Gerling, Robert (1878–1935), dt. Versicherungsunternehmer *515*

Gierow, Karl Ragnar (1904–1982), schwed. Schriftsteller 200, *612–613*

Ginsburg, Jewgenija Semjonowa (1906–1977), russ. Schriftstellerin 264, *675*
*Marschroute eines Lebens 264*

Glade, Henry (1920–1999), amerik. Literaturwissenschaftler 68, *488*

Goebbels, Joseph (1897–1945), dt. Politiker (NSDAP) 299, *714*

Goergens, Irene (geb. 1951), dt. Sympathisantin der RAF *457, 478*

Göring, Hermann (1893–1946), dt. Politiker (NSDAP) und Generalfeldmarschall 44, 299, *460, 714, 754*

Goethe, Johann Wolfgang von (1749–1832), dt. Dichter 607

Goldschmit, Rudolf (1924–1979), dt. Journalist *644*

Gollwitzer, Helmut (1908–1993), dt. Theologe (ev.) 123

Gomes da Costa, Manuel de Oliveira (1863–1929), portugies. Politiker *628*

Gorbatschow, Michail Sergejewitsch (geb. 1931), sowjet. Politiker und Staatsmann *663*

Gorki, Maxim (1868–1936), russ. Schriftsteller *679*

Gotovac, Vlado (1930–2000), kroat. Politiker und Schriftsteller 188, *601*

Gradisnik, Janez, slowen. Schriftsteller und Übersetzer *548*

Gramberg, Michael (geb. 1942), dt. Journalist *442*

Grashof, Manfred (geb. 1946), dt. Mitglied der RAF 47, *460*

Grass, Günter (geb. 1927), dt. Schriftsteller und Graphiker 73–74, 121, 224, 318, *493–494, 533, 544–545, 563, 626, 658, 697, 732*

Greene, Graham (1904–1991), engl. Schriftsteller 19, 318, *439, 732*

Greinacher, Norbert (geb. 1931), dt. Theologe (kath.) 156, *563*

Grieshaber, HAP (eigentl. Helmut Andreas Paul Grieshaber) (1909–1981), dt. Maler und Holzschneider *644, 655*

Griffith, John *siehe* London, Jack

Grigorenko, Pjotr Grigorjewitsch (1907–1987), sowjet. General, Militärhistoriker und Dissident 223, 226, *625*

Groenewold, Kurt (geb. 1937), dt. Rechtsanwalt und Publizist *668*

Gründler, Gerhard E. (geb. 1930), dt. Journalist 50, *465*

Guevara de la Serna, Ernesto »Che« (1928–1967), argentin. Arzt und Revolutionär *453, 653*

Gustav II. Adolf (1594–1632), schwed. König *596, 756*

Gustav VI. Adolf (1882–1973), schwed. König *579, 581*

Guzman, Dominikus (um 1170–1221), span. Heiliger und Ordensgründer *703*

Gyllensten, Lars (geb. 1921), schwed. Schriftsteller *612*

Habe, Hans (eigentl. Hans Békessy) (1911–1977), österr. Schriftsteller und Journalist 56–57, 59–61, 70–74, *473–474, 492–493*
*Ob tausend fallen* 59, *474*

Hackenberg, Kurt (1914–1981), dt. Kulturdezernent *496*

Hallstein, Walter (1901–1982), dt. Politiker (CDU) und Jurist *445*

Hammerschmidt, Helmut (1920–1998), dt. Medienmanager *483*

Handke, Peter (geb. 1942), österr. Schriftsteller 198, *607*
*Wunschloses Unglück* 198

Harpprecht, Klaus (geb. 1927), dt.

Journalist und Publizist 51–53, 468

Harries, Heinrich (1762–1802), dt. Theologe (ev.) und Liederdichter 502

Harrison, George (1943–2001), engl. Musiker 686

Hartlaub, Geno (geb. 1915), dt. Schriftstellerin und Journalistin 428

Hašek, Jaroslav (1882–1923), tschech. Schriftsteller 475
*Die Abenteuer des braven Soldaten Schwejk* 474

Hassel, Kai-Uwe von (1914–1997), dt. Politiker (CDU) 225, 628

Haubrich, Josef (1889–1961), dt. Kunstsammler 513

Hauptmann, Gerhart (1862–1946), dt. Schriftsteller 178, 575, 582

Hável, Vaclav (geb. 1936), tschech. Politiker und Schriftsteller 731

Heath, Edward (geb. 1916), brit. Politiker 590

Heeb, Fritz (1911–1994), schweiz. Rechtsanwalt und Politiker 597, 684

Heine, Heinrich (eigentl. Harry Heine) (1797–1856), dt. Schriftsteller und Publizist 179–180, 276, 293, 573, 584–585, 687, 703

Heinemann, Gustav (1899–1976), dt. Politiker (SPD) 133, 319–321, 495, 544, 547, 551, 571, 573, 733–734

Heinemann, Hilda (1896–1979), Ehefrau von G. Heinemann 169, 495, 573

Heinrich II. (Heinrich der Heilige) (973–1024), dt. König und Kaiser 723

Heisenberg, Werner (1901–1976), dt. Physiker 195, 605

Held, Siegfried (geb. 1942), dt. Fußballspieler und Trainer 137, 550

Helms, Wilhelm (geb. 1923), dt. Politiker (CDU) 545

Hentig, Hartmut von (geb. 1925), dt. Pädagoge und Publizist 545

Heraklit (Heraklit von Ephesos) (540 v. Chr.–480 v. Chr.), griech. Philosoph 582

Hermanns, Agnes (1844–1917), Großmutter H. Bölls (mütterl.) 508

Hermanns, Wilhelm (1837–1905), Großvater H. Bölls (mütterl.) 508

Hermlin, Stephan (d.i. Rudolf Leder) (1915–1997), dt. Schriftsteller 132, 543, 572

Herodot (490 v. Chr.–430 v. Chr.), griech. Geschichtsschreiber 713

Herrmann, Horst (geb. 1940), dt. Theologe (kath.) 279, 692

Hesse, Hermann (1877–1962), dt. Schriftsteller 178, 575, 582

Heubl, Franz (1924–2001), dt. Politiker (CSU) und Jurist 313, 726

Heydrich, Reinhard (1904–1942), dt. Politiker (NSDAP) und Chef des Sicherheitsdienstes (SD) 465, 646, 714

Heym, Inge (geb. 1933), dt. Dramaturgin und Regisseurin 541

Heym, Stefan (d.i. Helmut Flieg) (1913–2001), dt. Schriftsteller 129, 131–132, 541–543, 572, 619
*Der König David Bericht* 129, 541

Heyse, Paul von (1830–1914), dt. Schriftsteller 575

Hicks, Wolfgang (1909–1983), dt. Karikaturist 55, 472

Himmler, Heinrich (1900–1945), dt.

Politiker (NSDAP) und Reichsführer der SS  299, *678*, *714–716*, *754*

Hindenburg, Margarethe von (eigentl. Margarethe von Beneckendorff und von Hindenburg) (1897–1988), Schwiegertochter von P. v. Hindenburg  *526*

Hindenburg, Paul von (eigentl. Paul von Beneckendorff und von Hindenburg) (1847–1934), dt. Politiker (parteilos) und Generalfeldmarschall  10, 113, *425*, *526*, *646*

Hitler, Adolf (1889–1945), dt. Politiker (NSDAP) und Diktator  10, 299–301, *425*, *434–435*, *465*, *492*, *646*, *667*, *714–716*, *763*

Hochhuth, Rolf (geb. 1931), dt. Schriftsteller  *675*

Höfer, Werner (1913–1997), dt. Journalist und Fernsehmoderator  162, *568*, *575*

Höffner, Joseph Kardinal (1906–1987), dt. Theologe (kath.) und Erzbischof von Köln  114–115, 193, *518*, *526*, *604*

Höhn, Reinhard (1904–2000), dt. Staats- und Verwaltungsrechtler  50, *465–466*

Hoffmann, Gerd, dt. Journalist  *495*

Hoffmann, Heinrich (1809–1894), dt. Schriftsteller  *463*

Hohental, Karl *siehe* May, Karl

Holzamer, Karl (geb. 1906), dt. Philosoph und Pädagoge  51, *467–469*

Homer (zwischen 750 v. Chr.–650 v. Chr.), griech. Dichter  *703*

Honecker, Erich (1912–1994), dt. Politiker (SED)  187, *600*

Hoppe, Werner (geb. 1949), dt. Mitglied der RAF  141, 261, *457*, *553*

Horaz (eigentl. Quintus Horatius Flaccus) (65 v. Chr.–8 v. Chr.), röm. Dichter  *765*

Huber, Ludwig (geb. 1928), dt. Politiker (CSU)  313, *726*

Huchel, Peter (1903–1981), dt. Lyriker  *658*

Hübner, Klaus (geb. 1924), dt. Politiker (SPD)  *667*, *672*

Hus, Jan (um 1370–1415), tschech. Reformator  214, *616–617*

Ionesco, Eugéne (1912–1994), frz. Schriftsteller  318, *732*

Jäckel, Eberhard (geb. 1929), dt. Historiker  *563*

Jäckel, Hartmut (geb. 1930), dt. Politiker (SPD), Politikwissenschaftler und Jurist  *697*

Jacoby, Max (geb. 1919), dt. Fotograf  *495*

Jaedicke, Heinke (geb. 1931), dt. Journalistin  *697*

Jaeger, Richard (1913–1998), dt. Politiker (CSU)  111, 199, 225, *525*, *609*, *628*

Jansen, Cornelius (1585–1638), niederl. Theologe  *509*

Jansen, Heinrich »Ali« (geb. 1948), dt. Automechaniker und Sympathiesant der RAF  *460*

Jara, Victor (1938–1973), chilen. Volkssänger und Liedermacher  *655*

Jarry, Alfred (1873–1907), frz. Schriftsteller  107, *519*

Jean Paul (eigentl. Johann Paul Friedrich Richter) (1763–1825), dt. Dichter  *618*

Johannes XXIII. (eigentl. Angelo Giuseppe Roncalli) (1881–1963), ital. Theologe (kath.) und Papst 144, *445*, *448*, *512*, *556*

Johannes XXIII. (eigentl. Baldassarre Cossa) (um 1370–1419), ital. Gegenpapst *616*

Johnson, Eyvind Olof Verner (1900–1976), schwed. Schriftsteller *612*

Johnson, Uwe (1934–1984), dt. Schriftsteller *641*, *658*

Jones, Allan (geb. 1937), engl. Maler und Graphiker *753*

Joyce, James (1882–1941), ir. Schriftsteller 107, *519*

Jünger, Ernst (1895–1998), dt. Schriftsteller *423*

Kagel, Mauricio Raúl (geb. 1931), dt.-argentin. Komponist und Regisseur *655*

Kaiser, Joachim (geb. 1928), dt. Literatur- und Musikkritiker *423–424*, *427*

Kamnitzer, Heinz (1917–2001), dt. Schriftsteller und Kulturfunktionär (DDR) *429*

Karasek, Hellmuth (geb. 1934), dt. Film- und Literaturkritiker *487*

Karl V. (1500–1558), röm.-dt. Kaiser und span. König *524*

Karl X. Gustav (1622–1660), schwed. König *756*

Katzer, Hans (1919–1996), dt. Politiker (CDU) 111, 115, 155, *525*, *560*, *563*

Keienburg, Wolf (geb. 1932), dt. Lektor *522*

Keller, Karl (1916–1997), dt. Buchhändler 75, *496*

Kesting, Hanjo (geb. 1943), dt. Kulturredakteur *472*

Keynes, John Maynard (1883–1946), brit. Nationalökonom und Politiker *688*

Kiesinger, Kurt Georg (1904–1988), dt. Politiker (CDU) 9, 72, 147, 151, *425*, *472*, *492*, *523*, *526*, *544*, *559*

Kindler, Helmut (geb. 1912), dt. Verleger und Publizist *522*

Kirst, Hans Helmut (1914–1989), dt. Schriftsteller *465*

Kisch, Egon Erwin (1885–1946), tschech. Journalist und Schriftsteller *675*

Klatt, Rainer (geb. 1949), dt. Medienwissenschaftler *556*

Kluge, Alexander (geb. 1932), dt. Schriftsteller und Filmregisseur *675*

Knaus, Albrecht (geb. 1913), dt. Verleger *644*

Knaus, Hermann (1892–1970), österr. Gynäkologe *446*

Knoche, Manfred (geb. 1941), dt. Medienwissenschaftler *556*

Knoll, Hans Peter (geb. 1949), dt. Sympathisant der RAF *671*

Kocbek, Edvard (1904–1981), slowen. Schriftsteller *548*

Koch, Thilo (geb. 1920), dt. Journalist und Publizist *427–428*, *730*

Koch, Werner (1926–1992), dt. Schriftsteller 161, 164, *542*, *566–568*
*See-Leben I* 161, *566*

Köppler, Heinrich (1925–1980), dt. Politiker (CDU) 155, *563*

Kogon, Eugen (1903–1987), dt. Publizist 181–182, 185–186, *586–587*, *594–596*

Kohl, Helmut (geb. 1930), dt. Politiker (CDU) 151, 155, 224, *560*, *563*, *626*

Kohl, Michael (1929–1981), dt. Politiker (SED) und Diplomat 700
Kolakowski, Leszek (geb. 1927), poln. Philosoph und Schriftsteller 318, *732*
Kolbe, Jürgen (geb. 1940), dt. Lektor und Publizist *644*
Konstantin I. (Konstantin der Große) (280–337), röm. Kaiser *501*
Kopelew, Lew Sinowjewitsch (1912–1997), russ. Schriftsteller *490*
Kossygin, Alexej Nikolajewitsch (1904–1980), sowjet. Politiker 230, *637*
Krämer-Badoni, Rudolf (1913–1989), dt. Schriftsteller *56–57, 59–60, 70, 473*
Kreisky, Bruno (1911–1990), österr. Politiker *554*
Kroetz, Franz Xaver (geb. 1946), dt. Dramatiker, Schauspieler und Regisseur 239, *648*
Kronawitter, Georg (geb. 1928), dt. Politiker (SPD) *569*
Krüger, Hans (1902–1972), dt. Jurist *461*
Krüger, Horst Friedrich Oswald (1919–1999), dt. Schriftsteller *733*
Krüger, Thomas (geb. 1949), dt. Medienwissenschaftler *556*
Krylenko, Nikolai Wassiljewitsch (1885–1938 (?)), sowjet. Jurist 269, *679*
Krzywon, Ernst Josef (geb. 1933), dt. Schriftsteller, Essayist und Literaturkritiker *608*
Küng, Hans (geb. 1928), schweiz. Theologe (kath.) und Publizist *602*
Kuhlmann, Werner (1921–1992), dt. Politiker (SPD) und Gewerkschafter *42*
Kunert, Günter (geb. 1929), dt. Schriftsteller 132, *543*
Kunze, Reiner (geb. 1933), dt. Schriftsteller 132, *543*
Kurras, Karl-Heinz (geb. 1928), dt. Polizeibeamter *473, 672*
Kutusow, Michail Illarionowitsch (1745–1813), russ. Feldmarschall *679*

Ladislaus von Neapel (eigentl. Ladislaus von Anjou-Durazzo) (1377–1414), ital. König von Neapel und König von Ungarn *616*
Lagerlöf, Selma (1858–1940), schwed. Schriftstellerin 178, *582*
Langhans, Rainer (geb. 1940), dt. Filmemacher und Schriftsteller *447*
Laoghaire (geb. 5. Jh.), Hochkönig von Irland *431*
Lawrence, David Herbert (1885–1930), engl. Schriftsteller *688*
Leder, Rudolf *siehe* Hermlin, Stephan
Lengsfeld, Peter (geb. 1930), dt. Theologe (kath.) *156, 279, 563, 692*
Lenin, Wladimir Iljitsch (eigentl. Wladimir Iljitsch Uljanow) (1870–1924), sowjet. Politiker und Revolutionär 189, 215, 265, 269–270, *601, 618, 676, 679, 682–683*
Lennon, John (1940–1981), engl. Musiker *686*
Lenz, Carl Otto (geb. 1930), dt. Politiker (CDU) und Jurist 224
Lenz, Jacob Michael Reinhold

(1751–1792), dt. Schriftsteller
107, *519*
Lenz, Siegfried (geb. 1926), dt.
Schriftsteller 318, *465*, *697*, *732*
Leonhard, Susanne (1895–1984), dt.
Schriftstellerin 264, *676*
*Gestohlenes Leben* 264
Leonhard von Noblat (500–559),
frz. Heiliger, Einsiedler und Abt
*641*
Leonidas (gest. 480 v. Chr.), spartan.
König *713*
Lettau, Reinhard (1929–1996), dt.
Schriftsteller und Literaturwissenschaftler 54, *471*
*Schwierigkeiten beim Häuserbauen 471*
Lex, Hans Ritter von (1893–1970),
dt. Politiker (CDU) und Staatssekretär *666*
Liebknecht, Sophie (1884–1964),
Ehefrau K. Liebknechts *618*
Liessem, Thomas (1900–1973), dt.
Sekt- und Weinhändler *754*
Ligouri, Alfons von (1696–1787), dt.
Heiliger und Gelehrter *518*
Lindemann, Helmut (1912–1998),
dt. Journalist und Publizist *493*
Linder, Christian (geb. 1949), dt.
Schriftsteller *449*, *739*
Lindgren, Astrid Anna Emilia
(1907–2002), schwed. Schriftstellerin *665*
Lindlau, Dagobert (geb. 1930), dt.
Journalist und Publizist *521*
Linke, Georg (geb. 1908), dt. Bibliotheksangestellter 42–43, *457*
Lochner, Stephan (um 1410–1451),
dt. Maler *513*
Löwenthal, Gerhard (1922–2002),
dt. Journalist und Fernsehmoderator 53, 61, 70, 73–74, 122, 256, *469–470*, *475*, *534*, *666*

London, Jack (d.i. John Griffith)
(1876–1916), amerik. Schriftsteller 90
Luther, Martin (1483–1546), dt.
Theologe (ev.) und Reformator
*447*, *605*, *617*
Luxemburg, Rosa (1870–1919), dt.
Politikerin (KPD) und Publizistin 215, *618*

Maecenas, Gajus Cilnius (70 v.
Chr.–8 v. Chr.), röm. Patrizier
*765*
Mahler, Horst (geb. 1936), dt. Jurist
64, *457*, *478*, *481*
Mai, Franz (1911–1999), dt. Jurist
*472*
Mailer, Norman Kingsley (geb.
1923), amerik. Schriftsteller und
Journalist 318, *732*
Majakowski, Wladimir Wladimirowitsch (1893–1930), sowjet.
Schriftsteller 268, *678–679*
Maltzan, Vollrath von, Freiherr zu
Wartenburg und Penzlin
(1899–1967), dt. Diplomat *666*
Mandel, Ernest (1923–1995), belg.
Wirtschaftswissenschaftler und
Politologe *635*
Mandela, Nelson (geb. 1918), südafrik. Politiker *628*
Mándy, Iván (1918–1995), ung.
Schriftsteller 135–137, *548–549*
*Am Rande des Spielfeldes* 135,
*548–549*
Manent, Mariá (1898–1988), span.
Schriftsteller, Übersetzer und Literaturkritiker 187
Mann, Thomas (1875–1955), dt.
Schriftsteller 178, *523*, *575*, *582*
*Buddenbrooks* 109, *523*
Mao Tse-Tung (1893–1976), chin.

Politiker und Staatsmann 9, *436*, *764*

Marcos, Fernando Edralin (1917–1989), philippin. Politiker und Jurist *436*

Marcuse, Herbert (1898–1979), dt.-amerik. Philosoph *422*

Markstein, Elisabeth *siehe* Peturnig, Anna

Marseille, Walther (1904–1973), dt. Psychoanalytiker *586–588, 594*

Martin, Berthold (1913–1973), dt. Politiker (CDU) und Psychater *224*

Marx, Karl (1818–1883), dt. Philosoph und Publizist *276, 422, 687, 762*

Marx, Werner (1924–1985), dt. Politiker (CDU) *110, 112, 114, 224–225, 626*

Maximow, Wladimir Jemeljanowitsch (eigentl. Lew Alexejewitsch Samsonow) (1932–1995), sowjet. Schriftsteller *223, 226, 228, 279–280, 625, 633, 689–692*

May, Karl (pseud. Karl Hohental) (1842–1912), dt. Schriftsteller *726*

Mayer, Christian *siehe* Amery, Carl

Mayer, Hans (1907–2001), dt. Literaturwissenschaftler und Publizist *579–580*

Mayer, Johannes *siehe* Améry, Jean

Mazzi, Enzo (geb. 1927), ital. Priester *174, 578*

McCarthy, Joseph Raymond (1909–1957), amerik. Politiker *435*

McCarthy, Mary (1912–1989), amerik. Schriftstellerin und Essayistin *318, 732*

McCartney, Paul (geb. 1942), engl. Musiker *686*

McGovern, George (geb. 1922), amerik. Politiker und Politologe *117, 529*

Meinhof, Ulrike Marie (1934–1976), dt. Journalistin und Gründungsmitglied der RAF *41, 43, 45–49, 52, 54, 58–59, 61, 64–65, 141, 454–457, 459–460, 468, 472, 476, 478, 481, 487, 494, 553–554*

Meins, Holger (1941–1974), dt. Gründungsmitglied der RAF *122, 140, 533, 554*

Meistermann, Georg (1911–1990), dt. Maler und Kunstpädagoge *545, 696*

Melanchthon, Philipp (eigentl. Philipp Schwarzerd) (1497–1560), dt. Humanist u. Reformator *616*

Melander, Tord, schwed. Journalist und Publizist *521*

Mende, Erich (1916–1998), dt. Politiker (CDU) und Jurist *244, 652*

Merseburger, Peter (geb. 1928), dt. Fernsehjournalist und Publizist *54, 56–57, 472*

Metz, Johann Baptist (geb. 1928), dt. Theologe (kath.) und Religionswissenschaftler *717*

Michaelis, Rolf (geb. 1933), dt. Publizist *661, 737*

Michalski, Kirsten, amerik. Mitarbeiterin des PEN der USA *528*

Miller, Arthur (geb. 1915), amerik. Schriftsteller *318, 528, 732*

Millowitsch, Willy (1909–1999), dt. Volksschauspieler und Theaterleiter *30, 446*

Mitgang, Herbert (geb. 1920), amerik. Journalist *528, 598*

Molotow, Wjatscheslaw Michailowitsch (eigentl. Wjatscheslaw Michailowitsch Skrjabin)

(1890–1986), sowjet. Politiker *763*
Mommsen, Theodor (1817–1903), dt. Historiker *575*
Moody, Anne (geb. 1940), amerik. Schriftstellerin und Bürgerrechtsaktivistin *538*
Müller, Gerhard, dt. Mitglied der RAF *756*
Müller, Günther (1934–1997), dt. Politiker (CSU) und Historiker *545*
Muskie, Edmund Sixtus (1914–1996), amerik. Politiker und Jurist 117, *529*
Mussolini, Benito (1883–1945), ital. Politiker und Diktator *723*
Musto Moreira, Jorge, urug. Schriftsteller 189
Muth, Carl (1867–1944), dt. Publizist *492*

Napoleon I. (Napoleon Bonaparte) (1769–1821), frz. Kaiser *679*, *756*
Napoleon III. (eigentl. Charles Louis Napoleon Bonaparte) (1808–1873), frz. Kaiser *500*
Negt, Oskar (geb. 1934), dt. Sozialwissenschaftler *533*
Nelson, Horatio (1758–1805), brit. Admiral 276, *687*
Neruda, Pablo (d.i. Neftalí Ricardo Reyes Basoalto) (1904–1973), chilen. Lyriker *655*, *690*
Neske, Günther (geb. 1913), dt. Verleger *566*
Neumann, Erich Peter (1912–1973), dt. Meinungsforscher *447*
Neumann, Robert (1897–1975), österr. Schriftsteller und Parodist 18–19, *428*, *433*, *437–439*, *554*
Neven Du Mont, Reinhold (geb. 1936), dt. Verleger 185, *597*

Newski, Nikolai Aleksandrowitsch (1892–1937), russ. Philologe und Orientalist 270, *681–682*
Niehus, Fritz (1922–1982), dt. Journalist 66, *483–484*
Nier, Kurt (geb. 1927), dt. Politiker (SED) *700*
Nixon, Richard Milhouse (1913–1994), amerik. Politiker 117, 183, 187, 228, 245, *436*, *529*, *543*, *587–588*, *594–595*, 600, *633*, *652*, *659*
Nobel, Alfred (1833–1896), schwed. Chemiker und Industrieller *581*
Noelle, Elisabeth (geb. 1916), dt. Meinungsforscherin *447*
Nouhuys, Heinz van (geb. 1929), niederl. Journalist *556*
Nunez, Carlos (1942–2001), urug. Journalist 189

Obermaier, Uschi (geb. 1946), dt. Model und Schauspielerin *447*
Österling, Anders J. (1884–1981), schwed. Schriftsteller *612*
Offit, Sydney, amerik. Journalist und Publizist *571*
Ogino, Kjusako (1882–1975), jap. Arzt und Gynäkologe *446*
Ohnesorg, Benno (1940–1967), dt. Germanistik- und Romanistikstudent 57, 262, *456*, *473*, *672*
Olden, Rudolf (1885–1940), dt. Jurist und Publizist *435*
Olsson, Hagar (1893–1978), schwed.-finn. Schriftsteller *612*
Onassis, Aristoteles (1906–1975), griech. Reeder 185, *597*
Osborne, John (1929–1994), engl. Dramatiker 277, *603*, *687*
*Blick zurück im Zorn* *603*
Osten, Heike von der (geb. 1941), dt. Journalistin *668*

Overath, Wolfgang (geb. 1943), dt. Fußballspieler 137, 550

Ovid (eigentl. Publius Ovidius Naso) (43 v. Chr.–17 n. Chr.), röm. Dichter 751

Palme, Lisbet (geb. 1931), Ehefrau von O. Palme 176, 581

Palme, Olof Joachim (1927–1986), schwed. Politiker 184, 189, 581, 586, 588–590, 595–596, 601

Pankin, Boris Dmitrijewitsch (geb. 1931), sowjet. Journalist und Diplomat 255, 665

Papadopoulos, Georgios (1919–1999), griech. Politiker und Offizier 187, 595, 600

Papen, Franz von (1879–1969), dt. Politiker (Zentrum) und Diplomat 10, 425, 526

Pappas, Thomas A. (1899–1978), griech.-amerik. Geschäftsmann 185, 597

Pasternak, Boris Leonidowitsch (1890–1960), russ. Schriftsteller 253, 664

Paul VI. (eigentl. Giovanni Battista Montini) (1897–1978), ital. Theologe (kath.) und Papst 445, 719

Paulus (eigentl. Saulus) (um 10–um 65), Apostel und Heiliger 223, 625

Peturnig, Anna (d.i. Elisabeth Markstein) (geb. 1929), österr. Literaturwissenschaftlerin und Übersetzerin 674

Pferdmenges, Robert (1880–1962), dt. Politiker (CDU) und Bankier 708

Phillips, Anne Patricia, Mutter von Mark Phillips 276

Phillips, Mark (geb. 1948), brit. Offizier und 1. Ehemann von Prinzessin Anne 687

Phillips, Peter (geb. 1939), engl. Maler und Graphiker 753

Pilatus, Pontius (gest. 39), röm. Statthalter 174, 578, 607

Pinochet Ugarte, Augusto (geb. 1915), chilen. General 654, 656

Pinter, Harold (geb. 1930), engl. Schriftseller, Schauspieler und Regisseur 277, 318, 687, 732

Piscator, Erwin (1893–1966), dt. Regisseur und Theaterleiter 675

Pitt d. Ä., William (1709–1778), brit. Politiker 276, 687

Platon (Plato) (427–348/347 v. Chr.), griech. Philosoph 162, 568

Pörzgen, Hermann (1905–1976), dt. Journalist 489–490

Pompidou, Georges (1911–1974), frz. Politiker 590

Posser, Diether (geb. 1922), dt. Politiker (SPD) und Jurist 63–65, 142, 258, 476, 480–481, 554, 667, 670

Priestley, John Boyton (1894–1984), engl. Schriftsteller 274–277, 685–686

*The English* 274, 685

Pritchett, Victor Swadon (1900–1997), engl. Schriftsteller 728

Proll, Astrid (geb. 1947), dt. Sympathisantin der RAF 457

Proll, Thorwald (geb. 1941), dt. Sympathisant der RAF 456–457, 460

Proust, Marcel (1871–1922), frz. Schriftsteller 208, 614

*Auf der Suche nach der verlorenen Zeit* 208

Przywara, Erich (1889–1972), dt.

Theologe (kath.) und Religionsphilosoph 194, 605
Puschkin, Alexander Sergejewitsch (1799–1837), russ. Dichter 676

Rademacher, Arnold (1873–1939), dt. Theologe (kath.) 194, 605
Rahner, Karl (1904–1984), dt. Theologe (kath.) und Religionsphilosoph 144, 193, 556, 604, 717
Ramel, Stig, schwed. Direktor der Nobelstiftung u. Publizist 610
Raspe, Jan-Carl (1944–1977), dt. Gründungsmitglied der RAF 122, 140, 533, 554
Rau, Johannes (geb. 1931), dt. Politiker (SPD) 695
Rauber, Hermann (1919–2001), dt. Kriminaloberrat 41, 459
Rauch, Georg von (1947–1971), dt. Philosophiestudent und Sympathisant der RAF 43, 47, 57, 65, 258–262, 457, 460, 473, 482, 667, 671
Reger, Erik (d.i. Hermann Dannenberger) (1893–1954), dt. Schriftsteller 502
Reich-Ranicki, Marcel (geb. 1920), dt. Literaturkritiker 421, 425
Reid, Meta Mayne (1907–1992), ir. Schriftstellerin 16, 432
Renger, Annemarie (geb. 1919), dt. Politikerin (SPD) 666
Resnais, Alain (geb. 1922), frz. Regisseur 666
Reyes Basoalto, Neftalí Ricardo siehe Neruda, Pablo
Richter, Johann Paul Friedrich siehe Jean Paul
Richter, Toni (eigentl. Antonie Richter) (geb. 1918), Ehefrau von Hans Werner Richter 497

Rilke, Rainer Maria (1875–1926), österr. Schriftsteller 116, 198, 527, 607
Rochus von Montpellier (1295–1327), frz. Heiliger 641
Roeckerath, Agnes (1846–1890), Ehefrau von P. J. Roeckerath 504
Roeckerath, Peter Joseph (1837–1905), dt. Politiker (Zentrum) und Bauunternehmer 504
Röhm, Ernst (1887–1934), dt. SA-Führer 715, 754
Roi, Rudolf de le (1894–1980), dt. Unternehmer 507
Rommel, Erwin (1891–1944), dt. Generalfeldmarschall 680
Roosevelt, Frank Delano (1882–1945), amerik. Politiker 271, 682
Rosow, Viktor Sergejewitsch (geb. 1913), russ. Dramatiker 631
Rougemont, Denis Louis de (1906–1985), schweiz. Schriftsteller, Publizist und Kulturphilosoph 318, 732
Rüdell, Carl (1855–1939), dt. Architekt 504
Ruf, Helmut (geb. 1941), dt. Polizeibeamter 43
Ruhland, Karl-Heinz (geb. 1938), dt. Autoschlosser und Sympathisant der RAF 63, 65, 480
Ruhnau, Heinz (geb. 1929), dt. Politiker (SPD) und Wirtschaftsmanager 532
Runge, Erika (geb. 1939), dt. Schriftstellerin 675
Russell, Bertrand (eigentl. Bertrand Arthur William 3. Earl of Russell) (1872–1970), brit. Mathematiker und Philosoph 688
Ryberg, M. Anders, schwed. Schriftsteller 612

Sacharow, Andrej Dmitrijewitsch (1921–1989), russ. Physiker und Bürgerrechtler 168, 280, 570, 596–597, 662, 690, 692–693

Sachs, Nelly (eigentl. Leonie Sachs) (1891–1970), dt.-schwed. Schriftstellerin 178, 575, 582

Saß, Eugen Wilhelm Otto Freiherr von *siehe* Walden, Matthias

Schaaf, Paul (1896–1967), dt. Lektor 222

Schalamow, Warlam Tichonowitsch (1907–1982), russ. Schriftsteller 264, 676
 *Kolyma. Insel im Archipel* 676

Schaljapin, Fjodor Iwanowitsch (1873–1938), russ. Opernsänger 679

Schaller, Fritz (1904–2002), dt. Architekt und Baumeister 501

Schallück, Ilse (1926–1978), Ehefrau von P. Schallück 496

Schallück, Paul (1922–1976), dt. Schriftsteller 496, 539

Schardt, Alois (1926–1998), dt. Journalist 555

Scharf, Kurt (1902–1990), dt. Theologe (ev.) 25–26, 443, 445

Scharnagl, Wilfried (geb. 1938), dt. Journalist 56, 473

Schauer, Bernd, dt. Journalist 497

Scheel, Walter (geb. 1919), dt. Politiker (FDP) 111, 134, 152, 183, 185, 276, 525, 547, 560, 595, 687, 734

Schelm, Petra (1950–1971), dt. Friseuse und Sympathisantin der RAF 43, 47, 457, 460, 477, 667

Schiller, Friedrich (1759–1805), dt. Dichter 713, 737

Schiller, Karl (1911–1994), dt. Politiker (SPD) 72, 492

Schiller, Margrit (geb. 1948), dt. Mitglied der RAF 457, 756–757

Schily, Otto Georg (geb. 1932), dt. Politiker (SPD) und Jurist 765

Schirach, Baldur von (1907–1974), dt. Politiker (NSDAP) und NS-Funktionär 46, 461

Schlamm, William Siegmund (1904–1978), amerik. Journalist und Schriftsteller 59, 474

Schleyer, Hanns-Martin (1915–1977), dt. Industriemanager 312–313, 725

Schlöndorff, Volker (geb. 1939), dt. Filmregisseur 755

Schmid, Norbert (1939–1971), dt. Polizeibeamter 43, 47, 457, 756

Schmidt, Helmut (geb. 1918), dt. Politiker (SPD) und Publizist 50, 142, 465, 555, 562

Schmitz, Jupp (1901–1991), dt. Karnevalsmusiker 518

Schneider, Oscar (geb. 1927), dt. Politiker (CSU) 121–122, 224–225, 533–534, 626

Schneider, Rolf (geb. 1932), dt. Schriftsteller 132, 543

Schnütgen, Alexander (1843–1918), dt. Domkapitular (Köln) 99, 513

Schönberg, Arnold (1874–1951), österr. Komponist 660

Schönbohm, Wulf Eberhard (geb. 1941), dt. Politiker 475

Schoner, Herbert (1939–1971), dt. Polizeibeamter 43–44, 457

Schröder, Kurt Freiherr von (1889–1966), dt. Bankier 64, 481

Schröter, Veronika (geb. 1939), dt. Architektin 545

Schrübbers, Hubert (1907–1979), dt. Jurist 63, 480

Schubert, Alex, chilen. Politologe 41

Schubert, Ingrid (geb. 1944), dt. Mitglied der RAF *457, 478*
Schütt, Peter (geb. 1939), dt. Schriftsteller 227–228, *629, 631–633*
Schütte, Wolfram (geb. 1939), dt. Publizist und Essayist *624*
Schukow, Georgij Alexandrowitsch (1908–1991), sowjet. Journalist und Politiker 263, 268, 273, *674*
Schulz, Hans-Joachim (geb. 1937), dt. Polizeibeamter 259–262, *667, 671–672*
Schurz, Carl (1829–1906), dt.-amerik. Politiker, Journalist und Publizist 276, *687*
Schwab-Felisch, Hans David (1918–1989), dt. Journalist und Schriftsteller *427*
Schwarz, Maria (geb. 1921), dt. Architektin *501*
Schwarz, Rudolf (1897–1961), dt. Architekt *501*
Schweitzer, Albert (1875–1965), dt. Tropenarzt und Kulturphilosoph 60, *474*
Seeler, Uwe (geb. 1936), dt. Fußballspieler 137, *550*
Seifert, Jürgen (geb. 1928), dt. Politikwissenschaftler 73, *494*
Shakespeare, William (1564–1616), engl. Dichter *555*
Siebeck, Georg (geb. 1946), dt. Verleger *711*
Sieburg, Friedrich (1893–1964), dt. Schriftsteller und Publizist *423*
Silitoe, Alan (geb. 1928), engl. Schriftsteller 277, *538, 687*
Silone, Ignazio (d.i. Secondo Tranquilli) (1900–1978), ital. Schriftsteller 307, 310–311, *721–722, 727*
  *Wein und Brot* 307
Simonow, Konstantin (Kirill) Michailowitsch (1915–1979), sowjet. Schriftsteller und Literaturkritiker 263, 273, 281, *489, 674, 693*
Sinjawski, Andrej Donatowitsch (1925–1997), sowjet. Schriftsteller und Dissident *439*
Sinowjew, Alexander (geb. 1922), sowjet. Schriftsteller *490*
Söhnlein, Horst (geb. 1942), dt. Sympathisant der RAF *456*
Sölle, Dorothee (eigentl. Dorothee Steffensky-Sölle) (1929–2003), dt. Theologin (ev.) und Schriftstellerin 35–36, *448*
Solschenizyn, Alexander Issajewitsch (geb. 1918), russ. Schriftsteller 19, 56, 69–70, 122, 185, 187, 190, 214, 223, 226, 228, 252–256, 263–268, 271–273, 280, *439, 489–490, 534, 596–597, 600, 617, 625, 633, 661–662, 664, 674, 676–677, 683–684, 693, 711, 736, 741*
  *Archipel Gulag* 252, 255–256, 263–264, 267, 269, 271, *661, 663*
  *Ein Tag im Leben des Iwan Denissowitsch* 253–254, *439, 489, 664*
  *Krebsstation* 253, *664*
Sonnemann, Ulrich (1912–1993), dt. Sozialphilosoph, Psychologe, Schriftsteller und Essayist 67, *465, 485–486*
Sostschenko, Michail Michailowitsch (1895–1958), russ. Schriftsteller 253, *664*
Spaemann, Heinrich (1904–2001), dt. Theologe (kath.) und Schriftsteller *608*
Spellman, Francis Joseph (1889–1967), amerik. Theologe

(kath.) 118, 173, 186, 530, 578, 597

Spengler, Oswald (1880–1936), dt. Kultur- und Geschichtsphilosoph 696

Spoelstra, Cornelius Johannes George (Bob) *siehe* Doolaard, A. den

Springer, Axel Cäsar (1912–1985), dt. Verleger 38, 43, 45, 48–49, 53, 57, 60, 72, 142, 225, 451–452, 476, 555, 627

Staeck, Klaus (geb. 1938), dt. Graphiker, Jurist und Verleger 694, 696

Stalin, Josef Wissarionowitsch (eigentl. Jossif Wissarionowitsch Dschugaschwili) (1879–1953), sowjet. Politiker und Diktator 268, 270, 515, 663–665, 677–678, 683, 760, 763

Starkey, Richard *siehe* Starr, Ringo

Starr, Ringo (d.i. Richard Starkey) (geb. 1940), engl. Musiker 686

Stein, Walter (d.i. Kurt Feltz) (1910–1982), dt. Schlagertexter und Plattenproduzent 518

Steiner, Julius (geb. 1924), dt. Politiker (CDU) 244, 651–652

Stirner, Max (1806–1856), dt. Philosoph 679

Strauß, Franz-Josef (1915–1988), dt. Politiker (CSU) 52, 110–111, 115, 122, 151, 155, 199, 223, 225, 288, 312–313, 469, 523, 534, 560, 563, 573, 609, 625, 627, 700, 725

Streicher, Julius (1885–1946), dt. Politiker (NSDAP) 463

Struck, Karin (geb. 1947), dt. Schriftstellerin 655

Sülzer, Rolf (geb. 1945), dt. Soziologe 551, 556

Széll, Jenö, ung. Zeitschriftenredakteur 548

Tau, Max (1897–1976), dt. Schriftsteller 580

Tenhumberg, Heinrich (1915–1979), dt. Theologe (kath.) 23–24, 443–444

Teufel, Fritz (geb. 1943), dt. Schriftsteller 60, 447, 475

Theys, Piet, belg. Schriftsteller 539

Timofejew-Ressowski, Elena Alexandrowna (1898–1973), russ. Genetikerin 680

Timofejew-Ressowski, Nikolai Wladimirowitsch (1900–1981), russ. Biologe und Genetiker 270, 680, 682

Tito, Josip (eigentl. Josip Broz) (1892–1980), jugoslaw. Politiker und Marschall 88, 548

Toer, Pramoedya Ananta (geb. 1925), indon. Schriftsteller 187, 600–601

Törne, Volker von (1934–1980), dt. Schriftsteller 279–280, 689, 691–692

Tolstoi, Lew Nikolajewitsch (1828–1910), russ. Schriftsteller 215, 618, 679
*Krieg und Frieden* 268

Tomicis, Zlato, kroat. Schriftsteller 188, 601

Tranquilli, Secondo *siehe* Silone, Ignazio

Triadú, Joan (geb. 1921), span. Schriftsteller, Übersetzer und Literaturkritiker 187

Troll, Thaddäus (d.i. Hans Beyer) (1914–1980), dt. Schriftsteller 697

Trotta, Margarethe von (geb. 1942), dt. Filmregisseurin 755

Trotzki (Trozki), Leo (Lew Davidowitsch) (eigentl. Leib Bronsch-

tein) (1879–1940), sowjet. Revolutionär *721*
Trujillo Molina, Rafael Leonidas (1891–1961), dominik. Politiker *291, 703*
Tschakowski, Alexander Borisowitsch (1913–1994), sowjet. Journalist und Schriftsteller *263, 266, 268, 273, 281, 674, 693*
Tschechow, Anton Pawlowitsch (1860–1904), russ. Schriftsteller *90*
Tschukowskaja, Lydia Kornejewna (1907–1996), russ. Schriftstellerin und Literaturkritikerin *264, 675*
  *Ein leeres Haus 264*
Twardowski (Twardowskij), Alexander Trifonowitsch (1910–1971), sowjet. Schriftsteller und Journalist *253–254, 489, 664*

Ullstein, Leopold (1826–1899), dt. Verleger *475*
Unger, Wilhelm (1904–1985), dt. Publizist und Journalist *426, 496, 539*
Unseld, Siegfried (1924–2002), dt. Verleger *658*
Updike, John (geb. 1932), amerik. Schriftsteller *318, 732*

Vegesack, Thomas von (geb. 1928), schwed. Publizist *449*
Vercors (d.i. Jean Marcel Bruller) (1902–1991), frz. Schriftsteller und Verleger *318, 732*
Vergil (eigentl. Publius Vergilius Maro) (70 v. Chr.–19 v. Chr.) *765*
Viktoria, Alexandrina (Königin Viktoria) (1819–1901), Königin von Großbritannien und Irland; Kaiserin von Indien *274, 686*

Vitus (Veit) (gest. um 304), röm. Heiliger und Märtyrer *641*
Vogel, Friedrich (geb. 1929), dt. Politiker (CDU) *120–122, 224–225, 532–533, 626*
Vogel, Hans Jochen (geb. 1926), dt. Politiker (SPD) *569*
Vogt, Oskar (1870–1959), dt. Hirnforscher *680*
Vostell, Wolf (1932–1998), dt. Aktionskünstler, Maler und Graphiker *503*

Wabner, Dietrich (geb. 1935), dt. Chemiker *586–587, 594*
Wagenbach, Klaus (geb. 1930), dt. Verleger *671*
Walden, Matthias (d.i. Eugen Wilhelm Otto Freiherr von Saß) (1927–1984), dt. Journalist und Publizist *143, 555, 740*
Wallraff, Günter (geb. 1942), dt. Schriftsteller, Publizist und Journalist *37–40, 449, 451–453, 465, 675*
  *13 unerwünschte Reportagen 451*
Walser, Martin (geb. 1927), dt. Schriftsteller *121, 533*
Warnach, Walter (1910–2002), dt. Philosoph *694*
Wästberg, Per (geb. 1933), schwed. Schriftsteller und Journalist *318, 732*
Webber, Andrew Lloyd (geb. 1948), engl. Komponist *577*
Wehner, Herbert (1906–1990), dt. Politiker (SPD) *123, 535*
Weigel, Helmut (geb. 1938), dt. Lektor *443*
Weiss, Peter (1916–1982), dt. Schriftsteller *675*
Wellershoff, Dieter (geb. 1925), dt. Schriftsteller *510*

Weyer, Willy (1917–1987), dt. Politiker (FDP) 58–59, *474*
Whitley, John, engl. Journalist *685*
Wiclif (Wyclif), John (um 1320–1384), engl. Philosoph, Theologe und Reformator *616–617*
Wienand, Karl (geb. 1924), dt. Politiker (SPD) *652*
Wiesand, Andreas Johannes (geb. 1945), dt. Kulturwissenschaftler *440*
Wilhelm II. (1859–1941), dt. Kaiser und König von Preußen *462*, *646*, *726*
Wilkins, Sophie, amerik. Übersetzerin *571*
Willers, Uno, schwed. Bibliotheksdirektor *583*
Wilson, Angus (1913–1991), engl. Schriftsteller 318, *732*
Windmöller, Eva (1924–2002), dt. Journalistin *569*
Wissing, Wilhelm (1916–1996), dt. Theologe (kath.) und Prälat 24, *444*
Wlassow, Andrej Andrejewitsch (1901–1946), sowjet. General 271–272, *677*
Wörner, Manfred (1934–1994), dt. Politiker (CDU), Journalist und Historiker 110, 112, 114, *524*
Wohlrabe, Jürgen (1936–1995), dt. Politiker (CDU) und Unternehmer 224
Wolf, Christa (geb. 1929), dt. Schriftstellerin 132, *543*

Wolf, Markus »Mischa« (geb. 1923), dt. Geheimdienstchef (DDR) *652*
Wolfskehl, Karl (1869–1948), dt. Schriftsteller 180, *585*
Woller, Rudolf (1922–1996), dt. Journalist und Schriftsteller 51–53, *467–469*
Woolf, Virginia (1882–1941), engl. Schriftstellerin 277, *687–688*

Xerxes I. (um 519–465 v. Chr.), pers. Großkönig *713*

Zamory, Eberhard (geb. 1922), dt. Journalist *635*
Zerdick, Axel (geb. 1941), dt. Kommunikationswissenschaftler *556*
Zimmer, Dieter E. (geb. 1934), dt. Redakteur und Übersetzer *425*, *433*, *440*
Zimmermann, Bernd Alois (1918–1970), dt. Komponist 107–108, *519–520*
Zimmermann, Eduard (geb. 1929), dt. Fernsehmoderator 44–45, *461*, *753*
Zimmermann, Friedrich (geb. 1925), dt. Politiker (CSU) und Jurist 313, *726*
Zöller, Walter (geb. 1940), dt. Politiker (CSU) 71–73, *492*
Zwingli, Ulrich (1484–1531), schweiz. Reformator *616*

# Titelregister

A propos Freude 303
Alltag einer zerfetzten Welt 239
Am Anfang 218
Am Rande der Kirche 621
Annemarie und Heinrich Böll zur Wahl 133
Ansichten eines Clowns 55, 472
Aus der Vergangenheit lernen 75

Befehl und Verantwortung. Gedanken zum Eichmann-Prozeß 466, 713
Bericht des Internationalen Präsidenten über kürzliche Besuche im Ausland 88
Berichte zur Gesinnungslage der Nation 752, 762
Billard um halb zehn 714
Blick zurück mit Bitterkeit 192, 602, 613
Brief an den Leiter der Pressestelle des Südwestfunks 66
Brief an einen jungen Katholiken 452
Brief an meine Söhne oder vier Fahrräder 530, 537
Briefe aus dem Rheinland 474, 485

Das tägliche Brot der Bomben oder: Law and order 172, 575
Der Appell der Schriftsteller 317
Der liberale Labberdreck stammt nicht von mir 9
Der Lorbeer ist immer noch bitter 129
Der Panzer zielte auf Kafka. Vier Tage in Prag 636

Der Zug war pünktlich 220, 623
Deutsche Meisterschaft 524
Die 10 Gebote heute: Das 8. Gebot 758
Die »Einfachheit« der »kleinen« Leute und ihre mögliche Größe 549
Die Freiheit der Kunst 468
Die Heuchelei der Befreier 719
Die himmlische Bitterkeit des Alexander Solschenizyn 263
Die Internationale der Nestbeschmutzer 18, 432, 438
Die internationale Nation 12, 427
Die Raubtiere laufen frei herum 286
Die Sprache der kirchlichen Würdenträger 23
Die Ursachen des Troubles mit Nordirland 615, 700
Die verlorene Ehre der Katharina Blum oder: Wie Gewalt entstehen und wohin sie führen kann 322
Die wenig wunderbare Brotverringerung 622–623
Die Würde des Menschen ist unantastbar 140

Ein gutes Modell 314
Ein Roman von Iván Mándy 135
Eine Brücke, die ich nicht betrete 227
Einmischung erwünscht 187, 432
Ende der Bescheidenheit 432
Ende einer Dienstfahrt 469
Entfernung von der Truppe 546
Erwünschte Reportage 451, 758

Es wird immer später. Gedanken zum Sacharow-Memorandum *570*

Fall Höhn *50*
Fedor M. Dostojewski und Petersburg *441*, *613*
Frankfurter Vorlesungen *618*

Gefahr unter falschen Brüdern *625*
Gefahren von falschen Brüdern *223*, *227*
Gewalten, die auf der Bank liegen *153*, *598*
Gib Alarm! *67*
Gruppenbild mit Dame *425*, *502*, *710*
Günter Wallraffs unerwünschte Reportagen *37*, *449*
Gutachten zum Prozeß gegen Erich Fried *258*

Heimat und keine *622*
Helsinki war keine Falle *731*
Herrliche Zeiten *312*
Höflichkeit bei verschiedenen unvermeidlichen Gesetzesübertretungen *696*
Hülchrather Straße Nr. 7 *77*, *512*, *575*

Ich belehre niemanden in der Sowjetunion *279*
»Ich glaube, meine Erinnerung liebt mich« *235*
Ich habe die Nase voll! *468*
Ignazio Silone – für die Seelsorge zu radikal *307*
In der Bundesrepublik leben? *765*

Keine so schlechte Quelle *480*
Köln III *96*, *510*, *516*

Kreuz ohne Liebe *621*

Leserbrief an die Süddeutsche Zeitung *71*
Luft in Büchsen *165*

Man muß immer weitergehen *252*
Man muß zu weit gehen *54*
Manifest zur Gründung einer »Freien Internationalen Hochschule für Kreativität und Interdisziplinäre Forschung e.V.« *282*

Nicht Humus, sondern Wüstensand *120*, *542*
Notstandsnotizen *762*

Offenbarungseid *68*, *487*
Offener Brief an eine deutsche Frau *544*

Pfäffische Drei-Tage-Freiheit *754*
Plädoyer für Ruhe und Ordnung *249*, *653*–*654*
Prag – ja oder nein? *230*
Protest – Laut oder leise? *181*

Radikale für Demokratie *670*
Radikaler im öffentlichen Dienst *319*
Radikalität und Hoffnung *243*
Raubtier, nicht Raubtier oder Karnickel? *294*
Rede auf dem Empfang des Bundespräsidenten Gustav Heinemann für die Mitglieder des P.E.N. *169*
Rede zur Eröffnung der Heinrich-Heine-Ausstellung in Stockholm am 13.12.1972 *179*
Rede zur Verleihung des Nobelpreises am 10.12.1972 in Stockholm *176*

# TITELREGISTER

Rendezvous in Paris 729

Schwarzer Mittwoch beim ZDF 51
Schwierigkeiten mit der Brüderlichkeit 439
Schwierigkeiten mit Essenmarken 161
sieben Jahre und zwanzig später 124
Soviel Liebe auf einmal. Will Ulrike Meinhof Gnade oder Freies Geleit? 41, 454–457, 476, 752
Sport und Nationalismus 127, 539
Sprache ist älter als jeder Staat 565
Spurensicherung 641
Suchanzeigen 91, 507

Taceat Ecclesia. Kritische Anmerkungen zur päpstlichen Enzyklika »Humanae vitae« 445, 719
Torpedos 21, 440

Über Bernd Alois Zimmermann 107
Über mich selbst 508
Über Willy Brandt 109
Und sagte kein einziges Wort 622
Unsere Wahlen aus deutscher Sicht 117, 521

Verfolgt war nicht nur Paulus 63, 476
Versuch über die Vernunft der Poesie 200–201
Versunken die Stadt 511
Von der Natur nicht vorgesehen 290
Vorwort in eigener und anderer Sache 741
Vorwort zu »5 Kontinente« 157

Wahlrede in Kleve 146
Wanderer, kommst du nach Spa... 713
Was ist angemessen? 575
Wem gehört diese Erde? 657
Wer ist Jesus von Nazareth – für mich? 199
Wie das Gesetz es befahl 297, 646

Zum Beispiel Schuhe 274
Zum Problem der Kleinschreibung 231
Zum Tode Ingeborg Bachmanns 232
Zur Weiterentwicklung der Maulwürfe für, nach und in memoriam günter eich 250

# Literaturverzeichnis

*5 Kontinente. Moderne Erzähler der Welt. Erzählungen aus Europa, Amerika, Asien, Australien, Afrika* (1972): Vorgestellt von Heinrich Böll. Hrsg. von Frank Auerbach. Tübingen/Basel: Horst Erdmann Verlag.

Achternbusch, Herbert (1969): *Hülle.* Frankfurt/ Main: Suhrkamp.

Ders. (1970): *Das Kamel (Tibet. Indio. Afganistan. 2. Mai 1969).* Frankfurt/Main: Suhrkamp.

Ders. (1970): *Die Macht des Löwengebrülls.* Frankfurt/Main: Suhrkamp. (edition suhrkamp 439)

Ders. (1971): *Die Alexanderschlacht.* Frankfurt/Main: Suhrkamp.

Ders. (1972): *L`etat c`est moi.* Frankfurt/Main: Suhrkamp. (suhrkamp taschenbuch 262)

Ders. (1973): *Der Tag wird kommen.* Roman. Frankfurt/Main: Suhrkamp.

Adler, Hans Günther (1955): *Theresienstadt 1941–1945. Das Antlitz einer Zwangsgemeinschaft. Geschichte, Soziologie, Psychologie.* Tübingen: J.C.B. Mohr (Paul Siebeck).

Ders. (1960): *Die Juden in Deutschland. Von der Aufklärung bis zum Nationalsozialismus.* München: Kösel.

Ders./Hermann Langbein/Ella Lingens-Rainer ([Hg.] 1962): *Auschwitz. Zeugnisse und Berichte.* Frankfurt/Main: Europäische Verlagsanstalt.

Adler, Hans Günther (1962): *Unser Georg. Und andere Erzählungen.* Wien: Bergland Verlag.

Ders. (1968): *Panorama.* Olten: Walter.

Ders. (1974): *Der verwaltete Mensch. Studien zur Deportation der Juden aus Deutschland.* Tübingen: J.C.B. Mohr (Paul Siebeck).

Allende, Salvador (1972): *Chiles Weg zum Sozialismus.* Wuppertal: Hammer.

Amalrik, Andrej (1970): *Unfreiwillige Reise nach Sibirien.* Hamburg: Christian Wegner Verlag.

anon. (1971): »Ehe-Dogma. Einfach zu einfach«. In: *Der Spiegel* 7/71 vom 8.2.1971.

anon. (1971): »Glücklicher Tag«. In: *Der Spiegel* 7/71 vom 1.2.1971.

anon. (1971): »Länge mal Breite mal Geld«. In: *Der Spiegel* 24/71 vom 7.6.1971.

anon. (1971): »Sind die Städte noch zu retten?« In: *Der Spiegel* 24/71 vom 7.6.1971.

anon. (1972): »Ausgerechnet Böll?« In: *Berliner Morgenpost* vom 22.6.1972.

anon. (1972): »Böll will sich weiter von der Kirche pfänden lassen«. In: *Der Tagesspiegel* vom 8.10.1972.

anon. (1972): »Genausogut genauso knapp andersherum«. In: *Der Spiegel* vom 30.10.1972.

anon. (1972): »Geschenke vom Patriarchen«. In: *Der Spiegel* 32/72 vom 31.7.1972.

anon. (1972): »Junge Union greift Heinrich Böll an«. In: *Stuttgarter Nachrichten* vom 15.1.1972.

anon. (1973): »In Ostberlin ist Böll zur Zeit nicht lieferbar«. In: *Kölnische Rundschau* vom 28.7.1973.

anon. (1973): »Kämpfen bis zum Ende«. In: *Der Spiegel* 36/73 vom 17.9.1973.

anon. (1973): »TASS rügt den unwissenden Böll«. In: *Salzburger Nachrichten* vom 19.7.1973.

anon. (1974): »Europe as seen from Bonn«. In: *Newsweek* vom 4.3.1974.

*Anstoß und Ermutigung. Gustav W. Heinemann. Bundespräsident 1969–1974* (1974): Hrsg. von Heinrich Böll, Hellmut Gollwitzer und Carlo Schmid. Frankfurt/Main: Suhrkamp.

*Archiv der Gegenwart* (2000): *Deutschland 1949–1999.* 10 Bände. St. Augustin: Siegler Verlag.

Augstein, Rudolf (1972): *Jesus Menschensohn.* München, Gütersloh, Wien: C. Bertelsmann Verlag.

*Augstein`s Jesus* (1972): *Eine Dokumentation.* Köln: Benzinger Verlag.

Aust, Stefan (1985): *Der Baader-Meinhof-Komplex.* Hamburg: Hoffmann und Campe.

Bachmann, Ingeborg (1953): *Die gestundete Zeit. Gedichte.* Reihe Studio Frankfurt 12. Frankfurt/Main: Frankfurter Verlagsanstalt.

Dies. (1974): *Die gestundete Zeit. Anrufung des Großen Bären. Gedichte.* München: Piper.

Dies. (1978): *Werke.* Hrsg. von Christine Koschel, Inge von Weidenbaum, Clemens Münster. Erster Band: Gedichte, Hörspiele, Libretti, Übersetzungen. München und Zürich: Piper.

Dies. (1995): *›Todesarten‹-Projekt. Kritische Ausgabe.* 4 Bde. München: Piper.

Dies. (2003): *Das Buch Franza. Das »Todesarten«-Projekt in Einzelausgaben.* München: Piper.

Baumann, Michael »Bommi« (1975): *Wie alles anfing.* Berlin: Rotbuch Verlag.

Behn, Hans Ulrich (1981): *Politische Zeittafel 1949–1979.* Hrsg. vom Presse- und Informationsamt der Bundesregierung. Bonn.

Bellmann, Werner/Christine Hummel (1999): *Heinrich Böll. Die verlorene*

*Ehre der Katharina Blum. Erläuterungen und Dokumente.* Stuttgart: Philipp Reclam jun. (Universal-Bibliothek Nr. 16011)
Benz, Wolfgang/Hermann Graml/Hermann Weiß ([Hg.] 1997): *Enzyklopädie des Nationalsozialismus.* München: Deutscher Taschenbuch Verlag.
Berliner Autorenkollektiv Presse (1972): *Wie links können Journalisten sein? Pressefreiheit und Profit.* Mit einem Vorwort von Heinrich Böll. rororo aktuell. Reinbek bei Hamburg: Rowohlt.
Beth, Hanno ([Hg.] 1980): *Heinrich Böll. Einführung in Werk und Forschung.* Königstein/Ts.: Scriptor-Verlag.
Beutel, Albrecht (1991): *Martin Luther.* Beck'sche Reihe: Autorenbücher. München: Beck.
*Die Bibel. Einheitsübersetzung der Heiligen Schrift. Gesamtausgabe* (1980): Psalmen und Neues Testament. Ökumenischer Text. Herausgegeben im Auftrag der Bischöfe Deutschlands, Österreichs, der Schweiz, des Bischofs von Luxemburg, des Bischofs von Lüttich, des Bischofs von Bozen-Brixen. Für die Psalmen und das Neue Testament auch im Auftrag des Rates der Evangelischen Kirche in Deutschland und der Deutschen Bibelgesellschaft. Stuttgart/Klosterneuburg: Katholische Bibelanstalt; Deutsche Bibelgesellschaft; Österreichisches Katholisches Bibelwerk.
Bienek, Horst (1974): »Die große Beglückung als blutige Farce. Der Satiriker Solschenizyn stellt im ›Archipel GULAG‹ die Moral der Revolution wieder her«. In: *Die Zeit* Nr. 5 vom 25.1.1974.
*Biographisches Handbuch der Mitglieder des Deutschen Bundestages 1949–2002* (2002): Hrsg. von Rudolf Vierhaus und Ludolf Herbst unter Mitarbeit von Bruno Jahn. 2 Bände. München: K G Saur.
Böll, Alfred (1981): *Bilder einer deutschen Familie. Die Bölls.* Bergisch Gladbach: Gustav Lübbe Verlag.
Böll, Heinrich/Helmut Gollwitzer/Carlo Schmid ([Hg.] 1974): *Anstoß und Ermutigung. Gustav W. Heinemann Bundespräsident 1969–1974.* Frankfurt/Main: Suhrkamp.
Böll, Viktor/Markus Schäfer (1997): *Fortschreibung. Bibliographie zum Werk Heinrich Bölls.* Köln: Kiepenheuer & Witsch.
Böll, Viktor/Jochen Schubert (2002): *Heinrich Böll.* München: Deutscher Taschenbuch Verlag.
Bösch, Frank (2001): *Die Adenauer-CDU. Gründung, Aufstieg und Krise einer Erfolgspartei 1945–1969.* Stuttgart/München: Deutsche Verlagsanstalt.
Bondy, Francois (1974): »Solschenizyns Mann in Zürich. Wer ist jener schweigsame Doktor Fritz Heeb?« In: *Die Zeit* Nr. 4, vom 18.1.1974, S. 20.
Bourdieu, Pierre (1991): *Die Intellektuellen und die Macht.* Hamburg: VSA-Verlag.

Braun, Joachim (1972): *Der unbequeme Präsident.* Karlsruhe: C.F.Müller.
Brecht, Bertolt (1988–2000): *Werke. Große kommentierte Berliner und Frankfurter Ausgabe.* Hrsg. von Werner Hecht, Jan Knopf, Werner Mittenzwei, Klaus-Detlef Müller. Berlin und Weimar; Frankfurt/Main: Aufbau-Verlag; Suhrkamp Verlag.
Brentano, Clemens (1975): *Des Knaben Wunderhorn.* In: Ders.: Sämtliche Werke und Briefe. Frankfurter Brentano Ausgabe. Band 6; Band 9.1. Stuttgart [u.a]: Kohlhammer.
Briegleb, Klaus (2003): *Wie antisemitisch war die Gruppe 47?* Berlin: Philon.
Brodskij, Jossif (1972): »Die Sprache ist älter als jeder Staat. Ein Brief an Breschnew«. In: *Kölner Stadt-Anzeiger* vom 28.7.1972.
Brüder Grimm (2001): *Kinder- und Hausmärchen. Gesamtausgabe mit den Originalanmerkungen der Brüder Grimm.* Hrsg. von Heinz Rölleke. 3 Bde. Stuttgart: Reclam.
Brüning, Heinrich (1970): *Memoiren 1918–1934.* Stuttgart: Deutsche Verlags-Anstalt.
Bruhn, Peter/Henry Glade (1980): *Heinrich Böll in der Sowjetunion 1952–1979. Einführung in die sowjetische Böll-Rezeption und Bibliographie der in der UDSSR in russischer Sprache erschienenen Schriften von und über Heinrich Böll.* Berlin: E. Schmidt.
*Chronik zur Geschichte der Stadt Köln* (1990): 2 Bde. Band 1: Von den Anfängen bis 1400. Band 2: Von 1400 bis zur Gegenwart. Köln: Greven Verlag.
*Das Schwarze Kassenbuch. Die heimlichen Wahlhelfer der CDU/CSU* (1973): Hrsg. vom Presseausschuss der Demokratischen Aktion unter Mitarbeit von Bernt Engelmann. Vorwort von Heinrich Böll. Köln: Kiepenheuer & Witsch.
*Deutsche Biographische Enzyklopädie (DBE)* (1995/2001): 10 Bände. Hrsg. von Walther Killy. München: K G Saur; Deutscher Taschenbuch Verlag.
*Deutsche Volkslieder mit ihren Melodien* (1925): Hrsg. vom deutschen Volksliedarchiv. Berlin: de Gruyter.
*Deutscher Bundestag. 188. Sitzung Bonn, Mittwoch, den 7. Juni 1972* (1972): Bonn-Bad Godesberg: Verlag Hans Heger.
*Die Erschießung des Georg von Rauch. Eine Dokumentation anläßlich der Prozesse gegen Klaus Wagenbach* (1976): Hrsg. von Heinrich Böll u. a. Berlin: Verlag Klaus Wagenbach.
*Die Fischer Chronik Deutschland* (2001): *Ereignisse Personen Daten.* Frankfurt/Main: Fischer.
Diehl-Thiele, Peter (1969): *Partei und Staat im Dritten Reich.* München: Beck.
Ditmar, Carl/Werner Jung (1996): *Kleine Illustrierte Geschichte der Stadt Köln.* 8., völlig neu bearb. u. erw. Aufl. Köln: J. P. Bachem Verlag.

*Dokumente des Zweiten Vatikanischen Konzils* (1965): *Band 111. Über die Liturgie. Konstitution – Motu Proprio – Instruktion – Reskripte.* Trier: Paulinus-Verlag.

Domin, Hilde (1974): *Von der Natur nicht vorgesehen. Autobiographisches.* München: Piper.

Dubiel, Helmut (1999): *Niemand ist frei von Geschichte.* München/Wien: Hanser.

Dürr, Heidi (1973): »Von Pleite zu Pleite«. In: *Die Zeit* Nr. 8 vom 16.2.1973.

Dutschke, Rudi/Manfred Wilke ([Hg.] 1975): *Die Sowjetunion, Solschenizyn und die westdeutsche Linke.* rororo aktuell – Herausgegeben von Freimut Duve. Reinbek bei Hamburg: Rowohlt.

Eich, Günter (1967): »Fünf Maulwürfe«. In: *Merkur* H.6, S. 562–564.

Ders. (1968): *Maulwürfe. Prosa.* Frankfurt/Main: Suhrkamp.

Ders. (1970): *Ein Tibeter in meinem Büro. 49 Maulwürfe.* Frankfurt/Main: Suhrkamp.

Ders. (1972): *Gesammelte Maulwürfe.* Frankfurt/Main: Suhrkamp. (Bibliothek Suhrkamp 312)

Ders. (1995): *Träume. Vier Spiele.* Frankfurt/Main: Suhrkamp.

Eickhoff, Beate (2001): *St. Agnes. Ein Viertel und seine Kirche.* Köln: Marzellen Verlag.

Enzensberger, Hans Magnus (1976): *Einzelheiten I. Bewußtseins-Industrie.* Frankfurt/Main: Suhrkamp.

Erzbistum Köln, Abtl. Bau-, Kunst- und Denkmalpflege ([Hg.] 1995): *Neue Kirchen im Erzbistum Köln 1955–1995.* Band I bearb. und zusammengestellt von Karl Josef Bollenbeck.

Fontane, Theodor (1974): *Werke, Schriften und Briefe.* Vierter Band. Hrsg. von Walter Keitel und Helmuth Nürnberger. München: Hanser.

Franzel, Emil (1972): »Ein neues Hochland?« In: *Bayernkurier* vom 23.1.1972.

Frei, Norbert (1996): *Vergangenheitspolitik. Die Anfänge der Bundesrepublik Deutschland und die NS-Vergangenheit.* München: Beck.

Ders. (2001): *Karrieren im Zwielicht. Hitlers Eliten nach 1945.* In Zusammenarbeit mit Tobias Freimüller/Marc von Miquel/Tim Schanetzky/Jens Scholten/Matthias Weiß. Frankfurt/Main; New York: Campus Verlag.

Friedländer, Saul (1999): *Kitsch und Tod. Der Widerschein des Nazismus.* Erweiterte Neuausgabe. Frankfurt/Main: Fischer.

Friedrichsen, Gisela (2003): »Krieg ist nicht human«. In: *Der Spiegel* 23/2003 vom 2.6.2003.

Frohn, Robert (1982): *Köln 1945 bis 1981. Vom Trümmerhaufen zur Millionenstadt. Erlebte Geschichte.* Köln: J. P. Bachem Verlag.

Fürst, Max (1973): *Gefilte Fisch. Eine Jugend in Königsberg.* Mit einem Nachwort von Helmut Heißenbüttel. München: Carl Hanser Verlag.

Gerhardt, Rudolf (1972): »Ein Verteidiger wehrt sich«. In: *Frankfurter Allgemeine Zeitung* vom 24.10.1972.
Ginsburg, Jewgenija Semjonowa (1967): *Marschroute eines Lebens*. Deutsch von Swetlana Geier. Reinbek bei Hamburg: Rowohlt.
Glade, Henry (1973): »Novel into play. Heinrich Böll`s ›Clown‹ at the Mossoviet Theatre in Moscow«. In: *The University of Dayton Review* 9 Jg., Nr 2.
Ders./Konstantin Bogatyrev (1976): »The soviet version of Heinrich Bölls ›Gruppenbild mit Dame‹. The translator as censor«. In: *The University of Dayton Review* Jg. 12, Nr.2.
Grass, Günter (1972): »Politisches Tagebuch«. In: *Süddeutsche Zeitung* vom 5./6.2.1972.
Gretz, Gertie/Otto Koch (1939): *St. Gereon zu Köln. Eine Monographie mit 275 Abbildungen*. Bonn: Universitäts-Buchdruckerei Gebr. Scheur.
*Grundgesetz für die Bundesrepublik Deutschland* (2002): Herausgegeben von der Bundeszentrale für politische Bildung. Bonn.
Guevara, Ernesto Che (1969): *Brief an das Exekutivsekretariat von Ospaal: Schaffen wir zwei, drei, viele Vietnam. Das Wesen des Partisanenkampfes*. Eingeleitet und übersetzt von Gaston Salvatore und Rudi Dutschke. 2. revidierte Auflage 1985. Berlin: Oberbaumpresse.
Habe, Hans (1947): *Ob tausend fallen*. Stuttgart; Hamburg: Rowohlt.
Ders. (1972): »Ein Rückzug in Richtung Piedestal«. In: *Süddeutsche Zeitung* vom 5./6.2.1972.
Habermas, Jürgen (1986): »Heinrich Heine und die Rolle des Intellektuellen in Deutschland«. In: Ders.: *Die Moderne – ein unvollendetes Projekt. Philosophisch-politische Aufsätze 1977–1992*. Auswahl und Vorwort für diese Ausgabe von Jürgen Habermas. 2. erweiterte Auflage 1992. Lizenzausgabe des Reclam-Verlages Leipzig mit freundlicher Genehmigung des Suhrkamp-Verlages. Leipzig: Reclam-Verlag, S. 130–158.
Handke, Peter (1972): *Wunschloses Unglück. Erzählung*. Salzburg: Residenz Verlag.
*Harenberg Schlüsseldaten 20. Jahrhundert* (1993): Dortmund: Harenberg Lexikon-Verlag.
Harpprecht, Klaus (2003): *Willy Brandt oder der Mut zum Glück*. Frankfurt/Main; Köln; Reinbek bei Hamburg: Fischer Verlag; Kiepenheuer & Witsch.
Heeb, Fritz (1972): »Hetze gegen Böll«. In: *Die Zeit* Nr. 28 vom 14.7.1972.
Heine, Heinrich (1968): *Nachgelesene Gedichte 1845–1855*. Sämtliche Schriften. Hrsg. von Klaus Briegleb. Bd. VI. München: Hanser.
Ders. (1975ff.): *Historisch-Kritische Gesamtausgabe der Werke*. Hrsg. von Manfred Windfuhr. Hamburg: Hoffmann und Campe.
Heinemann, Gustav (1975–1977): *Reden und Schriften. Band 1: Allen Bür-*

*gern verpflichtet (1975); Band 2: Glaubensfreiheit, Bürgerfreiheit (1976); Band 3: Es gibt schwierige Vaterländer... (1977).* Frankfurt/Main: Suhrkamp.

Ders. (1999): *Einspruch. Ermutigung für entschiedene Demokraten.* Hrsg. von Diether Koch. Bonn: Dietz.

*Heinrich Böll und Köln* (1994): Herausgegeben von Viktor Böll. Mit einer Wanderung durch Heinrich Bölls Köln von Martin Stankowski. Köln: Kiepenheuer & Witsch.

*Heinrich Böll. Versuch über die Vernunft der Poesie* (1999): Ediert, kommentiert und mit einem Nachwort von Jochen Schubert. (Positionen I). Berlin: Heinrich-Böll-Stiftung e.V.

Herrmann, Ruth (1974): »Die Wörtlichkeit eines Autors. Beleidigungs-Prozeß«. In: *Die Zeit* vom 1.2.1974.

Heym, Stefan (1972): *Der König David Bericht. Roman.* München: Kindler.

Hoffmann, Gabriele (1986): *Heinrich Böll.* Bornheim-Merten: Lamuv Verlag.

Hoffmann, Gerd E. ([Hg.] 1986): *P.E.N. International.* P.E.N.-Zentrum der Bundesrepublik Deutschland in Zusammenarbeit mit der Bertelsmann Stiftung. München: C. Bertelsmann Verlag.

Hoffmann, Heinrich (2003): »Die gar traurige Geschichte mit dem Feuerzeug«. In: Ders.: *Der Struwelpeter.* Bindlach: Gondrom-Verlag.

Jäckel, Hartmut (1974): »›Die Chance für Willy Brandt‹«. In: *Die Zeit* Nr. 13 vom 22.3.1974.

Jürgs, Michael (1996): *Der Fall Axel Springer. Eine deutsche Biographie.* München: Droemersche Verlagsanstalt Th. Knaur Nachf.

Kaufmann, Fred/Dagmar Lutz/Gudrun Schmidt-Esters (1996): *Kölner Straßennamen. Neustadt und Deutz.* Köln: Greven Verlag.

Kier, Hiltrud (1978): *Die Kölner Neustadt. Planung, Entstehung, Nutzung.* Beiträge zu den Bau- und Kunstdenkmälern im Rheinland, Bd. 23. Düsseldorf: Schwann.

Dies./Ulrich Krings (1985): *Die romanischen Kirchen in Köln.* Köln: Vista Point Verlag.

*Knaurs Großer Bibelführer* (1999): *Das Buch der Bücher von A-Z.* München: Droemersche Verlagsanstalt Th. Knaur Nachf.

Koch, Werner (1971): *See-Leben I.* Pfullingen: Verlag Günter Neske.

Ders. (1975): *Wechseljahre oder See-Leben II.* Frankfurt /Main: Suhrkamp.

Kornilow, Juri (1973): »Nach fremden Noten. Ein TASS-Kommentar«. In: *Neues Deutschland* vom 19.3.1973.

Korotkov, A. V. ([Hg.] 1994): *Akte Solschenizyn 1965–1977. Geheime Dokumente des Politbüros der KPdSU und des KGB. Mit einem Brief von Alexander Solschenizyn als Geleit. Aus dem Russischen von Barbara und Lothar Lehnhardt.* Berlin: Edition q.

Krug, Gerhard (1971): »Mutmaßungen über Margrit«. In: *Die Zeit* vom 28.10.1971.
Kurylo, Friedrich K. (1971): »Gerlings neue Stadt«. In: *Kölner Stadt-Anzeiger* vom 8.7.1971.
Lauer, Reinhard (2000): *Geschichte der russischen Literatur. Von 1700 bis zur Gegenwart.* München: Verlag C.H.Beck.
Legner, Anton (1971): *Schnüttgen Museum Köln.* München; Zürich.
*Lenin in Selbstzeugnissen und Bilddokumenten. Zeugnisse und Berichte* (1970): Dargestellt von Hermann Weber. Reinbek bei Hamburg: Rowohlt.
Lenin, Wladimir Illjitsch (1977): *Ausgewählte Werke in sechs Bänden.* Berlin: Dietz Verlag.
Leonhard, Susanne (1988): *Gestohlenes Leben. Als Sozialistin in Stalins Gulag.* Frankfurt/Main: Suhrkamp.
Lettau, Reinhard (1962): *Schwierigkeiten beim Häuserbauen. Geschichten.* München: Hanser.
*Lexikon der Bibel. Orts- und Personennamen, Daten, Biblische Bücher und Autoren* (1990): Hrsg. von Christian Gerritzen. Wiesbaden: Fourier Verlag.
Luther, Martin (1983): *Ein Sendbrief D. M. Luthers. Vom Dolmetschen und Fürbitte der Heiligen.* In: Ders.: Studienausgabe. Band 3. In Zusammenarbeit mit Helmar Junghans, Joachim Rogge und Günther Wartenberg herausgegeben von Hans-Ulrich Delius. Berlin: Evangelische Verlagsanstalt.
Luxemburg, Rosa (1989): *Briefe aus dem Gefängnis an Sophie Liebknecht.* 15. Auflage. Berlin: Dietz Verlag.
Machens, Cord (2001): »Schlimme Kunst – seicht vorgestellt«. In: *taz (NRW-Ausgabe)* vom 15.2.2001.
Mainzer, Udo ([Hg.] 1982): *Die Jesuitenkirche St. Mariae Himmelfahrt in Köln. Dokumentation und Beiträge zum Abschluß ihrer Wiederherstellung 1980.* Beiträge zu den Bau- und Kunstdenkmälern im Rheinland, Bd. 28. Düsseldorf: Schwann.
Majakowski, Wladimir (1955–1961): *Das Gesamtwerk in 13 Bänden.* (russ.) Herausgegeben und kommentiert von V.A. Katanjan. Moskau: Verlag Chudoschestwennaja literatura.
Mándy, Iván (1971): *Am Rande des Spielfeldes.* Stuttgart: Deutsche Verlags-Anstalt.
Mauz, Gerhard (1974): »Ein ernster, fürchterlicher Fall. Prozeß gegen Erich Fried in Hamburg«. In: *Der Spiegel* vom 28.1.1974.
Maximow, Wladimir (1973): »Offener Brief an Heinrich Böll«. In: *Die Welt* vom 23.8.1973.
Mecklenburg, Jens ([Hg.] 2001): *Margrit Schiller. Es war ein harter Kampf*

*um meine Erinnerung. Ein Lebensbericht aus der RAF.* München/Zürich: Piper.

Meinhof, Ulrike Marie (1970): *Bambule. Fürsorge – Sorge für wen?* Rotbuch 24. Berlin: Verlag Klaus Wagenbach.

*Metzler-Lexikon Kultur der Gegenwart* (2000): *Themen und Theorien, Formen und Institutionen seit 1945.* Hrsg. von Ralf Schnell. Stuttgart; Weimar: Metzler.

Morsey, Robert (1970): »Mehr Monarchist als Zentrumsmann. Die glanzlosen Memoiren des Heinrich Brüning«. In: *Frankfurter Allgemeine Zeitung* vom 5.11.1970.

Müller-Meiningen jr. (1974): »›Vorbeugemord‹.« In: *Süddeutsche Zeitung* vom 26.1.1974.

Neumann, Robert (1971): »Mein Kandidat: Heinrich Böll«. In: *Die Zeit* vom 21.5.1971.

›*Ortlose Freundschaft‹. Der Freundeskreis H. G. Adler, Elias Canetti und Franz Baermann Steiner im englischen Exil* (1998): Mit Beiträgen von Jeremy Adler und Gerd Hirschfeld. In Zusammenarbeit mit der Bibliothek für Zeitgeschichte Stuttgart; bearb. von Marcel Atze. (Deutsche Schillergesellschaft, Marbach am Neckar. Marbacher Magazin 84/1998). Berlin/New York: de Gruyter.

Parramón, José M./Miquel Ferrón (1991): *Air-brush.* Stuttgart: Edition Michael Fischer.

Peturnig, Anna (1975): »Einige Gedanken zur Übersetzungsarbeit an Solschenizyns Archipel GULAG«. In: *Osteuropa Zeitschrift für Gegenwartsfragen des Ostens* 25. Jg. (1975), H.3, S. 151–161.

Pfaff, Ivan (1973): »Die Rache an den Prager Reformern. Politische Justiz in der Tschechoslowakei 1969 bis 1972«. In: *Frankfurter Allgemeine Zeitung* Nr. 96 vom 25.4.1973.

Pfennig, Jörg (1994): *Über Brücken. Köln und der Rhein.* Vorwort: Konrad Adenauer. Geleitwort: Norbert Burger. Köln: conMedia Verlag.

Piel, Dieter (1972): »Mit Asbach gegen Brandt. Wie der CDU-Wirtschaftsrat ›Linksblätter‹ unter Druck setzen will«. In: *Die Zeit* Nr. 36 vom 8.9.1972.

Ploetz, Dagmar (2000): *Ignazio Silone. Rebell und Romancier. Ein Schriftsteller im 20. Jahrhundert.* Köln: Kiepenheuer & Witsch.

Pörzgen, Hermann (1968): »Bölls Clown auf der Moskauer Bühne«. In: *Frankfurter Allgemeine Zeitung* vom 17.4.1968.

Ders. (1973): »Die UDSSR wird zahlen. Der Beitritt zur Genfer Konvention«. In: *Frankfurter Allgemeine Zeitung* vom 12.3.1973.

Prieß, Lutz ([Hg.] 1996): *Die SED und der Prager Frühling 1968. Politik gegen einen Sozialismus mit menschlichem Antlitz.* Berlin: Akademie Verlag.

Priestley, John Boyton (1973): *The English*. London: Heinemann.
Proust, Marcel (1953–1957): *Auf der Suche nach der verlorenen Zeit*. Aus dem Französischen übersetzt von Eva Rechel-Mertens. 7 Bände. Frankfurt/Main; Zürich: Suhrkamp und Rascher.
*Querschnitte* (1977): *Aus Interviews, Aufsätzen und Reden von Heinrich Böll*. Zusammengestellt von Viktor Böll und Renate Matthaei. Köln: Kiepenheuer & Witsch.
Raatz, Hans (1990): *Der Nordirland-Konflikt und die britische Nordirland-Politik seit 1968*. Stuttgart: Silberburg-Verlag.
Rademacher, Arnold (1937): *Die Wiedervereinigung der christlichen Kirchen*. Bonn.
Reger, Erik (1932): *Union der festen Hand. Roman einer Entwicklung*. Berlin: Rowohlt.
Reich-Ranicki, Marcel (1971): »Nachdenken über Leni G.« In: Ders.: *Mehr als ein Dichter. Über Heinrich Böll*. Köln: Kiepenheuer & Witsch. 1986.
Reid, J.H. (1974): »Böll' s names«. In: *The Modern Language Review* H. 69 (1974), Nr. 2.
Ders. (1991): *Heinrich Böll. Ein Zeuge seiner Zeit*. München: Deutscher Taschenbuch Verlag.
Sassone, Sandra (1968): »Gespaltene Kommunisten. Die italienische KP missbilligt die Invasion, will aber keinen Bruch«. In: *Die Zeit* Nr. 37 vom 13.9.1968, S. 4.
Schalamow, Warlam (1967): *Kolyma. Insel im Archipel*. München; Wien: Langen Müller Verlag.
Ders. (1990): *Schocktherapie: Kolyma-Geschichten*. Berlin: Volk und Welt Verlag.
Ders. (1996): *Ankerplatz der Hölle: Gedichte, Briefe, Photos*. Berlin: Oberbaum Verlag.
Schallies, Walter (1971): »Noch kein Beweis für Mord der Baader-Bande«. In: *Kölner Stadt-Anzeiger* vom 26.10.1971.
Schardt, Alois (1971): »Publik ist tot«. In: *Publik* vom 19.11.1971.
Schiller, Friedrich (1967): *Der Verbrecher aus verlorener Ehre*. In: Ders.: Sämtliche Werke. Fünfter Band. Erzählungen/Theoretische Schriften. 4. durchgesehene Auflage. München: Hanser.
Schmidt-Häuer, Christian/Adolf Müller (1968): *›Viva Dubcek‹. Reform und Okkupation in der CSSR*. Mit einem einführenden Bericht von Heinrich Böll. Köln; Berlin: Kiepenheuer & Witsch.
Schmitz, Helmut (1971): »Literatur-Piraten laufen aufs Juristen-Riff«. In: *Frankfurter Rundschau* vom 25.10.1971.
Schubert, Alex (1971): *Stadtguerilla. Tupamaros in Uruguay – Rote Armee Fraktion in der Bundesrepublik*. Berlin: Verlag Klaus Wagenbach. (Rotbuch 26)

Schwind, Hans-Dieter ([Hg.] 1978): *Ursachen des Terrorismus in Deutschland.* Berlin/New York: de Gruyter.
Silone, Ignazio (1969): *Das Abenteuer eines armen Christen. Roman um Bruder Peter Angelerio (Cölestin V.).* Aus dem Italienischen von Hanna Dehio. Köln: Kiepenheuer & Witsch.
Ders. (1974): *Wein und Brot. Roman.* Köln: Kiepenheuer & Witsch.
Solschenizyn, Alexander (1968): *Krebsstation. Roman in zwei Büchern.* Aus dem Russischen von Christiane Auras, Agathe Jais und Ingrid Tinzmann. Mit einem Vorwort von Heinrich Böll. Neuwied: Luchterhand.
Ders. (1972): *Ein Tag im Leben des Iwan Denissowitsch. Erzählung.* Ungekürzte Ausgabe. 6. Auflage. München: Deutscher Taschenbuch Verlag.
Ders. (1974): *Der Archipel GULAG 1918–1956. Versuch einer künstlerischen Bewältigung.* 2 Bände. Einzige autorisierte Übersetzung aus dem Russischen von Anna Peturnig (Teile I-III) und Ernst Walter (Teil IV) [EA Archipelag GULAG Paris YMCA-Press]. Bern: Scherz-Verlag.
Sonnemann, Ulrich (1977): »Fußball mit dem Rechtsstaat. Geschrieben 1975, während die Verhandlung noch lief. Man weiß, wie sie ausging«. In: *Der mißhandelte Rechtsstaat in Erfahrung und Urteil bundesdeutscher Schriftsteller, Rechtsanwälte und Richter.* Hrsg. von Ulrich Sonnemann. Köln: Kiepenheuer & Witsch.
Sowinski, Bernhard (1993): *Heinrich Böll.* Stuttgart, Weimar: Metzler. (Sammlung Metzler; Realien zur Literatur Bd. 272)
Stäcker, Dieter (1974): »›Vorbeugemord‹. Beleidigungsprozeß gegen Erich Fried«. In: *Frankfurter Rundschau* vom 24.1.1974.
Stehle, Hansjakob (1968): »Prag und die roten Brüder. Östliche Einheit nur in der nationalen Vielfalt«. In: *Die Zeit* Nr. 37 vom 13.9.1968.
Sternburg, Wilhelm von (2001): *Adenauer. Eine deutsche Legende.* Berlin: Aufbau Verlag.
Stürzbecher, Ursula (1973): *Werkstattgespräche mit Komponisten.* München: Deutscher Taschenbuch Verlag. (dtv 910)
The Irish P.E.N Centre ([Hg.] 1972): *The Changing Face of Literature. A discussion and evaluation of developments over the past thirty years. Proceedings of the 38th Internatinational P.E.N Congress, Dublin, 12–18 September, 1971.* Dublin.
Thomas, Donald M. (1998): *Solschenizyn. Die Biografie.* Berlin: Propyläen.
Tolstoi, Leo N. (1970): *Krieg und Frieden.* Ins Deutsche übertragen von Werner Bergengruen. Nachwort von Heinrich Böll. 2 Bde. München: Paul List Verlag.
*Trübners Deutsches Wörterbuch. Im Auftrag der Arbeitsgemeinschaft für deutsche Wortforschung* (1939–1957): Hrsg. von Alfred Götze. Ab Bd. 5 hrsg. von Walther Mitzka. 8 Bände. Berlin: de Gruyter.
Tschukowskaja, Lydia (1967): *Ein leeres Haus.* Zürich: Diogenes-Verlag.

*Vaterland, Muttersprache. Deutsche Schriftsteller und ihr Staat. Ein Nachlesebuch. Offene Briefe, Reden, Aufsätze, Gedichte, Manifeste, Polemiken* (1979): Zusammengestellt von Klaus Wagenbach, Winfried Stephan und Michael Krüger. Mit Randbemerkungen und einer Zeittafel. Vorwort von Peter Rühmkorf. Berlin: Verlag Klaus Wagenbach.

Wagner, Klaus (1974): »Freispruch für Erich Fried. Heinrich Böll als Gutachter im Beleidigungsprozeß«. In: *Frankfurter Allgemeine Zeitung* vom 26.1.1974.

Wallraff, Günter (1969): *13 unerwünschte Reportagen.* Köln/Berlin: Kiepenheuer & Witsch. (pocket 7)

Wassermann, Rudolf (1973): »Wer arm ist, bekommt weniger Recht. Alle Bürger müssen gleiche Chancen vor Gericht haben«. In: *Die Zeit* vom 2.11.1973.

Weiß, Hermann ([Hg.] 1998): *Biographisches Lexikon zum Dritten Reich.* Frankfurt/Main: Fischer.

*Willy Brandt mit Selbstzeugnissen und Bilddokumenten* (1996): Dargestellt von Carola Stern. Reinbek bei Hamburg: Rowohlt.

Wrede, Adam (1988): *Neuer Kölnischer Sprachschatz.* 3 Bde. Mit Anhang: Altkölnisch-Kölnisch-Ripuarisch. Suchhilfe. 10. Aufl. Köln: Greven Verlag.

Zöller, Walter (1972): »Leserbrief in der Rubrik ›Heinrich Böll – Schriftsteller oder politischer Akteur‹«. In: *Süddeutsche Zeitung* vom 5./6.2.1972.

Zundel, Rolf (1972): »Staatsanwälte als Sündenböcke?« In: *Die Zeit* Nr. 33 vom 18.8.1972.

## Zu dieser Ausgabe

Die *Kölner Ausgabe* beruht auf den zu Lebzeiten Heinrich Bölls veröffentlichten Texten sowie auf den Nachlässen, die in den Archiven der Erbengemeinschaft Heinrich Böll und der Stadt Köln aufbewahrt werden.

Die *Kölner Ausgabe* bietet das Werk Heinrich Bölls in gattungsübergreifender, der Chronologie ihrer Veröffentlichung folgender Anordnung. Aus dem Nachlaß edierte Texte werden entsprechend ihrer Entstehungszeit aufgenommen. Dies gilt auch für die zu Lebzeiten des Autors erschienenen Texte aus dem Frühwerk (z. B. *Das Vermächtnis* oder die Sammlung *Die Verwundung*) bzw. posthum publizierte Arbeiten (z. B. *Der Engel schwieg* oder die Sammlung *Der blasse Hund*).

Die Interviews und Gespräche Heinrich Bölls werden im Rahmen der *Kölner Ausgabe* in gesonderten Bänden dokumentiert.

Sämtliche in die Ausgabe aufgenommene Texte werden in textkritisch durchgesehener Form geboten. Textgrundlage sind die Erstdrucke oder die wirksam gewordenen Drucke der autorisierten Sammelausgaben (z. B. *Aufsätze, Kritiken, Reden; Einmischung erwünscht*) bzw. der Werkausgabe von 1977. Orthographie und Interpunktion der Textgrundlage werden, unter Bewahrung charakteristischer Schreibeigenheiten Bölls, den zum Zeitpunkt der Entstehung bzw. Veröffentlichung geltenden Regeln angeglichen.

Alle Bände enthalten einen editorischen Anhang mit Informationen zur Textentstehung und – falls erforderlich – zum zeitgeschichtlichen und biographischen Hintergrund. Bei den größeren Erzähltexten wird deren zeitgenössische Aufnahme durch eine Auswahl repräsentativer Rezensionen dokumentiert.

Bei der Darstellung der Textentstehung bezieht die Ausgabe vorausgehende Arbeitsstufen mit ein. Sie bietet im Rahmen der

Textgeschichte oder einer stellenbezogenen Erläuterung charakteristische Umformungen der dem Druck vorausgehenden Niederschriften. Darüber hinaus enthält der Apparat Hinweise zur Textkonstitution, eine Verzeichnung der Überlieferungsträger sowie des Erstdrucks und der wirksam gewordenen weiteren Drucke.

Der Stellenkommentar vermittelt zeitgeschichtliche Verweise in Form von Sacherläuterungen.

Den Einzelbänden ist jeweils ein Register mit allgemeinen Angaben zu den genannten Personen sowie ein Register aller im Band erwähnten Texte Bölls beigegeben.

Zum Abschluß der Edition erscheint ein kommentiertes Gesamtregister.

# Heinrich Böll Werke · Kölner Ausgabe

*Band 1: 1936–1945*

u. a.: Die Inkonsequenzen des Christoff Sanktjörg · Die Brennenden · N. S. Credo · Gedichte · Die Unscheinbare · Sommerliche Episode · Vater Georgi · Annette · Kommentar

*Band 2: 1946/47*

u.a.: Der General stand auf einem Hügel ... · Mitleid · Der Flüchtling · Rendezvous in Trümmern · Wiedersehen mit B. · Der Zwischenfall · Gefangen in Paris · Der Schulschwänzer · Kreuz ohne Liebe · Kommentar

*Band 3: 1947–1948*

u. a.: Der blasse Hund · Aus der »Vorzeit« · Vive la France! · Die Botschaft · Todesursache: Hakennase · Mit diesen Händen · Die Verwundung · Der Mann mit den Messern · Das Rendez-Vous · Aufenthalt in X · So ein Rummel! · Einsamkeit im Herbst · Der unbekannte Soldat · Auch Kinder sind Zivilisten · Deutsche Tüchtigkeit · Aus dem Hort der Nibelungen · Kommentar

*Band 4: 1949–1950*

u. a.: Die Toten parieren nicht mehr · Die Geschichte der Brücke von Berkowo · Ich kann sie nicht vergessen · Wiedersehen mit Drüng · Damals in Odessa · Eine optimistische Geschichte · Verlorenes Paradies · Das Vermächtnis · Der Zug war pünktlich · Geschäft ist Geschäft · Über die Brücke · Kerzen für Maria · Steh auf, steh doch auf · Arbeitstagung in Kassel · Wanderer, kommst du nach Spa ... · Amerika · Anekdote zum deutschen Wunder · Kommentar

*Band 5: 1951*

u. a.: Aschermittwoch · Das Abenteuer · Der Engel schwieg · Die Liebesnacht · Die Dachrinne · Die Schwarzen Schafe · Der Geschmack des Brotes · Der Zwerg und die Puppe · Besichtigung · Wo warst du, Adam? · Wiedersehen mit dem Dorf · Das Selbstporträt Heinrich Böll · Kommentar

*Band 6: 1952–1953*

u. a.: Die Suche nach dem Leser · Die Postkarte · Das Ende der Moral · Betrogene Betrüger · Besuch auf einer Insel · Bekenntnis zur Trümmerliteratur · Der Engel · Husten im Konzert · Die Brücke von Berczaba · Jenseits der Literatur · Pole, DP, Schwarzhändler, Lebensretter · Trompetenstoß in schwüle Stille · Die Kunde von Bethlehem · Nicht nur zur Weihnachtszeit · Ach, so ... ein Jude! · Ich bin kein Kommunist · Gibt es die Deutsche Story? · Wo sind die Deserteure? · Abenteuer eines Brotbeutels · Und sagte kein einziges Wort · Kommentar

*Band 7: 1953–1954*

u. a.: »Ich bin doch Soldat« · Léon Bloy. Über »Das Heil und die Armut« · Die Waage der Baleks · Was ist aktuell für uns? · Rendezvous in Paris · Auf Gottes kleinem Acker · Wir waren Wimpo · Der Schrei nach Schinken und Pralinen · Ernst Kreuder, 50 Jahre alt · Zwischen Traum und Wirklichkeit · Seinen Stil finden · Ironisierter Kulturbetrieb · Über De Quincey, »Bekenntnisse« · 19. November 1828 · Alfred Andersch · »Wir sind nicht restaurativ!« · So war es Reise ohne Heimkehr · Gespräch im Advent. Über die Art, Weihnachten zu feiern · Wolfgang Hildesheimer · Unberechenbare Gäste · Auferstehung des Gewissens · Paul Schallück · Porträt eines Papstes · Kommentar

*Band 8: 1954*

Haus ohne Hüter · Kommentar

*Band 9: 1954–1955*

u. a.: Wir sind so milde geworden · Der Zeitgenosse und die Wirklichkeit · Hier ist Tibten · So ward Abend und Morgen · Schicksal einer henkellosen Tasse · Gedanken im Schillerjahr · Zum Tee bei Dr. Borsig · Chesterton über Dickens · Klopfzeichen · Daniel, der Gerechte · Neue Romane junger Autoren · Die fünf Stationen des jungen Schriftstellers · Das Brot der frühen Jahre · Die Stimme Wolfgang Borcherts · Der Gefangene einer Anekdote · Reportagen vom Mordprozeß gegen R. Müller · Doktor Murkes gesammeltes Schweigen · Literatur ohne Grenzen · Kommentar

*Band 10: 1956–1959*

u. a.: Es wird etwas geschehen · Biographische Notiz · Wo ist dein Bruder? · Die Offenbarung der Asozialen · Selbstkritik · Leben für die Sprache · Aufstand der Ungarn · Das Risiko des Schreibens · Das weiche Herz des Arno Schmidt · Im Tal der donnernden Hufe · Reise durch Polen · Hauptstädtisches Journal · Eine Welt ohne Christus · Der Wegwerfer · Irisches Tagebuch · Im Ruhrgebiet · Bilanz · Brief an einen jungen Katholiken · Das Brot, von dem wir leben · Heldengedenktag · Ein 47er wurde 50: Hans

Werner Richter · Die Sprache als Hort der Freiheit · Der Zeitungsverkäufer · Kommentar

*Band 11: 1959*
Billard um halb zehn · Kommentar

*Band 12: 1959–1963*
u. a.: Rose und Dynamit · Kunst und Religion · Über mich selbst · Zur Verteidigung der Waschküchen · Zweite Wuppertaler Rede · Über den Roman · Zeichen an der Wand · Was ist kölnisch? · Hierzulande · Wir schreiben in der Bundesrepublik · Karl Marx · Irland und seine Kinder · Befehl und Verantwortung · Ein Schluck Erde · Hast Du was, dann bist Du was · Als der Krieg ausbrach · Gesamtdeutsches Jägerlatein · Der Schriftsteller und Zeitkritiker Kurt Ziesel · Rom auf den ersten Blick · Keine Träne um Schmeck · Als der Krieg zu Ende war · Rundfrage über Gottfried Benn · Briefe aus dem Rheinland · Anekdote zur Senkung der Arbeitsmoral · Kommentar

*Band 13: 1963*
Ansichten eines Clowns · Kommentar

*Band 14: 1963–1965*
u. a.: Briefe aus dem Rheinland · Antwort an Msgr. Erich Klausener · Briefe an einen Freund jenseits der Grenzen · Ich gehöre keiner Gruppe an · Gesinnung gibt es immer gratis · Frankfurter Vorlesungen · Entfernung von der Truppe · Über Jürgen Becker, »Felder« · Stichworte · Wort und Wörtlichkeit · Angst vor der »Gruppe 47«? · Mauriac zum achtzigsten Geburtstag · Keine so schlechte Quelle · Heimat und keine · Raderberg, Raderthal · Inspektor Moll · Kommentar

*Band 15: 1966–1968*
u. a.: Das wahre Wie, das wahre Was · Brief an einen jungen Nichtkatholiken · Ende einer Dienstfahrt · Die Freiheit der Kunst · An einen Bischof, einen General und einen Minister des Jahrgangs 1917 · Die Deutschen und ihr Vaterland · Georg Büchners Gegenwärtigkeit · Was ist eine christliche Grundlage? · Die Studenten sollten in Klausur gehen · Plädoyer für einen Freund · Radikale für Demokratie · Notstandsnotizen · Vorwort zur »Krebsstation« · Der Panzer zielte auf Kafka · Über die Gegenstände der Kunst · Bekenntnisse der Schriftsteller · Kommentar

*Band 16: 1969–1971*
u. a.: Blumen für Beate Klarsfeld · Veränderungen in Staech · Ende der Bescheidenheit · Antwort an Pfarrer Kurscheid · Kritiklos Unteran. Über

Heinrich Mann · Aussatz · Hausfriedensbruch · Deutsche Meisterschaft · An die Mitglieder des »Politischen Nachtgebets« · Schriftstellerschule der Nation · Schwierigkeiten mit der Brüderlichkeit · Leiden, Zorn und Ruhe · Einigkeit der Einzelgänger · Wer Augen hat zu sehen, sehe! · Epilog zu Stifters »Nachsommer« · Die Heuchelei der Befreier · Bericht zur Lage der Nation · Kommentar

*Band 17: 1971*

Gruppenbild mit Dame · Kommentar

*Band 18: 1971–1974*

u. a.: Sprache der kirchlichen Würdenträger · Soviel Liebe auf einmal · Leserbrief · Man muß zu weit gehen · Hülchrather Straße Nr. 7 · Über Willy Brandt · Suchanzeigen · Die Würde des Menschen ist unantastbar · Gewalten, die auf der Bank liegen · Rede zur Verleihung des Nobelpreises · Einmischung erwünscht · Blick zurück mit Bitterkeit · Versuch über die Vernunft der Poesie · Gefahren von falschen Brüdern · Zum Tode Ingeborg Bachmanns · Man muß immer weitergehen · Radikaler im öffentlichen Dienst · Die verlorene Ehre der Katharina Blum · Kommentar

*Band 19: 1974–1976*

u.a.: Wo verbirgt der Weise sein Blatt? · Ich habe die Nase voll! · Ich bin ein Deutscher · Aussage im Prozeß gegen Matthias Walden · Was las Hindenburg? · Das meiste ist mir fremd geblieben · Berichte zur Gesinnungslage der Nation · Erwünschte Reportage · Aufbewahren für alle Zeit · Die Angst der Deutschen und die Angst vor ihnen · Sprache ist älter als jeder Staat · Brokdorf und Wyhl · Vorwort zu ›Nacht über Deutschland‹ · Nachwort zu Horst Herrmann: »Die 7 Todsünden der Kirche« · Kommentar

*Band 20: 1977–1979*

u. a.: Es kann einem bange werden · Du fährst zu oft nach Heidelberg · Was ist heute links? · Ein Jahrhundert wird besichtigt · Geständnis eines Flugzeugentführers · Die verschobene Antigone · Prager Frühling – deutscher Herbst · Lesen macht rebellisch · Von Staatsbürgern, Geheimdienstchefs und Schriftstellern · Potenziert brüsk · Darf es etwas weniger sein? · Das Gelände ist noch lange nicht entmint · Deutsche Utopien II Für Grieshaber · Tacitus, »Germania« · Wo habt ihr bloß gelebt? · Das Jahrhundert der Flüchtlinge · Kommentar

*Band 21: 1979*

Fürsorgliche Belagerung · Kommentar

*Band 22: 1979–1983*

u. a.: Nett ist rosa · Georg Meistermann, Maler und Zeitgenosse · Für Helmut Heißenbüttel · Wem gehört diese Erde? · Der Diktator in mir · Sacharows Aktentasche oder die Ästhetik der Wörtlichkeit · Ein Kind ist uns geboren, ein Wort ist uns geschenkt! · Gegen die atomare Bedrohung gemeinsam vorgehen · Was heißt hier konservativ? · Feindbild und Frieden · In memoriam Paul Schallück · In welcher Sprache heißt man Schneckenröder? · Ich han dem Mädche nix jedonn, ich han et bloß ens kräje · Was soll aus dem Jungen bloß werden? · Kommentar

*Band 23: 1984–1985*

u. a.: Abschied von Uwe Johnson · Die ungehaltene Rede vor dem Deutschen Bundestag · Ansprache zur Feier des 25jährigen Bestehens der Germania Judaica · Bild, Bonn, Boenisch · Ernennung zum Commandeur im »Ordre des Arts et des Lettres« · Von deutschem Schmettern · Poesie des Tuns · Die Fähigkeit zu trauern · Vorwort zu »NiemandsLand« · Brief an meine Söhne oder vier Fahrräder · Für Samay · Frauen vor Flußlandschaft · Nachwort 1985 zu »Ansichten eines Clowns« · Kommentar

*Band 24: Interviews I*

*Band 25: Interviews II*

*Band 26: Interviews III*

*Band 27: Gesamtregister*

# Inhalt

Die Seitenangaben beziehen sich jeweils auf den
Text- und Apparatteil.

| | | |
|---|---:|---:|
| Der liberale Labberdreck stammt nicht von mir (1971) | 9 | 421 |
| Die internationale Nation (1971) | 12 | 427 |
| Die Internationale der Nestbeschmutzer (1971) | 18 | 433 |
| Torpedos (1971) | 21 | 440 |
| Die Sprache der kirchlichen Würdenträger (1971) | 23 | 442 |
| Günter Wallraffs unerwünschte Reportagen (1971) | 37 | 449 |
| Soviel Liebe auf einmal. Will Ulrike Meinhof Gnade oder freies Geleit? (1972) | 41 | 454 |
| Fall Höhn (1972) | 50 | 464 |
| Schwarzer Mittwoch beim ZDF (1972) | 51 | 467 |
| Man muß zu weit gehen (1972) | 54 | 471 |
| Verfolgt war nicht nur Paulus (1972) | 63 | 476 |
| Brief an den Leiter der Pressestelle des Südwestfunks (1972) | 66 | 483 |
| Gib Alarm! (1972) | 67 | 485 |
| Offenbarungseid (1972) | 68 | 487 |
| Leserbrief an die Süddeutsche Zeitung (1972) | 71 | 491 |
| Aus der Vergangenheit lernen (1972) | 75 | 495 |
| Hülchrather Straße Nr. 7 (1972) | 77 | 497 |
| Bericht des Internationalen Präsidenten über kürzliche Besuche im Ausland (1972) | 88 | 505 |
| Suchanzeigen (1972) | 91 | 507 |
| Köln III (1972) | 96 | 510 |
| Über Bernd Alois Zimmermann (1972) | 107 | 519 |
| Über Willy Brandt (1972) | 109 | 521 |
| Unsere Wahlen aus deutscher Sicht (1972) | 117 | 528 |
| Nicht Humus, sondern Wüstensand (1972) | 120 | 531 |
| sieben Jahre und zwanzig später (1972) | 124 | 536 |

| | | |
|---|---|---|
| Sport und Nationalismus (1972) | 127 | 538 |
| Der Lorbeer ist immer noch bitter (1972) | 129 | 541 |
| Annemarie und Heinrich Böll zur Wahl (1972) | 133 | 544 |
| Ein Roman von Iván Mándy (1972) | 135 | 548 |
| Die Würde des Menschen ist unantastbar (1972) | 140 | 551 |
| Wahlrede in Kleve (1972) | 146 | 558 |
| Gewalten, die auf der Bank liegen (1972) | 153 | 561 |
| Vorwort zu »5 Kontinente« (1972) | 157 | 564 |
| Schwierigkeiten mit Essenmarken (1972) | 161 | 566 |
| Luft in Büchsen (1972) | 165 | 569 |
| Rede auf dem Empfang des Bundespräsidenten Gustav Heinemann für die Mitglieder des P. E. N. (1972) | 169 | 571 |
| Das tägliche Brot der Bomben oder: Law and order (1972) | 172 | 575 |
| Rede zur Verleihung des Nobelpreises am 10. 12. 1972 in Stockholm (1972) | 176 | 579 |
| Rede zur Eröffnung der Heinrich-Heine-Ausstellung in Stockholm am 13. 12. 1972 (1972) | 179 | 583 |
| Protest – Laut oder leise? (1973) | 181 | 586 |
| Einmischung erwünscht (1973) | 187 | 598 |
| Blick zurück mit Bitterkeit (1973) | 192 | 602 |
| Wer ist Jesus von Nazareth – für mich? (1973) | 199 | 608 |
| Versuch über die Vernunft der Poesie (1973) | 200 | 610 |
| Am Anfang (1973) | 218 | 619 |
| Gefahren von falschen Brüdern (1973) | 223 | 624 |
| Eine Brücke, die ich nicht betrete (1973) | 227 | 629 |
| Prag – ja oder nein? (1973) | 230 | 635 |
| Zum Problem der Kleinschreibung (1973) | 231 | 638 |
| Zum Tode Ingeborg Bachmanns (1973) | 232 | 640 |
| »Ich glaube, meine Erinnerung liebt mich« (1973) | 235 | 644 |
| Alltag einer zerfetzten Welt (1973) | 239 | 647 |
| Radikalität und Hoffnung (1973) | 243 | 650 |
| Plädoyer für Ruhe und Ordnung (1973) | 249 | 655 |
| Zur Weiterentwicklung der Maulwürfe für, nach und in memoriam günter eich (1973) | 250 | 658 |
| Man muß immer weitergehen (1973) | 252 | 661 |
| Gutachten zum Prozeß gegen Erich Fried (1974) | 258 | 667 |

Die himmlische Bitterkeit des
Alexander Solschenizyn (1974) . . . . . . . . . 263 673
Zum Beispiel Schuhe (1974). . . . . . . . . . . 274 685
Ich belehre niemanden in der Sowjetunion (1974) 279 689
Manifest zur Gründung einer »Freien
Internationalen Hochschule für Kreativität und
Interdisziplinäre Forschung e. V.« (1974) . . . . 282 694
Die Raubtiere laufen frei herum (1974) . . . . . 286 697
Von der Natur nicht vorgesehen (1974) . . . . . 290 702
Raubtier, nicht Raubtier oder Karnickel? (1974) . 294 705
Wie das Gesetz es befahl (1974) . . . . . . . . 297 711
A propos Freude (1974) . . . . . . . . . . . . 303 717
Ignazio Silone – für die Seelsorge zu radikal (1974) 307 720
Herrliche Zeiten (1974) . . . . . . . . . . . . 312 724
Ein gutes Modell (1974) . . . . . . . . . . . . 314 727
Der Appell der Schriftsteller (1974) . . . . . . 317 730
Radikaler im öffentlichen Dienst (1974) . . . . . 319 733
Die verlorene Ehre der Katharina Blum (1974) . . 322 736
Anhang . . . . . . . . . . . . . . . . . . . . . . 767


⟨Kommentar⟩


⟨Der liberale Labberdreck stammt nicht von mir⟩ 421
  *Entstehung* . . . . . . . . . . . . . . . . . 421
  *Hintergrund* . . . . . . . . . . . . . . . . 421
  *Überlieferung* . . . . . . . . . . . . . . . 424
  *Textgrundlage* . . . . . . . . . . . . . . . 424
  *Stellenkommentar* . . . . . . . . . . . . . . 424
⟨Die internationale Nation⟩ . . . . . . . . . . 427
  *Entstehung* . . . . . . . . . . . . . . . . . 427
  *Hintergrund* . . . . . . . . . . . . . . . . 427
  *Überlieferung* . . . . . . . . . . . . . . . 430
  *Textgrundlage* . . . . . . . . . . . . . . . 430
  *Varianten* . . . . . . . . . . . . . . . . . 430
  *Stellenkommentar* . . . . . . . . . . . . . . 431
⟨Die Internationale der Nestbeschmutzer⟩ . . . 433
  *Entstehung* . . . . . . . . . . . . . . . . . 433

*Hintergrund* . . . . . . . . . . . . . . . . 433
*Überlieferung* . . . . . . . . . . . . . . . 437
*Textgrundlage* . . . . . . . . . . . . . . . 437
*Varianten* . . . . . . . . . . . . . . . . . 438
*Stellenkommentar* . . . . . . . . . . . . . 438
⟨Torpedos⟩ . . . . . . . . . . . . . . . . . . 440
*Entstehung* . . . . . . . . . . . . . . . . 440
*Überlieferung* . . . . . . . . . . . . . . . 440
*Textgrundlage* . . . . . . . . . . . . . . . 441
*Stellenkommentar* . . . . . . . . . . . . . 441
⟨Die Sprache der kirchlichen Würdenträger⟩ . . . 442
*Entstehung* . . . . . . . . . . . . . . . . 442
*Überlieferung* . . . . . . . . . . . . . . . 443
*Textgrundlage* . . . . . . . . . . . . . . . 444
*Stellenkommentar* . . . . . . . . . . . . . 444
⟨Günter Wallraffs unerwünschte Reportagen⟩ . . 449
*Entstehung* . . . . . . . . . . . . . . . . 449
*Überlieferung* . . . . . . . . . . . . . . . 450
*Textgrundlage* . . . . . . . . . . . . . . . 450
*Varianten* . . . . . . . . . . . . . . . . . 450
*Stellenkommentar* . . . . . . . . . . . . . 451
⟨Soviel Liebe auf einmal. Will Ulrike Meinhof
Gnade oder freies Geleit?⟩ . . . . . . . . . . 454
*Entstehung* . . . . . . . . . . . . . . . . 454
*Hintergrund* . . . . . . . . . . . . . . . . 455
*Überlieferung* . . . . . . . . . . . . . . . 458
*Textgrundlage* . . . . . . . . . . . . . . . 458
*Varianten* . . . . . . . . . . . . . . . . . 459
*Stellenkommentar* . . . . . . . . . . . . . 459
⟨Fall Höhn⟩ . . . . . . . . . . . . . . . . . 464
*Entstehung* . . . . . . . . . . . . . . . . 464
*Überlieferung* . . . . . . . . . . . . . . . 464
*Textgrundlage* . . . . . . . . . . . . . . . 464
*Varianten* . . . . . . . . . . . . . . . . . 464
*Stellenkommentar* . . . . . . . . . . . . . 465
⟨Schwarzer Mittwoch beim ZDF⟩ . . . . . . . 467
*Entstehung* . . . . . . . . . . . . . . . . 467
*Überlieferung* . . . . . . . . . . . . . . . 467

## INHALT

*Textgrundlage* . . . . . . . . . . . . . . . 467
*Stellenkommentar* . . . . . . . . . . . . . 467
⟨Man muß zu weit gehen⟩ . . . . . . . . . . 471
  *Entstehung* . . . . . . . . . . . . . . . 471
  *Überlieferung* . . . . . . . . . . . . . . 471
  *Textgrundlage* . . . . . . . . . . . . . . 471
  *Stellenkommentar* . . . . . . . . . . . . 471
⟨Verfolgt war nicht nur Paulus⟩ . . . . . . . 476
  *Entstehung* . . . . . . . . . . . . . . . 476
  *Hintergrund* . . . . . . . . . . . . . . . 476
  *Überlieferung* . . . . . . . . . . . . . . 479
  *Textgrundlage* . . . . . . . . . . . . . . 479
  *Stellenkommentar* . . . . . . . . . . . . 480
⟨Brief an den Leiter der Pressestelle des
Südwestfunks⟩ . . . . . . . . . . . . . . . 483
  *Entstehung* . . . . . . . . . . . . . . . 483
  *Überlieferung* . . . . . . . . . . . . . . 483
  *Textgrundlage* . . . . . . . . . . . . . . 484
  *Stellenkommentar* . . . . . . . . . . . . 484
⟨Gib Alarm!⟩ . . . . . . . . . . . . . . . . 485
  *Entstehung* . . . . . . . . . . . . . . . 485
  *Überlieferung* . . . . . . . . . . . . . . 486
  *Textgrundlage* . . . . . . . . . . . . . . 486
  *Varianten* . . . . . . . . . . . . . . . . 486
  *Stellenkommentar* . . . . . . . . . . . . 486
⟨Offenbarungseid⟩ . . . . . . . . . . . . . . 487
  *Entstehung* . . . . . . . . . . . . . . . 487
  *Überlieferung* . . . . . . . . . . . . . . 487
  *Textgrundlage* . . . . . . . . . . . . . . 488
  *Varianten* . . . . . . . . . . . . . . . . 488
  *Stellenkommentar* . . . . . . . . . . . . 488
⟨Leserbrief an die Süddeutsche Zeitung⟩ . . . 491
  *Entstehung* . . . . . . . . . . . . . . . 491
  *Überlieferung* . . . . . . . . . . . . . . 491
  *Textgrundlage* . . . . . . . . . . . . . . 492
  *Stellenkommentar* . . . . . . . . . . . . 492
⟨Aus der Vergangenheit lernen⟩ . . . . . . . 495
  *Entstehung* . . . . . . . . . . . . . . . 495

*Überlieferung* . . . . . . . . . . . . . . . 496
*Textgrundlage* . . . . . . . . . . . . . . 496
*Stellenkommentar* . . . . . . . . . . . . . 496
⟨Hülchrather Straße Nr. 7⟩ . . . . . . . . . . 497
   *Entstehung* . . . . . . . . . . . . . . . 497
   *Überlieferung* . . . . . . . . . . . . . . 497
   *Textgrundlage* . . . . . . . . . . . . . . 498
   *Varianten* . . . . . . . . . . . . . . . . 498
   *Stellenkommentar* . . . . . . . . . . . . . 498
⟨Bericht des Internationalen Präsidenten über
kürzliche Besuche im Ausland⟩ . . . . . . . . 505
   *Entstehung* . . . . . . . . . . . . . . . 505
   *Überlieferung* . . . . . . . . . . . . . . 505
   *Textgrundlage* . . . . . . . . . . . . . . 506
   *Stellenkommentar* . . . . . . . . . . . . . 506
⟨Suchanzeigen⟩ . . . . . . . . . . . . . . . 507
   *Entstehung* . . . . . . . . . . . . . . . 507
   *Überlieferung* . . . . . . . . . . . . . . 507
   *Textgrundlage* . . . . . . . . . . . . . . 508
   *Varianten* . . . . . . . . . . . . . . . . 508
   *Stellenkommentar* . . . . . . . . . . . . . 508
⟨Köln III⟩ . . . . . . . . . . . . . . . . . 510
   *Entstehung* . . . . . . . . . . . . . . . 510
   *Überlieferung* . . . . . . . . . . . . . . 511
   *Textgrundlage* . . . . . . . . . . . . . . 511
   *Stellenkommentar* . . . . . . . . . . . . . 511
⟨Über Bernd Alois Zimmermann⟩ . . . . . . . 519
   *Überlieferung* . . . . . . . . . . . . . . 519
   *Textgrundlage* . . . . . . . . . . . . . . 519
   *Stellenkommentar* . . . . . . . . . . . . . 519
⟨Über Willy Brandt⟩ . . . . . . . . . . . . . 521
   *Entstehung* . . . . . . . . . . . . . . . 521
   *Überlieferung* . . . . . . . . . . . . . . 522
   *Textgrundlage* . . . . . . . . . . . . . . 523
   *Varianten* . . . . . . . . . . . . . . . . 523
   *Stellenkommentar* . . . . . . . . . . . . . 523
⟨Unsere Wahlen aus deutscher Sicht⟩ . . . . . . 528
   *Entstehung* . . . . . . . . . . . . . . . 528

*Überlieferung* . . . . . . . . . . . . . . . 529
*Textgrundlage* . . . . . . . . . . . . . . 529
*Stellenkommentar* . . . . . . . . . . . . 529
⟨Nicht Humus, sondern Wüstensand⟩ . . . . . 531
*Entstehung* . . . . . . . . . . . . . . . . 531
*Überlieferung* . . . . . . . . . . . . . . . 531
*Textgrundlage* . . . . . . . . . . . . . . 532
*Varianten* . . . . . . . . . . . . . . . . 532
*Stellenkommentar* . . . . . . . . . . . . 532
⟨sieben Jahre und zwanzig später⟩ . . . . . . . 536
*Entstehung* . . . . . . . . . . . . . . . . 536
*Überlieferung* . . . . . . . . . . . . . . . 536
*Textgrundlage* . . . . . . . . . . . . . . 536
*Stellenkommentar* . . . . . . . . . . . . 536
⟨Sport und Nationalismus⟩ . . . . . . . . . . 538
*Entstehung* . . . . . . . . . . . . . . . . 538
*Hintergrund* . . . . . . . . . . . . . . . 538
*Überlieferung* . . . . . . . . . . . . . . . 540
*Textgrundlage* . . . . . . . . . . . . . . 540
*Stellenkommentar* . . . . . . . . . . . . 540
⟨Der Lorbeer ist immer noch bitter⟩ . . . . . . 541
*Entstehung* . . . . . . . . . . . . . . . . 541
*Überlieferung* . . . . . . . . . . . . . . . 542
*Textgrundlage* . . . . . . . . . . . . . . 542
*Stellenkommentar* . . . . . . . . . . . . 543
⟨Annemarie und Heinrich Böll zur Wahl⟩ . . . 544
*Entstehung* . . . . . . . . . . . . . . . . 544
*Hintergrund* . . . . . . . . . . . . . . . 544
*Überlieferung* . . . . . . . . . . . . . . . 546
*Textgrundlage* . . . . . . . . . . . . . . 546
*Stellenkommentar* . . . . . . . . . . . . 546
⟨Ein Roman von Iván Mándy⟩ . . . . . . . . 548
*Entstehung* . . . . . . . . . . . . . . . . 548
*Überlieferung* . . . . . . . . . . . . . . . 549
*Textgrundlage* . . . . . . . . . . . . . . 549
*Varianten* . . . . . . . . . . . . . . . . 549
*Stellenkommentar* . . . . . . . . . . . . 549
⟨Die Würde des Menschen ist unantastbar⟩ . . . 551

*Entstehung* . . . . . . . . . . . . . . . . . 551
*Überlieferung* . . . . . . . . . . . . . . . 552
*Textgrundlage* . . . . . . . . . . . . . . . 552
*Varianten* . . . . . . . . . . . . . . . . . . 552
*Stellenkommentar* . . . . . . . . . . . . . 553
⟨Wahlrede in Kleve⟩ . . . . . . . . . . . . . . 558
*Entstehung* . . . . . . . . . . . . . . . . . 558
*Überlieferung* . . . . . . . . . . . . . . . 558
*Textgrundlage* . . . . . . . . . . . . . . . 559
*Stellenkommentar* . . . . . . . . . . . . . 559
⟨Gewalten, die auf der Bank liegen⟩ . . . . . . 561
*Entstehung* . . . . . . . . . . . . . . . . . 561
*Überlieferung* . . . . . . . . . . . . . . . 561
*Textgrundlage* . . . . . . . . . . . . . . . 561
*Varianten* . . . . . . . . . . . . . . . . . . 562
*Stellenkommentar* . . . . . . . . . . . . . 562
⟨Vorwort zu »5 Kontinente«⟩ . . . . . . . . . 564
*Entstehung* . . . . . . . . . . . . . . . . . 564
*Überlieferung* . . . . . . . . . . . . . . . 564
*Textgrundlage* . . . . . . . . . . . . . . . 565
*Stellenkommentar* . . . . . . . . . . . . . 565
⟨Schwierigkeiten mit Essenmarken⟩ . . . . . . 566
*Entstehung* . . . . . . . . . . . . . . . . . 566
*Überlieferung* . . . . . . . . . . . . . . . 566
*Textgrundlage* . . . . . . . . . . . . . . . 567
*Varianten* . . . . . . . . . . . . . . . . . . 567
*Stellenkommentar* . . . . . . . . . . . . . 567
⟨Luft in Büchsen⟩ . . . . . . . . . . . . . . . 569
*Entstehung* . . . . . . . . . . . . . . . . . 569
*Überlieferung* . . . . . . . . . . . . . . . 569
*Textgrundlage* . . . . . . . . . . . . . . . 570
*Varianten* . . . . . . . . . . . . . . . . . . 570
*Stellenkommentar* . . . . . . . . . . . . . 570
⟨Rede auf dem Empfang des Bundespräsidenten
Gustav Heinemann für die Mitglieder des P. E. N.⟩ 571
*Entstehung* . . . . . . . . . . . . . . . . . 571
*Hintergrund* . . . . . . . . . . . . . . . . 571
*Überlieferung* . . . . . . . . . . . . . . . 572

INHALT

*Textgrundlage* . . . . . . . . . . . . . . . 573
*Stellenkommentar* . . . . . . . . . . . . . 573
⟨Das tägliche Brot der Bomben oder:
Law and order⟩ . . . . . . . . . . . . . . . . 575
  *Entstehung* . . . . . . . . . . . . . . . . 575
  *Überlieferung* . . . . . . . . . . . . . . 576
  *Textgrundlage* . . . . . . . . . . . . . . 576
  *Varianten* . . . . . . . . . . . . . . . . 576
  *Stellenkommentar* . . . . . . . . . . . . 576
⟨Rede zur Verleihung des Nobelpreises am
10. 12. 1972 in Stockholm⟩ . . . . . . . . . . 579
  *Entstehung* . . . . . . . . . . . . . . . . 579
  *Hintergrund* . . . . . . . . . . . . . . . 579
  *Überlieferung* . . . . . . . . . . . . . . 580
  *Textgrundlage* . . . . . . . . . . . . . . 581
  *Varianten* . . . . . . . . . . . . . . . . 581
  *Stellenkommentar* . . . . . . . . . . . . 581
⟨Rede zur Eröffnung der Heinrich-Heine-
Ausstellung in Stockholm am 13. 12. 1972⟩ . . . 583
  *Entstehung* . . . . . . . . . . . . . . . . 583
  *Überlieferung* . . . . . . . . . . . . . . 583
  *Textgrundlage* . . . . . . . . . . . . . . 584
  *Stellenkommentar* . . . . . . . . . . . . 584
⟨Protest – Laut oder leise?⟩ . . . . . . . . . . 586
  *Entstehung* . . . . . . . . . . . . . . . . 586
  *Hintergrund* . . . . . . . . . . . . . . . 586
  *Überlieferung* . . . . . . . . . . . . . . 593
  *Textgrundlage* . . . . . . . . . . . . . . 593
  *Stellenkommentar* . . . . . . . . . . . . 594
⟨Einmischung erwünscht⟩ . . . . . . . . . . . 598
  *Entstehung* . . . . . . . . . . . . . . . . 598
  *Überlieferung* . . . . . . . . . . . . . . 599
  *Textgrundlage* . . . . . . . . . . . . . . 599
  *Varianten* . . . . . . . . . . . . . . . . 599
  *Stellenkommentar* . . . . . . . . . . . . 599
⟨Blick zurück mit Bitterkeit⟩ . . . . . . . . . 602
  *Entstehung* . . . . . . . . . . . . . . . . 602
  *Überlieferung* . . . . . . . . . . . . . . 603

*Varianten* . . . . . . . . . . . . . . . . . 603
*Stellenkommentar* . . . . . . . . . . . . . . 603
⟨Wer ist Jesus von Nazareth – für mich?⟩ . . . . 608
  *Entstehung* . . . . . . . . . . . . . . . . 608
  *Überlieferung* . . . . . . . . . . . . . . . 608
  *Textgrundlage* . . . . . . . . . . . . . . . 609
  *Stellenkommentar* . . . . . . . . . . . . . 609
⟨Versuch über die Vernunft der Poesie⟩ . . . . . 610
  *Entstehung* . . . . . . . . . . . . . . . . 610
  *Überlieferung* . . . . . . . . . . . . . . . 611
  *Textgrundlage* . . . . . . . . . . . . . . . 611
  *Varianten* . . . . . . . . . . . . . . . . . 612
  *Stellenkommentar* . . . . . . . . . . . . . 612
⟨Am Anfang⟩ . . . . . . . . . . . . . . . . . 619
  *Entstehung* . . . . . . . . . . . . . . . . 619
  *Überlieferung* . . . . . . . . . . . . . . . 620
  *Textgrundlage* . . . . . . . . . . . . . . . 620
  *Varianten* . . . . . . . . . . . . . . . . . 620
  *Stellenkommentar* . . . . . . . . . . . . . 621
⟨Gefahren von falschen Brüdern⟩ . . . . . . . . 624
  *Entstehung* . . . . . . . . . . . . . . . . 624
  *Überlieferung* . . . . . . . . . . . . . . . 624
  *Textgrundlage* . . . . . . . . . . . . . . . 625
  *Stellenkommentar* . . . . . . . . . . . . . 625
⟨Eine Brücke, die ich nicht betrete⟩ . . . . . . 629
  *Entstehung* . . . . . . . . . . . . . . . . 629
  *Hintergrund* . . . . . . . . . . . . . . . . 629
  *Überlieferung* . . . . . . . . . . . . . . . 632
  *Stellenkommentar* . . . . . . . . . . . . . 632
⟨Prag – ja oder nein?⟩ . . . . . . . . . . . . . 635
  *Entstehung* . . . . . . . . . . . . . . . . 635
  *Überlieferung* . . . . . . . . . . . . . . . 635
  *Textgrundlage* . . . . . . . . . . . . . . . 636
  *Stellenkommentar* . . . . . . . . . . . . . 636
⟨Zum Problem der Kleinschreibung⟩ . . . . . . 638
  *Entstehung* . . . . . . . . . . . . . . . . 638
  *Überlieferung* . . . . . . . . . . . . . . . 639
  *Textgrundlage* . . . . . . . . . . . . . . . 639

## INHALT

| | |
|---|---|
| *Stellenkommentar* . . . . . . . . . . . . . . . | 639 |
| ⟨Zum Tode Ingeborg Bachmanns⟩ . . . . . . . | 640 |
| *Entstehung* . . . . . . . . . . . . . . . | 640 |
| *Überlieferung* . . . . . . . . . . . . . . | 640 |
| *Textgrundlage* . . . . . . . . . . . . . . | 640 |
| *Stellenkommentar* . . . . . . . . . . . . . . | 640 |
| ⟨»Ich glaube, meine Erinnerung liebt mich«⟩ . . | 644 |
| *Entstehung* . . . . . . . . . . . . . . . | 644 |
| *Überlieferung* . . . . . . . . . . . . . . | 645 |
| *Textgrundlage* . . . . . . . . . . . . . . | 645 |
| *Stellenkommentar* . . . . . . . . . . . . . . | 645 |
| ⟨Alltag einer zerfetzten Welt⟩ . . . . . . . . . | 647 |
| *Entstehung* . . . . . . . . . . . . . . . | 647 |
| *Überlieferung* . . . . . . . . . . . . . . | 647 |
| *Textgrundlage* . . . . . . . . . . . . . . | 647 |
| *Varianten* . . . . . . . . . . . . . . . . | 647 |
| *Stellenkommentar* . . . . . . . . . . . . . . | 648 |
| ⟨Radikalität und Hoffnung⟩ . . . . . . . . . . | 650 |
| *Entstehung* . . . . . . . . . . . . . . . | 650 |
| *Überlieferung* . . . . . . . . . . . . . . | 650 |
| *Textgrundlage* . . . . . . . . . . . . . . | 651 |
| *Varianten* . . . . . . . . . . . . . . . . | 651 |
| *Stellenkommentar* . . . . . . . . . . . . . . | 651 |
| ⟨Plädoyer für Ruhe und Ordnung⟩ . . . . . . . | 655 |
| *Entstehung* . . . . . . . . . . . . . . . | 655 |
| *Überlieferung* . . . . . . . . . . . . . . | 655 |
| *Textgrundlage* . . . . . . . . . . . . . . | 656 |
| *Stellenkommentar* . . . . . . . . . . . . . . | 656 |
| ⟨Zur Weiterentwicklung der Maulwürfe für, nach und in memoriam günter eich⟩ . . . . . . . . | 658 |
| *Entstehung* . . . . . . . . . . . . . . . | 658 |
| *Überlieferung* . . . . . . . . . . . . . . | 658 |
| *Textgrundlage* . . . . . . . . . . . . . . | 659 |
| *Stellenkommentar* . . . . . . . . . . . . . . | 659 |
| ⟨Man muß immer weitergehen⟩ . . . . . . . . | 661 |
| *Entstehung* . . . . . . . . . . . . . . . | 661 |
| *Überlieferung* . . . . . . . . . . . . . . | 661 |
| *Textgrundlage* . . . . . . . . . . . . . . | 662 |

*Stellenkommentar* . . . . . . . . . . . . . . . 662
⟨Gutachten zum Prozeß gegen Erich Fried⟩ . . . 667
   *Entstehung* . . . . . . . . . . . . . . . . . 667
   *Hintergrund* . . . . . . . . . . . . . . . . . 667
   *Überlieferung* . . . . . . . . . . . . . . . . 668
   *Textgrundlage* . . . . . . . . . . . . . . . . 669
   *Varianten* . . . . . . . . . . . . . . . . . . 669
   *Stellenkommentar* . . . . . . . . . . . . . . . 669
⟨Die himmlische Bitterkeit des
Alexander Solschenizyn⟩ . . . . . . . . . . . . 673
   *Entstehung* . . . . . . . . . . . . . . . . . 673
   *Überlieferung* . . . . . . . . . . . . . . . . 673
   *Textgrundlage* . . . . . . . . . . . . . . . . 673
   *Varianten* . . . . . . . . . . . . . . . . . . 674
   *Stellenkommentar* . . . . . . . . . . . . . . . 674
⟨Zum Beispiel Schuhe⟩ . . . . . . . . . . . . . 685
   *Entstehung* . . . . . . . . . . . . . . . . . 685
   *Überlieferung* . . . . . . . . . . . . . . . . 685
   *Textgrundlage* . . . . . . . . . . . . . . . . 686
   *Stellenkommentar* . . . . . . . . . . . . . . . 686
⟨Ich belehre niemanden in der Sowjetunion⟩ . . . 689
   *Entstehung* . . . . . . . . . . . . . . . . . 689
   *Hintergrund* . . . . . . . . . . . . . . . . . 689
   *Überlieferung* . . . . . . . . . . . . . . . . 691
   *Textgrundlage* . . . . . . . . . . . . . . . . 692
   *Stellenkommentar* . . . . . . . . . . . . . . . 692
⟨Manifest zur Gründung einer »Freien
Internationalen Hochschule für Kreativität und
Interdisziplinäre Forschung e. V.«⟩ . . . . . . . 694
   *Entstehung* . . . . . . . . . . . . . . . . . 694
   *Hintergrund* . . . . . . . . . . . . . . . . . 694
   *Überlieferung* . . . . . . . . . . . . . . . . 695
   *Textgrundlage* . . . . . . . . . . . . . . . . 695
   *Stellenkommentar* . . . . . . . . . . . . . . . 696
⟨Die Raubtiere laufen frei herum⟩ . . . . . . . 697
   *Entstehung* . . . . . . . . . . . . . . . . . 697
   *Überlieferung* . . . . . . . . . . . . . . . . 698
   *Textgrundlage* . . . . . . . . . . . . . . . . 698

## INHALT

Stellenkommentar . . . . . . . . . . . . . . . 698
⟨Von der Natur nicht vorgesehen⟩ . . . . . . . . 702
  *Entstehung* . . . . . . . . . . . . . . 702
  *Überlieferung* . . . . . . . . . . . . . 702
  *Textgrundlage* . . . . . . . . . . . . . 703
  *Stellenkommentar* . . . . . . . . . . . . 703
⟨Raubtier, nicht Raubtier oder Karnickel?⟩ . . . 705
  *Hintergrund* . . . . . . . . . . . . . . 705
  *Überlieferung* . . . . . . . . . . . . . 709
  *Textgrundlage* . . . . . . . . . . . . . 709
  *Varianten* . . . . . . . . . . . . . . . 709
  *Stellenkommentar* . . . . . . . . . . . . 710
⟨Wie das Gesetz es befahl⟩ . . . . . . . . . . 711
  *Entstehung* . . . . . . . . . . . . . . 711
  *Überlieferung* . . . . . . . . . . . . . 712
  *Textgrundlage* . . . . . . . . . . . . . 712
  *Stellenkommentar* . . . . . . . . . . . . 713
⟨A propos Freude⟩ . . . . . . . . . . . . . . 717
  *Entstehung* . . . . . . . . . . . . . . 717
  *Überlieferung* . . . . . . . . . . . . . 718
  *Textgrundlage* . . . . . . . . . . . . . 718
  *Stellenkommentar* . . . . . . . . . . . . 718
⟨Ignazio Silone – für die Seelsorge zu radikal⟩ . . 720
  *Entstehung* . . . . . . . . . . . . . . 720
  *Überlieferung* . . . . . . . . . . . . . 720
  *Textgrundlage* . . . . . . . . . . . . . 721
  *Stellenkommentar* . . . . . . . . . . . . 721
⟨Herrliche Zeiten⟩ . . . . . . . . . . . . . . 724
  *Entstehung* . . . . . . . . . . . . . . 724
  *Überlieferung* . . . . . . . . . . . . . 724
  *Textgrundlage* . . . . . . . . . . . . . 724
  *Stellenkommentar* . . . . . . . . . . . . 724
⟨Ein gutes Modell⟩ . . . . . . . . . . . . . . 727
  *Entstehung* . . . . . . . . . . . . . . 727
  *Überlieferung* . . . . . . . . . . . . . 727
  *Textgrundlage* . . . . . . . . . . . . . 727
  *Stellenkommentar* . . . . . . . . . . . . 728
⟨Der Appell der Schriftsteller⟩ . . . . . . . . 730

*Entstehung* . . . . . . . . . . . . . . . . . 730
*Überlieferung* . . . . . . . . . . . . . . 730
*Textgrundlage* . . . . . . . . . . . . . . 730
*Stellenkommentar* . . . . . . . . . . . . 730
⟨Radikaler im öffentlichen Dienst⟩ . . . . . . . 733
*Entstehung* . . . . . . . . . . . . . . . . . 733
*Überlieferung* . . . . . . . . . . . . . . 733
*Textgrundlage* . . . . . . . . . . . . . . 734
*Varianten* . . . . . . . . . . . . . . . . . 734
*Stellenkommentar* . . . . . . . . . . . . 734
⟨Die verlorene Ehre der Katharina Blum⟩ . . . . 736
*Entstehung* . . . . . . . . . . . . . . . . . 736
*Hintergrund* . . . . . . . . . . . . . . . . 738
*Überlieferung* . . . . . . . . . . . . . . 742
*Textgrundlage* . . . . . . . . . . . . . . 743
*Varianten* . . . . . . . . . . . . . . . . . 744
*Rezeption* . . . . . . . . . . . . . . . . . 747
*Stellenkommentar* . . . . . . . . . . . . 751

# Anhang

Siglen- und Abkürzungsverzeichnis . . . . . . 769
Personenregister . . . . . . . . . . . . . . . 771
Titelregister . . . . . . . . . . . . . . . . . . 793
Literaturverzeichnis . . . . . . . . . . . . . 797
Zur Edition . . . . . . . . . . . . . . . . . . 809